D1653790

Noch Vergaberecht kompakt

Vergaberecht kompakt

Handbuch für die Praxis

4. Auflage

von

Rechtsanwalt Dr. jur. Rainer Noch

Zitierweise: Noch, Rainer: Vergaberecht kompakt, Handbuch für die Praxis; Köln: Werner, 4. Auflage 2008

Die Deutsche Bibliothek – CIP-Einheitsaufnahme

Die Deutsche Bibliothek verzeichnet diese Publikation in der Deutschen Nationalbibliografie, detaillierte bibliografische Daten sind im Internet über http://dnb.ddb.de abrufbar.

---

www.vergaberecht-kompakt.de
Kennwort: VgRkompakt

www.wolterskluwer.de
www.werner-verlag.de

ISBN 978-3-8041-2762-3

Umschlagkonzeption: Martina Busch, Grafikdesign, Fürstenfeldbruck
Satz: Reemers Publishing Services GmbH, Krefeld
Druck und Weiterverarbeitung: Druckerei Wilco b. v., Amersfoort, NL

Gedruckt auf säurefreiem und alterungsbeständigem Papier

Vorwort zur 4. Auflage

Das Vergaberecht hat durch das Richtlinienpaket 2004 und dessen Umsetzung im Jahre 2006 in Gestalt der Neufassungen der Verdingungsordnungen weitere Impulse bekommen. Ein großer Anteil an der Komplexität des Rechtsgebietes ist aber auch weiterhin den Entscheidungen der Vergabekammern und der Vergabesenate bei den Oberlandesgerichten zuzuschreiben. Ziel der wesentlich überarbeiteten und ergänzte Neuauflage des Buches ist es, wie schon bisher, diese Komplexität aufzuschlüsseln, Entwicklungslinien aufzuzeigen und für die Praxis im Sinne eines Handbuches aufzubereiten. Die erwarteten Änderungen des Jahres 2008 (GWB 2008 und VOB/A 2008) sind dabei bereits berücksichtigt und werden außerdem in einem eigenen Kapitel zusammengefasst erläutert.

Die bewährte Struktur des Buches wird beibehalten. Die grundlegenden Fragestellungen im Ablauf des Vergabeverfahrens (Öffentlicher Auftrag, Ausschreibungsreife, Schwellenwerte, Losvergabe, Ausschlussgründe, Eignungsprüfung, Wertung, Zuschlagsentscheidung, Aufhebung, Vergabevermerk usw.) werden kapitelweise bearbeitet und durch Rechtsprechungsnachweise ergänzt.

Teil A ermöglicht eine Einarbeitung in die europäischen und deutschen Rechtsgrundlagen des öffentlichen Auftragswesens.

Im Teil B I wird eine an der Rechtsfindung orientierte Abhandlung der wesentlichen Prüfungskriterien und Entscheidungsschritte im Rahmen einer Ausschreibung geboten. Die Besonderheiten des VOF-Vergabeverfahrens finden sich im Teil B II und die neueren Tendenzen im Vergaberecht sind im Teil B III untergebracht.

Neu ist, dass Teil C mit der Übersicht über die wichtigsten Beschlüsse der Nachprüfungsorgane in Form von Leitsätzen und in Form der tabellarischen Aufstellung infolge der Vielzahl der Entscheidungen auf die Internet-Homepage www.vergabe recht-kompakt.de (Kennwort »VgRkompakt«) verlagert wurde. Dies bietet neben der weiter zum Ziel erhobenen Handlichkeit des gedruckten Werkes zudem eine bessere elektronische Recherchierbarkeit.

Das Gleiche gilt für Teil D, der die Texte des GWB-Vergaberechts sowie der Vergabeverordnung (VgV) sowie die Entwürfe des GWB 2008 und der VOB/A 2008 enthält.

Hinsichtlich der Zitate hat der Verfasser wie bisher darauf geachtet, die Entscheidungen komplett mit Beschlussdatum und Aktenzeichen zu zitieren, um eine gute Recherchierbarkeit zu gewährleisten. Außerdem sind weitgehend vollständig die Parallelfundstellen aus den gängigen vergaberechtlichen Spezialzeitschriften aufgeführt.

Es verbleibt mir an dieser Stelle, den Lesern der dritten Auflage recht herzlich für die gute Resonanz zu danken und auch den Nutzern der aktuellen Auflage einen guten Ertrag aus dem Werk zu wünschen.

Die aktuelle Auflage ist – in angenehmer und dankbarer Erinnerung an viele Gespräche in Remagen – dem mir persönlich sehr verbunden gewesenen, im Juli 2007 verstorbenen, *Herrn Ministerialdirektor a.D. im Bundeswirtschaftsministerium (Abt.-Leiter I), Dr. Bernhard Molitor*, herzlich gewidmet.

Meinen Mitarbeitern, *Herrn Dipl.-Wirtschaftsjurist (FH) René Hubrath* und *Frau Dr. Friederike Hoffmann-Klein*, danke ich für ihre Unterstützung bei der Recherche und Manuskripterstellung.

Abschließend sei die Bemerkung angebracht, dass trotz sorgfältigster Recherche und Bearbeitung der Materie eine Haftung für die gegebenen Informationen und Ratschläge nicht übernommen werden kann.

Für Hinweise, Anregungen und Kritik bin ich jederzeit dankbar.

Dr. jur. Rainer Noch
München und Unkel bei Bonn, im Juli 2008

RainerNoch@aol.com (www.dr-rainer-noch.de)
noch@bohlaw.de (www.bohlaw.de)

Inhaltsübersicht

Seite

Teile C und D siehe
www.vergaberecht-kompakt.de
Kennwort: VgRkompakt

Inhaltsverzeichnis

Teile C und D siehe
www.vergaberecht-kompakt.de
Kennwort: VgRkompakt

Abkürzungsverzeichnis

aaO.	am angegebenen Orte
a.A.	anderer Auffassung
ABl.	Amtsblatt der Europäischen Union
Abschn.	Abschnitt
AcP	Archiv für die civilistische Praxis
AG	Amtsgericht
Ag.	Antragsgegner
Anm.	Anmerkung(en)
AöR	Archiv des öffentlichen Rechts
Art.	Artikel
Ast.	Antragsteller
Aufl.	Auflage
BAnz.	Bundesanzeiger
BauR	Baurecht
BauRB	Baurechtsberater (Jhrg. 2003–2005)
BayVBl.	Bayerische Verwaltungsblätter
BB	Betriebsberater
Bd.	Band
BDI	Bundesverband der deutschen Industrie
bearb.	bearbeitet
BFH	Bundesfinanzhof
BGB	Bürgerliches Gesetzbuch
BGBl.	Bundesgesetzblatt
BGH	Bundesgerichtshof
BGHZ	Entscheidungen des Bundesgerichtshofs in Zivilsachen
BHO	Bundeshaushaltsordnung
BKartA	Bundeskartellamt
BKR	Baukoordinierungsrichtlinie 93/37/EWG
BMBau	Bundesbauministerium
BMBF	Bundesministerium für Bildung und Forschung
BMVBW	Bundesministerium für Verkehr, Bau- und Wohnungswesen
BMWi	Bundesministerium für Wirtschaft und Technologie
BRat	Bundesrat
BR-Drucks.	Bundesrats-Drucksache
BRH	Bundesrechnungshof
BT	Bundestag
BT-Drucks.	Bundestags-Drucksache
BVerwG	Bundesverwaltungsgericht
BVerwGE	Entscheidungen des Bundesverwaltungsgerichts
BVerfG	Bundesverfassungsgericht
BVerfGE	Entscheidungen des Bundesverfassungsgerichts

cic	culpa in contrahendo
CMLR	Common Market Law Review
DAB	Deutsches Architektenblatt
DB	Der Betrieb
DDR	Deutsche Demokratische Republik
ders.	derselbe
Diss.	Dissertation
DKR	Dienstleistungsrichtlinie 92/50/EWG
DÖV	Die öffentliche Verwaltung
DStZ	Deutsche Steuer-Zeitung
DVA	Deutscher Vergabe- und Vertragsausschuss für Bauleistungen
DVAL	Deutscher Verdingungsausschuss für Leistungen
DVBl.	Deutsches Verwaltungsblatt
DZWiR	Deutsche Zeitschrift für Wirtschaftsrecht
ECU	European Currency Unit
EFTA	European Free Trading Association
EG	Europäische Gemeinschaft(en)
EGV	Vertrag über die Europäische Gemeinschaft
ELR	European Law Review
EU	Europäische Union
EUK	EUROPA kompakt (1999–2004, fortgeführt als Informationsdienst »Vergabe Spezial [VS]«, ab einschl. Jahrgang 2005)
EUV	Vertrag über die Europäische Union
EuGH	Europäischer Gerichtshof
EuR	Europarecht
EuVgR	Europäisches Vergaberecht (fortgeführt als »Vergaberecht« [VgR] ab Heft 4/1996 bis Heft 4/1998; seit Herbst 1998 integriert in die Beilage »Beschaffung Special« des »Behörden-Spiegel«)
EuZW	Europäische Zeitschrift für Wirtschaftsrecht
EWGV	Vertrag zur Gründung der Europäischen Wirtschaftsgemeinschaft
EWR	Europäischer Wirtschaftsraum
EWS	Europäisches Wirtschafts- und Steuerrecht
EzEG-VergabeR	Entscheidungssammlung Europäisches Vergaberecht, hrsg. von Hans Georg Fischer und Rainer Noch (1996 bis 2001, Luchterhand-Verlag)
f.	folgende
ff.	fortfolgende
F.A.Z.	Frankfurter Allgemeine Zeitung
Fn.	Fußnote
FS	Festschrift

GATT	General Agreement of Tarifs and Trade
gem.	gemäß
GemHVO	Gemeindehaushaltsverordnung
GewArch	Gewerbearchiv
GG	Grundgesetz
ggf.	gegebenenfalls
GH	Gerichtshof der Europäischen Gemeinschaften
GPA	Government Procurement Agreement
GPR	Zeitschrift für Gemeinschaftsprivatrecht
GSOBG	Gemeinsamer Senat der obersten Bundesgerichte
GVBl	Gesetz- und Verordnungsblatt
GVG	Gerichtsverfassungsgesetz
GWB	Gesetz gegen Wettbewerbsbeschränkungen
HGrG	Haushaltsgrundsätzegesetz
Hlbs.	Halbsatz
Hrsg.	Herausgeber
hrsg.	herausgegeben
IBR	Immobilien- & Baurecht
i.d.F.	in der Fassung
i.S.d.	Im Sinne des
i.S.v.	im Sinne von
i.V.m.	in Verbindung mit
JA	Juristische Arbeitsblätter
Jhrg.	Jahrgang
JuS	Juristische Schulung
JZ	Juristenzeitung
Kap.	Kapitel
KG	Kammergericht (Berlin)
KMU	Kleine und mittlere Unternehmen
KOM	Europäische Kommission
LG	Landgericht
lit.	littera(e) (= Buchstabe(n))
LKR	Lieferkoordinierungsrichtlinie 93/36/EWG
LKV	Landes- und Kommunalverwaltung
LRH	Landesrechnungshof
MDF	Ministerium der Finanzen
MDI	Ministerium des Innern
MDR	Monatsschrift für Deutsches Recht
MinBl	Ministerialblatt
MWSt	Mehrwertsteuer

NJW	Neue Juristische Wochenschrift
NJW-RR	Neue Juristische Wochenschrift – Rechtsprechungs-report
NpV	Nachprüfungsverordnung
Nr.	Nummer
Nrn.	Nummern
n.S.	neue Serie
NVwZ	Neue Zeitschrift für Verwaltungsrecht
NWVBl	Nordrhein-westfälische Verwaltungsblätter
NZBau	Neue Zeitschrift für Baurecht und Vergaberecht
NZZ	Neue Zürcher Zeitung
o.g.	oben genannte(n)
OECD	Organisation für wirtschaftliche Zusammenarbeit und Entwicklung
OLG	Oberlandesgericht
OVG	Oberverwaltungsgericht
PPLR	Public Procurement Law Review
PrMBl.	Preußisches Ministerialblatt
Rdn.	Randnummer (interner Verweis)
RG	Reichsgericht
RiA	Recht im Amt
RIW (/AWD)	Recht der Internationalen Wirtschaft (/Außenwirt-schaftsdienst)
RL (›en)	Richtlinie(n)
RML	Rechtsmittelrichtlinie 89/665/EWG
RMLS	Rechtsmittelrichtlinie betreffend die Sektoren, 92/13/EWG
Rn.	Randnummer (externer Verweis)
RPA	Recht und Praxis der öffentlichen Auftragsvergabe (österr. Zeitschrift)
Rs.	Rechtssache
S.	Seite
s.	siehe
SIMAP	Système d'information pour les marchés publics
Slg.	Amtliche Sammlung der Entscheidungen des EuGH
SKR	Sektorenrichtlinie 93/38/EWG
SKRL	Sektorenrichtlinie 2004/17/EG
TED	Tenders Electronic Daily
UNCITRAL	Kommission der Vereinten Nationen für interna-tionales Handelsrecht
UNO	Vereinte Nationen
U.S./USA	Vereinigte Staaten von Amerika

UWG	Gesetz gegen den unlauteren Wettbewerb
VergAB	Vergabeüberwachungsausschuss Bund (in: WuW/E)
VergAL	Vergabeüberwachungsausschüsse Länder (in: WuW/E)
Verg	Rechtsfindung in Vergabesachen (EuGH, nationale Gerichte, Vergabeüberwachungsausschüsse), neue Serie in WuW/E, ab Jahrgang 1998
VergabeNavi	Zeitschrift Vergabenavigator (Jhrg. 2006 ff.)
VergabeR	Zeitschrift Vergaberecht
VerwArch	Verwaltungsarchiv
VgR	Vergaberecht (Fortsetzung des Periodikums »Europäisches Vergaberecht« [EuVgR] ab Heft 4/1996 bis Heft 4/1998; seit Herbst 1998 integriert in die Beilage »Beschaffung Special« des »Behörden-Spiegel«)
VgRÄG	Vergaberechtsänderungsgesetz
VgV	Vergabeverordnung (2001, 2003, 2006)
VKRL	Vergabekoordinierungsrichtlinie 2004/18/EG
VN	Vergabe-News
VO	Verordnung
VOB/A	Vergabe- und Vertragsordnung für Bauleistungen/ Teil A
VOF	Verdingungsordnung für freiberufliche Leistungen
VOL/A	Verdingungsordnung für Leistungen/Teil A
Vorbem.	Vorbemerkung
VPSt.	Vergabeprüfstelle
VRR	Vergaberechts-Report
VS	Informationsdienst »Vergabe Spezial [VS]«, ab 2005, Fortführung von EUROPA kompakt [EUK] (1999–2004)
VSt.	Vergabestelle
VÜA/VÜ	Vergabeüberwachungsausschuss
VÜA's	Vergabeüberwachungsausschüsse
VVDStRL	Veröffentlichungen der Vereinigung der Deutschen Staatsrechtslehrer
VwGO	Verwaltungsgerichtsordnung
VwVfG	Verwaltungsverfahrensgesetz
WiB	Wirtschaftsrechtliche Beratung (Jahrgänge 1994 bis 1997), fortgeführt als Neue Zeitschrift für Gesellschaftsrecht (NZG) ab Jahrgang 1998
WRP	Wettbewerb in Recht und Praxis
WTO	World Trade Organization
WuW	Wirtschaft und Wettbewerb
WuW/E	Wirtschaft und Wettbewerb/Entscheidungssammlung zum Kartellrecht
ZBB	Zeitschrift für Bankrecht und Bankwirtschaft
ZEuP	Zeitschrift für Europäisches Privatrecht

ZfBR	Zeitschrift für deutsches und internationales Baurecht
ZHR	Zeitschrift für das gesamte Handelsrecht und Wirtschaftsrecht
Ziff.	Ziffer
ZIP	Zeitschrift für Wirtschaftsrecht
ZögU	Zeitschrift für öffentliche und gemeinwirtschaftliche Unternehmen
ZPO	Zivilprozessordnung
ZVgR	Zeitschrift für deutsches und internationales Vergaberecht (Jahrgänge 1997 bis 2000)
ZVB	Zeitschrift für Vergaberecht und Beschaffungspraxis (österr. Zeitschrift)
ZWeR	Zeitschrift für Wettbewerbsrecht

Literaturhinweise

Aus Gründen der Übersichtlichkeit wird nachfolgend nur eine Auswahl wichtiger Kommentare und Monographien aufgeführt.

Bartl, Harald: Handbuch öffentliche Aufträge, 2. Aufl., Baden-Baden 2001

Bechtold, Rainer: GWB, München 4. Aufl. 2006

Benedict, Christoph: Sekundärzwecke im Vergabeverfahren, Berlin, Heidelberg 2000

Byok, Jan/Jaeger, Wolfgang [Hrsg.]: Kommentar zum Vergaberecht, Bearb.: Byok, Gronstedt, Hailbronner, Jaeger, Noch, Noelle, Werner, Willenbruch, 2. Aufl., Heidelberg 2005

Callies, Christian/Ruffert, Matthias: Kommentar zu EU-Vertrag und EG-Vertrag, 2. Aufl., Neuwied 2002

Daub, Walter/Eberstein, Hans Hermann: Kommentar zur VOL/A, 5. Aufl., Düsseldorf, 2000

Drügemöller, Albert: Vergaberecht und Rechtsschutz, Berlin 1999

Englert, Klaus/Katzenbach, Rolf/Motzke, Gerd [Hrsg.]: Beck'scher VOB- und Vergaberechts-Kommentar, VOB Teil C – Allgemeine technische Vertragsbedingungen für Bauleistungen (ATV), 2. Aufl., München 2008

Fischer, Hans Georg: Europarecht, 4. Aufl., München 2005

Frank, Kirsten Michaela: Die Koordinierung der Vergabe öffentlicher Aufträge in der Europäischen Union, Berlin 2000

Franke, Horst/Kemper, Ralf/Zanner, Christian/Grünhagen, Matthias: VOB-Kommentar, 3. Aufl., Berlin/Frankfurt 2007

Ganten, Hans/Jagenburg, Walter/Motzke, Gerd [Hrsg.]: Beck'scher VOB- und Vergaberechts-Kommentar, VOB Teil B – Allgemeine Vertragsbedingungen für die Ausführung von Bauleistungen, 2. Aufl., München 2008

Geiger, Rudolf: EUV/EGV – Kommentar, 4. Aufl., München 2004

Gruber/Gruber/Sachs, Europäisches Vergaberecht, Berlin/Wien 2005

Heiermann, Wolfgang/Riedl, Richard/Rusam, Martin: Handkommentar zur VOB, 10. Aufl. Wiesbaden, 2003

Hertwig, Stefan: Praxis der öffentlichen Auftragsvergabe, 3. Aufl., München 2005

Horn, Lutz: Public Procurement in Germany, Brüssel, München, Mailand, Athen, Bern, 2001

Immenga, Ulrich/Mestmäcker, Ernst-Joachim: Gesetz gegen Wettbewerbsbeschränkungen, München, 4. Auflage 2007

Ingenstau, Heinz/Korbion, Hermann [Hrsg.]: Locher, Horst/Vygen, Klaus]: VOB-Kommentar, 16. Auflage, Neuwied 2007

Irmer, Wolfram: Sekundärrechtsschutz und Schadensersatz im Vergaberecht, Frankfurt a.M. u.a., 2004

Kling, Die Zulässigkeit vergabefremder Regelungen, Berlin/Mainz 2000

Kunnert, Gerhard: WTO-Vergaberecht, Baden-Baden, 1998

Lück, Dominik: Vorläufiger Rechtsschutz und Vergaberecht, Köln 2003

Mestmäcker, Ernst-Joachim/Schweitzer, Heike: Europäisches Wettbewerbsrecht, 2. Auflage, München 2004

Meyer, Timm R.: Sammlung Vergaberecht, Loseblatt, Köln 2006

Motzke, Gerd/Pietzcker, Jost/Prieß, Hans-Joachim [Hrsg.]: Beck'scher VOB-Kommentar – VOB Teil A mit GWB, München 2001

Müller-Wrede [Hrsg.]: Verdingungsordnung für freiberufliche Leistungen – Kommentar, Bearb.: Diederichs, Kulartz, Locher, Müller-Wrede, Portz; 3. Auflage, Neuwied 2008

Müller-Wrede [Hrsg.]: Verdingungsordnung für Leistungen – Kommentar, 2. Aufl., Köln 2007

Kulartz, Hans-Peter/Kus, Alexander/Portz, Norbert: Kommentar zum GWB-Vergaberecht, Neuwied 2006

Noch, Rainer: Die Vergabe von Staatsaufträgen und der Rechtsschutz nach europäischem und deutschem Recht, Diss., Bielefeld 1997

Noch, Rainer: Vergaberecht und subjektiver Rechtsschutz, Baden-Baden 1998

Pietzcker, Jost: »Die Zweiteilung des Vergaberechts«, Baden-Baden 2001

Prieß, Hans-Joachim: Handbuch des europäischen Vergaberechts, 3. Aufl. Köln, Berlin, Bonn, München 2005

Prieß, Hans-Joachim/Hausmann, Friedrich Ludwig/Kulartz, Hans-Peter: Beck'sches Formularbuch Vergaberecht, München 2004

Reidt, Olaf/Stickler, Thomas/Glahs, Heike: Vergaberecht – Kommentar, 2. Aufl., Köln 2003

Voppel, Reinhard/Osenbrück, Wolf/Bubert, Christoph: VOF, 1. Auflage, München 2001

Schaller, Hans: Verdingungsordnung für Leistungen (Teile A und B), 4. Aufl., München 2008

Van den Eikel, Die zulässige Implementierung »vergabefremder« Kriterien im Europäischen Vergaberecht, Hamburg 2006

Waldner, Thomas: Bieterschutz im Vergaberecht unter Berücksichtigung der europäischen Vorgaben«, Baden-Baden 2000

Winkel, Burghard: Kirche und Vergaberecht, Frankfurt u.a. 2004

Einführung und Überblick

1 Ausgangspunkt für das heutige Vergaberecht ist das **Europarecht**. Dieses gliedert sich auf in die
- Bestimmungen des **EG-Vertrages** (sog. primäres Europarecht) und
- in die Vorschriften der **Richtlinien** über die Koordinierung der Vergabe öffentlicher Aufträge (sog. sekundäres Europarecht).

Das Fortschreiten des europäischen Integrationsprozesses und die mit ihr verbundene Vollendung des Binnenmarktes auf der Grundlage des Art. 14 EGV[1] bedingen einen immer stärkeren **Geltungsanspruch** des Europarechts, der nicht ohne Auswirkungen auf das herkömmliche deutsche Vergaberecht geblieben ist. Das **Recht der öffentlichen Auftragsvergabe** kann dabei durchaus als **Paradebeispiel**[2] für den starken Einfluss des Europarechts auf nationale Rechtsstrukturen bezeichnet werden.

Für das öffentliche Auftragswesen sind – wie dies die Definition des Binnenmarktes in Art. 14 II EGV schon vorgibt[3] – die primärrechtlichen Vorschriften über die **Marktfreiheiten** (Art. 28, 43, 49 EGV) von herausragender Bedeutung[4]. Das **Diskriminierungsverbot** (Art. 12 EGV), der freie Waren- (Art. 28 EGV) und Dienstleistungsverkehr (Art. 43, 49 EGV) sind unabdingbare Voraussetzungen für einen freien und funktionierenden Binnenmarkt. Hinzu kommen noch die Arbeitnehmerfreizügigkeit nach Art. 39 EGV und die Kapitalverkehrsfreiheit nach Art. 56 EGV.

Bestandteil des Binnenmarktes ist ein gemeinsamer **europäischer Beschaffungsmarkt**. Bedenkt man, dass ca. **15%** des gesamten Bruttoinlandprodukts (**BIP**) der EU[5] auf die Vergabe öffentlicher Aufträge entfallen, so wird die beachtliche wirtschaftliche Bedeutung der Beschaffungsvorgänge umso anschaulicher.

Das tatsächlich zu öffnende **relative Marktpotential** bei der **grenzüberschreitenden Vergabe öffentlicher Aufträge** (sog. »cross-border-procurement«) wurde im Jahre 1987 mit ca. 6% ermittelt. Im Jahre 1998 waren es 10%. Der Wert ist nach Überzeugung der Europäischen Kommission noch steigerbar. In der Privatwirtschaft werden relativ konstant 20% Auslandsbeschaffungen registriert.

In **absoluten Zahlen** ausgedrückt stellen die **gesamten Beschaffungen der EU-Mitgliedstaaten** ein bemerkenswertes Marktvolumen dar. In den frühen 90er

---

1 Art. 14 EGV bestimmt: *»Der Binnenmarkt umfaßt einen Raum ohne Binnengrenzen, in dem der freie Verkehr von Waren, Personen, Dienstleistungen und Kapital gemäß den Bestimmungen dieses Vertrages gewährleistet wird.«*

2 *Brenner*, Neuere Entwicklungen im Vergaberecht der Europäischen Union, 1997, S. 15: *»Das Vergaberecht stellt sich nachgerade als markantes Beispiel des sich immer stärker herausbildenden einheitlichen Binnenmarktes dar …«*.

3 Dezidiert dazu aus jüngerer Zeit: EuGH, Urt. v. 21. 2. 2008 (Rs. C-412/04 – »Kommission ./. Italien«), VergabeR 2008, 501 = VS 2008, 27.

4 *Fischer*, Europarecht, 3. Aufl. 2001, S. 327.

5 Vademekum über das öffentliche Auftragswesen in der Gemeinschaft, ABl. EG Nr. C 358 vom 31. 12. 1987, S. 1; *Leone*, EuVgR 1995, 147.

Jahren ging man noch von einem Marktvolumen i.H.v. ca. 300 bis 400 Mrd. € aus[6]. In der Mitteilung der Europäischen Kommission von 1998 veranschlagte man das Marktpotential, bezogen auf die Statistiken des Jahres 1996, noch auf ca. 720 Mrd. €[7]. Im Jahre 2002 handelt es sich bereits um ein **Volumen i.H.v. 1,3 Billionen €**[8].

Es finden sich statistische Erhebungen, wonach der Anteil der **europaweiten Ausschreibungen** in Deutschland bei 7,62% liegt[9]. Die tatsächlich erfolgenden **grenzüberschreitenden Vergaben** bei Erfolg im Ausschreibungsverfahren liegen entsprechend niedriger. Sie liegen dem Statistischen Bundesamt zu Folge bei 2–3%. Die Schätzungen bzw. Erhebungen der Europäischen Kommission sind naturgemäß optimistischer. Sie liegen bei bis zu 12%. Der **absolute Wert der Aufträge**, die **in Deutschland jährlich von staatlichen Stellen vergeben** werden, ist laut Bundesinnenministerium auf **250 Mrd. €** zu beziffern.

Die **Gesamtzahl der öffentlichen Ausschreibungen** liegt bei ca. **1,4 Millionen**. Davon sind einige Zehntausend europaweite Ausschreibungen. Der Löwenanteil liegt demnach bei den nationalen Ausschreibungen. Dennoch sind die Entwicklungen im Bereich der europaweiten Ausschreibungen von höchster Relevanz auch für die nationalen Ausschreibungen. Dies kann gar nicht genug betont werden. Hinzu kommen Entwicklungen, die zu einer immer größeren Annäherung der Systeme der nationalen und europaweiten Ausschreibungen führen. Zu nennen ist beispielsweise die Vereinheitlichung der Terminologie. Es ist im Zuge der weiteren Umsetzungsstufen des Richtlinienpaketes 2006 geplant, dass auch nationale Ausschreibungen demnächst nur noch gemäß den Benennungen der europaweiten Ausschreibungsverfahren durchgeführt werden. Es soll demnächst nur noch das Offene, das Nichtoffene und das Verhandlungsverfahren geben. Die (nationalen) Begriffe der Öffentlichen Ausschreibung, der Beschränkten Ausschreibung und der Freihändigen Vergabe sollen verschwinden.

Sehr frühzeitig hat die Europäische Kommission festgestellt, dass die Marktfreiheiten, die als eine Art **Rahmenrecht** zu verstehen sind, für sich genommen keine hinreichende Kodifizierung des Vergaberechts begründen können. Daher hat sie als Ausgangspunkt im **Jahre 1971** erstmals eine Richtlinie zur Koordinierung der Vergabe öffentlicher Bauaufträge verabschiedet. Vorausgegangen waren leidenschaftliche Diskussionen über die Grundsatzfrage, ob man das sekundärrechtliche Regelungsinstrument der EG-Verordnung (Art. 249 II EGV) oder der EG-Richtlinie (Art. 249 III EGV) wählen soll. Man entschied sich für das **Instrument der EG-Richtlinien**, die im Gegensatz zu den EG-Verordnungen nicht direkt gelten, sondern von den Mitgliedstaaten in nationales Recht umgesetzt werden müssen, um innerstaatlich Geltung zu erlangen. Begründung für diesen Weg war in erster Linie, dass man mit dem Instrument der EG-Richtlinie mehr Rücksicht auf die nationalen Besonderheiten der jeweiligen Rechtssysteme nehmen kann. Im vergaberechtlichen

6 Kommission (Hrsg.), »Die Öffnung der Beschaffungsmärkte«, Amt für amtliche Veröffentlichungen der Europäischen Gemeinschaften, 1993, S. 2.

7 Mitteilung der Europäischen Kommission »Das Öffentliche Auftragswesen in der Europäischen Union« vom 11. 3. 1998, veröffentlicht in der Schriftenreihe des forum vergabe e.V., Heft 4.

8 Bericht der Europäischen Kommission »The Internal Market – Ten Years without Frontiers« aus dem Jahre 2002.

9 Nachweis bei *Malmendier*, VergabeR 2001, 178, 183, unter Fußnote 53.

Bereich gibt es in den Mitgliedstaaten ein sehr **unterschiedliches Rechtsverständnis**, das von einer rein öffentlich-rechtlichen Betrachtungsweise z.B. in Spanien oder Frankreich[10] bis hin zu einer überwiegend zivilrechtlichen Betrachtungsweise in Deutschland reicht[11].

Die **EG-Richtlinien** eröffnen diesbezüglich einen gewissen **Umsetzungsspielraum**, der diesen Besonderheiten Rechnung trägt. Die Kehrseite dieses Umsetzungsspielraumes ist, dass stets die Gefahr von Umsetzungsdefiziten besteht und die mit den EG-Richtlinien bezweckte Rechtsvereinheitlichung u.U. nicht erreicht wird. Diese Missstände belegen nicht zuletzt die zahlreichen Vertragsverletzungsverfahren nach Art. 234 EGV vor dem Europäischen Gerichtshof (EuGH), die zum Teil wegen einer um viele Jahre verspäteten Umsetzung eingeleitet wurden.

So sollte beispielsweise die Umsetzung der **Dienstleistungsrichtlinie** 92/50/EWG bis zum 1. 7. 1993 erfolgen, lag aber erst mit dem Datum des 1. 11. 1997 vor. Deutschland wurde deshalb vom EuGH verurteilt[12].

Umsetzungsmängel und **fehlerhafte Rechtsanwendung greifen also ineinander**. Große Differenzen in der Anwendungspraxis ergeben sich bereits aus den unterschiedlichen Auslegungsmöglichkeiten des europäischen Vergaberechts einerseits wie auch den nationalen Rechtsstrukturen andererseits. Zu verzeichnen sind beispielsweise deutliche Schwankungen bei der Anwendung der Vergabeverfahren (Offenes Verfahren, Nichtoffenes Verfahren, Verhandlungsverfahren, Wettbewerblicher Dialog) oder auch bei der Zuordnung von Leistungen.

Der **EuGH** bezeichnete die Sektorenrichtlinie (für die Auftraggeber im Bereich der Wasser-, Energie- und Verkehrsversorgung sowie seinerzeit auch noch der Telekommunikationsversorgung) in einem wichtigen Punkt als ungenau und inhaltlich nicht hinreichend bestimmt und gestand zu, dass es für den englischen Staat zwei Umsetzungsmöglichkeiten gab, die so von der Richtlinie so nicht vorgesehen waren[13]. Damit ist höchstrichterlich anerkannt, dass selbst bei bestem Bemühen der Mitgliedstaaten fehlerhafte Richtlinienumsetzungen vorkommen können. Die Mitgliedstaaten tragen nach alledem keineswegs allein die Schuld an den Umsetzungsdefiziten. Diese Feststellung ist wichtig im Hinblick auf Schadensersatzprozesse von EU-Bürgern gegen ihre Mitgliedstaaten wegen unrichtiger oder verfristeter Richtlinienumsetzungen und daraus resultierenden Vermögensschäden.

Die EG-Richtlinien zum öffentlichen Auftragswesen gelten oberhalb bestimmter »**Schwellenwerte**«, also Mindestauftragswerte (ohne MWSt.[14]) der ausgeschriebenen Leistungen. Ab diesen Schwellenwerten lohnt sich erst der zusätzliche Aufwand für die europaweite Ausschreibung. Im Falle der staatlichen Auftraggeber liegen diese Auftragswerte bei Liefer- und Dienstleistungsaufträgen im Regelfall seit 1. 1. 2008 bei 206.000 €, bei den Bauaufträgen regelmäßig bei 5.150.000 €[15].

---

10 Dazu etwa: *Mille*, Öffentliche Auftragsvergabe in Frankreich, RPA 2004, 233.

11 *Noch*, Vergaberecht und subjektiver Rechtsschutz, 1998, S. 188 ff.

12 EuGH, Urt. v. 2. 5. 1996 (Rs. C-253/95 – Kommission ./. Deutschland), Slg. 1996, I, 2423 = VergabE A-1-5/96.

13 EuGH, Urt. v. 26. 3. 1996 (Rs. C-392/93 – »British Telecommunications«), Slg. 1996, I, 1654 = VergabE A-1-2/96 = EUK 1999, 72. Dazu auch *Fischer*, WiB 1997, 673.

14 Bei der Vergabe von Versicherungsverträgen nach h.M. ohne Versicherungssteuer.

15 Verordnung EG 1422/2007 vom 4. 12. 2007, ABl. der EU (L 317/34) vom 5. 12. 2007.

Unterhalb dieser Schwellenwerte gelten die Bestimmungen des **EG-Vertrages**, also insbesondere die erwähnten Marktfreiheiten und vor allem das Diskriminierungsverbot des Art. 12 EGV **unmittelbar**[16]. Hieran wird die Funktion der Richtlinien als Rahmenrecht deutlich. Dort, wo sie nicht gelten, sind die Bestimmungen des EG-Vertrages direkt anzuwenden und verleihen den Unionsbürgern im Einzelfall auch Klagerechte, soweit ihm diese nicht vom nationalen Recht zur Verfügung gestellt werden[17].

Sehr griffig und anschaulich bringt dies *Huber*[18] zum Ausdruck: »*Die Grundfreiheiten des EGV sind heute grundsätzlich unmittelbar anwendbares Europarecht. ... (1) Die Grundfreiheiten des EGV sind objektiv-rechtliche Rechtssätze und als solche für ihre Adressaten verbindlich. ... (2) Aus der unmittelbaren Anwendbarkeit der Grundfreiheiten folgt ferner, dass sich der einzelne in einem Verwaltungsverfahren oder in einem Rechtsstreit auf die Grundfreiheiten des EGV berufen kann. Die Behauptung, er sei in diesen Grundfreiheiten verletzt, verleiht ihm die Klagebefugnis (gem. § 42 II VwGO).*«.

In unserem Binnenmarkt existiert demnach **kein europarechtsfreier Raum** mehr. Dieser Befund wird unterstrichen durch ein Urteil des EuGH, in dem er ausdrücklich feststellt, dass es auch dann keine »Inlandssachverhalte« mehr gibt, wenn bei einer Ausschreibung in einem Mitgliedstaat ausschließlich Inländer beteiligt sind[19].

Bei den EG-Richtlinien zum öffentlichen Auftragswesen sind grundsätzlich zwei Richtlinienkomplexe zu unterscheiden, und zwar die

- sog. materiellen Vergaberichtlinien
  - **Vergabekoordinierungsrichtlinie (VKRL) 2004/18/EG** des Europäischen Parlaments und des Rates vom 31. 3. 2004 über die Koordinierung der Verfahren zur Vergabe öffentlicher Bauaufträge, Lieferaufträge und Dienstleistungsaufträge, ABl. der EU Nr. L 134, S. 114, v. 30. 4. 2004 **(für die klassischen öffentlichen Auftraggeber)**
  - **Sektorenrichtlinie (SKRL) 2004/17/EG** des Europäischen Parlaments und des Rates vom 31. 3. 2004 zur Koordinierung der Zuschlagserteilung durch Auftraggeber im Bereich der Wasser-, Energie- und Verkehrsversorgung sowie der Postdienste, ABl. der EU, Nr. L 134, S. 1, v. 30. 4. 2004 **(für die Sektorenauftraggeber)**
- sowie zum anderen die Rechtsmittelrichtlinien
  - Richtlinie 89/665/EWG des Rates v. 21. 12. 1989, ABl. der EG L 395/33 v. 30. 12. 1989 (Rechtsmittelrichtlinie)
  - Richtlinie 92/13/EWG des Rates v. 25. 2. 1992, ABl. der EG L 76/14 v. 23. 3. 1992 (Rechtsmittelrichtlinie betreffend die Sektoren),

die in einer Neufassung bekanntgemacht worden sind. Die **Richtlinie 2007/66/EG** des Europäischen Parlaments und des Rates vom 11. 12. 2007 zur Änderung der Richtlinien 89/665/EWG und 92/13/EWG des Rates im Hinblick auf die Verbes-

16 Dezidiert dazu aus jüngerer Zeit: EuGH, Urt. v. 21. 2. 2008 (Rs. C-412/04 – »Kommission ./. Italien«), VergabeR 2008, 501 = VS 2008, 27.

17 EuGH, Urt. v. 9. 3. 1978 (Rs. 106/77 – Simmenthal), Slg. 1978, S. 629.

18 *Huber*, Recht der europäischen Integration, 1996, Rn. 17 zu § 6.

19 EuGH, Urt. v. 25. 4. 1996 (Rs. C-87/94 – Kommission ./. Königreich Belgien – »Wallonische Busse«), Slg. 1996, I, 2043 = VergabE A-1-4/96 = ZVgR 1997, 117.

serung der Wirksamkeit der Nachprüfungsverfahren bezüglich der Vergabe öffentlicher Aufträge wurde im Amtsblatt EU L 335/31 ff. vom 20. 12. 2007 veröffentlicht. Die Neuregelung soll die Bieterrechte stärken helfen. In der geänderten Rechtsmittelrichtlinie ist nun künftig seitens der Vergabestelle eine sog. **Stillhaltefrist von zehn Tagen zwischen Zuschlagserteilung und Vertragsunterzeichnung** einzuhalten. Damit erhält der unterlegene Bieter die Möglichkeit, ein Überprüfungsverfahren so rechtzeitig einzuleiten, dass eine eventuell rechtswidrige Zuschlagsentscheidung noch korrigiert werden kann. Diese Regelung entspricht jedoch bereits der deutschen Praxis, die in Gestalt der Regelung des § 13 VgV eine Stillhaltefrist von sogar 14 Kalendertagen kennt und mindestens seit dem Jahre 2001 gängige Rechtspraxis ist.

Die **materiellen Vergaberichtlinien** enthalten die maßgeblichen Vorschriften für das Vergabeverfahren, also den **materiellrechtlichen Rahmen**, in dem die Bau-, Liefer-, Dienstleistungs- und Sektorenaufträge vergeben werden sollen.

Mit der Zusammenfassung der bis 2006 geltenden materiellen Bau-, Liefer- und Dienstleistungsrichtlinien aus den Jahren 1992 und 1993[20] wurde das **Ziel** verfolgt, die Vergabeverfahren für diese drei Leistungskategorien, die bisher z.T. unterschiedlich geregelt gewesen sind, zu vereinheitlichen und zu vereinfachen. Die **Vereinfachungen** sollen hier kurz schlagwortartig benannt werden.
- Reduzierung der Anzahl der Schwellenwerte
- Optimierung des Richtlinientextes im Hinblick auf den tatsächlichen Ablauf des Vergabeverfahrens
- Regelungen zu Rahmenvereinbarungen
- Einführung des Wettbewerblichen Dialogs als viertes Vergabeverfahren
- Schaffung besserer Voraussetzungen für die elektronische Vergabe
- Berücksichtigung der eingetretenen Änderungen aufgrund der Liberalisierung bei den Sektoren

Die **Rechtsmittelrichtlinien** aus den Jahren 1989 und 1992 basieren auf der Erkenntnis, dass es erhebliche Anwendungsdefizite bei den materiellen Vergaberichtlinien gibt, denen durch wirksame **Rechtsschutzinstrumentarien** begegnet werden soll. Der Bieter soll seine subjektiven Rechte im Vergabeverfahren, die sich aus den materiellen Vergaberichtlinien ergeben, anhand eines Nachprüfungssystems umsetzen können.

Die Einrichtung dieses **Nachprüfungssystems** wird in den Rechtsmittelrichtlinien vorgeschrieben. Im Zentrum dieser Richtlinien steht die möglichst rasche und effiziente Bekämpfung von Fehlern im Vergabeverfahren, die es dem Bieter erlaubt, in das laufende Vergabeverfahren einzugreifen und den Rechtsfehler vor der Zuschlagserteilung zu korrigieren. Nach Zuschlagserteilung kann es nur noch um die Geltend-

20 Richtlinie 93/37/EWG des Rates vom 14. 6. 1993, ABl. der EG L 199/54 v. 9. 8. 1993 (Baukoordinierungsrichtlinie), Richtlinie 93/36/EWG des Rates v. 14. 6. 1993, ABl. der EG L 199/1 v. 9. 8. 1993 (Lieferkoordinierungsrichtlinie), Richtlinie 92/50/EWG des Rates vom 18. 6. 1992, ABl. der EG L 209/1 v. 24. 7. 1992 (Dienstleistungsrichtlinie).

machung von Schadensersatzansprüchen gehen (sog. **Sekundärrechtsschutz**)[21]. Es gilt eine strenge Trennung von Primärrechtsschutz und Sekundärrechtsschutz[22].

Etwaige Rechtsschutzlücken, die aufgrund der **deutschen Rechtskonstruktion**, dass Zuschlagserteilung und zivilrechtlicher Vertragsabschluß in einem Akt zusammenfallen, entstehen können, werden seit 1. 2. 2001 dadurch geschlossen, dass die Behörde nach Abschluss ihrer internen Willensbildung, wem sie den Zuschlag erteilen will, eine **Mitteilung über die beabsichtigte Zuschlagserteilung** machen muss (Vorabinformation nach § 13 Vergabeverordnung[23]), in der sie die erfolglosen Bieter über das Ergebnis ihres Wertungsvorganges informiert. Auf diese Weise können die Bieter während 14 Kalendertagen Rechtsschutzmaßnahmen erwägen, und es wird die Situation vermieden, dass etwaig übergangene Bieter durch eine nicht mehr aufhebbare Zuschlagserteilung vor vollendete Tatsachen gestellt werden. Ob diese Konstruktion den **Anforderungen des Europarechts** und insbesondere den Maßgaben der Alcatel-Entscheidung des EuGH[24] entspricht, ist noch nicht abschließend geklärt. Gegen eine Europarechtskonformität spricht, dass der EuGH von der Idee ausgeht, dass es einen separaten öffentlich-rechtlichen Akt der Zuschlagserteilung gibt – der jederzeit wieder rückgängig gemacht werden kann – und einen klar definierten Akt des späteren zivilrechtlichen Vertragsabschlusses. Nimmt man dies wörtlich, so ist der nach dem deutschen Recht übliche Zusammenfall der Zuschlagserteilung mit dem Vertragsabschluß nicht europarechtskonfom. Für die Europarechtskonformität der gewählten Lösung in Gestalt des § 13 VgV spricht jedoch, dass damit zumindest vom Ergebnis her den Anforderungen an einen effektiven Rechtsschutz entsprochen wird. Durch die Vorabinformation über die beabsichtigte Zuschlagserteilung wird die nach dem deutschen Recht kritische Situation, dass die Vergabestelle in der Angebotswertung einen Fehler macht, der Bieter davon nicht erfährt und der Rechtsschutz dadurch abgeschnitten wird, dass der Zuschlag zwischenzeitlich erteilt wird, entschärft. Ziel des Europarechts, hier insbesondere der Rechtsmittelrichtlinien 89/665/EWG und der 92/13/EWG ist es nach den gefestigten Grundsätzen des Europarechts grundsätzlich immer nur, die Effizienz der vereinheitlichten Rechtsrahmen sicherzustellen. Es gilt das Prinzip der optimalen Geltungswirkung (**effet utile**). Diesem könnte die Bundesrepublik Deutschland mit dem § 13 VgV ausreichend Rechnung getragen haben. Die dahinter stehende, von einigen Gerichten für vertretbar gehaltene Konstruktion, dass sich das Vergabewesen in einen öffentlich-rechtlichen Verwaltungsakt und einen privat-

---

21 Zu Schadensersatzansprüchen etwa: *Portz*, ZVgR 1998, 596; *Schnorbus*, BauR 1999, 77; *Horn*, NZBau 2000, 63.

22 BGH, Beschl. v. 19. 12. 2000 (X ZB 14/00), VergabE B-2-1/00 = VergabeR 2001, 71 = NZBau 2001, 151 = EUK 2001, 58.

23 Verordnung über die Vergabe öffentlicher Aufträge (Vergabeverordnung – VgV) v. 9. 1. 2001, BGBl. Teil I v. 18. 1. 2001, S. 110; nunmehr i.d.F. der Verordnung zur Änderung der Vergabeverordnung vom 23. 10. 2006, BGBl. I, S. 2334. Zur Vergabeverordnung allgemein: *Höfler/Bert*, NJW 2000, 3310; *Pietzcker*, NZBau 2000, 64; *Dreher*, NZBau 2000, 178; EUROPA kompakt (EUK) 2001, 24; *Gröning*, WRP 2001, 2; *Berrisch/Nehl*, DB 2001, 184; *Kratzenberg*, NZBau 2001, 119; *Müller-Wrede/Kaelble*, VergabeR 2002, 24. Zur Informationspflicht nach § 13 VgV: OLG Düsseldorf, Beschl. v. 6. 8. 2001 (Verg 28/01), VergabE C-10-28/01 = EUK 2001, 135; *Brinker*, NZBau 2000, 174; *Erdl*, VergabeR 2001, 10.

24 EuGH, Urt. v. 28. 10. 1999 (Rs. C-81/98 – »Alcatel«), Slg. 1999, I-7479 = VergabE A-1-3/99 = NZBau 2000, 33 = WuW 1999, 1262 = ZVgR 2000, 9 = EUK 1999, 166. Dazu auch *Malmendier*, DVBl 2000, 963.

wirtschaftlichen Vertragschluss aufspaltet, ist dennoch nicht von der Hand zu weisen[25]. Freilich muss man aus dem innerstaatlichen Recht heraus akzeptieren, dass das **BVerwG** den Rechtsweg vor die Verwaltungsgerichte, dessen Bejahung auf der aus dem Subventionsrecht entlehnten **Zwei-Stufen-Theorie** beruht, als oberstes Fachgericht entschieden **verneint** hat und eine Zuordnung zum Zivilrecht vorgenommen hat, weil die Beschaffungsvorgänge als einheitliches fiskalisches Handeln mit dem Ziel eines zivilrechtlichen Vertragsschlusses anzusehen seien[26].

Ziel der Rechtsmittelrichtlinien ist es also, den Schadenseintritt durch eine fehlerhafte Zuschlagserteilung überhaupt zu verhindern (sog. **Primärrechtsschutz**). Dies liegt letztlich nicht nur im Interesse der Bieter, sondern auch im Interesse der Vergabestelle, die sich in den letzten Jahren zunehmend **Schadensersatzansprüchen** ausgesetzt sieht, die nicht nur auf die Erstattung des reinen Vertrauensschadens, sondern vor allem auch auf den Ersatz des positiven Interesses (entgangener Gewinn) gerichtet sind[27]. Anspruchsgrundlage ist dabei zumeist das Verschulden bei Vertragsverhandlungen (§ 311 II BGB, culpa in contrahendo – **cic**), weil ein Vertrag mit der Vergabestelle nicht existiert. Auch kommen im Einzelfall u.a. deliktische Anspruchsgrundlagen in Betracht[28].

Die Bundesrepublik Deutschland hatte die zwei Richtlinienkomplexe der materiellen Vergaberichtlinien und der Rechtsmittelrichtlinien bis einschließlich 31. 12. 1998 in Form der »**haushaltsrechtlichen Lösung**«[29] umgesetzt. Kernelement dieser Umsetzungslösung war die Verankerung der Vergabevorschriften im **Haushaltsrecht**. Das Haushaltsrecht, das die öffentlichen Stellen unter anderem auf die Grundsätze der Wirtschaftlichkeit und Sparsamkeit verpflichtet, versteht sich traditionsgemäß als **rein objektives Recht**. Dies bedeutet, dass keinem Bürger subjektive Rechte aus den Vorschriften des Haushaltsrechts erwachsen. Für die Kontrolle der Wirtschaftlichkeit der Verwendung öffentlicher Finanzmittel sind allein übergeordnete Dienststellen und die Rechnungshöfe zuständig.

Schon in den damaligen Beratungen der Bundesregierung spielte dieser prinzipielle Gegensatz zwischen dem objektiv-rechtlichen Charakter des Haushaltsrechts und dem **subjektiv-rechtlichen**, auf Rechtsschutz gerichteten **Charakter der Vergaberichtlinien** eine Rolle. Gleichwohl entschied man sich für die Verankerung der Vergabevorschriften im Haushaltsrecht und erließ für die Vergabevorschriften

25 Statt vieler: OVG Münster, Beschl. v. 12. 1. 2007 (15 E 1/07), VergabeR 2007, 196.

26 BVerwG, Beschl. v. 2. 5. 2007 (6 B 10.07), NZBau 2007, 389 = VergabeR 2007, 337.

27 Siehe z.B.: BGH, Urt. v. 25. 11. 1992 (VII ZR 170/91) = BGHZ 120, 281 = NJW 1993, 520 = ZfBR 1993, 77 = BauR 1993, 214; BGH, Urt. v. 24. 4. 1997 (VII ZR 106/95), WiB 1997, 1044 = VgR 2/1998, 41; vgl. BGH, Urteile v. 8. 9. 1998 (X ZR 99/96, X ZR 48/97, X ZR 109/96, X ZR 85/97), BauR 1998, 1232 ff. = JZ 1999, 253, 256, mit Anm. *Noch*; OLG Düsseldorf, BauR 1989, 195; OLG Stuttgart, BauR 1992, 639; OLG Düsseldorf BauR 1993, 597, 598; OLG Celle, Urt. v. 9. 5. 1996 (14 U 21/95), NJW-RR 1997, 662; OLG Düsseldorf, Urt. v. 31. 1. 2001 (U Kart 9/00), VergabeR 2001, 345, mit Anm. *Schwenker*.

28 Zur Rechtsprechung der Gerichte bei Ansprüchen gegenüber der Vergabestelle: *Irmer*, Sekundärrechtsschutz und Schandesersatz im Vergaberecht, 2004, S. 140 ff.; *Horn*, NZBau 2000, 63; *Schnorbus*, BauR 1999, 77; *Portz*, ZVgR 1998, 596; *Noch*, Vergaberecht und subjektiver Rechtsschutz, 1998, S. 199 ff.

29 §§ 57a bis c HGrG, eingefügt durch Gesetz v. 26. 11. 1993, BGBl. I, S. 1928 in das Haushaltsgrundsätzegesetz v.19. 8. 1969.

die Vergabeverordnung[30] mit Verweis auf die Verdingungsordnungen VOB/A und VOL/A[31]. Ab dem 1. 11. 1997 existierte eine geänderte Vergabeverordnung[32], die auch auf die VOF[33] und die damalige Neufassung der VOL/A[34] verwies. Ebenso wurde eine Nachprüfungsverordnung[35] geschaffen, welche die Regelung der Nachprüfungsverfahren vor den damals neu geschaffenen Instanzen der **Vergabeprüfstellen** und **Vergabeüberwachungsausschüsse** zum Gegenstand hatte. Entscheidungen dieser Nachprüfungsorgane auf Basis des alten Rechts reichen noch bis in die Jahre 2000[36] und 2001[37] hinein. Die seit dem 1. 1. 1999 gebildeten Vergabekammern haben in diesen Fällen »als Vergabeüberwachungsausschuss« entschieden.

Trotz der wichtigen Pionierarbeit, die von diesen Nachprüfungsinstanzen in einigen Hunderten von Entscheidungen geleistet wurde, offenbarte nicht zuletzt deren lediglich **quasigerichtlicher Charakter** wesentliche Mängel des deutschen Rechtsschutzsystems bei der Vergabe öffentlicher Aufträge. Das Judikat des EuGH[38], dass es sich bei den Vergabeüberwachungsausschüssen um Gerichte im Sinne des Art. 234 EGV (ex Art. 177 EGV) handelte, konnte an dem Befund, dass es sich nicht um Gerichte im Sinne des deutschen Verfassungsrechtes handelte, nichts ändern. Insbesondere war es entgegen der Rechtsschutzgarantie des Art. 19 IV GG kaum möglich, mit Aussicht auf Erfolg wirksam in **laufende Nachprüfungsverfahren** einzugreifen. Selbst in den Fällen, in denen die Nachprüfungsorgane vor Zuschlagserteilung tätig wurden, verging viel zu viel Zeit, und der Zuschlag wurde infolge des fehlenden Suspensiveffektes der Nachprüfungsbegehren meist zwischenzeitlich erteilt. In den wenigen Fällen, in denen das Nachprüfungsverfahren entschieden werden konnte, ohne dass es zwischenzeitlich durch Zuschlagserteilung überholt wurde, ging die erforderliche Interessenabwägung bei der Entscheidung über die Aussetzung des Vergabeverfahrens aufgrund der deutschen Rechtsumsetzung praktisch immer zugunsten des öffentlichen Interesses aus, also zugunsten der Vergabestelle und zu Lasten des Bieters[39].

Nicht ohne Grund leitete die Europäische Kommission ein **Vertragsverletzungsverfahren** wegen Schlechtumsetzung der Rechtsmittelrichtlinie 89/665/EWG ein,

---

30 Verordnung über die Vergabebestimmungen für öffentliche Aufträge (Vergabeverordnung – VgV) v. 22. 2. 1994, BGBl. I, S. 321.

31 Verdingungsordnung für Bauleistungen, Teil A i.d.F. der Bekanntmachung v. 12. 11. 1992 (BAnz. Nr. 223a v. 27. 11. 1992) und Verdingungsordnung für Leistungen – ausgenommen Bauleistungen –, Teil A i.d.F. der Bekanntmachung v. 3. 8. 1993 (BAnz. Nr. 175 a v. 17. 9. 1993).

32 VgV, geändert mit Wirkung v. 1. 11. 1997 durch die erste Änderungsverordnung v. 29. 9. 1997 zur Vergabeverordnung, BGBl. I, 2384.

33 Verdingungsordnung für freiberufliche Leistungen (VOF), BAnz. Nr. 164a v. 3. 9. 1997.

34 VOL/A 1997, BAnz. Nr. 163a v. 2. 9. 1997.

35 Verordnung über das Nachprüfungsverfahren für öffentliche Aufträge (Nachprüfungsverordnung – NpV) v. 22. 2. 1994, BGBl. I, S. 324 f.

36 Vgl. etwa VÜA Brandenburg, Beschl. v. 10. 5. 2000 (1 VÜA 12/98), VergabE V-4-12/98 = EUK 2000, 106.

37 Siehe z.B. VÜA Bund, Beschl. v. 30. 1. 2001 (VK A-1/99), VergabE U-2-1/99 = EUK 2001, 122 = Behörden Spiegel 8/2001, S. 18.

38 EuGH, Urt. v. 17. 9. 1997 (Rs. C-54/96 – Dorsch Consult), Slg. 1997, I-4961 = VergabE A-1-1/97 = ZVgR 1997, 228.

39 Siehe z.B. VÜA Nordrhein-Westfalen, Beschl. v. 10. 6. 1997 (424-84-47-1/97), VergabE V-10-1/97 = ZVgR 1997, 315 = VgR 1/1998, 50.

weil nach ihrer Auffassung die Rechtsschutzmöglichkeiten in Deutschland weit hinter den Vorgaben in dieser Richtlinie zurückblieben[40]. Diesen Befund belegten auch einige Urteile deutscher Gerichte, in denen Bieter z.B. im Wege der Beantragung einstweiliger Verfügungen versucht haben, auf laufende Vergabeverfahren Einfluss zu nehmen und Fehler zu ihren Gunsten zu korrigieren. Die **Gerichte** kamen verschiedentlich zu dem Schluss, dass das deutsche Nachprüfungssystem wesentlichen Vorgaben des Europarechts nicht gerecht wird und z.T. auch gegen deutsches Verfassungsrecht verstößt[41].

Wichtige Rückschlüsse für die **allgemeinen Anforderungen an das Rechtsschutzsystem** und das damalige Erfordernis einer Neuregelung waren auch schon aus dem EuGH-Urteil vom August 1995[42] zu ziehen. In dem Urteil hat der Gerichtshof deutlich gemacht – wenn auch bezogen auf die Rechtssituation vor Umsetzung in Form der »haushaltsrechtlichen Lösung« –, dass nur dann eine rechtswirksame Umsetzung der europäischen Vergaberichtlinien gegeben ist, wenn die Bieter ihre aus den Richtlinien entspringenden Rechte **vor den nationalen Gerichten geltend machen** können. Zwar hat der EuGH den deutschen Rechtsbegriff der »**subjektiven Rechte**« nicht ausdrücklich gebraucht – dieser ist in anderen europäischen Rechtsordnungen in der uns geläufigen Form nicht bekannt –, aber es blieb trotz aller Interpretationsbemühungen von Seiten der Verfechter der »haushaltsrechtlichen Lösung« keine andere Schlussfolgerung übrig als diejenige, dass sich die deutsche »haushaltsrechtliche Lösung« nicht im Einklang mit den Vorgaben der europäischen Vergaberichtlinien befand.

Ein anderer wichtiger Grund für die damalige Umbruchsituation im Vergaberecht lag mehr auf **politischer Ebene**. Maßgeblich die USA übten in den Jahren 1995 und 1996 Druck auf die Bundesregierung aus, um eine Verbesserung des deutschen Rechtsschutzsystems herbeizuführen. Der politische Druck wurde sogar so groß, dass sie mit einem Handelskrieg drohten und der Bundesregierung eine Frist setzten (30. 9. 1996), innerhalb derer die Bundesregierung Vorschläge für die Verbesserung des Nachprüfungssystems vorlegen sollte[43].

Wenige Tage vor Fristablauf erging schließlich der Kabinettsbeschluss vom 25. 9. 1996, der einen Meilenstein für die Weiterentwicklung des deutschen Vergaberechts darstellen sollte und mit dem die jetzt vorliegende Revision der Rechtsgrundlagen des öffentlichen Auftragswesens seinen Anfang nahm[44].

Der **Fortgang des Gesetzgebungsvorhabens** wurde markiert durch die Vorstellung des Diskussionsentwurfes vom 16. 12. 1996[45] und die Bekanntmachung des

40 Mahnschreiben vom 31. 10. 1995 an den deutschen Außenminister – Az.: (SG95) D/13624-95/2044, ZIP 1995, 1940 und die mit Gründen versehene Stellungnahme v. 31. 7. 1996.

41 Siehe z.B.: LG Hannover, Urt. v. 17. 4. 1997 (21 O 38/97 [Kart]), *Fischer/Noch*, EzEG-VergabeR, II Nr. 4 = WiB 1997, 944; VG Regensburg, Beschl. v. 22. 9. 1997 (RN 13 E 97.01681), *Fischer/Noch*, EzEG-VergabeR, II Nr. 5 = VgR 6/1997, 47 = IBR 1998, 134. Auf diese Urteile bezieht sich ausdrücklich auch die Gegenäußerung der Bundesregierung v. 25. 11. 1997 (BMWi I B 3 260500/18), VgR 1/1998, 41.

42 EuGH, Urt. v. 11. 8. 1995 (Rs. C-433/93 – Kommission ./. Deutschland), Slg. I, 2303, 2311 = VergabE A-1-1/95.

43 Vgl. die Stellungnahme der US-Botschaft v. 4. 3. 1998, VgR 3/1998, 17.

44 Kabinettsbeschluss v. 25. 9. 1996, VgR 4/1996, 57.

45 Diskussionsentwurf des BMWi v. 16. 12. 1996; siehe Anlage 1 zur Monatsinfo Dezember 1996 des »Forum Öffentliches Auftragswesen e.V.«, Köln.

Regierungsentwurfes vom 20. 4. 1997[46]. Die zentralen Elemente des dort vorgeschlagenen Vergaberechtsänderungsgesetzes sind die Verankerung subjektiver Rechte der Bieter im Vergabeverfahren und die Eröffnung des Rechtsweges zu den Gerichten in Gestalt des sog. **Kartellbeschwerdemodells** mit einer verwaltungsmäßigen Eingangsinstanz und der Beschwerdemöglichkeit zu den Oberlandesgerichten[47]. Damit ging einher, dass das Vergaberecht aus dem sachfremden, weil objektiv-rechtlichen, Haushaltsrecht herausgelöst werden musste und nun schließlich seinen Standort im Kartellrecht (Gesetz gegen Wettbewerbsbeschränkungen, GWB) gefunden hat.

Der **Entwurf des Vergaberechtsänderungsgesetzes** wurde am 3. 9. 1997 vom Bundeskabinett gebilligt. Es folgten umfangreiche Beratungen in Bundestag und Bundesrat, die schließlich nach der Einschaltung des Vermittlungsausschusses in der endgültigen Verabschiedung am 29. 5. 1998 mündeten[48].

Das Gesetzgebungsverfahren hing in mehreren Stadien buchstäblich »am seidenen Faden«. So hatte der Bundesrat bereits in seiner ersten Beratung vom 7. 11. 1997[49] das Gesetzgebungsvorhaben zwar prinzipiell befürwortet, aber eine Reihe von Änderungen vorgeschlagen und insbesondere nochmals die Bundesregierung angehalten, zu untersuchen, ob nicht doch auf Basis der bisherigen »haushaltsrechtlichen Lösung« ein europarechtskonformes Vergaberecht geschaffen werden kann. Die Bundesregierung verneinte dies in ihrer Gegenäußerung vom 25. 11. 1997[50] und betonte, dass sie an ihrem durch das Vergaberechtsänderungsgesetz vorgesehenen sog. »**kartellrechtlichen Modell**« unbedingt festhalten will.

Im weiteren Verlauf des Gesetzgebungsverfahrens kristallisierten sich **zwei Streitpunkte zwischen Bundestag und Bundesrat** heraus: Dies war zum einen die hochpolitische und auch heute noch keineswegs abschließend geklärte Frage, inwieweit sog. »**vergabefremde Aspekte**« zulässig sein sollen, also Regelungen bei der öffentlichen Auftragsvergabe, die ordnungspolitische Zielsetzungen verfolgen wie z.B. die bevorzugte Vergabe an Bieterunternehmen, die Lehrlinge oder Langzeitarbeitslose beschäftigen oder die Verpflichtung zur Abgabe einer Tariftreueerklärung. Der zweite wichtige Streitpunkt war die Frage der **Besetzung der Vergabekammern** und daran anknüpfende Kostengesichtspunkte. Dazu jedoch im einzelnen unten mehr.

---

46 Referentenentwurf des BMWi v. 20. 4. 1997, VgR 3/1997, 40 = ZVgR 1997, 162.

47 Darstellungen und Bewertungen der Entwürfe der Regelung: *Krause-Sigle*, Rechtsschutz im öffentlichen Auftragswesen und andere aktuelle Fragen, Heft 3 der Schriftenreihe Forum Öffentliches Auftragswesen e.V., Köln 1997, S. 17; *Marx*, VgR 1/1997, 37; *Byok*, DZWiR 1997, 138; *Noch*, VgR 1/1997, 41; *ders.*, ZfBR 1997, 221; *Dreher*, NVwZ 1997, 343; *Brinker*, WiB 1997, 577; *Heiermann/Ax*, DB 1998, 505; *dies.* BB 1998, 1541; *Gröning*, ZIP 1998, 370; *Broß*, VgR 4/1998, 3; *Hucko*, VgR 4/1998, 10; *Erdl*, VgR 4/1998, 27; *Byok*, NJW 1998, 2774; *ders.*, NJW 2001, 2295.

48 Siehe z.B.: Gesetzentwurf der Bundesregierung (BT-Drucks. 13/9340); Beschlußempfehlung des Wirtschaftsausschusses des Bundestages v. 1. 4.1998 (BT-Drucks. 13/10328); Plenarprotokoll des Deutschen Bundestages v. 23. 4. 1998 (BT-Drucks. 13/230); BR-Drucks. 372/98 v. 24. 4. 1998; Anrufung des Vermittlungsausschusses durch Bundesrat v. 8. 5. 1998 (BR-Drucks. 372/98 u. BT-Drucks. 13/10711); Annahme des Vorschlags des Vermittlungsausschusses durch Bundestag am 29. 5. 1998 (BR-Drucks. 519/98; s.a. BT-Drucks. 13/10876 v. 28. 5. 1998).

49 Stellungnahme des Bundesrates v. 7. 11. 1997 (BR-Drucks. 646/97).

50 Gegenäußerung der Bundesregierung v. 25. 11. 1997 (BMWi I B 3 260500/18), BT-Drucks. 13/9340; s.a. VgR 1/1998, 41.

Nach **Inkrafttreten des Vergaberechtsänderungsgesetzes** und damit der §§ 97 ff. GWB am **1. 1. 1999** waren materiellrechtlich die VOB/A, die VOL/A und die VOF über die noch weiterhin gültige Vergabeverordnung aus dem Jahre 1997 anzuwenden. Letztere wurde erst im Jahre 2001 durch die neue Vergabeverordnung auf Basis des GWB abgelöst. Diese erklärte die Verdingungsordnungen in den Fassungen des Jahres 2000, und dann später des Jahres 2002, für anwendbar.

Des Weiteren war die **Richtlinie 2001/78/EG** über die Verwendung der einheitlichen Bekanntmachungsmuster umzusetzen. Dies hatte die Schaffung der Verdingungsordnungen der Fassungen des Jahres 2002 zur Folge. Diese wurden über die Verdingungsordnung 2003 (**VgV 2003**)[51] für anwendbar erklärt.

Durch das **Richtlinienpaket 2004** erfolgte eine wesentliche Weiterentwicklung dahingehend, dass die europarechtlichen Grundlagen der ehemals drei Richtlinien für die klassischen öffentlichen Auftraggeber auf nunmehr eine einzige **Vergabekoordinierungsrichtlinie** (2004/18/EG – VKRL) verschlankt wurden, die jetzt einheitlich für alle Vergabereiche, also den Bau-, Liefer- und Dienstleistungssektor, gilt. Die neue **Sektorenrichtlinie** (2004/17/EG – SKRL) folgt der bisherigen Sektorenrichtlinie 93/38/EG nach. Die Umsetzung musste bis 31. 1. 2006 erfolgen. Die Bundesrepublik Deutschland setzte die auf diesen Richtlinien basierenden Vorschriften der VgV 2006[52] mit den neuen Fassungen der Vergabe- bzw. Verdingungsordnungen (VOB/A, VOL/A, VOF) mit dem Datum des 1. 11. 2006 um. Diese Fassung muss noch den seit 1. 1. 2008 geänderten Schwellenwerten angepasst werden[53].

Der **Aufbau des heutigen materiellen Vergaberechts** stellt sich daher wie folgt dar.

Unterhalb der Schwellenwerte:

Haushaltsrecht, §§ 7 HGrG, 7 BHO, 55 LHO, 29 ff. GemHVO
VOB/A, Abschnitt 1
VOL/A, Abschnitt 1

Oberhalb der Schwellenwerte:

Europäisches Recht:
Europäisches Primärrecht – *Diskriminierungsverbot, Art 12 EGV* – *Freier Warenverkehr, Art. 28 EGV* – *Niederlassungsfreiheit, Art. 43 EGV* – *Dienstleistungsfreiheit, Art. 49 EGV*

51 Verordnung über die Vergabe öffentlicher Aufträge – VgV – v. 9. 1. 2001, BGBl. Teil I v. 18. 1. 2001, S 110; VgV 2003, BGBl. I Nr. 6 v. 14. 2. 2003, S. 168.
52 Verordnung über die Vergabe öffentlicher Aufträge – VgV 2006 – v. 23. 10. 2006, BGBl. Teil I, S. 2334.
53 Verordnung EG 1422/2007 v. 4. 12. 2007, ABl. der EU (L 317/34) v. 5. 12. 2007.

Europäisches Sekundärrecht – *Vergabekoordinierungsrichtlinie (VKRL) 2004/18/EG – Klassische Auftraggeber* – *Sektorenrichtlinie (SKRL) 2004/17/EG – Sektorenauftraggeber*
Deutsches (Umsetzungs-)Recht:
Gesetz gegen Wettbewerbsbeschränkungen, §§ 97–101, 127
Vergabeverordnung 2006
VOB/A 2006, Abschnitte 2–4 (zusätzlich zu den §§ des ersten Abschnitts)
VOL/A 2006, Abschnitte 2–4 (zusätzlich zu den §§ des ersten Abschnitts)
VOF 2006

Anzuwendende Fassungen der Verdingungsordnungen:
- VOB 2006, BAnZ. Nr. 94a vom 18. 05. 2006
- VOF 2006, BAnZ. Nr. 91a vom 13. 05. 2006
- VOL 2006, BAnZ. Nr. 100a vom 30. 05. 2006

Wesentliches Merkmal des seit 1. 1. 1999 geltenden GWB-Nachprüfungsrechts (§§ 102–126) ist die zumindest in zweiter Instanz gegebene **gerichtliche Überprüfung** des Nachprüfungsbegehrens auf Basis **subjektiver Rechte**. Insbesondere können aufgrund des mit Antragstellung eintretenden Suspensiveffektes (§ 115 I GWB) **laufende Vergabeverfahren gestoppt** werden und vor Zuschlagserteilung zur Überprüfung gelangen.

Unter der Geltung des GWB-Nachprüfungsrechts sind bis dato **etliche Tausend Entscheidungen** ergangen. Die Zahlen der Entscheidungen für die Jahre 1999 bis 2006 betragen kumuliert:
- Beschlüsse der Vergabekammern: 8436
- Beschlüsse der Overlandesgerichte (Vergabesenate): 1743

Dies ergibt eine Gesamtsumme von 10179.

Die in erster Instanz agierenden Vergabekammern decken dabei also ca. 80–90% des Aufkommens ab. Nur etwa 10–20% der vor den Vergabekammern stattfindenden Verfahren gehen in die Beschwerde zum OLG.

Die regionale Verteilung der Verfahren ist unterschiedlich. Dies liegt u.a. an der Arbeitsweise der Vergabekammern, speziell auch an der Art und Weise der Vorprüfung nach § 110 II GWB, bevor überhaupt eine Zustellung des Nachprüfungsantrags an den öffentlichen Auftraggeber ausgelöst wird. Die unterschiedliche Verteilung hat weiter zu tun mit Gesichtspunkten der Verfahrensführung, namentlich wie weit die Vergabekammern und auch -senate das Nachprüfungsverfahren als Individualbeschwerdeverfahren verstehen oder sie sich eher einer objektiv-rechtlichen Herangehensweise befleißigen.

Daher verfügen **einige Vergabekammern** sogar über **dreistellige Verfahrenszahlen** pro Kalenderjahr. Die VK Bund hat im Jahre 2004 eine dritte Vergabekammer eingerichtet.

Bei den in zweiter Instanz arbeitenden Vergabesenaten ist erwartungsgemäß ein **Schwerpunkt beim OLG Düsseldorf** festzustellen, weil dieses sowohl für die Vergabenachprüfungsverfahren im Lande Nordrhein-Westfalen als auch für die Vergabenachprüfungsverfahren in Bundesangelegenheiten zuständig ist (Beschwerden gegen Entscheidungen der beim Bundeskartellamt in Bonn ansässigen Vergabekammern des Bundes).

A. Rechtsgrundlagen des Vergaberechts

Das Vergaberecht war früher eine Materie, in der jeder Mitgliedstaat der EG bzw. der heutigen EU seine eigenen Vorschriften entwickelt hatte, teilweise sehr ausgeprägt, teilweise nur sehr rudimentär. Zudem waren und sind die **Regelungsansätze** in den Mitgliedstaaten **sehr unterschiedlich** und reichen von einer rein öffentlich-rechtlichen (z.B. Portugal, Frankreich) bis zu einer mehr oder weniger zivilrechtlichen Betrachtungsweise (Deutschland), was entsprechende praktische Konsequenzen für die Vergabepraxis zeitigt. **2**

Im Gefolge der ersten Vergaberichtlinie aus dem Jahre 1971, und sehr verstärkt in den letzten 15–20 Jahren, haben sich die Europäischen Organe, allen voran die Europäische Kommission, entschlossen, die nationalen **Vergabebestimmungen zu harmonisieren** und in Form von EG-Richtlinien inhaltlich verbindliche Rechtsvorgaben für das Vergaberecht zu kreieren. Die nationalen Rechtstraditionen sollen bei diesem Harmonisierungsprozess jedoch so weit wie möglich erhalten bleiben, weil es im Bereich der **Richtlinienkodifikationen** nicht das Ziel des Europarechts ist, einheitliches Recht zu schaffen, sondern nur angestrebt ist, dass die Mitgliedstaaten für **konforme und mit den Richtlinienvorgaben kompatible Beschaffungsverfahren** sorgen. Die Harmonisierung der Vergabevorschriften ist dabei als ein Element der Vollendung des Binnenmarktes zu begreifen, der sich ebenso auf die Herstellung eines möglichst **europaweiten Beschaffungsmarktes** erstreckt. Natürlich sind z.B. Bauleistungen in der Regel eher an die regionalen oder bzw. nationalen Märkte gebunden. Anders ist dies aber z.B. insbesondere bei Dienstleistungen.

Entscheidend ist daher zunächst die **europäische Idee**, die sich im Bereich der öffentlichen Auftragsvergabe in Gestalt der Bestimmungen des EG-Vertrages (EGV) und der Vergaberichtlinien konkretisiert. Das Vergaberecht ist, sofern gewisse Auftragssummen (sog. »**Schwellenwerte**«) überschritten sind, ganz maßgeblich durch das Europarecht geprägt. Eine herausragende Rolle spielen die in innerstaatliches Recht umzusetzenden EG-Richtlinien, aber auch die Vorschriften des EG-Vertrages über die Marktfreiheiten.

In Kapitel A. I. soll nun eine nähere Untersuchung der europarechtlichen Aspekte erfolgen und in Kapitel A. II. ein Überblick über die seit 1. 1. 1999 geltende »kartellrechtliche Lösung« gegeben werden.

I. Die europarechtlichen Grundlagen

3 Ausgangspunkt des heutigen Vergaberechts ist das **Europarecht** in Gestalt des **EG-Vertrags** und der **EG-Vergaberichtlinien**.

Dieses **primäre und sekundäre Europarecht** markiert den maßgeblichen **Rechtsrahmen** für die Durchführung der Beschaffungsvorgänge in jedem Mitgliedstaat der EU.

Oberhalb der Schwellenwerte, also bei europaweit auszuschreibenden Beschaffungen, gelten die EG-Richtlinien zuzüglich der Vorschriften des EG-Vertrags.

Unterhalb der in den Richtlinien festgelegten Schwellenwerte, also bei nationalen Submissionen, gelten die Bestimmungen des EG-Vertrags ebenfalls, weil es im Gemeinsamen Markt keinen europarechtsfreien Raum mehr gibt.

1. Grundprinzipien und Bedeutung des Vergaberechts

a) Transparenz, Nichtdiskriminierung und Wettbewerb

4 Im Europarecht sind die **zentralen Vergabeprinzipien** verankert. Diese sind:
- **Transparenz,**
- **Nichtdiskriminierung** und
- **fairer Wettbewerb.**

Unter **Transparenz** ist zu verstehen, dass klare, nachvollziehbare Vergabeverfahren stattfinden und vorhersehbare Entscheidungskriterien angewendet werden. Der Bieter soll in die Lage versetzt werden, schon im Vorhinein zu sehen, worauf es in dem konkreten Vergabeverfahren ankommt und welche Chancen er bei einer etwaigen Teilnahme an dem betreffenden Verfahren hat[54]. Damit wird er davor bewahrt, sich an Vergabeverfahren zu beteiligen, bei denen er keine Aussicht auf Erfolg hat[55]. Schließlich bedeutet jede Angebotserstellung einen Zeitaufwand und damit die Bindung von Unternehmensressourcen. Die Bieter haben ein legitimes Interesse an der Amortisation ihrer Aufwendungen[56]. Man spricht diesbezüglich von der sog. **ex-ante-Transparenz**. Diese erfordert konkret z.B. die vorherige genaue Angabe der Zuschlagskriterien (vorzugsweise bereits in der Ausschreibungsbekanntmachung), so dass der Bieter weiß, welche anderen Gesichtspunkte zusätzlich zu dem Preis eine Rolle für die Zuschlagserteilung spielen werden

---

54 EuGH, Urt. v. 25. 4. 1996 (Rs. C-87/94), VergabE A-1-4/96, Rn. 53 ff, 88 f.; KG, Beschl. v. 3. 11. 1999 (Kart Verg 3/99), VergabE C-3-3/99 = EUK 1999, 185; OLG Naumburg, Beschl. v. 31. 3. 2004 (1 Verg 1/04), VergabE C-14-1/04 = EUK 2004, 106; OLG Dresden, Beschl. v. 29. 5. 2001 (WVerg 0003/01), VergabE C-13-3/01 = VergabeR 2001, 311; VK Südbayern, Beschl. v. 29. 9. 2000 (120.3-3194.1-18-08/00), VergabE E-2b-8/00 = EUK 2000, 183.

55 EuGH, Rs. 76/81 (»Transporoute«), Slg. 1982, 417 = VergabE A-1-1/82; VÜA Hessen, Beschl. v. 6. 1. 1998 (VÜA 1/96), VergabE V-7-1/96-3.

56 OLG Dresden, Urt. v. 10. 2. 2004 (20 U 1697/03), BauRB 2004, 205; VK Sachsen, Beschl. v. 7. 5. 2007 (1/SVK/027-07) u. Beschl. v. 15. 5. 2007 (1/SVK/028-07), NZBau 2007, 608 = VS 2007, 54 [L]; VÜA Bayern, Beschl. v. 17. 12. 1999 (1 VÜA 6/99), VergabE V-2-6/99 = EUK 2000, 57, 58.

(Qualität, Wirtschaftlichkeit, Service, Ausführungszeitraum, Lieferzeitpunkt etc.)[57]. Gleiches gilt für die Teilnahmebedingungen (Eignungskriterien)[58].

Neben der ex-ante-Transparenz ist es ebenso wichtig, dass Vergabeentscheidungen nachvollziehbar sind und die Bieter eine Information darüber bekommen, wie die Mitbewerber geboten haben. Nur auf diese Weise ist sichergestellt, dass die Teilnehmer an dem Vergabeverfahren Rückschlüsse für ihr zukünftiges geschäftliches und auch rechtliches Verhalten ziehen können. Die Nachvollziehbarkeit der Entscheidungsschritte des öffentlichen Auftraggebers ist eine unverzichtbare Voraussetzung für die Nachprüfbarkeit im Rahmen der vom Europarecht vorgesehenen Rechtsschutzmöglichkeiten. Man spricht diesbezüglich von der sog. **ex-post-Transparenz**. Diese äußert sich konkret in einer Pflicht der Vergabestelle zur lückenlosen Dokumentation des gesamten Vergabeverfahrens (sog. **Vergabevermerk**) und einem damit korrespondierenden Anspruch des Bieters auf Information[59]. Dokumentation und Information wiederum sind unverzichtbare Voraussetzungen für den Rechtsschutz. Freilich stellen sie keinen Selbstzweck dar. Nicht jedes Dokumentationsdefizit führt automatisch zur Rechtswidrigkeit; es muss ein Zusammenhang mit Beeinträchtigungen der Chancen auf Zuschlagserteilung bestehen[60]. Darüber hinaus gibt es Auskunftsrechte der Europäischen Kommission, auf deren Anfrage hin der Vergabevermerk zu übermitteln ist[61]. Außerdem müssen die ausschreibenden Stellen bei EU-weiten Ausschreibungen statistischen Pflichten genügen; diese dienen letztlich auch der ex-post-Transparenz.

Unter **Nichtdiskriminierung** ist folgendes zu verstehen: Insbesondere verboten sind **direkte** Schlechterstellungen aufgrund der Staatsangehörigkeit, d.h. EU-Ausländer dürfen nicht schlechter behandelt werden als Bürger des betreffenden Mitgliedstaates[62]. Diese Art von Schlechterstellung knüpft direkt an das Merkmal der Staatsangehörigkeit an. Eine direkte Schlechterstellung ist beispielsweise dann gegeben, wenn sich eine dänische Vergabestelle vorbehält, einen bestimmten Prozentsatz des Auftragsvolumens ausschließlich dänischen Bietern vorzubehalten[63].

Schlechterstellungen sind aber auch in der Weise denkbar, dass sie **mittelbar** durch nationale Regelungen wie z.B. wirtschaftssteuernde und allgemein ordnungspolitische Maßnahmen erfolgen, die mit den Prinzipien des freien Waren- und Dienstleistungsverkehrs nicht vereinbar sind[64]. So dürfen Leistungsbeschreibungen nicht in der Weise ausgestaltet sein, dass sie die Marktfreiheiten in ungerechtfertigter

57 EuGH, Urt. v. 12. 12. 2002 (Rs. C-470/99), VergabE A-1-5/02, Rn. 85 ff. = VergabeR 2003, 141 = NZBau 2003, 162 = WuW 2003, 205 = BauR 2003, 774 = EUK 2003, 23; VK Südbayern, Beschl. v. 29. 9. 2000 (120.3-3194.1-18-08/00), VergabE E-2a-8/00 = EUK 2000, 183; VÜA Bayern, Beschl. v. 20. 1. 1999 (VÜA 8/98), VergabE V-2-8/98 = EUK 1999, 58; VÜA Bayern, Beschl. v. 25. 3. 1999 (VÜA 6/96), VergabE V-2-6/96 = EUK 2001, 91.

58 VK Bund, Beschl. v. 4. 9. 2007 (VK 1-89/07), VS 2008, 14.

59 OLG Brandenburg, Beschl. v. 3. 8. 1999 (Verg 1/99), BauR 1999, 1175 = NVwZ 1999, 1142 = ZVgR 1999, 207 = VergabE C-4-1/99; VÜA Berlin, Beschl. v. 12. 5. 1998 (VÜA 1/98), VergabE V-3-1/98.

60 OLG Dresden, Beschl. v. 31. 3. 2004, W Verg 2/04, VergabE C-13-2/04 = EUK 2004, 126.

61 *Fischer*, in: Lenz/Borchardt, EU-und EG-Vertrag, 4. Aufl. 2006, Nach Art. 49–55 EGV, Rn. 35.

62 *Lenz*, in: Lenz/Borchardt, EU-und EG-Vertrag, 4. Aufl. 2006, Art. 12 EGV, Rn. 4.

63 EuGH, Urt. v. 22. 6. 1993 (C-243/89 – Kommission ./. Königreich Dänemark – »Brücke über den Storebaelt«), Slg. 1993, I, 3353, Rn. 33 = VergabE A-1-1/93.

64 *Lenz*, in: Lenz/Borchardt, EU-und EG-Vertrag, 4. Aufl. 2006, Art. 12 EGV, Rn. 5.

Weise beeinträchtigen. Anforderungen an die Niederlassung des Bieterunternehmens in einem bestimmten Mitgliedstaat der EU müssen gerechtfertigt sein (z.B. Baubetreuungsvertrag)[65]. Ebenso dürfen die Anforderungen an die zu erbringende Dienstleistung nur so weit reichen wie sie in Bezug auf die notwendige Qualität der Leistungserbringung verhältnismäßig sind (z.B. Dienstleistungen im Gesundheitsbereich in Form häuslicher Atemtherapien)[66].

Des Weiteren betrachte man hier z.B. die sog. **vergabefremden Aspekte**, die im Kern oftmals nicht nur mit mittelbaren, sondern sogar mit direkten Diskriminierungen von EU-Ausländern verbunden sind:

Stichwort: Lehrlingsausbildungsbetriebe oder Bevorzugung von inländischen Regionen. Es darf nach diesen europarechtlichen Vorgaben nicht passieren, dass Betriebe aus anderen Staaten der EU sich aufgrund deutscher Vorschriften erst »vergabefähig«[67] machen müssen, um in Deutschland überhaupt Chancen bei Auftragsvergaben zu haben. Sie wären dann gezwungen, z.B. einen bestimmten Prozentsatz Lehrlinge einzustellen, um als Bieter in Frage zu kommen. Ein niederländischer Betrieb könnte sich jedoch gar nicht erst vergabefähig machen, weil die Niederlande – wie übrigens die allermeisten Mitgliedsstaaten der EU – kein duales Ausbildungssystem kennen. Sie verfügen nur über die staatliche Lehrlingsausbildung, nicht aber über eine solche, die parallel in der Privatwirtschaft stattfindet. Werden nun in einzelnen Mitgliedstaaten solche und ähnliche Anforderungen an Bieterunternehmen gestellt, so widerspricht dies den Regeln des Gemeinsamen Marktes und nicht zuletzt auch der eigentlich angestrebten Deregulierung, denn all diese Vorschriften schaffen einen unnötigen Verwaltungsaufwand, der die Vergabepraxis überdies ziemlich undurchsichtig, also intransparent gestaltet.

Dennoch sind die **»vergabefremden« Kriterien** zumindest im **Umweltbereich und auch im sozialen Bereich** gemäß der Regelung des **Art. 26 VKRL** als sog. »Bedingungen für die Auftragsausführung« ausdrücklich zugelassen. Ob sie Eignungs-, Zuschlags- oder »Kriterien der dritten Art«[68] sind, lässt die Richtlinie offen. Eine pauschale Behauptung jedenfalls, solche Kriterien seien aus europarechtlicher Sicht generell unzulässig, ist daher unhaltbar. Es kommt aber auf deren konkrete Ausgestaltung an. Wo genau die Grenzen zulässiger und unzulässiger Kriterien liegen, ist dabei eine Frage des Einzelfalles[69]. Auch die **Form**, in welcher vergabefremde Kriterien eingeführt werden, und der Gültigkeitsanspruch, den sie zu entfalten bestimmt sind, spielt eine maßgebliche Rolle. So müssen etwa Regelungen über die **Tariftreue** allgemeinverbindlich als Mindestlöhne im Sinne der Entsenderichtlinie und des deutschen Entsendegesetzes festgeschrieben werden, damit sie europarechtlich haltbar sind[70]. Tarifregelungen, die sich lediglich auf einen Teil der

---

65 EuGH, Urt. v. 20. 10. 2005 (Rs. C-264/03 – »Kommission/Frankreich«), VergabeR-2006, 54 = WuW 2006, 335.

66 EuGH, Urt. v. 27. 10. 2005 (Rs. 234/03 – »Contse«), NZBau 2006, 189 = VergabeR 2006, 63 = WuW 2006, 101.

67 *Brenner*, Neuere Entwicklungen im Vergaberecht der Europäischen Union, 1997, S. 45.

68 So: *van den Eikel*, Die zulässige Implementierung »vergabefremder« Kriterien im europäischen Vergaberecht, 2006, S. 182.

69 *van den Eikel*, Die zulässige Implementierung »vergabefremder« Kriterien im europäischen Vergaberecht, 2006, S. 581.

70 EuGH, Urt. v. 3. 4. 2008 (Rs. C-346/06 – »Dirk Rüffert ./. Land Niedersachsen«), VergabeR 2008, 478 = VS 2008, 26.

betroffenen Branche, nämlich auf die dem Tarifverband angehörigen Betriebe, beziehen, genügen diesen Anforderungen nicht.

Fairer Wettbewerb bedeutet: Firmen aus jedem Mitgliedstaat müssen die gleichen Chancen haben. Sie dürfen nicht durch vermeidbare rechtliche oder faktische Umstände in ihrer Teilnahme am Wettbewerb behindert werden. Bagatellfälle und unabänderliche Tatsachen wie räumliche Entfernungen etc. zählen natürlich nicht dazu. Diesbezüglich darf der »Bogen« sicherlich nicht überspannt werden. Aber andererseits ist auch darauf zu achten, dass es in faktischer Hinsicht manchmal sehr subtile, kaum wahrnehmbare Möglichkeiten gibt, den fairen Wettbewerb zu beeinträchtigen, so dass im Einzelfall eine sehr genaue und kritische Prüfung erfolgen muss. Etwa im Bereich der wettbewerblichen Gestaltung der Leistungsbeschreibung wird dies in hohem Maße relevant. Dort können die Interessen der Vergabestelle an wirtschaftlichen Beschaffungen und die Interessen der Bieter an der Offenhaltung des Zugangs für möglichst viele Produkte oder Ausführungsarten kollidieren.

Erst recht sind sehr augenfällige **Wettbewerbsverzerrungen** wie z.B. Subventionen oder Monopole unbedingt zu vermeiden bzw. abzustellen. So wurden etwa lange Jahre die Beschaffungsmärkte auf dem Telekommunikationssektor durch Monopolsituationen gestört und damit ein fairer Wettbewerb verhindert. Im Jahre 1990 wurde mit der **Sektorenrichtlinie** die Anwendung des Europäischen Vergaberechts vorgeschrieben. Erst als die Liberalisierung auf dem Telekommunikationssektor weit genug fortgeschritten war, konnte dieser Bereich aus dem Anwendungsbereich des Vergaberechts wieder herausgenommen werden (Freistellung nach Art. 8 der Richtlinie 93/38/EWG)[71]. Abzuwarten bleibt, wie sich die Marktsituation im **Energiesektor** entwickeln wird und inwieweit auf der Grundlage fortschreitender Liberalisierung auch hier eine Freistellung von der Anwendung des Vergaberechts möglich ist. Sind in der Bundesrepublik Deutschland schon einige Erfolge bei der Öffnung des Energiemarktes erfolgt, so sieht dies in anderen Mitgliedstaaten – z.B. in Frankreich – anders aus. Dort gibt es noch immer höchst monopolistische Strukturen und große Widerstände gegen Privatisierungen (vgl. die Staatsbetriebe Electricité de France und Gaz de France). Im Übrigen ist festzustellen, dass das bloße Vorhandensein eines Wettbewerbs »de jure« diesbezüglich nicht genügt; erforderlich ist die Existenz eines Wettbewerbs »de facto«[72]. Schließlich ist es die Kernidee des Vergaberechts, einen Wettbewerb dort zu schaffen, wo infolge von staatlichem Handeln oder aufgrund der Existenz von Monopolen regelmäßig kein Wettbewerb herrscht. Zur Beurteilung dieser Frage bedarf es daher sowohl der Prüfung des geschriebenen Rechts als auch der Rechtswirklichkeit.

Schlussendlich ist nicht zu verkennen, dass so manch eine Auftragsvergabe, die nach vergabefremden Aspekten vorgenommen wird, in die Nähe von **Beihilfen** rückt. Überspitzt formuliert könnte man sagen, dass es sich hier nicht um Einkäufe der öffentlichen Hand handelt, sondern um versteckte Beihilfen, mit denen z.B. Betriebe

71 Siehe bereits Grünbuch der Europäischen Kommission »Das öffentliche Auftragswesen in der Europäischen Union – Überlegungen für die Zukunft«, abgedruckt als Heft 2 der Schriftenreihe des Forum Öffentliches Auftragswesen e.V., Köln 1996. Mitteilung der Kommission vom 8. 5. 1999 gemäß Art. 8 der Richtlinie 93/38/EWG, ABl. C 129, S. 11. Siehe auch die aktualisierte Mitteilung nach Art. 8 der Richtlinie 93/38/EWG, ABl. v. 30. 4. 2004, C 115, S. 3.

72 Siehe dazu auch *Noch*, DÖV 1998, 623 ff.

gefördert werden sollen, die Langzeitarbeitslose beschäftigen oder die Mitarbeiter nach deutschen Tariflöhnen beschäftigen[73]. Daher kann in solchen Fällen prinzipiell ein Verstoß sowohl gegen das Diskriminierungsverbot vorliegen als auch gegen das konstituierende Prinzip einer wettbewerblichen Beschaffung. Beihilfen sind das Gegenteil von wettbewerblicher Beschaffung. Mit einer solchen Politik öffentlicher Auftragsvergabe wird strukturell gegen das Beihilferecht der Art. 87 (ex Art. 92, 93 EGV) verstoßen[74] und gegen die darin verankerte Beihilfekontrolle seitens der Europäischen Kommission. Gleichwohl ist mit *Fischer* für eine möglichst weitgehende Trennung von Öffentlichem Auftragswesen und Beihilferegime zu votieren[75]. Anderenfalls würde das Vergaberecht kaum mehr handhabbar.

Andererseits[76] verstößt nach Auffassung des **EuGH** der alleinige **Umstand**, dass **ein öffentlicher Auftraggeber Einrichtungen**, die **öffentliche Zuwendungen** erhalten, **zu einem Verfahren zur Vergabe öffentlicher Dienstleistungsaufträge zulässt**, weder gegen das Verbot versteckter Diskriminierung (Art. 12 EGV) noch gegen den freien Dienstleistungsverkehr (Art. 49 EGV). Eine Arbeitsgemeinschaft von Ziviltechnikern und Unternehmen (ARGE) beteiligte sich an einer vom österreichischen Bundesministerium für Land- und Forstwirtschaft veranstalteten Ausschreibung, die die Entnahme und Analyse von Wasserproben aus einer Reihe von österreichischen Seen und Flüssen für die Beobachtungsjahre 1998 bis 2000 betraf. Unter den Mitbietern befanden sich auch **Forschungs- und Prüfungszentren**. Die ARGE war mit deren Teilnahme nicht einverstanden, weil sie als **halböffentliche Bieter hohe staatliche Subventionszahlungen** ohne konkrete Projektbindungen erhielten. Der EuGH stellt heraus, in keiner Vorschrift sei vorgesehen, dass ein Bieter allein deshalb auszuschließen sei, weil er öffentliche Zuwendungen erhält. Vielmehr bestimme die Richtlinie 92/50/EWG gerade, dass als Bieterunternehmen natürliche und juristische Personen »**sowie öffentliche Einrichtungen**« in Betracht kommen. Der EuGH betont, dass im Hinblick auf Beihilfen, die Unternehmen gewährt werden, welche im Gebiet des Mitgliedstaats ansässig sind, der die Beihilfe gewährt, diese Praxis für sich genommen keine versteckte Diskriminierung und keine Beschränkung des freien Dienstleistungsverkehrs darstelle. Begründung dafür sei, dass die daraus für die Unternehmen anderer Mitgliedstaaten resultierende **Ungleichbehandlung** dem Begriff der staatlichen Beihilfe **inhärent** sei.

Etwas anderes kann nur dann gelten, wenn die **Beihilfe rechtswidrig erlangt** wurde. Dass dem nicht so ist, muss das betreffende Unternehmen im Zweifel nachweisen. So regelt z.B. **§ 25a Nr. 2 VOL/A 2006:**

> *»Angebote, die aufgrund einer staatlichen Beihilfe ungewöhnlich niedrig sind, können allein aus diesem Grund nur dann zurückgewiesen werden, wenn das Unternehmen nach Aufforderung innerhalb einer vom Auftraggeber festzulegenden ausreichenden Frist nicht nachweisen kann, dass die betreffende Beihilfe rechtmäßig gewährt wurde. Auftraggeber, die unter diesen Umständen ein Angebot zurückweisen, müssen die Kommission der Europäischen Gemeinschaften darüber unterrichten.«*

73 KG, Beschl. v. 20. 5. 1998 (Kart 24/97), WuW 1998, 1023.
74 So auch KG, Beschl. v. 20. 5. 1998 (Kart 24/97), WuW 1998, 1023; s.a. *Drey*, VgR 3/1998, 18.
75 *Fischer*, VergabeR 2004, 1 ff.
76 EuGH, Urt. v. 7. 12. 2000 (Rs. C-94/99 – »ARGE Gewässerschutz«), VergabE A-1-6/00 = VergabeR 2001, 28 = NZBau 2001, 99 = EUK 2001, 4. Dazu auch *Antweiler*, VergabeR 2001, 259.

Die Bestimmung (und auch die parallele in § 25a Nr. 2 VOB/A) hat allerdings in der Spruchpraxis keine nennenswerte praktische Bedeutung erlangt.

Die **deutschen Nachprüfungsinstanzen** haben diese Rechtsprechung des EuGH in Sachen Beteiligung subventionierter Bieterunternehmen weitgehend nachvollzogen. Dies liegt schon im Interesse der Schaffung von (gleitenden) Übergangsmöglichkeiten von ehemals staatlichen Betrieben in rein privatwirtschaftliche Betriebe[77]. Demnach können sich im Grundsatz Betriebe jeder Art an einer Ausschreibung beteiligen, solange sie eine private Rechtsform besitzen[78].

b) Integrationspolitische Bedeutung

5 Das **Recht der EU** ist über Art. 23 I GG als **Bestandteil des deutschen Rechts** zu begreifen. Konzept ist dabei die Europäische Integration in Gestalt eines einheitlichen Binnenmarktes. Dieses Ziel der Verwirklichung des Gemeinsamen Marktes ist in Art. 14 EGV wie folgt definiert:

> *»Der Binnenmarkt umfasst einen Raum ohne Binnengrenzen, in dem der freie Verkehr von Waren, Personen, Dienstleistungen und Kapital gemäß den Bestimmungen dieses Vertrages gewährleistet ist«*[79]

Eine besondere Bedeutung kommt bei diesem **Integrationsprozess** dem **Wirtschaftsrecht** zu, weswegen diese Rechtsmaterie auch einen Großteil der Regelungskompetenz der EU ausmacht[80]. Dementsprechend gibt es diesbezüglich zahlreiche Vorschriften und teilweise auch direkte Zuständigkeiten von EG-Organen wie z.B. in der benachbarten Materie des Kartellrechts oder etwa im Subventionsrecht. Ebenso wurde die Bedeutung des Vergaberechts schon verhältnismäßig frühzeitig erkannt[81].

Die **wirtschaftspolitische Bedeutung des Vergaberechts** wurde bereits im Kapitel Einführung und Überblick aufgezeigt.

Das Vergaberecht hat aber auch noch eine über den Beitrag zum Integrationsprozess hinausgehende Zielsetzung, und zwar die **Einsparung öffentlicher Gelder**. Das erzielbare Einsparungspotential zugunsten der öffentlichen Haushalte wird nach den Berechnungen des Cecchini-Berichtes auf jährlich 30 bis 40 Mrd. ECU (jetzt: €) geschätzt. Dies wurde denn auch in sehr anschaulicher Weise in dem Bericht zu 10 Jahren Binnenmarkt aus dem Jahre 2002 bekräftigt[82].

---

77 OLG Stuttgart, Beschl. v. 12. 5. 2000 (2 Verg 1/00 – »Universitätsinstitut, molekulargenetische Untersuchungen«), VergabE C-1-2/00 = NZBau 2000, 543 = ZVgR 2000, 16; VK Brandenburg, Beschl. v. 8. 12. 2003 (VK 75/03 – »Betriebsführerschaft Wasserentsorgung«), VergabE E-3-75/03.

78 OLG Düsseldorf, Beschl. v. 29. 3. 2006 (VII Verg 77/05 – »Versicherungsverein auf Gegenseitigkeit«), VergabeR 2006, 509.

79 *Lenz*, in: Lenz/Borchardt, EU-und EG-Vertrag, 4. Aufl. 2006, Art. 14 EGV, Rn. 2: *»Der Artikel über den Binnenmarkt muss im Zusammenhang mit dem Erklärung zum früheren Art. 8a des EWGV gelesen werden, die zur Schlußakte der EEA (= Einheitliche Europäische Akte, ABl. 1987 L 169/1) gehört.«*

80 Zahlen und Daten zu Integrationserfolgen in einzelnen Bereichen u.a. bei *Kahler* in: *Callies/Ruffert*, Kommentar zu EU-Vertrag und EG-Vertrag, 2. Aufl. 2002, Rn. 24 zu Art. 14 EGV, m.w.N.

81 Dezidiert dazu aus jüngerer Zeit: EuGH, Urt. v. 21. 2. 2008 (Rs. C-412/04 – »Kommission ./. Italien«), VergabeR 2008, 501 = VS 2008, 27.

82 "The Internal Market – Ten Years without Frontiers", 2002, Chapter 5, Buying Smart – Public Procurement, p. 24.

»According to the Cecchini Report, governments were over-paying by € 22 billion – often spending 25% or more than their counterparts in the private sector for the same filing cabinets, personal computers, cleaning services and so on. Not just once, but year after year. If private citizens or businesses behaved in this way, they would soon go bust. (...)

Tax payers have a right to expect prudent spending and value for money.«

Angesichts dieser herausragenden doppelten Bedeutung des Vergaberechts finden sich für den Bereich des Vergaberechts europarechtliche **Regelungen auf zwei Ebenen**, und zwar auf der Ebene des

- **EG-Vertrages** (Art. 12, 28, 43, 49 EGV), sog. primäres Europarecht, und auf der Ebene der
- **EG-Richtlinien** (Art. 249 III EGV), sog. sekundäres Europarecht.

2. EG-Vertrag

6 Auf der Ebene des EG-Vertrages sind für das Vergaberecht vor allem die sog. **Marktfreiheiten** relevant.

Dabei handelt es sich um die für den Handel in einem gemeinsamen Markt unerlässlichen Grundfreiheiten. Diese haben **grundrechtsähnlichen Charakter** und sind prinzipiell unmittelbar anwendbar. Jeder Unionsbürger kann sich auf sie berufen[83]. Nimmt man nun noch die über Art. 6 II EU-Vertrag (EUV) geltende Rechtsschutzgarantie aus Art. 6 I der Europäischen Menschenrechtskonvention hinzu[84], so ist festzustellen, dass eine recht umfassende europarechtliche Rechtsschutzgarantie existiert[85].

Die Charta der **Grundrechte der EU**[86], die einen umfassenden Katalog von Grund- und Menschenrechten enthält, ist zwar – infolge der im Jahre 2005 gescheiterten Verfassung – bislang kein Bestandteil des Europarechts. Sie wurde am 7. 12. 2000 feierlich proklamiert und sollte unter Bezugnahme auf die gemeinsamen Verfassungstraditionen und die gemeinsamen internationalen Verpflichtungen der Mitgliedstaaten, auf die Europäische Konvention zum Schutze der Menschenrechte und Grundfreiheiten (EMRK), auf die von der Gemeinschaft und dem

---

83 Vgl. schon: EuGH, Urt. v. 9. 3. 1978 (Rs. 106/77 – »Simmenthal«), Slg. 1978, 629, Rn. 14; EuGH (Rs. C-46/93 und 48/93 – » Brasserie du Pêcheur«), Slg. 1996, I-1029, Rn. 54; *Epiney* in: *Callies/Ruffert*, Kommentar zu EU-Vertrag und EG-Vertrag, 2. Aufl. 2002, Rn. 4 zu Art. 28 EGV, m.w.N.

84 EuGH (Nold), Slg. 1974, 491; EuGH (Hauer), Slg. 1979, 3727. *Huber*, Recht der Europäischen Integration, 1996, Rn. 26 zu § 6: *»Die EMRK ... (entwickelt sich) mehr und mehr zu dem zentralen Grundrechtsdokument schlechthin.«*.

85 *Dreier (Schulze-Fielitz)*, Grundgesetz-Kommentar, Band I, 1996, Rn. 19 f. zu Art. 19 IV; *von Danwitz*, NJW 1993, 1108, 1114; *Lenz*, EuGRZ 1993, 585, 589; *Pernice*, NJW 1990, 2409, 2416; ferner *Noch/Burkhard*, StuW 1999, 335, 347. Siehe außerdem *Kingreen* in: *Callies/Ruffert*, Kommentar zu EU-Vertrag und EG-Vertrag, 2. Aufl. 2002, Rn. 16 ff. zu Art. 6 EUV, m.w.N.

86 »Charta der Grundrechte der Europäischen Union«, ABl. C 364 v. 18. 12. 2000, S. 1; Stellungnahme des Wirtschafts- und Sozialausschusses, ABl. C 367 v. 21. 12. 2000, S. 26, und des Ausschusses der Regionen, ABl. C 22 v. 24. 1. 2001, S. 1. Siehe auch *Geiger*, EUV/EGV – Kommentar, 4. Aufl. 2004, Rn. 9 ff. zu Art. 6 EUV, m.w.N. Zur Rechtsnatur der Grundrechte-Charta in der Fassung aus 2007; *Streinz/Ohler/Herrmann*, Der Vertrag von Lissabon zur Reform der EU, 2. Aufl. 2008, S. 98.

Europarat beschlossene Sozialcharta[87] sowie auf die Rechtsprechung des Gerichtshofs der Europäischen Gemeinschaften (EuGH) und des Europäischen Gerichtshofs für Menschenrechte als integraler Bestandteil des Europarechts kodifiziert werden[88]. Nachdem sie nun mit dem **Vertrag von Lissabon nicht ohne Einschränkungen formaler Bestandteil des Europarechts** wird und sich die Hoffnungen auf eine direkte Verbindlichkeit der europäischen Grundrechte im Gefüge einer zuvor erwarteten verfassungsrechtlichen Rollenverteilung zwischen Mitgliedstaaten und Gemeinschaft zerstoben haben[89], wird sie dennoch bei der ergänzenden Rechtsauslegung sicher eine Rolle spielen. Nicht zu übersehen ist freilich, dass die Grundrechte zunächst Bestandteil der nationalen Verfassungen sind.

a) Verträge von Maastricht, Amsterdam, Nizza und Lissabon

7 Der **Vertrag von Maastricht**, der einen ganz wesentlichen Integrationsschub bedeutete, war am 1. 11. 1993 in Kraft getreten[90], nachdem die Bundesrepublik Deutschland als letzter Mitgliedstaat die Ratifikationsurkunde hinterlegt hatte infolge des erst am 12. 10. 1993 ergangenen Maastricht-Urteils des BVerfG[91]. Schon im Vertrag von Maastricht war für das Jahr 1996 eine Revisionskonferenz vorgesehen, welche der Vereinbarung weiterer Integrationsschritte dienen sollte. Die Aufgabe der Osterweiterung der EG bzw. der EU kam hinzu.

Der am 2. 10. 1997 unterzeichnete **Amsterdamer EG-Vertrag** trat am 1. 5. 1999 in Kraft[92]. Diese Fassung des EG-Vertrages führte zu einer Umnummerierung der für das Vergaberecht wesentlichen Vorschriften über die Marktfreiheiten (Warenverkehr, Niederlassungs- und Dienstleistungsfreiheit)[93]. Inhaltliche Änderungen waren damit betreffend diese Vorschriften nicht verbunden.

Da in Amsterdam wesentliche mit dem Erweiterungsprozess zusammenhängende Fragen offen geblieben waren, kam es zu dem **Vertrag von Nizza** vom 26. 2. 2001[94], der am 1. 2. 2003 in Kraft trat. Er betraf hauptsächlich das organisatorische Recht der EU bzw. der EG. Neuerliche Änderungen der Numerik der Vorschriften über die Marktfreiheiten waren daher mit dieser Fassung nicht verbunden.

87 BGBl. 1964 II, 1262.
88 Zu Geschichte und Funktion siehe nur: *Wolffgang*, in: Lenz/Borchardt, EU-und EG-Vertrag, 4. Aufl. 2006, Anhang zu Art. 6 EUV, Rn. 3 ff.
89 *Kingreen* in: *Callies/Ruffert*, Kommentar zu EU-Vertrag und EG-Vertrag, 2. Aufl. 2002, Rn. 210 zu Art. 6 EUV.
90 Vertrag über die Europäische Union v. 7. 2. 1992, in Kraft getreten am 1. 11. 1993 (BGBl. 1992, II, S. 1251).
91 BVerfGE 89, 155.
92 »Vertrag von Amsterdam zur Änderung des Vertrages über die Europäische Union, der Verträge zur Gründung der Europäischen Gemeinschaften sowie einiger damit zusammenhängender Rechtsakte«, ABl. der EG Nr. C 340, S. 1 = BR-Drucks. Nr. 784/97.
93 Zu den Neuerungen durch den Amsterdamer Vertrag: *Fischer*, Europarecht, 3. Aufl. 2001, S. 13; *Streinz*, EuZW 1998, 137 ff.
94 Siehe ABl. C 80 v. 10. 3. 2001, S. 1, sowie eine Zusammenfassung in EUK 2001, 67.

Im Jahre 2007 wurde der **Vertrag von Lissabon** verabschiedet[95]. Die Neuregelung, die als besondere Bewährungsprobe der Akteure wie auch der dahinter stehenden europäischen Institutionen sowie der Regierungen der Mitgliedstaaten gelten kann, ist bis zum 1. 1. 2009 von den Mitgliedstaaten zu ratifizieren[96]. Der Vertrag bringt inhaltlich u.a. die überfällige Abkehr vom Prinzip der Einstimmigkeit.

Im Folgenden wird auf die derzeit gültigen Artikel-Nummerierungen des Amsterdamer Vertrages/Vertrages von Nizza rekurriert. Dennoch wird der Übersichtlichkeit halber, und weil noch zahlreiche wichtige Entscheidungen, die nach altem **EG-Vertragsrecht** ergangen sind, auf die früheren Nummerierungen Bezug nehmen, nochmals eine **Gegenüberstellung** der wichtigsten Vorschriften gegeben:

Maastrichter Vertrag		**Vertrag von Amsterdam/Nizza**
Art. 3 b EGV	(Subsidiaritätsprinzip)	Art. 5 EGV
Art. 4 I EGV	(Prinzip der begr. Einzelermächtig.)	Art. 7 I EGV
Art. 5 EGV	(Prinzip der Gemeinschaftstreue)	Art. 10 EGV
Art. 6 EGV	(Diskriminierungsverbot)	Art. 12 EGV
Art. 7 a EGV	(Verwirklichung des Binnenmarkts)	Art. 14 EGV
Art. 8 EGV	(Unionsbürgerschaft)	Art. 17 EGV
Art. 30 EGV	(Freier Warenverkehr)	Art. 28 EGV
Art. 48 EGV	(Freizügigkeit der Arbeitnehmer)	Art. 39 EGV
Art. 52 EGV	(Niederlassungsfreiheit)	Art. 43 EGV
Art. 59 EGV	(Dienstleistungsfreiheit)	Art. 49 EGV
Art. 67 EGV	(Freier Kapitalverkehr)	Art. 56 EGV
Art. 177 EGV	(Vorabentscheidungsverfahren)	Art. 234 EGV
Art. 189 EGV	(Verordnung, Richtlinie etc.)	Art. 249 EGV

95 Der Vertragstext wurde am 17. 12. 2007 veröffentlicht und findet sich im ABl. der EU 2007 C/306.

96 Art. 6 II der Schlußbestimmungen lautet: »*(2) Dieser Vertrag tritt am 1. Januar 2009 in Kraft, sofern alle Ratifikationsurkunden hinterlegt worden sind, oder andernfalls am ersten Tag des auf die Hinterlegung der letzten Ratifikationsurkunde folgenden Monats.*«

b) Freier Warenverkehr

8 Im Einzelnen ist zunächst Art. 28 EGV, der **freie Warenverkehr**, zu nennen[97]: Er betrifft die freie Ein- und Ausfuhr von allen beliebigen Waren zwischen den Mitgliedstaaten der EU. Es darf danach grundsätzlich keine »mengenmäßigen Beschränkungen« oder sog. »Maßnahmen gleicher Wirkung«[98] für den Handel mit Waren geben.

Zur Veranschaulichung der Wirkungsweise dieser Vorschrift sei hingewiesen auf die bereits vor etlichen Jahren entschiedene Problematik um das deutsche **Reinheitsgebot für Bier** und die seinerzeit bestehenden Einfuhr- und Verkaufsbeschränkungen für ausländischen Gerstensaft, der nicht nach dem deutschen Reinheitsgebot gebraut worden war[99]. Ähnliches ist in jüngerer Zeit im Hinblick auf die Einführung des **deutschen Dosenpfandes** mit den sog. »Insel-Lösungen« geschehen, die zu einer Korrektur der deutschen Vorschriften führte.

Darüber hinaus können auch **nationale technische Normen oder Sicherheitsbestimmungen** dem freien Warenverkehr entgegenstehen.

Bezogen auf das öffentliche Vergabewesen würde es nicht nur gegen einschlägiges Richtlinienrecht, sondern auch gegen Art. 28 EGV verstoßen, wenn ein öffentlicher Auftraggeber ungerechtfertigterweise eine **hersteller- bzw. produktspezifische Leistungsbeschreibung** vornimmt[100], und damit bestimmte Anbieter – vielleicht insbesondere solche aus anderen EU-Mitgliedstaaten – von ernsthaften Chancen auf die Zuschlagserteilung abschneidet.

Anders ist dies im Falle einer Leistungsbeschreibung, welche z.B. die Lieferung eines Produkts mit einer **bestimmten Umwelteigenschaft** vorsieht. Im Jahre 2004 stellten einzig französische Automobilbauer Dieselfahrzeuge mit einem Rußfilter her. Eine Ausschreibung für die Erweiterung eines Fuhrparks, bei der sich die Vergabestelle **bewusst für einen solchen Umweltstandard entscheidet**, wäre zulässig. Als Begründung dafür kann das bereits zitierte Urteil des EuGH in Sachen »Concordia Bus Finland«[101] angeführt werden, in dem der Gerichtshof ausdrücklich betont hat, dass die **Setzung von Umweltstandards durchaus zu Lasten der Breite des Wettbewerbs** gehen kann und damit auch zu **Diskriminierungen bestimmter Teilnehmer** führen kann. Das Argument der nicht zu leugnenden Wettbewerbseinschränkung kehrt sich im Interesse umweltgerechter Beschaffungen sogar dahingehend um, dass auf diese Weise der öffentliche Auftraggeber bewusst einen Veränderungsdruck auf die Anbietermärkte auslösen kann, der im

---

97 Siehe hierzu aus der Vielzahl der Urteile z.B.: EuGH, Urt. v. 28. 3. 1995 (Rs. C-324/93 – »The Queen ./. Secretary of State for the Home Department«), Slg. 1995, I, 563, Rn. 1, 7, 18, 29 ff. = VergabE A-1-1/95; EuGH, Urt. v. 24. 1. 1995 (Rs. C-359/93 – »Kommission ./. Niederlande – »Wetterwarte«), Slg. 1995, I, 157, Rn. 7, 23 = VergabE A-1-1/95; EuGH, Urt. v. 22. 9. 1988 (Rs. 45/87 – »Kommission ./. Irland – »Dundalk Water Supply«), Slg. 1988, 4929, Rn. 16 = VergabE A-1-2/88.

98 Zu den Begrifflichkeiten im Einzelnen: *Geiger*, EUV/EGV – Kommentar, 4. Aufl. 2004, Rn. 7 ff. zu Art. 28 EGV.

99 EuGH, Urt. v. 12. 3. 1987 (Rs. 178/84 – Kommission ./. Deutschland – »Brasserie du Pêcheur«), Slg. 1987, 1227 = NJW 1987, 1133.

100 EuGH, Urt. v. 22. 9. 1988 (Rs. 45/87 – Kommission ./. Irland), Slg. 1988, 4929 = VergabE A-1-2/88. Siehe auch *Mestmäcker/Schweitzer*, Europäisches Wettbewerbsrecht, 2. Aufl. 2004, Rn. 20 zu § 36.

101 EuGH, Urt. v. 17. 9. 2002 (Rs. C-513/99), VergabE A-1-3/02 = VergabeR 2002, 593 = NZBau 2002, 618 = ZfBR 2002, 812 = WuW 2002, 1023 = BauR 2003, 147 = EUK 2002, 152.

Interesse umweltpolitischer Zielsetzungen liegt. Diese umweltpolitischen Zielsetzungen spiegeln sich unter anderem in zahlreichen Dokumenten der Europäischen Kommission wider (u.a. Mitteilung zu umweltgerechten Beschaffungen) sowie letztlich auch in der neuen Richtliniengeneration, die bis 2006 umzusetzen war. Von Maßnahmen gleicher Wirkungen, die im Sinne des Art. 28 EGV den freien Warenverkehr behindern, kann in diesem Zusammenhang keine Rede sein.

Demgegenüber würde es z.B. einen Verstoß gegen Art. 28 EGV bedeuten, wenn ein öffentlicher Auftraggeber per ministerieller Weisung vorschreibt, dass die bei einer Ausschreibung zu berücksichtigenden Waren aus einem bestimmten Ursprungsland der EU oder einer **bestimmten Region** eines Mitgliedstaates stammen müssen. So gab es beispielsweise in den 80er-Jahren in Großbritannien die berühmt-berüchtigten Kampagnen des »Buy-British« oder auch in den USA analog dazu die von der Politik abgesegneten »Buy-American«-Vorschriften. All dies passt nicht zu dem Konzept eines gemeinsamen Binnenmarktes[102]. Dementsprechend hat es der EuGH für **nicht zulässig** erachtet, wenn ein bestimmter **prozentualer Anteil** der zu vergebenden Lieferaufträge **inländischen Firmen vorbehalten** bleiben soll[103].

In diesem Zusammenhang problematisch waren zu früherer Zeit auch die **Präferenzregelungen** für die neuen Bundesländer, die sog. Zubenennungserlasse[104]. Zubenennungserlass ist die **Verpflichtung zur Einschaltung der Auftragsberatungsstellen** der neuen Länder bei allen Beschränkten Ausschreibungen und freihändigen Vergaben mit dem Ziel, geeignete Firmen aus den neuen Ländern zu benennen, die dann zur Angebotsabgabe aufgefordert werden.

Nun könnte man argumentieren, dass diese Art von Präferenzregelungen keine Begünstigung im Ausschreibungsverfahren selbst bewirken, sondern lediglich die **Information über eine mögliche Teilnahme** an der Ausschreibung beinhalten. Jedoch ist demgegenüber zu beachten, dass streng genommen auch schon der Erhalt einer Information über eine Ausschreibung eine Anstrengung bzw. geldwerte Leistung darstellt, die den betreffenden Unternehmern hier abgenommen wird. Daher sind diese **Zubenennungserlasse** zwar wirtschaftlich sinnvoll gewesen, aber zumindest bei europaweiten Vergaben rechtlich nach zumindest teilweiser Auffassung **nicht ganz unproblematisch**. Andererseits sind bei europaweiten Vergaben keine Nachprüfungsverfahren bekannnt geworden, in denen gesonderte Informationen der Vergabestellen an einzelne Bieter über bevorstehende Ausschreibungen erfolgreich angegriffen wurden.

Bei **Auftragsvergaben ab 5.000 € kann** sich der Auftraggeber gemäß § 4 Nr. 2 II VOL/A von der zuständigen Auftragsberatungsstelle geeignete Unternehmen benennen lassen, sofern er die Voraussetzungen der Gleichbehandlung (§ 7 Nr. 1

102 In 37 von 50 US-Staaten ist auch eine Marktöffnung im Sektorenbereich erfolgt, so dass die Rechtssituation in den USA für die europäischen Beschaffungsmärkte relevant ist. Zu denken ist auch an die Regierungsbeschaffungsakkommen im Rahmen der WTO (Government Procurement Agreeement – GPA).

103 EuGH, Urt. v. 11. 7. 1991 (Rs. C-351/88 – »Laboratori Bruneau«), Slg. 1991, I, 3641, 3654 = VergabA-1-2/91; EuGH, Urt. v. 20. 3. 1990 (Rs. C-21/88 – »Du Pont de Nemours«), Slg. 1990, I, S. 889 = VergabE A-1-1/90. Siehe ferner *Mestmäcker/Schweitzer*, Europäisches Wettbewerbsrecht, 2. Aufl. 2004, Rn. 15, 17 zu § 36.

104 Vgl. Stellungnahme der Bundesregierung: BT-Drucks. Nr. 13/7137 v. 5. 3. 1997, S. 11.

VOL/A) beachtet. Hiermit dürfte für nationale Vergaben eine praktikable Lösung gefunden worden sein.

In den Jahren nach der Wiedervereinigung gab es **sehr weitreichende Bevorzugtenregelungen**, die ein Eintrittsrecht für Bieter aus den neuen Ländern vorsahen, d.h. also eine unmittelbare Bevorzugung bei der Auswahl des annehmbarsten Angebotes[105]. Diese durch die Zubenennungserlasse abgelösten Vorläuferregelungen sind seinerzeit von der Europäischen Kommission beanstandet worden mit Verweis auf eine Verletzung der Marktfreiheiten und der damit zum Ausdruck gebrachten Prinzipien des Binnenmarktes[106]. Aus politischer Rücksichtnahme auf die besondere Situation direkt nach der Wiedervereinigung wurde hier lediglich nichts weiter unternommen. Damit wurde aber keinesfalls zum Ausdruck gebracht, dass im Ergebnis kein Verstoß gegen die Regeln des EG-Vertrages vorliegt[107]. Eher ist im Gegenteil daran zu erinnern, dass prinzipiell jede beliebige Form von Regionalförderung bzw. Bevorzugung bestimmter Unternehmen grundsätzlich einen Verstoß gegen die Vergaberechtsprinzipien und die Vorschriften des EG-Vertrages darstellt. Andererseits gibt es eine Bagatellschwelle, die besonders auch im Hinblick auf die Folgen der deutschen Teilung beachtet werden muss. Mit der Herstellung der deutschen Einheit ist nicht per se jede Rücksichtnahme auf diese besondere Situation entfallen[108].

c) Niederlassungs- und Dienstleistungsfreiheit

9 Weitere wichtige Vorschriften des EGV für das Vergaberecht sind die Art. 43, **Niederlassungsfreiheit** und Art. 49, **Dienstleistungsfreiheit**[109].

Art. 43 EGV bedeutet das Recht, sich in jedem anderen Mitgliedstaat der EU dauerhaft niederzulassen und dort zu arbeiten. Hierin kommt das Konzept der **Unionsbürgerschaft** (Art. 17 EGV) in besonderem Maße zum Ausdruck.

Art. 49 EGV bedeutet, dass **grenzüberschreitend nichtgegenständliche Leistungen** erbracht werden können, ohne dass der Leistende in dem anderen Mitgliedstaat ansässig sein muss. Erfasst ist von Art. 49 EGV aber auch, vorübergehend Büros anzumieten, eine Kanzlei zu eröffnen[110] oder z.B. ein Architektenbüro aufzumachen zum Zwecke der Probjektüberwachung (siehe z.B. die früheren Regierungsbaustellen in Berlin)[111]. Im Einzelfall müssen **Niederlassungs- und Dienstleistungsfreiheit** voneinander abgegrenzt werden, wobei vor allem zeitliche und örtliche Kriterien heranzuziehen sind[112]. Darüber hinaus sind z.B. Bau- und

105 Vgl. den Runderlaß des Wirtschaftsministeriums v. 1. 12. 1993 (MBl. LSA 1993, S. 2848).
106 Schreiben der Europäischen Kommission v. 26. 5. 1994 (SG (94) D/6959).
107 Gegenteiliger Auffassung, aber mit einer zweifelhaften europarechtlichen Begründung: VÜA Sachsen-Anhalt, Beschl. v. 30. 1. 1998 (1 VÜ 5/96), VergabE V-14-5/96.
108 Siehe zu den Ausnahmen und Maßstäben des Art. 87 EGV etwa: *Kreuschitz/Rawlinson*, in: Lenz/Borchardt, EU- und EG-Vertrag, 4. Aufl. 2006, zu Art. 87; *Geiger*, EUV/EGV-Kommentar, 4 Aufl. 2004, Rn. 7 ff., 18.
109 *Fischer*, Europarecht, 3. Aufl. 2001, S. 327.
110 So EuGH, Urt. v. 30. 11. 1995 (Rs. C-55/94 – »Reinhard Gebhard/Consiglio dell‹ ordine degli avvocati e procuratori di Milano«), EuZW 1996, 92 = NJW 1996, 579.
111 EuGH, Urt. v. 18. 6. 1985 (Rs. 197/84 – P. Steinhauser ./. Stadt Biarritz – »Anmietung eines Geschäftslokales«), Slg. 1985, 1819.
112 EuGH, Urt. v. 30. 11. 1995 (Rs. C-55/94 – »Reinhard Gebhard ./. Consiglio dell‹ ordine degli avvocati e procuratori di Milano«), Rn. 27, EuZW 1996, 92 = NJW 1996, 579.

Dienstleistungen voneinander zu unterscheiden, insbesondere dann, wenn Bauleistungen auch zu erheblichem Teile Planungsleistungen umfassen.

Die Niederlassungs- und Dienstleistungsfreiheit besitzt **allumfassende Bedeutung**. Über den Anwendungsbereich der EU-Richtlinien hinaus sind diese Grundfreiheiten **auch unterhalb der Schwellenwerte** von Bedeutung. Der EuGH[113] hat insoweit festgestellt: Steht fest, dass ein Auftrag unterhalb der Schwellenwerte eine bestimmte grenzüberschreitende Bedeutung hat, liegt in seiner ohne jede Transparenz erfolgenden Vergabe an ein im Mitgliedstaat des öffentlichen Auftraggebers niedergelassenes Unternehmen eine Ungleichbehandlung zum Nachteil der in einem anderen Mitgliedstaat niedergelassenen Unternehmen, die an diesem Auftrag interessiert sein könnten. Eine solche Ungleichbehandlung, die durch den Ausschluss aller in einem anderen Mitgliedstaat niedergelassenen Unternehmen hauptsächlich diese benachteiligt, stellt, sofern sie nicht durch objektive Umstände gerechtfertigt ist, eine nach den Art. 43 EG-Vertrag und 49 EG-Vertrag verbotene mittelbare Diskriminierung aufgrund der Staatsangehörigkeit dar.

Die Dienstleistungsfreiheit wird außerdem durch nationale oder regionale Tariftreueregelungen gestört, die in nicht allgemeinverbindlicher Form als gesetzliche Mindestlöhne die Bezahlung der Mitarbeiter auf der Basis bestimmter Lohngruppen vorsehen[114].

d) Arbeitnehmerfreizügigkeit und Kapitalverkehrsfreiheit

10 Ergänzend, weil auch relevant für das Vergaberecht, soll kurz auf die **Arbeitnehmerfreizügigkeit** (Art. 39 EGV) und die **Kapitalverkehrsfreiheit** (Art. 56 EGV) eingegangen werden.

Die Möglichkeit des **Transfers von Arbeitnehmern** innerhalb der Mitgliedstaaten der EU ist eine **Grundvoraussetzung** für den Binnenmarkt, der die Erbringung von Wirtschaftsleistung in einem anderen Mitgliedstaat zu einem wesentlichen Merkmal erhebt. Die Freizügigkeit von Arbeitnehmern spielt notwendigerweise auch bei der Erfüllung öffentlicher Aufträge eine Rolle, wenn diese grenzüberschreitend vergeben werden.

Die für die Beitrittsländer geltenden Übergangsregeln hinsichtlich des Zugangs der Arbeitnehmer zum Arbeitsmarkt im bisherigen EU-Gebiet werden in einem **Merkblatt der Kommission** zusammengestellt. Für Arbeitnehmer aus den neuen Mitgliedsstaaten gelten in **Abweichung von den Art. 1 bis 6 der Verordnung (EWG) Nr. 1612/68** für **zwei Jahre nach dem Beitritt** noch die jeweiligen nationalen Rechtsvorschriften und die jeweilige Politik der bisherigen EU-Länder. Dabei ist auch an die Möglichkeit des Abschlusses bilateraler Abkommen zu denken. Die bisherigen Mitgliedsstaaten nehmen bezüglich der Aufnahme von Arbeitnehmern aus den Beitrittsländern unterschiedliche Standpunkte ein. Während einige ihre Arbeitsmärkte bereits vollständig geöffnet haben (z.B. das Vereinigte Königreich und Irland), behalten andere, abhängig auch davon, um welchen neuen Mitglied-

113 EuGH, Urt. v. 21. 2. 2008 (Rs. C-412/04 – »Kommission ./. Italien«), VergabeR 2008, 501 = VS 2008, 27.

114 EuGH, Urt. v. 3. 4. 2008 (Rs. C-346/06 – »Dirk Rüffert ./. Land Niedersachsen«),VergabeR 2008, 478 = VS 2008, 26.

staat es sich handelt, Beschränkungen, bei. Konkret bedeutet die **Fortgeltung der nationalen Rechtsvorschriften**, solange sie nach dem Willen der jeweiligen Alt-Mitgliedsländer vorgesehen ist, dass Arbeitnehmer aus den neuen Staaten eine Arbeitsgenehmigung benötigen. Dies wird für Deutschland jedenfalls für einen Zeitraum von zwei Jahren der Fall sein.

Spätestens **fünf Jahre** nach dem Beitritt sollen die Übergangsregelungen dann jedoch im Grundsatz auslaufen (Übernahme des diesbezüglichen gemeinschaftlichen Besitzstandes ab 1. 5. 2009)[115].

Für den Fall, dass der nationale Arbeitsmarkt schwerwiegenden Problemen gegenübersteht bzw. solche drohen, besteht eine nochmalige Möglichkeit, von der Kommission für einen Zeitraum **von weiteren zwei Jahren** die Genehmigung für eine noch fortdauernde Anwendung nationaler Maßnahmen zu erhalten (sog. »2+3+2«-Modell)[116]. Insgesamt sind also sieben Jahre für die Geltungsdauer der Übergangsregelungen die äußerste Grenze. Das wäre dann das **Jahr 2011**. Die deutsche Bundesregierung hat im Frühjahr 2008 eine entsprechende Verlängerung bis 2011 signalisiert. Ist die Freizügigkeit der Arbeitnehmer nach dem Wegfall all dieser Beschränkungen vollständig hergestellt, so darf der Zugang der Arbeitnehmer **nicht mehr von einer Arbeitsgenehmigung abhängig** gemacht werden bzw. es darf eine solche nur deklaratorische Bedeutung haben – etwa lediglich zu Kontroll- und statistischen Zwecken verlangt werden[117].

Besonderes Gewicht bekommen hat die Bedeutung der **Arbeitnehmerfreizügigkeit** (Art. 39 EGV) – und auch die **Dienstleistungsfreiheit** des Art. 49 EGV, die hier gleichfalls berührt ist – in den zurückliegenden Jahren vor allem im Hinblick auf die politische Frage der Verhinderung von sog. »Dumping«-Löhnen. Hier spiegelt sich das Wohlstandsgefälle innerhalb Europas wider, weil z.B. portugiesische oder osteuropäische Arbeitnehmer zu wesentlich geringeren Löhnen arbeiten als ihre deutschen Kollegen. Dies führte u.a. ganz maßgeblich dazu, dass im Raum Berlin/Brandenburg 30.000 bis 40.000 Bauarbeiter seit geraumer Zeit arbeitslos sind, obwohl in Berlin Bauvorhaben nie dagewesenen Ausmaßes verwirklicht wurden bzw. werden.

Um **Dumping-Löhne** zu verhindern und Mindestlöhne zu sichern, ist das **Arbeitnehmer-Entsendegesetz** (AEntG) im Jahre 1996 verabschiedet worden[118]. Das Gesetz geht zurück auf die **EU-Arbeitnehmer-Entsenderichtlinie**[119]. Diese Regelwerke garantieren, dass aus anderen Mitgliedstaaten entsandte Arbeitnehmer nicht schlechter entlohnt werden als ihre deutschen Kollegen.

Verstöße gegen die Mindestlöhne führen nach **§ 6 AEntG** zum Ausschluss von öffentlichen Aufträgen für einen angemessenen Zeitraum, wenn der Verstoß mit mindestens 2.500 € geahndet worden ist. Bereits eine Geldbuße von 100 € führt zu einer Eintragung in das Gewerbezentralregister, was sich bei der nächsten Bewer-

---

115 *Geiger*, EUV/EGV – Kommentar, 4. Aufl. 2004, Rn. 9 ff. zu Art. 39 EGV.

116 *Steiff*, NZBau 2004, 75, 82.

117 Siehe im Einzelnen zu den Übergangsregelungen: *Geiger*, EUV/EGV-Kommentar, 4. Aufl. 2004, Rn. 9 ff. zu Art. 39 EGV; *Hoffmann-Klein*, EUK 2004, 166.

118 Arbeitnehmer-Entsendegesetz v. 26. 2. 1996 (BGBl. I S. 227), zuletzt geändert durch das Gesetz v. 21. 12. 2007 (BGBl. I S. 3140); s.a. Arbeitnehmer-Entsendegesetz-Meldeverordnung v. 16. 7. 2007 (BGBl. I S. 1401).

119 Arbeitnehmerentsende-Richtlinie 96/71/EG v. 16. 12. 1996, ABl. L 18/1 v. 21. 1. 1997.

bung um einen öffentlichen Auftrag, bei der ein Gewerbezentralregisterauszug vorzulegen ist, negativ auswirken kann.

Sofern ein **Tarifvertrag für allgemeinverbindlich erklärt** worden ist (z.B. der Bundesrahmentarifvertrag für das Baugewerbe), steht ausländischen Bauarbeitern, die gemäß den Anforderungen des Arbeitnehmerentsendegesetzes (AEntG) vorübergehend nach Deutschland entsandt worden sind, **neben** den in Deutschland gezahlten **Mindestentgelten auch die tarifliche Überstundenvergütung** zu. Das hat das BAG[120] festgestellt. Dabei müssen die beiden Regelungen nicht notwendig in demselben Tarifvertrag enthalten sein. Allerdings können sich die Bauarbeiter lediglich auf die Höhe des in Deutschland gezahlten Tarifs für Überstunden berufen. Die tatbestandlichen Voraussetzungen, ob sie im einzelnen Überstunden geleistet haben, richten sich nach dem jeweiligen Arbeitsvertrag.

Es wurde seinerzeit diskutiert, ob diese **EG-Entsenderichtlinie** schon für sich genommen **europarechtskonform** ist, weil sie den Austausch von Wirtschaftsleistungen im Gemeinsamen Markt behindern und damit gegen die Prinzipien der Marktfreiheit verstoßen könnte. Zudem hatte der EuGH in vielen Urteilen immer wieder bekräftigt, dass grundsätzlich marktbehindernde Maßnahmen zu unterlassen sind[121]. Die Rechtskonformität der Richtlinie mit dem primären EG-Vertragsrecht wurde jedoch vom EuGH im Grundsatz bejaht.

Außerdem erhob sich in der Vergangenheit die Frage, inwieweit die deutschen Umsetzungsvorschriften dieser Richtlinie in Form des Entsendegesetzes gegen die **Marktfreiheiten**, insbesondere die Art. 39 und Art. 49 EGV verstoßen. Diese Frage hatte das Arbeitsgericht Wiesbaden im Februar 1998 dem EuGH zur Vorabentscheidung vorgelegt[122]. Konkret ging es in diesem Verfahren um die Überprüfung der deutschen Vorschriften des AEntG, wonach Regelungen über Urlaubsgeld, Vorschriften über die Dauer bezahlten Urlaubs und diesbezügliche Zahlungsmodalitäten auch auf Arbeiter anderer Mitgliedstaaten der EU anwendbar sind, wenn sie in Deutschland beschäftigt werden[123]. Der EuGH erkennt in diesen Verfahren keinen grundlegenden Verstoß gegen die Marktfreiheiten, verweist aber hinsichtlich der einzelnen Fragen auf die Pflicht der nationalen Organe und Gerichte, die Europarechtskonformität zu prüfen.

Der Europäische Gerichtshof entschied schon grundlegend am 23. 11. 1999[124], dass **Mindestlöhne** im Rahmen von Bauvorhaben **mit EU-Recht vereinbar** sein können. Im Rahmen des Vorabentscheidungsverfahrens hatte der EuGH unter anderem über die Frage zu entscheiden, ob das europäische Recht einem Mitgliedsstaat verwehrt, **ein ausländisches Unternehmen eines anderen Mitgliedsstaates**, das **vorübergehend Arbeiten in dem ersten Staat ausführt**, zu verpflichten, **seinen Arbeitnehmern** eine **tarifvertraglich geregelte Mindestvergütung** zu zahlen.

120 BAG, Urt. v. 19. 5. 2004 (5 AZR 449/03), EUK 2004, 92 = BauRB 2004, 370.

121 Vgl. zur Diskussion: *Steck*, EuZW 1994, 140; *Däubler*, EuZW 1997, 613; *Dreher*, VgR 6/1997, 40; *Ax*, ZVgR 1997, 46.

122 ArbG Wiesbaden, Beschl. v. 10. 2. 1998 (1 Ca 1672/97), DB 1998, 888 = EUK 1999, 8.

123 Das Vorabentscheidungsverfahren (Urlaubs- und Lohnausgleichskasse der Bauwirtschaft ./. Duarte dos Santos Sousa) vor dem EuGH nach Art. 177 EGV hatte das Aktenzeichen Rs. C-68/98. Außerdem existierten die Parallelverfahren: Rs. C-49/98, C-50/98, C-52/98, 54/98, C-69/98, C-70/98 und C-71/98; vgl. Das Urteil erging am 25 10. 2001.

124 EuGH, Urt. v. 23. 11 1999 (Rs. C-369/96 und C-376/96). Dazu *Fischer*, EUK 2000, 12 f.

Hierzu hat der EuGH festgestellt, das Gemeinschaftsrecht **verwehre** es den Mitgliedsstaaten **nicht**, abgeschlossene Tarifverträge über Mindestlöhne auf alle Personen zu erstrecken, die in ihrem Hoheitsgebiet eine entsprechende Tätigkeit ausüben. Eine **Allgemeinverbindlichkeit** derartiger Tarifverträge sei sogar in Bezug auf unselbständige **Arbeitnehmer** zulässig, die ihre Erwerbstätigkeit **nur vorübergehend im Hoheitsbereich des Mitgliedsstaates** ausüben.

Als Folge können nach europäischem Recht Rechtsvorschriften oder Tarifverträge, die einen entsprechenden Mindestlohn garantieren, grundsätzlich durch eine nationale Regelung auch auf diejenigen **Arbeitgeber** angewandt werden, die in dem Hoheitsgebiet des Staates Dienstleistungen erbringen, aber in einem anderen Land ansässig sind.

Nach alledem ist das Arbeitnehmer-Entsendegesetz (AEntG) als Umsetzungsregelwerk der Entsenderichtlinie europarechtskonform. Eine **Vereinbarkeit** mit Europarecht ist **demgegenüber nicht gegeben**, wenn nationale oder regionale Tariftreueregleungen geschaffen werden, die **nicht in allgemeinverbindlicher Form** als gesetzliche Mindestlöhne die Bezahlung der Mitarbeiter auf der Basis bestimmter Lohngruppen vorsehen[125].

Eine **weitere Marktfreiheit**, die vom Vergaberecht tangiert wird und die der Vollständigkeit halber genannt werden soll, ist die **Kapitalverkehrsfreiheit** nach Art. 56 EGV. Diese spielt naturgemäß bei der Abwicklung von grenzüberschreitenden Zahlungen eine wichtige Rolle. Zu denken ist an die Bezahlung von Auftragnehmern aus anderen Mitgliedstaaten der EU, aber auch an die Ausschreibung von Finanzdienstleistungen selbst wie z.B. Kreditfinanzierungen. Letztere spielen allerdings eine eher untergeordnete Rolle[126].

e) Diskriminierungsverbot

11 Über allen Vorschriften des EGV steht das **Diskriminierungsverbot** des Art. 12 EGV[127]. Die Bestimmung ist spezifischer Ausdruck des allgemeinen Gleichheitssatzes[128].

Es verbietet jede Diskriminierung aufgrund von **Staatsangehörigkeit**,
- entweder **direkt** z.B. durch belastende Vorschriften für EU-Ausländer, die an das Merkmal der Staatsangehörigkeit anknüpfen oder
- **indirekt** z.B. durch Maßnahmen, die zwar nicht an das Merkmal der Staatsangehörigkeit anknüpfen, aber durch andere Anknüpfungstatbestände die gleiche, diskriminierende Wirkung erzielen. Hiermit sollen alle Formen subtiler

---

125 EuGH, Urt. v. 3. 4. 2008 (Rs. C-346/06 – »Dirk Rüffert ./. Land Niedersachsen«), VergabeR 2008, 478 = VS 2008, 26.

126 Siehe *Drey*, VgR 3/1998, 7. Instruktiv zur Frage der Ausschreibungspflicht von Finanzierungen: *Schneider/Neumeyr*, RPA 2004, 297.

127 Grundlegend dazu z.B.: EuGH (Rs. 293/83 – »Gravier«), Slg. 1985, 593; EuGH (Rs. 155/80 – »Oebel«), Slg. 1981, 1993, 2007. Siehe ferner: *Lenz*, in Lenz/Borchardt, EU- und EG-Vertrag, 4. Aufl. 2006, Rn. 4 f. zu Art. 12 EGV; *Mestmäcker/Schweitzer*, Europäisches Wettbewerbsrecht, 2. Aufl. 2004, Rn. 15 zu § 36.

128 *Lenz*, in Lenz/Borchardt, EU- und EG-Vertrag, 4. Aufl. 2006, Rn. 1 zu Art. 12 EGV.

Diskriminierungen, also auch solcher, die nicht sofort als solche erkennbar sind, erfasst werden[129].

Ein klassisches **Beispiel für eine direkte Diskriminierung** i.S.d. Art. 12 EGV aufgrund der Staatsangehörigkeit ist der von den Autokonzernen untersagte Verkauf von PKW an Kunden, die nicht Mitglied desjenigen Landes der EU sind, in dem die Fahrzeuge verkauft werden. So hatte z.B. der VW-Konzern seine Händler und Konzessionsnehmer in Italien angewiesen, nicht an deutsche Staatsbürger zu verkaufen und drohte im Falle der Zuwiderhandlung mit dem Entzug der Lizenz. Hintergrund ist, dass die PKW in Italien und auch anderen Staaten der EU bis zu 40% preiswerter gewesen sind als in Deutschland. Diese Verkaufspraktiken sind jedoch von der Europäischen Kommission auf zahlreiche Beschwerden hin als schwerer Fall einer Diskriminierung nach Art. 12 EGV mit dem seinerzeit höchsten Bußgeld belegt worden, das je verhängt wurde (102 Mio. ECU, etwa 200 Mio. DM)[130].

Keine versteckte (indirekte) Diskriminierung liegt in der Benachteiligung eines Ausländers, die einzig auf den Unterschieden der jeweiligen nationalen Regelungen beruht[131].

Auch gilt Art. 12 EGV nicht für Benachteiligungen, denen Staatsangehörige eines Mitgliedstaates aus Sicht des Rechtes dieses Staates ausgesetzt sein könnten (sog. **Inländerdiskriminierung**)[132]. Insoweit ist für Deutschland auf den Anwendungsbereich des Art. 3 GG zu verweisen, dessen Voraussetzungen im Falle einer Inländerdiskriminierung zumeist vorliegen dürften.

Anknüpfungspunkt für das öffentliche Auftragswesen sind **zahlreiche Einzelvorschriften des Vergaberechts**, welche die Gleichbehandlung der Mitbewerber vorschreiben und jede auf einer Diskriminierung fußende Zuschlagserteilung untersagen – Stichwort: ›Hoflieferantentum‹. Das **Nichtdiskriminierungsgebot** durchzieht die **Vergaberichtlinien** als übergeordneter Grundsatz quasi wie ein »**roter Faden**«[133].

Dies hatte der EuGH bereits in der sog. »**Storebaelt-Entscheidung**« ausdrücklich festgestellt[134]. Der Gerichtshof erklärte in diesem sehr aufschlussreichen Urteil die in dem Ausschreibungsverfahren zum Bau der Brücke über den Storebaelt vorgesehene Bevorzugung dänischer Firmen für unzulässig, weil sie einen sehr schwerwiegenden Bruch des Diskriminierungsverbotes darstellte.

Ein weiteres, sehr wichtiges Urteil betreffend den Bedeutungsgehalt des Art. 12 EGV ist die Entscheidung in der Rechtssache »Wallonische Busse«[135]. Danach kann

---

129 Teilweise wird auch zwischen formeller (direkter) und materieller (indirekter) Diskriminierung unterschieden. Vgl. die Terminologie bei *Epiney* in: *Callies/Ruffert*, Kommentar zu EU-Vertrag und EG-Vertrag, 2. Aufl. 2002, Rn. 13 zu Art. 12 EGV.

130 ABl. 1998 L 124, S. 60 = WuW/E EU-V 50. Dazu auch: *Bayreuther*, WuW 1998, 822; *von Craushaar*, EUK 2000, 87. Vgl. das gegen Opel verhängte Bußgeld in Höhe von 43 Mio. €, EUK 2000, 149.

131 *Geiger*, EUV/EGV – Kommentar, 4. Aufl. 2004, Rn. 9 zu Art. 12 EGV.

132 *Lenz*, in Lenz/Borchardt, EU- und EG-Vertrag, 4. Aufl. 2006, Rn. 3.

133 EuGH, Urt. v. 27. 10. 2005 (Rs. C-234/03), VergabeR 2006, 63; OLG Jena, Beschl. v. 16. 7. 2007 (9 Verg 4/07).

134 EuGH, Urt. v. 22. 6. 1993 (Rs. C-243/89 – Kommission ./. Königreich Dänemark – »Brücke über den Storebaelt«), Slg. 1993, I, 3353, Rn. 33 = VergabE A-1-1/93.

135 EuGH, Urt. v. 25. 4. 1996 (Rs. C-87/94 – Kommission ./. Königreich Belgien – »Wallonische Busse«), Slg. 1996, I, 2043 = VergabE A-1-4/96.

eine unzulässige **Diskriminierung sogar dann** vorliegen, wenn sich **keine anderen Bieter** aus anderen EU-Ländern an dem betreffenden Vergabeverfahren **beteiligen.** Man könnte nun argumentieren, dass in einem Ausschreibungsverfahren, an dem sich keine Bieter aus anderen Mitgliedstaaten der EU beteiligen, das Europarecht keinen Geltungsanspruch innehaben könne und so gesehen eine mögliche Diskriminierung unter dem Maßstab des Art. 12 EGV dahinstehen könne. Eine solche Argumentation ist jedoch deshalb nicht statthaft, weil sie dem Binnenmarktprinzip widerspricht. Führt man sich zusätzlich noch vor Augen, dass sich infolge der Diskriminierung ausländische Bieter gar nicht erst an dem Ausschreibungsverfahren beteiligt haben, so wird die **europarechtliche Relevanz scheinbar nur nationaler Sachverhalte** schon deutlicher. Es kommt also nicht darauf an, welche Bieter sich an dem konkreten Verfahren beteiligt haben, sondern darauf, welche Interessenten von einer Beteiligung deshalb abgesehen haben, weil sie aufgrund des diskriminierenden Verhaltens der Vergabestelle für sich keine Erfolgschance sahen. Das Urteil ist daher bei genauerer Betrachtung absolut konsequent und stellt eine **Folgewirkung des Binnenmarktprinzips** (Art. 14 EGV) dar.

Demzufolge gibt es **keine »Inlandssachverhalte« mehr** im Gemeinsamen Europäischen Markt. Solange und soweit einem zu vergebenden öffentlichen Auftrag – auch unterhalb der EU-Schwellenwerte – eine bestimmte grenzüberschreitende Bedeutung beigemessen werden kann, unterliegt er dem EG-Primärrecht und kann Gegenstand eines Vertragsverletzungsverfahrens sein[136].

Diese Leitlinien des EuGH sind denn auch in unzähligen Entscheidungen der deutschen Nachprüfungsorgane aufgenommen worden.

Ein weiteres **Beispiel** für eine unstatthafte **vergaberechtliche Diskriminierung** i.S.d. Art. 12 EGV stellt es dar, wenn etwa von ausländischen Bietern höhere Sicherheiten oder besondere Zuverlässigkeitsnachweise verlangt werden, die inländische Firmen nicht erbringen müssen. Auch in diesem Falle würde direkt an das Merkmal der Staatsangehörigkeit angeknüpft, das automatisch zu anderen bzw. höheren Qualifikationsnachweisen führt, und schließlich bewirkt, dass sich Bieter aus anderen Staaten der EU gar nicht oder wenn ja, dann möglicherweise nur mit reduzierten Erfolgsaussichten, beteiligen könnten.

Diskriminierend und unzulässig kann es sein, wenn die Vergabestelle bei **ausländischen Bietern** nicht einen **gewissen Aufwand** betreibt, um beispielsweise deren Eignung zu überprüfen[137]. So gibt es in anderen Ländern z.B. keine Gewerbezentralregisterauskunft[138]. Hier muss sich die Vergabestelle mit ähnlichen Bescheinigungen, deren Gleichwertigkeit der Bieter freilich darzulegen hat, begnügen[139].

Festzuhalten bleibt, dass die Prinzipien der **Transparenz**, des **Wettbewerbs** und der **Nichtdiskriminierung** die ganz wesentlichen **Grundbausteine** für das europäische Vergaberecht darstellen. Sie finden ihre Grundlage maßgeblich in den

136 EuGH, Urt. v. 21. 2. 2008 (Rs. C-412/04),VergabeR 2008, 501 = VS 2008, 27.

137 VK Baden-Württemberg, Beschl. v. 5. 6. 2000 (VK 11/00), VergabE E-1-11/00 = EUK 2000, 169 = BS 11/00, S. B II.

138 VK Südbayern, Beschl. v. 19. 5. 2004 (19-04/04), VergabE E-2b-19/04: Gewerbezentralregisterauszug nach § 150 Gewerbeordnung ist ein *Hilfsmittel* i.S.d. § 8 Nr. 5 I lit. c VOB/A.

139 VÜA Bund, Beschl. v. 16. 12. 1998 (1 VÜ 31/98), VergabE U-1-31/98 = EUK 1999, 41 = Behörden Spiegel 5/1999, S. B II.

Vorschriften des EG-Vertrages über die Marktfreiheiten (Art. 28, 43, 49 EGV) und dem über allen stehenden Diskriminierungsverbot des Art. 12 EGV.

f) Binnenmarktrelevanz der Unterschwellenvergaben

12 Dass das europäische Primärrecht trotz der dezidierten Kodifikation der Koordinierungsrichtlinien im Vergaberecht eine bedeutende Rolle spielt, spiegelt die 2006 erlassene »**Mitteilung der Kommission** zu Grundsätzen des Gemeinschaftsrechts für die Vergabe öffentlicher Aufträge, die nicht oder nur teilweise unter die Vergaberichtlinien fallen«[140] mit großer Deutlichkeit wider.

Das **Ziel der europaweiten Ausschreibung** dient dem **Wettbewerb** und der **effizienten Verwendung öffentlicher Mittel**. Die dadurch erreichte Transparenz wirkt Korruption und Vetternwirtschaft entgegen. Demgegenüber ist die derzeitige Praxis bei der Vergabe von Aufträgen, die nicht unter die Vergaberichtlinien fallen, nach – wohl teils zutreffender – Auffassung der Kommission noch häufig durch die Direktvergabe an örtliche Anbieter gekennzeichnet.

Auch für Aufträge unterhalb der Schwellenwerte bzw. bestimmte von der Anwendung der Vergaberichtlinien ausdrücklich ausgenommene Dienstleistungsaufträge gelten jedoch die EG-vertraglichen Anforderungen. In der Mitteilung von 2006 werden die hieraus folgenden Grundsätze, die auch in der Rechtsprechung des Gerichtshofs ausgeführt wurden, für diese Auftragsgruppe formuliert.

Maßgeblich sind die **primärrechtlichen Bestimmungen** der Warenverkehrsfreiheit (Art. 28 EGV), der Niederlassungsfreiheit (Art. 43 EGV), der Dienstleistungsfreiheit (Art. 49 EGV) sowie die Grundsätze der Nichtdiskriminierung und Gleichbehandlung, der Transparenz, Verhältnismäßigkeit und gegenseitigen Anerkennung. Von der Geltung der primärrechtlichen Anforderungen sind **nur solche Aufträge ausnahmsweise ausgenommen, denen die Binnenmarktrelevanz fehlt.** Das ist der Fall bei **Aufträgen mit nur sehr geringer wirtschaftlicher Bedeutung.** Dem Auftraggeber kommt diesbezüglich ein Einschätzungsspielraum zu. Maßgeblich sind die besonderen Umstände des Einzelfalles.

Das Gebot der **Transparenz**, das aus dem Grundsatz der Gleichbehandlung folgt, stellt eine allgemeine Grundanforderung dar und beinhaltet eine Öffnung zum Wettbewerb und die Möglichkeit der Nachprüfung der Vergabeverfahren. Voraussetzung hierfür ist eine angemessene öffentliche Bekanntmachung. Diesem Erfordernis wird nicht genügt, wenn etwa nur bestimmten Bietern aus anderen Mitgliedstaaten von der bevorstehenden Vergabe Mitteilung gemacht wird, weil dies die Gefahr der Diskriminierung weiterer Marktteilnehmer nicht beseitigt.

Die **Bekanntmachung** kann per **Internet**, z.B. auf der Website des Auftraggebers oder unter Einrichtung eines speziellen Portals für Vergabebekanntmachungen erfolgen. Die Ausnahmeregelungen betreffend die öffentliche Bekanntmachung, die in den Vergaberichtlinien für bestimmte Fälle enthalten sind, gelten gleichermaßen.

---

140 »Mitteilung der Kommission zu Grundsätzen des Gemeinschaftsrechts für die Vergabe öffentlicher Aufträge, die nicht oder nur teilweise unter die Vergaberichtlinien fallen«, ABl. C 179/2 v. 1. 8. 2006.

Aus dem Transparenzgebot ergibt sich **nicht notwendig das Erfordernis einer förmlichen Ausschreibung**[141]. Die Information muss aber jedenfalls so ausführlich sein, dass ein Interessent sich ein Bild verschaffen kann.

Transparenz und das daraus folgende Gebot eines fairen Verfahrens und fairer Wettbewerbsbedingungen ist Voraussetzung für eine Nachprüfung. Auch wenn die **Rechtsmittelrichtlinien** nur für Aufträge oberhalb der Schwellenwerte gelten, gilt das Erfordernis effektiven Rechtsschutzes darüber hinaus, wie sich aus dem Gemeinschaftsrecht begründen lässt, weil **allen Mitgliedsstaaten die Gewähr effektiven Rechtsschutzes als Rechtsgrundsatz gemeinsam** ist. Mangels gemeinschaftsrechtlicher Bestimmungen ist es Sache der Mitgliedsstaaten, einen effektiven gerichtlichen Schutz durch die hierfür erforderlichen Vorschriften und Verfahren zu gewährleisten. Dabei dürfen die Anforderungen an die Rechtsbehelfe nicht höher sein als diejenigen, die im Falle europaweiter Vergaben gelten (sog. **Äquivalenzgrundsatz**). Gegenstand der gerichtlichen Überprüfung ist die Einhaltung der aus dem Primärrecht folgenden Grundsätze. Die Nachprüfbarkeit der Entscheidung setzt ihre Begründung durch den Auftraggeber voraus.

Ein faires Verfahren verlangt, dass die **Beschreibung des Auftragsgegenstandes diskriminierungsfrei** erfolgt, d.h. sich nicht spezifisch auf eine bestimmte Produktion oder Herkunft bezieht. Eine Begrenzung der Zahl der Bewerber ist in diesem Rahmen durchaus möglich, bspw. durch die Formulierung objektiver, betriebs- oder bewerberbezogener Kriterien.

Die Auftragsvergabe muss das Ergebnis eines Entscheidungsvorgangs sein, der die dargelegten Grundsätze beachtet.

Mit der Aufstellung dieser Grundsätze hat die Europäische Kommission viel **Kritik** auf sich gezogen. Die Bundesrepublik Deutschland hat gegen diese Einmischung in das nationale, haushaltsbezogene Vergaberecht eine Klage vor dem EuGH gegen die Europäischen Kommission angestrengt. Sie betrachtet diese Mitteilung als nicht mehr vom Europarecht gedeckt, weil die Vergabekoordinierungsrichtlinien in der Neufassung aus 2004 die Zuordnung von Aufträgen unterhalb der EU-Schwellenwerte als zum nationalen Recht gehörig gerade bestätigt haben. Die Schwellenwerte wurden überdies sogar noch ein wenig erhöht. Aus diesem Gesamtkontext heraus verbiete sich die Einmischung in die nationale Kompetenz, so die Bundesregierung. Demgegenüber erkennt die Europäische Kommission gerade auch bei Aufträgen, welche die Schwellenwerte nicht erreichen, eine Kompetenz aus dem Primärrecht heraus, die auch durch die im Sekundärrecht (also den Richtlinien) enthaltenen Schwellenwerte nicht in Frage gestellt werde.

3. EG-Vergaberichtlinien

13 Die Europäische Kommission hatte schon relativ frühzeitig festgestellt, dass die genannten **Vorschriften des EG-Vertrages** für das Vergaberecht nicht genügen

141 Vgl. EuGH, Urt. v. 21. 7. 2005 (Rs. C-231/03 – »Coname«), NZBau 2005, 592 = VergabeR 2005, 609 = WuW 2005, 969.

und vielmehr eine **nähere Ausgestaltung** des Rechts in Form des **sekundären EG-Rechts** nötig ist[142].

Dabei bestand prinzipiell die **Wahl**, entweder Verordnungen zu erlassen oder Richtlinien zu kreieren. Verordnungen (Art. 249 II EGV) gelten in den Mitgliedstaaten direkt, wohingegen die Richtlinien (Art. 249 III EGV) erst in innerstaatliches Recht umgesetzt werden müssen.

Man entschied sich für **Richtlinien**, weil diese den gerade im öffentlichen Auftragswesen sehr unterschiedlichen nationalen Rechtssystemen sowie den **unterschiedlichen Rechtstraditionen** hinsichtlich der Regelungen über das öffentliche Beschaffungswesen besser Rechnung tragen. Konkret resultiert diese Rücksichtnahme daraus, dass die Rechtstraditionen in den Mitgliedstaaten[143] von einem komplett öffentlich-rechtlichen Verständnis in Spanien, Portugal und Frankreich (Zuschlagserteilung ist Verwaltungsakt) bis hin zu einer eher zivilrechtlichen Betrachtungsweise (mit partiellen öffentlich-rechtlichen Rechtsbindungen) in Deutschland, den skandinavischen Ländern, Großbritannien und Irland reichen[144].

Die **Richtlinien** sind gemäß Art. 249 III und Art. 10 EGV an die Mitgliedstaaten gerichtet und **müssen in nationales Recht umgesetzt werden**. Nur dann entfalten sie innerhalb des betreffenden Mitgliedstaates Geltung. Mit den Richtlinien wird in der EU eine Rechtsanpassung (oder auch: Rechtsharmonisierung) bewirkt, nicht aber eine starre Rechtseinheit wie bei den Verordnungen. Im Normalfall gibt es – anders als bei den EG-Verordnungen – keine unmittelbare Geltung der Richtlinienbestimmungen. Sie gelten lediglich dann unmittelbar, wenn sie zu spät oder fehlerhaft umgesetzt werden.

Bei den EG-Richtlinien zum öffentlichen Auftragswesen sind grundsätzlich **zwei Richtlinienkomplexe** zu unterscheiden, und zwar die

- sog. **materiellen Vergaberichtlinien**
  - **Vergabekoordinierungsrichtlinie (VKRL) 2004/18/EG** des Europäischen Parlaments und des Rates vom 31. 3. 2004 über die Koordinierung der Verfahren zur Vergabe öffentlicher Bauaufträge, Lieferaufträge und Dienstleistungsaufträge, ABl. der EU Nr. L 134, S. 114, v. 30. 4. 2004 **(für die klassischen öffentlichen Auftraggeber)**
  - **Sektorenrichtlinie (SKRL) 2004/17/EG** des Europäischen Parlaments und des Rates vom 31. 3. 2004 zur Koordinierung der Zuschlagserteilung durch Auftraggeber im Bereich der Wasser-, Energie- und Verkehrsversorgung sowie der Postdienste, ABl. der EU, Nr. L 134, S. 1, v. 30. 4. 2004 **(für die Sektorenauftraggeber)**
- sowie zum anderen die **Rechtsmittelrichtlinien**
  - Richtlinie 89/665/EWG des Rates v. 21. 12. 1989, ABl. der EG L 395/33 v. 30. 12. 1989 (Rechtsmittelrichtlinie)

---

142 *Mestmäcker/Schweitzer*, Europäisches Wettbewerbsrecht, 2. Aufl. 2004, Rn. 12 zu § 36.

143 Siehe: *Seidel* in: *Dauses*, Handbuch des EU-Wirtschaftsrechts, Stand: Mai 2001, Kap. H IV., Öffentliches Auftragswesen, Rn. 7 f.; *Mestmäcker/Schweitzer*, Europäisches Wettbewerbsrecht, 2. Aufl. 2004, Rn. 6 zu § 36.

144 Zur Sondersituation der Schweiz und deren supranationale Einbindung (WTO/GPA; EFTA; Bilaterale Verträge, Abkommen CH-EU im öffentlichen Beschaffungswesen): *Lang*, Schweizerisches Zentralblatt für Staats- und Verwaltungsrecht, 104. Jhrg. 2003, S. 32 ff., mit zahlreichen weiteren Nachweisen.

- Richtlinie 92/13/EWG des Rates v. 25. 2. 1992, ABl. der EG L 76/14 v. 23. 3. 1992 (Rechtsmittelrichtlinie betreffend die Sektoren),

die in einer Neufassung bekanntgemacht worden sind. Die **Richtlinie 2007/66/EG** des Europäischen Parlaments und des Rates vom 11. 12. 2007 zur Änderung der Richtlinien 89/665/EWG und 92/13/EWG des Rates im Hinblick auf die Verbesserung der Wirksamkeit der Nachprüfungsverfahren bezüglich der Vergabe öffentlicher Aufträge wurde im Amtsblatt EU L 335/31 ff. vom 20. 12. 2007 veröffentlicht. Die Neuregelung soll die Bieterrechte stärken helfen. In der geänderten Rechtsmittelrichtlinie ist nun künftig seitens der Vergabestelle eine sog. **Stillhaltefrist von zehn Tagen zwischen Zuschlagserteilung und Vertragsunterzeichnung** einzuhalten. Damit erhält der unterlegene Bieter die Möglichkeit, ein Überprüfungsverfahren so rechtzeitig einzuleiten, dass eine eventuell rechtswidrige Zuschlagsentscheidung noch korrigiert werden kann. Diese Regelung entspricht jedoch bereits der deutschen Praxis, die in Gestalt der Regelung des § 13 VgV eine Stillhaltefrist von sogar 14 Kalendertagen kennt und mindestens seit dem Jahre 2001 gängige Rechtspraxis ist.

Die **materiellen Richtlinien** enthalten die **wesentlichen Vorschriften** über den öffentlichen Auftraggeberbegriff, die Bekanntmachungspflichten, Vergabeverfahren, Eignungs- und Zuschlagskriterien, Berichtspflichten etc. Hier werden die materiellen Vergaberegeln, also die Pflichten der Vergabestelle und die damit korrespondierenden Rechte des Bieters im Vergabeverfahren festgelegt.

Das Pendant zu den materiellen Vergaberichtlinien sind die **Rechtsmittelrichtlinien**: Sie garantieren die **prozessualen Mindestanforderungen** hinsichtlich der in den Mitgliedstaaten einzurichtenden **Nachprüfungsorgane** bei Beschwerden von Bietern über den Ablauf des Vergabeverfahrens. Ihr Hauptzweck ist es, die in den materiellen Vergaberichtlinien verbürgten Rechtspositionen der Bieter im Vergabeverfahren zu verstärken[145].

Was den generellen Anwendungsbereich der Richtlinien betrifft, so liegt dieser bei den klassischen Auftraggebern im Falle von **Bauleistungen** bei einem **Schwellenwert** von in der Regel 5.150.000 €, bei der **Liefer- und Dienstleistungen** sind es jeweils 206.000 €.

Im Falle der **Sektorenrichtlinie** sind es bei **Liefer- und Dienstleistungen** 412.000 € und bei Bauaufträgen auch hier wieder 5.150.000 €. Diese Schwellenwerte sind die geschätzten Auftragswerte ohne MwSt., ab denen europaweit auszuschreiben ist. Zu einigen Besonderheiten bei der Ermittlung von Schwellenwerten an späterer Stelle mehr.

Am 5. 12. 2007 wurde die **Verordnung EG 1422/2007** im Amtsblatt der EU (L 317/34) veröffentlicht. Die Verordnung beinhaltet **Änderungen** (Reduzierungen) **der EU-Schwellenwerte, die am 1. 1. 2008 in Kraft getreten sind.**

In der **RL 2004/17/EG (SKR)** wird **Art. 16 lit. a)** von 422.000 € auf 412.000 € und **lit. b)** von 5.278.000 € auf 5.150.000 € abgeändert. In **Art. 61 I und II** wird der Schwellenwert von 422.000 € auf 412.000 € abgesenkt.

145 *Eggenberger* in: *Schwappach (Hrsg.)*, EU-Rechtshandbuch für die Wirtschaft, 2. Aufl. 1996, Rn. 1 zu § 49; *Hailbronner/Weber* EWS 1997, 73, 79.

Die Änderungen in der **RL 2004/18/EG (VKRL)** betreffen die **Artt. 7, 8 I, 56, 63 I Uabs. 1 und 67 I:**

Art.	Alter Schwellenwert:	Neuer Schwellenwert:
Art. 7 lit. a	137.000 €	133.000 €
Art. 7 lit. b	211.000 €	206.000 €
Art. 7 lit. c	5.278.000 €	5.150.000 €
Art. 8 I lit. a	5.278.000 €	5.150.000 €
Art. 8 I lit. b	211.000 €	206.000 €
Art. 56	5.278.000 €	5.150.000 €
Art. 63 I Uabs. 1	5.278.000 €	5.150.000 €
Art. 67 I lit. a	137.000 €	133.000 €
Art. 67 I lit. b	211.000 €	206.000 €
Art. 67 I lit. c	211.000 €	206.000 €

Ein ganz wesentlicher Punkt, der immer wieder übersehen wird, ist folgender: **Unterhalb der Schwellenwerte** gelten die **Vorschriften des EGV** – vor allem das Diskriminierungsverbot, die Warenverkehrs-, Niederlassungs- und Dienstleistungsfreiheit – direkt, d.h. es existiert genauso wie in anderen Rechtsmaterien auch bei der Vergabe von öffentlichen Aufträgen **keine »europarechtsfreie Zone«**[146]. Dies knüpft an das oben zur **»Mitteilung der Kommission** zu Grundsätzen des Gemeinschaftsrechts für die Vergabe öffentlicher Aufträge, die nicht oder nur teilweise unter die Vergaberichtlinien fallen«[147], Gesagte (Kap. 2f) an.

Mit aller Deutlichkeit ist an dieser Stelle nochmals auf folgendes hinzuweisen: Insbesondere das **Diskriminierungsverbot** des Art. 12 EGV hat **grundrechtsähnlichen Charakter**. Es ist spezifischer Ausdruck des allgemeinen **Gleichheitssatzes**[148]. Art. 12 EGV stellt die Interpretationsmaxime aller anderen Bestimmungen des EGV dar. Alle weiteren Integrationsschritte in der EU bauen darauf auf, Diskriminierungen aufgrund der Staatsangehörigkeit bzw. damit zusammenhängender Gesichtspunkte zu überwinden. Voraussetzung ist allerdings, dass ein EG-rechtlich geregelter Lebenssachverhalt in Rede steht.

Das Resultat aus dem Zusammenspiel zwischen EGV und Richtlinien ist die viel zitierte **»Zweigleisigkeit« bei der öffentlichen Auftragsvergabe**. Unterhalb der

146 BT-Drucks. Nr. 13/7137 v. 5. 3. 1997, S. 10.

147 »Mitteilung der Kommission zu Grundsätzen des Gemeinschaftsrechts für die Vergabe öffentlicher Aufträge, die nicht oder nur teilweise unter die Vergaberichtlinien fallen«, ABl. C-179/2 v. 1. 8. 2006.

148 *Lenz*, in: Lenz/Borchardt, EU-und EG-Vertrag, 4. Aufl. 2006, Art. 12 EGV, Rn. 1.

Schwellenwerte gilt der EGV, oberhalb gelten die Richtlinien. Es gibt natürlich, wie zu vielen anderen Fragen auch, eine Diskussion, ob die in den Richtlinien festgelegten Schwellenwerte nicht willkürlich sind und ob sie überhaupt notwendig sind[149]. Jedoch ist der Grund für die Existenz der Schwellenwerte, dass unterhalb dieser Investitionsvolumen der Aufwand hinsichtlich Veröffentlichungspflichten etc. in keinem Verhältnis zum Auftragswert steht. Irgendwo muss bei einer grenzüberschreitenden Auftragsvergabe eine Rentabilitätsgrenze verlaufen. In welcher Höhe diese Grenze sinnvoll ist, wird immer wieder mit vielen Argumenten diskutiert.

Die **Diskussion um Sinn und Unsinn der Schwellenwerte** sowie um deren Höhe ist ein Dauerbrenner in der rechtspolitischen Diskussion in Brüssel und in allen Mitgliedstaaten. Der Disput lässt sich am besten mit den **zwei Extrempositionen** umreißen:

Erstens: Gänzliche **Abschaffung der Schwellenwerte** mit voller Geltung der Vergaberichtlinien. Dies hätte auf den ersten Blick sicherlich den Vorteil, dass mehr Transparenz auch in kleinere und oftmals im Wesentlichen lokal verankerte Ausschreibungsvorhaben hereinkäme. Großer Nachteil einer solchen Regelung wäre jedoch ein kaum vertretbarer Verwaltungsaufwand, der den erklärten Zielen der EU (Stichwort: Deregulierung)[150] völlig zuwiderliefe. Es darf insoweit die Prognose gewagt werden, dass in solch einem Falle die Transparenz, die gerade geschaffen werden soll, erst recht verloren ginge.

Zweitens: Erhöhung der Schwellenwerte, weil der Verwaltungsaufwand teilweise schon jetzt den möglichen Nutzen einer europaweiten Vergabe übersteigt. Diese Auffassung hat auf den ersten Blick für sich, dass sich die Zahl der tatsächlich grenzüberschreitend vergebenen Aufträge erst bei durchschnittlich ca. 2–3% bewegt (zumindest gemäß den deutschen Statistiken). Daher könnte der Rückschluss möglich sein, dass sich der bisherige Verwaltungsaufwand insbesondere für Ausschreibungen, die knapp über den Schwellenwerten liegen, nicht gelohnt hat und daher nur bei wirklichen Großprojekten eine europaweite Ausschreibung gerechtfertigt ist.

Auch dieser Auffassung ist eine klare Absage zu erteilen. Zwar mag es sein, dass in einigen Bereichen, insbesondere bei der Vergabe von Bauaufträgen, i.d.R. eher nationale oder gar regionale Beschaffungsmärkte ausschlaggebend sind. Jedoch würde eine deutliche Erhöhung der Schwellenwerte die **Existenzberechtigung der Vergaberichtlinien** in Frage stellen, weil sie dann nur noch für wenige Großaufträge anzuwenden wären. Dies liegt weder im Interesse der europäischen Integration noch wäre eine solche Maßnahme in einer sich globalisierenden Welt zu rechtfertigen, wenn man vor allem an die Dienstleistungen, aber auch an ganz bestimmte, technisch sehr aufwendige, Bauaufträge denkt.

---

149 Kritisch zu den Schwellenwerten und der durch sie verursachten *»Zweigleisigkeit der öffentlichen Auftragsvergabe« Brenner*, EuR 1996, Beiheft 1, S. 23, 43; *Pietzcker*, Bad Iburger Gespräche zum Kommunalrecht, 1997, 43, 47 f.; *Hailbronner/Weber*, EWS 1997, 73; *Pietzcker*, Die Zweiteilung des Vergaberechts, 2001.

150 Dazu bereits *Molitor:* »Subsidiarität und Deregulierung«, in: »Schriften zum Europäischen Recht«, Band 35, Berlin, 1997, S. 43 bis 51.

Fraglich ist, inwieweit, abgesehen von dieser rechtspolitischen Diskussion, von den Gerichten ein **Anstoß gegeben** wird, die Schwellenwerte zu verändern oder abzuschaffen.

Der **österreichische Verfassungsgerichtshof** hatte in einer Entscheidung die straffe Grenzziehung zwischen nationalen und europaweiten Vergabeverfahren für rechtswidrig erachtet, weil der **Rechtsschutz nur oberhalb der Schwellenwerte möglich** ist und dadurch eine **Ungleichbehandlung** (fast) gleicher Sachverhalte hervorgerufen wird. Auch der bundesdeutsche Art. 3 I GG kennt den Grundsatz, dass Gleiches nicht ohne sachlichen Grund ungleich und Ungleiches nicht ohne sachlichen Grund gleich behandelt werden darf. Das BVerfG[151] vertritt die Auffassung, dass die **Grenzziehung anhand der Schwellenwerte durchaus mit dem Gleichbehandlungsgrundsatz vereinbar** ist. Begründung ist, dass der sachliche Grund für die Ungleichbehandlung annähernd gleicher Sachverhalte (z.B. Auftragsvergaben im Lieferbereich i.H.v. 200.000 € und i.H.v. 210.000 €) bereits in den europarechtlichen Richtlinienvorgaben mit ihren EU-Schwellenwerten liegt. Dabei folgt dies auch dem objektiven Bedürfnis, den Verwaltungsaufwand für europaweite Ausschreibungen verhältnismäßig auszugestalten und daran anknüpfend Zuständigkeitsgrenzen für die Nachprüfungsorgane festzusetzen. In vielen anderen Rechtsbereichen wie etwa im Steuerrecht gibt es ebenso vergleichbare Grenzen (Progression, Freibeträge usw.). Auch das Prozessrecht kennt Streitwertgrenzen jedweder Art. Die praktische Notwendigkeit, irgendwo eine auftragswertmäßig festgelegte Grenze für die Zulassung bzw. Nichtzulassung des Rechtsschutzes ziehen zu müssen, rechtfertigt es, auch wertmäßig dicht beieinander liegende Auftragsvergaben unterschiedlich zu behandeln.

Ein stärkeres Argument zu Lasten dieser **Konstruktion der Zweiteilung** ergibt sich aus **Art. 19 IV GG**. Unterhalb der Schwellenwerte existiert außer den herkömmlichen Möglichkeiten der Beschwerden zur Rechtsaufsicht bzw. zu den VOB-Stellen keine Möglichkeit, wirklichen Rechtsschutz vor den Gerichten zu erlangen. Insoweit ist der Bieter bei dem weitaus größten Teil der national bekanntzumachenden Vergabeverfahren »rechtlos gestellt«[152]. Daher wird mit beachtlichen Gründen ein Primärrechtsschutz auch unterhalb der EU-Schwellenwerte gefordert[153]. Ausgehend von einem Beschluss des OLG Saarbrücken, welches diese Zweiteilung nicht beanstandet[154] hatte, urteilte jedoch das BVerfG **auch im Hinblick auf Art. 19 IV GG zuungunsten einer Notwendigkeit der Einführung von Primärrechtsschutz unterhalb der Schwelle**[155]. Die Rechtsschutzgarantie und der Justizgewährungsanspruch umfassen dem höchsten deutschen Gericht zufolge nicht die zwingende Notwendigkeit, sich im Wege eines sog. Primärrechtsschutzes auch unterhalb der Schwelle in laufende Vergabeverfahren einklagen zu können.

151 BVerfG, Beschl. v. 13. 6. 2006 (1 BvR 1160/03), NZBau 2006, 791 = VergabeR 2006, 871 = WuW 2006, 1317.

152 Diese Formulierung wählt zu Recht: *Irmer*, Sekundärrechtsschutz und Schadensersatz im Vergaberecht, 2004, S. 297, mit Besprechung *Noch* in: EUK 2004, 176.

153 *Broß* in: Dokumentation der Neunten Badenweiler Gespräche vom 21. – 23. 5. 2003, Schriftenreihe des forum vergabe e.V., Heft 19, S. 31 ff. Ferner *ders.*, ZWeR 2003, 370.

154 OLG Saarbrücken, Beschl. v. 29. 4. 2003 (5 Verg 4/02), VergabE C-12-4/02 = VergabeR 2003, 429 = NZBau 2003, 462 = WuW 2003, 845 = EUK 2003, 90 = Behörden Spiegel 6/2003, S. 20.

155 BVerfG, Beschl. v. 13. 6. 2006 (1 BvR 1160/03), NZBau 2006, 791 = VergabeR 2006, 871 = WuW 2006, 1317.

Die Verweisung auf den Sekundärrechtsschutz (Schadensersatz) ist danach verfassungskonform, auch wenn dieser Rechtsschutz Erschwerungen bei der Durchsetzbarkeit mit sich bringt, und das eigentliche (optimale) prozessuale Ziel des Sich-Einklagen-Könnens in das noch laufende Ausschreibungsverfahren nicht erreicht werden kann.

Verdeutlicht man sich in diesem Zusammenhang, dass selbst in einer Bundesbehörde wie dem Beschaffungsamt des BMI, welches im Jahre 2003 ein Auftragsvolumen von 507,2 Mio. € zu vergeben hatte, nur 52,55% des Vergabevolumens auf Aufträge oberhalb der EU-Schwellenwerte entfielen, und sogar nur 15,07% auf die Zahl der Verträge mit einem Auftragswert oberhalb der EU-Schwellenwerte[156], so werden die **Forderungen nach Rechtsschutz auch unterhalb der Schwellenwerte** verständlicher[157].

Es bleibt dabei auch nicht nur bei Forderungen, sondern vermehrt zeigen sich, nach dem das BVerwG den Verwaltungsrechtsschutz abgelehnt hat[158], Versuche, **im Wege einstweiliger Verfügungsverfahren vor den Zivilgerichten** Primärrechtschutz zu erstreiten[159] – allerdings auch mit gemischtem Erfolg[160]. Nicht selten argumentieren die Zivilgerichte im Sinne einer Mittelmeinung, dass der einstweilige Rechtsschutz vor den Zivilgerichten nur dann zulässig sein könne, wenn bei Auftragsvergaben Willkür vorliege, und dies auch nachgewiesen werden könne. Wie dieser Nachweis z.B. bei einer für ungerechtfertigt gehaltenen Aufhebung der Ausschreibung gelingen soll, bleibt dabei offen[161].

Fazit: Die Schwellenwerte in ihrer bisherigen Form und Höhe sind im Großen und Ganzen vernünftig. Dies bedeutet jedoch nicht, dass nicht im Einzelfall Änderungen erforderlich werden könnten, die auf die Willensbildung der europäischen rechtsetzenden Organe oder z.B. auf weitere besondere Vereinbarungen im Rahmen multilateraler Handelsübereinkommen zurückgehen. Zu nennen sind bezüglich letzteren etwa mögliche Anpassungen des Abkommens der WTO über Regierungskäufe (GPA-Abkommen)[162]. Das GPA-Abkommen steht im Rang unter dem primären Gemeinschaftsrecht[163], ist aber Teil des die Richtlinien ergänzenden supranationalen Rechts.

---

156 Siehe Tätigkeitsbericht des Beschaffungsamtes des BMI 2003/2004, zitiert in Monatsinfo des forum vergabe e.V., Heft 11/2004, S. 176 f.

157 Eine Studie des Wegweiser-Verlages (»Statistische Analyse der öffentlichen Auftragsvergaben Deutschlands«), die am 13. 12. 2004 in Berlin vorgestellt wurde, weist aus, dass nur ca. 1% der VOB-Vergaben den EU-Schwellenwert erreichen und nur ca. 5% der VOL-Vergaben. Siehe Monatsinfo des forum vergabe e.V., Heft 12/2004, S. 191, 192.

158 BVerwG, Beschl. v. 2. 5. 2007 (6 B 10.07), NZBau 2007, 389 = VergabeR 2007, 337 = VS 2007, 34, 45 f.

159 Erfolgreich: LG Cottbus, Urt. v. 24. 10. 2007 (5 O 99/07), VergabeR 2008, 123 = NZBau 2008, 207; LG Frankfurt/Oder, Beschl. v. 14. 11. 2007 (13 O 360/07), NZBau 2008, 208 = VergabeR 2008, 132.

160 Nicht erfolgreich: LG Potsdam, Beschl. v. 14. 11. 2007 (2 O 412/07).

161 So OLG Brandenburg, Beschl. v. 17. 12. 2007 (13 W 79/07), NZBau 2008, 207 = Vergabe R 2008, 294 = VS 2008, 5, in dem sofortigen Beschwerdeverfahren eines Bieters gegen die Entscheidung des LG Potsdam, a.a.O. Ähnlich: LG Bad Kreuznach, Beschl. v. 6. 6. 2007 (2 O 201/07).

162 GPA (Government Procurement Agreement), ABl. der EG L 336 v. 23. 12. 1994, S. 273. Es ist am 1. 1. 1996 in Kraft getreten und hat den GATT-Kodex Regierungskäufe aus dem Jahre 1980 abgelöst. Dazu: *Kunnert*, WTO-Vergaberecht, 1998. *Noch*, Vergaberecht und subjektiver Rechtsschutz, 1998, S. 45f.

163 EuGH (Rs. C-61/94 – »Kommission ./. Deutschland«), Slg. 1996, I-3989.

Hinweis: Ergänzend zu den Regelungen der EG-Vergaberichtlinien und den supranationalen Beschaffungsabkommen ist für die internationalen Großbauvorhaben (insbesondere Infrastrukturprojekte) ergänzend auf die Standard-Regelwerke der **FIDIC** (Fédération Internationale des Ingénieurs Conseils)[164] aufmerksam zu machen. Diese Standard-Regelwerke beinhalten **Ausschreibungs- und Bauvertragsbedingungen**, welche von Institutionen wie der Weltbank, der Kreditanstalt für Wiederaufbau oder der EU gefördert oder finanziert werden. Die FIDIC-Regelwerke finden vor allem seit Öffnung der osteuropäischen Märkte Anwendung (Polen, Russland, Bulgarien, aber auch Skandinavien) sowie weltweit (z.B. Pakistan, Japan, Kanada, Türkei)[165].

---

164 www.fidic.org; www.worldbank.org; www.iccwbo.org.

165 Instruktiv zum Zugang zu internationalen Großbauvorhaben nach FIDIC: *Hök*, BauRB 2003, 190 ff.; *ders.*, ZfBR 2003, 527.

II. Die deutsche »Kartellrechtliche Lösung«

1. Gründe für die Neuregelung im Jahre 1999

14 Der deutsche Gesetzgeber hatte in den Jahren 1993/94 die EG-Richtlinien (materielle Vergaberichtlinien und Rechtsmittelrichtlinien) aus den Jahren 1989 bis 1993 in Form der »**haushaltsrechtlichen Lösung**« umgesetzt[166].

Diese bis 31. 12. 1998 in Kraft gewesene Umsetzungslösung beinhaltete die **Verankerung der deutschen Umsetzungsvorschriften im Haushaltsrecht**, und zwar den §§ 57 a bis c Haushaltsgrundsätzegesetz (HGrG)[167].

§ 57 a HGrG regelte im wesentlichen den **Auftraggeberbegriff** und enthielt die allgemeine Ermächtigungsgrundlage für den Erlass der (alten) **Vergabeverordnung** (VgV)[168] und die darin enthaltenen Verweisungen auf die Vorschriften der **Verdingungsordnungen** (VOB, VOL, VOF)[169], also die detaillierten Bestimmungen, nach denen der öffentliche Auftraggeber im Vergabeverfahren konkret vorzugehen hat. Die Vorschriften des HGrG und der VgV stellten eine recht knappe Regelung auf Gesetzes- und Verordnungsebene dar.

Die **§§ 57 b und c HGrG** regelten das Verfahren zur Nachprüfung der öffentlichen Auftragsvergaben in Gestalt der damals neu geschaffenen Überwachungsinstanzen der

- **Vergabeprüfstellen** (VPSt) – erste Instanz
- und der **Vergabeüberwachungsausschüsse** (VÜA) – zweite Instanz.

Die Zuständigkeiten und der Verfahrensablauf vor diesen Überwachungsinstanzen waren in der **Nachprüfungsverordnung** (NpV)[170] geregelt. Aber auch in diesen Bestimmungen fanden sich nur recht wenige Vorschriften, so dass die Vergabeüberwachungsausschüsse eine Vielzahl von Analogien zu anderen existierenden Verfahrensordnungen (ZPO, VwGO) bilden mussten.

Diese bis 31. 12. 1998 gewählte Umsetzungslösung war aus vielfältigen Gründen erheblicher **Kritik** seitens der Europäischen Kommission, der USA und nicht zuletzt auch der Wissenschaft ausgesetzt gewesen[171]. Die Vielzahl der Kritikpunkte lässt sich auf **zwei Hauptkomplexe** zurückführen: **Es fehlte**

- **erstens** die **Zurverfügungstellung subjektiver Rechte** und
- **zweitens** die **Möglichkeit der Erlangung effektiven Rechtsschutzes** in Gestalt der Anrufbarkeit von Gerichten.

---

166 Siehe die in der Einführung detailliert aufgeführten Vorschriftenkomplexe nebst Fundstellen.

167 §§ 57a bis c HGrG, eingefügt durch Gesetz v. 26. 11. 1993, BGBl. I, S. 1928 in das Haushaltsgrundsätzegesetz v.19. 8. 1969.

168 Verordnung über die Vergabebestimmungen für öffentliche Aufträge (Vergabeverordnung – VgV) v. 22. 2. 1994, BGBl. I, S. 321, geändert mit Wirkung v. 1. 11. 1997 durch die erste Änderungsverordnung v. 29. 9. 1997, BGBl. I, 2384.

169 Verdingungsordnung für Bauleistungen, Teil A, VOB/A, (BAnz. Nr. 223a v. 27. 11. 1992); Verdingungsordnung für Leistungen VOL/A 1997 (BAnz. Nr. 163a v. 2. 9. 1997); Verdingungsordnung für freiberufliche Leistungen, VOF (BAnz. Nr. 164a v. 3. 9. 1997).

170 Verordnung über das Nachprüfungsverfahren für öffentliche Aufträge (Nachprüfungsverordnung – NpV) v. 22. 2. 1994, BGBl. I, S. 324.

171 Siehe die Erläuterungen in der Einführung.

Die Verankerung der **Vergabebestimmungen** in den **§§ 57a bis c Haushaltsgrundsätzegesetz** (HGrG) beinhaltete, dass angesichts dieser objektiv-rechtlichen Rechtsmaterie für subjektive Rechte der Bieter im Vergabeverfahren oder gar für wirksame Instrumentarien zur Nachprüfung von Vergabeentscheidungen in dieser aus Sicht des Europarechts **wesensfremden Regelungsmaterie** im Grunde genommen überhaupt kein Platz war[172].

Unbeschadet der Umsetzungsfehler und systemimmanenten Schwächen der »Haushaltsrechtlichen Lösung« haben die zweitinstanzlich tätig gewesenen **Vergabeüberwachungsausschüsse** mit ihren **einige Hundert Entscheidungen** eine für damalige Verhältnisse erstaunliche Pionierarbeit vollbracht. Einige der Beschlüsse zählen noch heute zu den Grundsatzentscheidungen des neueren Vergaberechts. Genannt werden können beispielsweise:

- VÜA Bund, Beschl. v. 5. 2. 1996-1 VÜ 8/95 (»Dorsch Consult«), VergabE U-1-8/95-1 = ZVgR 1997, 71.
- VÜA Bund, Beschl. v. 16. 6. 1996-1 VÜ 7/96 (»Wohnkomplex Moskau«), WuW/E VergAB 96, 99 = VergabE U-1-7/96.
- VÜA Bund, Beschl. v. 14. 4. 1998-1 VÜ 13/97 (»Personentransporte Deutscher Bundestag«), VergabE U-1-13/97 = ZVgR 1999, 16 = Behörden Spiegel 1/1999, S. B IV.
- VÜA Bund, Beschl. v. 16. 12. 1998-2 VÜ 22/98 (»Rückbau Versuchsreaktor Jülich«), VergabE U-1-22/98 = EUK 1999, 42 = Behörden Spiegel 6/1999, S. B II.
- VK Bund als VÜA, Beschl. v. 5. 5. 1999 – VKA-13/99 (»Deutschkurse«), VergabE U-2-13/99 = EUK 2000, 56 = Behörden Spiegel 4/2000, S. B II.

Aufgrund der Unzulänglichkeiten dieses Rechtsschutzsystems hatte sich die Bundesregierung jedoch – wie bereits in der Einführung kurz skizziert – durch Kabinettsbeschluss vom 25. 9. 1996[173] entschlossen, sowohl die **Rechtsgrundlagen** der Vergabe öffentlicher Aufträge als auch die Vorschriften über die **Nachprüfung** der jeweiligen Vergabeentscheidungen einer gründlichen Revision zu unterziehen. Der wesentliche **Schwerpunkt** der Revision lag im **Rechtsschutzsystem**. War es infolge der Konstruktion der »Haushaltsrechtlichen Lösung« früher kaum möglich, in laufende Vergabeverfahren korrigierend einzugreifen, so änderte sich dies seit 1. 1. 1999 grundlegend.

Die in den materiellen Vergaberichtlinien enthaltenen **subjektiven Rechte** sind in § 97 VII GWB verankert, und es ist möglich, diese Rechte, zumindest in zweiter Instanz, **vor Gericht durchzusetzen**, wie dies der EuGH schon in seinem Urteil vom 11. 8. 1995 klar gefordert hatte[174].

Mit dem zum 1. 1. 1999 eingeführten Vergaberechtsänderungsgesetz fand ein grundlegender **Paradigmenwechsel** von einer »haushaltsrechtlichen Lösung« zu einer »kartellrechtlichen Lösung« statt. Maßgeblicher Punkt ist, dass das **subjektivrechtlich begründete Vergaberecht** nach dem Erlass der Rechtsmittel- und auch der neueren Vergaberichtlinien schon aus systematischer Sicht nicht mehr in das

---

172 Siehe etwa *Brenner*, Neuere Entwicklungen im Vergaberecht der Europäischen Union, 1997, S. 23.

173 Vorlage des BMWi v. 23. 9. 1996 (Az.: I B 3-260500/16), VgR 4/1996, 57.

174 EuGH, Urt. v. 11. 8. 1995 (Rs. C-433/93 – »Kommission ./. Deutschland«), Slg. I, 2303, 2311 = VergabE A-1-5/95.

objektiv-rechtlich aufzufassende Haushaltsrecht passt, denn dieses unterliegt einzig dem Gebot der Wirtschaftlichkeit und Sparsamkeit der Verwendung von Haushaltsgeldern (§ 6 HGrG, § 7 BHO) und statuiert nur eine allgemeine Pflicht zur Ausschreibung (§ 30 HGrG, § 55 BHO)[175].

Intention der Vergaberichtlinien hingegen ist es, in erster Linie einen **EU-weiten Wettbewerb** bei der Vergabe von öffentlichen Aufträgen zu eröffnen und zu erreichen, dass öffentliche Auftraggeber möglichst wie Private am Markt auftreten können. Unbeschadet dieser primär wettbewerblichen Zielsetzung hat dies **mittelbar** wieder **Einsparungseffekte** für die öffentlichen Haushalte zur Folge. Die erzielbaren Einsparungen bei den öffentlichen Haushalten sind zwar ein durchaus wichtiges Nebenziel. Im Vordergrund steht jedoch die Schaffung eines möglichst unbehinderten Wettbewerbs im Binnenmarkt. Daher lag es nahe, die zukünftigen Vergabevorschriften im Gesetz gegen Wettbewerbsbeschränkungen (GWB) zu verankern und die Nachprüfungsverfahren so weit wie möglich denjenigen vor den Kartellbehörden anzugleichen.

Freilich gibt es im Vergaberecht eine Reihe von Besonderheiten, die einer spezifischen Regelung bedürfen und daher nur eine teilweise Übernahme der Vorschriften des allgemeinen Kartellrechts erlauben. Diesem Umstand trägt auch die 1998 gefundene Neuregelung Rechnung, indem sie für das Vergaberecht einen **eigenen Teil im GWB** vorsieht. Fast zeitgleich mit der Verabschiedung des **Vergaberechtsänderungsgesetzes** wurde die **6. Kartellrechtsnovelle** beschlossen, die ebenfalls am 1. 1. 1999 in Kraft trat. Dies hatte u.a. zu Folge, dass sich die für das Vergaberecht im Vergaberechtsänderungsgesetz vorgesehenen Regelungen der §§ 106 ff. GWB numerisch auf die §§ 97 ff. GWB nach vorne verschoben. Dementsprechend darf es nicht verwundern, wenn die Gesetzentwürfe und auch die ersten Besprechungen in der Literatur alle von den §§ 106 ff. GWB ausgehen. Das Vergaberecht wurde zweimal verkündet[176]. Änderungen inhaltlicher Art sind hiermit nicht verbunden.

2. Überblick über die Regelung

15 Das im Mai 1998 vom Bundestag und Bundesrat beschlossene und ab dem 1. 1. 1999 in Kraft getretene **Vergaberechtsänderungsgesetz (VgRÄG)** ist zunächst ein eher »technischer« Begriff[177]. Es besteht aus **vier Artikeln**, die außer den Änderungen der Vergabevorschriften selbst auch die Modifikation von weiteren Vorschriften beinhalten.

175 Vgl. die entsprechenden Vorschriften in den Landesgesetzen und den Gemeindehaushaltsverordnungen (GemHVO).

176 Erste Verkündung des VgRÄG v. 26. 8. 1998 im Bundesgesetzblatt (BGBl. I, S. 2512) als §§ 106 ff. GWB; zweite Verkündung (BGBl. I, 1998, S. 2546) des Vergaberechts als §§ 97 ff. GWB.

177 Die einzige Publikation mit dem Titel »Vergaberechtsänderungsgesetz – Kommentar« wurde von *Korbion* im Jahre 1999 veröffentlicht.

a) Bestimmungen des Vergaberechtsänderungsgesetzes

16 **Artikel 1** betrifft die Einfügung des gesamten Vergaberechts in das GWB als §§ 97 bis 129. Sie bilden damit den vierten Teil des Gesetzes gegen Wettbewerbsbeschränkungen (GWB). Nur teilweise finden sich Elemente der bisherigen Vergabevorschriften der §§ 57a bis c HGrG und der Vergabe- und Nachprüfungsverordnung wieder. Umfasste das bisherige gesetzliche (§§ 57 a bis c HGrG) und auf der Ebene der Rechtsverordnung (VgV, NpV) angesiedelte Vergaberecht sehr wenige Paragraphen, so ist durch die Neuregelung ein enormes Regelungspotential hinzugekommen.

Durch das Vergaberechtsänderungsgesetz zunächst einmal **unberührt** blieben die **Verdingungsordnungen** VOB/A, VOL/A und VOF in den Fassungen 1992 bzw. 1997. Zwischenzeitlich wurden diese durch die auf Basis der §§ 97 VI, 127 GWB erlassene Vergabeverordnung 2001[178] durch die Fassungen des Jahres 2000 ersetzt. Seit dem 15. 2. 2003 galt die Vergabeverordnung 2003[179], welche die Verdingungsordnungen in den Fassungen des Jahres 2002 in Kraft setzte. Im Jahre 2004 folgte das EU-Richtlinienpaket, das bis zum 31. 1. 2006 in das nationale Recht zu transferieren war. Die Bundesrepublik Deutschland bewirkte dies durch die geänderten Vorschriften der VgV 2006[180], kraft derer den neuen Fassungen der Vergabe- bzw. Verdingungsordnungen (VOB/A 2006, VOL/A 2006, VOF 2006) ab 1. 11. 2006 Geltung verschafft wurde. Diese VgV 2006 muss (Stand: Mai 2008) noch den seit 1. 1. 2008 geänderten Schwellenwerten angepasst werden[181].

Artikel 2 betrifft erfolgte Änderungen im **Kostenrecht,** so z.B. im Gerichtskostengestz (GKG) und der damaligen Bundesrechtsanwaltsgebührenordnung (BRAGO, jetzt RVG). Diese Änderungen haben damit zu tun, dass die Verfahren vor den Vergabekammern und den Oberlandesgerichten kostenpflichtig sind. Früher war die Anrufung der Vergabeprüfstellen und auch der Vergabeüberwachungsausschüsse kostenlos[182, 183].

Artikel 3 des VgRÄG enthält die für jedes neue Gesetz notwendigen **Übergangs- und Schlussbestimmungen**. Maßgeblich betreffen sie die Aufhebung der bisherigen Vorschriften des Haushaltsgrundsätzegesetzes (§§ 57a bis c HGrG) und der Nachprüfungsverordnung. Bis zum 31. 12. 1998 wurden die Vergabeüberwachungsverfahren nach dem früheren Recht der »haushaltsrechtlichen Lösung« abgehandelt. Dies bedeutete, dass Fälle, die bis zum 31. 12. 1998 anhängig wurden, von den Vergabeüberwachungsausschüssen bzw. den Vergabekammern als Vergabeüberwachungsausschüssen erledigt wurden. Auf Landesebene waren z.B. in Brandenburg noch Beschlüsse nach altem Recht bis Mai 2000 zu verzeichnen, auf Bundesebene bis Januar 2001.

178 Verordnung über die Vergabe öffentlicher Aufträge (Vergabeverordnung -VgV) v. 9. 1. 2001, BGBl. Teil I v. 18. 1. 2001, S. 110; siehe EUK 2001, 24.

179 Zweite Verordnung zur Änderung der Vergabeverordnung vom 11. 2. 2003, BGBl. I, Nr. 6, v. 14. 2. 2003, S. 168.

180 Verordnung über die Vergabe öffentlicher Aufträge – VgV 2006 – v. 23. 10. 2006, BGBl. Teil I, S. 2334.

181 Verordnung EG 1422/2007 vom 4. 12. 2007, ABl. der EU (L 317/34) v. 5. 12. 2007.

182 VÜA Bayern, Beschl. v. 18. 2. 1998 (VÜA 12/97), VergabE V-2-12/97; VÜA Brandenburg, Beschl. v. 26. 8. 1998 (1 VÜA 14/97).

183 Siehe VÜA Brandenburg, Beschl. v. 26. 8. 1998 (1 VÜA 14/97), der den Ausspruch eines Kostenvorbehaltes nach Verabschiedung des VgRÄG zu Recht für entbehrlich erachtet.

Eine zweite wichtige Regelung in **Artikel 3** ist, dass die untergesetzlichen Regelungen auf Bundes- oder Landesebene, die in die Auftragsvergabe eingreifen (Tariftreue, Lehrlingsausbildungsbetriebe, Frauenförderung etc.), noch bis zum 30. 6. 2000 fortgegolten haben. Ab diesem Zeitpunkt mussten sie zwingend in Form von Bundes- oder Landesgesetzen neu in Kraft gesetzt werden. Bezweckt ist mit diesem Erfordernis der Gesetzesform eine öffentliche parlamentarische Diskussion und damit für den Bürger eine größere Publizität als im Falle von schlichten Verwaltungsanweisungen. Eine **große Zahl von Ländern** hat zwischenzeitlich auch Gebrauch von der Möglichkeit gemacht, solche Regelungen zu schaffen. Zum Teil handelt es sich um einander ähnliche, isolierte Regelungen zur Tariftreue oder zur Frauenförderung. Zum Teil aber auch handelt es sich um stark divergierende Regelungen, die beispielsweise lediglich Ausführungsbestimmungen zur Anwendung der Vorschriften über die Angebotsprüfung (§§ 23, 25 VOB/A, VOL/A) betreffen. Teils firmieren sie ausdrücklich als »Tariftreuegesetze«, teils als »Mittelstandsförderungsgesetze« mit zusätzlichen weiteren Regelungen.

Auch die Bundesregierung hatte im Jahre 2002 ein Gesetz eingebracht, mit dem die Tariflöhne bei öffentlichen Ausschreibungen im Bereich Bau und ÖPNV festgeschrieben werden sollten[184]. Dieses ist jedoch im Bundesrat gescheitert.

Artikel 4 setzt das Inkrafttreten der mit dem Vergaberechtsänderungsgesetz verbundenen Änderungen und Neuregelungen auf den **1. 1. 1999** fest.

b) Vergabevorschriften der §§ 97 bis 129 GWB

Doch nun zu den eigentlichen **Vergabevorschriften** in den **§§ 97 ff. GWB**: **17**

Die als vierter Teil in das GWB eingefügten Vergabevorschriften gliedern sich in **drei Abschnitte**:

- Der **erste Abschnitt** (§§ 97 bis 101 GWB) regelt die **Grundsätze** des Vergabeverfahrens inklusive der grundlegenden Prinzipien.
- Der **zweite Abschnitt** (§§ 102 bis 124 GWB) befasst sich mit den **Nachprüfungsvorschriften**, also den Verfahren vor der Vergabekammer, dem sofortigen Beschwerdeverfahren vor dem OLG und der Vorlage an den BGH.
- Abschließend trifft der **dritte Abschnitt** (§§ 125 bis 129 GWB) Regelungen über **Rechtsmissbrauch**, Schadensersatz, Ermächtigungsgrundlagen und Kosten.

Damit ergibt sich folgende **Grobgliederung**:

- Vierter Teil: Vergabe öffentlicher Aufträge — §§ 97–129
  - Erster Abschnitt: Vergabeverfahren — §§ 97–101
  - Zweiter Abschnitt: Nachprüfungsverfahren — §§ 102–124
    - I. Nachprüfungsbehörden — §§ 102–106
    - II. Verfahren vor der Vergabekammer — §§ 107–115
    - III. Sofortige Beschwerde — §§ 116–124
  - Dritter Abschnitt: Sonstige Regelungen — §§ 125–129

184 »Entwurf eines Gesetzes zur tariflichen Entlohnung bei öffentlichen Aufträgen«, BR-Drs. 322/01, BT-Drs. 14/6752 v. 26. 7. 2001. Siehe im Einzelnen die Ausführungen zu den vergabefremden Aspekten in Kapitel B. I. 13.

Die drei Abschnitte spiegeln bereits die seinerzeit wichtigsten Neuerungen wider.

Im **ersten Abschnitt** sind die **wesentlichen Vergabeprinzipien** kodifiziert, inklusive der Anerkennung subjektiver Rechte des Bieters im Vergabeverfahren (§ 97 VII) als erstes Kernstück.

Im **zweiten Abschnitt** sind die **rechtlichen Überprüfungsmöglichkeiten** geregelt; hervorzuheben ist hier insbesondere die Rechtsbeschwerde zum OLG, also die Anrufbarkeit der regulären deutschen Gerichtsbarkeit, die das zweite Kernstück der damaligen Reform bildet.

Da mit Rechtsschutzmöglichkeiten immer auch **Missbrauchsgefahren** einhergehen, finden sich im **dritten Abschnitt** Regelungen, welche die Verfahren vor der Vergabekammer und vor dem OLG kostenpflichtig machen. Ebenso sind zur Abschreckung von Querulanten und auch zur Verhinderung mutwilliger Investitionsblockaden Instrumentarien gefunden worden, die eine zusätzliche Hemmschwelle aufbauen sollen, so dass die Nachprüfungsinstanzen nur in denjenigen Fällen eingeschaltet werden, in denen wirklich erhebliche Verletzungen einschlägiger vergaberechtlicher Vorschriften zu besorgen sind.

Die Praxis der letzten Jahre zeigt jedoch, dass Anträge des öffentlichen Auftraggebers, festzustellen, dass die Anrufung rechtsmissbräuchlich erfolgt ist, praktisch keine Aussicht auf positive Bescheidung haben.

3. Der Regelungsgehalt im Einzelnen

18 Die im Vergleich zu früher noch nie dagewesene **Ausführlichkeit** der **Kodifizierung** vergaberechtlicher Vorschriften auf der Gesetzesebene, die in der Zwischenzeit auch eine erhebliche Menge Kommentarliteratur hervorgebracht hat[185], kann als Erfolg gewertet werden. Die bis Anfang der neunziger Jahre traditionell nur in den Verdingungsordnungen geregelten öffentlichen Auftragsvergaben haben durch die §§ 97 ff. GWB eine ganz andere Schlagkraft erhalten. Zwar befinden sich in den **Verdingungsordnungen** noch immer **wichtige Detailregelungen** für die Vergabe von Bau-, Liefer- und Dienstleistungsaufträgen[186], jedoch ist mit der seit 1. 1. 1999 in Kraft getretenen GWB-Reform ein **Regelungswerk** entstanden, das weit mehr ist als ein reines Rahmenrecht. Die **Anerkennung subjektiver Rechte** und die **Eröffnung des Rechtsweges** zu den Gerichten setzen in weiten Teilen völlig neue Maßstäbe.

185 In Auswahl: *Immenga/Mestmäcker*, »Gesetz gegen Wettbewerbsbeschränkungen«, 4. Aufl. 2006; *Bechtold*, GWB, 4. Aufl. 2006; *Weyand*, Praxiskommentar Vergaberecht, 2. Aufl. 2007; *Kulartz/Kus/Portz*, Kommentar zum Vergaberecht, 2006; *Byok/Jaeger*, Kommentar zum Vergaberecht, 2. Aufl. 2005; *Heiermann/Zeiss/Kullack/Blaufuß*, juris Praxiskommentar, 2005; *Reidt/Stickler/Glahs*, Vergaberecht, 2. Aufl. 2003.

186 Aus der Kommentarliteratur zu den Verdingungsordnungen siehe etwa: *Ingenstau/Korbion*, VOB Teile A und B mit GWB, 16. Aufl. 2006; *Kapellmann/Messerschmidt*, VOB, 2. Aufl. 2007; *Franke/Kemper/Zanner/Grünhagen*, VOB, 3. Aufl. 2007; *Heiermann/Riedl/Rusam*, Handkommentar zur VOB, 10. Aufl. 2003; *Motzke/Pietzcker/Prieß*, VOB Teil A mit GWB, 2001; *Kulartz/Marx/Portz/Prieß*, Kommentar zur VOL/A, 2007; *Müller-Wrede*, VOL/A, 2. Aufl. 2007; *Schaller*, Verdingungsordnung für Leistungen Teile A und B, 4. Aufl. 2008.

a) Vorschriften über das Vergabeverfahren im GWB

19 Die **Vorschriften über das Verfahren** zur Vergabe öffentlicher Aufträge sind in den **§§ 97 bis 101 GWB** geregelt. Sie gliedern sich auf in eine Darlegung der wesentlichen Grundsätze (§ 97 GWB), die Bezeichnung der der Ausschreibungspflicht unterliegenden Auftraggeber (§ 98 GWB), die Definition des öffentlichen Auftrags und die Benennung der wesentlichen Auftragstypen inklusive der nicht erfassten Verträge (§ 99 und 100 GWB) sowie die anzuwendenden Vergabeverfahrensarten (§ 101 GWB).

aa) Grundsätze

(1) Transparenz, Wettbewerb, Gleichbehandlung

20 Die **wesentlichen Grundsätze** der öffentlichen Auftragsvergabe wie Transparenz, Wettbewerb und Gleichbehandlung sind in § 97 I und II GWB formuliert. Sie stimmen mit den Grundsätzen der Verdingungsordnungen überein (vgl. § 2 Nr. 1 und Nr. 2 VOB/A; § 2 Nr. 1 und Nr. 2 VOL/A). Dies bedeutet gleichzeitig, dass es insoweit keine materiellen Unterschiede bei den europaweiten und nationalen Auftragsvergaben gibt. Die rechtlichen Folgen sind wegen der nur oberhalb der Schwellenwerte gegebenen Nachprüfungsmöglichkeiten naturgemäß unterschiedlich.

In unzähligen Entscheidungen der Vergabekammern und Vergabesenate wird auf diese Vorschriften rekurriert. Meist geschieht dies in Verbindung mit spezielleren Vorschriften wie z.B. dem grundsätzlichen Verbot einer diskriminierenden Leistungsbeschreibung (§ 9 Nr. 4, 5, 10, 11 VOB/A; § 8 Nr. 1, 2, 3 VOL/A), die den Wettbewerb und die Gleichbehandlung beeinträchtigt, oder etwa einem nicht ausreichenden Vergabevermerk (§ 30 VOB/A), der die Transparenz im Vergabeverfahren schädigt.

§ 97 II GWB enthält eine wichtige **Einschränkung des Gleichbehandlungsgrundsatzes**, indem dort bestimmt ist, dass Benachteiligungen im Einzelfall rechtmäßig sein können, wenn sie aufgrund dieses Gesetzes zulässig sind. Damit wird Bezug genommen auf § 97 IV GWB, wonach die Aufträge nur an fachkundige, leistungsfähige und zuverlässige Bieter zu vergeben sind und **weitergehende Anforderungen** nur dann gestellt werden dürfen, wenn Bundes- oder Landesgesetze dies vorsehen.

(2) Vergabefremde Aspekte

21 Hiermit ist der schon angesprochene **Komplex vergabefremder Aspekte** berührt. Dieser Komplex ist einer der zwei Punkte gewesen, an denen das Gesetzgebungsverfahren für das VgRÄG in den Monaten April/Mai 1998 fast noch gescheitert wäre. Die **damalige Bundesregierung**[187] und auch der **Bundestag** lehnten stets die

187 Siehe: Entwurf einer Stellungnahme des BMWi zum Grünbuch der Kommission (I B 3 -030908-, v. 4. 3. 1997), S. 6: *»BMWi hat sich in der Vergangenheit ... strikt gegen die Verknüpfung der Vergabe öffentlicher Aufträge mit nicht auftragsbezogenen Zielsetzungen wie ›Frauenförderung, Tariftreue, Ausbildungsbereitschaft‹ ausgesprochen. Die Instrumentalisierung des öffentlichen Auftragswesens für alle möglichen politischen Zielsetzungen führt zu immer größerer Unübersichtlichkeit für die Beschaffungsstellen und (für) die Unternehmen und zu einer Verteuerung staatlicher Einkäufe«.*

Zulassung vergabefremder Kriterien ab, wohingegen die **Länder** in ihrer Mehrheit (und damit auch der Mehrheit im Bundesrat) immer die Möglichkeit gesehen und auch gerne genutzt haben, die Vergabe von öffentlichen Aufträgen für ordnungspolitische Zwecke zu gebrauchen (z.B. Frauenförderung, Lehrlingsausbildungsbetriebe, Tariftreue, Beschäftigung von Langzeitarbeitslosen, Regionalförderung etc.). Die **amtierende Bundesregierung** ist demgegenüber – zumindest in einigen Ressorts – vergabefremden Aspekten gegenüber aufgeschlossener, wobei der bislang noch nicht in das nationale Recht transferierte Art. 26 der VKRL 2004/18/EG eine bedeutende Rolle spielt.

Die wichtige Neuerung im Richtlinienpaket aus dem Jahre 2004 ist, dass es gemäß den Bestimmungen des **Art. 26 VKRL (2004/18/EG)** und des Art. 38 SKRL (2004/17/EG) dem öffentlichen Auftraggeber gestattet ist, **zusätzliche Bedingungen** – insbesondere soziale Kriterien – an die Ausführung des Auftrags zu knüpfen. Art. 26 VKR und Art. 38 SKR bestimmen, dass die Auftraggeber

> *»zusätzliche Bedingungen für die Ausführung des Auftrages vorschreiben (können), sofern diese mit dem Gemeinschaftsrecht vereinbar sind und in der Bekanntmachung oder in den Verdingungsunterlagen angegeben werden. Die Bedingungen für die Ausführung eines Auftrages können insbesondere soziale und umweltbezogene Aspekte betreffen.«*

Verhält es sich bei der Einbringung von **Umweltkriterien** in das Vergaberecht und das konkrete Ausschreibungsverfahren noch einfacher, weil diese zwanglos der **Leistungsbeschreibung zugeordnet** werden können und die Ausschreibung entsprechend darauf ausgerichtet werden kann, so ist dies im Falle der **sozialen Kriterien** bedeutend **schwieriger**. Es ist derzeit kaum zu beantworten, ob soziale Kriterien einer Einordnung unter
- die Leistungsbeschreibung,
- die Eignung oder
- den Zuschlag,

zugänglich sind (also unter die herkömmlichen Bestimmungen der §§ 8, 9 und 25 VOB/A bzw. VOL/A), oder ob sie
- als sonstiger Gesichtspunkt der späteren Vertragsausführung (sog. Ausführungsbedingung)

rangieren müssen. Dieses wäre dann jedoch eine neue Kategorie, die jedenfalls bisher einer Rechtsgrundlage im deutschen Vergaberecht entbehrt.

Hinzu kommt die Erschwernis, dass der EuGH[188] den **Weg einer Einordnung sozialer Kriterien unter die Eignungsgesichtspunkte versperrt** hat[189] – das wäre jedoch noch am ehesten ein gangbarer Weg gewesen, wie ihn der deutsche Gesetzgeber im Übrigen im § 97 GWB auch beschritten hat.

188 EuGH, Urt. v. 20. 9. 1988 (Rs. C-31/87 – Gebroeders Beentjes BV ./. Niederlande), Slg. 1988, 4635 = VergabE A-1-1/88, Rn. 16. Undeutlich in dieser Frage letztlich: EuGH, Urt. v. 26. 9. 2000, Rs. C-225/98 (»Kommission/Frankreich«), NZBau 2000, 584, WuW 2000, 1160.

189 Interpretierende Mitteilung der Kommission über die Auslegung des gemeinschaftlichen Vergaberechts und die Möglichkeiten zur Berücksichtigung sozialer Belange bei der Vergabe öffentlicher Aufträge (2001/C 333/08) (KOM [2001] 566 endg.), ABl. EU v. 28. 11. 2001, Nr. L 346/1.

Die seinerzeit im **Vermittlungsausschuss** gefundene **Kompromissformel,** wonach die Zulassung solcher Kriterien zumindest einer bundes- oder landesgesetzlichen Grundlage bedarf – die Länder wollten diesbezüglich jede Form von ministeriellen Rundschreiben und Erlassen genügen lassen[190] –, führt notwendigerweise dazu, dass das Gleichbehandlungsprinzip eine gewisse Einschränkung erfahren muss, die in § 97 IV GWB festgeschrieben ist. So dürfen weitergehende Regelungen (z.B. Gesetze mit sog. »vergabefremden« Kriterien) durch Bundes- oder Landesgesetze erlassen werden, die beispielsweise gewisse Sozialstandards vorschreiben.

Der **deutsche Gesetzgeber** hat im Jahre 1998 mit der seinerzeitigen Novelle des GWB in § 97 IV eine **Entscheidung zugunsten einer Einordnung der vergabefremden Kriterien als Eignungskriterium** getroffen. Er hat in der Gesetzesbegründung[191] folgendes ausgeführt:

> *»Leistungsfähigkeit, Fachkunde und Zuverlässigkeit sind Kriterien, deren Inhalt allerdings nicht von vornherein und für alle Aufträge feststeht. Für den Auftraggeber besteht hier im Einzelfall ein Bewertungsspielraum. Dies kann auch beispielsweise dazu führen, dass Auftraggeber, je nach Auftragsgegenstand, den Einsatz nicht versicherungspflichtiger Beschäftigter durch die Auftragnehmer ausschließen können.«*

Dies eröffnet – weit über den fakultativen Ausschlusstatbestand des § 7 Nr. 5 lit. d VOL/A bzw. des Art. 45 Abs. 2 lit. e VKRL 2004/18/EG (Nichterfüllung der Verpflichtung zur Entrichtung der Sozialbeiträge) hinaus – demnach den Ermessensspielraum, vorzuschreiben, dass **keine geringfügig Beschäftigten** (»Minijobber«) eingesetzt werden sollen (bzw. dürfen). Eine solche Regelung findet sich bzw. fand sich in § 13 II des Landesgleichstellungsgesetzes des Landes Berlin. Dort wurde für den gesamten Bereich der Berliner Verwaltung vorgeschrieben, dass »Anbieter, die Personen unterhalb der Grenze des § 8 I SGB IV beschäftigen, keinen Zuschlag erhalten« sollen. Beweggrund für diese Regelung ist bzw. war, dass derartige geringfügige Beschäftigungsverhältnisse in der Praxis zu einer Benachteiligung von Frauen führen[192].

Einer **Einordnung unter die Eignungskriterien** steht jedoch prinzipiell die **Sichtweise des EuGH entgegen,** dass es sich bei den sozialen Kriterien nicht um Eignungsgesichtspunkte handeln soll. Sind sie keine Eignungsgesichtspunkte, so sind sie **erst recht keine Zuschlagskriterien,** weil die zu beurteilende Wirtschaftlichkeit der Angebote nicht unter dem Gesichtspunkt sozialer Belange geschehen kann. Daher blieb nur die Kompromissformel in den EU-Richtlinien übrig, wonach eine Einordnung als **Ausführungsbedingungen** geschehen soll – was immer das im Einzelnen bedeutet. Angesichts dieser rechtlichen Unwägbarkeiten verwundert es nicht, dass von dieser Möglichkeit der Einführung sozialer Kriterien bisher in Deutschland keinen Gebrauch gemacht wurde.

---

190 Für die Vielzahl der bereits bestehenden Regelungen gilt nach Art. 3 Nr. 5 VgRÄG eine Übergangsfrist bis zum 30. 6. 2000. Die Rundschreiben und Erlasse etc. mussten spätestens dann in Gesetzesform gebracht werden. Zum Gesetzesvorbehalt auch: OLG Düsseldorf, Beschl. v. 5. 5. 2008 (VII Verg 5/08).

191 Siehe Gesetzgebungsbegründung, nach der damaligen Zählung noch zum § 106 III Vergaberechtsänderungsgesetz (jetzt: § 97 Abs. 4 GWB), BT-Drs. 13/9340, S. 14.

192 Antidiskriminierungsgesetz v. 31. 12. 1990, GVBl. 1991, 8; später Landesgleichstellungsgesetz, GVBl. 1993, 184, neugefasst durch Änderung v. 16. 6. 1999, GVBl. 1999, 341.

Dabei ist auch die **Reichweite der Zulässigkeit** vergabefremder, insbesondere sozialer, Aspekte **fraglich.** Des Weiteren ist bei der Implantation solcher vergabefremder Aspekte immer zu prüfen, auf welche Weise denn die Kontrolle von Bieterangaben zu Sozialstandards gesichert werden kann. Das Merkmal einer **Überprüfbarkeit** der Bieterangaben hat der EuGH bereits in der sog. »Wienstrom«-Rechtsprechung[193] aufgestellt. Er betonte, dass eine Kontrollmöglichkeit schon im Interesse der nötigen Transparenz erforderlich ist. Bezieht man dies auf die Produktionsbedingungen in Drittländern und deren Kontrolle, so liegt dieses Problem offen zutage.

Wie schon im Rahmen der Behandlung der europarechtlichen Grundlagen (Kapitel A. I.) ausgeführt, ist durch jede Form von ordnungspolitischen Kriterien bei der Vergabe öffentlicher Aufträge grundsätzlich immer ein **Verstoß** gegen das Prinzip der Chancengleichheit gegeben. Nur in sehr eingeschränktem Umfang kann im Einzelfall – auch nach Auffassung der Europäischen Kommission –, die Vergabe anhand von umweltpolitischen[194] oder sozialen Gesichtspunkten[195] zulässig sein, sofern sie sich konkret in objektiv messbaren Kriterien des Angebotes niederschlagen[196].

(3) Mittelstandsförderung; Losvergabe

22 Außerdem hat mit der GWB-Novelle 1998 die **Mittelstandsförderung**, die stets ein erklärtes politisches Ziel gewesen ist, Eingang in das geschriebene Vergaberecht gefunden (§ 97 III GWB). Sie war immer Bestandteil der Verdingungsordnungen und kam insbesondere in den Bestimmungen über die grundsätzliche Pflicht zur Aufteilung von Leistungen in Teil- bzw. Fachlose (s. § 4 Nr. 2 u. 3 VOB/A[197], § 5 VOL/A[198]) zum Ausdruck. Es ist daher nur konsequent, wenn dieser Grundsatz

193 EuGH, Urt. v. 4. 12. 2003 (Rs. C-448/01 – »Wienstrom«), VergabE A-1-15/03 = VergabeR 2004, 36 = NZBau 2004, 105 = ZfBR 2004, 185 = WuW 2004, 225 = BauR 2004, 563.

194 Mitteilung der Kommission zu umweltgerechten Beschaffungen, Dok. Nr. KOM [2001] 274, endg. = ABl. EG C 333 v. 28 11. 2001, S. 12, zus.gef. in EUK 2001, 120. EuGH, Urt. v. 17. 9. 2002 (Rs. C-513/99 – »Concordia Bus Finnland«), VergabE A-1-3/02 = VergabeR 2002, 593 = NZBau 2002, 618 = ZfBR 2002, 812 = WuW 2002, 1023 = EUK 2002, 152; EuGH, Urt. v. 4. 12. 2003 (Rs. C-448/01 – »Wienstrom«), VergabE A-1-14/03 = VergabeR 2004, 36 = BauRB 2004, 74 = NZBau 2004, 105, mit Anm. *Krohn*, NZBau 2004, 92. Vgl. auch *Schneider*, Vergaberecht und Umweltschutz, 2001.

195 EuGH, Urt. v. 20. 9. 1988 (Rs. C-31/87 – Gebroeders Beentjes BV ./. Niederlande – »Beentjes I«), Slg. 1988, 4635 = VergabE A-1-/88; EuGH, Urt. v. 26. 9. 2000 (Rs. C-225/98 – »Beentjes II), VergabE A-1/00 = NZBau 2000, 584 = WuW 2000, 1160 = ZVgR 2000, 281 = EUK 2000, 167. Dazu kritisch: *Seidel*, Behörden Spiegel, Beschaffung Special 1/2001, S. B VI, *dies.*, EuZW 2000, 762; *Dreher*, JZ 3/2001. Siehe außerdem die Mitteilung der Europäischen Kommission zu sozialen Gesichtspunkten bei öffentlichen Beschaffungen v. 15. 10. 2001, Dok. KOM (2001) endg., 566 = ABl. EG C 333 v. 28. 11. 2001, S. 27, zus.gef. in EUK 2001, 167.

196 Siehe näher Abschn. B. Kap. I., Ziff. 13 d).

197 OLG Schleswig, Beschl. v. 14. 8. 2000 (6 Verg 2/3/00).

198 Siehe betr. § 5 Nr. 1 VOL/A z.B.: OLG Düsseldorf, Beschl. v. 4. 3. 2004 (VII Verg 8/04), VergabE C-10-8/04 = EUK 2004, 55; VK Bund, Beschl. v. 9. 1. 2008 (VK 3-145/07), VS 2008, 4; VK Bund, Beschl. v. 1. 2. 2001 (VK 1-1/01), VergabE D-1-1/01 = VergabeR 2001, 143; VK Sachsen, Beschl. v. 2. 11. 2003 (1 VK 19/99), VergabE E-13-19/99; VK Sachsen, Beschl. v. 8. 12. 2003 (1 VK 139/03), EUK 2004, 57. Vgl. auch § 4 V VOF, der eine angemessene Beteiligung von Berufsanfängern und kleineren Büroorganisationen verlangt. Dazu u.a.: VK Sachen, Beschl. v. 19. 5. 2000 (VK 42/00), VergabE E-13-42/00 = EUK 2000, 140, 143; VÜA Thüringen, Beschl. v. 2. 9. 1998 (2 VÜ 2/98), VergabE V-16-2/98.

zur Förderung der mittelständischen Interessen ausdrücklich als wirtschaftspolitisches Ziel im GWB festgeschrieben ist. Man wird über diese wirtschaftspolitische Zielsetzung hinaus auch einen **grundsätzlichen Anspruch** aus §§ 97 VII, 97 III GWB auf Vergabe in Fachlosen oder Teillosen bejahen müssen. Allerdings ist der Vergabestelle ein sehr weiter Beurteilungs- und Ermessensspielraum einzuräumen, so dass die **Einklagbarkeit** einer Losvergabe letzten Endes **als eingeschränkt** bezeichnet werden muss.

Legt die Vergabestelle technische Gründe wie auch wirtschaftliche **Gründe für ein Abweichen von der Regel der Losvergabe** eingehend und nachvollziehbar dar, so wird der Bieter vor der Vergabekammer oftmals keinen Erfolg haben. Die Vergabestelle kann einen erheblichen Mehraufwand für die Koordination, die Vorhaltung von unterschiedlichem Wartungspersonal im Falle der losweisen Vergabe an z.B. drei Unternehmer oder Bauzeitenverzögerungen anführen. In seinem Gewicht nicht zu unterschätzen sind auch Gründe wie die bei losweiser Vergabe u.U. kaum mögliche Behebung von Mängeln, wenn sich Lieferanten mehrerer Komponenten im Störfall gegenseitig die Schuld an der Nichtfunktion zuschieben. Etwa im Falle der Vergabe einer Flughafen-Gepäckkontrollanlage kann dies kostenträchtige und sicherheitsrelevante Folgewirkungen haben[199]. Bieter sind in solch einem Falle gezwungen, sich zu **Bietergemeinschaften** zusammenzuschließen respektive als **Subunternehmer** bzw. Lieferant zu agieren.

Diese Grundsätze gelten insbesondere dann, wenn das antragstellende Unternehmen mit 25 Mitarbeitern an sich schon eine gewisse Größe aufweist, und nach dem landläufigen Verständnis eigentlich gar nicht mehr als »mittelständisch« bezeichnet wird. Gemäß der **Definitionsempfehlung der EU-Kommission** betreffend kleine und mittlere Unternehmen (kmU)[200] ist es jedoch im Gegenteil so, dass Unternehmen mit einer Größe von 49 Mitarbeitern und einem Umsatz von 7 Mio. € abwärts bereits als »klein« zu bezeichnen sind. Da es in einem von der VK Bund entschiedenen Fall so war, dass die Lose für die Lieferungen von medizinischen Hilfsmitteln sogar mit unter 25 Mitarbeitern zu bedienen waren, untergrub sich das Mittelstandsargument der Antragstellerin selbst[201].

Im Falle des **§ 4 V VOF** wird man im **Unterschied** zu den §§ 4 Nr. 3 VOB/A, 5 Nr. 1 VOL/A von einem Programmsatz ausgehen müssen. Die dort in der VOF vorgeschriebene »angemessene« Berücksichtigung kleinerer Büroeinheiten und von Berufsanfängern dürfte sich auf die gesamte Vergabepraxis einer Vergabestelle beziehen[202], möglicherweise auch nur auf die Gesamtpraxis aller öffentlichen Auftraggeber in einer Zeitperiode[203]. Die **Risiken** bei der Übertragung komplizierter ingenieurtechnischer Lösungen auf Berufsanfänger respektive sog. »**Newcomer**« sind viel **zu groß**.

199 VK Bund, Beschl. v. 1. 2. 2001 (VK 1-1/01), VergabE D-1/01 = VergabeR 2001, 143 = EUK 2001, 41 = IBR 2001, 139.

200 ABl EG L 107 v. 30. 4. 1996.

201 VK Bund, Beschl. v. 9. 1. 2008 (VK 3-145/07), VS 2008, 4.

202 OLG Düsseldorf, Beschl. v. 23. 7. 2003 (Verg 27/03), VergabE C-10-27/03 = EUK 2003, 123. So auch bereits *Marx* in: *Müller-Wrede*, VOF-Kommentar 1999, § 4 V, Rn. 9.

203 So *Marx* in: *Müller-Wrede*, VOF-Kommentar, 3. Aufl. 2008, § 4, Rn. 10.

(4) Zuschlagserteilung; wirtschaftlichstes Angebot

23 § 97 V GWB sieht die **Zuschlagserteilung** auf das Kriterium des **wirtschaftlich günstigsten Angebots** vor. Dies geht mit der Regelung einher, dass gemäß den Verdingungsordnungen möglichst »alle Umstände« (so die Formulierung in § 25 Nr. 3 VOL/A) für die Ausfindigmachung des wirtschaftlichsten Angebotes eine Rolle spielen sollen[204].

Das davon ausgehende Signal, dass Vergabestellen gehalten sind, mehr Wirtschaftlichkeitsüberlegungen als bisher anzustellen, anstatt in einer womöglich zu großen Zahl der Fälle immer noch nach dem Kriterium des niedrigsten Preises zu vergeben, ist einerseits zu begrüßen. Andererseits sehen die Vergaberichtlinien beide Kriterien vor.

> Siehe: Art. 53 I VKRL 2004/18/EG[205]: *»(1) Der öffentliche Auftraggeber wendet unbeschadet der für die Vergütung von bestimmten Dienstleistungen geltenden einzelstaatlichen Rechts- und Verwaltungsvorschriften bei der Erteilung des Zuschlags folgende Kriterien an:*
> *a)* ***entweder*** *– wenn der Zuschlag auf das aus Sicht des öffentlichen Auftraggebers wirtschaftlich günstigste Angebot erfolgt – verschiedene mit dem Auftragsgegenstand zusammenhängende Kriterien, z.B. Qualität, Preis, technischer Wert, Ästhetik, Zweckmäßigkeit, Umwelteigenschaften, Betriebskosten, Rentabilität, Kundendienst und technische Hilfe, Lieferzeitpunkt und Lieferungs- oder Ausführungsfrist*
> *b)* ***oder*** *ausschließlich das Kriterium des niedrigsten Preises.«*

Beide Zuschlagskriterien hätten streng genommen auch aufgeführt werden müssen. Dabei ist es kein Argument, wenn in diesem Zusammenhang eine EuGH-Entscheidung zitiert wird[206], gemäß der eine italienische Rechtsvorschrift, welche den öffentlichen Auftraggebern für die Vergabe von öffentlichen Bauaufträgen im Anschluss an ein Offenes oder Nichtoffenes Verfahren **abstrakt und allgemein vorschreibt**, dass sie lediglich Gebrauch machen können von dem Zuschlagskriterium des niedrigsten Preises, gemeinschaftsrechtswidrig ist.

Das bedeutet nicht, dass die Vergabestelle im **konkreten Falle** nicht das **Zuschlagskriterium des niedrigsten Preises wählen** darf. In Deutschland herrscht eher das umgekehrte Problem, dass § 97 V GWB lediglich den Zuschlag nach dem Kriterium des wirtschaftlich günstigsten Angebotes erlaubt, was streng genommen gemeinschaftsrechtswidrig ist, weil die Vergaberichtlinien ausdrücklich beide Zuschlagskriterien vorsehen. In diesem Punkt muss eine europarechtskonforme Auslegung greifen[207]. Soweit ersichtlich, ist bisher mindestens ein Vergabesenat dieser Auf-

204 VK Nordbayern, Beschl. v. 26. 10. 2006 (21.VK-3194-32/06), VS 2007, 15 [LS].
205 Ähnlich lautend Art 55 I der Richtlinie 2004/17/EG (SKRL).
206 Vgl. zum umgekehrten Fall einer (gemeinschaftsrechtswidrigen) italienischen Regelung, die nur das Kriterium des niedrigsten Preises erlaubt: EuGH, Urt. v. 7. 10. 2004 (Rs. C-247/02), RPA 2004, 332 = VergabeR 2005, 62 = VS 2005, 6 = WuW 2005, 113.
207 *Noch*, in: Müller-Wrede, VOL/A-Kommentar, 2. Aufl. 2007, Rn. 289 zu § 25.

fassung gefolgt[208]. Das Kriterium des niedrigsten Preises muss nicht zuletzt dann zwingend Anwendung finden, wenn keine Zuschlagskriterien angegeben wurden.

(5) Subjektive Rechte

24 Ein zentraler Gesichtspunkt der GWB-Novelle 1998 ist die spätestens seit dem EuGH-Urteil vom August 1995[209] unausweichliche **Anerkennung subjektiver Rechte** der Bieter im Vergabeverfahren (§ 97 VII GWB). Sie ist Voraussetzung für die **Anrufbarkeit deutscher Gerichte**, die das zweite Kernstück der Vergaberechtsreform bildet. Jede Norm der Verdingungsordnungen, die noch immer das wesentliche Regelwerk des materiellen Vergaberechts bilden, ist seit dem 1. 1. 1999 in etwas anderem Lichte zu sehen, vor allem im Hinblick darauf, ob sie bieterschützend ist oder nicht.

Der **Kreis der bieterschützenden Vorschriften** ist erfahrungsgemäß **eher weit zu ziehen**. Als Beispiele können – ohne Anspruch auf Vollständigkeit – aufgeführt werden:
- Irrtümer bei der Verneinung des öffentlichen Auftraggeberbegriffes
- Nicht gerechtfertigte In-house-Geschäfte
- De-facto-Vergaben
- Schätzung des Auftragswertes
- Wahl des Vergabeverfahrens (mit Einschränkungen)
- Leistungszuschnitt, Ausschreibungsreife
- Losbildung (mit größeren Einschränkungen)
- Leistungsbeschreibung; Rückgriff auf Produkte und Spezifikationen
- Formale Ausschlussbedürftigkeit des Konkurrenten
- Eignungskriterien (mit Einschränkungen)
- Teilnahme von nicht zugelassenen öffentlichen Unternehmen oder nicht geeigneten Bietern
- Unangemessene Preise von Konkurrenten (mit größeren Einschränkungen)
- Zuschlagskriterien, Unterkriterien, Transparenz
- Vergabevermerk (mit Einschränkungen)

Umfasst sind damit
- grundlegende Irrtümer und Defizite bei der Vergabestelle, die zu Ausschreibungsfehlern führen,
- klassische Konkurrentenrechte, die auf die Beseitigung einer ungerechtfertigten anderweitigen Bezuschlagung mit dem letztlichen Ziel einer eigenen Begünstigung in Form des Zuschlags zielen,
- sowie Vorschriften, die im Kern zwar als objektive Verwaltungsvorschriften schwerpunktmäßig Schutzvorschriften für die Vergabestelle darstellen, jedoch Drittwirkungen in Form subjektiver Bieterechte entfalten können.

208 BayObLG, Beschl. v. 9. 9. 2004 (Verg 18/04), VergabeR 2005, 126. Vgl. auch: VK Lüneburg, Beschl. v. 8. 5. 2006 (VgK-07/2006), VS 2006, 47 [LS];VK Lüneburg, Beschl. v. 25. 3. 2004 (203-VgK-07/2004). Gegenteiliger Auffassung: OLG Düsseldorf, Beschl. v. 6. 6. 2007 (VII-Verg 8/07), VergabeR 2008, 105, mit zu Recht kritischer Anmerkung *Byok*, VergabeR 2008, 110, 112.

209 EuGH, Urt. v. 11. 8. 1995 (Rs. C-433/93 – »Kommission ./. Deutschland«), Slg. I, 2303, 2311 = VergabE A-1-5/95.

Mit letzterem sind die Bestimmungen über das **Verbot der Zuschlagserteilung auf unangemessen niedrige Preise** angesprochen, wobei allerdings die **genaue Reichweite der subjektiven Rechte umstritten** ist. Konkret ist fraglich, ob unangemessene Preise generell auch Konkurrentenschutzrechte darstellen oder ob diese Rechtswirkung z.B. nur im Falle einer Marktverdrängungsabsicht zu bejahen ist[210]. Die Vorschrift dient nach wohl mehrheitlicher Auffassung in erster Linie dem Schutz des öffentlichen Auftraggebers[211]. Dieser soll, so das OLG Düsseldorf, vor den Gefahren geschützt werden, die daraus erwachsen, dass der Preis und die zu erbringende Leistung nicht in einem angemessenen Verhältnis zueinander stehen, nämlich vor der Gefahr, dass die Leistung vom Bieter nicht ordnungsgemäß erbracht werden kann. Der Auftraggeber ist grundsätzlich aber nicht daran gehindert, einem niedrigen, nicht kostendeckenden Angebot den Zuschlag zu erteilen, denn es ist nicht seine Sache, dafür zu sorgen, dass der Auftragnehmer auskömmliche, das heißt in jeder Hinsicht kostendeckende, Aufträge erhält.

Eingeschränkt ist der ansonsten recht weit gezogene Wirkungsbereich der subjektiven Bieterechte auch im Hinblick auf die bereits erwähnten Bestimmungen der §§ 30 VOB/A, VOL/A bzw. § 18 VOF über die Anfertigung des Vergabevermerks[212]. Hier wird stets zu verlangen sein, dass die Dokumentation keinen Selbstzweck darstellt[213], sondern nachgewiesen werden muss, dass die Dokumentations- und Begründungsdefizite in der Vergabeakte ursächlich für einen Vergabefehler sind. Aber auch hier ist Rechtsprechung anzutreffen, die überaus auftraggeberfreundlich ist, und selbst strukturelle Dokumentationsdefizite akzeptiert[214]. In dem entschiedenen Fall nahm die Vergabestelle eine verbösernde Zweitbewertung der Angebote vor und schrieb die Punktevergaben ohne Einzelbegründung rein tabellarisch nieder, wobei auch jede Begründung für die abweichende Bewertung im Vergleich zum ersten Wertungsdurchgang fehlte. Stellt man die Sichtweise andere Spruchkörper gegenüber, so zeigen sich zuweilen krasse Unterschiede im Hinblick auf die Dokumentationsanforderungen, und damit auch im Hinblick auf die Reichweite der subjektiven Bieterrechte[215].

bb) Öffentliche Auftraggeber (Überblick)

25 Die Definitionen derjenigen Rechtssubjekte, die als **öffentliche Auftraggeber** im Sinne des Vergaberechts gelten sollen, sind in § 98 GWB untergebracht.

---

210 So: OLG Düsseldorf, Beschl. v. 22. 8. 2007 (VII-Verg 27/07); OLG Düsseldorf, Beschl. v. 17. 6. 2002 (Verg 18/02), NZBau 2002, 627 f.; OLG Düsseldorf, Beschl. v. 19. 12. 2000 (Verg 28/00), VergabE C-10-28/00 = VergabeR 2001, 128 = NZBau 2002, 112 = EUK 2001, 7.

211 Vgl. auch BayObLG, Beschl. v. 12. 9. 2000 (Verg 4/00), VergabeR 2001, 65, 69.

212 OLG Brandenburg, Beschl. v. 3. 8. 1999 (6 Verg 1/99), VergabE C-4-1/99 = BauR 1999, 1175 = NVwZ 1999, 1142.

213 So zu Recht: OLG Dresden, Beschl. v. 31. 3. 2004, W Verg 2/04, VergabeR 2004, 724.

214 So: OLG Düsseldorf, Beschl. v. 22. 8. 2007 (VII Verg 27/07). Siehe auch: OLG Düsseldorf, Beschl. v. 17. 6. 2002 (Verg 18/02), NZBau 2002, 627 f.; OLG Düsseldorf, Beschl. v. 19. 12. 2000 (Verg 28/00), VergabE C-10-28/00 = VergabeR 2001, 128 = NZBau 2002, 112 = EUK 2001, 7.

215 VK Sachsen, Beschl. v. 24. 5. 2007 (1/SVK/029-07), NZBau 2008, 80.

(1) Haushaltsrechtliche Auftraggeber

26 Der Begriff des »öffentlichen Auftraggebers« ist auf die Vergaberichtlinien zurückzuführen. Die **klassischen öffentlichen Auftraggeber** sind unter **§ 98 Nr. 1 GWB** zu subsumieren. Diese sind:
- Gebietskörperschaften (Bund, Länder und Gemeinden)
- Anstalten und Stiftungen des öffentlichen Rechts
- Sondervermögen, Regiebetriebe

Dies sind die klassischen haushaltsrechtlichen Auftraggeber, die, werden die EU-Schwellenwerte nicht erreicht, ohnehin die sog. »Basisparagraphen« (erste Abschnitte der Verdingungsordnungen) anwenden müssen.

(2) Funktionale Auftraggeber

27 Es hat jedoch ein grundlegender **Wandel des öffentlichen Auftraggeberbegriffes** stattgefunden. Waren früher nur die genannten **Auftraggeber im institutionellen Sinne** erfasst (sog. »klassische Auftraggeber«), so sind seit dem Wandel dieses Begriffsverständnisses, zu dem die EuGH-Entscheidung in der Rechtssache Beentjes[216] einen Anstoß gegeben hat, alle Auftraggeber im **funktionellen Sinne**[217] (§ 98 Nr. 2 GWB) zur Anwendung des Vergaberechts verpflichtet.

Die größten Anwendungsprobleme beim öffentlichen Auftraggeberbegriff existieren im Falle des **§ 98 Nr. 2 GWB**. Hier geht es um die »anderen juristischen Personen des öffentlichen und des privaten Rechts«, also die sog. **»Einrichtungen des öffentlichen und privaten Rechts«** nach den Vergaberichtlinien. Sie sind der **Inbegriff des funktionellen Verständnisses** des öffentlichen Auftraggeberbegriffes.

Die im Rahmen des **§ 98 Nr. 2 GWB** zu prüfenden **Tatbestandsmerkmale** sind:
- staatliche Beherrschung (z.B. durch Aufsichtsorgane) oder Finanzierung (überwiegender Aktienbesitz)
- »Erfüllung von im Allgemeininteresse liegenden Aufgaben«
- »Nichtgewerblicher Art«
- »Besonderer Gründungszweck«

Zur Prüfung ist **Anhang III zu Art. 1 IX VKRL 2004/18/EG** [früher: Anhang I Baukoordinierungsrichtlinie 93/37/EWG] heranzuziehen, der eine **indizielle Bedeutung** hat. Dies beinhaltet, dass **immer im konkreten Einzelfall zu prüfen** ist, ob etwa die Krankenhausgesellschaft[218], das wissenschaftliche Institut[219] oder die Wohnungsbaugesellschaft[220] dem Vergaberecht im Sinne dieses erweiterten funktionellen Verständnisses unterliegt.

---

216 EuGH, Urt. v. 20. 9. 1988 (Rs. 31/87 – »Beentjes«), Slg. 1988, S. 4652 = VergabE A-1-/88; im Einzelnen dazu auch *Werner* in: *Byok/Jaeger* Kommentar zum Vergaberecht, 2005, Rn. 283 ff., zu § 98.

217 EuGH, Urt. v. 10. 11. 1998 (Rs. C-360/96 – »BFI Holding«), VergabE A-1-5/98, Rn. 62 = WuW 1999, 101 = EUK 1999, 10.

218 Im konkreten Falle bejahend: EuGH, Urt. v. 14. 6. 2007 (Rs. C-6/05), NZBau 2007, 597 = VergabeR 2007, 609.

219 Im konkreten Falle verneinend: VK Düsseldorf, Beschl. v. 18. 6. 2007 (VK-14/2007-L – »Universitäts-

220 Im konkreten Falle bejahend: OLG Schleswig, Beschl. v. 15. 2. 2005 (6 Verg 6/04), VergabeR 2005, 357 = VS 2005, 23 [LS].

In **Art. 1 IX Unterabsatz 2 VKRL 2004/18/EG** heißt es:

> *»Als ›**Einrichtung des öffentlichen Rechts**‹ gilt jede Einrichtung, die*
> *a) zu dem besonderen Zweck gegründet wurde, im Allgemeininteresse liegende Aufgaben nicht gewerblicher Art zu erfüllen,*
> *b) Rechtspersönlichkeit besitzt und*
> *c) überwiegend vom Staat, von Gebietskörperschaften oder von anderen Einrichtungen des öffentlichen Rechts finanziert wird, hinsichtlich ihrer Leitung der Aufsicht durch Letztere unterliegt oder deren Verwaltungs-, Leitungs- oder Aufsichtsorgan mehrheitlich aus Mitgliedern besteht, die vom Staat, von den Gebietskörperschaften oder von anderen Einrichtungen des öffentlichen Rechts ernannt worden sind.«*

Eine entsprechende Einordnung ist hiernach vorzunehmen.

(2a) Formale Privatisierung

28 Hintergrund für diese Entwicklung ist die seit den 1990er Jahren zunehmende Zahl von Privatisierungen, die mit der Übertragung von staatlichen, hoheitlichen Funktionen auf Private einhergeht. Ziel der Vergaberichtlinien ist es, eine »**Flucht ins Privatrecht**« zu verhindern, ohne dadurch einer Überregulierung Vorschub zu leisten. Es gilt, bloße Organisationsprivatisierungen, die an der Verpflichtung zur Anwendung des Vergaberechts nichts ändern, von durchgreifenden, materiellen Privatisierungen, die zu einem Ausscheiden aus dem Kreis der Adressaten des Vergaberechts führen, zu unterscheiden[221].

(2b) Mittelbare Auftraggebereigenschaft

29 Eine **neue Variante der funktionellen Auftraggebereigenschaft**, die in der jüngeren Zeit eine zunehmende Rolle gespielt hat, ist – neben der bereits erwähnten rein formalen Privatisierung – die **mittelbare Auftraggebereigenschaft**. Gemäß dieser Konstruktion wird eine private Gesellschaft tätig, die zwar selbst nicht öffentlicher Auftraggeber ist, jedoch maßgeblich im Auftrage oder für Rechnung eines öffentlichen Auftraggebers oder im Rahmen einer sonstigen, allgemeinen finanziellen Abhängigkeit vom Staate tätig wird.

Als prominentes Beispiel für eine **mittelbare Auftraggebereigenschaft** ist der Fall der **Berliner Messegesellschaft** zu nennen. Zwar handelt es sich um eine Gesellschaft, die satzungsgemäß irgendwann Gewinn erwirtschaften soll, jedoch wird sie derzeit noch jährlich mit Millionenbeträgen durch das Land Berlin finanziert und maßgeblich beherrscht, was in der rechtlichen Konsequenz dazu führt, dass sie Aufträge wie ein öffentlicher Auftraggeber ausschreiben muss[222].

---

221 Grundlegend zum öffentlichen Auftraggeberbegriff: EuGH, Urt. v. 15. 1. 1998 (Rs. C-44/96 – »Österreichische Staatsdruckerei«), VergabE A-1-1/98 = EuZW 1998, 120 = ZVgR 1998, 397; EuGH, Urt. v. 10. 11. 1998 (Rs. C-360/96), VergabE A-1-5/98 = WuW 1999, 101; OLG Düsseldorf, Beschl. v. 6. 7. 2005 (VII-Verg 22/05). Aus der Literatur: *Werner* in: *Byok/Jaeger* Kommentar zum Vergaberecht, 2. Aufl. 2005, Rn. 283 ff. zu § 98; *Eschenbruch* in: *Kulartz/Kus/Portz* Kommentar zum Vergaberecht, 2006, zu § 98.

222 KG, Beschl. v. 27. 7. 2006 (2 Verg 5/06), NZBau 2006, 725 = VergabeR 2006, 904.

Ähnlich ist es im Falle der deutschen Gebühreneinzugszentrale für Rundfunkteilnehmer (**GEZ**). Hier findet eine durch Rundfunkstaatsvertrag angeordnete Zwangsfinanzierung durch diejenigen Bürger statt, welche ein Rundfunkgerät bereithalten[223]. Der Reinigungsvertrag für das Gebäude solch mittelbar staatlich finanzierter Institutionen ist öffentlich auszuschreiben.

Gleichermaßen verhält es sich bei den **Krankenkassen**. Auch sie werden durch die staatlich Pflichtversicherten finanziert. Sowohl die Ausschreibung von Technik für die Verwaltungstätigkeit der Krankenkassen als auch nach h.M. die Beschaffung von medizinischen Hilfsmitteln ist daher als Folge der Einordnung unter die funktionale Auftraggebereigenschaft ein öffentlicher Auftrag[224]. Ausnahmen soll es bei der Vergabe von Rabattverträgen geben, wobei hier noch erhebliche Rechtsunsicherheit besteht[225]. Auch hinsichtlich der generellen öffentlichen Auftraggebereigenschaft der Krankenkassen bleibt allerdings die Vorlageentscheidung des EuGH (Rs. C-300/07) bis zu einer endgültigen Klärung abzuwarten. Das OLG Düsseldorf hatte die Frage, ob Krankenkassen öffentliche Auftraggeber im Sinne des § 98 Nr. 2 GWB sind, gemäß Art. 234 EGV dem EuGH vorgelegt[226]. Zu erwarten ist jedoch, dass die öffentliche Auftraggebereigenschaft der Krankenkassen in Parallele zu dem »GEZ-Fall« bejaht werden wird[227].

Die mittelbare öffentliche Auftraggebereigenschaft gilt sogar dann, wenn **Holdinggesellschaften** dazwischengeschaltet sind, es sich also quasi um »Enkel«-Unternehmen handelt[228].

In den Komplex der mittelbaren Auftraggebereigenschaft gehören auch die Fälle der **Grundstücksveräußerungen** der öffentlichen Hand. Diese werden sehr häufig mit weiteren (mittelbaren) Zielen und Zwecken verbunden. Stadtentwicklungsinteressen und damit verbundene erwünschte Nutzungsformen[229] reichen gemäß der sehr restriktiven Rechtsprechung, die sich seit dem Jahre 2007 entwickelt hat, bereits aus, damit eine mittelbare öffentliche Auftraggebereigenschaft – und damit ein mittelbarer öffentlicher Auftrag – angenommen werden kann. Im Zweifel wird diese Art von Aufträgen als Baukonzession auszuschreiben sein[230]. Auch das

223 EuGH, Urt. v. 13. 12. 2007 (Rs. C-337/06) NZBau 2008, 130 = VergabeR 2008, 42.

224 VK Bund, Beschl. v. 9. 1. 2008 (VK 3-145/07); VK Bund, Beschl. v. 14. 9. 2007 (VK 1-101/07); VK Bund, Beschl. v. 9. 5. 2007 (VK 1-26/07); VK Lüneburg, Beschl. v. 21. 9. 2004 (203-VgK-42/2004). Gegenteiliger Auffassung: BayObLG, Beschl. v. 24. 5. 2004, Verg 6/04 – »AOK Bayern«, VergabeR 2004, 629 = WuW 2005, 360.

225 Gegen eine strenge Ausschreibungspflicht nach dem GWB und der VOL/A: BSG, Urt. v. 22. 4. 2008 (B 1 SF 1/08 R), VS 2008, 36; LSG Baden-Württemberg, Urt. v. 27. 2. 2008 (L 5 KR 507/08 ER-B), VergabeR 2008, 529 = VS 2008, 32 [LS]. Für eine solche Ausschreibungspflicht: OLG Düsseldorf, Beschl. v. 19. 12. 2007 (VII-Verg 51/07), NZBau 2008, 194 = VergabeR 2008, 73 = VS 2008, 7 [LS]. Zur Diskussion: *Stolz/Kraus*, VergabeR 2008, 1.

226 OLG Düsseldorf, Beschl. v. 23. 5. 2007 (Verg 50/06), NZBau 2007, 525 = VergabeR 2007, 622 = MedR 2007, 725; vgl. auch OLG Düsseldorf, Beschl. v. 19. 12. 2007 (Verg 51/07), NZBau 2008, 194 = VergabeR 2008, 73.

227 OLG Brandenburg, Beschl. v. 12. 2. 2008 (Verg W 18/07), IBR 2008, 288, VergabeR 2008, 555. Vgl. aus der Literatur: *Heuvels*, NZBau 2008, 166; *Knispel*, SozSich 2008, 110, 115; *Engelmann*, SGb 2008, 133, 146.

228 EuGH, Urt. v. 11. 5. 2006 (Rs. C-340/04), NZBau 2006, 452 = VergabeR 2006, 478 = WuW 2006, 849.

229 OLG Düsseldorf, Beschl. v. 12. 12. 2007 (VII-Verg 30/07), NZBau 2008, 138 = VergabeR 2008, 99; VK Düsseldorf, Beschl. v. 2. 8. 2007 (VK-23/2007-B), NZBau 2007, 736.

230 So die ausdrückliche Anordnung der VK Münster, Beschl. v. 26. 9. 2007 (VK 17/07 – »Einkaufszentrum im Innenstadtbereich«), NZBau 2007, 736.

öffentliche Interesse an möglichst hohen Verkaufserlösen ist ein wichtiger Hinweis auf eine Ausschreibungspflichtigkeit des Vorganges. Prominentes Beispiel ist hierzu das Konversionsprojekt »**Flugplatz Ahlhorn**« und die dazugehörige Entscheidung des OLG Düsseldorf[231]. Inwieweit aufgrund einer Abtrennung des Verkaufs von einer Bau- und Investitionsverpflichtung eine Vermeidung der Ausschreibungspflicht möglich ist, muss als umstritten bezeichnet werden. Insbesondere ist fraglich, inwieweit die Vorgaben eines allgemeinen Bebauungsplans mit der später als gebundene Entscheidung ergehenden Baugenehmigung (§ 34 BauGB) zu einer mittelbaren Auftraggebereigenschaft führen können[232]. Darüber hinaus können auch bloße Pacht- und Mietverhältnisse, denen jedoch im Kern zentrale Investitionsinteressen innewohnen, zu einer mittelbaren öffentlichen Auftraggebereigenschaft führen[233].

Im Einzelnen wird auf die im Teil B. I. 1. aufgeführte Kasuistik verwiesen.

(3) Zusammenschlüsse von öffentlichen Auftraggebern

30 Die Zusammenschlüsse von öffentlichen Auftraggebern der Kategorie des § 98 Nr. 1 (klassische öffentliche Auftraggeber) und/oder des § 98 Nr. 2 GWB (funktionelle öffentliche Auftraggeber), also etwa **Zweckverbände**, sind unter **§ 98 Nr. 3 GWB** einzuordnen[234]. In dieser Konstellation handelt es sich typischerweise um einen Zusammenschluss von öffentlichen Auftraggebern nach § 98 Nr. 1 GWB (Gebietskörperschaften).

Der Zusammenschluss kann eine **eigenständige Rechtsform** zur Folge haben, in welcher die öffentlichen Auftraggeber dann auftreten. Es kann sich aber auch um eine Konstellation handeln, in der sich **mehrere Landkreise, Verbandsgemeinden oder Samtgemeinden**[235] **zusammenschließen**, die eine gemeinsame Ausschreibung vornehmen, wobei dann allerdings ein Landkreis das Verfahren federführend durchführt und auch offiziell nach außen hin auftritt. Die Leistungsanteile der Gemeinden, für die mitbeschafft wird, werden dann z.B. als Gebietslose oder dergleichen bezeichnet und in der Leistungsbeschreibung entsprechend ausgewiesen.

Auch ein im Rahmen einer Gesellschaft bürgerlichen Rechts (GbR) zusammengefasster **Verband gesetzlicher Unfallversicherer** fällt unter § 98 Nr. 3 GWB[236]. In diesem Falle ist es ein Zusammenschluss von funktionalen Auftraggebern, die – einzeln betrachtet – dem § 98 Nr. 2 GWB zuzuordnen sind.

---

231 OLG Düsseldorf, Beschl. v. 13. 6. 2007 (VII-Verg 2/07), NZBau 2007, 530 = VergabeR 2007, 634. Dazu: *Krämer*, VergabeNavigator 2007, Ausgabe 5, S. 21; *Krohn*, ZfBR 2008, 27; *Reidt*, BauR 2007, 1664.

232 In diesen Fällen gegen eine Ausschreibungspflicht als Baukonzession: VK Brandenburg, Beschl. v. 15. 2. 2008 (VK 2/08); VK Hessen, Beschl. v. 5. 3. 2008 (69d–VK-06/2008) (nicht bestandskräftig). Für eine Ausschreibungspflicht auch in diesen Fällen jedoch: VK Münster, Beschl. v. 26. 9. 2007 (VK 17/07), NZBau 2007, 736.

233 OLG Bremen, Beschl. v. 13. 3. 2008 (Verg 5/07 – »Pachtvertrag Windkraftanlagen«). Vgl. *Fischer*, »Kölner Messe: Vertragsverletzungsklage wegen mangelnder Ausschreibung«, zu Rechtssache C-536/07, ABl. 2008 C 51, S. 33, VS 2008, 18.

234 VK Münster, Beschl. v. 8. 6. 2001 (VK 13/01), VergabE E-10e-13/01 = Behörden Spiegel 12/2001, S. 24.

235 VK Lüneburg, Beschl. v. 7. 9. 2005 (VgK 38/2005).

236 OLG Düsseldorf, Beschl. v. 6. 7. 2005 (VII-Verg 22/05), VS 2005, 84.

(4) Private Auftraggeber mit öffentlicher Finanzierung

31 Vom Vergaberecht sind gemäß **§ 98 Nr. 5 GWB** ebenso **private Auftraggeber** erfasst, welche für Tiefbaumaßnahmen, für die Errichtung von Krankenhäusern[237], Sport-, Erholungs- oder Freizeiteinrichtungen, Schul-, Hochschul- oder Verwaltungsgebäuden oder für damit in Verbindung stehende Dienstleistungen und Auslobungsverfahren von Stellen, die unter Nummern 1 bis 3 fallen, Mittel erhalten, mit denen diese Vorhaben **zu mehr als 50% finanziert** werden[238].

Die Erfüllung des Tatbestandes des § 98 Nr. 5 GWB soll auch dann anzunehmen sein, wenn aktuell noch kein Fördermittelbescheid vorliegt, aber zu erwarten ist, dass eine entsprechende Finanzierung mit öffentlichen Mitteln von mehr als 50% erfolgen wird[239]. Für kirchliche Einrichtungen in der Rechtsform einer Körperschaft des öffentlichen Rechts kann eine Auftraggebereigenschaft zumindest nach dem Wortlaut des § 98 Nr. 5 GWB nicht begründet werden, weil dort die Eigenschaft als natürliche oder juristische Person des Privatrechts vorausgesetzt wird[240].

(5) Sektorenunternehmen

32 **§ 98 Nr. 4 GWB** unterwirft die so genannten **Sektorenunternehmen**, die auf dem Gebiet der Trinkwasser-, Energie-, Verkehrs- und Telekommunikationsversorgung tätig sind, dem (gelockerten) Vergaberegime der Sektorenrichtlinie. Allerdings wurden, wie oben schon festgestellt, wegen der Freistellungsregelung der Sektorenrichtlinie (SKRL) und der fortgeschrittenen Liberalisierung zwischenzeitlich die Sektorenauftraggeber im Bereich der Telekommunikationsversorgung von der Anwendungspflicht ausgenommen. Dies weist auch die Vergabeverordnung in ihren §§ 7 ff. aus.

Nach aktueller Rechtslage verhält es sich so, dass die Beschaffung auf dem Gebiet der sektorenspezifischen Tätigkeit zu einer **generellen Privilegierung** führt, d.h., das strengere Regime der Vergabekoordinierungsrichtlinie (VKRL) findet für die klassischen Auftraggeber in diesen Fällen keine Anwendung[241]. Aus Sicht des deutschen Rechts **verdrängt § 98 Nr. 4 den § 98 Nr. 2 GWB nicht**. Mit anderen Worten: Ein Auftraggeber kann strukturell durch Gebietskörperschaften beherrscht und finanziert werden, beschafft er jedoch auf einem der relvanten Sektoren zur Sicherstellung seiner sektorenspezifischen Tätigkeit, so bleibt es bei der Anwendung des »schwächeren« Vergaberechtsregimes nach der Sektorenrichtlinie (u.a. mit der Wahlmöglichkeit des Verhandlungsverfahrens).

---

237 OLG Brandenburg, Beschl. v. 30. 11. 2004 (W Verg 10/04), VergabeR 2005, 230; OLG Jena, Beschl. v. 30. 5. 2002 (6 Verg 3/02), VergabE C-16-3/02v, Rn. 10 = VergabeR 2002, 488 = ZfBR 2002, 827.

238 OLG Brandenburg, Beschl. v. 30. 11. 2004, (W Verg 10/04), NZBau 2005, 238 = VergabeR 2005, 230 = VS 2005, 7 [LS]; VK Brandenburg, Beschl. v. 10. 9. 2004 (VK 39/04), VS 2006, 14; VK Sachsen, Beschl. v. 15. 8. 2002 (VK 75/02), VergabE E-13-75/02 = EUK 2002, 140 = IBR 2002, 631; VÜA Brandenburg, Beschl. v. 9. 5. 1996 (1 VÜA 3/96), VergabE V-4-3/96 = WuW VergAL 39, zum früheren § 57a I Nr. 5 HGrG.

239 So ausdrücklich: VK Sachsen, Beschl. v. 15. 8. 2002 (VK 75/02), VergabE E-13-75/02 = EUK 2002, 140.

240 VK Nordbayern, Beschl. v. 29. 10. 2001 (320.VK-3194-35/01), VergabE E-2a-35/01 = EUK 2002, 11 = IBR 2002, 89. Im Sinne einer eher restriktiven Auslegung des § 98 Nr. 5 GWB auch: *Winkel*, Kirche und Vergaberecht, 2004, S. 136, 137.

241 EuGH, Urt. v. 10. 4. 2008 (Rs. C-393/06 – »Fernwärme Wien GmbH«), VS 2008, 34.

(6) Baukonzessionsvergabe

33 Ebenso der Ausschreibungspflicht unterliegen gemäß **§ 98 Nr. 6 GWB Baukonzessionäre**[242], also natürliche oder juristische Personen des privaten Rechts, die mit Stellen, die unter Nummern 1 bis 3 fallen, einen Vertrag über die Erbringung von Bauleistungen abgeschlossen haben, bei dem die Gegenleistung für die Bauarbeiten statt in einer Vergütung in dem Recht auf Nutzung der baulichen Anlage, ggf. zuzüglich der Zahlung eines Preises besteht, hinsichtlich der Aufträge an Dritte (Definition und Regelungen der Baukonzession in Art. 1 IV, 56 ff. der Vergabekoordinierungsrichtlinie – VKRL – 2004/18/EG). Wesentliche Merkmale der Baukonzession sind also
– die Einräumung eines ausschließlichen Nutzungsrechtes durch die öffentliche Hand
– sowie die Übernahme eines wirtschaftlichen Risikos durch den privaten Investor.

Zwischenformen zwischen Bauvertrag und Baukonzession, bei denen die öffentliche Hand einen Teil der Investitionskosten zuschießt, sind möglich.

Der **Baukonzessionär** ist im Grundsatz auch verpflichtet, die Aufträge, die er an Dritte vergibt (Unteraufträge), auszuschreiben (Art. 60 ff. VKRL 2004/18/EG). Insofern besteht eine mittelbare Folgewirkung des Vergaberechts. Beispielsfälle für Baukonzessionen sind Stadionbauten, Bibliotheken, Flughafenbauten usw.

Die **Dienstleistungskonzession** (Definition in Art. 1 IV VKRL 2004/18/EG) ist im Gegensatz zur Baukonzession, bei der es um die Einräumung eines ausschließliches Nutzungsrechtes auch mit Übernahme eines finanziellen Risikos durch den Privaten geht, jedoch ohne dass damit eine Bauinvestition verbunden ist, **nicht ausschreibungspflichtig**[243]. Dies wird in Art. 17 der VKRL 2004/18/EG bekräftigt.

Beispielsfälle für Dienstleistungskonzessionen sind das exklusive Verlegen von Telefonbüchern, die Versorgung einer Landesgartenschau mit Getränken, die Vergabe einer Spielbankkonzession, der Betrieb eines Fahrgastinformationssystems in U-Bahnen, die Wäschevollversorgung (Mietwäsche) für ein Krankenhaus oder etwa die Belieferung eines Flughafens mit Kerosin. **Gegenbeispiel**: Dienstleistungskonzessionen sind jedoch nicht Müllentsorgungsverträge, bei denen Zahlungen der öffentlichen Hand im Wege einer Vereinbarung von Mindestmengen geleistet werden, und bei denen die Gebühr der Kostenentwicklung angepasst wird, so dass das Betriebsrisiko nicht bei den Auftragnehmern liegt[244].

---

242 OLG Düsseldorf, Beschl. v. 13. 6. 2007 (VII-Verg 2/07), VergabeR 2007, 634, NZBau 2007, 530; OLG Brandenburg, Beschl. v. 3. 8. 1999 (Verg 1/99), VergabE C-4-1/99 = BauR 1999, 1175 = NVwZ 1999, 1142 = NZBau 2000, 39 = WuW 1999, 929 = ZVgR 1999, 207 = EUK 1999, 121. Zur Definition einer Baukonzession auch: BayObLG, Beschl. v. 19. 10. 2000 (Verg 9/00), VergabE C-2-9/99, Rn. 14 = WuW 2001, 430.

243 Ständige Rechtsprechung: EuGH, Urt. v. 13. 10. 2005 (Rs. C-458/03 – »Parking Brixen«), Slg. 2005, I-8585 = NZBau 2005, 644 = VergabeR 2005, 736 = VS 2005, 74 = WuW 2005, 1321; EuGH, Urt. v. 21. 7. 2005 (Rs. C-231/03), Slg. 2005, I-7287 = NZBau 2005, 592 = VergabeR 2005, 609 = WuW 2005, 969; EuGH, Urt. v. 7. 12. 2000 (Rs. C-324/98), NZBau 2001, 148 = WuW 2001, 103 = VergabE A-1-5/00, Rn. 41, 48. Eingehend zum Begriff der Dienstleistungskonzession: *Gröning*, VergabeR 2002, 24.

244 EuGH, Urt. v. 18. 7. 2007 (Rs. C-382/05 – »Kommission/Italien«), VergabeR 2007, 604.

Das **Verhältnis** zwischen einem Baukonzessionär nach § 98 Nr. 6 GWB und einem öffentlich geförderten Auftraggeber gemäß § 98 Nr. 5 GWB ist gemäß einer Entscheidung der VK Rheinland-Pfalz[245] so beschaffen, dass die Privilegierung des § 98 Nr. 6 GWB durch den Tatbestand der vorhabenbezogenen Förderung von mehr als 50% (§ 98 Nr. 5 GWB) verdrängt wird. Allerdings muss man sich im Einzelfall die Frage stellen, ob im Falle einer finanziellen Förderung von mehr als 50% überhaupt noch die Eigenschaft als Baukonzessionär mit dem notwendigerweise zu übernehmenden wirtschaftlichen Risiko vorliegen kann.

(7) Geförderte Private unterhalb der Schwelle des § 98 GWB

34 Unbeschadet dieser gesetzlichen Regelungen in § 98 GWB kann prinzipiell jedes Rechtssubjekt – auch unterhalb der EG-Schwellenwerte – per Verwaltungsakt **dem Vergaberecht unterworfen** werden, indem z.B. in **Förderbescheiden** entsprechende Verpflichtungen ausgesprochen werden. Ebenso geschieht es, dass entsprechende Verpflichtungen zur Anwendung des Vergaberechts in **Gesellschaftsverträgen** ausgesprochen werden[246]. In diesen Fällen jedoch kann lediglich der Anwendungsbereich der Verdingungsordnungen eröffnet werden. Eine Erweiterung des gesetzlich definierten Anwendungsbereiches der §§ 97 ff. GWB inklusive der auf § 97 VI GWB beruhenden Vergabeverordnung (VgV) ist nicht möglich[247].

cc) Öffentlicher Auftrag

(1) Definition des öffentlichen Auftrags; privatrechtliche und öffentlich-rechtliche Verträge; Einkauf von Gesellschaftsanteilen

35 In **§ 99 I GWB** findet sich eine **allgemeine Definition öffentlicher Aufträge** als

> *»entgeltliche Verträge zwischen öffentlichen Auftraggebern und Unternehmen, die Liefer-, Bau- oder Dienstleistungen zum Gegenstand haben, und Auslobungsverfahren, die zu Dienstleistungsaufträgen führen sollen«.*

Hiermit wird eine Definition des öffentlichen Auftrags gegeben, die in dieser Form nicht in den Verdingungsordnungen vorhanden ist.

245 VK Rheinland-Pfalz, Beschl. v. 9. 10. 2002 (VK 24/02), VergabE E-11-24/02 = Behörden Spiegel 4/2003, S. 22.

246 VK Münster, Beschl. v. 14. 10. 1999 (VK 1/99), VergabE E-10e-1/99 = EUK 2000, 26; VÜA Sachsen-Anhalt, Beschl. v. 24. 8. 1998 (1 VÜ 13/96), VergabE V-14-13/96, Behörden Spiegel, 3/1999, S. B II.

247 Vgl. OLG Stuttgart, Beschl. v. 12. 8. 2002 (2 Verg 9/02), VergabE C-1-9/02v = VergabeR 2003, 101 = WuW 2003, 219 = BauR 2003, 438. Das OLG hat eine Ausdehnung des gesetzlich definierten Anwendungsbereichs der §§ 102 ff. GWB mit der Begründung abgelehnt, dass selbst dann, wenn das europaweite Ausschreibungsverfahren gewählt wurde, obwohl die Schwellenwerte tatsächlich nicht erreicht sind, sich der Bieter nicht kraft des Prinzips der Selbstbindung der Verwaltung oder anhand des Meistbegünstigungsgrundsatzes den Rechtsschutz erstreiten kann. Die Situation ist bei dem Erlaß von Bescheiden, denen zufolge das Vergaberecht angewendet werden soll, ähnlich. Ein Verwaltungsakt kann in keinem Falle den gesetzlichen Anwendungsbereich des Rechtsschutzes gemäß den §§ 102 ff. GWB erweitern.

In Art. 1 II lit. a VKRL 2004/18/EG heißt es:

> *»›Öffentliche Aufträge‹« sind zwischen einem oder mehreren Wirtschaftsteilnehmern und einem oder mehreren öffentlichen Auftraggebern geschlossene schriftliche entgeltliche Verträge über die Ausführung von Bauleistungen, die Lieferung von Waren oder die Erbringung von Dienstleistungen im Sinne dieser Richtlinie.«*

Diese Bestimmungen beinhalten, dass ein **wirtschaftliches Austauschverhältnis** zwischen der öffentlichen Hand und einem privaten Unternehmer die Grundvoraussetzung für einen öffentlichen Auftrag bildet. Der öffentliche Auftraggeber tritt an den Markt heran, um sich gegen Bezahlung mit Geld Bauleistungen einzukaufen, Waren liefern oder Dienstleistungen erbringen zu lassen. Damit ist beispielsweise die **Verwertung staatlichen Vermögens** wie z.B. die Versteigerung nicht mehr benötigten Mobiliars oder der Verkauf von auszurangierenden PKW kein öffentlicher Auftrag im Sinne dieser Vorschrift. Besondere Vorsicht ist nach neuerer Entwicklung allerdings beim Verkauf oder auch nur der Verwertung von Grundstücken geboten, weil damit entsprechend dem im Zusammenhang mit dem mittelbaren Auftraggeberbegriff Gesagten (siehe Rdn. 29) häufig weitergehende Zwecke verbunden sind. Ebenso ist gemäß einer schon seit einigen Jahren vertretenen herrschenden Auffassung der Verkauf von Geschäftsanteilen ausschreibungspflichtig, wenn damit Investitionen in einem mehr oder weniger sich aufdrängenden Zusammenhang stehen.

Streitig ist längere Zeit gewesen, ob der Bedeutungsgehalt des § 99 I GWB bzw. der entsprechenden Bestimmungen in den Vergaberichtlinien grundsätzlich nur privatrechtliche Verträge umfasst und **generell jedes öffentlich-rechtliche Vertragsverhältnis**, z.B. im Rahmen einer Beleihung, **ausschließt**.

Zum einen wird vertreten, dass das Merkmal der Entgeltlichkeit (und damit im Endeffekt auch des öffentlichen Auftrags) **auch im Falle eines öffentlich-rechtlichen Vertrages erfüllt ist**[248]. Teilweise wird diese Einordnung mit einem »sogar erst recht« begründet[249].

Zum anderen wird vertreten, dass eine **Sichtweise abzulehnen** ist, die **in allzu pauschaler Art und Weise auch öffentlich-rechtliche Leistungsbeziehungen prinzipiell als für einen öffentlichen Auftrag tauglich einstufen** will[250]. Ausschlaggebend dafür ist die rechtliche Überlegung, dass es im öffentlichen Beschaffungswesen um die fiskalische Tätigkeit der Verwaltung geht. Die öffentliche Hand tritt in die **Rolle eines Marktteilnehmers** ein und nimmt durch Vertragsabschlüsse, die z.B. auf Kauf, Werkleistung oder Dienstleistung gerichtet sind, am Zivilrechtsverkehr teil[251]. Das Rechtsverhältnis wird typischerweise durch eine **Gleichordnung der Parteien** bestimmt[252]. Insoweit hat auch das BVerfG betont, dass die

248 Instruktiv: *Eschenbruch* in: *Kulartz/Kus/Portz*, Kommentar zum Vergaberecht, 2006, § 99 Rn. 47 ff.

249 In diesem Punkt zu weitgehend: *Eschenbruch* in: *Kulartz/Kus/Portz*, Kommentar zum Vergaberecht, 2006, § 99 Rn. 48.

250 OLG Celle, Beschl. v. 24. 11. 1999 (13 Verg 7/99), VergabE C-9-7/99 = NZBau 2000, 299, 300. *Dreher*, DB 1998, 2579, 2587. Vgl. Begründung des Regierungsentwurfs zu § 99 GWB, BT-Drs. 13/9340, S. 15.

251 OLG Koblenz, Beschl. v. 20. 12. 2001 (1 Verg 4/01), VergabE C-11-4/01, NZBau 2002, 346 = VergabeR 2002, 148 = ZfBR 2002, 291: »*Wesensmerkmal eines öffentlichen Auftrags gemäß § 99 I GWB ist die Teilnahme des öffentlichen Auftraggebers am Markt.*«

252 So zu Recht: *Otting*, in: Bechtold, GWB-Kommentar, 4. Aufl. 2006, Rn. 1 zu § 99.

öffentlichen Vergabestellen »wie ein Privater« am Markt auftreten[253]. Wenn dem so ist, dann passen öffentlich-rechtliche Verträge nicht in dieses Schema. Sie sind daher nach hier vertretener Auffassung prinzipiell nicht dem öffentlichen Vergaberecht zuzurechnen.

Unbestritten ist, dass eine Reduzierung des Anwendungsbereiches auf rein privatrechtliche Verträge nicht haltbar ist[254]. Insoweit wird man von einer gewissen »**Rechtsformunabhängigkeit**« der Qualifizierung eines Vertrages als öffentlicher Auftrag sprechen können[255].

Der **BGH** hatte diese Frage offengelassen, aber schon im Jahre 2001 klargestellt, dass jedenfalls eine isolierte öffentliche Funktionsübertragung an einen Privaten kein öffentliches Auftragsverhältnis darstellt[256].

Eine andere Frage ist es, ob und inwieweit diese **öffentlich-rechtlichen Rechtsbeziehungen durch privatrechtlich** zu qualifizierende **Rechtsbeziehungen überlagert** oder **selbständig begleitet** werden. Eine solche mehrschichtige oder mehrpolige Rechtsbeziehung steht in ihrer Gesamtheit einer Einordnung als öffentlicher Auftrag nicht entgegen. Mit anderen Worten: Eine – zumindest auch – öffentlich-rechtliche Rechtsbeziehung ist kein Hinderungsgrund für eine auf einen privatrechtlichen Vertrag gerichtete Ausschreibung. In diesem Zusammenhang ist erneut auf die bereits behandelten **Zusammenhänge mit den mittelbaren Zwecken und der mittelbaren Auftraggebereigenschaft** hinzuweisen. Verhält es sich so, dass öffentlich-rechtliche Rechtsbeziehungen zu späteren zivilrechtlichen Verträgen führen oder auch nur in einem mittelbaren Zusammenhang miteinander stehen, so kann ein öffentlicher Auftrag, und damit ein ausschreibungspflichtiger Vorgang, entstehen. Hier ist es dann ähnlich gelagert wie in den Fällen an sich nicht vergabepflichtiger Vorgänge wie Grundstücksverkäufen, wenn damit weitere Zwecke verfolgt werden, die auf eine Art Beschaffung zielen.

Eine solche Sichtweise harmoniert auch mit der **Rechtsauffassung des EuGH**, der in der viel beachteten Entscheidung »Teatro alla Bicocca«[257] genau diese weitergehenden, öffentlichen Zwecke herausgestellt hat.

> *»Wie das vorlegende Gericht ausführt, sind die in Art. 4 des Gesetzes Nr. 847/64 genannten Bauvorhaben ohne weiteres als öffentliche Bauvorhaben einzustufen, da sie nach ihren funktionellen Eigenschaften* ***über bloße Einzelwohnstätten hinausgehende Erschließungszwecke*** *erfüllen sollen und der* ***Herrschaft der zuständigen Behörden unterliegen****, die rechtliche Befugnisse besitzen, mit denen*

253 BVerfG, Beschl. v. 13. 6. 2006 (1 BvR 1160/03), NZBau 2006, 791 = VergabeR 2006, 871 = WuW 2006, 1317.

254 *Koenig/Busch*, NZS 2003, 462, 464: *»Im Ergebnis bleibt somit festzuhalten, dass die Einschränkung des sachlichen Anwendungsbereiches auf privatrechtliche Verträge nicht haltbar ist und daher auch öffentlichrechtliche Verträge grundsätzlich vom Begriff des öffentlichen Auftrags in § 99 I GWB erfasst sind.«*

255 So: OLG Düsseldorf, Beschl. v. 5. 4. 2006 (VII Verg 7/06), NZBau 2006, 595 = VergabeR 2006, 787 = WuW 2006, 1087. Siehe auch: OLG Düsseldorf, Beschl. v. 5. 5. 2004 (VII-Verg 78/03), NZBau 2004, 398, 399.

256 BGH, Beschl. v. 12. 6. 2001 (X ZB 10/01), WuW 2001, 905 = NZBau 2001, 517 = VergabE B-10/01, Rn. 23: *»Ein solcher Beleihungsvorgang allein kann einer den Anwendungsbereich des Vergaberechts eröffnenden vertraglichen Grundlage im Sinne des § 99 Abs. 1 GWB auch nicht gleichgestellt werden.«*

257 EuGH, Urt. v. 12. 7. 2001 (Rs. C-399/98), VergabE A-1-5/01 = VergabeR 2001, 380 = NZBau 2001, 512 = ZfBR 2002, 286 = WuW 2001, 785.

sie die Verfügbarkeit der Anlagen sicherstellen können, um allen örtlichen Nutzern den Zugang zu gewährleisten. Diese Gesichtspunkte sind deshalb bedeutsam, ***weil sie die öffentliche Zweckbestimmung bestätigen****, denen die auszuführenden Bauvorhaben* ***von Anfang an gewidmet*** *sind.«*

Die **Beantwortung dieser grundsätzlichen Fragestellung** wird in den zu diesem Thema ergangenen Entscheidungen teils durch spezielle Konstellationen – auch z.B. aufgrund besonderer landesrechtlicher Vorschriften – überlagert, teils finden sich eher nebenbei grundsätzliche Erwägungen, deren Belastbarkeit fraglich ist, und teils wird einfach stillschweigend vorausgesetzt, dass ein öffentlicher Auftrag i.S.d. § 99 I GWB auch im Falle eines (schwerpunktmäßig) öffentlich-rechtlich anzusiedelnden Vertrages vorliegt. Das macht eine generelle Beurteilung schwierig. Man wird jedoch zu der Ansicht neigen müssen, dass die **Art des Rechtsverhältnisses kein bedingendes bzw. ausschließendes Merkmal** für das Vorliegen eines öffentlichen Auftrags ist[258]. Die gilt gemäß der fortgesetzten Rechtsprechung des EuGH auch dann, wenn die zu vergebenden Leistungen in mehrere Lose aufgeteilt sind. Die Losaufteilung ändert an der Gesamtzuweisung zu den öffentlichen Aufträgen nichts, wenn bei einer Gesamtbetrachtung die Merkmale eines öffentlichen Bauauftrages erfüllt sind[259].

Dieser Auffassung neigt auch das OLG Düsseldorf zu. Ausschlaggebend sind dann jeweils im Einzelfall die **speziellen rechtlichen Konstruktionen und die weiteren zu beachtenden Vorschriften**, welche im **Spiegel der Entgeltlichkeit und der eigentlichen vergaberechtlichen Merkmale** für das Vorliegen eines (wettbewerblich zu vergebenden) öffentlichen Auftrages zu betrachten sind. Dies kann zu ganz unterschiedlichen Ergebnissen führen. Beispielsweise kam das OLG Düsseldorf zu dem Ergebnis, dass Betreuungsleistungen nach § 31 KJHG (sozialpädagogische Familienhilfe) kein öffentlicher Auftrag i.S.d. § 99 I GWB sind, sondern eine Einordnung als ausschreibungsfreie Dienstleistungskonzession erfahren müssen[260]. Demgegenüber bildet die Vergabe von Betreuungsleistungen in Form von Pflegesatzvereinbarungen nach § 93 II BSHG keine Dienstleistungskonzession, es handelt sich aber nach Meinung des Gerichts um eine Vereinbarung, die nicht der Nachprüfung anhand der §§ 102 ff. GWB unterliegt; vielmehr müsse verwaltungsgerichtlicher Rechtsschutz in Anspruch genommen werden[261].

Im Zusammenhang mit **Sondervorschriften** ist außerdem anzuführen, dass bis zum Jahre 2007 weite Bereiche der Beschaffung von medizinischen Hilfsmitteln durch entsprechende Regelungen auf Basis **SGB V** ausschreibungsfrei waren, und sich

258 EuGH, Urt. v. 12. 7. 2001 (Rs. C-399/98), VergabE A-1-5/01 = VergabeR 2001, 380 = NZBau 2001, 512 = ZfBR 2002, 286 = WuW 2001, 785; BayObLG, Beschl. v. 28. 5. 2003 (Verg 7/03), VergabE C-2-7/03 = NZBau 2005, 238 = VergabeR 2003, 563; VK Baden-Württemberg, Beschl. v. 20. 6. 2002 (1 VK 27/02), VergabE E-1-27/02 = ZfBR 2003, 81 = EUK 2002, 181 = IBR 2002, 619. *Niebuhr/Kulartz/Kus/Portz*, Vergaberecht, 1. Aufl. 1999, § 99, Rn. 22; *Burgi*, NZBau 2002, 512; *Müller-Wrede* in: *Ingenstau/Korbion*, VOB-Kommentar, 15. Aufl. 2004, Rn. 5 zu § 99 GWB, m.w.N.

259 EuGH, Urt. v. 21. 2. 2008 (Rs. C-412/04 – »Kommission ./. Italien«), VergabeR 2008, 501 = VS 2008, 27.

260 OLG Düsseldorf, Beschl. v. 22. 9. 2004 (VII Verg 44/04), VergabE C-10-44/04 = NZBau 2005, 652 = VS 2005, 5.

261 OLG Düsseldorf, Beschl. v. 8. 9. 2004 (VII Verg 35/04), VergabE C-10-35/04 = NZBau 2005, 650 = VS 2005, 5.

dies erst in jüngster Zeit aufgrund des GKV-Wettbewerbsstärkungsgesetzes geändert hat. Siehe dazu unten unter Rdn. 38.

(1a) Rettungsdienstleistungen

36 Die Vergabe von Rettungsdienstleistungen ist in den vergangenen Jahren Gegenstand verschiedener Nachprüfungsverfahren gewesen. Die mehrheitliche Auffassung geht dahin, dass eine **Ausschreibungspflicht nicht besteht**, weil **kein öffentlicher Auftrag** im Sinne des § 99 GWB vorliegt. Allerdings wird immer – entsprechend dem sich auch ändern könnenden Landesrecht – eine konkrete rechtliche Prüfung erforderlich sein[262].

Das **OLG Düsseldorf**[263] hat dazu in jüngerer Zeit – differenzierend und bezogen auf die Rechtslage im Lande Nordrhein-Westfalen – entschieden, dass die **Übertragung von Aufgaben nach dem Gesetz** über den Rettungsdienst sowie die Notfallrettung und den Krankentransport durch Unternehmer – Rettungsgesetz NRW (RettG NRW) auf Dritte (Hilfsorganisationen und private Anbieter) **nicht den Begriff des öffentlichen Dienstleistungsauftrags** im Sinne von § 99 I und IV GWB **erfüllt.** Zwar könne man die Entgeltpflichtigkeit der Übertragung auf Private tendenziell als privatrechtlichen Vorgang ansehen, mit der Folge, dass ein öffentlicher Dienstleistungsauftrag angenommen werden könnte. Jedoch müsse eine Gesamtbetrachtung des Vorganges vorgenommen werden, welche die **öffentlich-rechtliche Organisationsform** des Rettungsdienstwesens würdigt.

Die Privaten sind »am Rettungsdienst Beteiligte« und »handeln als **Verwaltungshelfer**« nach den Anweisungen der Träger rettungsdienstlicher Aufgaben (§ 13 II 1 RettG NRW). Bei der Wahrnehmung dieser Aufgaben sind sie **als Hilfspersonen funktional in den Bereich staatlicher Aufgabenerfüllung** auf dem Gebiet des Rettungswesens **eingegliedert.** Die Wahrnehmung rettungsdienstlicher Aufgaben ist demzufolge nach Auffassung des Senats – einheitlich und unmittelbar – der **hoheitlichen Betätigung des Staates** zuzurechnen[264]. Es handelt sich um eine Art Verwaltungsverträge i.S.d. § 54 VwVfG[265]. Die Entscheidung eines Trägers von Rettungsdiensten, welche Hilfsorganisation oder welchen privaten Anbieter er nach § 13 I RettG NRW als Helfer bei der ihm übertragenen hoheitlichen Aufgabenerfüllung zuziehen will, betrifft deshalb im Rechtssinn keine nach Marktgesetzen, d.h. insbesondere im Wettbewerb, zu beschaffende Leistung nach den §§ 97 I und 99 GWB.

Das **OLG Celle**[266] hat die **Übertragung von Aufgaben des Rettungsdienstes** gemäß dem Niedersächsischen Rettungsdienstgesetz (§ 5 I NRettDG) gleichfalls **nicht als öffentlichen Auftrag i.S.d. § 99 I GWB** qualifiziert. Das Gericht gibt unter Hinweis auf Art. 1 a der Dienstleistungsrichtlinie 92/50/EWG die kategorische Begründung, dass von § 99 I GWB **nur privatrechtliche Verträge**, nicht aber

---

262 Zusammenfassend zu der Thematik: *Esch*, VergabeR 2007, 286; *Lechleuthner*, VergabeR 2007, 366.

263 OLG Düsseldorf, Beschl. v. 5. 4. 2006 (VII Verg 7/06), NZBau 2006, 595 = VergabeR 2006, 787 = WuW 2006, 1087.

264 Vgl. auch BGH, Urt. v. 21. 3. 1991 (III ZR 77/90), NJW 1991, 2954; BGH, Urt. v. 9. 1. 2003 (III ZR 217/01), NJW 2003, 1184 f.

265 *Burgi*, NZBau 2002, 57, 58 f., 61; *Prütting*, Rettungsgesetz NRW, Kommentar, 3. Aufl., § 13 Rn. 21.

266 OLG Celle, Beschl. v. 24. 11. 1999 (13 Verg 7/99), VergabE C-9-7/99 = NZBau 2000, 299, 300.

Rechtsbeziehungen, die als öffentlich-rechtliche Verträge oder VAs einzuordnen sind, erfasst werden.

In gleicher Richtung hat das **OLG Naumburg**[267] entschieden. Es weist darauf hin, dass Rettungsdienstleistungen von Firmen wahrgenommen werden, die in einer öffentlich-rechtlichen Beziehung zu den Aufgabenträgern (Landkreise, kreisfreie Städte) stehen. Sie haben die Leistungen »nach diesem Gesetz« (§ 3 II 1 RettDG-LSA) zu erbringen und werden daher **unmittelbar hoheitlich tätig**. Die Rettungsdienste sind auch nach Auffassung des dortigen Senats demzufolge gerade keine vom Staat zu erwerbende Marktleistung.

Das **BayObLG**[268] hat sich klar dafür ausgesprochen, den Begriff der Verträge in § 99 I GWB gemeinschaftskonform dahin auszulegen, dass er auch öffentlich-rechtliche Verträge erfasst. Im Ergebnis hat der Senat dann allerdings die Ausschreibungspflicht deshalb verneint, weil die Rettungsdienstleistungen in Bayern nach dem sog. **Konzessionsmodell** organisiert sind, so dass keine am Markt zu beschaffende Leistung vorliegt.

Ablehnend zu einer Ausschreibungspflicht hat sich außerdem noch das **OLG Brandenburg** geäußert[269].

Fazit: In den Ländern Bayern, Brandenburg, Niedersachsen, Nordrhein-Westfalen und Sachsen-Anhalt existieren OLG-Entscheidungen, die infolge der insoweit gleich gelagerten Gesetzeslage einen öffentlichen Auftrag bei der Vergabe von Rettungsdienstleistungen ablehnen. Die Verträge sind demnach dort nicht formal nach dem GWB, der VgV und der VOL/A auszuschreiben. Es werden dann üblicherweise meist nur formlosere Interessensbekundungsverfahren durchgeführt.

(1b) Beleihungsverhältnisse

37 Im Bereich der Verwaltung (Administrative) ist eine **Beleihung**, d.h. eine Aufgabenwahrnehmung durch Private, grundsätzlich möglich. Es gibt keinen Grundsatz dahingehend, dass eine öffentlich-rechtliche Verwaltungsorganisation obligatorisch ist[270]. Grundsätzlich nicht beleihungsfähig sind lediglich staatliche Kernfunktionen wie beispielsweise die Gesetz- und Verordnungsgebung (Legislative) oder die Justiz[271].

Angesichts dieser staatsgerichteten Zielsetzung sind die **als öffentlich-rechtlich einzuordnenden Beleihungsverhältnisse nicht unter** die öffentliche Aufträge gemäß **§ 99 GWB einzuordnen**[272].

Über das zuvor zu den Rechtsverhältnissen bei der Übertragung von Rettungsdienstleistungen Gesagte hinausgehend, ist der Beliehene nicht nur, wie dort,

267 OLG Naumburg, Beschl. v. 19. 10. 2000 (1 Verg 9/00), VergabE C-14-9/00v = VergabeR 2001, 134 = WuW 2001, 437 = EUK 2000, 183.

268 BayObLG, Beschl. v. 28. 5. 2003 (Verg 7/03), VergabE C-14-7/03 = BauR 2003, 1783 = NZBau 2005, 238 = VergabeR 2003, 563.

269 OLG Brandenburg, Beschl. v. 9. 9. 2004 (Verg W 9/04), NZBau 2005, 236 = VergabeR 2005, 99.

270 BVerfG, Beschl. v. 12. 1. 1983, DVBl 1983, 539, 541 ff.; BVerwG, Urt. v. 19. 3. 1976, VwRspr. Bd. 28 (1977), 215, 219; *Ehlers*, Verwaltung in Privatrechtsform, S. 115; *Freitag*, Das Beleihungsrechtsverhältnis, 2005, S. 66.

271 *Freitag*, Das Beleihungsrechtsverhältnis, 2005, S. 56; *Heintzen*, VVDStRL, Bd. 62 (2003), 220, 242.

272 Grundlegend und umfassend: *Freitag*, Das Beleihungsrechtsverhältnis, 2005.

einfacher Verwaltungshelfer, er ist bei der Beleihung vielmehr sogar **verantwortliches ausführendes Organ der Verwaltung**[273]. Nicht selten ist der Beliehene auch Widerspruchsbehörde.

Die Beleihung kann gemäß der überwiegenden Zahl der Haushaltsordnungen des Bundes bzw. der Länder in der Regel entweder durch **Verwaltungsakt** oder durch **öffentlich-rechtlichen Vertrag** erfolgen. In den Haushaltsordnungen des Bundes und der Länder bzw. den dazugehörigen Ausführungsvorschriften gibt es jedoch auch Unterschiede, die zu beachten sind.

Im Einzelnen:

Der Bund verfügt im Haushaltsrecht über die Regelung des **§ 44 III BHO**[274]:

> *»Juristischen Personen des privaten Rechts kann mit ihrem Einverständnis die Befugnis verliehen werden, Verwaltungsaufgaben auf dem Gebiet der Zuwendungen im eigenen Namen und in den Handlungsformen des öffentlichen Rechts wahrzunehmen, wenn sie die Gewähr für eine sachgerechte Erfüllung der ihnen übertragenen Aufgaben bieten und die Beleihung im öffentlichen Interesse liegt. Die Verleihung und die Entziehung der Befugnis obliegen dem zuständigen Bundesministerium; die Verleihung bedarf der Einwilligung des Bundesministeriums der Finanzen. Die Beliehene unterliegt der Aufsicht des zuständigen Bundesministeriums; dieses kann die Aufsicht auf nachgeordnete Behörden übertragen.«*

Diese Regelung dient als **allgemeine Ermächtigungsgrundlage für eine Beleihung von privatrechtlich organisierten Rechtssubjekten** ohne spezielle Einzelermächtigung. Eine allgemeine Ermächtigungsgrundlage ist grundsätzlich ausreichend.

Gemäß den Allgemeinen Verwaltungsvorschriften zur Bundeshaushaltsordnung **(VV-BHO)**[275] können nach Abschnitt 30.3 VV-BHO beliehen werden juristische Personen des privaten Rechts, die in den **Handlungsformen des öffentlichen Rechts** als Zuwendungsempfänger Zuwendungen weiterleiten oder als Treuhänder des Bundes Zuwendungen gewähren sollen. **Voraussetzung** für die Beleihung einer juristischen Person des Privatrechts, die nach Nr. 16.1 Bundesmittel verwalten soll, ist der

- Abschluss eines zivilrechtlichen Geschäftsbesorgungsvertrages, dem ein
- Vergabeverfahren (vgl. VV zu § 55 BHO) vorauszugehen hat, es sei denn, die Geschäftsbesorgung erfolgt unentgeltlich oder es handelt sich um ein so genanntes »In-house« Geschäft.

In dem Geschäftsbesorgungsvertrag sind alle **wechselseitigen Rechte und Pflichten festzulegen.**

---

273 *Hammer*, DÖV 2000, 613, 618; Stober, DÖV 2000, 261, 269; *Freitag*, Das Beleihungsrechtsverhältnis, 2005, S. 65.

274 Bundeshaushaltsordnung – BHO v. 19. 8. 1969, BGBl. I S. 1284, zuletzt geändert durch Artikel 3 des Gesetzes v. 22. 9. 2005, BGBl. I S. 2809.

275 Allgemeine Verwaltungsvorschriften zur Bundeshaushaltsordnung (VV-BHO) v. 14. 3. 2001, GMBl S. 307, zuletzt geändert durch Rundschreiben des BMF v. 14. 3. 2006, GMBl. S. 444.

In Abschnitt 20.2 sind die **Anforderungen an die Beleihung nach Bundesrecht** im Einzelnen aufgelistet:

> Die Beleihung im Sinne des § 44 III BHO geschieht durch **Verwaltungsakt.** Dieser muss enthalten:
>
> 20.2.1
> die Bezugnahme auf § 44 III BHO,
>
> 20.2.2
> die Angabe der Behörde, die die Aufsicht über die Beliehene ausübt,
>
> 20.2.3
> die Verleihung der Befugnis, Zuwendungen nach Maßgabe besonderer Bestimmungen durch Verwaltungsakt in eigenem Namen zu bewilligen,
>
> 20.2.4
> die Angabe der Behörde, die die Aufsicht über die Beliehene ausübt (Anm.: dieser Punkt ist identisch mit Punkt 20.2.2., wohl ein Redaktionsversehen),
>
> 20.2.5
> die Verpflichtung der Beliehenen, der aufsichtsführenden Behörde unverzüglich mitzuteilen, wenn sich bei der Ausübung der Befugnis Zweifelsfragen oder Schwierigkeiten ergeben, sie ihre Zahlungen einstellt oder ein Insolvenzverfahren über ihr Vermögen beantragt oder eröffnet wird,
>
> 20.2.6
> ein **Selbsteintrittsrecht** der Behörde, die die Aufsicht über die Beliehene ausübt,
>
> 20.2.7
> den Beginn der Beleihung und deren Beschränkung auf bestimmte Aufgaben (z.B. Programme, Aufgabengebiete),
>
> 20.2.8
> einen Vorbehalt, dass die Befugnis jederzeit entzogen werden kann,
>
> 20.2.9
> eine Rechtsbehelfsbelehrung.

Demnach ergeben sich im Falle einer Beleihung durch den Bund alle Rechte der Rechnungsprüfung, die Verpflichtung, **Sachbericht** zu erstatten, **Verwendungsnachweise** und **Kostenrechnung** zu führen.

Die Beleihung ist gemäß dieser Bestimmung in der VV-BHO nur in der Form des **Verwaltungsakts** (VAs), nicht aber in der Form eines öffentlich-rechtlichen Vertrages möglich.

Einer solchen Schlussfolgerung widersprechen jedoch die Gesetzgebungsmaterialien zur 5. BHO-Novelle vom 22. 9. 1994[276], mit der die Bestimmung des § 44 III BHO eingeführt worden ist. Diese enthalten folgenden erläuternden Hinweis:

276 BGBl. I, 2605.

*»Die **Beleihung geschieht durch öffentlich-rechtlichen Vertrag oder Verwaltungsakt**; die Bindung an die Einwilligung des Bundesministeriums der Finanzen dient dem Bedürfnis einheitlicher Verwaltungspraxis innerhalb der Bundesverwaltung*[277].

Damit ergibt sich – entgegen der zitierten Verwaltungsvorschrift –, dass **auch im Bund eine Beleihung im Wege eines öffentlich-rechtlichen Vertrages möglich** ist. Den Gesetzgebungsmaterialien ist als authentische Regelung der Vorzug einzuräumen.

Gestützt wird diese Feststellung durch die zu dem Themenkreis der Beleihung erschienene Literatur[278]. Teilweise wird unter pauschalem Verweis auf die Möglichkeit zur Beleihung in jeglicher Handlungsform nicht einmal eine Unterscheidung zwischen den haushaltsrechtlichen Bestimmungen des § 44 III BHO und den §§ 44 III LHO getroffen[279]. Teilweise wird ohne weitere Differenzierung davon ausgegangen, dass der Vollzug auf der Grundlage eines Ermächtigungsgesetzes durch jedwede Form erfolgen kann, was im Hinblick auf den Parlamentsvorbehalt unproblematisch sei[280].

Nach alledem ist im Ergebnis von einer Beleihungsfähigkeit durch den Bund – auch im Wege eines öffentlich-rechtlichen Vertrages – auszugehen.

Im Unterschied dazu finden sich im **Landesrecht (LHO Berlin)** Regelungen, in denen ausdrücklich beide Beleihungsformen, also VA und öffentlich-rechtlicher Vertrag, zugelassen sind:

> § 44 LHO
>
> Zuwendungen, Verwaltung von Mitteln oder Vermögensgegenständen
>
> *(...)*
>
> *»(3) Juristischen Personen kann mit ihrem Einverständnis **durch Verwaltungsakt oder öffentlich-rechtlichen Vertrag** die Befugnis verliehen werden, Berlin obliegende Aufgaben bei der Gewährung von Zuwendungen in den Handlungsformen des öffentlichen Rechts wahrzunehmen, wenn daran ein erhebliches Interesse Berlins besteht und die sachgerechte Erfüllung der übertragenen Aufgaben gewährleistet ist.«*

---

277 BT-Drs. 12/5835, S. 6, unter ›zu Nummer 4‹.

278 *Piduch*, Bundeshaushaltsrecht, Stand: 2004, Rn. 18 zu § 44: *»Die Beleihung erfolgt durch Verwaltungsakt oder u.U. durch öffentlich-rechtlichen Vertrag, ...«*, wobei allerdings nicht erläutert wird, welches diese Umstände für den Abschluß eines öffentlich-rechtlichen Vertrages sein sollen.

279 *Weisel*, Das Verhältnis von Privatisierung und Beleihung, 2003, S. 89: *»Die vor wenigen Jahren verabschiedete Vorschrift des § 44 Abs. 3 BHO sowie die identischen §§ 44 Abs. 3 der Landeshaushaltsordnungen enthalten eine Globalermächtigung (...). (...) bundesweit einheitliche Fassung von § 44 Abs. 3 BHO/LHO«*.

280 Vgl.: *Freitag*, Das Beleihungsrechtsverhältnis, 2005, S. 8: *»Meist sind die formellen Beleihungsgesetze noch umsetzungsbedürftig und die tatsächliche Beleihung wird in das Ermessen der zuständigen Behörden gelegt. (...) Hier soll zunächst der Hinweis darauf genügen, dass der Vollzug der Beleihung nicht nur unmittelbar durch formelles Gesetz, sondern auch aufgrund dessen durch materielle Gesetze in Form einer Satzung oder einer Verordnung und auch durch Verwaltungsakt und öffentlich-rechtlichen Vertrag vorgenommen werden kann. Im Hinblick auf den Parlamentsvorbehalt ist dies unproblematisch«*.

Aus diesen Formen und Voraussetzungen der Beleihung wird **erstens** deutlich, in welch starkem Maße staatsnah diese eigentlichen öffentlich-rechtlichen Beleihungstätigkeiten sind. **Zweitens** wird aber auch deutlich, dass grundsätzlich ein zivilrechtlicher Geschäftsbesorgungsvertrag als zweite Komponente zum Beleihungsvorgang dazugehört[281].

Dies verursacht in der vergaberechtlichen Konsequenz in aller Regel die **Veranstaltung eines Ausschreibungsverfahrens**, weil die Tätigkeiten Beliehener in aller Regel nicht in der Weise beschaffen sind, dass sie nur von einem einzigen Unternehmen durchgeführt werden könnten. Im Bereich der Bildungs- und Arbeitsmarktpolitik, in dem häufig Beleihungsvorgänge mit hoher vergaberechtlicher Relevanz stattfinden, gibt es meist eine Reihe geeigneter Bildungsträger oder Personalberatungsunternehmen, welche die Beleihungstätigkeiten ausführen können.

In den einschlägigen obergerichtlichen Entscheidungen (z.B. Stützungsmaßnahmen EQUAL, LOS oder Vergaben im Rahmen von Hartz IV – **SGB II**) wird die **Frage** der Ausschreibungspflichtigkeit der Vergabe von Dienstleistungen, die im Zusammenhang mit Beleihungsverhältnissen vergeben werden, **nicht einmal thematisiert**. Sie wird wie selbstverständlich vorausgesetzt[282].

Einschränkungen ergeben sich im Hinblick auf die **Person des Beliehenen**:

Grundsätzlich kann nur eine **juristische Person des Privatrechts** beliehen werden. Dazu gehört nicht die Gesellschaft bürgerlichen Rechts. Ausschreibungen können daher von den Bietern verlangen, eine bestimmte Rechtsform anzunehmen (z.B. GmbH)[283].

Problematisch kann in Einzelfällen auch die **Person des Beleihenden** sein:

Im Rahmen der durch die Hartz IV-Reform eingeführten **ArGes**, die als Gesellschaft öffentlichen Rechts (GöR) ausgestaltet sind, was ohnehin schon eine gewisse Problematik in sich trägt, ist eine **Mischzuständigkeit von Bund und Kommunen** gegeben. Ob nun der Bund beleihen soll oder die Kommune, ist bereits fraglich. Meistens werden es jedoch überwiegend Bundesmittel sein, so dass das Bundeshaushaltsrecht und damit die entsprechenden Beleihungsvorschriften gelten. Die Konstruktion der ArGe's als Mischverwaltungsinstitution ist jedoch vom BVerfG für rechtswidrig erklärt worden[284]. Das Urteil war eigentlich nicht überraschend,

281 Vgl. *Braun/Buchmann*, NZBau 2007, 691.

282 BGH, Beschl. v. 12. 6. 2001 (X ZB 10/01), VergabeR 2001, 286 = NZBau 2001, 517 = WuW 2001, 905; OLG Düsseldorf, Beschl. v. 5. 10. 2000 (Verg 14/00), VergabE C-10-14/00v = VergabeR 2001, 59; OLG Düsseldorf, Beschl. v. 14. 2. 2001, Verg 14/00, VergabE C-10-14/00 = NZBau 2003, 60 = WuW 2001, 651 = EUK 2000, 169; KG, Beschl. v. 4. 4. 2002 (Kart Verg 5/02), VergabE C-3-5/02 = VergabeR 2002, 235 = NZBau 2002, 522 = ZfBR 2002, 511 = EUK 2002, 72; VK Bund, Beschl. v. 12. 12. 2002 (VK 2-92/02 – »Lokales Kapital für soziale Zwecke – LOS«), VergabE D-1-92/02 = EUK 2003, 8. Andere Auffassung betr. aus dem ESF finanzierte Maßnahmen der Berufsvorbereitung mit Beleihung nach § 44 III ThürLHO: OLG Jena, Beschl. v. 28. 2. 2001 (6 Verg 8/00), VergabE C-16-8/00 = VergabeR 2001, 159 = NZBau 2001, 281.

283 KG, Beschl. v. 4. 4. 2002 (KartVerg 5/02), VergabE C-3-5/02 = VergabeR 2002, 235 = NZBau 2002, 522.

284 BVerfG, Urt. v. 20. 12. 2007 (2 BvR 2433 und 2434/04), LS: »*Arbeitsgemeinschaften gemäß § 44b SGB II widersprechen dem Grundsatz eigenverantwortlicher Aufgabenwahrnehmung, der den zuständigen Verwaltungsträger verpflichtet, seine Aufgaben grundsätzlich durch eigene Verwaltungseinrichtungen, also mit eigenem Personal, eigenen Sachmitteln und eigener Organisation wahrzunehmen.*«.

aber wie des Öfteren bedarf es einer Klärung durch das Bundesverfassungsgericht[285]. Bis Ende 2010 muss eine Änderung herbeigeführt werden. § 44b SGB II ist mit Art. 28 II Satz 1 und 2 in Verbindung mit Art. 83 des Grundgesetzes unvereinbar[286].

(1c) Beschaffung von medizinischen Hilfsmitteln

38 Bis zum Jahre 2007 waren große Bereiche der Beschaffung von medizinischen Hilfsmitteln durch entsprechende Regelungen auf der Basis des **SGB V** nicht der Ausschreibungspflicht unterworfen. Dies änderte sich erst in jüngster Zeit aufgrund des GKV-Wettbewerbsstärkungsgesetzes. Die Bestimmung des § 127 I SGB V n.F. sieht vor, dass

> *»soweit dies zur Gewährleistung einer wirtschaftlichen und in der Qualität gesicherten Versorgung zweckmäßig ist, (...) die Krankenkassen, ihre Landesverbände oder Arbeitsgemeinschaften* ***im Wege der Ausschreibung Verträge mit Leistungserbringern*** *(...) über die Lieferung einer bestimmten Menge von Hilfsmitteln, die Durchführung einer bestimmten Anzahl von Versorgungen oder die Versorgung für einen bestimmten Zeitraum schließen«*

sollen. Dabei sind Ausnahmen für Fälle vorgesehen, in denen Ausschreibungen nicht zielführend sind.

> *»(...) Für Hilfsmittel, die für einen bestimmten Versicherten individuell angefertigt werden, oder Versorgungen mit hohem Dienstleistungsanteil (sind) Ausschreibungen in der Regel nicht zweckmäßig«*

Hiermit werden die Rechtsbeziehungen der Leistungserbringung für Hilfsmittel im Verhältnis zwischen Krankenkasse, Leistungserbringer und Versichertem grundsätzlich auf die **Maxime der Öffentlichen Ausschreibung** ausgerichtet[287].

In der Begründung des Gesetzentwurfs der Bundesregierung[288] heißt es, dass § 33 SGB V n.F. die Wahlfreiheit der Versicherten regelt, das **Instrument der Ausschreibung generell einführt** und vorsieht, dass

> *»grundsätzlich die Versorgung durch einen von der Krankenkasse zu benennenden Leistungserbringer (Ausschreibungsgewinner) vorgesehen«*

ist. Aus der Begründung zu § 126 SGB V n.F. wird der vollkommene Systemwechsel überdeutlich[289]:

---

285 Vgl. bereits: *Henneke*, Der Landkreis 12/2004, S. 694/695: *»Sind die gefundenen Regelungen mit geltendem Verfassungsrecht vereinbar? Der unmittelbare Durchgriff des Bundes auf die Kommunen in § 6 I Nr. 1 SGB II dürfte gegen Art. 84 I GG i.V.m. Art. 28 II GG verstoßen. Die Regelung über die Bildung der Arbeitsgemeinschaften dürfte mit den organisatorischen Bestimmungen in Art. 83 ff. und mit Art. 28 II GG nicht in Einklang stehen«*; Penning-Poggenbeck, »Job Center Konzeption und Diskussion der lokalen Zentren für Erwerbsintegration«, kwi-Info (Informationen des kommunalwissenschaftlichen Institutes der Universität Potsdam), 2003, S. 25, 29.

286 BVerfG, Urt. v. 20. 12. 2007 (2 BvR 2433 und 2434/04), LS: *»Die Vorschrift bleibt bis zum 31. Dezember 2010 anwendbar, wenn der Gesetzgeber nicht zuvor eine andere Regelung trifft.«*

287 *Kaltenborn*, VSSR 2007, 357, 360 f.

288 GKV-Wettbewerbsstärkungsgesetz – GKV-WSG, S. 286.

289 GKV-Wettbewerbsstärkungsgesetz – GKV-WSG, S. 384.

»Um den Vertrags- und Preiswettbewerb zu stärken, wird die Zulassung der Leistungserbringung, die bisher zur Versorgung der Versicherten berechtigte, aufgegeben und durch die neue Regelung in Abs. 1 ersetzt. Nach Satz 1 erfolgt die Versorgung nur noch durch Vertragspartner der Krankenkasse, sodass sich die an der Versorgung interessierten Leistungserbringer um vertragliche Beziehungen mit den Krankenkassen bemühen müssen.«

Hieraus ist zu ersehen, dass das herkömmliche System der Zulassung von Leistungserbringern durch eine jeweilige **vertragliche Leistungsvereinbarung** ersetzt worden ist.

Dieser **Systemwechsel** hat in der Folge auch bereits zu verschiedenen Nachprüfungsverfahren[290] geführt, in denen es beispielsweise um die Frage der Leistungszuschnitte (Lose) ging. Für die kleineren Sanitätshäuser und sonstige Lieferanten in dieser Branche handelt es sich zum Teil um eine Existenzfrage, ob sie selbstständig anbieten können oder ob sie sich zu Bietergemeinschaften zusammenschließen müssen. Der Markt ist in diesem Segment kräftig in Bewegung geraten.

Ausnahmen von der strengen Ausschreibungspflicht soll es bei der Vergabe von **Rabattverträgen** geben, wobei hier im Frühjahr 2008 noch erhebliche Rechtsunsicherheit besteht[291].

(1d) Verkauf von Gesellschaftsanteilen

39 Der **Verkauf von Geschäftsanteilen** einer 100%-igen Eigengesellschaft einer Gebietskörperschaft – oder anders ausgedrückt: die **Suche nach privaten Mitgesellschaftern** – unterliegt nicht der Ausschreibungspflicht, wenn damit bei wirtschaftlicher Betrachtung keine weitere Auftragserteilung verbunden ist.

Das OLG Brandenburg[292] argumentiert, die Ausschreibungspflicht entfalle zwar nicht deshalb, weil, wie teilweise in der Literatur vertreten[293], die **Suche nach privaten Mitgesellschaftern** wegen des privaten bzw. personalen Einschlags grundsätzlich dem Anwendungsbereich des Vergaberechts entzogen sei. Auch in solchen Fällen komme es nach Überzeugung des Senats auf die **nach objektiven Kriterien** zu beurteilende finanzielle Potenz sowie sein Know-how im Hinblick auf den vereinbarten Gesellschaftszweck an. Über die Auswahl eines Mitgesellschafters werde demzufolge in aller Regel nach den gleichen Kriterien wie über die Auswahl eines Vertragspartners für Beschaffungsverträge entschieden. Das OLG führt aus, dass es einer **Ausschreibung** im vorliegenden Fall **deshalb nicht bedurfte,**

»weil die durch den Vertrag geschaffene gesellschaftsrechtliche Beteiligung keinerlei beschaffungsrechtlichen Bezug hatte: Weder fiel die Anteilsübertragung mit der Vergabe eines dem neu eingetretenen Gesellschafter zugute kom-

---

290 VK Bund, Beschl. v. 9. 1. 2008 (VK 3-145/07), VS 2008, 4.

291 Gegen eine strenge Ausschreibungspflicht nach dem GWB und der VOL/A: BSG, Urt. v. 22. 4. 2008 (B 1 SF 1/08 R), VS 2008, 36; LSG Baden-Württemberg, Urt. v. 27. 2. 2008 (L 5 KR 507/08 ER-B), VergabeR 2008, 529 = VS 2008, 32 [LS]. Für eine solche Ausschreibungspflicht: OLG Düsseldorf, Beschl. v. 19. 12. 2007 (VII-Verg 51/07), NZBau 2008, 194 = VergabeR 2008, 73 = VS 2008, 7 [LS]. Zur Diskussion: *Stolz/Kraus*, VergabeR 2008, 1.

292 OLG Brandenburg, Beschl. v. 3. 8. 2001 (Verg 3/01), VergabE C-4-3/01 = VergabeR 2002, 45 = EUK 2001, 181.

293 *Opitz*, ZVgR 2000, 97, 106; *Faber*, DVBl. 2001, 248, 256.

menden beschaffungsrechtlichen öffentlichen Auftrags im Sinne des § 99 GWB direkt zusammen ... noch beteiligte der Vertrag indirekt den neu eintretenden Gesellschafter an einem derartigen Auftrag, der der Beigeladenen .. als einer 100%-igen Tochtergesellschaft des öffentlichen Auftraggebers zu einem früheren Zeitpunkt langfristig erteilt worden war ... (zur Frage der Ausschreibungspflicht in diesen Fällen, vgl. Jaeger, NZBau 2001, 6; Vergabekammer Stuttgart, NZBau 2001, 340 ff.).«

Ist der Eintritt des Privaten jedoch nachweislich **mit der konkreten Ausübung von geschäftlichen Tätigkeiten** verbunden[294], so wird demgegenüber eine Vergabepflicht gemäß den §§ 97 ff. GWB bejaht[295].

Bei der rechtlichen Beurteilung ist auf den **Gesamtzusammenhang** der tatsächlichen Vorgänge abzustellen. Künstliche Konstruktionen, wonach ein öffentlicher Auftraggeber die Abfallentsorgung im Wege des ausschreibungsfreien In-house-Geschäfts an eine 100%-ige Tochtergesellschaft vergibt, an der sich dann aber doch in einem nicht zu bestreitenden engen zeitlichen Zusammenhang ein Privater mit seinem Kapital beteiligt, ist als **Umgehungsfall** einzuordnen, und führt infolge der rechtlichen Einordnung als Gesamtvorgang zu einer Ausschreibungspflicht[296]. Die einzelnen Schritte
- Abschluss eines zivilrechtlichen Geschäftsbesorgungsvertrages,
- Gründung der AbfallGmbH,
- Abschluss des Entsorgungsvertrages,
- Abtretung der Kapitalanteile an die Saubermacher AG
- und erst danach Beginn der Tätigkeit der AbfallGmbH

stehen gemäß dem EuGH in einem derart engen sachlichen und zeitlichen Zusammenhang, dass dem Entsorgungsvertrag ein öffentlicher Dienstleistungsauftrag zugrunde liegt, der über eine mehrere gesonderte Schritte umfassende künstliche Konstruktion an ein gemischtwirtschaftliches Unternehmen mit privater Kapitalbeteiligung vergeben wurde. Bei dieser Konstruktion sind die privilegierenden **Umstände eines ausschreiungsfreien In-house-Geschäfts weggefallen**. Dass die Gemeinde Mödling bei einer Kapitalbeteiligung eines privaten Unternehmens an der AbfallGmbH von 49% diese nicht mehr wie eine eigene Dienststelle kontrolliere, ergebe sich bereits aus den Grundsätzen des Urteils Stadt Halle[297] und RPL Lochau.

In einer Entscheidung der VK Baden-Württemberg[298] heißt es: *»Die von der Ag geäußerten Zweifel an der Anwendbarkeit des Vergaberechts sind unbegründet. Die 47%ige Beteiligung an der bis jetzt 100%igen Tochter der Ag ist ausschreibungspflichtig. In der von den Bietern zu unterzeichnenden Vertraulichkeitsvereinbarung*

294 VK Lüneburg, Beschl. v. 1. 9. 2005 (VgK 36/2005). VK Schleswig-Holstein, Beschl. v. 17. 8. 2004 (VK 20/04), VergabE E-15-20/04: Veräußerung von Geschäftsanteilen an einer neu zu gründenden Abfallwirtschafts-GmbH und Übertragung von Entsorgungsdienstleistungen für 20 Jahre.

295 Ferner auch VK Sachsen, Beschl. v. 29. 2. 2004 (1 VK 157/03), VergabE E-13-157/03: Abwasserentsorgungsvertrag über 25 Jahre mit Teilprivatisierung (49%). Vgl. auch VK Lüneburg, Beschl. v. 26. 4. 2002 (203-VgK-6/02), VergabE E-9c-6/02.

296 EuGH, Urt. v. 10. 11. 2005 (Rs. C-29/04 – »Kommission/Österreich«), NZBau 2005, 704 = VergabeR 2006, 47 = WuW 2005, 1329.

297 EuGH, Urt. v. 11. 1. 2005 (Rs. C-26/03 – »Stadt Halle«), NZBau 2005, 111 = VergabeR 2005, 43 = WuW 2005, 237.

298 VK Baden-Württemberg, Beschl. v. 18. 7. 2001 (VK 12/01 – »Beteiligung an einer GmbH«), VergabE E-1-12/01, S. 7 = EUK 2001, 169 = Behörden Spiegel 11/2001, S. 24.

wird ausdrücklich darauf hingewiesen, dass die X ihre Aufgaben »als Bestandteil kommunaler Daseinsvorsorge unter Berücksichtigung der gesamtstädtischen Ziele für die Abfallwirtschaft« wahrnimmt. Damit wird die öffentlich-rechtliche Aufgabenstellung der X betont. Im Ergebnis kauft sich die Ag durch die Teilprivatisierung 47% der benötigten Dienstleistungen im Wettbewerb ein. An der Verantwortung gegenüber der öffentlichen Hand soll der gesuchte Partner teilnehmen. Die Anteilsveräußerung führt dazu, dass der Private in die Nachfragedeckung eingebunden wird, die aus bestehenden Vertragsverhältnissen erwächst. Damit führt die Verantwortlichkeit des Privaten für die Nachfragedeckung zur Anwendbarkeit des Vergaberechts.«

Bei der Ausschreibung des Verkaufes von Gesellschaftsanteilen, die zumeist in Form eines **Verhandlungsverfahrens** vorgenommen wird, kommt es im Rahmen des vorab durchzuführenden Teilnahmewettbewerbes in besonderem Maße auf eine **detaillierte Prüfung von Eignungsgesichtspunkten** an. Diese wird auch häufig durch Konzepterläuterungen nachzuweisen sein, wie dies dem nachfolgenden Anforderungsprofil, das keinerlei Anspruch auf Vollständigkeit respektive Passgenauigkeit für den Einzelfall erheben kann, aber eine ungefähre Orientierung ermöglicht[299], zu entnehmen ist:

»Das Ausstellungsdatum der Nachweise darf nicht vor dem (...) liegen bzw. diese müssen bei Abgabe des Angebotes noch gültig sein. Die Auswahl unter den geeigneten Unternehmen, die zur Angebotsabgabe aufgefordert werden sollen, richtet sich nach folgenden Kriterien:
- *Solidität des Bewerbers;*
- *strategische Ausrichtung des Bewerbers;*
- *Interesse des Bewerbers am langfristigen Engagement;*
- *Erfahrung in der Ver- und Entsorgungswirtschaft, insbesondere in der Abwasserentsorgung;*
- *Erfahrung in der Zusammenarbeit mit Kommunen.*

Auch bezüglich der Rechtslage waren Nachweise gefordert. Um die wirtschaftliche und finanzielle Leistungsfähigkeit der Bewerber beurteilen zu können, waren folgende Nachweise vorzulegen:
- *Unternehmensdarstellung, insbesondere Geschäftstätigkeit, Gesellschafterstruktur, Konzernzugehörigkeit und im Jahresdurchschnitt beschäftigte Mitarbeiter (nach Berufsgruppen gegliedert).*
- *Bilanzen bzw. Bilanzauszüge sowie dazugehörende Gewinn- und Verlustrechnungen der letzten drei abgeschlossenen Geschäftsjahre.*
- *Umsatzdarstellung der letzten drei abgeschlossenen Geschäftsjahre aller im Bereich der Ver- und Entsorgung, insbesondere der Abwasserentsorgung getätigten Umsätze, jeweils nach Berücksichtigung des Anteils bei gemeinsam mit anderen Unternehmen aufgeführten Aufträgen.*
- *Vorlage einer Bankauskunft über die wirtschaftliche Situation und/oder das Zahlungsverhalten.*
- *Erklärung, dass die in § 7 Nr. 5 VOL/A genannten Ausschlussgründe nicht vorliegen.*

299 Vgl. VK Lüneburg, Beschl. v. 1. 9. 2005 (VgK 36/2005).

- *Erklärung des strategischen Interesses an einer Beteiligung an einem langfristigen Engagement bezüglich der besonderen Leistungsart, die Gegenstand der Vergabe ist.*

Ferner sollten die Bewerber Nachweise hinsichtlich ihrer technischen Leistungsfähigkeit vorlegen.«

(...) Zuschlagskriterium sollte das wirtschaftlich günstigste Angebot bezüglich der Kriterien

1. *Zahlungsmittelzufluss bei der Stadt xxxxxxx*
2. *Mitarbeiterkonzept (Sicherung bzw. Ausbau der bestehenden Arbeitsplätze)*
3. *Standortkonzept (Sicherung der lokalen Wertschöpfung etc.)*
4. *Unternehmenskonzept (Weiterentwicklung der Gesellschaft, neue Geschäftsbereiche, Maßnahmen zur langfristigen Sicherung der Qualität des übernommenen Anlagevermögens).«*

Es empfiehlt sich, insbesondere bei dieser Art von Ausschreibungen den **Teilnahmewettbewerb** in eine **formale Prüfung** der Nachweise und in eine **inhaltliche Bewertung** aufzuteilen, in der dann die für wichtig erachteten Aspekte wie Solidität des Unternehmens, strategisches Interesse und Erfahrungen in der Zusammenarbeit mit Kommunen bewertet werden.

Speziell müssen schon **in der Vorbereitungsphase möglichst objektive Bewertungsmaßstäbe entwickelt** werden, mit welchen Punkteschemata im Einzelnen und mit welchen Gewichtungen in der Gesamtschau die Teilnahmeanträge bewertet werden. Es müssen also z.B. Punktebandbreiten für die Anzahl der Referenzen bzw. die Art der Referenzen (öffentliche Auftraggeber, private Auftraggeber) bzw. für die Art des Auftraggeberverhältnisses (eigener Vertrag als Hauptunternehmer oder Zusammenschluss zu einer Bieter-/Arbeitsgemeinschaft) vergeben werden. Das unbedingte Ziel einer transparenten Wertung und Auftragsvergabe erfordert dies. Dies gilt umso mehr bei nicht standardisierten Vergaben wie dem Verkauf von Gesellschaftsanteilen.

(1e) Erschließungsmaßnahmen

40 Der **EuGH**[300] hat entschieden, dass auch ein **Erschließungsvertrag**, der für sich genommen ein öffentlich-rechtlicher Vertrag ist, im Endeffekt jedoch (mittelbar) zu Bauauftragsvergaben führt, **grundsätzlich die Ausschreibungspflicht nicht ausschließt.**

Der vom EuGH entschiedene, auf das italienische Recht bezogene, Fall lässt sich zwar nach allgemeiner Meinung nicht so ohne weiteres auf das deutsche Erschließungsrecht nach BauGB übertragen. Jedoch ergeben sich aus dem Judikat eine Reihe von **Schlussfolgerungen**, die je nach Gestaltung des Erschließungsvertrages und der spezifischen Interessen des öffentlichen Auftraggebers unter Umständen auch vor dem Hintergrund des deutschen Rechts zur Bejahung der Ausschreibungspflicht führen können.

300 EuGH, Urt. v. 12. 7. 2001 (Rs. C-399/98), VergabE A-1-5/01 = VergabeR 2001, 380 = NZBau 2001, 512 = ZfBR 2002, 286 = WuW 2001, 785.

Der EuGH hat zum Ausdruck gebracht, dass im Rahmen eines öffentlich-rechtlichen Rechtsverhältnisses ohne weiteres eine **Übertragung der Ausschreibungspflichten auf Dritte** erfolgen kann. Für das Vergaberecht ist es vom Grundsatz her nicht entscheidend, ob ein öffentlicher Auftraggeber selbst ausschreibt oder ein Investor die notwendigen Ausschreibungen vornimmt. Es gibt mit anderen Worten **Drittwirkungen des Vergaberechts**, die andere (privatrechtliche oder öffentlich-rechtliche) Rechtsverhältnisse betreffen.

Insoweit existiert eine gewisse **Verwandtschaft mit der Baukonzession**[301], wobei der Erschliesser die Rolle des mit der Ausschreibungspflicht belasteten Konzessionärs einnimmt. Der öffentliche Auftraggeber ist daran interessiert, eine wichtige Infrastrukturmaßnahme zu realisieren (z.B.: Flughafen, Stadion für Sportereignisse und andere Großveranstaltungen), für die er selbst die finanziellen Mittel nicht besitzt, und in deren Gefolge er sich Impulse für den Standort verspricht. Ähnliches kann mit einer städtebaulichen Erschließungsmaßnahme verbunden sein.

Außerdem besteht im Ansatz eine gewisse **Parallelität** zu einem Fall, in dem der öffentliche Auftraggeber einen Mitgesellschafter als Investor sucht, darüber hinaus jedoch die Vergabe von Bauleistungen mit der Suche des Investors verbunden ist. Auch hier kann die Ausschreibungspflicht greifen. Ähnlich ist es bei einer Erschließungsmaßnahme, wenn damit für den öffentlichen Auftraggeber **nicht allein das städtebauliche Interesse per se** verbunden ist, sondern darüber hinaus **spezifische sekundäre Zwecke** wie z.B. die Wirtschaftsförderung (Ansiedelung von zusätzlichem Gewerbe), oder der Bau von Wohnungen mit dem Ziel, steuerzahlende Neubürger in einen neuen urbanen Lebensraum zu locken.

Diese Rechtsprechungslinie hat der EuGH im Jahre 2008 bestätigt[302]. Er hob außerdem hervor, dass auch eine **Aufteilung der Leistungen in Lose** der Einordnung eines Bau- bzw. Baukonzessionsvertrages **nicht entgegensteht**. Insoweit ist eine Gesamtbetrachtung vorzunehmen. Der im Vertragsverletzungsverfahren verklagte Staat Italien hatte damit argumentiert, dass, anders als im Falle Biacocca aus dem Jahre 2001 nicht ein einheitliches Bauwerk zu erstellen sei, sondern dass es sich um mehrere Lose handele. Außerdem verweist der EuGH darauf, dass sich aus Art. 6 III der Richtlinie 93/37/EWG ergibt, dass die Lose wertmäßig zusammenzurechnen sind für den Fall, dass ein Bauwerk aus mehreren Losen besteht, für die jeweils ein gesonderter Auftrag vergeben wird. Entscheidend ist des Weiteren eine Gesamtbetrachtung. Schließlich hebt er das Umgehungsverbot des Art. 6 IV der Richtlinie 93/37/EWG hervor, wonach Bauwerke oder Bauaufträge nicht in der Absicht aufgeteilt werden dürfen, sie der Anwendung dieser Richtlinie zu entziehen.

Die **Rechtsprechung in Deutschland** hat teilweise zu dem Thema der Ausschreibungspflicht von Erschließungsverträgen gemäß § 124 I BauGB Stellung genommen respektive sich zumindest zu vergleichbaren Sachverhalten in einer Weise geäußert, die den einen oder anderen Rückschluss zulässt.

301 Zur Vergleichbarkeit mit einer Konzession *Stickler* in: *Reidt/Stickler/Glahs*, Vergaberecht, 2. Aufl. 2003, Rn. 5a zu § 99.

302 EuGH, Urt. v. 21. 2. 2008 (Rs. C-412/04 – »Kommission ./. Italien«), VergabeR 2008, 501 = VS 2008, 27.

Für die Bejahung einer Ausschreibungspflicht genügt **nach herrschender Meinung nicht das bloße städtebauliche Interesse des öffentlichen Auftraggebers**[303]. Es gibt freilich Auffassungen, welche dazu neigen, jede Art von Erschließungsverträgen als ausschreibungspflichtigen Vorgang anzusehen. Die Entgeltlichkeit soll in dem Verzicht der Gemeinde auf die eigene Erschließung in Kombination mit dem städtebaulichen Interesse einerseits und dem Nichtentstehen der Beitragsschuld andererseits bestehen[304]. Dies greift jedoch zu kurz, weil ein bloßer **Erlass von Erschließungsbeiträgen** im Verhältnis Stadt-Erschliesser **keine ausreichende Entgeltlichkeit i.S.d. § 99 I GWB** darstellt. Es bedarf eines **qualifizierten Interesses** der Stadt, um den Charakter eines marktrelevanten Beschaffungsvorganges entstehen zu lassen. Dann erst können die notwendigen Drittwirkungen angenommen werden.

Es ist der **Auffassung** von *Antweiler* zu **widersprechen**[305], wonach die Entgeltlichkeit des Erschließungsvertrages nur dann anzunehmen sein soll, wenn der Erschliesser **unmittelbar von der Gemeinde eine Vergütung erhält**. Die europaweite Ausschreibungspflicht soll nach seiner Meinung an die Höhe des von der Stadt gezahlten Betrages anknüpfen. Das ist jedoch nicht der richtige Ansatz, weil es um die Auftragsvolumina der Bauleistungen geht, die vom Erschliesser an die Unternehmen vergeben werden. Der Autor widerspricht sich, wenn er in dem Beitrag einerseits auf die vom Erschliesser vorzunehmenden Baumaßnahmen abstellt und daher die (damals geltende) Baukoordinierungsrichtlinie 93/37/EWG für anwendbar hält, andererseits jedoch eine etwaige Vergütung zwischen Stadt und Erschliesser zum Maßstab für die Erreichung des EG-Schwellenwertes machen will.

Die **Frage der Entgeltlichkeit** muss sich vielmehr an den (geldwerten) **zusätzlichen Interessen** der Vertragspartner der Erschließungsverträge **orientieren**. Erschöpft sich aus Sicht der Stadt die Erschließungsmaßnahme allein in dem städtebaulichen Interesse, so ist die Entgeltlichkeit nicht gegeben. Kommen demgegenüber **weitere Interessen des Erschliessers und/oder z.B. der Stadt** hinzu, so kann eine Entgeltlichkeit vorliegen. Begründung dafür ist, dass die Gegebenheiten dann immer mehr der vergaberechtlich relevanten Situation näher kommen, dass die öffentliche Hand einen Investor hat, der auf Basis gegenseitiger wirtschaftlicher Interessen letztlich öffentliche Aufgaben erfüllt.

Die einzelnen reinen Erschließungsmaßnahmen sind **von größeren Investitionsprojekten** seitens professioneller Erschließungsträger mit weitergehenden Vermarktungs- und Verkaufsinteressen, an denen die öffentliche Hand wieder eigene Vermarktungs- bzw. Erlösinteressen besitzt, **abzugrenzen**. Werden also ganze Stadtviertel oder große Areale nicht mehr benutzter Liegenschaften (z.B. ein ehemaliger Flugplatz) einem Erschließungsträger/Investor übertragen, so wird nach der neueren Rechtsprechung die öffentliche Hand zu einem mittelbaren Auftraggeber und dieser Investorenvertrag zu einem öffentlichen Auftrag im Sinne

303 In dieser Richtung für einen Durchführungsvertrag gem. § 12 BauGB: BayObLG, Beschl. v. 19. 10. 2000 (Verg 9/00), VergabE C-2-9/00 = EUK 2001, 8.

304 VK Baden-Württemberg, Beschl. v. 20. 6. 2002 (1 VK 27/02), VergabE E-1-27/02 = ZfBR 2003, 81 = EUK 2002, 181 = IBR 2002, 619.

305 *Antweiler*, NZBau 2003, 93, 97, re Sp. unten.

des § 99 GWB[306]. Eine solche Sichtweise ist vor dem Hintergrund der bereits zitierten EuGH-Rechtsprechung aus dem Jahre 2001 konsequent, auch wenn sie nicht ganz zu Unrecht von weiten Teilen öffentlicher, insbesondere kommunaler Träger als unbillig, weil zu weitgehend, empfunden wird[307]. Zum Teil wird, nicht ganz ohne Grund, das Ende des Erschließungsvertrages nach § 124 BauGB diskutiert[308]. Allerdings wird man diese Befürchtung auf die großen Investitionsprojekte (mit den erforderlichen substantiellen Eigeninteressen der öffentlichen Hand) eingrenzen müssen.

(2) »In-House«-Vergaben

41 Beauftragt ein öffentlicher Auftraggeber ein privatwirtschaftliches Unternehmen (z.B. eine GmbH) mit Dienstleistungen, so kommt es **nicht zu einem öffentlichen Auftrag** i.S.v. § 99 I GWB,

- wenn der öffentliche Auftraggeber alleiniger Anteilseigner des Beauftragten ist,
- er über diesen eine Kontrolle wie über eigene Dienststellen ausübt und
- der Beauftragte seine Tätigkeit im Wesentlichen für diesen öffentlichen Auftraggeber verrichtet.

Im Falle des **kumulativen Vorliegens dieser drei Merkmale**[309] wird dem Kern nach kein anderer mit der Erbringung der Dienstleistung beauftragt. Es fehlt an einem wirtschaftlichen Austauschverhältnis nach außen, d.h., an einem Vertragsabschluß unter Zunutzemachung der Kräfte des Marktes. Vielmehr ist dann ein sog. **»In-House«-Geschäft** gegeben, bei dem die Dienstleistung von einer Stelle erbracht wird, welche der öffentlichen Verwaltung bzw. dem Geschäftsbetrieb des öffentlichen Auftraggebers zuzurechnen ist[310].

Es spielt dabei auch keine Rolle, ob dasjenige Unternehmen, an das im Wege des vergabefreien Eigengeschäftes (»In-house-Geschäftes«) vergeben werden soll, selbst öffentlicher Auftraggeber ist.

Im Einzelnen ist zu den Merkmalen folgendes auszuführen:

(2a) Alleinige Anteilseignerschaft der öffentlichen Hand

42 Die **Europäische Kommission** hatte schon vor Jahren bekräftigt, dass die die alleinige Anteilseignerschaft absolut zu verstehen ist, also schon eine **Minderheitsbeteiligung eines Privaten** dem Vorliegen eines In-house-Geschäfts **entgegensteht**. In der Stellungnahme des Juristischen Dienstes[311] gegenüber dem EuGH

306 OLG Düsseldorf, Beschl. v. 13. 6. 2007 (VII-Verg 2/07), NZBau 2007, 530 = VergabeR 2007, 634.

307 Dazu: *Ax/Keseber*, Kommunaljurist (KommJur) 1/2007, 6; *Krämer*, VergabeNavigator 5/2007, S. 21; *Krohn*, ZfBR 2008, 27; *Reidt*, BauR 2007, 1664.

308 *Köster/Häfner*, NVwZ 2007, 410.

309 Das Institut des vergabefreien Eigengeschäftes (»In-house-Geschäft«) basiert maßgeblich auf der Rechtsprechung des EuGH in Sachen »Teckal« und »ARGE Gewässerschutz«: EuGH, Urt. v. 18. 11. 1999 (Rs. C-107/98 – »Teckal«), VergabE A-1-5/99 = NZBau 2000, 90 = WuW 2000, 449; EuGH, Urt. v. 7. 12. 2000 (Rs. C-94/99 – »ARGE Gewässerschutz«), VergabE A-1-6/00 = VergabeR 2001, 28 = NZBau 2001, 99 = WuW 2001, 108. Dazu u.a. *Dreher*, NZBau 2004, 14.

310 Aus der Literatur dazu: *Kulartz/Kus/Portz (Hrsg.)*, Kommentar zum GWB-Vergaberecht, 1. Aufl. 2006, zu § 99; *Orlowski*, NZBau 2007, 80.

311 Stellungnahme des Juristischen Dienstes v. 11. 6. 2003, Az.: JURM [2003] 8133, Rn. 24.

wird schon eine private Minderheitsbeteiligung als k.o.-Kriterium für das Vorliegen eines In-house-Geschäftes betrachtet:

»*Sobald eine gesellschaftsrechtliche Beteiligung eines Privatunternehmens vorliegt, muss hingegen davon ausgegangen werden, dass der Auftraggeber keine Kontrolle wie über seine eigenen Dienststellen ausüben kann. Selbst eine Minderheitsbeteiligung bringt nach den Bestimmungen der Rechtsordnungen der Mitgliedstaaten Vetorechte über grundlegende Entscheidungen des Auftragnehmers mit sich (Fußnote: Im deutschen Recht sieht etwa § 50 GmbHG Minderheitsrechte bereits bei einer Beteiligung von mindestens 10% vor (...) Aber auch bei einer rein finanziellen Beteiligung des Minderheitsgesellschafters ohne Vetorechte wird der Auftraggeber als Mehrheitsgesellschafter geneigt sein, auf die Interessen des Minderheitsgesellschafters einzugehen.*«

Entsprechend hat der EuGH[312] in dem Vorabentscheidungsverfahren des OLG Naumburg entschieden. Danach ist **jede private Minderheitsbeteiligung** für ein In-house-Geschäft **schädlich**. In dem Urteil betonte er ganz grundsätzlich, dass vergabefreie Eigengeschäfte von öffentlichen Auftraggebern im Interesse der **Vermeidung von Umgehungen** des Gemeinschaftsrechts nur sehr eingeschränkt zugelassen werden dürfen (Rn. 48 ff.). Die **alleinige Anteilseignerschaft** der öffentlichen Hand macht der EuGH zur zwingenden Voraussetzung des vergabefreien Eigengeschäfts.

Eine private Minderheitsbeteiligung »*schließt es (...) aus, dass der öffentliche Auftraggeber über diese Gesellschaft eine ähnliche Kontrolle ausübt wie über seine eigenen Dienststellen*« (Rn. 49).

Die private Investition von Kapital verfolge andere Ziele als die vom Staat mit öffentlichen Geldern wahrzunehmenden öffentlichen Interessen. Des Weiteren würde die Vergabe eines öffentlichen Auftrags an ein **gemischtwirtschaftliches Unternehmen**[313] ohne Ausschreibung das **Ziel eines freien und unverfälschten Wettbewerbs** und den in der Richtlinie 92/50/EWG genannten Grundsatz der Gleichbehandlung der Interessenten **beeinträchtigen**. Dies insbesondere deshalb, weil eine solche Vorgehensweise einem am Kapital dieses Unternehmens beteiligten privaten Unternehmen einen Vorteil gegenüber seinen Konkurrenten verschaffen würde.

Dieser Rechtsstandpunkt wurde in jüngerer Zeit noch verschiedentlich bestätigt.

Es **schadet** demnach bereits eine **symbolische Aktie**, die von einem Privaten gehalten wird[314]. In dieser Entscheidung hat der EuGH grundsätzlich die Möglichkeit von geschachtelten In-house-Vergaben, also ausschreibungsfreien Vergaben der öffentlichen Hand an **Enkelunternehmen**, wobei eine Holding zwischengeschaltet ist, bejaht. Allerdings dürfte das Merkmal der Kontrolle wie über eigene Dienststellen in diesen Fällen schwierig zu erfüllen sein.

312 EuGH, Urt. v. 11. 1. 2005 (Rs. C-26/03 – »Stadt Halle«), NZBau 2005, 111 = VergabeR 2005, 43 = WuW 2005, 237. Das Urteil geht auf ein Vorabentscheidungsersuchen des OLG Naumburg zurück, Beschl. v. 8. 1. 2003, 1 Verg 7/02, VergabE C-14-7/02-1 = VergabeR 2003, 196 = EUK 2003, 7.

313 EuGH, Urt. v. 8. 4. 2008 (Rs. C-337/05 – »Agusta«), VS 2008, 28.

314 EuGH, Urt. v. 11. 5. 2006 (Rs. C-340/04), NZBau 2006, 452 = VergabeR 2006, 478 = WuW 2006, 849. Zum stillen Gesellschafter als »schädlichem« Dritten: *Dabringhausen/Meier*, NZBau 2007, 417.

Der EuGH[315] setzte seine Rechtsprechung zur In-House-Vergabe von Dienstleistungen bzw. Konzessionen[316] fort. Er hatte bisher vertreten, dass eine In-House-Vergabe nur dann gerechtfertigt ist und auch bleibt, wenn im Zeitraum nach dem Vergabevorgang keine Ereignisse eintreten, welche die Voraussetzungen für das In-house-Geschäft wieder entfallen lassen. So **darf** etwa der öffentliche Auftraggeber **nicht 2–3 Monate nach dem In-house-Geschäft den Betrieb, an den er vergab, privatisieren** (Fall RPL Lochau). In der die Stadt Bari betreffenden Entscheidung betont der EuGH ausdrücklich, dass die **Voraussetzungen des In-house-Geschäfts auch für die gesamte Vertragslaufzeit weitergelten müssen**. Vergibt etwa eine öffentliche Stelle wie die Stadt Bari eine Dienstleistungskonzession im Nahverkehr, so kann das Transportunternehmen, an das vergeben wird, über die gesamte Vertragslaufzeit nicht privatisiert werden.

Nicht restlos geklärt ist derzeit noch, wie es sich im Hinblick auf die Privilegierung des In-house-Geschäftes verhält, wenn ein zusammengesetzter öffentlicher Auftraggeber existiert, und zwar dergestalt, dass sich beispielsweise eine **Mehrheit von öffentlichen Auftraggebern** (z.B. eine Anzahl von Kommunen) zusammengeschlossen hat (z.B. Zweckverband, Versicherungsverein auf Gegenseitigkeit – kommunaler Schadenausgleich) und nun eine Vergabe an das von einer dieser Kommunen beherrschte Unternehmen stattfinden soll. Es wäre zum einen denkbar, auf die alleinige Anteilseignerschaft der gesamten öffentlichen Hand abzustellen, hier also auf die Gesamtheit des Zusammenschlusses. Dann wäre die alleinige Anteilseignerschaft der vergebenden Kommune fraglich. Zum anderen könnte auf die jeweilige Anteilseignerschaft des Zusammenschlusses abgestellt werden. Dann wäre das erste Merkmal einer 100%-igen Anteilseignerschaft der öffentlichen Hand nicht mehr gegeben.

Probleme existieren diesbezüglich nicht nur im nationalen/kommunalen, sondern auch im Bereich international tätiger, zu 100% durch z.B. den NATO-Staat Deutschland beherrschter Gesellschaften. Ist der unterstützende Auslandseinsatz, der beispielsweise unter dem Kommando und im Auftrag der französischen Regierung steht, oder der durch die Weltbank als supranationale Behörde geführt und finanziert wird, noch ein In-house-Geschäft? Es kann hier eine Argumentationsschiene darstellen, darauf abzustellen, dass, wie im Falle des dritten Merkmals »der Tätigkeiten im wesentlichen für den öffentlichen Auftraggeber« auf die Gesamtheit der öffentlichen Auftraggeber abgestellt werden kann[317].

(2b) Kontrolle wie über eigene Dienststellen

43 Auch das Merkmal der Kontrollfunktion über den Beauftragten wird in der besagten Stellungnahme des Juristischen Dienstes der **Europäischen Kommission** sehr **eng ausgelegt**. In Rn. 30 lautet es:

---

315 EuGH, Urt. v. 6. 4. 2006 (Rs. C-410/04 – »ANAV ./. Comune di Bari, AMTAB Servizio SpA«), NZBau 2006, 326 = VergabeR 2006, 488 = WuW 2006, 565.

316 Siehe EuGH, Urt. v. 13. 10. 2005 (Rs. C-458/03 – »Parking Brixen,«), NZBau 2005, 644 = VergabeR 2005, 736 = VS 2005, 74 = VS 2006, 19 = WuW 2005, 1321, sowie EuGH, Urt. v. 11. 1. 2005 (Rs. C-26/03 – »Stadt Halle und RPL Lochau«), NZBau 2005, 111 = VergabeR 2005, 44 = VS 2005, 3 = VS 2006, 18 f. = WuW 2005, 237.

317 So zu dem dritten Merkmal: EuGH, Urt. v. 11. 5. 2006 (Rs. C-340/04), NZBau 2006, 452 = VergabeR 2006, 478 = WuW 2006, 849.

»Eine Kontrolle wie über eigene Dienststellen muss daher wesentlich enger gefasst sein und kann keinesfalls lediglich einen beherrschenden Einfluss ausdrücken. Die Mehrheit des Kapitals oder der Anteile/Stimmrechte oder der zu besetzenden Mitglieder des Verwaltungs-, Leistungs- oder Aufsichtsorgans kann daher nicht ausreichend sein, um auf ein Eigengeschäft schließen zu können.«

Ob dies vom EuGH dergestalt restriktiv gesehen wird, bleibt offen. Jedenfalls wird ein **erhöhtes Maß an Einflussfaktoren** zu verlangen sein. Starke Einflussmöglichkeiten der Privatwirtschaft stehen dem entgegen[318]. Dies wird im Wesentlichen auch durch die deutsche Rechtsprechung bestätigt[319].

Das **BayObLG**[320] hat sich allerdings etwas einschränkend dafür ausgesprochen, dass das Merkmal »Kontrolle wie über eigene Dienststellen« so zu verstehen sein soll, dass damit **nicht** eine Kontrolle gemeint sein soll, welche »**identisch**« wie über eigene Dienststellen beschaffen sein soll, **sondern** »**vergleichbar**« wie über eigene Dienststellen sein kann. Die Begründung ist, dass, wenn man eine identische Kontrolle für erforderlich hielte, für eine Ausnahme nahezu kein Anwendungsbereich mehr übrig bliebe, weil der Grad der Weisungsgebundenheit integrierter Dienststellen von beherrschten Unternehmen auch bei größter Abhängigkeit des selbständigen Trägers von der öffentlichen Hand nicht erreicht werden könne. Es komme demnach auch weniger auf eine »Beherrschung« als vielmehr auf die Möglichkeit einer »**umfassenden Einflussnahme**« der Gebietskörperschaft auf das Unternehmen an[321].

Diese umfassende Einflussnahme kann im Falle von **geschachtelten In-house-Vergaben** – z.B. mit einer dazwischen geschalteten Holding – fragwürdig sein[322].

Auch bei einer **Mehrheit von Gebietskörperschaften** ist dies fraglich. Die Bedenken der erforderlichen Einflussnahme hat auch das OLG Köln[323] nicht mehr gesehen, und die Kontrolle wie über eigene Dienststellen in Bezug auf den Zusammenschluss von 80 Kommunen in NRW zu einem Versicherungsverein auf Gegenseitigkeit (VVaG) verneint. Eine Kommune, die vor Ort einen Versicherungsvertrag ausschreibungsfrei vergeben wolle, stehe nicht mehr in dem notwendigen Nähe- und unmittelbaren, alleinigen Kontrollverhältnis zu dem Versicherungsverein.

(2c) Tätigkeit im Wesentlichen für den Auftraggeber

44 Die Anforderungen des dritten Merkmals für das In-house-Geschäft sind, dass nach der bisherigen Rechtsprechung **mindestens 80% der Geschäfte** zwischen den beteiligten Rechtssubjekten abgewickelt werden müssen.

---

318 EuGH, Urt. v. 8. 4. 2008 (Rs. C-337/05 – »Agusta«), VS 2008, 28.
319 OLG Naumburg, Beschl. v. 13. 5. 2003 (1 Verg 2/03), VergabE C-14-2/03, Rn. 37, 38 = VergabeR 2003, 588 = NZBau 2004, 62 = EUK 2003, 104.
320 BayObLG, Beschl. v. 22. 1. 2002 (Verg 18/01), VergabE C-2-18/01 = VergabeR 2002, 244 = NZBau 2002, 397 = WuW 2002, 1284 = EUK 2002, 42; *Faber*, DVBl 2000, 248, 253 f.
321 *Dreher*, NZBau 2001, 360, 363.
322 EuGH, Urt. v. 11. 5. 2006 (Rs. C-340/04), NZBau 2006, 452 = VergabeR 2006, 478 = WuW 2006, 849.
323 OLG Köln, Urt. v. 15. 7. 2005 (6 U 17/05), NZBau 2006, 69 = VergabeR 2006, 105 = WuW 2005, 1085.

Das Unternehmen, an das vergeben werden soll, muss demnach zu einem großen Schwerpunkt seine Geschäfte mit der betreffenden Gebietskörperschaft tätigen, aus der es hervorgegangen ist. Anderenfalls ist zu unterstellen, dass es sich schon so weitgehend am Markt etabliert hat, dass es der Privilegierung durch das Institut des vergabefreien Eigengeschäftes (In-house-Geschäftes) nicht mehr bedarf. Dann muss es sich dem Vergabewettbewerb genau so wie alle anderen privaten Unternehmen stellen.

Diese Auslegung mit dem 80%-Satz orientiert sich an dem früheren Art. 13 I der Richtlinie 93/38/EWG (Sektorenrichtlinie) – jetzt **Art. 23 der aktuellen Sektorenrichtlinie 2004/17/EG** –, der eine Freistellung von Ausschreibungspflichten vorsieht, wenn Auftragsvergaben an **sog. verbundene Unternehmen** erfolgen sollen[324].

Der **Juristische Dienst der Europäischen Kommission** sieht die Voraussetzungen dieses dritten Merkmals in seiner o.g. Stellungnahme sogar noch enger und will die 80%-Grenze auf 100% erhöht sehen. Unter Rn. 48 f. heißt es:

> *»Man muss daher davon ausgehen, dass ein Eigengeschäft nur dann vorliegt, wenn der Auftragnehmer beinahe ausschließlich für den Auftraggeber tätig wird. Die Regel von 80% aller Dienstleistungen für den Auftraggeber, die sich an der Ausnahmebestimmung des Art. 13 Abs. 1 der Richtlinie 93/38 orientiert, ist zu großzügig, um noch von einem Eigengeschäft sprechen zu können. Entscheidend ist daher, dass der Auftragnehmer nur in Ausnahmefällen Aufträge von Dritten übernimmt.«*

Sehr problematisch an dieser restriktiven Sichtweise der Europäischen Kommission ist, dass man mit der 80%-Regel gerade **Übergangsprozesse** eröffnen möchte. Erhöht man die Voraussetzungen dahingehend, dass nur noch 100% Tätigkeit für den öffentlichen Auftraggeber in dem genannten Sinne privilegieren soll, so gestaltet man die notwendigen Übergangsprozesse für ehemalige Unternehmen der öffentlichen Hand sehr schwierig bzw. macht sie unmöglich.

Tatsächlich hat sich jedoch in Anknüpfung an die sehr enge Auslegung der Europäischen Kommission eine **bei deutschen Gerichten eine zum Teil ähnlich restriktive Rechtsprechung** gezeigt:

- Nach Auffassung des OLG Celle[325] sind bereits 92,5% Umsatz mit den Gebietskörperschaften, denen das Unternehmen gehört, nicht mehr ausreichend, um ein Inhouse-Geschäft zu begründen.
- Belastbare Hinweise auf eine grundlegende Abkehr des EuGH von der herkömmlichen 80%-Regel sind demgegenüber nicht erkennbar. Es gibt jedenfalls eine Entscheidung aus dem Jahre 2007, in der er[326] 90% Umsatz mit den Gebietskörperschaften, denen das Unternehmen gehört, für ausreichend erachtet. Dabei hat der EuGH auf die Gesamtheit der autonomen Regionen und des

324 Aufträge, die an ein verbundenes Unternehmen, ein gemeinsames Unternehmen oder an einen Auftraggeber vergeben werden, der an einem gemeinsamen Unternehmen beteiligt ist.

325 OLG Celle, Beschl. v. 14. 9. 2006 (13 Verg 2/06), NZBau 2007, 126 = VergabeR 2007, 79 = WuW 2006, 1213.

326 EuGH, Urt. v. 19. 4. 2007 (Rs. C-295/05 – »Tragsa«), NZBau 2007, 381 = VergabeR 2007, 487. Dazu auch: *Frenz*, VergabeR 2007, 438.

spanischen Staates abgestellt, denen die im Wege des In-house-Geschäfts begünstigte *Tragsa* gehört.

- Andere deutsche Spruchkörper verlangen für ein zulässiges In-house-Geschäft, dass eine Begrenzung des Fremdumsatzes objektiv nachprüfbar im Gesellschaftsvertrag festgelegt sein muss[327].

Merke: Die drei Kriterien für das Vorliegen eines In-house-Geschäftes und damit keines öffentlichen Auftrags im Sinne des § 99 GWB gelten für alle Arten von Verträgen, also Bau-, Liefer- und Dienstleistungsverträge. Dies bestätigte der EuGH ausdrücklich in der Rechtssache Roanne[328].

(2d) In-house Geschäft und erwerbswirtschaftliche Betätigung der öffentlichen Hand; Rekommunalisierung

45 Der **BGH**[329] hielt ein In-house-Geschäft in einem Fall für gegeben, in dem das Land Thüringen die Durchführung der Technischen Hilfe für die Umsetzung von arbeitsmarktpolitischen Maßnahmen im Rahmen des Europäischen Sozialfonds (ESF) künftig **nicht mehr an außenstehende Unternehmen vergeben wollte** und zu diesem Zweck per Bescheid eine von ihm abhängige und beherrschte privatrechtliche GmbH mit entsprechenden hoheitlichen Befugnissen versah zur Wahrnehmung von Verwaltungsaufgaben im eigenen Namen in den Handlungsformen des öffentlichen Rechts auf dem Gebiet der Zuwendungsverfahren. In der als öffentlich-rechtlicher Vertrag bezeichneten Vereinbarung liegt zur Überzeugung des BGH in dem konkreten Fall kein öffentlicher Auftrag und damit kein entgeltlicher Vertrag, weil es sich um einen Beleihungsakt[330] handelt, der auf § 44 III ThürLHO beruht und materiell die **Übertragung eines Teils der Staatsfunktion an ein Subjekt des Privatrechts** darstellt mit der Befugnis, selbständig und im eigenen Namen **öffentlich-rechtliche Verwaltungstätigkeit** auszuüben[331].

Diese Bewertung entspricht den Grundsätzen, die der **EuGH** in der **Rechtssache »Teckal«**[332] aufgestellt hat. In dieser Entscheidung hat der EuGH die Lieferkoordinierungs-Richtlinie 93/36/EWG für anwendbar gehalten, wenn ein öffentlicher Auftraggeber, wie etwa eine Gebietskörperschaft, beabsichtige, mit einer Einrichtung, die sich formal von ihm unterscheidet und die ihm gegenüber eigene Entscheidungsgewalt besitzt, einen **schriftlichen entgeltlichen Vertrag** über die Lieferung von Waren zu schließen. Etwas anderes könne nur gelten, wenn die Gebietskörperschaft über die fragliche Person eine Kontrolle ausübe wie über ihre eigenen Dienststellen und wenn diese Person zugleich ihre Tätigkeit im Wesentlichen für die Gebietskörperschaft oder die Körperschaften verrichte, die ihre Anteile innehaben. Dass in dem entschiedenen Fall ein öffentlicher Auftrag zu

327 VK Sachsen (1/SVK/110II-06).
328 EuGH, Urt. v. 18. 1. 2007 (Rs. C- 220/05 – »Roanne«), VergabeR 2007, 183 = NZBau 2007, 185.
329 BGH, Beschl. v. 12. 6. 2001 (X ZB 10/01), VergabE B-1/01 = WuW 2001, 905 = NZBau 2001, 517 = VergabeR 2001, 286 = EUK 2001, 151.
330 Zur Diskussion über die Vergabe von EU-Mitteln aus dem Beschäftigungsförderungs-Programm EQUAL und der Frage der Ausschreibungspflicht bei Beleihungsakten, zu denen aber Dienstleistungselemente hinzukommen, siehe F.A.Z. v. 4. 1. 2002, S. 6.
331 Siehe auch *Knack/Meyer*, VwVfG, 7. Aufl., § 1 Rn. 17.
332 EuGH, Urt. v. 18. 11. 1999 (Rs. C-107/98), Slg. 1999, I – 8121 ff. = VergabE A-1-5/99 = NZBau 2000, 90, 91 = WuW 2000, 449 = EUK 2001, 151. Dazu auch *Reidt*, ZVgR 2000, 289.

verneinen sei, werde außerdem durch das Urteil des **EuGH** in der **Rechtssache ARGE Gewässerschutz** bestätigt[333].

Das Judikat des BGH zeigt, dass auch zuvor Privaten übertragene und öffentlich ausgeschriebene Aufgaben bzw. Leistungen **»re-verstaatlicht«** werden können. Es gibt **keinen Bestandsschutz** privater Unternehmen dahingehend, dass bestimmte Leistungen auch weiterhin privatisiert bleiben müssen. Außerdem gilt eine **grundsätzliche Neutralität** im Hinblick auf die Frage, ob staatliche Aufgaben durch den Staat oder durch Private wahrgenommen werden. So kann die Wahrnehmung insbesondere von Aufgaben der Daseinsvorsorge wie etwa der Betrieb eines Schwimmbades oder einer Sportanlage immer auch staatlich erfolgen. In diesem Zusammenhang ist auf die lohnenswerte Lektüre der **Mitteilung der Europäischen Kommission zur Daseinsvorsorge**[334] zu verweisen. Die 35-seitige Mitteilung hält fest, dass nicht zuletzt auf ihre Initiative in den Amsterdamer Vertrag mit **Art. 16 EGV** eine Bestimmung aufgenommen wurde, nach der Leistungen von allgemeinem wirtschaftlichen Interesse unter Hinweis auf ihre *»Bedeutung bei der Förderung des sozialen und territorialen Zusammenhalts«* jetzt ausdrücklich zu *»den gemeinsamen Werten der Union«* zu zählen sind. Der EG-Vertrag garantiert die Erfüllung des Versorgungsauftrags durch die damit beauftragten Dienstleistungserbringer, ohne in Eigentumsfragen – d.h. in die Organisation auf staatlicher oder privatwirtschaftlicher Ebene – einzugreifen. **Private und öffentliche Unternehmen** werden **nach dem geltenden europäischen Recht gleichbehandelt**. Es existiert vom Grundsatz her **kein Zwang zur Privatisierung.**

Grenzen staatlicher Tätigkeit können sich in Deutschland durch das **Gemeindewirtschaftsrecht** ergeben, wenn z.B. eine Stadt sich anschickt, eine Restaurantkette zu betreiben. Hier wäre ein Fall der **verbotenen wirtschaftlichen Betätigung der öffentlichen Hand** (z.B. gemäß § 107 GemO NRW) gegeben[335].

Die Grenzen der wirtschaftlichen Betätigung der öffentlichen Hand hielt das **OLG Düsseldorf** im sog. Awista-Fall[336][337] für nicht überschritten. Eine Bieterin, die sich als privatisierter, stadteigener Abfallentsorgungsbetrieb um die Erlangung des ausgeschriebenen Entsorgungsvertrages einer anderen Stadt bewirbt, ist nach Auffassung des Gerichts zumindest dann nicht wegen § 107 GemO NRW, § 2 Nr. 1 II VOL/A auszuschließen, wenn die Gesellschaft noch immer zum überwiegenden Teile (> 50%) auf dem ihr angestammten Gebiet, also z.B. dem der Stadt X tätig wird. Anders kann dies nach Auffassung des Gerichts dann sein, wenn diese Gesellschaft beginnt, eine überwiegende wirtschaftliche Betätigung in anderen Kreisen und Städten quer durch die Bundesrepublik zu versehen. Die VK Düssel-

333 EuGH, Urt. v. 7. 12. 2000 (Rs. C-94/99 – »ARGE Gewässerschutz«), VergabE A-1-6/00 = VergabeR 2001, 28 = NZBau 2001, 99 = WuW 2001, 108 = EUK 2001, 4.

334 »Mitteilung über Leistungen der Daseinsvorsorge« v. 20. 9. 2000, s. http://europa.eu.int/en/record/services/de/index.html. Zusammengefaßt in EUK 2000, 150.

335 Zum Bedeutungsgehalt des § 1 UWG im Kontext wirtschaftlicher Betätigung der öffentlichen Hand und in bezug auf Art. 87 BayGemO: BGH, Urt. v. 25. 4. 2002 (I ZR 250/00), VergabeR 2002, 467. Siehe auch die Anmerkung von *Glahs/Külpmann*, VergabeR 2002, 555.

336 OLG Düsseldorf, Beschl. v. 12. 1. 2000 (Verg 3/99), VergabE C-10-3/99 = NZBau 2000, 155 = EUK 2000, 42. Zur In-house-Problematik auch *Gnittke/Siederer*, ZVgR 2000, 236.

337 Zur wirtschaftlichen Betätigung der Gemeinden nach niedersächsischem Recht: OLG Celle, Beschl. v. 12. 2. 2001 (13 Verg 2/01), VergabE C-9-2/01v = VergabeR 2001, 207 = NZBau 2001, 648 = EUK 2001, 72.

dorf hatte in erster Instanz[338] eine solche Tätigkeit generell abgelehnt, da sie hierin eine verbotene wirtschaftliche Betätigung gesehen hatte und den Ausschluss vom Vergabeverfahren der anderen Stadt für rechtmäßig erachtete.

Grenzen für die erwerbswirtschaftliche Betätigung der öffentlichen Hand sind generell dann gezogen, wenn die erwerbswirtschaftliche Betätigung zum Schutz der privaten Mitbewerber **gesetzlich verboten** ist[339] oder wenn durch sie die **Erfüllung der eigentlichen Aufgaben in Gefahr** gerät[340].

Eine weitere, mit letztgenanntem Punkt zusammenhängende Eingrenzung für die erwerbswirtschaftliche Betätigung der öffentlichen Hand ergibt sich daraus, dass durch die Betätigung über die angestammten Gebietsgrenzen hinaus der **fördernde Zweck** für die eigentliche Tätigkeit nicht mehr gegeben ist[341]. Es kann mit anderen Worten eine wirtschaftliche Betätigung unter dem Maßstab des § 107 GemO NRW dann gerechtfertigt sein, wenn sich z.B. die Abfallentsorgung auf dem angestammten Gebiet allein wirtschaftlich und ökologisch nicht mehr sinnvoll durchführen lässt oder im Besonderen auch brachliegende Ressourcen genutzt werden können.

Merke: Die Vergabenachprüfungsinstanzen sind **an rechtskräftige Entscheidungen der Verwaltungsgerichte** gebunden, soweit dort die Frage der Rechtmäßigkeit der kommunalwirtschaftlichen Betätigung außerhalb des eigenen Gemeindegebiets (§ 107 GemO NRW) judiziert wurde. Das OLG Düsseldorf[342] hebt insoweit hervor, dass der **Erlass zweier einstweiliger Anordnungen nach § 123 VwGO** mit entsprechenden Beschlüssen des Verwaltungsgerichts Münster vom 12. 8. 2004 rechtskräftig, und zwar in einem **verneinenden Sinn**, beschieden worden ist, nachdem das Oberverwaltungsgericht für das Land Nordrhein-Westfalen die hiergegen gerichteten Beschwerden durch Beschlüsse vom 12. 10. 2004 zurückgewiesen hatte[343]. Dem Senat, der **an die Rechtskraft der Entscheidungen der Verwaltungsgerichte gebunden** ist, muss es allein aus diesem Grund verwehrt sein, diese Rechtsfrage im GWB-Nachprüfungsverfahren erneut aufzugreifen. Gemäß § 121 VwGO binden rechtskräftige Urteile, soweit über den Streitgegenstand entschieden worden ist, die Beteiligten und ihre Rechtsnachfolger. Der Vergabesenat betont, dass auch Beschlüsse, die in einem verwaltungsgerichtlichen Verfahren nach § 123 VwGO ergehen, einer Rechtskraft fähig sind[344].

338 VK Düsseldorf, Beschl. v. 21. 9. 1999 (VK 12/99-L), VergabE E-10a-12/99 = EUK 1999, 153. Zur überörtlichen Betätigung auch *Leimkühler*, VergabeR 2001, 353.

339 BGH, WRP 1995, 475, 479 – »Sterbegeldversicherung«.

340 OLG Stuttgart, Beschl. v. 12. 5. 2000 (2 Verg 1/00), VergabE C-1-1/00 = NZBau 2000, 542 = EUK 2000, 105.

341 OLG Düsseldorf, Beschl. v. 17. 6. 2002 (Verg 18/02), VergabE C-10-18/02 = VergabeR 2002, 471 = NZBau 2002, 627 = ZfBR 2002, 820 = WuW 2002, 899 = EUK 2002, 125. Vgl. dazu auch *Glahs/Külpmann*, VergabeR 2002, 555.

342 OLG Düsseldorf, Beschl. v. 22. 12. 2004 (VII-Verg 81/04), VergabE C-10-81/04 = VergabeR 2005, 222 = VS 2005, 4.

343 OVG Münster, Beschl. v. 12. 10. 2004 (15 B 1873/04 und 15 B 1889/04), NZBau 2005, 167 = WuW 2005, 244.

344 Vgl. *Kopp/Schenke*, VwGO, 13. Aufl., § 121 Rn. 4 m.w.N.

Rekommunalisierung:

Das **OLG Düsseldorf**[345] hat entschieden, dass die **Rekommunalisierung** der städtischen Müllabfuhr **nicht den Bestimmungen des Kartellvergaberechts unterliegt** und daher auch vor den Nachprüfungsinstanzen nicht gemäß §§ 102, 104, 107 ff. GWB angegriffen werden kann. Die ausschreibende Stelle hatte vor, Müllabfuhrleistungen durch ein Unternehmen besorgen zu lassen, das sich in ihrem **alleinigen Anteilsbesitz** befindet und auch einzig im Stadtgebiet von Fröndenberg tätig ist. Es liegt damit **kein öffentlicher Auftrag i.S.d. § 99 I GWB** vor, weil die nach der inzwischen gefestigten Rechtsprechung zum **sog. Inhouse-Geschäft** verlangten Merkmale erfüllt sind, nämlich 1. alleiniger Anteilsbesitz des öffentlichen Auftraggebers inklusive einer Kontrolle wie über eigene Dienststellen sowie 2. Tätigkeit des beauftragten Unternehmens im wesentlichen (> 80%) für den öffentlichen Auftraggeber[346].

Das **OLG Frankfurt**[347] hat diese Rechtsprechung des OLG Düsseldorf konkretisiert. Das OLG Frankfurt hat die Vergaberechtswidrigkeit einer kommunalen Kooperationsvereinbarung, welche die Abfallsammlung betraf, die bisher durch ein Privatunternehmen erledigt wurde, herausgestellt. Zwar sei **nicht jede Kooperationsvereinbarung ausschreibungspflichtig** – bewusst offengelassen wurde dies für eine **echte Zuständigkeitsübertragung** nach dem hessischen Gesetz über kommunale Gemeinschaftsarbeit –, jedoch sei eine solche Kooperationsvereinbarung rechtswidrig, mit der sich eine Gemeinde schlicht verpflichtet, Aufgaben der Nachbargemeinde zu übernehmen. Angesichts der Tatsache, dass die Gemeinde fortan nicht selbst die Abfallsammlung betreibt, handele es sich **auch nicht um einen Fall der Rekommunalisierung** wie in dem vom OLG Düsseldorf entschiedenen Fall. Die Vereinbarung ist vom Senat gemäß § 13 S. 6 VgV für nichtig erklärt worden. Diese Vorschrift sei auch auf Fälle der de-facto-Vergaben anwendbar.

(3) Interkommunale Kooperation

46 Die Zusammenarbeit von Gebietskörperschaften – z.B. von Kommunen – im Wege eines Zusammenschlusses durch öffentlich-rechtliche Kooperationsvereinbarungen kann einen öffentlichen Auftrag i.S.d. § 99 I GWB darstellen. Es kommt dabei sehr auf die Art der Gestaltung dieser Zusammenarbeit an[348].

(3a) Aufgabenwahrnehmung

47 Der Vergabesenat beim **OLG Düsseldorf**[349] hat in einer Entscheidung aus Mai 2004 einen sehr engen Rahmen gesetzt, was einen solchen (aufgabenbezogenen) Zusammenschluss von Gebietskörperschaften anbelangt.

345 OLG Düsseldorf, Beschl. v. 15. 10. 2003 (VII Verg 50/03), VergabE C-10-50/03 = BauR 2003, 563 = VergabeR 2004, 63 = NZBau 2004, 58 = EUK 2003, 174. Zustimmend zu dieser Rechtsprechung *Michaels*, NZBau 2004, 27, 29.

346 Die Vergabekammer Arnsberg (Beschl. v. 5. 8. 2003, VK 2-13/2003, VergabE E-2a-13/03) hatte demgegenüber eine Ausschreibungspflichtigkeit des Vertrages angenommen.

347 OLG Frankfurt, Beschl. v. 7. 9. 2004 (11 Verg 11 u. 12/04), VergabeR 2005, 80 = EUK 2004, 154.

348 *Weber*, VergabeR 2007, 721.

349 OLG Düsseldorf, Beschl. v. 5. 5. 2004 (VII Verg 78/03), VergabE C-10-78/03 = VergabeR 2004, 619 = EUK 2004, 88.

Der Senat hält eine **öffentlich-rechtliche Vereinbarung** (gemäß §§ 1, 23 ff des nordrhein-westfälischen Gesetzes über kommunale Gemeinschaftsarbeit vom 1. 10. 1979) zwischen zwei Kommunen für rechtswidrig, mit der sich eine Gemeinde an die Abfallentsorgung der Nachbargemeinde angeschlossen hatte. Für das Gericht ist es nicht maßgeblich, dass für die Entsorgungsleistungen (Sammlung und Transport) eine bloße »Kostenerstattung« und keine in der Privatwirtschaft übliche »Vergütung« o.ä., vereinbart wurde.

Die Beteiligten drangen mit ihrer Argumentation nicht durch, es handele sich um keinen außen- und marktwirksamen Einkauf von Leistungen, und damit um keinen öffentlichen Auftrag im Sinne des § 99 I GWB. Das OLG Düsseldorf führt an, dass die – sich der Abfallentsorgung der Nachbargemeinde anschließende – Gemeinde letzthin eine Leistung vergebe, die (zumindest auch) von Privaten erbracht werden könne, und die daher als öffentlicher Auftrag im Wettbewerb eingekauft werden müsse. Das habe eine **reguläre europaweite Ausschreibungspflicht** gemäß den §§ 97 ff. GWB, Vergabeverordnung sowie der Abschnitte 1 und 2 der VOL/A zur Folge. Damit vertritt das OLG Düsseldorf eine äußerst wettbewerbsfreundliche Sichtweise zugunsten von Unternehmen der Privatwirtschaft. Interkommunale Kooperationen dürfen danach in einem weit verstandenen Sinne nicht zu Lasten der privatwirtschaftlichen Konkurrenten gehen.

Der Senat bekräftigt bei dieser Gelegenheit seine Rechtsprechung zu einem gleichfalls sehr **weit zu verstehenden Begriff der Entgeltlichkeit** im Sinne des § 99 I GWB. Erfasst ist danach jede Art von Vergütung, die einen Geld- oder Sachwert haben kann[350]. ist eine finanzielle Gegenleistung in § 6 des Vertragsentwurfes geregelt. Die im Streitfall verwandte Bezeichnung als »Kostenerstattung« schade daher dieser Einordnung nicht[351].

(3b) Aufgabenübertragung

48 Von der vorgenannten Art von ausschreibungspflichtigen Aufgabenwahrnehmungen durch andere Gebietskörperschaften ist zu unterscheiden die originäre organisationsrechtliche Übertragung der Aufgabe.

Der Vergabesenat des **OLG Düsseldorf** hatte einen entsprechenden Fall im Jahre 2006 zu entscheiden[352]. Die Antragsgegnerinnen, denen die Abfallentsorgung in ihren Gemeindegebieten oblag, bildeten nach Maßgabe des »Gesetzes über kommunale Gemeinschaftsarbeit« (GkG NRW) einen **Zweckverband.** Dieser sollte Teile der seinen Mitgliedern obliegenden Entsorgungsaufgaben in eigener Verantwortung übernehmen. Noch vor der Gründung des Verbandes erfuhr die Antragstellerin von diesem Vorhaben. Sie vertritt den Standpunkt, in der **Übertragung der Entsor-**

350 BayObLG, Beschl. v. 11. 12. 2001 (Verg 15/01), VergabE C-2-15/01 = VergabeR 2002, 55 = NZBau 2002, 233 = WuW 2002, 656 = EUK 2002, 45; OLG Düsseldorf, Beschl. v. 12. 1. 2004 (VII-Verg 71/03), VergabE C-10-71/03 = EUK 2004, 61; OLG Düsseldorf, WuW/E Verg 350 f m.w.N; VK Baden-Württemberg, Beschl. v. 20. 6. 2002 (1 VK 27/02), VergabE E-1-27/02 = ZfBR 2003, 81 = EUK 2002, 181 = IBR 2002, 619; *Kullack* in: *Heierman/Riedl/Rusam*, VOB-Kommentar, 10. Aufl. 2003, Rn. 6 zu § 99.

351 Es ist geplant, im zu ergänzenden § 99 GWB 2008 das vergabefreie Eigengeschäft zu regeln.

352 OLG Düsseldorf, Beschl. v. 21. 6. 2006 (VII-Verg 17/06), NZBau 2006, 662 = VergabeR 2006, 777.

gungsaufgaben auf den Zweckverband liege ein öffentlicher Auftrag i.S.d. § 99 GWB, der dem Vergaberechtsregime unterfalle und daher auszuschreiben sei.

Der Senat teilt die Auffassung der Antragstellerin nicht. Die **Verlagerung der Entsorgungsaufgaben auf den Zweckverband** stelle **keinen öffentlichen Auftrag** – also keinen entgeltlichen Vertrag zwischen einem öffentlichen Auftraggeber und einem Unternehmer – dar. Zwar habe der EuGH entschieden, dass zur Annahme eines solchen Auftrages grundsätzlich ein Vertragsschluss zwischen einer Gebietskörperschaft und einer rechtlich von dieser verschiedenen Person ausreiche, jedoch sei daraus nicht die Konsequenz zu ziehen, dass auch die Übertragung von Aufgaben auf einen Zweckverband grundsätzlich als öffentlicher Auftrag zu qualifizieren sei. Die **Gründung von Zweckverbänden** und die Übertragung von Aufgaben sei eine **gesetzlich vorgesehene Form interkommunaler Zusammenarbeit.** Diese gründe sich auf der Hoheit des Staates über seine Organisation. Über die verfassungsrechtlich verankerte Selbstverwaltungsgarantie aus Art. 28 II GG stehe diese Organisationshoheit auch den Gemeinden zu.

Durch die Gründung von Zweckverbänden und die Übertragung von Aufgaben an diese machten die Kommunen von ihrer Organisationshoheit Gebrauch. Aus dem Rechtssatz, dass der öffentliche Auftraggeber frei in der Entscheidung sei, welcher Mittel er sich zur Beschaffung von ihm benötigten Dienstleitungen bediene, folge insbesondere das **Recht darüber zu entscheiden, ob er Dienstleistungen von privaten erbringen lasse oder nicht.** Entschließe er sich, diese durch Eigenleistungen zu erbringen, könne dies dem Vergaberecht schon deshalb nicht unterfallen, weil ansonsten eine »Pflicht zur Privatisierung« entstehe.

Zudem sei zu beachten, dass die **Zweckverbandsgründung** selbst als Form der Aufgabenbewältigung ohnehin **nicht dem Vergaberecht untergeordnet** werden könnte. Auch wenn ein Zweckverband funktional als Unternehmen anzusehen sei, werde der Vertrag über die Gründung nicht, wie von § 99 GWB vorausgesetzt, zwischen öffentlichem Auftraggeber und einem Unternehmen geschlossen, sondern zwischen mehreren öffentlichen Auftraggebern, gerade ohne Beteiligung des noch zu gründenden Zweckverbandes. Insoweit fehle es bereits an einer Erfüllung des Tatbestandes des § 99 GWB.

Auch die Übertragung der Entsorgungsaufgaben an den Zweckverband stelle **keinen öffentlichen Auftrag** dar. Nach gefestigter Rechtsprechung liege dann ein vergabefreies Eigengeschäft – oder In-house-Geschäft – vor, wenn der öffentliche Auftraggeber über die beauftragte Person eine Kontrolle wie über ihre eigene Dienststelle ausübe und diese zugleich im Wesentlichen für die sie kontrollierenden Auftraggeber tätig sei. Dies sei unzweifelhaft gegeben, indem die Antragsgegner alleinige Träger des Zweckverbandes seien und keine Tätigkeit für andere als die Mitglieder selbst ersichtlich sei. Somit, so der Senat, liege im vorliegenden Fall kein öffentlicher Auftrag vor.

Aus der Entscheidung geht deutlich hervor, dass
- zwischen der **Zweckverbandsgründung** als organisatorischem Akt
- und der **Aufgabenübertragung**

unterschieden werden muss. Ersteres stellt, wie der Senat richtigerweise feststellt, eine Ausübung der Selbstverwaltungshoheit dar. Bei letzterem hingegen muss im konkreten Fall festgestellt werden, ob und inwieweit die Voraussetzungen eines öffentlichen Auftrages vorliegen. Abzustellen ist darauf, ob tatsächlich kommunale Aufgaben übertragen werden oder ob die Beschaffung von, üblicherweise im Wirtschaftsverkehr gehandelten, Leistungen im Vordergrund steht[353].

(4) Typen öffentlicher Aufträge

49 Eine für die Praxis wichtige Unterscheidung ist die **Typisierung öffentlicher Aufträge** nach ihrem Vertragsinhalt (§ 99 GWB), weil sich danach die Anwendung der Verdingungsordnungen VOB/A, VOL/A und VOF richtet.

Systematisch schließen sich in den Absätzen 2 und 3 die schon bisher in den Verdingungsordnungen zu findenden **Definitionen der Liefer- und Bauaufträge** an.

So können **Lieferaufträge** gemäß § 99 II GWB jede Form des Kaufs, Ratenkaufs oder Leasing, Miete, Pacht mit oder ohne Kaufoption beinhalten. Ebenso schadet es nach § 99 II 2 GWB nicht, wenn die Beschaffung von Waren **Nebenleistungen** wie z.B. die einfache Montage der gelieferten Gegenstände beinhaltet[354]. Im Falle aufwendiger Montagearbeiten und insbesondere bei der Erstellung von Neubauten ist hier allerdings Vorsicht geboten, weil das Übergewicht schnell auf den Bauarbeiten liegen kann, insbesondere wenn es um die Installation von technischen Systemen geht. Zu beachten ist vor allem, dass der Begriff der öffentlichen Bauleistungen sehr weit zu verstehen ist und über das zivilrechtliche Verständnis dessen, was nach BGB als Bauleistung anzusehen ist, hinausreicht[355].

Dementsprechend grenzt auch die Definition in **§ 1 VOL/A** zunächst negativ ab, indem sie die VOL/A nur dann für anwendbar erklärt, wenn nicht schon Bauleistungen im Sinne des **§ 1 VOB/A** vorliegen. Somit wäre es eigentlich auch die richtige Reihenfolge gewesen, wenn zuerst die öffentlichen Bauaufträge in § 99 II GWB und dann die Lieferaufträge in § 99 III GWB geregelt worden wären, und nicht umgekehrt, wie hier geschehen, die Lieferleistungen als erste unter § 99 II GWB und die Bauleistungen dann unter § 99 III GWB.

Inhaltlich wird der sehr weite **Anwendungsbereich der VOB/A** durch die Rechtsfindung der Nachprüfungsorgane bestätigt[356]. Hinzu kommt, dass auch historisch auf der Ebene der EG-Richtlinien die Baukoordinierungsrichtlinie 71/305/EWG[357] die erste aller materiellen Vergaberichtlinien gewesen ist.

353 Siehe hierzu *Schröder*, NVwZ 2005, 25 ff., m.w.N.

354 Siehe auch Art. 2 lit. c. VKRL 2004/18/EG:« *›Öffentliche Lieferaufträge‹ sind andere öffentliche Aufträge als die unter Buchstabe b genannten; sie betreffen den Kauf, das Leasing, die Miete, die Pacht oder den Ratenkauf, mit oder ohne Kaufoption, von Waren. Ein öffentlicher Auftrag über die Lieferung von Waren, der das Verlegen und Anbringen lediglich als Nebenarbeiten umfasst, gilt als öffentlicher Lieferauftrag.*«

355 Eingehend dazu *Noch*, BauR 1998, 941 ff.

356 Siehe hierzu ausführlich Abschn. B., Kap. I, Ziff. 3.

357 Baukoordinierungsrichtlinie 71/305/EWG, ABl. der EG Nr. L 185/5 v. 16. 8. 1971. Die erste Lieferkoordinierungsrichtlinie folgte 1977: RL 77/62/EWG, ABl. der EG Nr. L 13/1 v. 15. 1. 1977.

Die Definition der öffentlichen **Bauaufträge** in § 99 III GWB lehnt sich sehr stark an den Wortlaut in Art. 1 II lit. b der Vergabekoordinierungsrichtlinie 2004/18/EG (VKRL) an[358]. Erfasst sind danach die

- Ausführung oder die gleichzeitige Planung und Ausführung eines Bauvorhabens und
- die Erstellung eines Bauwerks, das Ergebnis von Tief- oder Hochbauarbeiten ist und eine wirtschaftliche oder technische Funktion erfüllen soll und
- die Erbringung einer Bauleistung durch Dritte gemäß den vom Auftraggeber genannten Erfordernissen.

Diese Übernahme der in der VKRL aufgeführten Alternativen ist angesichts der zunehmenden Vielfalt von Vertragsgestaltungen bei öffentlichen Bauaufträgen sehr zu begrüßen. Zur **Auslegung und Klassifizierung der Bautätigkeiten** verweist auch die neue Richtlinie 2004/18/EG auf den **Anhang I** mit dem »Verzeichnis der Tätigkeiten nach Art. 1 II lit. b«. Dort sind auch die dazugehörigen CPV-Referenznummern aufgeführt. Bei dem **CPV** (Common Procurement Vocabulary = Gemeinschaftsrechtliches Beschaffungsvokabular) handelt es sich um die Klassifikation aller Liefer-, Bau- und Dienstleistungen, die in den Ausschreibungsbekanntmachungen anzugeben sind.

Definition und Anwendungsbereich von **Baukonzessionsverträgen**, die sich in den Artikeln 1 III und 56 ff. VKRL 2004/18/EG finden, sind in den §§ 32, 32a VOB/A geregelt. Ergänzend ist zum einen auf das Richterrecht zurückzugreifen; ausführliche Darlegungen zum **Anwendungsbereich** der Baukonzession finden sich bereits im Beschluss des **OLG Brandenburg** zum Flughafen Schönefeld[359]. Zum anderen kann auf die Mitteilung der Europäischen Kommission zu Konzessionen rekurriert werden[360]. Auszugehen ist von Art. 1 III der Vergabekoordinierungsrichtlinie (VKRL 2004/18/EG): Dort heißt es:

> *»›Öffentliche Baukonzessionen‹ sind Verträge, die von öffentlichen Bauaufträgen nur insoweit abweichen, als die Gegenleistung für die Bauleistungen ausschließlich in dem Recht zur Nutzung des Bauwerks oder in diesem Recht zuzüglich der Zahlung eines Preises besteht.«*

Aus dieser Definition wird bereits deutlich, dass im Sinne von **Mischformen** zu unterscheiden ist zwischen

- reinen Baukonzessionen, für welche die öffentliche Hand keinerlei Geld gibt,
- und solchen Baukonzessionen bzw. Bauleistungen, bei der sie neben der Einräumung des Nutzungsrechts noch Geldbeträge bereitstellt.

358 Siehe Art. 2 lit. b VKRL 2004/18/EG: *»›Öffentliche Bauaufträge‹ sind öffentliche Aufträge über entweder die Ausführung oder gleichzeitig die Planung und die Ausführung von Bauvorhaben im Zusammenhang mit einer der in Anhang I genannten Tätigkeiten oder eines Bauwerks oder die Erbringung einer Bauleistung durch Dritte, gleichgültig mit welchen Mitteln, gemäß den vom öffentlichen Auftraggeber genannten Erfordernissen. Ein ›Bauwerk‹ ist das Ergebnis einer Gesamtheit von Tief- oder Hochbauarbeiten, das seinem Wesen nach eine wirtschaftliche oder technische Funktion erfüllen soll.«*

359 OLG Brandenburg, Beschl. v. 3. 8. 1999 (Verg 1/99), VergabE C-4-1/99 = BauR 1999, 1175 = NVwZ 1999, 1142 = ZVgR 1999, 207.

360 Abgedruckt im ABl. C 121 v. 29. 4. 2000, S. 2 ff., zusammengefaßt in EUK 2000, 73.

Die letztgenannte Variante ist allerdings dergestalt eingeschränkt, dass die **Hauptmerkmale einer Baukonzession**, welche die Europäische Kommission bereits hervorgehoben hat, erhalten bleiben müssen. Diese sind:
- Einräumung eines ausschließlichen Nutzungsrechts und
- Übernahme eines wirtschaftlichen Risikos.

Damit dürfen in der praktischen Schlussfolgerung die Zuzahlungen der öffentlichen Hand nicht dazu führen, dass sich das wirtschaftliche Risiko minimiert[361]. Zur im Sinne einer für die Baukonzession **nicht erlaubten Risikominimierung** können im Übrigen neben Zuzahlungen in Geld auch andere, geldwerte Zugeständnisse des öffentlichen Auftraggebers gehören. Dies sind z.B. Bürgschaften[362] oder Mindestnutzerzahl-Garantien mit Einspringen der öffentlichen Hand in Form von weiteren Zahlungen zum Ausgleich der Mindereinnahmen.

Die Abgrenzung erfolgt anhand des **Leitbildes**, wonach bei einem öffentlichen Bauauftrag der Auftraggeber die Kosten des Werks vollständig bezahlt, wohingegen bei einer Baukonzession das Entgelt für die Erstellung des Bauwerkes in der Gewährung des Nutzungsrechts besteht. Dieses Leitbild darf nur in verhältnismäßig geringem Umfang relativiert werden. In keinem Falle darf das zweite (konstituierende) Merkmal einer Konzession verlassen werden, wonach ein **wirtschaftliches Rest-Risiko** noch verbleiben muss[363].

Die Transparenz gebietet eine **Bekanntmachung** der beabsichtigten Baukonzessionsvergabe entsprechend dem Bekanntmachungsmuster Anhang X aufgrund der VO 1564/2005 (vgl. § 32a Nr. 1). Die Vergabe von Bauaufträgen durch den Baukonzessionär, also den Konzessionsnehmer, richtet sich nach dem Bekanntmachungsmuster Anhang XI aufgrund der VO 1564/2005 (vgl. § 32a Nr. 2).

Der Konzessionsgeber (also die öffentliche Hand) kann das geeignetste Vergabeverfahren wählen, ist aber an die **Grundsätze des EG-Vertrages und die allgemeinen Prinzipien des öffentlichen Auftragswesens gebunden** (z.B. nichtdiskriminierende Gestaltung der Aufgabenbeschreibung), was sich aus der in § 32 Nr. 2 enthaltenen Verpflichtung zur Anwendung der §§ 1 bis 31 VOB/A ergibt. Vor allem muss der Konzessionsgeber den besten Konzessionär anhand objektiver Kriterien ermitteln und darf nicht von den zuvor bekanntgegebenen Kriterien abweichen.

361 VK Sachsen, Beschl. v. 11. 8. 2006 (1/SVK/073/06); VK Lüneburg, Beschl. v. 14. 6. 2005 (VgK-22/2005 – Betrieb einer Cafeteria), VS 2005, 61.

362 Vgl. VK Berlin, Beschl. v. 31. 5. 2000 (VK B 2-15/00 – »Berliner Olympiastadion«), VergabE E-3-15/00 = EUK 2000, 104.

363 EuGH, Urt. v. 18. 7. 2007 (Rs. C-382/05 – »Kommission ./. Italien«), VergabeR 2007, 604.

Die **Dienstleistungskonzession**[364] ist vom Grundsatz her an die gleichen Tatbestandsmerkmale geknüpft wie die Baukonzession[365]. Sie unterliegt jedoch **nicht dem Vergaberecht**[366].

Das Vorliegen einer Dienstleistungskonzession[367] wurde beispielsweise
- für die Bereitstellung öffentlicher Verkehrsdienste[368],
- die exklusive Bewirtschaftung öffentlichen Parkraums[369],
- Seeverkehrsdienstleistungen[370],
- den Betrieb einer Feuerbestattungsanlage[371],
- für die Versorgung eines Flughafens mit Flugbetriebsstoffen[372],
- für die Versorgung einer Landesgartenschau mit Getränken[373],
- für die Versorgung einer Stadt mit höherwertigen Datendiensten[374],
- für einen Gestattungsvertrag betreffend U-Bahnwerbung[375],
- die Wäschevollversorgung auf Mietwäschebasis[376],

364 Instruktiv: EuGH, Urt. v. 13. 10. 2005 (Rs. 458/03 – »Parking Brixen GmbH«), NZBau 2005, 644 = VergabeR 2005, 736 = WuW 2005, 1321; EuGH, Urt. v. 21. 7. 2005 (Rs. C-231/03 – »Coname«), NZBau 2005, 592 = VergabeR 2005, 609 = WuW 2005, 969.

365 Unzutreffend VG Neustadt/W., Urt. v. 6. 9. 2001 (7 L 1422/01.NW), VergabeR 2002, 51, das die Erfüllung eines zusätzlichen Merkmals einer im Allgemeininteresse liegenden Aufgabe fordert. Mit Kritik daran zu Recht auch *Gröning*, VergabeR 2002, 24.

366 Art. 1 IV VKRL 2004/18/EG: »*›Dienstleistungskonzessionen‹ sind Verträge, die von öffentlichen Dienstleistungsaufträgen nur insoweit abweichen, als die Gegenleistung für die Erbringung der Dienstleistungen ausschließlich in dem Recht zur Nutzung der Dienstleistung oder in diesem Recht zuzüglich der Zahlung eines Preises besteht.*« Art. 17: »*Unbeschadet der Bestimmungen des Artikels 3 gilt diese Richtlinie nicht für Dienstleistungskonzessionen gemäß Artikel 1 Absatz 4.*«

367 EuGH, Urt. v. 6. 4. 2006 (Rs. C-410/04 – »ANAV/Comune di Bari, AMTAB Servizio SpA«), NZBau 2006, 326 = VergabeR 2006, 488 = WuW 2006, 565. Eingehend zum Begriff der Dienstleistungskonzession: *Jennert*, NZBau 2005, 131; *Burgi*, NZBau 2005, 610; *Gröning*, VergabeR 2002, 24; *Ullrich*, ZVgR 2000, 85. Vgl. die Vorlage des OLG Thüringen (Beschl. v. 8. 5. 2008, 9 Verg 2/08) an den EuGH zur Frage des für eine DL-Konzession ausreichenden wirtschaftlichen Risikos bei bestehendem Anschluss- und Benutzungszwang.

368 EuGH, Urt. v. 6. 4. 2006 (Rs. C-410/04 – »ANAV/Comune di Bari, AMTAB Servizio SpA«), NZBau 2006, 326 = VergabeR 2006, 488 = WuW 2006, 565.

369 EuGH, Urt. v. 13. 10. 2005 (Rs. C-458/03 – »Parking Brixen«), Slg. 2005, I-8585 = NZBau 2005, 644 = VergabeR 2005, 736 = VS 2005, 74 = WuW 2005, 1321; OVG Münster, Beschl. v. 4. 5. 2006 (15 E 453/06), NZBau 2006, 533 = VS 2006, 63 [LS] = WuW 2006, 1091.

370 EuGH, Urt. v. 9. 3. 2006 (Rs. C-323/03), NZBau 2006, 386 = VergabeR 2006, 493 = VS 2006, 72 [LS].

371 OLG Düsseldorf, Beschl. v. 10. 5. 2006 (VII-Verg 12/06).

372 VÜA Bayern, Beschl. v. 28. 8. 1998 (VÜA 16/97), VergabE V-2-16/97 = WuW/E Verg, 178 = EUK 1999, 14.

373 VÜA Bayern, Beschl. v. 22. 6. 1999 (VÜA 31/98), VergabE V-2-31/98 = EUK 1999, 122.

374 OLG Brandenburg, Beschl. v. 3. 8. 2001 (Verg 3/01), VergabE C-4-3/01 = NZBau 2003, 296 = EUK 2001, 181.

375 BayObLG, Beschl. v. 11. 12. 2001 (Verg 15/01), VergabE C-2-15/01 = VergabeR 2002, 55 = NZBau 2002, 233 = WuW 2002, 656 = EUK 2002, 45 = Behörden Spiegel 3/2002, S. 19.

376 VK Brandenburg, Beschl. v. 26. 1. 2004 (VK 1/04), VergabE E-4-1/04 = EUK 2004, 155 = Behörden Spiegel 10/2004, S. 23: »*Bei der Vergabe der Komplett-Wäscheversorgung handelt es sich um eine Dienstleistungskonzession, nicht um einen Dienstleistungsauftrag, wenn der Schwerpunkt der Leistungen in der Reinigung der Mietwäsche, nicht in deren Anlieferung liegt.*« (LS der Kammer)

- für Betreuungsleistungen nach § 31 KJHG (sozialpädagogische Familienhilfe)[377],
- sowie für die Vergabe einer Spielbank-Lizenz[378]

bejaht. Gleichfalls unterfällt die öffentlich-rechtliche Übertragung der Durchführung des Wochenmarktes auf einen privaten Veranstalter (gem. §§ 67, 69 GewO) unter gleichzeitigem Abschluss eines privatrechtlichen Vertrages über die Nutzung des Marktplatzes als Veranstaltungsort bei Übernahme des wirtschaftlichen Risikos dem Begriff der Dienstleistungskonzession[379].

Das **OLG Düsseldorf**[380] hatte dem EuGH gemäß Art. 234 EGV die Frage vorgelegt, ob ein bestimmter Typus von Verlagsvertrag, mit dem der Auftragnehmer ein ausschließliches Recht erhält, eine von ihm erarbeitete Bibliographie (Deutsche Nationalbibliographie) zu verlegen und zu vertreiben, dem Begriff des öffentlichen Auftrags entspricht (Dienstleistungsrichtlinie 92/50/EWG (Art. 1, 8) und darüber hinaus geeignet ist, die Merkmale einer Dienstleistungskonzession zu erfüllen. Der EuGH[381] verwies in seinem Urteil in großen Teilen auf die Entscheidung in Sachen Teleaustria[382], in der er betreffend die Verlegung von Telefonadressbüchern festgestellt hatte, dass die **Sektorenrichtlinie** 93/38/EWG **keine Regelungen** zu formalen Vergabeverfahren im Bereich der Dienstleistungskonzessionen enthält, und diese Art von Aufträgen bei den **Beratungen zur Dienstleistungsrichtlinie** 92/50/EWG vielmehr **ausdrücklich** vom Anwendungsbereich des Vergaberechts **ausgenommen** wurden.

Es existieren **Mischformen** zwischen Bau- und Dienstleistungskonzessionen[383] wie z.B. Bau und Betrieb einer Hotelanlage mit Casino oder Bau eines Flughafens mit Betrieb und Entwicklung von Nutzungskonzepten für alte, stillzulegende Flughäfen. Dienstleistungskonzessionen sind lediglich dann anzunehmen, wenn die **Bauleistung nur von untergeordneter** Bedeutung ist. Im Zweifel ist also eine Baukonzession anzunehmen. Weist ein Vertrag voneinander absolut trennbare Elemente (Bau- und Dienstleistungen) auf, so sind gemäß dem Auslegungstext der Europäischen Kommission die jeweiligen spezifischen Regeln anzuwenden, d.h. es ist von einer Baukonzession einerseits und von einer Dienstleistungskonzession andererseits auszugehen.

Merke: Die Bau- und Dienstleistungskonzessionen im Vergaberecht sind nicht zu verwechseln mit den Taxikonzessionen oder den Konzessionen für Buslinien nach dem Personenbeförderungsgesetz. Dessen unbeschadet werden Linien-Busverkehrsleistungen wie auch Leistungen im Schülerfreistellungsverkehr nach der

377 OLG Düsseldorf, Beschl. v. 22. 9. 2004 (VII Verg 44/04), VergabE C-10-44/04 = NZBau 2005, 652 = VS 2005, 5.

378 OLG Stuttgart, Beschl. v. 4. 11. 2002 (2 Verg 4/02), VergabE C-1-4/02 = Behörden Spiegel 2/2003, S. 27.

379 OLG Naumburg, Beschl. v. 4. 12. 2001 (1 Verg 10/01), VergabE C-14-10/01 = VergabeR 2002, 309 = ZfBR 2002, 303 = WuW 2002, 324 = EUK 2002, 12.

380 OLG Düsseldorf, Beschl. v. 2. 8. 2000 (Verg 7/00), VergabE C-10-7/00 = NZBau 2000, 530 = WuW 2000, 1048 = ZVgR 2000, 233 = EUK 2000, 140. Zu Public-Private-Partnerships bei Dienstleistungskonzessionen *Gröning*, NZBau 2001, 123.

381 EuGH, Beschl. v. 30. 5. 2002 (Rs. C-358/00), VergabE A-1-1/02 = NZBau 2003, 50.

382 EuGH, Urt. v. 7. 12. 2000 (Rs. C-324/98), VergabE A-1-5/00 = NZBau 2001, 148 = WuW 2001, 103 = EUK 2001, 6.

383 Zur Frage der Risikoübertragung: BayObLG, Beschl. v. 9. 7. 2003 (Verg 7/03), VergabE C-2-7/03 = BauRB 2004, 76.

VOL/A ausgeschrieben[384] – je nachdem, ob die ausschreibende Stelle ein Auftraggeber nach § 98 Nr. 2 oder Nr. 4 GWB ist, wird der zweite, dritte oder vierte Abschnitt angewandt. Die Ausschreibung dieser Leistungsverträge hat mit den Konzessionen nach dem PBefG nichts zu tun. Erst recht handelt es sich in diesen Fällen nicht um eine Dienstleistungskonzession[385], zumal die wirtschaftlichen Risiken durch staatliche Zuschüsse abgedeckt sind (Ausschreibungspflicht bei gemeinwirtschaftlichen Leistungen).

§ 99 IV GWB enthält entsprechend dem Auffangcharakter der Dienstleistungsrichtlinie 92/50/EWG eine Negativdefinition von **Dienstleistungsaufträgen**[386]. Dieser Vertragstyp ist immer dann gegeben, wenn zwar ein öffentlicher Auftrag vorliegt, dieser sich jedoch nicht unter die in §§ 99 II oder III GWB definierten Liefer- oder Bauaufträge einordnen lässt. Die Richtlinie 2004/18/EG verweist dabei in Art. 1 lit. d auf Anhang II, in dem die Kataloge der **sog vorrangigen und nachrangigen Dienstleistungen** enthalten sind (vgl. Anhang I A und I B zur VOL/A). Die vorrangigen Dienstleistungen unterliegen dem vollständigen Anwendungsbereich des Vergaberechts, wohingegen sich die nachrangigen Dienstleistungen in einem Beobachtungsstatus befinden und nur einem äußerst eingeschränkten Reglement unterliegen (siehe auch Kap. B II. 2 b).

Mischverträge mit Lieferleistungen[387] grenzen sich dahingehend ab, dass der Wert der Dienstleistungen überwiegen muss, damit noch ein Dienstleistungsauftrag angenommen werden kann. In Bezug auf **Mischverträge mit Bauleistungen**, gilt, dass in der rechtlichen Einordnung nur dann Dienstleistungen anzunehmen sind, wenn die Dienstleistungen, also z.B. Planungsleistungen einen ganz erheblichen Umfang ausmachen[388].

Im Zuge des ÖPP-Beschleunigungsgesetzes von 2005[389] wurde die Bestimmung des **§ 99 VI GWB** eingeführt.

Danach ist eine Leistung, die aus einer **Mischung von Liefer- und Dienstleistungselementen** besteht, immer dann als Dienstleistung einzuordnen, wenn die

384 OLG Düsseldorf, Beschl. v. 8. 5. 2002 (Verg 15/01), VergabE C-10-15/01 = EUK 2002, 87; OLG Celle, Beschl. v. 10. 3. 2000 (13 Verg 1/00), VergabE C-9-13/00 = EUK 2000, 56; VK Lüneburg, Beschl. v. 28. 9. 1999 (203-VgK-10/1999), VergabE E-9c-10/99 = EUK 1999, 151, 169; VK Hessen, Beschl. v. 11. 8. 1999 (VK 1/99), VergabE E-7-1/99 = EUK 1999, 172 f.; VÜA Hessen, Beschl. v. 27. 11. 1996 und v. 20. 2. 1998 (VÜA 3/96), VergabE V-7-3/96-1 und -2; VÜA Hessen, Beschl. v. 31. 5. 1999 (VÜA 3/99), VergabE V-7-3/99 = EUK 1999, 185.

385 VK Düsseldorf, Beschl. v. 3. 3. 2000 (VK 1/2000-L), EUK 2000, 105.

386 Art. 1 lit. d VKRL 2004/18/EG: »›*Öffentliche Dienstleistungsaufträge‹ sind öffentliche Aufträge über die Erbringung von Dienstleistungen im Sinne von Anhang II, die keine öffentlichen Bau- oder Lieferaufträge sind.*«

387 Art. 1 lit. d Unterabs. 2 der VKRL 2004/18/EG: »*Ein öffentlicher Auftrag, der sowohl Waren als auch Dienstleistungen im Sinne von Anhang II umfasst, gilt als ›öffentlicher Dienstleistungsauftrag‹, wenn der Wert der betreffenden Dienstleistungen den Wert der in den Auftrag einbezogenen Waren übersteigt.*«

388 Art. 1 lit. d Unterabs. 3 der VKRL 2004/18/EG: »*Ein öffentlicher Auftrag über die Erbringung von Dienstleistungen im Sinne von Anhang II, der Tätigkeiten im Sinne von Anhang I lediglich als Nebenarbeiten im Verhältnis zum Hauptauftragsgegenstand umfasst, gilt als öffentlicher Dienstleistungsauftrag.*«

389 Gesetz gegen Wettbewerbsbeschränkungen (GWB), zuletzt geändert durch das ÖPP-Beschleunigungsgesetz v. 1. 9. 2005 (BGBl. I 2005, S. 2672), in Kraft seit dem 8. 9. 2005. Verordnung über die Vergabe öffentlicher Aufträge (Vergabeverordnung) – VgV, zuletzt geändert durch das ÖPP-Beschleunigungsgesetz v. 1. 9. 2005 (BGBl. I 2005, S. 2676), in Kraft seit dem 8. 9. 2005.

Dienstleistungselemente wertmäßig überwiegen. Das ist erfahrungsgemäß häufig dann der Fall, wenn zu Lieferleistungen langjährige Wartungsverträge hinzutreten (§ 99 VI 1 GWB).

Im **Verhältnis zwischen Bau- und Dienstleistungsaufträgen** ist ein Dienstleistungsauftrag immer dann anzunehmen, wenn die Bauleistungen lediglich eine Nebensache darstellen (§ 99 VI 2 GWB). Hier kommt es nicht auf eine wertmäßige Abgrenzung, sondern auf eine wertende Betrachtung dahingehend an, was die Hauptleistung darstellt. Demzufolge ist die Wartung von gefahrenmeldenden, informations- und sicherheitstechnischen Anlagen mit gelegentlichen Instandhaltungs- und Bauarbeiten insgesamt als Dienstleistungsauftrag einzuordnen[390]. Die Begriffe Bau- und Dienstleistungsauftrag sind gemäß der zutreffenden Auffassung des OLG nach dem Begriffsverständnis der EG-Vergaberichtlinie 2004/18/EG, d.h. autonom auszulegen. Die Unterscheidung des deutschen Rechts zwischen Werk- und Dienstleistungen ist nicht maßgeblich.

Generell kann man sich als **Faustformel**[391] einprägen:

Alles, was zwar öffentlicher Auftrag, aber nicht Bau- oder Lieferauftrag ist, ist ein Dienstleistungsauftrag, sofern es sich nicht um den Sonderfall eines Auslobungsverfahrens (§ 99 V GWB) handelt, das erst zu einem Dienstleistungsauftrag führen soll.

dd) Ausnahmen vom Anwendungsbereich

50 § 100 II GWB begrenzt den sachlichen **Anwendungsbereich der öffentlichen Aufträge** und nimmt bestimmte Vertragstypen aus.

So sind vom Anwendungsbereich u.a. ausgenommen jede Form von **Arbeitsverträgen**, besondere Projekte, die auf der Grundlage von **multilateralen Abkommen** vergeben werden, die Ausstrahlung von **Rundfunk- und Fernsehsendungen** sowie bestimmte **Finanzdienstleistungen**.

Gleichfalls fallen darunter Aufträge im Bereich der internationalen Verträge (§ 100 II lit. a GWB)[392] mit **allgemein-staatlichen und/oder militärischen Geheimhaltungsinteressen**[393], **allerdings auch nicht immer**, so zum Beispiel bei **»Dual-Use-Gütern«**[394]. In jedem Fall muss die **Vergabestelle** das Vorliegen der Voraussetzungen für die Ausnahmebestimmungen (z.B. des § 100 II lit. d GWB),

390 OLG Düsseldorf, Beschl. v. 18. 10. 2006 (VII-Verg 35/06), VergabeR 2007, 200; OLG Düsseldorf, Beschl. v. 12. 3. 2003 (Verg 49/02).

391 *Noch*, BauR 1998, 941 ff.

392 Vgl. OLG Düsseldorf, Beschl. v. 16. 2. 2006 (VII Verg 6/06), VS 2006, 23 [LS]: »*Unbeschadet des Vorliegens einer möglichen Ausnahme nach § 100 II lit. a GWB (in casu: Grundinstandsetzung und Verbesserung der Start- und Landebahn des NATO-Flughafens Ramstein) kann ein potentieller Bieter/Teilnehmer mangels Antragsbefugnis (§ 107 II GWB) kein zulässiges Vergabenachprüfungsverfahren initiieren, wenn er lediglich die Wahl des Vergabeverfahrens (hier: Beschränkte Ausschreibung nach Teilnahmewettbewerb anstatt europaweites Offenes Verfahren) beanstandet, ohne dezidiert darlegen zu können, dass ihm dadurch ein Schaden entstanden ist bzw. zu entstehen droht.*«

393 Entscheidung im konkreten Fall offengelassen in: OLG Düsseldorf, Beschl. v. 24. 9. 2002 (Verg 48/02), VergabE C-10-48/02 = EUK 2002, 170.

394 EuGH, Urt. v. 8. 4. 2008 (Rs. C-337/05 – »Agusta«), VS 2008, 28.

aufgrund derer eine reguläre Ausschreibung wegen wesentlicher Sicherheitsinteressen des Staates unterbleiben kann, **darlegen** und ggf. auch **beweisen**[395].

Das war beispielsweise im Falle der Vergabe von Architektenleistungen für den Neubau des **Bundesnachrichtendienstes** in Berlin ohne weiteres möglich[396]. Die dem Bundesnachrichtendienst obliegenden Aufgaben gestatten und erfordern die Einstufung als geheim. Hierzu gehört die Beschaffung von Informationen zur Gewinnung von Erkenntnissen von außen- und sicherheitspolitischer Bedeutung über das Ausland, § 1 BNDG. Dem Bundesnachrichtendienst ist also der Schutz staatlicher Sicherheitsinteressen aufgetragen. Dieser Umstand rechtfertigt gemäß dem OLG Düsseldorf auch die Annahme besonderer Sicherheitsanforderungen im Sinne der 2. Var. des § 100 II lit. d GWB[397]. Die Entscheidung hierüber unterliegt den zuständigen staatlichen Stellen. Im SÜG hat der deutsche Gesetzgeber eine entsprechende Entscheidung getroffen.

Auch wurde im Zusammenhang mit staatlichen Sicherheitsinteressen entschieden, dass die Vergabestelle nicht angehalten werden kann, eine **Aufteilung des Auftrags** in einen nicht geheimhaltungsbedürftigen und damit ausschreibungspflichtigen sowie einen geheimhaltungsbedürftigen und damit ausschreibungsfreien vorzunehmen[398].

Jedenfalls aber reichen die **Bieterrechte** so weit, dass das Vorliegen der Voraussetzungen der Ausnahmevorschriften **nachgeprüft werden können** muss[399]. Das Vergabeverfahren selbst bleibt allerdings außen vor. Diese Rechtsfolge ist angesichts der hier betroffenen hochrangigen Geheimhaltungs- und Sicherheitsinteressen auch nicht als unverhältnismäßig anzusehen[400]. Die Frage der Einschlägigkeit der Bereichsausnahme spielte außerdem im Falle des Primärrechtsschutzes vor den Verwaltungsgerichten eine bedeutende Rolle[401].

Die Vorschriften der §§ 97 f. GWB gelten nicht für Sachverhalte, welche die **Verwertung von Eigentumsrechten** betreffen. Gemäß der Bestimmung des § 100 II lit. h GWB findet das Vergaberecht keine Anwendung auf die Vergabe von Aufträgen über den Erwerb oder die Miete von oder die Einräumung von Rechten an Grundstücken oder vorhandenen Gebäuden oder anderem unbeweglichen Vermögen – ungeachtet ihrer Finanzierung[402].

Telefondienstleistungen für die Bundeswehr fallen unter den Ausnahmetatbestand des **§ 100 II lit. k GWB** (Fernsprechdienstleistungen) und sind daher nicht im

395 OLG Düsseldorf, Beschl. v. 30. 4. 2003 (Verg 61/02), VergabE C-10-61/02 = EUK 2003, 105. Vgl. VK Bund, Beschl. v. 14. 7. 2005 (VK 3-55/05), betr. BOS-Digitalfunk.

396 OLG Düsseldorf, Beschl. v. 30. 3. 2005 (VII-Verg 101/04), WuW 2005, 865.

397 EuGH, Urt. v. 16. 10. 2003 (Rs. C-252/01), VergabE A-1-12/03 = VergabeR 2004, 56 = WuW 2004, 236.

398 KG, Beschl. v. 19. 6. 2001 (KartVerg 1/99), VergabE C-3-1/99; vgl. VK Bund, Beschl. v. 18. 5. 1999 (VK 2-8/99), VergabE D-1-8/99 = ZVgR 1999, 126.

399 BGH, Beschl. v. 1. 2. 2005 (X ZB 27/04), NZBau 2005, 290 = VergabeR 2005, 328 = WuW 2005, 573.

400 OLG Düsseldorf, Beschl. v. 30. 3. 2005 (VII 101/04), WuW 2005, 865.

401 OVG Rheinland-Pfalz, Beschl. v. 25. 5. 2005 (7 B 10356/05), NZBau 2005, 411 = VergabeR 2005, 476 = WuW 2005, 870.

402 VK Baden-Württemberg, Beschl. v. 19. 12. 2000 (1 VK 32/00), VergabE E-1-32/00 = EUK 2001, 44; VK Südbayern, Beschl. v. 22. 5. 2003 (17-04/03 – »Immobilienbedarfsgeschäft«), VergabE E-2b-17/03.

formalen Sinne ausschreibungspflichtig[403]. Streitig war die Einschlägigkeit dieser Bereichsausnahme etwa auch im Fall BOS-Digitalfunk[404].

Die VK Baden-Württemberg hat des weiteren festgestellt, dass die Vergabe eines **Arrangeurvertrages** für ein sog. »Sale and lease back«-Projekt infolge des Eingreifens der Ausnahmebestimmung des **§ 100 II lit. m GWB** nicht ausschreibungspflichtig ist[405]. Im Zusammenhang mit § 100 II lit. m GWB beabsichtigt der Gesetzgeber im Jahre 2008 eine Klarstellung dahingehend, dass kommunale Darlehensverträge ausschreibungsfrei sind. Die Kommune kann also auswählen, ob sie bei der Beschaffung eines **Kommunalkredites** die regionalen Kreditinstitute anspricht oder sich staatlicher Finanzierungsinstrumente bedient.

Gleichfalls sind **vom Vergaberecht ausgenommen Forschungs- und Entwicklungsleistungen**, deren Ergebnisse nicht im Eigentum des Auftraggebers verbleiben und die nicht vollständig durch den Auftraggeber vergütet werden. In einem Fall erkannte das **BayObLG**[406] aufgrund der Bestimmung des § 100 II lit. n GWB keine Ausnahme vom Reglement der §§ 97 ff., weil in der konkreten Situation Forschungs- und Entwicklungsleistungen zur Aufspürung von Altlasten vollständig im Eigentum des öffentlichen Auftraggebers bleiben und von diesem bezahlt werden sollten. Auf den Umstand einer weiteren Verwertung durch den Auftragnehmer und die ihm vom Auftraggeber zu gebenden Informationen über die Ergebnisse kam es nicht mehr entscheidend an, weil das Erstverwertungsrecht beim öffentlichen Auftraggeber liegen sollte.

Diese Ausnahmen entsprechen den Richtlinienvorgaben[407] und rechtfertigen sich teils aus der spezifischen Marktsituation, teils stehen der Auftragsvergabe nach den bekannten Regeln schlicht internationale Abkommen entgegen.

ee) Vergabearten

51 Eine ganz zentrale Frage, die die Vergabestelle im Rahmen der Konzeption einer Ausschreibung beantworten muss, ist immer diejenige, welche **Vergabeart** im Einzelfall zulässig ist. Nicht ohne Grund passieren bei der Wahl der richtigen Vergabeart erfahrungsgemäß die meisten Fehler. Daher ist es sehr zu begrüßen, dass die verschiedenen Arten des **Vergabeverfahrens** im GWB kodifiziert worden sind. Diese Kodifizierung im GWB könnte sogar die alleinverbindliche auch für die nationalen Vergabeverfahren unterhalb der Schwellenwerte werden, weil geplant ist, die **Terminologie** der europaweiten Verfahren auch auf die nationalen Vergabeverfahren anzuwenden.

§ 101 I GWB stellt die **europarechtlichen Vergabearten**
- des Offenen Verfahrens,
- des Nichtoffenen Verfahrens,

403 VK Bund, Beschl. v. 24. 4. 2002 (VK 2-12/02), VergabE D-1-12/02.

404 OLG Düsseldorf, Beschl. v. 30. 4. 2003 (Verg 61/02), VergabE C-10-61/02 = EUK 2003, 105. Vgl. VK Bund, Beschl. v. 14. 7. 2005 (VK 3-55/05), betr. BOS-Digitalfunk.

405 VK Baden-Württemberg, Beschl. v. 30. 11. 2001 (1 VK 40/01), VergabE E-1-40/01 = NZBau 2003, 61 = EUK 2002, 59 = IBR 2002, 157.

406 BayObLG, Beschl. v. 27. 2. 2003 (Verg 25/02), VergabE C-2-25/02 = VergabeR 2003, 669 = BauR 2004, 141 = EUK 2003, 73.

407 Siehe Art. 11 ff. und insbesondere Art. 16 der VKRL 2004/18/EG.

- des Verhandlungsverfahrens und des
- Wettbewerblichen Dialoges

vor[408]. Die drei erstgenannten stellen das jeweilige **Pendant** zu den für die **nationalen Vergaben** (unterhalb der Schwellenwerte) bekannten Verfahren der
- Öffentlichen Ausschreibung,
- der Beschränkten Ausschreibung und
- der Freihändigen Vergabe

dar, können ihnen aber wegen einer Reihe von europarechtlichen Besonderheiten nicht vollständig gleichgesetzt werden[409]. Der Wettbewerbliche Dialog bildet einen Sonderfall; er bezeichnet ein – zumindest in der Anfangsphase erweitertes – Verhandlungsverfahren, bei dem die Lösung erst im Laufe des Verfahrens im Dialog mit den Bietern gefunden wird.

(1) Offenes Verfahren, Nichtoffenes Verfahren, Verhandlungsverfahren

52 Die §§ 101 II bis IV GWB geben Definitionen der drei herkömmlichen Vergabeverfahrensarten.

Im **Offenen Verfahren**[410] können sich eine unbegrenzte Zahl von Unternehmern aus allen Mitgliedstaaten der EU und auch des EWR[411] an den Ausschreibungen beteiligen (§ 101 II GWB). Jeder Betrieb soll hierbei eine Chance bekommen[412]. Die Verdingungsunterlagen können also **von jedem Unternehmen** angefordert werden. Sie geben ein Angebot ab und gelangen dann damit in die Wertung, in deren Rahmen nicht nur das Angebot an sich sachbezogen geprüft wird, sondern in der auch das Bieterunternehmen personenbezogen bzw. unternehmensbezogen auf Fachkunde, Leistungsfähigkeit und Zuverlässigkeit überprüft wird.

Im **Nichtoffenen Verfahren**[413], das z.B. aus Gründen besonderer Eignungsanforderungen an die Bieter durchgeführt werden kann, fordert der öffentliche Auftraggeber aus einem Bewerberkreis geeignete Unternehmen zur Angebotsabgabe auf (§ 101 III GWB). Das Nichtoffene Verfahren ist **zweistufig**[414]. Es besteht aus einem **Öffentlichen Teilnahmewettbewerb**, in dessen Rahmen vor der eigentlichen Angebotsabgabe die Fachkunde, Leistungsfähigkeit und Zuverlässigkeit anhand von

---

408 Die Bezeichnungen der Vergabeverfahrensarten (Offenes Verfahren, Beschränkte Ausschreibung etc.) werden in diesem Werk jeweils mit großem Anfangsbuchstaben geschrieben, weil es sich um feststehende technische Begriffe (termini technici) handelt.

409 Näher dazu in Abschn. B., Kap. I., Ziff. 7.

410 Art. 11 lit. a VKRL 2004/18/EG: *»›Offene Verfahren‹ sind Verfahren, bei denen alle interessierten Wirtschaftsteilnehmer ein Angebot abgeben können.«*

411 Siehe VÜA Rheinland-Pfalz, Beschl. v. 29. 9. 1997 (1 VÜ 2/97), VergabE V-11-2/97 = VgR 3/1998, 50 = IBR 1998, 92, unter Hinweis auf Art. 35 und 65 des EWR-Abkommens. Auch Anbieter aus weiteren aus weiteren Drittstaaten können sich beteiligen, sofern eine Öffnung der Beschaffungsmärkte durch Abkommen und Verträge vereinbart ist (s. z.B. das GPA).

412 KG, Beschl. v. 19. 4. 2000 (KartVerg 6/00), VergabE C-3-6/00, Rn. 25 = NZBau 2001, 161 = EUK 2001, 26.

413 Art. 11 lit. b VKRL 2004/18/EG: *»›Nichtoffene Verfahren‹ sind Verfahren, bei denen sich alle Wirtschaftsteilnehmer um die Teilnahme bewerben können und bei denen nur die vom öffentlichen Auftraggeber aufgeforderten Wirtschaftsteilnehmer ein Angebot abgeben können.«*

414 Zum Wesen des Nichtoffenen Verfahrens etwa: OLG Naumburg, Beschl. v. 10. 11. 2003 (1 Verg 14/03), VergabE C-14-14/03, Rn. 24 ff.; OLG Naumburg, Beschl. v. 28. 8. 2000 (1 Verg 5/00), VergabE C-14-5/00v, Rn. 16.

zuvor bekanntgemachten Teilnahmekriterien geprüft wird. Nach Auswahl der geeigneten Teilnehmer[415, 416] werden diese aufgefordert, ein Angebot anhand der dann zu versendenden Verdingungsunterlagen abzugeben. In dieser zweiten Stufe verläuft das Nichtoffene Verfahren dann synchron zum Offenen Verfahren.

Im **Verhandlungsverfahren**[417] schließlich, das nur unter ganz engen Voraussetzungen zulässig ist, tritt die Vergabestelle an die Unternehmer heran, um mit ihnen über die Auftragsbedingungen zu verhandeln (§ 101 IV GWB). Hierbei ist der **Vorrang des Verhandlungsverfahrens mit vorheriger Bekanntmachung** (z.B. § 3 a Nr. 4 VOB/A) vor dem Verhandlungsverfahren ohne Öffentliche Vergabebekanntmachung (§ 3 a Nr. 5 VOB/A) zu beachten[418]. Das Verhandlungsverfahren mit vorheriger Bekanntmachung nähert sich von der Struktur her dem Nichtoffenen Verfahren an, d.h. es wird ein **Öffentlicher Teilnehmerwettbewerb** durchgeführt, in dessen Rahmen die geeigneten Bieter ausgewählt werden. Danach erfolgt die Phase der Angebotsabgabe und -wertung. Das Verhandlungsverfahren **ohne vorherige Öffentliche Vergabebekanntmachung** im Supplement des Amtsblatts der EU ist nur zulässig, wenn beispielsweise infolge eines Patentrechts ohnehin nur ein einziger Bieter in Frage kommt. Das Verhandlungsverfahren unterscheidet sich vom Offenen bzw. Nichtoffenen Verfahren dadurch, dass im Regelfall sowohl der Leistungsgegenstand nicht bereits in der Ausschreibung in allen Einzelheiten festgeschrieben ist als auch Angebote abgeändert werden können, nachdem sie abgegeben worden sind[419]. Insbesondere kann im Verhandlungsverfahren auch nach Abgabe der Angebote über den Preis verhandelt werden[420]. Im übrigen ist die Vergabestelle weitgehend frei, in welcher Weise sie verhandelt, also ob es z.B. eine oder mehrere Verhandlungsrunden gibt oder ob im Extremfall das Verhandlungsverfahren mit der Angebotsabgabe endet[421]. Zentraler Gesichtspunkt

---

415 Hat sich die Vergabestelle auf eine maximale Anzahl von zur Angebotsabgabe aufzufordernden Teilnehmern bzw. Bietern festgelegt (z.B.: 7), so kann die Auswahl unter den geeigneten Teilnehmern auch durch Los erfolgen (so OLG Rostock, Beschl. v. 1. 8. 2003, 17 Verg 7/03, VergabE C-8-7/03 = VergabeR 2004, 240 = ZfBR 2004, 192 = EUK 2004, 126). Beispiel: 12 Teilnehmer haben sich beteiligt, 10 davon sind anhand der aufgestellten Kriterien geeignet, und nun geht es darum, diese Zahl auf die vorher bekanntgemachte Zahl von 7 zu reduzieren. Eine Alternative zur Auslosung kann es sein, ein Ranking unter den Teilnehmern anhand einer Wertungsmatrix zu erstellen und von den geeigneten die nur die bestrangierenden zur Angebotsabgabe aufzufordern. Den Charakter eines Ausnahmefalles der Auslosung betont demgegenüber: VK Bund, Beschl. v. 14. 6. 2007 (VK 1-50/07), VS 2008, 22.

416 Die Mindestzahl der aufzufordernden Teilnehmer muss gemäß Art. 22 II, Unterabs. 1 der Richtlinie 93/37/EWG bei 5 liegen: EuGH, Urt. v. 26. 9. 2000 (Rs. C-225/98), VergabE A-1-/00 = NZBau 2000, 584 = WuW 2000, 1160 = ZVgR 2000, 281 = EUK 2000, 167.

417 Art. 11 lit. d VKRL 2004/18/EG: »*›Verhandlungsverfahren‹ sind Verfahren, bei denen der öffentliche Auftraggeber sich an Wirtschaftsteilnehmer seiner Wahl wendet und mit einem oder mehreren von ihnen über die Auftragsbedingungen verhandelt.*«

418 Siehe EuGH, Urt. v. 28. 3. 1996 (Rs. C-318/94 – »Vertiefung der Unterems«), Slg. 1996, I-1949 = VergabE A-1-3/96; VK Sachsen, Beschl. v. 15. 11. 2000 (1 VK 96/00), VergabE E-13-96/00 = EUK 2001, 26.

419 OLG Celle, Beschl. v. 16. 1. 2002 (13 Verg 1/02), VergabE C-9-1/02v, Rn. 37 = VergabeR 2002, 299 = IBR 2002, 511. Sehr instruktiv auch: KG, Beschl. v. 15. 5. 2003 (2 Verg 4/03), VergabE C-3-4/03v = EUK 2003, 175.

420 OLG Düsseldorf, Beschl. v. 23. 7. 2003 (Verg 27/03), VergabE C-10-27/03, Rn. 16 = EUK 2003, 123.

421 Dies kann z.B. der Fall sein bei klarer Leistungsbeschreibung und großen Unterschieden in den Angebotswertungsergebnissen, die u.U. ein Weiterverhandeln nicht einmal mehr rechtfertigen, weil dies eine übergebührliche Belastung der in keiner Weise mehr aussichtsreichen Konkurrenten darstellen würde. Siehe VK Bund, Beschl. v. 12. 12. 2002 (VK 2-92/02), VergabE D-1-92/02.

des Verhandlungsverfahrens ist die Einhaltung des Gleichbehandlungsgrundsatzes[422]. Einen Anspruch auf einen bestimmten Inhalt der Verhandlungen oder einen bestimmten Umfang der Verhandlungsgespräche gibt es nicht.

(2) Wettbewerblicher Dialog

53 Das Verfahren des **Wettbewerblichen Dialoges** wurde im Zuge des ÖPP-Beschleunigungsgesetzes von 2005 wie folgt geregelt:

Erstens: Ergänzung/Änderung des § 101 GWB

Abs. 1: »*Die Vergabe von öffentlichen Liefer-, Bau- und Dienstleistungsaufträgen erfolgt in offenen Verfahren, in nicht offenen Verfahren, in Verhandlungsverfahren oder im wettbewerblichen Dialog. (...)*«

Abs. 5: »*Ein wettbewerblicher Dialog ist ein Verfahren zur Vergabe besonders komplexer Aufträge durch staatliche Auftraggeber. In diesem Verfahren erfolgen eine Aufforderung zur Teilnahme und anschließend Verhandlungen mit ausgewählten Unternehmen über alle Einzelheiten des Auftrags.*«

Zweitens: Schaffung eines § 6a VgV

§ 6a Wettbewerblicher Dialog (Voraussetzungen)

Abs. 1: Die staatlichen Auftraggeber können für die Vergabe eines Liefer-, Dienstleistungs- oder Bauauftrags oberhalb der Schwellenwerte einen wettbewerblichen Dialog durchführen, sofern sie objektiv nicht in der Lage sind,
1. die technischen Mittel anzugeben, mit denen ihre Bedürfnisse und Ziele erfüllt werden können oder
2. die rechtlichen oder finanziellen Bedingungen des Vorhabens anzugeben.

§ 6a Wettbewerblicher Dialog (Ablauf)

Abs. 2: Europaweite Bekanntmachung (Öffentl. Teilnahmewettbewerb)

Abs. 3: Festlegung der Bedürfnisse des öAG im wettbewerblichen Dialog; Gleichbehandlung der Bieter; Weitergabe von Lösungsvorschlägen oder vertraulichen Informationen an andere Bewerber nur mit Zustimmung des Unternehmens

Abs. 4: Ggf. mehrere Dialogphasen, evtl. mit Zwischenausscheidungen; Einhaltung des ausgeschriebenen Leistungsrahmens

Abs. 5: Am Ende des Dialoges entweder Feststellung, dass keine Lösung gefunden werden kann oder Aufforderung zur Abgabe eines letzten Angebotes auf Basis der ausgehandelten Einzelheiten

Abs. 6: Wertung

Abs. 7: Kostenerstattung für Entwürfe, Pläne, Zeichnungen usw.

---

422 OLG Stuttgart, Beschl. v. 15. 9. 2003 (2 Verg 8/03), VergabE C-1-8/03v = BauRB 2004, 308.

Mit der VKRL 2004/18/EG[423] wurde dieses neue, zusätzliche Vergabeverfahren des **»Wettbewerblichen Dialoges«** eingeführt. Dieses Verfahren ist für **komplexe** Beschaffungsvorhaben kreiert, wobei sich alle Unternehmen um die Teilnahme bewerben können, und sie **nach Bestehen des Teilnahmewettbewerbs** aufgerufen sind, mit dem öffentlichen Auftraggeber in einen **Dialog** zu treten, um eine oder mehrere Lösungen herauszuarbeiten, auf deren Grundlage bzw. Grundlagen die ausgewählten Bewerber zur Angebotsabgabe aufgefordert werden.

Das Verfahren bietet – zumindest nach der wohl zutreffenden herrschenden Auffassung – in der **ersten Dialogphase mehr Spielräume als das herkömmliche Verhandlungsverfahren**. Das Verhandlungsverfahren basiert typischerweise auf einer im Wesentlichen fixierten Leistung, die am Markt abgefragt wird. Sie ist lediglich nicht entsprechend den Bestimmungen der §§ 8 und 9 VOL/A bzw. VOB/A eindeutig beschreibbar genug, um ein Offenes Verfahren ohne Nachverhandlungsmöglichkeit veranstalten zu können. Auf der anderen Seite belässt es in der **zweiten Phase weniger Spielräume**, weil das Verfahren dann mehr einem Offenen Verfahren ähnelt. Die Nachverhandlungsmöglichkeiten auf der Basis einer mit den Bietern gefundenen Lösung sind begrenzt.

Die **Voraussetzungen** für die Anwendung dieses Verfahrens sind in Art. 29 VKRL 2004/18/EG zumindest umrissen[424]. In der Dialogphase werden in intensiven Gesprächen mit dem öffentlichen Auftraggeber **eine oder mehrere Lösungen** entwickelt. Schließlich wird nach einem Vergleich der Lösungen die Dialogphase für beendet erklärt, und es werden die Teilnehmer zur **Angebotsabgabe** aufgefordert. Die öffentlichen Auftraggeber beurteilen daraufhin die eingereichten Angebote anhand der in der Bekanntmachung oder in der Beschreibung festgelegten Zuschlagskriterien und wählen das wirtschaftlich günstigste Angebot aus.

Der Wettbewerbliche Dialog beinhaltet **insofern mehr Freiheiten als das Verhandlungsverfahren,** als es im Unterschied zum Verhandlungsverfahren möglich ist, ein »aliud« zu vergeben, also eine Leistung, die etwas wesentlich anderes darstellt als das, was zumindest im Groben ausgeschrieben wurde. Die Vergabestelle kann im Rahmen des Wettbewerblichen Dialogs auch zu substantiell anderen Lösungen gelangen.

Beispiel: Für den Betrieb eines nicht mehr benötigten Flughafens, der einen Landkreis mit jährlich 200.000 € Unterhaltskosten belastet, wird eine Lösung gesucht. Es kann sich entweder um einen Betreibervertrag nach VOL/A handeln, der am Ende vergeben wird. Alternativ ist es jedoch auch möglich, dass eine Baukonzession nach VOB/A vergeben wird, weil sich in der Dialogphase mit den Investoren ein Nutzungskonzept als möglich erweist, das die Notwendigkeit hoher Investitionen baulicher Art beinhaltet.

---

423 Art. 1 XI lit. c VKRL 2004/18/EG lautet: »*Der ›wettbewerbliche Dialog‹ ist ein Verfahren, bei dem sich alle Wirtschaftsteilnehmer um die Teilnahme bewerben können und bei dem der öffentliche Auftraggeber einen Dialog mit den zu diesem Verfahren zugelassenen Bewerbern führt, um eine oder mehrere seinen Bedürfnissen entsprechende Lösungen herauszuarbeiten, auf deren Grundlage bzw. Grundlagen die ausgewählten Bewerber zur Angebotsabgabe aufgefordert werden.*«

424 Art. 29 I VKRL 2004/18/EG: »*Bei besonders komplexen Aufträgen können die Mitgliedstaaten vorsehen, dass der öffentliche Auftraggeber, falls seines Erachtens die Vergabe eines öffentlichen Auftrags im Wege eines offenen oder nichtoffenen Verfahrens nicht möglich ist, den wettbewerblichen Dialog gemäß diesem Artikel anwenden kann. Die Vergabe eines öffentlichen Auftrags darf ausschließlich nach dem Kriterium des wirtschaftlich günstigsten Angebots erfolgen.*«

Eben das wäre beim Verhandlungsverfahren nicht möglich. Diese Grenze des Verhandlungsverfahrens, speziell also die Gefahr, dass im Endeffekt substantiell andere technische Lösungen vergeben werden, stand bei der Vergabe der LKW-Maut stets im Hintergrund – wenn auch in jenem Falle nach bereits erfolgter Bezuschlagung des Konsortiums um Toll Collect. Freilich darf der Wettbewerbliche Dialog kein Freibrief für willkürliches Verhalten der öffentlichen Auftraggeber sein dahingehend, dass sie nun gänzlich etwas anderes beschaffen als ausgeschrieben wurde.

Der Erwägungsgrund Nr. 31 VRKL 2004/18/EG verdeutlicht den **tatsächlichen Anwendungsbereich** sowie **Sinn und Zweck des wettbewerblichen Dialogs** wie folgt: »*Für öffentliche Auftraggeber, die besonders komplexe Vorhaben durchführen, kann es – ohne dass ihnen dies anzulasten wäre – objektiv unmöglich sein, die Mittel zu bestimmen, die ihren Bedürfnissen gerecht werden können, oder zu beurteilen, was der Markt an technischen bzw. finanziellen/rechtlichen Lösungen bieten kann. Eine derartige Situation kann sich insbesondere bei der Durchführung* ***bedeutender integrierter Verkehrsinfrastrukturprojekte****,* ***großer Computernetzwerke*** *oder* ***Vorhaben mit einer komplexen und strukturierten Finanzierung*** *ergeben, deren finanzielle und rechtliche Konstruktion nicht im Voraus vorgeschrieben werden kann. Daher sollte für Fälle, in denen es nicht* ***möglich sein sollte, derartige Aufträge unter Anwendung offener oder nichtoffener Verfahren zu vergeben****, ein flexibles Verfahren vorgesehen werden, das sowohl den Wettbewerb zwischen Wirtschaftsteilnehmern gewährleistet als auch dem Erfordernis gerecht wird, dass der öffentliche Auftraggeber alle Aspekte des Auftrags mit jedem Bewerber erörtern kann. Dieses Verfahren darf allerdings nicht in einer Weise angewandt werden, durch die der Wettbewerb eingeschränkt oder verzerrt wird, insbesondere indem grundlegende Elemente geändert oder dem ausgewählten Bieter neue wesentliche Elemente auferlegt werden oder indem andere Bieter als derjenige, der das wirtschaftlich günstigste Angebot abgegeben hat, einbezogen werden.*«

Der Wettbewerbliche Dialog tritt demnach in den genannten Anwendungsbereichen **komplexer Projekte**[425] an die Stelle des Verhandlungsverfahrens und erweitert gleichzeitig die Handlungsspielräume im Verfahren.

Allerdings sind auch Grenzen dahingehend gesetzt, dass die **Art und Weise der Durchführung des Dialoges** und die **veröffentlichten Zuschlagskriterien bindend** sind. So ist eine Verringerung der Zahl der zu erörternden Lösungen in der Dialogphase des Wettbewerblichen Dialogs nur anhand der mitgeteilten Zuschlagskriterien möglich[426].

Das Instrument ist derzeit noch zu jung, um eine abschließende Bewertung dahingehend vornehmen zu können, ob sich die Implantation in das europäische und deutsche Vergaberecht gelohnt hat und auch die angepeilten Ziele, die mit ihm verfolgt werden, erreicht wurden[427].

425 VK Düsseldorf, Beschl. v. 11. 8. 2006 (VK-30/2006-L), VS 2007, 14: Beschaffung einer Softwarelösung zur Umsetzung eines neuen kommunalen Finanzmanagements in Nordrhein-Westfalen.
426 VK Düsseldorf, Beschl. v. 11. 8. 2006 (VK-30/2006-L), VS 2007, 14.
427 Zum wettbewerblichen Dialog auch: *Muller/Veil*, VergabeR 2007, 29; *Schröder*, NZBau 2007, 216.

(3) Vorrangverhältnisse bei den Verfahrensarten

54 Hervorzuheben ist die Festschreibung des Grundsatzes in § 101 VI GWB, dass die öffentlichen Auftraggeber **vorrangig das Offene Verfahren** anwenden müssen. Dieser Anwendungsvorrang wird sowohl von den Europäischen Gerichten als auch von den nationalen Gerichten und Nachprüfungsinstanzen sehr eng gesehen, da unterstelltermaßen jedes **Abweichen vom Offenen Verfahren** immer **Einbußen im Hinblick auf die Wettbewerblichkeit** der Beschaffung nach sich zieht[428].

Mit beispielhafter Deutlichkeit hebt das OLG Düsseldorf in einer Entscheidung zur Vergabe von Versicherungsverträgen hervor, dass Standardbeschaffungen von jahrzehntelang erprobten Leistungen grundsätzlich im Offenen Verfahren zu vergeben sind[429]. Die Beweislast für das Vorliegen von Ausnahmetatbeständen für das Abweichen vom Offenen Verfahren liegt immer beim Auftraggeber[430].

Mit dieser Vorschrift wurde ein Pendant zu den haushaltsrechtlichen Bestimmungen geschaffen, die z.B. auf kommunaler Ebene schon seit Jahrzehnten den Vorrang der Öffentlichen Ausschreibung – bzw. nunmehr die vorrangige Anwendung des europaweiten Offenen Verfahrens bei Überschreitung der Schwellenwerte – vorschreiben[431].

Etwas anderes gilt gemäß **§ 101 V 2 GWB** für **Sektorenunternehmen**, die **nur unter § 98 Nr. 4 GWB** fallen, also Unternehmen auf dem Gebiet der Trinkwasser-, Energie-, Verkehrs- und Telekommunikationsversorgung, die **privatwirtschaftlich organisiert** sind und nicht in der Weise durch staatliche Stellen beherrscht oder finanziert sind, dass sie gleichzeitig die Merkmale des § 98 Nr. 2 GWB erfüllen – **»private Sektorenunternehmen«**[432]. Unternehmen, die auf der Grundlage der Sektorenrichtlinie 2004/17/EG die **vierten Abschnitte der Verdingungsordnungen** (VOB/A-SKR und VOL/A-SKR) anwenden, können die Vergabeverfahrensarten frei wählen. In der Regel vergeben sie dann im Verhandlungsverfahren.

Ausdrücklich klarzustellen ist, dass die **Privilegierung hinsichtlich der freien Verfahrenswahl nicht für sog. »öffentliche Sektorenunternehmen« gilt**[433], welche neben dem § 98 Nr. 4 auch die Merkmale des § 98 Nr. 2 GWB erfüllen (s. § 98

---

428 OLG Schleswig, Beschl. v. 4. 5. 2001 (6 Verg 2/01), VergabE C-15-2/01v, Rn. 32: »*wettbewerbsorientierter Ansatz des Vergaberechts*«; OLG Naumburg, Beschl. v. 10. 11. 2003 (1 Verg 14/03), VergabE C-14-14/03, Rn. 24.

429 OLG Düsseldorf, Beschl. v. 18. 10. 2000 (Verg 3/00), VergabE C-10-3/00 = VergabeR 2001, 45 = NZBau 2001, 155 = EUK 2000, 181.

430 OLG Naumburg, Beschl. v. 10. 11. 2003 (1 Verg 14/03), VergabE C-14-14/03, Rn. 24.

431 Vgl. z.B. § 31 GemHVO Rhl.-Pf., der grundsätzlich die Öffentliche Ausschreibung verlangt. S.a. zur Rechtswidrigkeit infolge fehlerhafter Ausschreibung erhöhter Gebührensatzungen: OVG Rhl.-Pf., Urt. v. 9. 4. 1997 (6 A 12010/96), VgR 2/1998, 40 = IBR 1998, 308; OVG Schleswig, Irt. v. 24. 6. 1998 (2 L 113/97 – »Abfallentsorgungsleistungen«), Behörden-Spiegel 1/1999, Seite B IV; VÜA Nordrhein-Westfalen, Beschl. v. 10. 11. 1998 (424-84-45-12/98), VergabE V-10-12/98; *Tomerius*, NVwZ 2000, 727.

432 Instruktiv zu dem herkömmlichen Verhältnis zwischen § 98 Nr. 2 und Nr. 4 GWB bzw. der früheren § 57 a I Nr. 2 und Nr. 4 HGrG: VÜA Sachsen, Beschl. v. 15. 12. 1998 (1 VÜA 9/98), VergabE V-13-9/98 = EUK 2000, 57 = IBR 2000, 260, betreffend die Ausschreibung einer Flughafengesellschaft. Siehe aber die neue Rechtslage anhand der SKRL 2004/17, Rdn. 182, insbes. Fn. 1307.

433 Beispiel: OLG Jena, Beschl. v. 22. 12. 1999 (6 Verg 3/99 – »Talsperrenverwaltung«), VergabE C-16-3/99 = NZBau 2000, 349 = BauR 2000, 396 = ZVgR 2000, 73 = EUK 2000, 8; VK Baden-Württemberg als VÜA, Beschl. v. 8. 4. 1999 (1 VÜ 5/99 – »Stadtwerke als Eigenbetrieb«), VergabE E-1-5/99 = EUK 1999, 91.

Nr. 4, 2. Alt. GWB[434]) und die **dritten Abschnitte** der VOB/A bzw. VOL/A (sog. b-Paragraphen) anwenden müssen[435]. Diese müssen, wenn sie die b-Paragrahen anwenden, gleichzeitig die Basisparagraphen des ersten Abschnitts beachten, in denen der Vorrang des Offenen Verfahrerns respektive der Öffentlichen Ausschreibung festgeschrieben ist (siehe z.B. § 3 Nr. 2 VOL/A). Bei der Anwendung des vierten Abschnitts sind demgegenüber die Basisparagraphen nicht anzuwenden. Dieser Rechtslage trägt die Formulierung in § 101 V 2 GWB Rechnung. Hintergrund hierfür ist die Besonderheit, dass in Deutschland zwischen besonders »staatsnahen« Sektorenunternehmen und sonstigen Sektorenunternehmen unterschieden wird. Diese Differenzierung kennt die Sektorenrichtlinie nicht.

b) Vorschriften über das Vergabeverfahren in der Vergabeverordnung

aa) Allgemeines

55 Die **Vergabeverordnung**[436] bildet das »Scharnier«[437] zwischen den GWB-Vorschriften und den Verdingungsordnungen. Letztere enthalten – unbeschadet der Tendenz des Gesetz- bzw. Verordnungsgebers, immer mehr Regelungen auf die Gesetz- und Verordnungsebene zu transferieren – noch immer den wesentlichen Regelungsgehalt des materiellen Vergaberechts.

In der **Vergabeverordnung** sind einige **zusätzliche Bestimmungen** enthalten, die für die Rechtsanwendung durch die Vergabestellen und auch die begleitende Rechtsberatung von erheblicher Bedeutung sind.

Die auf den gesetzlichen Bestimmungen der §§ 97 VI, 127 GWB fußende Vergabeverordnung gliedert sich in **drei Abschnitte**. Im ersten Abschnitt (§§ 1–16 VgV) wird ergänzend zu den §§ 97 ff. GWB der Anwendungsbereich des Vergaberechts geregelt, im zweiten Abschnitt (§§ 17–22 VgV) finden sich Ausführungsbestimmungen zum Nachprüfungsverfahren und im dritten Abschnitt (§ 23 VgV) ist eine Übergangsbestimmung untergebracht.

Der **Zweck** der Verordnung besteht maßgeblich darin, die **Fassungen der Verdingungsordnungen (VOB/A 2006, VOL/A 2006, VOF 2006) für anwendbar zu erklären** und einige **übergreifende Regelungen** zu treffen, die alle Vergabeverfahren, also Bau-, Liefer- und Dienstleistungsvergaben, betreffen.

---

434 Vgl. zu den Alternativen des § 98 Nr. 4 GWB Kap. B.I.1.c sowie VK Baden-Württemberg, Beschl. v. 19. 12. 2000 (1 VK 32/00), VergabE E-1-32/00 = EUK 2001, 44.

435 Verpflichtung der Deutschen Bahn AG, Fahrweggesellschaft, als öffentliche Sektorenauftraggeberin zur Anwendung der dritten Abschnitte der Verdingungsordnungen: VÜA Bund, Beschl. v. 13. 12. 1995 (1 VÜ 6/95 – »Ausbau Hochgeschwindigkeitsstrecke«), VergabE U-1-6/95 = WuW/E VergAB, 64 = ZVgR 1997, 135; VK Bund, Beschl. v. 21. 1. 2004 (VK 2-126/03 – »DB Netz AG«), VergabE D-1-126/03 = VergabeR 2004, 365 = Behörden Spiegel 5/2004, S. 18 = EUK 2004, 42. Vgl. demgegenüber die Einordnung des Gesamtunternehmens »Deutsche Bahn AG« als Rechtssubjekt des § 98 Nr. 4 GWB mit der Verpflichtung zur Anwendung der 4. Abschnitte: VK Bund, Beschl. v. 11. 3. 2004 (VK 1-151/03), VergabE D-1-151/03.

436 Verordnung über die Vergabe öffentlicher Aufträge – VgV 2006 – vom 23. 10. 2006, BGBl. Teil I, S. 2334. Zuvor: Verordnung über die Vergabe öffentlicher Aufträge (Vergabeverordnung -VgV 2003), BGBl. I Nr. 6 v. 14. 2. 2003, S. 168; Vorvorgängerverordnung (VgV 2001) vom 9. 1. 2001, BGBl. Teil I v. 18. 1. 2001, S. 110.

437 So treffend *Marx*, Behörden Spiegel, Beschaffung Special, Oktober 2000, S. B III.

bb) Schwellenwerte

(1) EU-Schwellenwerte

56 Die **Vergabeverordnung (VgV) gilt** jedoch – genauso wie die Vorschriften der §§ 97 ff. GWB – **ausschließlich für die europaweiten Ausschreibungsverfahren**, welche die EU-Schwellenwerte aus den Richtlinien 2004/17/EG und 2004/18/EG erreichen oder übersteigen. **§ 1 VgV** stellt klar, dass all diese Vorschriften – wie auch diejenigen der §§ 97 ff. GWB – **nur oberhalb der EU-Schwellenwerte** gelten. Diese bemessen sich nach dem **vorab geschätzten Auftragswert ohne MwSt.** Nach dem eindeutigen Wortlaut des § 100 I GWB und § 1 VgV ist für die Anwendung des 4. Abschnitts des GWB maßgebend, ob der in Anwendung zu bringende Schwellenwert erreicht wird, nicht jedoch, ob eine europaweite Ausschreibung tatsächlich erfolgt ist[438]. Insoweit erfolgt eine **autonome Prüfung der Vergabekammern**, ob die jeweiligen Auftragswerte erreicht werden. Werden sie nicht erreicht, so sind sie unzuständig. Die Verwaltungsgerichte sind ebenso nicht zuständig[439], es verbleibt der Rechtsweg zu den Zivilgerichten[440] in Form entweder der Erwirkung von einstweiligen Verfügungen oder der Geltendmachung von Schadensersatz.

§ 2 VgV legt die für die jeweiligen Vergabeverfahren zugrundezulegenden **EU-Schwellenwerte** fest.

Merke: Hierbei handelt es sich um die **EU-Schwellenwerte**, die über die Verpflichtung zur Anwendung der europaweiten Ausschreibungsverfahren entscheiden. Sie sind nicht zu verwechseln mit den **nationalen Schwellenwerten (auch »Wertgrenzen« genannt)**, die – je nach ausschreibender Gebietskörperschaft – für die Verpflichtung zur Durchführung von nationalen Ausschreibungen, also solchen nach den ersten Abschnitten der Verdingungsordnungen (Basisparagraphen), maßgebend sind.

(2) Wertgrenzen

57 Die **nationalen Wertgrenzen**, ab denen Beschränkte Ausschreibungen oder Öffentliche Ausschreibungen stattfinden müssen, liegen z.B. im Falle von Lieferleistungen bei 10.000 € und in Falle von Bauleistungen bei 20.000 €. In einigen Bundesländern finden sich auch zusätzliche Verwaltungsanweisungen mit der Vorgabe von Staffelungen für definierte Leistungssegmente innerhalb der Bau- oder Liefer- bzw. Dienstleistungen, gemäß denen z.B. ab bestimmten geschätzten Auftragswerten mindestens Beschränkte Ausschreibungen durchzuführen sind. Die Grenze, ab deren Unterschreiten Freihändige Vergaben stattfinden können, beträgt beim Bund betreffend Liefer- und Dienstleistungen 8.000 €.

Das Bundesministerium des Innern (BMI) macht in einer Richtlinie vom 17. 5. 2006 (Az. Z 4b 007 634 112/52) u.a. auf die Verfahrensweisen bei geringfügigen Auftragswerten aufmerksam. Diese Direktive hinsichtlich der zu wählenden Vorgehensweise

---

438 VK Brandenburg, Beschl. v. 30. 5. 2007 (1 VK 15/07), unter Verweis auf: OLG Stuttgart, Beschl. v. 12. 8. 2002, 2 Verg 9/02.

439 BVerwG, Beschl. v. 2. 5. 2007 (6 B 10.07), VergabeR 2007, 337 = NZBau 2007, 389; VGH Mannheim, Beschl. v. 23. 1. 2007 (3 S 2946/06), VS 2007, 24.

440 OVG Niedersachsen, Beschl. v. 26. 7. 2006 (7 OB 65/06).

kann auch für andere ausschreibende Stellen (vorbehaltlich deren Sonderregeln) eine Orientierung darstellen.

Die Richtlinie des BMI findet Anwendung für alle von Behörden und Dienststellen im Geschäftsbereich des BMI zu vergebenden Aufträge über Lieferungen, Leistungen und Dienstleistungen nach der Verdingungsordnung über die Vergabe öffentlicher Aufträge (VOL/A), Verdingungsordnung für freiberufliche Leistungen (VOF) und freiberufliche Leistungen gemäß § 55 Bundeshaushaltsordnung (BHO).

Die **Wertgrenze für Freihändige Vergaben** beträgt **8.000 €** (ohne MwSt). Bis zu dieser Grenze dürfen die zum Geschäftsbereich des BMI gehörenden Behörden (mit Bundespolizei) grundsätzlich selbständig beschaffen, d.h. ohne die Einschaltung des Beschaffungsamtes des BMI. Hierbei können sie aufgrund von § **3 Nr. 4 lit. p VOL/A** von einer Öffentlichen oder Beschränkten Ausschreibung absehen. In diesem Fall sind jedoch die Gründe hierfür in einem **Vergabevermerk** (§ 30 VOL/A) anzugeben. Die Begründung kann sich darauf beschränken, dass die Vergabe aus Motiven der Verwaltungsökonomie gemäß dieser Richtlinie erfolgt.

Aus **Gründen der Wirtschaftlichkeit und Sparsamkeit** sowie zur Förderung des Wettbewerbs ist bei Aufträgen mit einem Schätzwert von **500,– bis 1.000,– €** (ohne MwSt) eine **nachvollziehbare formlose Preisermittlung** bei mindestens drei Unternehmen durchzuführen, bei Aufträgen mit einem **Schätzwert** von **über 1.000,– bis 8.000,– €** (ohne MwSt) **mindestens drei schriftliche Angebote** einzuholen. Das Ergebnis der Preisermittlung ist in den o.g. Vergabevermerk aufzunehmen, die schriftlichen Angebote sind ihm beizufügen. Für Zwecke der Einzelrechnungslegung ist der Vergabevermerk mit den übrigen Beschaffungsunterlagen dem Rechnungsbeleg beizufügen.

Übersicht der nationalen Schwellenwerte (unterhalb der EU-Schwellenwerte) – aufgeschlüsselt nach Bundesland –[441]

Baden-Württemberg:

Kommunaler Bereich:

Form der Vergabe	Schwellenwert	Vorschrift
Beschränkte Ausschreibung (VOB):	Bis 40.000,00 € (Ausbaugewerke) Bis 75.000,00 € (Rohbau, Verkehrswegebau, Tiefbau) Bis 100.000,00 € (mit vorgeschaltetem überregionalen Teilnahmewettbewerb)	Empfehlung d. Gemeindeprüfungsanstalt = Rundschreiben des MI BW v. 25. 1. 2008 (Az. 2-2242.4/47)
Beschränkte Ausschreibung (VOL):	Bis 40.000,00 €	Empfehlung d. Gemeindeprüfungsanstalt = Rundschreiben des Baden-Württembergischen Innenministeriums v. 25. 1. 2008 (Az. 2-2242.4/47)
Freihändige Vergabe (VOB):	Bis 20.000,00 €	Empfehlung d. Gemeindeprüfungsanstalt = Rundschreiben des Baden-Württembergischen Innenministeriums v. 25. 1. 2008 (Az. 2-2242.4/47)
Freihändige Vergabe (VOL):	Bis 10.000,00 €	Empfehlung d. Gemeindeprüfungsanstalt = Rundschreiben des Baden-Württembergischen Innenministeriums v. 25. 1. 2008 (Az. 2-2242.4/47)

Landesverwaltung:

Form der Vergabe	Schwellenwert	Vorschrift
Beschränkte Ausschreibung	Bis 40.000,00 € netto	k. A.
Freihändige Vergabe	Bis 10.000,00 € netto Druckaufträge bis 5.000,00 € netto	k. A.

441 Soweit nicht anders angegeben: Werte für Liefer- und Dienstleistungsaufträge.

Bayern:

Form der Vergabe	Schwellenwert	Vorschrift
Beschränkte Ausschreibung (Kommunen):	Bis 75.0000,00 € (Ausbaugewerke, sonstige Gewerke im Hochbau, Pflanzungen, Straßenausstattung) Bis 150.000,00 € (Rohbauarbeiten im Hochbau) Bis 300.000,00 € (Tiefbau)	Vergabe von Aufträgen im kommunalen Bereich (AllMBl. 2005, 424, 425), Punkt 1.2.1
Freihändige Vergabe (staatliche Auftraggeber):	Bis 25.000,00 € brutto	Bekanntmachung der Bayrischen Staatsregierung v. 11. 3.2003 (Az. B III 2-515-222), Punkt 1.5
Freihändige Vergabe (Kommunen):	Bis 30.000,00 €	Vergabe von Aufträgen im kommunalen Bereich (AllMBl. 2005, 424, 425), Punkt 1.2.2

Berlin:

Form der Vergabe	Schwellenwert	Vorschrift
Beschränkte Ausschreibung (VOB):	Bis 100.000,00 €	§ 55 LHO, Punkt 7.1.1.2
Beschränkte Ausschreibung (VOL):	Bis 25.000,00 €	§ 55 LHO, Punkt 7.1.1.1
Freihändige Vergabe (VOB):	Bis 5.000,00 €	§ 55 LHO, Punkt 7.1.2.2
Freihändige Vergabe (VOL):	Bis 2.500,00 €	§ 55 LHO, Punkt 7.1.2.1

Bremen:

Für das Bundesland Bremen liegen zurzeit keine Angaben vor.

Brandenburg:

Form der Vergabe	Schwellenwert	Vorschrift
Beschränkte Ausschreibung (VOB):	Bis 200.000,00 €	Änderung der Allgemeinen Verwaltungsvorschriften zur LHO (ABl. Brandenburg 2007, 883, 887) Punkt 3.1 1. Spiegelstrich

Form der Vergabe	Schwellenwert	Vorschrift
Freihändige Vergabe (VOB):	Bis 20.000,00 €	Änderung der Allgemeinen Verwaltungsvorschriften zur LHO (ABl. Brandenburg 2007, 883, 887) Punkt 3.1 2. Spiegelstrich
Freihändige Vergabe (VOL):	Bis 20.000,00 €	Änderung der Allgemeinen Verwaltungsvorschriften zur LHO (ABl. Brandenburg 2007, 883, 887) Punkt 3.1

Notwendige Beteiligung des Beauftragten für den Haushalt (§ 9) ab 100.000,00 € sowie bei Abweichungen von Beschaffungsgrundsätzen (Änderung der Allgemeinen Verwaltungsvorschriften zur LHO: ABl. Brandenburg 2007, 883, 886, Punkt 1.3).

Hamburg:

Form der Vergabe	Schwellenwert	Vorschrift
Beschränkte Ausschreibung ohne Teilnehmerwettbewerb (VOB):	Bis 100.000,00 € Bis 150.000,00 € (Ingenieurbau)	Richtlinien für die Vergabe von Bauleistungen nach Nr. 2.5 der VV zu § 55 LHO – Vergabehandbuch (VOB) – v. 15. 9. 2004 bzw. § 3 Nr. 3 I lit. a und c VOB/A
Beschränkte Ausschreibung (VOB):	Bis 250.000,00 €	Richtlinien für die Vergabe von Bauleistungen nach Nr. 2.5 der VV zu § 55 LHO – Vergabehandbuch (VOB) – v. 15. 9. 2004 bzw. Voraussetzungen des § 3 Nr. 3 VOB/A müssen Vorliegen; verpflichtende Kontrolle durch andere Stelle
Beschränkte Ausschreibung (VOL):	Bis 50.000,00 €	§ 4 Beschaffungsordnung (BO), Nr. 1.2
Freihändige Vergabe (VOB):	Bis 25.000,00 €	Richtlinien für die Vergabe von Bauleistungen nach Nr. 2.5 der VV zu § 55 LHO – Vergabehandbuch (VOB) – v. 15. 9. 2004
Freihändige Vergabe (VOL): a) formlos: b) förmlich:	a) Bis 5.000,00 € b) Bis 10.000,00 €	a) § 4 BO, Nr. 1.1.1 b) § 4 BO, Nr. 1.1.2

Hessen:

Form der Vergabe	Schwellenwert	Vorschrift
Beschränkte Ausschreibung (VOB):	Bis 75.000,00 € (Ausbaugewerke, sonstige Gewerke im Hochbau, Pflanzungen, Straßenausstattung) Bis 150.000,00 € (Rohbauarbeiten im Hochbau) Bis 300.000,00 € (Tiefbau)	Gemeinsamer RdErl. v. 21. 8. 2007, Nr. 2.2.1
Beschränkte Ausschreibung (VOL):	Bis 50.000,00 €	Gemeinsamer RdErl. v. 21. 8. 2007, Nr. 2.2.2
Freihändige Vergabe (VOB):	Bis 50.000,00 €	Gemeinsamer RdErl. v. 21. 8. 2007, Nr. 2.1 lit. b)
Freihändige Vergabe (VOL):	Bis 20.000,00 €	Gemeinsamer RdErl. v. 21. 8. 2007, Nr. 2.1 lit. a)

Mecklenburg-Vorpommern:

Form der Vergabe	Schwellenwert	Vorschrift
Beschränkte Ausschreibung (VOB):	Bis 300.000,00 € netto	Wertgrenzenerlass v. 10. 4. 2007 (Az. V 140 – 611-20-07.01-23/001, ABl. MW 2007, 207f.), Nr. 2.2 1. Abs.
Beschränkte Ausschreibung (VOL):	Bis 40.000,00 € netto	Wertgrenzenerlass v. 10. 4. 2007 (Az. V 140 – 611-20-07.01-23/001, ABl. MW 2007, 207f.), Nr. 2.2 1. Abs.
Freihändige Vergabe (VOB u. VOL):	Bis 30.000,00 € netto	Wertgrenzenerlass v. 10. 4. 2007 (Az. V 140 – 611-20-07.01-23/001, ABl. MW 2007, 207f.), Nr. 2.1

Niedersachsen:

Form der Vergabe	Schwellenwert	Vorschrift
Beschränkte Ausschreibung (VOB):	Bis 200.000,00 €	Gem. RdErl. d. MW, d. StK u. d. übr. Min.v. 12. 7. 2006 (Nds. MBl. 2006, 699) i.d.F. v. Gem. RdErl. v. 20. 11. 2007 (Az. 24-32573/0020) Abschnitt 2, Punkt 1.1
Beschränkte Ausschreibung (VOL):	Bis 25.000,00 € netto	Gem. RdErl. d. MW, d. StK u. d. übr. Min.v. 12. 7. 2006 (Nds. MBl. 2006, 699) i.d.F. v. Gem. RdErl. v. 20. 11. 2007 (Az. 24-32573/0020) Abschnitt 2, Punkt 2.1
Freihändige Vergabe (VOB):	Bis 30.000,00 € netto	Gem. RdErl. d. MW, d. StK u. d. übr. Min.v. 12. 7. 2006 (Nds. MBl. 2006, 699) i.d.F. v. Gem. RdErl. v. 20. 11. 2007 (Az. 24-32573/0020) Abschnitt 2, Punkt 1.2
Freihändige Vergabe (VOL):	Bis 15.000,00 € netto	Gem. RdErl. d. MW, d. StK u. d. übr. Min.v. 12. 7. 2006 (Nds. MBl. 2006, 699) i.d.F. v. Gem. RdErl. v. 20. 11. 2007 (Az. 24-32573/0020) Abschnitt 2, Punkt 2.2
Verzicht auf Vergabeverfahren (Kleinstaufträge VOL):	Bis 500,00 € netto	Gem. RdErl. d. MW, d. StK u. d. übr. Min.v. 12. 7. 2006 (Nds. MBl. 2006, 699) i.d.F. v. Gem. RdErl. v. 20. 11. 2007 (Az. 24-32573/0020) Abschnitt 3

Nordrhein-Westfalen:

Form der Vergabe	Schwellenwert	Vorschrift
Beschränkte Ausschreibung (VOB):	Bis 75.000,00 € (Ausbaugewerke, sonstige Gewerke im Hochbau, Pflanzungen und Straßenausstattung Bis 150.000,00 € (Rohbauarbeiten im Hochbau) Bis 300.000,00 € (Tiefbau)	RdErl. d. MI NRW »Vergabegrundsätze für Gemeinden nach § 25 GemHVO (Kommunale Vergabegrundsätze)«, Ziffer 7.1

Form der Vergabe	Schwellenwert	Vorschrift
Freihändige Vergabe:	Bis 30.000,00 €	RdErl. d. MI NRW »Vergabegrundsätze für Gemeinden nach § 25 GemHVO (Kommunale Vergabegrundsätze)«, Ziffer 7.2

Rheinland-Pfalz:

Form der Vergabe	Schwellenwert	Vorschrift
Freihändige Vergabe:	Bis 15.000,00 € brutto	VV »Öffentliches Auftragswesen in Rheinland-Pfalz« vom MWVLW, 29. 7. 2004, Punkt 4.1

Saarland:

Form der Vergabe	Schwellenwert	Vorschrift
Freihändige Vergabe:	Bis 15.000,00 € brutto	VV v. 29. 7. 2004

Sachsen:

Form der Vergabe	Schwellenwert	Vorschrift
Freihändige Vergabe:	Bis 13.000,00 € netto	§ 1 II 1 SächsVergabeDVO

§ 1 II 3 SächsVergabeDVO bestimmt, dass in der Regel eine beschränkte Ausschreibung bis zu einem Auftragswert von 25.000,00 € unzweckmäßig sei.

Sachsen-Anhalt:

Form der Vergabe	Schwellenwert	Vorschrift
Beschränkte Ausschreibung:	Bis 50.000,00 € netto	RdErl. d. WM S-A v. 17. 2. 2003 (MBl LSA Nr. 10/2003, 123, 124), Punkt 3.4.1
Freihändige Vergabe:	Bis 13.000,00 € netto	RdErl. d. WM S-A v. 17. 2. 2003 (MBl LSA Nr. 10/2003, 123, 124), Punkt 3.4.2

Schleswig-Holstein:

Form der Vergabe	Schwellenwert	Vorschrift
Beschränkte Ausschreibung ohne Teilnahmewettbewerb (VOB):	Bis 100.000,00 €	§ 4 II 2 Schleswig-Holsteinische Vergabeverordnung – SHVgVO[442]
Beschränkte Ausschreibung nach Teilnahmewettbewerb (VOB):	Bis 200.000,00 €	§ 4 II 1 SHVgVO
Beschränkte Ausschreibung (VOL):	Bis 50.000,00 €	§ 2 II 1 SHVgVO
Freihändige Vergabe (VOB):	Bis 30.000,00 €	§ 4 III 1 SHVgVO
Freihändige Vergabe (VOL):	Bis 25.000,00 €	§ 2 III 1 SHVgVO

Thüringen:

Form der Vergabe	Schwellenwert	Vorschrift
Beschränkte Vergabe (VOB):	Bis 75.000,00 € netto (sonstige Baugewerbe und Bauinstallationen) Bis 100.000,00 € netto (Hoch- und Tiefbau)	Vergabe-Mittelstands-RL i.d.F. v. 9. 2. 2006, Punkt 4.1, S. 1
Beschränkte Vergabe (VOL):	Bis 40.000,00 € netto	Vergabe-Mittelstands-RL i.d.F. v. 9. 2. 2006, Punkt 4.1, S. 5
Freihändige Vergabe (VOB):	Bis 20.000,00 € netto (bei 2–3 Vergleichsangeboten)	Vergabe-Mittelstands-RL i.d.F. v. 9. 2. 2006, Punkt 4.1, S. 1
Freihändige Vergabe (VOL):	Bis 13.000,00 € netto (möglichst 3 Vergleichsangebote)	Vergabe-Mittelstands-RL i.d.F. v. 9. 2. 2006, Punkt 4.1, S. 5

Stand dieser Übersicht: 31. 3. 2008

Die Besonderheiten der jeweiligen Schwellenwertberechnungen werden im Teil B, Kap. I. 5. abgehandelt.

442 Landesvergabeverordnung v. 3. 11. 2005 (GOVBl. 2005, S. 524), die gemäß deren § 1 I ausschließlich unterhalb der EU-Schwellenwerte gilt.

(3) GPA-Schwellenwerte

58 Der Anpassung an das **GPA-Beschaffungsübereinkommen** der Welthandelsorganisation **WTO**[443] dient die Bestimmung des § 2 Nr. 2 VgV, gemäß der betreffend die Vergabe von Liefer- und Dienstleistungsaufträgen seitens der *»obersten und oberen Bundesbehörden sowie vergleichbaren Bundeseinrichtungen«* für weite Bereiche der abgesenkte Schwellenwert in Höhe von 133.000 € gilt. Damit sind die Bundesministerien einschließlich Geschäftsbereiche gemeint.

(4) Schätzung der Auftragswerte

59 Die Absätze 1, 2 und 10 des § 3 VgV stellen einige allgemeine **Grundsätze für die Schätzung** der Auftragswerte auf.

So ist gemäß § 3 X VgV bei der **Schätzung des Auftragswertes** der Tag der Absendung der Bekanntmachung oder der Zeitpunkt der sonstigen Einleitung des Vergabeverfahrens maßgeblich. Die »sonstige Einleitung des Vergabeverfahrens« i.S.v. § 3 X VgV kann grundsätzlich auch vor dem »Tag der Absendung der beabsichtigten Auftragsvergabe« stattfinden und ist nicht allein auf Fälle von Verfahren ohne Vergabebekanntmachung beschränkt[444].

Es ist demnach immer eine **Vorab-Schätzung** durchzuführen. Die Vergabestelle muss eine realistische, seriöse und nachvollziehbare Prognose treffen.

Eine sorgfältige **Dokumentation** dieses Verfahrensschrittes ist dringend zu empfehlen. Dies gilt insbesondere dann, wenn Auftragswerte erwartet werden, die nur **knapp unterhalb der Schwellenwerte** angesiedelt sind. Eine geringfügige Unterschätzung des Auftragswertes von bis zu 10% wird in der Regel nicht angreifbar sein. Weichen die erwarteten Auftragswerte jedoch erheblich von der Höhe der tatsächlich eingegangenen Angebote ab (>15–20%), so unterliegt die Vergabestelle einem erhöhten Rechtfertigungsdruck[445].

Merke: Rechtsschutz vor den Vergabekammern und -senaten ist trotz einer formal nur national erfolgten Ausschreibung möglich, wenn der Bieter mit der Behauptung an die Vergabekammer herantritt, die Vergabestelle habe den Auftragswert absichtlich unterschätzt mit dem Ziel, die europaweite Ausschreibung zu umgehen[446].

Zugrundezulegen ist gemäß § 3 I VgV der **Wert der geschätzten Gesamtvergütung**. Es sind also beispielsweise Teilleistungen zusammenzurechnen oder etwa die den Optionen entsprechenden Auftragswerte hinzuzurechnen. Zum Gesamtauftragswert hinzuzurechnen sind allerdings nur solche Auftragswerte, die in einem

443 Siehe Beschluß des Europäischen Rates 94/800/EG, ABl. EG Nr. L 336 v. 23. 12. 94, S. 1. Weiterführend hierzu: *Kunnert*, WTO-Vergaberecht, 1998. Einen umfassenden Überblick über das internationale Vergaberecht (WTO-GPA, EWR-Abkommen, Europa-Abkommen, UNCITRAL-Modellgesetz) liefert *Drügemöller*, Vergaberecht und Rechtsschutz, 1999, S. 11 ff. Allgemein zur WTO: *Senti*, WTO – System und Funktionsweise der Welthandelsordnung, 2000. Ferner auch *Schaller*, RiA 1999, 125.

444 So: VK Schleswig-Holstein, Beschl. v. 23. 7. 2007 (VK-SH 14–07).

445 Vgl. hierzu KG, Beschl. v. 24. 8. 1999 (Kart Verg 5/99), NZBau 2000, 258 = VergabE C-3-5/99 = EUK 1999, 153.

446 OLG Düsseldorf, Beschl. v. 8. 5. 2002 (Verg 5/02), VergabE C-10-5/02 = VergabeR 2002, 665 = NZBau 2002, 698 = EUK 2002, 87 = Behörden Spiegel 7/2002, S. 18 = IBR 2002, 431.

technisch-funktionalen und damit auch **vergaberechtlich relevanten Zusammenhang** stehen. Laufende Unterhaltungsmaßnahmen und spätere, im Hinblick auf ihre Realisierung noch völlig unsichere Ausbaumaßnahmen eines Kanals gehören im Rahmen der Ermittlung des Gesamtauftragswertes nicht zusammengerechnet[447]. Andererseits sind **Optionen** für weitere Leistungsgegenstände gemäß § 3 VI VgV einzuberechnen[448].

(5) Umgehungsverbot

60 § 3 II VgV enthält das **generelle Verbot der Umgehung des Vergaberechts** im Hinblick auf die Schwellenwerte. Demnach dürfen Aufträge nicht absichtlich aufgeteilt werden oder in ihrem Wert unterschätzt werden, um sie der Anwendung des europäischen Vergaberechts zu entziehen. Diese Vorschrift korrespondiert mit dem bereits in den Basisbestimmungen enthaltenen Gebot, eine unwirtschaftliche Zersplitterung durch Aufteilung der Aufträge in Lose zu vermeiden (siehe § 5 Nr. 1 VOL/A). Schließlich greift hier das haushaltsrechtliche Gebot der Wirtschaftlichkeit und Sparsamkeit. Es handelt sich bei dieser Bestimmung um einen verallgemeinerungsfähigen Rechtsgedanken, der auch auf andere Bereiche des Vergaberechts übertragen werden kann wie etwa in Bezug auf die Versuche, das Ausschreibungsrecht durch Scheinprivatisierung zu umgehen (sog. »Flucht ins Privatrecht«).

Insbesondere jedoch bei einer **ungewöhnlichen Aufteilung** der Aufträge, z.B. in Form von **ungewöhnlichen Laufzeiten** – ¾ Jahr statt 1 Jahr[449]–, kann eine Umgehung vorliegen. Hier muss sich die Vergabestelle gut mit Argumenten wappnen, um den Verdacht einer Umgehung gar nicht erst aufkommen zu lassen. Die Gründe für sehr kurze Leistungszeiträume (**Interimsvergaben**) sind daher von der Vergabestelle schlüssig zu dokumentieren[450]. Übersteigt der Wert der Interims-Vergabe den EU-Schwellenwert, so ist nach Meinung des OLG Dresden mit allen Bietern z.B. aus einem im Wege der Vergabenachprüfung aufgehobenen Verfahren zu verhandeln[451].

Stellt sich die Vergabestelle auf den Standpunkt, der national ausgeschriebene **Vertrag** sei nur für die **Dauer von 1 Jahr** geschlossen und es sei daher keine europaweite Ausschreibung erforderlich, so kann dies durch **entgegenstehende Indizien** widerlegt werden[452]. Maßgeblich kann sich Gegenteiliges aus der Korrespondenz mit dem erfolgreichen Konkurrenten ergeben oder daraus, dass der mit der Ausschreibung verbundene Aufwand (insgesamt ca. 19.000 € für die Präsenta-

---

447 OLG Düsseldorf, Beschl. v. 31. 3. 2004 (VII Verg 74/03), VergabE C-10-74/03 = EUK 2004, 73.

448 OLG Stuttgart, Beschl. v. 9. 8. 2001 (2 Verg 3/01 – »Automatische Parkierungsanlagen«), VergabE C-1-3/01 = NZBau 2002, 292 = EUK 2001, 171 = IBR 2002, 158. Das OLG hat den eigentlich für Dienst- und Lieferleistungen gedachten Begriff der »Optionen« auf eine Baumaßnahme ausgedehnt.

449 VK Lüneburg, Beschl. v. 15. 11. 1999 (203-VgK-12/99), VergabE E-9c-12/99 = EUK 2000, 153 = Behörden Spiegel 10/2000, S. B II.

450 VK Baden-Württemberg, Beschl. v. 7. 8. 2002 (1 VK 42/02), VergabE E-1-42/02 = Behörden Spiegel 1/2003, S. 18: Dreimonatiger Interimsvertrag für die Einsammlung von Elektroaltgeräten und Metallschrott. Zum Begriff des Interimsvertrages auch VK Münster, Beschl. v. 23. 9. 2004 (VK 18/04 und 26/04), VergabE E-10e-18/04.

451 OLG Dresden, Beschl. v. 25. 1. 2008 (WVerg 10/07), VS 2008, 30.

452 VK Sachsen-Anhalt (Magdeburg/RP), Beschl. v. 13. 2. 2003 (33-32571/07 VK 01/03 MD – »Standortmarketing«), VergabE E-14b-1/03 = EUK 2004, 43 = Behörden Spiegel 4/2004, S. 19.

tion sowie für die Veröffentlichungen in der Tagespresse bei einem angeblich geschätzten Auftragswert i.H.v. 170.000 €) für eine Vertragslaufzeit von 1 Jahr außer Verhältnis steht und dem Wirtschaftlichkeitsgebot widerspricht.

Werden neben einer Beschaffungsmaßnahme, die regulär im europaweiten Ausschreibungsverfahren durchgeführt wird, **kurzfristig weitere Mengen** benötigt, so kann es einer Entscheidung des OLG Düsseldorf[453] zu Folge unter dem Maßstab des Umgehungsverbotes des § 3 II VgV nicht beanstandet werden, wenn hierzu Haushaltsmittel i.H.v. 380.000 DM brutto eingestellt werden und für einen Netto-Auftragswert i.H.v. 327.586,20 DM, der **immerhin ca. 60.000 DM unter dem Schwellenwert** liegt, Beschaffungen im Rahmen eines nationalen Ausschreibungsverfahrens anvisiert sind. Dieser Fall zeigt, dass, je weiter der geschätzte Auftragswert unter dem Schwellenwert liegt, der Verdacht einer Umgehung umso geringer ist. In diesem Fall musste die Vergabestelle dahingehend argumentieren, dass sie plausible Gründe darlegt, weshalb der kurzfristig entstehende zusätzliche Bedarf an Schutzanzügen nicht vorhersehbar war und daher nicht von vornherein in die europaweite Ausschreibung integriert werden konnte.

Die Vorschrift aus § 3 II VgV ermöglicht nicht, ein **einheitliches Bauvorhaben** in jedwede »objektive« Teile, etwa unterschiedliche Gewerke, **zu teilen**, die dann den Schwellenwert jeweils nicht erreichen. Weder eine gewisse zeitliche Streckung eines Bauverlaufes noch eine Teilung in unterschiedlichste Gewerke oder sonstige »objektive« Vielfältigkeit bedingen eine wertmäßige Aufteilung einer einheitlichen Baumaßnahme. Hier kann der Bauherr schlicht Lose innerhalb einer Bekanntmachung bilden oder mehrere Bekanntmachungen veröffentlichen[454]. Nicht zum Gegenstandswert gehören u.a. die Baunebenkosten[455].

Die Einteilung der Bauarbeiten in **mehrere Bauabschnitte** stellt keine unzulässige Aufteilung einer einzigen Baumaßnahme in mehrere Aufträge dar, wenn die **Ergebnisse** der jeweiligen Abschnitte eine **unterschiedliche wirtschaftliche und technische Funktion erfüllen**[456]. Das OLG Rostock[457] erkennt in einem Fall, in dem es um die Frage der europaweiten Ausschreibungspflicht von Bauleistungen zur Erweiterung einer Kläranlage ging, kein Bedürfnis, dass die Auftragswerte zusammengefasst werden müssen. Die seit 1995 durchgeführten verschiedenen Bauabschnitte ergaben sich aus der Anpassung an jeweils veränderte Bedingungen. Die damit ermöglichten Abwasserbehandlungsarten sind für sich allein funktionsfähig und sinnvoll. Sie stehen auch nicht in so engem zeitlichen Zusammenhang, dass aus diesem Grunde von einem Gesamtbauwerk ausgegangen werden müsste.

Wegen der Bedeutung des Schwellenwertes ist es erforderlich, dass die Vergabestelle die ordnungsgemäße Ermittlung des geschätzten Auftragswertes in einem **Aktenvermerk** festhält. Der Vermerk muss erkennen lassen, dass der Auftraggeber vor der Schätzung die benötigte Leistung zumindest in den wesentlichen Punkten festgelegt hat. Die Anforderungen an die Genauigkeit der Wertermittlung und der

453 OLG Düsseldorf, Beschl. v. 9. 11. 2001 (Verg 38/01), VergabE C-10-38/01 = EUK 2002, 12.
454 VK Düsseldorf, Beschl. v. 14. 8. 2006 (VK- 32/2006 -B), VS 2006, 78.
455 OLG Celle, Beschl. v. 14. 11. 2002 (13 Verg 8/02), VergabE C-9-8/02 = IBR 2003, 37.
456 OLG Brandenburg, Beschl. v. 20. 8. 2002 (Verg W 4/02).
457 OLG Rostock, Beschl. v. 20. 9. 2006, 17 Verg 8/06 [u. 9/06], VergabeR 2007, 394.

Dokumentation steigen, je mehr sich der Auftragswert dem Schwellenwert annähert[458]. Dabei muss aus dem Vermerk auch erkennbar sein, dass für die Schätzung **realistische Mengen** und **aktuelle Preise** zur Grundlage gemacht wurden[459].

Ohne Relevanz ist es, wenn sich eine Abweichung zwischen geschätzter und tatsächlicher Höhe des Auftragswertes aus Gründen ergibt, welche für den **Auftraggeber nicht vorhersehbar waren**. Entsprechen aber die Angebotspreise der Bieter der vorgenommenen Schätzung, spricht dies für eine sorgfältige Schätzung des Auftraggebers[460].

Merke: Mit Nachdruck zu widersprechen ist der gelegentlich vorzufindenden Auffassung[461], dass sich die Planung einer Ausschreibung (Ermittlungen des Bedarfs an Lieferungen und Leistungen etc.) außerhalb des Vergaberechts bewegt und hier allein die Maxime der Dispositionsfreiheit der Vergabestelle gilt. Das Vergaberecht greift vielmehr allein aufgrund der Umgehungstatbestände bereits bei der grundlegenden Planung einer Ausschreibung ein.

Schließlich ist aus § 3 II VgV ein **allgemeines Umgehungsverbot** abzuleiten. So stellt die Vergabe der Transportleistung von Klärschlamm einen öffentlichen Dienstleistungsauftrag dar. Der Einkauf einer solchen Dienstleistung hat im Wettbewerb und im Wege transparenter Vergabeverfahren zu erfolgen. Ein Wasserverband, der öffentlicher Auftraggeber ist und die Transportleistung durch Verwaltungsakt beschafft, umgeht diese Vorgaben[462].

cc) Verweise auf die Verdingungsordnungen

61 Die Bestimmung des **§ 4 I 1 VgV** verweist auf die Fassung der VOL/A 2006. Die öffentlichen Auftraggeber gemäß § 98 Nr. 1 bis 3 GWB werden hierdurch verpflichtet, bei der Vergabe von **Liefer- und bestimmten Dienstleistungsaufträgen** die Vorschriften des 2. Abschnittes der **VOL/A** anzuwenden. Dies unter dem Vorbehalt, dass die §§ 5 und 6 keine anderweitigen Regelungen enthalten, also etwa eine Bauleistung oder eine nicht abschließend beschreibbare freiberufliche Leistung gegeben ist, mit der Konsequenz, dass nach **VOB/A** oder **VOF** auszuschreiben wäre. Die **Sektorenauftraggeber** sind gemäß § 4 I 2 VgV von der Anwendung des Abschnittes 2 ausgenommen. Für sie gilt der 3. oder 4. Abschnitt der VOL/A.

§ 4 II VgV knüpft an § 98 Nr. 5 GWB an, wonach bei bestimmten Projekten zu mehr als 50% bezuschusste öffentliche Auftraggeber bei der Vergabe von Dienstleistungsaufträgen und bei Auslobungsverfahren, die zu Dienstleistungen führen sollen, gleichfalls den 2. Abschnitt der VOL/A anzuwenden haben.

458 OLG Celle, Beschl. v. 12. 7. 2007 (13 Verg 6/07), VergabeR 2007, 808.
459 VK Düsseldorf, Beschl. v. 30. 9. 2005 (VK-25/2005-L), VS 2006, 50.
460 OLG Naumburg, Beschl. v. 4. 10. 2007 (1 Verg 7/07).
461 VK Lüneburg, Beschl. v. 15. 11. 1999 (203-VgK-12/99), VergabE E-9c-12/99 = EUK 2000, 153 = Behörden Spiegel 10/2000, S. B II.
462 VG Aachen, Urt. v. 26. 4. 2005 (6 K 223/02).

§ 4 III VgV enthält einige Sonderregelungen für die Vergaben von Leistungen im Schienenpersonennahverkehr[463]. Unter anderem dürfen Verträge über einzelne Linien einmalig freihändig vergeben werden. Gleichzeitig ist eine »Schonfrist« bis 31. 12. 2014 eingeräumt[464].

Freiberufliche Dienstleistungen, die vorab nicht eindeutig und erschöpfend beschreibbar sind, müssen gemäß **§ 5 VgV** nach der VOF 2006 ausgeschrieben werden. Dies gilt gleichermaßen für Auslobungsverfahren, die zu Dienstleistungen führen sollen. Explizit ausgenommen von der Anwendungspflicht sind Dienstleistungen im Sektorenbereich, weil diese Leistungen im Sektorenbereich hinsichtlich ihrer Ausschreibungspflicht nicht umgesetzt wurden – es existiert keine VOF-SKR. In diesen Fällen ist oberhalb des EU-Schwellenwertes die Sektorenrichtlinie unmittelbar anzuwenden[465] und unterhalb der Schwellenwerte eine freihändige Vergabe vorzunehmen unter Beachtung der allgemeinen Grundsätze der Nichtdiskriminierung und des fairen Wettbewerbs.

§ 6 I VgV erklärt die VOB/A 2006 für anwendbares Recht. Auftraggeber nach den §§ 98 Nr. 1 bis 3, 5 und 6 GWB müssen den zweiten Abschnitt der VOB/A anwenden. Die in der Vorschrift enthaltene ausdrückliche Definition der Baukonzession wurde aufgenommen, um klarzustellen, dass die Vorschriften des vierten Teils des GWB auch für diese Auftragsform gelten. Da für Sektorenauftraggeber der 2. Abschnitt der VOB/A nicht gelten soll, enthält die Vorschrift auch hier wieder eine diesbezügliche Ausnahme.

Die Vorschrift des **§ 6 II VgV** enthält einige bedeutende Maßgaben für die europaweiten Bauausschreibungen, die eigentlich in den 2. Abschnitt der VOB/A hineingehört hätten.

So ist gemäß **§ 6 II Nr. 1 VgV** die VOB/A mit der Maßgabe anzuwenden, dass Auftraggeber nur im Falle der tatsächlichen Auftragsvergabe an eine Gemeinschaft von Unternehmen von dieser verlangen können, eine **bestimmte Rechtsform** anzunehmen. Das ist gängige Praxis. Der Auftraggeber kann z.B. verlangen, dass eine GmbH zu gründen ist[466].

Gemäß **§ 6 II Nr. 2 VgV** ist die VOB/A außerdem mit der Maßgabe anzuwenden, dass sich der Auftragnehmer **zur Erfüllung der Leistung in beliebigem Maße anderer Unternehmen bedienen** kann. Damit ist in der Sache für den Bereich der europaweiten Bauausschreibungen die Beteiligungsfähigkeit eines General- oder Totalübernehmers bejaht worden. Demnach kann sich auch ein Manager von Bauleistungen am europaweiten Vergabeverfahren nach dem 2. Abschnitt der VOB/A beteiligen. Der langjährige Widerstand des deutschen Gesetzgebers gegen die Zulassung von Unternehmen zum Vergabeverfahren, die nicht mindestens 30% der ausgeschriebenen Leistung im eigenen Betrieb erbringen können, ist damit

463 Dazu näher: *Trautner/Dittmar*, VergabeR 2002, 343; *Goodarzi*, VergabeR 2002, 566; *Prieß/Pukall*, VergabeR 2003, 11; *Schaffner/Köhler/Glowienka*, VergabeR 2003, 283; *Zirbes*, VergabeR 2004, 133; *Prieß*, VergabeR 2004, 584.

464 Siehe Redaktionshinweis im BGBl. 2003, I Nr. 6 v. 14. 2. 2003, S. 171 unten: »*§ 4 Abs. 3 tritt gemäß Artikel 2 der Ersten Verordnung zur Änderung der Vergabeverordnung vom 7. November 2002 (BGBl. I S. 4338) am 31. Dezember 2014 außer Kraft.*«

465 OLG Brandenburg, Beschl. v. 16. 1. 2007 (Verg W 7/06), VergabeR 2007, 235.

466 Vgl. zum Bereich der VOL/A: KG, Beschl. v. 4. 7. 2002 (KartVerg 8/02), VergabeR 2003, 84 = BauR 2003, 437 = VergabE C-3-8/02v2.

aufgegeben worden. Erste Entscheidungen zu diesem Komplex bestätigen diese neue Rechtslage[467], die wohlgemerkt nur bei EU-weiten Ausschreibungen gilt.

Bei der Weitervergabe von Bauleistungen sind gemäß **§ 6 II Nr. 3 VgV** die Bestimmungen der VOB/B anzuwenden.

dd) Sonderbestimmung über die Vorbefassung für europaweite Verfahren nach der VOL/A

62 Im Anwendungsbereich der europaweiten Ausschreibungen nach der VOL/A findet sich eine leicht zu übersehende **Sondervorschrift zur Problematik der Vorbefassung von Bietern oder Bewerbern**. Das entsprechende Pendant findet sich in der VOB/A in § 8a Nr. 9 VOB/A. Die für die Bauvergaben geltende Bestimmung des § 6 III VgV verweist – duplizierend – auf die entsprechende Geltung des § 4 V VgV.

Ausgangspunkt dieser Regelung ist die EuGH-Entscheidung vom März 2005, gemäß der ein **vorbefasster Leistungserbringer nicht pauschal** vom Vergabeverfahren **ausgeschlossen** werden darf. Eine Begründung, die darauf zielt, zu unterstellen, dieser Bieter besitze wettbewerbsverfälschende Vorkenntnisse, und sei deshalb von vornherein an dem nachfolgenden Vergabeverfahren nicht beteiligungsfähig, ist nicht tragfähig[468]. Wäre dies rechtens, so könnte kein Anschlussauftrag an den Vorauftragnehmer vergeben werden.

Daher muss, sofern ein Bieter oder Bewerber vor Einleitung des Vergabeverfahrens den Auftraggeber beraten oder in sonstiger Weise unterstützt hat, der Auftraggeber bei der Durchführung des Vergabeverfahrens sicherstellen, dass der **Wettbewerb durch die Teilnahme eines Bieters oder Bewerbers nicht verfälscht** wird[469]. Dies beinhaltet insbesondere, dass die **objektiv notwendigen Informationen an alle weitergegeben** werden. Entscheidend ist damit der objektiv gleiche Informationsstand für alle Bieter. Nicht entscheidend ist es gemäß dieser Vorschrift, dass der Bieter – im einzelnen nicht objektivierbare, weil nicht quantifizierbare – Vorteile besitzen kann, weil er die spezifischen Bedürfnisse des öffentlichen Auftraggebers besser kennt. Hier muss man gemäß der EuGH-Rechtsprechung anerkennen, dass Bieter oder Bewerber, die Voraufträge erbracht haben, subjektive, nicht in Zahlen ausdrückbare Vorteile besitzen, die sie in ihr Anbietungsverhalten mit einbringen. Der Objektivierbarkeit von öffentlichen Ausschreibungsverfahren können insoweit Grenzen gesetzt sein, insbesondere wenn es sich z.B. um Dienstleistungen handelt, die konzeptioneller Natur sind. Gegenbeispiel sind hier durchschnittliche Lieferaufträge ohne Dienstleistungselemente.

Abschließend gilt es noch auf einen **Sonderfall** zu verweisen, bei dem die Rechtsfindung

- erstens eine analoge Anwendung des § 4 V VgV für den Sektorenbereich bejaht (der für diesen nicht unmittelbar gilt)

467 OLG Frankfurt, Beschl. v. 2. 3. 2007 (11 Verg 14/06), NZBau 2007, 466 = VS 2007, 47.

468 EuGH, Urt. v. 3. 3. 2005 (Rs. C-21/03, Rs. C-34/03 – »Fabricom SA ./. Belgien«), VergabeR 2005, 319 = NZBau 2005, 351 = WuW 2005, 567 = VS 2005, 21.

469 VK Nordbayern, Beschl. v. 9. 8. 2007 (21.VK- 3194-32/07), VS 2007, 79.

– und zweitens eine Anwendung zu Lasten eines Bieters bzw. einer Bietergruppe bejaht hat, deren verbundene respektive zum Teil personenidentische Besetzung in den Unternehmen sich nach der Partizipation an den Vorarbeiten anschließend an der Ausschreibung der Fortführung der Arbeiten beteiligt.

Die Vergabestelle schrieb in dem entschiedenen Fall[470] die Bauüberwachung für den schlüsselfertigen Bau eines Fluggastterminals im Verhandlungsverfahren mit vorgeschaltetem Teilnahmewettbewerb nach der EG-Sektorenrichtlinie (VOL/A-SKR) europaweit aus. Gegenstand der **Bauüberwachung** war die für den Flughafen spezifische Ausrüstung (Leistungsphase 8 i.S.v. §§ 15 und 73 HOAI). **Optional** wurde überdies die **Objektbetreuung** und Dokumentation (Leistungsphase 9 gem. §§ 15 und 73 HOAI) ausgeschrieben. An der Vorbereitung der Vergabe sowie am Vergabeverfahren war eine **Projektsteuerungsgesellschaft** beteiligt. Deren Komplementär wurde von ihrem Geschäftsführer, einem Professor, vertreten. Dieser Professor ist gleichzeitig als Mitgeschäftsführer aller zu einer Unternehmensgruppe gehörenden Gesellschaften beteiligt. Auf die Ausschreibung meldeten sich **mehrere Bieter**, darunter auch ein **Unternehmen der besagten Unternehmensgruppe**.

Die **VK Brandenburg** bestätigte den Angebotsausschluss. Sie weist darauf hin, dass es nicht darauf ankomme, ob die Bewerbung der Antragstellerin zu Recht nach § 4 V VgV (»*Hat ein Bieter oder Bewerber vor Einleitung des Vergabeverfahrens den Auftraggeber beraten oder sonst unterstützt, so hat der Auftraggeber sicherzustellen, dass der Wettbewerb durch die Teilnahme des Bieters oder Bewerbers nicht verfälscht wird*«) ausgeschlossen wurde. **§ 4 V VgV findet im Sektorenbereich keine direkte Anwendung**, was auch für die Vergabe freiberuflicher Dienstleistungen nach § 5 VgV gilt, wo ebenfalls keine entsprechende Anwendung des § 4 V VgV vorgesehen ist. Die Frage, ob § 4 V VgV im Entscheidungsfall analog anzuwenden ist bzw. ob die Norm Ausprägung des allgemeinen Wettbewerbsgrundsatzes nach § 97 I GWB ist[471], könne **dahinstehen**, weil die **Antragstellerin bereits die notwendige Zuverlässigkeit nicht besitze**, ohne dass es auf die Frage der Anwendung des § 4 V VgV noch ankomme. Kernaspekt des Falles sei daher die Frage der vergaberechtlichen Zuverlässigkeit eines Bieters vor dem Hintergrund, dass zwischen dem Geschäftsführer der Projektsteuerungsgesellschaft und dem Geschäftsführer der Antragstellerin Personenidentität bereits vor der Einleitung des Vergabeverfahrens bestand.

Die VK betont, dass es bei der **Zuverlässigkeit eines Bieters** nicht nur auf die Beantwortung der Fragen nach mangelnder Sorgfalt früherer Arbeiten, schwerer Verfehlungen wie Bestechung, Urkunden- und Vermögensdelikte, Verstöße gegen die Bestimmungen des GWB oder des Gesetzes zur Bekämpfung der Schwarzarbeit, Nichtabführung von Steuern und Sozialversicherungsbeiträgen oder Nichtbeachtung von anerkannten Berufspflichten ankomme. Vielmehr sei die **Zuverlässigkeit auch in Frage gestellt, wenn der Bieter zusätzliche Anforderungen nicht erfüllt**, welche der Auftraggeber aus Gründen, die in der Natur der ausgeschriebenen Aufgabe und der mit ihr verfolgten Zwecke liegen, **mit Recht zur Voraussetzung für die Auftragsvergabe machen will.**

470 VK Brandenburg, Beschl. v. 11. 7. 2006 (1 VK 25/06).
471 Vgl. OLG Düsseldorf, Beschl. v. 16. 10. 2003 (Verg 57/03).

Diese Rechtsprechungstendenz, die auch in einem noch etwas anderen Fall durch das OLG Brandenburg[472] bestätigt wurde, ist schwerlich mit dem Geist der EuGH-Entscheidung in der Sache Fabricom in Einklang zu bringen. Danach darf es gerade nicht passieren, dass Bieter pauschal deshalb ausgeschlossen werden, weil sie Vorkenntnisse besitzen, die – kaum bestreitbar und kaum vermeidbar – **potentielle Wettbewerbsvorteile** bedeuten. Entscheidend kommt es jedoch nach hier vertretener Auffassung darauf an, dass **objektiv gleiche Wettbewerbsbedingungen** geschaffen werden. Das wird nach hier vertretener Auffassung in dieser Rechtsfindung nicht ausreichend gewertet. Der dann getätigte **Rückgriff auf eine angeblich eo ipso fehlende Zuverlässigkeit** in dem Sinne, wie es der Bieter quasi unter Inabredestellung seiner eigenen Kompetenz wagen könne, sich an der nachfolgenden Ausschreibung zu bewerben, ist ausgesprochen systemwidrig. Eine solche Rechtsprechung widerspricht der Verhältnismäßigkeit, und sie ist außerdem in einem Fall höchst fragwürdig, in dem mit gewissen Argumenten beide Auffassungen, also die Teilnahmefähigkeit wie auch die Nichtteilnahmefähigkeit, vertreten werden können.

Selbst wenn man dieser von den Nachprüfungsinstanzen vertretenen Rechtsauffassung für die dort behandelte besondere Vergabematerie[473] folgen sollte, ist vor einer Verallgemeinerung zu warnen. Dem Wesen des EuGH-Urteils in der Sache Fabricom, dessentwegen die Bestimmungen u.a. des § 4 V VgV geschaffen wurden, entsprechen sie nicht. Erst recht ist im Hinblick auf eine Schlussfolgerung Vorsicht geboten, die zum Ausschluss jeglicher Beteiligung des Projektanten respektive Erbringers von Vorleistungen an einem nachgelagerten Verfahren führt.

ee) Sektorenbereich

63

Wichtige Verweisungen und Ausnahmen für den Sektorenbereich sind in den Bestimmungen der **§§ 7 bis 12 VgV** geregelt[474].

Zum **Sektorenbereich** sind solche Unternehmen zu rechnen, die Tätigkeiten versehen, welche auf den Gebieten der **Trinkwasser- oder Energie-, Gas- und Wärmeversorgung oder im Verkehrsbereich** lokalisiert sind (§ 8 VgV).

Infolge der fortgeschrittenen Liberalisierung des Telekommunikationsbereiches wurde dieser auf Basis des Art. 8 der früheren Sektorenrichtlinie 93/38/EWG herausgenommen[475]. Die Europäische Kommission hat in der Mitteilung vom 3. 6. 1999[476] über diese Freistellung für Deutschland für die Leistungen »*öffentlicher Telefondienst (Fest- und Mobilnetz), Satellitendienste und Datenübertragung/Mehrwertdienste*« informiert.

---

472 OLG Brandenburg, Beschl. v. 16. 1. 2007 (Verg W 7/06), VergabeR 2007, 235.

473 OLG Brandenburg, Beschl. v. 16. 1. 2007 (Verg W 7/06), VergabeR 2007, 235, LS: »*Der Generalplaner ist zur Erbringung von Ingenieurleistungen zur Bauüberwachung ungeeignet, wenn die Ausschreibungsunterlagen explizit auch die Überwachung der zuvor vergebenen Generalplanungsleistungen verlangen.*«.

474 Siehe dazu eingehender unter Kapitel B.I.1.c.

475 Mitteilung der Kommission v. 8. 5. 1999 gemäß Art. 8 der Richtlinie 93/38/EWG, ABl. C 129, S. 11. Dazu *von Craushaar*, EUK 1999, 71. Siehe auch die aktualisierte Mitteilung nach Art. 8 der Richtlinie 93/38/EWG, ABl. v. 30. 4. 2004, C 115, S. 3.

476 ABl. EG Nr. C 156/03.

(1) Öffentliche Sektorenauftraggeber (dritte Abschnitte)

64 **§ 7 I VgV** legt fest, dass die in § 98 Nr. 1 bis 3 GWB genannten Auftraggeber, die
- entweder eine Tätigkeit im Bereich der **Trinkwasserversorgung** (§ 8 Nr. 1 VgV)

oder in **bestimmten Segmenten des Verkehrsbereiches** wie
- der Versorgung von Beförderungsunternehmen im Seeschiff- oder Binnenverkehr mit Häfen oder anderen Verkehrseinrichtungen (§ 8 Nr. 4 lit. b VgV) respektive
- dem Betreiben von Netzen zur Versorgung der Öffentlichkeit im Eisenbahn-, Straßenbahn- oder sonstigen Schienenverkehr, im öffentlichen Personenverkehr auch mit Kraftomnibussen und Oberleitungsbussen, mit Seilbahnen sowie mit automatischen Systemen, sowie dem Betreiben von Verkehrsleistungen auf Grund einer behördlichen Auflage, etwa in Form der Festlegung der Strecken, Transportkapazitäten oder Fahrpläne (§ 8 Nr. 4 lit. c VgV)

tätig sind, die **dritten Abschnitte der VOB/A bzw. VOL/A** anwenden müssen.

Hierbei handelt es sich demnach um die bereits angesprochenen **sog. öffentlichen Sektorenauftraggeber**, die dem strengeren Reglement des 3. Abschnitts unterworfen werden und insbesondere den Vorrang des Offenen Verfahrens beachten müssen (§ 3 Nr. 2 VOB/A bzw. VOL/A).

(2) Private Sektorenauftraggeber (vierte Abschnitte)

65 **§ 7 II VgV** bestimmt, dass die in § 98 Nr. 1 bis 3 GWB genannten Auftraggeber, die eine Tätigkeit
- entweder im Bereich der Elektrizitäts- und Gasversorgung (§ 8 Nr. 2 VgV)
- oder im Bereich der Wärmeversorgung (§ 8 Nr. 3 VgV) versehen,
- sowie die in § 98 Nr. 4 GWB genannten Auftraggeber,

die jeweilig einschlägigen **4. Abschnitte der VOB/A bzw. VOL/A** anwenden müssen.

Sie können also im Unterschied zu den vorgenannten öffentlichen Sektorenauftraggebern **die Vergabeverfahrensarten** (Offenes Verfahren, Nichtoffenes Verfahren, Verhandlungsverfahren) **frei wählen**[477].

Das **Verhandlungsverfahren** kann unter der Voraussetzung gewählt werden, dass ein **Aufruf zum Wettbewerb** durchgeführt wird, wobei dieser Aufruf durch Veröffentlichung einer Bekanntmachung im Amtsblatt der Europäischen Union zu erfolgen hat. Auf das **Verhandlungsverfahren ohne vorherigen Aufruf zum Wettbewerb** dürfen die Auftraggeber u.a. nur dann zurückgreifen,
- wenn dringliche zwingende Gründe
- im Zusammenhang mit Ereignissen, die der Auftraggeber nicht vorhersehen konnte,

es nicht zulassen, die in den Offenen oder Nichtoffenen Verfahren vorgesehenen Fristen einzuhalten. Diese **Voraussetzungen müssen kumulativ** in dem Sinne

477 Vgl. auch § 101 VI GWB. EuGH, Urt. v. 16. 6. 2005 (verb. Rs. C- 462/03 – »Strabag AG, und Rs. C-463/93, Kostmann GmbH«), NZBau 2005, 474 = WuW 2005, 860.

erfüllt sein, dass ein unvorhergesehenes Ereignis vorliegen muss, dringliche und zwingende Gründe gegeben sein müssen, welche die Einhaltung von bei einem Aufruf zum Wettbewerb vorgeschriebenen Fristen nicht zulassen, und ein Kausalzusammenhang zwischen dem unvorhersehbaren Ereignis und den sich daraus ergebenden dringlichen zwingenden Gründen bestehen muss. Die Notwendigkeit, ein dem Auftrag zugrunde liegendes Projekt innerhalb einer von der zuständigen Behörde zur Genehmigung des Projekts gesetzten Frist auszuführen, ist kein dringlicher zwingender Grund im Zusammenhang mit einem unvorhersehbaren Ereignis, weil es ein vorhersehbarer Umstand des Verfahrens zur Genehmigung des Projektes ist, wenn die Behörde, deren Genehmigung erforderlich ist, im Hinblick darauf Fristen vorschreiben kann[478].

Damit ist der gesamte Bereich der **Energieversorgung** – unabhängig davon, ob es sich um Auftraggeber nach § 98 Nr. 1 bis 3 oder Nr. 4 GWB handelt – einheitlich zur Anwendung der Vergabevorschriften der Abschnitte 4 der Verdingungsordnungen verpflichtet bzw. berechtigt. Der Verordnungsgeber erhofft sich hierdurch eine Vereinfachung, die der fortgeschrittenen Liberalisierung Rechnung trägt[479].

In der Regel dürfte es so sein, dass **private Energieerzeuger** zumindest dann nicht einmal dem Sektorenauftraggeberbegriff des § 98 Nr. 4 GWB und damit den Ausschreibungspflichten nach dem 4. Abschnitt unterfallen, wenn sie selbst nicht Begünstigter im Sinne von ausschließlichen Rechten sind[480]. Der Rechtsgedanke der Innehabung ausschließlicher Rechte ist jedenfalls unbestreitbar ein spezielles Element der Sektorenauftraggebereigenschaft[481].

In Anknüpfung an Art. 13 I Sektorenrichtlinie 93/38/EWG und § 100 II lit. i GWB sieht § 10 VgV eine **Ausnahme** hinsichtlich Dienstleistungen vor, die an ein **verbundenes Unternehmen** vergeben werden[482]. § 10 VgV bringt eine nähere Bestimmung der betroffenen Unternehmen. Es muss sich danach um konzerninterne Aufträge handeln und es müssen mindestens 80% des von diesem Unternehmen während der letzten drei Jahre in der Europäischen Gemeinschaft erzielten durchschnittlichen Umsatzes im Dienstleistungssektor aus der Erbringung dieser Dienstleistungen für die mit ihm verbundenen Unternehmen stammen. Es wird darüber hinaus klargestellt, dass die Ausnahme auch gilt, wenn das verbundene Unternehmen noch keine drei Jahre existiert, aber die Prognose zu der relativ gesicherten Annahme führt, dass die Ausnahmevoraussetzungen vorliegen.

Die Vorschriften der §§ 11 und 12 VgV beinhalten weitere Sonderregeln (für Auftraggeber nach dem Bundesberggesetz, Drittlandsklausel), auf die hier nicht näher einzugehen ist.

478 EuGH, Urt. v. 2. 6. 2005 (Rs. C-394/02 – »Kommission/Griechenland«), NZBau 2005, 708 = VergabeR 2005, 466 = WuW 2005, 853.

479 Zu den §§ 8, 9 VgV und insbesondere zum abschließenden Charakter der Ausnahmen nach § 9 VgV: OLG Düsseldorf, Beschl. v. 8. 5. 2002 (Verg 15/01), VergabE C-10-15/01 = EUK 2002, 87.

480 So: *Ohrtmann*, VergabeR 2007, 565.

481 Anders: VK Arnsberg, Beschl. v. 13. 6. 2006 (VK 13/06).

482 Vgl. EuGH, Urt. v. 11. 5. 2006 (Rs. C-340/04 – »Carbotermo Spa u.a./Comune di Busto Arsizio«), NZBau 2006, 452 = VergabeR 2006, 478 = WuW 2006, 849, zu der abschlägig beschiedenen Frage der analogen Anwendung der in Artikel 13 Richtlinie 93/38/EWG vorgesehenen Ausnahme auf die Richtlinie 93/36/EWG.

ff) Vorabinformationspflicht

(1) Formale Anforderungen, Inhalt und Folgen der Nichtbeachtung

(1a) Begriffliches und Hintergründe der Regelung

66 Eine der wichtigsten Regelungen der Vergabeverordnung ist die aus europarechtlichen Gründen[483] in § 13 **verbindlich eingeführte Vorabinformationspflicht über die beabsichtigte Zuschlagserteilung.**

Die Vorabinformationspflicht über die beabsichtigte Zuschlagserteilung ist **nicht zu verwechseln mit der Vorinformation** über die beabsichtigte Ausschreibung von Verträgen (§ 17a Nr. 1 VOB/A, § 17a Nr. 3 VOL/A, § 9 I VOF, vgl. Art. 35 VKLR 2004/18/EG). Bei letzterer handelt es sich um eine unverbindliche Bekanntmachung[484] im Vorfeld einer avisierten Ausschreibung.

Demgegenüber betrifft die **Vorabinformationspflicht** über die beabsichtigte Zuschlagserteilung das Verfahrensstadium nach Abschluss der Wertung; sie ist außerdem verbindlichen Charakters[485]. Sie ist eine Konsequenz aus der so genannten **Münzplättchen-Entscheidung der Vergabekammer (VK) Bund**[486]. Diese hatte das Problem erkannt, dass Rechtsschutz in solchen Fällen nicht möglich ist, in denen **Rechtsverstöße in der Schlussphase des Vergabeverfahrens** auftreten wie etwa bei der Angebotswertung. Wird beispielsweise die Wertung abgeschlossen und der Zuschlag unter unrichtiger Anwendung der Zuschlagskriterien erteilt, so hat der übergangene Bieter keine Chance mehr, Rechtsschutz einzuleiten, weil ein laufendes Vergabeverfahren nicht mehr vorliegt mit der prozessrechtlichen Folge, dass die Vergabekammer einen eventuellen Nachprüfungsantrag als unzulässig ablehnen müsste.

Aus materiell-rechtlicher Sicht kommt die Schwierigkeit hinzu, dass mit der Zuschlagserteilung – bzw. juristisch präziser: dem Bestätigungsschreiben über die Zuschlagserteilung – der **zivilrechtliche Vertrag geschlossen** ist. Dieser kann in aller Regel nach den Regeln des BGB auch nicht mehr angefochten werden (»pacta sunt servanda«)[487]. Zur Ausfüllung dieser **Rechtsschutzlücke** hat die VK Bund den Grundsatz entwickelt, dass alle Bieter, die zuvor einen Antrag auf Mitteilung der Gründe der Nichtberücksichtigung gestellt haben (§ 27a VOL/A), über die beabsichtigte Zuschlagserteilung zu informieren sind und ihnen eine **Frist von 10 Tagen** einzuräumen ist, innerhalb derer sie die Ergreifung von Rechtsschutzmaßnahmen prüfen können. Nur auf diese Weise werde den verfassungsrechtlichen Anforde-

---

483 EuGH, Urt. v. 3. 4. 2008 (Rs. C-444/06 – »Kommission ./. Spanien«); EuGH, Urt. v. 28 10. 1999 (Rs. C-81/98 – »Alcatel Austria«), NZBau 2000, 33 = WuW 1999, 126.

484 EuGH, Urt. v. 26. 9. 2000 (Rs. C-225/98), VergabE A-1-1/00 = NZBau 2000, 584 = WuW 2000, 1160 = ZVgR 2000, 281 = EUK 2000, 167.

485 Noch immer grundlegend zur Informationspflicht nach § 13 VgV: OLG Düsseldorf, Beschl. v. 6. 8. 2001 (Verg 28/01), VergabE C-10-28/01 = VergabeR 2001, 429 = WuW 2001, 1159 = EUK 2001, 135; *Brinker*, NZBau 2000, 174; *Erdl*, VergabeR 2001, 10.

486 VK Bund, Beschl. v. 29. 4. 1999 (VK 1-7/99), VergabE D-1-7/99 = WuW 1999, 660 = BauR 1999, 1284 = ZVgR 1999, 70 = BB 1999, 1076 = EUK 1999, 75.

487 Zu der europarechtlichen Problematik dieser Konstruktion: *Reidt*, BauR 2000, 22; *Kus*, NJW 2000, 544; *Martin-Ehlers*, EuZW 2000, 101.

rungen an den Rechtsschutz (Art. 19 IV, 20 III GG) sowie auch dem Geltungsanspruch der Rechtsmittelrichtlinien 89/665/EWG und 92/13/EWG Rechnung getragen[488].

(1b) 14-Tage-Frist, Textform

67

Der Verordnungsgeber hat mit Einführung des § 13 VgV auf diese Rechtsschutzlücke reagiert und für alle Fälle, d.h. unabhängig von einer Antragstellung im Hinblick auf die Mitteilung über die Gründe der Nichtberücksichtigung (§§ 27 a VOL/A, 27 a VOB/A), eine **unbedingte Vorabinformation** über die beabsichtigte Zuschlagserteilung festgeschrieben[489].

Der Verordnungsgeber hat eine **Frist von 14 Kalendertagen** vorgeschrieben, während der der Zuschlag nicht erteilt werden darf. Sie läuft ab dem **Zeitpunkt der Absendung der Vorabinformation**. Der Zugang dieser Information beim Bieter ist also irrelevant.

Das Kammergericht in Berlin und im Gefolge das Thüringische OLG[490] hatten in Bezug auf § 13 VgV (Fassung 2001) die Auffassung vertreten, es müsse wegen eventuell zu befürchtender Zugangsverzögerungen und damit auch wegen drohenden Verkürzungen des Rechtsschutzes – wie sonst üblicherweise auch – auf den Zugang beim Bieter ankommen. Mittlerweile ist dies jedoch durch eine **Klarstellung in § 13 S. 4 VgV (bereits ab der Fassung 2003)** wieder überholt[491].

In praxi kann die ausschreibende Stelle eine Verkürzung des Rechtsschutzes (und insbesondere der 14-tägigen Überlegungsfrist des Bieters, der eine Absage erhält und eine angemessene Zeit darüber nachdenken können soll, ob er sich mit dem Ausschreibungsergebnis abfinden möchte oder ob er die Vergabekammer anrufen will) vermeiden, indem sie die Mitteilung **vorab per Telefax versendet** und sich den Erhalt ggf. **zusätzlich ausdrücklich nochmals bestätigen** lässt.

Der **BGH** hat diese Rechtsauslegung für die VgV 2001 sowie die entsprechende Regelung des § 13 S. 4 VgV 2003 ausdrücklich bestätigt[492].

> *»Nach dieser Vorschrift ist vielmehr entscheidend, dass »der öffentliche Auftraggeber« die Information »abgibt« (Anm., jetzige Fassung der VgV: er sendet sie in Textform ab). Das kann zwanglos dahin verstanden werden, dass es für den Beginn der zu beachtenden Frist nur darauf ankommt, wann der öffentliche Auftraggeber sich der schriftlichen Mitteilungen an die betroffenen Bieter entäußert, wann er diese Schriftstücke also aus seinem Herrschaftsbereich so heraus-*

488 Vgl. die Stillhaltsfrist von 10 bzw. 15 Kalendertagen (bei Übermittlung per Fax und auf elektronischem Weg bzw. auf herkömmlichem Wege) gemäß Art. 2 lit. a und b der Änderungs-Rechtsmittelrichtlinie 2007/66/EG, EU ABl. L 335, 31 ff.

489 Instruktiv zu Sinn und Zweck des § 13 VgV: OLG Dresden, Beschl. v. 9. 11. 2001 (W Verg 9/01), VergabE C-13-09/01 = VergabeR 2002, 138 = NZBau 2002, 351 = EUK 2002, 12 = IBR 2002, 207.

490 KG, Beschl. v. 4. 4. 2002, Kart Verg 5/02, VergabE C-3-5/02 = VergabeR 2002, 235 = NZBau 2002, 522 = ZfBR 2002, 511 = EUK 2002, 72 = Behörden Spiegel 6/2002, S. 20 = IBR 2002, 621; OLG Jena, Beschl. v. 9. 9. 2002 (6 Verg 4/02), VergabE C-16-4/02 = VergabeR 2002, 631 = ZfBR 2003, 75 = EUK 2002, 168 = Behörden Spiegel 11/2002, S. 24.

491 § 13 S. 3 und 4 VgV: *»Die Frist beginnt am Tag nach der Absendung der Information durch den Auftraggeber. Auf den Tag des Zugangs der Information beim Bieter kommt es nicht an.«*

492 BGH, Beschl. v. 9. 2. 2004 (X ZB 44/03), VergabE B-2-1/04 = VergabeR 2004, 201 = EUK 2004, 63.

gegeben hat, dass sie bei bestimmungsgemäßem weiteren Verlauf der Dinge die Bieter erreichen, deren Angebote nicht berücksichtigt werden sollen. Dieses nach dem Wortlaut der Bestimmung nahegelegte Verständnis, nach dem mithin die ordnungsgemäße Absendung an alle zu benachrichtigenden Bieter für den Beginn der zu beachtenden Frist maßgeblich ist, ist der Auslegung zugrunde zu legen, weil allein dies auch der Intention des Verordnungsgebers entspricht.«[493]

Mit dieser Regelung, die auf die Absendung der Vorabinformation abstellt, wird gemäß der ausdrücklichen Meinung des BGH **keine Ungleichbehandlung** (etwaiger Verstoß gegen § 97 II GWB) heraufbeschworen. Aus dem Grundsatz der Gleichbehandlung aller Bieter eines geregelten Vergabeverfahrens kann nach seiner Überzeugung nicht hergeleitet werden, dass jedem Bieter nach Erhalt der Information gleichermaßen 14 Werktage verbleiben müssen, bis es zum Abschluss des Vergabeverfahrens kommt, und deshalb ein Nachprüfungsverfahren in zulässiger Weise nicht mehr eingeleitet werden kann. Das Postwesen in der Europäischen Union, so der BGH, ist dergestalt organisiert, dass in Deutschland ordnungsgemäß abgesendete schriftliche Benachrichtigungen auch ausländische Empfänger jedenfalls nach wenigen Tagen erreichen.

Die Vorabinformation muss **in Textform** erfolgen; ein Telefonat, in dem angedeutet wird, der betreffende Bieter werden den Zuschlag nicht erhalten, genügt nicht[494].

(1c) Nichtigkeitsfolge, Wirkungsbereich

68 Nimmt die Vergabestelle **während des Zeitraums dieser 14 Tage** einen (vorzeitigen) Vertragsabschluß vor, so ist der Vertrag wegen Verstoßes gegen ein gesetzliches Verbot (§ 134 BGB) **nichtig**[495]. Der BGH hat diese Sanktion als von der Ermächtigungsvorschrift des § 97 VI GWB gedeckt angesehen[496]. Dies war indes vom vorlegenden Gericht bezweifelt worden[497].

Die **Rechtsfolge der Nichtigkeit** gilt gemäß § 13 S. 6 VgV in jedem Falle, wenn die Vergabestelle die 14 Tage nicht abgewartet[498] hat (Fall des § 13 S. 5, 1. Alt. VgV)[499]. Sie gilt außerdem, wenn die Vorabinformation überhaupt nicht durchgeführt worden ist (Fall des § 13 S. 5, 2. Alt. VgV)[500].

---

493 BR-Drucks. 455/00, S. 18 f.

494 VK Düsseldorf, Beschl. v. 30. 9. 2005 (VK-25/2005-L).

495 Zur Rechweite der Nichtigkeitsfolge: OLG Dresden, Beschl. v. 9. 11. 2001 (WVerg 0009/01), VergabE C-13-09/01 = EUK 2002, 12; *Bär*, ZfBR 2001, 375.

496 BGH, Beschl. v. 9. 2. 2004 (X ZB 44/03), VergabE B-2-1/04 = VergabeR 2004, 201 = EUK 2004, 63.

497 OLG Brandenburg, Beschl. v. 2. 12. 2003 (Verg W 6/03), VergabE C-4-6/03v2 = VergabeR 2004, 210 = NZBau 2004, 169 = EUK 2004, 24. Siehe auch *Münch/Bielak*, EUK 2004, 63 f.

498 Die nach Tagen bemessene Frist berechnet sich anhand der allgemeinen Vorschriften des BGB/der ZPO. Der Tag der Absendung zählt nicht mit. Fällt das Ende der Frist auf einen Sonntag oder Feiertag, so endet sie mit Ablauf des nächsten Werktages, also 24.00 Uhr.

499 Zur Nichtigkeit bei vorzeitiger Zuschlagserteilung i.S.v. § 13 S. 5 VgV 2003: VK Lüneburg, Beschl. v. 20. 1. 2004 (203-VgK 37/03), VergabE E-9c-38/03.

500 § 13 S. 5 und 6 VgV: »*Ein Vertrag darf vor Ablauf der Frist oder ohne dass die Information erteilt worden und die Frist abgelaufen ist, nicht geschlossen werden. Ein dennoch abgeschlossener Vertrag ist nichtig.*«

Unsicherheit herrscht zumindest partiell noch immer über die Frage der **Reichweite der Nichtigkeit im Falle der sog. »De-facto-Vergaben«**, wenn also jede formale europaweite Ausschreibung (rechtswidrigerweise) unterbleibt[501]. Zum Teil wird ein Erst-recht-Schluss befürwortet, der beinhaltet, dass in diesen Fällen ja erst recht grob vergaberechtswidrig verfahren werde, und daher »erst recht« die Nichtigkeitssanktion des § 13 S. 6 VgV greifen müsse[502]. Andere Meinungen sehen hierin ein Problem, weil eine so weitreichende Sanktion hier nur im Wege eines Analogie-Schlusses angenommen werden könne, was rechtlich so nicht funktionieren könne.

Unter der Voraussetzung, dass bei der Beschaffung von Leistungen mehrere Unternehmen Angebote abgegeben haben und der Auftraggeber unter diesen eine Auswahl vorgenommen hat, **lässt der BGH** aus Gründen des effektiven Rechtsschutzes eine **analoge Anwendung des § 13 VgV zu**[503].

Die **harte Sanktion der Nichtigkeit des Vertrages im Falle der Nichtbefolgung** hat der öffentliche Auftraggeber gemäß dem BGH hinzunehmen. Die vergebende Stelle kann sich auf die eine Unkenntnis von der Notwendigkeit eines geregelten Vergabeverfahrens mit entsprechender Information nach § 13 VgV nicht berufen. Dies gilt

- weder in einem Fall, in dem sie verkannt hat, dass sie öffentlicher Auftraggeber ist und die beabsichtigte Beschaffung auf einen öffentlichen Auftrag im Sinne des § 99 I GWB gerichtet ist,
- noch in einem Fall, in dem sie verkannt hat, dass dieser Vertrag den Schwellenwert erreicht oder übersteigt.

Die richtige rechtliche Einordnung eines geplanten Vorgehens gehört gemäß dem BGH zum allgemeinen Risiko, das jeder zu tragen hat, der am Rechtsleben teilnehmen will[504].

Das OLG Düsseldorf[505] hat die **Nichtigkeitsfolge** für den Fall **verneint**, wenn **nur mit einem einzigen Bieter verhandelt** wurde und auch an diesen der Auftrag ohne förmliches Ausschreibungsverfahren vergeben wurde[506]. Tragender Grund für diese Meinung des Senats ist, dass in diesem Falle **keine anderen Bieter existieren**, die über die Nichtbezuschlagung informiert werden könnten. Demzufolge könne die Nichtigkeitsfolge schon **tatbestandlich gar nicht greifen**. Außerdem scheitere eine analoge Anwendung des § 13 VgV daran, dass eine **planwidrige Gesetzeslücke fehle**. Zwar habe der Gesetzgeber erkannt, dass die de-facto-Vergabe einen beson-

501 Dazu u.a.: *Jasper/Pooth*, ZfBR 2004, 549; *Wagner/Steinkemper*, BB 2004, 1577; *Müller-Wrede/Kaelble*, VergabeR 2002, 1, 7 ff.; *Heuwels/Kaiser*, NZBau 2001, 479, 480.

502 Für eine grundsätzliche Anwendbarkeit bei De-facto-Vergaben: OLG Jena, Beschl. v. 14. 10. 2003 (6 Verg 5/03); VergabE C-16-5/03 = VergabeR 2004, 113 = ZfBR 2004, 193.

503 BGH, Beschl. v. 1. 2. 2005 (ZB 27/04), LS, VergabeR 2005, 328 = NZBau 2005, 290 = WuW 2005, 573: *»§ 13 VgV ist entsprechend anzuwenden, wenn es im Anwendungsbereich der §§ 97 bis 99, 100 Abs. 1 GWB bei der Beschaffung von Dienstleistungen zur Beteiligung mehrerer Unternehmen gekommen ist, die Angebote abgegeben haben, und der öffentliche Auftraggeber eine Auswahl unter diesen Unternehmen trifft.«*

504 BGH, unter Verweis auf *Petersen*, ZfBR 2003, 611, 614. Siehe auch: OLG Düsseldorf, NZBau 2003, 400, 405.

505 OLG Düsseldorf, Beschl. v. 3. 12. 2003 (VII Verg 37/03), VergabE C-10-37/03 = VergabeR 2004, 216 = WuW 2004, 239 = NZBau 2004, 11 = ZfBR 2004, 196 = EUK 2004, 6.

506 Vgl. auch: VK Schleswig-Holstein, Beschl. v. 24. 7. 2007 (VK-SH 16–07).

ders schwerwiegenden Verstoß gegen das Vergaberecht darstellt[507], jedoch in § 114 II 1 GWB eindeutig den Grundsatz normiert, dass auch der unter Verletzung des Vergaberechts zustandegekommende Vertrag rechtsgültig ist. Zudem sei die Sachlage bei der Vorabinformation in einem Vergabeverfahren anders als bei der de-facto-Vergabe. Schließlich würde die analoge Anwendung des § 13 S. 6 VgV zu einer nicht hinnehmbaren **Rechtsunsicherheit** in einer Vielzahl von nicht absehbaren Fällen – auch nach dem Ablauf geraumer Zeit – führen.

Nicht zu Unrecht ist diese Entscheidung z.T. heftig kritisiert worden, weil die ausschreibende Stelle für eine besonders wettbewerbswidrige Form der de-facto-Vergabe quasi belohnt wird. Unterzieht sie sich nämlich noch der Mühe, wenigstens mehrere Bieter anzusprechen, wenn sie denn schon auf ein an sich erforderliches formales Ausschreibungsverfahren gänzlich verzichtet, so wird sie von der Nichtigkeitssanktion in stärkerem Maße bedroht.

Ausdrücklich nicht entschieden hat das OLG Düsseldorf die soeben erwähnte Konstellation, wenn die Vergabestelle mit mehreren verhandelt hat. Diese Lücke hat das **OLG Celle**[508] geschlossen. Es hat die Nichtigkeitsfolge in solch einer Konstellation unter ausdrücklicher Berufung auf die grundsätzlichen Erwägungen des OLG Düsseldorf bejaht.

Kühnen betont unter Verneinung der Analogiefähigkeit des § 13 VgV 2003, dass die Nichtigkeitsfolge nur dann gegeben sein soll, wenn der öffentliche Auftraggeber das Vergaberecht bewusst missachtet, »*er also entweder weiß, dass der entsprechende Auftrag dem Kartellvergaberecht unterfällt, oder er sich einer solchen Kenntnis mutwillig verschließt, und er überdies kollusiv mit dem Auftragnehmer zusammenwirkt.*«[509]

Das **Thüringische OLG**[510] hat festgestellt, dass sich jedenfalls Dritte, also Personen bzw. Unternehmen, die an dem Vergabeverfahren **gar nicht als Bieter teilgenommen haben, nicht** auf die Nichtigkeitsfolge **berufen** können.

(1d) Anwendungsbereich (insbes. Verhandlungsverfahren und Vergaben nach Anhang IB)

69 Die Vorabinformation gemäß § 13 VgV findet in jedem Verfahren, an dem mindestens ein Bieter teilgenommen hat, also **auch bei der Durchführung eines Verhandlungsverfahrens ohne vorherige Bekanntmachung** gemäß § 3 a Nr. 5 VOB/A, **Anwendung**[511]. Bieter im Sinne des § 13 VgV sind demnach nicht nur diejenigen, die an einem Offenen, Nichtoffenen oder einem Verhandlungsverfahren nach Öffentlichem Teilnahmewettbewerb (mit vorheriger Bekanntmachung) beteiligt waren, sondern auch diejenigen, die an dem formlosesten aller europaweiten Vergabeverfahren, dem Verhandlungsverfahren ohne vorherigen Teilnehmerwettbewerb, partizipiert haben. § 13 VgV regelt umfassend den Schutz der Bieter, also

507 BT-Drs. 13/9340, S. 17, Erläuterungen zu § 117.

508 OLG Celle, Beschl. v. 14. 9. 2006 (13 Verg 3/06), VergabeR 2007, 86; OLG Celle, Beschl. v. 5. 2. 2004 (13 Verg 26/03), VergabE C-9-26/03 = EUK 2004, 40 = Behörden Spiegel 4/2004, S. 19.

509 *Kühnen*, in: Byok/Jaeger, Kommentar zum Vergaberecht, 2. Aufl. 2005, Rn. 1608, 1610 zu § 13 VgV.

510 OLG Thüringen, Beschl. v. 28 1. 2004 (6 Verg 11/03), VergabE C-16-11/03 = EUK 2004, 24.

511 VK Hessen, Beschl. v. 05.2001 (69d–VK 17/2001), VergabE E-7-17/01 = EUK 2001, 154 = Behörden Spiegel 11/2001, S. 24.

derjenigen, die ein **Angebot** in einem europaweiten Ausschreibungsverfahren im Sinne des § 100 I GWB **abgegeben** haben.

Wird im **Verhandlungsverfahren ein Öffentlicher Teilnahmewettbewerb vorgeschaltet**, so sehen die Vorabinformationspflichten wie folgt aus[512]:

- In analoger Anwendung des § 13 VgV erfolgt **zum Abschluss des Teilnahmewettbewerbes eine Information der Bewerber** über den Erfolg bzw. Nichterfolg der Bewerbung. Im Falle der erfolgreichen Teilnehmer, die zum nachgeschalteten Verhandlungsverfahren (sog. Angebotsverfahren) aufgefordert werden, erfahren diese ohnehin durch die Aufforderung zur Angebotsabgabe von ihrem Erfolg. Wichtiger ist die analog § 13 VgV durchzuführende Vorabinformation für die erfolglosen Teilnehmer, welche sonst nicht oder nur durch Zufall oder nur mit sehr großem Zeitabstand von ihrer Nichtberücksichtigung im Angebotsverfahren erfahren. Sie müssen auch die Chance haben, gegen ihre Nichtberücksichtigung vor der Vergabekammer zu »klagen«. Besser, sie tun dies zeitlich direkt nach dem Abschluss des Teilnahmewettbewerbes als erst zu einem Zeitpunkt, an dem das Angebotsverfahren bereits abgeschlossen ist (siehe zweiter Anstrich).
- In jedem Fall erfolgt eine **Vorabinformation gemäß § 13 VgV** zum **Abschluss des Angebotsverfahrens**, also des eigentlichen Verhandlungsverfahrens (2. Teil des zweigestuften Verfahrens). In diesem Stadium sind alle
  - ***Bieter*** des Angebotsverfahrens
  - sowie auch alle ***Bewerber*** des vorangegangenen Teilnahmewettbewerbes

  zwingend zu informieren. Diese Anforderung gilt, obwohl der Wortlaut des § 13 S. 1 VgV lediglich von Bietern spricht, die zu informieren sind. Unbeschadet dieses Wortlautes sind alle Bieter und Bewerber zu informieren, und zwar ausnahmslos.

Einen **Sonderfall** im Hinblick auf die **analoge Anwendung des § 13 VgV** stellt die **Aufhebung eines vorangegangenen Offenen Verfahrens** dar, dem eine **ungerechtfertigte de-facto-Vergabe folgt**. Das OLG Naumburg[513] hält die analog § 13 S. 1 VgV bestehende Vorabinformationspflicht in dieser Konstellation für verletzt, weil die Vergabestelle die Antragstellerin nicht über den beabsichtigten Vertragsschluss mit der im Verfahren Beigeladenen informiert hat. Das Interesse der Antragstellerin, die sich am vorangegangenen Offenen Verfahren beteiligt hatte, sei der Vergabestelle bekannt gewesen. Gemäß dem Sinn und Zweck des § 13 VgV müsse dann auch die Vorabinformationspflicht analog § 13 S. 1 VgV greifen[514].

Die **Vorabinformationspflicht** nach § 13 VgV **besteht auch im Falle einer im Kern haushaltsrechtlichen Vergabe gemäß Anhang I B** (zum 2. Abschnitt der VOL/A)[515]. Zwar sind gemäß § 1a Nr. 2 II VOL/A die meisten europarechtlichen Vorschriften – bis auf die §§ 8a und 28a – ausgeklammert, jedoch sind diese Verfahren, die sich dann im wesentlichen nach dem 1. Abschnitt der VOL/A (also den haushaltsrechtlichen Paragraphen) richten, vor den Vergabekammern nachprüfbar. Insoweit gilt eingeschränkt das europäische materielle Vergaberecht, aber

512 OLG Naumburg, Beschl. v. 25. 9. 2006 (1 Verg 10/06), VergabeR 2007, 255 = NZBau 2007, 336.
513 OLG Naumburg, Beschl. v. 15. 3. 2007 (1 Verg 14/06), VergabeR 2007, 512.
514 So auch OLG Düsseldorf, Beschl. v. 23. 2. 2005 (VII Verg 87/04).
515 OLG Dresden, Beschl. v. 25. 1. 2008 (WVerg 10/07).

in vollem Umfang das europäische Nachprüfungsrecht[516]. Das genügt, um auch die Anwendungsverpflichtung zur Vorabinformation auszulösen.

(1e) Wirksamkeit, Umfang und Inhalt

70 In der praktischen Umsetzung der Vorabinformationspflicht hat sich, wie schon kurz angesprochen, auf breiter Front die **Absendung per Telefax mit Rückbestätigungsanforderung** eingebürgert. Auf diese Weise hat die Vergabestelle die **Beweismöglichkeit**, dass die Zu- bzw. Absageschreiben an die Bieter und Bewerber an einem bestimmten Tag abgeschickt wurden. Sie kann dann rechtssicher den Zuschlag zu einem Zeitpunkt erteilen, zu dem die Nichtigkeitsfolge des § 13 S. 6 VgV nicht mehr droht.

Damit die Wirksamkeit der Vorabinformation nicht unnötig in Zweifel gezogen werden kann, ist es unbedingt zu empfehlen, dass die **Vergabestelle selbst die § 13 VgV-Schreiben unter ihrem Briefkopf absendet**. Es spricht vieles dafür, dass es nicht ausreicht, wenn die Schreiben lediglich unter dem Briefkopf und mit Unterschrift eines Verantwortlichen des Planungsbüros ergehen, und der öffentliche Auftraggeber womöglich noch ohne inhaltliche Auseinandersetzung die Entscheidungen des Dienstleisters abzeichnet. Insbesondere ist daher die Vergabestelle gefordert, die Absageschreiben nach § 13 VgV selbst und unter ihrem Briefkopf auszufertigen und abzusenden. Das ergibt sich schließlich aus dem Letztentscheidungsrecht der ausschreibenden Stelle, das im Anwendungsbereich der VOL/A in § 2 Nr. 3 kodifiziert ist, aber als allgemeines Rechtsprinzip auch bei Vergaben nach der VOB/A Geltung beansprucht[517].

Umfang und Inhalt dieser Vorabinformationspflicht sind noch immer nicht abschließend geklärt[518]. Angesichts einer Vielzahl von unterschiedlichsten Vergabematerien gestaltet sich eine einheitliche Handhabung auch schwierig. Hinzu kommt, dass häufig auch taktische Erwägungen in die Art der Ausgestaltung der Vorabinformation einfließen werden.

Unter anderem das Bundesbauministerium hatte **Formulare für das Zusageschreiben** an den erfolgreichen Bieter entwickelt, wobei dessen Inhalt lediglich die Information bildet, dass nach Ablauf der Wartefrist gemäß § 13 VgV die Zuschlagserteilung beabsichtigt wird. Außerdem wurden **Formulare für das Absageschreiben** entwickelt, welche die Frage nach Umfang und Inhalt der Information virulenter werden lassen. Hier soll im wesentlichen **durch Ankreuzen** gesagt werden, aus welchen Gründen das Angebot z.B. nach § 25 Nr. 1 VOB/A ausgeschlossen wurde (z.B. Unvollständigkeit) oder warum anhand der vorgegebenen Kriterien die Zuschlagsentscheidung gemäß § 25 Nr. 3 VOB/A nicht an den benachrichtigten Bieter ergehen soll (konkurrierendes wirtschaftlicheres Angebot). Die eigentlichen einzelfallbezogenen Erwägungen und Abwägungsprozesse, welche die ausschreibende Stelle bei ihrer Meinungsbildung durchlaufen hat, können danach weitgehend im Dunkeln bleiben. In der Praxis kommt es – sehr zum Ärger mancher

516 OLG Dresden, Beschl. v. 25. 1 2008 (WVerg 10/07).

517 OLG München, Beschl. v. 15. 7. 2005 (Verg 14/05), NZBau 2006, 472 = VergabeR 2005, 799.

518 Völlig unklar und widersprüchlich der Text der amtlichen Begründung zu § 13 VgV: »*Die Information kann auch durch einen Standardtext erfolgen, der die jeweilige für den Einzelfall tragende Begründung enthalten muss.*«

Bieter – immer wieder vor, dass schlicht das Unzutreffende angekreuzt wird. Auf Nachfrage werden dann völlig andere Gründe für die avisierte anderweitige Zuschlagserteilung genannt.

Noch immer bildet für viele Vergabestellen eine Entscheidung des **OLG Düsseldorf**[519] den Maßstab für Inhalt und Umfang der nach § 13 VgV abzugebenden Information:

> »*Schon aus dem Wortlaut der Norm (§ 13 Satz 1 VgV), die den Auftraggeber verpflichtet, ›den Grund‹ für die Nichtberücksichtigung des Angebots anzugeben, nicht aber in der Mehrzahl von den ›Gründen‹ oder von einer für die Angebotsablehnung zu gebenden ›Begründung‹ spricht, muss gefolgert werden, dass die Norm dem* ***Auftraggeber gestattet, sich kurz zu fassen, und ihm nicht gebietet, das Informationsschreiben mit Gründen zu versehen, die dem (z.B.) die Angebotsauswertung fixierenden Vergabevermerk oder der Begründung eines schriftlichen Verwaltungsakts entsprechen****. Der Auftraggeber muss verständlich und präzise (und selbstverständlich wahrheitsgemäß) den Grund benennen, weshalb das Angebot des zu informierenden Bieters bei der Vorentscheidung erfolglos geblieben ist. Im übrigen ist eine eher zurückhaltende Auslegung des § 13 Satz 1 VgV, die* ***keine hohen Anforderungen an die Erfüllung der Informationspflicht*** *stellt, auch deshalb angezeigt, will die Einhaltung der Vorschrift für den Auftraggeber auch bei einer großen Anzahl zu informierender Bieter noch praktikabel bleiben muss, ferner weil hohe Anforderungen an die Informationspflicht auch bei pflichtbewussten Auftraggebern tendenziell (zu) oft zu einem Eingreifen der Nichtigkeitsfolge des § 13 Satz 4 VgV führen können.*«

Diese Auffassung beinhaltet die Gefahr, die für den Rechtsschutz eminent wichtige Informationspflicht nach § 13 VgV zu sehr zu marginalisieren. Infolge einer zu knappen Information werden **unnötige Nachprüfungsverfahren** heraufbeschworen. Wird beispielsweise um die **Angebotswertung** gestritten – und dies ist ein recht häufiger Fall, dessentwegen der § 13 VgV gerade geschaffen wurde –, so bringt eine Benennung des Grundes der Nichtberücksichtigung etwa in der Weise »*Sie haben nicht das wirtschaftlichste Angebot abgegeben.*«, für den Bieter rein gar nichts. Er kann nur quasi mit Nichtwissen bestreiten, dass die Zuschlagserteilung rechtskonform ist und auf Verdacht ein Nachprüfungsverfahren einleiten. Für eine ausführliche Korrespondenz mit Nachlieferung der detaillierten Gründe durch den Auftraggeber wird die Zeit oft nicht reichen.

Der Sorge des Gerichts vor zu hohem **Verwaltungsaufwand** bei substantiierteren Begründungen kann dadurch begegnet werden, dass die ausschreibende Stelle im Offenen Verfahren **abgestuft nach Wertungsplatzierung** vorgeht, d.h., dass die ersten 10 Bieter ausführlicher beschieden werden und die Bieter auf den Rangplätzen 11 bis 45 eine sehr knappe Information erhalten. Formelhafte Wendungen sind grundsätzlich als nicht ausreichend zu erachten. Die Grenze der Informationspflicht wird durch Geheimhaltungspflichten, deren Reichweite im Einzelfall abzustecken ist, gebildet[520].

---

519 OLG Düsseldorf, Beschl. v. 6. 8. 2001 (Verg 28/01), VergabeR 2001, 429 = WuW 2001, 1159 = VergabE C-10-28/01 = EUK 2001, 135.

520 *Höfler/Bert*, NJW 2000, 3310, 3314; *Gröning*, NZBau 2000, 366, 369.

Merke: Die Vergabestellen sollten sich im Interesse der Vermeidung von Nachprüfungsverfahren insbesondere ermutigt fühlen, die Rangfolge bzw. die Platzierung des jeweiligen Bieters spätestens auf nochmalige Nachfrage hin bekanntzugeben. Vom Vorsitzenden einer Vergabekammer wurde zu Recht eine von Grund auf vermeidbare Situation geschildert, in der das Bieterunternehmen in Unkenntnis seiner Positionierung in der Angebotsauswertung gelassen wurde und es daraufhin ein Nachprüfungsverfahren angestrengt hatte. Als dem Unternehmen schließlich in der mündlichen Verhandlung eröffnet wurde, dass es sich lediglich auf dem 12. Platz befand, gab es zum Ausdruck, dass es in Kenntnis dieser Gegebenheiten dieses Verfahren nie eingeleitet hätte.

Man sollte es mit anderen Worten als Vergabestelle nicht darauf ankommen lassen, dass sich der Bieter im Falle einer inhaltlich nicht ausreichenden Information das **Recht auf Information** aus § 97 VII GWB i.V.m. § 13 VgV in einem Nachprüfungsverfahren **einklagt**[521].

Zwar bleibt eine Verletzung der Vergabevorschriften, die über den Verstoß gegen § 13 VgV nicht hinausgeht, ohne Belang[522]. Die Informationspflicht des § 13 VgV ist also kein Zweck in sich[523]. Dem Nachprüfungsverfahren wird nicht allein dadurch zum Erfolg verholfen[524]. Etwaige Begründungsmängel können im Nachprüfungsverfahren **geheilt** worden.

Jedoch kann sich das in der Kostenentscheidung für den Bieter entlastend und für die Vergabestelle belastend auswirken. In einer Entscheidung wurde die **Vergabestelle** trotz Obsiegens **mit den Verfahrenskosten belastet**, weil sie **inhaltlich nicht ausreichend informiert** und dadurch das Vergabenachprüfungsverfahren **provoziert** hat[525].

> In der Entscheidung heißt es (S. 3): »*Die Kosten des Verfahrens trägt der Ag (Anm.: also die Vergabestelle), weil er seiner Verpflichtung nach §§ 27, 27a VOB/A sowie § 13 VgV nicht in dem erforderlichen Umfang nachgekommen ist. (...) Spätestens mit der Unterrichtung nach § 13 VgV hätte die ASt in Anbetracht des vorgenannten Schriftwechsels detaillierter informiert werden müssen, warum ihr Nebenangebot nicht berücksichtigt worden ist. (...) Durch die unzureichende Information hat der Ag nach Aussage der ASt (...) die Ursache für die Einleitung des Nachprüfungsverfahrens gesetzt. Aus diesem*

521 OLG Koblenz, Beschl. v. 25. 3. 2002 (1 Verg 1/02), VergabE C-11-1/02 = VergabeR 2002, 384 = NZBau 2002, 526 = Behörden Spiegel 6/2002, S. 20 = EUK 2002, 73.

522 So VK Brandenburg, Beschl. v. 21. 4. 2004 (VK 12/04), VergabE E-4-12/04.

523 Vgl. VK Rheinland-Pfalz, Beschl. v. 29. 9. 2004 (VK 14/04), VergabE E-11-14/04, S. 10: »*Die Rüge »unzureichende Vorabinformation« ist verfristet, da sie nicht vor Antragstellung, sondern erst im Verfahren vor der Vergabekammer gerügt wurde. Eine Verletzung der Informationspflicht durch eine unzureichende Begründung liegt darüber hinaus auch schon deshalb nicht vor, weil die Antragstellerin nach Vorabinformation tatsächlich in der Lage war, mit ihrem Nachprüfungsantrag in zulässiger Weise eine Verletzung ihrer Rechte nach § 97 VII GWB geltend zu machen (vgl. insoweit OLG Koblenz, Beschl. v. 25. 3. 2002, 1 Verg 1/02)*«.

524 OLG Jena, Beschl. v. 30. 10. 2006 (9 Verg 4/06), NZBau 2007, 195 = VergabeR 2007, 118.

525 VK Hannover, Beschl. v. 18. 1. 2002 (26045-VgK 9/2001), VergabE E-9a-9/01 = EUK 2002, 58 = Behörden Spiegel 7/2002, S. 18. Vgl. VK Brandenburg, Beschl. v. 25. 4. 2003 (VK 21/03), VergabE E-4-21/03, für den Fall einer völlig falschen Information der Vergabestelle über die angebliche Zuständigkeit der Vergabekammer.

Grund hat der Ag die Kosten des Nachprüfungsverfahrens einschließlich der Kosten der anwaltlichen Vertretung der anderen Verfahrensbeteiligten zu tragen.«[526]

Die vom OLG Düsseldorf angeführte **Nichtigkeitsfolge** (§ 13 S. 6 VgV) liefert jedenfalls kein allzu überzeugendes Argument, weil sich diese auf das vollkommene Unterlassen der Vorabinformation oder das Nichtabwarten der 14 Kalendertage bis zur Zuschlagserteilung bezieht. Eine Nichtigkeitsfolge auch für den Fall, dass die mitgeteilten Gründe der Ablehnung inhaltlich nicht ausreichen, ist aus der Vorschrift nicht ersichtlich. Sie wird denn auch zu Recht vom OLG Koblenz[527] abgelehnt.

(2) Vorgehensweise im Falle der Aufhebung der Ausschreibung

71 Die Vergabestelle kann eine Ausschreibung jederzeit aufheben. Entweder ist sie im Hinblick auf die in den §§ 26 Nr. 1 VOB/A bzw. VOL/A **definierten Aufhebungsgründe** (kein den Ausschreibungsbedingungen entsprechendes Angebot, Verdingungsunterlagen müssen grundlegend geändert werden, andere schwerwiegende Gründe) gerechtfertigt oder die Vergabestelle versucht – ohne dass es dabei eine rechtliche Grundlage in den Verdingungsordnungen gäbe – z.B. eine fehlkonzipierte Ausschreibung[528] zu beseitigen, um rein **präventiv** ein Nachprüfungsverfahren zu verhindern. In beiden Fällen besteht ein Nachprüfungsinteresse des Bieters, das durch Art. 1 I der Rechtsmittelrichtlinie 89/665/EWG gedeckt ist[529]. Anderenfalls wäre der Rechtsschutz, insbesondere im Falle missbräuchlicher Aufhebung, nicht vollständig[530].

In einem zunächst geplanten § 13 II VgV sollte eindeutig bestimmt sein, dass auch die Fälle einer unberechtigten **Aufhebung der Ausschreibung** einer Nachprüfung unterworfen werden können, indem auch hier eine Vorabinformationspflicht eingeführt wird. In dem Regierungsentwurf vom 26. 7. 2000 jedoch wurde dieser Absatz, der erst in den Entwurf vom 8. 6. 2000 eingefügt worden war, wieder fallengelassen[531].

---

526 So auch: VK Schleswig-Holstein, Beschl. v. 27. 5. 2004 (VK-SH 14/04), VergabE E-15-14/04 = EUK 2004, 155. Unter Verweis auf: VK Hannover, Beschl. v. 18. 1. 2002 (VgK 9/2001), VergabE E-9a-9/01 = EUK 2002, 58 = Behörden Spiegel 7/2002, S. 18; VK Baden-Württemberg, Beschl. v. 4. 4. 2002 (1 VK 8/02), VergabE E-1-8/02; VK Südbayern, Beschl. v. 16. 6. 2003 (06/03), VergabE E-2b-6/03; VK Thüringen, Beschl. v. 12. 6. 2003 (216-4004.20-005/03- SCZ), VergabE E-16-5/03; VK Bund, Beschl. v. 10. 12. 2003 (VK 1 – 116/03), VergabE D-1-116/03.

527 OLG Koblenz, Beschl. v. 25. 3. 2002 (1 Verg 1/02), VergabE C-11-1/02, Rn. 20 = VergabeR 2002, 384 = NZBau 2002, 526 = Behörden Spiegel 6/2002, S. 20 = EUK 2002, 73.

528 VK Bremen, Beschl. v. 23. 1. 2002 (VK 11/01), VergabE E-5-11/01 = EUK 2003, 10.

529 EuGH, Urt. v. 18. 6. 2002 (Rs. C-92/00), VergabE A-1-2/02 = VergabeR 2002, 361 = NZBau 2002, 458 = ZfBR 2002, 604 = WuW 2002, 1137 = EUK 2002, 119 = IBR 2002, 430.

530 Für eine umfassende Nachprüfung unter Aufgabe früherer Rechtsprechung nunmehr: OLG Düsseldorf, Beschl. v. 19. 11. 2003 (VII Verg 59/03), VergabE C-10-59/03 = ZfBR 2004, 202 = EUK 2003, 185.

531 § 13 II des Entwurfs der Vergabeverordnung vom 8. 6. 2000 lautete: »*Beabsichtigt der Auftraggeber, das Vergabeverfahren durch Aufhebung zu beenden, sind alle Bieter spätestens 10 Werktage vor der Aufhebung zu informieren. Das Vergabeverfahren darf vor Ablauf dieser Frist und ohne dass der Auftraggeber nicht alle Bieter über die beabsichtigte Aufhebung informiert hat, nicht aufgehoben werden*«. Dieser Entwurf der Verordnung ist dokumentiert in ZVgR 3/2000, S. III ff.

Hebt die Vergabestelle die Ausschreibung auf, so kann sie dies **ohne weitere formale Anforderungen** im Hinblick auf die Vorabinformation nach § 13 VgV tun. Außerdem muss sie insbesondere im europaweiten Vergabeverfahren nur die Bekanntmachungspflichten im Amtsblatt der EG einhalten und den Informationspflichten gemäß § 26 a VOL/A bzw. VOB/A genügen[532].

Was die **Aufhebung der Aufhebung einer Ausschreibung**, also quasi die Wiedereinsetzung in den vorigen Stand des Vergabeverfahrens, anbelangt, so steht zunächst fest, dass die **Vergabestelle** hierzu **von sich aus jederzeit befugt** ist[533]. Sie kann also z.B. auf die informelle Intervention eines Bieters hin zu einer besseren Einsicht gelangen und das Verfahren weiterführen.

Das **Erstreiten der Fortführung des Vergabeverfahrens** gestaltet sich schon schwieriger. Angesichts der fehlenden Regelung in der VgV ist auf die **Entscheidungspraxis** zurückzugreifen[534].

Der **BGH**[535] hat im Rahmen der Divergenzvorlage gemäß § 124 II GWB[536] entschieden, dass die **Aufhebung der Ausschreibung** nicht nur dann, wenn die Aufhebung der Ausschreibung **angekündigt** ist, sondern auch dann, wenn selbige **bereits vollzogen** worden ist, der Nachprüfung gemäß den §§ 102, 107 ff. GWB unterliegen muss.

Die Maßnahme der Aufhebung könne schließlich die **Bestimmungen der §§ 26 Nr. 1, 26 a Nr. 1 VOB/A verletzen**, auf deren Beachtung der Bieter einen Anspruch aus § 97 VII GWB habe. Nur in besonderen Ausnahmefällen komme eine Aufhebung als ultima ratio in Betracht.

Durch die Aufhebung der Ausschreibung sei das **Vergabeverfahren** im übrigen **nicht vollständig beendet**. Die in diesem Zusammenhang immer wieder bemühte Bestimmung des § 114 II 2 GWB (nachträgliche Erledigung des [bereits anhängigen] Nachprüfungsverfahrens durch Zuschlagserteilung, Aufhebung oder Einstellung) stehe der generellen Nachprüfung der Aufhebung nicht entgegen. Nicht zuletzt unter **Rechtsschutzgesichtspunkten** müsse eine **Nachprüfung möglich**

532 Im Einzelnen dazu näher in Teil B, Kap. I. 16.

533 OLG Bremen, Beschl. v. 7. 1. 2003, Verg 2/02, VergabE C-5-2/02 = VergabeR 2003, 175 = ZfBR 2003, 291 = BauR 2003, 775 = EUK 2003, 40 = Behörden Spiegel 3/2003, S. 24.

534 Die in der 2. Auflage, S. 53, zitierte Rechtsprechung, die mehrheitlich eine Nachprüfung der Aufhebung der Ausschreibung nur in ersichtlichen Fällen des Mißbrauchs anerkennen wollte, und die wesentliche Verfahrensfragen bzgl. der Aufhebung der Aufhebung unbeantwortet gelassen hat, ist überholt. Sie wird nur der Vollständigkeit halber noch aufgeführt, weil sich u.U. dort vorgenommene Erwägungen zu den Aufhebungsgründen noch verwenden lassen. OLG Düsseldorf, Beschl. v. 15. 3. 2000 (Verg 4/00), VergabE C-10-4/00 = NZBau 2000, 306 = WuW 2000, 821 = ZVgR 2000, 217 = EUK 2000, 56 = Behörden Spiegel 5/2000, S. B II; VK Bund, Beschl. v. 17. 4. 2000 (VK 1-5/00), VergabE D-1-5/00 = EUK 2000, 89 = Behörden Spiegel 7/2000, S. B II; VK Bund, Beschl. v. 13. 7. 2000 (VK 2-12/00), VergabE D-1-12/00 = EUK 2000, 169 = Behörden Spiegel 11/2000, S. B II; VK Bund, Beschl. v. 9. 4. 2001 (VK 1-7/01), VergabE D-1-7/01 = VergabeR 2001, 238, mit Anm. *Noch* = EUK 2001, 88 = Behörden Spiegel 6/2001, S. B II.

535 BGH, Beschl. v. 18. 2. 2003 (X ZB 43/02), VergabE B-2-1/03 = VergabeR 2003, 313 = NZBau 2003, 293 = ZfBR 2003, 401 = BauR 2003, 1091 = EUK 2003, 54 = IBR 2003, 262.

536 OLG Dresden, Beschl. v. 3. 12. 2002 (WVerg 0015/02), VergabE C-13-15/02 = VergabeR 2003, 45 = NZBau 2003, 169 = BauR 2003, 435 = EUK 2002, 180 = Behörden Spiegel 1/2003, S. 18 = IBR 2003, 36; OLG Hamburg, Beschl. v. 4. 11. 2002 (1 Verg 3/02), VergabE C-6-3/02 = VergabeR 2003, 40 = NZBau 2003, 172 = ZfBR 2003, 186 = BauR 2003, 435 = EUK 2002, 180 = IBR 2003, 35.

sein. Die Nachprüfungsentscheidung könne auch zum Inhalt haben, dass mangels Aufhebungsgründen die Aufhebung rückgängig zu machen ist.

Aus der BGH-Entscheidung, die sich naturgemäß die bereits aufgezeigten Erwägungen des EuGH-Urteils vom Juni 2002 zueigen macht, ergibt sich folgendes Resümee:

- Die **Aufhebung der Aufhebung** wird mit dieser BGH-Entscheidung grundsätzlich bejaht. Schließlich ist es ohnehin möglich, dass die Vergabestelle von sich aus die Aufhebung rückgängig macht[537]. Stellt sich im Nachprüfungsverfahren heraus, dass Aufhebungsgründe fehlen, so muss die Möglichkeit zu einer entsprechenden Anweisung der Vergabestelle bestehen.
- Der BGH hat sich nicht mit allen **denkbaren Fallkonstellationen** auseinandergesetzt. Er betont aber, dass gemäß seiner gefestigten Rechtsprechung die Vergabestelle an keinem Vergabeverfahren festgehalten werden darf, in dem es kein zuschlagsfähiges Angebot gibt. Es müssen also die **Vergabekammern von Fall zu Fall entscheiden**. Die Aufhebung der Aufhebung kann von der Vergabekammer **angeordnet** werden
  - im Falle der missbräuchlichen Aufhebung (»Flucht in die Aufhebung«) und
  - im Falle des Nichtvorliegens von Aufhebungsgründen bei Vorhandensein nicht offensichtlich unwertbarer Angebote sowie
  - in anderen Fällen des Nichtvorliegens von Aufhebungsgründen, in denen zuschlagsfähige Angebote vorliegen, aber noch (u.U. auch formale) Wertungsprozesse zu durchlaufen bzw. nachzuholen sind (die freilich von der Vergabekammer nicht vorweggenommen werden dürfen, und die auch zu dem Ergebnis führen können, dass am Ende die Ausschreibung z.B. aus Gleichbehandlungsgründen doch aufgehoben werden muss).

Die Aufhebung der Aufhebung kann **nicht angeordnet** werden in Fällen, in denen keine wertbaren Angebote vorliegen und eine Ermessensreduzierung auf Null anzunehmen ist.

Bieter und Bewerber haben schon im nationalen Vergabeverfahren einen **Anspruch auf Mitteilung der Gründe für die Aufhebung** (§ 26 Nr. 2 VOB/A, § 26 Nr. 4 VOL/A). Nach der VOB/A ist schon im nationalen Vergabeverfahren zusätzlich die Information zu erteilen, ob ein neues Vergabeverfahren eingeleitet oder ob auf die Beschaffung verzichtet wird (§ 26 Nr. 2 S. 1 VOB/A). Bei den europaweiten Verfahren gelten erweiterte Auskunftspflichten (§ 26a Nr. 2 VOB/A, § 26 a VOL/A).

Eine **unberechtigte Aufhebung** der Ausschreibung kann **Schadensersatzansprüche** nach cic auslösen. Diese sind im Rahmen des (normalen) Schadensersatzprozesses vor den Zivilgerichten geltend zu machen. Insoweit wird auf Kapitel B.I.16. verwiesen.

537 Vgl. OLG Bremen, Beschl. v. 7. 1. 2003 (Verg 2/02), VergabE C-5-2/02 = VergabeR 2003, 175 = ZfBR 2003, 291 = BauR 2003, 775 = EUK 2003, 40 = Behörden Spiegel 3/2003, S. 24.

(3) Problematik und mögliche Folgen der kompletten Nichtausschreibung (de-facto-Vergaben)

(3a) Fallkonstellationen und Leitentscheidungen

72 Der Begriff der **sog. „de-facto-Vergaben«** hat sich in den vergangenen Jahren eingebürgert. Er bezeichnet eine Vorgehensweise der Vergabestellen, bei der diese

- entweder aus Unkenntnis bzw. einer rechtlichen Fehleinschätzung heraus
- oder in voller Kenntnis der rechtlichen Gegebenheiten

auf die Durchführung eines eigentlich erforderlichen Vergabeverfahrens verzichten. Der Begriff wird meist im Zusammenhang mit den europaweiten Vergaben verwendet. Statt ein Vergabeverfahren durchzuführen, nimmt die betreffende Stelle **eine Art »Freihändige Vergabe«** vor, indem sie entweder mehrere Unternehmen anspricht und sich die Kosten benennen lässt, oder sie greift sich einen der in Frage kommenden Unternehmer heraus und bittet nur diesen einen um Abgabe eines Angebotes bzw. verhandelt nur mit diesem.

Eine weitere **Variante** der de-facto-Vergaben kann z.B. auftreten, wenn im Dienstleistungsbereich **befristete Altverträge einfach verlängert** oder in wesentlichen Teilen wie z.B. dem Leistungsumfang, der Leistungsart oder der Vergütung **geändert** werden[538]. Hier gilt das vergaberechtliche Prinzip der Neuausschreibung. Der modifizierte (Alt-)Vertrag ist als rechtswidrige de-facto-Neuvergabe nichtig[539].

Auch die übereinstimmende **Aufhebung einer** vom Auftraggeber zuvor erklärten **Kündigung** eines Dienstleistungsauftrages mit der Folge einer von den Parteien gewollten Vertragsverlängerung stellt eine Neuvergabe dar[540].

Das gleiche Schicksal einer de-facto-Vergabe kann bei einer zunächst für rechtens erachteten **Anschlussbeauftragung** (z.B. Ergänzungslieferung oder Ergänzungsdienstleistung) eintreten, die sich jedoch nachträglich bei näherer Prüfung als nicht gerechtfertigte Freihändige Vergabe erweist[541].

Auch im Hinblick auf **unbefristete Verträge** (i.d.R. mit Verlängerungsklausel) gibt es das Prinzip, dass **regelmäßig ein Ausschreibungswettbewerb** zu veranstalten ist, damit wettbewerblich beschafft wird und eventuell zwischenzeitlich eingetretene Preissenkungen, Qualitätsverbesserungen oder Produktänderungen für die öffentlichen Hände zugänglich gemacht werden können. Dies lässt sich jedenfalls auch aus dem **EuGH-Urteil**[542] ableiten, in dem auf die Intervention der Europäischen Kommission hin die Vergabe von 2 Verträgen mit einer Laufzeit von je 30 Jahren zu Recht als grob vergaberechtswidrig angesehen wurde. Ein in dieser Weise **richtig verstandenes Wettbewerbsprinzip** lässt auch in Bezug auf das »Laufen-

---

538 In dem ehemaligen, erledigten, Vorlageverfahren an den EuGH dazu neigend: OLG Rostock, Beschl. v. 5. 2. 2003 (17 Verg 14/02 – »Küstenschiffe: Lieferung anderer Produkte/Lieferantenwechsel«), VergabE C-8-14/02 = VergabeR 2003, 321 = NZBau 2003, 457 = BauR 2003, 1091 = EUK 2003, 54 = Behörden Spiegel 4/2003, S. 22.

539 OLG Hamburg, Beschl. v. 25. 1. 2007 (1 Verg 5/06), NZBau 2007, 801 = VergabeR 2007, 358 = VS 2007, 48 [LS].

540 OLG Dresden, Beschl. v. 25. 1. 2008 (WVerg 10/07).

541 OLG Frankfurt, Beschl. v. 6. 8. 2007 (11 Verg 5/07).

542 EuGH, Urt. v. 10. 4. 2003 (Rs. C-20/01 und C-28/01 – »Stadt Brauschschweig/Gemeinde Bockkhorn«), VergabE A-1-5/03 = ZfBR 2003, 592 = EUK 2003, 88. Siehe auch EuGH, Urt. v. 9. 9. 2004 (Rs. C-125/03 – »Kommission ./. Deutschland« – Städte Lüdinghausen u.a.), EUK 2004, 137.

lassen« von unbefristeten Verträgen keine andere Schlussfolgerung zu, als dass sie regelmäßig auf ihre Wirtschaftlichkeit hin zu untersuchen und je nach Ergebnis dieser Prüfung neu auszuschreiben sind. Nachprüfungsverfahren, in denen eine Vergabestelle verpflichtet wird, schon sehr lange laufende Altverträge zu kündigen, fehlen, weil diese Konstellationen rechtlich kaum erfolgreich angegriffen werden können. Es handelt sich im Falle unbefristeter Verträge nicht einmal mehr um die Konstellation der de-facto-Vergabe.

Anders war es, was die prozesstechnische Seite anbelangt, im Falle des EuGH. Hier wurden die deutschen Gemeinden Bockhorn bzw. die Stadt Braunschweig verpflichtet, die bereits über 30 Jahre geschlossenen Verträge aufzulösen – unbeschadet des in Deutschland gültigen Grundsatzes »pacta sunt servanda«, der den EuGH[543] insoweit nicht interessiert. Die **brisante Begründung** des EuGH war insbesondere, dass der **Vergaberechtsverstoß trotz erfolgter Auftragserteilung weiter besteht**, weil der Wettbewerb für 30 Jahre abgeschnitten wird. Damit wurde der Geltungsanspruch der vergaberechtlichen Vorschriften zeitlich sehr weit ausgedehnt.

Im Einzelnen zu den Grundsätzen der de-facto-Vergabe:

Das (absichtliche) Unterlassen jeder formalen Ausschreibung ist dem **vergaberechtlichen Umgehungsverbot** (vgl. § 3 II VgV) zuzuordnen, welches in den Richtlinien in zahlreichen Vorschriften zum Ausdruck kommt (bei den Schwellenwerten, beim öffentlichen Auftraggeberbegriff).

Die **Nichtigkeitsfolge** des § 13 S. 6 VgV (früher: § 13 S. 4 VgV 2001) dürfte zumindest nach teilweise vertretener Auffassung erst recht in diesem Fall eintreten. Dass die Ausschreibung tatsächlich unterblieb – sog. De-facto-Vergabe –, und dem Betroffenen damit nicht formell die Stellung eines Bieters zukam, schließt nach der Rechtsprechung die Anwendung des § 13 VgV nicht aus, will diese Regelung doch nach ihrem Sinn und Zweck die Möglichkeit effektiven Rechtsschutzes gewährleisten soll[544]. Die Auffassung wird jedoch nicht von allen Nachprüfungsinstanzen geteilt[545].

Nach Auffassung des OLG Düsseldorf[546] ist gegen die **drohende de-facto-Vergabe** im Falle der Erkennbarkeit organisatorischer Schritte zur Deckung eines Beschaffungsbedarfs auch **Rechtsschutz möglich**. Das OLG Düsseldorf hebt hervor, dass es einen **vorbeugenden Rechtsschutz** nach den §§ 102 ff. GWB eigentlich **nicht gibt**, jedoch andererseits *»nicht unbedingt auf irgendwelche vom öffentlichen Auftraggeber bereits eingeleitete Förmlichkeiten – wie z.B. eine Ausschreibung – abgestellt werden (kann). Denn ein (sogar besonders schwerwiegender) Vergaberechtsfehler, der mit dem Nachprüfungsantrag angefochten werden kann, besteht gerade darin, dass die Ausschreibung einer Vergabe rechtswidrig unterblieb*

543 EuGH, Urt. v. 18. 7. 2007 (Rs. C-503/04), VergabeR 2007, 597.

544 So OLG Naumburg, Beschl. v. 15. 3. 2007 (1 Verg 14/06), VergabeR 2007, 512, allerdings für eine Fallkonstellation mit vorangegangener aufgehobener Ausschreibung, unter Verweis auf: EuGH, Urt. v. 11. 1. 2005 (Rs. C-26/03 – »TREA Leuna ./. Stadt Halle«), NZBau 2005, 111 = VergabeR 2005, 43 = WuW 2005, 237; BGH, Beschl. v. 1. 2. 2005 (X ZB 27/04), NZBau 2005, 290 = VergabeR 2005, 328 = WuW 2005, 573; OLG Düsseldorf, Beschlüsse v. 23. 2. 2005 (VII-Verg 85/04), NZBau 2005, 536 = VergabeR 2005, 508, und (VII-Verg 78/04), NZBau 2005, 537 = WuW 2005, 701.

545 VK Hamburg, Beschl. v. 27. 4. 2006 (VgK FB 2/06), VS 2007, 7 [LS].

546 OLG Düsseldorf, Beschl. v. 20. 6. 2001 (Verg 3/01), VergabE C-10-3/01 = VergabeR 2001, 329 = NZBau 2001, 696 = EUK 2001, 135 = Behörden Spiegel 9/2001, S. 19 = IBR 2002, 98.

(vgl. BReg. in ihrer Begr. zum heutigen § 107 GWB, BT-Drs. 13/9340, S. 17). Für die Zwecke des Primärrechtsschutzes ist daher ein ***materielles Verständnis des ›Vergabeverfahrens‹*** *notwendig*«. Das OLG stellt bei diesem materiellen Verständnis auf die **Erkennbarkeit organisatorischer Schritte** zur Deckung eines Bedarfs ab, welche die Schwelle bloßer Markterkundung und -beobachtung deutlich überschreiten.

Die Argumentation des öffentlichen Auftraggebers in diesem Fall, wonach er **lediglich bestehende Verträge ausgefüllt** habe, wird **nicht anerkannt**. Auch jegliches Verknüpfen von Altverträgen mit neuen Leistungen ist vergaberechtlich unzulässig, wenn dies ohne Ausschreibung geschieht. Erst recht bedeutet jede Laufzeitänderung oder jede Änderung von Leistungsinhalten einen ausschreibungspflichtigen Tatbestand[547]. Dabei kann nicht damit argumentiert werden, dass ein **Rahmenvertrag** existiert, welcher der Vergabestelle die Wahl lasse, ob sie die Erfüllung der bereits im Rahmenvertrag erwähnten Leistungen zu einem späteren Zeitpunkt an den schon vorhandenen Vertragspartner oder einen Dritten vergibt.

Merke: Das OLG Düsseldorf bejaht hier, obwohl es das abstreitet, dem Kern nach **vorbeugenden Rechtsschutz im Vergaberecht**[548]. Andere Gerichte[549] lassen diesen Rechtsschutz nicht zu oder erkennen ihn ohne nähere Begründung an[550]. Somit ist eine BGH-Vorlageentscheidung gemäß § 124 II GWB dringend erforderlich, um flächendeckende Rechtssicherheit zu schaffen.

Im übrigen ist, wie im Zusammenhang mit dem EuGH-Urteil vom April 2003 in Sachen Stadt Braunschweig/Gemeinde Bockhorn schon angesprochen, anzunehmen, dass **jede Beschaffung**, insbesondere **Dauerbeschaffungen** in Form des Einkaufs von Dienstleistungen, einer regelmäßigen Pflicht zur Ausschreibung unterliegen[551]. Die **VK Bund** führt in diesbezüglich leider allzu selten gebliebener Deutlichkeit aus:

> *»(...) Denn es erscheint nahe liegend, dass eine Option auf Vertragsverlängerung bei einem Dauerschuldverhältnis, das ohnehin schon den langen Zeitraum von fünf Jahren umfasst, geeignet ist, den* ***Willen des Gesetzgebers*** *zu unterlaufen, wonach die* ***Vergabe auch derartiger Leistungen einer regelmäßigen Kontrolle durch den Wettbewerb*** *unterworfen werden soll (§ 2 Nr. 1 Abs. 1 VOL/A).* ***Eine einmal begründete Beschaffungsbeziehung könnte sonst durch wiederholte Vertragsverlängerung und unter Ausschluss des Wettbewerbs fortgesetzt werden*** *(Prieß, in: Jestaedt/Kemper/Marx/Prieß, Das Recht der Auftragsvergabe, S. 48).«*

547 So auch OLG Düsseldorf, Beschl. v. 14. 2. 2001 (Verg 13/00), VergabE C-10-13/00 = NZBau 2002, 54 = WuW 2001, 648 = EUK 2001, 59 = Behörden Spiegel 5/2001, S. B II.

548 Sehr weitgehend auch VK Baden-Württemberg, Beschl. v. 6. 6. 2001 (VK 6/01), VergabE E-1-6/01 = NZBau 2002, 173 = EUK 2001, 168 = Behörden Spiegel 11/2001, S. 24.

549 OLG Celle, Beschl. v. 4. 5. 2001 (13 Verg 5/00), VergabE C-9-5/00 = EUK 2001, 87 = VergabeR 2001, 325 = WuW 2001, 1161 = NZBau 2002, 63, mit Anm. *Noch*, NZBau 2002, 67.

550 BayObLG, Beschl. v. 19. 10. 2000 (Verg 9/00), VergabE C-2-9/00 = WuW 2001, 430 = EUK 2001, 8; KG, Beschl. v. 19. 4. 2000 (Kart Verg 6/00), VergabE C-3-6/00 = NZBau 2001, 161 = EUK 2001, 26.

551 VK Bund, Beschl. v. 26. 5. 2000 (VK 2-8/00), VergabE D-1-8/00 = WuW 2000, 1052 = ZVgR 2000, 186 = EUK 2000, 90 = Behörden Spiegel 7/2000, S. B II.

Die als angemessen zu betrachtenden **Zeiträume** sind noch weitgehend ungeklärt[552] und hängen vom Leistungsgegenstand ab.

Zur **Ermittlung** der als angemessen anzusehenden Zeiträume können folgende Faktoren zu berücksichtigen sein:
- Vertragstypus (bei welcher Mindestlaufzeit findet man überhaupt Bieter?)
- Vorliegen eines besonderen Vertrauensverhältnisses, das im Rahmen der Leistungserbringung entsteht (z.B. bei dem Einkauf von Wirtschaftsprüferleistungen)
- Investitionen, die der Bieter im Zusammenhang mit der Auftragserfüllung tätigen muss (z.B. Entwicklung besonderer Software)[553]
- Erwartungen bzgl. bestimmter Entwicklungen bei Marktpreisen (z.B. bei Hard- und Software, Versicherungsprämien oder Stahlpreisen[554])

Als Mittelwert kann ein **Zeitraum von 4–5 Jahren** angenommen werden.

Im Einzelnen mögen folgende, ganz grobe Orientierungswerte gegeben werden, die im individuellen Fall anzupassen sind:

Internetbasiertes Informationssystem[555]:	3 Jahre
Versicherungen[556]:	2–4 Jahre
Gebäudereinigung[557]:	ca. 2–5 Jahre
Abfallentsorgung[558]:	5 Jahre
Wirtschaftsprüferleistungen[559]:	5–10 Jahre
Wärmelieferungsvertrag:	10–15 Jahre
Abwasserentsorgung (Betriebsführung[560]):	20 Jahre
PPP-Projekt Sanierung plus Gebäudemanagement[561]:	25 Jahre

552 VK Bund, Beschl. v. 13. 7. 2001 (VK 1-19/01), VergabE D-19/01 = VergabeR 2001, 433 = WuW 2001, 1269 = EUK 2001, 167 = Behörden Spiegel 11/2001, S. 24 = IBR 2002, 156.

553 VK Bund, Beschl. v. 26. 5. 2000 (VK 2-8/00), VergabE D-1-8/00 = WuW 2000, 1052 = ZVgR 2000, 186 = EUK 2000, 90 = Behörden Spiegel 7/2000, S. B II.

554 Vgl. in diesem Zusammenhang den Erlaß des BMVBW v. 29. 10. 2004 zu »Stoffpreisgleitklauseln für Stahl«.

555 OLG Celle, v. 5. 7. 2007 (13 Verg 8/07), VergabeR 2007, 794 = VS 2007, 68: 3 Jahre.

556 VK Arnsberg, Beschl. v. 12. 2. 2008 (VK 44/07): 3 Jahre; VK Münster, Beschl. v. 5. 10. 2005 (VK 19/05): 3 Jahre; VK Lüneburg, Beschl. v. 7. 9. 2005 (VgK 38/2005): 4 Jahre.

557 EuGH, Urt. v. 13. 12. 2007 (Rs. C-337/06 – »GEZ«), VergabeR 2008, 42 = VS 2008, 11: 2½ Jahre; VK Bund, Beschl. v. 30. 11. 2005 (VK 3-142/05): 5 Jahre; VK Brandenburg, Beschl. v. 15. 8. 2007 (1 VK 31/07), VS 2008, 23: 2 Jahre.

558 OLG Düsseldorf, Beschl. v. 28. 7. 2005 (VII Verg 45/05), VS 2005, 90: Sonderfall der alternativen Ausschreibung von 3, 5 und 8 Jahren; VK Lüneburg, Beschl. v. 8. 5. 2006 (VgK-07/2006), VS 2006, 54: 5 Jahre.

559 KG, Beschl. v. 15. 5. 2003 (2 Verg 4/03), VergabE C-3-4/03v: 5 Jahre.

560 OLG Naumburg, Beschl. v. 7. 3. 2008 (1 Verg 1/08 – »Betriebsführung der Wasserver- und Abwasserentsorgung des Wasserverbandes B.«): 15 Jahre plus einmalige Verlängerungsoption über 5 Jahre.

561 VK Schleswig-Holstein, Beschl. v. 4. 2. 2008 (VK-SH 28/07), VS 2008, 21.

Diese Maßstäbe gerechtfertigter Vergaben sind zugrundezulegen. Die aufgeführten Vertragslaufzeiten von zum Beispiel bis zu 25 Jahren stellen einen absoluten Ausnahmefall dar. Sie sind – außer in PPP-Projekten oder vergleichbaren Sachverhalten – grundsätzlich nicht zu rechtfertigen[562].

Die **Folgen** einer kompletten Nichtausschreibung sowie einer de-facto erfolgenden Vertragsverlängerung (und damit einer Vertragsänderung) ist die **Nichtigkeit** des **zivilrechtlichen Vertrages**, welche nach herrschender Auffassung im Wege eines »Erst-recht-Schlusses« an die Nichtvornahme der Vorabinformationspflicht des § 13 S. 6 VgV angeknüpft wird. Nicht nur dann, wenn im Rahmen eines durchgeführten formalen Vergabeverfahrens die Vorabinformation über die Zuschlagserteilung nicht erfolgt, sondern erst recht auch dann, wenn das ganze formale Vergabeverfahren (und damit natürlich auch die Vorabinformation über die Zuschlagserteilung) unterbleibt, müsse die Nichtigkeitssanktion eintreten. Voraussetzung ist bei all diesen Auffassungen, dass der betreffende Bieter einen ausreichenden Bezug zu dem Lebenssachverhalt hat[563].

(3b) Vergaberechtswidrig geschlossene Verträge: Durchsetzung der Pflicht zur Rückabwicklung und Recht zur Kündigung

73 Der **EuGH** hatte mit Urteil vom April 2003[564] eine **Vertragsverletzung** der Bundesrepublik Deutschland **festgestellt**, weil zwei Verträge – ein Abwasservertrag der Gemeinde **Bockhorn** und ein Müllentsorgungsvertrag der Stadt **Braunschweig** – nicht ausgeschrieben bzw. im Verhandlungsverfahren ohne vorherige Vergabebekanntmachung vergeben worden waren, ohne dass in letzterem Fall die Voraussetzungen für eine freihändige Vergabe vorlagen. Mit einer weiteren Klage beantragte die Kommission erneut die **Feststellung einer Vertragsverletzung** gem. Art. 228 EGV aus dem Grunde, dass Deutschland **keine Maßnahmen** zur Beseitigung der im Urteil vom 10. 4. 2003 festgestellten Vertragsverletzung **ergriffen**, also gegen ihre Verpflichtung aus Art. 228 EGV verstoßen hat.

Am 17. 10. 2003 wurde die deutsche Regierung mit zweimonatiger Fristsetzung zur Stellungnahme aufgefordert, nachdem die Erkundigung nach den getroffenen Maßnahmen für die Kommission nicht befriedigend ausgefallen war. Am 1. 4. 2004 erging eine mit Gründen versehene Stellungnahme, die bis zum 7. 6. 2004 zu beantworten war. Nachdem die **Gemeinde Bockhorn** den **Vertrag** über die Abwasserbeseitigung am 28. 2. 2005 **rückabwickelte**, wurde die Klage insoweit zurückgenommen.

Die erneute Feststellungsklage ist zulässig. Es mangelt nicht am Rechtsschutzbedürfnis. Entgegen der Auffassung der Bundesrepublik hätte dem Rechtsschutzinteresse der Kommission ein Antrag auf Auslegung der Urteils nach § 102 der Verfahrensverordnung des Gerichtshofs nicht genügt. Die Frage, welche Maßnah-

562 VK Arnsberg Beschl. v. 21. 2. 2006 (VK 29/05), NZBau 2006, 332 = VS 2007, 96 [LS].

563 Siehe etwa: OLG Celle, Beschl. v. 5. 2. 2004 (13 Verg 26/03), VergabE C-9-26/03 = EUK 2004, 40 = Behörden Spiegel 4/2004, S. 19; OLG Jena, Beschl. v. 28. 1. 2004 (6 Verg 11/03), VergabE C-16-11/03, Rn. 43 = EUK 2004, 24; VK Baden-Württemberg, Beschl. v. 12. 7. 2004 (1 VK 38/04), VergabE E-1-38/04; VK Arnsberg, Beschl. v. 17. 6. 2004 (VK 2-6/04), VergabE E-10a-6/04.

564 EuGH, Urt. v. 10. 4. 2003 (Rs. C-20/01 und C-28/01 –„Kommission/Deutschland«), Slg. 2003, I-3609.

men zu ergreifen sind, ist nicht Gegenstand des die Vertragsverletzung feststellenden Urteils, so dass ein Auslegungsantrag nicht weiterhilft[565].

Dass der von der Stadt Braunschweig geschlossene Vertrag nach Beginn des Vertragsverletzungsverfahrens, am 10. 7. 2005 gekündigt worden war, lässt das Rechtsschutzinteresse ebenfalls nicht entfallen. Die Kommission hat nämlich ein Interesse an der gerichtlichen Klärung, ob zum Zeitpunkt des Ablaufs der Frist für die Erwiderung auf die mit Gründen versehene Stellungnahme, also am 1. 6. 2004, die Bundesrepublik Deutschland ihrer Verpflichtung zur Ergreifung der sich aus dem Urteil vom 10. 4. 2003 ergebenden Maßnahmen bereits nachgekommen war. Denn maßgeblicher Zeitpunkt für die Beurteilung einer Vertragsverletzung ist der Ablauf dieser Frist.

Die Feststellungsklage ist gemäß dem **EuGH**[566] begründet, weil die Bundesrepublik **keine ausreichenden Maßnahmen** ergriffen hat. Die Kündigung des Müllentsorgungsvertrages erfolgte erst am 10. 7. 2005, war also zum maßgeblichen Beurteilungszeitpunkt **noch nicht veranlasst** worden. Als Maßnahme hatte die deutsche Regierung lediglich vorgesehen, den Abschluss neuer Verträge, die ebenfalls einen Vertragsverstoß dargestellt hätten, zu verhindern. Die **Vertragsverletzung** hinsichtlich des bereits geschlossenen Vertrages in Form des Verstoßes gegen die Dienstleistungsrichtlinie 92/50/EWG **bestand damit fort.**

Aus Art. 2 Abs. 6 Unterabs. 2 der Rechtsmittelrichtlinie 89/665/EWG, der die Mitgliedstaaten berechtigt, bei bereits erfolgtem Vertragsschluss die Befugnis der Nachprüfungsinstanzen auf die **Zuerkennung von Schadensersatz** zu **beschränken**, kann nicht geschlossen werden, dass keine Verpflichtung zur Kündigung eines Vertrages, der eine festgestellte Vertragsverletzung nach Art. 228 EG darstellt, bestehe. Diese Richtlinien-Bestimmung lässt Art. 226 und Art. 228 EG unberührt. Sie betrifft nicht das Verhältnis zwischen den Mitgliedstaaten und der Gemeinschaft, um das es in den Artikeln. 226 und 228 geht. **Auch auf die Grundsätze »pacta sunt servanda«** sowie der Rechtssicherheit und des Vertrauensschutzes **kann sich ein Mitgliedstaat nicht berufen**, um ein Vertragsverletzungsurteil nach Art. 228 EG zu verhindern.

Etwas anderes ergibt sich auch nicht aus Art. 295 EG. Denn dieser bedeutet nicht, dass die **Eigentumsordnung** in den Mitgliedstaaten den Grundprinzipien des Vertrages entzogen ist. Eine Berufung auf Bestimmungen, Übungen oder Umstände der internen Rechtsordnung scheidet generell zur Rechtfertigung für die Nichteinhaltung der aus dem Gemeinschaftsrecht folgenden Verpflichtungen aus. Somit bleibt festzustellen, dass Deutschland nicht die Maßnahmen ergriffen hat, die zur Beseitigung der im Urteil vom 10. 4. 2003 festgestellten Vertragsverletzung erforderlich waren. Da dies wegen der inzwischen erfolgten Aufhebung des Vertrages der Stadt Braunschweig zum Zeitpunkt der Entscheidung des Gerichtshofs allerdings nicht mehr zutrifft, war die **Verhängung eines Zwangsgeldes nicht angebracht.**

Die Rechtsverfolgung ist erstens seitens der Europäischen Kommission möglich, die sich als Hüterin der EG-Verträge im Prinzip in jedes nationale Vergabever-

565 Vgl. EuGH, Beschl. v. 20. 4. 1988 (Rs. C-146/85 und 431/85), Slg. 1988, 2003.
566 EuGH, Urt. v. 18. 7. 2007 (Rs. C-503/04), NZBau 2007, 594 = VergabeR 2007, 597 = VS 2007, 67.

fahren einschalten und ggf. eingreifen darf[567], aber dabei auch die Rechtsverstöße in einem Vertragsverletzungsverfahren konkret benennen muss, weil der EuGH nicht ultra petita entscheiden darf[568]. Zweitens ist auch **Individualrechtsschutz** vor den deutschen Nachprüfungsinstanzen möglich. Freilich gelten **erschwerte tatsächliche und rechtliche Bedingungen**[569], als da sind:

- Kenntnisnahmemöglichkeit von einer de-facto-Vergabe
- Darstellung der eigenen potentiellen Anbietungsfähigkeit ohne genaue Kenntnis des de facto vergebenen Vertrages
- Verwirkungseinwand des öffentlichen Auftraggebers bzw. Rügepflichtigkeit (entfällt nach h.M. bei einer de-facto-Vergabe)

Die Bestimmung über die **sofortige Rügepflicht** (§ 107 III 1 GWB) ist auf die De-facto-Vergabe **nicht anwendbar** – aus Gründen einer an sich naheliegenden herrschenden Auffassung, weil anderenfalls der Rechtsschutz faktisch unmöglich werden würde[570]. Dies ergibt sich neben dem **Wortlaut** der Vorschrift, der ein Vergabeverfahren voraussetzt, auch aus **Sinn und Zweck** der Rüge, der nur bei einem durchgeführten Vergabeverfahren eingreift. Die Rügeobliegenheit nämlich schützt den Auftraggeber in seinem Vertrauen darauf, dass Vergabefehler nicht für ein Nachprüfungsverfahren »aufgespart« werden, er vielmehr die Möglichkeit erhält, etwaige Fehler im Vergabeverfahren zu korrigieren. Hat der Auftraggeber hingegen auf eine solches verzichtet, so entfällt auch die zu seinen Gunsten bestehende Mitwirkungspflicht des Bieters.

Zudem enthält § 107 III 1 GWB nach dem gesetzgeberischen Grundgedanken eine **auf Treu und Glauben basierende Präklusionsregel**, die der Einleitung unnötiger Nachprüfungsverfahren durch Spekulation mit Vergabefehlern entgegenwirken soll. Diese Basis muss aber beidseitig angelegt sein. Sie kann nur gegeben sein, wenn der öffentliche Auftraggeber durch die Einleitung eines regulären Vergabeverfahrens einen Tatbestand geschaffen hat, der ihn erst dazu berechtigt, auf eine Wahrung der Rügeobliegenheit durch die Bieter zu vertrauen. Fehlt es daran, würde es einen nicht hinnehmbaren **Wertungswiderspruch** darstellen, den Bieter an der Rügeobliegenheit festzuhalten, während der öffentliche Auftraggeber durch die Einleitung einer De-facto-Vergabe einen besonders schwerwiegenden Vergaberechtsverstoß begangen hat.

Die **zivilrechtliche Seite der Auflösung** von vergaberechtswidrig geschlossenen Verträgen ist ein von Rechtsprechung und Literatur noch nicht hinreichend durchdrungenes Problem. Handelt es sich um eine de-facto-Vergabe, in der z.B. die zuständige Nachprüfungsinstanz die Nichtigkeit des Vertrages gemäß § 13 S. 6 VgV oder analog dieser Vorschrift bejaht, so ist der Vertrag zivilrechtlich infolge des Verstoßes gegen ein gesetzliches Verbot (§ 134 BGB) nichtig. Doch wie gezeigt,

567 EuGH, Urt. v. 21. 2. 2008 (Rs. C-412/04 – »Kommission ./. Italien«), VergabeR 2008, 501 = VS 2008, 27.

568 EuGH, Urt. v. 21. 2. 2008 (Rs. C-412/04 – »Kommission ./. Italien«), VergabeR 2008, 501 = VS 2008, 27, unter Verweis auf: EuGH, Urt. v. 26. 4. 2007 (Rs. C-195/04 – »Kommission ./. Finnland«), Slg. 2007, I-3351, Rn. 22, m.w.N., NZBau 2007, 387.

569 *Weise*, NJW-Spezial 2005, 213.

570 OLG Düsseldorf, Beschl. v. 19. 7. 2006 (VII-Verg 26/06), VS 2007, 3; BayObLG, NZBau 2001, 397, 398; BayObLG, NZBau 2003, 632, 634; KG, NZBau 2005, 538; VK Hessen, Beschl. v. 27. 4. 2007 (69d VK-11/2007); *Jaeger*, NZBau 2001, 6/11 f.

bejahen nicht alle Nachprüfungsinstanzen diese direkte oder analoge Nichtigkeitsfolge. Die Frage ist dann, wie auf politischen Druck hin (z.B. auch durch die Einwirkung der Europäischen Kommission) die Verträge rückgängig gemacht, also aufgelöst werden können.

Die Stadt München hatte einen Auftrag über Abfalltransporte ohne Durchführung eines Vergabeverfahrens und damit unter Verstoß gegen die Richtlinie 92/50/EWG vergeben. Die Bundesrepublik Deutschland war deshalb im Wege des **Vertragsverletzungsverfahrens** vor dem Europäischen Gerichtshof verurteilt worden[571]. Damit war Deutschland gemäß Art. 228 EGV zur Beseitigung der Vertragsverletzung verpflichtet. Der Rechtsverstoß dauert nach der Rechtsprechung des Gerichtshofs bis zur vollständigen Erfüllung der unter Verletzung des EU-Rechts geschlossenen Verträge an. Der **vergaberechtswidrige Zustand** wird mit anderen Worten **perpetuiert**, solange der zivilrechtlich geschlossene Vertrag gültig ist.

Die Durchsetzung eines Urteils, das einen vergaberechtswidrig geschlossenen Vertrag zum Gegenstand hat, **verlangt dessen Beseitigung**; der Grundsatz *pacta sunt servanda* tritt insoweit zurück. Art. 2 Abs. 6 S. 2 der Rechtsmittelrichtlinie (RL 89/665/EWG), wonach nicht zum Zuge gekommene Bieter auf Schadensersatz beschränkt sind, wenn der Auftrag bereits erteilt ist, steht dem nicht entgegen. Denn diese Regelung betrifft nur den Bestandsschutz des Vertrages im Verhältnis zu anderen Bietern, während es hier um die **Verpflichtung des verurteilten Mitgliedstaates** zur Beendigung vergaberechtswidrig geschlossener Verträge geht. Es stellt sich deshalb die Frage, welche Instrumente nach nationalem Recht hierfür bestehen.

Die Stadt hatte im entschiedenen Fall die **außerordentliche Kündigung erklärt**, über deren Rechtmäßigkeit das LG entscheiden musste[572]. Eine Kündigung setzt zunächst die Wirksamkeit des Vertrages voraus. Das LG prüft und **verneint** eine **Nichtigkeit nach § 138 BGB.** Allein der Vergaberechtsverstoß begründet die Sittenwidrigkeit nicht. Hinzukommen müssten weitere Umstände, etwa ein kollusives Zusammenwirken zwischen Vergabestelle und Auftragnehmer[573], die hier nicht vorlagen.

Da **§ 134 BGB** voraussetzt, dass das Rechtsgeschäft selbst gegen ein gesetzliches Verbot verstößt, hier aber der Rechtsverstoß lediglich die Vertragsanbahnung betrifft, ist die **Anwendung dieser Bestimmung umstritten.** Gegen die Anwendung des § 134 BGB wird ferner verwiesen auf § 114 II GWB – ein bereits erteilter Zuschlag kann nicht aufgehoben werden – und § 115 GWB – der Zuschlag darf nach Zustellung des Nachprüfungsantrags innerhalb bestimmter Frist nicht erteilt werden, was laut Gesetzesbegründung ausdrücklich als Verbotsgesetz gilt –, woraus für alle übrigen Fälle folge, dass die Rechtsfolge der Nichtigkeit nicht eintrete. Für den vorliegenden Fall müsste man diesen Schluss aus den genannten Vorschriften allerdings nicht unbedingt ziehen, handelt es sich jedoch hier um eine sog. **de-facto-Vergabe**, bei der gerade kein Zuschlag stattgefunden hat, ein Umstand, auf den das LG im Zusammenhang mit der Frage nach einem Ausschluss des Kündigungsrechts abstellt.

571 EuGH, Urt. v. 18. 11. 2004 (Rs. C-126/03 – »Heizkraftwerk München-Nord«), VergabeR 2005, 57 = NZBau 2005, 49 = VS 2005, 3 = WuW 2005, 461.

572 LG München I, Urt. v. 20. 12. 2005 (33 O 16465/04), NZBau 2006, 269 = VergabeR 2006, 268.

573 OLG Düsseldorf, NJW 2004, 1331.

§ 13 S. 6 VgV ordnet die Folge der Nichtigkeit ausdrücklich an, wenn der öffentliche Auftraggeber gegen die Verpflichtung zur Vorabinformation verstoßen hat. Kann hieraus im Wege des **Erst-recht-Schlusses** die Nichtigkeit angenommen werden, wenn nicht nur die Vorabinformation, sondern ein Vergabeverfahren überhaupt unterblieben ist? Die Rechtsprechung unterscheidet z.T. danach, ob der Auftraggeber mit mehreren an dem Auftrag interessierten Unternehmen in Kontakt getreten ist, dann habe im materiellen Sinn ein Vergabeverfahren stattgefunden und es könne § 13 S. 6 VgV analog angewandt werden.

Das LG sieht die Lösung in der in **§ 10 des Vertrages** enthaltenen sog. **Loyalitätsklausel**, wonach einer Änderung der für das Vertragsverhältnis wesentlichen Umstände, die im Vertrag keine Regelung erfahren konnten, nach dem Grundsatz von Treu und Glauben Rechnung zu tragen ist. Aufgrund dieser weiten Formulierung komme als geeignetes Mittel **nicht nur eine Anpassung des Vertrages, sondern auch eine außerordentliche Kündigung** in Betracht.

Das Kündigungsrecht ist nach Auffassung des LG nicht deshalb ausgeschlossen, weil die Stadt durch ihr vergaberechtswidriges Verhalten die dann die Kündigung begründenden Umstände selbst herbeigeführt hat, solange dem nicht eine entsprechende Absicht zugrunde lag. Aus der **Loyalitätsklausel i.V.m. § 313 III BGB** (Störung der Geschäftsgrundlage) ergibt sich deshalb für das LG ein Recht zur außerordentlichen Kündigung. Die Loyalitätsklausel hat dabei jedoch nur unterstützende Bedeutung. § 313 III BGB kann auch ohne eine solche Konkretisierung im Vertrag angewandt werden. Der Entscheidung des LG zur Annahme eines außerordentlichen Kündigungsrechts kommt damit über den konkret entschiedenen Fall hinaus Bedeutung zu.

Die Feststellung der Vergaberechtswidrigkeit durch den EuGH begründet, so das LG, eine Situation, welche die Parteien bei Vertragsschluss nicht ausreichend regeln konnten. Gegen diesen Ansatz könnte man allerdings einwenden, dass der Vertrag bei Voraussicht dieser Situation ja überhaupt nicht geschlossen werden durfte, so dass sich **Zweifel ergeben, ob § 313 III BGB hier wirklich einschlägig ist**. Würde die fehlende Vergaberechtskonformität, wie sie durch den Gerichtshof festgestellt wurde, als gemeinsame Fehlvorstellung der Parteien bei Vertragsschluss (Geschäftsgrundlage) gesehen, so könnte ferner eingewandt werden, dass damit die Unterscheidung zwischen bloß rechtswidrigen und nichtigen Rechtsgeschäften (§ 134 BGB) aufgehoben würde, weil dann der Vorstellung der Parteien im Ergebnis die gleiche Wirkung wie einem Verbotsgesetz zukäme.

Die neue Situation im Sinne des § 313 BGB wird jedenfalls nicht durch den bloßen Erlass des EuGH-Urteils und die darin enthaltene Feststellung der Vergaberechtswidrigkeit begründet. Das Urteil hat insoweit nur deklaratorischen Charakter, die Vergaberechtswidrigkeit wäre demnach im Sinne der Bestimmung kein nachträglicher Umstand. Abzustellen ist deshalb auf die **Urteilsfolgen** aus Art. 228 EGV, wodurch der Mitgliedsstaat zum Handeln verpflichtet wird, womit das Urteil insoweit eine neue rechtliche Situation schafft.

Auch wenn die Stadt nicht als Adressatin der Verpflichtung aus Art. 228 I EGV gesehen wird (so das LG)[574], so ist sie hierdurch doch zu einer Lösung von dem

574 Anders *Bitterich*, NJW 2006, 1845.

Vertrag berechtigt, was unter Heranziehung des § 313 III BGB begründet werden kann.

Zum selben Ergebnis kommt man auch nach **§ 314 BGB**. Die durch das EuGH-Urteil eingetretene Situation rechtfertigt die **Annahme eines wichtigen Grundes**. Zwar steht auch Art. 228 EGV unter der Einschränkung des Verhältnismäßigkeitsgrundsatzes und des Vertrauensschutzes, so dass der Mitgliedsstaat zur Durchsetzung des Urteils keine dem widersprechenden Maßnahmen treffen darf. Ein schützenswertes Interesse des Auftragnehmers, das eine Fortsetzung des Vertrages begründen könnte, wird es jedoch bei einer de-facto-Vergabe kaum geben.

Es bleibt die Frage, ob ein Recht zur Kündigung nach §§ 313, 314 BGB unabhängig von einem Urteil des Gerichtshofs angenommen werden kann. Dafür spricht, dass das Urteil im Hinblick auf die Vergaberechtswidrigkeit und die darin liegende Vertragsverletzung lediglich feststellenden Charakter hat; dagegen jedoch, dass an die konkreten Urteilsfolgen aus Art. 228 EGV angeknüpft werden soll.

Nach Ansicht des LG ergibt sich das Kündigungsrecht aus dem **Grundsatz der Gesetzmäßigkeit der Verwaltung**. Die Verpflichtung des öffentlichen Auftraggebers zu gesetz- und rechtmäßigem Handeln begründet die Unzumutbarkeit des Festhaltens an einem gegen EU-Recht verstoßenden Vertrag. Diesen Gesichtspunkt formuliert das Landgerichtsurteil allerdings im Hinblick auf das EuGH-Urteil.

gg) Anwendung des CPV

74

Das **Gemeinsame Vokabular für öffentliche Aufträge** *(CPV – Common Procurement Vocabulary = Gemeinsames Vokabular für öffentliche Aufträge)* stellt eine Klassifizierung (Nomenklatur) aller denkbaren Typen von Leistungen und Verträgen dar, mit dem Zweck, dass bei den gemeinschaftsweiten Ausschreibungen eine Verständlichkeit und Vergleichbarkeit der nachgefragten Bau-, Waren- und Dienstleistungen gewährleistet ist. Nicht zuletzt aufgrund der **Sprachenvielfalt** werden nicht in allen Ländern der EU die jeweiligen Benennungen in gleicher Weise verstanden.

Seit Dezember 2003 gilt das CPV kraft einer **EG-Verordnung** in einer überarbeiteten und aktualisierten Version **unmittelbar** in allen Mitgliedstaaten[575]. Es findet gemäß **§ 14 VgV** bei den europaweiten Bekanntmachungen Anwendung. Die

575 Verordnung (EG) Nr. 2195/2002 vom 5. 11. 2002 über das Gemeinsame Vokabular für öffentliche Aufträge (CPV), ABl. der EG v. 16. 12. 2002, Nr. L 340, S. 1. Der Text ist in mehreren über 500 Seiten langen Anhängen abgedruckt. Die Verordnung ist gemäß ihrem Art. 4 am 16. 12. 2003 in Kraft getreten und hat das bisherige Gemeinsames Vokabular für öffentliche Aufträge vom 15. 4. 1999 abgelöst. Dieses war gemäß der Empfehlung der Europäischen Kommission vom 30. 7. 1996 anzuwenden und veröffentlicht im Bundesanzeiger Verlag, Köln, BAnz. Nr. 183 a vom 29. 9. 1999.

öffentlichen Auftraggeber müssen dieses Vokabular verpflichtend anwenden[576, 577].

ANHANG I

GEMEINSAMES VOKABULAR FÜR ÖFFENTLICHE AUFTRÄGE (CPV)

Struktur des Klassifikationssystems

1. Das CPV umfasst einen Hauptteil und einen Zusatzteil.

2. Dem Hauptteil liegt eine Baumstruktur mit Codes aus maximal neun Ziffern zugrunde, denen jeweils eine Bezeichnung zugeordnet ist, die Lieferungen, Bauarbeiten oder Dienstleistungen, die Auftragsgegenstand sind, beschreibt.

Der numerische Code umfasst acht Ziffern und ist unterteilt in:

— Abteilungen, die durch die beiden ersten Ziffern des Codes bezeichnet werden (XX000000-Y);

— Gruppen, die durch die drei ersten Ziffern des Codes bezeichnet werden (XXX00000-Y);

— Klassen, die durch die vier ersten Ziffern des Codes bezeichnet werden (XXXX0000-Y);

— Kategorien, die durch die fünf ersten Ziffern des Codes bezeichnet werden (XXXXX000-Y).

Jede der drei letzten Ziffern eines Codes entspricht einer weiteren Präzisierung innerhalb der einzelnen Klassen.

Eine neunte Ziffer dient zur Überprüfung der vorstehenden Ziffern.

3. Der Zusatzteil kann verwendet werden, um die Beschreibung des Auftragsgegenstands zu ergänzen. Er besteht aus einem alphanumerischen Code, dem eine Bezeichnung entspricht, mit der die Eigenschaften oder die Zweckbestimmung des zu erwerbenden Gutes weiter präzisiert werden können.

Der alphanumerische Code umfasst:

— Eine erste Ebene, die aus einem Buchstaben besteht, der einem Abschnitt entspricht;

— eine zweite Ebene, die aus vier Ziffern besteht, von denen die drei ersten eine Unterteilung darstellen und die letzte eine Kontrollziffer ist.

576 Siehe Begründung zu § 14 VgV: »*Um eine einheitliche Anwendung dieses Vokabulars zu erreichen, werden die Auftraggeber zur Anwendung verpflichtet.*«

577 Siehe Erwägungsgrund Nr. 36 zur VKRL 2004/18/EG: »*Die Angaben in diesen Bekanntmachungen müssen es den Wirtschaftsteilnehmern in der Gemeinschaft erlauben zu beurteilen, ob die vorgeschlagenen Aufträge für sie von Interesse sind. Zu diesem Zweck sollten sie hinreichend über den Auftragsgegenstand und die Auftragsbedingungen informiert werden. Es ist daher wichtig, für veröffentlichte Bekanntmachungen durch geeignete Mittel, wie die Verwendung von Standardformularen sowie die Verwendung des durch die Verordnung (EG) Nr. 2195/2002 des Europäischen Parlaments und des Rates als Referenzklassifikation für öffentliche Aufträge vorgesehenen Gemeinsamen Vokabulars für öffentliche Aufträge (Common Procurement Vocabulary, CPV), eine bessere Publizität zu gewährleisten.*«

Beispiele:

–	74410000-6	Werbedienste
	74411000-3	Werbeberatung
	74412000-0	Werbeverwaltung
–	74831200-5	Reprographische Dienstleistungen
	74831210-8	Fotokopierdienste
–	75112000-4	Verwaltungsdienstleistungen für Unternehmenstätigkeit
	75112100-5	Mit Entwicklungsprojekten verbundene Verwaltungsdienstleistungen
–	80423300-8	Einführung und Ausbildung im Umgang mit Computern
	80423310-1	Ausbildung im Umgang mit Computern
	80423320-4	Computerkurse

Das CPV entfaltet auch Geltung im Anwendungsbereich des **EWR-Abkommens über das Öffentliche Auftragswesen.** Am 8. 6. 2004 hat der gemeinsame EWR-Ausschuss eine Änderung des Anhangs XVI des EWR-Abkommens beschlossen[578].

Am 28. 11. 2007 verabschiedete die EU-Kommission den Entwurf einer Verordnung, der das **CPV** betrifft. Das CPV soll zwecks **besserer Nutzungsmöglichkeiten** – maßgeblich der an öffentlichen Aufträgen interessierten Unternehmen – vereinfacht und ergänzt werden.

Die **Vereinfachung** soll dahingehend erfolgen, dass **nicht mehr** die einzelnen **Materialien,** aus denen das zu liefernde Produkt besteht, im Fokus stehen sollen. Das neue CPV wird sich an den Produkten bzw. der zu erbringenden **Leistung** orientieren. Ferner werden **1.000 Attribute neu eingeführt,** welche die 9.000 Hauptcodes flankieren werden. Als **neue Codes** werden bspw. EDV-Programme und -Anwendungen, medizinische Hilfsmittel, Ausrüstungen für Flughäfen und die Flugsicherheitskontrolle, Sportprodukte, Musikinstrumente, Umweltdienstleistungen sowie Internet- und drahtlose Kommunikationsdienstleistungen in das CPV aufgenommen.

Auch bei **Beschaffungen von Verteidigungsgütern** sollen die Klassifizierungen vereinfacht werden. So werden dort nicht nur **neue Gruppen** und **Klassen** geschaffen, sondern auch **neue Codes** – z.B. für Militärforschung und Militärtechnologie – in das CPV aufgenommen. Die Handhabung des neuen CPV und sein Verständnis wird für die Nutzer durch **Verweise auf die bestehenden EU-Richtlinien** (RL 2004/17/EG u. 2004/18/EG) erleichtert. Durch das neue CPV kommt es zu **keinen Änderungen des sachlichen Anwendungsbereichs** der Richtlinien. Eine **6-monatige Übergangszeit** zwischen der Veröffentlichung der Verordnung und ihrer Anwendung soll den CPV-Nutzern den bevorstehenden Wechsel und die dadurch **erforderlichen Anpassungen** ihrer **elektronischen Systeme** erleichtern.

Am 15. 3. 2008 wurde die **Verordnung (EG) Nr. 213/2008** der Kommission[579] veröffentlicht. Die unmittelbar bindenden Neuerungen des CPV treten – nach der 6-monatigen Übergangszeit – ab dem 29. 9. 2008 in Kraft. Die Verordnung (EG)

578 Beschluß Nr. 81/2004.
579 ABl. EU L 74, 1 ff. v. 15. 3. 2008.

Nr. 2195/2002 über das Gemeinsame Vokabular für öffentliche Aufträge (CPV) und die Vergaberichtlinien 2004/17/EG und 2004/18/EG sind damit im Hinblick auf das Vokabular geändert.

hh) Elektronische Auftragsvergabe

75 Unter der **elektronischen Auftragsvergabe** (auch **e-Vergabe** genannt) versteht man die Durchführung von Verfahren auf elektronischer Basis zur Vergabe öffentlicher Aufträge. Die Überlegungen, Vergabeverfahren elektronisch durchzuführen, gibt es seit der Koexistenz zwischen moderner Informations- und Kommunikationstechnik und dem Vergaberecht.

(1) Genese der elektronischen Auftragsvergabe

76 Aufgrund der Fortentwicklung der Informations- und Kommunikationstechnik seit den 1990er Jahren, der Einführung und Fortentwicklung digitaler Signaturen sowie der Etablierung elektronischer Plattformen im Internet ist es angezeigt, zunächst die **Genese der e-Vergabe** darzustellen. Im Laufe der Entwicklungsgeschichte der e-Vergabe haben sich die Rahmenbedingungen immer wieder geändert.

(1a) EG-Richtlinien 97/52/EG und 98/4/EG, § 15 VgV 2001

77 Zu **Beginn** der **digitalen Signatur**, der u.a. die EU-Richtlinien 97/52/EG und 98/4/EG zum Durchbruch verhelfen wollten, reichte es aus, wenn die von der Vergabestelle an die Bieter bzw. von den Bietern an die Vergabestelle übermittelten Dokumente digital verschlüsselt waren. Das Erfordernis der digitalen Signatur fand seinen Niederschlag u.a. in der Regelung des § 15 VgV 2001[580].

(1b) E-Commerce-Richtlinie, Signaturrichtlinie, Signaturgesetz, § 15 VgV 2001/2003

78 Durch die verstärkte Nutzung des Internets und die Etablierung des elektronischen Handels sah sich die EU-Kommission veranlasst, gesetzliche Rahmenbedingungen zu schaffen. Diese Rahmenbedingungen wurden durch die **E-Commerce-Richtlinie**[581] sowie die **Signaturrichtlinie**[582] erstmals geschaffen. Die **E-Commerce-Richtlinie** bereitete den Weg zum elektronischen Vertragsschluss. Die **Signaturrichtlinie** gewährleistete einerseits die Anerkennung der für den Vertragsabschluss notwendigen elektronischen Unterschrift sowie andererseits die Vereinheitlichung der für die elektronische Unterschrift erforderlichen Techniken und Systeme[583].

580 Vgl. § 15 VgV i.d.F. v. 1. 2. 2001, BGBl. I 2001, S. 110.
581 Richtlinie 2000/31/EG vom 8. 6. 2000, ABl. L 178 vom 17. 7. 2000, S. 1.
582 Richtlinie 1999/93/EG vom 13. 12. 1999, ABl. L 13 vom 13. 1. 2000, S. 12.
583 Instruktiv dazu: *Kratzenberg*, NZBau 2000, 265, 266; *Höfler*, NZBau 2000, 449. Siehe außerdem: *Scherer/Butt*, DB 2000, S. 1009 ff. (Allgemein zu den Richtlinien); *Bülow/Artz*, NJW 2000, 2049 ff. (Fernabsatzverträge); *Tonner*, BB 2000, 1413 ff. (Fernabsatzgesetz); *Kilian*, BB 2000, 733 ff. (Signaturrichtlinie); *Gierschmann*, DB 2000, 1315 ff. (E-Commerce-RL). Ein kompakter allgemeiner Überblick findet sich bei *Gronau*, EUK 2000, 175.

Der deutsche Gesetzgeber trug den Anforderungen der E-Commerce-Richtlinie und der Signaturrichtlinie dadurch Rechnung, indem er im Jahres 2001 das **Signaturgesetz (SigG)** erließ. Im Signaturgesetz findet sich eine Unterteilung in **drei Klassen** der **digitalen Signatur**[584]. In der ersten Fassung des Signaturgesetzes[585] wurde nur die qualifizierte digitale Signatur der handschriftlichen Unterschrift gleichgesetzt[586, 587]. Das Erfordernis der qualifizierten digitalen Signatur[588] fand seinen Niederschlag in den Neuregelungen des § 15 VgV in den Jahren 2001[589] und 2003[590]. Übersandte ein öffentlicher Auftraggeber Ausschreibungsunterlagen, die nicht die qualifizierte digitale Signatur aufwiesen, so stellte dies einen schwerwiegenden Vergabefehler dar, der zur Aufhebung des Vergabeverfahrens führte[591].

(1c) EU-Richtlinien 2004/17/EG und 2004/18/EG, Vergaberechtsnovelle 2006

79 Dem erneuten Wandel der Informations- und Kommunikationstechnik trugen die **EU-Richtlinien 2004/17/EG**[592] und **2004/18/EG**[593] Rechnung, die sich für die Einrichtung eines vollelektronisch arbeitenden dynamischen Beschaffungssystems aussprachen, um die Effizienz des öffentlichen Beschaffungswesens zu steigern. Besonderer Wert wurde auf die Aspekte der **Gleichbehandlung von Bietern**, deren **Nichtdiskriminierung** sowie die **Transparenz** des Vergabeverfahrens gelegt.

Die Regelungen der EU-RL 2004/17/EG sowie 2004/18/EG fanden ihren Niederschlag in der **Novelle des Vergaberechts** im Jahr 2006. Im Rahmen der Novelle wurde **§ 15 VgV gestrichen**. In der **VOB/A 2006** und der **VOL/A 2006** wurden jeweils in **§ 16 Grundsätze für** die **Informationsübermittlung** festgeschrieben. Die entsprechende Vorschrift in der **VOF** findet sich in **§ 4**. Neben den bereits im Zusammenhang mit den EU-Richtlinien 2004/17/EG und 2004/18/EG genannten Aspekten enthalten die Regelungen des § 16 VOB/A/VOL/A[594] bzw. § 4 VOF die Vorgaben, dass einerseits die Programme und technischen Merkmale kompatibel zu den allgemein verbreiteten Erzeugnissen der Informations- und Kommunikationstechnik sein müssen. Andererseits sind die Vergabestellen gehalten, den an öffentlichen Aufträgen interessierten Unternehmen diejenigen Informationen und Gerätespezifikationen zur Verfügung zu stellen, welche diese für die elektronische Übermittlung von Teilnahmeanträgen und Angeboten benötigen. Diese Informationen und Gerätespezifikationen beinhalten auch Angaben darüber, welche Verschlüsselung von der Vergabestelle genutzt wird bzw. gewünscht ist.

---

584 Es wurden die einfache, fortgeschrittene und die qualifizierte Signatur unterschieden.
585 Vgl. § 15 VgV i.d.F. v. 16. 5. 2001, BGBl. I 2001, S. 876.
586 Vgl. §§ 5, 7 SigG. Vgl. Broschüre des BeschABMI »Der Bund kauf online ein«, S. 9.
587 Für die Verwendung der qualifizierten digitalen Signatur benötigen sowohl die Vergabestelle als auch die Bieter sog. Signaturkarten, die man i.d.R. nur über sogen. private Trust-Center ausgestellt bekam bzw. bekommt.
588 Vgl. Tätigkeitsbericht BeschABMI 2005/2006, S. 24.
589 Vgl. § 15 VgV i.d.F. v. 16. 5. 2001, BGBl. I 2001, S. 876.
590 Vgl. § 15 VgV i.d.F. v. 11. 2. 2003, BGBl. I 2003, S. 168.
591 Vgl. VK Berlin, Beschl. v. 12. 11. 2004 (VK-B1-58/04).
592 Vgl. Erwägungsgründe 20, 21 der EU-RL 2004/17/EG.
593 Vgl. Erwägungsgründe 12, 13 der EU-RL 2004/18/EG.
594 Vgl. Kurzgutachten des BeschABMI v. 31. 10. 2006, S. 8.

§ 16 Nr. 4 VOB/A eröffnet den Vergabestellen die Möglichkeit, im Internet ein **Beschafferprofil**[595] einzurichten.

Laut dem **Beschaffungsamt des Bundesministeriums des Inneren (BeschABMI)** reicht es nach der Vergaberechtsnovelle 2006 für die Vergabestellen aus, wenn sie die Verwendung der **fortgeschrittenen digitalen Signatur** verlangen[596]. Dies bedeutet sowohl für die Vergabestellen als auch für die an der öffentlichen Auftragsvergabe interessierten Unternehmen eine wesentliche Erleichterung gegenüber dem Erfordernis der qualifizierten digitalen Signatur[597].

(2) Begriff der elektronischen Auftragsvergabe

80 Die **vollelektronische Auftragsvergabe** wird teilweise als unklarer **Oberbegriff** verwandt. In der Praxis wird vereinzelt die Auffassung vertreten, dass bereits die Bekanntmachung der Ausschreibung in einem elektronischen Medium eine elektronische Auftragsvergabe darstelle. Bei genauerer Betrachtung gilt es jedoch die nachfolgenden Begrifflichkeiten auseinander zu halten.

(2a) Elektronische Auftragsvergabe

81 Unter der **elektronischen Auftragsvergabe** (sog. **e-Vergabe**) versteht man die **vollumfängliche** Unterstützung und Erleichterung des **Vergabeverfahrens** durch die moderne Informations- und Kommunikationstechnik. Nicht nur werden die verschiedenen, noch darzulegenden Phasen des e-Vergabeverfahrens elektronisch unterstützt, sondern auch Verschlüsselung, Dokumentation, Protokollierung und Archivierung elektronischer Vergabevorgänge bis hin zur Bereitstellung von Informationen für mögliche spätere Vergabenachprüfungsverfahren.

(2b) Dynamisches Beschaffungssystem

82 Unter einem **dynamischen Beschaffungssystem** versteht man ein System zur Erleichterung der Beschaffungsvorgänge[598]. Im Rahmen des Systems können Bieter **unverbindliche Angebote** abgeben und diese **jederzeit ändern oder zurückziehen**. Das System der e-Vergabe unterscheidet sich vom dynamischen Beschaffungssystem in einem wesentlichen Punkt: der Verbindlichkeit der Angebote.

Bei der e-Vergabe sind die abgegebenen Angebote für die Bieter bindend. Wie die schriftlichen Angebote können sie grundsätzlich nicht nachträglich abgeändert oder zurückgezogen werden.

---

595 Das Beschafferprofil enthält allgemeine Informationen wie Kontaktstelle, Telefon- und Faxnummer, Postanschrift, E-Mail-Adresse sowie Angaben zu Ausschreibungen, geplanten und vergebenen Aufträgen oder aufgehobenen Vergabeverfahren.

596 Vgl. Kurzgutachten des BeschABMI v. 31. 10. 2006. Pressemitteilung von »ausschreibungs-abc.de« »Fortgeschrittene Signatur ebnet den Weg für die eVergabe« v. April 2007. Vgl. Tätigkeitsbericht BeschABMI 2006/2007.

597 Im Kurzgutachten des BeschABMI v. 31. 10. 2006, S. 2, ist davon die Rede, dass durch die Verwendung der fortgeschrittenen digitalen Signatur eine höhere Akzeptanz der Vergabeplattformen erreicht werden wird, weil die technischen Anforderungen geringer als bei der qualifizierten digitalen Signatur sind.

598 Vgl. Broschüre des BeschABMI »Der Bund kauf online ein«, S. 7. Vgl. Tätigkeitsbericht BeschABMI 2004/2005, S. 9.

(2c) Abgrenzung zur elektronischen Auktion

83 Die **elektronische Auktion** unterscheidet sich von der elektronischen Auftragsvergabe darin, dass sie nur einen Aspekt des Vergabeverfahrens abdeckt: die (elektronische) **Ermittlung des wirtschaftlichsten Angebotes**[599]. Im Wege verschiedener Auktionsverfahren[600] besteht für die Vergabestelle die Möglichkeit, dass aus ihrer Sicht für die Leistungserbringung wirtschaftlichste Angebot elektronisch zu ermitteln.

Die elektronische Auktion stellt kein neues, eigenständiges Vergabeverfahren dar.

Die Möglichkeit der elektronischen Auktion lässt sich nicht uneingeschränkt in allen Vergabearten anwenden. Anwendbar sind elektronische Auktionen im Bereich der Offenen und Nichtoffenen Verfahren. Eingeschränkt kann die elektronische Auktion im Verhandlungsverfahren mit Teilnahmewettbewerb genutzt werden.

(2d) Abgrenzung zur elektronischen Ausschreibung

84 Die **elektronische Ausschreibung** unterscheidet sich von der e-Vergabe in mehreren Punkten.

Einerseits erfolgt **nur** die **Ausschreibung elektronisch**. Die Vergabestelle bestimmt im Rahmen der Ausschreibung, ob sie schriftliche und/oder elektronische Anfragen und Angebote zulassen möchte oder nicht.

Die **elektronische Ausschreibung** selbst **erfordert** auf der anderen Seite **nicht** die **vollumfängliche elektronische Unterstützung** durch Informations- und Kommunikationstechnik **im** gesamten weiteren **Verlauf des Vergabeverfahrens.**

Aus diesem Grund kann die **elektronische Ausschreibung** einen **Teil eines e-Vergabeverfahrens** darstellen. Die elektronische Ausschreibung verpflichtet die Vergabestelle nicht dazu, das weitere Vergabeverfahren vollelektronisch auszugestalten und zu begleiten.

(3) Aspekte der elektronischen Auftragsvergabe

85 Die elektronische Auftragsvergabe weist sowohl Vorteile als auch Nachteile auf, welche nachfolgend kurz skizziert werden.

(3a) Vorteile

86 Die Vorteile lassen sich wie folgt aufgliedern:
- **Reduzierung** des **Aktenaufkommens** in bisheriger (Papier-)Form,
- **Belebung** des **Wettbewerbs**[601],

599 Vgl. Broschüre des BeschABMI »Der Bund kauf online ein«, S. 7. Vgl. Tätigkeitsbericht BeschABMI 2004/2005, S. 9.

600 Zur Auswahl stehen hier das normale Auktionsverfahren (das nächst höhere Angebot erhält den Zuschlag) oder das sog. Invers-Auktionsverfahren (hier unterbieten sich die am Auftrag interessierten Unternehmen gegenseitig). Angesichts knapper öffentlicher Haushalte erscheint das Inversverfahren effizienter.

601 Vgl. Broschüre des BeschABMI »Das Beschaffungsamt«, S. 13.

- **Chancengleichheit** für die Bieter[602],
- **effizientere zeitliche Durchführung** des Vergabeverfahrens (= **Beschleunigung des Verfahrens**)[603],
- **Einsparung** von **Kosten** (z.B. für den Versand der Leistungsbeschreibung und Verdingungsunterlagen)[604],
- **Entlastung** der für die Durchführung des Vergabeverfahrens verantwortlichen **Mitarbeiter**[605],
- **erhöhte** Möglichkeit zur **Korruptionsprävention** (durch digitale und informations- sowie kommunikationstechnische Sicherheitsvorkehrungen)[606],
- **Kostenfreie Beteiligung von Unternehmen** an Ausschreibungen (jedoch meist erst nach Registrierung möglich)[607],
- Möglichkeit der **Einbindung digitaler Nutzerleitfäden** bzw. **Online-Assistenten**[608] für die Unternehmen und die Vergabestelle bei dem Ausfüllen und dem Umgang mit den elektronischen Dokumenten, Eingabemasken etc.,
- **Nutzung schneller, sicherer Kommunikationswege** für die Übermittlung von Anfragen, Angeboten, Dokumenten, Rügen, Informationsschreiben etc.[609]
- **Schnittstellen** für die **Nutzung verschiedener Vergabeplattformen** können bereits eingebunden werden,
- **Sicherstellung** der **Datenübermittlung** durch Vorgabe bestimmter **Rahmenbedingungen** (z.B. Verfahren für die Übermittlung fortgeschrittener digitaler Signaturen)[610],
- **Sicherstellung** der **Unversehrtheit** durch eine zeit- und schlüsselanhängige Kodierung der **elektronischen Angebote**,
- **Erhöhte Transparenz** des Vergabeverfahrens[611],
- **verbesserte** und **vollumfängliche Dokumentation** der Abläufe und Ereignisse innerhalb des Vergabeverfahrens
- Verfügbarkeit **digitaler Protokolle für** potentielle **Vergabenachprüfungsverfahren.**

(3b) Nachteile

87 Es ist jedoch auch auf die Nachteile hinzuweisen:

- **Anpassung vorhandener Systeme** (Unternehmen müssen u.U. die bei ihnen vorhandenen Systeme an die Anforderungen der modernen Informations- und Kommunikationstechnik anpassen[612]. Dies verursacht **Kosten**, z.B. durch Anschaffung der für die digitale Signatur erforderlichen Technik oder durch die

602 Vgl. Broschüre des BeschABMI »Das Beschaffungsamt«, S. 12.
603 Vgl. Broschüre des BeschABMI »Der Bund kauf online ein«, S. 7.
604 Vgl. Broschüre des BeschABMI »Das Beschaffungsamt«, S. 16.
605 Vgl. Broschüre des BeschABMI »Das Beschaffungsamt«, S. 16.
606 Vgl. Broschüre des BeschABMI »Korruptionsprävention bei der *elektronischen Vergabe*«.
607 Vgl. Broschüre des BeschABMI »Der Bund kauf online ein«, S. 7.
608 Vgl. Tätigkeitsbericht BeschABMI 2005/2006, S. 24.
609 Vgl. Broschüre des BeschABMI »Das Beschaffungsamt«, S. 16. Vgl. Broschüre des BeschABMI »Der Bund kauf online ein«, S. 7.
610 Vgl. Kurzgutachten des BeschABMI v. 31. 10. 2006, S. 6 ff.
611 Vgl. Broschüre des BeschABMI »Das Beschaffungsamt«, S. 16.
612 Vgl. Broschüre des BeschABMI »Korruptionsprävention bei der *elektronischen Vergabe*«: Beitrag *Schäfer/Gäbler*, Nutzung elektronischer Medien bei der zentralen und dezentralen Beschaffung am Beispiel des Zweiten Deutschen Fernsehens (ZDF), S. 73, 75.

Zertifizierung bei sog. Trust Centern, welche Zertifikate für die Nutzung digitaler Signaturen ausstellen.)

- Die **Schulung** der **Mitarbeiter** in den Unternehmen bzw. in den Vergabestellen birgt seinerseits **Kosten**. Diesen Kosten kann z.T. dadurch begegnet werden, indem man dieser Nutzergruppe Leitfäden oder Online-Assistenten zur Verfügung stellt.
- Für die **Registrierung** bei den verschiedenen **Plattformen** haben interessierte Unternehmen die **Leistungen** anzuführen, welche sie der Vergabestelle zur Verfügung stellen können[613]. Ist die **anbietbare Leistung nicht im Katalog** der Plattform enthalten, so stellt sich die Frage nach dem Nutzen der Plattform für das Unternehmen. Bei **Änderungen** des **Leistungsspektrums** des Unternehmens können vergleichbare **Komplikationen** auftreten.
- Bisher existieren **keine bundeseinheitlich strukturierten Vergabeplattformen**, welche den Unternehmen den Zugang zu allen elektronischen Auftragsvergaben ermöglichen[614].

(4) Ablauf eines elektronischen Vergabeverfahrens

88 Das **elektronische Vergabeverfahren** kann in seiner Ausgestaltung **vollumfänglich** den bisher von der Vergabestelle angewandten, klassischen **Vergabeverfahren** entsprechen. Im Gegensatz zum herkömmlichen Vergabeverfahren besteht die Möglichkeit, alle **Schritte** des elektronischen **Vergabeverfahrens** anhand von elektronischen Protokollen **nachzuvollziehen**[615].

(4a) Elektronische Konzeption der Leistungsbeschreibung und der Verdingungsunterlagen

89 In einem ersten Schritt werden – wie auch im klassischen Verfahren – **Leistungsbeschreibung** und **Verdingungsunterlagen erstellt**. Bei dem **Erstellen** (der Konzeption) können, zusätzlich zu den bisher verwendeten **Leitfäden, Online-Assistenten** für die Ausschreibung eingebunden werden. Bei **Online-Assistenten** handelt es sich um Softwareprogramme, welche hilfreich bei der Erstellung der Ausschreibungsunterlagen den Verantwortlichen zur Seite stehen. Durch die Verwendung von **Online-Assistenten** können mögliche **Schwachstellen** im elektronischen Vergabeverfahren **frühzeitig erkannt** und **gehandhabt** werden[616].

(4b) Wahl des Vergabeverfahrens

90 Im Anschluss an die elektronische Erstellung der Leistungsbeschreibung und der Verdingungsunterlagen entscheidet die Vergabestelle darüber, welches **Vergabeverfahren** (Offenes oder Nichtoffenes Verfahren bzw. Verhandlungsverfahren

613 Vgl. Broschüre des BeschABMI »Der Bund kauf online ein«, S. 8.
614 S. Behörden Spiegel 10/2006, S. 24; S. Behörden Spiegel 08/2007, S. 30; S. Behörden Spiegel 09/2007, S. 22.
615 Vgl. Broschüre des BeschABMI »Das Beschaffungsamt«, S. 28 f. Vgl. Broschüre des BeschABMI »Der Bund kauf online ein«, S. 10 f., 13. S. Behörden Spiegel 12/2007, S. 25.
616 Vgl. Tätigkeitsbericht BeschABMI 2005/2006, S. 24. Vgl. Broschüre des BeschABMI »Der Bund kauf online ein«, S. 11. S. Behörden Spiegel 10/2007, S. 24.

oder Freihändige Vergabe) zur Anwendung kommen soll. Abhängig von dieser Entscheidung ist auch die Möglichkeit der Einbindung der zuvor genannten »Elektronischen Auktion« in ihrer jeweiligen Ausgestaltung.

(4c) Elektronische Bekanntmachung

91 Im Anschluss an die Wahl des jeweils relevanten Vergabeverfahrens erfolgt die **elektronische Bekanntmachung**[617]. Die Vergabestelle kann – abhängig von ihrer hierarchischen Einbindung – selbst entscheiden, in welchen **Ausschreibungsorganen** bzw. **Ausschreibung-/Vergabeplattformen** sie die Ausschreibung einstellen möchte. Bei europaweiten Ausschreibungen reicht auch allein die Bekanntmachung im Supplement des Amtsblattes der EU. Da je nach Bekanntmachungsform und je nach Ausschreibungsorgan/Vergabeplattform es gilt, verschiedene **Besonderheiten** (z.B. in den Bekanntmachungsmustern) zu beachten, besteht hier die **Möglichkeit** der **Nutzung** weiterer **Leitfäden oder Online-Assistenten**[618].

(4d) Online-Zurverfügungstellung der elektronischen Leistungsbeschreibung und der Verdingungsunterlagen (zum Download)

92 Nach erfolgter Vergabebekanntmachung können die an dem jeweiligen öffentlichen Auftrag interessierten Unternehmen die **Leistungsbeschreibung und Verdingungsunterlagen anfordern**[619]. Durch die elektronische Konzeption der Leistungsbeschreibung und der Verdingungsunterlagen besteht für die Interessenten die Möglichkeit, diese online abzufragen und auf ihr Informations- und Kommunikationssystem herunter zu laden. Man spricht in diesem Zusammenhang von der Bereitstellung der Möglichkeit zum »**Download**«.

Der »Download« hat den bereits zuvor genannten Vorteil, dass die **Kosten für** die **Versendung der Unterlagen** auf Seiten der Vergabestelle **entfallen**. Darüber hinaus besteht – abhängig von den Systemen der Vergabestelle bzw. der Vergabeplattform – die Möglichkeit, genau **nachzuvollziehen, wer** die digitalen **Unterlagen abgefragt hat**. So kann im Vorfeld die Vergabestelle tendenziell den Teilnehmerkreis einer jeden Ausschreibung ermitteln und entsprechend reagieren.

Zudem ist eine **Verkürzung der Angebotsfrist um 5 Tage** möglich (§ 18a Nr. 1 IV S. 2 VOL/A, § 18a Nr. 1 V VOB/A).

(4e) Einreichung elektronischer Angebote

93 Abhängig von der Entscheidung der Vergabestelle, ob sie nur elektronische Angebote oder elektronische Angebote zusätzlich zur klassischen schriftlichen Angebotsform zulässt, werden die interessierten Unternehmen ihre Angebote unterbreiten. Aufgrund der Datenverschlüsselung der Angebote kann einerseits sichergestellt werden, dass die Angaben von einem Bieter stammen und nachträglich nicht abgeändert wurden. Andererseits kann im Wege des **4-Augen-Prinzips** und **zeitlicher**

617 S. Behörden Spiegel 10/2006, S. 24.
618 Vgl. Tätigkeitsbericht BeschABMI 2005/2006, S. 24.
619 S. Behörden Spiegel 10/2006, S. 24.

Vorgaben in der **Verschlüsselung** der Angebote seitens der Vergabestelle sichergestellt werden, dass die **Unversehrtheit der Angebotsunterlagen dokumentierbar** ist[620].

(4f) Elektronische Angebotsprüfung

94 Nach Ende des Submissionstermins bzw. nach der Öffnung des ersten Angebots kann bei elektronischen Auftragsvergaben – aufgrund der automatischen Protokollierung der Vorgänge an den verschlüsselten Unterlagen – der **Ablauf** der **Angebotsprüfung nachgewiesen werden**[621]. Die Ergebnisse der Prüfung der elektronischen Angebote können in der Regel separat, aber im elektronischen Vergabeverfahren nachweisbar abgespeichert werden.

(4g) Elektronische Angebotswertung

95 Die elektronische Angebotswertung wird in der Regel nach den Vorgaben für die Wertung der klassischen (Schriftform-)Angebote erfolgen. Angesichts der Möglichkeit der **»elektronischen Auktion«** sowie der **elektronischen Dokumentation** können die verschiedenen **Wertungsschritte** sowie die eingebundenen Personen **genau erfasst** werden.

(4h) Elektronische Zuschlagserteilung

96 Die beabsichtigte **Zuschlagserteilung** sowie die erforderlichen **weiteren Schritte** (Vorabinformationsschreiben an die beteiligten Bieter, Beachtung der Stillhaltefristen, das/die Absageschreiben, das/die Zusageschreiben und die Weiterleitung von Informationen zu den vergebenen Aufträgen) können bei der elektronischen Auftragsvergabe **erfasst** werden.

(4i) Umgang mit Beanstandungen/Rügen auf elektronischem Wege

97 Zu jedem Zeitpunkt des elektronischen Vergabeverfahrens besteht seitens der Vergabestelle die Möglichkeit, auf **Anregungen, Beanstandungen, Zusendung von Änderungsvorschlägen oder Dokumenten bzw. Rügen** entsprechend zu reagieren und diese zu dokumentieren. Durch die **elektronische Erfassung** der Vorgänge geht kein Vorgang mehr verloren oder gerät in Vergessenheit.

(4j) Zurverfügungstellen elektronischer Protokolle für Vergabenachprüfungsverfahren

98 Der Vergabestelle wird bei der Nutzung der elektronischen Auftragsvergabe aufgrund der **automatisierten Protokollierung** der Geschehnisse innerhalb des jeweiligen Vergabeverfahrens die **Einhaltung** der **Dokumentationspflicht** erleichtert. Überdies hat die Protokollierung/Dokumentation und Archivierung der automatisierten Protokolle den **Vorteil**, dass diese im Fall eines **späteren Vergabenach-**

620 Vgl. Broschüre des BeschABMI »Der Bund kauf online ein«, S. 7.
621 Vgl. Broschüre des BeschABMI »Der Bund kauf online ein«, S. 11, 14.

prüfungsverfahrens den Nachprüfungsinstanzen zur Verfügung gestellt werden können.

(5) Pilotprojekte

99 Es gab und gibt bisher mehrere Pilotprojekte im Zusammenhang mit der Einführung und der Etablierung des elektronischen Vergabeverfahrens. Grundsätzlich lassen sich diese Projekte darin unterscheiden, wer daran beteiligt war:

- entweder ausschließlich öffentliche Auftraggeber (z.B. Behörden und Institutionen) oder
- private Dienstleistungsunternehmen (z.B. sog. Trust Center, private Plattformen etc.) in Zusammenarbeit mit den öffentlichen Auftraggebern[622].

(5a) Kaufhaus des Bundes (KfB)

100 Das BeschABMI war Vorreiter im Bereich der elektronischen Auftragsvergabe. Neben einer **Vergabeplattform** (**www.evergabe-online.de**) wurde auch eine Ausschreibungs- bzw. **Einkaufsplattform** (**www.bund.de**) geschaffen. Durch die Kombination der beiden Plattformen versteht sich das BeschABMI als **Kaufhaus des Bundes** (**KfB**).

In den Jahren 2005 bis 2007 stieg quartalsmäßig die Zahl der **Abrufe von Rahmenvereinbarungen** von anfangs **35 (1. Quartal 2005)** auf **4.302 Abrufe (3. Quartal 2007)**[623].

Das **Volumen** der **abgerufenen** Aufträge bewegte sich in 2005 bis 2007 zwischen **103.313 € (1. Quartal 2005)** und **5.432.587 € (3. Quartal 2007)**[624].

Die Anzahl der für die Nutzung des KfB erforderlichen Registrierungen schwankte in den Jahren 2005 bis 2007. Im **1. Quartal 2005** registrierten sich **15 Wirtschaftsunternehmen**. Die Zahl der Registrierungen stieg seit dem an. Ein aus heutiger Sicht Höhepunkt der Neuregistrierungen war die Anmeldung von **523 Wirtschaftsunternehmen** im **1. Quartal 2007**[625].

Das **KfB** beabsichtigt **bis 2010** die branchenweise Umstellung **ausschließlich** auf **elektronische Angebote**[626].

(5b) Weitere Pilotprojekte

101 Neben diesem Paradebeispiel auf Bundesebene gibt es noch weitere Pilotprojekte.

Eines dieser Pilotprojekte ist »**Vergabe24**«; ein die Verwaltungshierarchie übergreifendes und private Partner einbindendes Projekt. Es verbindet die Aspekte einer Ausschreibungsplattform und einer Vergabeplattform. Bei Vergabe24 werden

622 Vgl. Pressemitteilung von »ausschreibungs-abc.de« »Fortgeschrittene Signatur ebnet den Weg für die eVergabe« v. April 2007. Vgl. auch *Rossnagel/Paul*, Die Nutzung privater Vergabeplattformen durch öffentliche Auftraggeber, VergabeR 2007, S. 313 ff.
623 Vgl. Tätigkeitsbericht BeschABMI 2006/2007.
624 Vgl. Tätigkeitsbericht BeschABMI 2006/2007.
625 Vgl. Tätigkeitsbericht BeschABMI 2006/2007.
626 Vgl. Tätigkeitsbericht BeschABMI 2006/2007.

die eigenen Vergabeplattformen von Vergabe24 mit den Plattformen von »ausschreibungs-abc«, »Deutsches Ausschreibungsblatt«, »Staatsanzeiger Online Logistik« und »Ausschreibungen Online Thüringen« zusammengeführt[627].

Daneben gibt es in einigen Bundesländern bereits **Vergabeblattformen.** Hierzu zählen: **Bayern, Berlin, Brandenburg, Bremen** und **Nordrhein-Westfalen**.

Derzeit liegen noch keine Berichte zu den genannten, weiteren Pilotprojekten im Bereich der Vergabeplattformen vor.

Der **Deutsche Städte- und Gemeindebund (DStGB)** in Kooperation mit dem **Zentralverband des Deutschen Handwerks (ZDH)** hatte die **Vergabeplattform DVBN (Vergabe- und Beschaffungsnetz: www.dvbn.de)** auf den Weg gebracht[628]. Die Partner der Vergabeplattform **DVBN** mussten für diese Anfang November 2007 **Insolvenz** anmelden[629].

(6) Elektronische Vergabeplattformen, Ausschreibungsplattformen, Ausschreibungen im Internet

102 Nachfolgend eine beispielhafte Auflistung der im Internet vorhandenen Vergabeplattformen, Ausschreibungsplattformen und Internetseiten, auf denen man länderspezifische Ausschreibungen abrufen kann[630].

Übersicht: Vergabeplattformen

Nationale Ebene:

Bundesebene

Bezeichnung:	**Internetseite:**
Bundesverwaltung (BeschABMI)	www.evergabe-online.de
Verwaltungsübergreifend:	
Vergabe24	www.vergabe24.de

Länderebene

Bundesland:	**Internetseite:**
Baden-Württemberg[631]	www.service-bw.de

627 Vgl. Behörden Spiegel 4/2007, S. 22; Behörden Spiegel 12/2007, S. 25.

628 Vgl. Pressemeldung des DStGB v. 8. 2. 2007. S. Behörden Spiegel 3/2007, S. 67. S. Behörden Spiegel 10/2007, S. 27.

629 Vgl. Behörden Spiegel 12/2007, S. 25.

630 Zur Unterscheidung zwischen e-Vergabeplattform und e-Ausschreibungsplattform: s. Behörden Spiegel 12/2007, S. 25.

631 Vgl. Gemeinsame Pressemitteilung des Finanzministeriums und des Innenministeriums Baden-Württemberg v. 18. 1. 2008.

Bundesland:	Internetseite:
Bayern	www.vergabe.bayern.de
Berlin	www.vergabe.berlin.de
Brandenburg[632]	vergabemarktplatz.brandenburg.de
Bremen	www.vergabe.bremen.de
Nordrhein-Westfalen[633, 634]	www.evergabe.nrw.de

Übersicht: Ausschreibungsplattformen

EU-Ebene:

Bezeichnung:	Internetseite:
SIMAP	www.simap.eu.int/
TED	www.ted.eur-op.eu.int/

Bundesebene

Bezeichnung:	Internetseite:
Bundesverwaltung (BeschABMI)[635]	www.bund.de
Deutscher Ausschreibungsdienst	www.dtad.de
Deutsches Ausschreibungsblatt (nur nach Registrierung)	www.deutsches-ausschreibungsblatt.de/

Länderebene

Bundesland:	Internetseite:
Hessen	www.had.de
Thüringen	www.ausschreibungsanzeiger-thueringen.de/

632 Vgl. ABl. für Brandenburg v. 9. 1. 2008, S. 15 f.
633 Vgl. Gemeinsame Pressemitteilung des Finanzministeriums und des Ministeriums für Wirtschaft, Mittelstand und Energie Nordrhein-Westfalen v. 27. 12. 2007.
634 Die Plattform »Vergabemarktplatz NRW« nutzen mehr als 12.000 registrierte Unternehmen. Es erfolgen mehr als 1 Mio. Seitenzugriffe pro Monat.
635 Vgl. Tätigkeitsbericht BeschABMI 2005/2006, S. 25.

Ausschreibungen im Internet:

Hamburg Baubereich: Finanzbehörde (VOL): Hamburg Port Authority: – Nationale Ausschreibungen – Internationale Ausschreibungen	www.fhh.hamburg.de/stadt/Aktuell/behoerden/stadtentwicklung-umwelt/service/oeffentliche-ausschreibungen/start.html fbhh-eva.healyhudson.biz/eVaHGWWeb/ProjectOverview.aspx www.hamburg-port-authority.de/index.php?option=com_content&task = category§ionid=1&id=22&Itemid=306&lang=german www.hamburg-port-authority.de/index.php?option=com_content&task=category§ionid =1&id=24&Itemid=307&lang=german
Saarland	www.saarland.de/ausschreibungen.htm
Schleswig-Holstein (Baubereich)	www.gmsh.de/content/ausschreibungen/bauen.php
Thüringen – (Liegenschaftsmanagement:)	www.thueringen.de/de/thuelima/aktuelles/ausschreibungen/content.html

(7) Ausblick auf die weitere Entwicklung

103 Angesichts der vom BeschABMI dargelegten, positiven Aspekte in den Bereichen der Nutzung der Vergabeplattform und der abgerufenen Auftragsvolumina sowie dem Entstehen von weiteren Vergabe- und Ausschreibungsplattformen zeichnet sich bei der elektronischen Auftragsvergabe eine Aufwärtsbewegung ab.

Aus Sicht der an öffentlichen Aufträgen interessierten Unternehmen sowie aus Sicht der Vergabestellen ist eine kontinuierliche und realistische Beobachtung und Analyse der Chancen und Risiken der elektronischen Auftragsvergabe angeraten.

ii) Interessenskollisionen – »Doppelmandate«

104 Aus dem Gleichbehandlungsgrundsatz (§ 97 II GWB) wird gefolgert, dass bei Auftragsvergaben **alle Formen von Interessenskollisionen unterbunden werden müssen**. Grundsätzlich anzunehmen sind folgende Konstellationen:
- Vergabestelle und Bieter (»Doppelmandate«)
- Zur Vorbereitung der Ausschreibung eingeschaltetes Ingenieurbüro und Mutterfirma, die sich nachher um Ausführung bewirbt
- Vergabestelle und Personen in den Nachprüfungsorganen
- Kollision anwaltlicher Vertretung

Ursache für die Existenz der Vorschrift des § 16 VgV sind die **Erfahrungen aus einigen Praxisfällen**, in denen bei der Vergabestelle Personen an verantwortlicher Stelle über die Auftragsvergabe entscheiden sollten, aber gleichzeitig ein Aufsichtsratsmandat bei einem der sich bewerbenden Bieterunternehmen innehatten[636]. In anderen Fallkonstellationen hatte ein Kreisbaumeister die Entscheidungen der kommunalen Gremien vorbereitet, verfügte jedoch über einen Onkel, der ein Bauunternehmen besaß, das plötzlich unter Verzicht auf die ursprünglichen Ausschreibungsbedingungen den Zuschlag erhalten sollte[637].

Zu Handhabung dieser und vieler anderer **Interessenskonflikte** wurde der **§ 16 VgV** geschaffen. Es soll gewährleistet werden, dass für den Auftraggeber nur Personen tätig werden, die in ihren Interessen weder mit einem Bieter noch mit einem Beauftragten des Bieters verknüpft sind. Die in diesen Fällen oft naheliegende Verletzung des Gleichbehandlungsgebotes kann an öffentlichen Aufträgen interessierte Bieter diskriminieren. § 16 VgV soll **voreingenommene Personen zum Schutz der Bieter vor einer Parteilichkeit ausschließen**, wobei auf die Besonderheiten der öffentlichen Auftragsvergabe Rücksicht genommen wurde. Es soll – entgegen der in diesem Punkt zu weitgehenden Rechtsansicht des **OLG Brandenburg** – bewusst nicht an die §§ 20, 21 VwVfG angeknüpft werden, weil es sich bei öffentlichen Auftragsvergabeverfahren gerade um keine Verwaltungsverfahren handelt, sondern um fiskalisches, also privatrechtliches Handeln der Verwaltung mit einem vorgeschalteten öffentlich-rechtlichen Auswahlverfahren[638]. Die Problematik der Anwendung des Verwaltungsverfahrensrechts ist darin zu lokalisieren, dass sie eine nicht sachgerechte Objektivierung des Vergabeverfahrens mit sich bringt, die dazu führt, dass a priori auch Personen ausgeschlossen werden müssten, die der Vergabestelle nur angehören, an den betreffenden Entscheidungen oder auch nur an den vorbereitenden Entscheidungen und Festlegungen überhaupt jedoch nicht teilnehmen. Dies führte in einem vom **OLG Saarbrücken**[639] entschiedenen Fall zu dem nicht haltbaren Ergebnis, dass entdeckte Interessenskollisionen nicht gerügt werden müssen. Der Bieter würde also mit erkannten Vergabefehlern spekulieren können, wozu er aber gemäß der Begründung zum Regierungsentwurf des Vergaberechtsänderungsgesetzes gerade nicht in der Lage sein soll[640].

Richtiger ist es daher, eine **Kausalität** zu verlangen, also eine irgendgeartete **Involvierung in das Vergabeverfahren**, die **ursächliche Auswirkungen auf die Vergabeentscheidung befürchten lässt** und damit das Gebot der Gleichbehandlung bzw. Nichtdiskriminierung tangiert. Eine abstrakte Neutralitätsverletzung (sog. »böser Schein«) kann also gerade nicht genügen[641]. Zu verlangen sind vielmehr

636 Fall des OLG Brandenburg v. 3. 8. 1999 (6 Verg 1/99), VergabE C-4-1/99 = BauR 1999, 1175 = NVwZ 1999, 1142 = NZBau 2000, 39 = WuW 1999, 929 = ZVgR 1999, 207 = EUK 1999, 121. Dazu auch *Quilisch/Fietz*, NZBau 2001, 540.

637 Siehe BayObLG, Beschl. v. 20. 12. 1999 (Verg 8/99), VergabE C-2-8/99 = NZBau 2000, 259 = WuW 2000, 675 = BauR 2000, 557 = EUK 2000, 41.

638 Gegen die analoge Anwendung des § 20 VwVfG mit der Begründung, dass das Vergabeverfahren als fiskalisches Hilfsgeschäft dem Zivilrecht zuzuordnen sei: VÜA Brandenburg als VK, Beschl. v. 18. 5. 1999 (1 VÜA 1/99), VergabE E-4-1/99-1.

639 OLG Saarbrücken v. 22. 10. 1999 (5 Verg 2/99), VergabE C-12-2/99 = ZVgR 2000, 25 = EUK 2000, 25.

640 Begründung des Regierungsentwurfes, zu § 117, BT-Drucks. 13/9340, S. 17.

641 Kritisch dazu: *Höfler/Bert*, NJW 2000, 3310, 3316; *Berrisch*, DB 1999, 1797; *Neßler*, NVwZ 1999, 1081; *Ax*, ZVgR 2000, 161; *Noch*, Das Problem der Doppelmandate und der Neutralität bei öffentlichen Ausschreibungen, Sachsenlandkurier (SLK) 2000, S. 135 ff.; *ders.*, Neutralität bei öffentlichen Auftragsvergaben – Ein inhaltsleeres ›Prinzip‹ des Vergaberechts?, Behörden Spiegel – Beschaffung Special, April 2000, S. B IV. Zustimmend aber wohl: *Kulartz/Niebuhr*, NZBau 2000, 6; *Otting*, NJW 2000, 484; *Malmendier*, DVBl 2000, 963, 965 f.

gewisse Kausalitätsanforderungen, um eine rechtlich messbare Vergaberechtsverletzung oder zumindest eine große Wahrscheinlichkeit selbiger annehmen zu können[642]. Ein lediglich Inkenntnissetzen oder Informieren über den Verfahrensstand ohne Beeinflussung des Verfahrens kann daher für einen Ausschluss nicht genügen.

Wegen dieser zu verlangenden Kausalitätserfordernisse neigt die herrschende Rechtsauffassung unter den Gerichten dazu, den **Anwendungsbereich des § 16 VgV zu verneinen**, wenn sich die **Ausschreibung erst in einer Planungsphase** befindet, also noch gar kein Ausschreibungsverfahren existiert und es infolgedessen auch noch gar keine Bieter bzw. Bewerber gibt. Der Wortlaut des § 16 VgV ist insofern zu eng[643].

So bedarf insbesondere der **Vorplaner** keines Ausschlusses[644]. So gehe es gemäß der VK Lüneburg etwa im Falle der Mitwirkung an der **Erstellung der Haushaltsunterlage-Bau** um die **Frühphase des Bauplanungsprozesses** zur Formulierung der Aufgabenstellung für das ganze Projekt, wobei es **noch nicht um konkrete bauliche oder technische Lösungen** gehe. Ziel der Bedarfsplanung sei es, alle erforderlichen Anforderungen an das Projekt darzustellen und die damit zusammenhängenden Probleme zu formulieren[645]. In welcher Weise diese Bedarfs- und Vorplanungsanalyse später in der Leistungsbeschreibung umgesetzt werde, sei eine **eigene Entscheidung der Auftraggeberin**, die nicht in der Hand des Beraters liege.

Für einen sehr engen Anwendungsbereich des § 16 VgV hat sich diesbezüglich auch das **OLG Koblenz**[646] ausgesprochen. Danach sollen im Falle einer Auftragsvergabe im Offenen Verfahren alle der Bekanntmachung (§ 17 Nr. 1 VOL/A) vorausgehenden Entscheidungen der Vergabestelle (**in casu: Erstellung der Leistungsbeschreibung**) **nicht dem Anwendungsbereich des § 16 VgV unterfallen**. Dies ist einerseits konsequent, zeigt andererseits aber auch, dass die Vorschrift des § 16 VgV von ihrer Konstruktion her zu kurz greift, wenn sie die Fälle der Interessenskollisionen umfassend regeln will. Gerade bei der Erstellung der Leistungsbeschreibung, die immerhin eines der wesentlichen Elemente, wenn nicht das Kernstück der Ausschreibung, bildet, liegen Interessenskollisionen durch Berater, welche die Ausschreibung in eine bestimmte Richtung (und damit in die Richtung eines bestimmten Bieters) lenken wollen, auf der Hand[647].

642 In dieser Richtung OLG Stuttgart, Beschl. v. 24. 3. 2000 (2 Verg 2/99), VergabE C-1-2/99 = NZBau 2000, 301 = EUK 2000, 73 = Behörden Spiegel 6/2000, S. B II, betreffend ein anwaltliches Doppelmandat.

643 *Müller*, in: Byok/Jaeger, Kommentar zum Vergaberecht, 2. Aufl. 2005, Rn. 1659 zu § 16 VgV; *Dippel*, in: juris Praxiskommentar Heiermann/Zeiss/Kullack/Blaufuß, Vergaberecht, 2005, Rn. 43 zu § 16 VgV.

644 VK Lüneburg, Beschl. v. 17. 10. 2003 (203-VgK-23/2003), VergabE E-9c-23/03 = EUK 2004, 143.

645 Vgl. VK Baden-Württemberg, Beschl. v. 10. 2. 2003 (1 VK 72/02), VergabE E-1-72/02.

646 OLG Koblenz, Beschl. v. 5. 9. 2002 (1 Verg 2/02), VergabE C-10-2/02 = VergabeR 2002, 617 = NZBau 2002, 699 = ZfBR 2002, 829 = EUK 2002, 172 = Behörden Spiegel 11/2002, S. 24 = IBR 2002, 623.

647 Weitere Nachweise bei: *Weyand*, Vergaberecht, 2. Aufl. 2007, Rn. 3452 ff. zu § 16 VgV; *Müller*, in: Byok/Jaeger, Kommentar zum Vergaberecht, 2. Aufl. 2005, Rn. 1659 zu § 16 VgV; *Dippel*, in: juris Praxiskommentar Heiermann/Zeiss/Kullack/Blaufuß, Vergaberecht, 2005, Rn. 43 zu § 16 VgV.

Die **Gegenauffassung** hat das **OLG Hamburg**[648] eingenommen. Nach Ansicht des Senats hatte dort unter Verstoß gegen § 16 VgV ein Kapitän bei der Erstellung einer Ausschreibung für Forschungsschiffe mitgewirkt. Auch dies seien »Entscheidungen« im Vergabeverfahren gemäß § 16 VgV und sie seien als solche unstatthaft. Der Senat betont, dass ein Rechtsverstoß auch dann anzunehmen ist, wenn der Betreffende an der Fassung der Ausschreibung nur im Vorfeld beratend mitwirkt und die Ausschreibung als solche nicht mitbeschließt und auch im weiteren Verlauf des Vergabeverfahrens nichts mitentscheidet. Der Senat ist der Auffassung, dass für einen Rechtsverstoß auch schon die Teilnahme an Sitzungen, die der Erarbeitung der technischen Leistungsbeschreibung dienen sollen, ausreicht.

Dem widerspricht das **OLG Jena**[649]. § 16 VgV statuiere ein Mitwirkungsverbot an Vergabeentscheidungen zu Ungunsten derjenigen Personen, welche als Bieter oder für einen Bieter am Vergabeverfahren beteiligt seien. Sei eine solche »als voreingenommen geltende natürliche Person« (§ 16 I VgV) an einer der im Vergabeverfahren zu treffenden Entscheidungen beteiligt, so müsse diese Entscheidung als fehlerhaft zustande gekommen gelten. Da § 16 VgV das Mitwirkungsverbot Bieter oder Personen betreffe, welche Bieter nach Maßgabe eines der in § 16 VgV näher bestimmten Verhältnisses unterstützen, setze § 16 VgV die **Existenz von Bietern voraus**. Diese sei erst möglich, wenn das Vergabeverfahren formell eingeleitet ist. Die Entscheidung, ein Beschaffungsprojekt in ein Vergabeverfahren überzuleiten, also die Ausschreibung nicht nur zu konzipieren, sondern sie nach außen zu veröffentlichen (vgl. §§ 17 VOL/A, 5 I VOF), möge eine »Entscheidung in einem Vergabeverfahren« sein. Sie falle indes nicht in den Geltungsbereich des § 16 VgV, weil es an Bietern fehle, welche an dieser Entscheidung mitgewirkt haben können[650].

Grundsätzliche und nicht ganz unberechtigte **Kritik** klingt in einer Entscheidung der VK Sachsen[651] an. Ein Verstoß gegen § 16 der Vergabeverordnung habe keine selbständige Bedeutung für das Vergabeverfahren. Konsequenzen könnten sich lediglich dann ergeben, wenn die Teilnahme einer eigentlich nach § 16 VgV auszuschließenden Person zu einer Ungleichbehandlung von Bietern oder zu einer wettbewerbswidrigen Vergabe des zu vergebenden Auftrags führe. Vor dem Hintergrund, dass, wie geschildert, ohnehin nicht die Fälle der Interessenskollisionen bei der vorbereitenden Mitwirkung erfasst sind und diese Fälle mit den allgemeinen Vergabeprinzipien der Gleichbehandlung und dem Wettbewerb gelöst werden müssen, ist dies plausibel.

Bei der Beteiligung von Dritten ist generell darauf zu achten, dass die Vergabeentscheidungen selbständig durch den Auftraggeber zu treffen sind (siehe § 2 Nr. 3 VOL/A, **Letztentscheidungsrecht und Letztentscheidungspflicht** des Auftraggebers). Sofern er sich eines Bevollmächtigten bedient, darf dieser nicht an der letztendlichen Auswahlentscheidung beteiligt sein oder diese sogar alleinverantwortlich getroffen haben. Die Mitwirkung eines Sachverständigen bzw. eines

648 OLG Hamburg, Beschl. v. 4. 11. 2002 (1 Verg 3/02), VergabE C-5-3/02 = VergabeR 2003, 40 = NZBau 2003, 172 = ZfBR 2003, 186 = BauR 2003, 435 = IBR 2003, 35.

649 OLG Jena, Beschl. v. 8. 4. 2003 (6 Verg 9/02) VergabE C-16-9/02 = BauR 2003, 1784 = IBR 2003, 325.

650 Unter ausdrücklicher Berufung auf OLG Koblenz und entgegen OLG Hamburg.

651 VK Sachsen, Beschl. v. 29. 11. 2001 (1 VK 109/01), VergabE E-13-109/01 = EUK 2002, 42, 43 = Behörden Spiegel 3/2002, S. 19.

Beraters der Vergabestelle darf daher die Grenze der bloßen Unterstützung nicht überschreiten. Die Entscheidungen im Vergabeverfahren, insbesondere diejenigen Entscheidungen, bei denen die Ausfüllung eines Beurteilungsspielraumes bzw. eine Ermessensausübung notwendig sind, müssen von der Vergabestelle selbst getroffen werden[652].

Ein Bevollmächtigter, der **geschäftliche Beziehungen** sowohl zum Auftraggeber als auch zum Antragsteller hat, ist nach § 16 VgV von der Mitwirkung an der Vorbereitung von Vergabeentscheidungen auszuschließen, sofern beide Beratungsverhältnisse zusammenhängen[653]. Für die Frage des Zusammenhanges ist nicht nur auf den zeitlichen Aspekt sondern auch auf den Beratungsgegenstand und seinen Umfang abzustellen.

Das **wirtschaftliche Interesse** eines Beraters an Einsparungen des öffentlichen Auftraggebers durch den Beschaffungsvorgang ist **schädlich**, wenn dies so ausgestaltet ist, dass er **neben seinem Honorar-Fixum** (Stundensatz/Tagessatz) eine **prozentuale Beteiligung an den erzielten Einsparungen** der Vergabestelle durch die Erlangung eines günstigeren Vertragspartners erhalten soll[654]. Hier wird ein Verstoß gegen § 6 Nr. 3 VOL/A analog angenommen[655]. Gleichwohl ist darauf hinzuweisen, dass es sich in solch einem Falle **nicht** um die klassische **Interessenskollision**, sondern um einen Interessensgleichlauf (**Interessenskongruenz**) handelt, weil beide Teile, also sowohl die Vergabestelle als auch der Berater, an Einsparungen interessiert sind[656]. Der klassische Fall der Interessenskollision ist demgegenüber derjenige, dass ein Berater einen Bieter, der im Zweifel nicht der Preiswerteste ist, begünstigen möchte und dies zu Lasten der öffentlichen Haushalte geht.

c) Nachprüfungsvorschriften

105 Die §§ 102 ff. GWB regeln das zweite Kernstück des GWB-Vergaberechts, nämlich die **Überprüfungsmöglichkeiten** durch
- die **Vergabekammern** und
- die **Oberlandesgerichte**.

Diese Überprüfungsmöglichkeiten bestehen **ausschließlich für die Vergaben oberhalb der EU-Schwellenwerte**.

Bei **nationalen Auftragsvergaben** besteht grundsätzlich kein (einstweiliger) Rechtsschutz gemäß den §§ 102 ff. GWB vor den Vergabekammern und -senaten. In der jüngeren Vergangenheit hat sich allerdings gezeigt, dass in durchaus zunehmendem Maße die **Zivilgerichte** bemüht werden, die ihre **Zuständigkeit** für

652 OLG Naumburg, Beschl. v. 26. 2. 2004 (1 Verg 17/03), VergabE C-14-17/03 = VergabeR 2004, 387 = EUK 2004, 44 = IBR 2004, 218; VK Lüneburg, Beschl. v. 29. 4. 2004 (203-VgK 11/2004), VergabE E-9c-11/04.

653 VK Sachsen, Beschl. v. 29. 5. 2002 (1 VK 44/02), VergabE E-13-44/02.

654 OLG Naumburg, Beschl. v. 26. 2. 2004 (1 Verg 17/03), VergabE C-14-17/03 = VergabeR 2004, 387 = EUK 2004, 44 = IBR 2004, 218.

655 Zum Bedeutungsgehalt des § 6 Nr. 3 VOL/A auch: VK Südbayern, Beschl. v. 21. 4. 2004 (24-04/04), VergabE E-2b-24/04.

656 OLG Celle, Beschl. v. 18. 12. 2003 (13 Verg 22/03), VergabE C-9-22/03 = VergabeR 2004, 397, m. Anm. *Noch*, 406.

Vergaben **unterhalb der Schwelle bejahen** und vermehrt einstweilige Verfügungen zugunsten von Bietern erlassen[657].

Oberhalb der EU-Schwelle besteht Rechtsschutz auch dann, wenn eine europaweite Ausschreibung erforderlich gewesen wäre, diese jedoch rechtswidrig unterblieben ist (fahrlässig oder vorsätzlich in Umgehungsabsicht) und der Bieter dies rechtzeitig gegenüber dem Auftraggeber beanstandet hat[658].

Im **umgekehrten Fall** eines an sich nicht notwendigen, aber als europaweite Ausschreibung lancierten Vergabeverfahrens, kann der gesetzliche Zuständigkeitsbereich über die klare Anwendungsbefugnis der §§ 97, 100 I, 102 ff. GWB nur für Fälle des tatsächlichen Vorliegens eines Sachverhaltes mit Auftragswerten oberhalb der EU-Schwellenwerte hinaus nicht eigenständig durch das Gericht erweitert werden[659]. Dann untersuchen die Nachprüfungsorgane autonom, ob der jeweilige Schwellenwert tatsächlich erreicht und das GWB-Nachprüfungsverfahren zulässig ist[660].

Wesentliches Merkmal der Regelung ist, dass mit der Beschwerde zum Oberlandesgericht eine **gerichtliche Überprüfungsmöglichkeit** geschaffen worden ist. Die früheren Nachprüfungsinstanzen
- der **Vergabeprüfstellen** und
- der **Vergabeüberwachungsausschüsse**

bewegten sich **maximal auf quasigerichtlichem Niveau** mit entsprechend begrenzten Kompetenzen insbesondere hinsichtlich der Durchsetzbarkeit ihrer Entscheidungen. Auch waren die **Beschlüsse der Vergabeüberwachungsausschüsse in keiner Weise bindend** für nachfolgende **Schadensersatzprozesse**, so dass eine gewisse Ineffizienz entstand und sich Bieter zu Recht fragten, ob sie nicht lieber gleich von Anfang an zu den ordentlichen Gerichten gehen sollten. Vielfach war die Überlegung, durch ein einstweiliges Verfügungsverfahren vor dem Landgericht zu versuchen, auf das laufende Vergabeverfahren einzuwirken und durch das nachfolgende Hauptsacheverfahren eine Klärung der Rechtssituation herbeizuführen.

Diese Unzulänglichkeiten der »haushaltsrechtlichen Lösung« wurden mit dem im Jahre 1999 eingeführten GWB-Nachprüfungssystem der §§ 102 ff. abgestellt.

aa) Grundsätze

106 Folgende **Grundsätze** muss man sich bei der Betrachtung des Nachprüfungssystems vor Augen halten:

657 Siehe dazu Kapitel B.III.2: Einstweiliger Rechtsschutz vor den Zivilgerichten bei Aufttragsvergaben unterhalb der EU-Schwelle.

658 Nach einer zu engen Entscheidung des OLG Brandenburg, Beschl. v. 18. 12. 2003 (Verg W 8/03), VergabE C-3-8/03 = VergabeR 2004, 773, muss der Bieter außerdem »schutzwürdig« sein. Mit fundierter Kritik hieran: *Hertwig*, VergabeR 2004, 776.

659 Vgl. OLG Stuttgart, Beschl. v. 12. 8. 2002 (2 Verg 9/02), VergabE C-1-9/02v = VergabeR 2003, 101 = WuW 2003, 219 = BauR 2003, 438.

660 OLG Schleswig, Beschl. v. 5. 4. 2005 (6 Verg 1/05): »von Amts wegen«.

(1) Ineinandergreifen von formalem Rechtsschutz sowie von Funktionen der Rechts- und Fachaufsicht sowie der Rechnungsprüfung

107 Jede Vergabestelle unterliegt bei öffentlichen Auftragsvergaben schon aufgrund des einschlägigen Haushaltsrechts der Verpflichtung zur **Einhaltung des Prinzips der wirtschaftlichen und sparsamen Verwendung öffentlicher Mittel**. Die tatsächliche Befolgung dieses Prinzips wird durch Aufsichtsbehörden im Wege der **Rechts- und Fachaufsicht** wahrgenommen. Hinzu kommt die Kontrolle durch die jeweiligen Rechnungshöfe, je nach Beschaffungen auf Bundes- oder Länderebene durch den Bundesrechnungshof oder die Landesrechnungshöfe. Schon mit diesen Instrumenten soll eine gewisse Ausgabendisziplin erreicht werden. Tatsächlich werden auch entsprechende Querschnittsprüfungen z.B. betreffend die Vergabe von Beraterverträgen oder die Vergabe von Versicherungsverträgen durchgeführt. Auch bei Einzelmaßnahmen etwa der Bundesverwaltung wird geprüft, inwieweit die (ausschreibungspflichtige) Einschaltung von externen Dienstleistern gerechtfertigt ist.

Passieren **Fehler** im Vergabeverfahren, so gehen diese häufig **zu Lasten der Wirtschaftlichkeit** der Verwendung öffentlicher Finanzmittel, d.h. es wird Geld nicht optimal eingesetzt. Hier greifen die Instrumente der aufsichtsbehördlichen Kontrolle und die Überprüfung durch die Rechnungshöfe auch in vergaberechtlicher Hinsicht. Aus Sicht des Bieters bringt dies aber, zumindest was die Rechnungshöfe anbelangt, recht wenig, weil deren Kontrollen viel zu spät kommen. Sie bleiben oftmals leider auch wirkungslos. Erfolgversprechend kann es daher nur sein, die Aufsichtsbehörde zu entsprechenden Korrekturmaßnahmen im Vergabeverfahren zu animieren und darauf hinzuwirken, dass das laufende Verfahren bis zur Behebung des Rechtsverstoßes ausgesetzt wird. Entscheidender Punkt ist aber aus der Sicht des Bieters, dass solche Maßnahmen der Rechtsaufsichtsbehörde nicht einklagbar sind. Es besteht **kein subjektives Recht des Bieters** auf Einschreiten der übergeordneten Behörde. Er kann hier nur einen Anstoß geben, ohne gewiss sein zu können, dass die Behörde überhaupt etwas unternimmt.

Dies war und ist auch weiterhin die **Situation bei Auftragsvergaben unterhalb der Schwellenwerte**, also solchen, die nur national ausgeschrieben zu werden brauchen. Freilich muss man gerechterweise anfügen, dass in einigen Fällen auf diese Weise durchaus etwas erreicht werden kann, und sei es nur, dass sich die Vergabestelle bei künftigen Vergabeverfahren anders verhält. Manchmal kommt auch ein gewisses Moment des politischen Drucks hinzu. In den letzen Jahren kann zunehmend beobachtet werden, dass von Betroffenen insbesondere bei gröberen Vergabeverstößen die Presse eingeschaltet wird. Die Wachsamkeit ist allenthalben gestiegen.

Bei den Auftragsvergaben **oberhalb der Schwellenwerte**, also in Verfahren, die **europaweit** nach Maßgabe der EG-Vergaberichtlinien **ausgeschrieben werden müssen**, ist die Situation seit Einführung und Umsetzung der EG-Rechtsmittelrichtlinien 89/665/EWG und 92/13/EWG anders. Hier greifen die auf Grundlage dieser Rechtsmittelrichtlinien geschaffenen **spezifischen Nachprüfungsmöglichkeiten nach den §§ 102 ff. GWB.**

Bei der **Anwendung und Auslegung** des (umgesetzten) nationalen Überprüfungsrechts sind immer die **Maximen des europäischen Vergabenachprüfungsrechts** im Blick zu behalten. Der **EuGH** hat es einmal wie folgt formuliert[661]:

> *»Wie aus ihrer ersten und zweiten Begründungserwägung hervorgeht, zielt die Richtlinie 89/665/EWG darauf ab, die* ***auf einzelstaatlicher Ebene und auf Gemeinschaftsebene vorhandenen Mechanismen zu verstärken****, um die* ***tatsächliche Anwendung der Gemeinschaftsrichtlinien*** *im Bereich des öffentlichen Auftragswesens zu* ***sichern****, und zwar insbesondere in einem* ***Stadium****, in dem* ***Verstöße noch beseitigt werden können****. Zu diesem Zweck sind die Mitgliedstaaten nach Art. 1 Abs. 1 der Richtlinie verpflichtet, sicherzustellen, dass* ***rechtswidrige Entscheidungen*** *der Vergabebehörden* ***wirksam und möglichst rasch nachgeprüft werden können*** *(unter anderem: Urteil vom 28. 10. 1999 – Rs. C-81/98, VergabE A-1-3/99 Rz. 33, 34 = Slg. 1999, I-7671 – »Alcatel Austria« und Urteil vom 12. 12. 2002 – Rs. C-470/99, VergabE A-1-5/02 Rz. 74 = Slg. 2002, I-11617 – »Universale-Bau AG/Entsorgungsbetriebe Simmering«).«*

Natürlich sind außer diesen europarechtlich initiierten Nachprüfungsverfahren die **Kontrollfunktionen** durch die Aufsichtsbehörden und Rechnungshöfe hier ebenso gegeben, weil die auf subjektiven Rechten der Bieter basierenden Nachprüfungsansprüche diese aufsichtsbehördlichen Nachprüfungsbefugnisse nicht verdrängen oder gar ersetzen. Immerhin handelt es sich bei der weit überwiegenden Zahl der öffentlichen Auftraggeber i.S.v. § 98 GWB um staatliche oder zumindest halbstaatliche Stellen, die einer entsprechenden Überwachung unterliegen.

Aus diesem Grunde ist in § 102 GWB auch die Formulierung enthalten:

> *»Unbeschadet der Prüfungsmöglichkeiten von Aufsichtsbehörden ... unterliegt die Vergabe öffentlicher Aufträge der Nachprüfung durch die Vergabekammern.«.*

Die verschärften Nachprüfungsmöglichkeiten nach den Rechtsmittelrichtlinien, und diesen folgend nun nach den §§ 102 ff. GWB, sind geschaffen worden, weil die **Selbstkontrolle** durch die Verwaltung nicht ausreichend funktionierte und bei den öffentlichen Auftragsvergaben zu viele Fehler passierten, die insbesondere Bieter aus den anderen Mitgliedstaaten der EU benachteiligten. Die Schaffung der Rechtsmittelrichtlinien ist als Teil des Binnenmarktprogramms zu begreifen, das auf die Herstellung und Vollendung eines gemeinsamen Marktes auch im Beschaffungswesen hin ausgerichtet ist.

Die **parallele Überprüfungsmöglichkeit** von öffentlichen Auftragsvergaben sowohl durch aufsichtsbehördliche Maßnahmen als auch durch individuelle Initiative auf der Basis subjektiver Rechte rechtfertigt sich aus der Ambivalenz öffentlicher Auftragsvergaben, die sich in dem Spannungsfeld zwischen Staatlichkeit und Marktteilnahme, öffentlichem Recht und Zivilrecht, bewegen.

Einerseits handelt es sich insoweit um **öffentliche Rechtsakte**, als öffentliche Gelder ausgegeben werden und in einem formalisierten Verfahren der beste Bieter

---

661 EuGH, Urt. v. 19. 6. 2003 (Rs. C-249/01), VergabE A-1-8/03, Rn. 22 = VergabeR 2003, 541 = NZBau 2003, 509 = ZfBR 2003, 793 = WuW 2003, 985 = BauR 2003, 1782 = EUK 2003, 117.

ermittelt wird, mit dem dann der zivilrechtliche Vertrag geschlossen wird. Andererseits werden die **Aufträge wettbewerblich vergeben**, d.h. mehrere Bieter mit jeweils unterschiedlichen Angeboten streiten sich um den Zuschlag, wobei jeder Fehler im Vergabeverfahren als rechtswidrige Bevorzugung eines Konkurrenten angesehen werden kann. Hinzu kommen hier Aspekte des Wettbewerbsrechts wie beispielsweise unlauterer Wettbewerb i.S.v. § 1 UWG und anderer wettbewerbsrechtlicher Tatbestände, die unmittelbar das **zivilrechtliche Verhältnis zwischen den Konkurrenten** betreffen[662] – man denke etwa an den unerlaubten Nachbau von Konkurrenzprodukten, die Verletzung von Betriebsgeheimnissen, die unerlaubte Benutzung von Patenten oder auch den de-facto-Abschluss von Versicherungsverträgen einer ausschreibungspflichtigen Körperschaft mit seinen Mitgliedern[663].

Diese vielfältigen Bezüge rechtfertigen es, von den Bietern eigene Initiative zu verlangen und Vergabe- so wie auch Wettbewerbsverstöße sonstiger Art geltend zu machen. **Vergabe- und Wettbewerbsrecht greifen** bei einer recht großen Zahl von Vergabeverfahren **ineinander**. Exemplarisch können hier genannt werden unlautere Verhaltensweisen[664], wettbewerbsbeschränkenede Abreden unter Bietern[665], der Missbrauch einer marktbeherrschenden Stellung[666] oder die Bildung eines verbotenen Nachfragekartells[667]. Dies lässt im übrigen auch die ›Einpflanzung‹ des Vergaberechts in das GWB als sachnah erscheinen. Hinzu kommen außerdem Aspekte des Subventionsrechts, die sich mit dem Vergaberecht überschneiden können[668].

(2) Inhomogenität des öffentlichen Auftraggebers; ggf. erwünschte Klärung unbeantworteter Rechtsfragen; kein »Klageverfahren« i.e.S. vor der Vergabekammer

108 Ein weiterer Aspekt kommt bei der **Entscheidung des Bieters über Beschwerden** im Hinblick auf **Auftragsvergaben oberhalb wie unterhalb der Schwellenwerte** hinzu:

662 Bezogen auf die Norm des § 1 UWG hält sich das LG Oldenburg, Urt. v. 16. 5. 2002 (5 O 1319/02), allerdings für unzuständig, weil in Vergabeangelegenheiten die Vergabekammern zuständig seien.

663 LG Köln, Urt. v. 21. 10. 2004 (31 O 186/04).

664 LG München I, Urt. v. 19. 5. 1999 (1 HK O 3922/99), EUK 2000, 44; OLG Düsseldorf, BauR 1999, 241, 248; LG Hamburg, WRP 1999, 441, 444; VÜA Sachsen, Beschl. v. 9. 12. 1999 (1 VÜA 8/99), VergabE V-13-8/99: Möglicher Verstoß gegen Preisbindung.

665 OLG Düsseldorf, Beschl. v. 14. 9. 2004 (VI – W 24/04 und W 25/04), EUK 2004, 167; OLG Jena, Beschl. v. 19. 4. 2004 (6 Verg 3/04), VergabE C-16-3/04v = EUK 2004, 126; OLG Jena, Beschl. v. 6. 7. 2004 (6 Verg 3/04), VergabE C-16-3/04 = EUK 2004, 126; OLG Düsseldorf, Beschl. v. 16. 9. 2003 (VII Verg 52/03), VergabE C-10-52/03v = VergabeR 2003, 690 = BauR 2004, 142 = EUK 2003, 156; VK Hessen, Beschl. v. 21. 6. 2000 (69 d – VK 19/2000), VergabE E-7-19/00.

666 LG Hannover, Urt. v. 17. 4. 1997 (21 O 38/97 [Kart]), *Fischer/Noch*, EzEG-VergabeR, II Nr. 4 = WuW/E AG/LG, 739 = WiB 1997, 944. Verneint: KG, Beschl. v. 31. 5. 1995 (Kart W 3259/95), WiB 1996, 39 = WRP 1995, 948.

667 LG Hannover, Urt. v. 6. 11. 1997 (21 O 129/97 [Kart]), WuW/E Verg, 34. Das Urteil ist zweitinstanzlich bestätigt worden: OLG Celle, Urt. v. 13. 5. 1998 (13 U [Kart] 260/97). Siehe weiterführend Teil B., Kap. III 2.

668 OLG Düsseldorf, Beschl. v. 26. 7. 2002 (Verg 22/02), VergabE C-10-22/02 = VergabeR 2002, 607 = NZBau 2002, 634 = ZfBR 2003, 70 = BauR 2003, 148 = EUK 2002, 141 = Behörden Spiegel 9/2002, S. 18.

Öffentliche Auftraggeber sind längst nicht so homogen wie sie manchmal von Bietern wahrgenommen werden. So kann es durchaus sein, dass es unterschiedliche Auffassungen zwischen Ressorts und/oder Referaten gibt, und der sich beschwerende Bieter zumindest bei einem Teilorgan des öffentlichen Auftraggebers quasi »offene Türen einrennt«. Im kommunalen Bereich kann es sich beispielsweise dergestalt verhalten, dass etwa ein dringender Ratschlag des Rechnungsprüfers, die Ausschreibung anders (und damit rechtskonform) anzulegen, nicht befolgt worden ist. Dieser wird sich dann im Falle einer formalen Beschwerde bestätigt fühlen. Nicht selten bedarf es manchmal eines Anstoßes von außen, damit Vergabeverfahren in der Weise ablaufen wie es das Vergaberecht verlangt.

Außerdem ist auf Fälle zu verweisen, in denen der öffentliche Auftraggeber geradezu einem Streitverfahren vor den Vergabenachprüfungsinstanzen **entgegensieht,** um im Gefolge einer Klärung **Orientierung und Rechtssicherheit bei nachfolgenden ähnlichen Vergaben** zu erlangen.

Schließlich ist der **wahre Charakter des Nachprüfungsverfahrens vor der Vergabekammer** zu würdigen.

Die Vergabekammer ist Eingangs-»Instanz« eines **Individualbeschwerdeverfahrens sui generis.** Es stellt zwar eine gerichtsähnliche, jedoch keine gerichtliche »Instanz« dar. Der Nachprüfungsantrag kann daher nicht als »Klage« i.e.S. bezeichnet werden. Es gibt daher in dem Verfahren keine »Kläger« und »Beklagten«, die als Ergebnis eines (anderweit) langwierigen Gerichtsprozesses »siegen« oder »unterliegen«. Das Vergabenachprüfungsverfahren vor der Vergabekammer ist ein Verwaltungsüberprüfungsverfahren, in dem durch einen als Verwaltungsakt zu qualifizierenden »Beschluss« (und nicht durch ein »Urteil«) Feststellungen und Anordnungen getroffen werden können, in welcher Weise das Ausschreibungsverfahren rechtskonform ist und wie die Verwaltung selbiges ggf. zu korrigieren hat. Die Regel-Entscheidungs-Frist beträgt im Verfahren vor der Vergabekammer lediglich 5 Wochen. Es zeigt sich eine strukturelle Nähe zu dem in Rheinland-Pfalz existierenden Kreisrechtsausschuss.

Damit existieren gravierende Unterschiede zu meist langwierigen gerichtlichen Auseinandersetzungen, wie sie anderweitig stattfinden. Ähnlich **schlank** ist das **sofortige Beschwerdeverfahren zum OLG** (Vergabesenat) konzipiert. Ein Nachprüfungs- und Beschwerdeverfahren sollte daher aus Sicht der Bieter wie auch der öffentlichen Auftraggeber kein »o goût« sein.

bb) Vergabeprüfstellen (fakultativ)

109 Im Rahmen der Nachprüfungsmöglichkeiten nach dem GWB sind **fakultative** und **obligatorische,** also freigestellte und zwingende Nachprüfungsinstanzen, zu unterscheiden. Die obligatorischen Nachprüfungsinstanzen werden durch die Vergabekammern als Vorinstanz und durch die Oberlandesgerichte als gerichtliche Instanz gebildet.

Der Gesetzgeber hatte sich auf vielfachen Wunsch insbesondere der Bundesländer entschlossen, die früher auf der Grundlage des § 57b HGrG tätigen **Vergabeprüfstellen** als fakultative Instanz beizubehalten. Der fakultative Charakter dieser Vorprüfungsinstanz kommt in § 103 I GWB auch darin zum Ausdruck, dass Bund und Länder Vergabeprüfstellen einrichten können, aber nicht müssen. Vergabeprüfstellen finden sich bei einigen **Bundesressorts** (z.B. BMBau, BMBF, BMZ). Auf **Länderebene** existieren Vergabeprüfstellen in Brandenburg, Bremen, Rheinland-Pfalz und Schleswig-Holstein[669].

In § 103 III 2 GWB ist klarstellend festgehalten, dass die vorherige Prüfung durch die Vergabeprüfstelle **keine Voraussetzung für die Anrufung der Vergabekammer** ist.

Gedacht ist diese fakultative Überprüfungsinstanz vor allem als eine **beratende und streitschlichtende Stelle.** Sie kann aber auch die Vergabestelle verpflichten, rechtswidrige Maßnahmen aufzuheben und rechtmäßige vorzunehmen (§ 103 II 2 GWB)[670]. Voraussetzung ist natürlich, dass es sich um einen öffentlichen Auftraggeber i.S.v. § 98 Nr. 1 bis 3 GWB handelt, welcher der staatlichen Weisungshierarchie unterliegt. Sektorenauftraggeber unterliegen dieser Form der staatlichen Aufsicht nicht.

Die Vergabeprüfstellen können als **separate Nachprüfungsinstanz** eingerichtet werden oder aber auch bei der zuständigen **Rechts- und Fachaufsicht** (§ 103 I GWB). Insoweit handelt es sich in jedem Falle um eine Art ›qualifizierte Rechtsaufsicht‹[671].

Vorsicht ist insofern geboten, als die Anrufung dieser ›qualifizierten Rechtsaufsicht‹ **nicht die Rügepflicht direkt gegenüber der Vergabestelle** gemäß § 107 III GWB **ersetzt**[672].

Man mag über den **Sinn** dieser zusätzlichen, fakultativen Nachprüfungsinstanz **streiten.** Zum einen ist zu bedenken, dass der weitere Instanzenzug im Nachprüfungsverfahren gemäß § 103 III GWB sowieso über die Vergabekammern und Oberlandesgerichte führt. Deshalb sind die Entscheidungen dieser Instanz, die nach § 103 II 1 GWB auf Antrag oder von Amts wegen tätig werden kann, nicht verbindlich[673]. Zum anderen ist aber zu bedenken, dass eine beratende und streitschlichtende Instanz zumindest nicht schaden kann und im Kern dem bis Anfang der neunziger Jahre stets hochgehaltenen Konsensprinzip entspricht.

Dieses **Konsensprinzip** setzte immer auf eine möglichst ausgleichende Behandlung der widerstreitenden Interessen bei der öffentlichen Auftragsvergabe. Dieser Ansatz hatte für sich, dass öffentliche Auftraggeber und Auftragnehmer schließlich immer potentielle Vertragspartner sind und jede im Einvernehmen erzielte Bereinigung von Konflikten prinzipiell besser ist als die Streitentscheidung durch Gerichte. Mit Einführung der Rechtsmittelrichtlinien und deren Umsetzung in Form der Nachprüfbarkeit durch Vergabeprüfstellen und Vergabeüberwachungsausschüsse wurde dieser Ansatz verlassen. Dies gilt erst recht mit der seit 1. 1. 1999 eröffneten Zugangsmöglichkeit zu den Gerichten in Form der Beschwerde zu den OLGs.

---

669 Eine Übersicht hierzu mit den jeweiligen Rechtsgrundlagen findet sich bei: Dazu: *Meyer*, Sammlung Vergaberecht, 2006 ff., unter Ziff. 130.3; *Noch* in: *Byok/Jaeger*, Kommentar zum Vergaberecht, 2. Aufl. 2005, Rn. 788 zu § 103.

670 VK Schleswig-Holstein, Beschl. v. 19. 1. 2005 (VK-SH 37/04).

671 Vgl. amtl. Begr., BT-Drucks. 13/9340, S. 16, zu § 113.

672 So: VK Schleswig-Holstein, Beschl. v. 19. 1. 2005 (VK-SH 37/04). Unter Aufgabe der Rechtsfindung der Kammer, Beschl. v. 1. 12. 1999 (VK-SH 07/99) und v. 17. 12. 1999 (VK-SH 08/99).

673 OLG Naumburg, Urt. v. 26. 10. 2004 (1 U 30/04), VergabeR 2005, 261.

Es bleibt allerdings jedem Bieter unbenommen, dieses **Konsensmodell** weiterzuverfolgen, indem er sich der Instanzen der Vergabekammern und der OLGs nicht bedient. Die **Vergabeprüfstellen** als fakultative Nachprüfungsinstanz bieten hier möglicherweise eine **Alternative**. Angesichts der sehr unterschiedlichen Erfahrungen mit der Arbeit der Vergabeprüfstellen als obligatorische Nachprüfungsinstanz im Rahmen der »haushaltsrechtlichen Lösung« (§ 57 b HGrG) verbietet sich eine pauschale Ablehnung der Vergabeprüfstellen als fakultative Instanz.

Zu bedenken ist allerdings, dass die **Einschaltung** der **Vergabeprüfstellen Zeit kostet**, die in den Fällen, in denen eine Schlichtung im Ergebnis nicht möglich ist, fehlt. Der Bieter wird sich also in besonders streitigen Fällen sehr gut überlegen müssen, ob er die Vergabeprüfstelle einschaltet, weil er sich damit viele Möglichkeiten und auch Rechtspositionen im Rahmen des obligatorischen Nachprüfungssystems vor den Vergabekammern und OLGs abschneiden kann[674]. Insbesondere wird es erfahrungsgemäß oftmals kaum möglich sein, Rechtsverluste zu vermeiden, falls die Anrufung der Vergabekammer sich doch als unumgänglich erweist. Hierbei ist zu bedenken, dass das GWB-Nachprüfungsverfahren auf große Schnelligkeit angelegt ist und hohe Anforderungen an die Bieter bzw. deren Rechtsberater stellt.

Andererseits kann sich die Tätigkeit der Vergabeprüfstellen **erledigend** auswirken. Hat die Vergabeprüfstelle dem auf die Einhaltung der Vergabevorschriften gerichteten Prüfungsantrag nach § 103 II GWB stattgegeben, so tritt dadurch nach Rechtshängigkeit des Nachprüfungsantrags die tatsächliche Erledigung des vom Antragsteller eingeleiteten Nachprüfungsverfahrens ein[675]. Die Vergabekammer hat dann nach übereinstimmender Erledigterklärung der Parteien nur noch über die Kosten des erstinstanzlichen Vergabenachprüfungsverfahrens zu entscheiden.

cc) Vergabekammern

110 Die erste **obligatorische**, also **zwingend zu durchlaufende, Nachprüfungsinstanz** sind die **Vergabekammern.**

Die Vorschriften zu der **Tätigkeit der Vergabekammern** finden sich in den §§ 104 bis 115 GWB. Dabei lassen sich ein **organisatorischer Teil** (§§ 104 bis 106 GWB) und ein **weiterer Teil** (§§ 107 bis 115) unterscheiden, der den **Verfahrensgang** betrifft.

(1) Organisatorisches; Zuständigkeit

111 Die **Vergabekammern** werden gemäß § 104 I GWB sowohl auf **Bundesebene** als auch auf **Landesebene** eingerichtet. Damit ist vom Grundsatz her eine klare Zuordnung für Nachprüfungsverfahren gegeben, die sich auf Auftragsvergabestellen des Bundes und der Länder beziehen. Freilich kann es im Falle von Mischfinanzierungen bestimmter Vorhaben zu **vereinzelten Abgrenzungsschwierigkeiten** kommen. Dies war die Situation bei der Vergabe von Aufträgen zur Bereederung von Spezialschiffen. Hier war aufgrund der überwiegenden Finanzie-

674 Sehr kritisch *Bechtold*, GWB, 3. Aufl. 2002, Rn. 6 zu § 103: »*...jedenfalls für Antragsverfahren eine überflüssige Institution*«.

675 OLG Düsseldorf, Beschl. v. 6. 2. 2006 (VII-Verg 79/05).

rung durch den Bund im Ergebnis die VK Bund, nicht jedoch die VK Bremen und das OLG Bremen, zuständig[676]. Eine **parallele Zuständigkeit** von zwei Vergabekammern **scheidet** bei einem einheitlichen Beschaffungsvorgang jedenfalls nach mehrheitlicher Meinung **aus**[677]. Teilweise wird allerdings vertreten, dass eine Rechtswahl erfolgen könne, jenachdem, wie der gemeinsame Verkehrsverbund am Markt auftritt[678]. Gegenstimmen betonen, dass angesichts der gesetzlichen Vorgaben eine individuelle Einigung über die Zuständigkeit nur deklaratorischen, nicht jedoch konstitutiven Charakter besitzen könne. Dem ist jedoch entgegenzuhalten, dass angesichts der gesetzlichen Vorgaben eine individuelle Einigung über die Zuständigkeit nur deklaratorischen, nicht jedoch konstitutiven Charakter besitzen kann[679].

Eine geplante Vorschrift (§ 106a GWB 2008) soll – für die kritischen Fälle der länderübergreifend zu erbringenden Dienstleistungen, namentlich im Personennahverkehr – bestimmen, dass der Sitz des Auftraggebers den Ausschlag für die Zuständigkeit geben soll.

Die Vergabekammer für Auftragsvergaben des Bundes wurde beim **Bundeskartellamt** eingerichtet (§ 106 I GWB). Die Vergabekammer des Bundes hat zunächst ihre Tätigkeit mit zwei Spruchkörpern (Vergabekammer 1 [VK 1] und Vergabekammer 2 [VK 2]) aufgenommen. Im Jahre 2004 nahm eine dritte Vergabekammer (VK 3) ihre Arbeit auf.

Das **Aufkommen an Vergabenachprüfungsverfahren** hat in der Gesamtheit des Bundes und der Länder mit allein über 10.000 Verfahren, in denen Entscheidungen (Beschlüsse) ergingen, stark zugenommen (kumulierter Wert 1999–2006).

Die organisatorischen Einzelmaßnahmen für die VK Bund nimmt der Präsident des Bundeskartellamtes vor (§ 106 I 1 u. 2 GWB). Die **Geschäftsordnung** der Vergabekammern wurde vom Präsidenten des BKartA erlassen, vom BMWi genehmigt und im Bundesanzeiger veröffentlicht (§ 106 I 3 GWB)[680]. Damit wird eine ausreichende Kontrolle und Publizität sichergestellt.

Auf Länderebene sind **unterschiedliche Modelle der Ansiedlung der Vergabekammern** verwirklicht worden, weil es kein Landeskartellamt gibt. In den meisten Ländern wurden sie bei den Bezirksregierungen bzw. den Regierungspräsidien eingerichtet (z.B. NRW, Bayern, Sachsen). Andere Länder haben sie bei den Landeswirtschaftsministerien installiert (z.B. Brandenburg, Rheinland-Pfalz). Theoretisch können auch mehrere Länder gemeinsame Vergabekammern bilden (§ 105 II 3 GWB), was jedoch nicht erfolgt ist.

676 VK Bund, Beschl. v. 20. 9. 2000 (VK 2-30/00), VergabE D-1-30/00. Vgl. für ein Vergabeverfahren der Bundesanstalt für Arbeit: VK Hannover, Beschl. v. 5. 7. 1999 (26045-VgK-1/1999).

677 VK Schleswig-Holsein, Beschl. v. 26. 3. 2004 (VK 5/04), VergabE E-15-5/04.

678 OLG Düsseldorf, Beschl. v. 6. 12. 2004 (VII Verg 79/04), NZBau 2005, 239 = VergabeR 2005, 212.

679 *Müller*, in: Byok/Jaeger, Kommentar zum Vergaberecht, 2. Aufl. 2005, Rn. 1721a zu § 18 VgV.

680 Zunächst »Geschäftsordnung der Vergabekammern des Bundes« v. 18. 12. 1998 in der Fassung vom 21. 10. 1999, veröffentlicht als Bekanntmachung des Bundeskartellamtes Nr. 111/99 im BAnz. Nr. 205 v. 29. 10. 1999, S. 18173, Anhang III. Nr. 2. Aktuelle Fassung, in Kraft seit 1. 5. 2002: »Geschäftsordnung der Vergabekammern des Bundes« vom 20. 2. 2002, veröffentlicht am 15. 5. 2002 im BAnz. Nr. 88, S. 10432, 10433. Eingehend dazu *Noch* in: *Byok/Jaeger*, Kommentar zum Vergaberecht, 2. Aufl. 2005, Rn. 897 ff. zu § 106.

§ 105 I GWB bestimmt, dass die Vergabekammern ihre Tätigkeit im Rahmen der Gesetze **unabhängig und in eigener Verantwortung** ausüben (vgl. auch § 105 IV 2 GWB)[681]. Damit soll eine Art **›richterliche‹ Unabhängigkeit** geschaffen werden, die garantiert, dass die Entscheidungspraxis nicht von anderen Aspekten abhängt wie der Angst vor der Abberufung oder den allgemeinen Karriereaussichten. Für die **Prüfung eines Befangenheitsantrags** gegen einen hauptamtlichen Beisitzer gelten im Kern die gleichen Voraussetzungen wie für die Ablehnung eines Richters[682].

Die Vergabekammern verstehen sich als **Individualbeschwerdeinstanzen**, die auf der Grundlage subjektiver Rechte der Bieter die Rechtmäßigkeit von Vergabeverfahren überprüfen. Sie **entscheiden** gemäß § 105 II GWB in der Besetzung **mit einem Vorsitzenden und zwei Beisitzern**. Der Vorsitzende und sein erster, hauptamtlicher Beisitzer müssen Beamte auf Lebenszeit sein mit der Befähigung zum höheren Verwaltungsdienst. Einer von ihnen – dies soll in der Regel der Vorsitzende sein – muss die Befähigung zum Richteramt haben. Beide Beisitzer, also auch der zweite, ehrenamtliche Beisitzer, sollen über gründliche Kenntnisse des Vergabewesens verfügen. Die ehrenamtlichen Beisitzer sollen auch über mehrjährige praktische Erfahrungen auf dem Gebiet des Vergabewesens vorweisen können.

Mit dieser Besetzungsregelung in § 105 II GWB soll sichergestellt werden, dass in den Vergabekammern genügende **Sachkompetenz** herrscht, die qualifizierte Entscheidungen garantiert und nach Möglichkeit in der Praxis dazu führt, dass die OLGs als Beschwerdeinstanz erst gar nicht eingeschaltet werden müssen. Eine möglichst geringe Inanspruchnahme der zweiten Überprüfungsinstanz ist dementsprechend auch das erklärte Ziel dieser Gesetzgebung[683].

Freilich ist die Vorschrift des § 105 II GWB eine Kompromissregelung insofern, als es das Ziel der Bundesregierung gewesen war, vorzuschreiben, dass **möglichst der Vorsitzende und der hauptamtliche Beisitzer** die **Befähigung zum Richteramt** haben. Dies scheiterte jedoch im damaligen Gesetzgebungsverfahren am Widerstand der Länder, die Kosten- und Personalprobleme geltend gemacht haben. Auch die Regelung in § 105 II 4 GWB, in der von den Beisitzern verlangt wird, dass sie über **gründliche Kenntnisse des Vergaberechts** verfügen sollen, ist Ausfluss dieser Kompromissformel. Andererseits ist zuzugestehen, dass die formale Befähigung zum Richteramt nicht zwingend etwas über die vergaberechtliche Kompetenz des Betreffenden aussagt. So gesehen relativiert sich diese Kompromissregel wieder ein wenig.

Die Kammermitglieder werden gemäß § 105 IV 1 GWB auf die Zeit von fünf Jahren gewählt. Dies soll eine ausreichende **Kontinuität** garantieren.

§ 105 III GWB ermöglicht der Vergabekammer, durch unanfechtbaren Beschluss dem **Vorsitzenden** oder dem hauptamtlichen Beisitzer die Entscheidung des Nachprüfungsantrages **alleine** zu übertragen. Hiermit wird eine Beschleunigung bewirkt, die in einfachen Fällen z.B. bei offensichtlicher Unzulässigkeit des Antrags wegen

---

681 *Stockmann*, ZWeR 2003, 37, 52.

682 OLG Frankfurt, Beschl. v. 2. 3. 2007 (11 Verg 15/06), VS 2007, 31 [LS].

683 Siehe *Marx*, VgR 1/1997, 37, 38: *»Ziel ist es, den Kammern ein so hohes Ansehen zu verschaffen, dass der Weg zum Gericht nur noch in wenigen Ausnahmefällen beschritten wird.«*.

Nichterreichung der Schwellenwerte nicht nur angemessen, sondern auch zu begrüßen ist.

Einer Ausuferung der **Alleinentscheidungsbefugnis** wird dadurch vorgebaut, dass eine solche Übertragung nur dann zulässig ist, wenn die Angelegenheit keine wesentlichen Schwierigkeiten in tatsächlicher oder rechtlicher Hinsicht aufweist und die Entscheidung nicht von grundsätzlicher Bedeutung ist (§ 105 III 2 GWB). Mit diesem Passus wird einer schematischen Betrachtung vorgebeugt, weil z.B. auch auf den ersten Blick unwichtig erscheinende Zulässigkeitsprobleme von herausragender Bedeutung sein können. Beispielsweise können Fragen der Erreichung des Schwellenwertes bei Losen oder der Auslegung der Antragsberechtigung von ganz grundsätzlicher Natur sein. Aus all diesen Gründen verbieten sich schematische Betrachtungsweisen; eine Einzelfallprüfung in diesen Fällen ist im Interesse des Rechtsschutzes der Bieter richtig und angemessen.

In praxi **findet eine Alleinentscheidung nicht statt.**

Selbst im Falle einer **ungewöhnlichen Verfahrensbeendigung** – z.B. nach Abhilfe der ausschreibenden Stelle während des laufenden Nachprüfungsverfahrens – sind solche **Alleinentscheidungen** durch den Kammervorsitzenden oder hauptamtlichen Beisitzer **praktisch nicht bekannt**. Auch in diesen Konstellationen der Erledigung sind die vergaberechtlichen Meinungen zu geteilt und die Lösungsmöglichkeiten zu vielfältig, als dass die Verfahrensbeendigung nicht als Kollegialentscheidung ergehen könnte:

- Umstellungsmöglichkeit des Nachprüfungsbegehrens auf einen **Feststellungsantrag**[684] und Beendigung des Verfahrens mit einem feststellenden Verwaltungsakt in Form eines Beschlusses – infolge der BGH-Rechtsprechung, dass der den Antrag nach Abhilfe des öffentlichen Auftraggebers zurücknehmende Bieter die Kosten tragen muss und eine Billigkeitsentscheidung auf der Grundlage der üblichen prozessrechtlichen Bestimmungen gerade nicht ergehen kann[685].
- Erklärt der antragstellende Bieter – z.B. auf der Grundlage eines Vergleichs mit der ausschreibenden Stelle – den Nachprüfungsantrag einvernehmlich für erledigt, so kann in einem sog. **Erledigungsbeschluss** eine Kostenentscheidung nach Billigkeit, also unter dem Gesichtspunkt des voraussichtlichen Erfolges des Nachprüfungsantrags, ergehen[686].

Einfache Lösungen sind demnach im Vergaberecht – selbst bei erledigenden Ereignissen – Mangelware, so dass es die Alleinentscheidung praktisch nicht gibt.

684 BGH, Beschl. v. 25. 10. 2005 (X ZB 22/05), NZBau 2006, 196 = VergabeR 2006, 73 = WuW 2006, 209. Vgl. VK Lüneburg, Beschl. v. 6. 1. 2006 (VgK 43/2005); VK Lüneburg, Beschl. v. 5. 1. 2006 (VgK 41/2005).

685 BGH, Beschl. v. 9. 12. 2003 (X ZB 14/03), WuW 2004, 464 = VergabE B-2-6/03: »*Erledigt sich das Verfahren vor der Vergabekammer ohne Entscheidung zur Sache, hat der Antragsteller die für die Tätigkeit der Vergabekammer entstandenen Kosten zu tragen und findet eine Erstattung der außergerichtlichen Kosten der Beteiligten nicht statt. Auf die Erfolgsaussichten des Nachprüfungsantrags kommt es für die Kostenentscheidung daher nicht an.*«

686 VK Arnsberg, Beschl. v. 12. 2. 2008 (VK 44/07), IBR-online; VK Arnsberg, Beschl. v. 16. 4. 2007 (VK 9/07); VK Schleswig-Holstein, Beschl. v. 7. 3. 2007 (VK-SH 03/07), NZBau 2008, 80; VK Düsseldorf, Beschl. v. 16. 2. 2004 (VK 2-24/04).

Eine **wichtige Zuständigkeitsregelung**, die allerdings nur oberhalb der EU-Schwellenwerte Geltung beanspruchen kann[687], findet sich in § 104 II GWB:

Den Vergabekammern wird in dieser Vorschrift die **ausschließliche Prüfungskompetenz für vergaberechtliche Ansprüche** zugewiesen. Andere Rechtswege sollen für die Durchsetzung dieser Ansprüche nicht beschreitbar sein. So hat das OLG Schleswig[688] bekräftigt, dass unter der Geltung des § 104 II GWB ein **Zivilgericht** im einstweiligen Rechtsschutzverfahren über Ansprüche, die sich auf ein Vergabeverfahren beziehen, **nicht mehr entscheiden darf**. Es dürfen also Ansprüche von Bietern, die in direktem Zusammenhang mit der Auftragsvergabe stehen und insbesondere subjektive Rechte i.S.d. § 97 VII GWB darstellen, nur vor den Vergabekammern geprüft werden. Auch sonstige Ansprüche, die auf die Vornahme oder das Unterlassen einer Handlung in einem Vergabeverfahren gerichtet sind, sollen einzig vor den Vergabekammern und Oberlandesgerichten verfolgt werden können[689] – abgesehen von den fakultativ einschaltbaren Vergabeprüfstellen, die natürlich auch die vergaberechtlichen Ansprüche prüfen dürfen.

Mit dieser **Ausschließlichkeitsregelung** soll bezweckt werden, dass nicht – wie unter Geltung der »haushaltsrechtlichen Lösung« verschiedentlich geschehen – die ordentlichen Gerichte oder die Verwaltungsgerichte[690] eingeschaltet werden, um behauptete oder tatsächliche Fehler im laufenden Vergabeverfahren zu korrigieren. Der **Primärrechtsschutz**, also die Erlangung vorläufigen Rechtsschutzes, soll ausschließlich vor diesen Instanzen geltend gemacht werden können. Für den Sekundärrechtsschutz, also die Durchsetzung von Schadensersatzansprüchen wegen infolge fehlerhafter Auftragsvergabe erlittener Vermögensschäden, bleiben nach § 104 II 2 GWB die ordentlichen Gerichte zuständig.

Dieses **Bemühen um eine Klarstellung** ist einerseits zu begrüßen. Andererseits bleibt offen, welche Ansprüche mit *»sonstige Ansprüche gegen öffentliche Auftraggeber«* (§ 104 II 1 GWB) gemeint sind. Nimmt man die Regelung des § 104 II 2 2. Halbs. GWB hinzu, dass die *»Befugnisse der Kartellbehörden ... unberührt (bleiben)«*, so drängt sich auf, dass kartellrechtliche Ansprüche wie etwa im Falle der Bildung eines Nachfragekartells der öffentlichen Hand (§§ 1, 33 GWB) weiterhin vor den Zivilgerichten, auch im einstweiligen Rechtsschutzverfahren, geltend gemacht werden können[691]. Ebenso kommen Ansprüche aus den §§ 19, 20, 33 GWB wegen Missbrauchs einer marktbeherrschenden Stellung hinzu, die, wie etwa schon seinerzeit im Fall des LG Hannover[692], neben den eigentlichen vergaberechtlichen Ansprüchen vor dem Zivilgericht separat verfolgt werden können. Auch ist an Ansprüche aus dem UWG (§§ 1, 3) zu denken, z.B. im Falle eines de-facto-Ab-

---

687 Vgl. BVerwG, Beschl. v. 2. 5. 2007 (6 B 10.07), NZBau 2007, 389 = VergabeR 2007, 337.

688 OLG Schleswig, Beschl. v. 6. 7. 1999 (6 U Kart 22/99).

689 So ausdrücklich OLG Rostock, Beschl. v. 10. 4. 2000 (17 W 4/00), VergabE C-8-4/00 = EUK 2001, 123.

690 VG Gelsenkirchen, Beschl. v. 15. 10. 2004 (12 L 2120/04), EUK 2004, 170 = WuW 2005, 979: Rechtsschutz vor den Verwaltungsgerichten in jedem Falle unzulässig.

691 LG Hannover, Urt. v. 6. 11. 1997 (21 O 129/97 [Kart]), WuW/E Verg, 34 = VgR 3/1998, 47. Das Urteil ist zweitinstanzlich bestätigt worden: OLG Celle, Urt. v. 13. 5. 1998 (13 U [Kart] 260/97). Siehe auch *Krist*, VergabeR 2001, 373, 376, sowie Teil B., Kap. III. 2.

692 LG Hannover, Urt. v. 17. 4. 1997 (21 O 38/97 [Kart]), *Fischer/Noch*, EzEG-VergabeR, II Nr. 4 = VgR 4/1997, 47 = WuW/E AG/LG, 739 = WiB 1997, 944, mit Anm. *Noch*.

schlusses von Versicherungsverträgen einer ausschreibungspflichtigen Körperschaft mit ihren Mitgliedern[693].

Die **Diskussion** um zusätzlichen primären Rechtsschutz vor den Zivilgerichten geht angesichts der nicht zu leugnenden Überschneidungen[694] von vergaberechtlichen und allgemein wettbewerbsrechtlichen Ansprüchen mit respektablen Argumenten weiter[695, 696]. Im Einzelfall kann sich daher der ›Ausschließlichkeitscharakter‹ des § 104 II GWB relativieren.

(2) Verfahrensgang

112 Der Verfahrensgang vor den **Vergabekammern** ist in den §§ 107 bis 115 GWB geregelt.

(2a) Einleitung des Verfahrens (Subjektive Rechte, Rüge und Antragsberechtigung)

(2aa) Subjektive Rechte

113 Die Vergabekammer kann gemäß § 107 I GWB **nur auf Antrag des Bieters** tätig werden.

Daraus wird deutlich, dass die Vergabekammern über die bloße Funktion einer Rechtsaufsichtsbehörde hinausgehen. Gleichzeitig wird das Element einer **individuellen Beschwerde- bzw. Rechtsschutzmöglichkeit** betont, was auch der Rechtssituation insofern gerecht wird, als subjektive Rechte der Bieter in § 97 VII GWB die ausdrückliche Grundlage für die Rechtsschutzmöglichkeiten bilden. Die Vergabekammern prüfen subjektive Bieterrechte in einem **individuellen Rechtschutzverfahren**[697]. Dessen unbeschadet sind sie befugt und ggf. verpflichtet, gemäß § 114 I 2 GWB, auch unabhängig von der Zielrichtung des Antrags des sich übergangen fühlenden Bieters **auf die Rechtmäßigkeit des Verfahrens einzuwirken**. Dies relativiert – eigentlich – den Charakter des Individualbeschwerdeverfahrens um einiges[698].

Merke: Trotz dieser in § 114 I 2 GWB verankerten Möglichkeit, dass die Nachprüfungsorgane von sich aus auf die Rechtmäßigkeit des Vergabeverfahrens hinwirken, sollte man sich als Bieter hierauf nicht verlassen. Es ist besser, die Voraus-

---

693 OLG Köln, Urt. v. 15. 7. 2005 (6 U 17/05), NZBau 2006, 69 = VergabeR 2006, 105 = WuW 2005, 1085.

694 Vgl. *Otting*, in: Bechtold, GWB, 4. Aufl. 2006, Rn. 6 zu § 104.

695 Zum Stand der Diskussion mit weiteren Nachweisen: *Reidt* in: *Reidt/Stickler/Glahs*, Vergaberecht-Kommentar, 2003, Rn. 20 zu § 104; *Gronstedt* in: *Byok/Jaeger*, Kommentar zum Vergaberecht, 2. Aufl. 2005, Rn. 572–575 zu § 104.

696 Die VK Düsseldorf, Beschl. v. 21. 9. 1999 (VK 12/99-L) EUK 1999, 153, bejahte eine zumindest präjudizielle Beurteilung von Ansprüchen aus § 1 UWG i.V.m. vergaberechtlichen Ansprüchen. Vgl. auch VK Düsseldorf, Beschl. v. 17. 12. 1999, VK 17/99-L, EUK 2000, 45, betreffend eine Verdrängungsabsicht des öffentlichen Auftraggebers. Vgl. auch schon *Noch*, WuW 1998, 1059.

697 Den Charakter des Individualrechtsschutzverfahrens betonend: OLG Jena, Beschl. v. 17. 3. 2003 (6 Verg 2/03), VergabE C-16-2/03v = VergabeR 2003, 472.

698 Zur Zwitterstellung zwischen Individualbeschwerdeverfahren und objektivem Beanstandungsverfahren siehe auch BGH, Beschl. v. 19. 12. 2000 (X ZB 14/00), VergabE B-14/00 = VergabeR 2001, 71 = NZBau 2001, 151 = EUK 2001, 58.

setzungen für das Nachprüfungsverfahren stets im Blick zu haben und die dafür notwendigen Handlungen selbst vorzunehmen[699].

Die **subjektiven Rechte** aus § 97 VII GWB sind es, welche dem Bieter die Antragsbefugnis nach § 107 II GWB verleihen. Er muss an dem Auftrag ein Interesse haben und eine Verletzung dieser subjektiven Rechte geltend machen[700]. Sehr plastisch grenzt dies der Beschluss des OLG Rostock (LS) ein:

> *»Das Nachprüfungsverfahren dient nicht dazu, offensichtlich folgenlos gebliebene Fehler festzustellen.«*

Der **Kreis subjektiver Rechte** im Sinne des § 97 VII GWB ist generell eher **weit** zu ziehen[701]. In Betracht kommen:

- Irrtümer bei der Verneinung des öffentlichen Auftraggeberbegriffes
- Nicht gerechtfertigte In-house-Geschäfte[702]
- De-facto-Vergaben[703]
- Schätzung des Auftragswertes[704]
- Wahl des Vergabeverfahrens (mit Einschränkungen)
- Leistungszuschnitt, Ausschreibungsreife[705]
- Losbildung (mit größeren Einschränkungen)[706]
- Leistungsbeschreibung; Rückgriff auf Produkte und Spezifikationen[707]
- Formale Ausschlussbedürftigkeit des Konkurrenten[708]
- Eignungskriterien (mit Einschränkungen)[709]
- Teilnahme von nicht zugelassenen öffentlichen Unternehmen oder nicht geeigneten Bietern[710]
- Unangemessene Preise von Konkurrenten (mit größeren Einschränkungen)[711]

699 Dezidiert ablehnend zu einem Prinzip der Überprüfung »von Amts wegen«: OLG Rostock, Beschl. v. 5. 7. 2006 (17 Verg 7/06), VS 2007, 27.

700 Vgl. OLG Rostock, Beschl. v. 25. 10. 2000 (17 W [Verg] 2/99), VergabE C-8-2/99 = EUK 2000, 28.

701 *Otting*, in: Bechtold, GWB, 4. Aufl. 2006, Rn. 44 zu § 97; *Hailbronner* in: *Byok/Jaeger*, Kommentar zum Vergaberecht, 2. Aufl. 2005, Rn. 273 zu § 97; *Kulartz/Niebuhr*, NZBau 2000, 6, 13.

702 BGH, Beschl. v. 12. 6. 2001 (X ZB 10/01).

703 OLG Düsseldorf, Beschl. v. 20. 6. 2001 (Verg 3/01), VergabE C-10-3/01 = VergabeR 2001, 329 = NZBau 2001, 696 = EUK 2001, 135 = Behörden Spiegel 9/2001, S. 19 = IBR 2002, 98.

704 OLG Celle, Beschl. v. 12. 7. 2007 (13 Verg 6/07), VergabeR 2007, 808.

705 OLG Düsseldorf, Beschl. v. 14. 1. 2001 (Verg 14/00), VergabE C-10-14/00 = NZBau 2003, 60 = WuW 2001, 651 = Behörden Spiegel 4/2001, S. B II = EUK 2001, 60.

706 OLG Jena, Beschl. v. 6. 6. 2007 (9 Verg 3/07), NZBau 2007, 730 = VergabeR 2007, 677.

707 OLG München, Beschl. v. 13. 4. 2007 (Verg 1/07), VergabeR 2007, 546.

708 BGH, Beschl. v. 26. 9. 2006 (X ZB 14/06), NZBau 2006, 800 = VergabeR 2007, 59.

709 VK Bund, Beschl. v. 29. 12. 2006 (VK 2- 128/06).

710 OLG Düsseldorf, Beschl. v. 17. 11. 2004 (Verg VII 46/04).

711 Zwischen den OLG-Senaten Düsseldorf und München wohl auch streitig: OLG Düsseldorf, Beschl. v. 22. 8. 2007 (VII-Verg 27/07); OLG Düsseldorf, Beschl. v. 19. 12. 2000, VergabeR 2001, 128 f.; OLG Düsseldorf, Beschl. v. 17. 6. 2002, NZBau 2002, 627 f. Zumindest offengelassen in OLG München, Beschl. v. 11. 5. 2007 (Verg 4/07) VergabeR 2007, 536, enger aber schon in OLG München, Beschl. v. 24. 9. 2007 (Verg 11/07).

- Zuschlagskriterien, Unterkriterien[712], Bewertungsmatrix[713], Transparenz
- Vergabevermerk (mit Einschränkungen)[714]

Umfasst sind damit
- grundlegende Irrtümer und Defizite bei der Vergabestelle, die zu Ausschreibungsfehlern führen,
- klassische Konkurrentenrechte, die auf die Beseitigung einer ungerechtfertigten anderweitigen Bezuschlagung mit dem letztlichen Ziel einer eigenen Begünstigung in Form des Zuschlags zielen, sowie
- Vorschriften, die im Kern zwar objektive Verwaltungsvorschriften (Schutzvorschriften) für die Vergabestelle darstellen, jedoch Drittwirkungen in Form subjektiver Bieterechte entfalten können.

Die betreffenden subjektiven Rechte müssen auch den Antragsteller **schützen** und deren Inanspruchnahme darf **nicht** durch eigenes Vorverhalten **verwirkt** werden. Dies kann z.B. der Fall sein, wenn sich der Betreffende auf verbotene Nachverhandlungen berufen will, aber selbst zunächst an den Verhandlungen teilgenommen hat[715].

Grenzen der Überprüfbarkeit können sich bei der etwaigen Verletzung sonstiger Bestimmungen, die im Zusammenhang mit dem Vergaberecht eine Rolle spielen können, zeigen. So ist beispielsweise das **UrheberrechtsG** ist keine Vergabevorschrift i.S.d. § 97 VII GWB[716].

Die **subjektiven Rechte** des Antragstellers können des weiteren **nur insoweit verletzt** sein, als der Betreffende durch den behaupteten Vergabefehler **beschwert** ist[717]. Hat sich ein Bieter nur auf **bestimmte Lose beworben**, so kann er **auch nur insoweit** zulässigerweise das Vergabenachprüfungsverfahren anstrengen[718]. In einem Verhandlungsverfahren ist ein Verstoß im Rechtssinne noch nicht eingetreten, wenn sich die Vergabestelle noch die Prüfung einzelner Aspekte vorbehalten hat[719].

(2ab) Antragsbefugnis

114 Trotz einiger klärender Entscheidungen in den Jahren 2004 bis 2006 ist die tatsächliche Reichweite der Antragsbefugnis des Bieters im Nachprüfungsverfahren noch in einigen Bereichen ungeklärt bzw. sie wird von den Gerichten und Vergabekammern unterschiedlich bewertet.

---

712 OLG München, Beschl. v. 17. 1. 2008 (Verg 15/07); OLG Düsseldorf, Beschl. v. 23. 3. 2005 (Verg 77/04).
713 OLG München, Beschl. v. 26. 6. 2007 (Verg 6/07), VergabeR 2007, 684.
714 OLG München, Beschl. v. 19. 12. 2007 (Verg 12/07); OLG München, Beschl. v. 2. 8. 2007 (Verg 7/07), VergabeR 2007, 799; OLG Dresden, Beschl. v. 31. 3. 2004 (W Verg 2/04), VergabE C-13-2/04 = EUK 2004, 126.
715 VK Bund, Beschl. v. 18. 10. 1999 (VK 1-25/99), VergabE D-1-25/99 = EUK 2000, 140.
716 In dieser Richtung: VK Nordbayern, Beschl. v. 4. 10. 2007 (21.VK-3194-41/07), VS 2007, 87 [LS].
717 OLG Dresden, Beschl. v. 6. 4. 2004 (WVerg 1/04), VergabE C-13-1/04 = EUK 2004, 142.
718 OLG Koblenz, Beschl. v. 10. 8. 2000 (1 Verg 2/00), VergabE C-11-2/00 = NZBau 2000, 534 = EUK 2000, 151.
719 BayObLG, Beschl. v. 5. 7. 2001 (Verg 9/01), VergabE C-2-9/01v.

(2aba) Bei eigenem formalem Ausschluss

115 Einem Bieter **fehlt** von vornherein die **Antragsbefugnis** gem. § 107 II GWB, der **schon aus formalen Gründen ausgeschlossen werden muss**, weil er z.B. in seinem Angebot von zwingenden Vorgaben der Verdingungsunterlagen abgewichen ist (Fall des § 25 Nr. 1 I lit. d VOB/A)[720] oder sein Angebot aus anderen Gründen nicht vollständig ist (Fall des § 25 Nr. 1 I lit. b i.V.m. § 21 Nr. 1 I 3 VOB/A)[721].

Nur dann, wenn **alle anderen Angebote auch ausgeschlossen werden müssten** und z.B. die gesamte Ausschreibung der Aufhebung bedarf, kann die Antragsbefugnis insofern wiederhergestellt werden, als dann die aus § 114 I 2 GWB resultierende Verpflichtung zur amtlichen bzw. gerichtlichen korrigierenden Einwirkung auf das Vergabeverfahren greift[722]. Das Gleichbehandlungsprinzip gebietet es dann insoweit, dass alle Angebote, die an demselben Mangel leiden, auch ausgeschlossen werden[723].

Der BGH hat – hierüber noch etwas hinausgehend – betont, dass, wenn alle Angebote in bestimmter Hinsicht unvollständig und deshalb von der Wertung auszuschließen sind, ein Bieter, dessen Angebot **an einem weiteren Ausschlussgrund leidet**, gleichermaßen verlangen kann, dass eine Auftragsvergabe in dem eingeleiteten Vergabeverfahren unterbleibt[724]. Der BGH stellt in diesem Zusammenhang auf die Rechtsprechung des BVerfG[725] ab und betont, dass schon die **Möglichkeit einer Verschlechterung der Aussichten** des den Nachprüfungsantrag stellenden Bieters infolge der Nichtbeachtung von Vergabevorschriften für die Antragsbefugnis ausreicht[726]. Es ist gemäß dem BGH deshalb keine die Zulässigkeit des Gesuchs um Nachprüfung beeinflussende Frage, ob das Angebot der Antrag-

---

720 OLG Stuttgart, Beschl. v. 6. 4. 2004 (2 Verg 2/04), VergabE C-1-2/04 = EUK 2004, 125; OLG Frankfurt, Beschl. v. 5. 3. 2002 (11 Verg 2/01), VergabE C-7-2/01 = VergabeR 2002, 394 = Behörden Spiegel 1/2003, S. 18; OLG Düsseldorf, Beschl. v. 15. 12. 2004 (VII Verg 47/04), VergabE C-10-47/04 = VergabeR 2005, 195 = VS 2005, 6; VK Nordbayern, Beschl. v. 14. 1. 2003 (320.VK-3194-46/02), VergabE E-2a-46/02; VK Nordbayern, Beschl. v. 26. 1. 2004 (320.VK-3194 -47/03), VergabE E-2a-47/03; VK Brandenburg, Beschl. v. 12. 3. 2003 (1 VK 7/03), VergabE E-4-7/03.

721 OLG Düsseldorf, Beschl. v. 22. 10. 2004 (VII-Verg 73/04), VergabE C-10-73/04. A.A.: OLG Koblenz, Beschl. v. 20. 10. 2004 (1 Verg 4/04), VergabeR 2005, 112 = VS 2005, 5, 1. Leitsatz: »*Die Antragsbefugnis beurteilt sich ausschließlich nach dem Vorbringen des Antragstellers; außerhalb des zur Überprüfung gestellten Gegenstands liegende Gründe bleiben dabei unberücksichtigt. Allein das Vorhandensein eines zwingenden Ausschlußgrunds im Angebot des Antragstellers kann daher in keinem Fall mehr zum Wegfall der Antragsbefugnis führen und zwar gleichgültig, ob die Vergabestelle den Ausschlußgrund bereits ihrer Vergabeentscheidung zugrunde gelegt und der betroffene Bieter den Ausschluß mit seinem Nachprüfungsantrag als fehlerhaft gerügt hat oder der Ausschlußgrund erst im Verlaufe des Nachprüfungsverfahrens zur Sprache gekommen ist*«.

722 OLG Düsseldorf, Beschl. v. 15. 12. 2004 (VII-Verg 47/04), VergabE C-10-47/04 = VergabeR 2005, 195 = VS 2005, 6.

723 OLG Düsseldorf, Beschl. v. 15. 12. 2004 (VII-Verg 47/04), VergabE C-10-47/04 = VergabeR 2005, 195 = VS 2005, 6; OLG Düsseldorf, Beschl. v. 30. 6. 2004 (VII Verg 22/04), VergabE C-10-22/04; OLG Düsseldorf, Beschl. v. 16. 9. 2003 (Verg 52/03) = VergabE C-10-52/03 = VergabeR 2003, 690; OLG Düsseldorf, Beschl. v. 30. 7. 2003 (Verg 20/03), VergabE C-10-20/03; OLG Düsseldorf, Beschl. v. 29. 4. 2003 (Verg 22/03), VergabE C-10-22/03; OLG Düsseldorf, Beschl. v. 8. 5. 2002 (Verg 4/02), VergabE C-10-4/02. Im Ergebnis verneint von VK Köln, Beschl. v. 17. 3. 2004 (VK VOB 1/04), VergabE E-10d-1/04 = EUK 2004, 58 = IBR 2004, 339.

724 BGH, Beschl. v. 26. 9. 2006 (X ZB 14/06), NVwZ 2007, 240 = NZBau 2006, 800 = VergabeR 2007, 59 = WM 2007, 266. Vgl.: VK Nordbayern, Beschl. v. 1. 4. 2008 (21 VK-3194-09/08).

725 BVerfG, Beschl. v. 29. 7. 2004 (2 BvR 2248/03), VergabeR 2004, 597 = NZBau 2004, 564, 565.

726 *Stolz*, VergabeR 2005, 486, entgegen *MüllerWrede/Schade*, VergabeR 2005, 460, 463 f.

stellerin ohnehin von der Wertung in dem eingeleiteten Vergabeverfahren hätte ausgeschlossen werden können oder müssen[727].

Die durchaus nicht seltene **Erfahrung in der Rechtspraxis** jedoch ist, dass de facto eine solche Antragsbefugnis bei formalen Mängeln im Angebot des Bieters und Antragstellers nicht besteht, weil die Vergabekammern – jedenfalls zum Teil – dazu neigen, in diesen Fällen (entgegen der eindeutigen BVerfG- und BGH-Rechtsprechung) den Nachprüfungsantrag nicht für zulässig zu erachten und mitunter im Vorfeld durch (telefonische) Hinweise des oder der Vorsitzenden andeuten, dass der Antrag voraussichtlich mangels Zulässigkeit erfolglos sein wird und die in einem frühen Verfahrensstadium erklärte – wenig kostenträchtige – Rücknahme zu erwägen sei. Zum Teil wird auch offen erklärt, die Kammer halte in einer solchen Konstellation nicht einmal die Akteneinsicht für gerechtfertigt und beabsichtige, diese nicht zu gestatten. Begleitend kommen Ausführungen hinzu, man habe die anderen Angebote durchgesehen, und diese seien formal korrekt. Dies stellt jedoch in gewisser Weise einen Zirkelschluss dar, weil der antragstellende Bieter dies nur aus dem Verfahren heraus überprüfen kann. Dazu benötigt er die Akteneinsicht, die sich zwar nicht auf die Einsichtnahme in die Angebotsordner der anderen Bieter bezieht, jedoch auch die Protokolle der Eröffnungsverhandlung und Vollständigkeitsprüfung umfasst, welche durchaus Hinweise auf Unvollständigkeiten enthalten können. Außerdem können sich auch aus dem Verfahren heraus sonstige Gesichtspunkte ergeben, die dazu führen, dass aus formalen oder ganz anderen Gründen eine Zuschlagserteilung an die zur Bezuschlagung vorgesehene Bieterin nicht erfolgen kann.

Für die **Bejahung der Antragsbefugnis gemäß § 107 II GWB (Zulässigkeit)** genügt es nach hier vertretener Auffassung, wenn nach überzeugender Darstellung des Antragstellers die Fehlerhaftigkeit der Wertung (inklusive der Prüfung der formalen Ausschlussgründe) nicht ausgeschlossen ist. Es reicht insoweit also die bloße Möglichkeit eines Schadens infolge der eigenen Nichtberücksichtigung in Kombination mit der ungerechtfertigten Berücksichtigung und Bezuschlagung des oder der Konkurrenten. Eine Grenze für die Zulässigkeit ist nur dort gezogen, wo Behauptungen quasi »aus der Luft gegriffen« sind. Angesichts einer Vielzahl von Möglichkeiten des Scheiterns z.B. an den formalen Voraussetzungen wird dies eher selten der Fall sein. Die Feststellung, ob tatsächlich ein Schaden vorliegt, ist hingegen eine Frage der **Begründetheit**[728]. Dies hat zur Folge, dass alle prozessualen Rechte bis zur Verifizierung bzw. Falsifizierung der hierzu notwendigen Gegebenheiten zur Verfügung stehen müssen[729]; dies gilt insbesondere für den Gesichtspunkt der Akteneinsicht. Speziell kann es sein, dass sich ergibt, dass bestimmte formale Anforderungen in der Ausschreibung widersprüchlich waren[730]. Außerdem gibt es Sachverhalte, in denen sich zeigt, dass bestimmte Anforderungen

727 Für Antragsbefugnis in diesen Fällen: *Hardraht*, VergabeR 2006, 221, 222; 2005, 200; *Reidt*, VergabeR 2005, 115, 116; *Stolz*, VergabeR 2005, 486; 2004, 478, 479 f.; *Deckers*, VergabeR 2005, 210, 211; *Möllenkamp*, NZBau 2005, 557, 558; wohl auch *Otting*, VergabeR 2004, 602, 603; *Franke*, IBR 2006, 295. Gegenmeinung: *MüllerWrede/Schade*, VergabeR 2005, 460, 461; wohl auch *Upleger*, NZBau 2005, 672, 675. Alle Nachweise jeweils zitiert nach BGH.

728 VK Arnsberg, Beschl. v. 8. 8. 2006 (VK 21/06). Vgl. *Irmer*, VergabeR 2007, 141.

729 VK Saarland, Beschl. v. 15. 3. 2006 (3 VK 2/2006).

730 VK Münster, Beschl. v. 21. 12. 2005 (VK 25/05).

für alle Bieter unerfüllbar waren und daher eine ganz ursächliche Rechtswidrigkeit dieser Ausschreibungsbedingung vorliegt[731].

(2abb) Zuschlagsnähe und kausaler Schaden

116 Einem Unternehmen fehlt jedoch die Antragsbefugnis, wenn sein Angebot preislich nur an 21. und damit **aussichtsloser Stelle** liegt[732]. Auch einem auf Rang 9 platzierter Bieter kann die Antragsbefugnis fehlen[733]. Allerdings wird man dabei im Wege einer wertenden Betrachtung auch auf das Gesamtgefüge des Bieterfeldes bzw. der Bieterfelder, also auf die jeweiligen Abstände, die zu den Platzierungen führen, abstellen müssen.

Außerdem muss das Unternehmen darlegen können, dass ihm durch die **Verletzung der Vergabevorschriften** ein **Schaden** entstanden ist oder zu entstehen droht[734]. Damit werden Bagatellen ausgeschieden, die offensichtlich keinen Einfluss auf die Vergabeentscheidung haben können. Schadensursächlich können nur Rechtsverstöße von einer gewissen Schwere sein. Hierzu zählen aber auch einige **Soll- und Ordnungsvorschriften** in den Verdingungsordnungen, weil sie in dem stark formalisierten Vergabeverfahren rasch zu **Verstößen gegen das Gleichbehandlungsgebot** führen können und es letztlich dadurch auch zu nachweisbaren Fehlentscheidungen bei der Zuschlagserteilung kommen kann[735].

Der **Eintritt bzw. der drohende Eintritt eines Schadens** muss außerdem auf der **behaupteten Rechtsverletzung beruhen**. Bei dem nach der Wertung erstrangigen Bieter[736] wird dies einfacher sein als bei einem, der etwa im Offenen Verfahren auf einer sehr weit hinten angesiedelten Rangposition liegt. Bei einem Bieter, der auf Rangposition 25 liegt, wird man generell die Antragsbefugnis in Frage stellen können[737]. Man wird daher verlangen müssen, dass eine **realistische Aussicht auf den Erhalt des Zuschlags** besteht. Nur demjenigen Bieter, der eine reelle Chance hat, den Zuschlag zu erhalten, kann auch ein Schadenseintritt drohen[738]. Hier drängt sich ein Vergleich mit den sekundären Schadensersatzersatzansprüchen auf, die auch immer nur dann durchsetzbar sind, wenn der betreffende Bieter eine »echte Chance« (siehe § 126 GWB) auf Zuschlagserteilung besessen hat[739].

---

731 OLG Frankfurt, Beschl. v. 13. 6. 2006 (11 Verg 11/05), VS 2006, 85.

732 VK Nordbayern, Beschl. v. 23. 1. 2003 (320.VK-3194-47/02), VergabE E-2a-47/02.

733 VK Brandenburg, Beschl. v. 4. 2. 2005 (VK 85/04), VS 2005, 79 [LS].

734 Ein möglicher Schadenseintritt für den Fall einer offiziell noch nicht erklärten Aufhebung der Ausschreibung genügt nicht. So OLG Naumburg, Beschl. v. 13. 5. 2003 (1 Verg 2/03), VergabE C-14-2/03 = VergabeR 2003, 588 = NZBau 2004, 62 = BauR 2003, 1785 = EUK 2003, 104. Siehe auch OLG Brandenburg, Beschl. v. 19. 12. 2002 (Verg W 9/02), VergabE C-4-9/02 = VergabeR 2003, 168 – NZBau 2003, 229 = ZfBR 2003, 287 = BauR 2003, 775 = EUK 2003, 104.

735 Die VK Hessen, Beschl. v. 11. 8. 1999 (VK 1/99), VergabE E-7-1/99 = EUK 1999, 172, 173, hat die Nichtverwendung der für die Angebotsabgabe vorgesehenen Vordrucke seitens eines Mitbieters als Rechtsverstoß i.S.v. § 97 VII angesehen.

736 Z.B. drohender Schaden infolge Nichtberücksichtigung als billigste Bieterin: VK Sachsen, Beschl. v. 31. 3. 2000 (1 VK 22/00), VergabE E-13-22/00 = EUK 2000, 123.

737 So VK Nordbayern, Beschl. v. 23. 1. 2003 (320.VK-3194-47/02), VergabE E-2a-47/02.

738 OLG Koblenz, Beschl. v. 25. 5. 2000 (1 Verg 1/00), VergabE C-11-1/00 = EUK 2000, 106.

739 So: KG, Urt. v. 14. 8. 2003 (27 U 264/02), VergabeR 2004, 496; OLG Düsseldorf, Urt. v. 30. 1. 2003 (I-5 U 13/02), VergabeR 2003, 704.

Ein potentieller Bieter/Teilnehmer kann mangels Antragsbefugnis (§ 107 II GWB) kein zulässiges Vergabenachprüfungsverfahren initiieren, wenn er **lediglich die Wahl des Vergabeverfahrens** (hier: Beschränkte Ausschreibung nach Teilnahmewettbewerb anstatt europaweites Offenes Verfahren) beanstandet, ohne dezidiert darlegen zu können, dass ihm **dadurch ein Schaden entstanden** ist bzw. zu entstehen droht[740].

Andererseits hat das **BVerfG**[741] entschieden, dass die Zulässigkeitsvoraussetzungen für das vergaberechtliche Primärrechtsschutzverfahren in einer Art und Weise ausgelegt werden müssen, die einen **effektiven Rechtsschutz gewährleistet**. Dabei bedürfe es insbesondere im Hinblick auf den Nachweis der Fähigkeit, ein konkurrenzfähiges Angebot unterbreiten zu können, nicht der Vorlage einer konkreten Angebotskalkulation für eine Offerte, die letzten Endes nur hypothetisch bleiben könne, weil der betreffende Bieter gerade geltend machen möchte, dass die Ausschreibung in dem Leistungszuschnitt, in dem sie sich befindet, rechtswidrig und diskriminierend ist. Es braucht mit anderen Worten im Rahmen der Antragsbefugnis nicht der Beweis erbracht zu werden, dass man hätte konkurrenzfähig anbieten können, wenn die Ausschreibung rechtskonform und damit ganz anders gestaltet worden wäre.

Das BVerfG hat in **ungewöhnlich deutlicher Form die Nichtvorlage an den EuGH gerügt**[742] sowie **insgesamt die oberflächliche Prüfung der Antragsbefugnis**, deren Voraussetzungen im Spiegel des europarechtlichen **Gebotes des effektiven Rechtsschutzes** (Art. 1 Rechtsmittelrichtlinie und Prinzip des effet utile) gesehen werden müssen. Der Beschluss des OLG Frankfurt[743] verletze die Beschwerdeführerin in ihrem Grundrecht aus Art. 19 IV GG. Diese Bestimmung eröffnet den Rechtsweg gegen jede behauptete Verletzung subjektiver Rechte durch ein Verhalten der öffentlichen Gewalt. Gewährleistet wird nicht nur das formelle Recht, die Gerichte anzurufen, sondern auch eine tatsächlich wirksame gerichtliche Kontrolle[744]. Das Erfordernis effektiven Rechtsschutzes enthält in Verfahren, in denen ein **Primärrechtsschutz** zur Abwendung von Gefahren und möglicher Nachteile begehrt wird, auch das Gebot, dass durch den gerichtlichen Rechtsschutz so weit wie möglich der **Schaffung vollendeter Tatsachen zuvorzukommen** ist[745]. Dieser Grundsatz gewinnt namentlich im Zusammenhang mit dem vorläufigen Rechtsschutz Bedeutung, ist hierauf aber nicht beschränkt. Aus ihm folgt, dass keine überspannten Anforderungen an die Voraussetzungen der Gewährung gerichtlichen Rechtsschutzes zu stellen sind[746].

Merke: Diese Entscheidung des Bundesverfassungsgerichts ist gutzuheißen. Das höchste deutsche Gericht stellt sich einer teilweise zu beobachtenden Rechtspraxis entgegen, welche die Zulässigkeitsvoraussetzungen für das Vergabenachprüfungs-

740 OLG Düsseldorf, Beschl. v. 16. 2. 2006 (VII Verg 6/06). Einschränkend auch: OLG Düsseldorf, Beschl. v. 28. 6. 2006 (VII-Verg 18/06).

741 BVerfG, Beschl. v. 29. 7. 2004 (2 BvR 2248/03), VergabE B-1-1/04 = VergabeR 2004, 597 = EUK 2004, 138 = BauRB 2004, 368.

742 Auch der EuGH ist gesetzlicher Richter im Sinne des Art. 101 I 2 GG (vgl. BVerfGE 73, 339).

743 OLG Frankfurt, Beschl. v. 7. 10. 2003 (11 Verg 12 u. 13/03), VergabE C-7-11/03.

744 BVerfGE 35, 263; 35, 382; 37, 150; 65, 1; 93, 1; BVerfG, Beschl. v. 21. 8. 2001, 2 BvR 406/00, NJW 2001, 3770; BVerfG, Beschl. v. 15. 8. 2002, 1 BvR 1790/00, NJW 2002, 3691.

745 Vgl. BVerfGE 93, 1; BVerfG, Beschl. v. 15. 8. 2002 (1 BvR 1790/00), NJW 2002, 3691.

746 BVerfG, Beschl. v. 15. 8. 2002 (1 BvR 1790/00), NJW 2002, 3691.

verfahren in nicht mehr europa- und verfassungsrechtskonformer Weise erhöht. Die Entscheidung dürfte auch Auswirkungen auf andere Zulässigkeitsvoraussetzungen wie z.B. die Anforderungen an die Rüge gem. § 107 III GWB haben. Diese werden verschiedentlich gleichfalls in einer Art und Weise ausgelegt, die effektiven Rechtsschutz nicht mehr sicherstellt. So manche bisherige Beschlüsse der Vergabekammern und -senate zu Zulässigkeitsfragen wird man fortan in einem etwas anderen Licht sehen müssen.

(2abc) Potentielle Bieter

117 Von der Regelung des § 107 II GWB ist auch der Fall erfasst, dass die **Ausschreibung einer Vergabe rechtswidrig unterblieb** und ein potentieller Bieter deshalb in seinen Rechten verletzt ist, weil er sich infolge dieses Fehlers gar nicht an dem nicht durchgeführten Vergabeverfahren beteiligt hat. Zu der Problematik der schlichten Nichtausschreibung wurde bereits im Zusammenhang mit § 13 VgV Stellung genommen (Rdn. 72).

Der **potentielle Bieter**, der an einer Ausschreibung teilgenommen hätte, es aber aufgrund des behaupteten Rechtsfehlers unterlassen hat, ist zumindest dann antragsbefugt[747], wenn er nachweisen kann, dass er in der Lage gewesen wäre, ein Angebot abzugeben[748] und er plausibel darlegen kann, dass er gerade infolge der rechtswidrigen Ausgestaltung der Ausschreibung (z.B. Leistungsverzeichnis mit diskriminierenden Vorgaben) an der Angebotsgabe gehindert worden ist. Die sich aus den Ausschreibungsbedingungen ergebende gleichheitswidrige Hinderung an der Abgabe eines konkurrenzfähigen Gebotes bildet einen wesentlichen Gesichtspunkt[749].

Merke: Da jedoch in diesen Fällen nicht selten der Verdacht naheliegt, dass das Rechtsinstrument des vergaberechtlichen Nachprüfungsverfahrens zu Unrecht bemüht wird, ist anzuraten, sich nach Möglichkeit schon allein wegen der besseren materiellen Rechtsposition (z.B. bei den späteren Informationspflichten) an der fraglichen Ausschreibung zu beteiligen und als Teilnehmer dieser Ausschreibung zu versuchen, eine Korrektur von Fehlern gegenüber der Vergabestelle durchzusetzen[750]. Die eigentliche Zielrichtung des Rechtsschutzes ist es schließlich, dass aus dem Bieterkreis heraus auf die Rechtmäßigkeit des Vergabeverfahrens eingewirkt wird. Im Falle einer ganz ersichtlichen Rechtswidrigkeit der Leistungsbeschreibung kann es sich allerdings stark empfehlen, die Nachprüfung unmittelbar nach einer abschlägig beschiedenen Rüge einzuleiten. Entsprechendes ist in der GWB-Novelle 2008 im Bereich der Rüge- und Präklusionstatbestände (§ 107 III GWB) vorgesehen.

Einzelne Stimmen wollen mit beachtlichen Gründen nur eine Antragsberechtigung von **potentiellen Bietern, nicht aber** eine solche von **potentiellen Bewerbern** bejahen[751]. Das ist konsequent und unterstreicht die hier vertretene Auffassung,

747 EuGH, Urt. v. 12. 2. 2004 (Rs. C-230/02), VergabE A-1-1/04 = VergabeR 2004, 315.
748 OLG Koblenz, Beschl. v. 25. 5. 2000 (1 Verg 1/00), VergabE C-11-1/00 = NZBau 2000, 445 = BauR 2000, 1600 = ZVgR 2000, 267 = EUK 2000, 106.
749 OVG Münster, Beschl. v. 4. 5. 2006 (15 B 692/06), NZBau 2006, 531.
750 In dieser Richtung: VK Nordbayern, Beschl. v. 4. 10. 2007 (21.VK-3194-41/07), VS 2007, 87 [LS].
751 *Antweiler*, VergabeR 2004, 702, 706.

dass sich Bieter bemühen sollten, ein Angebot abzugeben. Von Bewerbern wird man durchaus verlangen können, dass sie ihren Teilnahmeantrag abgeben, was in den meisten Fällen wenig Aufwand bedeutet.

(2abd) Bietergemeinschaften, Zulieferer und Verbände

118 **Einzelnen Teilnehmern von Bietergemeinschaften** ist es nicht möglich, alleine einen Antrag auf Überprüfung vor der Vergabekammer zu stellen. Die Bietergemeinschaft muss dann als Ganzes einen Antrag stellen, weil – formal betrachtet – nur sie in rechtlicher Hinsicht ein Angebot abgegeben hat und durch einen **Rechtsverstoß in ihren Rechten verletzt** sein kann. Die Rechtsprechung erkennt ein ›mittelbares rechtliches Interesse‹, wie es dem Mitglied einer Bietergemeinschaft zueigen ist, nicht an. Damit vergleichbar ist die Situation eines **Zulieferers**, der nicht selbst an der Ausschreibung teilnimmt. Auch er ist nach herrschender Auffassung **nicht antragsbefugt**[752]. Eine eigenständige Antragsbefugnis vermag die Nachunternehmerstellung auch vor dem Hintergrund möglicherweise widerstreitender Interessen von Haupt- und Subunternehmer nicht zu begründen[753].

Da aus materiell-rechtlichen Gründen eine Änderung der Zusammensetzung der Bietergemeinschaft nach Angebotsabgabe nicht statthaft ist, fehlt im Falle der **Insolvenz** auch prozessrechtlich einzelnen Mitgliedern von Bietergemeinschaften die Antragsbefugnis für die Bietergemeinschaft, die nur als solche am Vergabeverfahren teilnimmt[754].

Gleichfalls sind Beschwerden von **berufsständischen Vereinigungen** und **Verbänden** ausgeschlossen[755], weil bereits die Rechtsmittelrichtlinie 89/665/EWG ein individuelles Rechtsschutzbedürfnis verlangt[756]. Einschränkungen können sich jedoch daraus ergeben, dass im Falle der Antragstellung potentieller Bieter eine unbestimmte Zahl von anbietungsbereiten Unternehmen, die darlegen, dass sie anbietungsfähig gewesen wären und sich dann zu einer Bietergemeinschaft zusammengeschlossen hätten, das Nachprüfungsverfahren betreiben. Insoweit kann ein eindeutig individualisierbares Rechtsschutzunteresse für diesen Sonderfall nur eingeschränkt gelten.

752 OLG Rostock, Beschl. v. 5. 1. 2000 (17 W [Verg] 1/00), VergabE C-8-1/00 = NZBau 2000, 447 = BauR 2000, 1586 = EUK 2000, 75; OLG Düsseldorf, Beschl. v. 13. 11. 2000 (Verg 25/00), VergabE C-10-25/00v; VK Bund, Beschl. v. 10. 8. 2000 (VK 1-19/00), VergabE D-1-19/00; VK Hessen, Beschl. v. 26. 1. 2005 (VK 96/2004). Vgl. BayObLG, Beschl. v. 20. 8. 2001 (Verg 11/01), VergabE C-2-11/01 = VergabeR 2002, 77 = ZfBR 2002, 190 = EUK 2002, 105 = Behörden Spiegel 7/2002, S. 18. A.A.: *Reidt* in: *Reidt/Stickler/Glahs*, Vergaberecht-Kommentar, 2. Aufl. 2003, Rn. 23 zu § 107.

753 VK Rheinland-Pfalz, Beschl. v. 27. 5. 2005 (VK 15/05).

754 VK Nordbayern, Beschl. v. 14. 4. 2005 (320.VK-3194-09/05).

755 OLG Brandenburg, Beschl. v. 28. 11. 2002 (Verg 8/02), VergabE C-4-8/02 = VergabeR 2003, 242 = BauR 2003, 778.

756 Der VÜA Bayern, Beschl. v. 8. 10. 1999 (VÜA 16/98), VergabE V-2-16/98, hebt hervor, dass § 107 II GWB von antragsbefugten »Unternehmen«, nicht aber von Dritten spricht. Vgl. auch VÜA Nordrhein-Westfalen (132-84-47-3/98), VergabE V-10-3/98, der die Antragsbefugnis einer Architektenkammer verneint hat mit dem Hinweis darauf, dass die Rechtsmittelrichtlinie Rechtsschutz im Verhältnis zwischen Auftraggeber und Auftragnehmer, nicht aber in bezug auf Dritte, voraussetzt. A.A.: VÜA Rheinland-Pfalz, Beschl. v. 29. 9. 1997, VÜ 2/97, VergabE V-11-2/97; VÜA Rheinland-Pfalz, Beschl. v. 30. 3. 1999, VÜ 6/98, VergabE V-11-6/98 = EUK 1999, 171 = Behörden Spiegel 11/1999, S. B II.

(2abe) Substantiierung des Schadenseintritts

119 Die Antragsbefugnis nach § 107 II GWB ist zu verneinen, wenn **substantiierte Ausführungen** zu einem drohenden Schadenseintritt fehlen[757]. Der Bieter ist darlegungspflichtig, **welche Schäden drohen** und auf welchen Fehlern im Vergabeverfahren diese beruhen[758]. Der bloße Hinweis auf die möglicherweise nutzlosen Kosten für die Erstellung des Angebots genügt nicht[759]. Es ist eine gewisse **Schlüssigkeit** des Vorbringens zu verlangen[760].

Ein Antragsteller hat **kein Interesse am Auftrag** und ihm fehlt damit die Antragsbefugnis nach § 107 II 1 GWB, wenn er ein Angebot nur eingereicht hat, um formal am Ausschreibungsverfahren beteiligt zu sein und aus dieser Position heraus ein Nachprüfungsverfahren einleiten zu können. Der Erhalt des Zuschlages im Rahmen der neuen Ausschreibung wird nicht erstrebt, sondern die Vergabe soll verhindert werden. Das ist kein zulässiges Ziel eines Nachprüfungsverfahrens[761].

Ein Bieter, der im **Nichtoffenen Verfahren mit vorgeschaltetem Teilnahmewettbewerb** die erforderlichen Eignungsnachweise nicht beigebracht hat, besitzt nach Auffassung des OLG Düsseldorf[762] **keinerlei Chancen** auf die Zuschlagserteilung und ist daher nicht befugt, eine etwaige nachträgliche Reduzierung der Anforderungen an die Bietereignung zu beanstanden. Die Antragsbefugnis muss sich nach Ansicht des Gerichts in solch einem Falle auf die Rügen beschränken, mit denen sich die Ast. **gegen** die **Verneinung ihrer Eignung** wendet. Die angeblichen Fehler im Wertungsvorgang (Verstöße gegen den Gleichbehandlungsgrundsatz, Gewichtung der Kriterien, Beschränkung der Eignungsprüfung auf die geforderten Nachweise) sowie die angeblich lückenhafte Dokumentation des Vergabeverfahrens können daher auf sich beruhen.

Ähnliches hat das OLG Naumburg in Bezug auf das **Verhandlungsverfahren mit vorgeschaltetem Teilnahmewettbewerb** entschieden. Einem Bieter, der wegen unvollständiger Bewerbungsunterlagen bereits nicht am Verhandlungsverfahren hätte beteiligt werden dürfen und dessen Angebot im Verhandlungsverfahren bereits zwingend auszuschließen gewesen wäre, fehlt es gleichermaßen an der Antragsbefugnis i.S.v. § 107 II GWB, weil ihm aus der Zuschlagserteilung an einen konkurrierenden Bieter kein Schaden entstehen oder drohen kann[763].

(2abf) Abgelaufene Bindefrist

120 Die **fehlende Verlängerung der Bindefrist** steht der Möglichkeit eines Schadens ebenfalls nicht entgegen. Der vor Ablauf der Bindefrist eingereichte Nachprüfungs-

757 OLG Koblenz, Beschl. v. 25. 5. 2000, 1 Verg 1/00, *Fischer/Noch*, EzEG-VergabeR, VII 2.11.1 = EUK 2000, 106
758 Hierzu auch: OLG Saarbrücken, Beschl. v. 22. 10. 1999 (5 Verg 2/99), VergabE C-12-2/99 = ZVgR 2000, 24 = EUK 2000, 25; VK Bund, Beschl. v. 9. 9. 1999 (VK 2-24/99), VergabE D-1-24/99 = NZBau 2000, 110 = EUK 1999, 185 = Behörden Spiegel 12/1999, S. B II.
759 OLG Koblenz, Beschl. v. 10. 8. 2000 (1 Verg 2/00), VergabE C-11-2/00 = NZBau 2000, 534 = EUK 2000, 152.
760 VK Bund, Beschl. v. 13. 7. 2005 (VK 1-59/05).
761 VK Brandenburg, Beschl. v. 10. 9. 2004 (VK 39/04).
762 OLG Düsseldorf, Beschl. v. 19. 3. 2001 (Verg 7/01), VergabE C-10-7/01 = EUK 2001, 58.
763 OLG Naumburg, Beschl. v. 8. 9. 2005 (1 Verg 10/05), VS 2005, 87 [LS].

antrag macht das fortbestehende Interesse der Antragstellerin an dem Auftrag hinreichend deutlich. Der **Nachprüfungsantrag** beinhaltet insoweit eine **stillschweigende Verlängerung** der Bindefrist[764]. In einer Entscheidung vom Oktober 2006 hat das **OLG Jena**[765] diesen Schluss, in der Stellung des Nachprüfungsantrags liege eine **stillschweigende Verlängerung der Bindefrist,** noch nicht gezogen, sondern dem Gesichtspunkt des fortbestehenden Interesses lediglich im Rahmen der Zulässigkeit bei der Antragsbefugnis Bedeutung beigemessen. Anders als die VK Bund nimmt das OLG Jena eine rein zivilrechtliche Betrachtung vor und stellt darauf ab, dass nach Ablauf der Bindefrist ein annahmefähiges Angebot nicht mehr existiert. Ein Zuschlag auf das mit der Fristverlängerung vorliegende neue Angebot gleichen Inhalts scheitert dann zwingend an § 25 Nr. 1 I lit. e VOL/A, es sei denn, die Verspätung ist vom Bieter nicht zu vertreten. Das OLG Jena sieht sich mit dieser Entscheidung in Übereinstimmung mit der Rechtsprechung anderer Oberlandesgerichte. So habe etwa im Fall des **OLG Rostock**[766] eine quasi ununterbrochene Bindung vorgelegen, indem die Bindefrist schon am Tag nach ihrem Ablauf verlängert worden war.

Die **VK Bund kommt auch hinsichtlich der Frage der nachträglichen Fristverlängerung zu einem anderen Ergebnis**. Während die VK diese Möglichkeit bejaht und dabei ein Abweichen von den zivilrechtlichen Regelungen zulässt, hat das OLG Jena der Bestimmung des **§ 28 Nr. 2 II VOB/A** nicht entnommen, **dass ein Angebot auch nach Ablauf der Bindefrist vergaberechtlich noch wertungsfähig** sei, weil dies zu einem systematischen Widerspruch zum Anwendungsbereich des § 25 Nr. 1 I lit. e VOL/A führen würde.

(2ac) Rüge

121 Von herausragender Bedeutung für die Zulässigkeit des GWB-Nachprüfungsverfahrens ist die in § 107 III GWB verankerte **Rügepflicht.**

Die Bieter bzw. späteren Antragsteller sind verpflichtet, **erkannte Fehler im Vergabeverfahren unverzüglich, also ohne schuldhaftes Zögern, zu rügen,** wenn sie diese als solche erkannt haben **(Fall des § 107 III 1 GWB).**

Ist der Fehler gar aus der **Vergabebekanntmachung erkennbar,** so ist eine Rüge bis zum Ablauf der Angebotsfrist bzw. der Teilnahmefrist beim öffentlichen Auftraggeber anzubringen **(Fall des § 107 III 2 GWB).**

Werden diese Rügevoraussetzungen nicht beachtet, so ist ein **Antrag** des Bieters als **unzulässig** zu behandeln[767].

Diesen Regelungen liegt der Gedanke der **Rechtsverwirkung** (**Präklusion**) zugrunde. So wird es den Antragstellern zu Recht verwehrt, erkannte Rechtsverstöße aus taktischen Überlegungen heraus nicht sofort zu rügen, um zu einem späteren Zeitpunkt daraus Vorteile zu ziehen[768]. Dabei kann die Situation auftreten, dass

764 VK Bund, Beschl. v. 26. 2. 2007 (VK2 – 09/07), VS 2007, 53.
765 OLG Jena, Beschl. v. 30. 10. 2006 (9 Verg 4/06), NZBau 2007, 195 = VergabeR 2007, 118 = VS 2006, 91 f.
766 OLG Rostock, Beschl. v. 8. 3. 2006 (17 Verg 16/05); VergabeR 2006, 374.
767 VK Baden-Württemberg, Beschl. v. 19. 5. 2000 (1 VK 9/00), VergabE E-1-9/00 = EUK 2000, 107.
768 OLG Stuttgart, Beschl. v. 16. 9. 2002 (2 Verg 12/02), VergabE C-1-12/02 = EUK 2003, 23.

einzelne Gesichtspunkte rechtzeitig gegenüber der Vergabestelle gerügt wurden, hingegen andere nicht. Es ist in diesen Fällen eine teilweise Präklusion mit der Folge teilweiser Unzulässigkeit anzunehmen.

Die Rüge als grundsätzlich zwingend zu durchlaufendes Vorverfahren kann **ausnahmsweise** in einigen Fällen **entbehrlich** sein – so etwa im Falle der so genannten De-facto-Vergaben[769]. Sie sollte aber vorsichtshalber doch zumindest dann erfolgen, wenn der Bieter Kenntnis davon hat, dass eine Auftragsvergabe ohne das erforderliche Vergabeverfahren stattgefunden hat[770].

Eine Rüge kann ausnahmsweise auch dann entbehrlich sein, wenn eine **Vergabestelle eindeutig zum Ausdruck bringt, dass auch eine Rüge sie unter keinen Umständen veranlassen würde**, ein bestimmtes Tun oder Unterlassen als **Vergaberechtsverstoß anzuerkennen**. Dies kann der Fall sein, wenn die Vergabestelle bereits die Rüge eines anderen Bieters gegen denselben Verstoß erkennbar endgültig als unberechtigt zurückgewiesen hat. Die bloße Vermutung, eine Rüge werde erfolglos sein, genügt dagegen nicht. Auch die Überzeugung, der Auftraggeber habe bereits »unvermeidbare Tatsachen« mitgeteilt und damit zum Ausdruck gebracht, jeder Widerspruch sei von vornherein sinnlos, macht die Rüge nicht entbehrlich. Allein die Tatsache, dass ein Auftraggeber z.B. mit der Vorabinformation das Ergebnis eines Entscheidungsfindungsprozesses mitgeteilt hat, rechtfertigt nicht den Schluss auf eine Unabänderlichkeit dieser Entscheidung. Dies gilt auch dann, wenn der Auftraggeber im Nachprüfungsverfahren seine Vergabeentscheidung verteidigt[771].

(2aca) Unverzügliche Rüge

122 Im **Falle des § 107 III 1 GWB** ist eine **positive Kenntnis** des Antragstellers von dem Vergabefehler zu verlangen. Es kommt in aller Regel nicht darauf an, ob der Antragsteller den Fehler hätte erkennen müssen[772], sondern nur darauf, ob er ihn tatsächlich erkannt hat. Ausnahmen kann es geben, wenn sich der Betreffende der Kenntnisnahme nachweislich verweigert[773].

Die Rügeobliegenheit besteht ab dem Zeitpunkt, zu dem man **Kenntnis** über einen Sachverhalt erlangt, der den Schluss auf die Verletzung vergaberechtlicher Bestimmungen zulässt und der bei vernünftiger Betrachtung die Beanstandung des Vergabeverfahrens als fehlerhaft gerechtfertigt erscheinen lässt[774].

Für die Beanstandung eines Bieters, ihm würden mit den **Vergabeunterlagen** Angaben abverlangt, die objektiv nicht möglich und deshalb vergaberechtswidrig seien, beginnt die Rügefrist des § 107 III GWB **spätestens mit dem Beginn der Ausarbeitung des eigenen Angebots**, weil der Bieter jedenfalls zu diesem Zeit-

---

769 VK Hessen, Beschl. v. 27. 4. 2007 (69d VK-11/2007).
770 OLG Frankfurt, Beschl. v. 6. 8. 2007 (11 Verg 5/07).
771 VK Nordbayern, Beschl. v. 4. 10. 2007 (21.VK-3194-41/07).
772 OLG Düsseldorf, Beschl. v. 13. 6. 2001 (Verg 2/01), VergabE C-10-2/01 = VergabeR 2001, 415. *Reidt* in: *Reidt/Stickler/Glahs*, Vergaberecht-Kommentar, 2. Aufl. 2003, Rn. 33 zu § 107. Vgl. auch *Gesterkamp*, NZBau 2001, 125.
773 OLG Naumburg, Beschl. v. 14. 12. 2004 (1 Verg 17/04).
774 VK Sachsen-Anhalt, Beschl. v. 13. 4. 2006 (VK 2- LVwA LSA 7/06).

punkt den aus seiner Sicht rügebedürftigen Inhalt der Ausschreibung festgestellt hat und ihn dann gegenüber dem Auftraggeber nicht mehr unbeanstandet lassen darf[775].

Im Falle von **Zweifeln** an der Rechtslage, insbesondere bei sehr schwierigen Vergaberechtsproblemen, kann **positive Kenntnis ausgeschlossen** sein. Niemand will die Situation, dass der Bieter quasi auf Verdacht rügen muss[776] und dadurch das Verhältnis zum potentiellen Auftraggeber frühzeitig und unnötigerweise belastet[777]. Das OLG Düsseldorf führt dazu aus[778]:

> *»Erforderlich für das Entstehen der Rügeobliegenheit ist eine* ***positive Kenntnis des Bieters*** *vom Vergabeverstoß. (...) Bei* ***Zweifeln, die Rechtsfragen betreffen****, ist* ***positive Kenntnis*** *beim Antragsteller* ***auszuschließen*** *(vgl. OLG Düsseldorf, Beschluss vom 22. 8. 2000 – Verg 9/00, VergabE C-10-9/00; Beschluss vom 18. 7. 2001 – Verg 16/01, VergabE C-10-16/01 = VergabeR 2001, 419; Byok, in: Byok/Jaeger, Kommentar zum Vergaberecht, GWB § 107 Rz. 681; Niebuhr/Kulartz/Kus/Portz, Kommentar zum Vergaberecht, GWB § 107 Rz. 31 ff m.w.N).«*

Mit dieser vergaberechtlichen Rechtsprechung im Primärrechtsschutz **konfligiert** die neuere **BGH-Rechtsprechung** zum Sekundärrechtsschutz[779], welche wiederum vermehrt auf ein Erkennenmüssen von Fehlern und auf ein Kriterium der »Schutzwürdigkeit«[780] von Bietern abstellt, die diesen abhandenkommen kann. Schlussfolgerung wäre dann für das korrekte Bieterverhalten, dass sie im Zweifel in jedem Falle auch »auf Verdacht« rügen müssen[781].

Merke: Die eher bieterfreundlichen, aber auch im Kern realistischeren Maßgaben des OLG Düsseldorf für die Annahme einer Rügeverpflichtung werden insbeson-

---

775 OLG Dresden, Beschl. v. 11. 9. 2006 (WVerg 13/06), NZBau 2007, 400 = VergabeR 2007, 549. In dieser Richtung auch: VK Nordbayern, Beschl. v. 1. 4. 2008 (21.VK-3194 – 09/08).

776 Sehr treffend: *Braun*, EUK 2003, 29, 30: *»Würde nun das Erfordernis der Rüge auf Verdacht zu einer formalen Zulässigkeitsvoraussetzung, so würde die Pflicht der Vergabestelle zu vergaberechtskonformem Verhalten umgewandelt in eine Aufsichtspflicht der Bieter mit der Folge, für ein ordnungsgemäßes Handeln der Vergabestelle mitverantwortlich zu sein. Dies würde faktisch zu einem größeren Schutz der Vergabestelle vor der rechtlichen Überprüfung ihres Handelns im Rahmen des Nachprüfungsverfahrens vor den Vergabekammern führen. Das Vertrauen der Bieter in ein ordnungsgemäßes Verfahren würde umgekehrt in grundsätzliches Mißtrauen. Dies hätte in der Praxis zur Folge, dass die Bieter nach dem Motto ›besser einmal zu oft gerügt als zu wenig‹ die Vergabestelle gezwungenermaßen mit einer Flut von Rügen überziehen müssten, um nicht ihre Rechtschutzmöglichkeiten zu verlieren. Eine weniger hoch aufgehängte, angemessene Mitwirkungspflicht des Bieters wird den gegenseitigen Interessen an einer zügigen Auftragsvergabe einerseits und an der rechtlichen Überprüfung des Verfahrens durch die Vergabekammern andererseits besser gerecht als eine formalisierte Rügeverpflichtung.«*

777 Portz in: *Niebuhr/Kulartz/Kus/Portz*, Kommentar zum Vergaberecht, 2000, Rn. 31 zu § 107; *Byok* in: *Byok/Jaeger*, Kommentar zum Vergaberecht, 2005, Rn. 983 zu § 107, m.w.N.

778 OLG Düsseldorf, Beschl. v. 8. 10. 2003 (Verg 48/03), VergabE C-10-48/03, Rn. 3, 5. Siehe auch OLG Düsseldorf, Beschl. v. 2. 8. 2002 (Verg 25/02), VergabE C-10-25/02, Rn. 17, m.w.N.: *»Das Entstehen der Rügeobliegenheit des Bieters setzt nach vorherrschender Auslegung dieser Bestimmung durch die Rechtsprechung nicht nur voraus, dass der Bieter vorher von den einen Vergaberechtsfehler begründenden Tatsachen positive Kenntnis erlangt hat, sondern dass sich die Kenntnis dieses tatsächlichen Vorgangs* ***bei ihm zur Gewißheit*** *eines der Vergabestelle anzulastenden Fehlers (und zwar im Sinn einer laienhaften Vorstellung) auch rechtlich aktuell* ***verdichtet*** *hat.«*

779 BGH, Urt. v. 3. 6. 2004 (X ZR 30/03), VergabeR 2004, 604.

780 Mit diesem Kriterium arbeitet auch das OLG Brandenburg, Beschl. v. 18. 12. 2003 (Verg W 8/03), VergabE C-3-8/03 = VergabeR 2004, 773.

781 So *Hübner*, VergabeR 2004, 607, 609, in seiner Anmerkung zu BGH, Urt. v. 3. 6. 2004 (X ZR 30/03), VergabeR 2004, 604.

dere von den Vergabekammern nicht immer stringent angewendet. Nicht selten werden – überspitzt formuliert – vom Bieter quasi hellseherische Fähigkeiten und Erkenntnismöglichkeiten verlangt, die ihn dazu hätten animieren müssen, eine Rüge gegenüber dem Auftraggeber zu erheben. Nicht selten wird etwa bei einer falschen Verfahrenswahl (z.B. wurde national nach VOB anstatt europaweit nach VOL ausgeschrieben) verlangt, dass er dies hätte rügen müssen, u.U. – wegen der angeblichen Erkennbarkeit eines solchen Sachverhaltes aus der Vergabebekanntmachung – gar schon bis zum Ablauf der Angebotsabgabefrist (§ 107 III 2 GWB). Dass sich die ausschreibenden Stellen in einem solchen Falle selbst oft nicht im klaren sind, wonach sie ausschreiben sollen, weil komplizierte Rechtsfragen dahinter stehen, und dass dies auch aus den Vergabeakten hervorgeht, wird manchmal von den Nachprüfungsorganen nicht ausreichend beachtet. Hinzu kommt, dass der Bieter im Rügestadium die Akten gar nicht kennen kann. Er kann überhaupt nicht beurteilen, welche Schwellenwerte überhaupt einschlägig und tatsächlich überschritten oder nicht erreicht sind[782]. Daher wird in solchen Fällen nicht selten die Grenze zu der Anforderung einer Rüge auf Verdacht überschritten. Um der Sanktion der zumindest teilweisen oder sogar vollständigen Unzulässigkeit des Nachprüfungsverfahrens zu entgehen, kann anbietenden Firmen nur dringend empfohlen werden, Rechtsberatung sehr frühzeitig, d.h. u.U. bereits im Stadium der Angebotsphase, einzuholen. Auf die Situation einer Entbehrlichkeit der Rüge sollte man sich nicht verlassen[783]. Wirklich entbehrlich sind Rügen nur bei Vergaberechtsverstößen, von denen der Antragsteller (erst) während des Nachprüfungsverfahrens Kenntnis erlangt[784].

Der Begriff »**unverzüglich**« i.S.d. § 107 III 1 GWB ist in dem Sinne auszulegen, dass die Rüge **ohne schuldhaftes Zögern** i.S.v. § 121 BGB erfolgen muss. Als Obergrenze sind **äußerstenfalls zwei Wochen** anzusetzen[785].

Gemäß der Rechtsprechung gibt es ein **Regel-/Ausnahmeverhältnis** betreffend den als äußersten Rahmen zulässigen Zeitraum von 14 Tagen. So hat das OLG Düsseldorf[786] festgestellt:

> *»Der in der Rechtsprechung genannte Zeitraum von zwei Wochen ab Kenntniserlangung ist in diesem Sinn als eine zeitliche Obergrenze zu verstehen (vgl.*

782 In dieser Richtung auch: EuGH, Urt. v. 11. 10. 2007 (Rs. C-241/06 – »Lämmerzahl GmbH ./. Freie Hansestadt Bremen«), VergabeR 2008, 61.

783 Strukturell an sich anerkennungsfähige Situationen einer Entbehrlichkeit der Rüge nennt *Reidt* in: *Reidt/Stickler/Glahs*, Vergaberecht-Kommentar, 2. Aufl. 2003, Rn. 36 ff. zu § 107. Vgl. auch VK Arnsberg, Beschl. v. 31. 8. 2001 (VK 1-12/2001), VergabE E-10a-12/01.

784 OLG Düsseldorf, Beschl. v. 8. 5. 2002 (Verg 15/01), VergabE C-10-15/01, Rn. 63; OLG Düsseldorf, Beschl. v. 5. 7. 2000 (Verg 5/99), VergabE C-10-5/99 = NZBau 2001, 106, 111; OLG Düsseldorf, Beschl. v. 18. 10. 2000 (Verg 3/00), VergabE C-10-3/00 = NZBau 2001, 155, 157; OLG Celle, Beschl. v. 30. 4. 1999 (13 Verg 1/99), VergabE C-9-1/99 = NZBau 2000, 105; OLG Frankfurt, Beschl. v. 10. 4. 2001 (11 Verg 1/01), VergabE C-7-1/01 = NZBau 2002, 161. Siehe aber Rdn. 128.

785 So noch immer grundlegend: OLG Düsseldorf, Beschl. v. 13. 4. 1999 (Verg 1/99), VergabE C-10-1/99 = NZBau 2000, 45 = WuW 1999, 813 = BauR 1999, 751 = ZVgR 1999, 62 = EUK 1999, 73. OLG Dresden, Beschl. v. 6. 4. 2004 (WVerg 1/04), VergabE C-13-1/04: Zeitraum von zwei Wochen als »seltener Ausnahmefall«. VK Lüneburg, Beschl. v. 24. 9. 2003 (203-VgK-17/03), VergabE E-9c-17/03: *»13 Kalendertage am äußersten Rand dessen, was für eine unverzügliche Rüge akzeptiert werden kann«*. Ferner: *Portz* in: *Niebuhr/Kulartz/Kus/Portz*, Kommentar zum Vergaberecht, 2000, Rn. 35 zu § 107.

786 OLG Düsseldorf, Beschl. v. 5. 12. 2006 (VII-Verg 56/06), NZBau 2007, 668.

OLG Düsseldorf VergabeR 2002, 267; OLG Frankfurt am Main VergabeR 2002, 394; OLG Koblenz VergabeR 2003, 709). Dieses Zeitmaß darf im Regelfall , insbesondere in durchschnittlichen und nicht schwierig gelagerten Fällen, vom Antragsteller keineswegs ausgeschöpft werden .«

Weitere Meinungen in der Rechtsprechung und Literatur wollen je nach Fallkonstellation nur **einige wenige Tage** (zum Teil nur 1–2 Tage) zulassen, innerhalb derer der Bieter rügen muss[787]. Einige Literaturmeinungen stellen auf eine Bemessung der zulässigen Rügefrist in Werktagen (anstelle von Kalendertagen) ab[788], was in besonderen Fällen – etwa im Falle zwischengelagerter Feiertage – durchaus nicht von der Hand zu weisen ist. Sieben Tage dürften jedoch eine mittelmäßig zulässige Obergrenze darstellen[789]. Zur Rügefrist für den Fall einer Internet-Recherchierbarkeit des rügepflichtigen Sachverhaltes (Ersichtlichkeit auf Homepage) wurde eine Grenze von bis zu 3 Tagen festgestellt[790].

In den angeführten Entscheidungen hat sich schwerpunktmäßig in den zurückliegenden Jahren eine sehr differenzierte Rechtsprechung[791] entwickelt, die je nach den **Einzelumständen des konkreten Vergabeverfahrens** (Erbringen der Vorläuferaufträge, Verhandlungsverfahren nach vorangegangener Aufhebung der Ausschreibung etc.) eine deutliche Verkürzung der zweiwöchigen Frist für gerechtfertigt erachtet[792]. Dabei spielen maßgeblich weitere **Umstände** eine Rolle wie

- die tatsächliche Gewichtigkeit und Erkennbarkeit des Fehlers zzgl. einer ggf. schwierigen Rechtslage[793],
- die Häufigkeit, mit welcher der Bieter an öffentlichen Vergabeverfahren teilnimmt,
- seine Unternehmensorganisation (Sachbearbeiter, Außenstellen, zentrale Rechtsabteilung),
- sowie die Frage, ob und inwieweit die Einschaltung eines Rechtsberaters notwendig gewesen[794] und tatsächlich erfolgt[795] ist.

Streit entsteht immer wieder über die Frage, wann eine **Rüge im rechtlichen Sinne als zugegangen** zu gelten hat.

In der jüngeren Vergangenheit ist verschiedentlich von Bietern das Argument ins Feld geführt worden, dass es nach den allgemeinen Vorschriften des BGB für den

787 OLG Dresden, Beschl. v. 6. 4. 2004 (WVerg 1/04); OLG Koblenz, Beschl. v. 18. 9. 2003 (1 Verg 4/03); OLG Koblenz, Beschl. v. 25. 5. 2000 (1 Verg 1/00), VergabE C-11-1/00; VK Bund, Beschl. v. 8. 5. 2007 (VK 3-37/07); VK Bund, Beschl. v. 4. 8. 1999 (VK 2-16/99), VergabE D-1-16/99 = NZBau 2000, 112 = ZVgR 1999, 256; VK Brandenburg, Beschl. v. 28. 1. 2000 (1 VK 61/99), VergabE E-4-61/99; VK Sachsen, Beschl. v. 3. 2. 2000 (1 VK 2/00), VergabE E-13-2/00.

788 *Wiese* in: Kulartz/Kus/Portz, Kommentar zum Vergaberecht, 2006, Rn. 80 zu § 107.

789 OLG Dresden, Beschl. v. 22. 10. 2005 (WVerg 5/05), VergabeR 2006, 249.

790 VK Berlin, Beschl. v. 9. 2. 2006 (VK B-1-02/06).

791 Siehe mit weiteren Nachweisen: OLG Koblenz, Beschl. v. 18. 9. 2003 (1 Verg 4/03), VergabE C-11-4/03 = VergabeR 2003, 709 = ZfBR 2003, 822 = BauR 2004, 143. *Noch*, VS 2007, 58 f. und 66 f.

792 Eine Rüge am 13. Tag nach Zugang des Informationsschreibens ist nicht mehr als unverzüglich i.S.v. § 107 III 1 GWB anzusehen: VK Sachsen, Beschl. v. 8. 6. 2006 (1 VK 50/06).

793 OLG Frankfurt, Beschl. v. 8. 2. 2005 (11 Verg 24/04), VergabeR 2005, 384 = VS 2005, 39 [LS]; OLG Naumburg, Beschl. v. 21. 8. 2003 (1 Verg 12/03), VergabE C-14-12/03v, Rn. 14; VK Bund, Beschl. v. 8. 5. 2007 (VK 3-37/07).

794 OLG Dresden, Beschl. v. 6. 4. 2004 (WVerg 1/04), VergabE C-13-1/04.

795 OLG München, Beschl. v. 13. 4. 2007 (Verg 1/07), VergabeR 2007, 546; BayObLG, Beschl. v. 29. 9. 2004 (Verg 22/04), VergabE C-2-22/04.

Zugang der Rüge auf den Zeitpunkt des Empfanges (des Telefaxes) ankommt (§ 130 I 1 BGB). Nicht selten werden in praxi die Rügeschreiben recht häufig an Freitagen, des Öfteren auch zu vorgerückterer Stunde, abgeschickt.

Die Frage ist allerdings: *Kann oder muss im Hinblick auf die Unverzüglichkeit nach § 107 III 1 GWB das gleiche gelten?* Wohl eher nein.

Eine ausschreibende Stelle muss sich in diesen Fällen **nicht entgegenhalten lassen**, dass eine **tatsächliche und rechtliche Abhilfemöglichkeit bereits seit einem Freitagabend existiert**. Da es gerade **nicht um die theoretische Möglichkeit der Abhilfe** geht, kann es vom Sinn und Zweck der Rüge her **nicht auf den Zugang** im Telefaxgerät des Auftraggebers ankommen, sondern auf den **Dienstbeginn des nächstfolgenden Werktages**[796].

Das OLG München[797] lässt den exakten Zeitrahmen für die Erhebung einer Rüge mit juristischem Rechtsbeistand genau genommen offen. Wenn es so gewesen ist, dass der Fehler als leicht(er) erkennbar einzuordnen ist, so wäre auf den Rügezeitpunkt durch den Bieter abzustellen (u.U. auch schon zu einem Zeitpunkt vor Angebotsabgabe, also nach Übersendung der Verdingungsunterlagen). Wenn es so gewesen ist, dass er schwieriger erkennbar ist, dann wäre auf die Rüge durch den Rechtsanwalt (und deren Rechtzeitigkeit) abzustellen.

Hinsichtlich der **Frage der Rechtzeitigkeit** müssen dann die regelmäßigen Arbeitszeiten (der öffentlichen Auftraggeber, und letztlich auch der Bieter und ihrer Berater) berücksichtigt werden. Vom Sinn und Zweck her (nämlich der gewünschten Abhilfe) ist eine **Rüge am Freitagabend entbehrlich**. Es genügt also die Absendung am Montagmittag oder (bereits mit gewissem Risiko) auch noch am Dienstag. Das **Wochenende** (Samstag und Sonntag) **zählt** jedenfalls **tagemäßig nicht mit**[798].

Bei der Beurteilung der Rechtzeitigkeit (Unverzüglichkeit) der Rüge sollten sich die öffentlichen Auftraggeber an die herrschende Auffassung halten, der zufolge die **zumutbare Abhilfemöglichkeit zu den üblichen Dienstzeiten** den Ausschlag gibt, nicht aber eine theoretische Abhilfemöglichkeit am Freitagabend oder am Wochenende. Bieter sind daher gut beraten, gerade bei zeitlich kritischen Rügeaktionen an Freitagen eine Uhrzeit zu wählen, die in die regelmäßige Dienstzeit des öffentlichen Auftraggebers fällt. Häufig endet diese bereits gegen 13.00 oder 14.00 Uhr. Kann dieser Zeitpunkt nicht eingehalten werden, so muss der Ablauf des darauf folgenden Montags den Maßstab für die Frage der Unverzüglichkeit des § 107 I 1 GWB bilden. Das wird, rückgerechnet von diesem Montag, bei Zugrundelegung der regelmäßigen Rügefristen von 2–7 Tagen als noch ausreichend anzusehen sein.

Unter Umständen kann allerdings dann eine Verfristung vorliegen, wenn bei der Beanstandung einer Leistungsbeschreibung oder sonstiger Ausschreibungsbedingungen nicht mehr abgeholfen werden kann. Liegt am Mittwoch oder Donnerstag

---

796 So zu Recht: OLG Dresden, Beschl. v. 11. 9. 2006 (WVerg 13/06), NZBau 2007, 400 = VergabeR 2007, 549; VK Sachsen, Beschl. v. 24. 5. 2007 (1/SVK/029-07), NZBau 2008, 80; VK Sachsen, Beschl. v. 10. 8. 2006 (1/SVK/079-06).

797 OLG München, Beschl. v. 13. 4. 2007 (Verg 1/07), VergabeR 2007, 546.

798 OLG Frankfurt, Beschl. v. 8. 2. 2005 (11 Verg 24/04), VergabeR 2005, 384; VK Düsseldorf, Beschl. v. 21. 11. 2003 (VK 22/2003 -L). So auch *Kullack*, in: Wirth, Darmstädter Baurechtshandbuch, Bd. 3 – Vergaberecht, 2. Aufl. 2005, Rn. 42 zu § 107 GWB.

der betreffenden Woche danach das **Ende der Angebotsfrist**, so kann die ausschreibende Stelle nicht mehr abhelfen. Ihr muss auch insofern eine realistische Abhilfemöglichkeit eingeräumt werden – unter Vermeidung der Verschiebung der Angebotsfrist. Insofern kann in **Sonderfällen auch ein strengerer Rahmen** für die Unverzüglichkeit gelten, was die starke Einzelfallbezogenheit der Materie unterstreicht. Allerdings kann der Bieter auch geltend machen, dass er berechtigt ist, sehr kurzfristig Angebote zu erstellen. Er darf auch noch nach dem Termin, der eigentlich als Schlusstermin für die Anforderung der Angebotsunterlagen vorgesehen war, Angebote erstellen. Hat er dann Rückfragen, so wird die Vergabestelle diese nicht mehr innerhalb der Angebotsfrist klären können. Dann muss der Angebotsschlusstermin verschoben werden[799].

In einem weiteren Sonderfall, den das **OLG Saarbrücken**[800] zu behandeln hatte, schrieb die Vergabestelle Kanal- und Straßenbauarbeiten im Offenen Verfahren aus. Die Vergabestelle verlangte das Ausfüllen und die Vorlage der **Formblätter** EVM (B) EG 211 EG und EVM (B) Ang EG 213 für die Bieter sowie ihre Nachunternehmen (NU). Im Formblatt enthalten sind Angaben zur Tariftreueerklärung Bund und der Tariftreueerklärung NU. Für den Fall unvollständiger Angaben war auf den Ausschluss des Angebots hingewiesen worden. Eine Bieterin erachtete die geforderten Angaben für **mehrdeutig** und erkundigte sich bei der Vergabestelle. Diese teilte der Bieterin die gewünschten Angaben mit, und trug so zur vermeintlichen Klärung des Sachverhalts bei. Der Bearbeiter der Bieterin hatte jedoch die Angaben **missverstanden** und reichte das **Formblatt** entsprechend der vermeintlich herbeigeführten Klärung **unausgefüllt** bei der Vergabestelle ein. Die Bieterin reichte ihr Angebot mit dem Hinweis »*Wie mit Ihrem Herrn ... besprochen*« ein. Der Senat betont, dass **erst ab dem Zeitpunkt der Mitteilung über den Angebotsausschluss** die Antragstellerin **Kenntnis** von der Nichtberücksichtigung ihres Angebots und den sich daraus ergebenden vergaberechtlichen Konsequenzen, also u.a. von den **Rügeobliegenheiten**, erlangte. Die **Mehrdeutigkeit** der Angaben **kann** in der Folge **nicht zum Angebotsausschluss** führen. Die Vergabestelle hat die Ursache für das unvollständige Angebot gesetzt, indem der Mitarbeiter die Meinung äußerte, dass im Falle des fehlenden Einsatzes von Nachunternehmern das Formblatt blanko mit dem Angebot einzureichen gewesen sei. In den Fällen, in denen die Vergabestelle die Ursachen für ein unvollständiges Angebot setzt, kommt ein Angebotsausschluss nicht in Betracht.

Gemäß § 130 BGB ist auch eine Rüge eine **empfangsbedürftige Willenserklärung**[801]. Sinn und Zweck der Rügeverpflichtung ist es, dass die Vergabestelle auf der Grundlage des Rügeschreibens eine letzte Chance bekommen soll, ihr – angeblich – vergaberechtswidriges Verhalten abzustellen. Sie kann diese Chance jedoch der Entscheidung der VK Sachsen zufolge nur ergreifen, wenn sie auf Grund des Rügeschreibens eine **reale Möglichkeit zur Korrektur** erhält. Im entschiedenen Fall lag zwischen dem Zugang des Rügeschreibens (4. 5. 2004) und dem Zugang des Nachprüfungsantrags bei der Vergabekammer (5. 5. 2004) lediglich ein Tag. Vor diesem zeitlichen Hintergrund könne das Rügeschreiben nicht den vorgesehenen

799 OLG Düsseldorf, Beschl. v. 21. 12. 2005 (VII Verg 75/05).
800 OLG Saarbrücken, Beschl. v. 30. 7. 2007 (1 Verg 3/07).
801 OLG Dresden, Protokoll zur mündlichen Verhandlung im Verfahren (WVerg 3/04), zitiert nach VK Sachsen, Beschl. v. 27. 5. 2004 (1 VK 41/04), VS 2005, 48 [LS].

Zweck erreichen. Im Wege der teleologischen Reduktion sei § 107 III 1 GWB daher so zu lesen, dass eine Rüge im Rechtssinne nur anzunehmen sei, wenn die Vergabestelle zumindest eine Chance zu einer Korrektur bekomme[802]. Diese Auffassung dürfte jedenfalls dann richtig sein, wenn vor dem Ablauf der § 13 VgV-Frist noch ein genügender Zeitpuffer liegt. Ist das nicht der Fall, so wird man eine Rüge als wirksam ansehen müssen, wenn und soweit das Absageschreiben nach § 13 VgV den Bieter erst spät erreicht hat respektive z.B. aufgrund von Feiertagen keine andere Reaktionsmöglichkeit gegeben war. Insoweit greift für Bieter und Vergabestelle das Gebot einer beschleunigten Übermittlung[803].

(2acb) Rüge von aus der Bekanntmachung erkennbaren Fehlern

123 § 107 III 2 GWB konkretisiert diesen Rechtsgedanken für Verstöße gegen Vergabevorschriften, die **aus der Bekanntmachung erkennbar** sind und die nicht spätestens bis zum Ablauf der in der Bekanntmachung genannten Frist zur Angebotsabgabe oder zur Bewerbung gegenüber dem Auftraggeber gerügt werden[804].

Im Hinblick auf das Entstehen der Rügeverpflichtung infolge bereits aus der Bekanntmachung erkennbarer Fehler ist auf den »**Durchschnittsanbieter**« abzustellen[805].

Zu den **rügepflichtigen Fehlern** zählen beispielsweise die Wahl der falschen Verdingungsordnung[806], die Nichtbeachtung des Vorrangs der Fachlos- bzw. Teillosvergabe, eine diskriminierende allgemeine Leistungsbeschreibung, rechtswidrige sonstige Ausschreibungsbedingungen[807] oder die Festlegung unzureichender Zuschlags- und Bindefristen[808]. Eine Verlängerung der Rügefrist für den Fall, dass die Angebotsfrist von der Vergabestelle nachträglich verlängert wurde, wird nicht anerkannt[809].

Zur Rügepflicht nach § 107 III 2 GWB gibt es denn auch mitunter eine **restriktive Rechtsfindung**. So wird betont[810], dass wesentliche Grundentscheidungen des öffentlichen Auftraggebers (z.B. auch Loszuschnitte) bereits aus der Bekanntmachung der Ausschreibung erkennbar sind, so dass sie im Offenen Verfahren gemäß § 107 III 2 GWB bis zum Termin der Angebotsabgabe gerügt werden müssen. Einem sich **häufiger mit öffentlichen Ausschreibungen befassenden Unternehmen** sei es nicht abzunehmen, wenn es behauptet, es habe die Vergaberechtswidrigkeit wesentlicher Teile der Ausschreibung erst zu einem späteren Zeitpunkt erkannt, als es sich in fachanwaltliche Beratung begeben hatte. In der Phase der Angebotserstellung komme es insoweit nicht auf eine positive Kenntnis

802 VK Sachsen, Beschl. v. 27. 5. 2004 (1 VK 41/04), VS 2005, 48 [LS].
803 OLG Naumburg, Beschl. v. 25. 1. 2005 (1 Verg 22/04), VergabeR 2005, 667.
804 OLG Stuttgart, Beschl. v. 11. 7. 2000 (2 Verg 5/00), VergabE C-1-5/00v = NZBau 2001, 462 = BauR 2001, 98 = Behörden Spiegel 12/2000, S. B II.
805 VK Sachsen, Beschl. v. 11. 4. 2005 (1 VK 30/05).
806 VK Brandenburg, Beschl. v. 27. 5. 2004 (VK 17/04), VergabE E-4-17/04.
807 VK Bund, Beschl. v. 24. 1. 2008 (VK 3-151/07).
808 VK Nordbayern, Beschl. v. 6. 8. 2007 (21-VK-3194-31/07).
809 KG, Beschl. v. 11. 7. 2000 (Kart Verg 7/00), VergabE C-3-7/00 = BauR 2000, 1620 = Behörden Spiegel 10/2000, S. B II.
810 VK Brandenburg, Beschl. v. 24. 9. 2004 (VK 49/04), VergabE E-4-49/04 = EUK 2004, 171.

von Vergabefehlern an, sondern auf die bloße Möglichkeit der Erkenntnis aus der Sicht eines durchschnittlichen Bieters.

Nach einer Entscheidung des OLG Dresden ist es mit Sinn und Zweck der Rügepflicht nach § 107 III 2 GWB nicht zu vereinbaren, wenn ein Bieter den **Bekanntmachungstext nach seinem Verständnis vergaberechtskonform umdeutet**, ihn also quasi mit einem selbst geschaffenen Inhalt hinnimmt und erst dann eine Rüge erhebt, wenn die Vergabestelle die Vergabebedingungen in so konkrete Entscheidungen umsetzt, wie dies nach Wortlaut und erkennbarem Sinn der Bekanntmachung objektiv zu erwarten war[811].

Konträre Meinungen gibt es zu dem Punkt, ob und inwieweit bereits eine Rügepflicht aus der Bekanntmachung heraus abgeleitet werden kann. Diesbezüglich existiert Rechtsprechung, die beispielsweise die grundsätzlich **falsche Verfahrenswahl** (VOL, VOB) in diesem Stadium bereits als rügepflichtig erachtet.

Das heißt: Ein **durchschnittliches Bieterunternehmen**, das sich gelegentlich an Öffentlichen Ausschreibungen beteiligt, wird von Teilen der Rechtsprechung für kompetent gehalten, einen Sachverhalt zu beurteilen, der **zwischen den Vergabejuristen äußerst umstritten** ist.

Konkret: Ein Bieter muss nach Meinung einiger Gerichte erkennen können, ob die Ausstattung eines Schulneubaus mit losem Inventar nach **VOL oder VOB** vorzunehmen ist. Von ihm wird verlangt, dass er eine Einordnung nach der VOB als falsch erkennt und diese Falscheinordnung auf Verdacht rügt. In einem abgeurteilten Fall hatte die Vergabestelle die Ausschreibung erkennbar mehrfach umkonzipiert, weil sie sich selbst – und auch das zuständige Regierungspräsidium – der Einordnung nicht sicher war[812].

Im völligen Widerspruch hierzu hat das **OLG Düsseldorf**[813] entschieden, dass gerade diese Zuordnung auf Grund ihrer rechtlichen Kompliziertheit vom Bieter nicht gerügt werden muss, weil eine rechtliche Einordnung von ihm **schlechterdings nicht verlangt werden** kann.

Demgegenüber wird eine möglicherweise gegebene Falschbezeichnung des Leistungsgegenstandes in der die Fristen verkürzenden **Vorinformation** richtigerweise als gemäß § 107 III 2 GWB bis zur Angebotsabgabe rügepflichtig zu erachten sein.

Die **tatsächliche Anwendung** der Präklusionsregel des § 107 III 2 GWB darf jedoch **nicht zu einer Verkürzung des Rechtsschutzes führen**:

Selbst wenn eine nationale Ausschlussregelung wie § 107 III 2 GWB grundsätzlich als mit dem Gemeinschaftsrecht in Einklang stehend angesehen werden kann, **genügt** gemäß dem EuGH[814] ihre Anwendung auf einen Bieter unter Umständen wie denen des Ausgangsverfahrens **nicht dem** sich aus der Richtlinie 89/665/EWG ergebenden **Effektivitätsgebot** (»effet utile«). Es läuft der Richtlinie 89/665/EWG, insbesondere ihrem Art. 1 I und III, zuwider, wenn eine **Ausschlussregelung in der Weise angewandt wird, dass einem Bieter der Zugang zu einem Rechts-**

811 OLG Dresden, Beschl. v. 17. 8. 2001 (WVerg 0007/01), VergabE C-13-07/01 = EUK 2002, 12.
812 OLG Dresden, Beschl. v. 2. 11. 2004 (WVerg 11/04), VergabeR 2005, 258.
813 OLG Düsseldorf, Beschl. v. 18. 10. 2006 (VII-Verg 35/06), VergabeR 2007, 200.
814 EuGH, Urt. v. 11. 10. 2007 (Rs. C-241/06 – »Lämmerzahl GmbH/Freie Hansestadt Bremen«), NZBau 2007, 798 = VergabeR 2008, 61 = VS 2008, 12.

behelf, der die Wahl des Verfahrens für die Vergabe eines öffentlichen Auftrags oder die Schätzung des Auftragswerts betrifft, versagt wird, wenn der Auftraggeber gegenüber dem Bieter die Gesamtmenge oder den Gesamtumfang des Auftrags nicht klar angegeben hat. Mit anderen Worten: Der ursprüngliche Mangel einer Nichtbezifferung der Gesamtauftragssumme bzw. der Auftragsmenge darf demnach nicht dazu führen, dass der Rechtsschutz im Ergebnis verkürzt wird. Der EuGH stellt damit auf das zunächst erfolgte **Versäumnis der Vergabestelle** ab, welches den Bieter nicht in Form einer ungerechtfertigten Einschränkung bei der Wahrnehmung des Rechtsschutzes schlechter stellen darf. Daher kann nicht, wie aber das OLG Bremen[815] meinte, ohne weiteres die Präklusionsvorschrift des § 107 III 2 GWB eingreifen, weil die Antragstellerin bereits aus der Bezeichnung der Ausschreibung als »Nationale Ausschreibung« bzw. »Öffentliche Ausschreibung« habe erkennen können, dass die Antragsgegnerin – irrigerweise – von einem Auftragswert unter dem Schwellenwert ausgegangen war (was aber tatsächlich nicht der Fall war), mit der Folge, dass die Möglichkeit für ein Nachprüfungsverfahren versagt bleibt.

(2acc) Weitere Anforderungen an alle Rügen

124 Des Weiteren gibt es **zusätzliche allgemeine Anforderungen** an die Rügen, die für beide Arten von Beanstandungen (§ 107 III S. 1 und S. 2 GWB) zu erfüllen sind:

Die Rüge ist **gegenüber dem öffentlichen Auftraggeber** abzusetzen, nicht jedoch gegenüber einem von ihm beauftragten Dienstleister. Die Befugnis zur Abhilfe besitzt schließlich allein der öffentliche Auftraggeber[816].

In einem Sonderfall, in dem es in einem Bundesland Vergabeprüfstellen gemäß § 103 GWB gibt, soll auch eine **Rüge gegenüber der Vergabeprüfstelle** genügen, weil diese direkt als Aufsichtsbehörde gegenüber der ausschreibenden Stelle einschreiten könne[817].

Inhaltlich muss jede Rüge **ausreichend substantiiert** sein[818]. Eine »Generalrüge« aller denkbaren Vergabeverstöße ist nicht ausreichend[819]. Die VK Baden-Württemberg[820] hebt zu den Anforderungen an die Rüge hervor: »*Festzustellen ist, dass eine Rügepflicht vor Anrufung der Kammer nach § 107 III GWB nur bei positiver Kenntnis eines Vergaberechtsverstoßes besteht.* ***Einer Verdachtsrüge bedarf es nicht.*** *Sie ist keine Zulässigkeitsvoraussetzung. Dennoch hat der Bieter die Pflicht, vor Einleitung eines Nachprüfungsverfahrens bei Bestehen eines Verdachts Aufklärung zu versuchen. Kommt er dieser Aufklärungspflicht nicht nach, so ist sein Antrag aufgrund fehlenden Rechtsschutzbedürfnisses unzulässig (Braun/Maier, Zur Anru-*

---

815 OLG Bremen, Beschl. v. 7. 11. 2005 (Verg 3/2005), VS 2005, 85.

816 OLG Düsseldorf, Beschl. v. 8. 10. 2003 (VII Verg 49/03); VK Brandenburg, Beschl. v. 9. 2. 2005 (VK 86/04).

817 VK Schleswig-Holstein, Beschl. v. 19. 1. 2005 (VK-SH 37/04). Entgegen: VK Schleswig-Holstein, Beschl. v. 1. 12. 1999 (VK-SH 07/99) und v. 17. 12. 1999 (VK-SH 08/99).

818 OLG Brandenburg, Beschl. v. 11. 5. 2000 (Verg 1/00), VergabE C-4-1/00 = NZBau 2001, 226; OLG Dresden, Beschl. v. 17. 8. 2001 (WVerg 5/01), VergabE C-13-5/01 = EUK 2002, 25 = Behörden Spiegel 2/2002, S. 18.

819 VK Thüringen, Beschl. v. 28. 4. 2004 (17/04-GS), VergabE E-16-17/04 = VS 2005, 6.

820 VK Baden-Württemberg, Beschl. v. 2. 12. 2004 (1 VK 73/04), VS 2005, 15 [LS].

fung der Vergabekammer im Spannungsverhältnis zwischen Aufklärung der Ablehnungsgründe und Rüge von Vergabeverstößen auf Verdacht, EUK 2003, 29)«.

Ein Rügeschreiben im verschlossenen Angebot ist nicht unverzüglich[821]. In der Abgabe eines vom Ausschreibungsinhalt abweichenden Angebots liegt **nicht ohne weiteres eine durch schlüssiges Verhalten erhobene Rüge**, dass die anders lautenden Vorgaben des Auftraggebers vergaberechtswidrig seien[822].

Ein Nachprüfungsantrag kann sich nur gegen ein bestimmtes, nach außen gerichtetes Tun oder Unterlassen der Vergabestelle in einem konkreten Vergabeverfahren richten. Ankündigungen oder Absichtserklärungen sind nicht angreifbar. Ein Nachprüfungsantrag, der sich gegen einen **internen Akt der Willensbildung** richtet, geht ins Leere. Dementsprechend geht auch eine »Rüge«, die bereits im Vorfeld des konkreten Vergabeverfahrens erhoben wird, **ins Leere**[823].

Allgemein, und insbesondere betreffend **die Leistungsbeschreibung**, wird die **Rüge** einer **ausreichenden Präzisierung** bedürfen. Zwar ist es grundsätzlich so, dass eine Rüge **auch mündlich** ausgesprochen werden kann[824]. Bei einer fernmündlichen Rüge ist die Möglichkeit zur Korrektur von Vergabefehlern im laufenden Verfahren nur gegeben, wenn sich der Bieter an den zur Vertretung der Vergabestelle berufenen Vertreter wendet, der zur Abhilfe der beanstandeten Fehler in der Lage ist. Anderenfalls erfolgt die Rüge nicht im Sinne von § 107 III GWB gegenüber dem Auftraggeber[825]. Dessen unbeschadet wird man jedoch speziell bei **technisch-komplizierten Sachverhalten**[826] eine **schriftliche Abfassung** dieser Beanstandung **verlangen müssen**[827]. Der Bieter sollte eine Rüge nicht auf dem normalen Postwege, sondern per Telefax[828] oder in einer alternativen »beschleunigten Form«[829] übermitteln (z.B. Eilbrief, Bote, elektronische Post[830]).

Ob ein **Telefonvermerk** der ausschreibenden Stelle zu einer mündlichen Beanstandung – etwa der Leistungsbeschreibung – durch den Bieter hier genügen kann, ist vor diesem Hintergrund sehr fraglich. Schließlich sind technische Sachverhalte dergestalt, dass z.B. technische Parameter wie etwa Messgrößen (Kubikmeter, Tonnen) oder auch sonstiges reines Zahlenwerk äußerst schnell falsch übermittelt oder falsch wahrgenommen werden. Deshalb ist der Beweiswert eines telefonischen Vermerkes sehr fraglich. Insbesondere gilt hier der vom BGH öfters herausgestellte Grundsatz der »Flüchtigkeit des Wortes«. Im Übrigen besitzen **reine Nachfragen zur Leistungsbeschreibung**, die das Ziel haben, nur eine Aufklärung herbeizuführen, **keine ausreichende Rügequalität**.

---

821 VK Brandenburg, Beschl. v. 14. 7. 2003 (VK 40/03), VergabE E-4-40/03.

822 OLG Dresden, Beschl. v. 11. 9. 2006 (WVerg 13/06), NZBau 2007, 400 = VergabeR 2007, 549.

823 VK Nordbayern, Beschl. v. 4. 10. 2007 (21.VK-3194-41/07).

824 VK Bund, Beschl. v. 3. 11. 1999 (VK 1-27/99), VergabE D-1-27/99; VK Münster, Beschl. v. 5. 10. 2005 (VK 19/05), S. 13.

825 VK Brandenburg, Beschl. v. 9. 2. 2005 (VK 86/04), VS 2005, 80 [LS].

826 Zum Beispiel nicht mögliche detaillierte Preisaufgliederungen, die im Leistungsverzeichnis aber verlangt sind: VK Rheinland-Pfalz, Beschl. v. 24. 5. 2005 (VK 14/05), VS 2005, 55 [LS].

827 Zutreffend: *Reidt*, in: Reidt/Stickler/Glahs, Kommentar zum Vergaberecht, 2. Aufl. 2003, Rn. 38a zu § 107.

828 BGH, Beschl. v. 9. 2. 2004 (X ZB 44/03), VergabeR 2004, 201.

829 So ausdrücklich: OLG Naumburg, Beschl. v. 25. 1. 2005 (1 Verg 22/04), VergabeR 2005, 667.

830 VK Bund, Beschl. v. 8. 1. 2004 (VK 1-117/03).

Eine **nachträgliche Konkretisierung** in den Schriftsätzen des Nachprüfungsverfahrens genügt nicht[831]. Stellen sich im bereits laufenden Nachprüfungsverfahren weitere Vergabeverstöße heraus, so ist vorsichtshalber im Schriftsatz gegenüber der Vergabekammer eine Rüge anzubringen[832].

Zwar bedarf es einer ausdrücklichen Übertitelung des Rügeschreibens[833] mit dem Wort »Rüge« nicht[834] wie auch ebenso wenig eine Benennung der gesetzlichen Bestimmung des § 107 III GWB notwendig ist. Auch eine Falschbezeichnung muss nicht unbedingt schädlich sein[835]. Jedoch müssen die **Anforderungen** an die Bestimmtheit, Klarheit und Unbedingtheit der Rüge eher als **hoch** bezeichnet werden[836]. Dies unbeschadet manch anderslautender Bemerkungen in zurückliegenden Beschlüssen der Vergabenachprüfungsorgane und auch teilweise in den Kommentierungen. Zu viele bereits an dieser Zulässigkeitsvoraussetzung gescheiterte Nachprüfungsverfahren nicht nur in der Anfangszeit des GWB-Nachprüfungssystems widerlegen die Behauptung angeblich geringer Anforderungen an die Rüge. Die Vergabestelle soll nämlich auf der Grundlage des Rügeschreibens eine **Mahnung** und zugleich eine **letzte Chance** bekommen, ihr vergaberechtswidriges Verhalten zielgerichtet abzustellen[837]. Dazu bedarf es einer klaren und unmissverständlichen Beanstandung eines konkreten Vergabefehlers. Allgemeingehaltene Formulierungen wie eine »*Bitte um Aufklärung der vergaberechtswidrigen Zustände im Verfahren ...*« und dergleichen genügen keinesfalls[838]. Erforderlich ist, wie das OLG Frankfurt[839] hervorgehoben hat, eine **Zielrichtung**, mit der eine **Abhilfe** begehrt wird, und welche die **Inaussichtstellung eines Nachprüfungsverfahrens erkennen** lässt. Allgemeine und zu weiche Formulierungen, dass gegen eine Entscheidung der Vergabestelle »Einspruch« eingelegt wird, genügen nicht. Vielmehr muss das Rügeschreiben dezidierte inhaltliche Beanstandungen enthalten, die sich auf vermeintliche Verstöße gegen Vergabevorschriften beziehen[840].

Mit der Vorschrift des § 107 III GWB wird vom Bieter ein **sehr hohes Maß an Aufmerksamkeit und im Grunde genommen auch Fachwissen** verlangt. Es ist zudem sofortiges Reagieren erforderlich. Dies bedeutet, dass die ggf. eingeschaltete **Rechtsberatung** zweckmäßigerweise zeitlich **früh ansetzen** muss. Der damit verbundene »Professionalisierungsdruck« auf Seiten der Bieter ist insoweit gerechtfertigt,

---

831 VK Rheinland-Pfalz, Beschl. v. 22. 2. 2002 (VK 4/02), VergabE E-11-4/02 = Behörden Spiegel 8/2002, S. 18.

832 OLG Frankfurt, Beschl v. 24. 6. 2004 (11 Verg 15/04), VergabE C-7-15/04; VK Rheinland-Pfalz, Beschl. v. Beschl. v. 26. 10. 2004 (VK 18/04).

833 Die Rüge kann auch mündlich erfolgen: VK Bund, Beschl. v. 3. 11. 1999 (VK 1-27/99), VergabE D-1-27/99. Wegen späterer Beweisschwierigkeiten sollte sie jedoch unbedingt schriftlich abgefaßt werden. So auch *Reidt* in: *Reidt/Stickler/Glahs*, Vergaberecht-Kommentar, 2. Aufl. 2003, Rn. 38a zu § 107.

834 VK Bund, Beschl. v. 26. 8. 1999 (VK 2-22/99), VergabE D-1-22/99.

835 KG, Beschl. v. 4. 4. 2002 (KartVerg 5/02), VergabE C-3-5/02 = VergabeR 2002, 235 = NZBau 2002, 522 = ZfBR 2002, 511 = EUK 2002, 72 = Behörden Spiegel 6/2002, S 20.

836 So bereits: *Noch*, EUK 2000, 88, 89; *ders.*, BauRB 2003, 221, 224.

837 VK Bund, Beschl. v. 21. 10. 1999, VK2-26/99, VergabE D-1-26/99 = NZBau 2000, 108.

838 VK Bund, Beschl. v. 20. 4. 2000, VK 2-6/00, VergabE D-1-6/00 = EUK 2000, 88 = Behörden Spiegel 8/2000, S. B III; VK Brandenburg, Beschl. v. 28. 1. 2000 (1 VK 61/99), VergabE E-4-61/99; siehe hierzu auch EUK 2000, 88 f.

839 OLG Frankfurt, Beschl. v. 2. 3. 2007 (11 Verg 15/06).

840 VK Münster, Beschl. v. 16. 2. 2005 (VK 36/04), VS 2005, 68 [LS].

als auch die Vergabestellen aufgrund der recht effizienten und auch folgenschweren Nachprüfungsmöglichkeiten insgesamt einem höheren Risiko ausgesetzt sind.

(2acd) Anforderungen an die Person des Rügenden; Bietergemeinschaften; Vollmachten

125 Eine Rüge muss **grundsätzlich von dem Wirtschaftsteilnehmer stammen**, der später auch den Nachprüfungsantrag stellt. Dies hat seine Ursache in darin, dass das GWB Nachprüfungsverfahren von Verbänden oder sonstigen »interessierten Kreisen« vermeiden will. Rügen dieser Personen sind daher unwirksam[841].

Ausnahmsweise kann jedoch der Fall eintreten, dass in der Anbietungsphase einerseits eine Rüge der Leistungsbeschreibung vorzunehmen ist, jedoch andererseits sich die für den Auftrag interessierende Bietergemeinschaft noch nicht abschließend konstituiert hat. In diesen Fällen besteht mitunter eine **Divergenz zwischen der Person des Rügenden und dem späteren Bieter** bzw. demjenigen, der später den Nachprüfungsantrag stellt.

Auch kann es die **Konstellation** geben, dass ein **Bevollmächtigter eines potentiellen Bieters die Verdingungsunterlagen anfordert und rügt**, dann jedoch eine andere Person beziehungsweise Bietergemeinschaft tatsächlich anbietet und das Nachprüfungsverfahren betreibt.

Hinsichtlich dieser beiden Ausnahmefälle existieren **erstens Meinungen**, denen gemäß ein **»Anwachsen« der Rügen** einer Bietergemeinschaft auf später hinzugekommene Bieter jedenfalls **nicht automatisch möglich sein soll**[842]. Zweitens gibt es im Vordringen begriffene Meinungen, denen gemäß die Rüge eines Dritten zumindest in diesen besonderen Konstellationen **zurechenbar sein soll**[843]. Dies rechtfertigt sich aus den EU-Richtlinien, die auf die praktische Wirksamkeit des vergaberechtlichen Primärrechtsschutzes (»**effet utile**«) abzielen. Diese kann nur dann sichergestellt werden, wenn in der Angebotsphase die Rüge eines Dritten zugerechnet wird. Anderenfalls ist die Rüge des letztlich Anbietenden entweder nicht mehr unverzüglich oder sie ist deshalb nicht wirksam, weil gemäß der anderen Auffassung die notwendige Identität zwischen Rügendem und späterem Anbieter bzw. Antragsteller nicht besteht. Dieser Konflikt ist nicht anders lösbar, als im Falle von erforderlichen Rügen während der Anbietungsphase ausnahmsweise eine Zurechnung anzuerkennen[844].

Für den Normalfall des Anbietens einer **Bietergemeinschaft** geht die mehrheitliche Auffassung dahin, dass im Normalfall die von ihr erhobenen Rügen **von allen ihren Mitgliedern getragen** werden müssen[845].

---

841 OLG Brandenburg, Beschl. v. 28. 11. 2002 (Verg 8/02), VergabeR 2003, 242.

842 VK Hessen, Beschl. v. 26. 1. 2005 (69d–VK-96/2004).

843 OLG Celle, Beschl. v. 15. 12. 2005 (13 Verg 14/05), NZBau 2007, 62 = VergabeR 2006, 244: »*Diese Funktion kann auch die Rüge eines Dritten erfüllen*«. Außerdem: VK Schleswig-Holstein, Beschl. v. 5. 1. 2006 (VK 31/05): »*Dem steht auch nicht entgegen, dass die ASt den Vergabeverstoß nicht selbst gerügt hatte, sondern das von ihr bevollmächtigte Maklerbüro*«. Ferner: VK Arnsberg, Beschl. v. 12. 2. 2008 (VK 44/07); VK Lüneburg, Beschl. v. 5. 1. 2006 (VgK 41/2005).

844 So bereits *Noch*, in: Müller-Wrede, VOL/A-Kommentar, 2. Aufl. 2007, Rn. 109 zu § 32a.

845 VK Sachsen, Beschl. v. 8. 7. 2004 (1 VK 44/04), VS 2005, 39 [LS].

Eine nicht ausdrücklich im Namen der Bietergemeinschaft erhobene Rüge eines einzelnen Mitglieds einer Bietergemeinschaft kann jedoch zumindest nach **teilweiser Auffassung** der Bietergemeinschaft zuzurechnen sein, wenn das Mitglied mit Erklärung der Arbeitsgemeinschaft ermächtigt wurde, als geschäftsführendes Mitglied die Arbeitsgemeinschaftsmitglieder gegenüber dem Auftraggeber rechtsverbindlich zu vertreten[846]

Des **Nachweises einer Vollmacht** mit Rücksicht auf § 174 I BGB **bedarf es** für die Wirksamkeit einer Rüge **nicht**[847]. Demnach muss weder die Berechtigung des rügenden Wirtschaftsteilnehmers noch die Vollmacht des rügenden Rechtsanwaltes nachgewiesen werden. Alles andere wäre im Übrigen auch mit Sinn und Zweck der Anforderung einer Rüge – insbesondere in der Angebotsphase – nicht vereinbar.

Im übrigen haben auch verschiedene Gerichte, darunter das OLG Düsseldorf, die **Vertretungsberechtigung eines Bevollmächtigten** (in casu: Versicherungsmaklers) beim Anbieten im Öffentlichen Ausschreibungsverfahren wie auch die Vertretung durch ihn im Nachprüfungsverfahren im Sinne einer sog. **gewillkürten Prozessstandschaft** ausdrücklich anerkannt[848].

(2ace) Rechtsverwirkung infolge zu später Antragstellung nach nicht abgeholfener Rüge?

126 Noch nicht abschließend geklärt ist, ob und inwieweit **trotz ordnungsgemäß abgesetzter Rüge** eine **Rechtsverwirkung** durch verspätete Antragstellung an die Vergabekammer ausgelöst werden kann.

Im Stadium nach einer abschlägig beschiedenen Rüge kann der Bieter nach hier vertretener Auffassung den **Zeitpunkt einer Antragstellung an die Vergabekammer nicht nach Belieben wählen** und willkürlich geraume Zeit verstreichen lassen, bis er schließlich doch die Vergabekammer anruft. Wenn es – auch nach Auffassung der Vergabekammer des Bundes – so ist, dass die Rüge die »letzte Chance« bildet, den Auftraggeber auf einen Fehler im Ausschreibungsverfahren hinzuweisen, dann trifft den Bieter eine Pflicht, die Vergabekammer baldigst anzurufen, wenn er an seiner Rechtsansicht festhält und sich mit dem abschlägigen Bescheid der Vergabestelle nicht zufrieden geben will. Die **Warnfunktion** der Rüge als »letzter Chance« würde in Frage gestellt, wenn er zu einem beliebigen, ihm genehmen Zeitpunkt den Antrag an die Vergabekammer stellen könnte. Es würde außerdem zum einen ein **Widerspruch** zu dem Gebot einer unverzüglichen Rüge hervorgerufen. Zum anderen könnte der Bieter das Verfahren je nach Lokalisierung des behaupteten

---

846 VK Nordbayern, Beschl. v. 12. 10. 2006 (21.VK-3194-25/06).

847 OLG Düsseldorf, Beschluss v. 5. 12. 2001 (Verg 32/01), VergabE C-10-32/01. S. auch: *Reidt*, in Reidt/Stickler/Glahs, Kommentar zum Vergaberecht, 2. Aufl. 2003, § 107, Rn. 38a m.w.N.

848 OLG Düsseldorf, Beschl. v. 29. 3. 2006 (VII Verg 77/05), VergabeR 2006, 509: »*Der Beteiligung des Beigeladenen zu 2 steht nicht entgegen, dass nicht das Bieterkonsortium selbst, sondern die (...) förmlich beigeladen worden ist (§ 119 GWB). Es liegt kein Wechsel des Beigeladenen vor. Die Bezeichnung des Beigeladenen zu 2 im Rubrum war vielmehr zu berichtigen. Das im Rubrum als Beigeladener zu 2 aufgeführte Versicherungskonsortium ist durch die (...) bei der Abgabe des Angebots vertreten worden (§ 164 BGB). Die dem Konsortium als Gesellschafterin angehörende und zur Vertretung des Versicherungskonsortiums bevollmächtigte (...)-Versicherungs AG hat ihrerseits die (...) bevollmächtigt, sie in dem Vergabeverfahren zu vertreten. Auch im laufenden Nachprüfungsverfahren tritt diese als gewillkürte Vertreterin des Bieterkonsortiums auf.*«

Fehlers weiterlaufen lassen in der Hoffnung, dass das Verfahren vielleicht noch zu seinen Gunsten ausgeht. Dies wäre ein diametraler Widerspruch zu den in der Gesetzesbegründung zu findenden Motiven des GWB-Nachprüfungsverfahrens. Der Bieter soll nämlich gerade **nicht** mit erkannten Fehlern **spekulieren** können[849]. Dies muss auch im Hinblick auf das Stadium nach einer abschlägig beschiedenen Rüge gelten. Alles andere wäre widersprüchlich. Im Übrigen trifft den Bieter wegen der im Rahmen der Rüge als selbstverständlich anzunehmenden Grundsätze aus **Treu und Glauben** die Pflicht, **Schaden zu mindern** und das Vergabeverfahren nicht nach Gutdünken weiterlaufen zu lassen. Je weiter ein Vergabeverfahren fortgeschritten ist, desto größer wird der Schaden durch ein Nachprüfungsverfahren. Zu guter letzt muss auch für den Bieter das **Beschleunigungsgebot** (§ 113 I GWB) gelten. Weswegen dies gemäß der Auffassung der VK Bund ausgerechnet für den Bieter in dem Stadium nach einer abschlägig beschiedenen Rüge nicht gelten soll, bleibt unerfindlich[850]. Es ist eigentlich selbstverständlich, dass im GWB-Nachprüfungsverfahren **auch für den Bieter** ein Beschleunigungsgebot gilt. Dieses wurzelt schon in dem der Rechtsmittelrichtlinie immanenten Grundsatz »Schadensvermeidung vor Schadensregulierung«[851]. Dies bedeutet, dass vorzugsweise vergaberechtliche Streitigkeiten vor den primärrechtlichen Überprüfungsinstanzen stattfinden sollen und nicht erst im Rahmen des sekundärrechtlichen Schadensersatzes. Dies wiederum korreliert mit dem auf **äußerste Schnelligkeit angelegten deutschen GWB-Nachprüfungsverfahren**. Nach alledem ist nicht ersichtlich, weswegen der Bieter nicht im Sinne einer Schadensminderungspflicht die Pflicht haben soll, recht bald nach abschlägiger Bescheidung der Rüge auch den Nachprüfungsantrag bei der Vergabekammer anzubringen[852].

In dem zitierten Fall der **VK Bund** (Reisegepäckkontrollanlage Flughafen Leipzig/Halle) hatte der beschwerende Bieter bzw. Bewerber sich zwar um ein ingenieurtechnisches **Gutachten bemüht**, das seine Einschätzung der Erforderlichkeit einer Losvergabe untermauern sollte, ungeklärt blieb jedoch, weswegen er auch nach Vorlage dieses Gutachtens und abermals ablehnender Bescheidung durch die Vergabestelle erst nach Verstreichenlassen weiterer 6 Wochen die Vergabekammer anrief. Insgesamt handelte es sich um immerhin **fast 4 Monate**, die nach abschlägiger Bescheidung der ersten Rüge einer angeblich erforderlichen Losvergabe bis zum Nachprüfungsantrag vor der VK Bund vergingen. Trotzdem wurde der Antrag als zulässig erachtet.

Zu einem gegenteiligen Ergebnis kam die **VK Berlin** in dem Fall Olympiastadion[853]. Hier hatte der sich beschwerende Bieter im Verhandlungsverfahren **fast ein halbes Jahr lang mitverhandelt**, und zwar in positiver Kenntnis des seiner Auffassung nach bestehenden Verfahrensfehlers, dass der gesamte Auftrag nicht als Baukonzession, sondern wegen der staatlichen Zuschüsse bzw. Garantien als Bauauftrag hätte ausgeschrieben werden müssen. In diesem Fall nahm die Vergabe-

849 Begründung des Regierungsentwurfes, zu § 117, BT-Drucks. 13/9340, S. 17.
850 VK Bund, Beschl. v. 1. 2. 2001 (VK 1-1/01), VergabE D-1/01 = VergabeR 2001, 143 = EUK 2001, 41 = IBR 2001, 139.
851 *Noch* in *Byok/Jaeger*, Kommentar zum Vergaberecht, 2. Aufl. 2005, § 102, Rn. 762, 777. Vgl. auch *Irmer*, Sekundärrechtsschutz und Schadensersatz im Vergaberecht, 2004, S. 305, zum ad acta gelegten Prinzip des »Dulde und Liquidiere«.
852 In diese Richtung auch *Meincke/Putzier*, NZBau 2001, 376.
853 VK Berlin, Beschl. v. 31. 5. 2001 (VK B 2 15/00), VergabE E-3-15/00 = EUK 2000, 104.

kammer die Verletzung von Treu und Glauben (§ 242 BGB) an und erklärte den Nachprüfungsantrag wegen Rechtsverwirkung für unzulässig.

Das **OLG Dresden** hat ein Nachprüfungsbegehren wegen Verwirkung für unzulässig erachtet, nachdem zwischen einer Rüge und der späteren Einleitung des Vergabekontrollverfahrens ein **Zeitraum von mehr als 14 Monaten** verstrichen war. Der Auftraggeber durfte zur Überzeugung des Senats aus diesem langen Zeitablauf nach Treu und Glauben den Schluss ziehen, die Beanstandung werde nicht mehr weiterverfolgt[854]. Ganz grundsätzlich jedoch hängt die Zulässigkeit eines Nachprüfungsantrags im Regelfall nicht davon ab, wie viel Zeit zwischen der Rüge und seiner Einreichung verstrichen ist[855].

(2acf) Entscheidende Funktion des Rügeverfahrens für späteres Nachprüfungsverfahren

127 Die sorgfältige Beachtung und Verwirklichung der Voraussetzungen für ein wirksames Nachprüfungsverfahren muss für den Bieter **oberste Priorität** besitzen. Dabei gilt es, neben der Beachtung der Rügepflicht, schon ganz grundsätzlich darauf zu achten, dass etwa das eigene Angebot zuschlagsfähig und nicht seinerseits ausschlussbedürtig ist[856]. Schon im Stadium der Angebotserstellung sowie erst recht in der Phase des Rügeverfahrens sollte er die späteren Anforderungen für ein (zulässiges) Nachprüfungsverfahren im Blick haben[857]. Es ist zu beachten, dass dem antragstellenden Bieter die Fehler anderer – also der Vergabestelle oder von Mitbietern – im Nachprüfungsverfahren nichts nützen, wenn er selbst Fehler im Angebot gemacht hat, die ihn dann u.U. viel Geld kosten, weil das Verfahren gar nicht zulässig ist. Auf die evtl. tatsächlich vorliegenden Fehler der Vergabestelle oder diejenigen Fehler von Mitbietern kommt es dann nicht mehr an, auch wenn sie sich noch so aufdrängen[858].

Die **Rügepräklusion** hat nicht nur die verfahrensrechtliche Konsequenz, dass ein auf den nicht gerügten Vergaberechtsverstoß gestützter Nachprüfungsantrag (insoweit) unzulässig ist. Die verfahrensrechtliche Unanfechtbarkeit hat vielmehr auch zur Folge, dass das vergaberechtswidrige **Verhalten der Vergabestelle** im Verhältnis zu einem Bieter, der seiner Rügeobliegenheit nicht nachgekommen ist, **als vergaberechtskonform fingiert** wird[859].

---

854 OLG Dresden, Beschl. v. 11. 9. 2003 (W Verg 7/03), VergabE C-13-7/03 = EUK 2004, 142.

855 OLG Dresden, Beschl. v. 25. 1. 2008 (WVerg 10/07).

856 VK Köln, Beschl v. 17. 3. 2004 (VK VOB 1/2004), Vergabe E-10-1/04 = EUK 2004, 58 = IBR 2004, 339.

857 *Noch*, BauRB 2003, 221, 224.

858 So völlig zu Recht auch *von Wietersheim*, BauRB 2005, 27: »*Will der Antragsteller also Erfolg haben, muss sein eigenes Angebot so unangreifbar sein, dass er auch nach intensiver Prüfung eine Chance auf den Zuschlag haben kann. Dies erfüllen Angebote oft nicht und der Auftraggeber kann die Abweisung des Antrages als unzulässig erreichen, ohne dass seine eigenen etwaigen Fehler dieser Entscheidung entgegenstehen*«.

859 OLG Koblenz, Beschl. v. 7. 11. 2007 (1 Verg 6/07), IBR 2008, 113 = VergabeR 2008, 264.

(2acg) Rüge im laufenden Nachprüfungsverfahren?

128

Ein weiterer Punkt, der völlig ungeklärt ist, und komplett unterschiedlich entschieden wird, betrifft die Frage der Rügepflichtigkeit eines Bieters für den Fall, dass er in einem laufenden Vergabenachprüfungsverfahren (z.B. durch Akteneinsicht) Kenntnis von potentiellen, neuen Vergabefehlern erhält.

Zum Teil wird eine **Rügepflicht als überflüssig abgetan**[860]. Das Hauptargument ist, dass, wenn ein Bieter erst nach Einleitung des Nachprüfungsverfahrens Kenntnis von den maßgeblichen Umständen erhält, dies nicht zu der in § 107 III 1 GWB geregelten Obliegenheit führt, weil dann deren Zweck, ein Nachprüfungsverfahren nach Möglichkeit zu vermeiden, nicht mehr erreicht werden kann.

Völlig anders entschieden wird es u.a. vom OLG Celle[861], welches **eine Rüge im laufenden Vergabenachprüfungsverfahren für erforderlich hält**. »Nachgeschobene« Rügen aufgrund erst im Nachprüfungsverfahren erkannter Vergaberechtsverstöße müssen nach dieser Rechtsprechung so rechtzeitig vorgetragen werden, dass sie nicht zu einer Verzögerung des Nachprüfungsverfahrens führen. Ihre Zulässigkeit setzt ferner voraus, dass der betreffende Vergaberechtsverstoß unverzüglich vor der Vergabekammer/dem Vergabesenat geltend gemacht wird. Dies folge aus einer entsprechenden Anwendung des § 107 III 1 GWB[862]. Diese Rügepflicht erfüllt, kann dann auch ein Bieter seine Beschwer im Nachprüfungsverfahren durch neue, ordnungsgemäß geltendgemachte (also rechtskonform gerügte) Beschwer, ersetzen[863].

Die Auffassung des OLG Celle erscheint auf den ersten Blick nicht so gut nachvollziehbar. Bedenkt man aber, dass die Rüge (z.B. nach Akteneinsicht) zu einer Addition bzw. Potenzierung von Fehlern führen kann, welche die Vergabestelle veranlassen könnte, angesichts der größer werdenden Gefahr eines negativen Ausgangs des Verfahrens für sie, schließlich doch einzulenken, so wird die **Befriedungsfunktion** der Rüge auch im laufenden Nachprüfungsverfahren deutlich. Das Verfahren wird abgekürzt, die Verfahrensbeteiligten stehen sich dadurch meist kostenmäßig günstiger, und die Vergabestelle kann frühzeitiger mit den Korrekturmaßnahmen bis hin zur Wiederholung von Verfahrensteilen oder gar des gesamten Ausschreibungsverfahrens beginnen. Außerdem spricht für die Erforderlichkeit der Rüge im laufenden Verfahren, dass diese nur das Gegenstück für die Erweiterungsfähigkeit des Streitstoffes darstellt. Kann dieser in dem mehrheitlich als Individualbeschwerdeverfahren bezeichneten GWB-Nachprüfungsverfahren seitens des Bieters erweitert werden, so muss der neue Streitpunkt auch in formal korrekter Weise in das Verfahren eingeführt werden. Für Bieter ergeben sich daraus, wenn man dieser Auffassung folgt, in noch größerem Maße erhöhte Anforderungen.

860 BGH, Beschl. v. 26. 9. 2006 (X ZB 14/06), NZBau 2006, 800 = VergabeR 2007, 59; OLG Düsseldorf, Beschl. v. 19. 7. 2006 (VII-Verg 27/06); VK Nordbayern, Beschl. v. 4. 10. 2005 (320.VK-3194-30/05), VS 2005, 87 [LS];VK Sachsen, Beschl. v. 11. 8. 2006 (1/SVK/073-06); VK Sachsen, Beschl. v. 9. 11. 2006 (1/SVK/095-06).

861 OLG Celle, Beschl. v. 27. 2. 2007 (13 Verg 2/07), VS 2007, 28.

862 OLG Celle, Beschl. v. 10. 1. 2008 (13 Verg 11/07), VS 2008, 7 [LS].

863 OLG Jena, Beschl. v. 26. 3. 2007 (9 Verg 2/07), VergabeR 2007, 522.

(2b) Form des Antrags

129 Die **formalen Anforderungen** an die Antragstellung sind in § 108 GWB wie folgt angegeben:
- Schriftlicher Antrag an die Vergabekammer[864]
- Sofortige, schriftliche Begründung[865]
- Bezeichnung eines bestimmten Begehrens, z.B. Aussetzung des Verfahrens etc. (Soll-Vorschrift)
- Bezeichnung des Antragsgegners
- Beschreibung der behaupteten Rechtsverletzung inklusive Sachverhaltsdarstellung
- Bezeichnung der verfügbaren Beweismittel
- Darlegung, dass sofortige Rüge gegenüber der Vergabestelle erfolgt ist (s. die Präklusionsvorschrift des § 107 III GWB)
- Benennung der sonstigen Beteiligten, soweit bekannt (Soll-Vorschrift)

Mit diesen **Mindesterfordernissen** an den Inhalt des Antrags[866], die sich an den entsprechenden Regelungen für den Inhalt von Klageschriften (§ 253 II ZPO, § 82 VwGO) orientieren, sind relativ **hohe Anforderungen** aufgestellt, die einer möglichst schnellen Entscheidungsfindung der Vergabekammer dienen sollen.

Gemäß § 108 I GWB ist der Nachprüfungsantrag **unverzüglich zu begründen**, wovon nicht mehr ausgegangen werden kann, wenn die geforderte Begründung erst 21 Tage nach Einreichen des Nachprüfungsantrags erfolgt. Die Vergabekammer kann dann gemäß § 112 II GWB ohne mündliche Verhandlung nach Aktenlage entscheiden und den Nachprüfungsantrag insoweit als offensichtlich unzulässig zurückweisen[867].

Streng genommen ist mit dem Erfordernis der (möglichst eingehenden) Sachverhaltsdarstellung eine gewisse **Durchbrechung des Untersuchungsgrundsatzes** (§ 110 I GWB) verbunden[868], denn es ist eigentlich Aufgabe der Vergabekammer, den Sachverhalt von Amts wegen zu ermitteln. Auch wird es für den Antragsteller nicht immer einfach sein, alle relevanten Vorgänge in einer Behörde, die sich möglicherweise noch Dritter als Erfüllungsgehilfen bedient hat, darlegen zu können. Viele, unter Umständen wichtige Details, kann der antragstellende Bieter gar nicht kennen. Zum einen dürfen deshalb die diesbezüglichen Anforderungen an einen rechtswirksamen Antrag nicht überspannt werden. Zum anderen ist daran zu erinnern, dass die Vergabekammer gemäß § 114 I 2 GWB befugt und verpflichtet ist, unabhängig von der Beschwer und den Anträgen des Bieters auf die Rechtmäßigkeit des Vergabeverfahrens hinzuwirken.

Die **Praxis** sieht allerdings anders aus. Die VK Bund hat in einem weiteren Verfahren zum BOS-Digitalfunk festgestellt, dass sich aus dem Untersuchungs-

864 Fristwahrende Einreichung vorab per Telefax nach mehrheitlicher Meinung wohl ausreichend. So etwa die VK Sachsen: Beschl. v. 23. 1. 2004 (1 VK 160/03); VK Sachsen: Beschl. v. 19. 5. 2000 (1 VK 42/00), VergabE E-13-42/00.

865 VK Baden-Württemberg, Beschl. v. 2. 12. 2004 (1 VK 74/04), VS 2005, 15 [LS].

866 Instruktiv dazu: VK Sachsen, Beschl. v. 24. 3. 2003 (1 VK 18/03), VergabE E-13-18/03 = EUK 2003, 121. Vgl. auch OLG Düsseldorf, Beschl. v. 5. 5. 2008 (VII Verg 5/08).

867 VK Baden-Württemberg, Beschl. v. 2. 12. 2004 (1 VK 74/04), VS 2005, 15 [LS].

868 BGH, Beschl. v. 19. 12. 2000 (X ZB 14/00), VergabE B-2-1/00 = VergabeR 2001, 71 = NZBau 2001, 151 = EUK 2001, 58.

grundsatz des § 110 I GWB nicht ergibt, dass die Vergabekammer von Amts wegen prüfen müsste, ob die geltend gemachte Rechtsverletzung nicht doch besteht, ob der Angebotsausschluss also zu Unrecht erfolgt ist, weil die Mindestanforderungen doch erfüllt wurden. Reicht schon der eigene Vortrag des Bieters nicht aus, die geltend gemachte Rechtsverletzung zu begründen, so besteht für weitere Aufklärung keine Veranlassung. Die Beweislast trifft den Bieter[869].

Die Form des Antrags entscheidet auch darüber, inwieweit die Vergabekammer das Nachprüfungsbegehren im Rahmen der **Vorprüfung nach § 110 II, 1. Halbs. GWB** nicht als offensichtlich unzulässig[870] oder unbegründet betrachtet. Je mehr der Bieter bzw. sein Rechtsberater hier solide Vorarbeit leistet und je überzeugender die Beanstandungen mit all ihren rechtlichen und tatsächlichen Aspekten vorgetragen werden, desto eher wird die Vergabekammer den Antrag der Vergabestelle zustellen und damit den Suspensiveffekt nach § 115 I GWB auslösen, der maßgeblich das Verbot der Zuschlagserteilung beinhaltet. Die Praxis zeigt jedoch nach dem Eindruck des Verfassers überwiegend, dass diese **Vorprüfung** – auch aufgrund des großen Zeitdrucks – mitunter **eher oberflächlich** erfolgt und oft **sehr großzügig zugestellt** wird. Die zu geringen Anforderungen an die Vorprüfung und die damit verbundene zu frühe Auslösung der drastischen Folge des Zuschlagsverbots stellen sich mitunter als eine Überdehnung der an sich legitimen Rechtsschutzinteressen dar und bilden zu oft einen Hemmschuh für die Beschaffungsvorhaben öffentlicher Auftraggeber. **Andererseits** sind sicherlich die **legitimen Rechtsschutzinteressen** nicht außer acht zu lassen, die nur dann eine Chance auf Verwirklichung haben, wenn der Suspensiveffekt zunächst ausgelöst wird. Ein Nachprüfungsantrag kann schließlich auch in einem sehr frühen Stadium zurückgezogen werden. Hier sollten die Vergabekammern z.T. auch stärker ihre verfahrensleitende Rolle wahrnehmen und z.B. entsprechende Hindernisse für einen Erfolg des Nachprüfungsantrages gegenüber dem Bieter erkennen lassen. Das kann z.B. dadurch geschehen, dass in den Verfügungen mit den Fristen für Schriftsätze deutliche Hinweise gegeben werden, an welchen Stellen das Nachprüfungsorgan vertiefenden Vortrag haben möchte. Im Rückschluss kann dies für den Bieter oder den Rechtsvertreter anzeigen, dass der Antrag möglicherweise an schwerwiegenden Mängeln oder gar an mangelnden Erfolgsaussichten leidet.

Das **vermeintliche Korrektiv der Antragsmöglichkeiten des Auftraggebers gemäß § 115 II GWB** (Anträge auf Vorabgestattung des Zuschlags vor der Vergabekammer mit Beschwerdemöglichkleit vor das OLG) stellt sich in praxi sehr häufig als stumpfes Schwert dar[871]. Selbst drohende erhebliche finanzielle Schäden und/ oder die Störung des gesamten Ablaufplans eines terminlich abgestimmten Beschaf-

869 VK Bund, Beschl. v. 27. 7. 2006 (VK 1-58/06), VS 2006, 70.

870 Dazu: OLG Düsseldorf, Beschl. v. 18. 1. 2000 (Verg 2/00), VergabE C-10-2/00 = WuW 2000, 563 = ZVgR 2000, 215 = EUK 2000, 43; VK Bund, Beschl. v. 13. 7. 2001 (VK 1-19/01), VergabE D-1-19/01 = VergabeR 2001, 433 = WuW 2001, 1269 = EUK 2001, 167 = Behörden Spiegel 11/2001, S. 24; VK Hannover, Beschl. v. 10. 10. 2001 (VgK 8/2001), VergabE E-9a-8/01 = EUK 2001, 171; VK Rheinland-Pfalz, Beschl. v. 22. 2. 2002 (VK 4/02), VergabE E-11-4/02 = EUK 2002, 107 = Behörden Spiegel 8/2002, S. 18.

871 OLG Celle, Beschl. v. 19. 8. 2003 (13 Verg 20/03), VergabE C-9-20/03v = EUK 2003, 139: »*Die Gestattung der vorzeitigen Zuschlagserteilung wegen fehlender Erfolgsaussicht kommt nur in solchen Fällen in Betracht, in denen sich die Unzulässigkeit oder Unbegründetheit des Nachprüfungsantrags sofort erschließt.*«

fungsvorhabens (Roll-Out-Plan) reichen nicht aus, um einen solchen Antrag vor der Vergabekammer respektive dem -senat zum Erfolg zu führen[872]. Insbesondere kommt es für die praktische Wirksamkeit, und damit den Erfolg, des Antrages auf Vorabgestattung des Zuschlages darauf an, wie eng man die Anforderungen an die Vorab-Beurteilung des Erfolges bzw. Nichterfolges des Nachprüfungsantrages zur Hauptsache auslegt. Im Einzelfall sollte ein solcher Antrag auf Vorabgestattung des Zuschlages dann doch Erfolg haben können[873].

Es ist angesichts der überwiegend negativen Situation für die öffentlichen Auftraggeber, im Falle eines laufenden Nachprüfungsverfahrens die Vorabgestattung des Zuschlags durchzusetzen, sehr ernsthaft darüber nachzudenken, inwieweit nicht dem Auftraggeber zeitlich vor der Zustellung eines Nachprüfungsantrags die **gesetzlich verankerte Möglichkeit** eingeräumt werden muss, eine **Schutzschrift an die Vergabekammer** abzusenden, um auf diese Weise vor der alles entscheidenden Zustellung des Nachprüfungsantrags Gehör zu finden[874]. Schließlich ist der sich beschwerende Bieter, wenn er u.U. böswillig ist, in der Lage, einen Nachprüfungsantrag zu stellen, der die angebliche rechtliche Beschwer völlig einseitig vorträgt. Außerdem kann er wichtige, für die Vergabestelle entlastende Dokumente nach Belieben unterschlagen. Schlussendlich kann bei der derzeitigen Ausgestaltung der Vorprüfung ein ausgesprochener **Querulant** darauf spekulieren, Nachprüfungsanträge zu stellen, in der Absicht, sich die Rücknahme desselben »vergolden« zu lassen, indem ihm beispielsweise der (entnervte) öffentliche Auftraggeber den entgangenen Gewinn zahlt, nur um in Ruhe gelassen zu werden. In diesem Zusammenhang erweist sich auch die prinzipiell gegebene **Schadensersatzpflicht** wegen missbräuchlicher Anrufung der Vergabenachprüfungsinstanzen (§ 125 GWB) als kaum mit Leben erfüllte Regelung. Im Falle entsprechender Anträge, die an die Vergabekammer mit dem Ziel gerichtet werden, die Missbräuchlichkeit der Anrufung festzustellen, wird häufig seitens der Kammer geraten, sie wieder wegen Aussichtslosigkeit zurückzuziehen.

(2c) Verfahrensbeteiligte

130 Als **Verfahrensbeteiligte** werden in § 109 GWB aufgeführt die **Antragsteller**, die **Vergabestelle** und die von der Vergabekammer **beigeladenen Unternehmen** [875], deren Interessen von der Entscheidung »schwerwiegend berührt« werden[876]. Beiladungsbedürftig ist beispielsweise in jedem Falle der Unternehmer, der gegenüber dem antragstellenden Bieter (mglw. rechtswidrig) bevorzugt werden soll. Es genügt für eine Beiladungspflicht, wenn die Entscheidung im Nachprüfungsverfahren

872 OLG Dresden, Beschl. v. 14. 6. 2001 (WVerg 0004/01), VergabE C-13-04/01 = VergabeR 2001, 342 = EUK 2001, 104 = Behörden Spiegel 7/2001, S. 18. Vgl. auch: VK Sachsen, Beschl. v. 28. 5. 2001 (1 VK 40/01g), VergabE E-13-40/01v; VK Sachsen, Beschl. v. 8. 8. 2000 (1 VK 69/00g), VergabE E-13–69v.

873 Hinsichtlich zweier Lose befürwortend: VK Schleswig-Holstein, Beschl. v. 8. 7. 2005 (VK-SH 18/05), VS 2006, 77.

874 In dieser Richtung auch *Erdl*, VergabeR 2001, 270.

875 Zu den Formen der einfachen und notwendigen Beiladung siehe: *Byok* in: *Byok/Jaeger*, Kommentar zum Vergaberecht, 2. Aufl. 2005, Rn. 1012 f. zu § 109; *Reidt* in: Reidt/Stickler/Glahs, Vergaberecht-Kommentar, 2. Aufl. 2003, Rn. 22, 24 zu § 109. Ferner auch: *Lausen*, VergabeR 2002, 117.

876 VK Südbayern, Beschl. v. 8. 11. 2000 (120.3-3194.1-22-10/00), EUK 2001, 27: Keine Beiladung eines Versicherungsmaklers. Vgl. ferner VK Düsseldorf, Beschl. v. 21. 9. 1999 (12/99-L).

abstrakt geeignet ist, die beabsichtigte Zuschlagserteilung auf das Angebot eines Bieters zu verhindern[877].

In ihrer Eigenschaft als Verfahrensbeteiligte haben die Beigeladenen die **gleichen Angriffs- und Verteidigungsrechte** wie der Antragsteller. Die selbständige Entscheidung über die Beiladung ist im Interesse eines zügigen Verfahrensabschlusses in der Hauptsache nicht anfechtbar.

Mit dieser Vorschrift des § 109 GWB wird u.a. bezweckt, dass übergangene Unternehmen, die hätten beigeladen werden müssen, **nicht ein zweites Verfahren** in derselben Sache beantragen können. Somit wird im Ergebnis eine schnelle Abhandlung des Verfahrens sichergestellt (Konzentrationswirkung).

(2d) Untersuchungsgrundsatz; Beschaffung der Akten

131

Wie schon angesprochen, unterliegt die Tätigkeit der Vergabekammern dem **Untersuchungsgrundsatz**, d.h., sie selbst unterliegen vom Grundsatz her der Verpflichtung, die für die Entscheidungen notwendigen Informationen zu beschaffen (§ 110 I 1 GWB). Dies gilt trotz der weitreichenden Darlegungspflichten, welche dem Bieter bereits bei Antragstellung obliegen und welche auch diesen Untersuchungsgrundsatz wieder relativieren[878]. Der Untersuchungsgrundsatz ist aber letztlich bei der Überprüfung von Vorgängen, die öffentliche Auftraggeber betreffen, der einzig vielversprechende Weg, an die womöglich entscheidenden Detailinformationen zu kommen. Deswegen werden diesbezüglich Beweiserleichterungen befürwortet[879], bis hin zu einer völligen Beweislastumkehr[880]. Das Gegenteil hiervon, der sog. **Dispositionsgrundsatz**, der in zivilrechtlichen Prozessen gilt und die Besorgung der Tatsachen durch die streitenden Parteien beinhaltet, wäre in Fällen der Überprüfung öffentlicher Auftragsvergaben gar nicht denkbar.

Die Vergabekammer ist im Rahmen ihrer Tätigkeit weder an Beweisanträge noch an bestimmte Beweismittel gebunden. Es gilt der **Grundsatz des Freibeweises**[881]. Da der **Amtsermittlungsgrundsatz keine grenzenlose Geltung** beanspruchen kann, besteht eine Verpflichtung zur Sachaufklärung nur dann, wenn konkrete Anhaltspunkte für die Aufnahme von Ermittlungen in eine bestimmte Richtung bestehen[882].

Ein ganz wesentlicher Punkt für die Effizienz des Nachprüfungsverfahrens ist die **schnellstmögliche Verfügbarkeit der Vergabeakten**. Die Vergabeakten müssen sogar dann (zumindest der Vergabekammer) zugänglich sein, wenn es um die

---

877 OLG Naumburg, Beschl. v. 9. 12. 2004 (1 Verg 21/04), VS 2005, 22 [LS].

878 BGH, Beschl. v. 19. 12. 2000 (X ZB 14/00), VergabE B-2-1/00 = VergabeR 2001, 71 = NZBau 2001, 151 = EUK 2001, 58; OLG Düsseldorf, Beschl. v. 29. 12. 2001 (Verg 22/01), VergabE C-10-22/01 = VergabeR 2002, 267 = NZBau 2002, 579 = WuW 2002, 1277 = Behörden Spiegel 2/2002, S. 18.

879 So KG, Beschl. v. 12. 4. 2000 (Kart Verg 9/99), VergabE C-3-9/99-1 = ZVgR 2000, 265: »Sekundäre Behauptungslast« des öffentlichen Auftraggebers, BGH NJW 1990, 3151. Dazu aus neuerer Zeit auch BGH, Urt. v. 27. 11. 2007 (X ZR 18/07 = VergabeR 2008, 219): »Sekundäre Darlegungslast«.

880 Vgl. zu Forderungen nach einer Beweislastumkehr: *Byok* in: *Byok/Jaeger*, Kommentar zum Vergaberecht, 2. Aufl. 2005, Rn. 1018 zu § 110; *Griem*, WPR 1999, 1126, 1129 und *ders.*, WRP 1999, 1182, 1190.

881 VK Sachsen, Beschl. v. 29. 9. 1999 (1 VK 16/99), VergabE E-13-16/99 = EUK 1999, 171 = IBR 1999, 562.

882 KG, Beschl. v. 12. 4. 2000 (Kart Verg 9/99), VergabE C-3-9/99-1 = ZVgR 2000, 265.

Prüfung der Voraussetzungen des § 100 II lit. d GWB geht (z.B. Geheimakten des Verfassungsschutzes)[883] und die Ausschreibung nur national bekanntgemacht wurde[884]. Der Nachprüfungsantrag des Bieters wird dem öffentlichen Auftraggeber zugestellt, verbunden mit der Aufforderung, die Vergabeakten herauszugeben (§ 110 II 1 GWB). Die Vergabekammer ist dabei ermächtigt, diese Aufforderung notfalls entsprechend den Befugnissen der Kartellbehörden nach den §§ 57 bis 59 I bis V GWB zwangsweise (Durchsuchung, Beschlagnahme) durchzusetzen (§ 110 II 4 GWB).

Ein **weit gezogenes Verständnis des Begriffes der »Vergabeakten«** ist im Interesse des Rechtsschutzes zu favorisieren[885]. Erfasst sind alle Vorgänge, welche das Vergabeverfahren mit **allen wesentlichen Entscheidungsschritten** dokumentieren.

Merke: Dies beinhaltet auch die Dokumentation der das Vergabeverfahren vorbereitenden Schritte wie die Ermittlung des Beschaffungsbedarfes, die Schätzung des Auftragswertes (Umgehung!)[886], die Entscheidung über die Nicht-Ausschreibung in Losen, die Wahl des Verfahrens usw. Es sollte im Einklang mit dem OLG Düsseldorf ein »**materielles Vergaberechtsverständnis**« in Ansatz gebracht werden, nicht jedoch ein formales. Ein formales Vergaberechtsverständnis würde dazu führen, dass das Vergaberecht und die damit verbundenen Dokumentationspflichten erst mit der Bekanntmachung der Ausschreibung beginnen würden[887], was aber schon angesichts der **Umgehungstatbestände** als fehlerhaft angesehen werden muss.

Außerdem muss der öffentliche Auftraggeber die Vergabeakten der Vergabekammer »sofort«, also **schnellstmöglich**, zur Verfügung stellen (§ 110 II 3 GWB). An dieser Stelle wurde dem Vernehmen nach bewusst das Wort »unverzüglich« vermieden, weil »unverzüglich« in vielen Behörden keineswegs mit »schnellstmöglich« gleichgesetzt werden könne[888]. Zumindest lässt sich aus all diesen Bemühungen ablesen, wie sehr dem Gesetzgeber daran gelegen war, eine zügige Abwicklung des Nachprüfungsverfahrens sicherzustellen.

Sofern die Vergabeprüfstelle eingerichtet ist, muss die Vergabekammer auch dieser eine Kopie des Antrags auf Nachprüfung einreichen (§ 110 II 2 GWB).

(2e) Recht auf Akteneinsicht

132 Mit der Zurverfügungstellung der Vergabeakten eng verbunden ist auch das **Recht der Verfahrensbeteiligten auf Akteneinsicht**, welches in § 111 GWB geregelt worden ist. Die Beteiligten können sich jederzeit durch die Geschäftsstelle auf ihre Kosten Ausfertigungen, Auszüge oder Abschriften erteilen lassen (§ 111 I GWB).

883 VK Brandenburg, Beschl. v. 22. 3. 2004 (VK 6/04), VergabE E-4-6/04 = EUK 2004, 155 = Behörden Spiegel 10/2004, S. 23.

884 Vgl. VK Bund, Beschl. v. 11. 11. 2004 (VK 1-207/04), VergabE D-1-207/04. Zu den Tatbeständen des § 100 II lit. d GWB auch: VK Bund, Beschl. v. 9. 2. 2004 (VK 2-154/03), VergabE D-1-154/03.

885 *Byok* in *Byok/Jaeger*, Kommentar zum Vergaberecht, 2. Aufl. 2005, Rn. 1033 zu § 110, unter Verweis auf VÜA Brandenburg als VK, Beschl. v. 18. 5. 1999 (1 VÜA 1/99), VergabE E-4-1/99-1.

886 Vgl. OLG Rostock, Beschl. v. 20. 9. 2006 (17 Verg 8/06 [u. 9/06]), VergabeR 2007, 394.

887 So aber VK Lüneburg, Beschl. v. 15. 11. 1999 (203-VgK-12/99), VergabE E-9c-12/99 = EUK 2000, 153.

888 Vgl. *Byok* in *Byok/Jaeger*, Kommentar zum Vergaberecht, 2. Aufl. 2005, Rn. 1035 zu § 110.

Mit diesem Einsichtsrecht wird ganz im Sinne der europarechtlichen Vorgaben ein entscheidender Beitrag zu **mehr Transparenz** bei der Überprüfung von Vergabeverfahren geleistet.

Merke: In der Praxis ist es z.T. so, dass die Vergabekammern – je nach Umfang der einzusehenden Vergabeakten – diese in Kopie auf dem Postweg zusenden. Die Geschäftsstellen anderer Kammern veranlassen eine solche Zusendung – auch bei sehr geringen Aktenumfängen – grundsätzlich nicht. So kann es sein, dass der Bieter oder sein Rechtsvertreter Hunderte von Kilometern reisen muss, um ein dünnes Bündel von einigen wenigen Plastikschatullen in Empfang zu nehmen (das sich dann »Vergabeakte« nennt), und das er dann fotokopiert bekommt. Aufwand und Nutzen der Akteneinsicht können dann in einem krassen Missverhältnis zueinander stehen. Freilich kann es bei einer solchen Gelegenheit mitunter als Aktivposten verbucht werden, wenigstens ein Gespräch mit dem Beisitzer oder dem Vorsitzenden der Kammer geführt zu haben.

Hinsichtlich der **Kostenerstattung für die Anreise zur Akteneinsicht** sollte man sich auch darauf gefasst machen, dass diese für die Partei unersetzt bleiben können, wenn auch der ortsnähere Rechtsanwalt sie vornehmen kann (und wohl gleichermaßen umgekehrt): So entschied das OLG München, dass im Verfahren vor der Vergabekammer Verdienstausfall und Fahrtkosten für die Anreise einer Partei aus einer 250 km entfernten Stadt zur Wahrnehmung von Akteneinsicht in die Akten der Vergabestelle jedenfalls dann keine notwendigen Auslagen sind, wenn zugleich ein im Vergaberecht versierter Rechtsanwalt für die Partei Akteneinsicht nimmt, von dem nach den Umständen erwartet werden kann, dass er eigenständig die für die Vertretung des Mandanten nötigen bzw. hilfreichen Unterlagen ausfindig macht und kopiert[889]. Diesbezüglich muss man sich als Bieter schlicht entscheiden, was einem das Nachprüfungsverfahren aus unternehmerischer Sicht wert ist[890].

Je nach Ausgang des Verfahrens ist es erfreulich, wenn hier nicht zu restriktiv geurteilt wird[891]: Die Aufwendungen, welche einer Prozesspartei durch Teilnahme ihrer Mitarbeiter bei der Akteneinsicht und der mündlichen Verhandlung vor der Vergabekammer entstehen, sind nach JVEG zu erstatten. Dies ist angesichts der Sachdienlichkeit und Zweckmäßigkeit der Aussagen der Mitarbeiter einerseits und dem Beschleunigungsgebot im Rahmen des Vergabekammerverfahrens andererseits geboten.

Naturgemäß muss das Einsichtsrecht auch bestimmten **Grenzen** unterliegen. Vor allem ist Rücksicht zu nehmen auf **Aspekte des Geheimschutzes** und auf die **Wahrung von Fabrikations-, Betriebs- oder Geschäftsgeheimnissen** (§ 111 II GWB)[892],

- und zwar sowohl der Mitbieter
- als auch der öffentlichen Auftraggeber.

889 OLG München, Beschl. v. 23. 1. 2006 (Verg 22/05), NZBau 2006, 472.

890 Fraglich, weil im Sinne einer Kostenerstattung zu restriktiv: VK Hessen, Beschl. v. 15. 1. 2007 (69d VK 33/2006), VS 2007, 31. Siehe aber: VK Lüneburg, Beschl. v. 21. 2. 2006 (VgK 38/2005); VK Berlin, Beschl. v. 15. 11. 2006 (VK B1-49/05); vgl. auch OLG Dresden, Beschl. v. 3. 9. 2001 (WVerg 0006/00), VergabeR 2002, 205.

891 VK Sachsen-Anhalt, Beschl. v. 1. 8. 2007 (1 VK LVwA 04/07 K), VS 2007, 79 [LS].

892 OLG Celle, Beschl. v. 16. 1. 2002 (13 Verg 1/02), VergabE C-9-1/02 = VergabeR 2002, 299. Siehe auch OLG Naumburg, Beschl. v. 20. 9. 2004 (1 Verg 11/04), VergabE C-14-11/04: Aufrechterhaltung eines »wettbewerblichen Verhältnisses« bei Verhandlungsgesprächen.

Auch wenn es zunächst überraschend erscheint, so sind **auch öffentliche Auftraggeber potentielle Träger von Betriebs- und Geschäftsgeheimnissen**[893] (z.B. im Hinblick auf die Kostenschätzung). Insoweit ist die höchstrichterliche Rechtsprechung zu würdigen, dass die öffentliche Hand am Markt wie ein privates Unternehmen auftritt[894], und sie konsequenterweise infolge des dem Zivilrecht wesenseigenen Gleichordnungsverhältnisses auch Trägerin von Betriebsgeheimnissen sein kann.

Betriebs- oder Geschäftsgeheimnisse des öffentlichen Auftraggebers einerseits, wie auch sonstige, darüber hinausgehende Fabrikationsgeheimnisse von Bietern andererseits, sind schutzwürdige Belange, deren Verletzung im Einzelfall wettbewerbsbeschränkende und, bezogen auf die Bieter, sogar existenzbedrohende Auswirkungen haben kann.

Es kommt der Gesichtspunkt hinzu, dass das Recht auf Akteneinsicht **für völlig sachfremde Zwecke missbraucht** werden könnte, wenn es z.B. dem Antragsteller in der Hauptsache um die Ausspionierung von Konkurrenten oder die allgemeine Beeinträchtigung des künftigen Ausschreibungswettbewerbs geht. Dies würde einem fairen Wettbewerb widersprechen, wie er von den Vergaberichtlinien gefordert wird.

Das Akteneinsichtsrecht kann demnach nur **so weit reichen** wie es für die Aufklärung des Sachverhaltes und die damit verbundenen Nachprüfungsinteressen im Einzelfall **erforderlich** ist[895]. Bei der Entscheidung der Vergabekammer über die Versagung der Akteneinsicht (§ 111 II GWB) muss in jedem Falle der **Verhältnismäßigkeitsgrundsatz** Anwendung finden. Die Kammer ist gehalten, unter Würdigung des Einzelfalles zu entscheiden, wie weit das Akteneinsichtsrecht reicht. Insbesondere in Marktbereichen mit intensivem Wettbewerb kann eine restriktivere Auslegung geboten sein[896]. Bezugnehmend auf die BGH-Rechtsprechung aus dem Jahre 2006[897] ist u.a. auch zu prüfen, ob und inwieweit es sich seitens des Bieters und Antragstellers ggf. um einen »Vortrag ins Blaue hinein« handelt, der zu einer unberechtigten Akteneinsicht führen würde.

Ein sehr **weitgehendes Akteneinsichtsrecht** hatte in einer auch heute noch relevanten Entscheidung das **OLG Jena**[898] bejaht. Der Senat sah keine Schwierigkeiten darin, dass die »gegnerischen« Angebote inklusive der damit notwendigerweise verbundenen Rückschlüsse auf deren Kalkulation und Betriebsinterna inhaltlich

893 So ausdrücklich: OLG Düsseldorf, Beschl. v. 28. 12. 2007 (VII-Verg 40/07), VergabeR 2008, 281, mit Anm. *Noch*. Unter Berufung auf: BGH NJW 1995, 2301.

894 BVerwG, Beschl. v. 2. 5. 2007 (6 B 10.07), NZBau 2007, 389 = VergabeR 2007, 337.

895 OLG Naumburg, Beschl. v. 20. 9. 2004 (1 Verg 11/04); OLG Celle, Beschl. v. 16. 1. 2002 (13 Verg 1/02), VergabeR 2002, 299; OLG Düsseldorf, Beschl. v. 29. 12. 2001 (Verg 22/01), VergabE C-10-22/01 = VergabeR 2002, 267 = NZBau 2002, 579 = WuW 2002, 1277 = Behörden Spiegel 2/2002, S. 18; OLG Naumburg, Beschl. v. 11. 10. 1999 (10 Verg 1/99), VergabE C-14-1/99 = EUK 2000, 57 = Behörden Spiegel 4/2000, S. B II; OLG Jena, Beschl. v. 7. 11. 2001 (6 Verg 4/01), VergabE C-16-4/01-1.

896 VK Sachsen, Beschl. v. 5. 4. 2000 (1 VK 21/00), VergabE E-13-21/00 = EUK 2000, 91.

897 BGH, Beschl. v. 26. 9. 2006 (X ZB 14/06), NZBau 2006, 800 = VergabeR 2007, 59, 65f.

898 OLG Thüringen, Beschl. v. 26. 10. 1999 (6 Verg 3/99), VergabE C-16-3/99v = BauR 2000, 95 = NZBau 2000, 354 = EUK 2000, 8 = Behörden Spiegel 2/2000, S. B II; diesem Beschluss zustimmend *Reidt* in: *Reidt/Stickler/Glahs*, Vergaberecht-Kommentar, 2000, Rn. 4 zu § 111. Anders die Vorinstanz, die sich für ein nicht vollständiges Akteneinsichtsrecht ausgesprochen hatte: VK Thüringen, Beschl. v. 29. 9. 1999 (216–4002.20-002/99-SLF), VergabE E-16-2/99 = EUK 1999, 170.

offen gelegt werden müssen. Er führte an, dass anderenfalls Offenheit und Transparenz der Vergabeverfahren sowie der Rechtsschutz in denjenigen Fällen leidet, in denen es um die Beurteilung der Wirtschaftlichkeit (§ 97 V GWB) des »gegnerischen« Angebots geht. Schließlich sei zu bedenken, dass jeder Teilnehmer an einem öffentlichen Ausschreibungsverfahren bestimmte Geheimhaltungsinteressen aufgibt. Der Senat ließ dann aber vorsichtig erkennen, dass er möglicherweise an dieser weiten Auslegung nicht mehr vollumfänglich festhält[899].

Aber auch bei der **Beschränkung des Einsichtsrechts** setzt das Vergaberecht auf die **Eigenverantwortlichkeit** und die Initiative **des Bieters**. So ist er gemäß § 111 III GWB selbst gefragt, Unterlagen zu kennzeichnen, deren Weitergabe bzw. Preisgabe die genannten schutzwürdigen Belange verletzen würde. Unterlässt er diese Kennzeichnung, so darf die Vergabekammer von der Unbedenklichkeit einer Weitergabe ausgehen (§ 111 III 2 GWB). Die Anforderungen an die Handhabung der Kennzeichnung von Akten sind mithin nicht hoch[900].

Auch in einem als **Feststellungsverfahren** fortgeführten Nachprüfungsverfahren ist die Akteneinsicht der Antragstellerin nur bei Vorliegen eines Feststellungsinteresses in den anerkannten Fällen (Wiederholungsgefahr, Schadensersatzansprüche etc.) zu gewähren[901].

Im Falle der offensichtlichen, **teilweisen Unzulässigkeit** des Nachprüfungsantrags ist der Antragstellerin für die unzulässigen Antragsbereiche die Akteneinsicht zu verwehren[902].

Ein sog. **»in camera«-Verfahren**, bei dem unter Ausschluss des Rechtsschutz Suchenden lediglich eine Würdigung durch die Nachprüfungsinstanz vorgenommen wird, ist im GWB-Nachprüfungsverfahren ausgeschlossen[903]. Daher ist im Einzelfall eine Interessenabwägung vorzunehmen.

Diesen Gesichtspunkt der zugegebenermaßen **im Einzelfall nicht immer leicht zu treffenden Interessenabwägung** hat auch der EuGH[904] herausgestellt. Er betonte, dass die Nachprüfungsinstanz die Vertraulichkeit und das Recht auf Wahrung der Geschäftsgeheimnisse im Hinblick auf den Inhalt der ihr von den Verfahrensbeteiligten, u.a. vom öffentlichen Auftraggeber, übergebenen Unterlagen gewährleisten muss, wobei sie Kenntnis von solchen Angaben haben und diese berücksichtigen darf. Es ist Sache dieser Instanz, zu entscheiden, inwieweit und nach welchen Modalitäten die Vertraulichkeit und die Geheimhaltung dieser Angaben im Hinblick auf die Erfordernisse eines wirksamen Rechtsschutzes und der Wahrung der Verteidigungsrechte der am Rechtsstreit Beteiligten und – im Fall einer Klage oder eines Rechtsbehelfs bei einer Stelle, die ein Gericht im Sinne von Art. 234 EG-Vertrag ist – zu gewährleisten sind, damit in dem Rechtsstreit insgesamt das Recht auf ein faires Verfahren beachtet wird.

---

899 OLG Jena, Beschl. v. 12. 12. 2001 (6 Verg 5/01), VergabE C-16-5/01-1 = VergabeR 2002, 305 = NZBau 2002, 294.

900 VK Lüneburg, Beschl. v. 2. 3. 1999 (203- VgK 1/99), VergabE E-9c-1/99 = EUK 1999, 55 = Behörden Spiegel 5/1999, S. B II.

901 VK Bund, Beschl. v. 29. 12. 2004 (VK 2-136/03), VS 2005, 95 [LS].

902 VK Baden- Württemberg, Beschl. v. 2. 12. 2004 (1 VK 74/04), VS 2005, 95 [LS].

903 OLG Düsseldorf, Beschl. v. 28. 12. 2007 (VII-Verg 40/07), VergabeR 2008, 281, mit Anm. *Noch*.

904 EuGH, Urt. v. 14. 2. 2008 (Rs. C-450/06), VergabeR 2008, 487.

Merke: Nach Vornahme der Akteneinsicht sollte der Bieter vorsichtshalber immer rügen, damit er seiner Rechte nicht infolge von Präklusion nach § 107 III 1 GWB verlustig geht. Nicht alle Vergabekammern und Gerichte erkennen einen Grundsatz an, wonach im laufenden Vergabenachprüfungsverfahren eine Rüge nicht mehr erforderlich ist[905].

Versagt die Vergabekammer die Akteneinsicht, so darf diese Versagung nur im Zusammenhang mit der sofortigen Beschwerde in der Hauptsache angegriffen werden (§ 111 IV GWB). Eine **isolierte Anfechtung**, die zu einer u.U. erheblichen Verfahrensverzögerung führen würde, ist also **nicht möglich**[906]. Im ungekehrten Falle einer zu weitgehenden Gewährung von Akteneinsicht soll dies nach neuerer Rechtsprechung des OLG Düsseldorf anders sein[907].

(2f) Mündliche Verhandlung; Verzicht hierauf bei Unterliegen des Antragstellers (Rücknahme, Erledigung und Kostenfolge)

133 Grundsätzlich entscheidet die Vergabekammer nach vorheriger **mündlicher Verhandlung**, die sich auf einen Termin beschränken soll (§ 112 I 1 GWB).

Dabei haben alle Verfahrensbeteiligten, also Auftraggeber, Auftragnehmer und Beigeladene, das Recht zur Stellungnahme (§ 112 I 2 GWB). Die Verfahrensökonomie gebietet es, dass im Einzelfall auch nach Lage der Akten, also im **schriftlichen Verfahren**, entschieden werden kann (§ 112 I 3 GWB). Namentlich ist dies mit Zustimmung der Beteiligten der Fall, bei Unzulässigkeit[908] oder im Falle einer offensichtlichen Unbegründetheit[909].

Außerdem kann nach einer **Rücknahme des Nachprüfungsantrags**, wenn nur noch über die Kosten zu befinden ist, ebenfalls ohne mündliche Verhandlung entschieden werden[910].

Der Vergabesenat des OLG Düsseldorf[911] stellt heraus, dass **im Falle der Rücknahme** – wann immer sie vor dem Zeitpunkt der Zusendung eines Beschlusses an die Parteien geschieht – **lediglich über die Kosten für das Verfahren vor der Vergabekammer, nicht jedoch über die Auslagen der Parteien, zu befinden** ist. **§ 269 III ZPO** (oder eine entsprechende Regelung in anderen Verfahrensordnungen) ist – so die vom Senat geteilte Rechtsauffassung des BGH[912] – auf Antragsrücknahmen im erstinstanzlichen Nachprüfungsverfahren **gerade nicht entsprechend anzuwenden**. Stattdessen nimmt § 128 IV 3 GWB auf § 80

905 Siehe dazu auch oben Rdn. 128 – Rüge im laufenden Nachprüfungsverfahren?

906 *Otting*, in: Bechtold, GWB-Kommentar, 4. Aufl. 2006, Rn. 7 zu § 111; *Byok*, in: Byok/Jaeger, Kommentar zum Vergaberecht, 2. Aufl. 2005, Rn. 1050 zu § 111; *Noch*, in Müller-Wrede, Kommentar zur VOL/A, Rn. 150 zu § 32a.

907 Siehe dazu unten zur Zulässigkeit der Beschwerde.

908 VK Schleswig-Holstein, Beschl. v. 23. 7. 2004 (VK 21/04), VergabE E-15-21/04: Auch nach erfolgter Zustellung an den Auftraggeber.

909 So im Falle VK Schleswig-Holstein, Beschl. v. 13. 12. 2004 (VK 33/04), VergabE E-15-33/04.

910 BayObLG, Beschl. v. 29. 9. 1999 (Verg 5/99), NZBau 2000, 99. Zur Kostenerstattung für den Beigeladenen: OLG München, Beschl. v. 6. 2. 2006 (Verg 23/05), NZBau 2006, 738 = VergabeR 2006, 428.

911 OLG Düsseldorf, Beschl. v. 25. 7. 2006 (Verg 91/05), VS 2007, 12.

912 Der BGH hat eine Rücknahme ausdrücklich nicht als Unterliegen im Sinne der Vorschrift angesehen: Beschl. v. 25. 10. 2005 (X ZB 22/05), NZBau 2006, 196 = VergabeR 2006, 73 = WuW 2006, 209.

Verwaltungsverfahrensgesetz (VwVfG) Bezug. Nach § 80 I VwVfG ist eine dem Antragsteller nachteilige Auslagenentscheidung – und eine Auslagenerstattung für den Gegner – nur in Betracht zu ziehen, wenn er aufgrund einer Entscheidung der Vergabekammer unterliegt, nicht aber dann, wenn der Nachprüfungsantrag zurückgenommen worden ist. **Unter Umständen** kann in Fällen der vorliegenden Art im Wege einer **erweiternden Normauslegung** eine **Auslagenentscheidung** zugunsten des Antragsgegners zwar dann getroffen werden, wenn nach Lage des Einzelfalls der Rechtsbehelf des Nachprüfungsantrags oder die Rücknahme vom Antragsteller **missbraucht** worden sind. Davon war in Ermangelung zureichender Anhaltspunkte in dem entschiedenen Fall jedoch nicht auszugehen. In einer **weiteren Entscheidung**[913], die einen Fall betraf, in dem der Antragsteller seinen Nachprüfungsantrag zurückgenommen hatte, weil die Vergabekammer signalisiert hatte, dass sie **infolge der Unzulässigkeit des Antrags ohne mündliche Verhandlung zu entscheiden gedachte** (§ 112 I 2 GWB), bekräftigt der Senat diese Grundsätze.

Setzt sich der Bieter mit seinem Begehren im umgekehrten Falle durch und kommt es deshalb nicht zum Verfahrensabschluss nach mündlicher Verhandlung, weil die Vergabestelle dem voraussichtlichen Unterliegen durch **Abhilfe** der beanstandeten Vergabefehler zuvorkommt, so sollte der Bieter bzw. Antragsteller einen **Ausweg aus der »Rücknahmefalle«** wählen und sich im Benehmen mit der Vergabestelle um eine, je nach Streitwert, für beide Seiten kostenmindernde Variante, nämlich die der **einvernehmlichen Erledigterklärung**, bemühen, vorzugsweise auf der Basis eines Vergleiches. Die Kammer kann dann einen sog. Erledigungsbeschluss fällen und dabei eine Kostenentscheidung nach Billigkeit treffen[914]. Jedenfalls bestätigt sich ein gewisser Trend, dass dies zumindest bei einigen Vergabekammern möglich ist[915]. Die für alle Beteiligten **aufwändigere Alternative** dazu wäre, dass die Antragstellerin das Begehren als **Feststellungsantrag** weiterverfolgt[916].

Unterlassen es die Verfahrensbeteiligten, zu erscheinen oder sind sie nicht ordnungsgemäß vertreten, so kann dennoch in der Sache **verhandelt und entschieden** werden (§ 112 II GWB).

Dies gilt gemäß einem Beschluss der VK Berlin[917] **auch dann, wenn der öffentliche Auftraggeber der mündlichen Verhandlung ferngeblieben ist**; insbesondere kann trotz dieses Umstandes eine Entscheidung ergehen, wenn nicht zu erwarten ist, dass der öffentliche Auftraggeber wesentliche neue Sachverhaltsele-

913 OLG Düsseldorf, Beschl. v. 18. 12. 2006 (VII Verg 51/06), VS 2007, 12.

914 VK Arnsberg, Beschl. v. 12. 2. 2008 (VK 44/07), IBR-online. Leitsätze nach IBR: *»1. Hilft die ausschreibende Stelle im laufenden Nachprüfungsverfahren ab, so stellt sie den Bieter klaglos. Eine Sachentscheidung ist nicht mehr möglich. 2. Erklärt der Bieter den Nachprüfungsantrag einvernehmlich für erledigt, so kann in einem sog. Erledigungsbeschluss eine Kostenentscheidung nach Billigkeit ergehen.«*

915 VK Arnsberg, Beschl. v. 16. 4. 2007 (VK 09/07); VK Schleswig-Holstein, Beschl. v. 7. 3. 2007 (VK-SH 03/07), NZBau 2008, 80; VK Düsseldorf, Beschl. v. 16. 2. 2004 (VK 2-24/04).

916 OLG Celle, Beschl. v. 18. 8. 2005 (13 Verg 10/05); OLG Düsseldorf, Beschl. v. 27. 7. 2005 (VII Verg 103/04).Vgl. dazu auch nach Ergehen eines das Bieterbegehren stützenden OLG-Beschlusses in einem Parallelfall: VK Lüneburg, Beschl. v. 5. 1. 2006 (VgK 41/2005); VK Lüneburg, Beschl. v. 6. 1. 2006 (VgK 43/2005).

917 VK Berlin, Beschl. v. 16. 11. 2005 (VK B1-49/05), VS 2006, 4.

mente wird beisteuern können und Rechtsfragen zu beurteilen sind. In den Fällen des Nichterscheinens ist auch im Verfahren vor der Vergabekammer eine Wartefrist von 15 Minuten einzuhalten. Dieses Procedere ist, wie die Vergabekammer betont, nicht zuletzt der Notwendigkeit einer besonderen Beschleunigung (§ 113 GWB) im vergaberechtlichen Nachprüfungsverfahren geschuldet.

(2g) Beschleunigungsgrundsatz

134 Ein ganz zentrales Prinzip des Verfahrens vor der Vergabekammer wie auch des Nachprüfungsverfahrens insgesamt ist der **Beschleunigungsgrundsatz**.

Das Ziel einer möglichst schnellen Abhandlung der Nachprüfungsverfahren ist die **Vermeidung von allzu großen Verzögerungen bei der Realisierung von Investitionen der öffentlichen Hand**[918].

Insbesondere bei vorgeschalteten Teilnahmewettbewerben oder länger dauernden Verhandlungsverfahren ist es jedoch trotzdem nach wie vor möglich, dass ein Bieter – nach zuvor platzierter Rüge – **zu einem beliebigen Zeitpunkt**, u.a. erst gegen Ende der § 13 VgV-Frist, einen **Nachprüfungsantrag stellt**, obwohl er dies auch in Kenntnis der negativen Bescheidung zu einem früheren Zeitpunkt tun könnte.

So wird tendenziell[919] die Heranziehung des Beschleunigungsgrundsatzes zur Beantwortung der Frage, in welchem Zeitraum der Nachprüfungsantrag nach abschlägig beschiedener Rüge zu stellen ist, abgelehnt. Hierdurch wird ein gewisser **Widerspruch** zum allgemeinen Beschleunigungsgrundsatz, insbesondere zur unverzüglichen Rügepflicht bei Erkennen eines Fehlers, sowie auch zur allgemeinen Schadensminderungspflicht hervorgerufen.

Zum Zwecke der Beschleunigung sieht § 113 I GWB vor, dass die Vergabekammern ihre **Entscheidung innerhalb von 5 Wochen** zu treffen, schriftlich zu begründen und auch den Beteiligten durch Zustellung bekanntzugeben[920] haben. Beginn des Fristlaufs ist der Zeitpunkt des Antragseingangs. Nur im Falle besonderer Schwierigkeiten tatsächlicher oder rechtlicher Art ist der Vorsitzende der Vergabekammer berechtigt, diese Zeitspanne um *»den erforderlichen Zeitraum«* zu verlängern (§ 113 I 2 GWB)[921]. Es versteht sich eigentlich von selbst, dass diesbezüglich nur die denkbar knappste Verlängerung zulässig ist. Eine Mindestanforderung ist, dass diese Verfügung schriftlich begründet werden muss (§ 113 III 3 GWB).

Merke: In praxi wird häufiger als vom Gesetzgeber vorgesehen – auch bei einfacher gelagerten und aktenmäßig weniger umfangreichen Fällen – des Öfteren eine oder gar mehrere Verlängerungen verfügt[922]. Es ist bei einigen Vergabekammern, je nach Verfahrensaufkommen, keine Seltenheit, dass erst nach ca. 2 Monaten eine mündliche Verhandlung erfolgt und diese erste Instanz erst nach ca. 3 Monaten abge-

918 OLG Naumburg, Beschl. v. 13. 10. 2006 (1 Verg 7/06), NZBau 2007, 200 = VS 2006, 92.

919 Vgl. nur: VK Bund, Beschl. v. 1. 2. 2001 (VK 1-1/01), VergabE D-1-1/01 = VergabeR 2001, 143 = EUK 2001, 41 = IBR 2001, 139.

920 Auf das Erfordernis der Zustellung des Beschlusses innerhalb dieser Frist weist zutreffend *Byok* in: *Byok/Jaeger*, Kommentar zum Vergaberecht, 2000, Rn. 735 zu § 113, hin.

921 *Kus* in: *Niebuhr/Kulartz/Kus/Portz*, Kommentar zum Vergaberecht, 2000, Rn. 3 zu § 113: »absolute Ausnahmefälle«.

922 Siehe z.B. *Jung*, VK Hessen, zitiert in Monatsinfo forum vergabe e.V., Heft 11/2004, S. 180, 181: *»Die 5-Wochen-Frist (§ 113 I 1 GWB) könne regelmäßig nicht eingehalten werden«*.

schlossen ist. Bei nicht wenigen Kammern funktioniert es jedoch andererseits meistens innerhalb der Frist von 5 Wochen, sofern nicht Feiertage oder Ferien dazwischenliegen.

Entscheidet die Vergabekammer nicht innerhalb der 5-Wochen-Frist und vergisst sie die Verlängerung der Frist, so gilt gemäß § 116 II, 2. Halbsatz GWB eine **Ablehnungsfiktion**[923]. Mit dem Ablauf dieser Frist endet die Befugnis der Vergabekammer, über den Nachprüfungsantrag zu entscheiden[924].

Ausdrücklich festgeschrieben ist weiterhin die schon angesprochene **Mitwirkungspflicht** der Verfahrensbeteiligten (§ 113 II 1 GWB). Hierbei handelt es sich um eine Durchbrechung des Untersuchungsgrundsatzes (§ 110 GWB)[925], der grundsätzlich die Vergabekammer verpflichtet, die notwendige Sachverhaltserforschung selbst in die Hand zu nehmen. Aufgrund der **besonderen Eilbedürftigkeit von Nachprüfungsentscheidungen** bei der öffentlichen Auftragsvergabe sind hier alle Verfahrensbeteiligten in die Pflicht genommen. Naturgemäß wird insbesondere der Vergabestelle als Veranstalterin des Vergabeverfahrens eine ganz herausragende Rolle zukommen. Dies gilt insbesondere bei sehr großen Vergabeverfahren mit zahlreichen Aktenordnern[926].

Zu dem Komplex eines **möglichst schnellen Nachprüfungsverfahrens** gehört es auch, dass die Vergabekammer den Beteiligten **Fristen setzen** kann, innerhalb derer sie die erforderlichen Unterlagen, Erklärungen etc. beibringen müssen (§ 113 II 2 GWB). Nach Ablauf dieser Fristen kann ihr Vorbringen unbeachtet bleiben. Diese sog. **Präklusion**, also der Ausschluss von weitergehendem Sachvortrag, ist ein effektives Mittel zur Verfahrensbeschleunigung und verhindert vor allem auch eine Art Prozessverschleppung, die durchaus in einigen Fällen zu einer denkbaren Taktik gehören könnte.

(2h) Entscheidung

135 Die Vergabekammer prüft, ob der **Antragsteller in seinen Rechten verletzt** ist und trifft die geeigneten Maßnahmen, um die Rechtsverletzung zu beseitigen und eine Schädigung der betroffenen Interessen zu verhindern (§ 114 I 1 GWB).

Im Normalfall trifft sie eine **gestaltende Regelung** bzw. Anordnung.
- Verfahrenstechnisch haben die Vergabekammern also beispielsweise die Befugnis, die bereits durchgeführte Wertung (§ 25 Nr. 3 VOB/A) in die Stufe vor dem für rechtswidrig erkannten Ausschluss zurückzuversetzen (§ 25 Nr. 1 VOB/A).
- Die Vergabestelle kann angewiesen werden, einen Teilnehmerwettbewerb zu wiederholen oder einen gleichauf liegenden Bewerber als neunten Bewerber in

923 OLG Frankfurt, Beschl. v. 13. 6. 2006 (11 Verg 11/05), VS 2006, 85.
924 OLG Dresden, Beschl. v. 17. 6. 2005 (WVerg 8/05), NZBau 2006, 197 = VergabeR 2005, 812 = VS 2005, 86.
925 Dazu BGH, Beschl. v. 19. 12. 2000 (X ZB 14/00), VergabE B-2-1/00 = VergabeR 2001, 71 = NZBau 2001, 151 = EUK 2001, 58.
926 Siehe etwa Flughafen Schönefeld, OLG Brandenburg, Beschl. v. 3. 8. 1999 (6 Verg 1/99), VergabE C-3-1/99 = BB 1999, 1940 = BauR 1999, 1175 = WuW/E Verg 231 = NVwZ 1999, 1142, oder Olympiastadion Berlin, VK Berlin, Beschl. v. 31. 5. 2000 (VK-B2-15/00), VergabE E-3-15/00 = EUK 2000, 104.

das Angebotsverfahren hineinzunehmen, obwohl eigentlich nur acht als Maximalzahl hätten aufgenommen werden sollen.

- Ein weiteres Beispiel ist, dass der Vergabestelle untersagt werden kann, die Ergebnisse von rechtswidrig geführten Nachverhandlungen in die abschließende Wertung der Vergabestelle einzubeziehen[927].
- Auch kann die Vergabestelle angewiesen werden, die Ausschreibung wegen eines schweren Vergabefehlers aufzuheben (ungerechtfertigte Wahl des Verhandlungsverfahrens, unterbliebene europaweite Ausschreibung, zu kurze Fristen, kein wertbares Angebot[928]).
- Sie kann auch angewiesen werden, eine Aufhebung der Ausschreibung rückgängig zu machen[929].
- Keine wirkliche Anweisung ist es jedoch beispielsweise, wenn, wie gelegentlich vorzufinden, die Vergabestelle lediglich angewiesen wird, keines der Angebote zu bezuschlagen[930]. Es muss dann schon positiv regelnd angeordnet werden, was zu tun ist.
- Die zwingende Anordnung der Bezuschlagung eines Bieters (des Antragstellers) dürfte zu Recht Seltenheitswert besitzen[931], weil grundsätzlich das Ermessen der ausschreibenden Stelle nicht ersetzt werden kann.
- Gleiches gilt für die Anordnung des zwingenden Ausschlusses eines Konkurrenten[932].
- Nicht vorstellbar ist der Ausspruch einer Verpflichtung zur Veranstaltung eines Ausschreibungswettbewerbes (z.B. bei Laufenlassen von Altverträgen).

Im **Ausnahmefall** trifft die Vergabekammer eine lediglich feststellende Entscheidung.

- Dies kann eine reine Fortsetzungsfeststellung nach Erledigung, z.B. durch Zuschlagserteilung, sein.
- Es kann sich aber auch um eine Feststellung der Rechtsverletzung des Bieters und der Nichtigkeit des Vertrages handeln, die wiederum in einer gestaltenden Anordnung mündet[933].

Mit der Vorschrift des § 114 I 1 GWB wird bekräftigt, dass die **subjektiven Rechte** des Antragstellers den Ausgangspunkt des Nachprüfungsverfahrens bilden. Im Einzelfall entscheidet die Vergabekammer, ob der Verstoß im Vergabeverfahren **ein subjektives Recht** des Antragstellers oder nur eine Ordnungsvorschrift betrifft. Hierzu hat sich bereits in den letzten Jahren ein stattliches »**Richterrecht**« entwickelt. So ist etwa das Verbot des Zuschlags auf unterkalkulatorische Preise zumindest für den Fall der Verdrängungsabsicht als Gegenstand subjektiver Rechte der Konkurrenten anerkannt worden, obwohl die Vorschrift des § 25 Nr. 2 II und

927 So VK Bund, Beschl. v. 9. 9. 1999 (VK 2-24/99), VergabE D-1-24/99 = NZBau 2000, 110 = EUK 1999, 185 = Behörden Spiegel 12/1999, S. B II.

928 Siehe z.B. VK Sachsen, Beschl. v. 18. 11. 2004 (1 VK 108/04), VergabE E-13-108/04.

929 Dazu: OLG Naumburg, Beschl. v. 13. 10. 2006 (1 Verg 7/06), NZBau 2007, 200.

930 VK Düsseldorf, Beschl. v. 9. 1. 2008 (VK 26/07).

931 So aber VK Bund, Beschl. v. 8. 1. 2008 (VK 3-148/07). Aufgehoben durch: OLG Düsseldorf, Beschl. v. 5. 5. 2008 (VII Verg 5/08).

932 Vgl.: OLG Rostock, Beschl. v. 30. 5. 2005 (17 Verg 4/05); OLG Dresden, Beschl. v. 6. 4. 2004 (WVerg 1/04), VergabeR 2004, 609; OLG Dresden, Beschl. v. 31. 3. 2004 (WVerg 2/04), VergabeR 2004, 724; VK Bund, Beschl. v. 9. 2. 2005 (VK 2-03/05); VÜA Hessen als VK, Beschl. v. 10. 3. 1999 (VÜA 2/99).

933 VK Düsseldorf, Beschl. v. 30. 9. 2005 (VK-25/2005-L), VS 2006, 50.

III VOL/A vorrangig die Vergabestelle vor Schlechtleistungen schützen soll[934]. Mittelbar entfaltet sie jedoch auch Schutzwirkungen zugunsten der am Vergabeverfahren beteiligten Konkurrenten[935]. In Sachen weiterer Beispielsfälle wird auf die Darstellung des materiellen Rechts verwiesen.

Entsprechend dem gesetzgeberischen Ziel, eine sachgerechte **Klärung einzelner Vergabefragen** zu ermöglichen, ist die Vergabekammer **an die Anträge** des Antragstellers **nicht gebunden** und kann auf sonstige Weise auf die Heilung des Fehlers im Vergabeverfahren hinwirken (§ 114 I 2 GWB)[936]. Mit dieser Bestimmung, die anzeigt, dass es sich trotz der Ausgestaltung als Individualbeschwerdeverfahren[937] auch ein Stück weit um ein objektives Beanstandungsverfahren handelt, soll der Vergabekammer ein möglichst breiter Entscheidungsspielraum eingeräumt werden, der es ihr ermöglicht, auf unterschiedlichen Wegen unter Abweichung vom Antrag des Bieters eine rasche und effiziente Klärung herbeizuführen. Dies gilt allerdings nicht bei fehlender Antragsbefugnis des Bieters[938].

Ein **Eingreifen der Kammer in das laufende Vergabeverfahren** ist gemäß § 114 II GWB jedoch nur **bis zur Zuschlagserteilung** möglich. Danach gestellte Anträge auf Überprüfung sind in aller Regel unzulässig[939].

Allenfalls in Konstellationen, in den sich das Verfahren durch **zwischenzeitliche Aufhebung** des Ausschreibungsverfahrens erledigt, können **Feststellungsanträge** statthaft sein[940].

Die Regelung des § 114 II GWB resultiert daraus, dass mit Zuschlagserteilung prinzipiell auch der zivilrechtliche Vertragsschluss mit dem erfolgreichen Bieter verbunden ist. Möglichkeiten einer erfolgreichen Anfechtung nach den Bestimmungen der §§ 133 ff. BGB bestehen nur in den seltensten Fällen, in denen z.B. die Vergabestelle grob rechtswidrig mit dem zu Unrecht begünstigten Bieter zusammengewirkt hat. Zu denken ist hier an den Fall einer schweren, sittenwidrigen Manipulation (§ 138 BGB), die auch nachgewiesen werden muss, woran die Durchsetzung eines solchen Rechts aber zumeist scheitert. Ebenso sind Verstöße gegen ein gesetzliches Verbot (§ 134 BGB) denkbar, z.B. dann, wenn kartellrechtliche

934 OLG Rostock, Beschl. v. 10. 5. 2000 (17 W 3/00), VergabE C-8-3/00 = NZBau 2001, 286.

935 So OLG Jena, Beschl. v. 22. 12. 1999 (6 Verg 3/99), VergabE C-16-3/99 = NZBau 2000, 349 = BauR 2000, 396 = ZVgR 2000, 73 = EUK 2000, 8, entgegen VK Thüringen, Beschl. v. 29. 9. 1999 (216–4002.20-002/99-SLF), EUK 1999, 170; subjektive Rechte bejahend auch VK Düsseldorf, Beschl. v. 17. 12. 1999 (VK 17/99-L), EUK 2000, 45. Für die Anerkennung als subjektive Rechtsverletzung *Kulartz/Niebuhr*, NZBau 2000, 6, 13; gegenteilig noch *Kulartz* in *Daub/Eberstein*, Kommentar zur VOL/A, 4. Aufl. 1998, Rn. 36 zu A § 25.

936 VK Südbayern, Beschl. v. 19. 1. 2000 (27-12/00), VergabE E-2b-12/00 = EUK 2001, 74.

937 Siehe den bereits erläuterten § 107 I GWB, wonach die Vergabekammer *nur* auf Antrag (des Bieters) tätig wird.

938 VK Brandenburg, Beschl. v. 12. 3. 2003 (1 VK 7/03), VergabE E-4-7/03 (Leitsatz): Im Rahmen eines wegen fehlender Antragsbefugnis unzulässigen Nachprüfungsantrages ist es der Vergabekammer verwehrt, auf die Rechtmäßigkeit des Vergabeverfahrens von Amts wegen im Sinne einer objektiven Rechtmäßigkeitskontrolle nach § 114 I 2 GWB einzuwirken.

939 OLG Düsseldorf, Beschl. v. 13. 4. 1999 (Verg 1/99), VergabE C-10-1/99 = NZBau 2000, 45 = WuW 1999, 813 = BauR 1999, 751 = ZVgR 1999, 62 = EUK 1999, 73; BayObLG, Beschl. v. 7. 10. 1999 (Verg 3/99), *Fischer/Noch*, EzEG-VergabeR, VII 2.2.4 = BayObLGZ 1999 Nr. 67 = EUK 1999, 185; VK Hessen, Beschl. v. 29. 9. 1999 (VK 8/99), VergabE E-7-8/99. Dazu auch *Braun*, EUK 1999, 134.

940 OLG Frankfurt, Beschl. v. 6. 2. 2003 (11 Verg 3/02), VergabE C-7-3/02k = VergabeR 2003, 349 – NZBau 2004, 174.

oder andere Verbotstatbestände erfüllt werden. Zumeist wird aber das **zusätzliche Merkmal** einer **wirksamen Zuschlagserteilung**[941] erfüllt sein.

In einem **ganz speziellen Ausnahmefall** ist der Nachprüfungsantrag als eine Art **Fortsetzungsfeststellungsantrag** trotz Zuschlagserteilung zulässig, nämlich dann, wenn der Nachprüfungsantrag an die Vergabekammer bereits gerichtet wurde, die Vergabestelle aber in einem ganz kurzen Zeitraum vor Zustellung des Nachprüfungsantrages an sie den Zuschlag zwischenzeitlich schon (rechtswirksam) erteilt hat[942]. In diesem Fall kommt es auch nicht mehr auf eine besondere Schnelligkeit des Entscheidungsgangs an, so dass die Fünf-Wochen-Frist, innerhalb derer gewöhnlich eine Entscheidung ergehen muss, nicht gilt (§ 114 II 3 GWB)[943]. Von Bedeutung ist die nachträgliche Feststellung der Rechtswidrigkeit aber auch insofern, als die **Entscheidung der Vergabekammer bindend** für den eventuell nachfolgenden zivilgerichtlichen Schadensersatzprozess ist (§ 124 I GWB).

Abgesehen von diesem Sonderfall sind **Primär- und Sekundärrechtsschutz** im öffentlichen Auftragswesen **strikt zu trennen**[944]. Der wirksam erteilte Zuschlag bildet die Grenze zwischen dem GWB-Vergabenachprüfungsverfahren und dem Schadensersatzprozess vor den ordentlichen Gerichten. Gemäß einer vereinzelt gebliebenen Entscheidung des OLG Rostock[945] soll eine Überprüfungsmöglichkeit zumindest dann gegeben sein, wenn der Bieter keine ausreichende Chance hatte, die Zuschlagserteilung zu verhindern. Allerdings ist zwischenzeitlich der wesentliche Bedeutungsgehalt dieser abweichenden Entscheidung entfallen, weil der Bieter infolge des schon seit 1. 2. 2001 geltenden § 13 VgV von der Zuschlagserteilung Kenntnis erlangt.

Letzten Endes ungeklärt ist noch immer, ob die **deutsche Rechtskonstruktion**, die durch den Zusammenfall von Zuschlagserteilung und zivilrechtlichem Vertragsschluss gekennzeichnet ist, mit den **Zielen der Rechtsmittelrichtlinien** und der **Rechtsprechung des EuGH** in der Rechtssache Alcatel[946] **übereinstimmt**. Die Richtlinie und der EuGH gehen grundsätzlich von der Aufteilbarkeit des Beschaffungsvorgangs in einen öffentlich-rechtlichen Akt der Zuschlagserteilung und in einen zivilrechtlichen Akt des Vertragsabschlusses aus. Zugrunde liegt dabei ein Modell, das die Zuschlagserteilung als Verwaltungsakt auffasst und den nachherigen Vertragsabschluß als eine juristisch klar abgegrenzte Handlung ansieht.

Da die Rechtslage in Deutschland und auch in Österreich aber dergestalt ist, dass es keine klare Trennung des Zuschlags vom Vertragsabschluß gibt, hatte seinerzeit der **österreichische Verfassungsgerichtshof**[947] im Rahmen eines Vorabentscheidungs-

---

941 VK Bund, Beschl. v. 18. 10. 1999, VK 1-25/99, *Fischer/Noch*, EzEG-VergabeR, V 14.

942 VK Münster, Beschl. v. 14. 10. 1999 (VK 1/99), VergabE E-10e-1/99 = EUK 2000, 24; VK Magdeburg, Beschl. v. 23. 6. 1999 (VK-OFD LSA-1/99), VergabE E-14c-1/99.

943 OLG Naumburg, Beschl. v. 4. 9. 2001 (1 Verg 8/01), VergabE C-14-8/01 = EUK 2001, 171: »*Im Fortsetzungsfeststellungsverfahren ist jedoch nach § 114 II 3 GWB die Beschleunigungsvorgabe des § 113 I GWB außer Kraft gesetzt und mithin auch die zu ihrer Durchsetzung geschaffene gesetzliche Fiktion der Antragsablehnung.*«

944 OLG Naumburg, Beschl. v. 3. 3. 2000 (1 Verg 2/99), VergabE C-14-2/99-2 = EUK 2000, 43.

945 OLG Rostock, Beschl. v. 20. 3. 2000 (17 W Verg 5/99), VergabE C-8-5/99 = NZBau 2000, 396 = BauR 2000, 1589 = EUK 2000, 75 = Behörden Spiegel 6/2000, S. B II.

946 EuGH, Urt. v. 28. 10. 1999 (Rs. C-81/98 – »Alcatel«), Slg. 1999, I-7479 = VergabE A-1-4/99 = NZBau 2000, 150 = WuW 2000, 941 = ZVgR 2000, 1 = EUK 1999, 166.

947 Österreichischer Verfassungsgerichtshof, Beschl. v. 26. 6. 1997 (B 3486/96-10), ZVgR 1997, 221.

verfahrens die Frage an den EuGH gerichtet, ob es mit den Richtlinien vereinbar ist, dass Zuschlagserteilung und Vertragsabschluß in einem Akt zusammenfallen und deswegen gegen die Vergabeentscheidung des öffentlichen Auftraggebers als solche nicht isoliert vorgegangen werden kann. In Deutschland hat sich dieses **Problem**, das zu einem **Abschneiden des Rechtsschutzes** in denjenigen Fällen führen kann, in denen **Wertungsfehler in der abschließenden Angebotsauswertung** stattfinden, dadurch entschärft, dass seit 1. 2. 2001 gemäß § 13 VgV die Bieter **vorab über die beabsichtigte Zuschlagserteilung zu informieren** sind. Diese Regelung geht auf die Münzplättchen-Entscheidung der VK Bund[948] zurück, in der diese auf die bis 31. 1. 2001 existente Rechtsschutzlücke hingewiesen hat.

§ 114 III GWB stellt klar, dass die Entscheidung der Vergabekammer als **Verwaltungsakt** (VA) i.S.v. § 35 Satz 1 VwVfG ergeht[949] und sich dessen Vollstreckung[950] nach den **Verwaltungsvollstreckungsgesetzen** des Bundes und der Länder richtet. Diese Feststellung hat in allen Fällen, in denen die Entscheidung gegen eine Behörde der eigenen Körperschaft gerichtet ist, konstituierenden Charakter, weil es sonst für die Annahme eines VA an dem erforderlichen Merkmal der Außenwirkung fehlen würde. Gleichzeitig werden mit dieser Bestimmung die von Art. 2 I der Rechtsmittelrichtlinie verlangten wirksamen **Vollstreckungsmöglichkeiten** geschaffen. Ein Verwaltungsakt ist nach Maßgabe der Verwaltungsvollstreckungsgesetze für den Bieter durchsetzbar, also vollstreckbar. Eine andere Vollstreckungsmöglichkeit wäre theoretisch möglich gewesen, wenn die Bieter hätten Urteile erwirken können. Die Vergabekammern sind jedoch keine Gerichte, so dass diese Möglichkeit ausschied[951].

Allerdings sind die **Kostenfestsetzungsbeschlüsse der Vergabekammern nicht vollstreckbar**. Im Nachprüfungsverfahren kann eine Vollstreckbarkeit des Kostenfestsetzungsbeschlusses der Vergabekammer auch nicht über eine analoge Anwendung der §§ 103 ff. ZPO erreicht werden[952]. Ebenso gibt es keine Prozesszinsen.

Mit dem in § 114 III 2 GWB vorgenommenen Verweis auf § 57 GWB wird auf die Erfordernisse einer **Rechtsmittelbelehrung und Zustellung** der Entscheidung der Vergabekammer Bezug genommen. Hierbei handelt es sich um übliche rechtsstaatliche Anforderungen, die auch im Falle von Entscheidungen der Vergabekammern gelten müssen.

948 VK Bund, Beschl. v. 29. 4. 1999 (VK 1-7/99), VergabE D-1-7/99 = WuW 1999, 660 = BauR 1999, 1284 = ZVgR 1999, 70 = BB 1999, 1076 = EUK 1999, 75.

949 Die Beschlüsse der Vergabekammern werden daher entsprechend der Terminologie für Verwaltungsakte »bestandskräftig«, und nicht »rechtskräftig«, wie leider häufiger zu lesen ist.

950 Dazu OLG Düsseldorf, Beschl. v. 29. 4. 2003 (Verg 53/02), VergabE C-10-53/02. Vgl. auch *Byok*, NJW 2003, 2642.

951 Vgl. jedoch *Braun*, ZVgR 2000, 111, 112, der die Entscheidungen der Vergabekammern »ihrem Wesen nach« als Urteile tituliert und für die Mitglieder dieses Beschlusskörpers auch das Richterprivileg für gegeben erachtet.

952 OLG Düsseldorf, Beschl. v. 2. 6. 2005 (VII-Verg 99/04), VergabeR 2005, 821 = VS 2005, 55 [LS].

(2j) Aussetzung des Vergabeverfahrens, Vorabgestattung des Zuschlags und weitere vorläufige Maßnahmen

(2ja) Suspensiveffekt

136 Die einstweilige Aussetzung des Vergabeverfahrens, auch **Suspensiveffekt** genannt, ist ein **Kernstück** des GWB-Nachprüfungsverfahrens.

Mit dem **Zeitpunkt der Zustellung** des Antrags auf Nachprüfung **an den Auftraggeber** darf dieser den Zuschlag nicht erteilen (§ 115 I GWB)[953]. Der Suspensiveffekt tritt also erst mit der rechtswirksamen Zustellung an den Auftraggeber, nicht jedoch mit Einreichung des Antrags an die Vergabekammer ein[954]. Gegenüber privatrechtlich organisierten Auftraggebern existiert ein Sonderproblem, weil an sie nicht wie im Falle von Behörden (vorab) per Telefax – entsprechend den jeweiligen Verwaltungszustellungsgesetzen – zugestellt werden kann[955].

Hat die Vergabekammer den Suspensiveffekt durch Zustellung an den öffentlichen Auftraggeber nicht ausgelöst, so kann das mit dem Rechtsmittel befasste OLG die Zuschlagssperre von sich aus durch **erstmalige Zustellung** an den öffentlichen Auftraggeber herbeiführen[956]. Nach OLG Dresden[957] muss jedoch zuvor eine ablehnende Entscheidung der Vergabekammer ergangen sein.

Auf besonderen Antrag hin kann die Vergabekammer gemäß § 115 III 1 GWB untersagen, keine das Vergabeverfahren weiterbringende Handlung mehr vorzunehmen und etwa das begonnene Verhandlungsverfahren fortzusetzen[958] oder auch etwa die Angebotsfrist zu verlängern[959]. Diese Aussetzung des Verfahrens umfasst den **Zeitraum** bis zu einer Entscheidung der Vergabekammer und außerdem die zweiwöchige Beschwerdefrist für die Anrufung des Oberlandesgerichts (§ 117 I GWB).

Mit diesen Regelungen wird der **Rechtsschutz für den Bieter erst effektiv**. Bei der früheren »Haushaltsrechtlichen Lösung« gab es diesen Suspensiveffekt nicht, was dazu führte, dass die Vergabestelle trotz der erfolgten Einleitung des Überwachungsverfahrens schnell den Zuschlag erteilen konnte und so oftmals vollendete Tatsachen schuf. Der **Inbegriff des Primärrechtsschutzes** ist es jedoch, die Schaffung vollendeter Tatsachen zu vermeiden. Dem wird durch die Einführung eines Suspensiveffekts Rechnung getragen. Erteilt die Vergabestelle dennoch den Zuschlag, so verstößt sie gegen das in § 115 I GWB verankerte gesetzliche Verbot (§ 134 BGB) der Zuschlagserteilung, so dass der trotzdem geschlossene Vertrag nichtig ist.

---

953 Instruktiv: OLG Schleswig, Beschl. v. 1. 6. 1999 (6 Verg 1/99), VergabE C-15-1/99 = NZBau 2000, 96 = WuW 1999, 1259 = ZVgR 1999, 166 = EUK 1999, 152 = Behörden Spiegel 10/1999, S B II.

954 VK Baden-Württemberg, Beschl. v. 24. 3. 2004 (1 VK 14/04), VergabE E-1-14/04.

955 Dazu u.a. VK Magdeburg, Beschl. v. 27. 10. 2003 (VK 16/03 MD), VergabE E-14b-16/03. Das Problem wird in der Literatur von *Terner*, VergabeR 2004, 28, aufgegriffen.

956 BayObLG, Beschl. v. 9. 9. 2004 (Verg 18/04), VergabE C-2-18/04 = VS 2005, 6.

957 OLG Dresden, Beschl. v. 4. 7. 2002 (WVerg 11/02), VergabE C-13-11/02 = VergabeR 2002, 544 = WuW 2002, 1291 = Behörden Spiegel 9/2002, S. 18.

958 VÜA Baden-Württemberg als VK, Beschl. v. 8. 4. 1999 (1 VÜ 5/99), VergabE E-1-5/99 = EUK 1999, 91: Gefahr durch weitere Gespräche mit den Bietern. Zwar im Ergebnis abschlägig beschieden, aber instruktiv dazu: OLG Celle, Beschl. v. 29. 8. 2003 (13 Verg 15/03), VergabE C-9-15/03, Rn. 29.

959 OLG Celle, Beschl. v. 15. 7. 2004 (13 Verg 11/04), VergabE C-9-11/04.

Das Zuschlagsverbot tritt nicht ein, wenn die Vergabekammer den Nachprüfungsantrag wegen offensichtlicher Unzulässigkeit oder Unbegründetheit **nicht zugestellt hat**[960]. Das kommt jedoch relativ selten vor.

Der Suspensiveffekt muss sich auch auf die **zweiwöchige Notfrist** des § 117 I GWB erstrecken, denn der Bieter kann zunächst unterliegen und erst vor dem OLG Recht bekommen. Auch dieser Fall muss abgedeckt werden.

Prinzipiell gilt **ebenso vor dem OLG eine Art Suspensiveffekt**, so dass auch während des Entscheidungszeitraums des OLGs eine Zuschlagserteilung verhindert werden kann. Jedoch gibt hier es **Einschränkungen** des Suspensiveffekts insofern, als dieser zwei Wochen nach Ablauf der Beschwerdefrist **automatisch entfällt** und daher **erneut beantragt** werden muss, worüber das OLG dann vorab entscheidet[961]. Siehe im Einzelnen die Erläuterungen unter Rdn. 139.

(2jb) Antrag auf Vorabgestattung des Zuschlags

137 **Einschränkungen des Suspensiveffekts** sind aber auch schon im **Verfahren vor der Vergabekammer** von Bedeutung, weil gemäß § 115 II GWB die Vergabekammer dem Auftraggeber gestatten kann, den Zuschlag nach Ablauf von zwei Wochen seit Bekanntgabe der Entscheidung der Vergabekammer zu erteilen. Diese zwei Wochen entsprechen der Beschwerdefrist (Notfrist) für die Anrufung des OLG im sofortigen Beschwerdeverfahren.

Voraussetzung für die Erteilung der Erlaubnis, den Zuschlag nach Ablauf dieser zwei Wochen erteilen zu können, ist, dass *»unter Berücksichtigung aller möglicherweise geschädigten Interessen sowie des Interesses der Allgemeinheit an einem raschen Abschluss des Vergabeverfahrens die nachteiligen Folgen einer Verzögerung der Vergabe bis zum Abschluss der Nachprüfung die damit verbundenen Vorteile überwiegen«* (§ 115 II 1 GWB).

Die Vergabekammern haben insgesamt eine **äußerst zurückhaltende Praxis der Vorabgestattung des Zuschlags** erkennen lassen. Die Anforderungen für einen erfolgreichen Antrag nach § 115 II 1 GWB sind als ausgesprochen hoch zu qualifizieren. Selbst die Darlegung hoher Folgeschäden infolge einer weiteren Verzögerung vermag die Vergabekammern häufig nicht von der Notwendigkeit vorzeitiger Zuschlagserteilung zu überzeugen[962]. Nur in wenigen Fällen ist dem Antrag auf Vorabgestattung stattgegeben worden, so bei einer Vergabe von Versicherungsleistungen, wo die Frage im Raum stand, unbedingt bis Ende des Jahres die neue Versicherung bezuschlagen zu müssen, um erstens einen durchgehenden Versicherungsschutz sicherzustellen und zweitens der öffentlichen Hand deutlich preiswerteren Versicherungsschutz zur Verfügung stellen zu können, um dadurch einige Hunderttausend DM sparen zu können[963].

960 KG Berlin, Beschl. v. 26. 10. 1999 (Kart Verg 8/99), VergabE C-3-8/99 = NZBau 2000, 262 = BauR 2000, 568 = EUK 2000, 9.

961 Verneint im Fall: OLG Düsseldorf, Beschl. v. 19. 5. 2005 (VII-Verg 26/05 – »Sportrasen«), VS 2005, 46. Instruktiv dazu auch: OLG Dresden, Beschl. v. 17. 6. 2005 (WVerg 8/05), NZBau 2006, 197 = VergabeR 2005, 812 = VS 2005, 86.

962 Siehe z.B. VK Sachsen, Beschl. v. 28. 5. 2001 (1 VK 40/01 g), Vergabe E-13-40/01v.

963 Z.B.: VK Nordbayern, Beschl. v. 9. 12. 1999 (320.VK-3194-22/99), VergabE E-2a-22/99 = EUK 2000, 29.

Ein Weiteres kommt hinzu: Eine Vergabestelle, die erklärtermaßen einen »extrem knappen Zeitplan« bei der Realisierung ihres Beschaffungsvorhabens fährt und damit die **Zeitnot selbst hervorruft** (und dies ist in vielen Fällen so), **mindert** nach Auffassung der Gerichte ihre **Chancen**, einen begründeten Antrag auf Vorabgestattung des Zuschlags nach § 115 II GWB zu stellen[964].

Das Beschwerdegericht, also das OLG, kann gemäß § 115 II 2 GWB auf Antrag des Bieters das **Verbot der Zuschlagserteilung** (§ 115 I GWB) **wiederherstellen**. Ebenso kann im umgekehrten Fall gemäß § 115 II 3 GWB das OLG auf Antrag des Auftraggebers unter den Voraussetzungen des § 115 II 1 GWB (Interessenabwägung) den sofortigen Zuschlag gestatten, wenn die Vergabekammer dies nicht gestattet hat. Hierbei ist entsprechend den Anforderungen des § 115 II 4 i.V.m. § 121 II 1 GWB zu beachten, dass der Antrag schriftlich gestellt und begründet werden muss sowie die besondere Eilbedürftigkeit glaubhaft zu machen ist.

Nach anfänglicher kompletter Sperrung gegen die **Berücksichtigung der Erfolgsaussichten** in der Hauptsache in dem Beschwerdeverfahren zum Zwischenverfahren nach § 115 II 1 GWB hat sich im Jahre 2001 eine gewisse Lockerung gezeigt. So haben das **OLG Dresden** und das **OLG Celle**[965] betreffend das Verfahren zur Vorabgestattung der Zuschlagserteilung die Einbeziehung der Erfolgsaussichten der Hauptsache zumindest dann für grundsätzlich berücksichtigungsfähig erachtet, wenn der Misserfolg des Nachprüfungsantrages in der Hauptsache auf der Hand liegt oder im umgekehrten Fall sein Erfolg greifbar ist. Der Senat führt aus, der Auftraggeberin sei »*zuzugeben, dass es mit* ***einem rechtsstaatlichen Verfahrensverständnis kaum in Einklang zu bringen*** *wäre, wollte man die* ***Erfolgsaussichten*** *in der Hauptsache* ***auch dann außer Acht lassen****, wenn der insoweit* ***zu beurteilende Sachverhalt offen zu Tage liegt*** *und dieser Eindeutigkeit wegen bei der summarischen Prüfung, die der im Eilverfahren nach § 115 GWB zu treffenden Vorabentscheidung zugrunde liegt, unschwer berücksichtigt werden könnte. Auch* ***Sinn und Zweck des Vergabenachprüfungsverfahrens*** *dürften es regelmäßig nicht rechtfertigen (und schon gar nicht gebieten), bei einem entsprechenden Abwägungsergebnis im Übrigen den Zuschlag vorab zu gestatten, obwohl alles für einen* ***späteren Erfolg*** *des laufenden Nachprüfungsverfahrens spricht,* ***oder umgekehrt*** *die vorzeitige Zuschlagsgestattung auszuschließen, obwohl die* ***Aussichtslosigkeit*** *des Nachprüfungsantrages, dessen Zustellung die Sperre des § 115 I GWB ausgelöst hat, auf der Hand liegt.*« Trotz allem will der Schritt ins Zwischenverfahren vor die Vergabekammer (§ 115 II 1 GWB) sowie vor das OLG (§ 115 II 3 GWB) wohlüberlegt sein.

Merke: Die **Erfolgsaussichten** in der Hauptsache spielen bei dem Antrag nach § 115 II GWB nach herrschender Auffassung **grundsätzlich keine Rolle**. Nur dann, wenn sich mangelnde Erfolgsaussichten **geradezu aufdrängen**, ist eine

964 OLG Celle, Beschl. v. 17. 1. 2003 (13 Verg 2/03), VergabE C-9-2/03v = VergabeR 2003, 367 = BauR 2003, 1093 = Behörden Spiegel 5/2003, S 22. In dieser Richtung auch VK Münster, Beschl. v. 10. 11. 2004 (VK 29/04), VergabE E-10e-29/04.

965 OLG Dresden, Beschl. v. 14. 6. 2001 (WVerg 0004/01), VergabE C-13-04/01 = VergabeR 2001, 342 = EUK 2001, 104 = Behörden Spiegel 7/2001, S. 18; OLG Celle, Beschl. v. Beschl. v. 21. 3. 2001 (13 Verg 4/01), VergabE C-9-4/01 = VergabeR 2001, 338 = WuW 2001, 802 = EUK 2001, 89 = Behörden Spiegel 6/2001, S. B II.

solche Berücksichtigung in Einzelfällen möglich; es kommt dann ausnahmsweise auf die an sich erforderliche Interessenabwägung nicht mehr an[966, 967].

(2jc) Untersagung sonstiger Verhaltensweisen (auch einer Interimsvergabe?)

138 § 115 III GWB regelt den bereits angesprochenen Fall, dass die Vergabestelle auf andere Weise als durch die Zuschlagserteilung in die Rechte des Bieters aus § 97 VII GWB eingreifen kann[968]. Nicht allein durch die Zuschlagserteilung sind **rechtswidrige Verhaltensweisen denkbar**, sondern auch durch die Fortführung des Nichtoffenen Verfahrens, des Verhandlungsverfahrens usw.

Dieser Antrag wird in den für einschlägig erachteten Fällen regelmäßig im Vergabekammerverfahren zu stellen sein. Das OLG Naumburg hat festgestellt, dass die Beantragung von Maßnahmen nach § 115 III 1 GWB auch im Beschwerdeverfahren statthaft ist[969].

Die Voraussetzung der erweiterten Kompetenzen der Vergabekammern ist nach § 115 III 2 GWB, dass eine **Interessenabwägung** wie im Falle des § 115 II 1 GWB stattfindet. Auch bei diesen Kompetenzen soll die Realisierung öffentlicher Beschaffungen nicht mehr als nötig beeinträchtigt werden. Diesbezügliche Entscheidungen im Rahmen der erweiterten Kompetenzen sind wie schon im Falle der gesonderten Entscheidung über die Zuschlagserteilung nicht separat angreifbar (§ 115 III 3 GWB).

Auf den ersten Blick ist bezüglich der Beantragung weiterer vorläufiger Maßnahmen auch an die **Untersagung von Interimsvergaben** zu denken. Eine solche Untersagung von Interimsvergaben wird von den Spruchkörpern jedoch abgelehnt.

Für einen Antrag nach § 115 III GWB, der allein darauf gerichtet ist, zu verhindern, dass die für eine Übergangszeit zu erbringende Leistung auf diejenigen Bieter übertragen wird, die nach der (im Hauptsacheverfahren angegriffenen) Zuschlagsentscheidung den Auftrag erhalten sollen, **fehlt** gemäß der VK Hessen[970] das **Rechtsschutzbedürfnis**. Die von der Antragstellerin behauptete fehlende Eignung der für den Auftrag/Zuschlag und für die Leistungserbringung in der Übergangszeit ausgewählten Bieter kann der Kammer nach nicht Gegenstand der Prüfung im Eilverfahren nach § 115 III GWB sein, sondern sie bleibt dem Hauptsacheverfahren vorbehalten.

966 OLG Celle, Beschl. v. 19. 8. 2003 (13 Verg 20/03), VergabE C-9-20/03v = EUK 2003, 139: »*Die Gestattung der vorzeitigen Zuschlagserteilung wegen fehlender Erfolgsaussicht kommt nur in solchen Fällen in Betracht, in denen sich die Unzulässigkeit oder Unbegründetheit des Nachprüfungsantrags sofort erschließt.*«

967 Antrag nach § 115 II GWB bejaht von: VK Schleswig-Holstein, Beschl. v. 8. 7. 2005 (VK-SH 18/05), VS 2005, 77.

968 Instruktiv dazu: OLG Celle, Beschl. v. 29. 8. 2003 (13 Verg 15/03), VergabE C-9-15/03, Rn. 29.

969 OLG Naumburg, Beschl. v. 9. 8. 2006 (1 Verg 11/06), VS 2006, 80 [LS].

970 VK Hessen, Beschl. v. 10. 1. 2005 (VK 96/2004), VS 2005, 79 [LS].

Es existiert **kein Anspruch** derjenigen Bieterin (= Antragstellerin im Nachprüfungsverfahren), welche die Leistung bisher erbracht hat, mit der vorläufigen Erbringung der ausgeschriebenen Leistung für eine Übergangszeit beauftragt zu werden[971].

Ausgehend von diesem nicht existierenden materiellen Rechtsanspruch **kommt es nicht einmal auf die Frage an, wie wahrscheinlich oder ein unwahrscheinlich ein Obsiegen oder Unterliegen der Antragstellerin ist**[972]. Entscheidend sind demnach lediglich die rein objektiven Gesichtspunkte des erreichten Vertragsendes mit dem Vorauftragnehmer, die Offenheit des Ausgangs des noch immer fortdauernden Öffentlichen Ausschreibungsverfahrens und der Nichtabschluss des GWB-Nachprüfungsverfahrens.

Auch der Umstand, dass die betreffende Antragstellerin angesichts des ungewissen Ausgangs **Personal vorhalten muss**, spielt keine Rolle[973]. Diese ungewisse Situation betrifft aber letztlich die Interims-Beauftragte, wenn es nicht die Vorauftragnehmerin ist, gleichermaßen, weil sie ebenfalls nicht weiß, wie lange diese Interims-Beauftragung dauert, bis sie den endgültigen Zuschlag erhält.

Es ist aus Sicht des öffentlichen Auftraggebers darüber hinaus **legitim** und nicht in der geringsten Weise zu beanstanden, von der Richtigkeit des von ihm durchgeführten Vergabeverfahrens überzeugt zu sein und im Vorgriff auf den erwarteten Misserfolg des Nachprüfungsverfahrens bzw. ggf. den Erfolg der Sofortigen Beschwerde die für die Bezuschlagung vorgesehene Bieterin interimsweise zu beauftragen. Dieses rechtmäßige (Alternativ-)Verhalten kann daher aus Sicht der Antragstellerin im Nachprüfungsverfahren selbst im Falle des von ihr erwarteten anderen Ausgangs zu **keinen Schadensersatzansprüchen** führen.

Der Auftraggeber hat lediglich die Pflicht, zur Vermeidung einer »Aushöhlung« der zu vergebenden Leistung, die **Dauer der Interimsbeauftragung** auf das **unbedingt erforderliche Maß** zu **beschränken**[974]. Von einer rechtswidrigen de-facto-Vergabe oder gar einer Umgehung des europäischen Ausschreibungsrechts kann unter Einhaltung dieser Grundsätze nicht gesprochen werden[975].

Im Gegenteil: Die regelmäßig eintretende **Situation einer Interims-Beauftragung** ist gerade die **vom Gemeinschaftsgesetzgeber in Kauf genommene Folgewirkung** der Nachprüfbarkeit von öffentlichen Auftragsvergaben.

---

971 VK Hessen, Beschl. v. 10. 1. 2005 (VK 96/2004): »*Es ist keine Rechtsgrundlage ersichtlich, aus der ein Anspruch abzuleiten wäre, dass diese Unternehmen vorrangig oder ausschließlich für eine Übergangslösung vorzusehen wären (vgl. auch OLG Celle, Beschl. v. 29. 8. 2003, 13 Verg 15/03).*«

972 OLG Celle, Beschl. v. 29. 8. 2003 (13 Verg 15/03), VergabE C-9-15/03: »*Diese bloße Wahrscheinlichkeit gab ihr indessen keinen Anspruch darauf, die Reinigungs- und Desinfektionsarbeiten bereits vorzunehmen, solange das offene Verfahren nicht abgeschlossen war.*«

973 OLG Celle a.a.O.: »*Hierauf hat der Umstand keinen Einfluss, dass die Antragstellerin Personal vorhalten muss, das sie erst nach Abschluss des (offenen) Vergabeverfahrens wieder einsetzen konnte.*«

974 VK Hessen, Beschl. v. 10. 1. 2005 (VK 96/2004), LS: »*Der Auftraggeber hat zur Vermeidung einer ›Aushöhlung‹ des zu vergebenden Auftrags die Dauer der Übergangslösung auf das unbedingt Notwendige zu beschränken.*«

975 Vgl. VK Baden-Württemberg, Beschl. v. 7. 8. 2002 (1 VK 42/02), VergabE E-1-42/02 = Behörden Spiegel 1/2003, 18.

Prämisse bei dieser Sichtweise ist,
- dass über die Interimsbeauftragung **innert sehr kurzer Zeit entschieden** werden muss (was bei einem Nachprüfungsverfahren mit etwaigem Beschwerdeverfahren und nicht absehbarer, u.U. aber bereits kurzfristiger Terminierung vor dem OLG, in der Regel der Fall ist[976]) und,
- dass der **Auftragswert** der Interimsbeauftragung **unterhalb des EU-Schwellenwertes** liegt[977].

Liegt der **Wert der Interimsleistungen jedoch oberhalb der EU-Schwelle** und/oder stellt sich im Nachprüfungsverfahren heraus, dass die Ausschreibung komplett aufgehoben werden muss, verbunden mit einer (Verpflichtung zur) **Neuausschreibung**, deren Beginn und Abschluss noch nicht absehbar ist, so spricht einiges dafür, dass mit den Bietern, die sich am Vergabeverfahren beteiligt haben, **Verhandlungsgespräche** über diese Interims-Vergabe geführt werden müssen. Anderenfalls ist die dann vorgenommene Vergabe an einen einzigen Unternehmer ohne Vorabinformation gemäß § 13 S. 6 VgV nichtig[978].

Diese **Verhandlungen über eine Zwischenlösung** (Interimsvergabe) sollen gemäß dem OLG Dresden mit denjenigen Unternehmen zu führen sein, die sich an der aufgehobenen Ausschreibung **mit einem Angebot beteiligt** haben, das keine oder jedenfalls keine unter Gleichheitsgesichtspunkten beachtlichen Mängel aufgewiesen hat. Das ist insoweit konsequent.

Die Entscheidung des OLG Dresden **beantwortet allerdings zwei Fragen nicht**, und zwar, wie
- erstens dann zu verfahren ist, wenn **alle Angebote** der teilnehmenden Bieter **formal mangelhaft** waren, das Nachprüfungsverfahren aber aus einem anderen Grunde (nämlich z.B. wegen einer mangelhaften Leistungsbeschreibung) Erfolg hatte,
- und wie es zweitens gerechtfertigt sein soll, wenn ausgerechnet mit dem **Antragsteller** nicht verhandelt werden müsste, der nur als **potentieller Bieter** die Aufhebung erstritten hat, aber gerechtfertigterweise auf eine formale Angebotsabgabe verzichtet hat, weil es ihm nicht zumutbar ist, auf eine offensichtlich rechtswidrige Ausschreibung ein (Pseudo-)Angebot abzugeben.

Die Idee des OLG Dresden, dass sich das Vergabeverfahren als solches materiell auch im Hinblick auf die Interims-Vergabe fortsetzt, hat ansonsten einiges an Argumenten für sich.

dd) Oberlandesgericht; sofortige Beschwerde

139 Die **Oberlandesgerichte** (OLGs) bilden die **gerichtliche Instanz** in den Nachprüfungsverfahren. Erst mit der seit 1. 1. 1999 geltenden kartellrechtlichen Lösung

976 Nicht so in dem nacherwähnten Fall des OLG Dresden, in dem nach Aufhebung der Ausschreibung im April 2007 erst im Januar 2008 die OLG-Entscheidung erging: OLG Dresden, Beschl. v. 25. 1. 2008 (WVerg 10/07), VS 2008, 30.

977 Nicht so in dem nacherwähnten Fall des OLG Dresden: Beschl. v. 25. 1. 2008 (WVerg 10/07), VS 2008, 30.

978 OLG Dresden, Beschl. v. 25. 1. 2008 (WVerg 10/07), VS 2008, 30.

wurde die seit Beginn der 90er Jahre völlig zu Recht geforderte gerichtliche Nachprüfung erreicht.

(1) Zulässigkeit; Zuständigkeit

140 Die Oberlandesgerichte können zur Überprüfung der Entscheidungen der Vergabekammern **im Wege der sofortigen Beschwerde** angerufen werden. Alle Verfahrensbeteiligten, also Auftraggeber, Auftragnehmer und die Beigeladenen, sind berechtigt, dieses Verfahren einzuleiten (§ 116 I GWB).

Ähnlich wie in der Verwaltungsgerichtsordnung (§§ 63 Nr. 3, 127 VwGO), steht auch der Beigeladenen im Verhältnis zur Antragstellerin das Recht auf Anschlussberufung bzw. **Anschlussbeschwerde** zu[979].

Wie im allgemeinen Zivilprozessrecht auch, wird zwischen der **selbständigen Anschlussbeschwerde**, die innerhalb der Rechtsmittelfrist seitens eines weiteren Verfahrensbeteiligten erfolgt (meist der Beigeladenen), und der **unselbständigen Anschlussbeschwerde**, die außerhalb der Rechtsmittelfrist eingelegt wird und deren Schicksal mit der Hauptbeschwerde untrennbar verknüpft ist (im Falle der Rücknahme der Beschwerde ist auch sie nicht mehr existent), unterschieden[980].

Die **unselbständige Anschlussbeschwerde** muss nach herrschender Auffassung entsprechend der Frist des § 117 I GWB – anders als die Anschlussberufung im Zivilprozess mit der 1-Monatsfrist gemäß § 524 II 2 ZPO – **zwei Wochen nach der formalen Zustellung der Beschwerdeschrift** eingelegt werden[981].

Nur die **Endentscheidungen der Vergabekammer** unterliegen der Nachprüfung durch die gerichtliche Instanz. Damit sind alle Entscheidungen gemeint, die als Verwaltungsakt im Sinne des § 114 III 1 GWB ergehen[982]. So ist beispielsweise eine sofortige Beschwerde gegen die Entschließung der Vergabekammer, den Nachprüfungsantrag dem öffentlichen Auftraggeber zuzustellen (§ 110 II 1 GWB) unzulässig[983]. Auch eine (isolierte) sofortige Beschwerde gegen die Ablehnung der Kammer, in ihrem Beschluss eine Sachverhaltsberichtigung vorzunehmen, ist unzulässig[984]. Nicht beschwerdefähig sind außerdem sog. Zwischenentscheidungen wie solche über die Beiladung oder über vorläufige Maßnahmen im Sinne des § 115 III 3 GWB[985]. Beschwerdefähig ist jedoch beispielsweise die Kostengrund-

---

979 OLG Thüringen, Beschl. v. 5. 12. 2001 (6 Verg 4/01), VergabE C-16-4/01-2 = VergabeR 2002, 256 = Behörden Spiegel 11/2002, S. 24 .

980 OLG Naumburg, Beschl v. 17. 2. 2004 (1 Verg 15/03), NZBau 2004, 403; BayObLG, Beschl. v. 5. 11. 2002 (Verg 22/02), VergabeR 2003, 186; OLG Düsseldorf, Beschl. v. 8. 5. 2002 (Verg 15/01), VergabE C- 10-15/01.

981 BayObLG. Beschl. v. 23. 3. 2004 (Verg 3/04), VergabeR 2004, 530; OLG Düsseldorf, Beschl. v. 25. 2. 2004 (Verg 9/02). Siehe dazu: *Jaeger*, in Byok/Jaeger, Kommentar zum Vergaberecht, 2. Aufl. 2005, Rn. 1132 zu § 116; *Wiese*, in: Wirth, Darmstädter Baurechtshandbuch, Bd. 3-Vergaberecht, 2. Aufl. 2005, V. Teil, Rn. 61 ff, m.w.N.

982 Zur Möglichkeit der Beschwerdeeinlegung gegen einen unwirksamen Beschluss: OLG Düsseldorf, Beschl. v. 22. 1. 2001 (Verg 24/00), VergabE C-10-24/00 = VergabeR 2001, 154 = NZBau 2001, 520.

983 OLG Düsseldorf, Beschl. v. 18. 1. 2000 (Verg 2/00), VergabE C-10-2/00 = EUK 2000, 43.

984 OLG Saarbrücken, Beschl. v. 29. 9. 2005 (11 Verg 5/05), VS 2005, 93.

985 Vgl. *Wiese*, in: Wirth, Darmstädter Baurechtshandbuch, Bd. 3-Vergaberecht, 2. Aufl. 2005, V. Teil, Rn. 1.

entscheidung, mit der die abgelehnte Feststellung der Notwendigkeit der Hinzuziehung des anwaltlichen Verfahrensbevollmächtigten begehrt wird[986].

Das OLG Düsseldorf[987] stellt heraus, dass es sich bei der **Entscheidung über die Akteneinsicht** lediglich um eine **Zwischenentscheidung** handelt. Diese ist gemäß der gesetzlichen Regelung in § 111 IV GWB und der darauf fußenden mehrheitlichen Rechtsprechung zumindest **im Falle von deren Versagung** grundsätzlich nicht gesondert (= isoliert), sondern nur zusammen mit der Hauptsache angreifbar[988]. In dieser Konstellation der Verweigerung des Akteneinsichtsrechts ist es dem Bieter, wie *Otting* zutreffend hervorhebt, zumutbar, die Versagung zusammen mit der Hauptsacheentscheidung anzugreifen. Er wird durch den Beschluss der Vergabekammer regelmäßig in einem solchen Maße beschwert sein, dass er die Sofortige Beschwerde zur Hauptsache ohnehin erhebt. Richtet sich die Sofortige Beschwerde jedoch – in der entgegengesetzten Konstellation – isoliert auf den Gesichtspunkt der **Gewährung der Akteneinsicht**, die den Bieter erst in die Lage versetzt hat, mögliche Vergaberechtsverletzungen aufzudecken, so ist gemäß der fortentwickelten Rechtsprechung des OLG Düsseldorf[989] eine Ausnahme vorzusehen. Bislang wurde diese isolierte Angreifbarkeit unter Verweis auf die nicht gegebene Angreifbarkeit in der umgekehrten Situation der Versagung der Akteneinsicht überwiegend abgelehnt[990]. Das OLG Düsseldorf hebt in der Entscheidung aus Ende 2007 hervor, dass einzig eine isolierte Angreifbarkeit der Rechtsweggarantie des Art. 19 IV GG gerecht wird. Schließlich ist dabei durchaus zu Recht das Argument zu würdigen, dass eine Sofortige Beschwerde gegen die Erteilung der Akteneinsicht nicht ausdrücklich im 4. Abschnitt des GWB für unzulässig erklärt worden ist. Der damit aufgeworfene strukturelle Widerspruch zu der Entscheidung des OLG Hamburg[991], welches die separate Angreifbarkeit einer für zu weit gehaltenen Akteneinsicht verneint hatte, rechtfertigt keine (oder besser: verpflichtet zu keiner) Divergenzvorlage an den BGH gemäß § 124 II 1 GWB, weil es sich nicht um eine Divergenz zu einer (erheblichen) Frage in der Hauptsache, sondern eben nur um eine Divergenz zu einer Rechtsfrage aus dem Bereich der Verfahrensentscheidungen handelt. Diese Einschätzung ist zwar sachlich korrekt, allerdings hätte man sich hierzu lieber ein BGH-Judikat gewünscht.

Andererseits unterliegen **selbständig anfechtbare Nebenentscheidungen** wie der Bescheid, durch den die Vergabekammer die von einem Beteiligten im Verfahren vor der Kammer zu erstattenden Kosten festsetzt (§ 128 IV 3 GWB), der sofortigen Beschwerde[992].

---

986 OLG Brandenburg, Beschl. v. 11. 12. 2007 (Verg W 6/07).

987 OLG Düsseldorf, Beschl. v. 28. 12. 2007 (VII-Verg 40/07), VergabeR 2008, 281, mit Anm. *Noch*.

988 *Otting*, in: Bechtold, GWB-Kommentar, 4. Aufl. 2006, Rn. 7 zu § 111; *Byok*, in: Byok/Jaeger, Kommentar zum Vergaberecht, 2. Aufl. 2005, Rn. 1050 zu § 111; *Noch*, in Müller-Wrede, Kommentar zur VOL/A, Rn. 150 zu § 32a.

989 OLG Düsseldorf, Beschl. v. 28. 12. 2007 (VII-Verg 40/07), VergabeR 2008, 281, mit Anm. *Noch*.

990 *Otting*, in: Bechtold, GWB-Kommentar, 4. Aufl. 2006, Rn. 7 zu § 111, unter Verweis auf OLG Hamburg, Beschl. v. 2. 12. 2004–1 Verg 2/04. Für eine Angreifbarkeit auch in diesem Fall aber bereits *Byok*, in: Byok/Jaeger, Kommentar zum Vergaberecht, 2. Aufl. 2005, Rn. 1051 zu § 111.

991 OLG Hamburg, Beschl. v. 2. 12. 2004 (1 Verg 2/04).

992 OLG Saarbrücken, Beschl. v. 26. 3. 2004 (1 Verg 3/04); OLG Celle, Beschl. v. 14. 7. 2003 (13 Verg 12/03), VergabE C-9-12/03k; OLG Düsseldorf, Beschl. v. 20. 7. 2000 (Verg 1/00), VergabE C-10-1/00 = NZBau 2000, 486 = BauR 2000, 1626 = ZVgR 2000, 277 = EUK 2000, 138; BayObLG, Beschl. v. 29. 9. 1999 (Verg 4/99), VergabE C-2-8/99 = EUK 2000, 10.

Das Beschwerdeverfahren kann gemäß § 116 II GWB **auch dann** eingeleitet werden, **wenn** die **Vergabekammer untätig geblieben** ist bzw. nicht innerhalb der Fünf-Wochen-Frist des § 113 I 1 GWB respektive in dem definierten Zeitraum einer Verlängerung nach § 113 I 2 GWB entschieden hat[993]. In diesem Fall gilt dann eine Ablehnungsfiktion[994].

Die **örtliche Zuständigkeit** des OLGs richtet sich nach dem Sitz der in der Vorinstanz angerufenen Vergabekammer (§ 116 III 1 GWB). Zuständig innerhalb des OLG's ist der Vergabesenat (§ 116 III 2 GWB). Vergabesenate wurden bei den Oberlandesgerichten gebildet[995].

Die **Länder** können durch Rechtsverordnung die Behandlung von Vergabestreitsachen anderen Oberlandesgerichten oder dem Obersten Landesgericht zuweisen (§ 116 IV GWB). Die Landesregierungen können diese Ermächtigung auch auf die Landesjustizverwaltungen übertragen. Mit dieser Regelung des § 116 IV GWB wird der **Organisationshoheit der Länder** bezüglich des Justizwesens Rechnung getragen. Außerdem spielen diesbezüglich die Kosten für die Einrichtung der Vergabesenate eine Rolle. Die Möglichkeit der Verlagerung auf ein einziges Oberlandesgericht bewirkt Kostenreduzierungen. So finden sich denn auch in einigen Bundesländern Vergabesenate nur an einem von mehreren möglichen Oberlandesgerichten (z.B. in NRW nur beim OLG Düsseldorf).

(2) Frist; Form

141 Die **sofortige Beschwerde** muss gemäß § 117 I GWB binnen der schon angesprochenen **Zwei-Wochen-Frist** (Notfrist) eingelegt werden. Die Berechnung der Zwei-Wochen-Frist richtet sich nach den §§ 120 II, 73 Nr. 2 i.V.m. § 222 I ZPO i.V.m. § 188 II Alt. 1 BGB[996]. Die 2-Wochen-Frist endet mit dem Ablauf des Tages der übernächsten Woche, dem der Tag entspricht, an dem die Zustellung bewirkt wurde[997].

Wegen der Kürze der Beschwerdefrist wird die **sofortige Beschwerde meist durch Telefax** eingelegt. Hierbei ist darauf zu achten, dass der Rechtsanwalt die Kopiervorlage eigenhändig unterzeichnet hat und die Kopie die Unterschrift wiedergibt[998].

Im Hinblick auf eine **Verfristung** kann sich der Verfahrensbevollmächtigte **in aller Regel nicht exkulpieren**[999]. Dieses Verschulden der Verfahrensbevollmächtigten muss sich die Beschwerdeführerin entsprechend § 85 II ZPO zurechnen lassen.

993 OLG Koblenz, Beschl. v. 31. 8. 2001 (1 Verg 3/01), VergabE C-11-3/01v = NZBau 2001, 641 = EUK 2001, 154.

994 Vgl. dazu: OLG Naumburg, Beschl. v. 13. 10. 2006 (1 Verg 7/06), NZBau 2007, 200; OLG Dresden, Beschl. v. 17. 6. 2005 (WVerg 8/05), NZBau 2006, 197 = VergabeR 2005, 812 = VS 2005, 86.

995 Übersicht etwa bei: *Jaeger*, in: Byok/Jaeger, GWB-Kommentar, 2. Aufl. 2005, Rn. 114 zu § 116.

996 OLG Koblenz, Beschl. v. 15. 5. 2003 (1 Verg 3/03), VergabeR 2003, 567.

997 OLG Koblenz, Beschl. v. 15. 5. 2003 (1 Verg 3/03), VergabeR 2003, 567 = BauR 2003, 1784 = VergabE C-11- 3/03, Rn. 52.

998 *Wiese* in: Wirth, Darmstädter Baurechtshandbuch, Band 3 – Vergaberecht, 2. Aufl. 2005, Teil V., Rn. 11.

999 Siehe *Jaeger* in Byok/Jaeger, Kommentar zum Vergaberecht, 2. Aufl. 2005, Rn. 1151 zu § 117: *»...schon leichte Fahrlässigkeit verhindert die Wiedereinsetzung ...«.*

Keine Wiedereinsetzung in den vorigen Stand hat das OLG Koblenz[1000] gewährt, als ein Organisationsverschulden der Anwaltskanzlei in der Weise vorgelegen hat, dass eine Kanzleibedienstete **bei der Telekom die Telefax-Nummer des Oberlandesgerichts erfragt**, diese jedoch falsch ist (die des Grundbuchamtes) und es daher zu einer verfristeten Beschwerdeeinlegung gekommen ist.

In einem Fall des OLG Düsseldorf[1001] ging der Beschwerdeschriftsatz erst einen Tag nach dem Ablauf der Beschwerdefrist bei der Geschäftsstelle des Senats ein. Ursächlich hierfür war die aufgrund einer falschen Vorwahl-Nummer nicht funktionierende Fax-Übermittlung. In der elektronischen Akte des Bevollmächtigten des Antragstellers war die **Fax-Nummer** des Gerichts von der Mitarbeiterin des Bevollmächtigten fehlerhaft eingegeben worden (**0221 für Köln anstatt 0211 für Düsseldorf**). Als die Übermittlung per Fax nicht gelang, verglich die Mitarbeiterin die gewählte Nummer mit der im Computer enthaltenen, konnte damit also den Fehler nicht finden. Der Rechtsanwalt hat diesen bei der Unterschrift des mit der Fax-Nummer versehenen Schreibens ebenfalls nicht bemerkt. Erst am Morgen des 28. 12. entdeckte die Mitarbeiterin den Fehler. Der Antragsteller stellte am 10. 1. 2006 einen Antrag auf Wiedereinsetzung in den vorigen Stand gegen die Fristversäumung. Mit der sofortigen Beschwerde beantragt er, ihm Wiedereinsetzung zu erteilen. Die sofortige Beschwerde ist nach Auffassung des Senats unzulässig, weil sie verspätet eingelegt ist und Wiedereinsetzung nicht in Betracht kommt. **Wiedereinsetzung kann nur bei schuldloser Fristversäumnis gewährt werden**. Das Verschulden des Bevollmächtigten ist dabei dem Antragsteller zuzurechnen (§§ 233, 85 II ZPO). Den Rechtsanwalt trifft hier ein **Organisationsverschulden**, weil er seinem Büro **keine allgemeine Anweisung** erteilt hatte, **wie im Falle von Übermittlungshindernissen bei einem erst am letzten Tag vor Ablauf einer Frist eingereichten Schriftsatz zu verfahren ist**. Die bloße Anweisung, bei Übermittlungsproblemen die Wahlwiederholungstaste zu drücken, wäre in jedem Fall unzureichend. Es muss dafür gesorgt sein, dass der Sendevorgang innerhalb der Frist mit der notwendigen Gewissheit abgeschlossen werden kann. So hätte etwa die Anweisung bestehen müssen, dass die in die elektronische Akte eingegebenen Telefax-Nummern überprüft und, falls notwendig, korrigiert werden. Diesen Anforderungen wurde hier nicht genügt. Eine Anweisung, die Fax-Nummer mit den Daten im Computer zu vergleichen, reicht nicht aus. Denn damit lässt sich nicht feststellen, ob es sich um die richtige Nummer handelt. Geeignet wäre nur die Überprüfung anhand einer objektiven Erkenntnisquelle, etwa eines allgemein zugänglichen **Verzeichnisses von Fax-Nummern oder eines Schreibens des Gerichts**. Es wäre Sache des Antragstellers, darzulegen, dass ein Verschulden ausscheidet, was ihm vorliegend nicht gelungen ist. Die Beschwerde ist damit, weil Wiedereinsetzung nicht gewährt werden kann, unzulässig.

Hält die Antragstellerin die **Notfrist** zur Einlegung der sofortigen Beschwerde nicht ein (§ 117 I GWB), so kann ihr daher **nur unter ganz besonderen Umständen** auf ihren Antrag hin **Wiedereinsetzung in den vorigen Stand** gewährt werden (§ 233 ZPO). Dann ist die **Frage der Zurechnung und des Parteiverschuldens** zu

1000 OLG Koblenz, Beschl. v. 22. 4. 2002 (1 Verg 1/02), VergabE C-11-1/02.

1001 OLG Düsseldorf, Beschl. v. 25. 7. 2006 (Verg 97/05). Siehe dazu: »*Nicht nur im Karneval: Köln und Düsseldorf dürfen nicht verwechselt werden – Oder: Anforderungen an die anwaltliche Organisation*«, VS 2007, 11.

prüfen. Grundsätzlich nicht zugerechnet wird ein Verschulden des Büropersonals des Verfahrensbevollmächtigten[1002]. Der Verfahrensbevollmächtigte darf einfache Bürotätigkeiten auf sein geschultes und zuverlässiges Büropersonal zur selbständigen Erledigung übertragen. Zu den übertragbaren einfachen Tätigkeiten zählen nach der Rechtsprechung auch die Absendung eines fristwahrenden Schriftsatzes per Telefax und die Kontrolle des Fax-Sendeberichtes[1003]. Ist die Seite mit der Unterschrift des Rechtsanwaltes nicht übermittelt worden und fragt dieser innerhalb der Frist sogar noch bei der Geschäftsstelle des Senates nach, ob der Beschwerdeschriftsatz vollständig angekommen sei, was bejaht wird, aber den Tatsachen nicht entspricht, so ist dies der Partei nicht als Verschulden zuzurechnen[1004].

Die Beschwerdefrist für den Antrag zum OLG (§ 117 I GWB) läuft nach **herrschender Meinung** nicht bereits mit der Vorab-Versendung des Beschlusses der Vergabekammer an den Beteiligten per Telefax, sondern erst mit dessen **formaler Zustellung**[1005]. Die Handhabung ist jedoch **nicht einheitlich**. Enthält, wie dies teilweise geschieht, der seitens die Vergabekammer per Telefax vorab versendete Beschluss ein Empfangsbekenntnis, das sofort unterschrieben zurückzufaxen ist, so wird dadurch nach teilweiser Auffassung der Lauf der Zwei-Wochen-Frist in Gang gesetzt[1006]. Maßgeblich kommt es auf den **erkennbaren Zustellungswillen** der Vergabekammer an[1007].

Im Falle der **Untätigkeit der Vergabekammer** (§ 116 II GWB) beginnt diese Frist mit dem Ablauf der Fünf-Wochen-Frist zu laufen, innerhalb derer die Vergabekammer zu entscheiden gehabt hätte[1008]. Auch in einem solche Falle ist also die besondere Wachsamkeit des Bieters gefragt. Er kann sich demnach nicht wie z.B. im Falle der fehlenden Rechtsmittelbelehrung[1009] darauf verlassen, analog § 58 II VwGO eine Antragsfrist eingeräumt zu bekommen, die erst nach Ablauf eines Jahres abläuft.

Die sofortige Beschwerde muss bereits **zum Zeitpunkt ihrer Einlegung schriftlich begründet** werden (§ 117 II GWB). Eine schriftliche Einreichung mit zeitlich nachfolgender Begründung – wie im Falle anderer Rechtsmittel möglich – kann angesichts der besonderen Eilbedürftigkeit des vergaberechtlichen Nachprüfungsverfahrens nicht hingenommen werden.

Die **Beschwerdebegründung muss** gemäß § 117 II 2 GWB **folgendes enthalten**:
1. die Erklärung, **inwieweit** die **Entscheidung der Vergabekammer angefochten** und eine abweichende Entscheidung beantragt wird,
2. die Angabe der **Tatsachen** und **Beweismittel**, auf die sich die Beschwerde stützt.

1002 *Summa*, in juris Praxiskommentar Vergaberecht, 2005, Rn. 15 zu § 117.
1003 BGH NJW 1994, 329; BGH VersR 96, 778.
1004 Sehr instruktiv dazu: OLG Düsseldorf, Beschl. v. 29. 3. 2006 (VII-Verg 77/05), VergabeR 2006, 509.
1005 OLG Stuttgart, Beschl. v. 11. 7. 2000 (2 Verg 5/00), VergabE C-1-5/00v = NZBau 2001, 462 = BauR 2001, 98 = Behörden Spiegel 12/2000, S. B II.
1006 OLG Bremen, Beschl. v. 20. 8. 2003 (Verg 7/2003, VergabE C-5-7/03v.
1007 OLG Koblenz, Beschl. v. 15. 5. 2003 (1 Verg 3/03), VergabeR 2003, 567.
1008 OLG Dresden, Beschl. v. 17. 6. 2005 (WVerg 8/05), NZBau 2006, 197 = VergabeR 2005, 812: »Untätigkeitsbeschwerde«.
1009 Vgl. zur analogen Anwendung der Jahresfrist des § 58 II VwGO im Falle der fehlenden Rechtsmittelbelehrung z.B.: VÜA Thüringen, Besch. v. 14. 8. 1996 (1 VÜ 2/96), VergabE V-16-2/96; VÜA Sachsen, Beschl. v. 22. 10. 1999 (1 VÜA 5/99), VergabE V-13-5/99.

Bei Anfertigung der Beschwerdebegründung ist darauf zu achten, dass trotz der an sich bestehenden **Aufklärungspflicht** des Gerichts der **Streitstoff** so weit **vorbereitet** wird, dass schnellstmöglich eine Entscheidung getroffen werden kann.

Merke: Eine bloße Bezugnahme auf die Schriftsätze im Verfahren vor der Vergabekammer genügt nach herrschender Auffassung nicht, entspricht nicht der Verfahrensökonomie[1010] und hinterlässt vor dem Vergabesenat, der immerhin die erste gerichtliche Instanz in vergaberechtlichen Nachprüfungsangelegenheiten bildet, keine gute Visitenkarte.

Der Bieter muss im Hinblick auf § 117 II 2 Nr. 1 GWB **keinen tenorierungsfähigen Antrag** stellen[1011]. Die Erkennbarkeit des Rechtsschutzzieles genügt[1012]. Eine exakte Formulierung des Beschwerdeantrags empfiehlt sich dennoch[1013].

Vor dem Vergabesenat besteht gemäß § 117 III 1 GWB grundsätzlich **Anwaltszwang.** Der grundsätzliche Anwaltszwang gilt ausnahmsweise nicht im Falle von **Beschwerden juristischer Personen des öffentlichen Rechts** (§ 117 III 2 GWB). Diesbezüglich wird unterstellt, dass sie als ständiger Anwender des Vergaberechts kompetent sind. Allerdings müssen die Vertreter der Verwaltung gemäß § 120 I 2 GWB die Befähigung zum Richteramt besitzen, also **Rechtsassessoren** sein. Die anderweit statthafte Vertretung durch Hochschullehrer ist nicht möglich[1014].

Das Beschwerdeverfahren ist – zumindest nach herrschender Auffassung – auf die **Nachprüfung** der von der Antragstellerin **ausdrücklich gerügten und damit in das Verfahren wirksam eingebrachten Gesichtspunkte beschränkt**[1015]. Insoweit gilt im gesamten Vergabenachprüfungsverfahren inklusive dem Beschwerdeverfahren der Grundsatz des »**ne ultra petita**« (nicht über das Verlangte hinaus)[1016]. Dies gilt sowohl im Hinblick auf die Prüfung der materiellen Rechtsnormen als auch im Hinblick auf die mit dem Verfahren verfolgten (das Vergabeverfahren gestaltenden) Ziele. Hat der Antragsteller bzw. Beschwerdeführer beispielsweise nur die Wiederholung der Wertung oder die Aufhebung der Ausschreibung beantragt, so kann die Vergabekammer nicht die Zuschlagserteilung an ihn anordnen bzw. das Beschwerdegericht eine entsprechende Anordnung der Vergabekammer billigen[1017]. Den Grundsatz des »ne ultra petita« muss sogar der EuGH in Vertragsverletzungsverfahren gegen einzelne Mitgliedstaaten beachten. Was von der Europäischen

1010 In dieser Richtung: *Summa*, in juris Praxiskommentar Vergaberecht, 2005, Rn. 23 zu § 117.

1011 OLG Düsseldorf, Beschl. v. 13. 4. 1999 (Verg 1/99), VergabE C-10-1/99 = NZBau 2000, 45 = WuW 1999, 813 = BauR 1999, 751 = ZVgR 1999, 62 = EUK 1999, 73.

1012 OLG Naumburg, Beschl. v. 16. 9. 2002 (1 Verg 2/02), VergabE C-14-2/02; BayObLG, Beschl. v. 12. 9. 2000 (Verg 4/00), VergabeR 2001, 65.

1013 *Jaeger*, in Byok/Jaeger, Kommentar zum Vergaberecht, 2. Aufl. 2005, Rn. 1155 zu § 117.

1014 *Summa*, in juris Praxiskommentar Vergaberecht, 2005, Rn. 4 zu § 120.

1015 BayObLG, Beschl. v. 21. 5. 1999 (Verg 1/99), VergabE C-2-1/99 = NVwZ 1999, 1138 = NZBau 2000, 49 = WuW 1999, 1037 = ZVgR 1999, 111 = EUK 1999, 120 = Behörden Spiegel 8/1999, S. B II. Tendenziell gegenteilig gesehen durch den Vergabesenat beim OLG Düsseldorf.

1016 OLG Schleswig, Beschl. v. 8. 9. 2006 (1 Verg 6/06).

1017 OLG Schleswig, Beschl. v. 8. 9. 2006 (1 Verg 6/06): *»Zu weiteren Entscheidungen besteht kein Anlass. Insbesondere kann der Beschwerdegegner nicht unmittelbar zur Zuschlagerteilung verpflichtet werden. Dies ist nicht beantragt (»ne ultra petita«)«.*

Kommission nicht in das Verfahren eingeführt wird, kann nicht geprüft und abgeurteilt werden[1018].

Derzeit noch nicht abschließend geklärt ist, ob und inwieweit die Beschwerde auf einen **neuen Tatsachenvortrag** gestützt werden kann. Nach einer Auffassung kann die Beschwerde sogar ausschließlich auf neuen Tatsachenvortrag und neue Beweismittel gestützt werden[1019]. Nach anderer Auffassung darf in das Beschwerdeverfahren nichts eingebracht werden, was nicht schon Gegenstand des Verfahrens vor der Vergabekammer war[1020].

Von der Einlegung der Beschwerde beim OLG sind dem Wortlaut des § 117 IV GWB nach alle **Verfahrensbeteiligten** des vorausgegangenen Verfahrens bei der Vergabekammer durch den Beschwerdeführer **zu unterrichten**. Trotz dieses an sich zwingend klingenden Wortlauts wird dieser Regelung nach herrschender Auffassung **keine konstituierende Wirkung** für die Zulässigkeit der Beschwerde zuerkannt[1021]. Eine solche Zustellung im Parteibetrieb empfiehlt sich dennoch. Freilich muss man einkalkulieren, dass eine kostenvermeidende Rücknahme der Beschwerde dann u.U. nicht mehr möglich ist. Begründung dafür ist zumindest gemäß dem OLG Thüringen, dass ein am Verfahren vor der Vergabekammer Beteiligter die **formale Beteiligtenstellung** in einem vergaberechtlichen Beschwerdeverfahren nicht erst durch die vom Vergabesenat veranlasste Zustellung der Beschwerdeschrift erlangt, sondern **bereits durch deren Zugang im Parteibetrieb** nach § 117 IV GWB[1022].

(3) Wirkung der Beschwerdeeinlegung

142 Die **Einlegung der sofortigen Beschwerde** beim Oberlandesgericht hat gemäß § 118 I 1 GWB **aufschiebende Wirkung**, d.h. die Entscheidung der Vergabekammer steht zwar im Raum, ist aber in dieser Phase des Verfahrens noch nicht praktisch verwertbar.

Es handelt sich hierbei um eine **Art Suspensiveffekt**, der aber mit gewissen **Einschränkungen** verknüpft ist. So entfällt der Suspensiveffekt gemäß § 118 I 2 GWB grundsätzlich zwei Wochen nach Ablauf der Beschwerdefrist. Diese Zwei-

---

1018 EuGH, Urt. v. 21. 2. 2008 (Rs. C-412/04 – »Kommission ./. Italien«), VergabeR 2008, 501, unter Verweis auf: EuGH, Urt. v. 26. 4. 2007 (Rs. C-195/04 – »Kommission ./. Finnland«), Slg. 2007, I-3351, Rn. 22, m.w.N., NZBau 2007, 387.

1019 So: BayObLG, Beschl. v. 28. 5. 2003 (Verg 6/03), VergabeR 2003, 675 = ZfBR 2003, 717 = BauR 2004, 141; OLG Jena, Beschl. v. 13. 10. 1999 (6 Verg 1/99), VergabE C-16-1/99 = BauR 2000, 388 = NZBau 2001, 39 = BauR 2000, 388 = ZVgR 2000, 38. *Jaeger* in: *Byok/Jaeger*, Kommentar zum Vergaberecht, 2. Aufl. 2005, Rn. 1159 zu § 117; *Stickler* in: *Reidt/Stickler/Glahs*, Vergaberecht-Kommentar, 2. Aufl. 2003, Rn. 14a zu § 117.

1020 *Byok*, NJW 1998, 2774, 2778.

1021 OLG Dresden, Beschl. v. 17. 6. 2005 (WVerg 8/05), NZBau 2006, 197 = VergabeR 2005, 812 = VS 2005, 86; OLG Düsseldorf, Beschl. v. 9. 6. 2004 (VII Verg 11/04); OLG Stuttgart, Beschl. v. 24. 3. 2000 (2 Verg 2/99), VergabE C-1-2/99 = NZBau 2000, 301; OLG Düsseldorf, Beschl. v. 13. 4. 1999 (Verg 1/99), VergabE C-10-1/99 = NZBau 2000, 45 = WuW 1999, 813 = BauR 1999, 751 = ZVgR 1999, 62. Anderer Auffassung: OLG Naumburg, Beschl. v. 16. 1. 2003 (1 Verg 10/02), VergabE C-14- 1/99 = VergabeR 2003, 360; OLG Naumburg, Beschl. v. 2. 6. 1999 (10 Verg 1/99), VergabE C-14-1/99v = NZBau 2000, 96. Siehe *Stickler* in: *Reidt/Stickler/Glahs*, Vergaberecht-Kommentar, 2. Aufl. 2003, Rn. 21 zu § 117: *»bloße Ordnungsvorschrift«*.

1022 OLG Jena, Beschl. v. 23. 8. 2004 (6 Verg 1/04), VergabE C-16-1/04 = BauRB 2004, 369 = IBR 2004, 592.

Wochen-Frist, welche sich an die Beschwerdefrist unmittelbar anschließt, berechnet sich nach § 187 II 1 BGB[1023].

Zur Rekapitulation: Die Beschwerdefrist wiederum beginnt gemäß § 117 I GWB mit der Zustellung der Entscheidung der Vergabekammer bzw. mit dem Ende der fünfwöchigen Entscheidungsfrist der Vergabekammer (im Falle von deren Nichtverlängerung) zu laufen.

Der in § 118 I 2 GWB vorgesehene **automatische Wegfall** der aufschiebenden Wirkung nach Ablauf von zwei Wochen ab dem Ende der Beschwerdefrist hat den Zweck, dem Bieter, sofern er vor der Vergabekammer unterlegen ist, eine **sehr aktive Rolle** abzuverlangen.

Dementsprechend muss dieser, sofern sein Antrag von der Vergabekammer abgelehnt worden ist, gemäß § 118 I 3 GWB einen **Antrag auf Verlängerung der aufschiebenden Wirkung** – und damit des Zuschlagsverbotes[1024] – stellen. Nur auf diese Weise kann der Bieter seine Rechtsschutzinteressen wahren[1025]. Eine unmittelbare oder wenigstens entsprechende Anwendung des § 118 I 3 GWB zugunsten des vor der Vergabekammer unterlegenen Auftraggebers kommt nicht in Betracht[1026]. Die Verlängerung der aufschiebenden Wirkung reicht zeitlich so lange, bis das Beschwerdegericht (OLG) über das Begehren endgültig entschieden hat.

Ein Antrag gemäß § 118 I 3 GWB auf Verlängerung des prozessualen Zuschlagverbots des § 115 I GWB kann grundsätzlich nur bis zum Ablauf der Frist des § 118 I 2 GWB gestellt werden (vgl. Schleswig-Holsteinisches OLG), d.h. dass dem Antragsteller bei späterer Änderung der Sachlage keine Möglichkeit der Erlangung von Eilrechtsschutz zur Verfügung steht[1027].

Für den Fall des § 118 I 3 GWB sind die Voraussetzungen des § 118 II GWB zu beachten. Danach muss das Gericht die **Erfolgsaussichten** der Beschwerde **prüfen**[1028]. Es darf nur dann die aufschiebende Wirkung verlängern, wenn die Beschwerde gewisse Erfolgsaussichten hat[1029]. Subsidiär kommt eine **Abwägung** der möglicherweise geschädigten Interessen und des Interesses der Allgemeinheit an einem zügigen Abschluss des Vergabeverfahrens zur Anwendung[1030], wobei die nachteiligen Folgen einer Verzögerung der Vergabe bis zur Entscheidung über die Beschwerde die damit verbundenen Vorteile überwiegen müssen.

1023 *Summa*, in juris Praxiskommentar Vergaberecht, 2005, Rn. 11 zu § 118.

1024 So mit Recht KG, Beschl. v. 18. 8. 1999 (Kart 4/99), VergabE C-3-4/99-2 = BauR 2000, 561 = EUK 1999, 136 = Behörden Spiegel 10/1999, S. B II (»*missglückter Wortlaut der Regelung*«).

1025 Instruktiv: OLG Naumburg, Beschl. v. 7. 3. 2008 (1 Verg 1/08), mit zahlr. Nachw.

1026 OLG Stuttgart, Beschl. v. 28. 6. 2001 (Verg 2/01), VergabE C-2-2/01 = VergabeR 2001, 451 = WuW 2001, 1164.

1027 OLG Naumburg, Beschl. v. 7. 3. 2008 (1 Verg 1/08); OLG Schleswig; Beschl. v. 8. 5. 2007 (1 Verg 2/07).

1028 BayObLG, Beschl. v. 10. 11. 1999 (Verg 8/99), VergabE C-2-8/99v = NZBau 2000, 94 = WuW 2000, 679 = BauR 2000, 258; OLG Jena, Beschl. v. 8. 6. 2000 (6 Verg 2/00), VergabE C-16-2/00 = BauR 2000, 1611 = EUK 2000, 107.

1029 So OLG Schleswig, Beschl. v. 24. 9. 2004 (6 Verg 3/04), VergabE C-15-3/04.

1030 OLG Bremen, Beschl. v. 7. 11. 2005 (Verg 3/2005); OLG Koblenz, Beschl. v. 16. 12. 1999 (1 Verg 1/99), VergabE C-11-1/99v; OLG Naumburg, Beschl. v. 23. 9. und 29. 9. 1999 (10 Verg 3/99), VergabE C-14-3/99 v1 und v2. Im einzelnen *Jaeger* in *Byok/Jaeger*, Kommentar zum Vergaberecht, 2. Aufl. 2005, Rn. 1189 ff. zu § 118.

Im **anderen Fall** (§ 118 III GWB), wenn also die Vergabekammer dem Begehren des Antragstellers durch Untersagung der Zuschlagserteilung stattgegeben hat, muss der **Zuschlag auch weiterhin unterbleiben**, solange nicht das Beschwerdegericht die Entscheidung der Vergabekammer in dem gesonderten Vorabentscheidungsverfahren über die Zuschlagserteilung aufhebt (§ 121 GWB) oder abschließend über die Beschwerde entscheidet (§ 123 GWB). Mit anderen Worten: Hat der Antragsteller vor der Vergabekammer obsiegt, so kann er sich darauf verlassen, dass die Zuschlagserteilung nicht stattfindet, es sei denn, die diesbezügliche Entscheidung der Vergabekammer wird im Rahmen des **Vorabentscheidungsverfahrens über den Zuschlag**, das durch den **Auftraggeber** angestrengt werden kann, aufgehoben.

Merke: Da einerseits die Beschwerdeführerin nicht gehalten ist, die mit dem Antrag auf Verlängerung der aufschiebenden Wirkung verbundene, Sofortige Beschwerde in kürzestmöglicher Frist einzulegen, und andererseits der Senat die summarische Prüfung des Antrags nach § 118 I 3 GWB mit Sorgfalt vornehmen muss, ordnet er zumeist die **einstweilige Verlängerung** der aufschiebenden Wirkung bis zu einer Entscheidung über die Verlängerung der aufschiebenden Wirkung an[1031]. Alternativ sind aus der Praxis entsprechende Selbstverpflichtungserklärungen des öffentlichen Auftraggebers gegenüber dem Senat bekannt (so die Praxis beim OLG Schleswig).

Unzulässig ist der Antrag nach § 118 I 3 GWB, wenn ein Zuschlagsverbot noch gar nicht bestanden hat[1032]. Dann kann es logischerweise auch nicht verlängert werden. Außerdem ist ein solcher Antrag unzulässig, wenn der Auftrag bereits erteilt ist[1033].

Das OLG München hat hervorgehoben, dass ein Rechtsschutzbedürfnis für einen Antrag auf Verlängerung der aufschiebenden Wirkung nach § 118 I 3 GWB dann nicht bejaht werden kann, wenn sich das Vergabeverfahren in einem Stadium befindet, in welchem es **nicht oder zumindest auf absehbare Zeit nicht zu einem wirksamen Zuschlag kommen kann** (in casu: Wertung der Angebote und Mitteilung einer Vorabinformation nach § 13 VgV noch nicht erfolgt)[1034].

Berechtigt, diesen Antrag auf einstweilige Verlängerung der aufschiebenden Wirkung zu stellen, ist typischerweise der vor der Vergabekammer **unterlegene Bieter**, der sich die Chance auf den Auftrag erhalten will. Ein Antrag auf Verlängerung der aufschiebenden Wirkung der Beschwerde kann demnach dann gestellt werden, wenn die Vergabekammer den Nachprüfungsantrag ablehnt[1035].

Eine **analoge Anwendung** der Bestimmung des § 118 I 3 GWB auf den **Beigeladenen** wird von den Senaten und der Kommentarliteratur[1036] überwiegend befürwortet, weil die Gefahr besteht, dass er seiner Zuschlagschancen verlustig geht.

1031 Vgl. etwa: OLG Thüringen, Beschl. v. 26. 4. 2000 (6 Verg 1/00), VergabE C-16-1/00v; KG, Beschl. v. 6. 7. 1999 (KartVerg 4/99), VergabE C-3-4/99-1 = NZBau 2000, 95.

1032 *Jaeger* in: *Byok/Jaeger*, Kommentar zum Vergaberecht, 2. Aufl. 2005, Rn. 1180 zu § 118.

1033 *Jaeger* in: *Byok/Jaeger*, Kommentar zum Vergaberecht, 2. Aufl. 2005, Rn. 1181 zu § 118.

1034 OLG München, Beschl. v. 5. 11. 2007 (Verg 12/07), VS 2007, 87 [LS].

1035 OLG Düsseldorf, Beschl. v. 25. 7. 2006 (VII-Verg 32/06); OLG Düsseldorf, Beschl. v. 27. 7. 2006 (VII-Verg 33/06).

1036 OLG Naumburg, Beschl. v. 5. 2. 2007 (1 Verg 1/07), NZBau 2007, 671 = VergabeR 2007, 554 = VS 2007, 23 [LS]; OLG Koblenz, Beschl. v. 29. 8. 2003 (1 Verg 7/03), VergabeR 2003, 699; OLG Jena, Beschl. v. 30. 10. 2001 (6 Verg 3/01), VergabeR 2002, 104. *Jaeger* in: *Byok/Jaeger*, Kommentar zum Vergaberecht, 2. Aufl. 2005, Rn. 1187 zu § 118.

Demgegenüber wird unter Verweis auf das aus § 118 III GWB folgende absolute Zuschlagsverbot[1037] angeführt, dass im Normalfall ein Rechtsschutzinteresse dafür nicht besteht, weil der Beigeladene hierdurch ausreichend geschützt ist[1038, 1039].

Das OLG Düsseldorf hat seine Rechtsprechung hierzu **weiter differenziert**[1040]. Danach soll als Ausnahme ein solcher Antrag der Beigeladenen doch zulässig sein, wenn die Vergabekammer – systemwidrig – die Zuschlagserteilung an den Antragsteller direkt angeordnet hat. Für die Zulassung des Antrags in dieser Sondersituation spricht einiges. Jedoch hat der Senat diese neuere, differenziertere Rechtsprechung wiederum in einer Fallkonstellation angewendet[1041], in welcher der öffentliche Auftraggeber zuvor seinerseits sofortige Beschwerde eingelegt hatte, und dies dem Beigeladenen durch die Parteizustellung nach § 117 IV GWB auch bekannt war. Es handelte sich also nur um eine selbständige Anschlussbeschwerde. Daher ist die Bejahung der Zulässigkeit des Antrages zumindest in dem neuerdings entschiedenen Fall nicht gänzlich überzeugend.

Hilft die Vergabestelle im Stadium des sofortigen Beschwerdeverfahrens nach Ergehen eines für sie ungünstigen Beschlusses gem. § 118 I 3 GWB **ab** – kommt sie also der vom Gericht geäußerten Ansicht nach, dass die sofortige Beschwerde voraussichtlich begründet ist und das Vergabeverfahren in einer bestimmten Weise korrigiert werden muss –, und erklären dann die erfolgreiche Beschwerdeführerin sowie der öffentliche Auftraggeber die Angelegenheit übereinstimmend für erledigt, so kann in entsprechender Anwendung der §§ 91a, 97 ZPO über die Kosten entschieden und diese dem öffentlichen Auftraggeber auferlegt werden[1042].

Von einer **Entscheidung des Vergabesenats ›in der Sache‹** ist daher auch auszugehen, wenn in dem dem Vergabenachprüfungsverfahren nachfolgenden Beschwerdeverfahren durch näher begründeten Beschluss vorab über eine Verlängerung der aufschiebenden Wirkung der Beschwerde gemäß § 118 I 3 GWB befunden wird und – erst – daraufhin die sofortige Beschwerde zurückgenommen wird[1043].

(4) Beteiligte; Verfahren

143 Als **Beteiligte** des sofortigen Beschwerdeverfahrens vor dem OLG fungieren gemäß § 119 GWB **Auftragnehmer, Auftraggeber** und alle schon im Verfahren vor der Vergabekammer **Beigeladenen** (§ 109 GWB). Die Beteiligungsfähigkeit

---

1037 § 118 III GWB: »*Hat die Vergabekammer dem Antrag auf Nachprüfung durch Untersagung des Zuschlags stattgegeben, so unterbleibt dieser, solange nicht das Beschwerdegericht die Entscheidung der Vergabekammer nach § 121 oder § 123 aufhebt.*«

1038 OLG Düsseldorf, Beschl. v. 12. 7. 2004 (VII-Verg 39/04), NZBau 2005, 520 = VergabeR 2004, 663, mit Anm. *Noch*, (664 f). Zweifelnd hieran: *Jaeger* in: *Byok/Jaeger*, Kommentar zum Vergaberecht, 2. Aufl. 2005, Rn. 1187 zu § 118, Fn. 68.

1039 Die gleiche Rechtsansicht hat auch das OLG Brandenburg (Beschl. v. 16. 1. 2007 Verg W 7/06, NZBau 2007, 332 = VergabeR 2007, 235). Dort wurde ein Antrag hilfsweise je nach Rechtsansicht des Senats zur Frage der Zulässig eines Antrages der Beigeladenen gem. § 118 I 3 GWB gestellt. Da der Senat den Antrag als unzulässig erachtet, und er den nachgeschoben als Hilfsantrag nach § 118 I 3 GWB formulierten Antrag infolge der Parteizustellung nach § 117 IV GWB als anhängig ansah, belastete er die Beigeladene mit den Gebühren.

1040 OLG Düsseldorf, Beschl. v. 9. 3. 2007 (VII-Verg 5/07), VergabeR 2007, 662, 663.

1041 OLG Düsseldorf, Beschl. v. 6. 2. 2008 (VII-Verg 5/08).

1042 OLG Schleswig, Beschl. v. 22. 1. 2007 (1 Verg 2/06), VS 2007, 13.

1043 OLG Karlsruhe, Beschl. v. 20. 2. 2007 (17 Verg 2/07).

dieses Personenkreises ergibt sich i.ü. auch schon aus der Antragsberechtigung, die in § 116 I GWB festgelegt ist. Alle Verfahrensbeteiligten haben die gleichen Antrags- und Verteidigungsrechte. Ob darüber hinaus noch weitere Personen beteiligungsfähig sind, wird kontrovers diskutiert[1044]. Im Falle einer sog. gewillkürten Vertretung gemäß § 164 BGB kann das Rubrum aus der Vorinstanz gegebenenfalls korrigiert werden[1045].

Der Vergabesenat kann eine **im Verfahren vor der Vergabekammer unterbliebene,** nach seiner Ansicht im Beschwerdeverfahren jedoch gebotene **Beiladung selbst vornehmen.** Die Interessen eines Bieters sind schon dann schwerwiegend berührt i.S.v. § 109 GWB, wenn die Entscheidung im Nachprüfungsverfahren unabhängig von den konkreten Erfolgsaussichten abstrakt geeignet ist, die beabsichtigte Zuschlagserteilung auf das Angebot dieses Bieters zu verhindern[1046].

§ 120 I 1 GWB enthält nochmals den im Rahmen der Formvorschriften (§ 117 III 1 GWB) schon angesprochenen Grundsatz, dass vor dem **Beschwerdegericht** grundsätzlich **Anwaltszwang** besteht. Eine Ausnahme vom Anwaltszwang gilt gemäß § 120 I 2 GWB für juristische Personen des öffentlichen Rechts, die sich auch durch Beamte oder Angestellte mit der Befähigung zum Richteramt vertreten lassen können. Die Vertreter können also auch Rechtsassessoren sein. Insoweit besteht eine Parallele zum verwaltungsgerichtlichen Verfahren (§ 67 I 3 VwGO), wo für Behörden ebenfalls kein Anwaltszwang besteht. Die anderweit statthafte Vertretung durch Hochschullehrer ist allerdings nicht möglich[1047].

In § 120 II GWB wird auf die **Verfahrensgrundsätze des Kartellbeschwerdeverfahrens Bezug genommen.** Dies ist insoweit konsequent, als das Verfahren vor den Vergabesenaten bewusst demjenigen vor den Kartellsenaten angenähert wurde. So gilt es etwa, die im Kartellbeschwerdeverfahren üblichen Akteneinsichtsrechte in Ergänzung der insoweit unvollständigen Regelung des § 111 GWB anzuwenden[1048].

Das **BVerfG**[1049] hat geklärt, dass der Rechtsbehelf der **Anhörungsrüge** (§ 71a GWB) auch für das vergaberechtliche Nachprüfungsverfahren gilt. Die Entscheidung besitzt für das vergaberechtliche Nachprüfungsverfahren – über die entschiedene Konstellation hinaus – eine besondere Bedeutung, weil gerade das GWB-Nachprüfungs- und Beschwerdeverfahren auf einer Vielzahl von Analogien basiert.

In dem der Entscheidung des BVerfG zugrunde liegenden Verfahren war die Beschwerdeführerin, eine privatrechtliche Kapitalgesellschaft, aufgrund eines **Entwicklungsträgervertrages** von der Stadt Magdeburg mit der Durchführung einer Stadtentwicklungsmaßnahme einschließlich des dafür erforderlichen Vergabeverfahrens beauftragt. Im vergaberechtlichen Nachprüfungsverfahren unterlag sie vor

1044 OLG Naumburg, Beschl. v. 28. 12. 1999 (1 Verg 2/99), VergabE C-14-2/99-1 = ZVgR 2000, 170 = EUK 2000, 9; *Bechtold*, GWB, 3. Aufl. 2002, Rn. 1 zu § 119, m.w.N.; unklar *Korbion*, Vergaberechtsänderungsgesetz, 1999, Rn. 2 zu § 119; *Jaeger* in: *Byok/Jaeger*, Kommentar zum Vergaberecht, 2000, Rn. 822 zu § 119; *Hunger* in: *Niebuhr/Kulartz/Kus/Portz*, Kommentar zum Vergaberecht, 2000, Rn. 4 zu § 119.

1045 OLG Düsseldorf, Beschl. v. 29. 3. 2006 (VII Verg 77/05), VergabeR 2006, 509.

1046 OLG Naumburg, Beschl. v. 9. 12. 2004 (1 Verg 21/04), VS 2005, 22 [LS].

1047 *Summa*, in juris Praxiskommentar Vergaberecht, 2005, Rn. 4 zu § 120.

1048 OLG Düsseldorf, Beschl. v. 28. 12. 2007 (VII-Verg 40/07), VergabeR 2008, 281.

1049 BVerfG, Beschl. v. 26. 2. 2008 (1 BvR 2327/07), VS 2008, 35.

dem OLG Naumburg[1050]. Sie meint, durch diese Entscheidung in ihrem Anspruch auf rechtliches Gehör verletzt zu sein. Die mit dieser Begründung erhobene Verfassungsbeschwerde wurde nicht zur Entscheidung angenommen.

Ein **Anhörungsrügeverfahren** vor dem OLG – mit dem eine Verletzung des **Anspruchs auf rechtliches Gehör** geltend gemacht werden kann, wenn jemand durch eine gerichtliche Entscheidung beschwert ist und ein anderweitiges Rechtsmittel oder ein anderweitiger Rechtsbehelf nicht zur Verfügung stehen – wurde zunächst nicht durchgeführt.

§ 120 GWB wurde durch das Anhörungsrügengesetz v. 9. 12. 2004 dahin gehändert, dass auch auf § 71a GWB, der die **Anhörungsrüge** enthält, verwiesen wird. Diese Änderung des § 120 GWB ist auch im Bundesgesetzblatt bekannt gemacht[1051]. Versehentlich **fehlt** jedoch in der Neubekanntmachung des § 120 II GWB, die durch den Bundesminister für Wirtschaft und Arbeit im Bundesgesetzblatt veröffentlicht wurde, die **Verweisung auf § 71a GWB** mit der Folge, dass diese auch in den Gesetzestexten nicht enthalten ist und auch in der Kommentierung nicht behandelt wird.

Nachdem die Beschwerdeführerin den Fehler im November 2006 erkannt hatte, legte sie beim OLG Naumburg Anhörungsrüge ein und beantragte wegen der Fristversäumung **Wiedereinsetzung** in den vorigen Stand. Das OLG lehnte dies ab. Zur Begründung verwies es darauf, § 120 GWB als nicht abschließende Regelung bekannt sei, deren Lücken im Wege der Analogie geschlossen werden müssten. Die Beschwerdeführerin hätte deshalb an eine **analoge Anwendung** des § 71a GWB oder des § 321a ZPO denken müssen. Sie wäre damit in der Lage gewesen, den Rechtsbehelf der Anhörungsbeschwerde fristgerecht einzulegen.

Gegen diese Entscheidung richtet sich die **Verfassungsbeschwerde**. Die Beschwerdeführerin macht geltend, dass die Versäumung der Anhörungsrügefrist **unverschuldet** gewesen sei. Dies habe das OLG verkannt. Die vom OLG angenommene analoge Anwendung komme schon deshalb nicht in Betracht, weil die Regelungslücke nach objektiver Rechtslage gar nicht bestanden habe. Die Einlegung der Anhörungsrüge sei ihr auch nach der Rechtsprechung des BVerfG nicht zuzumuten gewesen, wonach ungeschriebene außerordentliche Rechtsbehelfe den verfassungsrechtlichen Anforderungen nicht genügen[1052].

Die Verfassungsbeschwerde ist zulässig. Der Beschwerdeführerin – die zwar als juristische Person des Privatrechts, aber in Wahrnehmung der ihr übertragenen Aufgabe einer Vergabestelle handelt – steht die vorliegend beeinträchtigte, **grundrechtsgleiche Rechtsposition** zu[1053].

Die Verfassungsbeschwerde ist begründet, weil die Beschwerdeführerin durch die angefochtene Entscheidung in ihrem **Grundrecht aus Art. 103 I GG i.V.m. Art. 20 III GG verletzt** ist.

Die Rechtsschutzgarantie beinhaltet, dass den Beteiligten der Zugang zu den in den Verfahrensordnungen eingeräumten Instanzen nicht in unzumutbarer, sachlich

1050 OLG Naumburg, Beschl. v. 25. 9. 2006 (1 Verg 8/06).
1051 BGBl. Teil I v. 14. 12. 2004, S. 3220, 3229 f.
1052 BVerfGE 107, 395.
1053 Vgl.: BVerfGE 61, 82, 104f.; 107, 299, 310 f.

nicht gerechtfertigter Weise erschwert wird[1054]. Damit dürfen auch die Anforderungen an eine Wiedereinsetzung in den vorigen Stand nicht überspannt werden[1055]. Erst recht gilt dies, wenn die Fristversäumung auf Fehlern des Gerichts beruht. Hier hat zwar nicht das Gericht, sondern die für die amtliche Veröffentlichung von Gesetzestexten zuständige Stelle einen Fehler gemacht. Die Verfahrensbeteiligten sind auch in ihrem **Vertrauen auf die Fehlerfreiheit** der Veröffentlichung **schutzwürdig**. Das OLG durfte demnach ein Verschulden, das zur Versagung der Wiedereinsetzung führt, vorliegend nicht annehmen. Aufgrund der fehlerhaften Veröffentlichung unterlag die Beschwerdeführerin dem Rechtsirrtum, die Anhörungsrüge nicht für statthaft zu halten. Aus diesem Grunde hat sie diese nicht erhoben, so dass sich in der Versäumung der hierfür bestehenden Frist das mit dem Fehler der Veröffentlichung geschaffene Risiko verwirklicht hat. Hieran darf deshalb der Verschuldensvorwurf nicht geknüpft werden.

Das Verschulden wird vom OLG auch darin gesehen, dass der Anwalt der Beschwerdeführerin nicht analog § 71a GWB vorsorglich Anhörungsrüge erhoben hat. Das OLG verkennt dabei jedoch, dass die **Rechtslage** hier **nicht** für **zweifelhaft** gehalten werden musste, so dass nicht die an sich mögliche vorsorgliche Einlegung eines Rechtsbehelfs verlangt werden konnte. Hierbei dürfen, so das BVerfG, die **Anforderungen an** die von dem Anwalt zu beobachtende **Sorgfalt** nicht überspannt werden. Aus einer Auswertung der Rechtsprechung und Fachliteratur hätten sich vorliegend keine Anhaltspunkte ergeben, da dort die Problematik der Anhörungsrüge gegen Beschwerdeentscheidungen in vergaberechtlichen Nachprüfungsverfahren zum maßgeblichen Zeitpunkt, in dem Anhörungsrüge hätte erhoben werden können, nicht erörtert wurde. Auch war, worauf die Beschwerdeführerin zu Recht hinweist, für die Annahme einer Regelungslücke und damit eine analoge Anwendung anderer Vorschriften kein Raum, da nach objektiver Rechtslage, mit dem ausdrücklichen Verweis auf § 71a GWB, der Rechtsbehelf **geregelt** war. Dennoch anzunehmen, der Rechtsanwalt sei verpflichtet gewesen, den Analogieschluss in Betracht zu ziehen, würde bedeuten, dem Vertrauen in die Richtigkeit des Gesetzestextes eine Auswirkung zu Lasten der Partei zu geben. Eine fehlerhafte Veröffentlichung würde damit zu erhöhten Sorgfaltsanforderungen führen.

Das **Gebot der Rechtsmittelklarheit**[1056] verlangt, dass ein **Rechtsbehelf gegen Gehörsverstöße** in der geschriebenen Rechtsordnung geregelt und seine Voraussetzungen für den Bürger erkennbar sind. Diesen Anforderungen entsprechend musste die Beschwerdeführerin nach Erlass des Anhörungsrügengesetzes den Rechtsbehelf der Anhörungsrüge nicht mehr in Betracht ziehen, da aufgrund der fehlerhaften Veröffentlichung das Gebot der Rechtsmittelklarheit verletzt ist. Nach dem veröffentlichten Gesetzestext war nämlich der **Rechtsbehelf der Anhörungsrüge allein im Wege der Analogie zu erschließen**. Das Risiko, dem das Gebot der Rechtsmittelklarheit begegnen sollte und das hier zudem die Folge eines Fehlers der öffentlichen Gewalt ist, hat sich dadurch verwirklicht, dass die Beschwerdeführerin keine Anhörungsrüge eingelegt hat. Dies darf sich nicht zu ihren Lasten auswirken. Die Beschwerdeführerin durfte darauf vertrauen, dass alle einlegbaren Rechts-

1054 BVerfGE 44, 302, 305; 69, 381, 385; 110, 339, 342.
1055 Vgl.: BVerfGE 40, 88, 91; 67, 208, 212 f.
1056 BVerfGE 107, 395.

behelfe, den genannten verfassungsrechtlichen Anforderungen entsprechend, in der geschriebenen Rechtsordnung geregelt sind.

Hinsichtlich weiterer Einzelheiten zu Fragen des Verfahrensrechts kann auf die einschlägigen Kommentierungen verwiesen werden.

(5) Vorabentscheidung über Zuschlag

144 In einem gesonderten Verfahren kann das Beschwerdegericht (OLG) auf Antrag des Auftraggebers[1057] **über den Zuschlag vorab entscheiden** (§ 121 GWB).

Es muss im Rahmen dieser Vorabentscheidung primär die **Erfolgsaussichten der Beschwerde in der Hauptsache** berücksichtigen (§ 121 I 1 GWB)[1058, 1059]. Sekundär ist, wenn die Erfolgsaussichten nicht sicher beurteilt werden können[1060], unter **Abwägung** der widerstreitenden Interessen – hier ist dieselbe Abwägung vorzunehmen wie bei der Entscheidung über die Verlängerung der aufschiebenden Wirkung (§ 118 II 2 GWB) – über den weiteren Fortgang des Vergabeverfahrens und die Erteilung des Zuschlags zu befinden (§ 121 I 2 GWB).

Mit diesem **Instrument der Vorabentscheidung** wird die Möglichkeit eröffnet, Investitionen entsprechend den Erfolgsaussichten bzw. im Einklang mit der jeweiligen Interessenlage trotz des laufenden Nachprüfungsverfahrens zu verwirklichen. Die Beschaffungsvorhaben sollen wirklich nur dann gestoppt werden können, wenn eine Aussicht auf Erfolg in der Hauptsachebeschwerde besteht respektive das öffentliche Interesse an der Realisierung der Investition nicht allzu gravierend ist[1061].

Eine **analoge Anwendung des § 121 GWB** kann für den Fall in Betracht kommen, dass eine rechtswidrige Direktvergabe mit etwaiger Nichtigkeit der Verträge gemäß § 13 S. 6 VgV analog im Raum steht. Sie ist allerdings vom OLG Frankfurt in der Sache als nicht begründeter Antrag auf Vorabgestattung des Zuschlags abgewiesen worden[1062]. Es ging dort um die (Ergänzungs-)Beschaffung von Software für die Verwaltung von Aufgaben nach dem SGB II; der Landkreis berief sich auf die

---

1057 Nach bisheriger Rechtslage nicht auch dem Beigeladenen, der einen Auftrag wirksam erhalten zu können glaubt: OLG Düsseldorf, Beschl. v. 13. 1. 2003 (Verg 67/02) VergabE C-10-67/02v.

1058 OLG Frankfurt, Beschl. v. 6. 8. 2007 (11 Verg 5/07), VS 2007, 84; OLG Bremen, Beschl. v. 20. 7. 2000 (Verg 1/2000), VergabE C-5-1/00v = BauR 2001, 94 = EUK 2000, 139 = Behörden Spiegel 9/2000, S. B II; OLG Celle, Beschl. v. 14. 3. 2000 (13 Verg 2/00), VergabE C-9-2/00 = EUK 2001, 105. Vgl. *Bechtold*, GWB, 3. Aufl. 2006, Rn. 3 zu § 121.

1059 *Jaeger* in: *Byok/Jaeger*, Kommentar zum Vergaberecht, 2. Aufl. 2005, Rn. 1215 zu § 121: »*primäres Entscheidungskriterium*«. *Jaeger* stützt diese Wertung auf die Reihenfolge von Satz 1 und Satz 2 des § 121 I GWB sowie auf das Wort »*auch*« in Satz 2. Siehe auch *Stickler* in: *Reidt/Stickler/Glahs*, Vergaberecht-Kommentar, 2. Aufl. 2003, Rn. 20, 20a zu § 121.

1060 So: BayObLG, Beschl. v. 23. 3. 2004 (Verg 3/04), VergabeR 2004, 530; BayObLG, Beschl. v. 13. 8. 2001 (Verg 10/01), VergabeR 2001, 402; OLG Düsseldorf, Beschl. v. 11. 9. 2000 (Verg 7/00), VergabE C-10-7/00v2 = WuW 2000, 1285.

1061 Erfolg hatten entsprechende Anträge in recht wenigen Fällen. Siehe etwa: OLG Frankfurt, Beschl. v. 6. 8. 2007 (11 Verg 5/07), VS 2007, 84; OLG Bremen, Beschl. v. 18. 10. 2001 (Verg 2/2001), VergabE C-5-2/01; OLG Bremen, Beschl. v. 20. 8. 2003 (Verg 7/2003), VergabE C-5-7/03v = EUK 2003, 140; OLG Celle, Beschl. v. 13. 3. 2002 (13 Verg 4/02), VergabE C-9-4/02v; OLG Düsseldorf, Beschl. v. 20. 11. 2001 (Verg 33/01), VergabE C-10-33/01 = IBR 2002, 212. Ohne Erfolg z.B.: OLG Rostock, Beschl. v. 9. 5. 2001 (17 W 4/01), VergabE C-8-4/01v = EUK 2002, 24.

1062 OLG Frankfurt, Beschl. v. 6. 8. 2007 (11 Verg 5/07), VS 2007, 84.

Funktionsfähigkeit der Verwaltung, die es gebiete, dass unter Außerachtlassung der Nichtigkeit der geschlossenen Verträge die Vergabe vom OLG als wirksam anzuerkennen sei. Das OLG folgte dem nicht und hielt vielmehr eine sofortige Neuausschreibung bei Bejahung der Nichtigkeit der geschlossenen Verträge für unabdingbar.

Der Antrag auf Vorabentscheidung ist gemäß § 121 II GWB **schriftlich** zu stellen und zu **begründen**. Die dem Antragsbegehren zugrunde liegenden Tatsachen sind darzulegen und die **besondere Eilbedürftigkeit** ist in geeigneter Weise **glaubhaft** zu machen.

In der Sache handelt es sich hier um ein **Verfahren zum Erlass einer einstweiligen Regelung**, das – ähnlich wie im Falle von Presse- oder Wettbewerbssachen – zu meist irreversiblen Auswirkungen in der Realität führt. Dieser Umstand bildet den Hintergrund für die **recht hohen Anforderungen**[1063], die insgesamt an die Einleitung dieses Vorabentscheidungsverfahrens gestellt werden. Auf der anderen Seite ist natürlich auch zu bedenken, dass in diesem Schnellverfahren die eine oder andere Fehlentscheidung nicht zu vermeiden sein wird. Dahinter steckt aber die Erkenntnis, dass es im Einzelfall besser ist, eine Fehlentscheidung hinzunehmen als in der Breite aller Nachprüfungsverfahren erhebliche **Zeitverzögerungen** zu gewärtigen und Investitionen blockiert zu sehen.

Auf Basis dieser gesetzgeberischen Entscheidung ist es daher konsequent, wenn gemäß § 121 III 1 GWB die **Entscheidung** des Gerichts **regelmäßig innerhalb von fünf Wochen** nach Eingang des Antrags ergehen muss.

Nur im **Ausnahmefall** – bei besonderen rechtlichen oder tatsächlichen Schwierigkeiten – ist es statthaft, dass der Vorsitzende diese Frist mittels begründeter Mitteilung an die Verfahrensbeteiligten um den erforderlichen Zeitraum **verlängert**. Die Begründung dieser Entscheidung muss Aspekte der Rechtmäßigkeit oder Rechtswidrigkeit des Vergabeverfahrens enthalten (§ 121 III 3 GWB); sie muss also schon in gewissem Maße fundiert sein und konkret auf das vorliegende Vergabeverfahren Bezug nehmen. Formelhafte Wendungen und dergleichen sollen hiermit ausgeschlossen werden.

Die Entscheidung muss gemäß § 121 III 2 GWB nicht im Rahmen einer mündlichen Verhandlung ergehen[1064], sondern kann auch im schriftlichen Verfahren erfolgen. Über § 121 III 4 GWB wird auf § 120 GWB und die danach zu beachtenden Verfahrensvorschriften des Kartellbeschwerdeverfahrens verwiesen.

Eine Klarstellung enthält § 121 IV GWB: Die **Entscheidung** im **Vorabentscheidungsverfahren** ist **nicht gesondert angreifbar**. Wäre dies der Fall, so wäre der gesetzgeberische Zweck der größtmöglichen Beschleunigung vereitelt. Der Beschwerdeführer ist demnach darauf verwiesen, die Entscheidung in der Hauptsache abzuwarten.

Hat das Beschwerdegericht im Wege der Vorabentscheidung über den Zuschlag dem Auftraggeber Recht gegeben, so kann es für den Beschwerdeführer nur noch um eine **Fortsetzungsfeststellung**, also die nachträgliche Beurteilung der Rechts-

1063 OLG Bremen, Beschl. v. 21. 3. 2007 (Verg 3/07), VS 2007, 30.

1064 OLG Bremen, Beschl. v. 20. 7. 2000 (Verg 1/2000), OLG Bremen, Beschl. v. 20. 7. 2000 (Verg 1/2000), VergabE C-5-1/00v = BauR 2001, 94 = EUK 2000, 139 = Behörden Spiegel 9/2000, S. B II.

konformität, gehen. In nicht wenigen Fällen dürfte sich aber die Hauptsache zumindest teilweise erledigen.

Ist in dem Vorabentscheidungsverfahren der **Auftraggeber die unterliegende Partei** – wird ihm also wegen der anzunehmenden Rechtswidrigkeit des Vergabeverfahrens die Zuschlagserteilung nicht gestattet –, so dürfte nur in ganz seltenen Ausnahmefällen zu erwarten sein, dass im Hauptverfahren über die Beschwerde die Rechtmäßigkeit des Vergabeverfahrens festgestellt wird. Er wird für diesen Fall genauso wie der Auftragnehmer auf die **Fortsetzungsfeststellung** verwiesen.

Direkte rechtliche Konsequenz aus dem Unterliegen des Auftraggebers im Vorabentscheidungsverfahren über den Zuschlag ist, dass gemäß § 122 GWB das Vergabeverfahren mit Ablauf von 10 Tagen nach Zustellung der Entscheidung als beendet gilt[1065].

Er hat aber andererseits die Chance, das Vergabeverfahren in der Weise zu korrigieren, dass er die gerichtlich festgestellten Rechtsverstöße behebt. Eine andere Möglichkeit ist stets, das Vergabeverfahren neu zu beginnen.

(6) Beschwerdeentscheidung

145 Gelangt das Beschwerdegericht zu der Auffassung, dass die Beschwerde begründet ist, so hebt es die Entscheidung der Vergabekammer auf (§ 123 S. 1 GWB).

Nun sind **zwei Möglichkeiten des Entscheidungsgangs** eröffnet:
- Entweder kann das Gericht **selbst entscheiden** (§ 123 S. 2, 1. Alt. GWB)
- oder es kann die **Verpflichtung der Vergabekammer** aussprechen, in der Sache erneut zu entscheiden (§ 123 S. 2, 2. Alt. GWB)[1066].

Im ersten Fall ist die Tatsachen- und Rechtslage klar; der zweite Fall betrifft vor allem Konstellationen, in denen die **Sachverhaltsaufklärung** der Vergabekammer nicht ausreichend ist.

Wichtig für den Bieter ist, dass er gemäß § 123 S. 3 GWB auf **Antrag** feststellen lassen kann, dass er durch das Verhalten des Auftraggebers in **seinen Rechten verletzt** ist[1067]. Dies ist von herausragender Bedeutung für den nachfolgenden **Schadensersatzprozess**. Mit dieser Vorschrift wird das Beschwerdegericht dazu gezwungen, eine Aussage nicht nur darüber zu treffen, dass objektiv ein Verstoß gegen Vergaberecht vorliegt, sondern diesen Verstoß auch dahingehend zu **qualifizieren**, ob hierdurch subjektive Bieterrechte und nicht lediglich reine Ordnungs- bzw. Sollvorschriften tangiert sind.

1065 Sehr kritisch zu dieser Vorschrift *Jaeger* in: *Byok/Jaeger*, Kommentar zum Vergaberecht, 2. Aufl. 2005, Rn. 1228 zu § 122: »missglückt«, »rechtspolitisch verfehlt«.

1066 So etwa im Falle des OLG Bremen, Beschl. v. 13. 3. 2008 (Verg 5/07), wegen noch erforderlicher, nachzuholender, Beiladung und Entscheidung über Akteneinsicht.

1067 OLG Naumburg, Beschl. v. 15. 3. 2007 (1 Verg 14/06), VergabeR 2007, 512 = VS 2007, 26; OLG Celle, Beschl. v. 30. 4. 1999 (13 Verg 1/99), VergabE C-9-1/99 = NZBau 2000, 105 = WuW 1999, 1161 = BauR 2000, 405 = ZVgR 1999, 157; OLG Celle, Beschl. v. 13. 6. 2001 (13 Verg 2/01), VergabE C-9-2/01 = VergabeR 2001, 415.

§ 123 S. 4 GWB verweist klarstellend auf § 114 II GWB, dass ein bereits erteilter Zuschlag weder von der Vergabekammer noch von dem Beschwerdegericht aufgehoben werden kann[1068].

(7) Bindungswirkung; Vorlage an BGH

146 Will ein Oberlandesgericht als Beschwerdegericht von der Entscheidung eines anderen OLG oder derjenigen des BGH abweichen, so besteht gemäß § 124 II GWB eine **Verpflichtung zur Vorlage an den BGH**[1069], der in diesen Fällen anstelle des OLG entscheidet. Eine Zurückverweisungsmöglichkeit an das vorlegende OLG ist erst im Zuge der Vergaberechtsreform 2008 geplant[1070].

Voraussetzung für die Divergenzvorlage nach § 124 II GWB ist die **Entscheidungserheblichkeit**[1071] der Frage, die abweichend judiziert werden soll. An diesem Merkmal der Entscheidungserheblichkeit scheitern in praxi die meisten Vorlagen, so dass relativ selten eine Divergenzvorlage erfolgt.

Das OLG muss die Beteiligten im Rahmen der Entscheidung über eine Vorlage an den BGH **anhören**[1072].

Die Anrufung des BGH ist **keine zusätzliche, separate Instanz**, sondern sie dient der **Einheitlichkeit** der Rechtsprechung zu einzelnen vergaberechtlichen Fragen[1073]. Bislang wurde jedoch von dieser Vorlage nur zurückhaltend Gebrauch gemacht[1074], obwohl in einer erheblich größeren Zahl von Fällen eine Vorlage nicht nur wünschenswert, sondern qua Gesetz erforderlich gewesen wäre.

Die Vorlagepflicht gilt entsprechend der Vorschrift des § 124 II 2 GWB naturgemäß nicht in Fällen des Vorabentscheidungsverfahrens nach § 121 GWB und bei der Entscheidung über die Verlängerung der aufschiebenden Wirkung nach § 118 I 3 GWB.

Der Gesetzgeber hat, wie an zahlreichen Stellen ersichtlich, dem Beschleunigungsgrundsatz und der Verfahrensökonomie höchste Priorität eingeräumt.

Dies kommt auch in der **Bindungswirkung von Entscheidungen der Vergabekammer und des OLG** zum Ausdruck, die in § 124 I 1 GWB verankert ist. Danach sind alle für die Geltendmachung von Schadensersatzansprüchen eingeschalteten

---

1068 OLG Naumburg, Beschl. v. 15. 3. 2007 (1 Verg 14/06), VergabeR 2007, 487 = VS 2007, 26; KG, Beschl. v. 3. 11. 1999 (Kart Verg 3/99), VergabE C-3-3/99 = BauR 2000, 565; OLG Düsseldorf, Beschl. v. 12. 1. 2000 (Verg 4/99), VergabE C-10-4/99 = NZBau 2000, 391 = ZVgR 2000, 209.

1069 BGH, Beschl. v. 26. 9. 2006 (X ZB 14/06), NZBau 2006, 800 = VergabeR 2007, 59.

1070 Siehe Entwurf des GWB-Änderungsgesetzes (Gesetz zur Modernisierung des Vergaberechts, Stand: 3. 3. 2008): »*Der Bundesgerichtshof kann sich auf die Entscheidung der Divergenzfrage beschränken und dem Beschwerdegericht die Entscheidung in der Hauptsache übertragen, wenn dies nach dem Sach- und Streitstand des Beschwerdeverfahrens angezeigt scheint.*«

1071 BGH, Beschl. v. 18 5. 2004 (X ZB 7/04), VergabE B-2-2/04.

1072 BGH, Beschl. v. 24. 2. 2003 (X ZB 12/02), VergabE B-2-3/03 = VergabeR 2003, 426.

1073 BGH, Beschl. v. 16. 9. 2003 (X ZB 12/03), VergabE B-2-4/03 = VergabeR 2004, 62 = ZfBR 2004, 90 = WuW 2003, 1367 = BauR 2004, 564 = EUK 2003, 172.

1074 Es existieren mit Stand Anfang 2008 erst einige wenige Dutzend Beschlüsse. Einige Vorlageverfahren sind anhängig.

Gerichte (LG, OLG, BGH) an die Entscheidungen dieser Nachprüfungsinstanzen gebunden[1075]. Unmittelbar gilt diese Bindungswirkung allerdings nur gegenüber denjenigen, die an dem GWB-Nachprüfungsverfahren direkt beteiligt waren; die anderen, im Primärrechtsschutz nicht Beteiligten, können jedoch die dort gewonnenen Erkenntnisse in den Schadensersatzprozess einführen[1076].

Die Bindungswirkung gilt speziell auch in Fällen, in denen im Primärrechtsschutz nur noch eine **(Fortsetzungs-)Feststellung** möglich ist[1077]. Das dazu (als ungeschriebenes Tatbestandsmerkmal) notwendige Feststellungsinteresse ist darzulegen[1078]. Nach herrschender Auffassung sollte das Feststellungsinteresse im Hinblick auf eine Vorbereitung des Schadensersatzprozesses tatsächlich bestehen.

Durch die Bindungswirkung wird jede Form der **Duplizierung** von Entscheidungen über die Rechtmäßigkeit von Vergabeverfahren vermieden. Die Bindungswirkung der Entscheidungen der vergaberechtlichen Nachprüfungsinstanzen erstreckt sich gemäß § 124 I 2 GWB auch auf den BGH, sofern dieser – wie soeben erläutert – im Rahmen einer Vorlage gemäß § 124 II GWB entschieden hat.

Inhaltlich ist das den Schadensersatz prüfende Gericht nicht nur an den **Entscheidungssatz** (Tenor), sondern auch an die **Tatsachenfeststellungen** sowie die **tragenden rechtlichen Erwägungen und Wertungen** sowie die Feststellung der Verletzung subjektiver Bieterrechte gebunden.

Erwägungen zu der Frage, ob den Auftraggeber ein **Verschulden** an dem Vergaberechtsverstoß trifft oder ob dem Unternehmen aus diesem Verstoß ein ersatzfähiger **Schaden** (§ 126 S. 1 GWB) entstanden ist, fallen demgegenüber nicht unter die Bindungswirkung[1079], weil die Verschuldensfrage Gegenstand einer eigenständigen Wertung durch das Schadensersatzgericht ist[1080]. Auch hinsichtlich sonstiger überschießender Erwägungen existiert diese Bindungswirkung nicht.

Unterlässt der sich übergangen fühlende Bieter hingegen jede **Inanspruchnahme von Primärrechtsschutz** vor den Vergabekammern und -senaten, so erscheint es in Anbetracht des Prinzips »Schadensvermeidung vor Schadensregulierung« angemessen, dass er sich hinsichtlich des Schadensersatzanspruchs der Höhe nach in bestimmten Einzelfällen ein **Mitverschulden** im Sinne des § 254 BGB zurechnen lassen muss. Dies muss das Zivilgericht autonom entscheiden[1081]. So kann es sein, dass die Leistungsbeschreibung rechtswidrig gestaltet gewesen ist, der Bieter dies jedoch in der Angebotsphase nicht gerügt und nicht im Wege des Primärrechtsschutzes verfolgt hat. In einem solchen Fall kann dies schwerwiegende Nachteile

---

1075 Diese Bindungswirkung ist freilich deshalb nicht ganz unumstritten, weil der BGH an eine Entscheidung des OLG gebunden wird und dies u.a. mit den Grundsätzen der richterlichen Unabhängigkeit kollidieren könnte.

1076 OLG Dresden, Urt. v. 10. 2. 2004 (20 U 169/03), VergabeR 2004, 500.

1077 OLG Frankfurt, Beschl. v. 6. 2. 2003 (11 Verg 3/02), VergabE C-7-3/02k = VergabeR 2003, 349 = NZBau 2004, 174.

1078 OLG Düsseldorf, Beschl. v. 22. 5. 2002 (Verg 6/02), VergabE C-10-6/02 = NZBau 2002, 583 = WuW 2002, 1144 = BauR 2003, 151.

1079 BayObLG, Beschl. v. 21. 5. 1999 (Verg 1/99), VergabE C-2-1/99 = NVwZ 1999, 1138 = NZBau 2000, 49 = BB 1999, 1893 = WuW 1999, 1037 = ZVgR 1999, 111 = EUK 1999, 120 = Behörden Spiegel 8/1999, S. B II = NZBau 2000, 49, 53; *Korbion*, Vergaberechtsänderungsgesetz, Rn. 3 zu § 124; *Jaeger* in: *Byok/Jaeger*, Kommentar zum Vergaberecht, 2. Aufl. 2005, Rn. 1243 zu § 124.

1080 Vgl. OLG Naumburg, Urt. v. 26. 10. 2004 (1 U 30/04), VergabeR 2005, 261 = VS 2005, 3.

1081 *Jaeger* in: Byok/Jaeger, Kommentar zum Vergaberecht, 2. Aufl. 2005, Rn. 1243 zu § 124.

hinsichtlich der Erstreitung des Schadensersatzes (insbesondere des positiven Interesses) bereits dem Grunde nach zur Folge haben[1082]. In der Regel wird es dann bereits an einer »echten Chance« im Sinne von § 126 GWB fehlen (siehe dazu weiter unten).

c) Sonstige Vorschriften

147 Die sonstigen vergaberechtlichen Vorschriften sind im dritten Abschnitt (§§ 125 bis 129 GWB) untergebracht. Es handelt sich um Schadensersatzregelungen, Ermächtigungen und Kostenbestimmungen.

aa) Schadensersatz bei Rechtsmissbrauch

148 Die im Vergleich zur früheren »Haushaltsrechtlichen Lösung« deutlich besseren Nachprüfungsmöglichkeiten haben **zwei Seiten**:

Auf der einen Seite ist den **Auftragnehmern** eine gute **Chance** eröffnet, Rechtsverstöße noch im laufenden Vergabeverfahren zu ihren Gunsten korrigieren zu können. Auf der anderen Seite werden zu Lasten der **Auftraggeber Risiken** eröffnet, die sich vor allem in Gestalt von Investitionsverzögerungen manifestieren und auch häufig sehr kostenträchtig sind, wenn z.B. die Ausschreibung wiederholt werden muss – von den möglichen Schadensersatzansprüchen einmal ganz abgesehen.

Nicht zuletzt ist die **Gefahr eines Missbrauchs** der rechtlichen Überprüfungsmöglichkeiten gegeben. Dieser Gefahr will § 125 GWB begegnen. Danach macht sich der Antragsteller respektive Beschwerdeführer schadenersatzpflichtig, wenn sich sein Antrag an die Vergabekammer (§ 107 GWB) bzw. die Beschwerde an das OLG (§ 116 GWB) »als von Anfang an ungerechtfertigt« erweist.

Betrachtet man dieses **Tatbestandsmerkmal** »als von Anfang an ungerechtfertigt« näher, so ergibt sich folgendes:

»**Ungerechtfertigt**« kann bedeuten, dass das Begehren des Antragstellers bzw. Beschwerdeführers offensichtlich unzulässig ist, weil etwa die Antragsberechtigung eindeutig nicht vorliegt oder der nach den Richtlinien erforderliche Schwellenwert für dieses Nachprüfungsverfahren unstreitig nicht erreicht ist. Auch ein eindeutig zulässiger, aber ganz offensichtlich unbegründeter Antrag bzw. eine Beschwerde dürfte hierunter fallen.

Zusätzliches Merkmal des Missbrauchstatbestandes ist, dass die offensichtlich fehlende Berechtigung des Begehrens »**von Anfang an**« gegeben ist. Damit sind Fälle ausgenommen, in denen erst im Laufe des Nachprüfungsverfahrens klar wird, dass der Antrag bzw. die Beschwerde offensichtlich unzulässig oder unbegründet ist. Insoweit genießt der Bieter Schutz, weil ihm z.B. alle notwendigen Informationen nicht zur Verfügung stehen und ihm eine sich nachträglich herausstellende mangelnde Berechtigung des Begehrens nicht angelastet werden kann.

1082 BGH, Urt. v. 1. 8. 2006 (X ZR 146/03), NZBau 2007, 58 = VergabeR 2007, 194.

In jedem Falle ist von § 125 GWB der Fall erfasst, dass ein Antragsteller das Verfahren in Behinderungs- bzw. Schädigungsabsicht anstrengt. Dies wird in § 125 II GWB näher konkretisiert:

So ist es **insbesondere** ein **Missbrauch**,
1. die Aussetzung oder die weitere Aussetzung des Vergabeverfahrens durch vorsätzlich oder grob fahrlässig vorgetragene **falsche Angaben** zu erwirken;
2. die Überprüfung mit dem Ziel zu beantragen, das Vergabeverfahren zu **behindern** oder Konkurrenten zu **schädigen**;
3. einen Antrag in der **Absicht** zu stellen, ihn später gegen Geld oder andere Vorteile **zurückzunehmen**.

In all diesen Fällen, insbesondere in den letztgenannten Missbrauchsfällen, macht sich der Antragsteller bzw. Beschwerdeführer schadensersatzpflichtig. Er hat dem Gegner und den Beteiligten den aus dem Missbrauch des Rechtsmittels entstehenden Schaden zu ersetzen.

Die Regelung des § 125 GWB ist als eine **Spezialausprägung** des **§ 826 BGB** (sittenwidrige vorsätzliche Schädigung) zu begreifen. Die im Gesetzgebungsverfahren zunächst diskutierte Vorschrift des § 945 ZPO konnte deshalb nicht als Vorbild dienen, da sie nur die missbräuchliche Inanspruchnahme vorläufigen Rechtsschutzes regelt, es aber bei dem Nachprüfungsverfahren vor der Vergabekammer und dem OLG insoweit um Rechtsschutz im Hauptsacheverfahren geht.

Von § 125 III GWB wird auch derjenige Schadensersatz umfasst, der aus **ungerechtfertigter Inanspruchnahme weiterer vorläufiger Maßnahmen** i.S.v. § 115 III GWB resultiert. Dies betrifft Fälle, in denen Rechte des Antragstellers auf andere Weise als durch die drohende Zuschlagserteilung gefährdet sind und in denen die Vergabekammer weitergehende vorläufige Maßnahmen ergreifen kann. Erweist sich das zugrunde liegende Begehren als von Anfang an ungerechtfertigt, so greift auch hier die Schadensersatzpflicht.

Merke: Eine praktisch nennenswerte Rolle spielt die Bestimmung des § 125 GWB nicht. Dies resultiert schon aus den erhöhten Anforderungen bzgl. einer Missbrauchsabsicht. Des Weiteren ist das Rechtsschutzinteresse zunächst immer ein legitimes. Stellt die Vergabekammer den Nachprüfungsantrag nach erfolgter Vorprüfung an den öffentlichen Auftraggeber zu, so wird damit in gewisser Weise impliziert, dass es sich um kein missbräuchliches Verhalten handelt.

Es gibt nur **wenige Fälle**, in denen eine Nachprüfungsinstanz eine **Rechtsmissbräuchlichkeit bejaht** hat[1083]. So sah die Kammer eine von der Antragstellerin geforderte Pauschalsumme (gegen Rücknahme des Antrags) u.a. deshalb als unverhältnismäßig an, weil sie bereits ein Sechstel desjenigen Betrages ausmache, der bei Erteilung des Auftrags als Gesamthonorar zu zahlen wäre. Eine Grundlage in den entstandenen Rechtsanwaltskosten nach RVG finde die Höhe der geforderten Summe jedenfalls nicht mehr. Rechtsfolge dieses Missbrauchs müsse daher die Versagung des Primärrechtsschutzes sein.

Das **Nachprüfungsverfahrensrisiko trägt der Auftraggeber**. Wegen der anerkannt hohen Hürden des § 125 GWB wird der Auftraggeber die Mehrkosten

1083 VK Brandenburg, Beschl. v. 20. 12. 2005 (1 VK 75/05), VS 2006, 36.

lediglich in den seltensten Fällen auf den eigentlichen Verursacher, den Mitbewerber, welcher das Nachprüfungsverfahren durchgeführt hat, abwälzen können[1084]. Dies bedeutet konkret, dass beispielsweise bei einer durch ein Nachprüfungsverfahren verzögerten Bauvergabe die Leistungszeit in entsprechender Anwendung von § 6 Nr. 2 VOB/B und der Vergütungsanspruch des Auftragnehmers in entsprechender Anwendung von § 2 Nr. 5 VOB/B anzupassen ist[1085].

bb) Nachweis für Schadensersatzklage; Voraussetzungen des Schadensersatzes (negatives und positives Interesse)

149 Das Nachprüfungsverfahren vor der Vergabekammer und dem OLG gibt dem sich übergangen fühlenden Bieter nicht nur einen **Primärrechtsschutz**, sondern stellt auch ein wichtiges Element für einen nachfolgenden, **sekundärrechtlichen Schadensersatzprozess** dar.

Grund dafür ist die in § 124 I GWB verankerte **Bindungswirkung** von Entscheidungen dieser Nachprüfungsorgane für die vor dem Landgericht, OLG und ggf. BGH zu verfolgenden Schadensersatzansprüche[1086]. Zwar ist die Anrufung der Nachprüfungsinstanzen nicht Bedingung für die Durchführung von Schadensersatzprozessen[1087]. Ihre Entscheidungen sind aber umgekehrt ein wichtiger und bindender Nachweis für die Rechtsverletzungen des Klägers im Vergabeverfahren und darauf gestützte Schadensersatzansprüche.

Auch an dieser Stelle wird jedoch auf Folgendes hingewiesen: Unterlässt der sich übergangen fühlende Bieter hingegen jede **Inanspruchnahme von Primärrechtsschutz** vor den Vergabekammern und -senaten, so erscheint es in Anbetracht des Prinzips »Schadenvermeidung vor Schadenregulierung«[1088] angemessen, dass er sich hinsichtlich des Schadensersatzanspruchs der Höhe nach in bestimmten Einzelfällen ein **Mitverschulden** im Sinne des § 254 BGB zurechnen lassen muss. So kann es sein, dass die Leistungsbeschreibung rechtswidrig gestaltet gewesen ist, jedoch der Bieter dies nicht im Wege des Primärrechtsschutzes verfolgt hat. In einem solchen Fall kann dies **schwerwiegende Nachteile im Schadensersatzprozess** zur Folge haben[1089]. Der Anspruch ist möglicherweise bereits dem Grunde nicht gegeben oder mindestens der Höhe nach reduziert. In der Regel wird es dann **bereits an einer »echten Chance«** im Sinne von § 126 GWB **fehlen**. Ist dem Bieter bekannt, dass die Leistungsbeschreibung fehlerhaft ist, und gibt er gleichwohl ein Angebot ab, steht ihm wegen dieses Fehlers der Ausschreibung nicht einmal ein Anspruch aus culpa in contrahendo auf Ersatz des Vertrauensschadens zu[1090].

§ 126 S. 1 GWB kodifiziert als Sonderregel zu § 311 II BGB den Grundsatz, dass ein Auftragnehmer nur dann Schadensersatz vom Auftraggeber verlangen kann,

1084 *Scheffelt*, VS 2005, 51: »*Nachprüfungsverfahrensrisiko trägt der Auftraggeber*«.
1085 OLG Jena, Urt. v. 22. 3. 2005 (8 U 318/04).
1086 Bindungswirkung nur zwischen den am primären Rechtsschutzverfahren Beteiligten: OLG Dresden, Urt. v. 10. 2. 2004 (20 U 169/03), VergabeR 2004, 500.
1087 OLG Dresden, Urt. v. 10. 2. 2004 (20 U 169/03), VergabeR 2004, 500: Eine »Pflicht zur (primärrechtlichen) Nachprüfung« gemäß den §§ 97 ff. GWB lasse sich nicht erkennen.
1088 *Noch*, Vergaberecht und subjektiver Rechtsschutz, 1998, 270, 271/272.
1089 BGH, Urt. v. 1. 8. 2006 (X ZR 146/03), NZBau 2007, 58 = VergabeR 2007, 194.
1090 BGH, Urt. v. 1. 8. 2006 (X ZR 146/03), NZBau 2007, 58 = VergabeR 2007, 194.

wenn er eine »**echte Chance**« gehabt hätte, den Zuschlag zu erhalten und diese Chance durch den Rechtsverstoß im Vergabeverfahren beeinträchtigt wurde.

Die **Voraussetzungen für den Schadensersatz** sind:
- Der Auftraggeber hat gegen eine den Schutz von Bietern bezweckende **Vorschrift verstoßen**
- Ohne diesen Rechtsverstoß hätte der Bieter eine »**echte Chance**« gehabt, den Zuschlag zu erhalten
- Diese »echte Chance« wurde durch den Rechtsverstoß **geschmälert**

Ausgehend von der **Verletzung des Schutzweckes einer den Bieter schützenden Norm** (i.S.v. § 97 VII GWB) ist gemäß BGH[1091] die Grundvoraussetzung für die Geltendmachung des Vertrauensschadens die **Verursachung des Schadens im logisch-naturwissenschaftlichen Sinn.**

Nach der **Äquivalenztheorie** ist jede Bedingung **kausal**, die nicht hinweggedacht werden kann, ohne dass der Erfolg entfiele[1092]. In diesem Zusammenhang ist der Grundsatz heranzuziehen, dass zur Feststellung des Ursachenzusammenhangs nur die pflichtwidrige Handlung hinweggedacht, aber kein weiterer Umstand hinzugedacht werden darf. Damit sind hypothetische Handlungen des Geschädigten[1093] oder des Schädigers[1094] gemeint, deren Hinzudenken den Erfolg bei ansonsten gegebener Kausalität des schadenstiftenden Verhaltens entfallen ließe. Es ist dabei auch zu prüfen, ob ein Schadensersatzanspruch deshalb ausgeschlossen sein kann, wenn der Schaden bei gedachtem rechtmäßigem Alternativverhalten ebenfalls entstanden wäre. Hätte die Vergabestelle bei alternativem Verhalten rechtmäßig gehandelt und wäre der Schaden gleichermaßen entstanden, so kann kein Schadensersatzanspruch entstehen, weil die bezogen auf die tatsächliche Rechtsverletzung erforderliche kausale Verursachung des entstandenen Schadens dann nicht mehr gegeben ist.

Ein **Anspruch aus culpa in contrahendo** kommt aus Gründen, die in der Natur der Sache liegen, regelmäßig **grundsätzlich nur für den (einen) Bieter** in Betracht, der ohne den Verstoß den Zuschlag erhalten hätte[1095].

Das Vergabeverfahren führt regelmäßig **nur beim Gewinner zur Amortisation** der ggf. beträchtlichen Aufwendungen für die Erstellung der Angebote, während die übrigen Teilnehmer regelmäßig **kompensationslos** aus diesem Wettbewerbsverfahren hervorgehen[1096]. Eine **Entschädigungspflicht** für die Teilnahme an öffentlichen Ausschreibungen hatten der BGH und verschiedene Obergerichte wiederholt ausdrücklich **abgelehnt**, und zwar auch dann, wenn für die Angebotserstellung ein erheblicher Aufwand entstanden ist[1097]. Ein Verstoß gegen bieterschützende Bestimmungen zum Nachteil eines nachrangigen Bewerbers wird

1091 BGH, Urt. v. 27. 11. 2007 (X ZR 18/07), VergabeR 2008, 219.
1092 Unter Verweis auf: BGHZ 96, 157; BGH, Urt. v. 4. 7. 1994 (II ZR 162/93), NJW 1995, 127.
1093 Vgl. BGH NJW 1995, 126, 127.
1094 Vgl. BGHZ 96, 157, 172.
1095 BGH, Urt. v. 27. 11. 2007 (X ZR 18/07), VergabeR 2008, 219.
1096 BGH, Urt. v. 27. 6. 2007 (X ZR 34/04), NZBau 2007, 727 = VergabeR 2007, 752.
1097 BGH, Urt. v. 3. 12. 1981 (VII ZR 368/80), NJW 1982, 765; BGH, Urt. v. 12. 7. 1979 (VII ZR 154/78); BGH, Urt. v. 18. 1. 1971 (VII ZR 82/69), m.w.N.; RG (Warn 1923/24 Nr. 136; HRR 1930 Nr. 105 – jeweils m. Nachw.); OLG Düsseldorf, Urt. v. 13. 3. 1991 (19 U 47/90), BauR 1991, 613; OLG Hamm, Urt. v. 28. 10. 1974 (17 U 169/74), BauR 1975, 418.

deshalb regelmäßig nicht kausal für den bei ihm durch die Angebotsaufwendungen zu verzeichnenden Vermögensverlust sein.

Die **regelmäßige Beschränkung von Schadensersatzansprüchen** auf den **rechtswidrig übergangenen Gewinner** der Ausschreibung **gilt jedoch nicht ausnahmslos**. Der BGH hat zum einen entschieden[1098], dass einem Bieter, der den Zuschlag nicht erhalten hat, gleichwohl ein Anspruch auf Ersatz solcher Aufwendungen zustehen kann, die er nicht getätigt hätte, wenn die Vergabestelle ihm rechtzeitig bestimmte Informationen erteilt hätte. Zum anderen gilt dies u.U. für Konstellationen, in denen der Bieter von einer Teilnahme abgesehen hätte, wenn das richtige Vergabeverfahren angewendet worden wäre[1099]. In beiden Fällen können also auch mehrere Bieter den Vertrauensschaden erstreiten, obwohl sie bei richtiger Anwendung des Vergaberechts gar nicht an der Ausschreibung teilgenommen hätten und daher logischerweise auch nicht der rechtswidrig übergangene Gewinner sein könnten[1100]. Die bloße, hypothetische Behauptung, er hätte bei Kenntnis der objektiven Sachlage ein wertbares Angebot abgeben können, reicht nicht aus[1101].

Vergegenwärtigt man sich den Begriff der »**echten Chance**«, so wird deutlich, dass der Bieter zu dem **engeren Kreis** der aussichtsreichen Bieter gehört haben muss[1102]. Es kann sich also bei einer Ausschreibung immer nur um ca. 4–5 Bieter handeln, die eine wirklich »echte Chance« hatten, den Zuschlag zu bekommen. Eine theoretische Chance reicht ganz sicher nicht[1103]. Welchen Unterschied die Vertreter mancher Rechtsmeinungen glauben erkennen zu können, wenn sie unter einer »**echten Chance**« eine

- »qualifizierte Aussicht auf die Zuschlagserteilung« verstehen wollen,
- nicht jedoch die »engere Wahl« der offerierenden Bieter,

ist nicht recht nachvollziehbar[1104]. Nach hier vertretener Auffassung handelt es sich dabei um einen nicht weiterführenden, unergiebigen Streit um Begriffe.

Ein Angebot hätte i.S.v. § 126 S. 1 GWB nur dann eine »echte Chance« auf den Zuschlag gehabt, wenn es **innerhalb des Wertungsspielraums** der Vergabestelle gelegen hätte, darauf den Zuschlag zu erteilen[1105]. Ob diese Voraussetzung erfüllt ist, ist im **Einzelfall** unter Berücksichtigung der für die Auftragserteilung vorgesehenen Wertungskriterien und deren Gewichtung, zu denen der öffentliche Auftraggeber ggf. **nach den Grundsätzen der sekundären Darlegungslast** vorzutragen hat, zu prüfen.

1098 BGH, Urt. v. 27. 6. 2007 (X ZR 34/04), NZBau 2007, 727 = VergabeR 2007, 752.
1099 BGH, Urt. v. 27. 11. 2007 (X ZR 18/07), VergabeR 2008, 219.
1100 BGH, Urt. v. 27. 11. 2007 (X ZR 18/07), VergabeR 2008, 219: Da das Berufungsgericht hierzu keine Feststellungen getroffen hat, kann die auf culpa in contrahendo gestützte Verurteilung der Beklagten keinen Bestand haben.
1101 OLG Naumburg, Beschl. v. 23. 4. 2007 (1 U 47/06), NZBau 2008, 79 = VergabeR 2007, 758.
1102 So: KG, Urt. v. 14. 8. 2003 (27 U 264/02), VergabeR 2004, 496; OLG Düsseldorf, Urt. v. 30. 1. 2003 (I-5 U 13/02), VergabeR 2003, 704; VK Sachsen, Beschl. v. 17. 1. 2007 (1/SVK/002-05), VS 2007, 24 [LS].
1103 Vgl. den von der deutschen Rechtsprechung benutzten Begriff der »reellen Chance«, z.B. BGH, Urt. v. 26. 3. 1981 (VII ZR 185/80), NJW 1981, 1673 = ZfBR 1981, 182 = BauR 1981, 368.
1104 BGH, Urt. v. 27. 11. 2007 (X ZR 18/07) = VergabeR 2008, 219, m.w.N.
1105 BGH, Urt. v. 27. 11. 2007 (X ZR 18/07) = VergabeR 2008, 219.

Eine »echte Chance« **scheidet jedenfalls aus**, wenn der Bieter infolge mangelhafter Angaben im Angebot hätte zwingend formal ausgeschlossen werden müssen. Legt also die Bieterin gegenüber der Vergabestelle nur unvollständige Angaben (z.B. lückenhafte Nachunternehmerangaben[1106]) vor, so kommt ein Schadensersatzanspruch nicht in Betracht[1107]. Er **kann in Betracht kommen**, wenn ein Auftraggeber vom erfolgreichen Bieter ausdrücklich auf einen Kalkulationsirrtum hingewiesen wurde[1108].

Für den **Ausschluss des Vertrauenstatbestandes** genügt es bereits, wenn der Bieter den Verstoß gegen das Vergaberecht bei ihm zumutbarer Prüfung hätte erkennen können[1109].

Mit dem Begriff der »echten Chance« wird eine **Erleichterung des Kausalitätsnachweises** herbeigeführt, die den Vorgaben in Art. 2 VII der Sektoren-Rechtsmittelrichtlinie 92/13/EWG nachkommt. Hat eine »echte Chance« bestanden, so wird pauschal und unwiderleglich vermutet, dass eine Schädigung bei dem betreffenden Bieter eingetreten ist.

Merke: Eines Verschuldensnachweises bedarf es nach ganz herrschender Meinung bei der Erstreitung des Vertrauensschadens nach § 126 S. 1 GWB in Abwandlung der Rechtsfigur des Verschuldens bei Vertragsverhandlungen – cic, § 311 II BGB – nicht[1110].

Der BGH hebt hervor, dass die vom Gesetzgeber gewählte Formulierung mit Blick auf die **Verschuldensunabhängigkeit** derjenigen in gesetzlichen Bestimmungen, in denen eine solche Haftungsverschärfung des Schuldners angeordnet ist (vgl. § 833 BGB, § 7 I StVG; §§ 1, 2 HPflG, § 1 ProdHaftG; § 1 UmweltHaftG), entspricht[1111]. Diese Privilegierung gilt – wohlgemerkt – aber nur bei Vergaben oberhalb der EU-Schwellenwerte und bezieht sich auch nur auf die Geltendmachung des Vertrauensschadens, also des negativen Interesses. Bei der Geltendmachung des entgangenen Gewinns ist nach der Rechtsfigur der cic der Nachweis des Verschuldens zu erbringen.

Der Bieter erhält gemäß § 126 S. 1 GWB die **Kosten für die Angebotserstellung** bzw. die Teilnahme am Vergabeverfahren ersetzt. Er bekommt den Vertrauensschaden, das sog. negative Interesse, ersetzt. Der Kläger wird so gestellt wie er gestanden hätte, wenn das schadensstiftende Ereignis nicht stattgefunden, er also am Vergabeverfahren gar nicht teilgenommen hätte.

Der **Ersatz des negativen Interesses** ist ebenso nach der deutschen Anspruchsgrundlage **cic** (§ 311 II BGB) der Regelfall. Die ständige deutsche Rechtsprechung lässt in der Regel nur diesen »**kleinen Schadensersatz**« zu[1112]. Die Rechtsprechung

1106 BGH, Urt. v. 18. 9. 2007 (X ZR 89/04), NZBau 2008, 137 = VergabeR 2008, 69.

1107 OLG Brandenburg, Urt. v. 10. 1. 2007 (4 U 81/06), VergabeR 2007, 408.

1108 OLG Stuttgart, Urt. v. 23. 8. 2006 (3 U 103/05).

1109 BGH, Urt. v. 27. 6. 2007 (X ZR 34/04), NZBau 2007, 727 = VergabeR 2007, 752; BGHZ 124, 64, 70. Unter Aufhebung von OLG Dresden, Urt. v. 10. 2. 2004 (20 U 1697/03), BauRB 2004, 205.

1110 BGH, Urt. v. 27. 11. 2007 (X ZR 18/07), VergabeR 2008, 219. Siehe auch: *Verfürth* in: Kulartz/Kus/Portz, Kommentar zum GWB-Vergaberecht, 2006, Rn. 24 ff. zu § 126. A.A.: *Gronstedt* in Byok/Jaeger/, Kommentar zum Vergaberecht, 2. Aufl. 2005, Rn. 1301, zu § 126.

1111 BGH, Urt. v. 27. 11. 2007 (X ZR 18/07), VergabeR 2008, 219.

1112 Eingehend zu Ansprüchen aus cic bei der öffentlichen Auftragsvergabe *Noch*, Vergaberecht und subjektiver Rechtsschutz, 1998, S. 199 ff.

zum Schadensersatz aus cic bei der öffentlichen Auftragsvergabe kann auch nach der Kodifizierung in § 311 II BGB ohne weiteres zu Rate gezogen werden. An den Grundsätzen hat sich nichts geändert[1113].

In Ausnahmefällen, die vor allem in den 1990er Jahren zugenommen hatten, wurde auf Basis dieser Anspruchsgrundlage immer öfter der »**große Schadensersatz**«, das sog. **positive Interesse**, zugesprochen. Dies schließt gemäß §§ 249, 252 BGB den **entgangenen Gewinn** ein[1114]. Eine Zeit lang schien es durchaus denkbar, dass das bisherige Regel-/Ausnahmeverhältnis bezüglich des Schadensersatzes aus cic bei öffentlichen Aufträgen noch gravierender aufgeweicht wird[1115].

Der **BGH** und einige Oberlandesgerichte bemühen sich jedoch in den zurückliegenden Jahren sehr stark, **mit immer neuen Begründungen aus den Einzelfällen heraus, die Zusprechung des positiven Interesses zu vermeiden**. Die Anforderungen sind daher außerordentlich hoch[1116].

Für den **Erfolg einer auf das positive Interesse gerichteten Schadensersatzklage** eines Bieters nach Erteilung des ausgeschriebenen Auftrags an einen anderen Bieter ist entscheidend, ob **dem klagenden Bieter** bei objektiv richtiger Anwendung der bekanntgemachten Vergabekriterien unter Beachtung des der Vergabestelle gegebenenfalls zukommenden Wertungsspielraums **der Zuschlag erteilt werden musste**[1117]. Der Vergabestelle ist es im Prozess nicht verwehrt, sich auf die objektiv richtige Bewertung zu berufen, also quasi damit ihr eigenes Verhalten in Frage zu stellen. Entscheidend ist demnach die Frage, ob im Falle der objektiv richtigen Anwendung des Vergaberechts der Bieter den Zuschlag zwingend erhalten musste.

Im Jahre 2003 hat der BGH[1118] hervorgehoben: Wird eine Ausschreibung aufgehoben, ohne dass einer der in § 26 VOB/A, § 26 VOL/A genannten Gründe vorliegt, so setzt der auf **Ersatz auch des entgangenen Gewinns** gerichtete Schadensersatzanspruch aus culpa in contrahendo nicht nur voraus, dass dem Bieter bei Fortsetzung des Verfahrens der **Zuschlag hätte erteilt werden müssen**, weil er das annehmbarste Angebot abgegeben hat; er setzt vielmehr darüber hinaus auch voraus, dass der **ausgeschriebene Auftrag tatsächlich erteilt worden ist**. Nimmt

1113 BGH, Urt. v. 27. 6. 2007 (X ZR 34/04), VergabeR 2007, 752; BGH, Urt. v. 1. 8. 2006 (X ZR 146/03), VergabeR 2007, 194; so auch bereits: OLG Dresden, Urt. v. 10. 2. 2004 (20 U 1697/03), BauRB 2004, 205.

1114 BGH, Urt. v. 25. 11. 1992 (VII ZR 170/91) = BGHZ 120, 281 = NJW 1993, 520 = ZfBR 1993, 77; BGH, Urt. v. 24. 4. 1997 (VII ZR 106/95), WiB 1997, 1044 = ZVgR 1997, 301; OLG Celle, Urt. v. 9. 5. 1996 (14 U 21/95), NJW-RR 1997, 662 = ZfBR 1997, 40 f.; OLG Nürnberg, Urt. v. 15. 1. 1997 (4 U 2299/96), ZVgR 1997, 175; OLG Düsseldorf, Urt. v. 31. 1. 2001 (U Kart 9/00), VergabeR 2001, 345; OLG Schleswig, Urt. v. 6. 11. 2001 (6 U 50/01), VergabeR 2002, 316; OLG Düsseldorf, Urt. v. 8. 1. 2002 (21 U 82/01), VergabeR 2002, 326; OLG Zweibrücken, Urt. v. 20. 11. 2003 (4 U 184/02), BauRB 2004, 274; OLG Dresden, Urt. v. 9. 3. 2004 (20 U 1544/03), VergabeR 2004, 484 = BauRB 2004, 235.

1115 Vgl. BGH, Urteile v. 8. 9. 1998 (X ZR 99/96, X ZR 48/97, X ZR 109/96, X ZR 85/97), BauR 1998, 1232 ff. Dazu auch *Noch*, Vergaberecht und subjektiver Rechtsschutz, 1998, S. 204.

1116 Entgangener Gewinn zugesprochen von: OLG Schleswig, Urt. v. 12. 10. 2004 (6 U 91/01), VergabeR 2006, 568.

1117 BGH, Urt. v. 1. 8. 2006 (X ZR 115/04), NZBau 2006, 797 = VergabeR 2007, 73. Unter ausdrücklicher Fortführung der Rechtsprechung: BGH, Urt. v. 5. 11. 2002 (X ZR 232/00), NZBau 2003, 168; BGH, Urt. v. 16. 12. 2003 (X ZR 282/02), NJW 2004, 2165 = WuW 2005, 116.

1118 BGH, Urt. v. 16. 12. 2003 (X ZR 282/02), VergabeR 2004, 480 = BauRB 2004, 170 = WuW 2005, 116.

die öffentliche Hand von der Vergabe des ausgeschriebenen Auftrags Abstand[1119] und bleibt sie bei der vor der Ausschreibung praktizierten Art des Betriebs eines Gebäudes oder des zu seinem Betrieb erforderlichen Leistungsbezugs, ohne dass dieser von der Ausschreibung miterfasst worden ist, **liegt bei der gebotenen wirtschaftlichen Betrachtungsweise in der Fortsetzung oder Wiederaufnahme der vor der Ausschreibung geübten Praxis keine zum Ersatz des positiven Interesses verpflichtende Vergabe** des ausgeschriebenen Auftrags. Interessant ist hier vor allem das Argument einer »wirtschaftlichen Betrachtungsweise«, das zu einer erheblichen Unschärfe der Rechtsprechung im Einzelfall führen kann.

Nicht einmal eine erwiesene **Ungleichbehandlung** von Bietern kann zu einem Anspruch auf großen Schadensersatz führen[1120]. Nach dem dort festgestellten Sachverhalt war der beklagte öffentliche Auftraggeber – unabhängig von dieser Ungleichbehandlung – nicht gehalten, den Auftrag zum Bau der Fußgängerbrücke der Bieterin zu erteilen; damit scheidet zugleich die Feststellung aus, dass diese den Auftrag hätte erhalten müssen.

Nicht ohne Grund stellt schließlich die Bestimmung des § 126 S. 2 GWB ausdrücklich klar, dass – abgesehen vom Ersatz des Vertrauensschadens nach § 126 S. 1 GWB – *»weiterreichende Ansprüche auf Schadensersatz ... unberührt (bleiben)«*. Hiermit sind Schadensersatzansprüche auf der Grundlage des deutschen Rechts gemeint, die auf die Ersetzung des entgangenen Gewinns zielen. Zu denken ist einerseits an die **Anspruchsgrundlage** aus **vorvertraglichem Schuldverhältnis**,

- cic (culpa in contrahendo, § 311 II BGB),

aber andererseits auch an die **deliktischen und wettbewerbsrechtlichen Anspruchsnormen**[1121] wie

- § 826 BGB (sittenwidrige vorsätzliche Schädigung),
- § 823 I BGB (Verletzung eines absoluten Rechts),
- § 823 II BGB (Verletzung einer Schutznorm)[1122],
- § 839 BGB i.V.m. Art. 34 GG (Amtshaftung)
- § 33, 20, 19 GWB (Ansprüche wegen wettbewerbswidrigen Verhaltens) und
- § 1 UWG (Verletzung des Prinzips lauteren Wettbewerbs)[1123].

Die **Beweisproblematik** ist nach wie vor ein Thema. Hier ist insbesondere zu berücksichtigen, dass nicht nur der Bieter den Versuch unternehmen muss, nachzuweisen, dass sein Angebot zwingend zu bezuschlagen gewesen wäre. Auch und

1119 LG Leipzig, Urt. v. 31. 5. 2007 (6 O 2003/06), VS 2007, 69: Kein Anspruch auf Schadensersatz, wenn die Ausschreibung aufgrund einer Änderung der bisherigen Rechtsprechung aufgehoben wird, welche eine Neuplanung erforderlich macht. Bestätigt durch: OLG Dresden, Beschl. v. 19. 10. 2007 (20 U 1047/07), VS 2007, 88 [LS], 93.

1120 BGH, Urt. v. 3. 4. 2007 (X ZR 19/06), NZBau 2007, 523 = VergabeR 2007, 750.

1121 Wegen der Unübersichtlichkeit der Anspruchsgrundlagen im Sekundärrechtsschutz und der daraus resultierenden unterschiedlichen Entscheidungspraxis spricht sich *Irmer*, Sekundärrechtsschutz und Schadensersatz im Vergaberecht, 2004, S. 297, 301, 305, für eine eigenständige Anspruchsgrundlage in Anlehnung an § 181 BVergG Österreich aus. Vgl. auch *Freise*, NZBau 2004, 83 ff.

1122 Vgl. dazu aus neuerer Zeit: KG, Urt. v. 27. 11. 2003 (2 U 174/02), VergabeR 2004, 490.

1123 Zum Bedeutungsgehalt des § 1 UWG im Kontext wirtschaftlicher Betätigung der öffentlichen Hand aus neuerer Zeit: BGH, Urt. v. 25. 4. 2002 (I ZR 250/00), VergabeR 2002, 467. Siehe auch die Anmerkung von *Glahs/Külpmann*, VergabeR 2002, 555.

gerade die Vergabestelle als federführende Institution ist im Sinne einer sekundären Darlegungslast[1124] gefordert, nachzuweisen, dass der auf positives Interesse klagende Bieter den Zuschlag auch ohne die feststehenden Vergaberechtsverstöße mit Sicherheit nicht erhalten hätte[1125].

Die Entwicklung der **Schadensersatzrechtsprechung** wird nach alledem in den nächsten Jahren weiter mit gespannter Aufmerksamkeit zu verfolgen sein. Seit der Vorauflage hat sich der Bereich der Schadensersatzrechtsprechung schon etwas dynamisiert. Es hat auch bereits einige wünschenswerte Klarstellungen gegeben. Die Entwicklung kann aber derzeit noch keineswegs als abgeschlossen betrachtet werden.

cc) Ermächtigungen

150 In § 127 GWB wird die Bundesregierung ermächtigt, **Rechtsverordnungen** – mit Zustimmung des Bundesrates – zu erlassen, die unterschiedlichen Regelungszielen dienen.

Das in § 127 Nr. 1 bis 8 GWB vorzufindende **Regelungsprogramm** wurde im wesentlichen durch die Vergabeverordnung, derzeit in der Fassung aus dem Jahre 2006, erfüllt.

Nachfolgend noch einmal die Regelungspunkte als Stichworte:
- Umsetzung der **Schwellenwerte** in das deutsche Recht (Nr. 1)
- Nähere Bestimmungen zur Tätigkeit in den **Sektoren** (Nr. 2)
- Festlegungen zur Vergabe von öffentlichen Aufträgen im Sektorenbereich (Nr. 3 und Nr. 4)
- **Abgrenzung der Zuständigkeit** zwischen der Vergabekammer des Bundes und der Vergabekammern der Länder betreffen sowie der Länder untereinander (Nr. 5)
- **Bescheinigungsverfahren** nach den Art. 3 ff. der Sektoren-Rechtsmittelrichtlinie 92/13/EWG (Nr. 6)
- Regelungen betreffend das nach den Art. 8 ff. der Sektoren-Rechtsmittelrichtlinie 92/13/EWG möglichen freiwilligen Streitschlichtungsverfahrens (Nr. 7).
- **Informationsaustausch** der Vergabekammern und Beschwerdegerichte mit dem BMWi (Nr. 8)

Im Einzelnen wird auf die Erläuterungen zur Vergabeverordnung verwiesen.

dd) Kostenregelungen

151 Abschließend finden sich im Vergaberechtsänderungsgesetz **Kostenregelungen**[1126].

Vor den **Oberlandesgerichten** ist eine **Kostenpflicht** nach den einschlägigen Regelungen ohnehin gegeben. Das Vergaberechtsänderungsgesetz konnte sich daher darauf beschränken, die Kostenfrage vor der Vergabekammer und der Vergabeprüfstelle zu regeln (§§ 128 und 129 GWB).

1124 So ausdrücklich: BGH, Urt. v. 27. 11. 2007 (X ZR 18/07), VergabeR 2008, 219.
1125 OLG Schleswig, Urt. v. 6. 11. 2001 (6 U 50/01), VergabeR 2002, 316.
1126 Instruktiv zur Kostenerstattung im Vergabenachprüfungs- und Beschwerdeverfahren: *Kast*, BauRB 2004, 88 ff., mit zahlreichen Nachweisen.

(1) Verfahrenskosten der Kammer

152 § 128 I GWB bestimmt, dass das **Verfahren vor der Vergabekammer** grundsätzlich kostenpflichtig ist und erklärt das **Verwaltungskostengesetz** für anwendbar. Die Regelung des § 128 II GWB beinhaltet vor allem, dass die **Gebühr** für die Tätigkeit der Vergabekammer regelmäßig mit **mindestens 2.500 €** anzusetzen ist. Nur bei sehr geringem Aufwand wird diese Mindestgebühr ermäßigt.

Die Gebührenermittlung erfolgt im Einzelnen an Hand einer **Gebührentabelle des Bundeskartellamtes** vom 9. 2. 1999 in der z.Zt. gültigen Fassung vom 1. 1. 2003[1127]. Hiernach wird der Mindestgebühr von 2.500 EUR (§ 128 II GWB) eine Ausschreibungssumme von bis zu 80.000 EUR zugeordnet und dem Höchstwert von 25.000 EUR (§ 128 II GWB) eine Ausschreibungssumme von 70 Mio. € (höchste Summe der Nachprüfungsfälle 1996–1998) gegenübergestellt. Viele Vergabekammern der Länder halten sich gleichfalls an diese Tabelle.

In aller Regel ist die **Gebühr als Vorschuss** mit Einreichung des Nachprüfungsantrags zu leisten (so z.B. VK Bund). Nur einige Vergabekammern **verzichten** auf den Vorschuss. In der Praxis ist es aber häufig so, dass die (anwaltliche) Zusicherung genügt, man werde den Betrag überweisen.

(2) Erstattung der Aufwendungen

153 § 128 III GWB normiert die Kostentragungspflicht im Falle des **Unterliegens** und § 128 IV GWB für den Fall des **Obsiegens**. Zu erstatten sind die für die Rechtsverfolgung **notwendigen Aufwendungen**. Hierzu gehören vor allem die Reisekosten und die sich nach RVG zu bemessenden Gebühren anwaltlicher Vertretung, wenn diese für notwendig erklärt wird.

Der **Höchstsatz einer 2,5-fachen Geschäftsgebühr** für die **Tätigkeit eines Anwalts in einem Vergabenachprüfungsverfahren vor der Vergabekammer** ist **nur bei überdurchschnittlich umfangreichen und schwierigen Fällen** gerechtfertigt. In einem durchschnittlich schwierigen Nachprüfungsverfahren ist ein solcher Ansatz auch dann unbillig, wenn eine mündliche Verhandlung vor der Vergabekammer stattgefunden hat[1128]. Ein quasi fixer Ansatz von 2,5-fachen Gebühren in jedwedem Fall mündlicher Verhandlung vor der Vergabekammer – dem in § 112 I GWB gesetzlich vorgesehenen Regelfall – würde den vom Gesetzgeber mit Nr. 2400 VV RVG intendierten Spielraum unzulässig verengen[1129]. Der abstrakte Schwierigkeitsgrad vergaberechtlicher Nachprüfungsverfahren vor der Vergabekammer rechtfertigt grundsätzlich die Überschreitung der in Nr. 2400 VV benannten Kappungsgrenze von 1,3, so dass für diese Verfahren ein Rahmen von 0,5 bis 2,5 eröffnet ist. Hat eine Sache einen **besonders einfach gelagerten Sachverhalt geringen Umfangs** zum Gegenstand, kann im Einzelfall ein Gebührensatz von **unter 1,3** angemessen sein. Die Kappungsgrenze von 1,3 beschränkt das dem Rechtsanwalt nach § 14 I RVG eingeräumte Ermessen hinsichtlich der Bestimmung

1127 Abgedruckt u.a. bei *Noelle* in: *Byok/Jaeger*, Kommentar zum Vergaberecht, 2. Aufl. 2005, Rn. 1353 zu § 128.
1128 OLG München, Beschl. v. 11. 1. 2006 (Verg 21/05).
1129 OLG Naumburg, Beschl. v. 30. 8. 2005 (1 Verg 6/05).

des Gebührenrahmens[1130]. Oftmals wird nach alledem von einem **Satz i.H.v. 1,8** ausgegangen.

Der Umstand, dass ein Nachprüfungsverfahren lediglich das Vergabeverfahren im Stadium des Teilnahmewettbewerbs betraf, rechtfertigt keine Herabsetzung[1131].

Ein **Ausspruch auf Verzinsung des festgesetzten Betrages** (**Prozesszinsen**) wird im **Vergabenachprüfungsverfahren nicht zuerkannt**[1132], weil es sich bei diesem trotz seiner gerichtsähnlichen Ausgestaltung um ein Verwaltungsverfahren handelt. Daraus folgt, dass auch z.B. der Landesgesetzgeber in NRW Prozesszinsen in entsprechender Anwendung der Regelung des § 104 I 2 ZPO im verwaltungsgerichtlichen Vorverfahren nicht zuerkennen wollte[1133]. Da § 128 IV 3 GWB für das Nachprüfungsverfahren vor der Vergabekammer auf § 80 VwVfG und die entsprechenden Vorschriften verweist, kommt auch im erstinstanzlichen Nachprüfungsverfahren in Vergabesachen eine entsprechende Anwendung nicht in Frage. Gegen eine entsprechende Anwendung des § 104 I 2 ZPO spricht im Übrigen auch die Tatsache, dass für die Vollstreckung eines Kostenfestsetzungsbeschlusses der Vergabekammer auf das Verwaltungsvollstreckungsgesetz (VwVG) NRW zurückzugreifen ist. Da dies vorsieht, dass nur Geldforderungen juristischer Personen des öffentlichen Rechts vollstreckt werden können (§ 1 VwVG), kann aus dem Kostenfestsetzungsbeschluss der Vergabekammer durch privatrechtlich strukturierte Gläubiger nicht unmittelbar vollstreckt werden, während die Kostenfestsetzungsbeschlüsse des Gerichts Vollstreckungstitel sind (§ 794 I Nr. 1 ZPO, § 168 I Nr. 4 VwGO)[1134]. Im Nachprüfungsverfahren kann eine Vollstreckbarkeit des Kostenfestsetzungsbeschlusses der Vergabekammer nicht über eine analoge Anwendung der §§ 103 ff ZPO erreicht werden.

(3) Rücknahme und Abhilfe

154 Die **Rücknahme** eines Nachprüfungsantrags stellt **kein Unterliegen** im Sinne von § 128 IV 2 GWB dar, so dass der Antragstellerin nicht die der Antragsgegnerin und der Beigeladenen entstandenen Kosten auferlegt werden können. Mit der sofortigen Beschwerde[1135] hatte sich die Antragstellerin gegen die entsprechende Kostenentscheidung der Vergabekammer gewendet.

Während sich die Beigeladene darauf berief, die Antragstellerin habe ihr durch den **aussichtslosen, dann zurückgenommenen, Nachprüfungsantrag Kosten verursacht**, die sie deshalb tragen müsse, hob das OLG die Kostenentscheidung auf. § 128 IV 2 GWB scheide als Rechtsgrundlage aus. Der BGH habe eine **Rücknahme ausdrücklich nicht als Unterliegen im Sinne der Vorschrift angesehen**[1136]. Auch ein **Kostenerstattungsanspruch aus § 80 VwVfG NRW (= § 80 VwVfG des Bundes) scheide aus**, weil nach ständiger Rechtsprechung **ein solcher im Falle**

1130 OLG Jena, Beschl. v. 2. 2. 2005 (9 Verg 6/04), NZBau 2005, 356 = VergabeR 2005, 679.
1131 OLG Düsseldorf, Beschl. v. 8. 2. 2006 (VII Verg 85/05).
1132 Vgl. BGH, Beschl. v. 9. 12. 2003 (X ZB 14/03).
1133 OLG Düsseldorf, Beschl. v. 2. 6. 2005 (VII-Verg 99/04), VergabeR 2005, 821.
1134 OLG Düsseldorf, Beschl. v. 5. 2. 2001 (Verg 26/00), Vergabe C-10-26/00.
1135 OLG Düsseldorf, Beschl. v. 25. 7. 2006 (Verg 91/05).
1136 BGH, Beschl. v. 25. 10. 2005 (X ZB 22/05), NZBau 2006, 196 = VergabeR 2006, 73, 74 = WuW 2006, 209.

der Erledigung durch Rücknahme nicht besteht[1137]. In Umgehungsfällen kann die Regelung zwar ausnahmsweise angewandt werden, die Erfolglosigkeit des Nachprüfungsantrags stellt aber keinen Umgehungsfall, sondern den »**Normalfall**« dar. Eine offensichtliche Unbegründetheit des Nachprüfungsantrags stand hier nicht einmal fest.

In einer **weiteren Entscheidung**[1138], die einen Fall betraf, in dem der Antragsteller seinen Nachprüfungsantrag zurückgenommen hatte, weil die Vergabekammer signalisiert hatte, dass sie infolge der Unzulässigkeit des Antrags ohne mündliche Verhandlung zu entscheiden gedachte (§ 112 I 2 GWB), bekräftigt der Senat diese Grundsätze. Er stellt heraus, dass **im Falle der Rücknahme** – wann immer sie vor dem Zeitpunkt der Zusendung eines Beschlusses an die Parteien geschieht – **lediglich über die Kosten für das Verfahren vor der Vergabekammer, nicht jedoch über die Auslagen der Parteien, zu befinden** ist.

§ 269 III ZPO (oder eine entsprechende Regelung in anderen Verfahrensordnungen) ist – so die vom Senat geteilte Rechtsauffassung des BGH – auf Antragsrücknahmen im erstinstanzlichen Nachprüfungsverfahren **gerade nicht entsprechend anzuwenden**. Stattdessen nimmt § 128 IV 3 GWB auf § 80 Verwaltungsverfahrensgesetz (VwVfG) Bezug. Nach § 80 I VwVfG ist eine dem Antragsteller nachteilige Auslagenentscheidung – und eine Auslagenerstattung für den Gegner – nur in Betracht zu ziehen, wenn er aufgrund einer Entscheidung der Vergabekammer unterliegt, nicht aber dann, wenn der Nachprüfungsantrag zurückgenommen worden ist. **Unter Umständen** kann in Fällen der vorliegenden Art im Wege einer **erweiternden Normauslegung** eine **Auslagenentscheidung** zugunsten des Antragsgegners zwar dann getroffen werden, wenn nach Lage des Einzelfalls der Rechtsbehelf des Nachprüfungsantrags oder die Rücknahme vom Antragsteller **missbraucht** worden sind. Davon kann in Ermangelung zureichender Anhaltspunkte hier jedoch nicht gesprochen werden.

Der von der Antragsgegnerin behauptete **Verfassungsverstoß** ist in der Auslagenentscheidung der Vergabekammer **nicht zu sehen**. Auch sind die zugrunde liegenden gesetzlichen Regelungen – die §§ 128 IV GWB und 80 VwVfG – verfassungsgemäß. Sofern man der Antragsgegnerin als Körperschaft des öffentlichen Rechts überhaupt einen Grundrechtsschutz zuerkennen will, ist sie aufgrund der getroffenen Auslagenentscheidung insbesondere unter dem Gesichtspunkt der prozessualen Waffen- und Chancengleichheit nicht verletzt. Aus dem Gleichheitssatz (Art. 3 I GG) und aus dem Rechtsstaatsgebot (Art. 20 III GG) ist zwar abzuleiten, dass **in Bezug auf den Auslagenersatz unter den Beteiligten eines gerichtlichen oder behördlichen Verfahrens grundsätzlich eine vergleichbare Rechtslage herzustellen** ist. Ein allgemeingültiges Prinzip der Kosten- und Auslagenerstattung ist **in den Verfahrensordnungen jedoch weder festgeschrieben, noch besteht von Rechts wegen eine Verpflichtung**, in jedem Fall einer Verfahrensbeendigung eine Erstattung von Kosten und Auslagen vorzusehen[1139]. Bei der Regelung der Erstattungstatbestände steht dem Gesetzgeber vielmehr ein **weiter Gestaltungsspielraum** zu. Davon ist in der Weise Gebrauch gemacht worden, dass in Anlehnung

1137 Vgl. BVerwGE 101, 64.
1138 OLG Düsseldorf, Beschl. v. 18. 12. 2006 (VII Verg 51/06).
1139 Vgl. BVerfG NJW 1987, 2569, 2570 m.w.N.

an das verwaltungsrechtliche Widerspruchsverfahren (§ 80 I VwVfG) im Vergabenachprüfungsverfahren eine Auslagenerstattung nur vorgesehen ist, sofern die Vergabekammer eine Entscheidung getroffen hat, mit der das sachliche Begehren des Antragstellers ganz oder teilweise als unzulässig oder unbegründet abgelehnt worden ist[1140]. Nach der Vorstellung des Gesetzgebers sollte die in § 128 GWB getroffene Kostenregelung neben einer **Ausrichtung am Kostendeckungsprinzip** bei der Inanspruchnahme der Nachprüfung **keine abschreckende Wirkung entfalten**[1141]. Darum ist u.a. die Rücknahme des Nachprüfungsantrags der Zurücknahme einer Klage kostenrechtlich nicht gleichgestellt worden[1142, 1143, 1144].

Rücknahme: Nach herrschender Auffassung kann ein Nachprüfungsantrag zu jedem beliebigen Zeitpunkt vor Zustellung eines Beschlusses, d.h. auch nach Durchführung der mündlichen Verhandlung, zurückgenommen werden. Die Vergabekammer besitzt dann keine Kompetenz mehr, noch eine Sachentscheidung zu treffen, auch wenn sie sich intern bereits beraten und den Beschluss fertig abgefasst hat. Der Beschluss ist erst dann existent, wenn er den Beteiligten zugestellt ist. Solange das noch nicht der Fall ist, kann der Nachprüfungsantrag zurückgenommen werden, ohne dass die Vergabestelle (und ggf. die Beigeladene) die »außergerichtlichen« Kosten ersetzt bekommen kann. Diese Regelung mag unbillig erscheinen, entspricht aber der Rechtslage. Ein Antragsteller hat also im Prinzip Zeit, die Eindrücke aus der mündlichen Verhandlung auf sich wirken zu lassen, sich eingehend zu beraten und im Falle einer Prognose, dass die Vergabekammer seinen Antrag voraussichtlich als unzulässig oder unbegründet ansehen wird, die Möglichkeit, den Antrag vor Zusendung eines Beschlusses schnellstens zurückzunehmen. Dies kann man auch eine »Flucht in die Rücknahme« nennen.

Abhilfe während des Verfahrens vor der VK: Im umgekehrten Fall hat nach überwiegender Auffassung der Vergabekammern gleichermaßen die Vergabestelle die Möglichkeit, eine Erledigung, in diesem Falle durch Abhilfe – und auch nach Durchführung der mündlichen Verhandlung –, herbeizuführen. Diese Möglichkeit muss sie allein schon aus Gründen der Waffengleichheit haben. Es liegt dann ein Fall der anderweitigen Erledigung vor, die Antragstellerin hat dann nach § 114 II GWB die Möglichkeit, einen Feststellungsantrag dahingehend zu stellen (bzw. die

1140 Vgl. BGH, Beschl. v. 25. 10. 2005 (X ZB 22/05), NZBau 2006, 196 = VergabeR 2006, 73, 74 = WuW 2006, 209.

1141 Vgl. die Begründung zum Regierungsentwurf v. 3. 12. 1997, BT-Drucksache 13/9340 zu § 137.

1142 Zur Sondersituation im Saarland aufgrund des dortigen § 80 I 5 SVwVfG siehe: VK Saarland, Beschl. v. 6. 8. 2007 (1 VK 03/2007), VS 2007, 79 [LS].

1143 In Verfahren vor den bayerischen Vergabekammern kann ein Beigeladener gemäß § 128 IV 3 GWB, Art. 80 I 2, II 2 BayVwVfG auch bei Rücknahme des Nachprüfungsantrags Erstattung seiner notwendigen Aufwendungen im Rahmen der Billigkeit verlangen (so OLG München, Beschl. v. 6. 2. 2006, Verg 23/05, NZBau 2006, 738 = VergabeR 2006, 428 = VS 2006, 15 [LS]).

1144 Das OLG Koblenz hatte sich ebenfalls in seinem Beschl. v. 8. 6. 2006 (1 Verg 4 und 5/06) mit dem Kostenaspekt des Beigeladenen auseinanderzusetzen. In Rheinland-Pfalz ist die Tragung der entstandenen notwendigen Auslagen der Vergabestelle gemäß § 128 IV 3 GWB in § 19 I 5 AGVwGO geregelt. Der Senat weist darauf hin, dass diese Regelung auch die notwendigen Auslagen der Antragstellerin betrifft. § 19 I 5 AGVwGO RP enthält keine entsprechende Regelung für die Kosten des Beigeladenen. Das OLG Koblenz lehnt die analoge Anwendung von § 19 I 5 AGVwGO RP, ebenso wie von § 162 III VwGO, mit dem Hinweis ab, dass es für eine Analogie gerade an einer planwidrigen Regelungslücke fehle. Das Fehlen der planwidrigen Regelungslücke ergebe sich aus dem Umstand, dass dem Landesgesetzgeber der Kostenaspekt von anderen Beteiligten bei der Änderung der AGVwGO RP bekannt war, er diesen aber nicht berücksichtigte.

Vergabekammer die Möglichkeit, eine Umdeutung des noch auf den Erlass eines gestaltenden Verwaltungsakts gerichteten Sachantrages vorzunehmen), dass sie in ihren Rechten verletzt ist, und das Verfahren endet dann als Feststellungsbeschluss. Die Voraussetzungen des verwaltungsprozessrechtlichen Feststellungsinteresses müssten dann allerdings im Einzelfall von der Vergabekammer großzügig bejaht werden (was i.d.R. auch geschieht). Die Kompetenz der Vergabekammer, in einem solchen Fall (also der Erledigung durch Abhilfe, auch nach Beendigung der mündlichen Verhandlung) noch einen gestaltenden Verwaltungsakt zu erlassen, besteht jedenfalls nach hier vertretener Auffassung nicht mehr[1145]. Eine Rechtsgrundlage für eine (gestaltende) Sachentscheidung ist – wie im umgekehrten Fall der Erledigung durch Rücknahme seitens der Antragstellerin – nicht erkennbar. Im Einzelnen ist bei dieser »Flucht in die Abhilfe« allerdings die rechtliche Beurteilung durch die Vergabekammern unterschiedlich, wie gelegentlich festgestellt werden kann.

Ein teilweiser Trend geht dahin, in einem sog. **Erledigungsbeschluss** eine Kostenentscheidung nach Billigkeit zu treffen, wenn der Bieter und die Vergabestelle den Nachprüfungsantrag einvernehmlich für erledigt erklären, vorzugsweise auf der Basis eines Vergleiches[1146]. Damit kann ein weiterer **Ausweg aus der »Rücknahmefalle«** eröffnet werden. Dieser ist für alle Beteiligten weniger aufwändig als wenn die Antragstellerin das Begehren als Feststellungsantrag weiterverfolgt.

Abhilfe während des Verfahrens vor dem OLG:

Hilft die Vergabestelle im Stadium des sofortigen Beschwerdeverfahrens nach Ergehen eines für sie ungünstigen Beschlusses gem. § 118 I 3 GWB ab – kommt sie also der vom Gericht geäußerten Ansicht nach, dass die sofortige Beschwerde voraussichtlich begründet ist und das Vergabeverfahren in einer bestimmten Weise korrigiert werden muss – und erklären dann die erfolgreiche Beschwerdeführerin sowie der öffentliche Auftraggeber die Angelegenheit übereinstimmend für erledigt, so kann in entsprechender Anwendung der §§ 91a, 97 ZPO über die Kosten entschieden und können diese dem öffentlichen Auftraggeber auferlegt werden[1147].

(4) Notwendigkeit der Hinzuziehung der anwaltlichen Vertretung

155 Bei der Prüfung der **Hinzuziehung der Notwendigkeit der anwaltlichen Vertretung** ist auf den **Einzelfall** abzustellen[1148].

Entscheidend ist gemäß dem BGH, ob der Beteiligte unter den Umständen des Falles auch selbst in der Lage gewesen wäre, aufgrund der bekannten oder erkennbaren Tatsachen den Sachverhalt zu erfassen, hieraus die für eine sinnvolle Rechtsverteidigung nötigen Schlüsse zu ziehen und entsprechend gegenüber der Vergabekammer vorzutragen. Daher kann die Frage, wann die Hinzuziehung eines Rechtsanwalts notwendig ist, nicht schematisch beantwortet werden. In einem Fall, bei dem sich die Streitpunkte auf auftragsbezogene Sach- und Rechtsfragen ein-

1145 VK Arnsberg, Beschl. v. 12. 2. 2008 (VK 44/07), IBR-online.

1146 VK Arnsberg, Beschl. v. 12. 2. 2008 (VK 44/07), IBRonline. Vgl. auch: VK Arnsberg, Beschl. v. 16. 4. 2007 (VK 09/07); VK Schleswig-Holstein, Beschl. v. 7. 3. 2007 (VK-SH 03/07), NZBau 2008, 80.

1147 OLG Schleswig, Beschl. v. 22. 1. 2007 (1 Verg 2/06).

1148 BGH, Beschl. v. 26. 9. 2006 (X ZB 14/06), NZBau 2006, 800 = VergabeR 2007, 59.

schließlich der dazu gehörenden Vergaberegeln konzentrieren, **muss der öffentliche Auftraggeber** gemäß dem OLG Brandenburg **die erforderlichen Sach- und Rechtskenntnisse in seinem originären Aufgabenkreis organisieren** und bedarf daher auch im Nachprüfungsverfahren keines anwaltlichen Bevollmächtigten[1149].

Die Entscheidung des OLG Brandenburg mag für die **dort entschiedene Konstellation,** in welcher der Antragstellerin seitens der Vergabekammer nahegelegt worden war, ob sie infolge der zu erwartenden Unbegründetheit ihres Begehrens den Antrag nicht besser zurücknehmen wolle, gerechtfertigt erscheinen.

Die **verallgemeinernden Schlussfolgerungen** des OLG (insbesondere in den Leitsätzen) sind jedoch **rechtlich sehr fraglich.** Sie würdigen nicht in ausreichendem Maße, dass nicht jeder öffentliche Auftraggeber die zur Geltendmachung seiner rechtlichen Interessen notwendigen Fachkenntnisse im eigenen Hause besitzt. Eine solche stadteigene GmbH wird meistens keine Möglichkeit besitzen, sich Amtshilfe von der Stadt zu organisieren oder gar einen eigenen Juristen einzustellen. Verfügt die Vergabestelle, wie etwa eine stadteigene GmbH, über keine eigene Rechtsabteilung bzw. juristisch geschulte Mitarbeiter, so kann die Hinzuziehung eines Rechtsanwalts nach hier vertretener Auffassung sogar unverzichtbar sein. Dies gilt insbesondere in Fällen, in denen die VSt. – **ex ante** – nicht auf alle etwaigen Angriffe der jeweiligen ASt. vorbereitet ist. Es entspricht gerade **nicht den praktischen Bedürfnissen, isoliert auf eine ex-post-Sicht** – z.B. eine »Aussichtslosigkeit« des Nachprüfungsantrages wie im Falle des OLG Brandenburg – abzustellen. Die meisten Vergabenachprüfungsverfahren entwickeln eine Eigendynamik, die dazu führt, dass die Angriffsrichtungen der Antragstellerin nicht im Einzelnen absehbar sind. Daher sollte dies zur Folge haben, dass öffentliche Auftraggeber, die sich keinen eigenen Juristen leisten können, gewissermaßen auch prophylaktisch einen Verfahrensbevollmächtigten einschalten können sollten, dessen Kosten dann – nach Erklärung der Notwendigkeit seiner Hinzuziehung durch die Vergabekammer – zumindest auf Basis der RVG-Gebühren erstattungsfähig sind.

(5) Gegenstandswert

156 Was als **Gegenstandswert** zur Berechnung des **Streitwerts** zugrundezulegen ist (brutto oder netto), war lange Zeit umstritten. Dies hat sich mit der Regelung des § 50 II GKG n.F. i.V.m. § 23 I 3 RVG geändert. Es ist auf den **Brutto-Auftragswert** abzustellen[1150].

Der **gesetzlich nicht definierte Begriff der Auftragssumme** in § 50 II GKG ist dahin auszulegen, dass auf die geprüfte Bruttoangebotssumme desjenigen Angebots des Antragstellers abzustellen ist, welches eine Chance auf Zuschlagerteilung haben soll[1151]. Liegt ein Angebot des Antragstellers noch nicht vor, so ist auf die fiktive Angebotssumme bzw. – soweit hierfür individuelle Anhaltspunkte fehlen – auf den objektiven Wert der zu vergebenden Leistungen abzustellen[1152]. Hierfür bieten

1149 OLG Brandenburg, Beschl. v. 11. 12. 2007 (Verg W 6/07).
1150 OLG Schleswig, Beschl. v. 29. 12. 2006 (1 Verg 5/06), VS 2007, 96 [LS].
1151 OLG München, Beschl. v. 14. 9. 2005 (Verg 15/05), NZBau 2006, 136 = VS 2006, 15 [LS]; OLG Naumburg, Beschl. v. 23. 8. 2005 (1 Verg 4/05), VS 2007, 15 [LS] = WuW 2005, 1090.
1152 OLG Naumburg, Beschl. v. 23. 8. 2005 (1 Verg 4/05), VS 2007, 15 [LS] = WuW 2005, 1090.

regelmäßig insbesondere die Schätzungen des Auftraggebers im Hinblick auf eine Überschreitung bzw. Unterschreitung des Schwellenwertes einen hinreichenden Anhaltspunkt. Bei einem inzwischen fortgeschrittenen Vergabeverfahren können auch die in der späteren Angebotsphase von anderen Bietern erklärten Angebotspreise einen gewichtigen Anhaltspunkt für den Wert des zu vergebenden Auftrags darstellen.

Der **Gebührenwert** errechnet sich gemäß § 12a GKG. Danach bilden 5% aus dem Gegenstandswert den Streitwert. Beträgt also bei einer Vergabe der Auftragswert 10 Mio. EUR, so ist von einem Streitwert von 500.000 EUR auszugehen. Der ursprünglich vorab von dem öffentlichen Auftraggeber geschätzte Auftragswert ist in diesem Zusammenhang nicht ausschlaggebend.

Bei der **Vergabe in Losen** ist als geklärt angesehen, dass nur der Wert des betreffenden Loses maßgeblich ist, für das sich der Bieter oder Interessent beworben hat respektive beworben hätte.

Problematischer ist der Fall, wenn **nicht in Losen ausgeschrieben** wurde und der **Antragsteller erfolglos um die Vergabe in Losen gestritten** hat. Hier hat er im Prinzip die ganze Vergabe blockiert, so dass man vertreten könnte, dass der Gesamtauftragswert zugrundezulegen ist. Anderenfalls müsste für die Berechnung des Streitwertes von dem fiktiven Loswert und dem hierauf bezogenen fiktiven Angebot des Antragstellers ausgegangen werden. Für die **Höhe des Erstattungsanspruches** hat dies naturgemäß **erhebliche Auswirkungen**.

Hingegen führen **Optionen** (vorbehaltene Leistungserweiterungen oder Vertragsverlängerungen) zu einer entsprechenden Erhöhung des Gegenstandswertes. Bei einem auf 10 Jahre Laufzeit angelegten Dienstleistungsauftrag ist dies der Gesamt-Brutto-Auftragswert für die gesamte Laufzeit inklusive Optionen[1153].

(6) Kostenfestsetzungsanträge

157 Der **Antrag auf Kostenfestsetzung** ist, wenn das Verfahren sich **einzig in der ersten Instanz** »abgespielt« hat, an die **Vergabekammer** zu richten, obwohl es sich bei diesen Organen um kein Gericht handelt. Sie üben aber insoweit die Funktion eines Gerichtes aus.

Ist das Verfahren in die **sofortige Beschwerde** gegangen, so wird nach mehrheitlicher Handhabung auch die Kostenfestsetzung durch das OLG vorgenommen. Dies gilt nach mittlerweile wohl überwiegender Praxis auch dann, wenn der Beschluss der Vergabekammer bestätigt wurde, also die sofortige Beschwerde ohne Erfolg geblieben ist. Dies gilt wohl auch dann, wenn mit dem VK-Verfahren beispielsweise mehrere Lose angegriffen wurden, sich das Beschwerdeverfahren jedoch nur auf einige dieser Lose bezogen hat.

Der **Gebührenerstattungsanpruch nach RVG** gegenüber dem unterliegenden Gegner kann – je nach Streitwert – unter dem **Rechnungsbetrag einer freien Honorarvereinbarung** liegen, so dass beispielsweise der Auftraggeber trotz Un-

1153 OLG München, Beschl. v. 14. 9. 2005 (Verg 15/05), NZBau 2006, 136 = VS 2006, 15 [LS]; OLG Naumburg, Beschl. v. 6. 4. 2005 (1 Verg 2/05), NZBau 2005, 486 = VergabeR 2005, 676.

terliegens des Antragstellers bei der Vergabekammer hinsichtlich des Mehrbetrages gegenüber dem ihn vertretenden Rechtsanwalt zahlungspflichtig ist.

(7) Kosten der Vergabeprüfstelle

158 In § 129 GWB wird eine **Kostentragungspflicht** für die fakultative Tätigkeit der **Vergabeprüfstellen** des Bundes statuiert. Der Bundesgesetzgeber kann hier nur die Kostenpflichtigkeit der Vergabeprüfstellen des Bundes regeln; für die Kostenregelungen der Vergabeprüfstellen der Länder fehlt ihm die Kompetenz. Zudem erfährt die Kostentragungspflicht eine notwendige Einschränkung dahingehend, dass die Kostenpflicht nur für Handlungen dieser Organe entstehen kann, die über die reinen aufsichtsrechtlichen Maßnahmen hinausgehen. Vergegenwärtigt man sich, dass die Vergabeprüfstellen ohnehin die Rechtsaufsicht über die Vergabestellen ausüben, so wird deutlich, dass Kosten für eine rein staatliche Funktion nicht erhoben werden können. Anders ist es dann, wenn gutachterliche, streitschlichtende und beratende Tätigkeiten hinzukommen.

4. Bewertung, Kritik, Chancen und Risiken

159 Das Vergaberechtsänderungsgesetz mit seinen Vergabe- und Nachprüfungsvorschriften hat bei den meisten Vergabestellen eine **spürbare Disziplinierung** verursacht. Die **Anerkennung subjektiver Rechte** hat dazu geführt, dass viele Vorschriften der Verdingungsordnungen als (zumindest auch) bietergerichtet eingestuft werden müssen.

Prozessual ist der ganz entscheidende Gewinn für die Bieter, dass sie **in laufende Vergabeverfahren eingreifen** und Fehler zu ihren Gunsten zu korrigieren können. Kehrseite davon ist das **gesteigertes Risiko für die Vergabestellen**, mit Nachprüfungsverfahren konfrontiert zu werden, welche die geplante Investition zunächst einmal blockieren. Namentlich sind hier die bereits angesprochene oft eher oberflächliche Vorprüfung bei der Entscheidung über die Zustellung an den öffentlichen Auftraggeber (§ 110 II GWB) zu nennen (deswegen auch die allerdings nicht neuen – Reformvorschläge zur Möglichkeit der Absetzung einer sog. **Schutzschrift** an die Vergabekammer) sowie auch die recht großzügige Zulassung von Nachprüfungsverfahren, wenn sie nach abschlägig beschiedener Rüge z.T. erst Wochen oder gar Monate später eingeleitet werden. Auch wird das eine oder andere Mal zu viel Rücksicht auf Bieter genommen, die ihre unverzügliche Rügeverpflichtung nicht erfüllen.

Im Endeffekt sind viele Verfahren aus Sicht der Bieter jedoch erfolglos. Es gibt Vergabekammern, bei denen bis zu 90% der Nachprüfungsanträge ohne Erfolg bleiben. Als Ursachen hierfür sind **prozessual** zu nennen: Inhaltlich nicht ausreichend substantiierte Rügen, fehlende Unverzüglichkeit der Rügen, Rügeerfordenis schon bis zum Ablauf der Angebotsfrist, mangelnde Antragsberechtigung (z.B. schon deshalb, weil der Antragsteller formal selbst auszuschließen wäre). **Materiell** sind die Gründe nicht selten folgende: Manch klagender Bieter stellt fest, dass er sich auf aussichtsloser Rangposition bewegt (was ihm in der Mitteilung nach § 13 VgV – auch auf weitere Nachfrage hin – häufig nicht gesagt wird); das Vorbringen wird als nicht so gravierend erachtet, dass es die subjektiven Rechte tangiert und/oder als Grund für eine rechtswidrige Nichtberücksichtigung des antragstellenden Bieters ausreicht.

Ein weiterer Kritikpunkt ist, dass nach einmal erfolgter Zustellung an den öffentlichen Auftraggeber und damit eingetretenem Suspensiveffekt die Anträge auf vorzeitige Gestattung des Zuschlags meist erfolglos sind.

Abgesehen hiervon hat der Gesetzgeber Erfolg in seinem Bemühen gehabt, schnellen Rechtsschutz zur Verfügung zu stellen. Zudem enden in den allermeisten Fällen die Verfahren vor den Vergabekammern und gelangen nicht zu den Vergabesenaten. Die erheblichen **Mitwirkungspflichten** der sich beschwerenden Bieter tun hier ein Übriges. Die sekundäre Darlegungslast des öffentlichen Auftraggebers wird hier manchmal zu wenig beachtet.

Unbeschadet der grundsätzlich positiven Bewertung der durch das VgRÄG eingeführten »kartellrechtlichen Lösung« ist ein **Kritikpunkt** hervorzuheben, der sich auf die **Konstruktion** bezieht:

Wie bereits in den Vorauflagen ist die Frage aufzuwerfen, ob es eine glückliche Lösung ist, wenn die meisten **subjektiven Bieterrechte nach wie vor in den Verdingungsordnungen** verankert sind. Die Konstruktion in Form dieser sog. »**Kaskadenlösung**« ist in der Handhabung nicht einfach, beispielsweise wenn es um die Sektorenauftraggeber und die Zuordnung zu den jeweiligen Abschnitten der Verdingungsordnungen geht[1154]. Die Kaskadenlösung hat sicher den naturgemäßen Vorteil, dass es sich mittlerweile um ein »eingefahrenes System« handelt. Dies kann allerdings nicht Rechtfertigung allein sein.

1154 Zu der Kritik des Bundesrates an dieser ›Kaskadenlösung‹ siehe BR-Drucks. 82/97 v. 25. 4. 1997. Siehe ebenso: *Noch*, Vergaberecht und subjektiver Rechtsschutz, 1998, S. 101 f.; *ders*., ZfBR 1997, 221, 226. Zu verfassungsrechtlichen Kompetenzproblemen im Vergaberecht: *Gallwas*, VergabeR 2001, 2. Weiterführend auch *Pietzcker*, Die Zweiteilung des Vergaberechts, 2001.

B. Der Ablauf des Vergabeverfahrens im Spiegel der Entscheidungspraxis

I. Auftragsvergabe nach VOB/A und VOL/A

Wie bereits festgestellt, sind **zwei Verfahren** der öffentlichen Auftragsvergabe zu unterscheiden: **160**

- **Nationale Vergabeverfahren** (unterhalb der Schwellenwerte) nach den Basisparagraphen der Verdingungsordnungen, die herkömmlich durch Haushaltsrecht, Verwaltungsanweisungen etc. für anwendbar erklärt werden – für die aber gleichwohl kein »europarechtsfreier Raum« existiert, weil zumindest die Vorschriften des EG-Vertrags zum Diskriminierungsverbot und den Marktfreiheiten greifen –[1155].
  Merke: Die §§ 97 ff. GWB, die Vergabeverordnung (VgV) sowie die Abschnitte 2–4 der VOB/A bzw. VOL/A sowie die VOF gelten hier nicht.
- **EU-weite Vergabeverfahren** (oberhalb der Schwellenwerte), die auf den materiellen Vergaberichtlinien basieren, und die zusätzlich mit besonderen Instrumentarien angreifbar sind, welche aus den Rechtsmittelrichtlinien resultieren. Für diese Verfahren entfalten die Vergabe- und Nachprüfungsvorschriften der §§ 97 bis 129 GWB Geltung. Hinsichtlich der Verfahrensdetails für die Auftragsvergabe wird über die VgV auf die Regelungswerke der Verdingungsordnungen (VOB/A, VOL/A, VOF) verwiesen. Zusätzlich zu den ohnehin schon nach nationalem Recht anzuwendenden Basisparagraphen (Abschnitte 1) gelten die zur Umsetzung der Vergaberichtlinien in die VOB und VOL eingefügten Abschnitte 2 oder 3 (»a-Paragraphen« oder »b-Paragraphen«). Im Falle von Vergabeverfahren reiner Sektorenauftraggeber nach § 98 Nr. 4 GWB (4. Abschnitt, VOB-SKR, VOL-SKR) gelten die Basisparagraphen nicht, weil die Einbeziehung der Sektorenauftraggeber in die Pflicht zur Anwendung des Vergaberechts eine Besonderheit des europäischen Vergaberechts ist. Die zur Umsetzung die Dienstleistungsrichtlinie erstmalig am 1. 11. 1997 in Kraft getretene VOF geht gänzlich auf Europarecht zurück.
  Hier eine **schematische Darstellung** des Vergaberechts in Deutschland:

Nationale Vergaben	Europaweite Vergaben
EG-Vertrag (Primärrecht)	EG-Vertrag (Primärrecht) Diskriminierungsverbot, Art 12 EGV Freier Warenverkehr, Art. 28 EGV Niederlassungsfreiheit, Art. 43 EGV Dienstleistungsfreiheit, Art. 49 EGV

1155 Siehe dazu aus jüngerer Zeit: EuGH, Urt. v. 21. 2. 2008 (Rs. C-412/04 – »Kommission ./. Italien«), VergabeR 2008, 501 = VS 2008, 27.

Nationale Vergaben	Europaweite Vergaben
	EG-Verordnungen (Sekundärrecht) Verordnung über die Berechnung von Fristen und Terminen (Nr. 1182/71), ABl. Nr. L 124, S. 1 Verordnung über das Gemeinschaftsvokabular für öffentliche Aufträge (Nr. 2195/2002): Common Procurement Vocabulary (CPV), ABl. EG Nr. L 340, S. 1 Verordnung EG Nr. 1564/2005 über die Standardformulare für die Veröffentlichung von Vergabebekanntmachungen, ABl. EU L 257/1 v. 1. 10. 2005 Verordnung EG 1422/2007 über die EU-Schwellenwerte im öffentlichen Auftragswesen, in Kraft getreten am 1. 1. 2008, ABl der EU L 317/34
	EG-Richtlinien (Sekundärrecht) Vergabekoordinierungsrichtlinie (VKRL) 2004/18/EG, ABl. der EU Nr. L 134, S. 114, v. 30. 4. 2004 – Klassische Auftraggeber Sektorenrichtlinie (SKRL) 2004/17/EG, ABl. der EU, Nr. L 134, S. 1, v. 30. 4. 2004) – Sektorenauftraggeber Rechtsmittelrichtlinie 89/665/EWG, ABl. EG L 395, S. 33 Rechtsmittelrichtlinie betreffend die Sektoren 92/13/EWG, ABl. EG L 76, S. 14 ab 20.12.2009: Änderungsrichtlinie zur Rechtsmittelrichtlinie 2007/66/EG, ABl. der EU 2007 L 335, 31f.
Geltendes deutsches Recht:	*Deutsches (Umsetzungs-) Recht:*
Haushaltsrecht, §§ 7 HGrG, 7 BHO, 55 LHO, 29 ff. GemHVO	GWB, §§ 97 ff.
	Vergabeverordnung (VgV 2006)
VOB/A, Abschnitt 1	VOB/A, Abschnitte 2–4 zzgl. zu Abschnitt 1
VOL/A, Abschnitt 1	VOL/A, Abschnitte 2–4 zzgl. zu Abschnitt 1
	VOF

Die **Verdingungsordnungen** gelten mit Stand Mai 2008 in folgenden Fassungen:

- VOB 2006, BAnZ. Nr. 94a vom 18. 05. 2006
- VOF 2006, BAnZ. Nr. 91a vom 13. 05. 2006
- VOL 2006, BAnZ. Nr. 100a vom 30. 05. 2006

Ausgangspunkt der nachfolgenden Erläuterungen ist das **europaweite Vergabeverfahren**, weil nur bei diesen Verfahren die Nachprüfungsorgane tätig werden und sie Rechtsmeinungen hervorbringen. Aufgrund der soeben gezeigten Struktur des Vergaberechts, die sich insbesondere in der gemeinsamen Anwendung der Basisparagraphen nach den ersten Abschnitten der VOB/A und VOL/A ausdrückt, verlaufen die **Rechtsprobleme nationaler und europaweiter Ausschreibungsverfahren** – abgesehen von einigen Besonderheiten der EU-Vergabeverfahren – **weitgehend parallel**. Es ist herauszustellen, dass es in nationalen wie auch in europaweiten Vergabeverfahren **allgemeingültige Vergabeprinzipien** gibt, im Falle vonderen Verletzung es auch bei den nationalen Verfahren – spätestens im Stadium des Schadensersatzprozesses, nach neuerer Entwicklung aber ggf. auch im Primärrechtsschutz vor den Zivilgerichten – zu unliebsamen Überraschungen kommen kann.

Der Gesetz- bzw. Verordnungsgeber ist seit Jahren geneigt, aus dieser **zunehmenden Parallelität von nationalen und europaweiten Vergaben** die Konsequenz zu ziehen und **Regelungen über die nationalen und europaweiten Verfahren anzugleichen**. Unter anderem sollen auch begriffliche Parallelitäten wie z.B. Offenes Verfahren und Öffentliche Ausschreibung dahingehend geändert werden, dass auch bei den nationalen Vergabeverfahren nur noch einheitlich von Offenen Verfahren, also dem Begriff aus den europaweiten Verfahren die Rede ist.

Nachfolgend sollen in diesem Kapitel I die wesentlichen Verfahrensabläufe der öffentlichen Auftragsvergabe nach VOB/A und VOL/A unter Einbeziehung der teilweise sehr komplexen **Spezialprobleme** anhand der **Rechtsfindung der Nachprüfungsorgane** nachgezeichnet werden.

Die Spruchpraxis der vergaberechtlichen Nachprüfungsinstanzen zu verschiedenen Problemfeldern verdient auch deshalb eine vertiefte Betrachtung, weil zu einigen Themen **unterschiedliche Rechtsauffassungen** geäußert werden. Dies führt zu einem praktischen Bedürfnis dahingehend, dass je nach ausschreibender Körperschaft die jeweils einschlägige Rechtsmeinung zu berücksichtigen ist.

1. Begriff des öffentlichen Auftraggebers

161 Ausgangspunkt bei der Klärung der Frage, ob das betreffende Rechtssubjekt **ausschreibungspflichtig** ist, muss stets die Frage sein, ob die Gebietskörperschaft, die juristische Person des öffentlichen Rechts oder das private Unternehmen überhaupt unter den **Begriff des »öffentlichen Auftraggebers«** im Sinne der Vergaberichtlinien fällt.

Dabei ergibt sich eine **Abhängigkeit von den EU-Schwellenwerten** und der damit verbundenen **Anwendbarkeit der §§ 97 ff. GWB**. Wird ein Bauauftrag von **unter 5,15 Mio. €** und eine Liefer- oder Dienstleistung mit einem Auftragswert **von unter 206.000 €** vergeben (abweichend bei den Bundesbehörden erst ab 133.000 €), so richtet sich die öffentliche Auftraggebereigenschaft in aller Regel ausschließlich nach **nationalem Haushaltsrecht**. Nur diejenigen Rechtssubjekte, die Teil der staatlichen Hierarchie sind, müssen über die einschlägigen haushaltsrechtlichen Vorschriften das Vergaberecht, das dann nur aus den Verdingungsordnungen VOB/A und VOL/A besteht, anwenden. Die **durch das EG-Recht bewirkte Erweiterung des öffentlichen Auftraggeberbegriffes**, die ihren Niederschlag in dem nachfolgend erläuterten **funktionellen Begriffsverständnis des § 98 GWB** gefunden hat, tritt erst **oberhalb der EU-Schwellenwerte** in Kraft.

a) Funktionelles Begriffsverständnis; mittelbare öffentliche Auftraggeber

162 Zur Klärung muss man sich vor Augen führen, dass ein grundlegender **Wandel** des öffentlichen Auftraggeberbegriffes stattgefunden hat. Waren früher nur die Auftraggeber im **institutionellen Sinne** erfasst, so hat mit Einführung der EG-Vergaberichtlinien in den Jahren 1992 und 1993 ein Wechsel zu einem **funktionellen Begriffsverständnis** stattgefunden.

Unter dem herkömmlichen Begriff des öffentlichen Auftraggebers im institutionellen Sinne sind zu verstehen die Gebietskörperschaften, also Bund, Länder und Gemeinden sowie die Anstalten und Stiftungen des öffentlichen Rechts. Verschiedentlich werden diese Rechtssubjekte auch als sog. »**klassische öffentliche Auftraggeber**« tituliert.

Gegen Ende der achtziger Jahre hatte der Richtliniengeber jedoch beobachtet, dass sich der Staat zunehmend aus bislang staatlichen, also hoheitlichen Tätigkeiten zurückzieht und immer mehr **Aufgaben in privaten Rechtsformen** erledigt respektive durch Private erledigen lässt. Diese Übertragung von Aufgaben und die erfolgten Privatisierungen haben zur Konsequenz gehabt, dass das klassische Verständnis des öffentlichen Auftraggebers im Sinne einer ziemlich engen Definition dessen, was letzten Endes als staatliche Tätigkeit anzusehen ist, nicht mehr ausreicht, um dem Geltungsanspruch der EG-Vergaberichtlinien Genüge zu tun. Vielmehr war in nicht wenigen Fällen festzustellen, dass der Staat die Rolle eines Privatunternehmens übernimmt, sich jedoch im Kern an dem staatlichen Charakter des Handelns nichts ändert. Erklärtes Ziel der Vergaberichtlinien aus den Jahren 1992 und 1993[1156] ist es deshalb, die sich in vielen Bereichen manifestierende »**Flucht ins Privatrecht**« und das damit verbundene Ausbrechen aus dem Anwendungsbereich der Richtlinien zu verhindern[1157]. Einen nicht unbedeutenden Anstoß für dieses Richtlinienziel hat die EuGH-Entscheidung in der Rechtssache Beentjes[1158] gegeben.

Aufgrund dieser Entwicklungen muss ein **weites Verständnis** dieses funktionalen Auftraggeberbegriffes Platz greifen[1159]. Nur dies wird gemäß dem EuGH der **doppelten Zielsetzung** einer Wettbewerbsöffnung und der Herstellung von Transparenz gerecht.

1156 Grundlegend dazu: *Prieß*, Das öffentliche Auftragswesen in der Europäischen Union, 3. Aufl. 2005, S. 147 ff.; *Mestmäcker/Schweitzer*, Europäisches Wettbewerbsrecht, 2. Aufl. 2004, S. 958 ff.; *Faber*, DÖV 1995, 403 ff.; *Möschel*, WuW 1997, 120; *Prieß*, PPLR 1998, 1; *Noch*, DÖV 1998, 623, 624; *Dreher*, WuW 1999, 244; *Pietzcker*, ZVgR 1999, 24; *Noch*, NVwZ 1999, 1083; *Weidemann/Otting*, EWS 1999, 41; *Prieß*, BauR 1999, 1354; *Thode*, ZIP 2000, 1; *Haug/Immoor*, VergabeR 2004, 308; *Müller-Wrede/Greb*, VergabeR 2004, 565.

1157 VÜA Bund, Beschl. v. 20. 11. 1995 (1 VÜ 5/95), VergabE U-1-5/95 = WuW/E VergAB, 58 = ZVgR 1997, 135; VK Münster , Beschl. v. 14. 10. 1999 (VK 1/99), VergabE E-10e-1/00-1 = EUK 2000, 26.

1158 EuGH, Urt. v. 20. 9. 1988 (Rs. 31/87 – »Beentjes«), Slg. 1988, S. 4652 = VergabE A-1-1/88; im Einzelnen dazu auch *Werner* in: *Byok/Jaeger* Kommentar zum Vergaberecht, 2000, Rn. 5, 7, zu § 98.

1159 EuGH, Urt. v. 27. 2. 2003 (Rs. C-373/00 – »Adolf Truley«), VergabE A-1-2/03 Rn. 43 = VergabeR 2003, 296 = NZBau 2003, 288 = ZfBR 2003, 489 = WuW 2003, 435 = BauR 2003, 1091 = EUK 2003, 117; EuGH, Urt. v. 15. 5. 2003 (Rs. C-214/00 – »Kommission/Spanien«), VergabE A-1-6/03, Rn. 53 = NZBau 2003, 450 = ZfBR 2003, 795 = WuW 2003, 1357 = EUK 2003, 117.

Ein ganz wesentlicher Aspekt dieses neuen Begriffsverständnisses ist, dass die hiermit verbundene **qualitative Erweiterung des Auftraggeberbegriffes** nicht zugleich auch eine quantitative ist[1160]. Dies bedeutet: Es sollen nach dem funktionellen Auftraggeberbegriff im Ergebnis zahlenmäßig nicht mehr Auftraggeber als »öffentliche Auftraggeber« im Sinne der Richtlinien gelten als bisher[1161]. Die Richtlinien aus den Jahren 1992 und 1993 wie auch die seit 2006 geltende zusammengefasste VKRL 2004/18/EG, denen allesamt dieser Auftraggeberbegriff zugrunde liegt, sollen keine Erweiterung staatlicher Regulierung herbeiführen, sondern nur dafür sorgen, dass bei der Anwendung der Vergaberichtlinien mehr Gerechtigkeit erreicht werden kann. Dies gilt insbesondere in solchen Fällen, in denen sich der Staat durch Privatisierung der Anwendung der Richtlinien entziehen will, obwohl sich dem Kern nach an der Verpflichtung zur Ausschreibung nichts geändert hat. Demzufolge soll nicht diejenige Vergabestelle belohnt werden, welche die Erfüllung ihrer staatlichen Aufgaben in das Rechtskostüm des Privatrechts kleidet, nicht öffentlich ausschreibt und damit das Vergaberecht umgeht. Auf diese Weise würde der Wettbewerb auf den Beschaffungsmärkten, der durch die Vergaberichtlinien gerade geschaffen werden soll, behindert und das sog. ›**Hoflieferantentum**‹ gefördert.

Waren die **Privatisierungstendenzen** in den 1990er Jahren Ursache für die Schaffung des funktionalen Auftraggeberbegriffes, so hat sich in den letzten Jahren zunehmend eine Entwicklung gezeigt, der zu Folge **auch mittelbare staatliche Einflüsse** (z.B. auf Messegesellschaften) für eine öffentliche Auftraggebereigenschaft ausreichen. Man kann insoweit von **mittelbaren staatlichen Auftraggebern** sprechen. Dies gilt sogar dann, wenn Holdinggesellschaften dazwischengeschaltet sind[1162].

Auch kann die **Beschaffung eines Spezialbedarfes** durch einen Privaten, aber im Auftrag der Bundesrepublik, als öffentlicher Auftrag auszuschreiben sein[1163].

Nach neuester deutscher Rechtsprechung reicht sogar jede **sonstige Einflussnahme** auf Investitionsvorhaben, die bei Grundstücksverkäufen stattfindet, aus[1164].

Dies sind namentlich **mittelbare Verkaufserlösinteressen** oder auch nur Einflussnahmen bzw. **planerische Vorfestlegungen** auf eine bestimmte Art der Bebauung[1165].

1160 *Noch*, Vergaberecht und subjektiver Rechtsschutz, 1998, S. 62 f.

1161 Dies würde im Übrigen auch dem von den EG-Organen erklärten Ziel einer Deregulierung widersprechen. Dazu *Molitor*: »Subsidiarität und Deregulierung«, in: »Schriften zum Europäischen Recht«, Band 35, Berlin, 1997, S. 43 bis 51.

1162 EuGH, Urt. v. 11. 5. 2006 (Rs. C-340/04), NZBau 2006, 452 = VergabeR 2006, 478 = WuW 2006, 849; KG, Beschl. v. 27. 7. 2006, (2 Verg 5/06 – »Messe Berlin«), NZBau 2006, 725 = VergabeR 2006, 904.

1163 VK Bund, Beschl. v. 8. 6. 2006 (VK 2-114/05), VergabeR 2007, 100: Beschaffung zweier Echolotsysteme durch eine privatwirtschaftliche Reederei.

1164 OLG Düsseldorf, Beschl. v. 13. 6. 2007 (VII-Verg 2/07 – »Fliegerhorst Ahlhorn«), VergabeR 2007, 634.

1165 VK Düsseldorf, Beschl. v. 2. 8. 2007 (VK-23/2007-B), NZBau 2007, 736; VK Münster, Beschl. v. 26. 9. 2007 (VK 17/07), NZBau 2007, 736. A.A.: VK Hessen, Beschl. v. 5. 3. 2008 (69d–VK-06/2008) (nicht bestandskräftig).

Darüber hinaus können auch **bloße Pacht- und Mietverhältnisse**, denen jedoch im Kern **zentrale Investitionsinteressen innewohnen**, zu einer mittelbaren öffentlichen Auftraggebereigenschaft führen[1166].

Der EuGH[1167] hat diesen weitgezogenen Anwendungsbereich auch für **staatlich veranlasste Finanzierungen durch Nutzer** anerkannt. So reicht das Bereithalten eines Rundfunkempfängers aus, um eine in Rundfunkgebührenstaatsverträgen vorgesehene Nutzungsgebühr auszulösen. Dies unbeschadet der Tatsache, dass das Nutzungsentgelt zwischen den an sich staatsfernen Rundfunkanstalten und dem Nutzer zu bezahlen ist, und das Gebühreneinzugssystem eine gemeinsame Einrichtung der verschiedenen Rundfunkanstalten darstellt. Entscheidend ist nach Überzeugung des EuGH, dass die **Rundfunkgebühr** eine wie auch immer im Einzelnen organisierte **Zwangsgebühr** darstellt. Diese ist unbeschadet der zwischengeschalteten Institutionen mit ihren besonderen Rechtsstellungen der Staatsferne letztlich eine mittelbare staatliche Gebühr. Folgerung daraus ist, dass die Gebühreneinzugszentrale (GEZ) eine öffentlicher Auftraggeberin im Sinne des § 98 Nr. 2 GWB ist und sie die Gebäudereinigung als öffentlichen Auftrag europaweit auszuschreiben hat.

b) Einrichtungen des öffentlichen und privaten Rechts

163 Auf der Grundlage des **Art. 1 IX der Vergabekoordinierungsrichtlinie 2004/18/EWG** (bis 2006 ähnlich lautend: Art. 1 lit. b der Baukoordinierungsrichtlinie 93/37/EWG), deren Umsetzung in deutsches Recht auf der Grundlage des § 98 GWB erfolgt ist, gelten zusätzlich zu den bisherigen »klassischen Auftraggebern« (§ 98 Nr. 1 GWB) auch solche **juristische Personen des öffentlichen und privaten Rechts** als öffentlicher Auftraggeber, die zu dem besonderen Zweck gegründet wurden, im Allgemeininteresse liegende Aufgaben nichtgewerblicher Art zu erfüllen und die durch die öffentliche Hand durch Beteiligungen und Aufsichtsfunktionen etc. beherrscht werden (**§ 98 Nr. 2 GWB**)[1168].

Für die Beurteilung der Frage der Erfüllung des öffentlichen Auftraggeberbegriffs macht es prinzipiell **keinen Unterschied**, ob der Staat bei der Schaffung dieser Einrichtungen die **öffentlich-rechtliche oder die privatrechtliche Rechtsform** gewählt hat.

Auch die Zuordnung der Tätigkeiten des Rechtssubjekts unter die **Handlungsformen des Privatrechts** steht einer Eigenschaft als öffentlicher Auftraggeber **nicht entgegen**.

Der Begriff der Einrichtung des öffentlichen Rechts kann gemäß EuGH nicht dahin ausgelegt werden, dass es den Mitgliedstaaten freistünde, kommerzielle Gesellschaften unter öffentlicher Kontrolle von vornherein vom persönlichen Anwendungsbereich des Vergaberechts auszunehmen[1169].

1166 OLG Bremen, Beschl. v. 13. 3. 2008 (Verg 5/07 – »Pachtvertrag Windkraftanlagen«). Vgl. *Fischer*, »Kölner Messe: Vertragsverletzungsklage wegen mangelnder Ausschreibung«, zu Rechtssache C-536/07, ABl. 2008 C 51, S. 33, VS 2008, 18.

1167 EuGH, Urt. v. 13. 12. 2007 (Rs. C-337/06), VergabeR 2008, 42.

1168 Hierzu ausführlich *Prieß*, Das öffentliche Auftragswesen in der Europäischen Union, 3. Aufl. 2005, S. 147 ff. Ferner *Noch*, DÖV 1998, 623 ff.

1169 EuGH, Urt. v. 15. 5. 2003 (Rs. C-214/00 – »Kommission/Spanien«), VergabE A-1-6/03, Rn. 57 = NZBau 2003, 450 = ZfBR 2003, 795 = WuW 2003, 1357 = EUK 2003, 117.

Die Neufassung der **Vergabekoordinierungsrichtlinie 2004/18/EG** hat in deren **jetzigem Anhang III, der gemäß Art. 1 IX als Indizienkatalog bei der Auslegung der Frage, welche Institution als öffentlicher Auftraggeber anzusehen ist, heranzuziehen ist,** kaum Veränderungen gebracht. Es erfolgte lediglich eine Klarstellung, dass nur solche Wohnungsunternehmen in den Katalog der juristischen Personen des Privatrechts gehören, die im Allgemeininteresse tätig sind. Im Übrigen sind die Mitgliedstaaten gehalten, die nicht erschöpfenden Verzeichnisse der Einrichtungen und Kategorien von Einrichtungen des öffentlichen Rechts, welche die in Art. 1 IX Unterabs. 2, lit. a, b und c VKRL 2004/18/EG genannten Kriterien erfüllen, **regelmäßig anzupassen** und der Europäischen Kommission zu melden.

aa) Anhang III zu Art. 1 IX VKRL 2004/18/EG

164 Schwierigkeiten bereitet bei der Einordnung vor allem der Begriff der »**Einrichtung des öffentlichen und privaten Rechts**«. Um nun herauszufinden, welches Rechtssubjekt als »Einrichtung des öffentlichen Rechts« und damit als »öffentlicher Auftraggeber« im Sinne der Richtlinien zu gelten hat, sind zur Erleichterung der Einordnung für jeden Mitgliedstaat Verzeichnisse im Anhang III zu Art. 1, IX der Vergabekoordinierungsrichtlinie (RL 2004/18/EWG) geschaffen worden.

Der **Anhang III** zu Art. 1 IX Vergabekoordinierungsrichtlinie lautet wie folgt[1170]:

Deutschland: Kategorien

1. Juristische Personen des öffentlichen Rechts

- *Die bundes-, landes- und gemeindeunmittelbaren Körperschaften, Anstalten und Stiftungen des öffentlichen Rechts, insbesondere in folgenden Bereichen:*

1.1. Körperschaften

- *Wissenschaftliche Hochschulen und verfasste Studentenschaften,*
- *berufsständische Vereinigungen (Rechtsanwalts-, Notar, Steuerberater, Wirtschaftsprüfer-, Architekten-, Ärzte und Apothekerkammern),*
- *Wirtschaftsvereinigungen (Landwirtschafts-, Handwerks-, Industrie- und Handelskammern, Handwerksinnungen, Handwerkerschaften),*
- *Sozialversicherungen (Krankenkassen, Unfall- und Rentenversicherungsträger),*
- *kassenärztliche Vereinigungen,*
- *Genossenschaften und Verbände*

1.2. Anstalten und Stiftungen

- *Die der staatlichen Kontrolle unterliegenden und im Allgemeininteresse tätig werdenden Einrichtungen nichtgewerblicher Art, insbesondere in folgenden Bereichen:*
- *rechtsfähige Bundesanstalten*
- *Versorgungsanstalten und Studentenwerke,*
- *Kultur-, Wohlfahrts-, und Hilfsstiftungen*

1170 Mit der geringfügigen Ergänzung gemäß dem Anhang III zu Art. 1 IX VKRL 2004/18/EG betr. die Wohnungsunternehmen (im Unterschied zum früheren Anhang).

2. *Juristische Personen des Privatrechts*
   Die der staatlichen Kontrolle unterliegenden und im Allgemeininteresse tätig werdenden Einrichtungen nichtgewerblicher Art, einschließlich der kommunalen Versorgungsunternehmen
   - *Gesundheitswesen (Krankenhäuser, Kurmittelbetriebe, medizinische Forschungseinrichtungen, Untersuchungs- und Tierkörperbeseitigungsanstalten),*
   - *Kultur (öffentliche Bühnen, Orchester, Museen, Bibliotheken, Archive, zoologische und botanische Gärten),*
   - *Soziales (Kindergärten, Kindertagesheime, Erholungseinrichtungen, Kinder- und Jugendheime, Freizeiteinrichtungen, Gemeinschafts- und Bürgerhäuser, Frauenhäuser, Altersheime, Obdachlosenunterkünfte),*
   - *Sport (Schwimmbäder, Sportanlagen und -einrichtungen),*
   - *Sicherheit (Feuerwehren, Rettungsdienste),*
   - *Bildung (Umschulungs-, Aus-, Fort- und Weiterbildungseinrichtungen, Volksschulen),*
   - *Wissenschaft, Forschung und Entwicklung (Großforschungseinrichtungen, wissenschaftliche Gesellschaften und Vereine, Wissenschaftsförderung),*
   - *Entsorgung (Straßenreinigung, Abfall- und Abwasserbeseitigung),*
   - *Bauwesen und Wohnungswirtschaft (Stadtplanung, Stadtentwicklung, Wohnungsunternehmen, soweit im Allgemeininteresse tätig, Wohnraumvermittlung),*
   - *Wirtschaft (Wirtschaftsförderungsgesellschaften),*
   - *Friedhofs- und Bestattungswesen,*
   - *Zusammenarbeit mit den Entwicklungsländern (Finanzierung, technische Zusammenarbeit, Entwicklungshilfe, Ausbildung).*

Bei den hier genannten Kategorien von Institutionen wird **im Sinne einer Indizwirkung** die **Erfüllung folgender Merkmale** für eine Zuordnung zum öffentlichen Auftraggeberbegriff **unterstellt:**
- Beherrschung oder Finanzierung durch staatliche Stellen
- Erfüllung von im Allgemeininteresse liegenden Aufgaben
- Aufgaben nichtgewerblicher Art
- Besonderer Gründungszweck

Merke: Diese Indizwirkung der Zuordnung bedeutet, dass trotz der grundsätzlichen Zuordnung **immer im konkreten Einzelfall geprüft** werden muss, ob das betreffende Subjekt tatsächlich die soeben genannten Merkmale erfüllt. Der Anhang III zu Art. 1 IX VKRL 2004/18/EG liefert insoweit nur eine erste **Orientierung**, als dass das Subjekt unter den öffentlichen Auftraggeberbegriff fallen **könnte**[1171]. Zur Bekräftigung dieser **Indizwirkung** heißt es in Art. 1 IX VKRL 2004/18/EG:

> *»Die* ***nicht erschöpfenden Verzeichnisse*** *der Einrichtungen und Kategorien von Einrichtungen des öffentlichen Rechts, die die in Unterabsatz 2 Buchstaben a, b und c genannten Kriterien erfüllen, sind in Anhang III enthalten.«*

1171 EuGH, Urt. v. 10. 11. 1998 (Rs. C-360/96 – Gemeinde Arnheim), WuW 1999, 101 = VergabE A-1-5/98, Rn. 50: *»Dieses Verzeichnis ist zwar nicht abschließend, soll aber so vollständig wie möglich sein«*. *Noch*, in Schulze/Zuleeg, Europarecht – Handbuch für die deutsche Rechtspraxis, 2006, Kap. 29, S. 1331, 1334.

Bei den **juristischen Personen des öffentlichen Rechts** wie etwa den
- Ärztekammern,
- Rechtsanwaltskammern,
- Industrie- und Handelskammern,
- Studentenwerken,
- Bundesanstalten,
- Stiftungen oder wissenschaftlichen Gesellschaften des Bundes,

verläuft die Prüfung erfahrungsgemäß meist deutlich einfacher als bei den **juristischen Personen des privaten Rechts**, wie z.B. den
- Krankenhausgesellschaften,
- Wirtschaftsförderungsgesellschaften,
- Seniorenheimen,
- oder den Wohnungsbauunternehmen.

Die Ursache hierfür liegt darin, dass bei den privatrechtlich organisierten Institutionen die rechtlichen und tatsächlichen Verhältnisse meist nicht so offen liegen wie bei den öffentlich-rechtlich organisierten Institutionen. Insbesondere im Falle der privatrechtlich organisierten Subjekte ist es häufig erforderlich, über bestehende gesetzliche oder untergesetzliche Regelungen hinaus auch Satzungen, Gesellschaftsverträge[1172] oder dergleichen heranzuziehen.

bb) Prüfkriterien im Einzelfall

165 Ist nun im einzelnen zu ermitteln, ob das betreffende Rechtssubjekt unter den öffentlichen Auftraggeberbegriff fällt, so bereitet vor allem die Auslegung der **Begriffe »Allgemeininteresse«** und **»nichtgewerblicher Art«** zum Teil erhebliche Schwierigkeiten. Nicht ohne Grund stellte dieses Themenfeld einen wesentlichen Gegenstand der Grundsatzberatungen über das **Grünbuch** der Europäischen Kommission zum öffentlichen Auftragswesen[1173] dar.

Die Auslegung der Begriffe muss – wie alle anderen Richtlinienbegriffe auch – in jedem Falle **gemeinschaftsrechtlich** erfolgen[1174]. Grund dafür ist, dass das Gemeinschaftsrecht eine autonome Rechtsordnung bildet[1175], der vorrangige Bedeutung zukommt. Es darf demnach nur sehr hilfsweise auf Kategorien und Begrifflich-

1172 VK Münster, Beschl. v. 14. 10. 1999 (VK 1/99), VergabE E-10e-1/099-1 = EUK 2000, 26; VÜA Sachsen-Anhalt, Beschl. v. 24. 8. 1998 (1 VÜ 13/96), VergabE V-14-13/96, Behörden Spiegel 3/1999, S. B II.

1173 Europäische Kommission: »Grünbuch – Das öffentliche Auftragswesen in der Europäischen Union«, abgedruckt als Heft 2 der Schriftenreihe des Forum Vergabe e.V., Köln/Berlin1996. Vgl. auch die Entschließung des Europäischen Parlaments zum Grünbuch, KOM (96) 0583-C4-0000/97, VgR 6/1997, 48 und die Mitteilung der Europäischen Kommission (GD XV) v. 11. 3. 1998 »Das Öffentliche Auftragswesen in der Europäischen Union«, abgedruckt als Heft 4 der Schriftenreihe des Forum Vergabe e.V., Köln/Berlin 1998.

1174 So auch *Möschel*, WuW 1997, 120, 123.

1175 Vgl. etwa: EuGH, Urt. v. 5. 2. 1963 (Rs. 26/62 – »van Gend & Loos«), Slg. 1963, 5; EuGH, Rs. 6/64 (»Costa ./. ENEL«), Slg. 1964, 1251; EuGH, Urt. v. 9. 3. 1978 (Rs. 106/77 – »Simmenthal«), Slg. 1978, 629; *Huber*, Recht der Europäischen Integration, 1996, § 7; *Hailbronner*, EWS 1995, 285, 287.

keiten des nationalen Rechts zurückgegriffen werden[1176]. Maßgeblich sind die Zielsetzungen der EG-Vergaberichtlinien und auch die für die europäische Integration bedeutsamen Vorschriften des EG-Vertrages (EGV), dort insbesondere die Vorschriften über die Marktfreiheiten (Art. 28, 43, 49 EGV) und das über allem stehende Diskriminierungsverbot des Art. 12 EGV. Bei der Auslegung von europarechtlichen Begriffen ist zu beachten, dass zwischen dem EG-Vertrag und den Richtlinien, denen rechtsausfüllende Funktion zukommt, eine enge Wechselwirkung existiert[1177].

Auf Basis dieser Auslegungsprinzipien hat die **gemeinschaftliche und nationale Rechtsprechung** in den vergangenen anderthalb Jahrzehnten einige Präzisierungen vollbracht, wobei allerdings jeder Einzelfall seine eigenen Schwierigkeiten mit sich bringen kann. Dennoch soll zunächst abstrakt anhand der **4 Prüfkriterien** der öffentliche Auftraggeberbegriff erläutert werden, bevor dann unter Rdn. 170 ff. auf die Kasuistik eingegangen wird.

(1) Staatliche Beherrschung oder Finanzierung

166 Die **Beherrschung** der betreffenden Unternehmen kann sich beispielsweise ausdrücken in einem staatlichen Vorrecht, die Aufsichtsräte oder die Geschäftsführung zu bestimmen[1178]. Des Weiteren können staatliche Aufsichtsfunktionen den Begriff der Beherrschung erfüllen[1179]. Nach vorwiegender Meinung genügt diesbezüglich allerdings die bloße Rechtsaufsicht nicht[1180]. Nach teilweiser Auffassung reicht u.U. nicht einmal eine qualifizierte Rechtsaufsicht aus[1181]. Begründet wird dies mit einer für richtig gehaltenen Anforderung, dass der Staat unmittelbaren Einfluss auf die konkreten Beschaffungsvorgänge oder zumindest die allgemeine Beschaffungspolitik nehmen können muss. Inwieweit dies als zutreffend angesehen werden kann, ist nicht ganz klar, zumal man den EuGH-Urteilen immer wieder entnehmen kann, dass auch eine mittelbare Kontrolle ausreichen kann[1182].

1176 EuGH, Rs. 73/71 (Leonesio ./. Ministerium für Landwirtschaft und Forsten), Slg. 1972, 287, 296; EuGH, Rs. 50/76 (Amsterdam Bulb ./. Produktschap voor Siergewassen), Slg. 1977, 137, 146, 150; EuGH, Rs. 14/83 (von Colson und Kamann ./. Land Nordrhein-Westfalen), Slg. 1984, 1891, 1909; EuGH, Rs. 79/83 (Harz ./. Deutsche Tradax), Slg. 1984, 1921, 1942; EuGH, Rs. 222/84 (Johnston ./. Chief Constable), Slg. 1986, 1651, 1690; VÜA Bund, Beschl. v. 14. 4. 1998 (1 VÜ 13/97), VergabE U-1-13/97.

1177 *Noch*, Vergaberecht und subjektiver Rechtsschutz, 1998, S. 36 f.

1178 EuGH, Urt. v. 1. 2. 2001 (Rs. C-237/99), VergabE A-1-1/01 = VergabeR 2001, 118 = NZBau 2001, 215 = WuW 2001, 327 = EUK 2001, 94: Aufsicht über eine Sozialwohnungsaktiengesellschaft durch den französischen Finanz- und Wohnungsbauminister mit dem Recht, bei schweren Unregelmäßigkeiten die Leitungsorgane von ihrer Aufgabe zu entbinden und die Gesellschaft aufzulösen.

1179 EuGH, Urt. v. 28. 10. 1999 (Rs. C-328/96), VergabE A-1-4/99, Rn. 74 = NZBau 2000, 150 = WuW 2000, 941 = ZVgR 2000, 1: Vollständige Kontrolle und Finanzierung der NÖPLAN durch das Land Niederösterreich.

1180 *Marx* in: Beck'scher VOB-Kommentar, GWB, 2001, § 98 Rn. 11; *Eschenbruch* in: *Niebuhr/Kulartz/Kus/Portz*, Kommentar zum Vergaberecht, 1999, GWB § 98 Rn. 65; *Werner* in: *Byok/Jaeger*, Kommentar zum Vergaberecht, 2. Aufl. 2005, GWB § 98 Rn. 364.

1181 BayObLG, Beschl. v. 10. 9. 2002 (Verg 23/02), VergabE C-2-23/02v = BayObLGZ 2002, 291 = VergabeR 2003, 94 = ZfBR 2003, 77 = BauR 2003, 437 = EUK 2003, 39.

1182 EuGH, Urt. v. 17. 12. 1998 (Rs. C-306/97), VergabE A-1-6/98, Rn. 34: »*Auch wenn es keine ausdrückliche Bestimmung gibt, nach der sich die staatliche Kontrolle speziell auf die Vergabe öffentlicher Lieferaufträge durch das Coillte Teoranta erstreckt, kann der Staat eine solche Kontrolle somit zumindest mittelbar ausüben.*«

Die **Finanzierung**[1183] kann z.B. durch überwiegenden staatlichen Aktienbesitz erfolgen. Meist ist nach einer Privatisierungsentscheidung geplant, mehrheitlichen staatlichen Aktienbesitz erst sukzessive abzubauen. In der Übergangszeit ist das Merkmal der staatlichen Finanzierung noch erfüllt, so etwa noch immer bei der Deutschen Post AG[1184]. Die Finanzierung durch eine staatlich vorgeschriebene Solidargemeinschaft der Mitglieder soll nach zumindest teilweiser Auffassung nicht ausreichen[1185]. Ein klarer Fall der öffentlichen Auftraggebereigenschaft i.S.v. § 98 Nr. 2 GWB ist es, wenn die Betreiberin eines Großmarktes, die juristische Person des privaten Rechts ist, hinsichtlich ihres Stammkapitals zu 100% von einer Stadt, also einem öffentlichen Auftraggeber nach § 98 Nr. 1 GWB, ausgestattet wird[1186].

(2) Allgemeininteresse

167 Der Begriff des **Allgemeininteresses** lässt sich nach dem Sinn und Zweck der Vergaberichtlinien und des soeben geschilderten Wandels im Begriffsverständnis wie folgt umschreiben: Nur solche Einrichtungen sollen als »öffentlicher Auftraggeber« gelten und damit der Ausschreibungspflicht unterfallen, die von ihrer **rechtlichen Zweckbestimmung** her Aufgaben erfüllen, die im **gesamtgesellschaftlichen Interesse** liegen[1187], ohne dass es noch auf die äußere Rechtsform der Unternehmen ankommt.

Die **rechtliche Zweckbestimmung** des Unternehmens kann sich zum Beispiel aus gesetzlichen Regelungen ergeben. Insbesondere bei privaten respektive privatisierten Unternehmen sind z.B. auch Verordnungen, Gründungsakte, Satzungen und Gesellschaftsverträge heranzuziehen. Auf dieser Basis ist dann die Entscheidung zu treffen, ob der jeweilige Rechtsteilnehmer im Allgemeininteresse liegende Aufgaben erfüllt.

Im Interesse der **Vorbeugung gegen Umgehungen des Vergaberechts** ist im Einzelfall nicht allein auf die rechtlichen Grundlagen abzustellen, wenn das betreffende Rechtssubjekt **faktisch auf einem Arbeitsgebiet** tätig ist, das dem Allgemeininteresse zuzuordnen ist. Der EuGH[1188] hat entschieden, dass eine Einrichtung, die

1183 VK Bund, Beschl. v. 18. 10. 1999 (VK 1-25/99 – »Bundesdruckerei«), VergabE D-1-25/99 = EUK 2000, 140; VK Bund, Beschl. v. 20. 12. 1999 (VK 1-29/99), VergabE D-1-29/99 = NZBau 2000, 356 = WuW 2000, 453 = EUK 2000, 141: Finanzierung der Vergabestelle durch Absatzfonds zur Förderung des Absatzes und der Verwertung von Erzeugnissen der deutschen Landwirtschaft.

1184 VÜA Bund, Beschl. v. 17. 11. 1998 (1 VÜ 15/98), VergabE U-1-15/98 = WuW 1999, 1047 = NVwZ 1999, 1150 = EUK 1999, 25; VK Bund als VÜA, Beschl. v. 4. 9. 2000 (VK A-2/00), VergabE U-2-2/00.

1185 BayObLG, Beschl. v. 24. 5. 2004 (Verg 6/04), VergabE C-2-6/04v = EUK 2004, 123 = WuW 2005, 360. A.A.: VK Lüneburg, Beschl. v. 21. 9. 2004 (203-VgK-42/2004), VergabE E-9c-42/04 = EUK 2004, 170. Kritisch zu der erstgenannten sog. »AOK-Entscheidung« des BayObLG: *Noch*, BauRB 2004, 318.

1186 OLG Bremen, Beschl. v. 22. 10. 2001 (Verg 2/2001), VergabE C-5-2/01v = Behörden Spiegel 1/2002, S. 16 = IBR 2002, 33. Ähnlich KG, Beschl. v. 6. 2. 2003 (2 Verg 1/03 – »DEGEWO«), VergabE C-3-1/03v = VergabeR 2003, 355 = BauR 2003, 1093 = IBR 2003, 560.

1187 VÜA Brandenburg, Beschl. v. 25. 5. 1998 (1 VÜA 6/96-2), VergabE V-4-6/96-2 = Behörden Spiegel 2/1999, S. B II, bzgl. einer Wohnungsbauförderungsgesellschaft; VÜA Bayern, Beschl. v. 16. 11. 1999 (VÜA 5/99), VergabE V-2-5/99 = EUK 2001, 137, bzgl. einer Wirtschaftsförderungsgesellschaft.

1188 EuGH, Urt. v. 12. 12. 2002 (Rs. C-470/99 – »Universale-Bau AG/Entsorgungsbetriebe Simmering«), VergabE A-1-5/02, Rn. 57 f., 63 = VergabeR 2003, 141 = NZBau 2003, 162 = ZfBR 2003, 176 = WuW 2003, 205 = BauR 2003, 774 = EUK 2003, 23 = Behörden Spiegel 2/2003, S. 27.

zwar nicht zu dem besonderen Zweck gegründet wurde, im Allgemeininteresse liegende Aufgaben nicht gewerblicher Art zu erfüllen, die jedoch später solche Aufgaben übernommen hat und diese seither **tatsächlich wahrnimmt**, das Tatbestandsmerkmal des Art. 1 lit. b Unterabs. 2 1. Spiegelstrich der Richtlinie 93/37/EWG erfüllt, um als Einrichtung des öffentlichen Rechts im Sinne dieser Bestimmung qualifiziert werden zu können, sofern die Übernahme dieser Aufgaben objektiv festgestellt werden kann. Der EuGH hat ausdrücklich hervorgehoben, dass das Bestreben, die praktische Wirksamkeit des Art. 1 lit. b Unterabs. 2 der Richtlinie 93/37/EWG zu gewährleisten (»effet utile«), einer Unterscheidung danach entgegensteht, ob die **Satzung** einer solchen Einrichtung an die tatsächlichen Änderungen ihres Tätigkeitsbereichs **angepasst wurde oder nicht**.

Merke: Auch mittelbare Zwecke, die im Allgemeininteresse liegen, können dazu führen, dass eine Gesellschaft als öffentlicher Auftraggeber einzuordnen ist. So ist z.B. bei städtischen Entwicklungsprojekten darauf zu achten, dass als im Allgemeininteresse liegende Aufgaben auch solche Tätigkeiten angesehen werden können, die eine **Impulswirkung für den Handel und die wirtschaftliche und soziale Entwicklung** der betreffenden Gebietskörperschaft entfalten. Die Ansiedlung von Unternehmen auf dem Gebiet einer Gebietskörperschaft hat für diese häufig positive Auswirkungen im Hinblick auf die Schaffung von **Arbeitsplätzen**, die Erhöhung der **Steuereinnahmen** und die Steigerung von Angebot und Nachfrage bei Waren und Dienstleistungen[1189].

Schon früher hatte der EuGH festgestellt, dass eine Einrichtung, deren Zweck in der Durchführung und Unterstützung von Tätigkeiten aller Art besteht, die darauf gerichtet sind, **Messeveranstaltungen, Ausstellungen und Kongresse** auszurichten, als Einrichtung des Öffentlichen Rechts im Sinne von Art. 1 lit. b der Richtlinie 92/50/EWG angesehen werden kann. Begründung ist, dass der Ausrichter solcher Veranstaltungen, der Hersteller und Händler an einem Ort zusammenbringt, nicht nur im besonderen Interesse dieser Personengruppen handelt, denen damit ein Ort zur Förderung des Absatzes ihrer Erzeugnisse und Waren zur Verfügung gestellt wird, sondern auch den Verbrauchern, die diese Veranstaltungen besuchen, Informationen verschafft, die es ihnen ermöglichen, ihre Wahl unter optimalen Bedingungen zu treffen. Der daraus resultierende Impuls für den Handel kann als im Allgemeininteresse liegend angesehen werden[1190].

Kirchliche Zwecke, die dem Gebot der Nächstenliebe folgen, sind nicht dem Allgemeininteresse zuzuordnen. Sie sind – jedenfalls gemäß einer Entscheidung des OLG Brandenburg[1191] – von den weltlichen Zwecken zu trennen.

(3) Nichtgewerblichkeit

168 Das zweite Tatbestandsmerkmal der **Nichtgewerblichkeit** ist nach Sinn und Zweck der Vergaberichtlinien in der Weise weit zu verstehen, dass jedes Unternehmen

1189 EuGH, Urt. v. 22. 5. 2003 (Rs. C-18/01 – »Korhonen«), VergabE A-1-7/03, Rn. 43, 45 = VergabeR 2003, 420 = ZfBR 2003, 705 = WuW 2003, 837.

1190 EuGH, Urt. v. 10. 5. 2001 (Rs. C-223/99 und 260/99 – »Agorà«), VergabE A-1-3/01, Rn. 33, 34 = VergabeR 2001, 281 = NZBau 2001, 403 = WuW 2001, 635 = EUK 2001, 103.

1191 OLG Brandenburg, Beschl. v. 30. 11. 2004 (W Verg 10/04), VergabE C-3-10/04 = NZBau 2005, 238 = VergabeR 2005, 230 = VS 2005, 6 = Behörden Spiegel 1/2005, 18.

ohne Rücksicht auf die jeweilige Rechtsform als öffentlicher Auftraggeber anzusehen ist, sofern es nur von seiner **Gesamtzielsetzung** her auf die Erbringung nichtgewerblicher Tätigkeiten ausgerichtet ist. Der Umstand, dass es in einigen Tätigkeitsbereichen nach dem Prinzip der Gewinnmaximierung arbeitet, ist nicht schädlich[1192]. Hier muss also tendenziell eine **Gesamtbetrachtung** erfolgen. Mit anderen Worten: Bereits die Erfüllung nichtgewerblicher Tätigkeiten in einem Teil des Unternehmens kann zu einer **Infizierung** in der Weise führen, dass das gesamte Subjekt zu einem öffentlichen Auftraggeber wird (»Infizierungstheorie«)[1193]. Auf den **prozentualen Anteil** der nichtgewerblichen und gewerblichen Tätigkeiten in einem Unternehmen kommt es nach der Rechtsprechung des EuGH nicht an, weil sich Geschäftsfelder verändern können und auf diese Weise keine stabile Beurteilung der öffentlichen Auftraggebereigenschaft möglich wäre.

Grund für diese Auslegungsmaxime ist, dass bei einem zu engen Verständnis des Merkmals der Nichtgewerblichkeit öffentliche Unternehmen nur in genügendem Maße gewerbliche Tätigkeiten aufnehmen müssten, um sich dem Anwendungsbereich des Vergaberechts zu entziehen. Dies aber würde der Intention der Vergaberichtlinien widersprechen. Man muss, nachdem nun die in den neunziger Jahren stark verbreitete Privatisierungseuphorie verflossen ist, zur Kenntnis nehmen, dass sich gewisse **Restbereiche** nie privatisieren lassen werden und immer **nichtgewerblich**, d.h. nichtwettbewerblich und wirtschaftlich nicht lohnend, bleiben werden.

Ist aus den genannten Gründen eine Gesamtbetrachtung bei der Beurteilung der Nichtgewerblichkeit vorzunehmen, so kann **allerdings** eine **Einzelbetrachtung** grundsätzlich **dann** vorzunehmen sein, wenn sich die konkrete unternehmerische Tätigkeit, für die eine Beschaffung vorgenommen wird, einem rechtlich abgrenzbaren und wirtschaftlich, also vor allem organisatorisch und rechnerisch selbständigen, **Konzernbereich** zuordnen lässt[1194]. Dies gilt in besonderem Maße für **Tochterunternehmen, sofern diese eine Tätigkeit versehen, die für das Funktionieren des Mutterunternehmens von fundamentaler Bedeutung ist**. In diesem Fall gebieten es Sinn und Zweck der Richtlinien, die Untersuchung der Gewerblichkeit auf den jeweiligen Unternehmensteil bzw. das Tochterunternehmen zu beziehen.

Gründen also öffentliche Auftraggeber lediglich aus gesellschafts- oder arbeitsrechtlichen Gründen **Tochterunternehmen**, um bestimmte Bereiche wie z.B. die EDV auszulagern, so ist eine Erfüllung der unternehmerischen Tätigkeit des Mutterunternehmens nicht ohne dieses Tochterunternehmen möglich, so dass von einer öffentlichen Auftraggebereigenschaft auszugehen sein wird[1195]. Es liefe Sinn

1192 EuGH, Urt. v. 10. 11. 1998 (Rs. C-360/96 – »Gemeinde Arnheim«), VergabE A-1-5/98 = WuW 1999, 101 = EUK 1999, 10.

1193 *Werner* in: *Byok/Jaeger*, Kommentar zum Vergaberecht, 2. Aufl. 2005, Rn. 331 zu § 98.

1194 Sehr weitgehend VG Koblenz, Urt. v. 8. 7. 1997 (2 K 2971/96), *Fischer/Noch*, EzEG-VergabeR, II 6 = NVwZ 1999, 1133, das auf rechnerisch und organisatorisch abgrenzbare Geschäftsbereiche einer Stadtwerke AG (Abfallentsorgung, Wasserversorgung) abstellen will. Kritisch dazu *Eschenbruch* in: *Niebuhr/Kulartz/Kus/Portz*, Kommentar zum Vergaberecht, 2000, Rn. 49 zu § 98. Vgl. in Bezug auf selbständige Unternehmensbereiche der Deutschen Bahn AG: VÜA Bund, Beschl. v. 13. 12. 1995 (1 VÜ 6/95), VergabE U-1-6/95 = WuW/E VergAB, 64 = ZVgR 1997, 135.

1195 So OLG Düsseldorf, Beschl. v. 30. 4. 2003 (Verg 67/02 – »Bundeswehrstiefel«), VergabeR 2003, 435. S.a.*Werner* in: *Byok/Jaeger*, Kommentar zum Vergaberecht, 2. Aufl. 2005, Rn. 360 zu § 98.

und Zweck der Vergaberichtlinien zuwider, wenn sich öffentliche Auftraggeber durch Gründungen von Tochtergesellschaften, deren Mitwirkung für das Mutterunternehmen von konstituierender Bedeutung ist, zumindest partiell dem Vergaberecht entziehen könnten[1196]. Anders ist dies bei Tochterunternehmen, die mit der Aufgabe des Mutterunternehmens ersichtlich nichts mehr zu tun haben. Aber auch hier ist im Einzelfall zu prüfen, ob noch in Restbereichen staatliche Garantien (Daseinsvorsorge, Monopole) existieren. Maßgeblich ist grundsätzlich immer die Staatsnähe des betreffenden Unternehmens.

Ein **entwickelter Wettbewerb** auf dem Gebiet, auf dem das fragliche Unternehmen tätig ist, kann ein **Indiz für eine Gewerblichkeit** seiner Tätigkeit darstellen[1197]. Diese Indizwirkung beinhaltet, dass das tatsächliche Vorliegen eines entwickelten Wettbewerbs allein nicht auf das Nichtvorliegen einer im Allgemeininteresse liegenden Aufgabe nichtgewerblicher Art schließen lässt[1198].

Dasselbe gilt für den Umstand, dass die betreffende **Einrichtung Leistungen für bestimmte gewerbliche Unternehmen erbringt**. Um zu einer Entscheidung zu gelangen, müssen **zusätzliche Gesichtspunkte** berücksichtigt werden, wobei insbesondere zu prüfen ist, unter **welchen Voraussetzungen** die Einrichtung ihre Tätigkeit ausübt. Wenn die Einrichtung nämlich unter **normalen Marktbedingungen** tätig ist, **Gewinnerzielungsabsicht** hat und die mit ihrer Tätigkeit verbundenen **Verluste trägt**, dann ist es wenig wahrscheinlich, dass sie Aufgaben erfüllen soll, welche nichtgewerblicher Art sind. In einem solchen Fall besteht auch kein Grund für die Anwendung der Gemeinschaftsrichtlinien über die Koordinierung der Verfahren zur Vergabe öffentlicher Aufträge, denn eine Einrichtung mit Gewinnerzielungsabsicht, welche die mit ihrer Tätigkeit verbundenen Risiken selbst trägt, wird in der Regel keine Vergabeverfahren zu Bedingungen durchführen, die wirtschaftlich nicht gerechtfertigt sind[1199].

Somit genügt ein **partiell vorhandener eingeschränkter Wettbewerb** wie z.B. unter den deutschen Krankenkassen nicht. Es handelt sich um keinen »entwickelten Wettbewerb« wie zwischen Privatunternehmen[1200].

(4) Gründung zu dem besonderen Zweck

169 Das zu untersuchende Rechtssubjekt muss darüber hinaus ein viertes, umfassendes Tatbestandsmerkmal erfüllen, welches darin besteht, dass es **zu dem besonderen Zweck gegründet** wurde, im Allgemeininteresse liegende Aufgaben nichtgewerblicher Art zu erfüllen. Diese besondere Zweckbindung bezieht sich auf den zuvor

1196 VÜA Bund, Beschl. v. 15. 11. 1995 (1 VÜ 5/95), VergabE U-1-5/95 = VergAB, 58 = ZVgR 1997, 135.

1197 EuGH, Urt. v. 10. 11. 1998 (Rs. C-360/96 – »Gemeinde Arnheim«), VergabE A-1-5/98, Rn. 48 = WuW 1999, 101 = EUK 1999, 10.

1198 EuGH, Urt. v. 27. 2. 2003 (Rs. C-373/00 – »Adolf Truley«), VergabE A-1-2/03 Rn. 61 = VergabeR 2003, 296 = NZBau 2003, 288 = ZfBR 2003, 489 = WuW 2003, 435 = BauR 2003, 1091 = EUK 2003, 117; EuGH, Urt. v. 22. 5. 2003 (Rs. C-18/01 – »Korhonen«), VergabE A-1-7/03, Rn. 50 = VergabeR 2003, 420 = ZfBR 2003, 705 = WuW 2003, 837.

1199 EuGH, Urt. v. 22. 5. 2003 (Rs. C-18/01 – »Korhonen«), VergabE A-1-7/03, Rn. 51 = VergabeR 2003, 420 = ZfBR 2003, 705 = WuW 2003, 837.

1200 Insoweit zutreffend: BayObLG, Beschl. v. 24. 5. 2004 (Verg 6/04), VergabE C-2-6/04v = EUK 2004, 123 = WuW 2005, 360.

erwähnten prioritären rechtlichen Anknüpfungspunkt, also insbesondere Gründungsakte, Satzungen, Gesellschaftsverträge usw.

Dies bedeutet automatisch, dass dieser besondere Zweck, zu dem das Unternehmen gegründet wurde, sich **nicht in der überwiegenden tatsächlichen Geschäftsausübung ausdrücken** muss. Entscheidend für die Einordnung unter den öffentlichen Auftraggeberbegriff muss das Vorhandensein oder Fehlen einer öffentlich-rechtlichen Zweckbindung sein, welche die Unterwerfung unter den Geltungsbereich der Vergaberichtlinien rechtfertigt.

Nicht zu dem besonderen Zweck der Erfüllung von im Allgemeininteresse liegenden Aufgaben nichtgewerblicher Art gegründet ist eine **Arbeitsgemeinschaft** (»ARGE Wesertunnel«), die aufgrund eines gewonnenen europaweiten Ausschreibungswettbewerbs mit der Errichtung eines Gesamtbauwerks beauftragt worden ist, und die im Anschluss daran einen Teil der zu erbringenden Leistungen entsprechend den ursprünglichen Ausschreibungsbedingungen in Abstimmung mit dem ursprünglichen Auftraggeber ausschreibt. Die Vergabe dieser Teilaufträge unterliegt nicht der Nachprüfung gemäß §§ 102 ff GWB, da die ARGE kein Auftraggeber i.S.d. § 98 Nr. 2 GWB ist. Das OLG Celle[1201] hat festgestellt, dass die Mitglieder der ARGE vielmehr im Rahmen ihres Zusammenschlusses zu einer Arbeitsgemeinschaft allein den – gewerblichen – Zweck verfolgen, durch die Errichtung des Wesertunnels Gewinn zu erzielen. Sie werden dabei nicht von anderen, insbesondere nicht von Gebietskörperschaften oder Verbänden finanziert oder sonst unterstützt, mögen diese im Ergebnis auch die Leistungen bezahlen.

cc) Judikatur

170 Diese grundlegenden Anforderungen, die zu nicht unerheblichem Teile Ergebnis der Judikatur zu Einzelfällen sind, lassen sich anhand der Entscheidungen des **EuGH** und der **Vergabenachprüfungsorgane** verdeutlichen.

(1) Österreichische Staatsdruckerei

171 Der EuGH hatte in dem Vorabentscheidungsersuchen[1202] des österreichischen Bundesvergabeamtes nach Art. 234 EGV zu untersuchen, ob die mit **eigener Rechtspersönlichkeit** ausgestattete Staatsdruckerei, welche unter der **Aufsicht** der Republik Österreich steht und an der eine überwiegende staatliche **Kapitalbeteiligung** existiert, als eine Einrichtung des öffentlichen Rechts im Sinne des Art. 1 lit. b) der Baukoordinierungsrichtlinie 93/37/EWG anzusehen ist.

Von besonderem Gewicht ist vor allem die Frage gewesen, ob es für die Subsumtion unter den Begriff der Einrichtung des öffentlichen Rechts eine ausschlaggebende Rolle spielen kann, dass die **staatlichen Druckaufträge** nur noch einen kleineren Anteil (< 50%) der geschäftlichen Aktivitäten ausmachen.

1201 OLG Celle, Beschl. v. 5. 9. 2002 (13 Verg 9/02), VergabE C-9-9/02 = VergabeR 2003, 91 = NZBau 2003, 60 = BauR 2003, 437 = EUK 2002, 155 = Behörden Spiegel 10/2002, S. 22.

1202 EuGH, Urt. v. 15. 1. 1998 (Rs. C-44/96 – »Österreichische Staatsdruckerei«), VergabE A-1-1/98 = EuZW 1998, 120 = EuR 1998, 342 = WuW/E Verg, 23 = ZVgR 1998, 397 = VgR 1/1998, 43; dazu auch *Noch*, DÖV 1998, 623 ff.

Der EuGH stellt heraus, dass eine Einrichtung des öffentlichen Rechts i.S.v. Art. 1 lit. b der Richtlinie 93/37/EWG dann gegeben ist, wenn die **Tatbestandsmerkmale** Allgemeininteresse, nichtgewerblich und Gründung zu dem besonderen Zweck **kumulativ** vorliegen[1203].

Zur Klärung der Einordnung der Staatsdruckerei zieht er maßgeblich die Vorschriften des österreichischen **Staatsdruckereigesetzes** heran[1204]. Daraus ergibt sich u.a., dass die Staatsdruckerei im Handelsregister eingetragen ist und bei einigen Druckprodukten wie z.B. Reisepässen und Führerscheinen **Geheimhaltungs- und Sicherheitsvorschriften** zu beachten hat, deren Einhaltung von einem **staatlichen Kontrolldienst** überwacht wird.

Darüber hinaus werden die **Preise** für diese staatlichen Druckaufträge durch ein Organ **festgelegt**, dessen Besetzung die österreichische Bundesregierung regelt.

All diese Merkmale belegen nach Auffassung des EuGH, dass die Staatsdruckerei zu dem besonderen Zweck gegründet ist, Aufgaben wahrzunehmen, die im Allgemeininteresse liegen und prinzipiell nichtgewerblich sind[1205].

Einen ganz wesentlichen Hinweis auf die Eigenschaft als öffentlicher Auftraggeber erblickt der EuGH darin, dass die Erfüllung der staatlichen Druckaufträge, hinsichtlich derer die Staatsdruckerei ein **Ausschließlichkeitsrecht** besitzt, sehr eng mit der **öffentlichen Ordnung** und dem institutionellen Funktionieren des Staates verknüpft ist. Nicht ausschlaggebend ist nach seiner Ansicht, dass die Staatsdruckerei auf die Grundsätze **kaufmännischer Unternehmensführung** verpflichtet ist und sie sich in der Zwischenzeit weitere Geschäftsfelder erschlossen hat, die eine gewerbliche Tätigkeit zum Gegenstand haben. Entscheidend sei vielmehr die Tatsache, dass die Staatsdruckerei noch immer **zu einem gewissen Anteil staatliche Druckaufträge** erfüllt, auch wenn diese nur noch einen **kleinen und untergeordneten Geschäftszweig** darstellen.

Die Qualifizierung als Einrichtung des öffentlichen Rechts und damit als öffentlicher (Bau-) Auftraggeber i.S.v. Art. 1 lit. b der Richtlinie 93/37/EWG wird nach Ansicht des EuGH im Übrigen dadurch unterstrichen, dass der **Rechnungshof** die Geschicke des Unternehmens **kontrolliert** und der Generaldirektor durch staatli che Organe ernannt wird. Mit dieser Wertung folgt das Gericht im Wesentlichen den Grunderwägungen in den Schlussanträgen des Generalanwaltes Léger vom 16. 9. 1997[1206].

Völlig zu Recht hebt der EuGH weiter hervor, dass es **bei der Prüfung der öffentlichen Auftraggebereigenschaft prinzipiell nicht darauf ankommen kann,** ob der **konkrete Beschaffungsvorgang** nun den nichtgewerblichen oder den gewerblichen, also den kommerziellen und wettbewerblichen Unternehmenstätig-

1203 EuGH, Urt. v. 15. 1. 1998 (Rs. C-44/96 – »Österreichische Staatsdruckerei«), VergabE A-1-1/98, Rn. 20 f. = EuZW 1998, 120 = EuR 1998, 342 = WuW/E Verg, 23 = ZVgR 1998, 397 = VgR 1/1998, 43.

1204 Vgl. § 1 des Bundesgesetzes über die Österreichische Staatsdruckerei (= StDrG) v. 1. 7. 1981 (Bundesgesetzblatt für die Republik Österreich 340/1981).

1205 Vgl. VK Bund, Beschl. v. 18. 10. 1999 (VK 1-25/99 – »Bundesdruckerei«), VergabE D-1-25/99 = EUK 2000, 140.

1206 Siehe das Bulletin des EuGH Nr. 23/97, S. 31 f.

keiten dient[1207]. Eine solche Unterscheidung würde sich im Interesse der Rechtsklarheit und Vorhersehbarkeit auch schlichtweg verbieten. Damit bestätigt er die zuvor schon geäußerte Rechtsauffassung, wonach bei der Einordnung unter den Begriff des öffentlichen Auftraggebers grundsätzlich immer nur eine **Gesamtbetrachtung** erfolgen kann. Das Abstellen auf den konkreten wirtschaftlichen Zweck des Beschaffungsvorganges würde bei diesen gemischt öffentlichen und privaten Unternehmen zu unvorhersehbaren Ergebnissen und letztlich zu **nicht vertretbaren Zufälligkeiten** führen. Letzteres insbesondere dann, wenn man sich vor Augen hält, dass die tatsächliche Geschäftsverteilung konjunkturabhängig ist. Der persönliche Anwendungsbereich der Richtlinie muss also sinnvollerweise im Zweifel dem sachlichen Anwendungsbereich vorgehen[1208].

Ebenso wird aus dem Urteil des EuGH deutlich, dass ein **gewerblich tätiges Unternehmen**, an dem ein öffentlicher Auftraggeber im Sinne der Richtlinie 93/37/EWG **mehrheitlich beteiligt** ist, nicht bereits dann als Einrichtung des öffentlichen Rechts zu qualifizieren ist, wenn es von dem öffentlichen Auftraggeber **gegründet wurde und/oder von diesem finanzielle Zuwendungen erhält**, die aus der Wahrnehmung von im Allgemeininteresse liegenden Aufgaben nichtgewerblicher Art herrühren[1209].

Somit fällt z.B. eine von der Staatsdruckerei gegründete und finanzierte **Projektgesellschaft**, die – im Gegensatz zum Kernbetrieb der Staatsdruckerei – zu dem alleinigen Zweck der Erfüllung von Aufgaben gewerblicher Art gegründet wurde, **nicht automatisch** unter den Begriff der öffentlichen Einrichtung und damit unter die Ausschreibungspflicht. Hier ist jeweils eine sehr genaue Einzelfallprüfung durchzuführen.

Schließlich ist dem Urteil des EuGH zu entnehmen, dass sich prinzipiell an dem Geltungsanspruch der EG-Vergaberichtlinien auch dann nichts ändert, wenn ein öffentlicher Auftraggeber die sich aus einer Ausschreibung ergebenden Rechte und Pflichten auf ein **Unternehmen überträgt**, das ersichtlich nicht in den persönlichen Anwendungsbereich der Richtlinien fällt. Mit anderen Worten: Die öffentliche Auftraggebereigenschaft bleibt auch dann erhalten, wenn ein öffentlicher Auftraggeber rein äußerlich die aus der Ausschreibung resultierenden Rechtsbindungen auf ein Unternehmen überträgt, das von seiner Rechtsnatur her nicht ausschreibungspflichtig ist[1210].

Etwas anderes kann nach dem Dafürhalten des EuGH nur in besonderen **Ausnahmefällen** gelten, wenn
- erstens das ausgeschriebene Projekt von vornherein und vollumfänglich dem ausschließlich gewerblichen Zweck des übernehmenden Unternehmers entspricht und
- zweitens die Bauaufträge schon von der ursprünglichen Absicht her für Rechnung dieses Unternehmens vergeben wurden.

1207 EuGH, aaO., Rn. 34.
1208 EuGH, aaO., Rn. 35.
1209 EuGH, aaO., Rn. 37 ff.
1210 Vgl. auch die Schlussanträge des Generalanwalts Albert beim EuGH v. 16. 7. 1998 (Rs. C-306/97 – Connemara ./. Coillte Teoranta), VgR 4/1998, 42, Rn. 40. Der Fall betrifft den engeren Auftraggeberbegriff nach der früheren LKR 77/62/EWG, erlaubt aber auch Rückschlüsse auf die Einordnung unter den erweiterten Auftraggeberbegriff nach der neueren LKR 93/36/EWG.

All dies verdeutlicht, wie sehr genau die Prüfung des Einzelfalles ausfallen muss.

In einer Parallelität zur Österreichischen Staatsdruckerei hatte noch Ende der 1990er Jahre auch die VK Bund die **Deutsche Bundesdruckerei** als Auftraggeberin im Bereich des Wert- und Sicherheitsdruckes als öffentliche Auftraggeberin im Sinne des § 98 Nr. 2 GWB eingeordnet[1211], und zwar unbeschadet der Tatsache, dass auch sie ihren geschäftlichen Schwerpunkt immer mehr hin zu einer privatwirtschaftlichen Tätigkeit verlagert hat. Mittlerweile handelt es sich allerdings um keinen öffentlichen Auftraggeber mehr.

Im Jahr 2000 veräußerte der Bund die Bundesdruckerei GmbH für 1 Milliarde € an den Finanzinvestor Apax. Der Kaufpreis wurde zu je einem Viertel von der Apax und von dem Bund (auf Darlehensbasis) geschultert. Rund 500 Mio. € steuerte die Helaba mittels eines Darlehens bei. Apax übertrug im Jahr 2002 aufgrund drohender Insolvenz die Bundesdruckerei samt Schulden auf das Portfoliounternehmen Authentos. Authentos besteht aus den Vermögensverwaltungsgesellschaften JVVG und Dinos. Im Jahr 2006 erwirtschafteten die 1.300 Mitarbeiter der Bundesdruckerei 262 Mio. € Umsatz. Der Vorsteuergewinn belief sich auf 138 Mio. €. Im März 2008 wurde die **Absicht des Bundes bekannt, sich mit einer Sperrminorität von 25,1% an der Bundesdruckerei zu beteiligen**, um die **Sicherheits- und Geheimschutzinteressen** im Falle eines Verkaufs langfristig und effektiv wahren zu können. Am 6. 3. 2008 verdichteten sich nach Angaben der FAZ[1212] die Hinweise für einen Einstieg der Fa. Giesecke & Devrient aus München.

Sollte es der Bundesdruckerei nicht gelingen, den Auftrag für den Druck der neuen, mit biometrischen Daten versehenen **Personalausweise** durch Gewinnen der Ausschreibung zu erhalten und den ebenfalls zur Ausschreibung anstehenden Auftrag zum **Druck der Führerscheine** zu behalten, so dürfte der Verkaufswert geringer ausfallen. Als Kaufpreis wird eine Summe zwischen 100 und 150 Mio. € nach Abzug der Schulden und Pensionsverpflichtungen für möglich erachtet. Sollte die Bundesdruckerei **neue Aufträge** erhalten, so könnte ihr Verkaufswert bei ca. 300 Mio. € liegen. Ausländische Interessenten und die EU drängen darauf, dass die Vergabe der Druckaufträge für die Ausweise und Führerscheine im Rahmen einer ordnungsgemäßen Ausschreibung erfolgt. Es gilt aus derzeitiger Sicht abzuwarten, wie sich dieses neue PPP-Projekt entwickeln wird.

(2) Abfallentsorgung (öffentlicher Auftraggeberbegriff, Organisationsakte und Aufgabenübertragung)

172 Im Vorabentscheidungsverfahren Gemeinde Arnheim hat der EuGH[1213] im Anschluss an das Urteil in der Sache Österreichische Staatsdruckerei, auf das er in großen Teilen seiner Argumentation präzisierend verweist, geklärt, dass die **Abfallentsorgung** regelmäßig eine im Allgemeininteresse liegende Tätigkeit nichtgewerblicher Art ist, die – zumindest aus deutscher Sicht – eine **Pflichtaufgabe** der Gemeinden darstellt. Diese ist vom Grundsatz her als Dienstleistungsauftrag aus-

1211 VK Bund, Beschl. v. 18. 10. 1999 (VK 1-25/99), VergabE D-1-25/99 = EUK 2000, 140.

1212 FAZ v. 7. 3. 2008, S. 13, 16.

1213 EuGH, Urt. v. 10. 11. 1998 (Rs. C-360/96), VergabE A-1-5/98 = WuW 1999, 101 = EUK 1999, 10. Siehe die Vorlagefrage, abgedr. in VgR 5/1997, 40 und die Schlussanträge des Generalanwaltes La Pergola v. 19. 2. 1998, Bulletin des EuGH Nr. 6/98, S. 29.

zuschreiben, es sei denn, sie wird selbst erledigt, d.h. in einem eigenen Regiebetrieb wahrgenommen. Weitergehende Ausführungen zu der Frage einer **Übertragung von Abfallentsorgungsleistungen zwischen den Kommunen** und den daraus resultierenden vergaberechtlichen Fragestellungen, auch im Hinblick auf Konzessionen, sind in diesem Urteil unterblieben.

Der EuGH hatte dann Ende 2005[1214] den Fall zu entscheiden, dass eine Kommune eine zunächst zu 100% in ihrem Besitz befindliche Gesellschaft für die Abfallentsorgung gründet und eine entsprechende Vereinbarung zur Besorgung der Abfallentsorgungsleistungen getroffen. Drei Monate nach Abschluss dieses Vertrages trat die Gemeinde Mödling 49% ihrer Anteile an der AbfallGmbH an ein privates Unternehmen in Form einer Aktiengesellschaft ab. Die Gesellschaft nahm schließlich – nach der Übertragung der Geschäftsanteile – die Tätigkeit für die Gemeinde sowie für andere Gemeinden auf. Der EuGH stellt dazu fest, dass ein Rechtssubjekt, das als eine **gesonderte Rechtspersönlichkeit rechtlich selbständig** ist, **nicht als Teil eines öffentlichen Auftraggebers angesehen** werden kann, sobald ein Privatunternehmen am Gesellschaftskapital beteiligt ist. Ein solches gemischtwirtschafliches Unternehmen, das zudem Entsorgungsleistungen auch für benachbarte Gemeinden wahrnimmt, ist **kein öffentlicher Auftraggeber** und kann auch nicht im Wege des In-house-Geschäfts ausschreibungsfrei beauftragt werden. Das gemischtwirtschafliche Unternehmen muss sich selbst an Ausschreibungen der eigenen und benachbarten Gemeinden als Bieter beteiligen.

Das OLG Düsseldorf[1215] hat in der nationalen Rechtsprechung **weitere offen gebliebene Fragen** im Zusammenhang mit der Abfallentsorgung **geklärt**.

Die Antragsgegnerinnen in dem Verfahren, denen die Abfallentsorgung in ihren Gemeindegebieten oblag, bildeten nach Maßgabe des »Gesetzes über kommunale Gemeinschaftsarbeit« (GkG NRW) einen **Zweckverband**. Dieser sollte Teile der seinen Mitgliedern obliegenden Entsorgungsaufgaben in eigener Verantwortung übernehmen. Noch vor der Gründung des Verbandes erfuhr die Antragstellerin von diesem Vorhaben. Sie vertritt den Standpunkt, in der **Übertragung der Entsorgungsaufgaben auf den Zweckverband liege ein öffentlicher Auftrag** i.S.d. § 99 GWB, der dem Vergaberechtsregime unterfalle und daher auszuschreiben sei.

Der Vergabesenat des teilt die Auffassung der Antragstellerin nicht. Die Verlagerung der Entsorgungsaufgaben auf den Zweckverband stelle keinen öffentlichen Auftrag – also keinen entgeltlichen Vertrag zwischen einem öffentlichen Auftraggeber und einem Unternehmer – dar. Zwar habe der EuGH entschieden, dass zur Annahme eines solchen Auftrages grundsätzlich ein Vertragsschluss zwischen einer Gebietskörperschaft und einer rechtlich von dieser verschiedenen Person ausreiche, jedoch sei daraus nicht die Konsequenz zu ziehen, dass auch die Übertragung von Aufgaben auf einen Zweckverband grundsätzlich als öffentlicher Auftrag zu qualifizieren sei. Die **Gründung von Zweckverbänden** und die Übertragung von Aufgaben sei eine **gesetzlich vorgesehene Form interkommunaler Zusammenarbeit.** Diese gründe sich auf der Hoheit des Staates über seine Organisation. Über

1214 EuGH, Urt. v. 10. 11. 2005 (Rs. C-29/04 »Kommission ./. Österreich«), NZBau 2005, 704 = VergabeR 2006, 47 = WuW 2005,. 1329.

1215 OLG Düsseldorf, Beschl. v. 21. 6. 2006 (VII-Verg 17/06), NZBau 2006, 662 = VergabeR 2006, 777.

die verfassungsrechtlich verankerte Selbstverwaltungsgarantie aus Art. 28 II GG stehe diese Organisationshoheit auch den Gemeinden zu.

Durch die Gründung von Zweckverbänden und die Übertragung von Aufgaben an diese, machten die Kommunen von ihrer Organisationshoheit Gebrauch. Aus dem Rechtssatz, dass der öffentliche Auftraggeber frei in der Entscheidung sei, welcher Mittel er sich zur Beschaffung von ihm benötigten Dienstleitungen bediene, folge insbesondere das **Recht darüber zu entscheiden, ob er Dienstleistungen von Privaten erbringen lasse oder nicht**. Entschließe er sich, diese durch Eigenleistungen zu erbringen, könne dies dem Vergaberecht schon deshalb nicht unterfallen, weil ansonsten eine »Pflicht zur Privatisierung« entstehe.

Zudem sei zu beachten, dass die **Zweckverbandsgründung** selbst als Form der Aufgabenbewältigung ohnehin **nicht dem Vergaberecht untergeordnet** werden könnte. Auch wenn ein Zweckverband funktional als Unternehmen anzusehen sei, werde der Vertrag über die Gründung nicht, wie von § 99 GWB vorausgesetzt, zwischen öffentlichem Auftraggeber und einem Unternehmen geschlossen, sondern zwischen mehreren öffentlichen Auftraggebern, gerade ohne Beteiligung des noch zu gründenden Zweckverbandes. Insoweit fehle es bereits an einer Erfüllung des Tatbestandes des § 99 GWB.

Auch die Übertragung der Entsorgungsaufgaben an den Zweckverband stelle **keinen öffentlichen Auftrag** dar. Nach gefestigter Rechtsprechung liegt dann ein vergabefreies Eigengeschäft – oder In-house-Geschäft – vor, wenn der öffentliche Auftraggeber über die beauftragte Person eine Kontrolle wie über ihre eigene Dienststelle ausübe und diese zugleich im Wesentlichen für den sie kontrollierenden Auftraggeber tätig sei. Dies sei unzweifelhaft gegeben, indem die Antragsgegner alleinige Träger des Zweckverbandes seien und keine Tätigkeit für andere als die Mitglieder selbst ersichtlich sei. Somit, so der Senat, liege im vorliegenden Fall kein öffentlicher Auftrag vor.

Aus der Entscheidung geht deutlich die Problematik bei der Einordnung der Übertragung kommunaler Aufgaben an einen Zweckverband als öffentlicher Auftrag hervor. Insbesondere wird im Ergebnis herausgestellt, dass die Entscheidung anhand des Einzelfalles erfolgen muss. Zu beachten ist, dass
- zwischen der **Zweckverbandsgründung** als organisatorischem Akt
- und der **Aufgabenübertragung**

unterschieden werden muss. **Ersteres** stellt, wie der Senat richtigerweise feststellt, eine **Ausübung der Selbstverwaltungshoheit** dar. Es handelt sich um einen dem Vergaberecht entzogenen Akt der Verwaltungsorganisation[1216]. Darauf sind die EG-Vergaberichtlinien nicht anzuwenden, weil die Rechtssetzungsorgane der Europäischen Union hinsichtlich der Verwaltungsorganisation der Mitgliedstaaten über keine Normgebungskompetenz verfügen[1217].

Bei **letzterem** hingegen muss im konkreten Fall festgestellt werden[1218], ob und inwieweit die Voraussetzungen eines öffentlichen Auftrages vorliegen. Abzustellen ist darauf, ob

1216 VK Köln, Beschl. v. 9. 3. 2006 (VK VOL 34/2005).
1217 *Burgi*, NZBau 2005, 208, 210 f. m.w.N.
1218 Siehe hierzu: *Schröder*, NVwZ 2005, S. 25 ff m.w.N.

- entweder tatsächlich kommunale Aufgaben in einem originären Sinne einer Zuständigkeitsverlagerung übertragen werden,
- oder ob die Beschaffung von, üblicherweise im Wirtschaftsverkehr gehandelten, Leistungen im Vordergrund steht (sog. mandatierende Verwaltungsvereinbarung).

Ein anderer Beschluss aus dem Jahre 2004[1219] betraf demgegenüber eine sog. **mandatierende Verwaltungsvereinbarung**[1220].

Dort wurde diese Form der interkommunalen Kooperation als **ausschreibungspflichtiger Tatbestand** eingeordnet[1221]. Das OLG hatte die betreffenden Kommunen in ihrer spezifischen Rolle als öffentlich-rechtlicher Entsorgungsträger (nach dem KrW-AbfG und LAbfG (NW)) nicht aus ihrer Funktion als öffentlicher Auftraggeber entlassen. Unbeschadet des Umstandes, dass die beiden Kommunen eine öffentlich-rechtliche Vereinbarung für die Übertragung dieser Entsorgungsleistungen getroffen hatten und dementsprechend auch nicht von »Vergütung«, sondern von »Entgelt« die Rede war, nimmt das OLG eine **ausschreibungspflichtige Drittvergabe von Leistungen** an, die den Vorschriften des Kartellvergaberechts (§§ 97 ff. GWB) unterliegt.

Gemäß zwei Entscheidungen des OLG Naumburg[1222] soll das Vergaberechtsregime außerdem auf **sog. delegierende Vereinbarungen** anzuwenden sein, mit denen nach den in den Flächenstaaten geltenden Gesetzen über eine kommunale Zusammenarbeit ein Beteiligter die Erfüllung einzelner öffentlich-rechtlicher Aufgaben der übrigen Beteiligten übernimmt[1223].

Das OLG Düsseldorf[1224] hat außerdem entschieden, dass die **Rekommunalisierung der städtischen Müllabfuhr nicht** den **Bestimmungen des Kartellvergaberechts unterliegt**[1225] und daher auch vor den Nachprüfungsinstanzen nicht gemäß §§ 102, 104, 107 ff. GWB angegriffen werden kann. Folgerichtig unterliegt auch die Entscheidung, eine Leistung von vornherein im öffentlichen Bereich zu belassen, nicht dem öffentlichen Auftragswesen. Vergaberecht ist »Privatisierungsfolgenrecht«[1226].

Die betreffende Stelle beabsichtigte, die Hausmüllabfuhr sowie die Abfuhr kompostierbarer Abfälle und des Sperrmülls durch ein **Unternehmen** besorgen zu lassen, das sich in ihrem **alleinigen Anteilsbesitz** befindet und auch **einzig im Stadtgebiet der Stadt F. tätig** ist. Es liegt damit kein öffentlicher Auftrag i.S.d. **§ 99**

1219 OLG Düsseldorf, Beschl. v. 5. 5. 2004 (VII – Verg 78/03), VergabE C-10-78/03 = VergabeR 2004, 619 = WuW/E Verg 960.

1220 Gemäß § 23 I, 2. Alt., II S. 2 GkG NRW.

1221 Vgl. auch OLG Frankfurt, Beschl. v. 7. 9. 2004 (11 Verg 11/04), NZBau 2004, 692, 694 ff.

1222 OLG Naumburg, Beschl. v. 3. 11. 2005 (1 Verg 9/05), NZBau 2006, 58 = VergabeR 2006, 88, 93 ff. = WuW 2006, 211; Beschl. v. 2. 3. 2006 (1 Verg 1/06), NZBau 2006, 667 = VergabeR 2006, 406.

1223 Offengelassen von OLG Düsseldorf, Beschl. v. 21. 6. 2006 (VII-Verg 17/06), NZBau 2006, 662 = VergabeR 2006, 777, unter Hinweis auf § 23 I, 1. Alt., II S. 1 GkG NRW.

1224 OLG Düsseldorf, Beschl. v. 15. 10. 2003 (VII-Verg 50/03), VergabE C-10-50/03 = BauR 2004, 564 = NZBau 2004, 58 = VergabeR 2004, 63 = EUK 2003, 174.

1225 Bestätigt durch OLG Düsseldorf, Beschl. v. 21. 6. 2006 (VII-Verg 17/06), NZBau 2006, 662 = VergabeR 2006, 777, unter Verweis auf: EuGH, Urt. v. 11. 1. 2005 (C-26/03 »Stadt Halle«), NZBau 2005, 111 = VergabeR 2005, 44 = WuW 2005, 237 = WuW/E Verg 1025, Tz. 48; OLG Koblenz, NZBau 2002, 346, 347; *Dreher* in: Immenga/Mestmäcker, GWB, 3. Aufl., § 99 Rn. 19 m.w.N.

1226 So zu Recht: *Burgi*, NZBau 2005, 208, 210 f. m.w.N.

I GWB vor, weil die nach der inzwischen gefestigten Rechtsprechung zum sog. **Inhouse-Geschäft** verlangten Merkmale erfüllt sind, nämlich
1. alleiniger Anteilsbesitz des öffentlichen Auftraggebers inklusive einer Kontrolle wie über eigene Dienststellen sowie
2. Tätigkeit des beauftragten Unternehmens im Wesentlichen (> 80%) für den öffentlichen Auftraggeber.

Die Vergabekammer Arnsberg[1227] hatte demgegenüber eine Ausschreibungspflichtigkeit des Vertrages angenommen. Der Beschluss wurde aufgehoben.

(3) Krankenkassen

173 Es ist **herrschende Auffassung**, dass die gesetzlichen Krankenkassen **als** (funktionale) **öffentliche Auftraggeber einzuordnen** sind[1228, 1229]. Dies indiziert bereits der Indizienkatalog im Anhang III zu Art. 1 IX der VKRL 2004/18/EG, in dem die Krankenkassen unter Punkt 1.1. der juristischen Personen des öffentlichen Rechts, die als funktionale öffentliche Auftraggeber in Betracht kommen, ausdrücklich aufgeführt sind. Dort heißt es:

> *»Sozialversicherungen (Krankenkassen, Unfall- und Rentenversicherungsträger)«*

Die VK Bund[1230] hebt hervor, dass die in dem zu entscheidenden Fall vergebende Krankenkasse eine dem Bund zuzurechnende öffentliche Auftraggeberin i.S.d. § 98 Nr. 2 GWB ist. Sie ist juristische Person des öffentlichen Rechts (§ 4 I SGB V, § 29 I SGB IV), die zu dem besonderen Zweck gegründet wurde, im Allgemeininteresse liegende Aufgaben nicht gewerblicher Art zu erfüllen (§§ 1, 2 SGB V), und wird über die **gesetzlich geregelte Pflichtversicherung** der Krankenkassenmitglieder (§§ 3, 5, 220 ff. SGB V) **mittelbar überwiegend durch den Bund finanziert.**

Diese Einschätzung gelte trotz des vom OLG Düsseldorf initiierten **Vorlageverfahrens vor dem EuGH** zu dieser aus der Perspektive des Gemeinschaftsrechts zu beurteilenden Rechtsfrage[1231]. Dem EuGH wurden zur Auslegung der Richtlinie 2004/18/EG folgende Fragen vorgelegt:

> *a) Ist das Tatbestandsmerkmal der »Finanzierung durch den Staat« des Art. 1 Absatz 9, 2. Unterabsatz, lit. c), 1. Alternative der Richtlinie dahin auszulegen, dass der Staat die Mitgliedschaft in einer Krankenversicherung sowie die Pflicht zur Zahlung von Beiträgen – deren Höhe vom Einkommen abhängig ist – an die jeweilige Krankenkasse anordnet, wobei die Krankenkasse den Beitragssatz festlegt, die Krankenkassen aber durch ein in den*

1227 VK Arnsberg, Beschl. v. 5. 8. 2003 (VK 2-13/2003), VergabE E-10a-13/03.

1228 OLG Brandenburg, Beschl. v. 12. 2. 2008 (Verg W 18/07), IBR 2008, 288 = VergabeR 2008, 555; VK Bund, Beschl. v. 9. 1. 2008 (VK 1-145/07); VK Bund, Beschl. v. 14. 9. 2007 (VK 1-101/07); VK Bund, Beschl. v. 9. 5. 2007 (VK 1-26/07); VK Lüneburg, Beschl. v. 21. 9. 2004 (203-VgK-42/2004).

1229 Zur Diskussion: *Koenig/Busch*, NZS 2003, 461; *Gaßner/Braun*, NZS 2005,28; *Jaeger*, ZWeR 2005, 31; *Byok/Jansen*, NVwZ 2005, 53; *Dreher*, NZBau 2005, 297; *Boldt*, NJW 2005, 3757; *Heßhaus*, VergabeR 2007, 333; *Otting*, in Bechtold, GWB, 4. Aufl. 2006, § 98 Rn. 37, 38.

1230 VK Bund, Beschl. v. 9. 1. 2008 (VK 1-145/07).

1231 OLG Düsseldorf, Beschl. v. 23. 5. 2007 (VII-Verg 50/06), NZBau 2007, 525 = VergabeR 2007, 622. Vgl. auch: OLG Düsseldorf, Beschl. v. 19. 12. 2007 (Verg 51/07), NZBau 2008, 194 = VergabeR 2008, 73.

Gründen näher geschildertes System der solidarischen Finanzierung miteinander verbunden sind und die Erfüllung der Verbindlichkeiten jeder einzelnen Krankenkasse gesichert ist?

b) Ist das Tatbestandsmerkmal in Art. 1 Absatz 9, 2. Unterabsatz, lit. c) 2. Alternative, demzufolge die Einrichtung »hinsichtlich ihrer Leitung der Aufsicht durch Letztere unterliegt«, dahin auszulegen, dass eine staatliche Rechtsaufsicht, die auch noch laufende oder zukünftige Geschäfte betrifft, – gegebenenfalls zuzüglich weiterer in den Gründen geschilderter Eingriffsmöglichkeiten des Staates – für die Erfüllung des Merkmals ausreicht?

Das OLG lässt jedoch in der Vorlageentscheidung bereits eine Wertung erkennen, dass es selber von einer Auftraggebereigenschaft der Krankenkassen ausgeht. Es verweist u.a. auf die auch vom BVerfG[1232] festgestellten **geringen Spielräume** der Krankenkassen bei der Selbstverwaltung. Das BVerfG hat festgestellt, dass den Krankenkassen »*Selbstverwaltung im Sinne eines Freiraums für eigenverantwortliches Handeln nur in außerordentlich bescheidenem Umfang eingeräumt*« und »*eine eigenverantwortliche Gestaltung des Satzungs-, Organisations-, Beitrags- und Leistungsrechts weitgehend verwehrt ist*«. Des Weiteren stellt das OLG Düsseldorf heraus, dass auch eine **Rechtsaufsicht** über das Gesundheitswesen **ausreichend** ist; einer Fachaufsicht bedürfe es für das Merkmal der Aufsicht bzw. staatlichen Beherrschung nicht.

Eine Bejahung der öffentlichen Auftraggebereigenschaft seitens des EuGH würde schon deshalb nicht überraschen, weil der Gerichtshof Einrichtungen der staatlichen Gesundheitsvorsorge in Spanien bereits entsprechend eingeordnet hat[1233].

Schließlich ist gemäß der Wertung der VK Bund[1234] der insoweit parallele und bereits judizierte »GEZ-Fall« heranzuziehen, in dem die **öffentliche Auftraggebereigenschaft qua mittelbarer (Zwangs-)Finanzierung** durch die Rundfunkgeräte bereithaltenden Bürger **bejaht** wurde[1235].

Zur Auftraggebereigenschaft der Krankenkassen hatte sich demgegenüber das BayObLG[1236] in einem umstrittenen Beschluss **anders positioniert.**

Die Entscheidung fällt schon deshalb etwas aus dem Rahmen, weil die Krankenkasse eine **juristische Person des öffentlichen Rechts** ist, deren Einordnung als öffentlicher Auftraggeber bisher als meist unproblematisch eingestuft wurde[1237]. Der Vergabesenat verneint im Ergebnis die öffentliche Auftraggebereigenschaft der AOK Bayern.

Im Einzelnen war Auftragsgegenstand der Abschluss eines **Hilfsmittellieferungsvertrages** zur **Versorgung der Versicherten** mit Systemen zur Schlafapnoebehandlung sowie Reparaturen, Wartungen, notwendigem Zubehör, Verbrauchs-

1232 BVerfG, DVBl. 2004, 1161, 1163.
1233 EuGH, Urt. v. 11. 7. 2006 (Rs. C-205/03 P – »FENIN«), EuZW 2006, 600 = NZBau 2007, 190.
1234 VK Bund, Beschl. v. 9. 1. 2008 (VK 1-145/07).
1235 EuGH, Urt. v. 13. 12. 2007 (Rs. C-337/06 – »Bayerischer Rundfunk u.a. [GEZ] ./. GEWA – Gesellschaft für Gebäudereinigung und Wartung mbH«), VergabeR 2008, 42.
1236 BayObLG, Beschl. v. 24. 5. 2004 (Verg 6/04), VergabeR 2004, 629 = VergabE C-2-6/04v = EUK 2004, 123 = WuW 2005, 360.
1237 Vgl. etwa: OLG Brandenburg, Beschl. v. 12. 2. 2008 (Verg W 18/07), IBR 2008, 288 = VergabeR 2008, 555; VK Hamburg, Beschl. v. 21. 4. 2004 (VgK FB 1/04), VergabE E-6c-1/04.

material und Entsorgung. In der Vergabebekanntmachung war unter Ziffer 1.5 darauf hingewiesen, dass sich die Ausschreibung **nach den Bestimmungen des § 127 II und III SGB V** richte, und unter Ziffer VI.1, dass die **Bekanntmachung auf freiwilliger Basis** erfolge. In den Ausschreibungsunterlagen wurde zusätzlich erläutert, dass es sich **nicht um einen vergaberechtlich relevanten Beschaffungsvorgang handle**.

Das BayObLG hat die **grundsätzliche Auffassung** vertreten, die ***AOK Bayern*** sei als gesetzliche Krankenkasse **nicht den Vorschriften des Kartellvergaberechts** der §§ 97 ff. GWB **unterworfen**.

Die AOK sei zwar eine **juristische Person des öffentlichen Rechts** und komme gemäß dem Katalog des Anhangs I zur Baukoordinierungsrichtlinie 93/37/EWG grundsätzlich als öffentlicher Auftraggeber in Frage. Insbesondere erfülle die AOK Bayern als gesetzliche Krankenkasse und als Solidargemeinschaft die **im Allgemeininteresse liegende Aufgabe**, die Gesundheit der Versicherten zu erhalten, wiederherzustellen oder ihren Gesundheitszustand zu bessern (§ 1 S. 1 SGB V). Diese **Aufgaben** seien auch **nicht gewerblicher Art**, weil nach § 3 S. 1 SGB V die Leistungen und sonstigen Ausgaben der Krankenkassen solidarisch durch Beiträge finanziert werden, und es Pflicht der Krankenkassen sei, sparsam und wirtschaftlich bei der Erfüllung der Aufgaben zu verfahren, um Beitragssatzerhöhungen auszuschließen (vgl. § 4 IV SGB V).

Dass die **Krankenkassen** bei der Anwerbung von Mitgliedern **untereinander** in einem **gewissen Wettbewerb** stehen, ändere daran nichts. Zu beurteilen sei die Aufgabe und Tätigkeit der einzelnen Krankenkasse im Vergleich zu anderen Krankenkassen. So könnten beispielsweise auch einzelne Hilfsorganisationen miteinander insoweit im Wettbewerb stehen, als sie Mitglieder oder Spender suchten. Der **Charakter ihrer karitativen und nicht gewerblichen Aufgabe** bleibe aber dennoch unverändert.

Schließlich sehe auch der **EuGH**[1238] die Krankenkassen, soweit sie ihren Aufgaben rein sozialer Art nachkommen, ebenfalls **nicht als Unternehmen i.S.d. Art. 81 EGV** an (entschieden für die Festsetzung von Höchstbeträgen für die Übernahme von Arzneimittelkosten).

Jedoch werde die AOK **nicht ausreichend durch staatliche Organe beaufsichtigt bzw. finanziert i.S.d. § 98 Nr. 2 GWB.**

Im Einzelnen erfolge die **Finanzierung** durch die **Solidargemeinschaft** der Mitglieder (vgl. § 220 I 1 SGB V). Zwar werden teilweise Beiträge durch den Bund geleistet, welcher für Wehrdienst- oder Zivildienstleistende sowie Bezieher von Arbeitslosenhilfe diese Verpflichtung übernommen hat (§ 251 IV SGB V). Diese Zahlungen seien aber keine Finanzierung der Krankenkassen, sondern beträfen die dem Bund als Arbeitgeber obliegende Pflicht zur Beitragszahlung. Abzustellen sei im Rahmen des § 98 Nr. 2 GWB auf die **Gesamtheit der Finanzierung** der AOK, nicht wie im Falle des § 98 Nr. 5 GWB in Bezug auf einzelne Aufgaben.

Zudem werden **nicht mehr als die Hälfte der Aufsichtsorgane durch den Freistaat** bestellt. Des Weiteren bestehe lediglich eine staatliche **Rechts-, jedoch keine**

1238 EuGH, Urt. v. 16. 3. 2004 (Rs. C-264, 306/01), EWiR 2004, 435.

Fachaufsicht. Nach § 87 I 1 SGB IV unterstünden die Versicherungsträger zwar staatlicher Aufsicht, diese erstrecke sich aber lediglich auf die Beachtung von Gesetz und sonstigem Recht, das für die Versicherungsträger maßgebend ist (§ 87 I 2 SGB V). Nur auf dem Gebiet der Prävention in der gesetzlichen Unfallversicherung erstrecke sich die Aufsicht auch auf den Umfang und die Zweckmäßigkeit der Maßnahmen (§ 87 II SGB V). Die Vorschrift sei hier im konkreten Fall nicht einschlägig. Nach alledem reiche dies nicht aus, um eine überwiegende staatliche Beaufsichtigung anzunehmen. Jedenfalls müsse die staatliche Stelle einen **solchen Einfluss** auf den Auftraggeber ausüben können, dass sie die **Beschaffungsvorgänge kontrollieren** und entweder mitentscheiden oder zumindest auf andere Art und Weise ihre Vorstellungen durchsetzen und so die **unternehmerische Vergabepolitik inhaltlich beeinflussen** könne. Dies sei bei der Rechtsaufsicht nicht der Fall; sie beschränke sich auf die Kontrolle, ob Recht und Gesetz eingehalten worden sind, ohne Einfluss auf die Zweckmäßigkeit unternehmerischer und wirtschaftlicher Entscheidungen nehmen zu können. Dies entspreche der **herrschenden Meinung** in der Literatur, die **eine allein vorhandene Rechtsaufsicht nicht als ausreichend** ansieht[1239].

Vielmehr gelte ein **Selbstverwaltungsrecht**. (vgl. § 29 I SGB IV und § 4 I SGB V). Das Selbstverwaltungsrecht stehe den Versicherten und den Arbeitgebern zu (§ 29 II SGB IV).

Die in § 274 SGB V vorgesehene **Prüfung der Geschäfts-, Rechnungs- und Betriebsführung** finde erst im Nachhinein statt, so dass auf die laufenden unternehmerischen Entscheidungen nicht in ausreichendem Maße staatlich eingewirkt werden könne. Zwar heiße es in § 274 I 4 und 5 SGB V, dass sich die Prüfung auf den gesamten Geschäftsbetrieb und dessen Gesetzmäßigkeit und Wirtschaftlichkeit zu erstrecken hat. Hierzu haben die Krankenkassen alle Unterlagen vorzulegen und Auskünfte zu erteilen, die zur Durchführung der Prüfung erforderlich sind. Die Prüfung werde jedoch erst nachträglich durchgeführt.

Die Entscheidung begegnet in Begründung wie im Ergebnis **profunden Bedenken**.

Es ist zwar so, dass der **Anhang III der Vergabekoordinierungsrichtlinie 2004/18/EG**, in der die Krankenkassen als (potentielle) öffentliche Auftraggeber aufgeführt sind, anerkanntermaßen nur eine **Indizwirkung** entfaltet. Diese Einordnung als Indiz betrifft jedoch hauptsächlich die juristischen Personen privaten Rechts. Bei den **juristischen Personen bzw. Körperschaften des öffentlichen Rechts** hat dieser Katalog nach bisher herrschender Auffassung **schon fast konstituierenden Charakter**. Dies liegt daran, dass die öffentlich-rechtlichen Rechtssubjekte wesentlich präziser benannt werden können als dies bei den privatrechtlich organisierten der Fall ist. Deren organisatorische Bandbreite ist größer. Die Krankenkassen, deren gesetzliche Grundlagen letztlich kaum differieren, sind in dem Katalog ausdrücklich benannt.

Es ist zudem fraglich, ob man das Einordnungsproblem auf die bloße **Rechts- bzw. Fachaufsicht** reduzieren kann. Das Gesundheitswesen ist in Deutschland vom

1239 *Marx* in: Beck'scher VOB-Kommentar, GWB, 2001, § 98 Rn. 11; *Eschenbruch* in: *Niebuhr/Kulartz/Kus/Portz*, Kommentar zum Vergaberecht, 1999, GWB § 98 Rn. 65; *Werner* in: *Byok/Jaeger*, Kommentar zum Vergaberecht, 2. Aufl. 2005, GWB § 98 Rn. 364.

Grundsatz her ein **staatliches**. Darum sind die Krankenkassen im Anhang III zur Vergabekoordinierungsrichtlinie auch unter dem Oberbegriff »**Sozialversicherungen**« aufgeführt. Der Gesetzgeber schafft die Rechtsgrundlagen für die öffentlich-rechtlichen Krankenkassen und könnte sie auch jederzeit ändern, z.B. indem er in einer Reform des Gesundheitswesens deren Zahl drastisch reduziert. Auch eine völlige Privatisierung der Krankenkassen wäre möglich. Die Selbstverwaltung der Krankenkassen ist verfassungsrechtlich nicht garantiert[1240]. Diesbezüglich erscheint das Argument einer formal gegebenen bloßen Rechtsaufsicht etwas vordergründig. Möglicherweise wird vom Senat unbewusst die sehr restriktive **Rechtsprechung zum Inhouse-Geschäft** betr. den Beherrschungsbegriff auf die Untersuchung der Auftraggebereigenschaft übertragen. Die **Zielrichtung** ist **dort eine andere**: Geht es bei dem Inhouse-Geschäft um einen möglichst geringen Anwendungsbereich bei der Privilegierung des ausschreibungsfreien Eigengeschäftes, so geht es bei der Auftraggebereigenschaft um einen Begriff der Beherrschung, welcher sich an dem funktionalen Charakter des betreffenden Rechtssubjektes orientieren muss. Hier steht die **Funktion als Träger des öffentlichen Gesundheitswesens** im Mittelpunkt. An den Beherrschungsbegriff dürfen hier keine überspannten Anforderungen gestellt werden. Daher genügt nach hier vertretener Auffassung auch eine Rechtsaufsicht.

Demgegenüber hatte das BayObLG freilich auch zu früherer Zeit schon entschieden, dass sogar eine **qualifizierte Rechtsaufsicht** u.U. für das Merkmal der Beherrschung nicht ausreichen soll[1241]. Insofern bleibt der Senat seiner Ansicht zumindest treu. Die von ihm jetzt geäußerten Auffassungen geraten jedoch in einen Konflikt mit den Feststellungen in dem genannten Beschluss vom September 2002, in dem der Senat bei der **Definition des Allgemeininteresses maßgeblich auf die Funktion der öffentlichen und privaten Einrichtung abstellt**. Würde er diese Maßstäbe konsequent anwenden, so müsste er die AOK Bayern wie auch praktisch alle anderen Krankenkassen als Träger des öffentlichen Gesundheitswesens, auf das sich der **Staat einen erheblichen Einfluss gerade vorbehalten will**, unter die öffentlichen Auftraggeber i.S.d. § 98 Nr. 2 GWB subsumieren. In Rn. 8 heißt es a.a.O.:

> *»Er (der Begriff des Allgemeininteresses) wird aber von der überwiegenden Meinung dahingehend verstanden, dass im Allgemeininteresse liegende Aufgaben solche sind, welche hoheitliche Befugnisse, die Wahrnehmung der Belange des Staates und damit letztlich Aufgaben betreffen, welche der Staat selbst erfüllen* ***oder bei denen er einen entscheidenden Einfluss behalten möchte.***«

Schließlich ist die Selbstverwaltung per se kein Argument gegen eine öffentliche Auftraggebereigenschaft. Auch **Universitäten** und z.B. **berufsständische Kammern und Versorgungswerke** besitzen ein **Selbstverwaltungsrecht**. Ein erheblicher Anteil solcher Institutionen müsste gemäß dem Spruch des BayObLG konsequenterweise aus der öffentlichen Auftraggebereigenschaft herausfallen. Die

1240 So ausdrücklich: OLG Düsseldorf, Beschl. v. 23. 5. 2007 (VII-Verg 50/06), NZBau 2007, 525 = VergabeR 2007, 622.

1241 BayObLG, Beschl. v. 10. 9. 2002 (Verg 23/02), VergabE C-2-23/02v = BayObLGZ 2002, 291 = VergabeR 2003, 94 = EUK 2003, 39.

öffentliche Auftraggebereigenschaft solcher Organisationen wurde jedoch bisher zu Recht nicht in Frage gestellt.

Der Beschluss des BayObLG steht in einem gewissen Widerspruch zu dem aus dem Anhang III **ersichtlichen Willen des europäischen Gesetzgebers**, gerade auch solche Institutionen, die mit Selbstverwaltungsrechten ausgestattet sind, und die durch öffentlich-rechtliche Zwangsmitgliedschaften finanziert werden, dem Anwendungsbereich des Vergaberechts zu unterstellen. Dementsprechend ist darauf hinzuweisen, dass auch im **Anhang III** zu Art. 1 IX der neuen Vergabekoordinierungsrichtlinie **2004/18/EG (VKRL) Wirtschaftsvereinigungen**, also u.a. Handwerkskammern, Industrie- und Handelskammern, welche die **wesentlichen Merkmale der ebenfalls wieder aufgeführten Krankenkassen teilen** (nämlich Zwangsmitgliedschaft, Finanzierung durch Mitglieder), **erneut aufgeführt** werden. Damit ist eine Argumentation, die insbesondere auf die Finanzierung des Rechtssubjektes der Personen- bzw. hier Versichertengemeinschaft abzielt, erschwert. Auch Handels- und Handwerkskammern[1242] werden durch ihre Mitglieder finanziert. Es handelt sich um eine **Zwangsmitgliedschaft** und damit durch eine letztlich **staatlich veranlasste und vorgeschriebene Finanzierung**. Ähnlich ist es bei den Krankenkassen. Auch wenn das Mitglied hier – insoweit anders als bei der Handelskammer – eine gewisse Wahlmöglichkeit besitzt, welcher Krankenkasse es angehört, so ist die Mitgliedschaft innerhalb der Pflichtversicherungsgrenze staatlich vorgeschrieben. Somit ist das für die öffentliche Auftraggebereigenschaft notwendige Merkmal der **staatlichen Finanzierung**, die als **staatlich vorgeschriebene Finanzierung** zu verstehen ist, erfüllt[1243].

In **Nachprüfungsverfahren**, die in anderen Bundesländern gegen Ausschreibungen der Krankenkassen angestrengt wurden, unterlag die **öffentliche Auftraggebereigenschaft entweder keiner besonderen Prüfung**[1244] oder die Kammern, insbesondere die VK Bund, haben sich für die Bejahung der öffentlichen Auftraggebereigenschaft ausgesprochen[1245]. Auch verschiedene Prüfungen durch die Rechtsabteilungen der Krankenkassen selbst, die stattgefunden haben, gelangten zu dem Ergebnis, dass eine öffentliche Auftraggebereigenschaft nach § 98 Nr. 2 GWB vorliegt.

Merke: Die Entscheidung des BayObLG ist deshalb von besonderem Interesse, weil sie die öffentliche Auftraggebereigenschaft weiter Bereiche von Selbstverwaltungskörperschaften mit Finanzierung durch Mitglieder in Frage stellt. Die Indizwirkung des Kataloges des Anhangs III läuft – zumindest hinsichtlich der juristi-

1242 Zur Auftraggebereigenschaft der Handwerkskammer: VK Nordbayern, Beschl. v. 23. 1. 2004 (320.VK-3194-47/02), VergabE E-2a-47/02.

1243 So auch VK Lüneburg, Beschl. v. 21. 9. 2004 (203-VgK-42/2004), VergabE E-9c-42/04 = EUK 2004, 170. Siehe auch *Noch*, BauRB 2004, 318, 320.

1244 So beispielsweise zitiert nach BayObLG: VK Bund Beschl. v. 5. 9. 2001 (VK 1-23/01), VergabE D-1-23/01; VK Hamburg Beschl. v. 21. 4. 2004 (VgK FB 1/04), VergabE E-6c-1/04 ; OLG Dresden Urt. v. 23. 8. 2001 (U 2403/00) Kart, allerdings nur für die grundsätzliche Möglichkeit der Auftraggebereigenschaft. Des Weiteren kann angeführt werden: VK Sachsen, Beschl. v. 15. 6. 2001 (1 VK 40/01 – »Beschaffung aktiver Netzwerkkomponenten durch die AOK Sachsen«), VergabE E-13-40/01 (S. 7, 2. Abs.): »*Die Auftraggeberin unterliegt gem. § 98 Nr. 2 GWB dem Vergaberechtsregime. Sie ist im Anhang I zur Baukoordinierungsrichtlinie unter III. Deutschland – 1.1 Körperschaften des öffentlichen Rechts im vierten Anstrich als öffentlicher Auftraggeber benannt.*«

1245 VK Bund, Beschl. v. 9. 1. 2008 (VK 1-145/07); VK Bund, Beschl. v. 14. 9. 2007 (VK 1-101/07); VK Bund, Beschl. v. 9. 5. 2007 (VK 1-26/07).

schen Personen des öffentlichen Rechts – Gefahr ins Leere zu laufen bzw. in Gegenteil verkehrt zu werden.

Die vom BayObLG geäußerten, als Mindermeinung zu begreifende, Rechtsauffassungen sind daher **nicht unwidersprochen** geblieben[1246].

Die **VK Lüneburg**[1247] hat die **Zuordnung** von gesetzlichen Krankenkassen zum **öffentlichen Auftraggeberbegriff** des § 98 Nr. 2 GWB mit einer ausführlichen Begründung **bejaht**.

Bei der Auftraggeberin handele es sich um eine Trägerin der gesetzlichen Krankenversicherung in der Rechtsform einer Körperschaft des öffentlichen Rechts mit Selbstverwaltung. Krankenkassen und deren gemeinsame Einrichtungen sind öffentliche Auftraggeber im Sinne des § 98 Nr. 2 GWB[1248]. Dies folge zum einen daraus, dass die Krankenkassen im **(heutigen) Anhang III der Vergabekoordinierungsrichtlinie** (VKRL) **als öffentliche Auftraggeber genannt** sind. Zwar führe die dortige Nennung nicht automatisch zur gesetzlichen Aufnahme einer Einrichtung in den Kreis der unter § 98 Nr. 2 fallenden Auftraggeber, ebenso wie die Nichtberücksichtigung einer juristischen Person im Anhang I nicht automatisch zur Verneinung ihrer Auftraggeberstellung gemäß § 98 Nr. 2 GWB führe. Der Anhang I habe vielmehr hinsichtlich seiner Verbindlichkeit eine **deklaratorische Wirkung**, von der jedoch eine Indizwirkung in Bezug auf den personellen Anwendungsbereich der Richtlinien ausgehe. Darüber hinaus könne davon ausgegangen werden, dass der Gesetzgeber die Umsetzung der Vergaberichtlinien so ausgestaltet hat, dass die von ihm im Anhang III aufgeführten Stellen unter den Begriff des öffentlichen Auftraggebers zu subsumieren sind.

Daher spreche eine – im Einzelfall zu widerlegende – Vermutung dafür, dass die im deutschen Teil des Anhangs III ausgewiesenen juristischen Personen auch im nationalen Recht, also im Rahmen des § 98 Nr. 2 GWB, als öffentliche Auftraggeber einzustufen sind. Die Krankenkassen seien zudem **juristische Personen des öffentlichen Rechts**, die als Träger der gesetzlichen Krankenversicherung unstreitig zu dem besonderen Zweck gegründet worden sind, im Allgemeininteresse liegende Aufgaben nichtgewerblicher Art zu erfüllen[1249]. Die Vergabekammer **teile die Auffassung des BayObLG[1250] nicht**, dass den gesetzlichen Krankenkassen die öffentliche Auftraggebereigenschaft im Sinne des § 98 Nr. 2 GWB deshalb abzusprechen sei, weil ihre überwiegende Finanzierung nicht durch die öffentliche Hand, sondern gemäß § 220 I Nr. 1 SGB V durch die Beiträge der Mitglieder erfolge. Diese Rechtsprechung berücksichtige nicht den Umstand, dass es sich hier **nicht etwa um freiwillige Mitgliedsbeiträge**, sondern um eine durch **Zwangsmitgliedschaft** staatlich vorgeschriebene Finanzierung handelt. Innerhalb der Pflichtversicherungsgrenze hat der Versicherte zwar die Wahl zwischen mehreren Krankenkassen, **er kann sich aber nicht der Krankenversicherung selbst und den damit verbundenen Pflichtbeiträgen entziehen**. Auch wenn das BayObLG zu Recht darauf hinweise, dass die Krankenkassen aufgrund ihres Selbstverwaltungs-

1246 OLG Brandenburg, Beschl. v. 12. 2. 2008 (Verg W 18/07), IBR 2008, 288 = VergabeR 2008, 555.
1247 VK Lüneburg, Beschl. v. 21. 9. 2004 (203-VgK-42/2004), VergabE E-9c-42/04 = EUK 2004, 170.
1248 Vgl. VK Hamburg, Beschl. v. 21. 4. 2004 (VgK FB 1/04), VergabE E-6c-1/04.
1249 Vgl. VK Bund, Beschl. v. 5. 9. 2001 (VK 1-23/01), VergabE D-1-23/01 = IBR 2002, 216.
1250 BayObLG, Beschl. v. 24. 5. 2004 (Verg 6/04), VergabE C-2-6/04 = EUK 2004, 123 = WuW 2005, 360.

rechts gemäß § 29 I SGB IV und § 4 I SGB V keiner Fachaufsicht, sondern lediglich einer staatlichen Rechtsaufsicht unterliegen, seien die Krankenkassen, wovon auch die Auftraggeberin im vorliegenden Fall selbst ausgehe, als öffentliche Auftraggeber im Sinne des § 98 Nr. 2 GWB einzustufen (vgl. Hinweise und Anmerkungen zu BayObLG, Beschl. v. 24. 5. 2004 in: EUROPA kompakt, Nr. 8/2004, S. 124, 125). Da bei den Krankenkassen die Funktion als Träger des öffentlichen Gesundheitswesens eindeutig im Mittelpunkt stehe, dürfen an den Beherrschungsbegriff des § 98 Nr. 2 GWB **keine überhöhten Anforderungen** gestellt werden[1251].

Des Weiteren ist aus dem Bereich der öffentlichen Versicherungs- und Versorgungskassen entschieden worden:

Die **Landesversicherungsanstalt** für Ober- und Mittelfranken ist öffentlicher Auftraggeber im Sinne des § 98 Nr. 2 GWB[1252].

Gemeinde-Unfallversicherungsträger, also solche der öffentlichen Hand, welche primär für die Arbeiter und Angestellten des öffentlichen Dienstes zuständig sind, müssen als öffentliche Auftraggeber eingeordnet werden[1253].

(4) Messegesellschaften und Wirtschaftsförderungsgesellschaften

174 **Messegesellschaften** wurden bislang zu überwiegendem Teile als öffentliche Auftraggeber im Sinne des § 98 Nr. 2 GWB eingeordnet[1254], weil sie eine öffentliche Aufgabe erfüllen, die nicht zuletzt der im Anhang III aufgeführten Wirtschaftsförderung (»Wirtschaftsförderungsgesellschaften«) diene.

Das KG[1255] hat sich sogar sehr dezidiert für eine öffentliche Auftraggebereigenschaft der dortigen Messegesellschaft (Messegesellschaft Berlin – MB GmbH) ausgesprochen. Es betont, dass insbesondere dann, wenn eine **Messegesellschaft aus öffentlichen Mitteln finanziert** wird und bei ihrer Tätigkeit **kein wirtschaftliches Risiko übernimmt**, sie als öffentlicher Auftraggeber zu qualifizieren ist.

Die MB GmbH erfüllt als eine ganz überwiegend von einer Gebietskörperschaft finanzierte juristische Person des Privatrechts den Auftraggeberbegriff in § 98 Nr. 2 GWB. Ob das Merkmal der Erfüllung einer **im Allgemeininteresse liegenden Aufgabe nicht gewerblicher Art** vorliegt, ist bezüglich des jeweiligen **Einzelfalles** zu entscheiden. Kriterien sind das Fehlen von Wettbewerb auf dem betreffenden Markt, das Fehlen einer grundsätzlichen Gewinnerzielungsabsicht, die Finanzierung der Tätigkeit aus öffentlichen Mitteln oder die fehlende Übernahme der mit der Tätigkeit verbundenen Risiken. Hier überwiegen bezüglich der MB GmbH die wettbewerbsuntypischen Merkmale. Zwar bietet die MB GmbH ihre Dienstleistungen – die Ausrichtung von Messen, Ausstellungen u.ä. – marktmäßig an und ist

1251 Siehe außerdem *Dreher*, »Abkehr vom Unternehmensbegriff – Krankenkassen im Kartell- und Vergaberecht«, Behörden Spiegel 11/2004, S. 21, sowie *Noch*, »Der Begriff des öffentlichen Auftraggebers – zugleich eine Besprechung der ›AOK-Entscheidung‹«, BauRB 2004, 318 ff.

1252 BayObLG Beschl. v. 21. 10. 2004 (Verg 17/04), NZBau 2005, 173 = VergabeR 2005, 67 = WuW 2005, 357.

1253 VK Rheinland-Pfalz, Beschl. v. 1. 2. 2005 (VK 1/05).

1254 VK Baden-Württemberg, Beschl. v. 12. 2. 2002 (1 VK 48/01 und 1 VK 2/02), VergabE E-1-48/01. So auch *Eschenbruch* in: *Niebuhr/Kulartz/Kus/Portz*, Kommentar zum Vergaberecht, 2000, Rn. 100 zu § 98; *Werner* in: *Byok/Jaeger*, Kommentar zum Vergaberecht, Heidelberg 2000, Rn. 98 f. zu § 98.

1255 KG, Beschl. v. 27. 7. 2006 (2 Verg 5/06), NZBau 2006, 725 = VergabeR 2006, 904 = VS 2006, 69, 72.

in einem wettbewerblich geprägten Umfeld tätig. Ihre Tätigkeit ist jedoch vor allem durch das **besondere Interesse** gekennzeichnet, welches das Land Berlin an der von ihm zu fast 100 % beherrschten Messegesellschaft hat, die der **Förderung der Wirtschaft** in Berlin dient. Eine andere Beurteilung ergibt sich nicht etwa dadurch, dass das Unternehmen nach seiner Satzung erwerbswirtschaftliche Grundsätze zu beachten hat.

Dieser Gesichtspunkt führt im Rahmen der **Gesamtwürdigung** nicht zu einem anderen Ergebnis. Auch das in **§ 1 der Grundlagenvereinbarung zwischen dem Land Berlin und der MB GmbH** vom Dezember 2004 niedergelegte Ziel der Gewinnerzielung ist nicht entscheidend, bleibt davon doch der wesentliche Unterschied gegenüber einem gewerblich tätigen Unternehmen, nämlich die **Sicherstellung der Existenz des Unternehmens durch das Land**, unberührt. Dies geschieht auf verschiedene Weise, etwa dadurch, dass das Land Berlin der MB GmbH entstandene Kosten erstattet oder Zuwendungen zur Stärkung der Kapitalbasis erteilt. Auch die Ausgestaltung des Pachtvertrages, in dem das Land als Verpächter vertragstypische Verpflichtungen des Pächters übernommen hat wie nämlich die Aufwendungen für die veranstaltungsunabhängigen Kosten, macht deutlich, wie hier die Interessen des Landes und diejenigen der GmbH ineinander greifen. Die MB GmbH war dadurch keinem echten Kostenrisiko ausgesetzt.

Sicherlich ist diese Entscheidung ein Einzelfall. Zu verkennen ist allerdings nicht, dass nicht wenige Messegesellschaften einem hohen Konkurrenzdruck unterliegen und eine genaue Prüfung der Finanzierungen und/oder Garantien durch die Gebietskörperschaften notwendig ist.

Die Gegenmeinung, wonach Messegesellschaften vielfach in einem entwickelten Wettbewerb zueinander stehen, und deshalb keineswegs ohne weiteres dem öffentlichen Auftraggeberbegriff zugeordnet werden können, wurde von Seiten der Rechtsprechung in einer **Entscheidung des EuGH**[1256] vertreten. Er führt aus, dass die Tätigkeiten **zwar im Allgemeininteresse** liegen, aber das Merkmal der Nichtgewerblichkeit angesichts des **entwickelten Wettbewerbs** nicht mehr als gegeben anzusehen ist. Im Mittelpunkt von Messeveranstaltungen stünde nicht mehr die Wirtschaftsförderung, sondern die **Präsentation von Unternehmen** zur Steigerung der allgemeinen Kaufbereitschaft. Dies wirke sich nicht mehr speziell auf eine Steigerung der lokalen Wirtschaftstätigkeit aus.

Ferner **arbeite die betreffende Einrichtung, auch wenn sie keine Gewinnerzielungsabsicht verfolgt, doch nach Artikel 1 ihrer Satzung nach Leistungs-, Effizienz- und Wirtschaftlichkeitskriterien.** Da **kein Mechanismus zum Ausgleich etwaiger finanzieller Verluste** vorgesehen ist, trage sie selbst das wirtschaftliche Risiko ihrer Tätigkeit. Außerdem liefere auch die erläuternde **Mitteilung der Kommission** über die Anwendung der Regeln des Binnenmarkts auf das Messe- und Ausstellungswesen[1257] einen Anhaltspunkt, der den **gewerblichen Charakter** der Veranstaltung von Messen und Ausstellungen bestätigt. Diese Mitteilung soll u.a. erläutern, wie die Niederlassungs- und die Dienstleistungsfreiheit den Ausrichtern von Messen und Ausstellungen zugute kommen. Aus ihr

1256 EuGH, Urt. v. 10. 5. 2001 (Rs. C-223/99 und 260/99 – »Agorà«), VergabE A-1-3/01 = VergabeR 2001, 281 = NZBau 2001, 403 = WuW 2001, 635 = EUK 2001, 103.
1257 ABl. 1998, C 143, S. 2.

ergibt sich, dass es sich nicht um Aufgaben handelt, die der Staat im Allgemeinen selbst erfüllen oder bei denen er einen entscheidenden Einfluss behalten möchte. Folglich sei auf die vorgelegte Frage zu **antworten**, dass eine Einrichtung,
- deren Zweck in der Durchführung von Tätigkeiten besteht, die darauf gerichtet sind, Messeveranstaltungen, Ausstellungen und sonstige vergleichbare Vorhaben auszurichten,
- die keine Gewinnerzielungsabsicht verfolgt, deren Geschäftsführung aber an Leistungs-, Effizienz- und Wirtschaftlichkeitskriterien auszurichten ist,
- und die in einem wettbewerblich geprägten Umfeld tätig wird,

keine Einrichtung des öffentlichen Rechts im Sinne des (jetzigen) Artikels 1 IX der VKRL 2004/18/EG ist.

Wirtschaftsförderungsgesellschaften werden häufig die Kriterien des erweiterten funktionalen Auftraggeberbegriffes erfüllen, weil sie – ihrem Gründungszweck entsprechend – zumindest u.a. mit der Initiierung und Durchführung von Infrastrukturmaßnahmen befasst sind und daher eine Tätigkeit versehen, die als nichtgewerblich qualifiziert werden muss, wobei ein überwiegender oder untergeordneter Charakter dieser Tätigkeit keine Rolle spielt[1258].

(5) Wohnungsunternehmen

175 **Kommunale Wohnungsunternehmen** (Wohnbaugesellschaften) wurden historisch aus dem Beweggrund heraus geschaffen, Wohnraum für sozial Schwache zu schaffen. Sie nehmen daher, sofern sie diese Funktion auch aktuell noch erfüllen, vom Grundsatz her eine **im Allgemeininteresse liegende Aufgabe nichtgewerblicher Art** wahr[1259].

Sie finden sich entsprechend in Anhang III der VKRL zu Art. 1 IX der VKRL 2004/18/EG wieder:

> *»Bauwesen und Wohnungswirtschaft (Stadtplanung, Stadtentwicklung,* ***Wohnungsunternehmen, soweit im Allgemeininteresse tätig****, Wohnraumvermittlung«.*

In nicht wenigen Fällen treten sie jedoch im Wettbewerb mit anderen, freien Wohnungsunternehmen auf[1260]. Dann ist nach herrschender Auffassung jedenfalls dann eine Einordnung unter den öffentlichen Auftraggeberbegriff vorzunehmen,

1258 VÜA Bayern, Beschl. v. 16. 11. 1999 (VÜA 5/99), VergabE V-1-5/99 = EUK 2001, 137.

1259 EuGH, Urt. v. 1. 2. 2001 (Rs. C-237/99), VergabeR 2001, 118 = NZBau 2001, 215 = WuW 2001, 327 = EUK 2001, 94; KG, Beschl. v. 6. 2. 2003 (2 Verg 1/03 – »DEGEWO«), VergabeR 2003, 355 = NZBau 2003, 346 = ZfBR 2003, 622 = BauR 2003, 1093; KG, Beschl. v. 12. 4. 2000 (Kart Verg 9/99), VergabE C-3-9/99-1 = ZVgR 2000, 265; VK Schleswig-Holstein, Beschl. v. 3. 11. 2004 (VK 28/04), VergabE E-15-28/04; VÜA Bayern, Beschl. v. 12. 7. 1999 (VÜA 15/97), VergabE V-2-15/97 = EUK 2000, 76 = Behörden Spiegel 5/2000, S. B II.

1260 Für eine Differenzierung je nach Wettbewerbssituation: *Prieß*, BauR 1999, 1354, 1362. Vgl. auch *Müller-Wrede/Greb*, VergabeR 2004, 565.

wenn die Gesellschaft **satzungsgemäß** zumindest teilweise im Allgemeininteresse tätig ist[1261], sie also eine Funktion des sozialen Wohnungsbaus[1262] wahrnimmt.

Entsprechend hat auch das OLG Schleswig[1263] entschieden. Ein privatrechtlich organisiertes Wohnungsunternehmen, das Aufgaben nach § 1 Wohnungsförderungsgesetz (WoFG) versieht und in der städtischen Wohnungsbau- und Siedlungspolitik tätig wird, ist als öffentlicher Auftraggeber nach § 98 Nr. 2 GWB einzuordnen, und zwar **unbeschadet der Tatsache**, dass sich dieses Unternehmen **in einem stark durch Wettbewerb geprägten Umfeld bewegt**.

(6) Deutsche Post AG

176 Die **Deutsche Post AG** wurde in der Vergangenheit von der fast einhelligen Auffassung[1264] als öffentlicher Auftraggeber im Sinne des § 98 Nr. 2 GWB angesehen.

Seit **Aufgabe** der bis zum 13. 6. 2005 bestehenden **Mehrheitsbeteiligung der öffentlichen Hand** an der Deutschen Post AG ist die Situation so zu bewerten, dass ein wesentliches Tatbestandsmerkmal für die Bejahung des funktionalen Auftraggeberbegriffes nach § 98 Nr. 2 GWB – nämlich das der der überwiegenden Finanzierung – weggefallen ist[1265]. Auf die Frage, ob und inwieweit noch eine Aufsicht bzw. Einflußnahme des Bundes existiert[1266], kommt es nicht mehr entscheidend an.

Maßgeblich ist, dass auch seit dem 1. 1. 2008 nunmehr auch das **restliche Briefbeförderungsmonopol weggefallen** ist. Auch dieses war ein starkes Argument für die Einordnung als funktionaler Auftraggeber.

Dürfte die Anwendbarkeit des Vergaberegimes im Hinblick auf die **Vergabekoordinierungsrichtlinie 2004/18/EG** und die Anwendbarkeit des § 98 Nr. 2 GWB dahingehend geklärt sein, dass eine **Unterwerfung unter diese Vorschriften nicht**

1261 KG, Beschl. v. 12. 4. 2000 (KartVerg 9/99 – »Internationales Handelszentrum«), VergabE C-3-9/99-1, Rn. 14 = ZVgR 2000, 265.

1262 KG, Beschl. v. 6. 2. 2003 (2 Verg 1/03 – »DEGEWO«), VergabeR 2003, 355 = NZBau 2003, 346 = ZfBR 2003, 622 = BauR 2003, 1093: »*Das an die Stelle des II. WoBauG getretene WoFG regelt die Förderung des Wohnungsbaus und anderer Maßnahmen zur Unterstützung von Haushalten bei der Versorgung von Mietwohnraum (soziale Wohnraumförderung). Zielgruppe der sozialen Wohnraumförderung sind Haushalte, die sich am Markt nicht angemessen mit Wohnraum versorgen können und auf Unterstützung angewiesen sind (§ 1 Abs. 1 und 2 WoFG). Die DEGEWO ist nach § 2 Nr. 1 ihrer Satzung diesen gesetzlichen Zielen verpflichtet und nimmt somit im Allgemeininteresse liegende Aufgaben wahr.*«

1263 OLG Schleswig, Beschl. v. 15. 2. 2005 (6 Verg 6/04), VergabeR 2005, 357 = VS 2005, 23.

1264 VK Bund als VÜA, Beschl. v. 4. 9. 2000 (VK A-2/00 – »Bargeldversorung/Postfilialen«), VergabE U-2-2/00; VÜA Bund, Beschl. v. 17. 11. 1998 (1 VÜ 15/98 – »Deutsche Post AG/Werttransporte«), VergabE U-1-15/98 = NVwZ 1999, 1150 = WuW 1999, 1047 = EUK 1999, 25. Mit diesem Ergebnis auch: *Marx/Prieß* in: *Jestedt/Kemper/Marx/Prieß*, Das Recht der Auftragsvergabe, 1999, 2.3.5, S. 42 f.; *Eschenbruch* in: *Kulartz/Kus/Portz*, Kommentar zum GWB-Vergaberecht, 2006, Rn. 207 zu § 98; *Bechtold*, GWB-Kommentar, Rn. 31 zu § 98; *Korbion*, Vergaberechtsänderungsgesetz, § 98 Rn. 23; *Werner* in: *Byok/Jaeger*, Kommentar zum Vergaberecht, 2. Aufl. 2005, Rn. 403 zu § 98; *Pietzcker*, ZHR 162 (1998), 427, 447 f.; *Noch*, NVwZ 1999, 1083 f. Anderer Auffassung: *Thode*, ZIP 2000, 2, 9.

1265 So: *Huber/Wollenschläger*, VergabeR 2006, 431, 437.

1266 Im Falle des am 15. 2. 2008 nach starkem politischen Druck zurückgetretenen *Zumwinkel* könnte man starke Zweifel an einer Nichteinflussnahmemöglichkeit des Bundes haben.

mehr möglich ist, so ist die Unterwerfung unter das Regime der **Sektorenkoordinierungsrichtlinie 2004/17/EG** fraglich.

Der **Postsektor** wurde zwar in die SKRL **sogar neu aufgenommen**. Bei der Definition der entsprechenden Tätigkeiten sollen die **Begriffsbestimmungen der Richtlinie 97/67/EG** zugrunde gelegt werden[1267]. Allerdings gesteht der Richtliniengeber diesen Institutionen eine Übergangszeit zu, weil sie sich nicht, wie die anderen Sektorenauftraggeber, schon längere Zeit mit diesen Regelungen befassen müssen (vgl. Erwägungsgrund Nr. 28 der SKRL). Diese Übergangszeit endet mit Ablauf des 31. 12. 2008[1268].

Der **Regelungszweck** der Sektorenrichtlinie, Beschaffungsvorgänge auf Märkten, auf denen
- infolge der staatlichen Beeinflussung
- oder gar Lenkung der Marktteilnehmer
- oder infolge diesen Unternehmen gewährter staatlicher Monopole

kein oder kein ordnungsgemäßer Wettbewerb existiert, vergaberechtlichen Bindungen zu unterwerfen, begründet diesen Regelungsanspruch. Gleichermaßen **endet dieser Regelungsanspruch** dort, wo in den Mitgliedstaaten eine zwischenzeitlich so weitgehende Liberalisierung eingetreten ist, dass eine Ausnahme vom Anwendungsbereich des Sektorenvergaberechts erfolgen kann. Diesen Weg ermöglicht Art. 30 SKRL[1269], der eine wesentliche Neuerung der Sektorenrichtlinie darstellt. Danach können solche Sektoren aus dem Sektorenvergaberecht entlassen werden, die bereits unmittelbar dem Wettbewerb ausgesetzt sind.

Folgerung daraus ist, dass **nach dem Wegfall des Brief-Restmonopols** in Deutschland seit 1. 1. 2008 eine Ausnahme von dem Vergaberecht im Postwesen erfolgen kann[1270]. Einer **(Neu-)Aufnahme des Postsektors** in den § 98 Nr. 4 GWB **bedarf es** daher **nicht**. In anderen Mitgliedstaaten der EU verhält es sich anders, weil dort noch Postmonopole existieren. Sie fallen dort unter das Sektoren-Vergaberegime.

Die **Deutsche Postbank AG** unterfällt entsprechend dem zuvor Gesagten unter keinen Umständen dem Vergaberecht.

(7) Beschaffungsgesellschaft für die Bundeswehrverwaltung

177 In einer gewissen strukturellen Ähnlichkeit zu der Erfüllung der soeben geschilderten, **grundgesetzlich abgesicherten Pflichten** zur Erbringung von Postdienst-

1267 Richtlinie 97/67/EG des Europäischen Parlaments und des Rates vom 15. 12. 1997 über gemeinsame Vorschriften für die Entwicklung des Binnenmarktes der Postdienste der Gemeinschaft und die Verbesserung der Dienstequalität, ABl. L 15 v. 21. 1. 1998, S. 14 [zuletzt geändert durch Verordnung (EG) Nr. 1882/2003 (ABl. L 284 v. 31. 10. 2003, S. 1)].

1268 Die für den Postsektor geltenden Vorschriften müssen die Mitgliedstaaten allerdings erst zum 1. 1. 2009 umsetzen (Art. 71 I Unterabs. 2 SKRL).

1269 Art. 30 SKRL: »*(1) Aufträge, die die Ausübung einer Tätigkeit im Sinne der Artikel 3 bis 7 ermöglichen sollen, fallen nicht unter diese Richtlinie, wenn die Tätigkeit in dem Mitgliedstaat, in dem sie ausgeübt wird, auf Märkten mit freiem Zugang unmittelbar dem Wettbewerb ausgesetzt ist.*«

1270 Zur Rechtslage aus der Perspektive bis 31. 12. 2007 noch: *Huber/Wollenschläger*, VergabeR 2006, 431, 442: »*Auf Grund ihrer Exklusivlizenz nimmt sie jedoch »ausschließliche oder besondere Rechte« i.S. des Art. 2 Abs. 3 SRL wahr und ist damit ein von der SRL grundsätzlich erfasster Sektorenauftraggeber (Art. 2 Abs. 2 lit. b SRL).*«

leistungen hat das OLG Düsseldorf[1271] auch die durch die GEBB vorgenommene Erbringung von Leistungen bei **Beschaffungen für den Bedarf der Bundeswehr** eingeordnet. Eine juristische Person des Privatrechts in Form einer GmbH, die zu dem besonderen Zweck gegründet worden ist, die der Bundeswehrverwaltung nach Art. 87 b I GG obliegende Aufgabe der unmittelbaren Deckung des Sachbedarfs der Streitkräfte zu erfüllen, ist nach Ansicht des Senats öffentlicher Auftraggeber i.S.v. § 98 Nr. 2 GWB. Die von der Gesellschaft in Erfüllung ihrer Aufgabe zu vergebenden Aufträge unterliegen danach dem Vergaberechtsregime der §§ 97 ff GWB und der hierzu ergänzend erlassenen Vorschriften wie der VgV.

Im Einzelnen hebt das OLG (a.a.O., Rn. 18 f.) hervor, dass gemäß Art. 87b GG die Bundeswehr (BW) »in bundeseigener Verwaltung« zu führen sei; sie habe zumindest unter anderem die »Aufgabe der unmittelbaren Deckung des Sachbedarfs der Streitkräfte«. Dass diese Aufgabe (bisher allein in der Hand der BW) eine »**im Allgemeininteresse liegende Aufgabe**« (weil staatliche, der Aufrechterhaltung der Verteidigungsbereitschaft im Sinne des Art. 87a I GG dienende Aufgabe) sei, lasse sich **schlechterdings nicht bezweifeln**. Sie verliere diesen Charakter nicht dadurch, dass sie nach dem Willen des Bundes im Zuge organisatorischer Maßnahmen zu einem großen Teil von einer staatlichen Behörde (BA) auf eine juristische Person des privaten Rechts übertragen wird. An diesem Befund ändere es auch nichts, dass mit der Übertragung dieser Funktion gemäß Art. 87a I GG auf die privatrechtlich organisierte Gesellschaft **auch Managementleistungen** einhergehen. Außerdem macht es im Hinblick auf die Auftraggebereigenschaft des § 98 Nr. 2 GWB keinen Unterschied, dass die Gesellschaft und die hinter ihr stehenden privaten Investoren bei der Erfüllung der ihnen übertragenen Aufgaben – selbstverständlich – **privatwirtschaftliche Ziele (Gewinnerzielung) verfolgen**. Denn es komme auf die Aufgaben an, mit denen (hier) der B. die Antragsgegnerin zur Erfüllung betraut habe, und darauf, ob die Antragsgegnerin zu diesem Zweck gegründet worden sei.

(8) Religionsgemeinschaften und kirchliche Stiftungen

178 Die Beurteilung der öffentlichen Auftraggebereigenschaft von Religionsgemeinschaften, kirchlichen Stiftungen, Ordensgemeinschaften und dergleichen ist – wenig verwunderlich – **extrem einzelfallgeprägt**. Ursache dafür sind oftmals in erheblichem Maße vorhandene Sondervorschriften, z.T. aus vorkonstitutioneller Zeit, sowie die sehr unterschiedliche Gestaltung der Beherrschungs- und Finanzierungsverhältnisse.

Nicht selten wird sich jedoch das **Problem der Einordnung unter den funktionalen Auftraggeberbegriff des § 98 Nr. 2 GWB** dadurch entschärfen, dass es sich ggf. ohnehin um projektbezogene oder sonstigerweise überwiegend staatlich finanzierte Beschaffungen handelt, und sich eine **Einordnung unter die öffentliche Auftraggebereigenschaft des § 98 Nr. 5 GWB** ergibt. Diese ist allerdings nur im Falle von staatlich finanzierten **juristischen Personen des privaten Rechts** möglich. Ordnet man die offiziellen Religionsgemeinschaften nicht als öffentliche Körperschaften sensu strictu ein und versperrt man damit deren Einordnung unter den funktionalen Auftraggeberbegriff des § 98 Nr. 2 GWB, so sind sie auch keiner Einordnung unter die von (privaten) Auftraggebern finanzierten Vorhaben nach

1271 OLG Düsseldorf, Beschl. v. 30. 4. 2003 (Verg 67/02), VergabE C-10-67/02 = VergabeR 2003, 435 – NZBau 2003, 400 – ZfBR 2003, 605 – WuW 2003, 850.

§ 98 Nr. 5 GWB zugänglich. Bei dieser (wohl zu engen) Auslegung des § 98 Nr. 2 GWB entsteht eine Gesetzeslücke im Vergaberecht[1272].

Öffentlich-rechtliche Religionsgemeinschaften unterfallen nach herrschender Auffassung **tendenziell dem Anwendungsbereich des § 98 Nr. 2 GWB** zumindest insoweit, als das Schul-, Sozial- und Betreuungswesen betroffen ist. Anders wird dies bei der Wahrnehmung von Aufgaben im Kernbereich religiöser Tätigkeit gesehen[1273]. Hierbei gewinnt auch die Trennung zwischen Staat und Kirche erhebliche Bedeutung[1274]. Ob man dabei so weit gehen kann, ausgehend von der Trennung von Staat und Kirche (Art. 140 GG i.V.m. Art. 137 V WRV), letzterer bereits jede Staatlichkeit abzusprechen[1275, 1276], ist fraglich. Bedenkt man, dass die offiziellen Kirchen nun einmal als Körperschaft des öffentlichen Rechts konstituiert sind, wird man ihnen eine besondere »**Staatsverbundenheit**«[1277], und damit eine prinzipielle Einordnungsfähigkeit als funktionaler Auftraggeber i.S.v. § 98 Nr. 2 GWB, nicht absprechen können.

Insoweit drängt sich eine **Parallele zu der »Staatsferne« der Rundfunkanstalten** auf, die gemäß der EuGH-Rechtsprechung gleichermaßen nicht dazu führen konnte, sie selbst und die sie finanzierende GEZ, die sich wiederum aus den Zwangs-Gebühren der Rundfunkteilnehmer finanziert, nicht als öffentliche Auftraggeber einzuordnen[1278].

Im übrigen ist eine **weitere Parallelität** festzustellen: Jeder, der Mitglied einer der anerkannten Kirchen ist, muss zwangsweise Steuern an die Kirche abführen, die noch dazu auf Basis des Gewohnheitsrechts (im Falle der katholischen Kirche auf Basis des sog. »Reichskonkordates«[1279]) vom Staat eingezogen werden – bei im

---

1272 So, allerdings der zu engen Auslegung folgend, konsequenterweise zu Recht: VK Nordbayern, Beschl. v. 29. 10. 2001 (320.VK-3194-35/01), VergabE E-2a-35/01.

1273 VK Lüneburg, Beschl. v. 25. 6. 1999 (203-VgK-4/1999), VergabE E-9c-4/99. Siehe auch: *Werner* in: *Byok/Jaeger*, Kommentar zum Vergaberecht, 2. Aufl. 2005, Rn. 419 ff. zu § 98.

1274 So auch: OLG Brandenburg, Beschl. v. 30. 11. 2004 (W Verg 10/04), VergabE C-3-10/04 = NZBau 2005, 238 = VergabeR 2005, 230 = VS 2005, 6 = Behörden Spiegel 1/2005, S. . Ähnlich: *Winkel*, Kirche und Vergaberecht, 2004, S. 136, 137.

1275 So: VK Hessen, Beschl. v. 26. 4. 2006 (69dVK-15/2006), VS 2006, 72; im Ergebnis gleichfalls für eine Auftragsvergabe unterhalb der Schwellenwerte: VG Neustadt, Beschl. v. 22. 2. 2006 (4 L 245/06).

1276 Noch deutlicher: VK Nordbayern, Beschl. v. 29. 10. 2001 (320.VK-3194-35/01), VergabE E-2a-35/01: »*Art. 137 Abs. 5 WRV bezeichnet mit ›Körperschaften‹ nicht eine verwaltungsrechtliche Institution der mittelbaren Staatsverwaltung. Die Kirchen und ihre Einrichtungen als Körperschaften des öffentlichen Rechts sind angesichts der religiösen und konfessionellen Neutralität des Staates nicht mit anderen öffentlich-rechtlichen Körperschaften zu vergleichen, die in den Staat organisatorisch eingegliederte Organisationen sind.*«

1277 So zu Recht: *Schellenberg*, »Staatsferne versus Staatsnähe – Müssen Kirchen ausschreiben?«, Behörden Spiegel (BS), 11/2006, 28.

1278 EuGH, Urt. v. 13. 12. 2007 (Rs. C-337/06 – »Bayerischer Rundfunk u.a. [GEZ] ./. GEWA – Gesellschaft für Gebäudereinigung und Wartung mbH«), VergabeR 2008, 42.

1279 Reichskonkordat v. 12. 9. 1933, RGBl. II S. 679 (»Konkordat zwischen dem Heiligen Stuhl und dem Deutschen Reich«) Artikel 13 lautet: »*Die katholischen Kirchengemeinden, Kirchengemeindeverbände und Diözesanverbände, die Bischöflichen Stühle, Bistümer und Kapitel, die Orden und religiösen Genossenschaften sowie die unter Verwaltung kirchlicher Organe gestellten Anstalten, Stiftungen und Vermögensstücke der katholischen Kirche behalten bzw. erlangen die Rechtsfähigkeit für den staatlichen Bereich nach den allgemeinen Vorschriften des staatlichen Rechts. Sie bleiben Körperschaften des öffentlichen Rechtes, soweit sie solche bisher waren; den anderen können die gleichen Rechte nach Maßgabe des für alle geltenden Gesetzes gewährt werden.*« Schlussprotokoll zu Artikel 13: »*Es besteht Einverständnis darüber, dass das Recht der Kirche, Steuern zu erheben, gewährleistet bleibt.*«

einzelnen noch unterschiedlichen Sätzen in den jeweiligen Bundesländern[1280]. Ein struktureller Unterschied zu den Rundfunkanstalten besteht diesbezüglich aus vergaberechtlicher Sicht nicht. Daher kann auch der Differenzierung nicht gefolgt werden, wenn vertreten wird, nur bei den Rundfunkanstalten sei der spezifische verfassungsrechtliche Status »*gemeinschaftsrechtlich irrelevant*«[1281].

Einzelne Entscheidungen:

Die VK Hessen[1282] hat, mit einem verschiedentlich kritisierten Ergebnis[1283], die öffentliche Auftraggebereigenschaft einer Religionsgemeinschaft in einem Zusammenhang mit Beschaffungsmaßnahmen als Verwaltungs- und Nutzungsberechtigte von (überwiegend im Eigentum der Kirche stehenden) Friedhöfen abgelehnt. Hierbei dürfte es sich jedoch abweichend von der dort vertretenen Meinung um eine nicht im engeren Sinne seelsorgerische Tätigkeit handeln, die wohl richtigerweise auszuschreiben wäre. Auch wird nicht zu verkennen sein, dass es zunehmend Wettbewerb im Bestattungs- und Friedhofswesen gibt.

Gemäß dem OLG Brandenburg[1284] ist ein Auftraggeber, der als **altrechtlicher Verein** (juristische Person des privaten Rechts gem. § 12 des Brandenburgischen Ausführungsgesetzes zum BGB) konstituiert ist und **kirchlichdiakonische Zwecke** verfolgt, **nicht zu dem Zweck gegründet, im Allgemeininteresse liegende Aufgaben nichtgewerblicher Art zu erfüllen**. Dies gilt insbesondere dann, wenn er sich vor allem der Betreuung behinderter Menschen, der Erziehung und Ausbildung von Schwestern und Mitarbeitern sowie der Erhaltung und Weiterentwicklung der Heil-, Pflege-, Erziehungs- und Ausbildungseinrichtungen für Kinder und hilfsbedürftige Menschen widmet. Damit setzt er das christliche Gebot der Nächstenliebe um und verrichtet eine karitative Tätigkeit, die außerhalb des Wirkungskreises staatlicher Aufgabenerfüllung für weltliche Ziele i.S.d. § 98 Nr. 2 GWB liegt. Die **Verneinung der öffentlichen Auftraggebereigenschaft nach § 98 Nr. 2 GWB** gründet sich auch darauf, dass der Auftraggeber weder in personeller noch in finanzieller Hinsicht staatlicher Beherrschung unterliegt. **Bejaht** hat das OLG Brandenburg allerdings im Ergebnis eine **öffentliche Auftraggebereigenschaft des Vereins nach § 98 Nr. 5 GWB**, weil der Verein für einen Krankenhausbau vom Land Brandenburg sowie von den Krankenkassen 99% der für die Durchführung der Baumaßnahme erforderlichen Mittel erhielt.

Als öffentliche Auftraggeber im Sinne des Anhangs III zur Vergabekoordinierungsrichtlinie können auch **kirchliche Stiftungen**[1285] fungieren.

1280 Gegen die Einordnungsmöglichkeit unter den funktionalen Auftraggeberbegriff: *Werner* in: Byok/Jaeger, Kommentar zum Vergaberecht, 2. Aufl. 2005, Rn. 420 zu § 98, unter Aufgabe der gegenteiligen Auffassung in der Vorauflage.

1281 So aber dann andererseits *Werner* in: Byok/Jaeger, Kommentar zum Vergaberecht, 2. Aufl. 2005, Rn. 400 zu § 98.

1282 VK Hessen, Beschl. v. 26. 4. 2006 (69dVK-15/2006), VS 2006, 72.

1283 So zu Recht: *Schellenberg*, »Staatsferne versus Staatsnähe – Müssen Kirchen ausschreiben?«, Behörden Spiegel (BS), 11/2006, 28.

1284 OLG Brandenburg, Beschl. v. 30. 11. 2004 (W Verg 10/04), NZBau 2005, 238 = VergabeR 2005, 230 = VS 2005, 7.

1285 Vgl. dazu auch *Weyand*, BauR 1996, 780; *ders.*, zu einer unklaren Entscheidung der VK Nordbayern, Beschl. v. 24. 7. 2001 (320.VK-3194-21/01), VergabE E-2a-21/01 = IBR 2001, 628, betreffend eine Ordensgemeinschaft in der Rechtsform einer Körperschaft des öffentlichen Rechts.

Der **VÜA Hessen** erachtete eine kirchliche Stiftung als öffentliche Auftraggeberin i.S.d. § 57a I Nr. 2 HGrG a.F., weil sie zum einen nach ihrer Verfassung ausschließlich auf die Erfüllung **gemeinnütziger, mildtätiger und kirchlicher Zwecke** festgelegt war, so dass jeder gewerbliche Zweck ausschied. Außerdem übte nach § 11 des Hess. Stiftungsgesetzes das Land Hessen als Gebietskörperschaft i.S.d. § 57a I Nr. 1 HGrG a.F. die Aufsicht über die Vergabestelle aus, so dass die gemäß § 57a I Nr. 2 HGrG a.F. erforderliche Beherrschung der Vergabestelle seitens staatlicher Stellen gegeben war[1286].

Zu dem **gegenteiligen Ergebnis** gelangte der **VÜA Rheinland-Pfalz**[1287]. In dem von ihm behandelten Fall verneinte er zu Recht die Einordnung unter § 57a I Nr. 2 HGrG a.F., weil in dem konkreten Falle die kirchliche Stiftung zwar im Allgemeininteresse liegende Aufgaben nichtgewerblicher Art wahrnahm (Pflegedienste und andere mildtätige Zwecke), jedoch wurde sie weder überwiegend vom Staat finanziert (die weitaus größte Finanzierungsquelle waren Spenden und Kapitalerträge aus dem Stiftungsvermögen), noch war eine mehrheitliche Beherrschung der Aufsichtsorgane durch den Staat gegeben (lediglich 3 von 10 Mitgliedern des Aufsichtsorganes waren im weiteren Sinne staatlich bestellt).

(9) Öffentlich-rechtliche Rundfunkanstalten

179 Für die Einordnung der **öffentlich-rechtlichen Rundfunkanstalten** als Auftraggeber im Sinne von § 98 Nr. 2 GWB sprach schon immer, dass sie als Anstalten des öffentlichen Rechts zwar einerseits einen besonderen verfassungsrechtlichen Status genießen, jedoch andererseits auch speziellen staatlichen Rechtsbindungen (staatliche Aufsicht, Kontrolle durch Rechnungshöfe etc.) unterliegen sowie staatlich erwünschte Funktionen der Information und Meinungsbildung wahrnehmen.

Der EuGH[1288] hat diese Frage in dem sog. »GEZ-Fall«, der eigentlich nur die von den Rundfunkanstalten getragene Gebühreneinzugszentrale betraf, **zugunsten einer Auftraggebereigenschaft bejaht**.

In dem Vorabentscheidungsverfahren wurden dem EuGH drei Fragen nach der Auslegung zweier Bestimmungen der Dienstleistungsrichtlinie (RL 92/50/EWG) vorgelegt. Die **Gebühreneinzugszentrale** der öffentlich-rechtlichen Rundfunkanstalten (**GEZ**) forderte im August 2005 verschiedene Unternehmen zur Abgabe von Angeboten für die Durchführung von Reinigungsdienstleistungen in ihren Gebäuden in Köln auf. Ein **förmliches Vergabeverfahren fand nicht statt**. Ein Unternehmen, dessen Angebot abgelehnt worden war, rügte dies in einem Nachprüfungsverfahren. Die Vergabekammer gab dem Nachprüfungsantrag statt, weil der fragliche Auftrag nicht die eigentliche Rundfunktätigkeit betreffe und somit dem gemeinschaftsrechtlichen Vergaberecht unterliege. Die öffentlich-rechtlichen Rundfunkanstalten beriefen sich in ihrer sofortigen Beschwerde demgegenüber darauf, dass sie nicht öffentliche Auftraggeber seien, weil die Finanzierung des Rundfunks überwiegend durch Gebühren der Rundfunkteilnehmer erfolge. Nach Feststellung des vorlegenden Gerichts sind die Voraussetzungen des Art. 1 lit. b II,

1286 VÜA Hessen, Beschl. v. 16. 10. 1997 (VÜA 2/96), VergabE V-7-2/96 = VgR 3/1998, 49.
1287 VÜA Rheinland-Pfalz, Beschl. v. 25. 8. 1997 (VÜ 7/96), VergabE V-9-7/96 = VgR 3/1998, 49.
1288 EuGH, Urt. v. 13. 12. 2007 (Rs. C-337/06 – »Bayerischer Rundfunk u.a. [GEZ] ./. GEWA – Gesellschaft für Gebäudereinigung und Wartung mbH«), VergabeR 2008, 42.

erster u. zweiter Gedankenstrich der RL 92/50 (Art. 1 IX Unterabs. 2 Buchst. a und b der RL 2004/18), der die Merkmale der als öffentliche Auftraggeber geltenden öffentlichen Einrichtungen erfüllt, da es sich bei den Rundfunkanstalten um Einrichtungen des öffentlichen Rechts mit eigener Rechtspersönlichkeit handelt, welche im Allgemeininteresse liegende Aufgaben nicht gewerblicher Art erfüllen. Unsicher ist das OLG Düsseldorf hinsichtlich des in Art. 1 lit. b II dritter Gedankenstrich genannten Merkmals der **überwiegenden Finanzierung durch den Staat** oder andere Einrichtungen des öffentlichen Rechts.

Zur Auslegung dieses Merkmals gibt es in der deutschen Rechtsprechung und Literatur verschiedene Auffassungen. Während das Merkmal der staatlichen Finanzierung zum Teil nur bei **direkter staatlicher Herkunft** der Mittel angenommen wird, lässt die **Gegenauffassung Mittelbarkeit genügen**, hier ein staatliches Gesetz, das zur Zahlung der Gebühr, welche die Finanzierungsquelle bildet, verpflichtet sowie die Durchsetzung der Gebühr im Verwaltungsvollstreckungsverfahren. Die auf diese Weise finanzierten Einrichtungen unterliegen nach dieser Auffassung dem gemeinschaftsrechtlichen Vergaberecht. Die aus der grundrechtlichen Garantie des Art. 5 I 2 GG folgende Verpflichtung des Staates zur Neutralität gegenüber der Verwaltung und der Programmplanung der öffentlich-rechtlichen Rundfunkanstalten verlangt nach dieser Auffassung keine Ausnahme von der Anwendung der vergaberechtlichen Richtlinien, soweit es wie hier um das Beschaffungswesen dieser Einrichtungen geht.

Zu der ersten Vorlagefrage, ob der Begriff der »überwiegenden Finanzierung durch den Staat« auch dann erfüllt ist, wenn die Finanzierung durch eine Gebühr erfolgt, hält der Gerichtshof zunächst fest, dass jedenfalls das **Merkmal »überwiegend« erfüllt** ist, weil die Einkünfte der Rundfunkanstalten zu mehr als der Hälfte aus der Gebühr stammen. Die **Richtlinie** äußert sich nicht zu der Art und Weise, in der die Finanzierung erfolgt, **enthält insbesondere nicht das Erfordernis einer direkten Finanzierung** durch den Staat oder eine öffentliche Einrichtung. Der Begriff des öffentlichen Auftraggebers ist im Lichte der Ziele der vergaberechtlichen Richtlinien, eine Bevorzugung einheimischer Bieter bei der Auftragsvergabe zu verhindern und damit Hemmnisse für den freien Dienstleistungs- und Warenverkehr zu beseitigen[1289], auszulegen, was ein funktionelles Verständnis nahelegt[1290]. Dies bedeutet auch ein funktionelles Verständnis des Merkmals der staatlichen Finanzierung.

Die zur Finanzierung der Tätigkeit der Rundfunkanstalten erhobene **Gebühr** ist dadurch gekennzeichnet, dass sie ihren Ursprung im Rundfunkstaatsvertrag, also einem **staatlichen Akt**, hat. Sie stellt auch nicht eine rechtsgeschäftliche Gegenleistung des Verbrauchers dar, sondern entsteht bereits dadurch, dass ein Empfangsgerät bereitgehalten wird, ohne dass es auf die tatsächliche Inanspruchnahme der angebotenen Dienstleistungen ankommt. Auch die Höhe der Gebühr wird nicht durch Rechtsgeschäft festgelegt, ihre Festsetzung ist vielmehr gemäß dem **Rundfunkfinanzierungsstaatsvertrag** den Landesparlamenten und -regierungen übertragen. Die Erhebung der Gebühr erfolgt im Wege des Gebührenbescheids,

1289 Vgl. EuGH, Urt. v. 11. 1. 2005 (Rs. C-26/03 – »Stadt Halle und RPL Lochau«), Slg. 2005, I-1, NZBau 2005, 111 = VergabeR 2005, 43 = VS 2005, 3 = WuW 2005, 237.

1290 Grundlegend: EuGH, Urt. v. 20. 9. 1988 (Rs. 31/87 – »Beentjes/Niederlande«), Slg. 1988, 4635, 4655.

also durch hoheitliches Handeln. Rückständige Gebühren werden im Verwaltungszwangsverfahren vollstreckt. Es macht auch keinen Unterschied, ob – wie hier – der Staat damit diesen Anstalten das Recht einräumt, die Gebühren selbst einzuziehen, oder ob er diese selbst einzieht und die Einnahmen hieraus zur Finanzierung der Rundfunkanstalten verwendet, so dass das Merkmal der Unmittelbarkeit erfüllt wäre. Im Unterschied zu den von den freien Berufen erhobenen Gebühren, die auch in einem Gesetz geregelt werden, ist die Finanzierung der öffentlich-rechtlichen Rundfunkanstalten staatlich sichergestellt und garantiert.

Damit ist in Beantwortung der ersten Vorlagefrage die »Finanzierung durch den Staat« erfüllt, wenn wie vorliegend der Staat die durch staatlichen Akt eingeführte Finanzierung garantiert und die diesem Zweck dienende **Gebühr mittels hoheitlicher Befugnisse erhoben und durchgesetzt** wird. Die überwiegende Gebührenfinanzierung erfüllt damit die Voraussetzung des dritten Gedankenstrichs des Art. 1 lit. b II der RL 92/50.

Die **zweite Vorlagefrage** betraf das Problem, ob eine »Finanzierung durch den Staat« einen **direkten Einfluss** des Staates oder anderer öffentlicher Stellen bei der Vergabe eines Auftrags verlangt. Nach dem Wortlaut der Vorschrift ist dies zu verneinen. Obwohl eine Einflussnahme des Staates auf die Erfüllung des eigentlichen öffentlichen Auftrags der Rundfunkanstalten, der Programmgestaltung, aus verfassungsrechtlichen Gründen ausgeschlossen ist, steht auf der anderen Seite nicht in Frage, dass die öffentlich-rechtlichen Rundfunkanstalten in ihrer Existenz vom Staat abhängen. Damit ist das **Kriterium der Verbundenheit dieser Einrichtungen mit dem Staat** erfüllt, eine konkrete staatliche Einflussnahme auf Entscheidungen auf dem Gebiet der Auftragsvergabe ist nicht zu verlangen.

Die **Neutralität des Staates** hinsichtlich der eigentlichen Aufgabe der Programmgestaltung verlangt nicht, dass die Einrichtung bei der Auftragsvergabe anders als eine staatliche Stelle behandelt wird. Dies rechtfertigt sich insbesondere im Hinblick auf die genannten Ziele der Gemeinschaftsvorschriften zur Auftragsvergabe. Die **Rundfunkgebühren stellen sich nicht als spezifische Gegenleistung** dar, sondern dienen dem Ausgleich der durch die Erfüllung der öffentlichen Aufgabe entstehenden Lasten, eine pluralistische und objektive Informationsversorgung der Bürger zu gewährleisten. Insoweit sind die öffentlich-rechtlichen Rundfunkanstalten mit anderen öffentlichen Dienstleistern gleichzusetzen, die eine im öffentlichen Interesse liegende Aufgabe erfüllen.

Die Möglichkeit eines direkten staatlichen Einflusses ist für das Tatbestandsmerkmal der »Finanzierung durch den Staat« somit nicht erforderlich. Nach Art. 1 lit. a Ziff. iv der RL 92/50 findet diese Richtlinie auf öffentliche Aufträge keine Anwendung, die die eigentliche Funktion der Rundfunkanstalten (Programmgestaltung und -produktion) berühren. Diese Vorschrift ist jedoch als Ausnahmebestimmung restriktiv auszulegen.

In Beantwortung der dritten Vorlagefrage wurde vom EuGH festgehalten: Nur die in Art. 1 a Ziff. iv der RL 92/50 ausdrücklich genannten Dienstleistungen sind vom Anwendungsbereich dieser Richtlinie ausgenommen, während öffentliche Aufträge über Dienstleistungen, die mit dieser eigentlichen öffentlichen Aufgabe der Rundfunkanstalten in keinem Zusammenhang stehen, den Gemeinschaftsvorschriften auf dem Gebiet der Auftragsvergabe in vollem Umfang unterliegen.

(10) Öffentlich-rechtliche Kreditinstitute

180 Öffentlich-rechtliche **Sparkassen** sind einerseits gewerblich tätig wie jede andere private Bank auch[1291], weisen jedoch als Besonderheit die – derzeit zumindest noch für Altverbindlichkeiten auslaufende – Gewährträgerhaftung[1292] und Anstaltslast auf, die sie gegenüber anderen Kreditinstituten qua staatlichen Aktes privilegiert. Häufig werden sie daher bislang als öffentliche Auftraggeber eingeordnet[1293].

Bei den **traditionellen Landesbanken** wird eine öffentliche Auftraggebereigenschaft i.S.v. § 98 Nr. 2 GWB kaum verneint werden können. Entsprechend wurde die öffentliche Auftraggebereigenschaft
- der WestLB[1294],
- der Landeszentralbank Baden-Württemberg[1295],
- der Landeskreditbank Baden-Württemberg – Förderbank sowie L-Bank[1296] und
- der Sächsischen Aufbaubank[1297]

bejaht. Für die Untersuchung kommt es **primär auf rechtliche**, nicht so sehr auf wirtschaftliche Aspekte an. Nicht die überwiegende Erledigung privater Aufträge ist maßgebend, sondern der **festgelegte Unternehmenszweck**. Wurde eine juristische Person des privaten Rechts von einem **Mutterunternehmen** gegründet, so **setzt die Prüfung sinnvollerweise bei diesem** mit der Frage **an**, ob die Mutter selbst öffentliche Auftraggeberin ist und ob das Tochterunternehmen das rechtliche Schicksal der Mutter teilt und ggf. den Gründungszweck der Mutter unterstützt[1298]. Ausgehend hiervon ist zu untersuchen, inwieweit die Institute – unbeschadet rein gewerblicher Zwecke wie z.B. Darlehensgeschäfte – **auf Ziele** der
- Wirtschaftsförderung,
- der Bereitstellung von Risikokapital,
- der öffentlichen Förderung aus dem Europäischen Sozialfonds,
- der Förderung des technischen Fortschritts und

1291 Vgl. Nachweise bei: *Werner* in: *Byok/Jaeger*, Kommentar zum Vergaberecht, 2. Aufl. 2005, Rn. 392 zu § 98.

1292 Instruktiv dazu: *Eschenbruch* in: Kulartz/Kus/Portz, Kommentar zum GWB-Vergaberecht, 2006, Rn. 200 zu § 98, m.w.N.

1293 So *Werner* in: *Byok/Jaeger*, Kommentar zum Vergaberecht, 2. Aufl. 2005, Rn. 394 zu § 98.

1294 Bejaht von der VK Münster, Beschl. v. 24. 6. 2002 (VK 03/02), ZfBR 2002, 724, betreffend die Lotteriegesellschaft, deren Mitgesellschafterin die WestLB ist. Verneint vom OLG Düsseldorf, Beschl. v. 2. 10. 2002 (Verg 35/02), IBR 2002, 714, sofortige Beschwerde allerdings in der mündlichen Verhandlung zurückgenommen.

1295 VK Bund, Beschl. v. 30. 6. 1999 u.v. 19. 7. 1999 (VK 2-14/99 – »Neubau eines Dienst- und Wohngebäudes für die Hauptstelle Karlsruhe«), VergabE D-1-14/99(v) = ZVgR 1999, 223, 266.

1296 Sehr instruktiv und mit näherer Begründung: VK Baden-Württemberg, Beschl. v. 12. 6. 2001 (1 VK 6/01 – »Architekten- und Ingenieurleistungen«), VergabE E-1-6/01 = NZBau 2002, 173: »*Sowohl die Landeskreditbank Baden-Württemberg – Förderbank – als auch die von ihr gegründete Ag sind öffentliche Auftraggeber gem. § 98 Nr. 2 GWB. Dem Gesetz liegt ein funktioneller Auftraggeberbegriff zugrunde, der nicht nur die staatlichen Stellen, sondern auch Einrichtungen des öffentlichen und privaten Rechts der Ausschreibungspflicht unterwirft (Noch, NVwZ 1999, 1083 m.w.N.).*«

1297 VK Sachsen, Beschl. v. 19. 4. 2004 (1 VK 25/04), LS: »*Die Sächsische Aufbaubank – Förderbank, Körperschaft des Öffentlichen Rechts, ist öffentliche Auftraggeberin gemäß § 98 Nr. 2 GWB. Sie erfüllt mit den mit der Umgründung übertragenen Förderaufgaben im Allgemeininteresse liegende Aufgaben nicht gewerblicher Art und unterliegt gemäß § 19 II FörderbankG der Aufsicht des fachlich zuständigen Ministeriums.*«

1298 VK Baden-Württemberg, Beschl. v. 12. 6. 2001 (1 VK 6/01 – »Architekten- und Ingenieurleistungen«), VergabE E-1-6/01 = NZBau 2002, 173.

- der Verbesserung der Infrastruktur
- sowie der Gewerbeansiedlung

festgelegt sind. Alle dies sind Gesichtspunkte, die für die Wahrnehmung von im Allgemeininteresse liegenden Aufgaben nicht gewerblicher Art sprechen. Kommt dann noch die überwiegende staatliche Finanzierung und Aufsicht hinzu, so kann die öffentliche Auftraggebereigenschaft i.S.v. § 98 Nr. 2 GWB nicht verneint werden.

Im Übrigen ist darauf hinzuweisen, dass sich im Zuge der sog. »Subprime-Krise« überdeutlich gezeigt hat, wie sehr **die jeweiligen Bundesländer und der Gesamt-Staat**, also der Steuerzahler, **für Verluste der Landesbanken einstehen**. Die Sachsen-LB und die WestLB bilden nur zwei Beweisstücke für die öffentliche Auftraggebereigenschaft dieser Banken. Dabei wird es auch kaum möglich sein, zwischen einzelnen Landesbanken, die möglicherweise in mehr oder minder starkem Maße gewerblich ihre Geschäfte betreiben, zu unterscheiden. Dem steht entgegen, dass es eine **Ausgleichsverpflichtung zwischen den Landesbanken** gibt, die auch solche Landesbanken involviert, die von der Subprime-Krise gar nicht betroffen sind (wie z.B. die Helaba). Schließlich runden die von der staatlichen KfW-Bankengruppe übernommenen Anteile der praktisch insolventen Düsseldorfer IKB-Bank das Bild ab. Insoweit wurden bis zum Frühjahr 2008 öffentliche Finanzspritzen in Höhe von 9,0 Mrd. € notwendig, weil ein staatliches Interesse an der Eindämmung der Finanzkrise artikuliert wurde und die privaten Banken im Rahmen der Selbsthilfe »nur« mit einigen Hundert Millionen Euro einzuspringen bereit waren.

Nach alledem ist es bei der Beurteilung der öffentlichen Auftraggebereigenschaft **trotz der primären rechtlichen Anknüpfung** an die in Gesetzen, in der Satzung oder in dem Gesellschaftsvertrag festgelegten Zwecke **ergänzend erforderlich, auch die faktische Situation mit einzubeziehen**. Dies hat auch das KG[1299] im Fall der Messegesellschaft Berlin mbH getan, indem es nicht allein auf den im Gesellschaftsvertrag niedergelegten Zweck abgestellt hat, sondern in seine rechtliche Beurteilung die jährlichen Unterstützungszahlungen des Landes Berlin in Millionenhöhe einbezogen hat.

(11) Institutionen mit Sonderfunktionen (Altlastensanierung, Deichbau)

181 Der VÜA Hessen[1300] qualifizierte ein Unternehmen privaten Rechts als öffentlichen Auftraggeber im Sinne des § 57a I Nr. 2 HGrG a.F., weil es auf der Grundlage der hessischen **Altlastensanierungsträgerverordnung**[1301] Trägerin der Altlastensanierung war.

Konkret unterscheide sich die Sanierungsfirma infolge der landesrechtlichen Bestimmungen deutlich von anderen beliebigen Wirtschaftsunternehmen, weil sie **spezielle Aufgaben** ausführe, die mit einer regulären wirtschaftlichen Tätigkeit nicht so ohne weiteres vergleichbar seien. Die Tatsache, dass diese Firma außerdem noch andere wirtschaftliche und gewerbliche Tätigkeiten zu ihren geschäftlichen

1299 KG, Beschl. v. 27. 7. 2006 (2 Verg 5/06), NZBau 2006, 725 = VergabeR 2006, 904.
1300 VÜA Hessen, Beschl. v. 3. 6. 1998 (1 VÜ 1/98), VergabE V-7-1/98 = VgR 4/1998, 48.
1301 Altlastensanierungsträgerverordnung vom 30. 10. 1989 (GVBl. I, 439).

Aktivitäten zähle, sei angesichts dieser besonderen, im Allgemeininteresse liegenden Funktionen ohne Bedeutung. Der VÜA Hessen nimmt in diesem Beschluss ausdrücklich auf das zuvor erläuterte Urteil des EuGH in der Sache »Österreichische Staatsdruckerei« Bezug, in dem dieser ebenfalls gesagt hatte, dass es der Eigenschaft als öffentlicher Auftraggeber nicht entgegensteht, wenn das betreffende Unternehmen außer den speziellen, staatlich zugewiesenen Funktionen wie z.B. dem Druck von Ausweisen noch gewerbliche, außerhalb des Allgemeininteresses liegende Tätigkeiten entfaltet wie die Ausführung von privaten Druckaufträgen. Gleiches muss für ein Unternehmen gelten, das sowohl **öffentlich-rechtliche Sanierungsaufgaben** wahrnimmt als auch jede Form von **privaten Sanierungsaufträgen** durchführt.

Der Vollständigkeit halber sei an dieser Stelle auf einen Beschluss des BayObLG[1302] hingewiesen, in dem dieser ein **Projekt zur Aufspürung von Altlasten** als einen nicht dem Vergaberecht gemäß § 100 II lit. n GWB entzogenen Forschungs- und Entwicklungsauftrag eingeordnet hat. Der Freistaat Bayern habe diesen Auftrag regulär gemäß den §§ 97 ff. GWB europaweit auszuschreiben.

Die **VK Lüneburg**[1303] hat festgestellt, dass es sich bei einem Deichverband im Sinne des § 9 Niedersächsischen Deichgesetzes[1304], der als Wasser- und Bodenverband im Sinne des § 1 Wasserverbandsgesetz (WVG) definiert und in der Rechtsform einer Körperschaft des öffentlichen Rechts konstituiert ist, um einen **öffentlichen Auftraggeber im Sinne des § 98 Nr. 2 GWB** handelt.

Er wurde zu dem besonderen Zweck gegründet, im Allgemeininteresse liegende **Aufgaben nichtgewerblicher Art** zu gewährleisten. Eindeutig definierter Zweck ist der **Hochwasserschutz**. Der Verband unterliegt der Aufsicht des Landkreises sowie des Landes Niedersachsen und damit Gebietskörperschaften im Sinne des § 98 Nr. 1 GWB. Dies folgt aus § 30 NDG i.V.m. § 1 des Niedersächsischen Ausführungsgesetzes zum WVG und § 72 WVG.

Der Einstufung als öffentlicher Auftraggeber im Sinne des § 98 Nr. 2 GWB steht auch **nicht entgegen**, dass die überwiegende **Finanzierung des Deichverbandes nicht durch die öffentliche Hand, sondern** gemäß §§ 6, 9 VIII NDG i.V.m. § 29 WVG **durch die Beiträge der Mitglieder** erfolgt. Die Vergabekammer vertritt ebenso wie im Falle der gesetzlichen Krankenkassen[1305] entgegen der Rechtsprechung des BayObLG im sog. »AOK-Fall«[1306] die Auffassung, es sei zu berücksichtigen, dass es sich hier **nicht etwa um freiwillige Mitgliedsbeiträge, sondern um eine durch Zwangsmitgliedschaft staatlich vorgeschriebene Finanzierung handelt**. Vielmehr habe der Deichpflichtige nicht die Wahl, ob er Mitglied des Deichverbandes wird. Er wird vielmehr **als Deichpflichtiger** gemäß § 6 NDG i.V.m. §§ 22, 29 WVG kraft Gesetzes **Mitglied des Deichverbandes**.

Die **Beitragspflicht** der dinglichen Verbandsmitglieder **ruhe als öffentliche Last** auf den Grundstücken und Anlagen, mit denen die dinglichen Verbandsmitglieder

1302 BayObLG, Beschl. v. 27. 2. 2003 (Verg 25/02), VergabE C-2-25/02 = VergabeR 2003, 669 = BauR 2004, 141 = EUK 2003, 73.

1303 VK Lüneburg, Beschl. v. 2. 12. 2004 (VgK 203-50/04), VS 2005, 14.

1304 Niedersächsisches Deichgesetz (NDG) v. 23. 2. 2004, Nds. GVBl. S. 83.

1305 Vgl.: VK Lüneburg, Beschl. v. 21. 9. 2004 (203-VgK-42/2004), EUK 2004, 170.

1306 BayObLG, Beschl. v. 24. 5. 2004 (Verg 6/04), EUK 2004, 124, 125 = WuW 2005, 360.

an dem Verband teilnehmen. Unbeschadet der Tatsache, dass die Deichverbände aufgrund ihres **Selbstverwaltungsrechtes** gem. § 1 II 1 WVG i.V.m. § 1 Niedersächsisches AGWVG **keiner Fachaufsicht**, sondern **lediglich einer Rechtsaufsicht** unterliegen, sind die Deichverbände als öffentliche Auftraggeber im Sinne des § 98 Nr. 2 GWB einzustufen.

c) Sektorenauftraggeber

182

§ 98 Nr. 4 GWB unterwirft die Unternehmen, die auf dem Gebiet der **Trinkwasser-, Energie- und Verkehrsversorgung** tätig sind, dem Vergaberecht. Vorausgesetzt ist dabei grundsätzlich, dass der betreffende Auftraggeber bzw. das Unternehmen bei der konkreten Beschaffung auch eine sektorenspezifische Tätigkeit ausübt.

- Der Sektorenauftraggeberbegriff ist also einerseits **unternehmensbezogen** – das Unternehmen als solches muss überhaupt in den genannten Sektoren unternehmerisch agieren.
- Andererseits ist der Begriff **tätigkeitsbezogen** – das Unternehmen muss mit dem konkreten Beschaffungsvorgang ein Ziel verfolgen, welches der spezifischen Funktion als Unternehmen der Trinkwasser-, Energie- und Verkehrsversorgung dient.
- Handelt es sich bei dem Ausschreibenden um einen ohnehin dem Vergaberegime des § 98 Nr. 1 oder Nr. 2 GWB unterfallenden **öffentlichen Auftraggeber** (also gemäß der Vergabekoordinierungsrichtlinie 2004/18/EG), so wird er, vorausgesetzt, er beschafft in Wahrnehmung der sektorenspezifischen Tätigkeit, durch das Regime der Sektorenrichtlinie 2004/17/EG **privilegiert**. Das heißt, er kann dann nach dem gelockerten Sektorenregime ausschreiben und u.a. das Vergabeverfahren frei wählen, solange und soweit er sektorenspezifisch beschafft[1307].

Dahinter stehender **Zweck** der Sektorenrichtlinie ist es, in Bereichen, die typischerweise durch staatliche Ausschließlichkeitsrechte und Monopole gekennzeichnet sind, eine Marktöffnung herbeizuführen, indem ein gewisses Maß an Ausschreibungsregularien einzuhalten ist und beliebige Zulieferer, Dienstleister und Bauunternehmen eine Chance haben, diesen Unternehmen als Auftragnehmer zu dienen[1308].

Aus dem Kreis dieser sog. Sektorenunternehmen sind mit dem **Fortschreiten der Liberalisierung** die Unternehmen aus dem Telekommunikationssektor gemäß der Freistellung nach Art. 8 der Richtlinie 93/38/EWG[1309] ausgeschieden.

1307 EuGH, Urt. v. 10. 4. 2008 (Rs. C-393/06 – »Fernwärme Wien GmbH«), VS 2008, 34; EuGH, Urt. v. 16. 6. 2005, (verb. Rs. C- 462/03 – »Strabag AG«, und Rs. C-463/03 – »Kostmann GmbH«), NZBau 2005, 474 = VergabeR 2005, 602 = WuW 2005, 860. Siehe dazu näher unten unter cc).

1308 So bereits grundlegend: VÜA Bund, Beschl. v. 28. 5. 1996 (1 VÜ 12/96), VergabE U-1-12/96.

1309 Siehe hierzu bereits Grünbuch der Europäischen Kommission »Das öffentliche Auftragswesen in der Europäischen Union – Überlegungen für die Zukunft«, abgedruckt als Heft 2 der Schriftenreihe des Forum Öffentliches Auftragswesen e.V., Köln 1996. Mitteilung der Kommission vom 8. 5. 1999 gemäß Art. 8 der Richtlinie 93/38/EWG, ABl. C 129, S. 11.

Die **Europäische Kommission** hat in einer **Mitteilung** vom Frühsommer 1999[1310] über diese Freistellung für Deutschland betreffend die Leistungen *»öffentlicher Telefondienst (Fest- und Mobilnetz), Satellitendienste und Datenübertragung/ Mehrwertdienste«* informiert. Entsprechenden Niederschlag hat diese Änderung bereits in den §§ 7 ff. VgV 2001 gefunden. Diese Mitteilung nach Art. 8 der SKR 93/38/EWG wurde 2004 nochmals aktualisiert[1311].

Die seit 31. 1. 2006 geltende Sektorenrichtlinie 2004/17/EG (SKRL) erweitert den Anwendungsbereich der Sektorenauftraggeber neben den auch bisher schon erfassten Unternehmen der **Trinkwasser-, Energie- und Verkehrsversorgung auch auf Unternehmen der Postdienste**, wobei diesen Unternehmen, weil sie neu hinzukommen, ein gewisser Übergangszeitraum zugestanden wird (siehe dortiger Erwägungsgrund Nr. 28). Maßgeblich ist dabei die Regelung des Art. 30 SKRL, wonach in den Mitgliedstaaten zu prüfen ist, ob das Postwesen in den Sektorenauftraggeberbereich aufgenommen werden muss. Entscheidendes Kriterium ist das Vorliegen oder Nichtvorliegen eines entwickelten Wettbewerbes.

> *»(1) Aufträge, die die Ausübung einer Tätigkeit im Sinne der Artikel 3 bis 7 ermöglichen sollen, fallen nicht unter diese Richtlinie, wenn die Tätigkeit in dem Mitgliedstaat, in dem sie ausgeübt wird, auf Märkten mit freiem Zugang unmittelbar dem Wettbewerb ausgesetzt ist.«*

In anderen Mitgliedstaaten der EU herrscht diesbezüglich kein Wettbewerb, was dazu führt, dass die dortigen Postdienstunternehmen ab 1. 1. 2009 als Sektorenauftraggeber anzusehen sind. In Deutschland kann nach dem Wegfall des Restmonopols bei der Briefbeförderung seit dem 1. 1. 2008 die Aufnahme als zusätzliches Sektorenunternehmen in den § 98 Nr. 4 GWB unterbleiben.

aa) Öffentliche Sektorenauftraggeber

183 Da die Sektorenauftraggeber häufig Aufgaben der Daseinsvorsorge wahrnehmen, sind sie nicht selten **so staatsnah**, dass man in Deutschland bei der Umsetzung der Sektorenrichtlinie die Besonderheit geschaffen hat, dass es **zwei Arten von Sektorenunternehmen** gibt, nämlich die

- **besonders staatsnahen öffentlichen Sektorenauftraggeber** und die
- **rein privaten Sektorenauftraggeber**.

Konsequenz ist, dass Auftragsvergaben der Sektorenunternehmen nach zwei Abschnitten erfolgen, nämlich dem **dritten oder dem vierten Abschnitt** der VOB/A bzw. VOL/A.

Die Vorstellung ist dabei gewesen, dass man den staatsnahen Sektorenunternehmen die **vollständige Privilegierung nach der Sektorenrichtlinie verweigern** will[1312]. Wichtigste praktische Konsequenz ist, dass die öffentlichen Sektorenunternehmen, die nach dem dritten Abschnitt ausschreiben, den **Vorrang des Offenen Verfahrens**, also der Öffentlichen Ausschreibung, beachten müssen. Rechtssubjekte, die

1310 ABl. EG Nr. C 156/03
1311 Siehe ABl. vom 30. 4. 2004, C 115, S. 3.
1312 Zur Genese u.a.: *Schabel*, VergabeR 2005, 602, 608/609.

den dritten Abschnitt der VOB/A anwenden müssen[1313], sind gleichzeitig verpflichtet, die Basisparagraphen anzuwenden, in dessen § 3 die Beachtung des Vorrangs der Öffentlichen Ausschreibung bzw. des Offenen Verfahrens festgeschrieben ist[1314].

Die **Zuordnung** zur Verpflichtung der Anwendung des dritten Abschnitts erfolgt im Einzelnen in **§ 7 I i.V.m. § 8 VgV**.

§ 7 I VgV legt fest, dass die in § 98 Nr. 1 bis 3 GWB genannten Auftraggeber, die
- entweder eine Tätigkeit im Bereich der **Trinkwasserversorgung** (§ 8 Nr. 1 VgV)

oder in **bestimmten Segmenten des Verkehrsbereiches** wie
- der Versorgung von Beförderungsunternehmen im Seeschiff- oder Binnenverkehr mit Häfen oder anderen Verkehrseinrichtungen (§ 8 Nr. 4 lit. b VgV) respektive
- dem Betreiben von Netzen zur Versorgung der Öffentlichkeit im Eisenbahn-, Straßenbahn- oder sonstigen Schienenverkehr, im öffentlichen Personenverkehr auch mit Kraftomnibussen und Oberleitungsbussen, mit Seilbahnen sowie mit automatischen Systemen, sowie dem Betreiben von Verkehrsleistungen auf Grund einer behördlichen Auflage, etwa in Form der Festlegung der Strecken, Transportkapazitäten oder Fahrpläne (§ 8 Nr. 4 lit. c VgV)

tätig sind, die **dritten Abschnitte der VOB/A bzw. VOL/A** anwenden müssen.

Zu den öffentlichen Sektorenunternehmen zählen **typischerweise Stadtwerke**, die vollständig im Besitz der öffentlichen Hand, also der Stadt, sind, für deren Versorgung sie zuständig sind.

bb) Private Sektorenauftraggeber

184 Die Privaten Sektorenauftraggeber stellen die Reinform der von der Sektorenrichtlinie erfassten Unternehmen dar. Sie sind zu dem Zweck gegründet, **bestimmte Tätigkeiten** auf den Gebieten des Verkehrs, der Wasser- oder Energieversorgung zu verrichten. Allerdings ist nur bei denjenigen Beschaffungen, die diesem **spezifischen Zwecken dienen**, gemäß **§ 7 I i.V.m. § 8 VgV** eine Verpflichtung zur Anwendung der **vierten Abschnitte** der VOB/A (VOB/A-SKR) bzw. der VOL/A (VOL/A-SKR) gegeben.

1313 Beispiel für einen öffentlichen Sektorenauftraggeber: Talsperrenverwaltung Leibis/Lichte, OLG Jena, Beschl. v. 26. 10. 1999 und v. 22. 12. 1999 (6 Verg 3/99), VergabE C-16-3/99 = NZBau 2000, 349 = BauR 2000, 396 = ZVgR 2000, 73 = EUK 2000, 8. Siehe gleichfalls für den Bereich der Wasserversorgung: OLG Naumburg, Beschl. v. 7. 3. 2008 (1 Verg 1/08 – »Betriebsführung der Wasserver- und Abwasserentsorgung des Wasserverbandes B.«); OLG Düsseldorf, Beschl. v. 26. 7. 2002 (Verg 28/02), VergabE C-10-28/02 = VergabeR 2003, 87 = BauR 2003, 437 = Behörden Spiegel 9/2002, S. 18.

1314 VK Bund, Beschl. v. 21. 1. 2004 (VK 2-126/03 – »DB Netz AG«), VergabE D-1-126/03 = VergabeR 2004, 365 = Behörden Spiegel 5/2004, S. 18 = EUK 2004, 42. Vgl. demgegenüber die Einordnung des Gesamtunternehmens »Deutsche Bahn AG« als Rechtssubjekt des § 98 Nr. 4 GWB mit der Verpflichtung zur Anwendung der 4. Abschnitte: VK Bund, Beschl. v. 11. 3. 2004 (VK 1-151/03), VergabE D-1-151/03.

§ 7 II VgV bestimmt, dass die in § 98 Nr. 1 bis 3 GWB genannten Auftraggeber, die eine Tätigkeit

- entweder im Bereich der Elektrizitäts- und Gasversorgung (§ 8 Nr. 2 VgV) oder
- im Bereich der Wärmeversorgung (§ 8 Nr. 3 VgV) versehen sowie
- die in § 98 Nr. 4 GWB genannten Auftraggeber,

die jeweilig einschlägigen **4. Abschnitte der VOB/A bzw. VOL/A** anwenden müssen.

Die besondere Privilegierung derjenigen Auftraggeber, die den vierten Abschnitt anzuwenden haben, besteht darin, dass sie insbesondere das **Vergabeverfahen frei wählen** können (Offenes Verfahren, Nichtoffenes Verfahren, Verhandlungsverfahren). Dies ist in § 101 VI GWB fixiert. Sie können also im Unterschied zu den vorgenannten öffentlichen Sektorenauftraggebern, die über die Anwendbarkeit des ersten Abschnitts an den Vorrang der Öffentlichen Ausschreibung gebundene sind, **die Vergabeverfahrensarten** (Offenes Verfahren, Nichtoffenes Verfahren, Verhandlungsverfahren) **frei wählen**[1315]. In praxi wird – wenn überhaupt – das Verhandlungsverfahren angewendet.

So ist beispielsweise die **Vergabe von Gastronomieleistungen** durch eine private Flughafen-GmbH keine ausschreibungspflichtige Leistung nach der Sektorenrichtlinie respektive gemäß dem **vierten Abschnitt der VOL/A bzw. VOB/A**[1316]. Gegenbeispiel ist die Beschaffung einer neuen Befeuerungsanlage für das Rollfeld, weil dies der spezifischen Sektorentätigkeit unmittelbar dient. Die Gastronomie gehört demgegenüber nicht zu den sektorenspezifischen Tätigkeiten.

Andererseits reicht ein **mittelbarer Zusammenhang mit dem Kernbereich der Entfaltung sektorenspezifischer Tätigkeiten** für die Qualifizierung als privater Sektorenauftraggeber i.S.d. § 98 Nr. 4 GWB mit Verpflichtung zur Ausschreibung aus. So hat die Vergabe von **reprographischen Dienstleistungen für einen Flughafenausbau** (z.B. Vervielfältigungsmaßnahmen für Planfeststellungsverfahren) nach dem Abschnitt 4 der VOL/A (VOL/A-SKR) zu erfolgen[1317].

cc) Verhältnis zwischen Sektorenauftraggebern und klassischen staatlichen bzw. funktionalen Auftraggebern

185 Seit der Existenz der Vorgänger-Sektorenrichtlinie 93/38/EWG gab es eine lebhafte Diskussion darüber, ob die **Sektoren-Richtlinie** in ihrem Anwendungsbereich **Vorrang** vor den Richtlinien für die klassischen öffentlichen Auftraggeber genießt **oder** ob sie im Falle von Sektorenauftraggebern, die nicht nur die Merkmale des § 98 Nr. 4, sondern auch die des § 98 Nr. 2 GWB erfüllen, **zurücktritt**. Kern der Diskussion war die Frage, ob

---

1315 Vgl. auch § 101 VI GWB. EuGH, Urt. v. 16. 6. 2005, (verb. Rs. C- 462/03 – »Strabag AG«, und Rs. C-463/03 – »Kostmann GmbH«), NZBau 2005, 474 = VergabeR 2005, 602 = WuW 2005, 860.

1316 VK Baden-Württemberg, Beschl. v. 19. 12. 2000 (1 VK 32/00), VergabE E-1-32/00 = EUK 2001, 44.

1317 VK Hessen, Beschl. v. 3. 2. 2003 (69d–VK 74/2002), VergabE E-7-74/02.

- entweder § 98 Nr. 4 gegenüber § 98 Nr. 2 eine **privilegierende Sondervorschrift** darstellt
- oder ob § 98 Nr. 2 den § 98 Nr. 4 GWB im Wege einer **Vorrangstellung** verdrängt[1318].

Für die Anwendung des strengeren Regimes der Richtlinie für die klassischen Auftraggeber spricht bzw. sprach bereits die Atypizität des Sonderbereiches der vergaberechtlichen Regelungen im Sektorenbereich. Von einer gleichzeitig möglichen Einschlägigkeit sowohl des § 98 Nr. 4 GWB als auch zusätzlich des § 98 Nr. 2 GWB[1319] scheint bzw. schien auch der **deutsche Gesetzgeber** auszugehen, wenn er in § 101 VI GWB von Auftraggebern spricht, die *»nur unter § 98 Nr. 4 fallen«*. Es ist danach unbestritten, dass private oder privatisierte **Sektorenunternehmen zugleich die Merkmale des § 98 Nr. 2 GWB erfüllen** können[1320]. Auch wird bzw. wurde das Argument angeführt, dass im Interesse einer möglichst breiten Anwendung des Vergaberechts die Regelungen der **Sektorenrichtlinie** mit ihren gelockerten Verpflichtungen als **Ausnahmebestimmungen** tendenziell **eng auszulegen** sind[1321].

Folgerung daraus war, dass z.B. der **Schülerfreistellungsverkehr** einer von zu 100% von Landkreisen getragenen Gesellschaft nicht zur Bejahung der Anwendbarkeit der Sektorenrichtlinie führte. Er ist, wenn diese den Landkreisen gehörende GmbH selbst gar keine Verkehrsleistungen erbringt, nach dem 2. Abschnitt der VOL/A auszuschreiben[1322].

Spätestens aufgrund der Neufassung der 2004er Richtliniengeneration wird man sich jedoch **jetzt anders entscheiden müssen**, d.h. **zugunsten einer Privilegierung** auch der staatlichen bzw. funktionalen Auftraggeber im Bereich von Vergaben, die bei sektorenspezifischen Beschaffungen stattfinden.

Im Klartext bedeutet dies: Wird seitens eines Auftraggebers nach § 98 Nr. 2 GWB eine **sektorenspezifische Tätigkeit** vorgenommen, so tritt im Konkurrenzverhältnis zwischen der klassischen Vergabekoordinierungsrichtlinie 2004/18/EG einerseits und der Sektorenkoordinierungsrichtlinie 2004/17/EG andererseits erstere zurück. Es gilt also die **Privilegierung der Sektorenauftraggebereigenschaft**.

Die neue Sektorenkoordinierungsrichtlinie 2004/17/EG enthält in **Art. 2 II** dementsprechend nunmehr die klare Direktive, dass auch klassische öffentliche Auftraggeber die Sektoren-Richtlinie anwenden können bzw. müssen:

1318 Hierfür: BayObLG, Beschl. v. 5. 11. 2002 (Verg 22/02), VergabeR 2003, 186; VK Brandenburg, Beschl. v. 28. 1. 2003 (VK 71/02), VergabE E-4-71/02; VÜA Sachsen, Beschl. v. 15. 12. 1998 (1 VÜA 9/98), VergabE V-13-9/98 = EUK 2000, 57 = IBR 2000, 260, unter Berufung auf VÜA Bund, Beschl. v. 21. 12. 1998 (1 VÜ 9/98), VergabE U-1-9/98 = EUK 1999, 42 = Behörden Spiegel 6/1999, S. B II = IBR 1999, 241; vgl. VG Koblenz, NVwZ 1999, 1133 = *Fischer/Noch*, EzEG-VergabeR, II 6.

1319 ... mit der Folge einer Verdrängung des § 98 Nr. 4 durch den § 98 Nr. 2 GWB im Sinne der zweitgenannten Alternative.

1320 Vgl. OLG Düsseldorf, Beschl. v. 26. 7. 2002 (Verg 28/02), VergabE C-10-28/02 = VergabeR 2003, 87 = BauR 2003, 437 = Behörden Spiegel 9/2002, S. 18.

1321 So schon VÜA Bund, Beschl. v. 16. 12. 1998 (2 VÜ 22/98), VergabE U-1-22/98, S. 12, Pkt. II. 2 = EUK 1999, 42 = Behörden Spiegel 6/1999, S. B II.

1322 OLG Celle, Beschl. v. 10. 3. 2000 (13 Verg 1/00), VergabE C-9-1/00 = EUK 2000, 56; VK Lüneburg, Beschl. v. 28. 9. 1999 (203-VgK-10/1999), VergabE E-9c-10/99 = EUK 1999, 151, 169; VK Düsseldorf, Beschl. v. 3. 3. 2000 (VK 1/2000-L), VergabE E-10c-1/00 = EUK 2000, 185.

»(2) Diese Richtlinie gilt für Auftraggeber, die
*a) **öffentliche Auftraggeber oder öffentliche Unternehmen sind** und eine Tätigkeit im Sinne der Artikel 3 bis 7 ausüben, oder,*
b) wenn sie keine öffentlichen Auftraggeber oder keine öffentlichen Unternehmen sind, eine Tätigkeit im Sinne der Artikel 3 bis 7 oder mehrere dieser Tätigkeiten auf der Grundlage von besonderen oder ausschließlichen Rechten ausüben, die von einer zuständigen Behörde eines Mitgliedstaats gewährt wurden.«

Des Weiteren geht die **Privilegierung der Sektorenauftraggebereigenschaft bzw. Sektorentätigkeit** spätestens auch aus dem **EuGH-Urteil** in Sachen und Strabag/ Kostmann[1323] hervor.

*»**Beabsichtigt ein Auftraggeber**, der eine der in Artikel 2 Absatz 2 der Richtlinie 93/38/EWG des Rates vom 14. Juni 1993 zur Koordinierung der Auftragsvergabe durch Auftraggeber im Bereich der Wasser-, Energie- und Verkehrsversorgung sowie im Telekommunikationssektor speziell erwähnten Tätigkeiten ausübt, in Ausübung dieser Tätigkeit einen Dienstleistungs-, Bau- oder Lieferauftrag zu vergeben oder einen Wettbewerb durchzuführen, so **gelten für diesen Auftrag** oder diesen Wettbewerb **die Bestimmungen dieser Richtlinie**.«*

Daraus ist zu entnehmen, dass letztlich die **auszuübende (Sektoren-)Tätigkeit** den **Ausschlag** für die anzuwendende Richtlinie gibt[1324]. Dieses Abstellen auf den tätigkeitsbezogenen Zusammenhang wird durch die Entscheidung zur »Fernwärme Wien GmbH« bestätigt[1325]. Selbst die Trennung von Unternehmensbereichen (etwa im Bereich der Buchführung) zur Vermeidung einer Quersubventionierung zwischen Sektoren- und anderen Bereichen, in denen im Allgemeininteresse liegende Aufgaben erfüllt werden, ändert daran nichts, weil eine solche Beurteilung nach handelnden Unternehmensbereichen gemäß dem EuGH zu nicht hinnehmbaren Zufälligkeiten führen würde.

In praxi sind bei dieser jetzt stark tätigkeitsbezogenen Einordnung **Abgrenzungsprobleme** insbesondere dann vorprogrammiert, wenn ein Auftraggeber nach § 98 Nr. 2 GWB mit seiner sektorenbezogenen Beschaffung auch andere Zwecke verfolgt. Gemischte Zwecke von Beschaffungen werden dann aber zu dem Vorrang der klassischen Vergabekoordinierungsrichtlinie mit dem Vorrang der öffentlichen Ausschreibung führen müssen. Zumindest in diesen Überschneidungsfällen geht dann das strengere Regime vor.

Die Diskussion und Rechtsentwicklung macht außerdem deutlich, dass die Sinnfälligkeit der dritten Abschnitte der VOB/A und VOL/A für die sog. öffentlichen Sektorenauftraggeber noch mehr in Frage steht als ehedem. Wenn man der zunehmend ersichtlichen Rechtsentwicklung hin zu einer klaren, privilegierenden Zuordnung zur Sektorenauftraggebereigenschaft folgt, dann müsste dies auch der deutsche Gesetz- bzw. Verordnungsgeber nachvollziehen.

1323 EuGH, Urt. v. 16. 6. 2005, (verb. Rs. C- 462/03 – »Strabag AG«, und Rs. C-463/03 – »Kostmann GmbH«), NZBau 2005, 474 = VergabeR 2005, 602 = WuW 2005, 860.

1324 So im Ergebnis auch: *Eschenbruch*, in Kulartz/Kus/Portz, Kommentar zur GWB-Vergaberecht, 2006, Rn. 31–39 und 265 zu § 98.

1325 EuGH, Urt. v. 10. 4. 2008 (Rs. C-393/06 – »Fernwärme Wien GmbH«), VS 2008, 34.

2. Ausschreibungsreife

186 Die **Ausschreibungsreife** – teilweise etwas weniger treffend auch »Vergabereife« genannt[1326] – knüpft maßgeblich an die Bestimmungen der §§ 16 VOB/A bzw. VOL/A an. Bei diesen Vorschriften handelt es sich – gemäß ihrer Übertitelung – ergänzend zu den jeweiligen §§ 2 um »Grundsätze der Ausschreibung«.

a) Klärung der Grundlagen der Ausschreibung und Verbot von Testausschreibungen

aa) Klärung der Grundlagen der Ausschreibung

187 Zu diesen wesentlichen Grundsätzen gehört es, dass die Ausschreibung erst dann stattfinden darf, wenn die **rechtlichen und tatsächlichen Grundlagen vollständig geklärt** sind (§ 16 Nr. 1). Dies gebieten schon die Prinzipien der Transparenz und des fairen Wettbewerbs. Zum einen müssen die Verdingungsunterlagen fertig gestellt sein und zum anderen muss eine Ausführung der geforderten Leistungen innerhalb einer angegebenen Frist möglich sein[1327].

Ganz grundsätzlich muss sich der öffentliche Auftraggeber oder ggf. eine Mehrzahl von öffentlichen Auftraggebern **klar darauf festlegen, wer als öffentlicher Auftraggeber in welcher Rechtsform nach außen hin auftritt**[1328]. Hinweise darauf, dass dies vergaberechtlich so zu sehen ist, finden sich in einer Entscheidung des OLG Hamburg[1329], in der (allerdings ohne dass dies infolge mangelnder Rüge durchentschieden wird) grundsätzliche Bedenken anerkannt werden, die dort ein Bieter bei der Beschaffung von Strom artikuliert hat, der aufgrund von Unklarheiten in den Vergabeunterlagen nicht sicher erkennen konnte, welche Energielieferungsverträge in welcher Zahl mit welchen öffentlichen Auftraggebern er im Falle der Zuschlagserteilung abschließen würde.

Jedenfalls ist ein **Vorbehalt** dahingehend, dass sich der Ausschreibende ausbedingt, im Zuge des Vertragsschlusses eine **Übertragung** von Rechten und Pflichten des Auftraggebers **auf eine Projektgesellschaft** vornehmen zu können, rechtswidrig[1330]. Es hilft dabei auch nicht weiter, wenn er meint, dazu eine Vorabzustimmung des teilnehmenden Bieters einholen zu können.

Die **Person des öffentlichen Auftraggebers muss feststehen**. Dies **gilt** im übrigen **auch (und gerade) bei der Ausschreibung von Rahmenverträgen**. Auch hier muss der Bieter seinen oder seine genauen Vertragspartner kennen. Eine Veränderung der Person des Beschaffers oder die beliebige Erweiterung des Kreises des

1326 OLG Düsseldorf, Beschl. v. 5. 10. 2000 (Verg 14/00), VergabE C-10-14/00 = EUK 2000, 169: »Vergabereife«. Der Begriff »Vergabereife« ist deswegen weniger treffend, weil die Grundlagen der Ausschreibung zu klären sind, nicht aber die der Vergabe. Ob als Ergebnis des Ausschreibungsverfahrens tatsächlich vergeben werden kann, hängt auch von Faktoren ab, die die Vergabestelle nicht vorhersehen kann.

1327 VK Thüringen, Beschl. v. 1. 2. 2002 (77/01-SLZ), VergabE E-16-77/01: Verstoß gegen § 16 Nr. 1 VOL/A, da Zuschlagserteilung objektiv unmöglich (§ 28 Nr. 2 I VOL/A i.V.m. § 275 I BGB).

1328 VK Bund, Beschl. v. 24. 1. 2008 (VK 3-151/07): Der Auftraggeber selbst oder seine Projektgesellschaft.

1329 OLG Hamburg, Beschl. v. 4. 11. 1999 (1 Verg 1/99), VergabE V-6-1/99v.

1330 VK Bund, Beschl. v. 24. 1. 2008 (VK 3-151/07).

Vertragspartners, etwa im Zusammenhang mit der Ausschreibung von Rahmenverträgen, wäre nach hier vertretener Auffassung ein schwerwiegender Verstoß u.a. gegen § 16 Nr. 1 VOB/A bzw. VOL/A sowie gegen das allgemeine Transparenzgebot des § 97 I GWB. Ähnlich wie auch die Bietergemeinschaften nicht beliebig ihre Zusammensetzung ändern dürfen, darf auch der öffentliche Auftraggeber nicht seine Person ändern.

Steht fest, wer oder wer für wen oder wer mit wem zusammen die Ausschreibung vornimmt, so hat die Vergabestelle zu allererst ihren **Beschaffungsbedarf** zuverlässig zu ermitteln. Kritisch zu sehen ist daher die anfangs vertretene pauschale Ansicht[1331], die Ermittlung des Bedarfs an Lieferungen und Leistungen entscheide sich außerhalb des Vergaberechts. Schon wegen der hier wurzelnden vergaberechtlichen Umgehungstatbestände kann dem nicht beigepflichtet werden. Entsprechend ist daher auch in jüngerer Zeit entschieden worden, dass im Rahmen der Schätzung des Beschaffungsbedarfes **realistische Mengen anzunehmen** und **aktuelle Preise zugrundezulegen** sind. Anderenfalls kann ein national ausgeschriebenes Verfahren, das richtigerweise hätte europaweit bekanntgemacht werden müssen, als De-facto-Vergabe für rechtswidrig erklärt und der abgeschlossene Vertrag unter analoger Anwendung des § 13 VgV für nichtig erklärt werden[1332].

Im Rahmen der Ermittlung des Beschaffungsbedarfes sind die **relevanten Grundlagen im zumutbaren Rahmen unter Ausschöpfung aller Erkenntnisquellen** vollständig zu erheben und sachgerecht auszuwerten. Sich **abzeichnende Bedarfsveränderungen** sind rechtzeitig zu berücksichtigen, nötigenfalls auch noch während des Ausschreibungsverfahrens. Schiebt die ausschreibende Stelle jedoch eine zutreffende Bedarfsermittlung nach und hebt sie deswegen die Ausschreibung auf, so ist dieses Verhalten vergaberechtswidrig und kann Schadensersatzansprüche auslösen[1333].

Es ist **häufig ein enger Zusammenhang mit der Schwellenwertermittlung** gegeben, die gleichfalls sorgfältiger Prüfung und Dokumentation bedarf[1334]. Die Anforderungen an die Genauigkeit der Wertermittlung und der Dokumentation steigen, je mehr sich der Auftragswert dem Schwellenwert annähert[1335]. Das alles setzt vor der eigentlichen Ausschreibung, d.h. vor der Bekanntmachung, an[1336].

Ausschreibungsreife bedeutet weiter, dass eine Vergabestelle, die eine Ausschreibung aufgrund von **noch nicht endgültig abgefassten Rahmendaten** für die **Umsetzung beschäftigungspolitischer Maßnahmen** (EQUAL) vornimmt, gegen das Gebot der Herstellung der notwendigen Ausschreibungsreife (§ 16 Nr. 1 VOL/A) verstößt[1337]. Auch im Falle einer funktionalen Leistungsbeschreibung (Fall EQUAL) müssen die Leistungsmerkmale im Interesse der notwendigen

1331 VK Lüneburg, Beschl. v. Beschl. v. 15. 11. 1999 (203-VgK-12/99), VergabE E-9c-12/99 = EUK 2000, 153.

1332 So im Falle: VK Düsseldorf, Beschl. v. 30. 9. 2005 (VK-25/2005-L).

1333 OLG Düsseldorf, Beschl. v. 8. 3. 2005 (VII-Verg 40/04).

1334 OLG Schleswig, Beschl. v. 30. 3. 2004 (6 Verg 3/04), VergabE C-15-3/04.

1335 OLG Celle, Beschl. v. 12. 7. 2007 (13 Verg 6/07), VergabeR 2007, 808.

1336 Siehe im Einzelnen weiter zu Schwellenwerten und zur Schwellenwertschätzung unter Rdn. 224.

1337 OLG Düsseldorf, Beschl. v. 14. 1. 2001 (Verg 14/00), VergabE C-10-14/00 = NZBau 2003, 60 = WuW 2001, 651 = Behörden Spiegel 4/2001, S. B II = EUK 2001, 60.

Ausschreibungsreife so weit fixiert sein, dass für die Bieter eine Angebotserstellung und für die Vergabestelle eine vergleichende Wertung möglich ist.

Im Falle eines Dienstleistungsauftrages zur Durchführung **berufsvorbereitender Bildungsmaßnahmen** bedarf der Bieter einer **Orientierung hinsichtlich der ungefähren Teilnehmerzahl**. Jedenfalls kann nicht, ohne dass dafür eine Vergütung erfolgt, die Ausbildung von bis zu 20% mehr Teilnehmern verlangt werden. In solchen Fällen stehen die konzeptionellen Mängel einer Ausschreibung im Zusammenhang mit ungewöhnlichen Wagnissen i.S.v. § 8 Nr. 1 III VOL/A[1338].

In diesem Zusammenhang ist entschieden worden, dass ein **außergewöhnliches Kündigungsrecht des Auftraggebers aus Haushaltsgründen** ein vergaberechtswidriges ungewöhnliches Wagnis für den Auftragnehmer i.S.v. § 8 Nr. 1 III VOL/A beinhaltet. Es ist nicht gerechtfertigt, dem Auftragnehmer das Haushaltsrisiko des Auftraggebers aufzubürden[1339].

Daher stellt es generell einen schwerwiegenden Vergabeverstoß dar, wenn ein öffentlicher Auftraggeber eine Ausschreibung vornimmt, obwohl er keine genauen eigenen Vorstellungen über Ziele und Leistungsanforderungen des zu vergebenden Auftrages besitzt, es also an der **konzeptionellen Vergabereife fehlt**[1340]. Die notwendige Folge sind eine unklare, unvollständige Leistungsbeschreibung, die den Anforderungen der § 8 VOL/A bzw. § 9 VOB/A nicht genügt, und Zuschlagkriterien, die aus diesem Grunde nicht richtig benannt werden können.

Dem Komplex der **Ausschreibungsreife** ist insbesondere zuzuordnen, dass vor der Durchführung von Bauvergabeverfahren **Bodenuntersuchungen** (Festigkeit des Untergrunds, Altlasten usw.) durchgeführt werden. Es ist daher unzulässig, das Risiko der Verfügbarkeit und Bebaubarkeit der Bauflächen auf den Bieter zu übertragen[1341].

Grob unzulässig ist jede Übertragung des Risikos der **Vollständigkeit und Fehlerfreiheit der Verdingungsunterlagen** auf den Auftragnehmer[1342]. Ebenso müssen die **Leistungstermine** feststehen; dies gilt insbesondere bei größeren (Bau-) Vorhaben[1343].

Darüber hinaus sind öffentlich-rechtliche **Genehmigungen** grundsätzlich vorher einzuholen[1344]. So ist die Ausschreibung von Abfallentsorgungsleistungen zuvor daraufhin zu überprüfen, ob die vorgesehene Art und Weise der Entsorgung mit den **abfallrechtlichen Vorschriften** des betreffenden Bundeslandes in Einklang steht[1345].

1338 OLG Düsseldorf, Beschl. v. 2. 3. 2005 (Verg 84/04).
1339 VK Lüneburg, Beschl. v. 10. 3. 2006 (VgK-6/2006).
1340 OLG Naumburg, Beschl. v. 16. 9. 2002 (1 Verg 2/02), VergabE C-14-2/02 = ZfBR 2003, 182 = EUK 2003, 105.
1341 VK Bund, Beschl. v. 24. 1. 2008 (VK 3-151/07).
1342 VK Bund, Beschl. v. 24. 1. 2008 (VK 3-151/07).
1343 VK Bund, Beschl. v. 24. 1. 2008 (VK 3-151/07).
1344 VÜA Sachsen v. 15. 5. 1999 (1 VÜA 7/98), VergabE V-13-7/98 = EUK 2000, 141: Baugenehmigung und Fördermittel.
1345 VK Thüringen, Beschl. v. 17. 5. 2000 (216–4003.20-011/00-GTH), VergabE E-16-11/00, und VK Thüringen, Beschl. v. 18. 5. 2000 (216–4003.20-012/00-GTH), VergabE E-16-12/00 = EUK 2000, 124, 126.

Der öffentliche Auftraggeber muss sich außerdem – entsprechend der durch die Ausschreibung angesprochenen Branche – über den **anzuwendenden Tarifvertrag** bzw. die **nach dem Entsendegesetz**[1346] **anzuwendenden Mindestlöhne** (z.B. Baugewerbe, Gebäudereinigerhandwerk) informieren und ggf. entsprechende Eigenerklärungen vorbereiten, die von den Unternehmern unterschrieben und dem Angebot beigelegt werden. Bei widersprüchlichen Angaben zu den Preisen und Lohnkostenanteilen, die vom Bieter nicht aufgeklärt werden können oder die später im Rahmen der Wertung durch einfache Rückrechung aufgrund der Preisblätter zu der Schlussfolgerung führen, dass die Mindestlöhne nicht eingehalten sein können, kommt ggf. der Ausschluss in Betracht[1347].

Die Vergabe von Catering-Leistungen unter dem **Vorbehalt**, dass der **Personalrat zustimmt**, stellt einen Verstoß gegen § 16 Nr. 1 VOL/A dar und eröffnet ein unkalkulierbares Risiko für die Auftragnehmer[1348].

Merke: Der Zusammenhang zwischen der Nichteinhaltung des Grundsatzes der Ausschreibungsreife und einer eventuellen späteren Aufhebung, die in aller Regel nicht gerechtfertigt sein wird, ist deutlich erkennbar. Vorhersehbare Entwicklungen in Bezug auf die Art und Menge der nachgefragten Leistung unterfallen der Planbarkeit und berechtigen daher nicht zu einer (gerechtfertigten) Aufhebung der Ausschreibung[1349]. Der Maßstab des § 26 Nr. 1 VOL/A bzw. VOB/A ist, dass nur aufgrund nicht vorhersehbarer Entwicklungen eine (gerechtfertigte) Aufhebung erfolgen darf[1350]. Zwar kann eine Vergabestelle nicht an einem nicht mehr sinnvollen Beschaffungsgegenstand festgehalten werden[1351], also quasi im Wege des Primärrechtsschutzes zu einem Zuschlag verpflichtet werden[1352], weil insoweit ein

1346 Arbeitnehmer-Entsendegesetz vom 26. 2. 1996 (BGBl. I S. 227), zuletzt geändert durch das Gesetz vom 21. 12. 2007 (BGBl. I S. 3140); s.a. Arbeitnehmer-Entsendegesetz-Meldeverordnung vom 16. 7. 2007 (BGBl. I S. 1401). Allgemeinverbindlichkeitserklärung erforderlich. Siehe: EuGH, Urt. v. 3. 4. 2008 (Rs. C-346/06); OLG Düsseldorf, Beschl. v. 5. 5. 2008 (VII Verg 5/08).

1347 OLG Brandenburg, Beschl. v. 6. 11. 2007 (Verg W 12/07), IBR 2008, 290.

1348 VÜA Sachsen, Beschl. v. 12. 1. 1998 (1 VÜA 10/97), VergabE V-13-10/97 = EUK 1999, 29.

1349 VÜA Schleswig-Holstein, Beschl. v. 26. 11. 1998 (VÜ 2/98), VergabE V-15-2/98 = Behörden Spiegel 7/1999, Seite B II.

1350 OLG Düsseldorf, Beschl. v. 3. 1. 2005 (Verg 72/04 [LS]), NZBau 2005, 415: »*Zudem dürfen diese Änderungen erst nach Einleitung der Ausschreibung eingetreten oder bekannt geworden sein.*« Ähnlich VK Sachsen, Beschl. v. 18. 8. 2006 (1 SVK 77/06): »*Für eine Aufhebung können (...) nur Gründe angeführt werden, die dem Ausschreibenden nicht bereits vor Einleitung des Verfahrens bekannt waren. Erst nachträglich, das heißt nach Beginn der Ausschreibung bekannt gewordene Gründe berechtigen zur Aufhebung*«.

1351 Vgl. OLG Düsseldorf, Beschl. v. 3. 1. 2005 (Verg 72/04/LS), NZBau 2005, 415: »*Soll eine Ausschreibung nach § 26 Nr. 1 b VOL/A aufgehoben werden, weil sich die Grundlagen der Ausschreibung wesentlich geändert haben, sind Voraussetzung hierfür so einschneidende und nachhaltige Änderungen, dass es für den Auftraggeber* ***objektiv sinnlos oder unzumutbar*** *ist, den Zuschlag auf eines der Angebote zu erteilen.*«

1352 EuGH, Urt. v. 18. 6. 2002 (Rs. C-92/00), VergabeR 2002, 361 = NZBau 2002, 458 = ZfBR 2002, 604 = WuW 2002, 1137; BGH, Beschl. v. 18. 2. 2003 (X ZB 43/02), VergabE B-2-1/03 = VergabeR 2003, 313 = NZBau 2003, 293 = ZfBR 2003, 401 = BauR 2003, 1091; BGH, Urt. v. 5. 11. 2002 (X ZR 232/00), VergabeR 2003, 163.

Anspruch des Bieters nicht existiert[1353] und zu Lasten der ausschreibenden öffentlichen Hand **kein Kontrahierungszwang** besteht[1354]. Die Beurteilung der faktischen Umstände für die Aufhebung obliegt auch weitgehend der Vergabestelle, die eine **Einschätzungsprärogative** besitzt. Die Bewertung dieser Umstände ist daher auch nur mit gewissen Einschränkungen rechtlich überprüfbar. Es drohen jedoch Schadensersatzansprüche.

bb) Verbot von Testausschreibungen zur Markterkundung

188 Zum Gedanken eines fairen Wettbewerbs gehört es außerdem, dass **Ausschreibungen nicht zu vergabefremden Zwecken** durchgeführt werden (§ 16 Nr. 2 VOB/A bzw. VOL/A)[1355]. Der Begriff der vergabefremden Zwecke ist weit zu verstehen und als **allgemeiner Missbrauchstatbestand** anzusehen[1356]. Insbesondere sind Testausschreibungen zu Markterkundungszwecken (Ertragsberechnungen, Vergleichsanschläge) unstatthaft. Sie missbrauchen das Vergaberecht. Schließlich gibt jeder Unternehmer, der sich an einer Ausschreibung beteiligt, die Unternehmenssituation und seine Angebotskalkulation ein Stück weit preis.

Die Markterkundung nach § 16 Nr. 2 VOL/A bzw. VOB/A ist zunächst **von einer Markterkundung nach § 4 I VOL/A abzugrenzen.** So hat der Auftraggeber bei einer Freihändigen Vergabe den Bewerberkreis zu erkunden. Sofern der Auftraggeber bereits über eine gewisse Marktübersicht verfügt, hat er diese zum Gegenstand seiner Entscheidung über eine Vergabe zu machen. Ausnahmen (zum Beispiel in Form der Direktvergabe) bedürfen einer besonderen vergaberechtlichen Rechtfertigung, und sind nur dann zuzulassen, wenn die Beteiligung mehrerer Unternehmen im Einzelfall nicht möglich oder sonst untunlich wäre. Die VK Sachsen hat insoweit festgestellt, dass durch eine Verletzung des § 4 I VOL/A der Bieter in seinen Rechten aus § 97 VII GWB tangiert sein kann[1357].

1353 OLG Dresden, Beschl. v. 10. 7. 2003 (WVerg 0015/02 und 0016/02), VergabeR 2004, 92 = NZBau 2003, 573 = ZfBR 2003, 810 = BauR 2004, 566. Deutlich: VK Sachsen, Beschl. v. 18. 8. 2006 (1 SVK 77/06): *»Grundsätzlich ist nämlich ein Auftraggeber nicht gezwungen, das Vergabeverfahren durch Zuschlag und damit durch Vertragsschluss zu beenden. Dies gilt unabhängig davon, ob die Voraussetzungen für eine rechtmäßige Aufhebung der Ausschreibung gem. § 26 Nr. 1 VOL/A vorliegen (OLG Düsseldorf, Beschluss vom 19. November 2003, VII-Verg 59/03).«*

1354 BGH, Beschl. v. 18. 2. 2003 (X ZB 43/02), VergabeR 2003, 313 = NZBau 2003, 293 = ZfBR 2003, 401 = BauR 2003, 1091; BGH, Urt. v. 5. 11. 2002 (X ZR 232/00), VergabeR 2003, 163. *Verfürth*, in: Kulartz/Kus/Portz, GWB-Kommentar, 1. Aufl. 2006, Rn. 60 zu § 126; *Lischka*, in: Müller-Wrede, VOL/A-Kommentar, 2. Aufl. 2007, Rn. 36 zu § 26, m.w.N.

1355 KG, Beschl. v. 15. 4. 2004 (2 Kart Verg 22/03 – »LIT«), VergabE C-3-22/03 = VergabeR 2004, 762 = EUK 2004, 154; OLG Jena, Beschl. v. 2. 8. 2000 (6 Verg 4 und 5/00), VergabE C-16-4/00 = BauR 2000, 1630 = ZVgR 2000, 271; OLG Saarbrücken v. 22. 10. 1999 (5 Verg 2/99), VergabE C-12-2/99 = ZVgR 2000, 25 = EUK 2000, 25; VÜA Thüringen als VK, Beschl. v. 8. 6. 1999 (2 VÜ 3/99), VergabE E-16-3/99 = EUK 2000, 141, 158.

1356 VÜA Thüringen, Beschl. v. 29 8. 1996 (2 VÜ 1/96), VergabE V-16-1/96-1.

1357 VK Sachsen, Beschl. v. 24. 8. 2007 (1/SVK/054-07), VS 2007, 88 [LS].

Allgemein sind Ausschreibungen **ohne konkrete Vergabeabsicht** unstatthaft[1358]. Dies gilt auch dann, wenn lediglich **keine aktuelle Verwendung** für die abgefragten Leistungen besteht[1359].

Gleichfalls ist die **Nichtangabe von Mindestabnahmemengen** bei der Ausschreibung eines **Rahmenvertrages** unstatthaft[1360]. Sie ist auch unter dem Gesichtspunkt des § 16 Nr. 2 VOL/A rechtsmissbräuchlich, wenn diese Art der Ausschreibung von vornherein keinen wirklichen Wettbewerb für die Bieter eröffnet.

Merke: Die Frage eines Ausschreibungsmissbrauchs kann auch im Zusammenhang mit einer vom Bieter behaupteten **übermäßigen Verwendung von Wahl-/Alternativpositionen bzw. Bedarfs-/Eventualpositionen** auftreten. Der rechtliche Vorwurf geht dann in die Richtung, dass zum einen die Ausschreibung nach den Anforderungen des § 16 Nr. 1 VOL/A bzw. VOB/A nicht genügend vorbereitet wurde und deshalb in bedeutendem Maße auf solche Leistungspositionen zurückgegriffen werden muss. Zum anderen kann die (übermäßige) Abfrage von solchen nicht regulären Positionen auch eine unter dem Maßstab des § 16 Nr. 2 VOL/A bzw. VOB/A verbotene Marktabfrage beinhalten[1361].

Festlegungen in bezug auf den Leistungsgegenstand (betr. Wahl-/Alternativpositionen) sind seitens der ausschreibenden Stelle jedenfalls immer dann erforderlich, wenn sie in tatsächlicher Hinsicht getroffen werden können, ggf. auch während des laufenden Vergabeverfahrens[1362].

Die VK Lüneburg weist auf diesen **Zusammenhang** hin, verneint aber im Ergebnis einen Rechtsverstoß gegen § 16 Nr. 1 bzw. Nr. 2 VOL/A: *»Die Antragstellerin beanstandet, dass der Auftraggeber die Hausmüllabfuhr alternativ mit einem 2/4- und einem 4-Wochen-Rhythmus ausgeschrieben hat. Sie ist der Auffassung, diese Variante stelle keine vergaberechtlich zulässige Alternative dar, sondern diene lediglich der Markterkundung. (...) Auch ist die* ***Aufnahme von Bedarfs- und Alternativpositionen*** *in die Leistungsbeschreibung nur eingeschränkt zulässig, da die Aufnahme solcher Positionen in die Leistungsverzeichnisse häufig dazu führt, dass die Leistungsbeschreibung nicht mehr eindeutig und erschöpfend ist«*[1363]

Es kommt bei der Verwendung von Bedarfs- oder Alternativpositionen im Hinblick auf die §§ 16 Nr. 1 und Nr. 2 VOL/A immer auf die Frage der **sachlichen Rechtfertigung solcher Positionen** an. So kann es im Falle besonderer Vergabegegenstände durchaus Leistungsabfragen geben, die – bei aller gebotenen Vorsicht –

1358 VK Thüringen, Beschl. v. 17. 5. 2000 (216–4003.20-011/00-GTH), VergabE E-16-11/00, und VK Thüringen, Beschl. v. 18. 5. 2000 (216–4003.20-012/00-GTH), VergabE E-16-12/00 = EUK 2000, 124, 126.

1359 KG, Beschl. v. 15. 4. 2004 (2 Kart Verg 22/03 – »LIT«), VergabE C-3-22/03 = VergabeR 2004, 762 = EUK 2004, 154; OLG Saarbrücken, Beschl. v. 22. 10. 1999 (5 Verg 2/99), VergabE C-12-2/99 = ZVgR 2000, 24 = EUK 2000, 25: *»Eine vergabefremde Ausschreibung in diesem Sinn liegt dann vor, wenn der Auftraggeber (...) die Ausschreibung lediglich durchführt, um festzustellen, was ihn eine ganz bestimmte Maßnahme kosten würde.«*

1360 KG, Beschl. v. 15. 4. 2004 (2 Kart Verg 22/03 – »LIT«), VergabE C-3-22/03 = VergabeR 2004, 762 = EUK 2004, 154.

1361 VK Lüneburg, Beschl. v. 12. 11. 2001 (203-VgK-19/2001), VergabE E-9c-19/01.

1362 OLG Naumburg, Beschl. v. 1. 2. 2008 (1 U 99/07), VS 2008, 28.

1363 Beurteilung der Zulässigkeit der Ausschreibung von Wartungsarbeiten für labortechnische Einrichtungen als Bedarfsposition offengelassen von der VK Schleswig-Holstein, Beschl. v. 12. 7. 2005 (VK-SH 14/05).

in deutlichen Alternativen des Leistungsprofils wie auch des Preises münden. Das **OLG Celle**[1364] hat betreffend die Vergabe von Versicherungsdienstleistungen festgestellt: »*Aus den genannten Gründen trifft auch die Rüge der Antragstellerin, bei der Ausschreibung fehle entgegen § 16 Nr. 1 VOL/A die notwendige Ausschreibungsreife, nicht zu. Um eine gemäß § 16 Nr. 2 VOL/A unzulässige Ausschreibung zum Zweck der Markterkundung handelt es sich schon deshalb nicht, weil der Antragsteller die ausgeschriebenen Leistungen tatsächlich vergeben will und weil die alternative Abfrage bezüglich der Deckung von Terrorschäden*[1365] *sachlich gerechtfertigt ist.*«

In ähnlicher Richtung hat das OLG Düsseldorf festgestellt, dass der öffentliche Auftraggeber berechtigt ist, **alternative Laufzeiten** im Rahmen einer Ausschreibung von den Bietern abzufragen. Die alternative Abfrage der Laufzeiten stellt keine bloße Markterkundung dar, sondern sie dient – bei klar definiertem Ausschreibungsgegenstand – der Beurteilung der Wirtschaftlichkeit[1366].

Gefahren im Hinblick auf § 16 VOL/A sind für die Vergabestelle immer dann nicht gegeben, wenn sie **klare Vorstellungen** von dem hat, was sie – unbedingt – beschaffen will, sei es auch in Form von – sachlich gerechtfertigten – Varianten der **Leistungsbeschreibung**. Sie muss dies freilich nicht zuletzt im Hinblick auf die späteren **Zuschlagskriterien**, die wiederum in engem Zusammenhang mit der Leistungsbeschreibung stehen, für die Bieter erkennbar machen[1367].

Merke: Hier wird der enge Zusammenhang zwischen Konzeption der Ausschreibung (§§ 16 VOL/A bzw. VOB/A), Leistungsbeschreibung (§ 8 VOL/A bzw. § 9 VOB/A) und den Zuschlagskriterien respektive der Bekanntgabe selbiger (§§ 9a, 25 VOL/A bzw. §§ 25, 25 a VOB/A) deutlich.

Die Spruchkörper äußern zumeist **keine Bedenken gegen eine konservative Ausgestaltung von sog. Parallelausschreibungen**, also solche, bei denen gleichzeitig

1364 OLG Celle, Beschl. v. 18. 12. 2003 (13 Verg 22/03), VergabE C-9-22/03 = VergabeR 2004, 397.

1365 Restriktiver zu einer verwendeten Terrorausschlussklausel: OLG Naumburg, Beschl. v. 26. 2. 2004 (1 Verg 17/03), VergabE C-14-17/03, Rn. 85 f. = VergabeR 2004, 387.

1366 OLG Düsseldorf, Beschl. v. 28. 7. 2005 (VII-Verg 45/05), VS 2005, 90f.: Verträge über Müllabfuhr über drei Jahre, alternativ über fünf oder acht Jahre.

1367 OLG Naumburg, Beschl. v. 31. 3. 2004 (1 Verg 1/04), VergabE C-14-1/04, Rn. 52 = EUK 2004, 106.

die Finanzierung z.B. eines Bauvorhabens ausgeschrieben wird, im Hinblick auf § 16 Nr. 2 VOB/A[1368, 1369]. Es ist lediglich zu beachten, dass die

> *»berechtigten Interessen der Bieter im Hinblick auf einen zumutbaren Arbeitsaufwand gewahrt werden, das Verfahren für die Beteiligten hinreichend transparent ist und sichergestellt ist, dass die wirtschaftlichste Verfahrensweise zum Zuge kommt«*[1370].

Häufig wird **beispielsweise** nur eine **Finanzierungsoption** mit ausgeschrieben, bei welcher der Bieter zusätzlich ein ergänzendes Angebot für eine Finanzierung unterbreitet, das dann in die Zuschlagsentscheidung mit einfließt. Der öffentliche Auftraggeber kann sich auf dieser Grundlage entscheiden, ob er die Bezuschlagung des Angebotes auf Basis der eigenen Finanzierung (i.d.R. bei Inanspruchnahme von Kommunalkrediten) vornimmt oder ob er auf das Finanzierungsangebot des Bauunternehmens bzw. dessen Financiers einsteigt und hierauf den Zuschlag erteilt.

Das **OLG Celle**[1371] hat diese Erfordernisse weiter **präzisiert**: Parallelausschreibungen dürfen nicht in der Weise gestaltet werden, dass eine Vergleichbarkeit der Angebotsvarianten und eine Transparenz der Bewertungskriterien praktisch entfällt und die gesamte Ausschreibung nicht der Beschaffung einer bestimmten Leistung dient, sondern der Markterkundung und Wirtschaftlichkeitsberechnung. In den vom OLG Celle behandelten Fällen wurden auf unzulässige Weise **Baukomponenten mit Dienstleistungselementen** für den Bau einer Kläranlage und die Abwasserbehandlung **kombiniert**. Die Angebotswertung sollte nach einer den Bietern **vorher nicht bekanntgegebenen Nutzwertanalyse** erfolgen. Im Vordergrund stand damit nicht die Vergleichbarkeit der Angebote, sondern die Frage, welches Verfahren für die Vergabestelle das günstigste ist. Dies sollte über die Errechnung eines »Kostenbarwertes« erfolgen. Das OLG Celle bemängelt, dass hiermit der **typische Effekt einer unzulässigen Parallelausschreibung** eingetreten sei, der darin besteht, dass es hauptsächlich auf die Feststellung des günstigsten

---

1368 OLG Bremen, Beschl. v. 22. 10. 2001 (Verg 2/2001), VergabE C-5-2/01v; KG, Beschl. v. 22. 8. 2001 (Kart Verg 3/01), VergabE C-3-3/01 = VergabeR 2001, 392 = NZBau 2002, 402 = EUK 2001, 152 = Behörden Spiegel 10/2001, S. 20; VÜA Bund, Beschl. v. 14. 4. 1997 (1 VÜ 24/96), VergabE U-1-24/96 = WuW/E VergAB, 115.

1369 Zum Teil wird auch die (rechtlich überwiegend für zulässig erachtete) Ausschreibung desselben Leistungsgegenstandes als Generalunternehmervergabe und gleichzeitig als Fach- bzw. Teillosvergabe als Parallelausschreibung bezeichnet, vgl. *Eschenbruch*, in Kulartz/Kus/Portz, GWB-Kommentar, 2006, Rn. 249 f. zu § 99, sowie *Weyand*, Praxiskommentar zum Vergaberecht, 2. Aufl. 2007, Rn. 4620 f. zu § 16 VOB/A. Praktischerweise sollte man aber nach hier vertretener Auffassung den Begriff der Parallelausschreibung für die Ausschreibung in Finanzierungsvarianten reservieren, weil nach hier vertretener Auffassung erst die Finanzierungsvariante eine wirkliche »parallele« Ausschreibung darstellt und die rechtlichen Schwierigkeiten erst hierbei einsetzen. Anders: *Eschenbruch*, in Kulartz/Kus/Portz, GWB-Kommentar, 2006, Rn. 250 zu § 99, der die nach seinem Verständnis als ›klassisch‹ bezeichnete Parallelausschreibung von Generalunternehmer- und gleichzeitiger Losvergabe als ›für den Regelfall unzulässig‹ tituliert. Einzuräumen ist, dass zumindest ein gewisser Konflikt mit der Mittelstandsfreundlichkeit und dem sie konkretisierenden Gebot der Losvergabe besteht; andererseits ist die Losvergabe aber auch nur eingeschränkt einklagbar.

1370 Siehe auch *Sterner* in: Beck'scher VOB-Kommentar, 2001, Rn. 27 zu § 16.

1371 OLG Celle, Beschl. v. 8. 11. 2001 (13 Verg 9/01), VergabE C-9-9/01 = VergabeR 2002, 154 = NZBau 2002, 400 = ZfBR 2002, 294 = WuW 2002, 207 = EUK 2002, 10; OLG Celle, Beschl. v. 8. 11. 2001 (13 Verg 10/01), VergabE C-9-10/01; OLG Celle, Beschl. v. 8. 11. 2001 (13 Verg 11/01), VergabE C-9-11/01.

Verfahrens für den Ausschreibenden ankommt, es sich aber in Wirklichkeit um mehrere Ausschreibungen nebeneinander und gleichzeitig handelt[1372].

Parallelausschreibungen im zu weit verstandenen Sinne sind unter dem rechtlichen Gesichtspunkt von Alternativausschreibungen **unzulässig**. Es darf **kein aliud** ausgeschrieben und vergeben werden. Diese Konstellation wird jedoch nicht selten im Bereich von richtigen PPP-Projekten vorliegen. Dort geht es meist nicht nur um eine Finanzierungsalternative, sondern um grundlegende Fragen der Konzeption einer Leistung (Leasing, Betrieb/Gebäudemanagement usw.). Dass diese Leistungen nicht parallel oder alternativ ausgeschrieben werden können, liegt mit Blick auf die Ausführungen des OLG Celle auf der Hand. Hier wird man sich als Ausschreibender für die eine oder andere Variante entscheiden müssen. Entscheidet man sich für die Ausschreibung als PPP-Projekt und stellt man dann fest, dass diese Variante teuer und von den Haushaltsmitteln nicht gedeckt ist, so wird notfalls eine Aufhebung nicht zu umgehen sein[1373].

Die Überlegungen hierzu müssen vorsichtig und unter **Beachtung der Rechtslage in der jeweiligen Gebietskörperschaft** durchgeführt werden[1374]. Einige Rechnungshöfe empfehlen ausdrücklich eine solche Art der Parallel-Ausschreibung[1375]. Andere lehnen sie – mit guten Gründen – als vergaberechtlich unzulässig ab, weil sie eine unzulässige Alternativausschreibung, also die gleichzeitige Ausschreibung wesensverschiedener Leistungen, darstellt[1376, 1377].

Merke: Rechtsverstöße gegen § 16 Nr. 1 oder Nr. 2 VOB/A bzw. VOL/A sind als **sehr gravierend** einzustufen und daher nach hier vertretener Auffassung Gegenstand subjektiver Rechte gemäß § 97 VII GWB[1378]. Die Vorschriften der §§ 16

1372 Zu unzulässigen Parallelausschreibungen auch: VK Lüneburg, Beschl. v. 10. 3. 2004 (203-VgK 4/04), VergabE E-9c-4/04.

1373 VK Schleswig-Holstein, Beschl. v. 4. 2. 2008 (VK-SH 28/07): Gewerkeweise Sanierung einer Schule anstatt Ausschreibung als PPP-Projekt.

1374 Vgl. z.B. Runderlasse verschiedener Bundesländer zu Parallelausschreibungen, bei *Weyand*, Praxiskommentar zum Vergaberecht, 2. Aufl. 2007, Rn. 4629 ff. zu § 16 VOB/A.

1375 Landesrechnungshof Schleswig-Holstein, Ergebnisbericht 2008, S. 12: »*Das Land sollte Parallelausschreibungen durchführen, die einen belastbaren Vergleich von konventioneller und ÖPP-Variante zulassen.*«

1376 Bayerischer Oberster Rechnungshof, Jahresbericht 2006, S. 55: »*Für den Kostenvergleich hat die Verwaltung die Ausschreibungsergebnisse mit Schätzkosten für eine konventionelle Realisierung verglichen, weil das Vergaberecht eine sog. Parallelausschreibung nicht zulässt.*«

1377 Siehe i.Ü. dazu näher im Kapitel III 1. und 2. zu Finanzierungsformen und PPP.

1378 Anders KG, Beschl. v. 22. 8. 2001 (Kart Verg 3/01), VergabE C-3-3/01, Rn. 25 = VergabeR 2001, 392 = NZBau 2002, 402 = EUK 2001, 152, das im Primärrechtsschutz nach §§ 102 ff. GWB eine Überprüfung anhand des § 16 VOB/A nicht vornehmen will, weil Verletzungen dieser Vorschrift der Geltendmachung von Schadensersatz vorbehalten seien. Wiederum anders KG, Urt. v. 14. 8. 2003 (27 U 264/02), VergabeR 2004, 496, das im Fall »EQUAL« einen Schadenersatzanspruch für den Fall, dass die Ausschreibung schon an der Ausschreibungsreife (§ 16 VOL/A) scheiterte, abgelehnt hat. Ein Bieter, der bereits bei der Angebotserstellung die mangelnde Präzision der Vorgaben im Leistungsverzeichnis formal rügt, könne nachher keine Schadensersatzansprüche geltend machen. Für ihn bestehe das notwendige Vertrauensverhältnis nicht, das durch ein Fehlverhalten des öffentlichen Auftraggebers enttäuscht werden könne. Wenn gar keine Wertung möglich war, sei im Übrigen auch gar nicht feststellbar, welche Bieterrangfolge der Betreffende eingenommen hätte. Dem lässt sich jedoch entgegenhalten, dass auch (und u.U. erst recht) aus der Verpflichtung der Vergabestellen zur Herstellung der Ausschreibungsreife ein zum Schadensersatz berechtigendes Vertrauensverhältnis existiert.

VOL/A bzw. VOL/A müssen, obwohl dem Wortlaut nach als Soll-Vorschrift ausgestaltet, als **Muss-Vorschrift** begriffen werden[1379].

Verstöße gegen die §§ 16 VOB/A bzw. VOL/A zeichnen sich typischerweise durch **Beweisprobleme** aus. Allerdings ist zu berücksichtigen, dass im GWB-Nachprüfungsverfahren der **Untersuchungsgrundsatz** gilt, und im Schadensersatzprozess eine **sekundäre Behauptungslast des öffentlichen Auftraggebers** existiert, der naturgemäß die größere Nähe zu seinem Fehlverhalten hat und dem daher auch diese sekundäre Behauptungslast auferlegt werden kann. Sehr schwierig ist es naturgemäß bei der Geltendmachung von Schadensersatz im Falle von de-facto-Vergaben[1380].

b) Vorhandensein ausreichender Haushaltsmittel

189 Ein Problem, das immer wieder akut wird, ist – nicht zuletzt angesichts der verstärkten Sparmaßnahmen – die **Ausschreibung** von Baumaßnahmen oder auch sonstiger Leistungen **ohne gesicherte Finanzierung**.

aa) Problemstellung

190 Das Problem, welches insbesondere die Bieter und Bewerber um einen öffentlichen Auftrag stark belastet und zu einem großen Ärgernis werden kann, tritt in **mehreren Spielarten** auf: Entweder sind die Haushaltsmittel von vornherein gar nicht vorhanden, weil die Maßnahme noch nicht in den Haushaltsplan eingestellt worden ist oder die Vergabestelle verabsäumt – fahrlässig, grob fahrlässig oder wie auch immer –, die Kosten der Maßnahme seriös und realistisch durchzukalkulieren respektive durchkalkulieren zu lassen[1381]. Dabei soll hier der vor allem bei Bauvergaben anzutreffende (Normal-) Fall außer Betracht bleiben, dass der Kostenansatz der Vergabestellen für Beschaffungsmaßnahmen in vertretbarem Umfang überschritten wird.

Das Problem kreist im Hinblick auf den **Primärrechtsschutz** um die Verpflichtung zur Herstellung der notwendigen **Ausschreibungsreife** nach §§ 16 VOL/A, 16 VOB/A. Im Primärrechtsschutz ist eine Aufhebung der Ausschreibung zwar nachprüfbar, jedoch wird, wie in den anderen Fällen der mangelnden Ausschreibungsreife, regelmäßig keine Befugnis der Vergabekammer bestehen, die Wiedereinsetzung in die Ausschreibung anzuordnen, also die Vergabestelle zu verpflichten, die

1379 So VÜA Sachsen, Beschl. v. 15. 5. 1999 (1 VÜA 7/98), VergabE V-13-7/98 = EUK 2000, 141.
1380 Siehe KG, Urt. v. 27. 11. 2003 (2 U 124/02), VergabeR 2004, 490, mit zutr. Anm. *Diercks*.
1381 Instruktiv hierzu: VK Sachsen, Beschl. v. 5. 9. 2002 (1 VK 73/02), VergabE E-13-73/02 = Behörden Spiegel 11/2002, S. 24.

Ausschreibung mit einer Zuschlagserteilung zu beenden[1382], weil insoweit ein Anspruch des Bieters nicht existiert[1383] und zu Lasten der ausschreibenden öffentlichen Hand kein Kontrahierungszwang besteht[1384]. Die Aufhebung mangels ausreichender Finanzmittel ist dann nicht rückgängig zu machen[1385].

Im Hinblick auf den **Sekundärrechtsschutz** wird eine erhebliche Relevanz in Bezug auf den **Schadensersatz** und dort insbesondere im Hinblick auf das **Verschulden** der Vergabestelle hervorgerufen, sofern nicht oberhalb der EU-Schwellenwerte die Privilegierung des § 126 Satz 1 GWB greift, der gemäß es eines Verschuldensnachweises nicht bedarf.

bb) Ausweg: Vorbehalt der Mittelbereitstellung?

191 Die Vergabestellen tendieren angesichts dieser Rechtslage teilweise dazu, Ausschreibungen in solchen Fällen nur noch unter »Vorbehalt der Mittelbereitstellung« vorzunehmen.

Es finden sich u.a. **Klauseln** wie die folgende:

> *»Die Auftragserteilung aufgrund des vorliegenden Angebots erfolgt vorbehaltlich der Mittelbereitstellung der zuständigen öffentlichen Behörden. Sollten wider Erwarten die in Aussicht gestellten Mittel zur vollen Finanzierung nicht bereitgestellt werden, so behält sich der Auftraggeber vor, die Ausschreibung aufzuheben. Ansprüche des AN auf Entschädigung bestehen nicht.«*

Dies hilft indes nicht unbedingt weiter. Auf der einen Seite muss sicher ohne weiteres das oft vorhandene **Interesse der Vergabestelle an einer vorzeitigen Ausschreibung** berücksichtigt werden. Dieses resultiert nicht selten aus einem dringenden Investitionsbedürfnis. Auf der anderen Seite sind die **Bieterinteressen** zu beachten, dort insbesondere die Vermeidung von Kosten für eine nutzlose Angebotserstellung, und vor allem das allgemeine Interesse an einer gewissen **Planungssicherheit**. Man könnte im Wege einer interessengerechten Lösung dazu neigen, eine solche Klausel für zulässig zu erachten, wenn die Ausschreibung dringlich und die Mittelbereitstellung zumindest wahrscheinlich ist. Dann ist es aber schwierig, eine Grenze zu ziehen, und man bewegt sich auf sehr unsicherem Terrain. All dies kommt im Übrigen einem fairen Wettbewerb nicht entgegen und geht im Zweifel zu Lasten kleinerer Betriebe, die eher davon Abstand nehmen

---

1382 EuGH, Urt. v. 18. 6. 2002 (Rs. C-92/00), VergabeR 2002, 361 = NZBau 2002, 458 = ZfBR 2002, 604 = WuW 2002, 1137; BGH, Beschl. v. 18. 2. 2003 (X ZB 43/02), VergabE B-2-1/03 = VergabeR 2003, 313 = NZBau 2003, 293 = ZfBR 2003, 401 = BauR 2003, 1091; BGH, Urt. v. 5. 11. 2002 (X ZR 232/00), VergabeR 2003, 163.

1383 OLG Dresden, Beschl. v. 10. 7. 2003 (WVerg 0015/02 und 0016/02), VergabeR 2004, 92 = NZBau 2003, 573 = ZfBR 2003, 810 = BauR 2004, 566. Deutlich: VK Sachsen, Beschl. v. 18. 8. 2006 (1 SVK 77/06): »*Grundsätzlich ist nämlich ein Auftraggeber nicht gezwungen, das Vergabeverfahren durch Zuschlag und damit durch Vertragsschluss zu beenden. Dies gilt unabhängig davon, ob die Voraussetzungen für eine rechtmäßige Aufhebung der Ausschreibung gem. § 26 Nr. 1 VOL/A vorliegen (OLG Düsseldorf, Beschluss vom 19. November 2003, VII-Verg 59/03).*«

1384 BGH, Beschl. v. 18. 2. 2003 (X ZB 43/02), VergabeR 2003, 313 = NZBau 2003, 293 = ZfBR 2003, 401 = BauR 2003, 1091; BGH, Urt. v. 5. 11. 2002 (X ZR 232/00), VergabeR 2003, 163. *Verfürth*, in: Kulartz/Kus/Portz, GWB-Kommentar, 1. Aufl. 2006, Rn. 60 zu § 126; *Lischka*, in: Müller-Wrede, VOL/A-Kommentar, 2. Aufl. 2007, Rn. 36 zu § 26, m.w.N.

1385 VK Brandenburg, Beschl. v. 14. 12. 2007 (VK 50/07).

werden, sich unter diesem Vorbehalt überhaupt an einer Ausschreibung zu beteiligen.

Daher dürfte wohl insgesamt, d.h. in allen Fällen, eine solche **Klausel** als **unwirksam** einzustufen sein. Das LG München I jedenfalls[1386] hatte in solch einer Klausel eine **unangemessene Benachteiligung der Bieter** im Sinne des § 9 AGB-Gesetz gesehen und die Vergabestelle verpflichtet, diese Klausel in ihren Ausschreibungen künftig nicht mehr zu verwenden. Sie gab dem vom Bieter geltend gemachten **Unterlassungsanspruch** nach §§ 13, 18 AGB-Gesetz statt und erlaubte ihm sogar, den Urteilstenor in der Lokalzeitung oder alternativ im Bayerischen Staatsanzeiger zu veröffentlichen. Diese Gerichtsentscheidung kann durchaus als **Präzedenzfall** gelten.

Auch bei einer der **Ausschreibungen des Bundes** im Zusammenhang mit der Einführung des BOS-Digitalfunks heißt es[1387]:

> *»Risikohinweis: Die Sicherstellung der erforderlichen Haushaltsmittel wird erst im Rahmen des Haushaltsgesetzes 2006 erfolgen.«*

Dass eine solche Klausel **rechtlich wirkungslos** ist, ergibt sich aus dem zuvor Gesagten.

Daher sollte nach alledem die Vergabestelle im Zweifel eher von einem Investitionsvorhaben zurücktreten, dessen Finanzierung durch Haushaltsmittel nicht gesichert ist.

cc) Beispielsfälle und mögliche Lösungsansätze

(1) Finanzierung

192 In einem der herausragendsten Fälle zu diesem Thema[1388] schrieb ein Staatsbauamt nach **mündlicher Zusage** durch das Finanzministerium den Neubau eines Dienstgebäudes öffentlich aus mit Baubeginn für das folgende Jahr. Eine positive, **verbindliche schriftliche Finanzierungszusage**, geschweige denn einen Regierungsentwurf für das nächste Haushaltsjahr, **gab es nicht**. Kurz vor dem Eröffnungstermin beschließt das Kabinett, das Vorhaben nicht in den Haushalt einzustellen. Daraufhin hob das Staatsbauamt die Ausschreibung auf.

Der BGH hält nicht nur den Schadensersatz auf das **negative Interesse** (Kosten für Angebotserstellung etc.) für gerechtfertigt, sondern grundsätzlich auch denjenigen, der auf den Ersatz des entgangenen Gewinns gerichtet ist (positives Interesse). Er hebt hervor, dass die Vergabestelle **ohne irgendeine Zusage von Haushaltsmitteln** gar nicht ausschreiben darf. Dies folgt schon aus **§ 16 Nr. 1 VOB/A**, wonach nur ausgeschrieben werden darf, wenn innerhalb der vorgesehenen Fristen mit der Ausschreibung tatsächlich begonnen werden kann. Einen **Aufhebungsgrund** im Sinne von § 26 VOB/A stellt die von Anfang an fehlende Finanzierung nicht dar.

1386 LG München I, Urt. v. 29. 10. 1996 (11 O 8041/96), VgR 1/1998, 47, mit Anm. *Noch*.
1387 ABl. EU v. 7. 4. 2005, Nr. 2005/S 68–065701.
1388 BGH v. 8. 9. 1998 (X ZR 48/97), BauR 1998, 1232 = JZ 1999, 253, mit Anm. *Noch* und zahlr. weiteren Nachweisen. Vorinstanz: OLG Frankfurt am Main, Urt. v. 20. 2. 1997 (1 U 105/95), ZVgR 1997, 268 = IBR 1997, 354.

§ 26 VOB/A erfasst danach nur Fälle, in denen nach Beginn der Ausschreibung Umstände eintreten, die eine Aufhebung selbiger erforderlich machen[1389].

Im **Schadensersatzprozess** unterliegt die Berechtigung der Aufhebung der Ausschreibung allerdings einem **eigenständigen Wertungsmaßstab**[1390]. Die Vergabestelle hat natürlich keine andere Wahl, als das Vergabeverfahren aufzuheben, wenn die Haushaltsmittel nicht vorhanden sind. Gleichwohl ist und bleibt dies rechtswidrig unter dem Gesichtspunkt der cic (§ 311 II BGB), weil **durch die Ausschreibung** ein **Vertrauenstatbestand geschaffen** wird, der beinhaltet, dass der Bieter voraussetzen darf, dass nach ordnungsgemäßem Gang der Dinge eine Vergabe des Projektes erfolgen wird[1391]. Dies Vertrauen wird stark enttäuscht, wenn von Anfang an keine verbindliche Zusage existiert hat, dass die Haushaltsmittel für das Vorhaben überhaupt vorhanden sind. Ein solch **drastischer Verstoß** wie in dem Fall des Ministerialgebäudes kann nach dem BGH sogar zum **Ersatz des entgangenen Gewinns** führen. Dieser wurde in dem behandelten Fall nur deshalb nicht zugesprochen, weil das **Ministerialgebäude nie realisiert** wurde. Nach der Schlussfolgerung des BGH kann dann auch – schon dem Wortsinne nach – kein Gewinn entgangen sein.

Merke: Immer wieder zeigt sich in der Praxis das bisher ungelöste Problem, dass eine Ausschreibung wegen **drohenden Wegfalls von Fördermitteln** zu einem Zeitpunkt vorgenommen werden muss, in dem die Ausschreibungsreife noch nicht vorliegt. Auch anders herum ist diese Konstellation recht häufig. Die Vergabestelle muss aus diversen Gründen eine Ausschreibung zu einem Zeitpunkt vornehmen, zu dem die **Fördermittel noch nicht sicher zugesagt** sind. Es existieren nicht selten politische oder andere rechtliche Zwänge, welche die optimale Einhaltung des Grundsatzes der Ausschreibungsreife nicht immer erlauben. Dies kann und soll hier nicht verschwiegen werden.

(2) Seriöse Kalkulation

193 Das OLG Schleswig[1392] behandelte einen Fall, in dem die Vergabestelle eine Ausschreibung vorher **nicht durchkalkuliert** hatte und auch nicht geprüft hatte, ob die erforderlichen Haushaltsmittel zur Verfügung stehen. Die Aufhebung der Ausschreibung aus schwerwiegendem Grund gemäß § 26 Nr. 1 lit. c VOB/A stellt nach Auffassung des Gerichts einen **rein objektiven Rechtsvorgang** dar, der völlig losgelöst von etwaigen Verschuldensgesichtspunkten zu betrachten ist. Insbesondere bezwecke die Vorschrift des § 26 Nr. 1 VOB/A nicht den Schutz des Bieters, sondern dient allein den Zielen wirtschaftlicher und sparsamer Haushaltsführung –

1389 So auch: OLG Düsseldorf, Beschl. v. 3. 1. 2005 (Verg 72/04 [LS]), NZBau 2005, 415: »*Zudem dürfen diese Änderungen erst nach Einleitung der Ausschreibung eingetreten oder bekannt geworden sein.*« Ähnlich: VK Sachsen, Beschl. v. 18. 8. 2006 (1 SVK 77/06); VÜA Hessen, Beschl. v. 25. 3. 1998 (VÜA 8/97), VergabE V-7-8/97 = Behörden Spiegel 11/1998, S. B II.

1390 Siehe zum Vertretenmüssen öffentlicher Auftraggeber: *Lischka*, in: Müller-Wrede, VOL/A-Kommentar, 2. Aufl. 2007, Rn. 42 zu § 26. Allgemein dazu: *Schmidt-Kessel*, in: Prütting/Wegen/Weinreich, BGB-Kommentar, 1. Aufl. 2006, Rn. 1, 32 zu § 276.

1391 BGH, Urt. v. 16. 12. 2003 (X ZR 282/02), VergabeR 2004, 480 = BauRB 2004, 170 = WuW 2005, 116; OLG Dresden, Urt. v. 10. 2. 2004 (20 U 1697/03 [nrkr.]), BauRB 2004, 205; VÜA Bayern, Beschl. v. 17. 12. 1999 (VÜA 6/99), VergabE V-2-6/99 = Behörden Spiegel 4/2000, S. B II.

1392 OLG Schleswig, Urt. v. 11. 12. 1995 ([9 O 132/93] Revision vom BGH nicht angenommen, Beschl. v. 7. 11. 1996 [VII ZR 29/96]), ZVgR 1997, 170 = VgR 1/1998, 48, mit Anm. *Noch*.

dies ist in Fallgestaltungen, die nach dem 1. 1. 1999 stattgefunden haben, zumindest nach herrschender Meinung[1393] anders zu sehen. Der Bieter müsse seinen Schadensersatzanspruch auf Verschulden bei Vertragsschluss (§ 311 II BGB – cic) stützen. Allein unter diesem Gesichtspunkt könne das Verschulden der Vergabestelle untersucht werden. Aus § 16 Nr. 1 VOB/A folge, dass die Finanzierung für das Bauvorhaben erst gesichert sein muss, bevor die Vergabestelle ausschreiben darf. Der öffentliche Auftraggeber müsse das Vorhaben zuvor genau durchkalkulieren und prüfen, ob die entsprechenden Haushaltsmittel bereitstehen. Diesbezüglich habe der an einer Ausschreibung teilnehmende Bieter ein schutzwürdiges Vertrauen, das zu Schadensersatz aus cic berechtige.

(3) Verwendung von Wahlpositionen

194 Das OLG Düsseldorf[1394] hatte einen Fall zu beurteilen, in dem die Vergabestelle in der **Leistungsbeschreibung** sog. **Wahlpositionen** verwendete hatte, um angesichts der Situation sehr knapp bemessener Haushaltsmittel im Zweifel auf die **preiswerteren Varianten** im Rahmen dieser Wahlpositionen zurückgreifen zu können.

Dabei wurde ein solcher Weg **nicht grundsätzlich ausgeschlossen**, jedoch war nach Ansicht des Senats in dem zu entscheidenden Fall die Verwendung der **Wahlpositionen** in **zu großem und nicht mehr transparentem Maße** vorgesehen. Insbesondere scheiterte die Vergabestelle daran, dass nicht klar war, wann welche Wahlpositionen in der **Wertung** Berücksichtigung finden sollten. Sie hatte zudem die Ausschreibung nicht ausreichend dokumentiert (§ 30 VOB/A).

Im Einzelnen sei der Ansatz von Wahlpositionen nur unter engen Voraussetzungen statthaft, weil die **Transparenz** des Vergabeverfahrens leide. Die Verwendung von Wahlpositionen komme nur in Betracht, wenn und soweit ein **berechtigtes Bedürfnis des öffentlichen Auftraggebers** besteht, die zu beauftragende Leistung in den betreffenden Punkten einstweilen offen zu halten[1395]. Tendenziell seien **nur geringfügige Teile der Leistungen in Form von Wahlpositionen** ausschreibungsfähig. Im Entscheidungsfall beträfen sie jedoch mehr als nur geringfügige Leistungsteile. Die Vergabestelle habe sowohl die Ausführung der Fassadenverkleidung als solche in zwei Varianten,
- Einfach- oder
- Doppelfassade

als auch das zum Einbau vorgesehene Fassadenmaterial in drei Alternativen,
- Weißglas,
- Floatglas,
- Blechverkleidung

und den vorgesehenen Sonnenschutz wahlweise in fünf verschiedenen Versionen ausgeschrieben.

1393 Das KG, Beschl. v. 22. 8. 2001 (Kart Verg 3/01), VergabE C-3-3/01, Rn. 25 = VergabeR 2001, 392 = NZBau 2002, 402 = EUK 2001, 152, ordnet den Bedeutungsgehalt dieser Rechtsfragen nicht dem Anwendungsbereich der subjektiven Rechte nach den §§ 97 ff. GWB zu und erachtet demzufolge den Primärrechtsschutz diesbezüglich für nicht gegeben.

1394 OLG Düsseldorf, Beschl. v. 24. 3. 2004 (VII Verg 7/04), VergabE C-10-7/04 = EUK 2004, 104.

1395 OLG Düsseldorf, Beschl. v. 2. 8. 2002 (Verg 25/02), VergabE C-10-25/02, Rn. 20 ff. = EUK 2002, 154.

Die **Wahlpositionen umfassten** damit **insgesamt drei vollständige** – und zudem wesentliche – **Leistungsbereiche** des ausgeschriebenen Auftrags. Dies führe zu dem Ergebnis, dass die Vergabestelle die Wahlpositionen nicht in zulässiger Weise verwendet habe. Zwar stehe ihr ein berechtigtes Interesse zur Seite, die Fassade alternativ als Einfach- und als Doppelfassade auszuschreiben sowie ferner wahlweise verschiedene Materialien der Fassadenverkleidung und unterschiedliche Sonnenschutzsysteme in die Leistungsbeschreibung aufzunehmen. Die Vergabestelle habe ihr Vorgehen nachvollziehbar mit dem Hinweis gerechtfertigt, dass für die Erneuerung der Rathausfassade **lediglich Haushaltsmittel in Höhe von 4,45 Mio. €** zur Verfügung stehen. Angesichts dieser begrenzten Haushaltsmittel sei nicht voraussehbar, ob die in erster Linie bevorzugte Ausführungsvariante einer Doppelfassade in Weißglas mit beweglichen Sonnenschutzlamellen letztlich durchführbar ist oder ob die Vergabestelle auf eine andere (kostengünstigere) Gestaltungsalternative zurückgreifen müsse.

Unklar sei ebenso, welche der nachrangig in Betracht kommenden Gestaltungsalternativen mit der zur Verfügung stehenden Investitionssumme von 4,45 Mio. € realisiert werden könne. Die Vergabestelle habe vor diesem Hintergrund ein **legitimes Interesse**, eine zeit- und kostenintensive Aneinanderreihung mehrerer Vergabeverfahren zu vermeiden und stattdessen ihre **Ausschreibung sogleich mit Hilfe entsprechender Wahlpositionen** auf alle von ihr in Erwägung gezogenen Ausführungsvarianten zu erstrecken.

Zur Gewährleistung eines transparenten Vergabeverfahrens müsse die Vergabestelle dem Bieterkreis allerdings **vorab die Kriterien bekanntgeben**, die für die Inanspruchnahme der ausgeschriebenen Wahlpositionen maßgebend sein sollen. Sie hätte dazu **in ihren Verdingungsunterlagen auf die begrenzten Haushaltsmittel als entscheidenden Maßstab für die Inanspruchnahme der Grund- oder einer der Wahlpositionen hinweisen** sowie festlegen müssen, in welcher Reihenfolge die – aufgrund der Wahlpositionen (Einfach- und Doppelfassade; Weißglas, Floatglas, Blechverkleidung; fünf Sonnenschutzvarianten) in Betracht kommenden – Ausführungsvarianten von ihr bevorzugt werden. Hierdurch wäre nicht nur die Transparenz des Vergabeverfahrens gewährleistet, sondern es könne auch ausgeschlossen worden, dass die Zuschlagsentscheidung mit Hilfe der Wahlpositionen manipuliert wird.

Grenzen für die Ausschreibung von Leistungspositionen als Grund- und Alternativpositionen existieren aber auch dann, wenn bei ordnungsgemäßer Vorbereitung der Ausschreibung eine Festlegung auf eine der beiden Alternativen möglich und zumutbar gewesen wäre[1396]. Geht demnach die Kostenschätzung dahin, dass für die Variante mit den teureren Positionen mit hoher Wahrscheinlichkeit die Haushaltsmittel nicht ausreichen, so wird deren Verwendung unzulässig sein.

(4) Aufhebung und Verhandlungsverfahren?

195 In weiteren Fällen wurde der Aspekt behandelt, dass die Vergabestelle in Reaktion auf nicht ausreichende Haushaltsmittel die **Aufhebung der Ausschreibung** und die

1396 OLG Naumburg, Beschl. v. 1. 2. 2008 (1 U 99/07).

nachfolgende **Veranstaltung eines Verhandlungsverfahrens** (mit »abgespecktem« Leistungsumfang) erwägen kann.

Sie muss dabei allerdings die **Risiken** beachten, die
- schon im Hinblick auf den Primärrechtschutz,
- insbesondere aber im Hinblick auf den Sekundärrechtsschutz (also bzgl. Schadensersatzansprüche)

bestehen.

Die Aufhebung der Ausschreibung ist mit einem **vergaberechtlichen** und einem **allgemein-zivilrechtlichen Maßstab** zu messen[1397]. Aus vergaberechtlicher Sicht kann die Vergabestelle den »schwerwiegenden Grund« für die Aufhebung der Ausschreibung im Sinne des § 26 Nr. 1 lit. c VOB/A bzw. des § 26 Nr. 1 lit. d VOL/A sogar grob fahrlässig und treuwidrig herbeiführen. Das vergaberechtliche Ergebnis wird sein, dass sie die Ausschreibung aufhebt, weil sie gar keine andere Wahl hat[1398]. Dennoch ist wegen des schadensersatzrechtlichen Haftungsrisikos aus § 311 II BGB (cic) und dem damit verbundenen eigenen Verschuldensmaßstab (§ 276 BGB)[1399] Vorsicht geboten.

Eine **Überschreitung der Kostenschätzung** von **mehr als 30%** – bei dann fehlenden Haushaltsmitteln und notwendiger Aufhebung der Ausschreibung – kann die Vermutung für einen Fehler der Vergabestelle rechtfertigen[1400]. Die Prüfung der Frage der Rechtmäßigkeit der (freilich unumgänglichen) Aufhebung der Ausschreibung verlagert sich dann auf die Ebene des Schadensersatzes[1401]. Sollte die Vergabestelle sogar vorsätzlich fehlerhaft kalkuliert haben, um angesichts der fehlenden Haushaltsmittel im nachfolgenden Verhandlungsverfahren die mittelständischen Firmen preislich drücken zu können – wie der antragstellende Verband dies angenommen hatte –, so kommt u.U. sogar der Ersatz des positiven Interesses aus §§ 823 II, 826 i.V.m. §§ 249 ff. BGB in Betracht[1402].

Eine zum Teil vorzufindende Praxis ist es dann, dass in einem (durch entsprechend gerechtfertigte Verfahrenswahl) **ohnehin eröffneten Verhandlungsverfahren oder in einem dem Offenen Verfahren »nachgeschalteten« Verhandlungsverfahren** unter dem Gesichtspunkt des überschrittenen Haushaltsansatzes und unter Hinweis auf die sonst drohende Aufhebung über die **Vergabe einer (u.U. wesentlich) abgespeckten Leistung verhandelt** wird. Vor einer solchen Vorgehensweise

1397 Siehe zum Vertretenmüssen öffentlicher Auftraggeber: *Lischka*, in: Müller-Wrede, VOL/A-Kommentar, 2. Aufl. 2007, Rn. 42 zu § 26. Allgemein dazu: *Schmidt-Kessel*, in: Prütting/Wegen/Weinreich, BGB-Kommentar, 1. Aufl. 2006, Rn. 1, 32 zu § 276.

1398 Vgl. BGH, Urt. v. 25. 11. 1992 (VII ZR 170/91), NJW 1993, 520; OLG Frankfurt, Urt. v. 20. 2. 1997 (1 U 105/95), ZVgR 1997, 268 = IBR 1997, 354; VK Brandenburg, Beschl. v. 14. 12. 2007 (VK 50/07): VÜA Bund, Beschl. v. 27. 5. 1997 (1 VÜ 10/97), VergabE U-1-10/97 = WiB 1997, 892.

1399 Die Sonderregel des § 126 S. 1 GWB für das Erstreiten des Vertrauensschadens oberhalb der EU-Schwelle, wo es keines Verschuldensnachweises bedarf, einmal außer Acht gelassen.

1400 VÜA Bund, Beschl. v. 27. 5. 1997 (1 VÜ 10/97), VergabE U-1-10/97 = WiB 1997, 892 = IBR 1997, 488.

1401 Siehe auch BGH, Urt. v. 26. 3. 1981 (VII ZR 185/80), NJW 1981, 1673; OLG Düsseldorf, NJW-RR 1986, 509.

1402 VÜA Bund, Beschl. v. 27. 5. 1997 (1 VÜ 10/97), VergabE U-1-10/97 = WiB 1997, 892 = IBR 1997, 488.

ist zu warnen[1403]. Selbst in einem Verhandlungsverfahren können Leistungen nicht in wesentlichen Teilen (unter größerer Änderung oder gar Wegfall von ganzen Positionen) variiert werden. Erst recht gilt dies in einem Offenen Verfahren bzw. in der Öffentlichen Ausschreibung[1404].

Das OLG Bremen und andere Spruchkörper haben zu Recht darauf verwiesen, dass nicht einmal bei Beibehaltung der Leistung ein (z.B. aus formalen Ausschlussgründen heraus) gescheitertes Offenes Verfahren als Verhandlungsverfahren fortgesetzt bzw. zu Ende gebracht werden darf[1405].

(5) Schlussfolgerungen

196 Zusammenfassend lässt sich anhand der dargestellten Beispielsfälle festhalten, dass die Vergabestelle sehr schnell einem **Haftungsrisiko aus cic** (§ 311 II BGB) ausgesetzt ist.

Dies gilt in besonders starkem Maße, wenn **keine festen Finanzierungszusagen** vorliegen. Auch eine **seriöse Kalkulation** gehört zwingend zu den Pflichten der Vergabestelle im unmittelbaren Vorfeld der Ausschreibung. Wird eine solche nicht vorgenommen, so handelt die ausschreibende Stelle vergaberechtswidrig und setzt sich Schadensersatzansprüchen der Bieter aus[1406]. Dabei ist im Einzelnen gar nicht ausschlaggebend der objektive Verstoß gegen den § 26 VOB/A und die Einschlägigkeit der dort vorgesehenen Aufhebungsgründe. Die Gerichte prüfen vielmehr nach, ob ein schutzwürdiges Vertrauen vorgelegen hat, das zu Schadensersatz berechtigt.

Nicht gefolgt werden kann dem **KG**[1407], das die Fälle etwaiger Verstöße gegen § 16 Nr. 1 und Nr. 2 VOB/A wegen einer nicht gesicherten Finanzierung nicht als Gegenstand des Nachprüfungsverfahrens gemäß §§ 102 ff. GWB betrachtet und eine Vergabekammer daher nicht berechtigt sei, die Vergabestelle anzuweisen, das Vergabeverfahren aufzuheben. Bieter sollen nach dort vertretener Auffassung in solchen Fällen von vornherein auf die Geltendmachung von Schadensersatz verwiesen werden. Dieser Rechtsprechung widerspricht diametral die Entscheidungsfindung eines anderen Senats des KG, der entschieden hatte, dass im Falle der vom Bieter erkannten und gerügten mangelnden Ausschreibungsreife gerade kein schutzwürdiges Interesse in Bezug auf die ordnungsgemäße Durchführung des Vergabeverfahrens bestehe. Insbesondere könne dann auch nur schwer Schadensersatz geltend gemacht werden, weil es infolge der mangelhaften Ausschreibung gar keine vergleichbaren Angebote gäbe und daher gar nicht eruiert werden könne, ob

1403 Vgl. bereits: VÜA Thüringen, Beschl. v. 25. 6. 1998 (1 VÜ 8/97), VergabV-16-8/97 = Behörden Spiegel 12/1998, S. B IV.

1404 Vgl.: OLG Naumburg, Beschl. v. 13. 10. 2006 (1 Verg 6/06), NZBau 2007, 200 = VergabeR 2007, 125, 5. LS.: »*Wird von einem Auftrag ein Teil der Leistungspositionen nachträglich herausgenommen, so liegt **faktisch eine Teilaufhebung** der Ausschreibung vor, die einer eigenen sachlichen Rechtfertigung bedarf.*«

1405 OLG Bremen, Beschl. v. 3. 4. 2007 (Verg 2/2007), VergabeR 2007, 517 = VS 2007, 37; VK Sachsen, Beschl. v. 7. 1. 2008 (1 SVK-77/07), VS 2008, 5.

1406 Zur Vertretbarkeit einer Kostenschätzung siehe BGH, Urt. v. 8. 9. 1998 (X ZR 99/96), BauR 1998, 1238.

1407 KG, Beschl. v. 22. 8. 2001 (Kart Verg 3/01), VergabE C-3-3/01, Rn. 25 = VergabeR 2001, 392 = NZBau 2002, 402 = EUK 2001, 152.

das betreffende Angebot ernsthafte Zuschlagschancen besaß bzw. besessen hätte[1408].

In jedem Falle ist die Vergabestelle verpflichtet, das Vorhandensein ausreichender Haushaltsmittel im **Vergabevermerk** (§§ 30 VOB/A, 30 VOL/A) sorgfältig und nachvollziehbar zu dokumentieren, damit nicht zuletzt dem Vorwurf der Willkür und Manipulation Einhalt geboten werden kann[1409].

3. Begriff des öffentlichen Auftrags und Abgrenzung zwischen Bau-, Liefer- und Dienstleistungsauftrag

a) Bedeutung der Regelungen in der Vergabekoordinierungsrichtlinie und im GWB

197 Zunächst findet sich im Vergaberecht eine allgemeine **Definition des öffentlichen Auftrags** in § 99 I GWB:

> *»Öffentliche Aufträge sind entgeltliche Verträge zwischen öffentlichen Auftraggebern und Unternehmen, die Liefer-, Bau- oder Dienstleistungen zum Gegenstand haben, und Auslobungsverfahren, die zu Dienstleistungsaufträgen führen sollen.«*

Diese Definition knüpft nahtlos an den öffentlichen Auftraggeberbegriff an. Öffentliche Auftraggeber, die eo ipso öffentliche Gelder, also **Steuermittel**, ausgeben, treten an den **privatwirtschaftlichen Markt** heran, und beschaffen als **Gegenleistung** für diese Gelder Waren, Bau- oder Dienstleistungen.

In Art. 1 II lit. a VKRL 2004/18/EG findet sich folgende Definition:

> *»›Öffentliche Aufträge‹« sind zwischen einem oder mehreren Wirtschaftsteilnehmern und einem oder mehreren öffentlichen Auftraggebern geschlossene schriftliche entgeltliche Verträge über die Ausführung von Bauleistungen, die Lieferung von Waren oder die Erbringung von Dienstleistungen im Sinne dieser Richtlinie.«*

Die praktisch einzige Abweichung liegt in dem Erfordernis der **Schriftlichkeit** des Vertrages. In der Regel wird selbstverständlich auch von deutschen öffentlichen Auftraggebern ein schriftlicher Vertrag abgeschlossen (siehe die Hinweise auf die Beurkundungsmöglichkeit z.B. in § 28 Nr. 1 I VOB/A)[1410]. Dennoch ist auch ein mündlich abgeschlossener Vertrag grundsätzlich wirksam. Die **Vertragsabschlußmodalitäten** richten sich schließlich nach **nationalem Recht**, so dass das in der Richtlinie vorhandene Schriftlichkeitserfordernis nicht als essentiell anzusehen ist.

In Betreff dieser **allgemeinen Definition** ist bereits unter Rdn. 35 ff. in den Erläuterungen zu § 99 I GWB auf einige Gesichtspunkte hingewiesen worden.

So ist grundsätzlich der **Verkauf von Vermögensgegenständen des Staates** (Verkauf von ausrangierten Dienstwagen etc.) kein öffentlicher Auftrag. Sie sind regel-

1408 KG, Urt. v. 14. 8. 2003 (27 U 264/02), VergabeR 2004, 496.
1409 VÜA Hessen, Beschl. v. 25. 3. 1998 (VÜA 8/97), VergabE V-7-8/97.
1410 Ähnlich in der VOL/A: *Noch*, in Müller-Wrede, Kommentar zur VOL/A, 2. Aufl. 2007, Rn. 39 zu § 28.

mäßig lediglich eine Verwertungshandlung staatlichen Vermögens und stellen keine Leistung mit einem wirtschaftlichen Austauschverhältnis dar. Eine Ausnahme kann bei dem **Verkauf von Grundstücken** durch den Staat gegeben sein, wenn damit weitere Zwecke wie städtebauliche Interessen oder Wirtschaftsförderungsabsichten vorliegen. Dazu wurde in diesem Werk an anderer Stelle schon ausführlich Stellung genommen (Rdn. 29).

Nicht abschließend entschieden – und letztlich auch vom BGH offengelassen – ist, ob der Begriff des öffentlichen Auftrags **nur privatrechtliche Verträge** umfasst, oder ob er **auch öffentlich-rechtliche Verträge**[1411] z.B. mit beliehenen Unternehmern einschließt. Angesprochen wurde diese Frage im Rahmen einiger Nachprüfungsverfahren, welche die Vergabe von Rettungsdienstleistungen betrafen. Jedenfalls aber wird man von einer gewissen »**Rechtsformunabhängigkeit**« der Qualifizierung eines Vertrages als öffentlicher Auftrag sprechen können[1412].

Der **Verkauf von Geschäftsanteilen** ist grundsätzlich ausschreibungspflichtig, kann jedoch ein Vergabeverfahren erforderlich machen, wenn damit Baumaßnahmen oder Dienstleistungen verbunden sind[1413]. Im Einzelfall ist auch eine Abgrenzung zu Dienstleistungskonzessionen vorzunehmen[1414]. Keine Dienstleistungskonzession, sondern ein Dienstleistungsauftrag, liegt jedoch im Falle der Übertragung eines Rechts zur Verwertung einer bestimmten Leistung und der Auferlegung des wirtschaftlichen Nutzungsrisikos auf den Konzessionär vor, wenn der Konzessionär als Entgelt ausschließlich einen vorher festgelegten Preis erhält[1415].

Die Definition des öffentlichen Auftrags wird in den §§ 99 II bis IV GWB[1416] für die einzelnen **Vertragstypen** des Liefer-, Bau- und Dienstleistungsauftrages weiter spezifiziert. Sehr begrüßenswert ist, dass die Definitionen auf Gesetzesebene direkt nebeneinander gestellt sind, was die Übersichtlichkeit ohne Zweifel erhöht. Früher waren die Definitionen nur den jeweiligen Verdingungsordnungen zu entnehmen, was einer der Gründe für die häufigen Fehler bei der richtigen Typisierung der öffentlichen Aufträge gewesen sein mag.

1411 So: OLG Düsseldorf, Beschl. v. 8. 9. 2004 (VII Verg 35/04), VergabE C-10-35/04 = NZBau 2005, 650 = VS 2005, 5; OLG Düsseldorf, Beschl. v. 22. 9. 2004 (VII-Verg 44/04), VergabE C-10-44/04 = NZBau 2005, 652 = VS 2005, 5.

1412 So: OLG Düsseldorf, Beschl. v. 5. 4. 2006 (VII Verg 7/06), NZBau 2006, 595 = VergabeR 2006, 787 = WuW 2006, 1087. Siehe auch: OLG Düsseldorf, Beschl. v. 5. 5. 2004 (VII-Verg 78/03), NZBau 2004, 398, 399.

1413 VK Schleswig-Holstein, Beschl. v. 17. 8. 2004 (VK 20/04), VergabE E-15-20/04: Veräußerung von Geschäftsanteilen an einer neu zu gründenden Abfallwirtschafts-GmbH und Übertragung von Entsorgungsdienstleistungen für 20 Jahre. VK Lüneburg, Beschl. v. 26. 4. 2002 (203-VgK-6/02), VergabE E-9c-6/02.

1414 VK Sachsen, Beschl. v. 29. 2. 2004 (1 VK 157/03), VergabE E-13-157/03: Vorliegen einer Dienstleistungskonzession für einen Abwasserentsorgungsvertrag über 25 Jahre mit Teilprivatisierung (49%) verneint.

1415 VK Sachsen, Beschl. v. 11. 8. 2006 (1/SVK/073/06), VS 2006, 87.

1416 § 99 V GWB enthält eine Definition von Auslobungsverfahren nach der Dienstleistungsrichtlinie, die von einem Preisgericht mit oder ohne Verteilung von Preisen durchgeführt werden (z.B. Ideenwettbewerbe).

Dabei ist der Gesetzgeber **im Jahre 2005 mit Einführung des ÖPP-Beschleunigungsgesetzes**[1417] sogar **noch einen Schritt weitergegangen**. Er hat einen § 99 VI GWB angefügt, in dem er die seit längerer Zeit aus der Rechtsprechung bekannten Leitlinien der Abgrenzung zwischen Liefer- und Dienstleistungen einerseits sowie der Abgrenzung zwischen Bau- und Dienstleistung andererseits aufgenommen hat.

> *»(6) Ein öffentlicher Auftrag, der sowohl den Einkauf von Waren als auch die Beschaffung von Dienstleistungen zum Gegenstand hat, gilt als Dienstleistungsauftrag, wenn der Wert der Dienstleistungen den Wert der Waren übersteigt. Ein öffentlicher Auftrag, der neben Dienstleistungen Bauleistungen umfasst, die im Verhältnis zum Hauptgegenstand Nebenarbeiten sind, gilt als Dienstleistungsauftrag.«*

Durch die Einfügung von **§ 99 VI GWB** wird die so genannte **Schwerpunkttheorie** bei der Abgrenzung der verschiedenen Vertragstypen im deutschen Vergaberecht kodifiziert. Hinsichtlich der Schwerpunkttheorie ist allerdings zu beachten, dass sie in beiden Abgrenzungsfällen einen unterschiedlichen Inhalt hat.

- Bei der Abgrenzung der **Warenlieferungen von den Dienstleistungen** ist gemäß § 99 VI 1 GWB anhand einer 50%-Regel auf das wertmäßige Überwiegen der Auftragsgegenstände abzustellen. Basis bildet hier jetzt schon die Bestimmung des § 1a Nr. 1 II VOL/A. Auch in diesem Abgrenzungsbereich kann es sich so verhalten, dass die Dienstleistungen die eigentliche Lieferleistung im Laufe langjähriger Wartungsverträge deutlich überwiegen.
- Insbesondere hält die **Abgrenzung zwischen Bau- und Dienstleistungen** (§ 99 VI 2 GWB), so wie sie der EuGH bereits im Jahre 1994[1418] vorgenommen hat, Einzug in das geschriebene Recht. Danach ist das Wesen des Vertrages entscheidend, und dies vor allem dann, wenn die **Bauleistung im Vergleich zu einer langjährigen Dienstleistung zur Nebensache** wird. Das kann bei einem Bauvorhaben mit einem zugleich vergebenen langjährigen Betreibervertrag durchaus der Fall sein. Auch die deutsche Rechtsprechung hat verschiedentlich den Einbau einer Heizungsanlage, zusammen mit einem langjährigen Energielieferungs- und Wartungsvertrag, als Dienstleistungsauftrag eingestuft[1419]. Dabei ist der Einbau der Heizungsanlage zwar für sich genommen eine Werkleistung; diese wird jedoch so stark von den jahrelang zu erbringenden Dienstleistungen geprägt und überprägt, dass insgesamt ein Dienstleistungsauftrag anzunehmen ist.

Merke: Wichtig bei der Anwendung des § 99 VI GWB ist es, darauf zu achten, dass es im Hinblick auf die Abgrenzung zwischen **Liefer- und Dienstleistungen** (§ 99 VI 1 GWB) auf das **wertmäßige Überwiegen** der jeweiligen Leistungen ankommt, wohingegen es bei der Abgrenzung zwischen **Bau- und Dienstleistungen** (§ 99 VI 2 GWB) auf eine **wertende Betrachtung** dahingehend ankommt, zu unter-

1417 Gesetz gegen Wettbewerbsbeschränkungen (GWB), zuletzt geändert durch das ÖPP-Beschleunigungsgesetz vom 1. 9. 2005 (BGBl. I 2005, S. 2672), in Kraft seit dem 8. 9. 2005. Verordnung über die Vergabe öffentlicher Aufträge (Vergabeverordnung) – VgV, zuletzt geändert durch das ÖPP-Beschleunigungsgesetz vom 1. 9. 2005 (BGBl. I 2005, S. 2676), in Kraft seit dem 8. 9. 2005.

1418 EuGH, Urt. v. 19. 4. 1994 (Rs. C-331/92 »Gestión Hotelera Internacional SA ./. Comunidad Autónoma de Canarias«), Slg. 1994, I-1329 = VergabE A-1-2/94.

1419 OLG Düsseldorf, Beschl. v. 12. 3. 2003 (Verg 49/02 »Heizungsanlage mit Wärmelieferung«), VergabE C-10-49/02 = BauRB 2004, 51 = EUK 2003, 72.

suchen, ob die Dienstleistung den Charakter der zu erbringenden Leistung dermaßen bestimmt, dass insgesamt die Bauleistung als Nebenleistung erscheint.

Es erhebt sich freilich die Frage, weshalb diese Kodifizierung im § 99 VI GWB angesichts einer dazu auch gefestigten deutschen Rechtsprechung erst im Jahre 2005 geschehen ist. Hinzu kommt, dass es von noch **größerer praktischer Bedeutung** gewesen wäre, gesetzgeberische Regelungen zu der **Abgrenzung zwischen Bau- und Lieferleistungen, insbesondere bei Neubauten**, zu treffen[1420]. Ausgerechnet diese fehlen. Hier wird in der deutschen Verwaltungs- und Entscheidungspraxis der Funktionsbegriff des Bauwerkes in zum Teil fragwürdiger Weise überdehnt. Eine Regelung ist dringend erforderlich.

Schließlich gibt es noch immer eine Reihe von **Zweifelsfällen** bei der Abgrenzung der Vertragstypen. Entweder besteht die Leistung aus verschiedenen Teilleistungen, die jeweils für sich genommen zu unterschiedlichen Auftragstypen zählen oder die ausgeschriebene Leistung passt schon von sich aus nur schwer unter eine der genannten Vertragstypen.

b) Grundsätzliches zur Abgrenzung; umfassend zu verstehender Bauleistungsbegriff

198 Ungeachtet der vorgenannten Schwierigkeiten lassen sich jedoch einige **Grundsätze** festhalten.

Ausgehend von der Entstehungsgeschichte und dem Sinn und Zweck der Vergaberichtlinien ist als eine Art **Faustformel** zunächst voranzustellen, dass tendenziell alles, was nicht Bauauftrag ist, Lieferauftrag ist und alles was nicht Bau- und Lieferauftrag ist, ein Dienstleistungsauftrag ist[1421].

Hiermit ist eine relativ eindeutige **Rangfolge** vorgegeben, die durch den europäischen Richtliniengeber – und im Gefolge durch den deutschen Gesetz- bzw. Verordnungsgeber – festgelegt worden ist. Eine ganz besondere Bedeutung erlangt angesichts dieser Rangfolge die Abgrenzung von einem **Bauauftrag**. Mit dieser Prüfung ist in der Regel zu beginnen, außer in den Fällen, in denen ganz offensichtlich kein Bauauftrag vorliegt.

Diese Prüfungsreihenfolge findet – unbeschadet der nachfolgend aufgezeigten Problematik eines teilweise zu weit verstandenen Bauleistungsbegriffes – ihre **Bestätigung durch die Rechtsfindung des EuGH und der nationalen Nachprüfungsorgane**. Insbesondere letztere haben bereits eine recht beachtliche Kasuistik hervorgebracht, welche die Lösung der Abgrenzungsprobleme in einer Reihe von Fällen erleichtert.

Einige **Beispiele für Bauleistungen** nach § 1 VOB/A **im neu zu errichtenden Gebäude**:
- Schrankeinbauten
- Großküchen
- Operationssäle in Krankenhäusern
- Lift für mehrstöckiges Verwaltungsgebäude

1420 *Noch*, BauRB 2005, 147 ff.
1421 So *Noch*, BauR 1998, 941 ff.

- Regalsysteme für neue Bibliothek
- Notstromaggregat für Rauchgasentschwefelungsanlage einer Müllverbrennungsanlage (MVA)
- Energiespar-Contracting mit baulichen Veränderungen an den Wärme- und -Kälteaggregaten
- Elektroinstallation für Bühnenhaus
- Maschinentechnische Teile einer Kläranlage
- Einsatzleitsystem für Polizeigebäude
- Lichtsignalanlagen
- Brandmeldesysteme
- Betrieb einer Hausmülldeponie inklusive der Nachsorge in Form des Einlagerns, Verdichtens, Drainierens und des Einbaus von Abdeckmaterial

Ein weiteres sei vorangestellt: All diesen hier abstrakt angeführten Entscheidungen ist die Tendenz gemeinsam, dass im Zweifel auf den **Schwerpunkt bzw. den Charakter der auszuführenden Leistung** abzustellen ist. Dieser Schwerpunkt liegt denn auch im Zweifel oftmals auf der Erstellung von Bauwerken. Danach ist alles, was mit dem Bauwerk so fest verbunden wird, dass es für sich allein nicht mehr weiterverwendet werden kann, als Bauleistung anzusehen. Darüber hinausgehend ist nach ganz herrschender Meinung auch alles, was zur **späteren Funktion eines neuen Gebäudes** dient, als Bauleistung zu qualifizieren.

Freilich **kann** diese sehr weite, auf die Funktion des neuen Bauwerkes bezogene, Auslegung des Anwendungsbereiches der Bauleistungen **im Einzelfall zu fragwürdigen Ergebnissen führen. Unstreitig** dienen, wie nachfolgend im einzelnen anhand der Rechtsfindung nachgewiesen wird, lose Liefergegenstände, die dann eingefügt oder auch nur hineingestellt werden, wie etwa **Gebäudetechnik**, Regale für eine Bibliothek, **Küchentechnik** für eine Mensa oder **Bestuhlungen** für einen Konzertsaal, der **Funktion des neuen Gebäudes**. Diese Gegenstände gehören durchaus **in einem engeren Sinne zu der Funktionstüchtigkeit** eines neuen Gebäudes unter dem Blickwinkel der späteren Nutzung.

Sinnfällig ist diese weitgezogene Zuordnung zu den Bauleistungen aber dann nicht mehr, wenn es um **weitere lose Ausstattungsgegenstände im Detail** geht, also z.B. die Lieferung von Software in einem neuen Verwaltungsgebäude[1422], die Bereitstellung von Rührgeräten, Schneebesen und Sahnetüten für ein Schulungsgebäude der Konditoreninnung oder die Lieferung von Schulbüchern und Landkarten für ein neues Schulgebäude[1423]. Diese **einfachen Ausrüstungsgegenstände sind nach hier vertretener Auffassung keine Bauleistungen mehr**. Sie sind lediglich in dem Gebäude untergebracht[1424]. Gleichfalls neigen nicht wenige Lan-

1422 In dieser Richtung auch *Müller* in: *Daub/Eberstein*, VOL/A, 5. Aufl. 2000, Rn. 8 zu § 1: »*Einrichtungen, die jedoch von der baulichen Anlage ohne Beeinträchtigung der Vollständigkeit oder Benutzbarkeit abgetrennt werden können und einem selbständigen Nutzungszweck dienen können, fallen unter die VOL/A. Dies können z.B. sein: Fernmeldetechnische Vermittlungs- und Übertragungseinrichtungen, Kommunikationsanlagen sowie EDV-Anlagen und EDV-Geräte.*«

1423 Es wird sogar von Fällen berichtet (so *Zahnmesser*, Oberste Baubehörde im Bayr. Staatsministerium des Innern), in denen laufende Unterhaltungsmaßnahmen wie Rasenschneidearbeiten in einer Sportanlage als Arbeit an einem Grundstück und damit als Bauleistung deklariert werden. Wäre das richtig, so müsste auch jede Gebäudereinigung, die Jahre nach Fertigstellung des Gebäudes vergeben wird, als Bauleistung ausgeschrieben werden, weil sie dessen Erhaltung dient.

1424 So völlig zu Recht auch die VK Bund, Beschl. v. 2. 5. 2003 (VK 1-25/03), VergabE D-1-25/03.

desverwaltungen (insbesondere die Wirtschaftsministerien, weniger die Bauministerien) dazu, solche einfacheren Ausrüstungsgegenstände als Lieferleistung einzuordnen. Demgegenüber ordnet u.a. die Bundesbauverwaltung solche Gegenstände noch den Bauleistungen zu[1425].

Die VK Bund[1426] stellt demgegenüber gleichfalls die weite Auslegung des Bauleistungsbegriffes heraus. **Zu den Bauleistungen** zählen insbesondere auch die **Lieferung und Montage der für die baulichen Anlage erforderlichen maschinellen und elektrotechnischen/elektronischen Anlagen** und Anlagenteile, sowie die Ergänzung und der Neueinbau solcher Anlagen in bestehende Gebäude. Der **Einbau elektrotechnischer und elektronischer Anlagen stellt jedoch nach Überzeugung der Kammer dann keine Bauleistung** dar, wenn die technische Anlage lediglich in dem Bauwerk **untergebracht ist**, das Bauwerk aber auch **ohne sie nach seiner Zweckbestimmung funktionsfähig** ist.

Problematisch an einer **der überwiegend sehr weitgezogenen Zuordnung** zu den Bauleistungen ist, dass die **Lieferfirmen mit bauvergabebezogenen Spezifika konfrontiert** werden, die sie u.U. gar nicht oder nur schwer erfüllen können. Der Wettbewerb wird dadurch ohne Not verengt.

Zu nennen ist hier insbesondere die Konfrontation der Lieferfirmen mit der **Bauabzugssteuer**[1427] bzw. dem Erfordernis der Vorlage einer entsprechenden Freistellungsbescheinigung[1428].

Des Weiteren sind diese einfachen Ausrüstungsgegenstände meist **gar nicht von den DIN-Normen** erfasst. In den DIN-Normen der VOB/C – DIN 18299 bis DIN 18451 – sind neben den klassischen technischen Bestimmungen betreffend Erdarbeiten, Rohbauarbeiten, Maurer-, Zimmerer- und Klemptnerarbeiten zwar auch Arbeiten erfasst, die der Gebäudetechnik dienen (z.B. Raumlufttechnische Anlagen [DIN 18379], Heizungsanlagen [DIN 18380]) erfasst, nicht aber solche, die weitere Liefergegenstände betreffen wie die vorliegend in Streit stehenden Ausrüstungsgegenstände für z.B. eine Berufsschule.

Hieran zeigt sich, dass der **Bauleistungsbegriff zwar vom Ansatz her weit zu verstehen** ist. Dies bezieht sich aber **nur auf Gegenstände der unmittelbaren Gebäudeausstattung, nicht jedoch** auf solche Gegenstände, die im **weitesten Sinne** – und damit in einem **rechtlich nicht mehr relevanten Zusammenhang** – mit der Realisierung einer Baumaßnahme beschafft werden. Auch die DIN 18299 spricht in diesem Zusammenhang nur von solchen Lieferleistungen, welche die »Lieferung der dazugehörigen Stoffe und Bauteile einschließlich Abladen und Lagern auf der Baustelle« umfassen[1429].

Ebenso erfasst die **DIN 276 für die Kostenermittlung** im Hochbau verbindlich nur die Kosten für die Herstellung des Gebäudes, nicht jedoch für weitere Aus-

1425 Ähnlich auch: OLG Dresden, Beschl. v. 2. 11. 2004 (W Verg 11/04), VergabeR 2005, 258 = VergabE C-13-11/04.

1426 So völlig zu Recht auch die VK Bund, Beschl. v. 2. 5. 2003 (VK 1-25/03), VergabE D-1-25/03.

1427 Zu den Neuerungen seit 2003 u.a.: *Lingemann*, BauRB 2003, 157.

1428 Siehe zur Neuausgabe der Freistellungsbescheinigungen das Schreiben des BMF v. 20. 9. 2004 (Gz.: IV A 5-S-2272b-11/04).

1429 Vgl. *Englert/Grauvogl/Katzenbach* in: *Englert/Katzenbach/Motzke*, VOB/Teil C, 2003, Rn. 94 f. zu DIN 18299.

stattungsgegenstände, die also nicht unmittelbar zur Realisierung des Baukörpers erforderlich sind.

Gegen eine Zuordnung von solchen einfachen Ausrüstungsgegenständen spricht schon, dass diese Gegenstände **aus ganz anderen Haushaltsmitteln finanziert** werden. Insbesondere bei Schulungsgebäuden erfolgen z.B. Kofinanzierungen vom Europäischen Fonds für Regionale Entwicklung (EFRE). Die Ausschreibung solcher einfacher Liefergegenstände erfolgt des Weiteren i.d.R. nach Abschluss der Baumaßnahmen. Auch dies spricht für einen ganz anderen tatsächlichen und rechtlichen Zusammenhang.

Merke: Trotz dieser fundamentalen Bedenken im Einzelfall gegen eine sehr weite Ausdehnung des Bauleistungsbegriffs (und der damit anzunehmenden höheren Schwellenwerte mit entsprechender Reduzierung der Rechtsschutzmöglichkeiten[1430]) ist gemäß der Rechtsprechung im Zweifel eine Bauleistung anzunehmen.

c) Abgrenzungsfälle im Spiegel der Rechtsfindung

aa) Rechtsfindung des EuGH

(1) Fall Gestión Hotelera

199 Der **EuGH**[1431] hat im Jahre 1994 die **Errichtung und den Betrieb einer Hotelanlage** auf den Kanarischen Inseln tendenziell als Bauauftrag eingeordnet, obwohl natürlich der langjährige Betrieb der Hotelanlage ein beträchtliches wirtschaftliches Gewicht hat, was theoretisch nicht ganz ohne Einfluss auf die Typisierung des Vertrages bleiben kann. In der praktischen Bedeutung jedoch dürfte in solchen und ähnlichen Fällen die Errichtung des Gebäudes oftmals das Schwergewicht des Auftrages bilden, so dass man im Zweifel eher von einem Bauauftrag ausgehen muss. Nur dann, wenn die Bauleistungen eindeutig von untergeordneter Bedeutung sind und nur eine Nebensache des Betreiber-, Überlassungs- und Nutzungsvertrages darstellen, kann kein Bauauftrag i.S.d. Richtlinie 93/37/EWG angenommen werden. Diese Rechtsprechung entspricht der Abgrenzung, die im 16. Erwägungsgrund der Dienstleistungsrichtlinie 92/50/EWG vorgenommen wird, wo klar herausgestellt wird, dass,

> *»soweit Bauleistungen lediglich von untergeordneter Bedeutung sind und somit nicht den Inhalt des Vertrages ausmachen, ... sie nicht zu einer Einordnung des Vertrages als öffentlicher Bauauftrag (führen).«.*

Offen bleibt hiernach, welches **wirtschaftliche Gewicht** den Dienstleistungen zuzumessen sein muss, damit mit relativer Sicherheit nicht mehr von einem Bauauftrag ausgegangen werden kann. Nach Entstehungsgeschichte, Sinn und Zweck der Dienstleistungsrichtlinie wird man davon ausgehen können, dass ein Dienstleistungsvolumen bezogen auf 50 bis 60% des Gesamtauftragswertes regelmäßig wohl kaum dazu führen wird, dass bereits kein öffentlicher Bauauftrag mehr vorliegt. Man wird sicherlich erst dann von einer »untergeordneten Bedeutung«

1430 Zu den Rechtsschutzeinschränkungen auch *Irmer*, Sekundärrechtsschutz und Schadensersatz im Vergaberecht, 2004, S. 297.

1431 EuGH, Urt. v. 19. 4. 1994 (Rs. C-331/92 – »Gestión Hotelera Internacional SA ./. Comunidad Autónoma de Canarias«), Slg. 1994, I, S. 1329 = VergabE A-1-2/94.

der zu erbringenden Bauleistungen sprechen können, wenn die Dienstleistungen deutlich mehr als 60 bis 70% des Gesamtauftragsvolumens ausmachen. Wie so oft, wird es auf den Einzelfall ankommen, wobei man sich aber immer den **Auffangcharakter der Dienstleistungsrichtlinie** vor Augen führen muss.

Diese **Nachrangigkeit** hat insbesondere in Bezug auf die Abgrenzung zu Bauleistungen die Ursache, dass Bauleistungen auf eine ganz andere Dauerhaftigkeit angelegt sind und nicht zuletzt Fragen der **Gewährleistung** usw. eine Rolle spielen. Kann z.B. im Falle der gemischten Auftragserteilung für die Errichtung und den Betrieb einer Hotelanlage der Betreibervertrag nach gewissem Zeitablauf gekündigt oder anderweitig aufgelöst werden, so ist demgegenüber der öffentliche Auftraggeber mit dem (möglicherweise fehlerhaft) errichteten Bauwerk unvergleichlich schwerer belastet. All dies rechtfertigt eine stärkere Gewichtung der Bauleistungen, so dass der Dienstleistungsanteil recht deutlich überwiegen muss, damit nicht mehr von einem öffentlichen Bauauftrag gesprochen werden kann.

(2) Fall Roanne

200 Die **Stadt Roanne** in Frankreich schloss mit einer **Gesellschaft**, die **ihrerseits öffentlicher Auftraggeber** war, ohne öffentliche Ausschreibung eine Vereinbarung über die Errichtung eines Freizeitzentrums. Dieses umfasste ein Kino, ein Hotel, zur Veräußerung an Dritte bestimmte Geschäftsräume sowie der Stadt zu übergebende bauliche Anlagen wie Parkplatz, Zugangswege und öffentliche Plätze. **Aufgabe der Gesellschaft** war es, Grundstücke zu kaufen, ein Auswahlverfahren für Architekten zu organisieren, Planungen vornehmen und die Bauarbeiten durchführen zu lassen, das Projekt zu vermarkten und es verwaltungsmäßig und finanziell abzuwickeln.

Dem EuGH wurde die Frage vorgelegt, ob es sich bei der getroffenen Vereinbarung um einen **öffentlichen Bauauftrag** i.S. der Richtlinie 93/37/EG zur Koordinierung der Verfahren zur Vergabe öffentlicher Bauaufträge handelt, so dass die Vergabe des Auftrags nach Maßgabe der Richtlinie hätte öffentlich ausgeschrieben werden müssen. Der **EuGH**[1432] hat die Frage bejaht. Der öffentliche Bauauftrag wird dahingehend definiert, dass es sich um den zwischen einem Unternehmer und einem öffentlichen Auftraggeber geschlossenen **schriftlichen entgeltlichen Vertrag** handelt über entweder die Ausführung oder gleichzeitig die Ausführung und die Planung von Bauvorhaben oder eines Bauwerks oder die Erbringung einer Bauleistung durch Dritte, gleichgültig mit welchen Mitteln, gemäß den vom öffentlichen Auftraggeber genannten Erfordernissen. Der Charakter als öffentlicher Bauauftrag wird nicht dadurch in Frage gestellt, dass der vergebene Auftrag zugleich auch Elemente von Dienstleistungen enthält, denn für die Beurteilung, um welche Art von öffentlichem Auftrag es sich handelt, kommt es auf den **Hauptgegenstand** des Vertrages an. Dieser bestand nach der getroffenen Vereinbarung darin, das Freizeitzentrum in seiner Gesamtheit als bauliche Anlage zu errichten, und war nicht darauf beschränkt, die vorgesehenen baulichen Arbeiten lediglich zu organisieren und zu verwalten. Unerheblich ist auch, dass die beauftragte Gesellschaft die Bauarbeiten nicht selbst ausführte, denn ein Unternehmer ist

1432 EuGH, Urt. v. 18. 1. 2007 (Rs. C-220/05 – »Auroux u.a./Commune de Roanne«), Slg. 2007, I-385 = NZBau 2007, 185 = VergabeR 2007, 183.

auch dann mit einem öffentlichen Bauauftrag als beauftragt anzusehen, wenn er die Arbeiten durch **Subunternehmer** ausführen lässt. Die Vereinbarung hatte auch die Ausführung und Planung eines **Bauwerks** zum Gegenstand, denn die rein nach Gemeinschaftsrecht zu beurteilende Frage, ob ein Bauwerk vorliegt, ist nach der wirtschaftlichen und technischen Funktion des Ergebnisses der ausgeführten Arbeiten zu beantworten. Seiner **Funktion** nach sollte das Freizeitzentrum als bauliche Anlage wirtschaftlichen Tätigkeiten und Dienstleistungen offenstehen. Auch die übrigen Merkmale des öffentlichen Bauauftrags lagen vor. Als Gebietskörperschaft war die **Stadt öffentlicher Auftraggeber**, die **beauftragte Gesellschaft Unternehmer**, da sie sich dazu verpflichtete, die vereinbarten Arbeiten zu erbringen. Die Vereinbarung war auch **entgeltlicher Natur**, da die Stadt für die Überlassung des Parkplatzes einen Betrag zahlte, sich an den Kosten des Bauvorhabens beteiligte und der Gesellschaft Einnahmen aus der Veräußerung errichteter Bauwerke an Dritte zustanden. Die Absprache, dass die **Stadt** die Anlage nach Fertigstellung ganz oder in Teilen zu **Eigentum erwirbt**, ist für das **Vorliegen eines öffentlichen Bauauftrags unerheblich**.

Als weiteren Punkt hat sich der EuGH zum **Wert des zu vergebenen Auftrags** geäußert. Demnach sind in die Berechnung des Auftragswertes **auch die Zahlungen Dritter miteinzubeziehen**.

Schließlich stellte der EuGH fest, dass ein öffentlicher Auftraggeber das Verfahren zur Vergabe öffentlicher Bauaufträge einschließlich der darin vorgesehenen Ausschreibung auch dann zu beachten hat, wenn er den **Auftrag an einen anderen öffentlichen Auftraggeber** vergibt.

(3) Fall Kommission ./. Italien

201 In dem Vertragsverletzungsverfahren der Europäischen Kommission[1433] hat der EuGH umfassend zu der Thematik des **Anwendungsbereiches von Bauaufträgen**, und der **Losvergabe** im Hinblick auf den Schwellenwert für öffentliche Bauaufträge sowie zur Frage der **separaten Vergabe der Bauleitung** (auch unterhalb der EU-Schwelle) Stellung genommen.

Nach italienischem Recht finden die Regelungen über öffentliche Bauaufträge Anwendung, wenn die Bauleistungen wirtschaftlich am stärksten ins Gewicht fallen, auch wenn diese gegenüber den anderen Leistungen von untergeordneter Bedeutung sind. Dies führt zur Nichtanwendung der Gemeinschaftsregelung, wenn der Schwellenwert der Dienstleistungsrichtlinie zwar erreicht würde, nicht jedoch derjenige der Baukoordinierungsrichtlinie. Nach der RL 92/50 kommt es bei einem **gemischten Auftrag** für die Einordnung in den Anwendungsbereich der Baukoordinierungsrichtlinie darauf an, ob die Bauleistung lediglich von untergeordneter Bedeutung ist. In diesem Fall handelt es sich nicht um einen öffentlichen Bauauftrag. Mit Rundschreiben wurden die Auftraggeber aufgefordert, – dem Gemeinschaftsrecht entsprechend – im **Hauptgegenstand des Auftrags das entscheidende Abgrenzungskriterium** zu sehen. Dieser Ansatz wurde auch mit dem Gesetz Nr. 62 v. 18. 4. 2005 bestätigt. Beides kann jedoch bei der Entscheidung über die Klage nicht berücksichtigt werden, da nach ständiger Rechtsprechung des

1433 EuGH, Urt. v. 21. 2. 2008 (Rs. C-412/04 – »Kommission ./. Italien«), VS 2008, 27.

Gerichtshofs die Vertragsverletzung nach der Rechtslage zum Zeitpunkt des Ablaufs der in der mit Gründen versehenen Stellungnahme gesetzten Frist – dies war hier der 15. 12. 2003 – zu beurteilen ist.

Aus dem 16. Erwägungsgrund der RL 92/50 i.V.m. Art. 1 Buchst. a der RL 93/37 ergibt sich, dass **Bauleistungen, die lediglich von untergeordneter Bedeutung sind und damit den Inhalt des Vertrages nicht ausmachen, nicht zu dessen Einordnung als öffentlicher Bauauftrag führen**. Enthält ein Vertrag zugleich Elemente eines öffentlichen **Bauauftrags** und eines öffentlichen **Dienstleistungsauftrags**, so **richtet sich die Anwendung der Gemeinschaftsrichtlinie nach dem Hauptgegenstand des Vertrages**[1434]. Der **Wert** der nach dem Vertrag zu erbringenden Einzelleistungen ist dabei **nur ein Kriterium untergeordneter Art**. Die Vorschrift des Art. 2 I des italienischen Gesetzes Nr. 109/1994, welche die Einordnung als öffentlicher Bauauftrag gestattet, obwohl die **Bauleistungen nur untergeordneter Art** sind, **verstößt deshalb gegen die RL 93/37**. Hiermit wird ebenfalls verstoßen gegen die Anforderungen der RL 92/50 und 93/36, weil diese Einordnung dazu führt, dass dem Anwendungsbereich dieser Richtlinien Aufträge entzogen werden, die ihnen nach dem Gemeinschaftsrecht unterfallen – nämlich die Aufträge, bei denen die Bauleistungen zwar mehr als 50% des Gesamtwertes ausmachen, aber von untergeordneter Bedeutung sind – und welche die Schwellenwerte der genannten Richtlinien erreichen würden.

Findet gemäß den Bestimmungen des Gesetzes Nr. 1150/1994 i.V.m. den einschlägigen Vorschriften der Gesetze Nr. 1150/1942 und Nr. 10/1977 die direkte Vergabe von Bauleistungen oder -werken an den Inhaber einer Baugenehmigung statt, so ist nach Auffassung der Kommission für die Bestimmung des Schwellenwertes auf den **Gesamtwert aller Bauleistungen** oder Bauwerken abzustellen, auch wenn der Auftrag **in einzelne Lose aufgeteilt** sei. Die nationale Bestimmung, wonach das Ausschreibungsverfahren nur zur Anwendung kommt, wenn der geschätzte Wert der einzelnen Lose den Schwellenwert überschreitet, bedeutet einen Verstoß gegen die RL 93/37.

Der Gerichtshof stellt hierzu fest, dass **auch ein Auftrag unterhalb des Schwellenwertes eine grenzüberschreitende Bedeutung** haben kann. In diesem Fall gebieten die Artikel 43 und 49 EG die Beteiligung auch der in einem anderen Mitgliedstaat niedergelassenen Unternehmen, wenn nicht objektive Umstände eine Ungleichbehandlung rechtfertigen[1435]. Die **Artikel 43 und 49 EG finden unmittelbar auf solche Aufträge Anwendung**, ohne dass es eines ausdrücklichen Hinweises in den zur Umsetzung der Richtlinien erlassenen Rechtsvorschriften bedarf.

Nach Art. 6 III der RL 93/37 ist bei einem Bauwerk, das aus mehreren Losen besteht, über die jeweils ein gesonderter Auftrag vergeben wird, für die Berechnung des Schwellenwertes der Wert eines jeden Loses zu berücksichtigen. Der maßgebliche Auftragswert ist damit der **Gesamtwert der einzelnen Bauleistungen und -werke**. Nach Art. 6 IV der RL 93/37 dürfen ferner Bauwerke oder **Bauaufträge nicht in der Absicht aufgeteilt werden, sie dem Anwendungsbereich der RL zu**

1434 EuGH, Urt. v. 18. 1. 2007 (Rs. C-220/05 – »Auroux u.a./Commune de Roanne«), Slg. 2007, I-385 = NZBau 2007, 185 = VergabeR 2007, 183.

1435 Vgl. EuGH, Urt. v. 13. 11. 2007 (Rs. C-507/03), Slg. 2007, I-0000 = NZBau 2008, 71 = VergabeR 2008, 55.

entziehen. Die italienischen Vorschriften verstoßen gegen die RL 93/37, indem sie bestimmen, dass diese nur dann anwendbar ist, wenn der Wert des einzelnen Loses die Schwelle überschreitet.

Beanstandet wurde ferner die Regelung des Gesetzes Nr. 109/1994, wonach der öffentliche Auftraggeber **Dienstleistungsaufträge** betreffend die **Bauplanung oder -leitung** oder die Kontrolle über die Ausführung dieser Leistungen, deren geschätzter Wert unterhalb des Schwellenwertes der RL 92/50 liegt, **ohne jede Bekanntmachung an eine Person seines Vertrauens übertragen kann.**

Wie bereits festgestellt, gelten bei einem Dienstleistungsauftrag mit grenzüberschreitender Bedeutung **die Grundfreiheiten des EG-Vertrages.** Auch wenn die betreffenden Aufträge vom Anwendungsbereich der RL 92/50 **ausgenommen** sind, **unterliegen sie damit den Geboten der Gleichbehandlung und Transparenz,** ohne dass nationale Vorschriften ausdrücklich hierauf verweisen. Diese Rüge ist somit ***nicht*** begründet.

Gegen die RL 92/50 **verstößt auch die direkte Übertragung der Bauleitung** (wenn der AG sie nicht selbst übernimmt) an den mit der Planung Beauftragten, wie sie Art. 27 II des Gesetzes Nr. 109/1994 vorsieht.

bb) Nationale Rechtsfindung

202 Die nationale Rechtsfindung der vergangenen ca. 15 Jahre wird mehrheitlich immer wieder aufgegriffen und für richtig erkannt[1436].

In Übereinstimmung mit dem vom Grundsatz her weit gezogenen Verständnis des Bauleistungsbegriffes ist der **Einbau von Schrankwänden** und das Einpassen einer Einbauküche beim Umbau eines Verwaltungsgebäudes als Bauleistung zu qualifizieren[1437]. Die Bestimmung des § 1 VOB/A ist hinsichtlich dieser Abgrenzungsfragen weit auszulegen. Im Gegenzug ist die Vorschrift des § 1 VOL/A, soweit es um die Abgrenzung zum öffentlichen Bauauftrag geht, entsprechend eng auszulegen[1438].

Bei **Neubauten** ist schon nach den Auslegungsgrundsätzen des deutschen Rechts (§§ 90 ff. BGB) traditionell eine sehr weite Auslegung dessen, was als Bauwerk bzw. zum Bauwerk gehörig gelten soll, vorgegeben. Danach sind auch die zur Herstellung eines Gebäudes eingefügten Sachen wie Zubehör etc., die der **bestimmungsgemäßen Nutzung** dienen sollen, zu dem Bauwerk, und damit zu den Bauleistungen, hinzuzurechnen. Konkret können als Beispiele hierfür angeführt werden Küchenausrüstungen für eine Kantine, Liftsysteme für ein Hochhaus, die

---

1436 OLG Düsseldorf, Beschl. v. 18. 10. 2006 (VII-Verg 35/06), VergabeR 2007, 200; OLG Dresden, Beschl. v. 2. 11. 2004 (W Verg 11/04), VergabeR 2005, 258 = VergabE C-13-11/04; OLG Düsseldorf, Beschl. v. 12. 3. 2003 (Verg 49/02); OLG Jena, Beschl. v. 31. 7. 2002 (6 Verg 5/01), VergabE C-16-5/01-2 = VergabeR 2003, 97 = BauR 2003, 438. In letzterem Beschluss wird allerdings im Ergebnis eine nicht unbedingt zutreffende Schlussfolgerung für die Einordnung in dem konkreten Fall getroffen (Lieferung von zwei Dampfsterilisatoren [Autoklaven] und einem Wasserstoffperoxidgenerator – Zuordnung als Bauauftrag).

1437 VÜA Brandenburg, Beschl. v. 19. 12. 1996 (1 VÜA 1/96), Vergab V-7-1/96 = WuW/E VergAL, 81.

1438 VÜA Hessen, Beschl. v. 18 6. 1996 (VÜA 1/95), VergabE V-7-1/95.

Elektroinstallation für ein Bühnenhaus[1439], maschinentechnische Teile einer Kläranlage[1440] oder etwa Sicherheitseinrichtungen für ein Gefängnis. Dies alles sind immer dann Bauaufträge, wenn es sich um einen Neubau handelt.

Der Begriff des Bauauftrages wird gemäß den Vorschriften der §§ 90 ff. BGB enger, wenn es um einen späteren **Ersatz dieser Einrichtungsgegenstände** geht. Hier kommt es dann auf die bekannte Abgrenzung nach den Grundsätzen des BGB über die wesentlichen Bestandteile an: Gegenstände, die mit dem Bauwerk fest verbunden werden, so dass eine Demontage zu ihrer Zerstörung führen würde bzw. ein anderweitiger Einsatz nicht mehr möglich ist, sind weiter zu den Bauaufträgen zu zählen. Andere Ersatzteile hingegen, die nicht fest eingebaut werden und auch noch einer anderweitigen Verwendung zugeführt werden könnten, gelten dann jedoch als Lieferauftrag, obwohl sie bei der Erstausstattung als Bauauftrag gegolten hatten.

Merke: Hinsichtlich der **Erst- und Zweitausstattung** ergeben sich demnach häufig **unterschiedliche Rechtsfolgen**[1441].

Ein **Regalsystem** für eine neu zu errichtende **Bibliothek** ist ein Bauauftrag, nicht jedoch ein Lieferauftrag. Dies gilt entsprechend dem soeben in Bezug auf Neubauten Gesagten selbst dann, wenn diese Regale nicht fest mit dem Bauwerk verbunden werden. Entscheidend ist, dass sie der bestimmungsgemäßen Nutzung des Gebäudes dienen sollen. So ist dies betreffend die **Einrichtung der Deutschen Bibliothek in Frankfurt** entschieden worden[1442]. In ähnlicher Weise und mit gleichem Ergebnis ist die Ausrüstung eines Büchermagazins mit **Regalsystemen** abzugrenzen, obwohl in dem entschiedenen Fall nur die Bodenplatte der Regale mit dem Bauwerk fest verbunden wurde und die Regale sonst beweglich blieben[1443].

Ebenso ist das **Notstromaggregat** für die Rauchgasentschwefelungsanlage in einer Müllverbrennungsanlage (MVA) ein Bauauftrag, und kein Lieferauftrag, da sie bestimmungsgemäß nur in funktionaler Einheit mit der gesamten Anlage verwendbar ist[1444]. Demgegenüber ist die Lieferung und Montage von **Schulmöbeln** für ein Gymnasium (kein Neubau) dann als Lieferauftrag anzusehen, wenn die Elemente des Schulmöbelprogramms allesamt entfernt werden können, ohne dass ein Substanzverlust entsteht und sie außerdem einer anderweitigen Verwendung zuführbar sind[1445]. Gleiches gilt für die Möbel eines zu errichtenden Studentenwohnheims[1446].

Ebenso ist ein **polizeiliches Einsatzleitsystem** (Server, 7 Terminals, Software) auch dann nach VOL/A auszuschreiben, wenn die Verlegung von Leitungen für dieses System geringe bauliche Maßnahmen erfordert[1447]. Entscheidend für die Abgrenzung zur VOB/A ist, dass das System ohne Zerstörung entfernt werden und

1439 VÜA Sachsen, Beschl. v. 11. 11. 1998 (1 VÜA 13/98).
1440 VÜA Sachsen, Beschl. v. 2. 11. 1998 (1 VÜA 11/98), VergabE V-13-11/98.
1441 *Noch*, BauR 1998, 941, 947 f.
1442 VÜA Bund, Beschl. v. 1. 7. 1997 (1 VÜ 9/97), VergabE U-1-9/97 = WuW/E Verg, 63 = ZVgR 1998, 353 = VgR 5/1997, 41 = WiB 1997, 1270, mit Anm. *Noch*.
1443 VÜA Berlin, Beschl. v. 16. 10. 1996 (VÜA 2/96), VergabE V-3-2/96 = ZVgR 1997, 90.
1444 VÜA Nordrhein-Westfalen, Beschl. v. 18. 3. 1996 (415-84-43-1/95 001 k), VergabE V-10-1/95-2 = ZVgR 1997, 309.
1445 VÜA Nordrhein-Westfalen, Beschl. v. 8. 5. 1998 (424-84-43-7/97), VergabE V-10-7/97.
1446 VÜA Nordrhein-Westfalen, Beschl. v. 8. 10. 1999 (132-84-43-9/99), VergabE V-10-9/99 = EUK 2001, 91.
1447 VÜA Nordrhein-Westfalen, Beschl. ohne Datum (424-84-43-5/97), VergabE V-10-5/97 = EUK 1999, 58.

anderweitig eingesetzt werden könnte. Auf den Umstand, ob dieses System in ein neues oder bereits bestehendes Verwaltungsgebäude installiert wird, kann es nicht ankommen, weil ein polizeiliches Einsatzsystem (bestehend aus Server, 7 Terminals, Software) nicht zu dem bestimmungsgemäßen Gebrauch eines normalen Verwaltungsgebäudes zählt. Anders wird dies sicher entschieden werden müssen, wenn es um die Lieferung und Montage einer **kompletten polizeilichen Leitzentrale** geht. Hier wären dann auch erhebliche bauliche Maßnahmen erforderlich und insbesondere würde eine Leitzentrale der bestimmungsgemäßen Funktion eine neu errichteten Polizeigebäudes dienen.

Das BayObLG[1448] hat die Vergabe des Einbaus einer **Brandmeldeanlage** als öffentlichen Bauauftrag eingeordnet. Nach § 99 III GWB sind Bauaufträge Verträge über die Ausführung oder die gleichzeitige Planung und Ausführung eines Bauvorhabens oder eines Bauwerks, das Ergebnis von Tief- und Hochbauarbeiten ist und eine wirtschaftliche oder technische Funktion erfüllen soll. Diese Definition geht auf Art. 1 lit. a und c der Baukoordinierungsrichtlinie (BKR) zurück; dort wird ferner auf das als **Anhang II zur BKR** aufgenommene **Verzeichnis der Berufstätigkeiten im Baugewerbe** verwiesen[1449]. Ergänzend kann, sofern sich kein Widerspruch zum gemeinschaftsrechtlich geprägten Begriff in § 99 III GWB ergibt – der nunmehr auch in § 1a Nr. 1 I S. 3 VOB/A seinen Niederschlag gefunden hat – auf § 1 VOB/A und die dazu entwickelte Kasuistik zurückgegriffen werden. Danach sind Bauleistungen Arbeiten jeder Art, durch die eine bauliche Anlage hergestellt, instandgehalten, geändert oder beseitigt wird (§ 1 VOB/A).

Zu den Bauleistungen zählen insbesondere auch die **Lieferung und Montage** der für die bauliche Anlage erforderlichen maschinellen und **elektrotechnischen/elektronischen Anlagen und Anlagenteile**. Auch die Erneuerung und Ergänzung solcher Anlagen an einem bestehenden Gebäude fallen unter den Begriff der Bauleistungen, wenn sie für den bestimmungsgemäßen Bestand der baulichen Anlage von wesentlicher Bedeutung sind. Das ist bei der hier ausgeschriebenen Brandmeldeanlage für ein öffentliches Gebäude, das sich als großes und bedeutendes Museum eines regen Publikumverkehrs erfreut, der Fall. Auftragsgegenstand ist **nicht die bloße Überlassung der Ware »Brandmeldeanlage«, sondern deren Einbau**, der nach dem Leistungsverzeichnis u.a. die Verlegung von Kabeln, das Ausheben und anschließende Wiederabdichten von Kabelgräben, Wanddurchbrüche in Beton und ähnliche bauwerksbezogene Leistungen erfordert.

Ein **etwaiger hoher Lieferanteil** nimmt dem Auftrag nicht den Charakter eines der VOB/A unterfallenden Bauauftrags. Das zeigt ergänzend § 1a Nr. 2 VOB/A; danach gilt auch für Bauaufträge mit überwiegendem Lieferanteil – nach näherer Maßgabe der dort getroffenen Regelung – die VOB/A, und nicht etwa die VOL/A. Aus der Definition des Lieferauftrags in § 99 II GWB ergibt sich nichts anderes. Danach sind Lieferaufträge Verträge zur Beschaffung von Waren; die Verträge können auch Nebenleistungen umfassen. Artikel 1 II lit. c, 2. Unterabs. der

1448 BayObLG, Beschl. v. 23. 7. 2002 (Verg 17/02), VergabE C-2-17/02 = BauR 2003, 150 = VergabeR 2002, 662 = EUK 2003, 12.

1449 Siehe Anhang I zu Art. 1 II lit. b VKRL 2004/18/EG.

Vergabekoordinierungsrichtlinie 2004/18 (VKLR) nennt insoweit beispielhaft das Verlegen und Anbringen der Ware[1450].

Im vom BayObLG entschiedenen Fall der **Installation einer Brandmeldeanlage** ist **nicht die Lieferung einer Ware geschuldet**, die als Nebenleistung verlegt oder angebracht wird, sondern die mittels Installation unter Einsatz bauhandwerklicher Leistungen zu bewirkende Herstellung eines Zustands, in dem das Museum über eine sanierte und erneuerte – für seinen bestimmungsgemäßen Gebrauch erforderliche – Brandmeldeanlage verfügt. Hierauf, nicht auf der Warenbeschaffung, liegt das aus den Verdingungsunterlagen ersichtliche Hauptinteresse des Auftraggebers und der sachliche Schwerpunkt des Vertrages.

Das BayObLG[1451] hatte außerdem die **Wartung einer Lichtsignalanlage als Bauauftrag** i.S.d. § 1 VOB/A eingeordnet: »*Die von der Beschwerdegegnerin ausgeschriebene Wartung und Störungsbeseitigung an Lichtsignalanlagen betrifft eine Bauleistung. Straßen sind bauliche Anlagen. Lichtsignalanlagen an Straßen sind nach § 1 Abs. 4 Nr. 3 BFStrG und nach Art. 2 Nr. 3 BayStrWG als Zubehör Teil der baulichen Anlage Straße. Wartungs- und Störungsbeseitigungsarbeiten an Lichtsignalanlagen erfüllen daher die Anwendungsvoraussetzungen des § 1 VOB/A.*« Diese Entscheidung ist allerdings fraglich. Den Schwerpunkt dürften vielmehr die Wartungs-Dienstleistungen bilden als die gelegentlichen Einbauten von Ersatzteilen in dieses »Straßenzubehör«.

Offen blieb die **Abgrenzung** zwischen Bauauftrag und Lieferauftrag und der damit verbundenen Anwendung von VOB/A oder VOL/A im Falle eines **Container-Portalkrans**[1452]. Hier konnte man zweierlei Auffassung sein, weil der Portalkran theoretisch auch anderweitig, z.B. an anderem Standort einsetzbar war und lediglich eine lockere Verbindung zur Gesamtanlage bestand. Insofern wäre eine Einordnung als Lieferauftrag sicher vertretbar gewesen. Dagegen sprach jedoch, dass der Portalkran einige **Spezifika** aufwies, die nur für den konkreten Einsatzort sinnvoll waren; diese waren aber andererseits auch wieder nicht so prägend, dass nicht auch ein anderer Einsatzort denkbar war. Der VÜA Niedersachsen ließ die Entscheidung dieser Frage offen, weil sich die in dem betreffenden Fall relevanten Bestimmungen der VOL/A und der VOB/A als im Wesentlichen inhaltsgleich erwiesen. Generell offen bleiben kann die Klärung dieser Frage jedoch nicht, weil z.B. hinsichtlich der Öffnung der Angebote wesentliche Unterschiede zwischen der VOB/A und der VOL/A bestehen. Hierauf hat zu Recht der VÜA Nordrhein-Westfalen[1453] hingewiesen.

Die VK Baden-Württemberg[1454] hat die Auffassung vertreten, dass die **Vergabe eines Auftrags zum Betrieb einer Hausmülldeponie** inklusive der Nachsorge als Bauauftrag im Sinne des § 1 VOB/A einzustufen ist. Zur Begründung für diese Entscheidung wird angeführt, dass der Müll nicht lediglich abgelagert wird, son-

1450 »*Ein öffentlicher Auftrag über die Lieferung von Waren, der das Verlegen und Anbringen lediglich als Nebenarbeiten umfasst, gilt als öffentlicher Lieferauftrag.*«

1451 BayObLG, Beschl. v. 29. 3. 2000 (Verg 2/00), VergabE C-2-2/00 = ZVgR 2000, 122.

1452 VÜA Niedersachsen, Beschl. v. 22. 8. 1996 (34.2.–35. 66 Tgb.-Nr. 1/96), VergabE V-9-1/96 = WuW/E Verg, 97 = WiB 1997, 440 = IBR 1997, 312; vgl. auch VÜA Brandenburg, Beschl. v. 19. 12. 1996 (1 VÜA 1/96), VergabE V-4-1/96 = WuW/E VergAL, 81.

1453 VÜA Nordrhein-Westfalen, Beschl. v. 8. 5. 1998 (424-84-43-7/97), VergabE V-10-7/97.

1454 VK Baden-Württemberg, Beschl. v. 2. 7. 1999 (1 VK 2/99), VergabE E-1-2/99 = EUK 2000, 28.

dern nach anerkannten Regeln der Technik eingebaut und verdichtet wird. Der ordnungsgemäße Einbau soll der Herstellung einer Erddeponie dienen, die als künstlich geschaffenes Bauwerk zu charakterisieren ist. Hinzu kamen in diesem Fall Tiefbauarbeiten erheblichen Umfangs wie der Einbau von Abdeckmaterial, das Einbringen einer 1500 cbm Gasdrainschicht und 6000 cbm Boden. Die sonstigen Aufsichtsleistungen (Sammeln von Flugmüll, Winterdienst auf dem Gelände etc.) machten gegenüber den Bauleistungen nur ca. 20% aus.

Die **Abgrenzung** zwischen **Bauauftrag und Dienstleistungsauftrag** wurde betreffend die **Errichtung** und den **Betrieb** einer **Biokompostanlage** tendenziell zugunsten des Bauauftrages und damit der Anwendung der VOB/A entschieden[1455]. Der **Schwerpunkt** lag in diesem Fall auf der Erbringung von Bauleistungen. Hinzuweisen ist auch an dieser Stelle nochmals darauf, dass gerade im Verhältnis der Abgrenzung zwischen Bau- und Dienstleistungen immer zu beachten ist, dass die Dienstleistungsrichtlinie nach dem Willen des Richtliniengebers im Zweifel nachrangig anzuwenden ist. Diese Rangfolge spiegelt sich u.a. auch in der ›Negativdefinition‹ des § 99 IV GWB wider, wo bestimmt wird, dass alle diejenigen Aufträge als Dienstleistungsaufträge gelten sollen, die nicht als Aufträge im Sinne der Absätze 2 und 3 (also als Liefer- oder Bauaufträge) zu qualifizieren sind.

Die **Abgrenzung** zwischen **Bau- und Dienstleistungsvertrag** veranschaulicht außerdem ein Fall, der vom OLG Naumburg[1456] zu beurteilen war, sehr gut. Die Vergabestelle schrieb die Vergabe eines Auftrages zur **Durchführung von Unterhaltungs- und Reinigungsarbeiten** am Kanalnetz der Stadt X für den Zeitraum vom 1. 1. 2000 bis zum 31. 12. 2000 im Wege der **Öffentlichen Ausschreibung national** auf der Grundlage der **VOB/A** aus. Das Auftragsvolumen setzte sich jedoch zu 99% aus Reinigungsleistungen (Dienstleistungen) und lediglich zu 1% aus Bedarfspositionen zur Auswechslung defekter Teile (Schlammkörbe, Abdeckplatten, Schlitzeinlaufroste) zusammen, die wegen der durchzuführenden Einbauleistungen als Baumaßnahmen zu qualifizieren sind. Nach Auffassung des Vergabesenats hat jedoch die vorinstanzlich entscheidende VK Halle zutreffend festgestellt, dass es sich bei dem ausgeschriebenen Auftrag um einen **Dienstleistungsauftrag** i.S.v. § 1a VOL/A (Fassung 1997) handelt, weil die gelegentlich zu erbringenden Baumaßnahmen derart untergeordnet sind, dass in keiner Weise von einem Gesamtcharakter als Bauauftrag gesprochen werden kann. Dies hatte zur Folge, dass nicht vom Schwellenwert für Bauleistungen i.H.v. 5 Mio. EURO auszugehen war, sondern von demjenigen für Liefer- und Dienstleistungen i.H.v. 200.000 EURO. Daher war keine nationale Ausschreibung nach VOB/A, sondern eine **europaweite Ausschreibung nach der VOL/A** vorzunehmen, die für gewerblich erbrachte Dienstleistungen ebenso anzuwenden ist wie für herkömmliche Lieferleistungen.

Unterhaltungsarbeiten an Gewässern 2. Ordnung (Flüsse und Gräben), die im wesentlichen das maschinelle und manuelle Mähen und Krauten zur Erhaltung der Funktionsfähigkeit der Gewässer (u.a. zur Verhinderung von Rückstaueffekten) umfassen, sind rechtlich als Bauleistung i.S.d. § 1 VOB/A einzuordnen, weil die

1455 VÜA Hessen, Beschl. v. 3. 2. 1997 (VÜA 4/96), VergabE V-7-4/96 = WuW/E VergAL 106.
1456 OLG Naumburg, Beschl. v. 28. 9. 2001 (1 Verg 6/01), VergabE C-14-6/01 = NZBau 2002, 168 = EUK 2001, 170.

Gewässer als Bauwerk anzusehen sind. Bei Gewässern handelt es sich um eine unbewegliche, durch die Verwendung von Arbeit und Material in Verbindung mit dem Erdboden, hergestellte Sache[1457].

Das OLG Düsseldorf[1458] hat festgestellt, dass ein **Anlagen-Contacting** für ein Gymnasium (Erneuerung der Heizungsanlage plus Vertrag über Wärmelieferung über 10 Jahre) **europaweit nach VOL/A anstatt national nach VOB/A** hätte ausgeschrieben werden müssen. Es liege insgesamt eine Lieferleistung vor, weil es sich um einen sog. typengemischten Vertrag handele, der folgendes umfasst:
- Planung und Bau einer neuen Heizungsanlage
- Finanzierung und Versicherung
- Betrieb der Anlage; Wartung und Instandhaltung
- Energielieferung für die Dauer von 10 Jahren auf Basis eines Energielieferungsvertrages

Die Bauleistungen treten nach Ansicht des Senats so sehr in den Hintergrund, dass sie gemäß der sog. **Schwerpunkttheorie**[1459] das Vertragsverhältnis nicht mehr prägen können. Auf die Anforderung, dass die Bauleistungen hinsichtlich des Gesamtauftragswertes ein bestimmtes prozentuales Gewicht haben müssen (z.B. mind. 40%) will sich der Senat nicht festlegen. Es müsse immer eine **wertende Betrachtung** Platz greifen. Die Einordnung in den Anwendungsbereich der VOL/A führt dazu, dass europaweit hätte ausgeschrieben werden müssen[1460].

Die **Wartung von gefahrenmeldenden, informations- und sicherheitstechnischen Anlagen** mit gelegentlichen Instandhaltungs- und Bauarbeiten ist insgesamt als **Dienstleistungsauftrag** einzuordnen[1461]. Die Begriffe Bau- und Dienstleistungsauftrag sind gemäß der zutreffenden Auffassung des OLG nach dem Begriffsverständnis der EG-Vergaberichtlinie 2004/18/EG, d.h. autonom auszulegen. Die Unterscheidung des deutschen Rechts zwischen Werk- und Dienstleistungen ist dabei nicht maßgeblich.

Die **Lieferung und Installation eines Kassen- und Zugangssystems für ein WM-Stadion** ist für die technische Funktion eines Fußballstadions unentbehrlich und daher als **Bauleistung** i.S.d. § 99 III GWB, § 1 VOB/A einzuordnen. Dies gilt erst recht dann, wenn gemäß dem Leistungsverzeichnis die Installationsarbeiten einen bedeutenden Anteil einnehmen[1462].

Auch **ingenieurtechnische Leistungen** (z.B. für einen Brückenbau) können – im Gegensatz zu Speditionsleistungen, Gerätemiete, oder nach überwiegender Auf-

1457 VK Sachsen-Anhalt, Beschl. v. 21. 2. 2008 (VK 2 LVwA LSA-01/08), VS 2008, 32 [LS] = IBR 2008, 289.

1458 OLG Düsseldorf, Beschl. v. 12. 3. 2003 (Verg 49/02), VergabE C-10-49/02 = EUK 2003, 72.

1459 Diese Abgrenzung nach dem Schwerpunkt hat schon früher auch der EuGH, Urt. v. 19. 4. 1994 (Rs. C-331/92 – »Gestión Hotelera Internacional«), Slg. 1994, I, S. 1329 = VergabE A-1-2/94, vollzogen. Nach dieser Schwerpunkttheorie ist das OLG Brandenburg, Beschl. v. 3. 8. 1999 (Verg 1/99), VergabE C-4-1/99 = BauR 1999, 1175 = NVwZ 1999, 1142 = ZVgR 1999, 207, auch betreffend die Differenzierung zwischen Bau- und Dienstleistungskonzession verfahren.

1460 Mit gegenteiligem Ergebnis für ein Energiespar-Contracting: VÜA Hessen, Beschl. v. 28. 6. 1999 (VÜA 4/99), VergabE V-7-4/99 = EUK 1999, 171 = Behörden Spiegel 11/1999, S. B II, unter Berufung auf VÜA Hessen, Beschl. v. 3. 2. 1997 (VÜA 4/96 – »Biokompostanlage«), VergabE V-7-4/96.

1461 OLG Düsseldorf, Beschl. v. 18. 10. 2006 (VII-Verg 35/06), VergabeR 2007, 200.

1462 VK Baden- Württemberg, Beschl. v. 3. 11. 2004 (1 VK 68/04), VS 2005, 15 [LS].

fassung auch Baustoff- und Bauteillieferanten – **Nachunternehmerleistungen bei einem Bauauftrag** darstellen[1463].

Der vom Auftraggeber ausgeschriebene »**Mietkauf**« eines nach seinen Vorgaben zu errichtenden **Schulgebäudes**, für das der Bieter auch das Gelände zu beschaffen, die Baugenehmigung einzuholen und die Finanzierung sicherzustellen hat, ist nach Auffassung des[1464] als Bauauftrag gemäß § 99 III GWB, § 1a Nr. 1 I 3 VOB/A einzuordnen.

Ähnlich wie die **Bauaufträge gegenüber den Lieferaufträgen und Dienstleistungsaufträgen** weit auszulegen sind, so muss auch der **Anwendungsbereich der Lieferaufträge gegenüber den Dienstleistungsaufträgen** weit ausgelegt werden. Unter den sachlichen Anwendungsbereich der früheren Lieferkoordinierungsrichtlinie fielen daher gemäß Art. 1 lit. a LKR und § 1a Nr. 2 VOL/A alle öffentlichen Lieferaufträge zwischen einem Lieferanten und einem öffentlichen Auftraggeber, die Verträge über Kauf, Leasing, Miete, Pacht oder Ratenkauf, mit oder ohne Kaufoption, von Waren zum Gegenstand haben[1465]. Notwendige **Nebenarbeiten** wie das Verlegen oder Anbringen der Waren ändern an dem Charakter einer Warenlieferung nichts.

Dementsprechend hatte der **EuGH** bereits im Jahre 1989 entschieden[1466], dass die Beschaffung von **Datenverarbeitungssystemen** als Lieferauftrag zu qualifizieren ist, obwohl die gleichzeitige Vergabe von Aufträgen über die Wartung und Fortentwicklung für die installierten Datenverarbeitungssysteme auch ein beträchtliches Auftragsvolumen erreichen kann. Gleichwohl hat der EuGH hier zutreffenderweise einen **Liefervertrag** angenommen, was die Richtigkeit der soeben aufgezeigten Rangfolge zwischen Bau-, Liefer- und Dienstleistungsaufträgen unterstreicht.

d) Folgen der Abgrenzung zwischen VOB/A und VOL/A

203 Neben den großen Unterschieden, die aufgrund der Schwellenwerte existieren (5,15 Mio. € gegenüber 206.000 €) ist vor Augen zu führen, dass es deutliche **Unterschiede in den jeweiligen Vergabeverfahren nach der VOB/A und der VOL/A** gibt:

- Die VOL/A beinhaltet mehr Vorgaben für das Verwaltungshandeln. Grund hierfür ist, dass die VOL/A ausschließlich von Behörden angewendet wird, wohingegen die VOB/A auch im Bereich privater Aufträge Verwendung findet.
- Die VOL/A kennt keinen Eröffnungstermin wie bei der VOB/A[1467]. Da die Angebote ohne Beteiligung der Bieter zu öffnen sind, laufen die Verfahren nach der VOL/A um einiges intransparenter ab.
- Im Hinblick auf die Verjährung von Gewährleistungsansprüchen gelten gemäß § 13 VOL/A nach der VOL/A die gesetzlichen Fristen (Kaufvertrag: 5 Jahre bei

1463 OLG Naumburg, Beschl. v. 26. 1. 2005 (1 Verg 21/04) VS 2005, 15 [LS].

1464 BayObLG, Beschl. v. 29. 9. u. 29. 10. 2004 (Verg 24/04).

1465 Sehr instruktiv hierzu EuGH, Urt. v. 26. 4. 1994 (C-272/91 – Kommission ./. Italien – »Lottomatica«), Slg. 1994, I, 1409, Rn. 22 bis 25 = VergabE A-1-3/94.

1466 EuGH, Urt. v. 5. 12. 1989 (Rs. C-3/88 – Kommission ./. Italien – »Datenverarbeitungssysteme«), Slg. 1989, 4035, Rn. 18, 19, 26 = VergabE A-1-2/89.

1467 *Noch*, »Die Submission – ein wichtiger Termin. Was gilt bei der Öffnung der Angebote?«, VergabeNavigator 5/2007, S. 30.

Bauwerk, 2 Jahre bei beweglichen Sachen; Werkvertrag: 5 Jahre bei Bauwerk, 2 Jahre bei auf Reparatur gerichteten Werkleistungen), bei Bauleistungen hingegen gilt infolge der Privilegierung durch die VOB/B eine Regelfrist von i.d.R. 4 Jahren anstatt von 5 Jahren nach dem BGB (§ 13 Nr. 4 I VOB/B)[1468].
- Die Leistungsbeschreibung kann gemäß der VOL/A durch einfaches Leistungsverzeichnis, funktional oder auch konstruktiv erfolgen. Die VOB/A kennt demgegenüber nur zwei Arten von Leistungsbeschreibungen, nämlich die Leistungsbeschreibung mit Leistungsverzeichnis und die Leistungsbeschreibung mit (funktionalem) Leistungsprogramm.
- Die Spielräume für Verhandlungen bei Änderungsvorschlägen, Nebenangeboten und Funktionalausschreibungen sind im Falle der VOL/A noch weitgehender eingeschränkt als im Falle der VOB/A.

Die weite Zuordnung zum Anwendungsbereich der Bauvergaben führt wegen der höheren Schwellenwerte zu einer **Reduktion der Rechtsschutzmöglichkeiten**[1469].

4. Kreis der Bewerber und Bieter

a) Begriffliches; Abgabe der Unterlagen; rechtliche Grenzen für den Wettbewerb

aa) Begriffe: Bewerber, Bieter, Interessenten

204 Voranzustellen gilt es die **Definition** der Begriffe Bieter sind Bewerber.

Bewerber ist derjenige Wirtschaftsteilnehmer, der sich im Teilnahmewettbewerb um die Zulassung bemüht, zur Angebotsabgabe aufgefordert zu werden. Typischerweise werden im Teilnahmewettbewerb erst die Eignungnachweise (Fachkunde, Leistungsfähigkeit, Zuverlässigkeit) geprüft. Erst nach Bestehen dieser Eignungsprüfung (1. Stufe: Teilnahmewettbewerb) kann er zum Bieter werden, wenn er dann ein Angebot abgibt (2. Stufe: Angebotsverfahren).

Damit ist im Ansatz auch der Begriff des **Bieters** definiert: **Bieter** ist derjenige Wirtschaftsteilnehmer, welcher der ausschreibenden Stelle direkt ein Angebot (oder auch: eine Offerte) unterbreitet. Typischerweise wird in einer Öffentlichen Ausschreibung oder in einem europaweiten Offenen Verfahren eine personenbezogene Prüfung sowohl seiner Eignung (Fachkunde, Leistungsfähigkeit, Zuverlässigkeit) als auch eine sachbezogene Prüfung des Angebotes vorgenommen.

Darüber hinaus gibt es den **potentiellen Bewerber oder Bieter**, der – aus welchen Gründen auch immer – von einer Beteiligung an dem Vergabeverfahren absieht. Als potentieller Bewerber oder Bieter kann er – bei entsprechendem Nachweis seiner grundsätzlichen Anbietungsfähigkeit – ein Nachprüfungsverfahren anstrengen, in dem er die Gründe seines Nichtanbietenkönnens darlegt und eine Korrektur des Verfahrens zu veranlassen sucht.

1468 Zu den Gewährleistungsfristen siehe etwa: *Donner*: in Franke/Zanner/Grünhagen, VOB-Kommentar, 2. Aufl. 2005, Rn. 5 ff. zu § 13 VOB/B; *Müller-Wrede* in: *ders.*, VOL-Kommentar, 2. Aufl. 2007, Rn. 9 ff. zu § 13.

1469 Zu den Rechtsschutzeinschränkungen auch *Irmer*, Sekundärrechtsschutz und Schadensersatz im Vergaberecht, 2004, S. 297.

Darüber hinaus gibt es den **Interessenten.** Dieser fordert lediglich die Teilnahmeunterlagen für den Öffentlichen Teilnahmewettbewerb an oder die Verdingungsunterlagen (auch: Vergabeunterlagen genannt) in einer Öffentlichen Ausschreibung an. Die Vergabestelle kann die Bieter – zu Zwecken ihrer eigenen Information bitten, dass sie, wenn sie die Unterlagen anfordern, sich aber dann nicht bewerben oder anbieten, eine Begründung abgeben. Ob sie diese tatsächlich erhält, und ob ihr dies einen Erkenntnisgewinn bringt, mag dahingestellt sein[1470].

Die Vergabekoordinierungsrichtlinie (VKRL 2004/18/EG) verwendet zutreffend den Oberbegriff der »**Wirtschaftsteilnehmer**« (siehe: Art. 1 II lit. a). Dieser schließt den ebenfalls allgemeinen Begriff »Interessent« ein sowie im engeren Sinne die Begriffe »Bieter« und »Bewerber«.

bb) Abgabe der Unterlagen an wen?

205 Es ist grundsätzlich zu beachten, dass **im Prinzip jeder die Teilnahme- oder Verdingungsunterlagen anzufordern berechtigt** ist[1471].

Zwar enthalten die Verdingungsordnungen eine **Einschränkung** dahingehend, dass die Unterlagen nur an denjenigen abgegeben werden sollen, der sich **gewerbsmäßig mit Leistungen der ausgeschriebenen Art befasst** (§ 8 Nr. 2 I VOB/A, § 7 Nr. 2 I VOL/A). Jedoch dürfte dieser Bestimmung angesichts der Tatsache, dass sich **häufig die Bieter erst selbst konstituieren müssen** (sich z.B. entscheiden, eine Bietergemeinschaft zu gründen) oder die Unterlagen durch Vertreter anfordern lassen (ggf. mit Vollmachtnachweis desjenigen, für den sie die Unterlagen anfordern), **keine große praktische Bedeutung** beizumessen sein. In § 7 Nr. 2 I VOL/A heißt es, dass

> »*die Unterlagen an alle Bewerber abzugeben (sind), die sich gewerbsmäßig mit der Ausführung von Leistungen der ausgeschriebenen Art befassen.*«

Die Formulierung »*sind … abzugeben*« beinhaltet, dass hier **grundsätzlich keinerlei Prüfungspflicht oder gar Ermessen** dahingehend besteht, wer als Bieter in Frage kommt[1472].

Exemplarisch ist hier auf ein praktisches Problem hinzuweisen, dass bei der **Anforderung von Verdingungsunterlagen durch Versicherungsmakler** regelmäßig eine Rolle spielt. Der Versicherungsmakler ist offensichtlich mit der Ausführung von Versicherungsleistungen im wörtlichen Sinne der Vorschrift des § 7 Nr. 2 I VOL/A »***befasst***«. Die Verweigerung der Abgabe der Ausschreibungsunterlagen an ihn wäre vor diesem Hintergrund rechtswidrig. So gibt es Versicherungsmakler, die auf der Anbieterseite auftreten und sich als Serviceeinheit beispielsweise für solche Versicherer verstehen, die nicht selbst als (An-)Bieter am

---

1470 In Mustern von Schreiben zur Angebotsaufforderung (z.B. im Land Baden-Württemberg) finden sich Formulierungen wie: »*Sollten Sie nicht beabsichtigen, an unserer Ausschreibung teilzunehmen, wären wir für eine kurze Mitteilung – ggf. mit einem Hinweis darauf, weshalb derzeit eine Teilnahme nicht möglich ist – dankbar.*«

1471 VK Sachsen, Beschl. v. 25. 6. 2003 (1 VK 51/03), VergabE E-13-51/03 = Behörden Spiegel 1/2004, S. 22. Dazu auch: *Noch*, »Abgabe der Verdingungsunterlagen bei der Öffentlichen Ausschreibung. An wen, wie und zu welchen Kosten?«, VergabeNavigator 2/2006, S. 29.

1472 So: VK Sachsen, Beschl. v. 25. 6. 2003 (1 VK 51/03), VergabE E-13-51/03 = Behörden Spiegel 1/2004, S. 22.

Markt auftreten (also nicht selbst vermarkten). Eine Nichtanerkennung der Berechtigung zur Anforderung der Verdingungsunterlagen würde eine Wettbewerbsbeschränkung darstellen, für die es keine rechtliche Grundlage gibt. Im übrigen haben auch verschiedene Gerichte, darunter das OLG Düsseldorf, die **Vertretungsberechtigung eines Bevollmächtigten** (in casu: Versicherungsmaklers) beim Anbieten im Öffentlichen Ausschreibungsverfahren wie auch die Vertretung durch ihn im Nachprüfungsverfahren im Sinne einer sog. **gewillkürten Prozessstandschaft** ausdrücklich anerkannt[1473].

Daher ist es – **generalisierend gesprochen** – auch möglich, dass bei einer Öffentlichen Ausschreibung ein Unternehmer X seinem Unternehmerkollegen Y die **Verdingungsunterlagen weiterversendet**, der dann nicht deshalb ausgeschlossen werden darf, nur weil er nicht in personam die Verdingungsunterlagen angefordert hat. Es existiert keine Vorschrift, welche einen solchen Ausschluss erlaubt oder gar vorschreibt.

Der Nachteil bei einer solchen Weitergabe von Ausschreibungsunterlagen kann freilich sein, dass den betreffenden Unternehmer Y **Korrekturmitteilungen der Vergabestelle** (etwa zu den Teilnahmebedingungen oder zur Leistungsbeschreibung) nicht erreichen. Das ist dann das Risiko dieses Unternehmens Y. Deshalb sollte, wenn die **Ausschreibungsunterlagen als Download angeboten** werden, in jedem Fall Sorge getragen werden, dass die anfordernden Wirtschafteilnehmer sich mit ihren Adressen und Kommunikationsdaten **registrieren** lassen und ggf. auch gebeten werden, die Daten des Unternehmens anzugeben, an die sie die Unterlagen weiterreichen.

Im Falle eines **vorgeschalteten Teilnahmewettbewerbs** verhält es sich anders: Werden in einem nicht-öffentlichen Teilnahmewettbewerb (z.B. auf der Grundlage einer Liste beim öffentlichen Auftraggeber oder aufgrund von Branchenverzeichnissen) bestimmte Bieter zur Angebotsabgabe aufgefordert, so kann die von einem weiteren Unternehmer eingereichte Offerte nicht gewertet werden, weil der **Teilnehmerkreis auf die aufgeforderte Schar von Bietern beschränkt** ist[1474]. Eben deswegen spricht man von einer Beschränkten Ausschreibung (mit von der Vergabestelle eröffnetem Teilnahmewettbewerb). Auch im Falle eines Öffentlichen Teilnahmewettbewerbes als Vorstufe zu einem europaweiten Nichtoffenen Verfahren oder Verhandlungsverfahren ist der Teilnehmerkreis auf die (nach Prüfung der Eignung) aufgeforderten Bewerber (bzw. dann: Bieter) begrenzt.

Hinweis: Die ausschreibende Stelle muss – vor dem Hintergrund einer unbestimmten Zahl von Interessenten und damit möglichen Bewerbern/Bietern – die Teil-

1473 OLG Düsseldorf, Beschl. v. 29. 3. 2006 (VII Verg 77/05), VergabeR 2006, 509: »*Der Beteiligung des Beigeladenen zu 2 steht nicht entgegen, dass nicht das Bieterkonsortium selbst, sondern die (...) förmlich beigeladen worden ist (§ 119 GWB). Es liegt kein Wechsel des Beigeladenen vor. Die Bezeichnung des Beigeladenen zu 2 im Rubrum war vielmehr zu berichtigen. Das im Rubrum als Beigeladener zu 2 aufgeführte Versicherungskonsortium ist durch die (...) bei der Abgabe des Angebots vertreten worden (§ 164 BGB). Die dem Konsortium als Gesellschafterin angehörende und zur Vertretung des Versicherungskonsortiums bevollmächtigte (...)-Versicherungs AG hat ihrerseits die (...) bevollmächtigt, sie in dem Vergabeverfahren zu vertreten. Auch im laufenden Nachprüfungsverfahren tritt diese als gewillkürte Vertreterin des Bieterkonsortiums auf.*«

1474 VK Bund, Beschl. v. 22. 2. 2008 (VK 1-4/08).

nahme- oder Verdingungsunterlagen ggf. auch nachfertigen[1475]. Eine Klausel, sie werden nur solange verschickt »wie der Vorrat reicht«, ist rechtswidrig[1476].

cc) Wettbewerb vs. zwingende Bestimmungen

206 Eine wichtige Frage, auf deren Klärung sich die ausschreibende Stelle bei der Vergabe öffentlicher Aufträge einstellen muss, ist die **Beteiligungsfähigkeit der Bieter bzw. Bewerber**. Diese betrifft

- die Art und Weise der Beteiligung von Bietergemeinschaften (nachfolgend unter b)),
- die Vorbereitung auf den Umgang mit etwaigen Doppelangeboten (nachfolgend unter c)),
- den Komplex der Beteiligung von Generalübernehmern (nachfolgend unter d))
- sowie den Umgang mit der Bewerbung von Projektanten/Planern, die sich nachher an der Ausschreibung beteiligen, an der sie konzipierend mitgewirkt haben (nachfolgend unter e)).

Bei der Prüfung ist einerseits zu würdigen, dass vermehrte (ggf. unnötige) Anforderungen an die Bieter bzw. Bewerber den Kreis der in Frage kommenden Wirtschaftsteilnehmer verengen können. Andererseits ist zu beachten, dass infolge zwingender Rechtsvorschriften und infolge des Richterrechts eine gewisse Grenze gezogen ist, die ohnehin nicht selten zu einer Verkleinerung des Bieterkreises führt.

b) Gemeinschaftliche Bieter

aa) Bietergemeinschaften

(1) Rechtlicher Rahmen und Beteiligungsfähigkeit

207 Die Bietergemeinschaft ist ein **projektbezogener Unternehmenszusammenschluss** von mindestens zwei Unternehmen, der üblicherweise als temporäre Arbeitsgemeinschaft in der Rechtsform einer BGB-Gesellschaft geschieht, um im Falle der erfolgreichen Bewerbung arbeitsteilig und unter gesamtschuldnerischer Haftung für die Erbringung der ausgeschriebenen Leistung einzustehen[1477].

Bietergemeinschaften dürfen sich mit dem Ziel der Bündelung von Kompetenzen und/oder Kapazitäten[1478] **grundsätzlich nach Belieben zusammenschließen**. Dies gilt auch dann, wenn eines der Unternehmen **eigentlich für sich allein genommen in der Lage wäre**, den ausgeschriebenen Auftrag zu erfüllen. Der Zusammenschluss kann jedoch auch im Fall eines an sich nicht notwendigen Zusammenschlusses unterschiedlichste Gründe wie die bewusst gewollte Risikoverteilung oder auch bloße Gründe der Kapazitätsauslastung haben, die als originäre unternehmerische Entscheidung rechtlich nicht zu hinterfragen sind. Die Bildung einer Bietergemeinschaft ist **nur dann wettbewerbsrechtswidrig**, wenn

---

1475 OLG Düsseldorf, Beschl. v. 21. 12. 2005 (VII-Verg 75/05), VS 2006, 20.

1476 *Schaller*, VOL – Teile A und B, 4. Aufl. 2008, Rn. 28 zu § 7 VOL/A.

1477 OLG Koblenz, Beschl. v. 8. 2. 2001 (1 Verg 5/00), VergabE C-11-5/00 = VergabeR 2001, 123 = NZBau 2001, 452; OLG Düsseldorf, Beschl. v. 13. 11. 2000 (Verg 25/00), VergabE C-10-25/00v.

1478 OLG Düsseldorf, Beschl. v. 31. 7. 2007 (VII Verg 25/07); OLG Naumburg, Beschl. v. 30. 4. 2007 (1 Verg 1/07), NZBau 2008, 73 = VS 2007, 37, 71 [LS].

- der Entschluss zur Mitgliedschaft für auch nur eines der beteiligten Unternehmen keine im Rahmen zweckmäßigen und kaufmännisch vernünftigen Handelns liegende Entscheidung ist[1479]
- oder der Zusammenschluss dem wettbewerbswidrigen Zweck der Bildung eines Anbieterkartells dient[1480].

Ferner können die sog. **horizontale und die vertikale Bietergemeinschaft** unterschieden werden. Unter der horizontalen Bietergemeinschaft wird der Zusammenschluss mit dem Zweck der arbeitsteiligen Erbringung von gleichartigen Leistungen verstanden. Unter der vertikalen Bietergemeinschaft ist der Zusammenschluss zur Bewältigung (ggf. völlig) unterschiedlicher Leistungen bzw. Teilleistungen zu verstehen[1481].

Die Bieter- bzw. Arbeitsgemeinschaft haftet als Gesellschaft bürgerlichen Rechts (GbR) entsprechend den allgemeinen Grundsätzen **gesamtschuldnerisch**.

Die Beteiligung von **Bietergemeinschaften** (oder: Arbeitsgemeinschaften[1482]), also von Zusammenschlüssen (meist mittelständischer) Unternehmen im Vergabeverfahren ist **grundsätzlich zulässig**. Im Bereich oberhalb der EU-Schwelle spricht die Vergabekoordinierungsrichtlinie insoweit von »Gruppen von Wirtschaftsteilnehmern«. Die Vorschrift des Art. 4 II VKRL 2004/18/EG bestimmt:

> *»Angebote oder Anträge auf Teilnahme können auch von Gruppen von Wirtschaftsteilnehmern eingereicht werden.«*

Die Beteiligung von Bietergemeinschaften ist angesichts der **mittelständischen Strukturierung** der deutschen Wirtschaft ausdrücklich erwünscht und korreliert mit den Bestimmungen der Verdingungsordnungen (siehe z.B.: § 7 Nr. 1 II VOL/A).

Nach den üblichen Bewerbungsbedingungen ist zum einen die Bietergemeinschaftserklärung mit den entsprechenden Teilnehmern aufzuführen. Zum anderen ist – auch Sicht der Bieter – sicherheitshalber mit dem Angebot ein **Bevollmächtigter** der Bietergemeinschaft zu benennen. Nach einer Entscheidung des OLG Karlsruhe[1483] ist es nicht schädlich, wenn mit dem Angebot nicht bereits ein Bevollmächtigter für die Bietergemeinschaft bezeichnet wird. Dies kann nämlich nach § 21 Nr. 5 II VOB/A bis zur Zuschlagserteilung nachgeholt werden. Da § 21 Nr. 5 VOB/A in § 25 Nr. 1 und 2 VOB/A nicht genannt ist, stellt die fehlende Benennung eines Bevollmächtigten ohnehin keinen Ausschlussgrund dar. Letztlich reicht die Erkennbarkeit eines Angebotes als solches einer Bietergemeinschaft aus[1484].

Die Bietergemeinschaft ist daher als **Gesellschaft bürgerlichen Rechts** (GbR – §§ 705 ff. BGB) an öffentlichen Ausschreibungen beteiligungsfähig. Seit der Entscheidung des BGH zur Teilrechtsfähigkeit der (Außen-)GbR steht fest, dass eine

1479 OLG Koblenz, Beschl. v. 29. 12. 2004 (1 Verg 6/04), VergabeR 2005, 527 = VS 2005, 56; VK Sachsen, Beschl. v. 19. 7. 2006 (1 VK 60/06), NZBau 2007, 471 =VS 2006, 63.

1480 OLG Naumburg, Beschl. v. 8. 11. 2000 (1 Verg 10/00), VergabE C-14-10/00.

1481 OLG Koblenz, Beschl. v. 8. 2. 2001 (1 Verg 5/00), VergabE C-11-5/00 = VergabeR 2001, 123 = NZBau 2001, 452: »fach(los)übergreifende Auftragsvergabe«.

1482 So insbesondere nach Zuschlagserteilung genannt.

1483 OLG Karlsruhe, Beschl. v. 24. 7. 2007 (17 Verg 6/07), VS 2007, 70.

1484 OLG Düsseldorf, Beschl. v. 31. 7. 2007 (Verg 25/07), VS 2007, 70.

Bietergemeinschaft, die eine GbR ist, als Teilnehmerin am Rechtsverkehr selbst Trägerin von Rechten und Pflichten und **in diesem Rahmen (ohne juristische Person zu sein) rechtsfähig ist**[1485]. Eine Klausel, wonach Bietergemeinschaften generell an einer Ausschreibung nicht berechtigt sind, teilzunehmen, wäre rechtswidrig.

(2) Abverlangung einer bestimmten Rechtsform nach Zuschlagserteilung

208 Die **Gesellschaft bürgerlichen Rechts** (GbR) ist allerdings **nur eingeschränkt rechtsfähig.**

Zum Beispiel kann eine GbR im Zusammenhang mit einer Ausschreibung von unterstützenden Tätigkeiten (Geschäftsbesorgungen) für eine Verwaltung **nicht** gemäß den Haushaltsgesetzen (§ 44 BHO, i.d.R. § 44 LHO) **beliehen** werden[1486]. Die Anforderung einer Beleihung ist, dass es sich um juristische Personen handelt.

Juristischen Personen des privaten Rechts wie etwa der AG, GmbH, KG aA, der eingetragenen Genossenschaft (eG), Versicherungsverein auf Gegenseitigkeit (VVaG), Vereinen und Stiftungen sowie juristischen Personen des öffentlichen Rechts, kommt kraft gesetzlicher Definition Rechtsfähigkeit zu[1487].

Von den juristischen Personen zu unterscheiden sind die **natürlichen Personen und Personengemeinschaften** (Gesamthandsgemeinschaften). Diesen Gesamthandsgemeinschaften (GbR, oHG, KG, Gütergemeinschaft, Erbengemeinschaft, Partnerschaftsgesellschaft, EWIV u.a.) kommt eine Rechtsfähigkeit nicht oder nur eingeschränkt zu[1488].

Dies bedeutet in der Konsequenz, dass das Haushaltsrecht mit der Anforderung z.B. in § 44 III LHO Berlin, dass **nur juristische Personen beliehen werden** dürfen, die Beleihung einer ArGe, also einer Gesellschaft bürgerlichen Rechts (GbR), als solche ausschliesst. Die Verpflichtung zur Annahme einer entsprechenden Rechtsform (nach Zuschlag) kann in einer Ausschreibung verlangt werden.

An diesem verallgemeinerungsfähigen Befund ändert sich auch dadurch nichts, dass die Gesellschaft bürgerlichen Rechts (GbR) im Jahre 2001 durch den **BGH gestärkt** worden ist, und sie nun zumindest eingeschränkt rechtsverkehrsfähig ist[1489]. Mit diesem Grundsatzurteil ist der GbR in Gerichtsprozessen sowohl die aktive als auch die passive Parteifähigkeit (§ 50 ZPO) zuerkannt worden. Umstritten ist allerdings immer noch, inwieweit die GbR Gesellschafterin einer OHG oder KG

1485 BGH Urt. v. 29. 1. 2001 (II ZR 331/00), BGHZ 146, 341 = ZIP 2002, 614 = NJW 2001, 1056; OLG Celle, Beschl. v. 5. 9. 2007 (13 Verg 9/07), NZBau 2007, 663.

1486 KG, Beschl. v. 4. 7. 2002 (KartVerg 8/02), VergabE C-3-8/02v2 = VergabeR 2003, 84 = BauR 2003, 437.

1487 *Prütting*, in Prütting/Wegen/Weinreich, BGB-Kommentar, 1. Aufl. 2006, Rn. 1 zu § 1.

1488 *Prütting/Schöpflin*, in Prütting/Wegen/Weinreich, BGB-Kommentar, 1. Aufl. 2006, Rn. 1–4 zu vor §§ 21 ff.: *»Gesamthandsgemeinschaften sind die GbR, der nichtrechtsfähige Verein, oHG, KG, EWIV, Güter- und die Erbengemeinschaft. Das Gesetz geht nach wie vor von einem Unterschied zur juristischen Person aus (...).«*

1489 BGH, Urt. v. 29. 1. 2001 (II ZR 331/00), BGHZ 146, 341 ff = ZIP 2002, 614 f = NJW 2001, 1056: *»Anerkennung der beschränkten Rechtsfähigkeit der Gesellschaft bürgerlichen Rechts«*.

oder Kommanditistin einer KG sein kann oder inwieweit sie überhaupt grundbuchfähig ist[1490].

Demnach ist die Rechtsposition der GbR noch keineswegs in jeder Hinsicht geklärt. Davon abgesehen, war schon in Zeiten vor dem besagten Urteil anerkannt, dass die GbR zumindest vom Grundsatz her jede Rechtsposition innehaben kann, allerdings mit der wesentlichen Einschränkung, dass dies nur insoweit gilt, wie *»dem keine speziellen Gesichtspunkte entgegenstehen«*[1491]. Diese **entgegenstehenden speziellen Gesichtspunkte** können z.B. **Regelungen in Spezialgesetzen** sein. Dies bedeutet, dass unbeschadet der allgemeinen, insbesondere prozessrechtlichen, Stärkung der GbR durch den BGH, sie nicht ohne weiteres jede beliebige Rechtsposition einnehmen kann.

Aus diesen Gründen kann verlangt werden, dass die Bietergemeinschaft **nach Erteilung des Zuschlags** eine **bestimmte Rechtsform annimmt** (z.B. GmbH). Die Vorschrift des Art. 4 II VKRL 2004/18/EG bestimmt (vgl.: § 8a Nr. 8 VOB/A, § 7a Nr. 3 VII VOL/A):

> *»Die öffentlichen Auftraggeber können nicht verlangen, dass nur Gruppen von Wirtschaftsteilnehmern, die eine bestimmte Rechtsform haben, ein Angebot oder einen Antrag auf Teilnahme einreichen können; allerdings kann von der ausgewählten Gruppe von Wirtschaftsteilnehmern verlangt werden, dass sie eine bestimmte Rechtsform annimmt, wenn ihr der Zuschlag erteilt worden ist, sofern dies für die ordnungsgemäße Durchführung des Auftrags erforderlich ist.«*

Im Interesse einer zu vermeidenden Erschwerung der Beteiligungsfähigkeit kann die Annahme einer solchen Rechtsform **nicht schon zum Zeitpunkt der Angebotsabgabe** verlangt werden[1492]. Dies würde eine nicht hinnehmbare ungewöhnliche Belastung darstellen.

Die Regelung der **zivilrechtlichen Rahmenbedingungen** für Bietergemeinschaften und insbesondere die Frage, was im Falle der Änderung der Zusammensetzung vor oder nach Zuschlagserteilung geschehen soll, fallen in die **Zuständigkeit der Mitgliedstaaten**. Demzufolge sind gemäß EuGH[1493] nationale Regelungen, die es untersagen, die Zusammensetzung einer Bietergemeinschaft nach Abgabe der Angebote zu ändern, nicht zu beanstanden.

1490 *von Ditfurth*, in Prütting/Wegen/Weinreich, BGB-Kommentar, 1. Aufl. 2006, Rn. 35 zu § 705.

1491 So: *von Ditfurth*, in Prütting/Wegen/Weinreich, BGB-Kommentar, 1. Aufl. 2006, Rn. 35 zu § 705.

1492 KG, Beschl. v. 4. 7. 2002 (KartVerg 8/02), VergabE C-3-8/02v2 = VergabeR 2003, 84 = BauR 2003, 437: *»Von Bietergemeinschaften kann nicht verlangt werden, dass sie zwecks Einreichung eines Angebots eine bestimmte Rechtsform annehmen, dies kann jedoch verlangt werden, wenn ihnen der Auftrag erteilt worden ist.«*

1493 EuGH, Urt. v. 23. 1. 2003 (Rs. C-57/01 – »Makedoniko Metro«), VergabE A-1-1/03 = VergabeR 2003, 155 = NZBau 2003, 219 = ZfBR 2003, 282 = WuW 2003, 331 = BauR 2003, 775 = BauRB 2003, 14 = EUK 2003, 35.

(3) Nachträgliche Veränderungen in der Bietergemeinschaft

(3a) Wegfall von Betriebsmitteln

209 Der zwischenzeitlich erfolgte **Unternehmensverkauf** mit Wegfall von personalen und sachlichen Mitteln (hier: für Spundwandarbeiten) kann zur **Verneinung der Eignung** führen.

Gemäß einer Entscheidung des OLG Düsseldorf[1494] standen der in der Bietergemeinschaft befindlichen Fa.M. weder die im Geräteverzeichnis des Angebotes aufgelisteten Geräte, noch das zum Betrieb dieser Geräte und im Bereich Wasserbau qualifizierte Personal tatsächlich zur Verfügung. Vielmehr hatte die Fa.M. nach Angebotsabgabe mit notariellem Kaufvertrag den Geschäftsbereich »Wasserbau Mitte« verkauft. Zum Vertragsgegenstand gehörten sämtliche technischen Anlagen, Maschinen und sonstigen Vermögenswerte. Zudem haben die vertragsschließenden Parteien vereinbart, dass die Arbeitsverhältnisse kraft Gesetzes auf den Käufer übergehen. Der Vertrag war zwischenzeitlich erfüllt worden. Der Umstand, dass die Bietergemeinschaft über diese Veränderungen nicht von sich aus Meldung an die Vergabestelle gemacht hat, stellt außerdem ganz generell ihre Zuverlässigkeit in Frage.

Der nach Angebotsabgabe erfolgende Verkauf eines Betriebsteils mit für die Leistungsausführung notwendigen Gerätschaften **muss andererseits nicht automatisch dazu führen**, dass das betreffende Angebot der Bietergemeinschaft vom Ausschreibungsverfahren auszuschließen ist. Entscheidend kommt es auf die dem Angebot beigelegte Geräteliste an, und ob diese Betriebsmittel weiterhin zur Verfügung stehen. Wird eine **Erklärung nachgereicht**, welche beinhaltet, dass das den Betriebsteil aufkaufende Unternehmen dem verkaufenden Unternehmen die **volle Verfügungsmacht über die betreffenden Betriebsmittel überlässt**, um den zur Vergabe anstehenden Auftrag auszuführen, so ist dies ein berücksichtigungsfähiger Umstand. Weder ändert sich dadurch die Zusammensetzung der Bietergemeinschaft noch handelt es sich um einen verdeckten Nachunternehmereinsatz[1495].

(3b) Insolvenz

210 Die Rechtsprechung tut sich mit jedem nachträglichen Wechsel der Bieterperson ausgesprochen schwer. Es besteht innerhalb der Rechtsprechung Einigkeit darüber, dass die rechtliche Identität des Bieters zwischen Eröffnungstermin und Zuschlagserteilung nicht verändert werden darf[1496].

Virulent ist dies vor allem in Fällen der **Insolvenz auch nur eines Partners der Bietergemeinschaft** geworden.

Tritt bei einem Bietergemeinschaftspartner Insolvenz ein und führt dies, wie in aller Regel, zu einem Wechsel in der Person des Bieters, so ist das Angebot nach – wohl

1494 OLG Düsseldorf, Beschl. v. 15. 12. 2004 (VII Verg 48/04), VergabeR 2005, 207 = VS 2005, 6.
1495 OLG Düsseldorf, Beschl. v. 26. 1. 2005 (VII Verg 45/04), NZBau 2005, 354 = VergabeR 2005, 374 = VS 2005, 15.
1496 OLG Düsseldorf, Beschl. v. 24. 5. 2005 (VII Verg 28/05), NZBau 2005, 710; OLG Düsseldorf, Beschl. v. 18. 10. 2006 (VII Verg 30/06), NZBau 2007, 254 = VergabeR 2007, 92.

herrschender – Auffassung (u.a. des OLG Düsseldorf) **zwingend** auszuschließen[1497].

Das OLG Celle vertritt – neben einigen anderen Spruchkörpern – eine **opponierende Auffassung**. Scheidet ein Gesellschafter einer Bietergemeinschaft (GbR) nach Angebotsabgabe wegen Insolvenz aus, so ist nach Meinung des Senats die Bietergemeinschaft nicht allein deshalb zwingend auszuschließen. Der Auftraggeber hat dann die Pflicht, **erneut** die Eignung der Bietergemeinschaft **zu prüfen**[1498]. Der Senat hebt hervor, dass er angesichts der – wenn auch zum Teil eingeschränkten – Rechtsfähigkeit der Bietergemeinschaft als GbR es nicht zu erkennen vermag, weshalb es die Besonderheiten des Vergaberechts geböten, Bietergemeinschaften in Vergabeverfahren abweichend zu behandeln.

Insbesondere gestützt auf diese Auffassung wird daher vertreten, dass in jedem Falle eine **Fortsetzungsklausel** nach § 736 BGB im Bietergemeinschaftsvertrag vereinbart werden soll. Diese führt dann nach zum Teil vertretener Auffassung dazu, dass das Rechtskonstrukt der Bietergemeinschaft als GbR fortbesteht. Ob dies im vergaberechtlichen Sinne allerdings in der Hinsicht akzeptiert werden kann, dass dann auch kein Wechsel in der Person des Bieters vorliegt, ist streitig[1499]. Nach hier vertretener Auffassung ist die Ansicht des OLG Düsseldorf vorzugswürdig. Das Vergaberecht dürfte eher die Inansatzbringung eines eigenen, verwaltungsrechtlichen, Maßstabes gebieten. Dieser führt zu einer Fixierung der Zusammensetzung der Bietergemeinschaft in der Form und in dem Zeitpunkt, in dem das Angebot eingereicht wurde. Zwar ist richtig, wie das OLG Celle betont, dass auch ansonsten nachträglich bekannt werdende Ereignisse wie gravierende Verfehlungen eines Bieters zum Wiedereintritt in die Eignungsprüfung und zum Ausschluss führen können (bzw. ggf. im Wege der Ermessensreduzierung auf Null müssen). Dies betrifft jedoch sehr große Ausnahmefälle. Bei der Änderung der Zusammensetzung von Bietergemeinschaften steht jedoch nicht selten das gesamte Zusammenspiel der Kompetenzaufteilung der Bieter (mit all den erforderlichen Nachweisen, die zu bewerten sind) auf der Kippe. Die Wiederzulassung der Eignungsprüfung, ggf. sogar unter Hinzunahme eines weiteren, neuen Bietergemeinschaftspartners, stellt eine so gravierende Änderung der Bieterperson dar, dass vieles für einen Ausschluss ohne weitere Prüfung spricht. Ähnlich wie in den Fällen der Doppelangebote, bei denen es um unzulässige Überschneidungen in den Bieterpersonen geht, ohne dass es auf tatsächlich durchgeführte Wettbewerbsabsprachen ankommt, wäre auch hier auf Basis der gegenwärtigen Rechtslage ein schematischer Ausschluss dogmatisch klarer und daher überzeugender.

Unbestritten ist aber wohl, dass eine **aus zwei Partnern bestehende Bietergemeinschaft** mit Ausscheiden eines Partners als Rechtskonstrukt **erlischt**[1500], und dies auch vergaberechtlich zum Ausschluss führen muss. Würde man sich der Meinung des OLG Celle anschließen, so müsste man auch hier konsequenterweise überlegen,

1497 OLG Düsseldorf, Beschl. v. 24. 5. 2005 (Verg 28/05) , NZBau 2005, 710 = VS 2005, 45; VK Nordbayern, Beschl. v. 14. 4. 2005 (320.VK-3194-9/05), VS 2005, 43, 44. Anders: VK Arnsberg, Beschl. v. 25. 4. 2005 (VK 3/05), VS 2005, 44.

1498 OLG Celle, Beschl. v. 5. 9. 2007 (13 Verg 9/07), NZBau 2007, 663 = VS 2007, 71. So auch: VK Nordbayern, Beschl. v. 1. 2. 2008 (21.VK-3194-54/07).

1499 *Kirch/Kues*, VergabeR 2008, 32, 35, 39.

1500 Dies räumen *Kirch/Kues*, VergabeR 2008, 32, 38, ein.

ob nicht das Erlöschen der Bietergemeinschaft vergaberechtlich unschädlich sein müsste. Das wird aber kaum überzeugend zu begründen sein.

bb) Bieterkonsortien

211 Des Weiteren ist auf den **Sonderfall** von anbietenden **Versichererkonsortien** hinzuweisen.

In einem häufig übersehenen **deutlichen Unterschied zu den klassischen Bietergemeinschaften** haften hier die zusammen anbietenden Versicherer jeweils nur auf die von ihnen gezeichnete Quote. Es kommen demnach jeweils eigenständige Verträge mit den Konsortialteilnehmern zustande[1501].

> *»Gibt bei der Ausschreibung von Versicherungsleistungen ein Versicherungsunternehmen das Angebot auch im Namen eines anderen Versicherungsunternehmens ab (Mitversicherung), so kommen im Fall des Zuschlags* ***Versicherungsverträge mit beiden Unternehmen*** *zustande.«*

So ist es z.B. bei der Versicherung von Gebäuden mit sehr hohen Schadenrisiken so, dass 2 oder auch mehr Versicherer jeweils nur bereit sind, eine bestimmte Quote zu zeichnen. Sie haften dann eben nicht gesamtschuldnerisch. Bei der Ausschreibung von solchen Versicherungsleistungen ist daher darauf zu achten, dass die entsprechenden üblichen Klauseln, wonach Bietergemeinschaften gesamtschuldnerisch haften, entfernt werden müssen[1502].

c) Problematik der doppelten Bieterbeteiligung

212 Jegliche Form von doppelter Angebotsabgabe ist **grundsätzlich unstatthaft** und führt gemäß § 25 Nr. 1 I lit. c i.V.m. § 2 Nr. 1 S. 2 VOB/A (bzw. § 25 Nr. 1 I lit. f i.V.m. § 2 Nr. 1 VOL/A) zwingend zum **Ausschluss beider Angebote**.

Die **doppelte Angebotsabgabe** tritt in mehreren Varianten in Erscheinung:

- Die doppelte Angebotsabgabe kann zum einen in der Konstellation vorkommen, dass ein Hauptbieter zwei Angebote abgibt.
  Sie kann des Weiteren in der Weise auftreten, dass ein Bieter als Mitglied zweier Bietergemeinschaften ein Angebot abgibt.
- Es kann sich ferner um den Fall handeln, dass er einmal als eigenständiger (Haupt-)Bieter ein Angebot abgibt, er jedoch gleichzeitig auch Mitglied einer anbietenden Bietergemeinschaft ist[1503].
- Ferner kann ein nur scheinbar rechtlich verschiedenes Unternehmen (z.B. durch GmbH und gGmbH bei gleicher Geschäftsführung) zwei eigenständige Angebote unterbreiten[1504].
- Außerdem kann es sein, dass zwei Niederlassungen eines Konzerns unabhängig (und in bloßer Unkenntnis) voneinander Angebote abgeben[1505].

1501 OLG Celle, Beschl. v. 18. 12. 2003, 13 Verg 22/03, VergabeR 2004, 397.
1502 Vgl. OLG Naumburg, Beschl. v. 31. 3. 2004 (1 Verg 1/04), VergabE C-14-1/04 = EUK 2004, 106.
1503 OLG Düsseldorf, Beschl. v. 16. 9. 2003 (VII – Verg 52/03), VergabE C-10-52/03v = VergabeR 2003, 690 = BauR 2004, 142 = EUK 2003, 156; VK Brandenburg, Beschl. v. 19. 1. 2006 (2 VK 76/05).
1504 Fall der VK Nordbayern, Beschl. v. 23. 8. 1999 (320.VK–3194-15/99), VergabE E-2a-15/99.
1505 VK Berlin, Beschl. v. 16. 11. 2005 (VK B1-49/05): Zwei Niederlassungen eines Versicherungskonzerns.

- In besonderen Fällen kann die Vergabekammer in einer Beteiligung von zwar formaljuristisch verschiedenen Bietern, jedoch solchen, die letztendlich einem einzigen Konsortium zuzurechnen sind, eine Wettbewerbsverzerrung erkennen[1506].

Das Thüringische OLG[1507] hat im Einklang mit dem OLG Düsseldorf bekräftigt, dass ein Bieter, der sein Angebot in Kenntnis des Inhalts eines konkurrierenden Angebots erstellt und nachher abgibt, das **wettbewerbliche Geheimhaltungsgebot** des Ausschreibungsverfahrens **verletzt** (vgl. § 22 VOB/A)[1508]. Gespräche über die Bildung einer Bietergemeinschaft oder eines Nachunternehmerverhältnisses im Vorfeld einer Angebotsabgabe schaden allerdings per se nicht[1509]. Nehmen jedoch zwei konkurrierende Bieter mit jeweils gegenseitig bekannten Angeboten an einer Ausschreibung teil, so kommt dies rechtlich einer unzulässigen wettbewerbsbeschränkenden Abrede gleich.

Der Jenaer Senat hob außerdem hervor, dass die Ausschlussbedürftigkeit der Angebote auch für den Fall gilt, dass ein mit dem Leistungsverzeichnis konformes **Hauptangebot** des einen Bieters mit einem von den technischen Vorgaben der Verdingungsunterlagen abweichenden **Nebenangebot** des anderen Bieters konkurriert.

Schließlich hat das OLG Düsseldorf[1510] hervorgehoben, dass der öffentliche Auftraggeber einen Ausschluss wegen doppelter Angebotsabgabe auf Basis des rechtlichen Tatbestandes der wettbewerbsbeschränkenden Abrede **ohne weitere Rückfragen beim Bieter** tätigen kann. Er muss sich demnach nicht, wie etwa im Falle ungewöhnlich niedriger Angebote, auf einen Dialog mit dem betreffenden Bieter einlassen.

Einen **Sonderfall** hatte das OLG Dresden zu behandeln, in dem es um einen **noch nicht rechtswirksam vollzogenen Zusammenschluss** ging. Das OLG stellt fest: Ist ein Einzelbieter mit einem anderen Unternehmen, das Mitglied einer Bietergemeinschaft ist, über eine gemeinsame Holdinggesellschaft verbunden, so besteht eine Vermutung für eine wettbewerbsbeschränkende Abrede (§ 25 Nr. 1 I lit. c VOB/A) jedenfalls dann nicht, wenn die Verbindung der »Schwesterunternehmen« bei Angebotsabgabe noch nicht rechtswirksam war[1511].

Als **Indizien für Doppelangebote/wettbewerbsbeschränkende Absprachen** kommen in Betracht[1512]:

- Verbindungen zwischen Unternehmen z.B. in Form einer Holding oder eines Zusammenschlusses zu einer Unternehmensgruppe bzw. einem Konzern (§§ 17, 18 AktG, § 36 II GWB)

1506 So jedenfalls in einem Fall von Schulbuchbeschaffungen die VK Arnsberg, Beschl. v. 13. 7. 2004 (VK 2-9/04), VergabE E-10a-9/04 = VS 2005, 6.

1507 OLG Jena, Beschl. v. 19. 4. 2004 und v. 6. 7. 2004 (6 Verg 3/04), VergabE C-16-3/04 = EUK 2004, 126.

1508 Siehe auch: OLG Koblenz, Beschl. v. 26. 10. 2005 (1 Verg 4/05), VergabeR 2006, 392; OLG Koblenz, Beschl. v. 29. 12. 2004 (1 Verg 6/04), VergabeR 2005, 527; OLG Naumburg, Beschl. v. 30. 7. 2004 (1 Verg 10/04); OLG Düsseldorf, Beschl. v. 3. 6. 2004 (W [Kart] 14/04).

1509 OLG Koblenz, Beschl. v. 26. 10. 2005 (1 Verg 4/05), VergabeR 2006, 392.

1510 OLG Düsseldorf, Beschlüsse v. 14. 9. 2004 (VI – W 24/04 und W 25/04), VergabeR 2005, 117 = EUK 2004, 167.

1511 OLG Dresden, Beschl. v. 28. 3. 2006 (WVerg 4/06), VergabeR 2006, 793.

1512 Siehe: *Noch*, VergabeNavigator 1/2007, S. 20.

- Personelle Verflechtungen zwischen den Unternehmen
- Räumliche Nähe zwischen den Unternehmen
- Nutzung der gleichen Infrastruktur seitens der Unternehmen
- Übereinstimmungen in abgegebenen Angeboten (Gleichartigkeit einzelner Preise reicht nicht unbedingt aus, es kann sich zufällig um gleiche Zulieferer/Hersteller mit identischen Preisen handeln)

Das OLG Düsseldorf[1513] stellt heraus, dass bei **Erfüllung all dieser Anzeichen** die Angebote der betroffenen Bieter vom weiteren Verfahren **zwingend auszuschließen** sind. Zum eigenen Schutz sollten Bieter nach Meinung des Senats – etwa auf engen Märkten – anhand von Nachweisen bereits mit der Angebotsabgabe die besonderen Umstände und Vorkehrungen darlegen, die zwischen den Unternehmen zur Gewährleistung des uneingeschränkten Wettbewerbs existieren. Dies könne sie vor Nachteilen in späteren Verfahrensabschnitten bewahren.

Merke: Kein Doppelangebot liegt vor, wenn sich benannte Nachunternehmer von Bietern überschneiden. Sie sind nicht selbst Bieter, so dass auch die Besorgnis der Störung des Geheimwettbewerbs entfällt. Das OLG Düsseldorf[1514] hob in diesem Zusammenhang hervor, dass konkrete (und nachweisbare) Anhaltspunkte für aufeinander abgestimmte Angebote vorliegen müssen. Der Senat zog mit dieser Entscheidung eine Grenze für den Anwendungsbereich der Doppelangebote.

d) Beteiligungsfähigkeit eines Generalübernehmers

213 In Bezug auf die Beteiligungsfähigkeit von Generalübernehmern ergeben sich besondere Anforderungen nach der VOB/A.

Nach der Reform der VOB von 2006 ist grundlegend **zwischen der Rechtslage unterhalb und oberhalb des EU-Schwellenwertes zu unterscheiden**.

aa) Rechtslage unterhalb der EU-Schwelle

214 Gemäß den **Basisvorschriften des 1. Abschnittes**, also bei national ausgeschriebenen öffentlichen Bauvorhaben, gilt als geeignet und teilnahmeberechtigt, wer sich

- **erstens** gewerbsmäßig mit der ausgeschriebenen Leistung befasst (§ 8 Nr. 2 I VOB/A),
- **zweitens**, dessen Betrieb auf die Ausführung von Bauleistungen ausgerichtet ist (§ 8 Nr. 3 VOB/A) und
- **drittens**, der Bauleistungen grundsätzlich im eigenen Betrieb ausführt (§ 4 Nr. 8 VOB/B)[1515].

Das alles ist nach dem Maßstab des deutschen Rechts i.d.R. auch bei einem **Generalunternehmer**, nicht aber bei einem **Generalübernehmer**, der Fall.

1513 OLG Düsseldorf, Beschl. v. 27. 7. 2006 (VII-Verg 23/06), VergabeR 2007, 229.

1514 OLG Düsseldorf, Beschl. v. 13. 4. 2006 (VII-Verg 10/06), NZBau 2006, 810.

1515 Siehe u.a.: OLG Frankfurt, Beschl. v. 10. 5. 2000 (11 Verg 1/99), VergabE C-7-1/99 = NZBau 2001, 101 = BauR 2000, 1595 = EUK 2001, 60; OLG Düsseldorf, Beschl. v. 5. 7. 2000 (Verg 5/99), VergabE C-10-5/99 = NZBau 2001, 106; OLG Düsseldorf, Beschl. v. 16. 5. 2001 (Verg 10/00), VergabE C-10-10/00 = EUK 2001, 108 = Behörden Spiegel 7/2001, S. 18; VÜA Baden-Württemberg, Beschl. v. 23. 7. 1997 (VÜA 12/96), VergabE V-1-12/96 = VgR 3/1998, 48.

Der **Generalunternehmer** vergibt Bauleistungen an Nachunternehmer und kann diese aber auch **zumindest zum Teil selbst ausführen**. In der Regel wird in den Ausschreibungen vorgegeben, dass er mindestens 30% der Leistungen selbst ausführen muss. Eine rechtliche Bestimmung dazu gibt es nicht, es handelt sich um sog. »Richterrecht«.

Demgegenüber fungiert der **Generalübernehmer** lediglich als **Vermittler und Koordinator von Bauleistungen**. Er ist damit nach der VOB/A nicht berechtigt, sich an Ausschreibungsverfahren zu beteiligen.

Die Vergabestelle kann – wohlgemerkt unterhalb der EU-Schwelle – **nach dem Maßstab des deutschen Rechts Generalübernehmer** vom öffentlichen Vergabeverfahren **ausschließen**.

Dies war **bis zur Änderung der VOB 2006** (im 2. Abschnitt für die europaweiten Vergaben) auch die überwiegende Meinung der Nachprüfungsorgane für die Vergaben oberhalb der EU-Schwellenwerte[1516, 1517]. Die hierzu geäußerten Auffassungen **gelten seit 2006 nur noch für die national nach der VOB/A ausgeschriebenen Vorhaben**. Ein Generalübernehmer darf sich bei nationalen Vergabeverfahren grundsätzlich auch dann nicht an einer Ausschreibung nach VOB/A beteiligen, wenn dieser zusammen mit einem Bauunternehmen eine Bietergemeinschaft bildet[1518].

Das OLG Frankfurt am Main[1519] hatte hinsichtlich der Frage, unter welchen **Voraussetzungen** von einem Generalunternehmer bzw. Generalübernehmer auszugehen ist, einige Präzisierungen vorgenommen: Wegen des **Gebotes der Selbstausführung** von Bauleistungen (§ 8 Nr. 2 I und III VOB/A, § 4 Nr. 8 VOB/B) sollen sich nach Möglichkeit nur solche Unternehmen an Bauvergabeverfahren beteiligen, welche die betreffenden Bauleistungen auch tatsächlich selbst erbringen können. Zwar schließt dies den Einsatz von Nachunternehmern nicht aus, jedoch ist es zwingend erforderlich, dass der **Generalunternehmer** noch **mindestens ein Drittel der Bauleistungen im eigenen Betrieb** ausführt. Ist der Generalunternehmer nicht mehr in der Lage, **mindestens ein Drittel** der Leistungen im eigenen

1516 Siehe OLG Düsseldorf, Beschl. v. 5. 7. 2000 (Verg 5/99), VergabE C-10-5/99, Rn. 47 = NZBau 2001, 160: *»Die Antragsgegnerin hat den Kreis möglicher Bewerber nach deutschem Recht zulässig auf ›Generalunternehmung(en)‹ beschränkt. Denn § 8 Nr. 2 Abs. 1 VOB/A sieht vor, dass bei öffentlichem Teilnahmewettbewerb die Unterlagen an Bewerber abzugeben sind, die sich gewerbsmäßig mit der Ausführung von Bauleistungen der ausgeschriebenen Art befassen. Zu einer Teilnahme am Wettbewerb fähig waren nach deutschem Recht demgemäß nur Generalunternehmer (...)«*. Vgl. auch OLG Saarbrücken, Beschl. v. 21. 4. 2004 (1 Verg 1/04), VergabE C-12-1/04 = EUK 2004, 126: Nach bisher *»weitgehend einhelliger Auffassung der Vergabeüberwachungsausschüsse und der vergaberechtlichen Literatur«* (so der Senat) sei es der Maßstab der VOB, dass Generalübernehmer nicht an Vergabeverfahren beteiligungsfähig sind.

1517 VÜA Bayern, Beschl. v. 28. 2. 1997 (VÜA 14/96), VergabE V-2-14/96 = ZVgR 1998, 367 = WiB 1997, 1165. Vgl. auch die Bay. Mittelstandsrichtlinie v. 4. 12. 1984 (Staatsanz. 49/1984) sowie die Bekanntmachungen des Bay. Innenministeriums v. 24. 2. 1995 (All. MBl. Nr. 11/1995) i.d.F. v. 29. 1. 1996 (All. MBl. Nr. 4/1996). Siehe aus der Literatur etwa *Sterner* in: *Motzke/Pietzcker/Prieß*, Beck'scher VOB-Kommentar, 2001, Syst IX, Rn. 22, unter Verweis auf die in Deutschland (noch) herrschende Meinung zu Lasten der Beteiligungsfähigkeit von Generalübernehmern.

1518 VÜA Brandenburg, Beschl. v. 16. 12. 1997 (VÜA 17/96), VergabE V-4-17/96 = VgR 2/1998, 42 = IBR 1998, 322.

1519 OLG Frankfurt, Beschl. v. 10. 5. 2000 (11 Verg 1/99), VergabE C-7-1/99 = BauR 2000, 1595 = EUK 2001, 60.

Betrieb zu erbringen, so handelt es sich rechtlich um einen **Generalübernehmer**[1520]. Völlig ohne Bedeutung ist es, wenn ein solcher Generalübernehmer im Ausschreibungsverfahren angibt, er wolle als Generalunternehmer auftreten. Die Vergabestelle muss sich insoweit an den **rechtlichen Kriterien** für den Generalübernehmerbegriff **orientieren** und nicht daran, wie sich das bewerbende Unternehmen selbst tituliert.

bb) Rechtslage oberhalb der EU-Schwelle

(1) Unbedingte Zulassung

215 Den seit dem Jahre 1994 vom EuGH aufgestellten **europarechtlichen Anforderungen**, bei europaweiten Ausschreibungsverfahren auch Generalübernehmer zuzulassen[1521], ist der deutsche Gesetzgeber endgültig mit Schaffung des **§ 8a Nr. 10 VOB/A (Fassung 2006)**[1522] bzw. des § 7a Nr. 2 VI VOL/A (Fassung 2006) **nachgekommen**[1523].

> *»Ein Bieter kann sich, ggf. auch als Mitglied einer Bietergemeinschaft, bei der Erfüllung eines Auftrags der Fähigkeiten anderer Unternehmen bedienen, ungeachtet des rechtlichen Charakters der zwischen ihm und diesen Unternehmen bestehenden Verbindungen. Er muss in diesem Fall dem Auftraggeber gegenüber nachweisen, dass ihm die erforderlichen Mittel zur Verfügung stehen, indem er beispielsweise eine entsprechende Verpflichtungserklärung dieser Unternehmen vorlegt.«*

Das Erfordernis ergab sich insbesondere aus den **EuGH-Urteilen** in der Sache **Ballast Nedam Group**[1524] sowie durch die Folgeurteile[1525]. Durch diese Urteile wurde die Perspektive eröffnet, auch Bauholdinggesellschaften und deren rechtlich selbständige Tochterunternehmen an Verfahren zur Auftragsvergabe zu beteiligen. Auch die Teilnahme von **Totalübernehmern**[1526] ist zuzulassen.

Deutschland verhielt sich lange Zeit, aus nachvollziehbaren Gründen der mittelständischen Struktur der deutschen Bauwirtschaft, sehr zurückhaltend. Einige Lockerungstendenzen zeigten sich in der einen oder anderen Entscheidung der

---

1520 VK Hessen, Beschl. v. 25. 8. 2004 (69 d VK–52/04), VergabE E-7-52/04 = EUK 2004, 186: Ein Bieter mit einem Eigenleistungsanteil in Höhe von 18,52 % ist Generalübernehmer.

1521 Zu dem nötig gewesenen »Paradigmenwechsel«: *Stoye*, NZBau 2004, 648; *Pauly*, VergabeR 2005, 312.

1522 Siehe vorauseilend für den Bereich der VOB/A auch § 6 II Nr. 2 VgV: »*§ 8 Nr. 2 Abs. 1 und § 25 Nr. 6 VOB/A finden mit der Maßgabe Anwendung, dass der Auftragnehmer sich bei der Erfüllung der Leistung der Fähigkeiten anderer Unternehmen bedienen kann.*«

1523 Siehe vorauseilend für den Bereich der VOL/A § 4 IV VgV: »*Bei der Anwendung des Absatzes 1 ist § 7 Nr. 2 Abs. 1 des Abschnittes 2 des Teiles A der Verdingungsordnung für Leistungen (VOL/A) mit der Maßgabe anzuwenden, dass der Auftragnehmer sich bei der Erfüllung der Leistung der Fähigkeiten anderer Unternehmen bedienen kann.*«

1524 EuGH, Urt. v. 14. 4. 1994 (C-389/92 – »Ballast Nedam Group I«), Slg. 1994, I, 1289 = VergabE A-1-1/94 = RIW 1994, 521 = VgR 1/1997, 59; EuGH, Urt. v. 18. 12. 1997 (Rs. C-5/97 – »Ballast Nedam Group II«), VergabE A-1-3/97 = WuW/E Verg 28 = VgR 3/1998, 47.

1525 EuGH, Urt. v. 2. 12. 1999 (Rs. C- 176/98 – »Holst Italia«, EuZW 2000, 110 = NZBau 2000, 149; EuGH, Urt. v. 18. 3. 2004 (Rs-C-314/01 – »Siemens, ARGE Telekom«), NVwZ 2004, 967 = VergabeR 2004, 465.

1526 Zur Unzulässigkeit des Totalübernehmers nach damaliger Rechtslage noch: VÜA Brandenburg, Beschl. v. 9. 5. 1996 (1 VÜA 3/96 – »Heizkraftwerk Cottbus«), VergabE V-4-3/96 = WuW/E VergAL, 39.

Nachprüfungsorgane. Nach Auffassung des KG[1527] war die **Ausschlussbedürftigkeit eines Generalübernehmers** nach der VOB zumindest dann **nicht zwingend**, wenn sich **konzernverbundene Unternehmen** (Konsortien) an einer kombinierten Ausschreibung (Parallelausschreibung) beteiligen, wie sie im Falle der Bibliothek der Technischen Universität Berlin durchgeführt wurde.

Jedoch stand die **Mehrheit** der Vergabekammern und Gerichte einer Beteiligung von Generalübernehmern infolge der Regelungen der deutschen VOB/A eher **skeptisch bis ablehnend** gegenüber, zum Teil wurde das in den Beschlüssen offengelassen[1528]. Das herkömmliche Selbstausführungsgebot der VOB wurde sehr stark in den Vordergrund gerückt[1529]. Die Einstellung dazu hat sich allerdings nunmehr grundlegend geändert[1530].

Rechtlicher Konsens bestand allerdings auch damals schon darin, dass gemäß der Rechtsprechung des EuGH die Eignung von Generalübernehmern nur als gegeben anzusehen ist, wenn diese **tatsächlich über die Mittel der Nachunternehmer verfügen** können, die zur Ausführung des Auftrages erforderlich sind[1531, 1532].

Entsprechend hat zur aktuellen Rechtslage das OLG Frankfurt[1533] festgestellt, dass **Ausschreibungen, die den klassischen Eigenleistungsanteil von 30% voraussetzen, oberhalb der EU-Schwelle nicht mehr zulässig** sind. Die Bewerbungsbedingungen der Ausschreibung entsprachen in dem entschiedenen Fall nicht dem (schon zu diesem Zeitpunkt) geltenden Vergaberecht, weil nach Art. 47 II der RL 2004/18/EG[1534] ein **bestimmter Eigenleistungsanteil nicht mehr gefordert werden kann.** Mit dem ÖPP-Beschleunigungsgesetz wurde diese Bestimmung durch entsprechende **Änderungen der §§ 4 und 6 VgV** bereits mit Wirkung zum 1. 9. 2005 in nationales Recht umgesetzt. Nach diesen Vorschriften kann sich der Auftragnehmer bei der Erfüllung der Leistung der Kapazitäten anderer Unternehmen bedienen. Somit **kommt es nicht darauf an, ob die Antragstellerin mit ihrem Angebot die in den Bewerbungsbedingungen vorgesehene Quote von 30% erreicht.** Ihr Angebot konnte deshalb nicht nach § 25 Nr. 1 I lit. b VOB/A ausgeschlossen werden.

1527 KG, Beschl. v 22. 8. 2001 (Kart Verg 3/01), VergabE C-3-3/01 = EUK 2001, 152.

1528 Vgl. OLG Düsseldorf, Beschl. v. 5. 7. 2000 (Verg 5/99), VergabE C-10-5/99, Rn. 50 = NZBau 2001, 160.

1529 VK Brandenburg, Beschl. v. 24. 2. 2005 (VK 1/05), LS der Kammer: »*Ein Bieter, der zudem sämtliche ausgeschriebene Bauleistungen auf Nachunternehmer übertragen will, entspricht nicht der Verpflichtung zur Selbstausführung nach § 4 Nr. 8 VOB/B.*«

1530 OLG Düsseldorf, Beschl. v. 18. 7. 2005 (VII-Verg 39/05 – »Kreditanstalt für Wiederaufbau – LON-Steuerungstechnik«), VS 2005, 92.

1531 OLG Saarbrücken, Beschl. v. 21. 4. 2004 (1 Verg 1/04), VergabE C-12-1/04 = EUK 2004, 126.

1532 Häufig scheitert es an dieser Darlegung: VK Brandenburg, Beschl. v. 24. 2. 2005 (VK 1/05); VK Hessen, Beschl. v. 25. 8. 2004 (69 d VK–52/04), EUK 2004, 186.

1533 OLG Frankfurt, Beschl. v. 2. 3. 2007 (11 Verg 14/06), NZBau 2007, 466.

1534 «*Ein Wirtschaftsteilnehmer kann sich gegebenenfalls für einen bestimmten Auftrag auf die Kapazitäten anderer Unternehmen ungeachtet des rechtlichen Charakters der zwischen ihm und diesen Unternehmen bestehenden Verbindungen stützen. Er muss in diesem Falle dem öffentlichen Auftraggeber gegenüber nachweisen, dass ihm die erforderlichen Mittel zur Verfügung stehen, indem er beispielsweise die diesbezüglichen Zusagen dieser Unternehmen vorlegt.*«

(2) Begriff des Nachunternehmers; erhöhter Prüfungsbedarf bzgl. Eignung

216 **Nachunternehmer** (oder auch: Subunternehmer) ist, wer für den Fall der Zuschlagserteilung
- im Rahmen einer **gefestigten Zusammenarbeit** mit dem Hauptunternehmer
- **wertschöpfend** zur Erbringung der geschuldeten Leistung

beiträgt. Nicht selten ist dies bei spezialisierten Arbeiten gar nicht vermeidbar, erst recht wenn diese im Wege einer Generalunternehmervergabe[1535] ausgeschrieben worden sind.

Die **Auslegung** des Begriffes der Subunternehmen bzw. der Nachunternehmer ist aus der Sicht eines fachkundigen Bieters vorzunehmen. Maßgeblich ist gemäß dem OLG Celle[1536] insoweit einerseits das in Fachkreisen übliche Verständnis des Begriffs »Subunternehmer« bzw. »Subunternehmen«, andererseits aber auch der Zusammenhang, in dem der Begriff in den Verdingungsunterlagen verwendet wird. Der Auftragnehmer gibt einen Teil des Auftrags im eigenen Namen weiter mit der Folge, dass er im Innenverhältnis zum Subunternehmer selbst zum Auftraggeber wird[1537].

Nachunternehmer ist jedoch im Sinne des Vergaberechts nicht derjenige, bei dem **gelegentlich Leistungen zugekauft** werden, also z.B. der örtlich zur Baustelle nächstgelegene Baumarkt, bei dem aus Zeitersparnisgründen geringe Mengen von zusätzlich benötigten Materialien besorgt werden. Nachunternehmer ist bei einer Ausschreibung von bundesweit zu erbringenden Leistungen im Veranstaltungsmanagement auch nicht der Copy-Shop in Cottbus, bei dem, bedingt durch die Nachmeldung von Teilnehmern, im Sinne einer Notmaßnahme, erforderlich gewordene zusätzliche Kongressunterlagen fotokopiert werden müssen.

Dementsprechend hat die VK Rheinland-Pfalz[1538] herausgestellt, dass es sich bei reinen **Hilfsfunktionen** wie Speditionsleistungen, Baugerätevermietung oder Baustoffzulieferungen grundsätzlich **nicht um Nachunternehmerleistungen handelt**. Der Bauteilelieferant wird erst dann zum Nachunternehmer, wenn wer »vor Ort« eine Montageleistung erbringt.

Folge der Zulassung von Nachunternehmern ist ein **erhöhter Prüfungsbedarf hinsichtlich deren Eignung**[1539].

Die Nachunternehmer müssen **prinzipiell alle Nachweise (Fachkunde, Leistungsfähigkeit)** erbringen, die auch die Hauptunternehmer vorlegen müssen – **zumindest so weit diese auf sie passen.** Die Vergabestelle muss genau darlegen, nicht nur für welche Lose und Einzelleistungen, sondern auch für welche Leistungssegmente, die von den Nachunternehmern erbracht werden sollen, sie die Nachweise verlangt[1540]. Ebenso hat spiegelbildlich der Bieter (Hauptunternehmer) die Art und

1535 OLG Düsseldorf, Beschl. v. 18. 7. 2005 (VII Verg 39/05 – »Kreditanstalt für Wiederaufbau – LON-Steuerungstechnik«), VS 2005, 92.

1536 OLG Celle, Beschl. v. 5. 7. 2007 (13 Verg 8/07), VergabeR 2007, 794 = VS 2007, 68 f.

1537 Vgl.: OLG Naumburg, Beschl. v. 26. 1. 2005 (1 Verg 21/04); Palandt/Sprau, 66. Aufl, § 631 Rn. 9a.

1538 VK Rheinland-Pfalz, Beschl. v. 29. 5. 2007 (VK 20/07), VS 2008, 7 [LS].

1539 VK Münster, Beschl. v. 13. 2. 2007 (VK 17/06), VS 2007, 24 [LS]. Zur Zulässigkeit der Anforderung zusätzlicher Unterlagen im Vergabeverfahren, insbesondere bei Generalübernehmern siehe etwa: *Bartl*, NZBau 2005, 195.

1540 OLG Celle, Beschl. v. 12. 5. 2005 (13 Verg 5/05).

den Umfang der Leistungen anzugeben, die er an Unterauftragnehmer (Nachunternehmer) übertragen will[1541]. Ist das nicht erfolgt, so kann und muss dies zum Ausschluss führen[1542]. Für die Feststellung der notwendigen Verpflichtungserklärung ist es auch unerheblich, ob eine Firma Unterauftragnehmer (»Sub-Subunternehmer«) des Hauptbieters ist[1543].

In jedem Falle müssen die Nachunternehmer die erforderliche **Zuverlässigkeit** in eigener Person besitzen. Insoweit gelten die gleichen Anforderungen wie an die Bietergemeinschaftspartner[1544].

Des Weiteren müssen die Nachunternehmer entsprechend den Anforderungen der Bestimmungen der § 8a Nr. 10 VOB/A (Fassung 2006) bzw. des § 7a Nr. 2 VI VOL/A (Fassung 2006) auch **entsprechende Verpflichtungserklärungen** vorlegen, dass sie im Falle der Zuschlagserteilung auf ihren Hauptunternehmer für die Realisierung der Leistung einstehen können. Ein Angebot ist unvollständig und muss zwingend ausgeschlossen werden, wenn es keine Bestätigung enthält, dass dem Bieter die erforderlichen Mittel für die genannten Nachunternehmer zur Verfügung stehen[1545].

Das **Erfordernis** einer solchen Verpflichtungserklärung muss nicht in der Vergabebekanntmachung veröffentlicht werden; es genügt, dass die Vorlage in den Vergabeunterlagen gefordert wird[1546]. Eine ungeschriebene Pflicht, für jeden Nachunternehmer jeden vom Vertragspartner geforderten Eignungsnachweis zu erbringen, kann indes nicht angenommen werden[1547].

Entsprechend der allgemeinen Handhabung der formalen Ausschlussgründe ist es ausgeschlossen, dass die Verpflichtungserklärung nachgereicht werden kann[1548].

e) Beteiligung von Bietern mit Wettbewerbsvorteilen durch Vorkenntnisse

217 Ein Problem, das sich in den letzten Jahren zunehmend bemerkbar gemacht hat, Gegenstand etlicher Verfahren vor den Nachprüfungsinstanzen gewesen ist und nunmehr eine rechtliche Regelung erfahren hat, ist **jedweder Konflikt im Hinblick auf die Erbringung von Vorleistungen**, und dadurch entstandene Vorkenntnisse.

Die Konstellationen betreffen auch die Einschaltung einer **Mutter- oder Tochterfirma** bei der **Planung** bzw. der Erstellung des Leistungsverzeichnisses und die nachfolgende Beteiligung des jeweiligen Mutter- oder Tochterunternehmens am Vergabeverfahren für die **Ausführung** der Bauarbeiten.

1541 OLG Bremen, Beschl. v. 21. 3. 2007 (Verg 3/07), VS 2007, 30; VK Sachsen, Beschl. v. 20. 4. 2006 (1 VK 29/06), VS 2006, 56 [LS]: Zweifelsfreie Leistungszuordnung.

1542 OLG Dresden, Beschl. v. 11. 4. 2006 (WVerg 6/06), NZBau 2006, 667; VK Nordbayern, Beschl. v. 24. 1. 2008 (21.VK-3194-52/07), VS 2008, 15 [LS]; VK Arnsberg, Beschl. v. 22. 6. 2007 (VK 20/07), VS 2007, 63 [LS]; VK Lüneburg, Beschl. v. 4. 6. 2007 (VgK-22/2007), VS 2007, 71 [LS]; VK Nordbayern, Beschl. v. 8. 3. 2007 (21.VK-3194-05/07), VS 2007, 31 [LS].

1543 VK Nordbayern, Beschl. v. 8. 3. 2007 (21.VK-3194-05/07), VS 2007, 31 [LS]; VK Sachsen, Beschl. v. 15. 3. 2007 (1/SVK/007-07), VS 2007, 55 [LS].

1544 Vgl. OLG Düsseldorf, Beschl. v. 31. 7. 2007 (VII-Verg 25/07).

1545 VK Bund, Beschl. v. 14. 8. 2006 (VK 2-80/06).

1546 OLG München, Beschl. v. 6. 11. 2006 (Verg 17/06), NZBau 2007, 264 = VergabeR 2007, 225 =VS 2006, 87 [LS], 94.

1547 VK Düsseldorf, Beschl. v. 23. 4. 2007 (VK-9/2007-B), VS 2007, 55 [LS].

1548 VK Hessen, Beschl. v. 17. 7. 2006 (69d VK-33/2006), VS 2006, 95 [LS].

Das Problem wird vor allem im Falle **größerer Bauprojekte** virulent, die eine aufwendige Vorplanung, Planung und ingenieurtechnische Begleitung erfordern, welche insbesondere von kleineren Vergabestellen nicht geleistet werden kann. In ähnlicher Weise ist dies aber auch auf VOL/A-Vergaben übertragbar, wenn **Projektanten** oder sonstige Dritte, die mit späteren Bietern in einem Zusammenhang stehen, in das Vergabeverfahren eingeschaltet worden sind und zum Beispiel eine Machbarkeitsstudie erstellt haben.

Die Vergabestellen sehen sich bei dieser Konstellation oft vor die Frage gestellt, ob sie wegen der unvermeidlichen **Informationsvorsprünge** des für die Planung zuvor eingeschalteten Mutter- oder Tochterbetriebes die betreffenden Bieter aus Gründen der **Chancengleichheit** und wegen des **Diskriminierungsverbotes** (§§ 2 Nr. 2, 8 Nr. 1 VOB/A) vom Vergabeverfahren ausschließen können oder müssen[1549].

aa) Europäische Rechtsprechung

(1) EuGH-Rechtsprechung in der Sache »Fabricom«

218 Der EuGH[1550] hat in diesem Vorabentscheidungsverfahren dezidiert zu der sog. Projektantenproblematik Stellung genommen und einen **pauschalen Ausschluss** jedes vorbefassten Unternehmens **für rechtswidrig erklärt.**

Er hat festgestellt, dass eine belgische Bestimmung gemeinschaftsrechtswidrig ist, wonach eine Person bzw. ein Unternehmen, das mit Forschungs-, Planungs-, Erprobungs- oder Entwicklungsarbeiten für Bau-, Liefer- oder Dienstleistungen betraut war, nicht zur Einreichung eines Antrags auf Teilnahme an einem öffentlichen Bau-, Liefer- oder Dienstleistungsauftrag oder eines Angebots für einen solchen Auftrag zugelassen sein soll. Dies gilt jedenfalls dann, wenn diesem **Projektanten nicht die Möglichkeit gegeben wird, zu beweisen**, dass er im Einzelfall mit der von ihm erworbenen Erfahrung den Wettbewerb nicht hat verfälschen können.

Die **materiell-rechtliche Situation**, dass nicht pauschal ausgeschlossen werden darf, **setzt sich demnach im Hinblick auf den Rechtsschutz fort**[1551]. Die Rechtsmittelrichtlinie steht dem entgegen, dass der öffentliche Auftraggeber ein Unternehmen, das mit einer Person verbunden ist, die mit Forschungs-, Erprobungs-, Planungs- oder Entwicklungsarbeiten für Bauleistungen, Lieferungen oder Dienstleistungen betraut war, bis zum Ende des Verfahrens der Prüfung der Angebote von der Teilnahme an dem Verfahren oder von der Abgabe eines Angebots ausschließen kann, **obwohl dieses Unternehmen auf Befragung durch den öffentlichen Auftraggeber versichert**, dass ihm hieraus **kein ungerechtfertigter Vorteil erwachse**, der geeignet wäre, den normalen Wettbewerb zu verfälschen.

1549 Siehe die grundsätzlichen Erwägungen des VÜA Bund, Beschl. v. 24. 5. 1996 (1 VÜ 2/96), VergabE U-1-2/96 = WuW/E VergAB, 73.

1550 EuGH, Urt. v. 3. 3. 2005 (Rs. C-21/03, Rs. C-34/03 – »Fabricom SA ./. Belgien«), Slg. 2005, I-1559 = NZBau 2005, 351 = VergabeR 2005, 319 = VS 2005, 21 = WuW 2005, 567.

1551 EuGH, Urt. v. 12. 12. 2002 (Rs. C-470/99 – »Universale-Bau AG ./. Entsorgungsbetriebe Simmering«), Slg. 2002, I-11617 = VergabE A-1-5/02 = VergabeR 2003, 141 = NZBau 2003, 162 = ZfBR 2003, 176 = WuW 2003, 205 = BauR 2003, 774.

Dabei geht der EuGH vom **Gleichbehandlungsgrundsatz** aus, der, wie im deutschen Recht, erfordert, dass vergleichbare Sachverhalte nicht unterschiedlich und unterschiedliche Sachverhalte nicht gleich behandelt werden, sofern eine solche Behandlung nicht objektiv gerechtfertigt ist[1552]. Gegen diesen Grundsatz der Gleichbehandlung wird aber verstoßen, wenn ein an Vorbereitungsarbeiten tätiger Bieter pauschal, das heißt ohne nähere Prüfung des Einzelfalles, ausgeschlossen werden würde. Im einen Fall kann die Vergabestelle die möglichen Wettbewerbsvorteile – durch gleichen Mitteilungsstand an die anderen Bieter – so weit relativieren, dass der Wettbewerb in keiner Weise gestört wird. Im anderen Falle kann es jedoch sein, dass aufgrund der spezifischen Fallgegebenheiten die Wettbewerbsvorteile auch durch gleichen Mitteilungsstand an die anderen Bieter nicht relativiert werden können, der Wettbewerb also verfälscht ist, und dieser Bieter im Endeffekt doch ausgeschlossen werden muss.

Diese **rechtliche Betrachtung ändert sich auch bei Ausschreibungen nach der Sektorenrichtlinie nicht**, wie der EuGH feststellt. Auf sie sind die Grundsätze des Gleichbehandlungsgebotes anwendbar, ohne dass es auf die Frage der Eigenschaft als staatlicher oder Sektoren-Auftraggeber ankäme.

(2) EuG-Rechtsprechung in der Sache »Deloitte«

219 Die **Kommission** führte ein Verfahren zur Vergabe eines **Rahmenvertrages** betreffend die Bewertung der Politikbereiche der Generaldirektion Gesundheit und Verbraucherschutz durch, an dem sich ein Konsortium zur Bewertung der europäischen öffentlichen Gesundheit (European Public Health Evaluation Task Force, im Folgenden Euphet) mit einem Angebot beteiligte. Die **wichtigsten Partner** dieses Bieters (**Euphet**) sind an der Umsetzung des politischen Programms der Generaldirektion Gesundheit und Verbraucherschutz beteiligt und erhalten auf Grund zahlreicher Zuschussvereinbarungen **finanzielle Zuwendungen**. Aus diesem Grunde ging die Kommission von einem **Interessenkonflikt** aus, der die unparteiische und objektive Erfüllung des Rahmenvertrages durch Euphet in Frage stelle, und lehnte das Angebot mit Schreiben vom 22. 4. 2005 ab.

Die Klägerin gründete und vertritt das Konsortium vor dem Gericht Erster Instanz der Europäischen Gemeinschaften[1553]. Die erhobene **Klage ist nicht begründet.**

Die Klägerin hatte geltend gemacht, dass das Angebot der Euphet rechtswidrig ausgeschlossen worden sei und dem Bieter ferner rechtswidrig verweigert wurde, weitere Angaben zu machen, die geeignet gewesen wären, einen Interessenkonflikt zu widerlegen. Hinsichtlich des erstgenannten Grundes ist die Klägerin der Auffassung, die **Ablehnungsentscheidung** sei zum einen **unzureichend begründet**, zum anderen **inhaltlich fehlerhaft. Ein einfacher Interessenkonflikt, und erst recht nicht die Gefahr eines solchen Konfliktes, bildeten keinen Ausschlussgrund**. Auf Grund der Vielzahl der in dem Angebot vorgeschlagenen Sachver-

1552 EuGH, Urt. v. 14. 12. 2004 (Rs. C-434/02 – »Arnold André«), Slg. 2004, I-11825 = EuZW 2005, 147, Rn. 68 m.w.N.; EuGH (Rs. C-210/03 – »Swedish Match u.a.«), Slg. 2004, I-11893, Rn. 70 m.w.N.

1553 EuG, Urt. v. 18. 4. 2007 (Rs. T-195/05 – »Deloitte Business Advisory NV ./. Kommission«), VergabeR 2007, 495: Die Ausschreibung betraf einen »Rahmenvertrag betreffend die Bewertung der Politikbereiche der [Generaldirektion] Gesundheit und Verbraucherschutz, Los 1 (Öffentliche Gesundheit) – Ausschreibung SANCO/2004/01/041«.

ständigen sei es zudem möglich gewesen, allein solche Personen an der Auftragserfüllung zu beteiligen, bei denen ein Interessenkonflikt ausscheide. Auch hinsichtlich der übrigen Personen, bei denen eine Verbindung zu den von der Kommission benannten Einrichtungen bestehe, trete ein Interessenkonflikt lediglich bei Tätigkeiten einer bestimmten Kategorie der vorzunehmenden Aufgabe auf, während bei allen übrigen eine »interessenkonfliktfreie« Mitwirkung möglich sei.

Von der Kommission wird dies bestritten, weil die **vorgeschlagenen Sachverständigen mit unterschiedlicher Bewertung nach dem Maßstab der Erfahrung versehen seien** und gerade bei denen mit höherer Bewertung – die somit vorrangig zum Einsatz kämen – die Gefahr des Interessenkonfliktes gegeben sei. Die Klägerin ist hingegen der Auffassung, es genüge, wenn, wie vorliegend geschehen, eine Verfahrensweise für die Beilegung von Interessenkonflikten vorgeschlagen sei. Auch die an mehrere an dem Zusammenschluss beteiligte Einrichtungen ergangenen **Zuschüsse stellten die Objektivität nicht in Frage. Der Kommission obliege der Nachweis eines konkret bestehenden Interessenkonfliktes.**

Das **Angebot dürfe also nicht** – ohne konkrete Prüfung – **wegen der bloßen Gefahr eines Interessenkonfliktes ausgeschlossen werden**. Ferner müsse die Ausschreibung die Folge des Ausschlusses bei Interessenkonflikten deutlich machen, damit die Bieter sich bei der Erstellung ihres Angebots und der Auswahl ihres Teams darauf einstellen könnten. Die Kommission weist demgegenüber darauf hin, dass Euphet die Gefahr eines Interessenkonfliktes nicht wahrgenommen habe, wie aus ihrer Erklärung, wonach alle Beteiligten vollkommen unabhängig von der Kommission seien und eine solche Gefahr nicht bekannt sei, hervorgehe.

Nach Art. 94 der **Haushaltsordnung**[1554], der unter Punkt 9.1.3 der Verdingungsunterlagen wiederholt werde, sei sie **zum Ausschluss eines Angebots berechtigt**, wenn zum Zeitpunkt des Vergabeverfahrens die **Gefahr von Interessenskonflikten** bestehe. Die von Anfang an gegebene Situation eines Interessenkonflikts stelle einen Ablehnungsgrund dar; bei einem **erst bei Durchführung des Auftrags** auftretenden Interessenkonflikt würden hingegen **vertragliche Vorkehrungen** zu seiner Neutralisierung ausreichen.

Das **Gericht verneint** zunächst einen **Verstoß gegen die Begründungspflicht**. Die Ablehnungsentscheidung sei darauf gestützt worden, dass auf Grund der Zuschüsse an die Hauptbeteiligten von Euphet und der fehlenden Garantie für den Ausschluss eines Interessenkonfliktes die **Gefahr nicht objektiver Erfüllung des Rahmenvertrages bestehe.**

Die **Ablehnungsentscheidung** ist gemäß Art. 94 der Haushaltsordnung, Punkt 9.1.3 der Verdingungsunterlagen **rechtmäßig**. Der Begriff des Interessenkonfliktes gilt für alle öffentlichen Aufträge, die ganz oder teilweise aus dem Gemeinschaftshaushalt finanziert werden. Der **Interessenkonflikt muss danach ein tatsächlicher** sein, **ein bloß hypothetischer reicht nicht aus. Jedoch ist ersterer auch bei einem für die Zukunft ernsthaft drohenden Konflikt gegeben**, weil dieser vor Vertragsschluss ohnehin nur potentiell besteht. Es trifft auch nicht zu, dass ein Bieter ohne konkrete Prüfung seines Angebots, insbesondere seines Vorschlags zur Beilegung von Interessenkonflikten, nicht ausgeschlossen werden dürfe. Abgesehen davon,

1554 ABl. L 248 S. 1.

dass die Kommission hier das Angebot von Euphet konkret geprüft hat, ergibt sich die Ablehnungsentscheidung eindeutig aus Art. 94 der Haushaltsordnung und Punkt 9.1.3 der Verdingungsunterlagen. Die Klage war auch insoweit zurückzuweisen. Die Klägerin kann sich auch **nicht** auf die **angebliche Haltung der Kommission in anderen Ausschreibungsverfahren berufen**, in denen das im Angebot vorgeschlagene Mittel der Beilegung von Interessenkonflikten akzeptiert worden sei. Eine solche Haltung, die hier nicht einmal als erwiesen anzusehen ist, hat nicht die Rechtsqualität einer Zusicherung und begründet damit **kein schutzwürdiges Vertrauen**.

Die Klägerin vertritt mit ihrem zweiten Klagegrund die Auffassung, ihr hätte vor Ablehnung des Angebots **Gelegenheit gegeben werden müssen, zu dem Interessenkonflikt Stellung zu nehmen**. Art. 146 III der Durchführungsbestimmungen zur Haushaltsordnung verpflichte die Kommission, zusätzliche Angaben anzufordern. Dies entspreche einer üblichen Praxis und sei von der Rechtsprechung[1555] anerkannt. Die Kommission habe damit vorliegend gegen den **Vertrauensschutzgrundsatz verstoßen** und der Klägerin die Möglichkeit der Verteidigung genommen.

Ferner liege ein **Verstoß gegen den Grundsatz der Gleichbehandlung** vor, weil die Kommission in ihrer Erwiderung im Verfahren der einstweiligen Anordnung (in welchem die Klägerin Aussetzung der Entscheidung über die Vergabe und Untersagung des Vertragsschlusses mit einem anderen Bieter beantragt hatte) manche Bieter aufgefordert habe, den Nachweis der fristgemäßen Absendung ihrer Angebote zu erbringen.

Das Gericht stellt fest, dass es sich bei Art. 146 III der Durchführungsbestimmungen um eine »**Kann-Bestimmung**« handelt. Die **Annahme eines Interessenkonfliktes**, also eines Ausschlussgrundes nach Art. 94 der Haushaltsordnung, war somit **auch ohne die Aufforderung zu weiteren Angaben rechtmäßig**. Auch der **Grundsatz der Gleichbehandlung ist nicht verletzt**. Die Situation der Klägerin ist mit derjenigen des nicht lesbaren Poststempels nicht vergleichbar. Bei dieser handelt es sich um einen Mangel, der auf vom Willen des Bieters unabhängigen Umständen beruht, während im Fall der Klägerin das Angebot selbst unzulänglich ist. Die Klage war daher insgesamt abzuweisen.

bb) Regelungen der VgV und der VOB/A

220 In **Reaktion** auf diese europarechtliche Auslegung hat der deutsche Gesetzgeber sowohl auf der Ebene der **VgV** als auch auf der Ebene der **VOB/A** reagiert und folgende Vorschrift installiert (§ 4 V VgV, § 6 III VgV):

> *»Hat ein Bieter oder Bewerber vor Einleitung des Vergabeverfahrens den Auftraggeber beraten oder sonst unterstützt, so hat der Auftraggeber sicherzustellen, dass der Wettbewerb durch die Teilnahme des Bieters oder Bewerbers nicht verfälscht wird.«*

In der VOB/A (nicht in der VOL/A) wurde ein Duplikat in § 8a Nr. 9 geschaffen.

1555 EuGH, Urt. v. 3. 3. 2005 (Rs. C-21/03, Rs. C-34/03 – »Fabricom SA ./. Belgien«), Slg. 2005, I-1559 = NZBau 2005, 351 = VergabeR 2005, 319 = VS 2005, 21 = WuW 2005, 567.

Die Nichtvermeidung jeglicher **Wettbewerbsverfälschung** bildet somit das oberste Prinzip[1556]. Ob diese Regel alle möglichen Fallkonstellationen abdeckt und ob sie in der Praxis die Wirkung entfalten wird, die ihr zugeschrieben wird, bleibt abzuwarten[1557]. Letztlich wird nach hier vertretener Auffassung die konsequente Anwendung der Vergabeprinzipien des § 97 GWB bzw. der §§ 2 der Vergabeordnungen das Entscheidende sein.

cc) Praktische Handhabung und Rechtsfindung

221 Diese – zumindest vom Grundsatz her – jetzt eindeutige Rechtslage führt dazu, dass die **bisherige herrschende Meinung in Deutschland**, die bereits 10 Jahre und länger zurückreicht[1558], **bestätigt** wurde.

Die umstrittene Auffassung des OLG Jena[1559], das bei der Vergabe von Planungsleistungen für ein Theater aus grundsätzlichen Erwägungen heraus pauschal **jede spätere Beteiligung** von Unternehmen aus der Phase der Vorplanung abgelehnt hat, ist damit obsolet.

Dogmatisch zutreffend an dieser Entscheidung war nur, dass der Senat den Ausschluss **nicht auf § 16 VgV** stützte. Der Anwendungsbereich des § 16 VgV betrifft **nur Beeinflussungstatbestände im bereits laufenden Vergabeverfahren**, also wenn Bieter oder Bewerber existieren[1560]. Das ist aber regelmäßig bei der Projektantenproblematik nicht so, weil es z.B. um Vorplanungen geht, also Arbeiten, die zeitlich wesentlich vor dem Start des späteren Vergabeverfahrens liegen.

Dies hat auch der deutsche Gesetz- bzw. Verordnungsgeber so gesehen. Deshalb hat er die gesonderten Vorschriften des § 4 V VgV bzw. des § 8a Nr. 9 VOB/A geschaffen.

Ausgehend von dem nicht zulässigen pauschalen Ausschluss ist demnach im **Einzelfall** zu prüfen, ob und inwieweit der Wettbewerb durch Vorkenntnisse eines Bieters verfälscht sein könnte.

1556 VK Nordbayern, Beschl. v. 9. 8. 2007 (21.VK-3194-32/07), VS 2007, 79 [LS]: Vorherige Architektenleistungen auf dem gleichen Planungsareal.

1557 Kritisch *Michel*, NZBau 2006, 689 ff., der hinsichtlich dieser aus dem ÖPP-Beschleunigungsgesetz stammenden Regelung die Frage stellt, ob sie einen »Reparaturfall im Reparaturgesetz« darstellt.

1558 VÜA Bund, Beschl. v. 24. 5. 1996 (1 VÜ 2/96), VergabE U-1-2/96 = WuW/E VergAB 79 = ZVgR 1997, 136; VÜA Bund, Beschl. v. 16. 12. 1998 (2 VÜ 22/98), VergabE U-1-22/98 = EUK 1999, 42 = Behörden Spiegel 6/1999, S. B II; VK Lüneburg, Beschl. v. 17. 10. 2003 (203-VgK-23/2003 – »Attraktivierung des Meerwasserhallenbades«), VergabE E-9c-23/03 = EUK 2004, 143; VK Baden-Württemberg (1 VK 72/02), VergabE E-1-72/02; VÜA Bund (1 VÜ 2/96), VergabE U-1-2/96 = WuW/E VergAB, 73; VÜA Bayern (VÜA 8/97), VergabE V-2-8/97 = WuW/E Verg, 69 = ZVgR 1998, 346, und VÜA 9/97, VergabE V-2-9/97 = WuW/E Verg, 99; VÜA Niedersachsen (15/97), VergabE V-9-15/97; VÜA Thüringen (1 VÜ 4/97), VergabE V-16-4/97.

1559 OLG Jena, Beschl. v. 8. 4. 2003 (6 Verg 9/02), VergabE C-16-9/02 = BauR 2003, 1784.

1560 Unter Verweis auf OLG Koblenz, Beschl. v. 10. 8. 2000 (1 Verg 2/00), VergabE C-11-2/00 = NZBau 2000, 534. Siehe vor allem auch: OLG Koblenz, Beschl. v. 5. 9. 2002 (1 Verg 2/02), VergabE C-10-2/02 = VergabeR 2002, 617 = NZBau 2002, 699 = ZfBR 2002, 829 = EUK 2002, 172 = Behörden Spiegel 11/2002, S. 24 = IBR 2002, 623; VK Lüneburg, Beschl. v. 17. 10. 2003 (203-VgK-23/2003), VergabE E-9c-23/03 = EUK 2004, 143.

(1) Unbedenklichkeit der bloßen Vorauftragnehmerschaft

222 Fest steht, dass eine **bloße Vorauftragnehmerschaft** beispielsweise nach gekündigtem und neu ausgeschriebenen Dienstleistungsauftrag **keinesfalls einen Ausschluss rechtfertigt.**

Entscheidend ist die Leistungsbeschreibung und die Weitergabe aller objektivierbaren Informationen. Dass **Restbereiche** verbleiben können, die **nicht objektivierbar** sind, ist schon fast eine so marginale Feststellung, dass die Erwähnung an sich kaum erforderlich ist. Dennoch gilt es darauf hinzuweisen, dass die (persönliche) Kenntnis des öffentlichen Auftraggebers bzw. seiner für die Auftragsabwicklung Verantwortlichen nicht messbar und daher per se vergaberechtlich nicht schädlich ist. Hier wird es immer Restbereiche geben, die nicht objektiv in einer Leistungsbeschreibung auszudrücken sind.

Verhält es sich aber beispielsweise dergestalt, dass eine **Leistungsbeschreibung** einen **Optimalzustand** wiedergibt, von welcher der betreffende Vorauftragnehmer aber aus eigener Erfahrung weiß, dass er in der Durchführung de facto nicht so gehandhabt wird (Motto: »*Es wird nicht so heiß gegessen wie es gekocht wird*«), so beginnt hier ein unzulässiger Wettbewerbsvorteil, welchen der Vorauftragnehmer einkalkulieren kann.

Weiteres Beispiel: Bleibt bei der Ausschreibung von Wach- und Schließdiensten die interne Hausanweisung (die nicht Gegenstand der Leistungsbeschreibung ist), hinter der »offiziellen« Leistungsbeschreibung zurück, so führt dies vergaberechtlich zu einer Bevorteilung des Vorauftragnehmers.

(2) Zulässige und unzulässige Vorbefassung

223 Das OLG Brandenburg[1561] hat festgestellt, dass die Erstellung der **Entwurfsplanung** und daraus erlangte Kenntnisse grundsätzlich nicht zu wettbewerbswidrigen Vorteilen bei der Kalkulation von Überwachungsleistungen führen. In Übereinstimmung mit der zuvor dargestellten europäischen Rechtsprechung stellt der Senat heraus, dass die **abstrakte Möglichkeit** einer Vorteilserlangung dabei **nicht ausreicht**[1562]

Das OLG[1563] hebt hervor: Erscheint eine **konkrete Wettbewerbsverfälschung** bei sachlicher Betrachtung der ausgeschriebenen Leistung **möglich**, so **obliegt dem betreffenden Unternehmen der Nachweis**, dass ihm durch die Vorbefassung kein ungerechtfertigter Vorteil erwachsen ist. Dem **Auftraggeber** obliegt daneben die Verpflichtung, den **Wissensvorsprung** des einen Bieters **auszugleichen** durch Information aller anderen Bieter. Gelingt beides nicht, so kann zur Wahrung der Grundsätze aus § 97 GWB der Ausschluss des vorbefassten Unternehmens erfolgen.

In einem **Sonderfall** hat das OLG Brandenburg[1564] entschieden, dass der Generalplaner zur Erbringung von Ingenieurleistungen zur Bauüberwachung ungeeignet

1561 OLG Brandenburg, Beschl. v. 22. 5. 2007 (Verg W 13/06).
1562 VK Bund, Beschl. v. 1. 9. 2005 (VK 1 98/05).
1563 OLG Brandenburg, Beschl. v. 22. 5. 2007 (Verg W 13/06).
1564 OLG Brandenburg, Beschl. v. 16. 1. 2007 (Verg W 7/06), NZBau 2007, 332 = VergabeR 2007, 235.

ist, wenn die Ausschreibungsunterlagen explizit auch die Überwachung der zuvor vergebenen Generalplanungsleistungen verlangen. Insoweit soll in diesem Spezialfall der insoweit vorbefasste (und aufgrund des Leistungsbeschriebs quasi doppelt befasste und sich selbst kontrollierende) Bieter sogar als ungeeignet auszuschließen sein.

Die VK Nordbayern[1565] hat ein Vergabeverfahren für Architektenleistungen für rechtswidrig erklärt, bei dem **infolge der Vorbefasstheit** betreffend das gleiche Planungsareal die Bieterin **Kenntnisse hatte, die in den Vergabeunterlagen nicht dargestellt waren**, die aber für die Angebotserstellung wichtig waren. Die von der VSt zur Verfügung gestellte Projektbeschreibung beschränkte sich auf eine allgemeine Beschreibung des Geländes als Industriebrache. Wesentliche Randbedingungen wie z.B. exakte Abmessungen der Bebauung, die Grundwasserhöhen und der vorhandene Kelleraltbestand, die für die Planung, Baukostenschätzung sowie Dauer und Ablauf des Baues bedeutend sind, fehlten in der Beschreibung oder waren darin fehlerhaft dargestellt. Das war in dem entschiedenen Fall deshalb besonders entscheidend, weil eine **Bewerbung innerhalb von nur 9 Werktagen** erfolgen musste und wegen dieser engen Terminvorgabe den Bewerbern die Einholung von zusätzlichen Informationen nicht zumutbar war.

Die VK Lüneburg entschied im Einklang mit und unter Vorwegnahme der heutigen Rechtslage, dass ein am Vergabeverfahren Beteiligter, der zuvor für das Projekt weitere Beratungsleistungen erbracht hat, **nicht automatisch ausgeschlossen** werden darf[1566]. Die betreffende Bieterin hatte dem Auftraggeber nur bei der **Erstellung der Haushaltsunterlage-Bau** geholfen, u.a. bei der Erstellung des **Erläuterungsberichts**, der Berechnung des Kostendeckungsgrades, dem Planungskonzept, der Baubeschreibung und den **Berechnungen nach DIN 276 und 277**. Die anderen Unterlagen (Formeller Antrag, der andere Teil der Berechnung des Kostendeckungsgrades und Daten der Haushaltswirtschaft) seien offenbar von der Auftraggeberin selbst bzw. der beauftragten Wirtschaftsprüfungsgesellschaft gefertigt worden. Eine Wettbewerbsverfälschung könne nicht festgestellt werden.

So ist die Mitwirkung in der **Frühphase des Bauplanungsprozesses** zur Formulierung der Aufgabenstellung für das ganze Projekt, wobei es **noch nicht um konkrete bauliche oder technische Lösungen geht, tendenziell unschädlich**.

Ziel der Bedarfsplanung ist es nur, alle erforderlichen Anforderungen an das Projekt darzustellen und die damit zusammenhängenden Probleme zu formulieren[1567]. In welcher Weise diese Bedarfs- und Vorplanungsanalyse **später in der Leistungsbeschreibung umgesetzt** wird, ist eine **andere Frage**, die ohnehin der Beschaffungsautonomie des öffentlichen Auftraggebers unterliegt (Dispositionsfreiheit).

Ist allerdings die **Leistungsbeschreibung auf die spezifischen Interessen des Projektanten zugeschnitten** oder in einer Weise **missverständlich** formuliert, dass sie nur der bevorzugte Projektant richtig verstehen kann, so erreicht die

1565 VK Nordbayern, Beschl. v. 9. 8. 2007 (21.VK-3194-32/07), VS 2007, 79 [LS].

1566 VK Lüneburg, Beschl. v. 17. 10. 2003 (203-VgK-23/2003 – »Attraktivierung des Meerwasserhallenbades«), VergabE E-9c-23/03 = EUK 2004, 143.

1567 Vgl. VK Baden-Württemberg, Beschl. v. 10. 2. 2003 (1 VK 72/02), VergabE E-1-72/02.

Wettbewerbsverfälschung den für einen Ausschluss erforderlichen Konkretisierungsgrad[1568]. Genügt sie allerdings den Anforderungen des § 9 VOB/A, und ist sie so eindeutig und erschöpfend, dass alle Bieter genau wussten, welche Leistungen sie zu erbringen haben, so hat die vorbefasste Bieterin **keine messbaren Vorteile**, die zu einem rechtlichen Hindernis führen können[1569].

Die Vorbefassungsproblematik kann sich, wie eingangs angesprochen, auch auf die **Beteiligung eines mit dem Planer/Projektanten (konzern-)verbundenen Unternehmens** erstrecken. Aber auch diesbezüglich gelten die gleichen Grundsätze[1570]. Die etwaig erforderliche Maßnahme eines Ausschlusses muss auf **gravierende Fälle** beschränkt bleiben[1571].

Die Ausschlussbedürftigkeit wird sich – allerdings in seltenen Ausnahmefällen – auch an der Ausschlussfähigkeit orientieren müssen. In **sehr engen Märkten** wird es zum Teil kaum anders möglich sein als einen Projektanten/Planer vorzubefassen, der konzernverbunden ist[1572]. In diesen Konstellationen ist naturgemäß eine ganz besondere Vorsicht geboten. Insbesondere im Falle komplizierter Bauvorhaben ist unweigerlich auf die **Spezialkenntnisse** der wenigen großen Baufirmen zurückzugreifen.

Zusammenfassend ergeben sich für das Verhalten der Vergabestelle folgende **Konsequenzen:**

- Es ist zunächst auf eine möglichst strenge Trennung der verschiedenen Vorbereitungs-, Planungs- und Ausführungsphasen zu achten.
- Das spätere Leistungsverzeichnis sollte so genau wie möglich erstellt werden, wobei darauf zu achten ist, dass möglichst wenige spezifische Vorgaben des Planungsbüros übernommen werden. Ggf. sollte die Objektivität durch ein weiteres Büro kontrolliert werden.
- Auf keinen Fall sollte das Unternehmen aus der Vorplanungsphase bei der späteren Wertung der Teilnahmeanträge oder gar der Angebote zu Rate gezogen werden[1573].
- Auch wenn sich dieses Unternehmen später selbst an der Ausschreibung beteiligt, ist aus den genannten Gründen Vorsicht geboten.
- Bei der vermeintlich informellen Voranfrage an ein Unternehmen, das dann quasi die Leistungsbeschreibung »diktiert«, ist höchste Vorsicht geboten.

1568 Vgl. VÜA Nordrhein-Westfalen, Beschl. v. 8. 5. 1998 (424-84-43-7/97), VergabE V-10-7/97.

1569 VÜA Bayern, Beschl. v. 2. 10. 1997 (VÜA 8/97), VergabE V-2-8/97 = WuW/E Verg, 69 = ZVgR 1998, 346, und v. 9. 10. 1997 (VÜA 9/97), VergabE V-2-9/97 = WuW/E Verg, 99 = ZVgR 1998, 349 = VgR 3/1998, 48.

1570 VÜA Thüringen, Beschl. v. 11. 5. 1998 (1 VÜ 4/97), VergabE V-16-4/97 = ZVgR 1998, 488 = VgR 4/1998, 49.

1571 VÜA Bayern, Beschl. v. 2. 10. 1997 (VÜA 8/97), VergabE V-2-8/97 = WuW/E Verg, 69 = ZVgR 1998, 346, und v. 9. 10. 1997 (VÜA 9/97), VergabE V-2-9/97 = WuW/E Verg, 99 = ZVgR 1998, 349 = VgR 3/1998, 48.

1572 VÜA Niedersachsen, Beschl. v. 23. 12. 1997 (34.2-35.66, Tgb.-Nr. 15/97 – »Unterwassertunnel«), VergabE V-9-15/97 = ZVgR 1998, 409 = VgR 3/1998, 48.

1573 Siehe VK Baden-Württemberg, Beschl. v. 10. 2. 2003 (1 VK 72/02), VergabE E-1-72/02, S. 9: »*Bei der Beurteilung der Schwere der Wettbewerbsverzerrung kommt es vor allem darauf an, ob lediglich eine Beteiligung an den Entwurfs- und Planungsarbeiten bestand, oder ob unmittelbar an den Vorarbeiten für die Ausschreibung, insbesondere bei der Erstellung des LV mitgewirkt wurde.*«

- Für sich auswirkende Wettbewerbsvorteile kann eine deutlich günstigere Kalkulation sprechen[1574].
- Bezüglich Verquickungen von Unternehmen sei der Hinweis gegeben, dass eine Offenlegung wegen naheliegender Interessenkonflikte zu verlangen ist (vgl. § 7 II VOF; s.a. Art. 4 Nr. 4 des Government Procurement Act (GPA)).
- Es sollte darauf geachtet werden, dass der Bieter im Zweitvergabeverfahren sich nicht selbst kontrolliert (Generalplaner/Bauüberwachung/Bauoberleitung). Auch dies ist eine Frage der Konzeption der Ausschreibung bzw. der Leistungsbeschreibung.
- Zu bedenken ist in diesen Fällen stets, dass jede Form von Verquickungen grundsätzlich eine **unerwünschte Konstellation** darstellt.
- Insgesamt ist daher besonders genau auf einen möglichst **transparenten und neutralen Ablauf des Vergabeverfahrens** zu achten, wobei jedes Verdachtsmoment, aus dem Mitbewerber evtl. eine Wettbewerbsverzerrung herleiten könnten, abzustellen ist. Nicht immer werden sich diese Regeln im Falle einer besonderen Kompliziertheit des Bauobjektes gänzlich einhalten lassen[1575], aber es sollte auch dann, wenn zwingend auf Ingenieurbüros großer Firmen zurückgegriffen werden muss, eine möglichst genaue **Dokumentation** des gesamten Verfahrens erfolgen und jedes denkbare Verdachtsmoment minimiert werden[1576].
- Die Nachprüfungsinstanzen haben zum Ausdruck gebracht, dass ein **pauschaler Ausschluss** der Vorbefassten **nicht statthaft** ist[1577].
- Der Grundsatz der **Einzelfallprüfung** kommt demnach als allgemeines vergaberechtliches Prinzip auch hier zum Tragen.
- Nicht tauglich erscheint das in der ersten Entscheidung des OLG Brandenburg zum Flughafen Schönefeld[1578] entwickelte Kriterium des »**bösen Scheins**«. Hierbei handelt es sich um kein rechtliches, sondern um ein politisches Kriterium[1579].

1574 VÜA Thüringen, Beschl. v. 11. 5. 1998 (1 VÜ 4/97), VergabE V-16-4/97 = ZVgR 1998, 488 = VgR 4/1998, 49.

1575 Siehe z.B. auch große Brückenbauprojekte (Öresundbrücke, Tejo-Brücke, Fehmarn-Brücke, Brücke von Messina etc.), für deren Projektierung weltweit höchstens 15 Ingenieurbüros benannt werden können (vgl. »Der Spiegel« Nr. 14/1998 v. 30. 3. 1998, S. 188).

1576 VK Nordbayern, Beschl. v. 9. 8. 2007 (21.VK-3194-32/07), VS 2007, 79 [LS].

1577 VÜA Bund, Beschl. v. 24. 5. 1996 (1 VÜ 2/96), VergabE U-1-2/96 = WuW/E VergAB 79 = ZVgR 1997, 136; VÜA Bund, Beschl. v. 16. 12. 1998 (2 VÜ 22/98), VergabE U-1-22/98 = EUK 1999, 42 = Behörden Spiegel 6/1999, S. B II; VK Baden-Württemberg, Beschl. v. 10. 2. 2003 (1 VK 72/02), VergabE E-1-72/02; VK Lüneburg, Beschl. v. 17. 10. 2003 (203-VgK-23/2003 – »Attraktivierung des Meerwasserhallenbades«), VergabE E-9c-23/03 = EUK 2004, 143; VÜA Niedersachsen, Beschl. v. 23. 12. 1997 (34.2.–35.66, Tgb.-Nr. 15/97), VergabE V-9-15/97 = ZVgR 1998, 409; VÜA Nordrhein-Westfalen, Beschl, v. 8. 5. 1998 (424-84-43-7/97), VergabE V-10-7/97; VÜA Thüringen, Beschl. v. 11. 5. 1998 (1 VÜ 4/97), VergabE V-16-4/97 = ZVgR 1998, 488; VÜA Thüringen, Beschl. v. 16. 10. 1998 (2 VÜ 3/98), VergabE V-16-3/98-1.

1578 OLG Brandenburg, Beschl. v. 3. 8. 1999 (6 Verg 1/99), BauR 1999, 1175 = NVwZ 1999, 1142 = ZVgR 1999, 207 = VergabE C-3-1/99.

1579 Kritisch dazu: *Höfler/Bert*, NJW 2000, 3310, 3316; *Berrisch*, DB 1999, 1797; *Neßler*, NVwZ 1999, 1081; *Noch*, Das Problem der Doppelmandate und der Neutralität bei öffentlichen Ausschreibungen, Sachsenlandkurier (SLK) 2000, S. 135 ff.; *ders.*, Neutralität bei öffentlichen Auftragsvergaben – Ein inhaltsleeres ›Prinzip‹ des Vergaberechts?, Behörden Spiegel – Beschaffung Special, April 2000, Seite B IV. Zustimmend aber wohl: *Kulartz/Niebuhr*, NZBau 2000, 6; *Otting*, NJW 2000, 484; *Malmendier*, DVBl 2000, 963, 965 f.

- Es bedarf **konkreter Nachweise** oder zumindest **tatsächlicher Anhaltspunkte**[1580] von Verletzungen des Diskriminierungsverbotes bzw. Gleichbehandlungsgebotes[1581]. Eine abstrakte Betrachtungsweise ist ungeeignet und entspricht nicht den Rechtsvorgaben.
- Die **sehr weitgehende Rechtsfindung des OLG Brandenburg** wurde denn auch insoweit von anderen Gerichten **zurückgenommen**, als die konkrete Möglichkeit oder Gefahr einer Diskriminierung durch Interessenkollisionen verlangt wurde[1582].
- Ob es ein allgemeines vergaberechtliches »Neutralitätsgebot« als zusätzliches Kriterium neben den Prinzipien der Transparenz, der Nichtdiskriminierung und des Wettbewerbs gibt, ist fraglich[1583].

5. Schwellenwerte

a) Festlegungen

224 Die **EU-Schwellenwerte**, ab denen das (erweiterte) Rechtsregime der europaweiten Ausschreibungspflichten anzuwenden ist, sind **auf mehreren Ebenen** geregelt.

In den EU-Vorschriften ist die Regelung der Schwellenwerte in
- der **Verordnung EG** 1422/2007[1584]
- sowie in den **Vergaberichtlinien** (Vergabekoordinierungsrichtlinie 2004/18/EG, Art. 7; Sektorenkoordinierungsrichtlinie 2004/17/EG, Art. 16)

enthalten. Mit der Verordnung von Ende 2007, die seit 1. 1. 2008 Geltung entfaltet, kommt der Gemeinschaftsgesetzgeber der Richtlinienregelung nach, wonach aufgrund der Anpassungserfordernisse des Vergaberechts über die EU hinaus (GPA im Rahmen der WTO) ein **dynamisches Element** in die Schwellenwerte dahingehend eingeführt wurde, dass über die UNO-Sonderziehungsrechte (SZR) eine Koppelung an den US-Dollar besteht, die aufgrund der Schwäche des Dollars im relevanten Zeitraum zu spürbaren Änderungen des Umrechnungskurses und damit der EU-Schwellenwerte geführt haben. Diese dynamisch gestalteten EU-Schwellenwerte sind **alle 2 Jahre anzupassen**, das nächste Mal also wieder Ende 2009 für den Zeitraum 1. 1. 2010 bis 31. 12. 2011. Dies geschieht zweckmäßigerweise durch EU-Verordnung, die unmittelbar in allen Mitgliedstaaten gilt, ohne dass noch mitgliedstaatliche Umsetzungsakte erforderlich sind.

Im **deutschen (Umsetzungs-)Recht** finden sich Regelungen in der **VgV** (§ 2). In § 2 VgV müssen die durch die EU-Verordnungen vorgegebenen Schwellenwert-Änderungen nachvollzogen werden. In den Verdingungsordnungen finden sich seit

1580 Vgl.: VÜA Sachsen, Beschl. v. 17. 8. 1999 (1 VÜA 18/97), VergabE V-13-18/97 = EUK 2000, 27 = Behörden Spiegel 3/2000, S. B II.

1581 VK Baden-Württemberg, Beschl. v. 10. 2. 2003 (1 VK 72/02), VergabE E-1-72/02, S. 9.

1582 BayObLG, Beschl. v. 20. 12. 1999 (Verg 8/99), BayOLGZ 1999, Nr. 81 = VergabE C-2-8/99 = BauR 2000, 258 = WuW Verg 325 = NZBau 2000, 259 = EUK 2000, 41; OLG Stuttgart, Beschl. v. 24. 3. 2000 (2 Verg 2/99), VergabE C-1-2/99 = NZBau 2000, 301 = EUK 2000, 73 = Behörden Spiegel 6/2000, S. B II.

1583 Vgl. aber: OLG Saarbrücken, Beschl. v. 22. 10. 1999 (5 Verg 2/99), VergabE C-12-2/99 = ZVgR 2000, 25 = EUK 2000, 25, unter Bejahung der Anwendbarkeit der §§ 20, 21 VwVfG.

1584 ABl der EU (L 317/34).

den Fassungen aus dem Jahre 2006 weitgehend keine Regelungen mehr zu Schwellenwerten.

Die **konkreten Werte**, ab denen regelmäßig europaweit auszuschreiben ist, sind für die **klassischen und funktionalen Auftraggeber** (§§ 98 Nr. 1 bis Nr. 3 GWB) bezogen auf die einzelnen Vergabematerien
- Bauaufträge einerseits sowie
- Liefer- und Dienstleistungsaufträge andererseits

unterschiedlich geregelt. Für oberste Bundesbehörden gibt es darüber hinaus abgesenkte Schwellenwerte.

Hinzu kommen die **Besonderheiten der Sektorenrichtlinie** für die Auftraggeber nach § 98 Nr. 4 GWB.

Die bereits angesprochene **Verordnung EG 1422/2007** beinhaltet Änderungen (Reduzierungen) der EU-Schwellenwerte, die am 1. 1. 2008 in Kraft getreten sind, und sich wie folgt auf die Richtlinien beziehen:

Die Änderungen in der klassischen Vergabekoordinierungsrichtlinie **(RL 2004/18/EG, VKRL)** betreffen die Artt. 7, 8 I, 56, 63 I Uabs. 1 und 67 I mit folgenden aktuellen Werten:

Art.	**Alter Schwellenwert:**	**Neuer Schwellenwert:**
Art. 7 lit. a	137.000 €	133.000 €
Art. 7 lit. b	211.000 €	206.000 €
Art. 7 lit. c	5.278.000 €	5.150.000 €
Art. 8 I lit. a	5.278.000 €	5.150.000 €
Art. 8 I lit. b	211.000 €	206.000 €
Art. 56	5.278.000 €	5.150.000 €
Art. 63 I Uabs. 1	5.278.000 €	5.150.000 €
Art. 67 I lit. a	137.000 €	133.000 €
Art. 67 I lit. b	211.000 €	206.000 €
Art. 67 I lit. c	211.000 €	206.000 €

Von den **klassischen öffentlichen Auftraggebern** sind
- Bauleistungen also ab regelmäßig **5,15 Mio. €** europaweit auszuschreiben,
- Liefer- und Dienstleistungen ab regelmäßig **206.000 €**.

Bundesbehörden haben vor allem den niedrigeren Schwellenwert von 133.000 € bei Liefer- und Dienstleistungen zu beachten.

In der **Sektorenrichtlinie** (RL 2004/17/EG, SKR) wird
- Art. 16 lit. a) von 422.000 € auf **412.000 €** (Liefer- und Dienstleistungen) und
- lit. b) von 5.278.000 € auf **5.150.000 €** (Bauleistungen) abgeändert.

In Art. 61 I und II wird der Schwellenwert von 422.000 € auf 412.000 € abgesenkt.

b) Grundsätze

225 Alle genannten EU-Schwellenwerte verstehen sich als **geschätzte Auftragswerte ohne MwSt.**[1585].

Sie beziehen sich im Sinne einer Prognoseentscheidung auf die **voraussichtliche Gesamtvergütung** (§ 3 I VgV) für die ausgeschriebene Maßnahme[1586].

aa) Lose

226 Grundsätzlich gilt für alle Vergabearten, dass die **Auftragswerte von Losen zu kumulieren** sind (§ 3 V VgV).

Die Begründung dafür ist, dass es sich insoweit um eine Ausschreibungsmaßnahme handelt. Der rechtliche Umstand, dass auch einzelne Lose aufgehoben werden können oder dass nur ein Los aus mehreren zur Nachprüfung gestellt werden kann, ist demgegenüber nicht entscheidend. Insoweit gibt der einheitliche wirtschaftliche Vorgang den Ausschlag.

Lose sind nicht mit Teilabschnitten bzw. Bauabschnitten zu verwechseln[1587]. Das OLG Rostock hat hierzu festgestellt, dass sich der Schwellenwert gemäß § 3 I VgV zwar nach der geschätzten Gesamtvergütung für die vorgesehene Leistung bestimmt, wobei der Wert aller Lose zu addieren ist (§ 3 VgV). Ein Fall der Umgehung nach § 3 II VgV liegt jedoch dann nicht vor, wenn es in der Sache nur um die Einteilung der Bauarbeiten in mehrere Bauabschnitte geht. Es liegt keine unzulässige Aufteilung einer einzigen Baumaßnahme in mehrere Aufträge vor, wenn die **Ergebnisse der jeweiligen Abschnitte eine unterschiedliche wirtschaftliche und technische Funktion erfüllen**[1588]. Demnach handelt es sich nicht um ein Gesamtbauwerk, sondern um jeweils einzelne Bauwerke, wenn eine Kläranlage fortschreitend seit dem Jahre 1995 in verschiedenen Bauabschnitten erweitert und den jeweils veränderten Bedingungen angepasst wird. Die mit den jeweiligen Bauabschnitten ermöglichten Abwasserbehandlungsarten sind für sich allein funktionsfähig und sinnvoll. Sie stehen auch nicht in so engem zeitlichen Zusammenhang, dass aus diesem Grunde von einem Gesamtbauwerk ausgegangen werden müsste.

Geht man davon aus, dass es sich für das Vorliegen von Losen um gleichartige Leistungen handeln muss, die einen einheitlichen wirtschaftlichen Beschaffungsvorgang darstellen, so ist die Regelung des § 3 V 2 VgV nur konsequent, dass **bei Lieferaufträgen nur die Lose über gleichartige Lieferungen zu addieren** sind[1589].

1585 Bei der Vergabe von Versicherungsleistungen ist die Versicherungssteuer nach h.M. nicht mit einzuberechnen.
1586 BGH, Urt. v. 27. 11. 2007 (X ZR 18/07 = VergabeR 2008, 219).
1587 OLG Rostock, Beschl. v. 20. 9. 2006 (17 Verg 8/06 [u. 9/06]), VergabeR 2007, 394 = VS 2007, 20, 21.
1588 OLG Brandenburg, Beschl. v. 20. 8. 2002 (Verg W 4/02), VergabE C-4-4/02.
1589 OLG München, Beschl. v. 28. 9. 2005 (Verg 19/05), VergabeR 2006, 238.

Besonderheiten können bei **Planungsleistungen** gelten: Handelt es sich bei den in mehreren Losen ausgeschriebenen Aufträgen (hier: Objektplanung einer Freianlage, Tragwerksplanung, Baugrund- und Gründungsberatung) nicht um Teilaufträge derselben freiberuflichen Leistung (vgl. § 3 III 1 VOF), sondern werden Ingenieurleistungen nachgefragt, die verschiedenen Fachbereichen der HOAI zuzuordnen sind, so ist für die Ermittlung des Schwellenwerts der konkrete Auftrag für das einzelne Los maßgeblich[1590].

bb) Optionen

227 Ebenso sind die Auftragswerte von **Optionen** einzuberechnen (§ 3 VI VgV), die fast ausschließlich bei Vergaben nach der VOL/A vorzufinden sind. Optionen verstehen sich entweder im Sinne einer

- **Verlängerungsoption** eines für eine bestimmte Zeit ausgeschriebenen Vertrages, oder
- als eine vom Auftraggeber schon in der Ausschreibung in Aussicht gestellte **eventuelle Mehr-Leistung,** welche der **Auftragnehmer** erbringen darf, sofern er dazu durch einseitige Willenserklärung der Vergabestelle aufgefordert wird.

Die im Jahre 2006 erfolgte **Regelung des § 3 VI VgV**[1591] ist **nicht geglückt**. Dort wird zwischen der Option und einer Vertragsverlängerung unterschieden, obwohl auch die Vertragsverlängerung eine Option ist. Sie ist in der Praxis sogar der häufigere Fall einer Option als Verlängerungsoption.

Die generelle rechtliche Anforderung ist, dass Optionen **hinreichend bestimmt** sein müssen. **Vertragsverlängerungsoptionen** sind gemäß der Rechtsfindung vergaberechtlich zulässig, wenn sie hinsichtlich Laufzeit und Anzahl der zu erwartenden Optionsmöglichkeiten hinreichend bestimmt sind[1592]. Im Hinblick auf **Leistungserweiterungsoptionen** ist derzeit nicht ausreichend geklärt, wie viel sie prozentual in Bezug auf den Gesamtauftragswert ausmachen dürfen. Grenzen setzen hier aber bereits die Erfordernisse einer Kalkulationsmöglichkeit des Bieters, die nur im Falle einer noch als hinreichend eindeutig zu bezeichnenden und ohne ungewöhnliche Wagnisse ausgestatteten Leistungsbeschreibung als gegeben angesehen werden können.

Eine Möglichkeit, die optional ausgeschriebenen Leistungen einzuklagen, existiert für den Bieter nicht. Andererseits werden die Auftragswerte der Optionen in die Schwellenwertberechnung **einbezogen**[1593], weil der Gemeinschaftsgesetzgeber unterstellt, dass sie **in der Regel ausgeübt** werden. Konsequenterweise ist der Wert der Verlängerungsoption auch streitwertrelevant[1594].

1590 VK Nordbayern, Beschl. v. 27. 4. 2005 (320.VK-3194-13/05), VS 2005, 48.

1591 »*Sieht der beabsichtigte Auftrag über Lieferungen oder Dienstleistungen Optionsrechte oder Vertragsverlängerungen vor, so ist der voraussichtliche Vertragswert auf Grund des größtmöglichen Auftragswertes unter Einbeziehung der Optionsrechte oder Vertragsverlängerungen zu schätzen.*«

1592 VK Sachsen, Beschl. v. 24. 8. 2007 (1/SVK/054-07), VS 2007, 88 [LS].

1593 OLG München, Beschl. v. 14. 9. 2005 (Verg 15/05), NZBau 2006, 136 = VS 2006, 15 [LS]; BayObLG, Beschl. v. 18. 6. 2002 (Verg 8/02), VergabE C-2-8/02.

1594 OLG Düsseldorf, Beschl. v. 17. 1. 2006 (VII-Verg 63/05), VS 2006, 32 [LS].

In einem vereinzelt gebliebenen Fall hat das OLG Stuttgart[1595] auch bei einer **Ausschreibung nach VOB/A** anerkannt, dass die Vergabestelle **Leistungen als Option** ausschreiben kann, wobei dann deren vorab geschätzter wirtschaftlicher Wert analog §§ 1a Nr. 4 IV VOL/A a.F., 3 VI VOF bei der Schwellenwertberechnung zu berücksichtigen sein soll. Ohne Belang für die Schwellenwertberechnung sei es, ob die Vergabestelle später während des Ausschreibungsverfahrens den Auftrag einschränkt oder sich endgültig gegen die Wahrnehmung der optional abgefragten Leistungen entscheidet.

cc) Auftragswerte bei Liefer- und Dienstleistungen; Rahmenvereinbarungen, Daueraufträge und regelmäßige Aufträge

(1) Berechnungsmethoden

228 Im Hinblick auf die **Schwellenwertberechnung** bei Liefer- und Dienstleistungen ist auf der Grundlage der Regelungen des § 3 III VgV folgendes **gesondert zu beachten**:

- Bei Verträgen mit bestimmter Laufzeit (z.B. 4 Jahre) ist der gesamte Auftragswert anzusetzen.
- Bei Verträgen mit unbestimmter Laufzeit gilt: Monatsauftragswert x 48 Monate bzw. Jahresauftragswert x 4; es wird also eine Laufzeit von 4 Jahren unterstellt.
- Bei Verträgen mit fester Laufzeit von z.B. 3 Jahren mit definierter Verlängerungsoption von z.B. 2 Jahren ist entsprechend dem vorher Gesagten der gesamte Zeitraum von 5 Jahren in Ansatz zu bringen.
- Verhält es sich so, dass ein Vertrag eine feste Laufzeit von z.B. 3 Jahren hat, dann aber eine Verlängerungsoption in der Weise greift, dass er sich um jeweils ein Jahr verlängert, wenn er nicht bis zum 30.09. eines jeden Jahres gekündigt wird, so ist er als Vertrag mit unbestimmter Laufzeit zu behandeln.

Einzuberechnen sind nach herrschender Auffassung ebenfalls **Bedarfspositionen**, also Positionen, die nur eventuell zur Ausführung bzw. Beauftragung kommen (deswegen auch Eventualpositionen genannt).

(2) Abgrenzung von Rahmenvereinbarungen, Daueraufträgen und regelmäßigen Aufträgen

229 Das im Zuge der nach dem EU-Richtlinienpaket 2004 erforderlichen Überarbeitung der Vergabevorschriften im Jahre 2006 offiziell eingeführte Rechtsinstitut der Rahmenvereinbarung (§ 3 VIII VgV, § 3a Nr. 4 VOL/A) betrifft Fälle, in denen es per definitionem um wechselnde, **durch Einzelverträge festzulegende (Liefer-) Mengen** geht, wobei die Mengen so genau wie möglich zu definieren sind. Das entspricht auch dem herkömmlichen deutschen zivilrechtlichen Verständnis[1596].

Ohne dass dies in den Basisvorschriften extra geregelt wäre, ist zu unterstellen, dass Rahmenvereinbarungen **auch unterhalb der EU-Schwelle**, also bei Anwendung

---

1595 OLG Stuttgart, Beschl. v. 9. 8. 2001 (2 Verg 3/01 – »Automatische Parkierungsanlagen«), VergabE C-1-3/01v = NZBau 2002, 292 = EUK 2001, 171. In diesem Fall war vorgesehen, dass die Parkierungsanlagen optional auch für ein weiteres, benachbartes Parkhaus installiert werden sollten.

1596 *Brinkmann*, in: Prütting/Wegen/Weinreich, BGB-Kommentar, 2006, Rn. 29 zu vor §§ 145 ff. Vgl. ferner: VK Münster, Beschl. v. 5. 4. 2006 (VK 5/06).

des 1. Abschnitts der VOL/A, möglich sind. Rahmenvereinbarungen für Leistungen nach der VOF sind nach derzeit geltender Rechtslage wohl unzulässig. Eine analoge Anwendung der Bestimmungen der VOL/A scheidet – zumindest gemäß der VK Sachsen[1597] – mangels Vorliegens einer außerordentlichen bzw. planwidrigen Gesetzeslücke jedenfalls für die VOF aus.

Kennzeichen der Rahmenvereinbarung ist eine **generelle direkte Leistungsverpflichtung**, die sich hieraus ergeben muss, es darf sich nicht lediglich um eine unverbindliche Vereinbarung handeln[1598]. Die Leistungsverpflichtung **konkretisiert** sich dann durch die auf Basis der Rahmenvereinbarung abzuschließenden **Einzelverträge**[1599].

Die Rahmenvereinbarung kann also **auch mit mehreren Bietern** getroffen werden (dann jeweils wieder verbunden mit einem zu veranstaltenden Wettbewerb im Einzelfall), wohingegen man im Falle des Kontrahierens **mit einem einzigen Bieter wohl mehrheitlich von einem Rahmenvertrag spricht**[1600]. Die Begrifflichkeiten werden allerdings nicht immer ganz einheitlich verwendet.

Davon zu unterscheiden sind **Daueraufträge** (u.a. erwähnt in § 3 IV VgV) im Sinne von Abrufleistungen. Diese Abrufleistungen haben ihrerseits nicht die Qualität eigener Verträge, sondern sie sind **Bestandteil eines Dauerauftrages**, der hierfür bereits die Rechtsgrundlage bildet. Sie sind in gewissem Sinne ein »untypisches Dauerschuldverhältnis«[1601].

Regelmäßige Aufträge (gleichfalls erwähnt in § 3 IV VgV) umschreiben die Situation öfters vergebener Aufträge, wobei sich dann die Frage stellt, ob und inwieweit die Vergabestelle diese Aufträge zusammenfassen und als einen Auftrag ausschreiben kann oder ggf. muss. Bezugsrahmen soll dann sein, dass ggf. die **regelmäßig in den letzten 12 Monaten bzw. dem letzten Haushaltsjahr vergebenen Aufträge zusammenzufassen** sein sollen. Dies dürfte aber nur den Fall eines absehbaren Bedarfes und wohl vor allem den Fall der (häufigen freihändigen) Vergaben an einen einzigen Bieter betreffen. Im Einzelnen ist hier vieles ungeklärt.

Der Begriff des **Dauerschuldverhältnisses** ist ein **übergeordneter**. Er betrifft jede Form von Dienstleistungen, die sich nicht in einer einmaligen tatsächlichen Situation der Leistungserbringung erschöpfen. Dauerschuldverhältnisse sind demnach ein Mietvertrag, ein Gebäudereinigungsvertrag, ein Bewachungsvertrag, ein Software-Pflegevertrag usw. Die Leistungspflichten bestehen fortwährend bzw. immer wieder von neuem, ohne dass ein neuer Vertrag geschlossen werden muss[1602]. Dauerschuldverhältnisse sind demnach nicht punktuelle Leistungspflichten wie

1597 VK Sachsen, Beschl. v. 25. 1. 2008 (1/SVK/088-07), VS 2008, 24 [LS].

1598 Dazu bereits: VK Schleswig-Holstein, Beschl. v. 5. 10. 2005 (VK-SH 23/05), unter Verweis auf OLG Schleswig, Beschl. v. 13. 11. 2002 (6 Verg 5/2002).

1599 Die Rahmenvereinbarung wird etwa in § 3 VIII 2 VgV wie folgt definiert: »*Eine Rahmenvereinbarung ist eine Vereinbarung mit einem oder mehreren Unternehmen, in der die Bedingungen für Einzelaufträge festgelegt werden, die im Laufe eines bestimmten Zeitraumes vergeben werden sollen, insbesondere über den in Aussicht genommenen Preis und gegebenenfalls die in Aussicht genommene Menge.*«

1600 So auch mit Verweis auf den erforderlichen verbindlichen Charakter der generellen Leistungsverpflichtung: VK Schleswig-Holstein, Beschl. v. 5. 10. 2005 (VK-SH 23/05).

1601 *Medicus*, in: Prütting/Wegen/Weinreich, BGB-Kommentar, 2006, Rn. 4 zu § 314: bspw. Bierbezugsverträge, Lizenzverträge, Wartungsverträge.

1602 *Schmidt-Kessel*, in: Prütting/Wegen/Weinreich, BGB-Kommentar, 2006, Rn. 29, 30 zu § 241.

der Kauf, der einmalige Restaurantbesuch oder der Auftrag zum Haareschneiden beim Friseur.

dd) Auftraggeberbezogene, technisch-funktionale und zeitliche Zusammenhänge zwischen einzelnen Maßnahmen

230 Zweifelsfälle dahingehend, ob eine Pflicht zur Einbeziehung bestimmter Aufträge, und damit Auftragswerte, besteht, treten immer dann auf, wenn nicht auf den ersten Blick ersichtlich ist, was als einheitliche Maßnahme zu verstehen ist respektive aus rechtlicher Sicht so verstanden werden muss.

Hinsichtlich **Vergaben verschiedener öffentlicher Auftraggeber** hat das OLG Celle[1603] festgestellt, dass sie bei der Schätzung des Auftragswerts auch dann als selbständig zu bewerten sind, wenn bei den Aufträgen sachliche Zusammenhänge bestehen. Anders kann es ausnahmsweise sein, wenn zwei öffentliche Auftraggeber davon ausgehen, dass die benötigte Leistung aus technischen oder anderen Gründen von demselben Anbieter beschafft werden soll und wenn die Auftraggeber deshalb die Beschaffungsvorhaben koordinieren und Angebote für den gemeinsamen Bedarf einholen. Entschließen die Auftraggeber sich dann unmittelbar vor der Auftragsvergabe zu gesonderten Verträgen, müssen sie eine nachvollziehbare Erklärung dafür liefern, aus welchem Grund dies geschehen ist, wenn nicht zur Vermeidung eines förmlichen Vergabeverfahrens.

Außerdem sind insbesondere bei der Vergabe von **Bauaufträgen sämtliche Arbeiten**, die in einem **technisch-funktionalen Zusammenhang** stehen, wertmäßig einzuberechnen[1604]. Dieser technisch-funktionale Zusammenhang muss jedoch eine **gewisse Nähe** aufweisen und in einer Weise **plausibel** sein, dass nicht sämtliche Maßnahmen wertmäßig einzuberechnen sind, nur weil sie das gleiche Bauwerk betreffen.

Das OLG Düsseldorf[1605] hat hierzu festgestellt, dass die Ausschreibung von aktuellen **Unterhaltungsmaßnahmen** und späteren **Ausbaumaßnahmen** für eine **Bundeswasserstraße** keineswegs in einem ausreichenden technischen Zusammenhang stehen. Die Vergabestelle habe das in Rede stehende Auftragsvolumen zutreffend auf 3,2 Mio. € geschätzt. Es handele sich um einen **Bauauftrag**, zu dem auch Unterhaltungsmaßnahmen gehören. Bauleistungen seien Arbeiten jeder Art, durch die eine bauliche Anlage hergestellt, instandgehalten, geändert oder beseitigt wird (§ 1 VOB/A). Maßgebend sei danach der Schwellenwert von (damals) 5 Mio. € (§ 2 Nr. 4 VgV). Dieser Schwellenwert werde **nicht dadurch überschritten**, dass dem ausgeschriebenen Auftrag **noch eine weitere Baumaßnahme hinzuzurechnen** wäre. Gemäß § 3 I VgV sei bei der Schätzung des Auftragswertes von der **geschätzten Gesamtvergütung** für die vorgesehene Leistung auszugehen. Der Wert eines beabsichtigten Auftrages dürfe nicht in der Absicht geschätzt oder aufgeteilt werden, ihn der Anwendung der VgV zu entziehen (vgl. § 3 II VgV). Für eine insoweit künstliche Aufsplitterung eines einheitlichen Beschaffungsvorgangs sei vorliegend nichts ersichtlich. Der von der Antragstellerin als Argument

---

1603 OLG Celle, Beschl. v. 12. 7. 2007 (13 Verg 6/07 – »Software Fallmanagement«), VergabeR 2007, 808 = VS 2007, 68.

1604 VK Rheinland-Pfalz, Beschl. v. 15. 8. 2007 (VK 32/07), VS 2008, 6 [LS].

1605 OLG Düsseldorf, Beschl. v. 31. 3. 2004 (VII Verg 74/03), VergabE C-10-74/03 = EUK 2004, 73.

für eine Umgehung angeführte spätere **Ausbau der Wasserstraße** befinde sich noch im **Stadium der Planfeststellung**. Die künftige **Ausführung** sei **ungewiss**. Ferner habe der **Ausbau eine ganz andere funktionelle Zielrichtung** als die hier in Rede stehende Unterhaltungsmaßnahme. Auch sonst gebe es keine Hinweise für einen wirtschaftlichen oder technisch-funktionalen Zusammenhang[1606] mit dem geplanten Ausbau Wasserstraße (HFW).

ee) Lose bei der Bauvergabe

231 **Besonderheiten** und Schwierigkeiten bei der Ermittlung des richtigen Schwellenwertes treten im Rahmen von **Bauvergaben** besonders häufig bei der **losweisen Vergabe** auf. Diese lassen sich in zwei Varianten einordnen (vgl. Art. 9 V VKRL 2004/18/EG, § 1 a Nr. 1 II und § 1 b Nr. 1 II VOB/A bzw. § 2 Nr. 7 VgV):

- **Variante 1:** Sie erfordert ebenso einen Gesamtauftragswert von mehr als 5,15 Mio. €. Die Anwendung der Richtlinie bzw. der sie umsetzenden a- und b- Paragraphen der VOB/A ist aber auch dann vorzunehmen, wenn das betreffende Los einen Auftragswert von mehr als 1 Mio. € aufweist.
- **Variante 2:** Aufbauend auf Variante 1 müssen alle Lose (auch unter 1 Mio. €) auch dann europaweit ausgeschrieben werden, bis 80% der geschätzten Gesamtauftragssumme erreicht sind.

Die schwierige Frage bei der Variante 2 ist, wie die Formulierung »*bis 80% ... erreicht sind*« zu interpretieren ist. Das **BayObLG**[1607] hatte zu klären, ob eine Auslegung in der Weise richtig ist, wonach eine europaweite Ausschreibungspflicht von Losen unter 1 Mio. € schon dann besteht, wenn bei der **sukzessiven Ausschreibung** eines Gesamtvorhabens **80% des Gesamtauftragswertes noch nicht erreicht sind** oder ob eine Interpretation dergestalt möglich ist, dass die **Vergabestelle frei wählen** kann, welche Lose sie national respektive europaweit ausschreibt, wenn nur sichergestellt ist, dass **nach Abschluss der Gesamtmaßnahme** mindestens 80% der Auftragssumme europaweit ausgeschrieben wurden.

Die 80%-Grenze in § 1a Nr. 1 II, 2. Spiegelstrich VOB/A (bzw. § 2 Nr. 7 VgV) ist nach Ansicht des Senats **nicht dahin zu verstehen**, dass **zunächst alle Lose**, unabhängig von ihrem Auftragswert, **den Bestimmungen der a-Paragraphen unterworfen** und deshalb im Amtsblatt der Europäischen Gemeinschaften ausgeschrieben werden müssen, bis 80% der Gesamtauftragssumme erreicht sind. Sinn und Zweck der Regelung verlangen vielmehr eine Auslegung dahingehend, dass **letztlich 80% des Gesamtauftragswertes** aller Bauaufträge **in einem EU-weiten Wettbewerb vergeben werden** sollen, dem Auftraggeber aber **keine bestimmte Reihenfolge** für europaweite und nationale Vergaben vorgeschrieben wird. Die Regelung solle es dem Auftraggeber ermöglichen, kleinere Lose nicht EU-weit ausschreiben zu müssen, weil solche Lose in der Regel nur für Bieter im nationalen Bereich von Interesse sind und für den EU-weiten Wettbewerb außer Acht gelassen werden können. Kleinere Lose können auch am **Anfang eines Bauvorhabens** stehen (Vorwegmaßnahmen, Abrissarbeiten, Erdaushub). Es ergebe wenig Sinn, dem Auftraggeber eine EU-weite Ausschreibung kleiner Lose nur deshalb vor-

---

1606 Vgl. hierzu *Müller-Wrede* in: *Ingenstau/Korbion*, 14. Aufl. 2004, § 1a VOB/A, Rn. 6.

1607 BayObLG, Beschl. v. 27. 4. 2001 (Verg 5/01), VergabE C-2-5/01 = VergabeR 2002, 61 = EUK 2001, 121. Dazu auch *Höß*, VergabeR 2002, 19.

zuschreiben, weil sie in die **Anfangsphase** seiner Ausschreibungen fallen, während vergleichbar kleine Lose in der Endphase der Ausschreibungen von der Pflicht zur EU-weiten Ausschreibung freigestellt sind. Ein solches Verständnis der Regelung könne im übrigen dazu führen – wie gerade der vorliegende Fall zeige, in dem der Auftraggeber nach § 1a Nr. 1 II 1. Spiegelstrich VOB/A ohnehin über 93% des Gesamtauftragswertes EU-weit auszuschreiben hat – dass der Auftraggeber wegen kleinerer Ausschreibungen am Anfang **u.U. nahezu 100% EU-weit ausschreiben müsste**. Das könne von der Regelung nicht gewollt sein. Diese Auslegung werde durch die (damalige) Regelung in **Art. 6 III 3 der Baukoordinierungsrichtlinie** bestätigt. Das Erfordernis der Einhaltung einer **bestimmten zeitlichen Reihenfolge** sei dort nicht zu erkennen.

Merke: Bisher setzte die Mehrheit der Nachprüfungsinstanzen und Kommentatoren – entgegen dem BayObLG – eine zeitliche Abfolge der europaweiten Ausschreibungspflicht nach Variante 2 stillschweigend voraus. Die Auffassung des BayObLG hat sich **mehrheitlich durchgesetzt**. Die Kommentatoren sind auf diese Meinung eingeschwenkt[1608].

Eine **Zuordnung** zu dem 20%-Kontingent, das national ausgeschrieben wird, hindert grundsätzlich die europarechtlich indizierte Nachprüfung gemäß den §§ 102 ff. GWB[1609], es sei denn die Zuordnung ist für die Vergabekammer nicht nachvollziehbar oder sie erweist sich als falsch.

Ein praktisches Problem ist die **Kontrolle** der Einhaltung dieses (80/20%-Kontingentes). Das BMVBW hat daher in einem Erlass vom November 2004[1610] zum Vergabehandbuch des Bundes auf Kritik des Bundesrechnungshofes (BRH) reagiert und die Richtlinien zur Einhaltung der europaweiten Ausschreibung des sog. 80%-Kontingents (§ 1a VOB/A) präzisiert. Insbesondere wurde bemängelt, dass es keine Aufstellungen gäbe, anhand derer man nachvollziehen könne, ob tatsächlich der vorgeschriebene Anteil an Leistungen europaweit ausgeschrieben worden sei.

ff) Schätzung und Umgehungsverbot

232 Die vom Auftraggeber vorzunehmende Schätzung des Gesamtauftragswerts i.S.v. § 1a VOB/A (§ 3 I VgV) bezieht sich auf die unter Wettbewerbsbedingungen **voraussichtlich entstehende Gesamtvergütung**[1611].

An die Schätzung des Auftragswertes dürfen zwar **keine übertriebenen Anforderungen** gestellt werden[1612], jedoch muss der geschätzte Auftragswert auf einer **pflichtgemäßen und sorgfältigen Prüfung der Marktlage**[1613] beruhen. Im Bau-

1608 Siehe etwa *Müller-Wrede* in: *Ingenstau-Korbion*, VOB, 15. Aufl. 2004, Rn. 9 zu § 2 VgV: »*Daher ist der Auftraggeber nicht zur Einhaltung einer zeitlichen Reihenfolge anhand der Bagatellklausel des § 2 Nr. 7 VgV verpflichtet (Fn. 1: › (…) A.A.: die Vorauflage, § 1a VOB/A, Rn. 10.‹).*« Vgl. auch *Rusam* in: *Heiermann/Riedl/Rusam*, VOB, 10. Aufl. 2003, Rn. 15 zu § 1a VOB/A.

1609 KG, Beschl. v. 11. 7. 2000 (KartVerg 7/00), VergabE C-3-7/00 = BauR 2000, 1620 = Behörden Spiegel 10/2000, S. B II.

1610 BMVBW, Erlass v. 23. 11. 2004 (Az. B 15-0180–114). Vgl. dazu auch VS 2005, 7.

1611 BGH, Urt. v. 27. 11. 2007 (X ZR 18/07 = VergabeR 2008, 219).

1612 BayObLG, Beschl. v. 18. 6. 2002 (Verg 8/02), VergabE C-2-8/02; VK Rheinland-Pfalz, Beschl. v. 15. 8. 2007 (VK 32/07), VS 2008, 6 [LS].

1613 VK Brandenburg, Beschl. v. 11. 11. 2005 (2 VK 68/05): »Marktpreis«.

wesen ist eine Schätzung auf Basis der DIN 276 ausreichend[1614]. Maßgebender Zeitpunkt für die Schätzung des Gesamtauftragswerts ist die Einleitung des Vergabeverfahrens, also der Tag der Absendung der zu veröffentlichenden Bekanntmachung an das Amtsblatt der EU[1615]. Der Schätzung zugrundezulegen sind aktuelle Preise und realistische Mengenannahmen[1616].

Eine Kostenversanschlagung, die lediglich auf **prozentualen Auf- oder Abschlägen** zu bzw. von den Preisen für bisherige Dienstleistungsaufträge beruht, bildet keine ausreichende Grundlage für eine Kostenkalkulation. In einem solchen Fall liegt auch im rechtlichen Sinne keine Kostenschätzung vor, welche die Grundlage für die Behauptung eines unwirtschaftlichen Angebotes im Sinne des § 26 Nr. 1 lit. c VOL/A sein könnte[1617].

Gleichfalls kann nicht unreflektiert auf sog. **Kostenrichtwerte** – z.B. die »Bayrische Richtlinie für die Zuwendungen zu wasserwirtschaftlichen Vorhaben (RZWas)« – zurückgegriffen werden[1618]. Schon aufgrund der Tatsache, dass die angesprochene Richtlinie **lediglich Durchschnittswerte** enthält, denen jegliche projektbezogenen Kostenfaktoren wie ortsübliche Preise, konjunkturelle Einflüsse, Erreichbarkeit der Baustelle, etc. fehlen, kann sie nicht als Grundlage der Kostenschätzung dienen. Richtig ist aber nach Meinung der Kammer, dass sich der zu schätzende Gesamtauftragswert aus der Summe der Auftragswerte aller für die Erstellung der baulichen Anlage erforderlichen Bauleistungen errechnet. Davon getrennt zu vergebende **Planungsleistungen** sind nicht einzubeziehen und müssen bei der Kostenschätzung **unberücksichtigt** bleiben. Bei Bauvorhaben ist die Fertigstellung der Außenanlagen (z.B. Parkplätze) allerdings regelmäßig bei der Schätzung der Auftragssumme in die Kalkulation zu nehmen[1619].

Bei **fehlender Schätzung** des Auftragswerts durch den Auftraggeber kann die Schätzung im Rahmen des Nachprüfungsverfahrens von der Vergabekammer erfolgen[1620]. Dabei ist von dem nach dem objektiven Empfängerhorizont festzustellenden Auftragsumfang auszugehen. Anhaltspunkte können das Angebot des preisgünstigsten Bieters, aber auch die anderen Angebotspreise sein[1621].

Ganz generell gilt das Umgehungsverbot (Art. 9 III VKRL 2004/18/EG), wonach **keine künstliche Aufteilung** des Auftrags erfolgen darf oder keine Berechnung/ Schätzung des Auftragswertes in der **Absicht** geschehen darf, die Anwendung der Richtlinie zu umgehen (§ 3 II VgV). Insoweit wird auch auf die Ausführungen zu § 3 VgV verwiesen.

Die Einteilung der Bauarbeiten in **mehrere Bauabschnitte** stellt keine unzulässige Aufteilung einer einzigen Baumaßnahme in mehrere Aufträge dar, wenn die **Ergebnisse** der jeweiligen Abschnitte eine **unterschiedliche wirtschaftliche und tech-**

1614 VK Rheinland-Pfalz, Beschl. v. 15. 8. 2007 (VK 32/07), VS 2008, 6 [LS].
1615 BayObLG, Beschl. v. 18. 6. 2002 (Verg 8/02), VergabE C-2-8/02.
1616 OLG Düsseldorf, Beschl. v. 8. 3. 2005 (VII Verg 40/04); VK Düsseldorf, Beschl. v. 30. 9. 2005 (VK-25/2005-L).
1617 So: VK Hessen, Beschl. v. 28. 2. 2006 (69d VK – 02/2006), VS 2006, 47 [LS].
1618 VK Nordbayern Beschl. v. 26. 7. 2005 (320.VK-3194-26/05), VS 2005, 69.
1619 VK Rheinland-Pfalz, Beschl. v. 15. 8. 2007 (VK 32/07), VS 2008, 6 [LS].
1620 VK Hessen, Beschl. v. 27. 4. 2007 (69d VK-11/2007).
1621 OLG Naumburg, Beschl. v. 23. 8. 2005 (1 Verg 4/05), VS 2005, 78 = WuW 2005, 1090.

nische Funktion erfüllen[1622]. Das OLG Rostock[1623] erkennt in einem Fall, in dem es um die Frage der europaweiten Ausschreibungspflicht von Bauleistungen zur Erweiterung einer Kläranlage ging, kein Bedürfnis, dass die Auftragswerte zusammengefasst werden müssen. Die seit 1995 durchgeführten verschiedenen Bauabschnitte ergaben sich aus der Anpassung an jeweils veränderte Bedingungen. Die damit ermöglichten Abwasserbehandlungsarten sind für sich allein funktionsfähig und sinnvoll. Sie stehen auch nicht in so engem zeitlichen Zusammenhang, dass aus diesem Grunde von einem Gesamtbauwerk ausgegangen werden müsste.

Behauptet die Vergabestelle, der Anwendungsbereich des europäischen Vergaberechts sei nicht eröffnet, so kann dies durch **entgegenstehende Indizien** widerlegt werden[1624]. Die Einschätzung kann sich aber auch bestätigen, so dass das Vergabenachprüfungsverfahren unzulässig ist[1625].

Ohne Relevanz wird es hingegen meistens sein, wenn sich eine **Abweichung** zwischen geschätzter und tatsächlicher Höhe des Auftragswertes aus Gründen ergibt, welche **für den Auftraggeber nicht vorhersehbar** waren. Dann kann auch eine (gerechtfertigte) Aufhebung des Ausschreibungsverfahrens aus wirtschaftlichen Gründen in Betracht kommen[1626].

Im übrigen ist ohnehin eine **allzu schematische Betrachtungsweise** deswegen **Fehl am Platze**, weil nationale Ausschreibungsverfahren, deren Auftragswerte **knapp unter dem EU-Schwellenwert** liegen, unter Gesichtspunkten eines möglichen Verstoßes gegen das Umgehungsverbot von der Vergabekammer nachgeprüft werden können[1627]. Liegen die Angebote geringfügig oberhalb des vorab geschätzten Auftragswertes (< 10–15%), so wird dies in der Regel nicht schädlich sein. Weichen die eingegangenen Angebotssummen jedoch erheblich von dem geschätzten Auftragswert ab (> 15–20%), so entsteht bei der Vergabestelle erhöhter Rechtfertigungsdruck.

Entsprechen aber die Angebotspreise der Bieter der vorgenommenen Schätzung, so spricht dies für eine sorgfältige Schätzung des Auftraggebers. Eine **Umgehungsabsicht** scheidet dann aus. Ohnehin sind die Anforderungen, die durch den Begriff »Absicht« aufgestellt sind, hoch, weil nach dem allgemeinen juristischen Sprachgebrauch die Absicht ein erhöhtes Maß an Vorsatz voraussetzt.

Ist die europaweite Ausschreibungspflicht tatsächlich nicht gegeben, so ist **unterhalb der Schwellenwerte** die **Anwendung** der **Basisparagraphen** der VOB/A bzw. VOL/A unter Beachtung des hier direkt geltenden Primärrechts (EGV, Marktfreiheiten, Nichtdiskriminierung) durchzuführen. Auch an dieser Stelle ist nochmals mit Nachdruck darauf aufmerksam zu machen, dass auch unterhalb der Schwellenwerte vom Grundsatz her eine **europarechtskonforme Vergabe** erfolgen muss und insoweit getreu dem Binnenmarktprinzip in der EU kein europarechts-

1622 OLG Brandenburg, Beschl. v. 20. 8. 2002 (Verg W 4/02).
1623 OLG Rostock, Beschl. v. 20. 9. 2006, (17 Verg 8/06 u. 9/06), VergabeR 2007, 394.
1624 VK Magdeburg, Beschl. v. 13. 2. 2003 (VK 01/03 MD – »Standortmarketing«), VergabE E-14b-1/03 = EUK 2004, 43 = Behörden Spiegel 4/2004, S. 19.
1625 OLG Naumburg, Beschl. v. 4. 10. 2007 (1 Verg 7/07).
1626 OLG Düsseldorf, Beschl. v. 13. 12. 2006 (VII-Verg 54/06), NZBau 2007, 462: Abweichung von ca. 50% und mehr von der Kostenschätzung der Vergabestelle.
1627 Vgl. hierzu KG, Beschl. v. 24. 8. 1999 (Kart Verg 5/99), NZBau 2000, 258 = VergabE C-3-5/99 = EUK 1999, 153.

freier Raum mehr existiert. Dies bedingt konkret, dass es beispielsweise nicht zulässig ist, ein bestimmtes Auftragskontigent inländischen Bietern vorzubehalten. Dies ergibt sich im Übrigen schon aus den § 8 Nr. 1 VOB/A bzw. § 7 Nr. 1 VOL/A.

Schließlich ist noch darauf hinzuweisen, dass es neben den **EU-Schwellenwerten** noch **nationale Schwellenwerte** (sog. **Wertgrenzen**) gibt, ab denen überhaupt eine Ausschreibung nach VOB/A bzw. VOL/A lanciert werden muss. Diese sind nach den jeweiligen Ausschreibungsarten (Öffentliche Ausschreibung, Beschränkte Ausschreibung, Freihändige Vergabe) sowie nach Bau- und Liefer- oder Dienstleistungen gestaffelt und liegen – je nach ausschreibender Körperschaft – z.B.
- bei 250,00 €/500,00 € für die völlige Nicht-Ausschreibungsbedürftigkeit,
- bis ca. 5.000 €/10.000,00 € für die Freihändige Vergabe
- bis 50.000 € für die Beschränkte Ausschreibung und
- ab 50.000 €/100.000 € für die Öffentliche Ausschreibung, d.h., ab geschätzten Auftragswerten von z.B. mehr als 50.000 € oder 100.000 € ist eine Öffentliche Ausschreibung vorzunehmen.

Im Einzelnen wird jedoch auf die Übersicht der z.T. recht unterschiedlichen Schwellenwertregelungen in den einzelnen Bundesländern verwiesen (s. Rdn. 57).

Wegen der Bedeutung des Schwellenwertes ist es erforderlich, dass die Vergabestelle die ordnungsgemäße Ermittlung des geschätzten Auftragswertes in einem **Aktenvermerk** festhält und ihre zugrunde liegenden Annahmen begründet[1628]. Der Vermerk muss erkennen lassen, dass der Auftraggeber vor der Schätzung die benötigte Leistung zumindest in den wesentlichen Punkten festgelegt hat. Die Anforderungen an die Genauigkeit der Wertermittlung und der Dokumentation steigen, je mehr sich der Auftragswert dem Schwellenwert annähert[1629].

Ferner muss der **Gesamtauftragswert** aus Gründen der nicht unnötig einzuengenden Nachprüfungsmöglichkeiten **im EU-Bekanntmachungsformular** in der entsprechenden Zeile auch **angegeben** werden. In seinem Urteil vom Oktober 2007[1630] führt der EuGH aus, dass in der Bekanntmachung eines in den Geltungsbereich der Vergaberichtlinie fallenden Auftrags dessen Gesamtmenge oder Gesamtumfang angegeben sein muss. Fehlt eine solche Angabe, muss ihr Fehlen gemäß Art. 1 I der Rechtsmittelichtlinie 89/665/EWG zum Gegenstand einer Nachprüfung gemacht werden können. Auf Präklusion mangels Rüge eines aus der Bekanntmachung ersichtlichen Fehlers (§ 107 III 2 GWB) kann sich die Vergabestelle in dieser Konstellation nicht berufen[1631].

6. Vorrang der Losvergabe

233 Der Vorrang der Losvergabe ist eine **Ausprägung der prononcierten Mittelstandsfreundlichkeit des deutschen Vergaberechts**. Beide Verdingungsordnungen

1628 VK Brandenburg, Beschl. v. 11. 11. 2005 (2 VK 68/05): »Marktpreis«.
1629 OLG Celle, Beschl. v. 12. 7. 2007 (13 Verg 6/07), VergabeR 2007, 808; VK Rheinland-Pfalz, Beschl. v. 15. 8. 2007 (VK 32/07), VS 2008, 6 [LS].
1630 EuGH, Urt. v. 11. 10. 2007 (Rs. C-241/06), NZBau 2007, 798 = VergabeR 2008, 61.
1631 EuGH a.a.O. entgegen OLG Bremen, Beschl. v. 7. 11. 2005 (Verg 3/2005), VS 2005, 85.

enthalten entsprechende Regelungen. Seit 1999 hat der Vorrang der Losvergabe wegen der Regelung in **§ 97 III GWB**, dass »*mittelständische Interessen ... vornehmlich durch Teilung der Aufträge in Fach- und Teillose angemessen zu berücksichtigen*« sind, ein zusätzliches Gewicht bekommen[1632].

Rechtspolitische Intention der Vorschriften über die Losvergabe ist die **Förderung des Mittelstands**, ohne dass dies einen Anspruch auf Bevorzugung beinhaltet[1633]. Auf bestimmte Leistungen **spezialisierte Betriebe**, die sonst bei Gesamtvergaben keine oder nur geringe Chancen hätten, sich zu beteiligen, sollen auf diese Weise gezielt gefördert werden.

Dabei wird der Wettbewerb (bei gleichen tatsächlichen Bedingungen für alle Bieter) erweitert, **ohne dass damit eine unzulässige Beihilfe i.S.d. Art. 87 EGV**[1634] zugunsten mittelständischer Betriebe **verbunden ist.** Erst recht nicht wird durch die Vorschrift des § 97 III GWB und ihre Ausführungsbestimmungen in § 5 Nr. 1 VOL/A bzw. § 4 Nr. 3 VOB/A (sowie des § 4 V VOF) der Wettbewerb verfälscht und der Handel zwischen den Mitgliedstaaten beeinträchtigt[1635].

Die Regelungen des § 4 Nr. 3 VOB/A, des § 5 Nr. 1 VOL/A (und auch des § 4 V VOF)[1636] sind ein Kernstück der Mittelstandsfreundlichkeit der **Verdingungsordnungen.** Dies auch unter dem Gesichtspunkt, dass ein möglichst großer Anbieterkreis erhalten bleibt und damit ein möglichst breiter Wettbewerb stattfinden kann. Die Mittelstandsfreundlichkeit und die Losvergabe sind auch als **Teil der Marktpflege** zu begreifen. Nicht selten hat sich in der Vergangenheit herausgestellt, dass mittelständische Betriebe flexibler und innovativer sind und oft auch zu günstigeren Preisen anbieten können.

Gleichwohl verlangt gemäß dem OLG Schleswig die in der Bestimmung des § 97 III GWB vorgeschriebene Berücksichtigung mittelständischer Interessen nicht zwingend, dass bei der Vergabe von Rohbauarbeiten **nicht mehrere Fachlose** (Gerüst-, Erd-, Maurer- und Stahlarbeiten) **zusammengefasst** ausgeschrieben werden können. Allerdings muss eine solche Vorgehensweise durch nachvollziehbare Erwägungen der Vergabestelle gerechtfertigt werden können. Wenn diese Voraussetzungen erfüllt sind, dann können sich nach Meinung des OLG diejenigen mittelständischen Unternehmen, welche nicht den gesamten Bereich dieser Rohbauarbeiten abdecken, zu **Bietergemeinschaften** zusammenschließen und auf diese Weise an der Ausschreibung teilnehmen. Eine ins Gewicht fallende Wettbewerbs-

---

1632 Inwieweit eine geplante Fassung (lt. Entwurf vom 3. 3. 2008) tatsächlich eine noch weitere Stärkung bringen wird, ist fraglich. Sie hat – den Regelungsgehalt des § 4 Nr. 3 VOB/A und des § 5 Nr. 1 VOL/A wiedergebend – wohl eher nur eine deklaratorische Bedeutung. § 97 III GWB-E: »*Mittelständische Interessen sind bei der Vergabe öffentlicher Aufträge vornehmlich zu berücksichtigen. Leistungen sind in der Menge aufgeteilt (Teillose) und getrennt nach Art oder Fachgebiet (Fachlose) zu vergeben. Mehrere Teil- oder Fachlose dürfen zusammen vergeben werden, wenn wirtschaftliche oder technische Gründe dies erfordern.*«

1633 VK Bund, Beschl. v. 30. 3. 2000 (VK 2-2/00), VergabE D-1-2/00 = EUK 2000, 91.

1634 Einen guten Überblick zum aktuellen Bedeutungsgehalt des Art. 87 EGV vermittelt u.a. *Kreuschitz/Rawlinson*, in: Lenz/Borchardt, EUV/EGV-Kommentar, 4. Aufl. 2006, Rn. 1, 5 ff. zu Art. 87 EGV.

1635 OLG Düsseldorf, Beschl. v. 8. 9. 2004 (VII Verg 38/04), VergabE C-10-38/04 = EUK 2004, 168 = VergabeR 2005, 107.

1636 Siehe auch das Kapitel B.II. »Besonderheiten bei der Vergabe nach VOF«.

beschränkung und Diskriminierung i.S.d. § 97 II GWB gehe von einer Zusammenfassung von nur einigen wenigen Fachlosen nicht aus[1637].

a) Vorrang der Fachlosvergabe (§ 4 Nr. 3 VOB/A)

aa) Begriff des »Fachloses«; Gebot der einheitlichen Vergabe; Teillose

234 In der VOB/A findet sich in § 4 Nr. 3 folgende Bestimmung:

> *»Bauleistungen verschiedener Handwerks- und Gewerbezweige sind in der Regel nach Fachgebieten oder Gewerbezweigen getrennt zu vergeben (Fachlose). Aus wirtschaftlichen oder technischen Gründen dürfen mehrere Fachlose zusammen vergeben werden.«*

Fachlose beziehen sich auf Bauleistungen, für deren Erbringung in der Regel anerkannte, **eigenständige Fachgewerbezweige** existieren[1638]. Dadurch grenzen sie sich von dem Begriff des Teilloses im Sinne des § 5 Nr. 1 VOL/A ab[1639].

Es handelt sich um **von anderen Bauleistungen abgrenzbare (Teil-)Leistungen**, also z.B. um Stahlschutzplanken- und Markierungsarbeiten beim Straßenbau, Sonnenschutzeinrichtungen beim Häuserbau[1640] und vergleichbares. Dem steht nicht entgegen, dass zum Teil regional unterschiedliche Abgrenzungen von Fachgewerbezweigen vorgenommen werden. Grundsätzlich nicht ausschlaggebend ist, ob sich in den jungen Bundesländern bislang bei einigen Leistungen keine eigenen Fachgewerbezweige herausgebildet haben[1641]. Maßgeblich ist in erster Linie, dass die betreffenden Fachgewerbezweige gemeinhin anerkannt sind. Das Vergabehandbuch des Bundes (VHB Bund)[1642] stellt allerdings hilfsweise auf eine »regional übliche Abgrenzung« ab.

Ebenso steht dem Vorrang der Fachlosvergabe prinzipiell **nicht das Gebot der einheitlichen Ausführung** in § 4 Nr. 1 VOB/A **entgegen**[1643].

Die Vorschrift ermöglicht eine **spätere zweifelsfreie Zuordnung und Gewährleistung.** Leistungen, die baulich/funktionell zusammengehören, sind daher einheitlich auszuschreiben. Damit werden klare und voneinander abgrenzbare Verantwortungsbereiche geschaffen, die für eine einheitliche Gewährleistung sorgen. Streitpunkte über die Zuordnung etwaiger Mängel werden sonach vermieden[1644]. Der Auftraggeber soll insbesondere nicht der Frage nachgehen müssen, ob es sich um einen Montage- oder Liefermangel handelt[1645].

1637 OLG Schleswig, Beschl. v. 14. 8. 2000 (6 Verg 2/3/00), VergabE C-15-2/00v.

1638 Vgl. VÜA Bayern, Beschl. v. 18. 7. 1997 (VÜA 6/97), VergabE V-2-6/97 = WuW/E Verg, 101. VÜA Baden-Württemberg, Beschl. v. 31. 8. 1998 (1 VÜ 4/98), VergabE V-1-4/98: Untersuchung der »Fachlosfähigkeit«.

1639 OLG Jena, Beschl. v. 15. 7. 2003 (6 Verg 7/03 – »Schülerbeförderung Erfurt«), VergabeR 2003, 683: *»Zerlegung eines Bauvorhabens in qualitativ abgrenzbare Fachgebiete/Gewerbezweige«.*

1640 Hierzu VÜA Bayern, Beschl. v. 17. 4. 1997 (VÜA 20/96), VergabE V-2-20/96.

1641 VÜA Thüringen, Beschl. v. 28. 10. 1996 (1 VÜ 3/96), VergabE V-16-3/96 = IBR 1997, 313.

1642 VHB Bund, 2002, Fassung: 1. 11. 2006, Erläuterungen zu § 4 VOB/A.

1643 VÜA Thüringen, Beschl. v. 28. 10. 1996 (1 VÜ 4/96), IBR 1997, 314.

1644 OLG München, Beschl. v. 28. 9. 2005 (Verg 19/05), VergabeR 2006, 238.

1645 *Franke/Mertens*, in: Franke/Zanner/Grünhagen, VOB-Kommentar, 2. Aufl. 2005, Rn. 4 zu § 4 VOB/A.

In **Abweichung von dieser Regel** können jedoch auch wirtschaftliche oder technische Überlegungen Anlass für eine Trennung zwischen der Beschaffung von Gegenständen und deren Einbau in das Bauwerk sein. Dies ist etwa dann gerechtfertigt, wenn beispielsweise die gesonderte Ausschreibung der Lieferleistung (z.B. eine gewünschte Beleuchtung) den reinen Herstellerfirmen überhaupt erst die Teilnahme am Wettbewerb eröffnet[1646]. Das Vergabehandbuch des Bundes (VHB Bund)[1647] spricht davon, dass die Abweichung von der Regel auch zulässig sein soll, wenn die »*Beistellung der Stoffe orts- oder gewerbeüblich*« ist.

Des Weiteren können **Teillose gebildet** und **Fachlose in Teillose zerlegt** werden (§ 4 Nr. 2 VOB/A). Dabei bilden Teillose einen in sich abgeschlossenen, sinnvollerweise nicht mehr weiter aufteilbaren Leistungszuschnitt. Der Begriff Teillos ist nicht mit dem Begriff Teil eines Loses zu verwechseln. Der Teil eines Loses ist keine rechtliche und tatsächliche Kategorie, auf deren Grundlage der Bieter eine verlässliche Kalkulation erstellen könnte[1648].

bb) Ausnahmsweise Gesamtvergabe

235 Vorauszuschicken ist, dass nach der Rechtsfindung mehrheitlich eher **hohe Anforderungen** zu stellen sind an wirtschaftliche oder technische Gründe, die eine Gesamtvergabe rechtfertigen sollen[1649]. Es existiert ein **Regel-/Ausnahmeverhältnis** zwischen Fachlos- und Gesamtvergabe[1650].

Jedoch genügen – zumindest gemäß einer recht auftraggeberfreundlichen Entscheidung des OLG Schleswig – schon **nachvollziehbare Zweckmäßigkeitserwägungen** des öffentlichen Auftraggebers, die zusammengefasste Vergabe von Losen zu rechtfertigen, es sei denn, der gesamte Wettbewerb wird durch die Zusammenfassung im Einzelfall gestört[1651].

(1) Rechtfertigung durch »wirtschaftliche Gründe«

236 Es genügen nach absolut herrschender Auffassung **keine formelhaften Begründungen** in der Weise, dass angeblich die Fachlosvergabe generell zu teurer sei[1652]. Zwar ist die **Koordinierung** beim öffentlichen Auftraggeber im Falle der Fachlosvergabe in vielen Fällen aufwendiger, aber keineswegs ist dies immer so.

1646 OLG München, Beschl. v. 28. 9. 2005 (Verg 19/05), VergabeR 2006, 238.

1647 VHB Bund, 2002, Fassung: 1. 11. 2006, Erläuterungen zu § 4 VOB/A.

1648 OLG Jena, Beschl. v. 15. 7. 2003 (6 Verg 7/03), VergabE C-16-7/03 = BauR 2004, 141 = VergabeR 2003, 683 = EUK 2004, 42 = Behörden Spiegel 3/2004, S. 20.

1649 Siehe: Deutscher Verdingungsausschuss für Bauleistungen (DVA), »Erläuterungen zur Zusammenfassung von Fachlosen, Bildung von Teillosen«, BauR 2000, 1793. So auch explizit VÜA Rheinland-Pfalz, Beschl. v. 30. 3. 1999 (VÜ 6/98), VergabE V-11-6/98 = EUK 1999, 172.

1650 VK Arnsberg, Beschl. v. 13. 8. 1999 (VK 11/99), VergabE E-10a-11/99 = EUK 2000, 74 = Behörden Spiegel 6/2000, S. B II. *Franke/Mertens*, in: Franke/Zanner/Grünhagen, VOB-Kommentar, 2. Aufl. 2005, Rn. 41 zu § 4 VOB/A.

1651 OLG Schleswig, Beschl. v. 14. 8. 2000 (6 Verg 2/3/00), VergabE C-15-2/00v.

1652 Siehe auch die »Erläuterungen zur Zusammenfassung von Fachlosen, Bildung von Teillosen« des Deutschen Vergabe- und Vertragsausschusses für Bauleistungen (DVA), abgedr. in ZVgR 2000, 253.

Es gibt im Gegenteil Entscheidungen[1653], in denen hervorgehoben wird, dass **Generalunternehmervergaben** laut Bundesrechnungshof[1654] **oft unwirtschaftlicher** sind als Fachlosvergaben, weil Generalunternehmer nicht selten 20 bis 60% auf die mit ihren Nachunternehmern vereinbarten Preise aufschlagen. Mindestens dürfte aber von Verteuerungen von im Schnitt mehr als 10% auszugehen sein[1655]. Die Vergabestelle müsse daher sehr dezidiert darlegen, weshalb ausnahmsweise eine Generalunternehmervergabe wirtschaftlicher und damit zulässig sein soll.

Die Erhebung des Bundesrechnungshofes zeigt außerdem, dass bei den sonst erfolgenden Generalunternehmer-Vergaben die mittelständischen Firmen **preislich** unter Umständen so **gedrückt** werden, dass sie **nicht mehr überlebensfähig** sind[1656]. Dies ist gerade nicht das Ziel der VOB/A.

Die **wirtschaftlichen Gründe** müssen daher über den in vielen Fällen mit der Fachlos-Vergabe verbundenen höheren Koordinierungsbedarf deutlich hinausreichen[1657]. Insbesondere ist eine eingehende Substantiierung der wirtschaftlichen Gründe erforderlich.

Andere Nachprüfungsinstanzen[1658] unterstreichen, dass die Vergabestelle die **Vorteile bei einer Generalunternehmervergabe nachweisen können** muss. Das bloße Fehlen von Nachteilen im Falle einer Generalunternehmervergabe genügt danach gerade nicht.

Merke: Nach alledem kommen als wirtschaftliche Gründe für eine Generalunternehmervergabe vor allem in Betracht ein deutlich über das normale Maß hinausgehender Koordinierungsaufwand bei der Vergabestelle sowie erhebliche Teuerungen bei den Kosten für die Bauausführung.

(2) Rechtfertigung durch »technische Gründe«

237 Unter technischen Gründen wird immer wieder angeführt, dass Arbeiten, die vielleicht für eine Fachlosvergabe in Frage kommen, **technisch vernünftigerweise nur zusammen** mit den anderen Arbeiten ausgeführt und ausgeschriebenen werden können. Auch hier wird oftmals ein angeblich höherer Koordinierungsbedarf angeführt.

In einem Beschluss[1659] wurde z.B. diesbezüglich das **Zusammentreffen von zwei neu zu bauenden Autobahnen** angeführt, das es angeblich in technischer Hinsicht nicht ermögliche, hier eine Fachlosvergabe vorzunehmen. Eine substantiierte Begründung, um welche technischen Gründe es sich im Einzelnen handeln sollte, erfolgte indes nicht.

1653 VÜA Sachsen, Beschl. v. 15. 6. 1999 (1 VÜA 2/96), VergabE V-13-2/96 = EUK 1999, 172.

1654 BT-Drs. 10/3847.

1655 So: Deutscher Verdingungsausschuss für Bauleistungen (DVA), »Erläuterungen zur Zusammenfassung von Fachlosen, Bildung von Teillosen«, BauR 2000, 1793, 1794/1795.

1656 Hierauf weist zu Recht die VK Arnsberg, Beschl. v. 13. 8. 1999 (VK 11/99), EUK 2000, 74, mit aller Deutlichkeit hin.

1657 So: Deutscher Verdingungsausschuss für Bauleistungen (DVA), »Erläuterungen zur Zusammenfassung von Fachlosen, Bildung von Teillosen«, BauR 2000, 1793, 1795.

1658 VÜA Rheinland-Pfalz, Beschl. v. 30. 3. 1999 (VÜ 6/98), VergabE E-10a-11/99 = EUK 2000, 74 = Behörden Spiegel 6/2000, S. B II.

1659 VÜA Thüringen, Beschl. v. 28. 10. 1996 (1 VÜ 4/96), IBR 1997, 314.

Ebenso wird typischerweise im Rahmen der technischen Gründe z.B. angeführt, dass die jeweils als Fachlos zu vergebenden Arbeiten (z.B. Schutzplankenarbeiten) nur im **Zusammenhang mit anderen Baumaßnahmen** (z.B. Tiefbaumaßnahmen) erfolgen können. Auch hier fehlt meist jede schlüssige Begründung. Dies zumal deshalb, weil die Schutzplanken erst nach Abschluss der Tiefbaumaßnahmen montiert werden. Ein technisches Problem existiert hier – auch unter laufendem Verkehr – in aller Regel nicht. Daher ist in diesen Fällen regelmäßig kein technisch höherer Koordinierungsbedarf gegeben[1660].

Die VK Arnsberg[1661] bejahte jedoch ganz ausnahmsweise in einem Fall die absolute **Notwendigkeit einer Bauzeitverkürzung durch Vornahme einer Mischlosvergabe**, weil der betreffende **Autobahnabschnitt** ausweislich einer Verkehrszählung vom März 1999 **zu den am stärksten belasteten in NRW** gehörte und dadurch besondere **zeitliche Zwänge** gegeben waren. Nach Auffassung der Kammer müsse in solch einem Ausnahmefall rechtlich das **Vorliegen technischer Gründe** im Sinne des § 4 Nr. 3 S. 2 VOB/A angenommen werden. Im Falle einer außerordentlich großen Verkehrsbelastung des betreffenden Streckenabschnitts bei den dann notwendigen sehr kurzen Bauzeiten-Vorgaben kann es auch nach Auffassung anderer Nachprüfungsorgane ganz entscheidend auf die **Verantwortlichkeit eines einzigen Unternehmers** ankommen[1662].

cc) »Stahlschutzplanken-Fälle«

238 Diese Vorschrift und vor allem deren richtige Anwendung ist vor allem in den späten 1990er Jahren stark in das Blickfeld der Auftragsvergabe nach VOB/A geraten und **Kernpunkt zahlreicher Nachprüfungsverfahren** vor den Vergabeüberwachungsausschüssen und auch vor den Gerichten gewesen. Dies gilt insbesondere in Bezug auf die sog. »**Stahlschutzplanken-Fälle**«, in denen die Vergabestellen oftmals regelwidrig und mit z.T. völlig unsubstantiierten Begründungen Gesamtvergaben durchgeführt haben, obwohl eine Vergabe der Leistungen als Fachlos hätte erfolgen müssen.

Nachfolgend sind die sog. **Stahlschutzplanken-Fälle** und sonstige Beschlüsse, die sich mit dem Vorrang der Fachlosvergabe gemäß § 4 Nr. 3 VOB/A schwerpunktmäßig auseinandersetzen, aufgelistet:

OLG Schleswig, Beschl. v. 14. 8. 2000 (6 Verg 2/3/00)	VergabE C-15-2/00v
LG Hannover, Urt. v. 17. 4. 1997 (21 O 38/97 [Kart])	WuW/E AG/LG, 739 = WiB 1997, 944
LG Köln, Beschl. v. 1. 7. 1997 (81 O [Kart] 137/97)	

1660 LG Hannover, Urt. v. 17. 4. 1997 (21 O 38/97 [Kart]), *Fischer/Noch*, EzEG-VergabeR, II Nr. 4 = VgR 4/1997, 47 = WuW/E AG/LG, 739 = WiB 1997, 944, mit Anm. *Noch*. Siehe auch VÜA Schleswig-Holstein, Beschl. v. 29. 7. 1996 (VÜ 5/96), VergabE V-15-5/96.

1661 VK Arnsberg, Beschl. v. 13. 8. 1999 (VK 11/99), VergabE E-10a-11/99 = EUK 2000, 74.

1662 VÜA Baden-Württemberg, Beschl. v. 31. 8. 1998 (1 VÜ 4/98), VergabE V-1-4/98.

VK Nordrhein-Westfalen (Arnsberg), Beschl. v. 13. 8. 1999 (VK 11/99)	VergabE E-10a-11/99
VÜA Baden-Württemberg, Beschl. v. 11. 11. 1996 (1 VÜ 7/96)	VergabE V-1-7/96
VÜA Baden-Württemberg, Beschl. v. 31. 8. 1998 (1 VÜ 4/98)	VergabE V-1-4/98
VÜA Bayern, Beschl. v. 2. 5. 1996 (VÜA 5/96)	VergabE V-2-5/96
VÜA Brandenburg, Beschl. v. 30. 7. 1996 (1 VÜA 7/96)	VergabE V-4-7/96
VÜA Brandenburg, Beschl. v. 27. 5. 1997 (VÜA 4/97)	VergabE V-4-4/97
VÜA Niedersachsen, Beschl. v. 25. 7. 1996 (Tgb.-Nr. 3/96)	VergabE V-9-3/96
VÜA Nordrhein-Westfalen, Beschl. v. 21. 5. 1997 (424-84-41-12/97/s.180)	VergabE V-11-7/96
VÜA Rheinland-Pfalz, Beschl. v. 29. 9. 1997 (VÜA 2/97)	VergabE V-11-2/97
VÜA Rheinland-Pfalz, Beschl. v. 30. 3. 1999 (VÜ 6/98)	VergabE V-11-6/98
VÜA Sachsen, Beschl. v. 15. 6. 1999 (1 VÜA 2/96)	VergabE V-13-2/96
VÜA Schleswig-Holstein, Beschl. v. 29. 7. 1996 (VÜ 5/96)	VergabE V-15-5/96
VÜA Schleswig-Holstein, Beschl. v. 29. 7. 1996 (VÜ 6/96)	VergabE V-15-6/96
VÜA Schleswig-Holstein, Beschl. v. 8. 4. 1997 (VÜ 2/97)	VergabE V-15-2/97
VÜA Thüringen, Beschl. v. 14. 8. 1996 (1 VÜ 2/96)	VergabE V-16-2/96
VÜA Thüringen, Beschl. v. 28. 10. 1996 (1 VÜ 3/96)	VergabE V-16-3/96
VÜA Thüringen, Beschl. v. 28. 10. 1996 (1 VÜ 4/96)	Parallelfall zu V-16-3/96
VÜA Thüringen, Beschl. v. 10. 11. 1998 (1 VÜ 7/98)	VergabE V-16-7/98

Bei den Stahlschutzplanken-Fällen legten **mittelständische Firmen**, welche auf die **Lieferung und Montage von Stahlschutzplanken** an den Autobahnen spezialisiert sind, zahlreiche Beschwerden bei den Vergabeüberwachungsausschüssen ein, mit dem Ziel, die durchgeführten Gesamtvergaben für rechtswidrig erklären zu lassen. **Wirtschaftlicher Hintergrund** war und ist, dass sie sich bei den Gesamtvergaben wegen der schlechteren Konditionen nur ungern Generalunternehmern als Lieferant anschließen wollten. Attraktiver ist es immer für mittelständische Unternehmen, **selbst für bestimmte Fachlose anzubieten** und als regulärer Bieter aufzutreten. **Rechtlich** ging es schwerpunktmäßig um die Fragen, ob in den konkreten Fällen wirtschaftliche oder technische Gründe einer Fachlosvergabe tatsächlich entgegenstanden oder ob es sich nur um vorgeschobene Gründe der öffentlichen Auftraggeber handelte.

Einen anderen Themenkreis betrifft die Frage, inwieweit die Vergabestellen unter dem Gesichtspunkt der Gestaltung der Leistungsbeschreibung befugt sind, die **herkömmliche Mittelstreifenabsicherung auf Autobahnen in Form von Stahlschutzplanken** (sog. Distanz-Schutzplanken)[1663] **durch neuartige Betongleitwände zu ersetzen.** Dazu hatte das OLG Düsseldorf[1664] in einer nach wie vor viel zu wenig beachteten Entscheidung die Auffassung vertreten, dass die ausschreibende Stelle frei ist, neue technische Systeme für die Mittelstreifenabsicherung vorzuschreiben, und dabei den Wettbewerb – sachlich gerechtfertigt – zu verengen. Wirtschaftsteilnehmer, welche die Betongleitwände nicht anbieten, bleiben daher vom Wettbewerb ausgeschlossen. Insoweit greift die Beschaffungsautonomie der öffentlichen Auftraggeber. Ebenso bleiben in Nachprüfungsverfahren haushaltsrechtliche (und damit nicht bieterschützende) Gesichtspunkte der größeren Kostengünstigkeit der herkömmlichen Mittelstreifenabsicherung außer Betracht.

Bei dieser Ausschreibung liegt nach Ansicht des Senats auch **keine Kartellrechtswidrigkeit** (§§ 19 I, 20 I GWB) vor. Selbst für den Fall, dass das angebotene Stahlleitplankensystem Kostenvorteile biete, hindere dies die Vergabestelle nicht daran, ein anderes System auszuschreiben. Zwar sei diese Entscheidung **wirtschaftlich angreifbar**, jedoch begründe dies **nicht die Kartellrechtswidrigkeit**. Es liege kein Missbrauch einer marktbeherrschenden Stellung der Vergabestelle als Nachfragerin von Rückhaltesystemen vor.

dd) Schlussfolgerungen für das Verhalten der Vergabestelle

239 Die nicht selten zu findenden **formelhaften Darlegungen der Vergabestelle** reichen als Begründung für eine Abweichung vom **Regelfall der Fachlosvergabe** nicht aus. Ließe man solche Begründungen genügen, so käme dies in nicht wenigen Fällen einer Aushebelung des Vorrangs der Fachlosvergabe gleich.

Festzuhalten bleibt, dass sowohl hinsichtlich der technischen Gründe als auch in Bezug auf die wirtschaftlichen Gründe, mit denen eine Gesamtvergabe gerechtfertigt werden soll, insgesamt **eher hohe Anforderungen** zu stellen sind.

Dies wurde bereits durch ein **Rundschreiben** des Bundesverkehrsministeriums vom Juni 1997[1665] bekräftigt, in dem ausdrücklich betont wird, dass die Paket- bzw. Generalunternehmervergaben auf längere Sicht zu unerwünschten Oligopolen führen, die mit dem Gebot des Vorrangs der Fachlosvergabe gerade vermieden werden sollen. Es sei bekannt, dass Generalunternehmer in ihre Nachunternehmerverträge sehr häufig ungünstigere Bedingungen aufnehmen als öffentliche Auftraggeber. Der Vorrang der Fachlosvergabe nach § 4 Nr. 3 Satz 1 VOB/A entspreche

1663 Dazu näher: Einkaufsführer Straßenbau (ESD 2008), Meckenheim 2008, www.einkaufsführer-strassenbau.de

1664 OLG Düsseldorf, Beschl. v. 17. 3. 2004 (VII-Verg 3/04), VergabE C-10-3/04 = BauRB 2004, 271 = EUK 2004, 72.

1665 *»Allgemeines Rundschreiben Straßenbau Nr. 31/1997«* des BMV v. 30. 6. 1997 (Az.: StB 12/70.10.00/17 Va 97 I).

daher den Zielen der Bundesregierung, mittelständische Unternehmen zu fördern, Lohndumping zu verhindern und das Tarifgefüge zu sichern[1666].

Die VK Arnsberg[1667] führt im Sinne einer **Handlungsanleitung** aus, dass das Zusammenfassen von Fachlosen nach **Ansicht des Bundesverkehrsministeriums** nur dann statthaft ist, wenn sich die Vergabestelle die losweise **Vergabe einzelner Fachlose vorbehält**, hierauf in der Bekanntmachung hinweist[1668] und in den Verdingungsunterlagen darauf aufmerksam macht, dass für die Zusammenfassung einzelner Fachlose ggf. entsprechende Nachlässe angeboten werden können. In diesem Fall können Unternehmer einzelne, mehrere oder alle Fachlose anbieten, und der **Wettbewerb entscheidet** letzten Endes darüber, ob es zur **Einzelvergabe oder zu Paket- bzw. Generalunternehmervergaben** kommt. Ein solches Vor gehen ist zulässig[1669]. Sonst ist nach Meinung des Bundesverkehrsministeriums eine zusammengefasste Vergabe von Fachlosen nur dann vorzusehen, wenn aus **zwingenden wirtschaftlichen oder technischen Gründen** eine separate Fachlosvergabe nicht in Betracht kommt. Wirtschaftliche oder technische Gründe liegen nach Auffassung des Bundesverkehrsministeriums vor, wenn Baumaßnahmen nach den ARS 7/90 und 3/95 zwecks **Beschleunigung der Bauarbeiten an Bundesautobahnen zur Verbesserung der Sicherheit und Leichtigkeit des Verkehrs** in der Art ausgeschrieben werden, dass die **Bauzeit dem Wettbewerb unterworfen und als Vergabekriterium berücksichtigt** wird.

Somit bleibt **festzuhalten**:

Wird entgegen den **Anforderungen des § 4 Nr. 3 VOB/A** nicht nach Fachlosen getrennt, sondern als Paket vergeben, so muss sich die Vergabestelle die von der Bundesregierung genannten **Konsequenzen** wie Oligopole und Verteuerungen vor Augen führen. Nicht ohne Grund haben die mittelständischen Unternehmen in den erwähnten Stahlschutzplanken-Fällen ihren Anspruch auf die Vergabe nach Fachlosen so nachdrücklich und ganz überwiegend mit Erfolg durchgesetzt.

Entscheidet sich die Vergabestelle für die **Verwendung einer bestimmten Materialvariante** (z.B. Betongleitwände anstatt Stahlschutzplanken), so ist dies infolge der sog. Dispositionsfreiheit der Vergabestelle kaum justitiabel. Dies ist lediglich eine Frage der ex-post-Kontrolle durch die Rechnungshöfe.

b) Vorrang der Teillosvergabe (§ 5 Nr. 1 VOL/A)

240 Die Anforderungen an die Vergabe in Fachlosen nach der VOB/A lassen sich dem Wesen nach auch auf die **Vergabe in Teillosen nach § 5 Nr. 1 VOL/A** übertragen.

1666 Vgl. auch VÜA Brandenburg, Beschl. v. 27. 5. 1997 (1 VÜA 4/97), VergabE V-4-4/97 = VgR 6/1997, 46.

1667 VK Arnsberg, Beschl. v. 13. 8. 1999 (VK 11/99), VergabE E-10a-11/99 = EUK 2000, 74.

1668 Zur Erforderlichkeit einer diesbezüglichen Bekanntmachung: VÜA Bayern, Beschl. v. 28. 4. 1999 (VÜA 10/98), VergabE V-2-10/98; VÜA Nordrhein-Westfalen, Beschl. v. 13. 12. 1999 (132-84-41-37/99), VergabE V-10-37/99 = EUK 2000, 92.

1669 Vgl. VÜA Schleswig-Holstein, Beschl. v. 8. 4. 1997 (VÜ 2/97), VergabE V-15-2/97: Danach ist der Vorbehalt der Vergabestelle, ob eine Fachlos- oder Gesamtvergabe erfolgt, ist unter Wirtschaftlichkeitsgesichtspunkten zu begrüßen, da sich die Vergabestelle für das Gesamtangebot oder die Kombination mehrerer Einzelangebote entscheiden kann. Es ist kein Verstoß gegen den Vorrang Fachlosvergabe gegeben, weil gar nicht absehbar ist, ob zu jedem Einzellos überhaupt Angebote eingehen.

Der Begriff »Teillos« bezeichnet den Leistungsumfang einer kohärenten, nicht weiter zerlegbaren Leistung[1670].

Es tritt das Gebot der **Vermeidung einer unwirtschaftlichen Zersplitterung** des Auftrags hinzu, was alleine schon aus den im Vergleich zu den Bauvergaben tendenziell geringeren Auftragsvolumina bei Liefer- und Dienstleistungsvergaben resultiert.

In den zurückliegenden Jahren sind **einige Entscheidungen** zur Teillosvergabe nach § 5 Nr. 1 VOL/A ergangen.

aa) Technische Hinderungsgründe, Verflochtenheit von Leistungen

241 Die VK Bund[1671] hatte einen Fall zu entscheiden, in dem die Vergabestelle die **Komponenten** der **Mehrstufigen Reisegepäckkontrollanlage** (MRKA) für einen Flughafen zusammengefasst im Nichtoffenen Verfahren ausgeschrieben hatte. Eine **mittelständische Bieterin**, die nur eine einzelne Komponente, nicht aber die komplette Anlage anzubieten in der Lage war, fühlte sich in ihren Rechten aus §§ 97 III, 97 VII GWB i.V.m. § 5 Nr. 1 VOL/A **verletzt**, weil sie gezwungen sei, mit einem Generalunternehmer zu kooperieren. Die VK Bund hält den **Nachprüfungsantrag** jedoch für **nicht begründet**. Sie trifft zunächst die Feststellung, dass die Vorschrift des **§ 97 III GWB** keinen bloßen Programmsatz darstellt. Mittelständische Bieter – Unternehmen mit einem Jahresumsatz bis zu 10 Mio. DM oder bis zu 65 Beschäftigten – haben danach durchaus ein **subjektives Recht auf Beachtung der Losvergabe**. Dies gelte schon infolge der Prinzipien der Gleichbehandlung und des Wettbewerbs. Allerdings existiert **kein uneingeschränkter Anspruch auf Losvergabe**. Ein Anspruch auf Losaufteilung (§§ 97 III GWB) bestehe nicht bereits dann, wenn sie technisch möglich ist. Die Bestimmung sehe vielmehr lediglich das Recht auf eine »angemessene« Berücksichtigung mittelständischer Interessen vor, und zwar »vornehmlich« durch Aufteilung in Lose. Die Gesamtzielsetzung des Vergaberechts, eine **an Wirtschaftlichkeitsgesichtspunkten orientierte Beschaffung** zu erreichen, gebiete **im Einzelfall ein Abweichen von der Losvergabe**, wenn diese im konkreten Einzelfall in hohem Maße unwirtschaftlich ist.

Als wirtschaftlicher Grund für eine Gesamtvergabe ist danach beispielsweise zu berücksichtigen, dass bei einer Einzellosvergabe die gesamte **Koordination** einschließlich der **Risiken**, die aus unterschiedlichen Schnittstellen der beteiligten Unternehmen entstehen, beim Auftraggeber verbleiben. Höhere Kosten durch **Bauzeitverzögerungen** bei getrennter Vergabe sind gleichfalls berücksichtigungsfähig. Insbesondere bei **technisch komplexen Gebäudeausrüstungen** kann die Zusammenfassung von Gewerkegruppen sinnvoll sein. Schließlich ist bei Gewährleistungsfragen wegen der oft unklaren technischen Schnittstellen die **Abwicklung** häufig **erschwert**. Die Vergabestelle hat nach Auffassung der VK Bund im kon-

1670 OLG Jena, Beschl. v. 15. 7. 2003 (6 Verg 7/03 – »Schülerbeförderung Erfurt«), VergabeR 2003, 683.
1671 VK Bund, Beschl. v. 1. 2. 2001 (VK 1-1/01), VergabE D-1/01 = VergabeR 2001, 143 = EUK 2001, 41 = IBR 2001, 139.

kreten Fall die **niedrigeren Investitions- und Betriebskosten** überzeugend dargelegt[1672] und zu Recht die Zweckmäßigkeit eines **einheitlichen Ansprechpartners** im Falle von Fehlfunktionen herausgestellt. Da die Gesamtvergabe aus diesen Gesichtspunkten heraus gerechtfertigt ist, ist der Antragsteller gezwungen, in Bietergemeinschaft zu kooperieren bzw. als Subunternehmer aufzutreten.

Im Falle von **abtrennbaren (Teil-)Leistungen**[1673] ist genau zu prüfen und zu begründen, weshalb ggf. ausnahmsweise eine zusammengefasste Vergabe ohne Losaufteilung möglich sein soll. Sind einzelne Aufgabenbereiche der Dienstleistung (wie Reinigung, Gebäudebewachung, Empfangsdienstleistungen) nicht untereinander verflochten und gibt es keine Begründung für eine Zusammenfassung der Leistung aus wirtschaftlichen Gründen, so ist eine Ausschreibung in Losen vorzunehmen. Der bloße – nach Meinung des Senats überschaubare – Mehraufwand der Koordination mehrerer Auftragnehmer im Falle der Vergabe in Losen genügt als tragfähige Begründung nicht.

bb) Loszuschnitte

242 Das OLG Düsseldorf[1674] hat betreffend die Ausschreibung von »Trainingsmaßnahmen nach § 48 SGB III« in der Sache die Berechtigung der Rüge **eines nicht mittelstandsfreundlichen Loszuschnittes** anerkannt.

Die Vergabestelle verteidigte die Loszuschnitte damit, dass die Struktur der jeweiligen Region und der Bedarf der jeweiligen Agentur für Arbeit Leitmotive gewesen seien. Die beteiligten Fachleute hätten umfangreiche Kenntnisse und Erfahrungen vor Ort, würden die Region, die Struktur des lokalen Arbeitsmarktes und den Anbietermarkt kennen. All dies lasse jedoch eine **Abwägung mit den Interessen der kleinen und mittleren Bieter und deren Schutz vermissen**. Die Ausführungen der Vergabestelle zur von ihr so bezeichneten »Bündelungsstrategie« seien unkonkret. Auch sei eine drohende unwirtschaftliche Zersplitterung bei der Wahl kleinerer Lose nicht nachvollziehbar. Das Argument, kleine und mittlere Unternehmen hätten die Möglichkeit, sich zu Bietergemeinschaften zusammenzuschließen, werde dem Schutzzweck des § 97 III GWB nicht gerecht, wonach mittelständischen Unternehmen grundsätzlich die Möglichkeit zur eigenständigen Beteiligung am Bieterwettbewerb einzuräumen sei.

Dessen ungeachtet habe die Antragstellerin ihrer **Dokumentationspflicht** nicht genügt (§ 30 Nr. 1 VOL/A). Das im Vergabenachprüfungsverfahren als Begründung Nachgereichte hätte sie bereits in ihrem Vergabevermerk zeitnah niederlegen können und müssen. Dies habe sie indes nicht getan. In der Rubrik »*Begründung bei einem Abweichen von dem Grundsatz der Losvergabe*« heiße es in ihrem Formular lediglich: »*Die Leistung wird in 33 Losen vergeben.*« Aus Gründen der Transparenz und Nachprüfbarkeit der Vergabetätigkeit des öffentlichen Auftrag-

1672 Vgl. OLG Düsseldorf, Beschl. v. 8. 9. 2004 (VII-Verg 38/04), VergabE C-10-38/04 = EUK 2004, 168 = VergabeR 2005, 107. Diese notwendige Darlegung wurde hier von der Vergabestelle unterlassen, weil sie die entsprechenden Berechnungen (mit und ohne Losvergabe) nicht zuvor angestellt hatte. Eine Nachholung ist nicht mehr möglich, deswegen war die Aufhebung der Ausschreibung zu verfügen.

1673 OLG Düsseldorf, Beschl. v. 8. 9. 2004 (Verg 38/04), VergabeR 2005, 107.

1674 OLG Düsseldorf, Beschl. v. 4. 3. 2004 (VII Verg 8/04), VergabE C-10-8/04v = EUK 2004, 55.

gebers sei es der Vergabestelle indessen **verwehrt**, bedeutsame dokumentationspflichtige **Nachbesserungen anzubringen**, die sie ohne weiteres zeitnah in der Vergabeakte hätte festhalten können.

cc) Kleinstlose, Grenzen des Mittelstandargumentes

243 In einem Beschluss zur Ausschreibung einer Krankenkasse betreffend die Beschaffung von Inkontinenzartikeln stellt die VK Bund[1675] heraus, dass ein (**Familien-) Unternehmen** mit nur einigen wenigen Beschäftigten **nicht** auf der Grundlage des § 97 III GWB i.V.m. § 5 Nr. 1 VOL/A **die Aufteilung in Kleinstlose erstreiten kann**.

Die Bestimmung des § 5 Nr. 1 S. 2 VOL/A setzt insoweit gerade Grenzen, als eine **»unwirtschaftliche Zersplitterung« zu vermeiden** ist. Das ist der Fall, wenn ohnehin schon 20 Gebietslose für die Bundesrepublik gebildet wurden. Eine noch kleinere Aufteilung ist rechtlich nicht geboten. Insoweit stößt die Reichweite des Gebotes der mittelstandsfreundlichen Vergabe, das sich in dem Gebot zur grundsätzlichen Losaufteilung konkretisiert, an die Grenze, dass ab Nichterreichung einer gewissen, vom Auftraggeber nicht zwingend zu unterschreitenden Untergrenze der Leistungspakte (sprich: Lose bzw. Losgrößen) die Bieter sich in Form von Bietergemeinschaften organisieren müssen. Mit anderen Worten: Eine Verpflichtung des Auftraggebers zur Bildung von Kleinstlosen besteht nicht.

Gemäß der **Definitionsempfehlung der EU-Kommission**[1676] betreffend kleine und mittlere Unternehmen sind Unternehmen von einer Größe von 49 Mitarbeitern und einen Umsatz von 7 Mio. € abwärts bereits als klein zu bezeichnen. Da es in dem entschiedenen Fall so ist, dass die Lose für die Lieferungen sogar mit unter 25 Mitarbeitern zu bedienen waren, untergräbt sich das Mittelstandsargument der Antragstellerin selbst. Sie muss sich daher mit anderen Wirtschaftsteilnehmern zu Bietergemeinschaften zusammenschließen.

Im Zusammenhang mit **mittelstandsfreundlichen Anforderungen** an Ausschreibungen entschied die VK Bund, dass **Sicherheitsleistungen nach § 14 VOL/A** nur im Ausnahmefall verlangt werden dürfen. Bedingung ist, dass sie für die sach- und fristgerechte Ausführung der Leistung notwendig erscheinen, was jedoch gerade im Falle der Beschaffung von Inkontinenz-Artikeln nicht der Fall ist. Eine **Bürgschaft zu verlangen**, ist angesichts einer jederzeit möglichen Ersatzbeschaffung **unverhältnismäßig**. Bei Artikeln der ausgeschriebenen Art sind die Bieter gerade vorleistungspflichtig.

Die VK Sachsen[1677] hat zum **Gebot der Losbildung** andererseits festgestellt, dass es dessen Zielsetzung ist, kleinen und mittleren Unternehmen eine Beteiligung an der Ausschreibung zu ermöglichen. Es handele sich dabei **nicht nur um einen Programmsatz**.

> *»Eine Losbildung verfehlte ihr Ziel, wenn im Ergebnis kleine und mittlere Unternehmen keine praktische Möglichkeit der Beteiligung hätten. Eine solche*

1675 VK Bund, Beschl. v. 9. 1. 2008 (VK 3-145/07), VS 2008, 4.

1676 ABl. EG L 107 v. 30. 4. 1996.

1677 VK Sachsen, Beschl. v. 8. 12. 2003 (1 VK 139/03), VergabE E-13-139/03 = EUK 2004, 57; s.a. VK Sachsen, Beschl. v. 7. 2. 2003 (1 VK 7/03), VergabE E-13-7/03.

Losbildung wäre fehlerhaft. Dies wäre dann der Fall, wenn die Einzellose so groß sind, dass diese für einen Mittelständler nach wie vor zu groß wären oder wenn die Losbildung durch die Zusammenfassung ganz unterschiedlicher Leistungen so ungünstig wäre, dass ein mittelständischer Betrieb diese Leistungen mit eigenem Know-how überhaupt nicht erbringen kann und sich nach Partnern (Unterauftragnehmer) umsehen müsste. Der Auftraggeber muss die Lose also so ausrichten, dass sie quantitativ und qualitativ dem Leistungsvermögen kleiner und mittlerer Unternehmen entsprechen«[1678].

Die Antragstellerin habe dazu vorgetragen, dass sie als **kleineres Unternehmen**, das durchaus auch die Hardwarebeschaffung als Unternehmenszweck beinhaltet, jedenfalls nicht in der Lage sei, die hier benötigten großen Mengen von Hardware, ggf. auch die sich daran knüpfenden Betreuungsleistungen, mit ihren Unternehmen zu gewährleisten. Sie **komme aber für einzelne Schulen und Aufgaben** als – bisher schon bewährte – **Vertragspartnerin der Auftraggeberin in Betracht** und habe dort in der Vergangenheit schon Zuschläge erhalten.

dd) Keine allgemeine Unterordnung unter das Beschaffungsziel Mittelstandsförderung

244 Im Zusammenhang mit der Ausschreibung eines Vertrages zur Nutzung eines Online-Rechtsinformationssystems hat die VK Hessen[1679] hervorgehoben, dass die Vergabestelle **nicht verpflichtet** ist, nur um dem allgemeinen Ziel der Mittelstandsförderung zu dienen, **ihre berechtigten Zweckmäßigkeitsüberlegungen unterzuordnen** und eine Leistung losweise auszuschreiben.

Wenn eine solche losweise Aufteilung der einzelnen Leistungen unzweckmäßig ist und die Vergabestelle dies nachvollziehbar zu begründen vermag, kann sie nicht zu einer Aufteilung in Lose gezwungen werden. Insbesondere verweist sie dabei auf eine sinnvolle Teilungsmöglichkeit, die für eine Losvergabe gegeben sein muss, was sich aus dem Einzelfall heraus beurteile. Die vernünftige Aufteilbarkeit sei in der Regel nur bei umfangreicheren Aufträgen zu bejahen[1680].

ee) Loslimitierung

245 Im Bereich der VOL/A ist des weiteren entschieden worden, dass eine **Loslimitierung**, also die Limitierung der Vergabe von Leistungsanteilen an ein und denselben Bieter, unter dem Maßstab der §§ 5 Nr. 1, Nr. 2, § 97 III GWB rechtlich möglich ist.

Das OLG Düsseldorf[1681] vollzieht die Begründung der Vergabestelle nach, die nach ihren Angaben darum bemüht ist, das **wirtschaftliche und das technische Risiko zu streuen**: Es solle die Abhängigkeit der Antragsgegnerin von einem bestimmten Hersteller – in diesem für die Bundesrepublik Deutschland höchst bedeutsamen

1678 *Roth*: in *Müller-Wrede*, VOL/A, 1. Aufl. 2001, § 5 Rn. 18.
1679 VK Hessen, Beschl. v. 10. 9. 2007 (69d-VK-29/2007), VS 2008, 6 [LS].
1680 VK Hessen, a.a.O., unter Verweis auf: VK Hamburg, Beschl. v. 8. 9. 2006 (VgK FB 7/06).
1681 OLG Düsseldorf, Beschl. v. 18. 5. 2000 (Verg 6/00 – »Euro-Münzplättchen«), VergabE C-10-6/00v = ZVgR 2000, 227; OLG Düsseldorf, Beschl. v. 15. 6. 2000 (Verg 6/00 – »Euro-Münzplättchen«), VergabE C-10-6/00 = NZBau 2000, 440 = BauR 2000, 1603.

Geschäftsbereich – vermieden werden; es soll auch die Belieferung aus verschiedenen, individuell leistungsfähigen Quellen sichergestellt werden.

ff) Prüfung der Wettbewerbsrelevanz

246 Der vorgesehene **Zuschnitt** der auszuschreibenden Leistung, und insbesondere die **Kombination von einzelnen Leistungsteilen**, die nur von einem einzigen Bieter erbracht werden können, muss eine besonders sorgfältige Prüfung der Wettbewerbsrelevanz nach sich ziehen.

Es verstößt nämlich gemäß dem OLG Celle[1682] **gegen den allgemeinen Wettbewerbsgrundsatz** des § 97 I GWB und des § 2 Nr. 1 VOL/A, wenn in einer Ausschreibung (z.B. von Müllbehältern) die eigentlich mögliche losweise Vergabe mehrerer Leistungen unterbleibt und ein Teil der dann kombiniert ausgeschriebenen Leistungen allein von einem Bieter erbracht werden kann. In einem solchen Falle der unterbliebenen losweisen Vergabe kann in Bereichen kein Wettbewerb stattfinden, in denen ein solcher an und für sich möglich wäre.

gg) Vorbehalt der Gesamtvergabe; Sonstiges

247 Der Vorbehalt, in Losen oder als Gesamtpaket zu vergeben, ist gemäß **§ 5 Nr. 2 VOL/A** in der Bekanntmachung respektive der Aufforderung zur Angebotsabgabe anzugeben[1683].

Mit Zulassung dieser ggf. eintretenden Gesamtvergabe wird freilich ein **gewisser Widerspruch zur Mittelstandsfreundlichkeit** hervorgerufen. Dies gilt erst recht, wenn erhebliche Rabatte für den Fall des Zuschlags auf einen Bieter zugelassen werden. Gemäß einer Entscheidung der VK Brandenburg[1684] betreffend eine Ausschreibung der »Zustandserfassung der Bundesautobahnen mit schnellfahrenden Meßsystemen« spricht einiges dafür, dass die mit der Losaufteilung verfolgte mittelstandsfreundliche Auftragsvergabe durch die Zulassung von **Rabatten bis zu 35%** in ihr Gegenteil verkehrt wird, wenn die Preise beim Zuschlag der Lose auf nur einen Bieter in diesem Umfang sinken. Die auf Vollkostenbasis kalkulierten Angebote für die Einzellose sind in einem solchen Falle nicht mehr aussagekräftig.

Die Forderung, dass die **Bieter nur Angebote auf alle Lose abgeben dürfen**, eine **losweise Vergabe** jedoch **vorbehalten** bleibt, stellt **keinen Widerspruch** dar[1685].

Ein **Anspruch** auf Bevorzugung mittelständischer Unternehmen besteht, wie gleichfalls bei der VOB/A, **nicht**[1686].

Entsprechend den Anforderungen seit den Fassungen der Verdingungsordnungen des Jahres 2006 müssen bei einer losweisen Ausschreibung für den Fall der

1682 OLG Celle, Beschl. v. 24. 5. 2007 (13 Verg 4/07), NZBau 2007, 607 = VergabeR 2007, 674.

1683 Vgl. für den VOB-Bereich: VÜA Bayern, Beschl. v. 28. 4. 1999 (VÜA 10/98), VergabE V-2-10/98; VÜA Nordrhein-Westfalen, Beschl. v. 13. 12. 1999 (132-84-41-37/99), VergabE V-10-37/99 = EUK 2000, 92.

1684 VK Brandenburg, Beschl. v. 19. 1. 2006 (2 VK 76/05), VS 2006, 39 [LS].

1685 VK Nordbayern, Beschl. v. 12. 10. 2006 (21.VK-3194-25/06), VS 2006, 95 [LS].

1686 VK Bund, Beschl. v. 30. 3. 2000 (VK 2-2/00), VergabE D-1-2/00 = EUK 2000, 91.

Zulassung von **Nebenangeboten** grundsätzlich die **Mindestbedingungen separat für die Lose** festgelegt werden[1687].

Merke: Besonders hervorzuheben ist, dass die notwendigen Berechnungen für die Durchführung der Ausschreibung mit und ohne Losvergabe vorher erfolgen müssen, also in der Planungsphase. Ein Nachholen ist nicht möglich. Die Nachteile bei einer Losvergabe müssen deutlich überwiegen. Nur dann darf auf sie verzichtet werden[1688].

7. Vergabeverfahren

a) Nationale und europaweite Verfahren: Überblick

248 Die Vergabe von öffentlichen Bau-, Liefer- und Dienstleistungsaufträgen erfolgt grundsätzlich in folgenden **Verfahrensarten**[1689]:

Offenes Verfahren ≅ Öffentliche Ausschreibung

Nichtoffenes Verfahren ≅ Beschränkte Ausschreibung

Verhandlungsverfahren ≅ Freihändige Vergabe

Wettbewerblicher Dialog.

Die **erstgenannten Verfahren** sind diejenigen nach **Europarecht** mit EU-weiter Ausschreibung (für die klassischen öffentlichen Auftraggeber die zweiten Abschnitte der VOB/A bzw. VOL/A sowie die VOF), die **letztgenannten** diejenigen nach **herkömmlichem deutschem Recht**, also nach den Basisparagraphen der VOB/A bzw. VOL/A. Die Verfahren entsprechen sich in vielerlei Hinsicht, unterscheiden sich aber in einigen wesentlichen Punkten – insbesondere im Hinblick auf Fristen und europaweite Bekanntmachungspflichten[1690]. Für den mit dem Richtlinienpaket 2004 eingeführten Wettbewerblichen Dialog gibt es kein Äquivalent für den Unterschwellenbereich.

- Im **Offenen Verfahren** können alle interessierten Unternehmer ein Angebot unterbreiten. Die Verdingungsunterlagen (Vergabeunterlagen) sind grundsätzlich an alle Interessenten abzugeben, die ihre Angebote abgeben und dann in einem einstufigen Verfahren hinsichtlich ihrer persönlichen Eignung sowie hinsichtlich der Zuschlagsfähigkeit ihres Angebotes geprüft werden.
- Im **Nichtoffenen Verfahren** dürfen nach Durchführung eines Teilnahmewettbewerbes (1. Stufe: Öffentlicher Teilnehmerwettbewerb) und nur vom öffentlichen Auftraggeber aufgeforderte Unternehmen dürfen ein Angebot abgeben (2. Stufe: Angebotsphase).
- Im **Verhandlungsverfahren** tritt der öffentliche Auftraggeber
  - vorrangig mit (dann 2 Stufen: Öffentlicher Teilnehmerwettbewerb plus Angebotsphase) oder

1687 VK Brandenburg, Beschl. v. 25. 4. 2005 (VK 13/05), VS 2006, 39 [LS].

1688 OLG Düsseldorf, Beschl. v. 8. 9. 2004 (VII Verg 38/04), VergabE C-10-38/04 = EUK 2004, 168 = VergabeR 2005, 107.

1689 Siehe ergänzend auch die Erläuterungen zu § 101 GWB.

1690 Sehr aufschlussreich zur Funktionsweise des Vergabewettbewerbs in den einzelnen Vergabeverfahren KG, Beschl. v. 18. 3. 1998 (Kart 3/95), WuW 1998, 482 = VgR 4/1998, 46.

- nachrangig ohne Veranstaltung eines vorherigen Öffentlichen Teilnahmewettbewerbes

an ein oder mehrere Unternehmen heran, um mit diesen über die Auftragsbedingungen zu verhandeln. Das Verhandlungsverfahren kann im Unterschied zu den beiden vorgenannten Verfahren als nicht im engeren Sinne förmliches Verfahren begriffen werden[1691].

- Bei der Durchführung eines **Wettbewerblichen Dialoges** wird im Vorfeld der eigentlichen Angebotsabgabe ein intensiver Dialog mit den in Frage kommenden Teilnehmern geführt, in dem die Lösung, auf deren Basis die späteren Angebote abgegeben werden sollen, erst in ihren Grundzügen erarbeitet wird. In der Schlussphase, also nach der Angebotsabgabe, ist dieses Verfahren nach herrschender Auffassung starrer als das Verhandlungsverfahren, weil dann nicht mehr verhandelt werden kann.

Geplant ist schon seit längerem in Deutschland, in den betreffenden Bestimmungen künftig nur noch die **Begriffe des europäischen Vergaberechts** zu verwenden. Die nationalen Vergabeverfahren werden dann vom Namen her nur noch als Offene Verfahren, Nichtoffene Verfahren oder Verhandlungsverfahren durchgeführt.

Bis zu einer möglichen entsprechenden Angleichung sind aber auch die **herkömmlichen Benennungen** der Pendants für **Verfahren unterhalb der EU-Schwellenwerte** gebräuchlich:

- In der (nationalen) **Öffentlichen Ausschreibung** können alle interessierten Unternehmer genauso wie im europaweiten Offenen Verfahren ein Angebot unterbreiten. Die Verdingungsunterlagen (Vergabeunterlagen) sind grundsätzlich an alle Interessenten abzugeben, die dann ihre Angebote unterbreiten und schließlich in einem einstufigen Verfahren hinsichtlich ihrer persönlichen Eignung sowie hinsichtlich der Zuschlagsfähigkeit ihres Angebotes geprüft werden.
- In der (nationalen) **Beschränkten Ausschreibung** ist im Unterschied zum europaweiten Nichtoffenen Verfahren die Veranstaltung eines Öffentlichen Teilnahmewettbewerbes freigestellt.
  - Dieses Verfahren ist daher im nationalen Bereich meist einstufig. Die Vergabestelle verfügt z.B. über eine Liste in Frage kommender Unternehmen und spricht von sich aus die geeignet erscheinenden Unternehmen an, die dann direkt ein Angebot abgeben sollen.
  - Veranstaltet sie einen Öffentlichen Teilnahmewettbewerb, also einen öffentlichen Aufruf zur Teilnahme (Bewerbung), so ist das Verfahren vom Ablauf her als zweistufiges mit dem Nichtoffenen Verfahren gleichzusetzen (1. Stufe: Öffentlicher Teilnehmerwettbewerb) nur vom öffentlichen Auftraggeber aufgeforderte Unternehmen ein Angebot abgeben (2. Stufe: Angebotsphase).
- Bei der **Freihändigen Vergabe** tritt der öffentliche Auftraggeber an die Unternehmen entweder mit einem fertigen Leistungsbeschrieb heran oder er tritt an mehrere Unternehmen heran, um mit diesen über die Auftragsbedingungen zu verhandeln. Je nach den sachlichen Voraussetzungen und auch den zu ver-

1691 So *Fett* in: *Müller-Wrede*, Verdingungsordnung für Leistungen – Kommentar, 1. Aufl. 2001, Rn. 13 zu § 3a.

gebenden Auftragswerten handelt es sich entweder um ein zumindest eingeschränktes wettbewerbliches Verfahren oder um ein Verfahren ohne jeden Wettbewerb. Optional kann auch ein Öffentlicher Teilnahmewettbewerb veranstaltet werden.

Infolge der weitgehend parallel ausgestalteten Verfahren im Unter- wie im Oberschwellenbereich werden die Verfahrenstypen nachfolgend zusammen erläutert, und wo erforderlich, mit den Hinweisen auf die Unterschiede.

b) Offenes Verfahren/Öffentliche Ausschreibung

aa) Vorrangstellung

249 Vorrang genießt bei den Ausschreibungen nach VOB/A und VOL/A grundsätzlich das **Offene Verfahren**[1692] respektive im Falle der Nichterreichung der Schwellenwerte die **Öffentliche Ausschreibung** (§§ 3 Nr. 2, 3a Nr. 2 VOB/A bzw. §§ 3 Nr. 2, 3a Nr. 1 I S. 1 VOL/A)[1693].

Grund dafür ist, dass bei Ausschreibungen ein **möglichst breiter Wettbewerb**[1694] eröffnet werden soll, der immer dann gewährleistet ist, wenn der Unternehmerkreis nicht beschränkt wird. Dementsprechend betont der ein oder andere Spruchkörper, dass das Offene Verfahren langfristig die wettbewerblichste und wirtschaftlichste Vergabe darstellt trotz momentan höheren Aufwandes für die Vergabestelle[1695]. Diesen Grundsätzen folgend sind die Tatbestände, die ein Abweichen vom Offenen Verfahren eroffnen, eng auszulegen[1696].

Hinweis: Auch die **verwaltungsgerichtliche Rechtsprechung** erkennt diesen Vorrang des Offenen Verfahrens bzw. der Öffentlichen Ausschreibung als **grundlegendes Prinzip des Gemeindehaushalts- und Vergaberechts** an. Die entsprechenden Vorschriften (meist § 31 der GemVO'en) korrelieren mit § 3 Nr. 2 VOL/A bzw. § 3 Nr. 2 VOB/A, wonach eine Öffentliche Ausschreibung grundsätzlich erfolgen muss und eine Beschränkte Ausschreibung oder Freihändige Vergabe nur zulässig ist, wenn die »Natur des Rechtsgeschäfts« oder »besondere Umstände des Einzelfalls« dies erfordern. Im Falle der Anstrengung von **Gebührenstreitigkeiten**, in denen sich Bürger gegen Abfallgebühren oder gegen die Heranziehung zu Erschließungsbeiträgen wenden (bis hin zu Normenkontrollverfahren mit dem Antrag, die entsprechenden Vorschriften bspw. der Gebührensatzung für nichtig zu erklären), kommt allerdings der **gebührenrechtliche Prüfungsmaßstab der**

1692 OLG Düsseldorf, Beschl. v. 18. 10. 2000 (Verg 3/00), VergabE C-10-3/00 = VergabeR 2001, 45 = NZBau 2001, 155 = EUK 2000, 181; KG, Beschl. v. 19. 4. 2000 (Kart Verg 6/00), VergabE C-3-6/00 = NZBau 2001, 161 = EUK 2001, 26; VÜA Bund, Beschl. v. 14. 4. 1997 (1 VÜ 24/96), VergabE U-1-24/96 = WuW/E VergAB, 115.

1693 Keinen Vorrang der Öffentlichen Ausschreibung bzw. des Offenen Verfahrens gibt es im Geltungsbereich der VOF. Hierunter fallende freiberufliche Leistungen sind im Verhandlungsverfahren mit (§ 5 I VOF) bzw. ohne (§ 5 II VOF) vorherige Vergabebekanntmachung zu vergeben.

1694 Unter Hinweis auf den wettbewerbsorientierten Ansatz des Vergaberechts gemäß § 97 I GWB: OLG Schleswig, Beschl. v. 4. 5. 2001 (6 Verg 2/01 – »Rinderuntersuchung«), VergabE C-15-2/01v.

1695 VK Baden-Württemberg, Beschl. v. 8. 4. 1999 (1 VÜ 5/99), EUK 1999, 91 = Behörden Spiegel 9/1999, S. B III.

1696 EuGH, Urt. v. 10. 4. 2003 (Rs. C-20/01 und C-28/01), VergabE A-1-5/03, Rn. 58 = ZfBR 2003, 592 = EUK 2003, 88; OLG Naumburg, Beschl. v. 10. 11. 2003 (1 Verg 14/03), VergabE C-14-14/03v, Rn. 24.

Angemessenheit hinzu. Danach müssen die betreffenden Gebühren – verglichen mit den Abfallgebühren in anderen Städten oder Landkreisen – so sehr aus dem Rahmen fallen, dass eine **augenfällige Unangemessenheit** vorliegt und der Klage bzw. dem Normenkontrollantrag stattgegeben werden kann[1697]. Offen bleibt bei dieser Rechtsprechung freilich, ob in den zum Vergleich herangezogenen Gemeinden nicht ebenfalls eine wettbewerbliche Ausschreibung unterblieben ist, so dass letztlich gar kein vernünftiger Vergleich angestellt werden kann. Auch der gebührenrechtliche Angemessenheitsmaßstab muss sich an dem gemeindehaushalts- und vergaberechtlichen Ansatz der grundsätzlichen Ausschreibungspflicht orientieren und darf sich nicht in einem Pseudo-Vergleich mit anderen freihändig vergebenen Entsorgungsverträgen erschöpfen. Erst recht kann hierdurch im Ergebnis eine anerkanntermaßen an sich für erforderlich zu erachtende öffentliche Ausschreibung und deren weiteres Unterbleiben nicht legitimiert werden.

bb) Abgabe der Unterlagen an alle; Vervielfältigungskosten

250 Die Vergabestelle muss grundsätzlich bei diesem Verfahren die **Verdingungsunterlagen an alle Interessenten** abgeben.

Nur dann, wenn ein Bieter offensichtlich als Betrieb auf die Erbringung der ausgeschriebenen Leistung nicht eingerichtet und daher nicht geeignet ist, kann eine Abgabe der Verdingungsunterlagen unterbleiben. Die VK Sachsen[1698] hat jedoch festgestellt, dass im **absoluten Regelfall** die Verdingungsunterlagen an alle Bieter und sogar an solche Bieter abzugeben sind, die sich in der Vergangenheit Verfehlungen haben zuschulden kommen lassen. Sie haben insoweit Anspruch auf eine **sachliche Prüfung** und **rechtliches Gehör *im* Verfahren** und **nicht nur *außerhalb*** des Vergabeverfahrens.

Im einzelnen verdeutliche die Regelung des § 7a Nr. 2 IV VOL/A, dass ein Ausschluss eines Bewerbers vom Wettbewerb erst erfolgen darf, wenn zuvor rechtliches Gehör gewährt oder ein **standardisiertes Verfahren auf objektivierter Grundlage** durchgeführt worden sei. Sachliche Meinungsverschiedenheiten zwischen Auftraggeber und Auftragnehmer reichten nicht aus, um diesen nach § 7 Nr. 5 lit. c VOL/A in einem künftigen Offenen (Vergabe-) Verfahren von vornherein (keine Übersendung der Verdingungsunterlagen) auszuschließen. Der **– präventive – Ausschluss** vom Vergabeverfahren dürfe keine Sanktion für Probleme in der Vertragsabwicklung in einem anderen Vergabeverfahren sein. Normale Beanstandungen im Rahmen einer Dienstleistungserbringung stellten keine schwere Verfehlung i.S.d. § 7 Nr. 5 lit. c VOL/A dar, auch wenn sie die Leistungsfähigkeit und Zuverlässigkeit des Unternehmens beeinträchtigen. Schwer sei eine Verfehlung nur dann, wenn sie schuldhaft begangen wurde und sie erhebliche Auswirkungen habe. Eine schwere Verfehlung i.S.d. § 7 Nr. 5 lit. c VOL/A dürfe grundsätzlich nur zum **Ausschluss im laufenden Vergabeverfahren** führen. Der Bewerber müsse zudem die Möglichkeit erhalten, darzulegen, dass er durch orga-

1697 Vgl. z.B. § 31 I GemHVO Rhl.-Pf. S.a.: OVG Rhld.-Pf., Urt. v. 17. 6. 2004 (12 C 10660/04); OVG Rhld.-Pf., Urt. v. 9. 4. 1997 (12 A 12010/96), IBR 1998, 308; VG Neustadt/Weinstr., Urt. v. 14. 4. 1997 (1 K 961/96.NW), IBR 1998, 309.

1698 VK Sachsen, Beschl. v. 25. 6. 2003 (1 VK 51/03), VergabE E-13-51/03 = Behörden Spiegel 1/2004, S. 22.

nisatorische Maßnahmen (z.B. Trennung von verantwortlichen Mitarbeitern etc.) nunmehr Zustände wiederhergestellt hat, die seine Zuverlässigkeit belegen.

In die gleiche Richtung geht eine Entscheidung der VK Berlin, bei der die Vergabestelle zwei Offene Verfahren in der Weise in eine Abhängigkeit voneinander gestellt hatte, dass die Beteiligung an dem einen die Beteiligung an dem anderen ausschloss. Die Kammer stellt dazu fest, dass eine solche **verknüpfende Konstruktion rechtswidrig** ist und einen schweren Vergabeverstoß darstellt[1699].

Die **Eignungsprüfung**, also die Beurteilung der Fachkunde, Leistungsfähigkeit und Zuverlässigkeit der Bieter, findet daher grundsätzlich erst **im Zuge der Angebotswertung** statt (siehe §§ 2 Nr. 1 S. 1, 25 Nr. 2 VOB/A, §§ 2 Nr. 3, 25 Nr. 2 VOL/A). Nur in Fällen, in denen sich ein Bieter offensichtlich nicht mit der ausgeschriebenen Leistung befasst, kann bereits auf die **Abgabe der Unterlagen verzichtet** werden. Anknüpfungspunkt ist etwa § 7 Nr. 2 I VOL/A, wonach die Unterlagen an alle Bewerber abzugeben sind, die sich **gewerbsmäßig** mit der Ausführung von Leistungen der ausgeschriebenen Art befassen. Eine aktienrechtliche Konzernverbundenheit ist nicht ausschlaggebend[1700].

Trotz dieser Einschränkung wird man mit einer **Zurückhaltung bei der Zusendung der Verdingungsunterlagen** noch aus einem anderen Grunde **vorsichtig sein müssen**. Im Offenen Verfahren bzw. in der Öffentlichen Ausschreibung handelt es sich um eine sog. **Bieterfindungsphase**, in der zunächst nur ein Interessent und potentieller Bieter auftritt. Der spätere tatsächliche Bieterauftritt bzw. die Bieterzusammensetzung kann sich ändern. Eine solche Änderung in der Person des später Anbietenden muss in der Angebotsphase nicht nur jederzeit möglich sein[1701], sie ist im Grunde genommen vom Verordnungsgeber so gewollt.

Die **Vervielfältigungskosten für die Verdingungsunterlagen** dürfen den Interessenten bzw. Bietern aufgebürdet werden. Gemäß einer Entscheidung der VK Sachsen[1702] darf allerdings der von einem Dienstleister (Erfüllungsgehilfen) des Auftraggebers verlangte Preis für die Verdingungsunterlagen nicht die Selbstkosten der Vervielfältigung übersteigen[1703]. Zu hohe Vervielfältigungskosten stellen nach Ansicht der Kammer eine Rechtsverletzung gegenüber der Antragstellerin dar. Die subjektiven Rechte gemäß § 97 VII GWB umfassten auch die Verletzung von § 20 Nr. 1 I VOB/A.

1699 VK Berlin, Beschl. v. 14. 9. 2005 (VK-B1-43/05), VS 2007, 96 [LS].

1700 VK Bund, Beschl. v. 30. 3. 2000 (VK 2-2/00), VergabE D-1-2/00 = EUK 2000, 91 = Behörden Spiegel 6/2000, S. B II.

1701 VK Thüringen, Beschl. v. 6. 12. 2005 (360–4003.20-026/05- SLZ), S. 21; VK Münster, Beschl. v. 5. 10. 2005 (VK 19/05), S. 20/21.

1702 VK Sachsen, Beschl. v. 12. 3. 2001 (1 VK 9/01), VergabE E-13-9/01 = Behörden Spiegel 5/2001, S. B II.

1703 In diesem Sinne auch: VK Schleswig-Holstein, Beschl. v. 2. 10. 2001 (VK-SH-19/01), VergabE E-15-19/01 = EUK 2002, 45: Kosten für interne Beratung dürfen nicht auf Bieter abgewälzt werden (§ 20 Nr. 1 I VOL/A).

cc) Typische Anwendungsfälle

Typische Fälle der **Vergabe im Offenen Verfahren** sind jede Art von **Standardleistungen** ohne besondere qualitative und quantitative Anforderungen an den Beschaffungsgegenstand bzw. die Bieter. **251**

Standard-Bauvergaben ohne besondere Anforderungen an die zu verarbeitenden Materien oder Sanierungsmaßnahmen ohne irgendwelche Besonderheiten z.B. bezüglich historischer Bausubstanz sind im Offenen Verfahren auszuschreiben[1704].

Im Bereich der **Lieferleistungen** sind dies beispielsweise Beschaffungen von handelsüblichen Büromöbeln, der Lieferung von Tausalz für die Straßen- und Autobahnmeistereien[1705], die Lieferung von Schulbüchern[1706], Systeme für die Radiologie und Strahlentherapie[1707] oder Informationstechnologie-Produkten[1708].

Im **Dienstleistungsbereich** können hier Gebäudereinigungsverträge[1709], Bewachungsdienstleistungen[1710], Leistungen zur Berufsausbildung in einer außerbetrieblichen Einrichtung[1711], laborärztliche Leistungen[1712], Postdienstleistungen[1713], Abfall-Entsorgungsdienstleistungen[1714] oder Standard-Policen über Gebäudeversicherungen[1715] als Beispiele angeführt werden.

dd) Erforderlichkeit ausreichender Zeitplanung

Die Veranstaltung insbesondere eines **europaweiten Offenen Verfahrens** mit einer Angebotsfrist von regelmäßig allein 52 Tagen (ca. 2 Monate) führt summa summarum erfahrungsgemäß zu einem Zeitaufwand von **ca. 4 Monaten.** **252**

1704 OLG Saarbrücken, Beschl. v. 30. 7. 2007 (1 Verg 3/07 – »Kanal- und Straßenbauarbeiten«); OLG Karlsruhe, Beschl. v. 24. 7. 2007 (17 Verg 6/07 – »Klinik«); OLG Bremen, Beschl. v. 21. 3. 2007 (Verg 3/07 – »Rohbauarbeiten für Technologiezentrum«); OLG München, Beschl. v. 13. 4. 2007 (Verg 1/07 – »Bodenbelagsarbeiten JVA Landshut«), VergabeR 2007, 546; OLG Rostock, Beschl. v. 5. 7. 2006 (17 Verg 7/06 – »Universitätsklinikum«); OLG Düsseldorf, Beschl. v. 5. 7. 2006 (VII-Verg 25/06 – »Erd- und Deckenbauarbeiten«, NZBau 2007, 461); VK Sachsen-Anhalt, Beschl. v. 11. 1. 2007 (1 VK LVwA 41/06 – »Trink- und Abwasserversorgung«); VK Thüringen, Beschl. v. 7. 2. 2006 (360.4002.20-063/05-EF-S – »Metall-Glas-Fassade«); VK Münster, Beschl. v. 21. 12. 2005 (VK 25/05 – »Neubau von Entwässerungsleitungen für einen Hauptvorfluter«).

1705 VK Münster, Beschl. v. 17. 11. 2005 (VK 21/05).

1706 VK Münster, Beschl. v. 27. 4. 2007 (VK 6/07).

1707 OLG München, Beschl. v. 27. 1. 2006 (Verg 1/06), VergabeR 2006, 537.

1708 KG, Beschl. v. 19. 4. 2000 (Kart Verg 6/00), VergabE C-3-6/00 = NZBau 2001, 161 = EUK 2001, 26; VK Sachsen, Beschl. v. 24. 5. 2007 (1/SVK/029-07 – »Ausstattung von 12 Schulen mit IuK-Technik«), NZBau 2008, 80.

1709 OLG Düsseldorf, Beschl. v. 16. 11. 2005 (VII Verg 59/05), NZBau 2007, 263; VK Bund, Beschl. v. 30. 11. 2005 (VK 3-142/05); VÜA Bund, Beschl. v. 7. 12. 1998 (2 VÜ 24/98), VergabE D-1-24/98 = EUK 1999, 107 = Behörden Spiegel 9/1999, S. B III; VK Berlin, Beschl. v. 14. 9. 2005 (VK-B1-43/05).

1710 OLG Düsseldorf, Beschl. v. 4. 7. 2005 (VII-Verg 38/05).

1711 OLG Düsseldorf, Beschl. v. 31. 7. 2007 (VII-Verg 25/07); OLG Düsseldorf, Beschl. v. 18. 10. 2006 (VII-Verg 37/06); VK Bund, Beschl. v. 12. 7. 2005 (VK 3-70/05).

1712 OLG Saarbrücken, Beschl. v. 20. 9. 2006 (1 Verg 3/06), NZBau 2007, 808 = VergabeR 2007, 110 = VS 2006, 86.

1713 OLG Düsseldorf, Beschl. v. 28. 6. 2006 (VII-Verg 18/06); VK Düsseldorf, Beschl. v. 14. 6. 2005 (VK-04/2005-L).

1714 VK Lüneburg, Beschl. v. 8. 5. 2006 (VgK-07/2006).

1715 OLG Düsseldorf, Beschl. v. 18. 10. 2000 (Verg 3/00), VergabE C-10-3/00 = VergabeR 2001, 45 = NZBau 2001, 155 = EUK 2000, 181.

- 52 Tage Angebotsfrist, gerechnet ab dem Tag der Absendung der Bekanntmachung (Art. 38 II VKRL 2004/18/EG)
- Öffnung der Angebote und Auswertung
- Genaue Vollständigkeitsprüfung und rechnerische Prüfung (ggf. Rückfragen beim Bieter und Klärung rechtlicher Fragen)
- Absendung der § 13 VgV-Informationsschreiben mit zweiwöchiger Wartefrist (nach Zustimmung aller Gremien)
- Zuschlag

Im Einzelnen existieren zwar **Fristverkürzungsmöglichkeiten** (z.B. durch die Vorinformation [Art. 38 IV VKRL 2004/18/EG] und die Möglichkeit für Bieter, Verdingungsunterlagen downzuloaden [Art. 38 VI VKRL 2004/18/EG]), jedoch sind je nach ausschreibender Institution noch die Beteiligungs- bzw. Anhörungsrechte (z.B. des Rechnungsprüfers, des Vergabe-, Bau- und/oder Hauptausschusses, des Vorstandes usw.) einzukalkulieren. Feiertage, Urlaubszeit usw. tun ein Übriges.

Merke: Diese zu Verzögerungen führenden Gesichtspunkte bilden jedoch grundsätzlich keine Argumentationsgrundlage, auf ein europaweites Offenes Verfahren zu verzichten.

Besonders große Vorsicht ist bei der Rechtfertigung von Abweichungen vom Offenen Verfahren in Fällen **vermeintlicher »Dringlichkeit«** geboten. Das OLG Schleswig[1716] hat insoweit zu Recht hervorgehoben, dass – auch außerhalb des Anwendungsbereiches der sog. »a-Paragraphen« – für ein durch »Dringlichkeit« begründetes Abweichen vom Offenen Vergabeverfahren (öffentliche Ausschreibung) oder vom Nichtoffenen Verfahren mit öffentlichem Teilnahmewettbewerb (§ 3 Nr. 1 IV VOL/A) erforderlich ist, dass **Umstände** vorliegen, die nicht von der Vergabestelle vorherzusehen oder zu vertreten sind (vgl. z.B. § 3a Nr. 2 lit. d VOL/A) und die dazu führen, dass die Zeit zur Durchführung eines (gegebenenfalls beschleunigten) Offenen Verfahrens fehlt. Von ihrem Charakter her lang angelegte Beschaffungsmaßnahmen, die auch schon zu einem früheren Zeitpunkt hätten in die Wege geleitet werden können, erfüllen nicht den Tatbestand der Dringlichkeit[1717]. Die insofern maßgeblichen Gesichtspunkte sind von der Vergabestelle darzulegen, um die »Unzweckmäßigkeit« einer Öffentlichen Ausschreibung zu begründen. Die Beweislast trifft die ausschreibende Stelle[1718].

c) Nichtoffenes Verfahren/Beschränkte Ausschreibung

aa) Merkmale und Regelungen

253 Das **Nichtoffene Verfahren** entspricht der Beschränkten Ausschreibung mit Öffentlichem Teilnahmewettbewerb. Dieses Vergabeverfahren ist – jedenfalls gemäß der derzeitigen Rechtsumsetzung in Deutschland – **nur in zweiter Linie** zulässig, d.h. es darf nur dann angewendet werden, wenn

1716 Unter Hinweis auf den wettbewerbsorientierten Ansatz des Vergaberechts gemäß § 97 I GWB: OLG Schleswig, Beschl. v. 4. 5. 2001 (6 Verg 2/01 – »Rinderuntersuchung«), VergabE C-15-2/01v.

1717 OLG Naumburg, Beschl. v. 10. 11. 2003 (1 Verg 14/03), VergabE C-14-14/03v, Rn. 46 – betreffend Maßnahmen zur Förderung der Existenzgründung.

1718 OLG Naumburg, Beschl. v. 10. 11. 2003 (1 Verg 14/03), VergabE C-14-14/03v, Rn. 24.

- eine **außergewöhnliche Leistungsfähigkeit** des Bieters erforderlich ist (§ 3 Nr. 3 II lit. a VOB/A bzw. § 3 Nr. 3 lit. a VOL/A) [dazu nachfolgend unter Rdn. 258],
- eine öffentliche Ausschreibung **kein annehmbares Ergebnis** erbracht hat (§ 3 Nr. 3 lit. b VOB/A bzw. § 3 Nr. 3 lit. c VOL/A) [dazu nachfolgend unter Rdn. 259],
- der zur Angebotsprüfung notwendige **Aufwand** beim öffentlichen Auftraggeber **unvertretbar groß** wäre (§ 3 Nr. 3 II lit. b VOB/A bzw. § 3 Nr. 3 lit. b VOL/A) [dazu nachfolgend unter Rdn. 260] oder
- die öffentliche Ausschreibung z.B. aus **Gründen der Dringlichkeit** oder der **Geheimhaltung** unzweckmäßig ist (§ 3 Nr. 3 I lit. c VOB/A bzw. § 3 Nr. 3 lit. d VOL/A) [dazu nachfolgend unter Rdn. 261].

Die deutschen Umsetzungsbestimmungen knüpfen an die Voraussetzungen für die Beschränkte Ausschreibung an, ohne dass dies aus europarechtlicher Sicht geboten wäre. Bereits seit 1971 (Baukoordinierungsrichtlinie 71/305/EWG) ist das **Offene und das Nichtoffene Verfahren gleichgestellt**. Art. 28 II der aktuellen Vergabekoordinierungsrichtlinie 2004/18/EG bestimmt:

> *»Sie (Anm.: die öffentlichen Auftraggeber) vergeben diese Aufträge* ***im Wege des offenen oder des nichtoffenen Verfahrens****. Unter den besonderen in Artikel 29 ausdrücklich genannten Umständen können die öffentlichen Auftraggeber ihre öffentlichen Aufträge im Wege des wettbewerblichen Dialogs vergeben. In den Fällen und unter den Umständen, die in den Artikeln 30 und 31 ausdrücklich genannt sind, können sie auf ein Verhandlungsverfahren mit oder ohne Veröffentlichung einer Bekanntmachung zurückgreifen.«*

Grund für diesen fortwährenden Rechtszustand ist, dass die **Publizität im Nichtoffenen Verfahren die gleiche wie im Offenen Verfahren** ist. Schließlich verhält es sich so, dass das Nichtoffene Verfahren zwingend einen Öffentlichen Teilnahmewettbewerb voraussetzt und damit das Verfahren lediglich zweigestuft verläuft (s.o.), im Kern aber in der einen und in den anderen Weise einen unbeschränkten Kreis von Bietern erreicht.

bb) Anforderungen; Teilnehmerzahl

(1) Dauer und Zweck des Verfahrens

254 Die Vergabestelle darf es sich bei der Prüfung dieser Gründe, auf deren Grundlage ausnahmsweise das Nichtoffene Verfahren durchgeführt werden kann, nicht leicht machen. Sie muss die **Gründe** anhand objektiv nachprüfbarer Kriterien darlegen können[1719], wenn es zu einem **Überprüfungsverfahren** kommt.

Auch ist bei der Anwendung des Nichtoffenen Verfahrens zu beachten, dass dieses **noch mehr Zeit beansprucht als das Offene Verfahren**, weil es durch den separaten Teilnahmewettbewerb **zeitlich gestreckter** ist (s. Art. 38 III VKRL 2004/18/EG):

- 37 Tage Bewerbungsfrist im Teilnahmewettbewerb [1. Verfahrensstufe]

1719 EuGH, Urt. v. 10. 4. 2003 (Rs. C-20/01 und C-28/01), VergabE A-1-5/03, Rn. 58 = ZfBR 2003, 592 = EUK 2003, 88; VÜA Thüringen, Beschl. v. 19. 10. 1998 (2 VÜ 3/98), VergabE V-16-3/98-1.

– plus 40 Tage Angebotsfrist [2. Verfahrensstufe].

In Ausnahmefällen eines besonderen Bescheunigungsbedarfes kann die ausschreibende Stelle ein sog. **Beschleunigtes Nichtoffenes Verfahren** (Art. 38 VIII VKRL 2004/18/EG; § 18a Nr. 2 I VOL/A bzw. VOB/A: Teilnahmefrist: 15 Tage oder mindestens 10 Tage bei elektronischer Übermittlung) durchführen. Auf diese Möglichkeit, die zu einer Wettbewerbsöffnung trotz Dringlichkeit führt, hat der EuGH[1720] in dem Verfahren der Vergabe betreffend das Heizkraftwerk München-Nord hingewiesen. Das beschleunigte Nichtoffene Verfahren wurde beispielsweise bei einer Ausschreibung des italienischen Verteidigungsministeriums angewendet[1721].

Zweck des Nichtoffenen Verfahrens ist eine **intensive Vorprüfung** der Teilnehmer (Bewerber) auf ihre Eignung (Fachkunde, Leistungsfähigkeit, Zuverlässigkeit) hin. Dieses Bedürfnis einer Vorprüfung sollte objektiv existieren und sich aus den Vergabeakten ergeben. Insbesondere in Fällen **komplexerer Vergaben**, die den **technischen Bereich** betreffen und bei denen von vornherein klar ist, dass es **nur einige wenige Bieter** gibt, wird eine Ausschreibung im Nichtoffenen Verfahren in Betracht kommen.

Beispiele von Vergaben im Nichtoffenen Verfahren:
- So hat die Bundesrepublik Deutschland die Vergabe der Installation des BOS-Digitalfunks im Nichtoffenen Verfahren ausgeschrieben[1722].
- Auch besondere Sicherheitsinteressen des Staates können für die Wahl des Nichtoffenen Verfahrens maßgeblich sein[1723].
- Ebenso kommen konzeptionelle Leistungen in Betracht, die für spezielle Zwecke eingesetzt werden sollen[1724].
- Im Mittelpunkt können ganz besondere Anforderungen bei der Demontage eines Reaktors stehen[1725].
- Außerdem können komplexe Leistungen über die Betriebsführung der Wasserver- und Abwasserentsorgung für einen Wasserzweckverband in Rede stehen, die eine besondere Zuverlässigkeit erfordern[1726].
- Schließlich können besondere Anforderungen an die Bieter bei der Parallelausschreibung von Sanierungsmaßnahmen an der Start- und Landebahn eines Flughafens dieses Verfahren rechtfertigen, wenn sie das Ziel verfolgen, aus Sicht der Vergabestelle unter gleichwertigen Realisierungsvarianten die wirtschaftlichste Ausführungsvariante ermitteln zu können[1727].

1720 EuGH, Urt. v. 18. 11. 2004 (Rs. C-126/03), VergabeR 2005, 57 = VS 2005, 3 = WuW 2005, 461.

1721 EuGH, Urt. v. 9. 2. 2006 (Rs. C-226/04 und C-228/04), NZBau 2006, 328 = VergabeR 2006, 340 = VS 2006, 10 = WuW 2006, 449: Dienstleistungsauftrag für Bewirtschaftungsdienstleistungen betreffend das italienische Verteidigungsministerium.

1722 Supplement des ABl. der EU v. 2005/S 68–065701 v. 7. 4. 2005, VS 2005, 40.

1723 EuGH, Urt. v. 9. 2. 2006 (Rs. C-226/04 und C-228/04), NZBau 2006, 328 = VergabeR 2006, 340 = VS 2006, 10 = WuW 2006, 449: Dienstleistungsauftrag für Bewirtschaftungsdienstleistungen betreffend das italienische Verteidigungsministerium.

1724 VK Bund, Beschl. v. 29. 12. 2006 (VK 2-128/06): Öffentlichkeitsarbeit der Bundesregierung, speziell: »Dienstleistungs-Rahmenvertrag über die Konzeption und Entwicklung von Kommunikationsstrategien«.

1725 VK Bund, Beschl. v. 14. 6. 2007 (VK 1-50/07), VS 2008, 22.

1726 OLG Naumburg, Beschl. v. 7. 3. 2008 (1 Verg 1/08 – »Betriebsführung der Wasserver- und Abwasserentsorgung des Wasserverbandes B.«).

1727 OLG Düsseldorf, Beschl. v. 26. 7. 2006 (VII-Verg 19/06), VS 2007, 20.

Die Anwendung des Nichtoffenen Verfahrens (anstatt des Offenen Verfahrens) **kann** allerdings nicht generell mit der **pauschalen Begründung** gerechtfertigt werden, bei der Beschaffung von (deutschsprachigen) Schulbüchern kämen allein deutsche Bieter in Betracht, und es gebe ohnehin nur wenige (deutsche) Buchhändler, die an dem Auftrag interessiert seien[1728]. Den Regelfall wird – jedenfalls nach dem Willen des deutschen Gesetz- bzw. Verordnungsgebers – das Offene Verfahren bzw. die Öffentliche Ausschreibung bilden.

Der **Öffentliche Teilnahmewettbewerb** ist im **europaweiten Nichtoffenen Verfahren** aus Gründen des Wettbewerbs, der Publizität und der Transparenz **zwingend vorzuschalten**[1729]. Eine Angebotsaufforderung und damit die Abgabe der Unterlagen soll nur an wirklich geeignete Bieter erfolgen. Der öffentliche Teilnahmewettbewerb versteht sich als **formales Auswahlverfahren**[1730], welches dem späteren formalen Verfahren zur Angebotsabgabe, -wertung und Zuschlagserteilung vorausgeht.

Die **tatsächliche spätere Verwendung der einmal bekanntgemachten Teilnahmekriterien** ist im Interesse einer transparenten Handhabung unbedingt zu beachten[1731]. Gleichermaßen dürfen keine Kriterien zur Anwendung gebracht werden, die zuvor nicht veröffentlicht wurden[1732].

Wesentlicher **Effekt** des Teilnahmewettbewerbs ist für die Vergabestelle, dass sie schon vorab die Eignung der Bieter prüft (§ 8 Nr. 4 VOB/A), wohingegen sich – im Unterschied dazu – die Eignungsprüfung im Offenen Verfahren auf den späteren Zeitpunkt der Angebotsprüfung (§ 25 Nr. 2 I VOB/A) verschiebt[1733]. Aus der Sicht des Bieters bzw. Bewerbers ist dies insofern günstig, als er nicht mit den Kosten für eine aussichtslose Angebotserstellung belastet wird. Die Vergabestelle muss aber auch in diesem Verfahren einen bestmöglichen Wettbewerb dadurch sicherstellen, indem sie gemäß § 8a Nr. 2 VOB/A bzw. § 3a Nr. 1 II VOL/A **mindestens 5 Bewerber** zur Angebotsabgabe auffordert[1734].

Bei **Beschränkter Ausschreibung** nach den Basisparagraphen, also bei nationaler Ausschreibung (wg. Nichterreichung der Schwellenwerte), sind demgegenüber **mindestens 3 bis 8 Teilnehmer aufzufordern** (§ 8 Nr. 2 II 1 VOB/A; § 7 Nr. 2 II

1728 VÜA Sachsen, Beschl. v. 28. 7. 1997 (1 VÜA 2/II-97), VergabE V-13-2/97 = EUK 1999, 26; VÜA Sachsen, Beschl. v. 28. 7. 1997 (1 VÜA 7/97), VergabE V-13-7/97 = EUK 1999, 26.

1729 VÜA Hessen, Beschl. v. 31. 5. 1999 (VÜA 3/99), VergabE V-7-3/99 = EUK 1999, 185 = Behörden Spiegel 12/1999, S. B II.

1730 Zu widersprechen ist einer Sichtweise, wonach der Öffentliche Teilnahmewettbewerb »*vorrangig der Information des Auftraggebers über die Marktverhältnisse (dient)*«. So OLG Naumburg, Beschl. v. 28. 8. 2000 (1 Verg 5/00) VergabE C-14-5/00v, Rn. 16. Mit anderer Gewichtung der Funktion des Teilnehmerwettbewerbs zu Recht: OLG Düsseldorf, Beschl. v. 8. 5. 2002 (Verg 15/01), VergabE C-10-15/01 = EUK 2002, 87: »*Die Verpflichtung des öffentlichen Auftraggebers (…), öffentlich zum Wettbewerb aufzurufen, hat als dasjenige Element des Vergabeverfahrens, das den (möglichen) Bietern die Vergabeabsicht des öffentlichen Auftraggebers in aller Regel erst zur Kenntnis bringt, bieterschützenden Charakter.*«

1731 EuGH, Urt. v. 12. 12. 2002 (Rs. C-470/99 – »Universale-Bau AG/Entsorgungsbetriebe Simmering«), VergabE A-1-5/02 = VergabeR 2003, 141 = NZBau 2003, 162 = ZfBR 2003, 176 = WuW 2003, 205 = BauR 2003, 774.

1732 OLG Dresden, Beschl. v. 6. 6. 2002 (WVerg 0004/02), VergabE C-13-4/02, Rn. 20 = WuW 2003, 215.

1733 VÜA Bund, Beschl. v. 26. 11. 1997 (1 VÜ 19/97), VergabE U-1-19/97 = WuW/E Verg, 74 = ZVgR 1998, 443 = VgR 2/1998, 42 = IBR 1998, 91; VÜA Nordrhein-Westfalen, Beschl. v. 21. 8. 1996 (424-84-41-8/96), VergabE V-10-8/96 = ZVgR 1997, 313.

1734 EuGH, Urt. v. 26. 9. 2000 (Rs. C-225/98), VergabE A-1-1/00 = NZBau 2000, 584 = WuW 2000, 1160 = ZVgR 2000, 281 = EUK 2000, 167.

VOL/A: mindestens drei). Gemäß § 7 Nr. 3 VOL/A sind bei Beschränkter Ausschreibung »*auch kleinere und mittlere Unternehmen in angemessenem Umfange zur Angebotsabgabe aufzufordern*«.

All dies bedingt, dass im **Anwendungsbereich des Nichtoffenen Verfahrens** wie auch der **Beschränkten Ausschreibung** mit oder ohne Teilnehmerwettbewerb der **Bieterkreis** auf die zur Angebotsabgabe aufgeforderten Teilnehmer **begrenzt** ist. Eine nachträgliche Abänderung der Bieterperson (z.B. durch Änderung der Zusammensetzung der Bietergemeinschaft[1735]) ist ebenso wenig zulässig wie die Angebotsabgabe durch eine vollständig neue Unternehmensperson, die vom öffentlichen Auftraggeber gar nicht aufgefordert wurde.

Statthaft ist nicht einmal der Zusammenschluss zweier erfolgreicher, d.h. zur Angebotsabgabe aufgeforderter, **Teilnehmer**, die dann als Bietergemeinschaft ein Angebot abgeben wollen[1736]. Auch Art. 1 XI lit. b der RL 2004/18/EG geht davon aus, dass nur zur Angebotsabgabe aufgeforderte Teilnehmer eines öffentlichen Teilnahmewettbewerbs ein wirksames Angebot abgeben können. Die Eignungsprüfung findet bereits im Teilnahmewettbewerb statt. Die Zulassung eines Bieters zum Angebotswettbewerb, der sich der Eignungsprüfung des Teilnahmewettbewerbs nicht unterzogen hat, würde eine Benachteiligung derjenigen Bieter bedeuten, welche die Kriterien des Teilnahmewettbewerbs erfüllt haben und deshalb als geeignet ausgewählt wurden[1737].

(2) Reduzierung der Teilnehmerzahl bei öffentlichem Teilnehmerwettbewerb

255 Ist in der Ausschreibung eine Festlegung auf die Höchstzahl von z.B. 8 aufzufordernden Bewerbern erfolgt (was unzweifelhaft zulässig ist[1738]), so kann das **praktische Problem** entstehen, dass nach Inansatzbringung der vorher zwingend zu veröffentlichenden Kriterien z.B. die Zahl von 10 Bewerbern als geeignet einzustufen ist.

Auf welche Weise nun diese **Zahl reduziert** werden kann, wird z.T. kontrovers diskutiert, ist aber letztlich eine gut lösbare Aufgabe. Wichtigstes Prinzip ist bei dieser Reduktion, dass sie anhand nachvollziehbarer, objektiver Kriterien erfolgt[1739].

- **Erstens** kann eine **Wertungsmatrix** erstellt werden, anhand derer wie bei einer Angebotsauswertung definierte Mindest- und Höchstpunktzahlen für bestimmte Eignungsmerkmale vergeben werden, also etwa bei den angegebenen Referenzobjekten quantifiziert wird (wie viele) oder qualifiziert wird (Referenzobjekte welcher Art). Analog kann man dies mit anderen Merkmalen machen (z.B. Umsatzzahlen, Frequenz von Mitarbeiterschulungen, Anzahl

---

1735 EuGH, Urt. v. 23. 1. 2003 (Rs. C- 57/01), VergabE A-1-1/03 = ZfBR 2003, 592; OLG Hamburg, Beschl. v. 2. 10. 2002 (1 Verg 1/00); VK Bund, Beschl. v. 30. 5. 2006 (VK 2-29/06); VK Lüneburg, Beschl. v. 5. 11. 2004 (203-VgK-48/2004), VS 2006, 6. S.a. *Roth*, NZBau 2005, 316, 317.

1736 VK Bund, Beschl. v. 22. 2. 2008 (VK 1-4/08).

1737 VK Südbayern, Beschl. v. 9. 4. 2003 (11-03/03).

1738 BayObLG, Beschl. v. 20. 4. 2005 (Verg 26/04), VergabeR 2005, 532 = VS 2005, 39 [LS]; VK Bund, Beschl. v. 14. 6. 2007 (VK 1-50/07), VS 2008, 22.

1739 OLG Celle, Beschl. v. 14. 3. 2000 (13 Verg 2/00), VergabE C-9-2/00, Rn. 14 = EUK 2001, 105.

und Art der Zertifizierungen usw.). Das Ergebnis all dieser Einzelbewertungen ist eine Gesamtpunktzahl, anhand derer sich ein Ranking ergibt. Die Nichtberücksichtigung der »untersten« zwei Bieter, also derjenigen mit den geringsten Punktzahlen, hat dann einen nachvollziehbaren, sachlichen Grund. Eine Ungleichbehandlung bzw. Diskriminierung i.S.d. § 97 II GWB bzw. i.S.d. Art. 3 I GG liegt dann nicht vor.

- **Zweitens** kann zumindest nach teilweise vertretener Auffassung (OLG Rostock) eine **Auslosung** erfolgen. Die Auslosung kann als objektives Verfahren zur Auswahl der Teilnehmer nicht beanstandet werden[1740].

Nach hier vertretener Ansicht ist jedoch das **Verfahren mit einer Teilnehmerauswahl anhand eines Rankings zu präferieren**, weil dann die Qualifikation und nicht der Zufall entscheidet.

Diese Auffassung wird bestätigt durch eine Entscheidung der VK Bund, die sich dezidiert für eine Bewertungsmatrix ausspricht und die **inhaltliche Unterscheidbarkeit** der Teilnehmer hinsichtlich ihrer Eignung als **unbedingt vorzugswürdig** einordnet. Die Losvergabe kann danach nur das letzte Mittel, also quasi die ultima ratio sein, wenn eine Unterscheidbarkeit partout nicht mehr möglich ist[1741]. Die **Anwendung des Zufallsprinzips** stellt gemäß den Ausführungen der VK Bund – z.B. bei Durchführung eines reinen Losverfahrens ohne Kriterien – einen **Verstoß gegen den Wettbewerbsgrundsatz** dar. Das Zufallsprinzip darf danach nur dann angewandt werden, wenn anders eine transparente Wertung gleichwertiger Angebote nicht mehr möglich ist. Die Vergabestelle ist außerdem, um dem Grundsatz der Transparenz Rechnung zu tragen, verpflichtet, den Bewerbern die unterschiedlichen Verfahrensschritte und diesbezügliche Kriterien zu benennen.

Exakt in diesem Zusammenhang hat das OLG München[1742] in einer Entscheidung, welche die Ausschreibung von Managementdienstleistungen für die Eigenreinigung mehrerer Krankenhäuser betraf, eine **nicht ausreichend differenzierte Bewertungsmatrix** für **rechtswidrig** erklärt. Die auf ein Projektsteuerungsbüro übertragene Eignungsprüfung sollte danach in der Weise vonstatten gehen, dass **folgende Bewertungsmatrix** zur Bestimmung des Eignungsgrades der Bieter angefertigt worden war:

Punktzahl von 0:	(geringe Eignung),
Punktzahl von 5:	(ausreichende Eignung)
Punktzahl von 10:	(sehr gute Eignung)

Bei der Bewertung **erhielten alle Bewerber 5 Punkte**. Dies wurde hinsichtlich des Kriteriums der Anzahl der Managementaufträge oder der Mitarbeiter damit be-

1740 So jedenfalls einer solchen Auswahlmethode nicht widersprechend: OLG Rostock, Beschl. v. 1. 8. 2003 (17 Verg 7/03), VergabE C-8-7/03 = VergabeR 2004, 240 = ZfBR 2004, 192 = EUK 2004, 126.

1741 VK Bund, Beschl. v. 14. 6. 2007 (VK 1-50/07), VS 2008, 22.

1742 OLG München, Beschl. vom 26. 6. 2007 (Verg 6/07), VergabeR 2007, 684.

gründet, dass auch hierbei eine größere Anzahl nicht auf eine bessere Qualität schließen lasse. Da somit keiner der Bewerber herausragte, wurden die zur Angebotsabgabe aufzufordernden Bieter im Losverfahren ausgewählt. Der Senat bemängelt bei dem gewählten Bepunktungsschema unschlüssige Abstufungen, was eine differenzierende Eignungsbeurteilung verhindere. Es komme zu einer Nivellierung, weil der Auftraggeber zögern werde, die beste Punktzahl zu vergeben. Dies führe zwangsläufig zu einem Losverfahren, was einem ordnungsgemäßen Ausschreibungsverfahren nicht entspreche.

Allgemein ist darauf zu achten, dass die geforderten Angaben, welche die Eignung des Teilnehmers belegen sollen, sich im Rahmen des im Einzelfall gebotenen, **objektiv-sachlichen Informationsbedürfnisses** des Auftraggebers halten müssen[1743].

Die **Vergabekoordinierungsrichtlinie** (VKRL 2004/18/EG) bekräftigt in **Art. 44 II, 2. Uabs.** denn auch, dass der Umfang der Eignungsanforderungen sowie die für einen bestimmten Auftrag gestellten Anforderungen an die Leistungsfähigkeit mit dem Auftragsgegenstand **zusammenhängen** müssen und ihm **angemessen** zu sein haben.

Ferner sind die im deutschen Recht anerkannten Grenzen des **Beurteilungs- und Ermessensspielraums** einzuhalten[1744]. Von diesem Ermessen ist es gemäß OLG Celle gedeckt, wenn kraft telefonischer Referenzabfrage u.a. Erkenntnisse aus der Zusammenarbeit mit anderen Auftraggebern wie der Reaktion auf Mängelrügen, Veränderungswünsche etc. einbezogen werden.

(3) Abstimmung mit k.o.-Kriterien

256 Schließlich ist darauf hinzuweisen, dass die Teilnahmebedingungen auch **k.o.-Kriterien**[1745] (Mindeststandards, z.B. Mindestumsatz, Mindestmitarbeiterzahl o.ä.) enthalten können (und sollten), bei deren Nichterfüllung die Teilnehmer ausgeschlossen werden können.

Diese Kriterien müssen freilich **genauso wie die inhaltlich zu wertenden Kriterien vom Beschaffungszweck gedeckt** sein und dürfen nicht willkürlich verwendet werden. Dies gilt insbesondere bzgl. bestimmter Anforderungen an die Betriebsgröße und die notwendige Rechtfertigung im Hinblick auf § 97 III GWB (mittelständische Interessen)[1746]. Insoweit gilt oberhalb der EU-Schwelle gleichermaßen die bereits erwähnte Anforderung des Art. 44 II, 2. Uabs. VKRL 2004/18/EG.

Zu beachten ist allerdings, dass **nicht jedes k.o.-Kriterium zwingend zum Ausschluss führen** darf. So kann es beispielsweise mit den Grundsätzen der Verhältnismäßigkeit und der Nichtdiskriminierung unvereinbar sein, wenn ein Unternehmen verlangte Eignungsnachweise objektiv nicht erbringen kann.

1743 BayObLG, Beschl. v. 12. 4. 2000 (Verg 1/00), VergabE C-2-1/00, Rn. 45 = NZBau 2000, 481 = ZVgR 2000, 117.

1744 OLG Celle, Beschl. v. 14. 3. 2000 (13 Verg 2/00), VergabE C-9-2/00, Rn. 14 = EUK 2001, 105.

1745 BayObLG, Beschl. v. 12. 4. 2000 (Verg 1/00), VergabE C-2-1/00, Rn. 34, 54 = NZBau 2000, 481 = ZVgR 2000, 117.

1746 BayObLG, Beschl. v. 12. 4. 2000 (Verg 1/00), VergabE C-2-1/00, Rn. 35 = NZBau 2000, 481 = ZVgR 2000, 117.

Dies beginnt etwa dort, wo sich ein Freiberufler bewirbt, der naturgemäß den Gewerbezentralregisterauszug nicht vorlegen kann, weil er in diesem Sinne kein Gewerbe betreibt.

Dies setzt sich dort fort, wo der Wirtschaftsteilnehmer z.B. die Umsätze der letzten 3 Jahre nennen soll, er jedoch erst 2 Jahre am Markt ist (»Newcomer«). Der EuGH[1747] hat eine entsprechende italienische Klausel für nicht mit dem seinerzeitigen Art. 22 III Lieferkoordinierungsrichtlinie 93/36/EWG (vgl. § 7a Nr. 2 III 2 VOL/A) vereinbar gehalten. Danach können (und müssen ggf.) auch andere Eignungsnachweise zugelassen werden, wenn der Bieter aus stichhaltigen Gründen die geforderten Nachweise nicht beibringen kann und er **andere**, vom öffentlichen Auftraggeber **für geeignet erachtete Nachweise** liefert. Mit der streitigen italienischen Klausel seien die Prinzipien der Nichtdiskriminierung und der Verhältnismäßigkeit der Eignungsprüfung nicht gewahrt.

Merke: Eine Festlegung auf eine Höchstzahl von zur Angebotsabgabe aufzufordernden Teilnehmern ist nicht vorgeschrieben[1748], aber dringend anzuraten, weil anderenfalls der Effekt des Nichtoffenen Verfahrens verloren gehen kann, dass die Vergabestelle nur eine begrenzte Zahl von Angeboten zu werten braucht und sich der Aufwand in Grenzen hält. Ist eine solche Festlegung in der Ausschreibung nicht erfolgt, so sind prinzipiell alle geeigneten Bewerber aufzufordern. Eine gewisse Steuerung, nicht zu viele als grundsätzlich geeignet zu beurteilende Bewerber zu haben, kann durch die Festlegung (verhältnismäßiger) Mindest-Eignungskriterien erreicht werden. Im Falle eines überschüssigen Quantums von geeigneten, diese Mindestbedingungen erfüllenden Bewerbern wird sich jedoch aus den zuvor gezeigten Gründen die Aufstellung einer Bewertungsmatrix nicht vermeiden lassen.

cc) Gründe für die Verfahrenswahl

257 Ergänzend zu den oben bereits genannten Beispielen für die Wahl des Nichtoffenen Verfahrens wird nachfolgend noch einmal auf einige Gesichtspunkte von entschiedenen Fällen zum Nichtoffenen Verfahren eingegangen.

(1) Außergewöhnliche Leistungsfähigkeit

258 Die außergewöhnlichen Anforderungen an die **Eignung** von Bietern sind einer der Hauptanwendungsfälle des Nichtoffenen Verfahrens bzw. der Beschränkten Ausschreibung. Es geht meistens um eine besondere Leistungsfähigkeit, z.B. in technischer, personaler und/oder finanzieller Hinsicht.

Das OLG Naumburg[1749] führt hierzu aus: »*§ 3 Nr. 3 a VOL/A betrifft nur ganz spezielle Leistungen, die objektiv aus der Sicht eines neutralen Dritten* ***nur von einem oder zumindest sehr wenigen spezialisierten Unternehmen erbracht werden können****. Anknüpfungspunkt für diese* ***Sonderbeschaffung*** *muss dabei eine* ***Eigenart***

1747 EuGH, Urt. v. 27. 2. 2003 (Rs. C-327/00 – »Santex«), VergabE A-1-3/03, Rn. 22, 23, 43 = VergabeR 2003, 305 = NZBau 2003, 284 = ZfBR 2003, 499 = WuW 2003, 442 = BauR 2003, 1091 = BauRB 2003, 48 = EUK 2003, 70 = Behörden Spiegel 5/2003, S. 22.

1748 BayObLG, Beschl. v. 20. 4. 2005 (Verg 26/04), VergabeR 2005, 532 = VS 2005, 39 [LS]; VK Bund, Beschl. v. 14. 6. 2007 (VK 1-50/07), VS 2008, 22.

1749 OLG Naumburg, Beschl. v. 10. 11. 2003 (1 Verg 14/03), VergabE C-14-14/03v, Rn. 25.

*der zu beschaffenden Leistung sein, die eine sachgerechte Ausführung nur von einem **auf diese Eigenart spezialisierten, besonders geeigneten Unternehmen** möglich erscheinen lässt.«*

Eine außergewöhnliche Fachkunde, Leistungsfähigkeit und Zuverlässigkeit im Falle des **Abtransportes von Müll** wird in aller Regel nicht erforderlich sein[1750]. Wenn doch ein solcher Ausnahmefall gegeben ist, dann bedarf es einer ausführlichen Begründung in den Vergabeakten[1751].

Der **Rückbau eines Kraftwerkes** hingegen dürfte regelmäßig eine zwar gut beschreibbare, aber nur von wenigen Unternehmen zu leistende Aufgabe darstellen und rechtmäßigerweise im Nichtoffenen Verfahren ausgeschrieben werden dürfen[1752].

Nicht selten ist es so, dass sich im Falle besonderer Anforderungen an die Leistungsfähigkeit **Bieter zusammengeschlossen** und ggf. sog. **Konsortien** gebildet haben, welche der öffentliche Auftraggeber – auch im Hinblick auf das Zusammenspiel – erst einmal genau prüfen muss. Dies ist etwa bei technisch komplexen Vergaben außerordentlich relevant (BOS-Digitalfunk[1753]). Auch bei Parallel-Ausschreibungen mit Finanzierungen spielt dies regelmäßig eine Rolle[1754].

Ein **besonderer Erfahrungshorizont** wird etwa bei der Ausschreibung für die Initiierung einer Kampagne der Bundesregierung verlangt werden können, was im Einzelnen zu prüfen ist[1755]. So wird etwa eine Werbeagentur, die für einen großen Kaufhaus-Konzern oder eine große Brauerei seit Jahren die Werbekonzepte entwirft, grundsätzlich geeignet sein; sie wird jedoch nicht speziell für Werbemaßnahmen im politischen Raum mit z.T. ganz anderen Anforderungen geeignet sein.

(2) Kein annehmbares Ergebnis der Öffentlichen Ausschreibung

259 Ein **nicht annehmbares Ergebnis** der vorangegangenen Öffentlichen Ausschreibung kann darauf **beruhen**, dass zwar brauchbare Angebote abgegeben wurden, jedoch von keinem der Bieter die entsprechenden Eignungsnachweise erbracht wurden. Es kann außerdem seine Ursache darin haben, dass die Angebotsendsummen unangemessen hoch oder niedrig sind. Schließlich können die Wertungsergebnisse so sein, dass das Angebot anhand der zuvor veröffentlichten Zuschlagskriterien als nicht annehmbar einzustufen ist[1756].

Diese Fehlentwicklung in dem vorangegangenen öffentlichen Ausschreibungsverfahren kann dadurch korrigiert werden, dass das Verfahren als Nichtoffenes neu

1750 VÜA Nordrhein-Westfalen v. 10. 11. 1998 (424-84-45-12/98), VergabE V-10-12/98 = EUK 2000, 168.

1751 VK Düsseldorf, Beschl. v. 3. 3. 2000 (VK-1/2000-L), VergabE E-10c-1/00 = EUK 2000, 105.

1752 VÜA Sachsen, Beschl. v. 17. 8. 1999 (1 VÜA 18/97), VergabE V-13-18/97 = EUK 2000, 27 = Behörden Spiegel 3/2000, S. B II.

1753 Supplement des ABl. der EU v. 2005/S 68–065701 v. 7. 4. 2005, VS 2005, 40.

1754 OLG Düsseldorf, Beschl. v. 26. 7. 2006 (VII-Verg19/06), VS 2007, 20.

1755 VK Bund, Beschl. v. 29. 12. 2006 (VK 2-128/06): Öffentlichkeitsarbeit der Bundesregierung, speziell: »Dienstleistungs-Rahmenvertrag über die Konzeption und Entwicklung von Kommunikationsstrategien«.

1756 Vgl. *Fett* in: *Müller-Wrede*, VOL/A, 2001, Rn. 70 zu § 3.

gestartet wird. **Voraussetzung** für die Inanspruchnahme dieses Tatbestandes ist daher die **formale Aufhebung** der vorangegangenen Öffentlichen Ausschreibung.

(3) Unvertretbarer Aufwand

260 Wenn das Offene Verfahren für den Auftraggeber oder die Bewerber einen Aufwand verursachen würde, der zu dem erreichbaren Vorteil oder dem Wert der Leistung im **Missverhältnis** steht, kann der Auftraggeber gemäß § 3a Nr. 1 I i.V.m. § 3 Nr. 3 lit. b VOL/A ebenfalls das Nichtoffene Verfahren wählen.

Unbedingt zuzustimmen ist dem OLG Naumburg[1757] darin, dass § 3 Nr. 3 lit. b VOL/A sowohl den Auftraggeber als auch die Bewerber dahingehend schützen soll, dass unnötiger, **sachlich nicht gerechtfertigter Aufwand auf beiden Seiten** vermieden wird. Der Auftraggeber muss gemäß der Senatsentscheidung »*im Rahmen des § 3 Nr. 3 lit. b VOL/A eine Prognose anstellen, welchen konkreten Aufwand ein Offenes Verfahren bei ihm, aber auch bei der noch unbekannten Anzahl potentieller Bieter voraussichtlich verursachen würde. Dabei hat er auf Grundlage benötigter Verdingungsunterlagen, den Kalkulationsaufwand eines durchschnittlichen Bieters für die Erstellung und Übersendung der Angebote und dessen sonstige Kosten (Einholung von Auskünften bei Zulieferern etc.) zu schätzen. Zum Teil kann der Auftraggeber auch auf Erfahrungswerte parallel gelagerter Ausschreibungen zurückgreifen oder auf eigene Schätzungen in Fällen der möglichen Überschreitung der EU-Schwellenwerte. Diese ermittelten Schätzkosten sind danach in ein Verhältnis zu dem beim Auftraggeber durch die Offenes Verfahren erreichbaren Vorteil oder den Wert der Leistung zu setzen.*«

Die Frage, was als »unvertretbarer Aufwand« zu bezeichnen ist, wird sich nicht pauschal beantworten lassen. Sie wird maßgeblich von den besonderen Umständen des Einzelfalles abhängen. Einen **Anhaltspunkt** für die durchschnittliche Wirtschaftlichkeitsgrenze mag es darstellen, wenn die **entstehenden Kosten 10%** des zu vergebenden Auftragswertes **ausmachen**. Eine solche Rentabilitätsgrenze kann einer Entscheidung der Vergabekammer Magdeburg[1758] zumindest entnommen werden – auch wenn der rechtliche Zusammenhang dort ein anderer ist.

(4) Dringlichkeit und Geheimhaltung

261 Wie bereits im Zusammenhang mit dem unbedingten Vorrang des Offenen Verfahrens bzw. der Öffentlichen Ausschreibung erläutert, stellt es auf keinen Fall einen tragfähigen Grund dar, wenn die Vergabestelle in den Fällen, in denen sie eine **besondere Dringlichkeit** des Beschaffungsvorgangs geltend macht, diese selbst verschuldet hat[1759].

1757 OLG Naumburg, Beschl. v. 10. 11. 2003 (1 Verg 14/03), VergabE C-14-14/03v, Rn. 44.

1758 VK Magdeburg, Beschl. v. 13. 2. 2003 (VK 01/03 MD – »Standortmarketing«), VergabE E-14b-1/03 = EUK 2004, 43 = Behörden Spiegel 4/2004, S. 19.

1759 Zu diesem Komplex: OLG Naumburg, Beschl. v. 10. 11. 2003 (1 Verg 14/03), VergabE C-14-14/03v, Rn. 46; VÜA Brandenburg, Beschl. v. 23. 3. 1998 (1 VÜA 6/97), VergabE V-4-6/97 = WuW/E Verg, 134 = VgR 4/1998, 48; VÜA Bayern, Beschl. v. 3. 3. 1999 (VÜA 4/98), VergabE V-2-4/98 = Behörden Spiegel 4/2000, S. B II.

Gründe der **Geheimhaltung** können dazu führen, dass beispielsweise sicherheitstechnische Einrichtungen eines **Landeskriminalamtes** oder Versicherungsleistungen, die auf **Museumsgebäude** bezogen sind, im Nichtoffenen Verfahren ausgeschrieben werden. Auch die Ausschreibung von Röntgengeräten für die **Gepäckkontrolle an Flughäfen**[1760] wird zweckmäßigerweise im Nichtoffnen Verfahren durchgeführt werden, weil die Bewerber erst einmal auf ihre Zuverlässigkeit geprüft werden müssen, bevor sie zur Angebotsabgabe aufgefordert werden und ihnen die relevanten Daten übermittelt werden.

Außerdem wurde bereits auf besondere **Sicherheitsinteressen** des Staates hingewiesen, die für die Wahl des Nichtoffenen Verfahrens maßgeblich sein können[1761]. Nicht jeder Betrieb verfügt über Wachleute, die für ein Ministerium oder gar für Militäranlagen die notwendige Zuverlässigkeit und/oder Leistungsfähigkeit besitzen. Es sind Sicherheitsüberprüfungen zu bestehen, und der Bieter wird als möglicher späterer Vertragspartner interne Dienst- und Hausanweisungen kennenlernen, die nicht für jedermann bestimmt sind.

Ein weiteres Beispiel für die Anwendung des Nichtoffenen Verfahrens ist die Vergabe der Sanierung und Instandsetzung des **Bonner Schürmann-Baus** (§ 3a Nr. 1 lit. b VOB/A). Begründung war, dass nur wenige Firmen leistungsfähig genug sind, diese technisch diffizile und aufwendige Aufgabe zu erfüllen[1762].

Ein zusätzlicher Aspekt, der in diesem Verfahren beurteilt wurde, ist, dass es nicht toleriert werden kann, wenn sich **mehrere Bewerber**, die in dem vorgeschalteten öffentlichen Teilnahmewettbewerb als beteiligungsfähig ausgewählt worden waren, **nachträglich zu einer Bietergemeinschaft zusammenschließen** und ein Angebot abgeben wollen. Ließe man das zu, so würde der ohnehin sehr begrenzte Wettbewerb unter den mindestens fünf auszuwählenden Teilnehmern weiter reduziert und könnte das Ausschreibungsverfahren insoweit überflüssig machen. Auf diesen Aspekt stellt der VÜA Bund in dem genannten Beschluss zum »Schürmann-Bau« völlig zu Recht ab[1763]. Insbesondere ist es nicht zulässig, wenn sich ein zuvor im Teilnahmewettbewerb abgelehnter Bewerber mit einem anderen, erfolgreichen Bewerber des Teilnahmewettbewerbes **nachträglich** zu einer **Bietergemeinschaft** zusammenschließt[1764].

1760 VK Bund, Beschl. v. 1. 2. 2001 (VK 1-1/01), VergabE D-1/01 = VergabeR 2001, 143 = EUK 2001, 41 = IBR 2001, 139.

1761 EuGH, Urt. v. 9. 2. 2006 (Rs. C-226/04 und C-228/04), NZBau 2006, 328 = VergabeR 2006, 340 = VS 2006, 10 = WuW 2006, 449: Dienstleistungsauftrag für Bewirtschaftungsdienstleistungen betreffend das italienische Verteidigungsministerium.

1762 VÜA Bund, Beschl. v. 12. 8. 1997 (1 VÜ 12/97), VergabE U-1-12/97 = ZVgR 1998, 357 = WuW/E Verg, 83 = VgR 5/1997, 41 = WiB 1997, 1165.

1763 Vgl. auch VÜA Rheinland-Pfalz, Beschl. v. 6. 12. 1995 (VÜ 3/95), VergabE V-11-3/95, und den Erlass des BMBau v. 17. 12. 1997, Az.: B I 2-01082-100, VgR 2/1998, 44.

1764 VÜA Rheinland-Pfalz, Beschl. v. 6. 12. 1995 (VÜ 3/95), VergabE V-11-3/95.

d) Verhandlungsverfahren/Freihändige Vergabe

aa) Wesentliche Merkmale

(1) Verhandlungsverfahren

262 Das **Verhandlungsverfahren** als dritte, aber nur sehr subsidiär anzuwendende Möglichkeit europaweiter Vergaben kann im absoluten Regelfall nur nach **vorheriger Vergabebekanntmachung** mit vorgeschaltetem Öffentlichen Teilnahmewettbewerb durchgeführt werden (§ 3a Nr. 4 VOB/A, § 3a Nr. 1 IV VOL/A)[1765].

Der **Öffentliche Teilnahmewettbewerb** ist als **integraler Bestandteil** des **gesamten Verhandlungsverfahrens**, das
- aus eben diesem Bewerberauswahlverfahren [1. Stufe]
- *plus* dem Verfahren der Angebotsabgabe und -wertung [2. Stufe]

besteht, zu begreifen[1766]. Wirtschaftlich und rechtlich handelt es sich dabei um einen einzigen Beschaffungsvorgang. Das gilt übrigens auch im Hinblick auf zeitlich vorher veranstaltete, aber erfolglose und daher aufgehobene Vergabeverfahren über den gleichen Auftragsgegenstand, denen dann eine Freihändige Vergabe bzw. ein Verhandlungsverfahren folgt[1767].

Der Nichterfolg im Teilnehmerwettbewerb kann unbeschadet dieser Tatsache, dass es sich um ein einziges Verfahren handelt, separat angegriffen werden[1768].

Ganz ausnahmsweise kann das **Verhandlungsverfahren ohne vorherige Vergabebekanntmachung** angewendet werden (§ 3a Nr. 5 VOB/A, § 3a Nr. 2 VOL/A).

Das Verhandlungsverfahren unterscheidet sich vom Offenen bzw. Nichtoffenen Verfahren zunächst dadurch, dass es sich in der Regel **nicht in der bloßen Wertung der eingegangenen Angebote erschöpft**[1769]. Häufig ist es wesentliches Kennzeichen des Verhandlungsverfahrens, dass der Leistungsgegenstand nicht bereits in der Ausschreibung in allen Einzelheiten festgeschrieben ist. Es kann aber auch der Fall eintreten, dass die eingegangenen Angebote wie in einem Offenen Verfahren gewertet werden können und nicht verhandelt zu werden brauchen.

1765 EuGH, Urt. v. 13. 1. 2005 (Rs. C-84/03 – »Kommission gegen Königreich Spanien«), NZBau 2005, 232 = VergabeR 2005, 176 = WuW 2005, 353; EuGH, Urt. v. 18. 11. 2004 (Rs. C-126/03 – »Heizkraftwerk München-Nord«), VergabeR 2005, 57 = VS 2005, 3 = WuW 2005, 461; EuGH, Urt. v. 10. 4. 2003 (Rs. C-20/01 und C-28/01 – »Kommission ./. Deutschland, Braunschweig und Bockhorn«); EuGH, Urt. v. 28. 3. 1996 (Rs. C-318/94 – »Kommission/Deutschland, Vertiefung Unterems«); OLG Saarbrücken, Beschl. v. 20. 9. 2006 (1 Verg 3/06), NZBau 2007, 808 = VergabeR 2007, 110 = VS 2006, 86; VK Sachsen-Anhalt, Beschl. v. 12. 7. 2007 (1 VK LVwA 13/07). Aus der Literatur dazu: *Ebert*, Möglichkeiten und Grenzen im Verhandlungsverfahren, Bundesanzeiger, 2005.

1766 Zur Funktion des Teilnahmewettbewerbs im Verhandlungsverfahren: OLG Düsseldorf, Beschl. v. 24. 9. 2002 (Verg 48/02), VergabE C-10-48/02v, Rn. 14, 16 ff. = EUK 2002, 170. A.A.: *Fett* in: *Müller-Wrede*, Kommentar zur VOL/A, 2001, Rn. 33 zu § 3, der vom Teilnahmewettbewerb als *»selbständigem förmlichem Vorschaltverfahren«* spricht.

1767 OLG Düsseldorf, Beschl. v. 23. 2. 2005 (VII Verg 78/04), NZBau 2005, 537 = VS 2005, 74 = WuW 2005, 701.

1768 VK Lüneburg, Beschl. v. 1. 9. 2005 (VgK 36/2005), VS 2005, 76.

1769 Instruktiv dazu: OLG Celle, Beschl. v. 16. 1. 2002 (13 Verg 1/02), VergabE C-9-1/02v, Rn. 37 = VergabeR 2002, 299; KG, Beschl. v. 15. 5. 2003, 2 Verg 4/03, VergabE C-3-4/03v, Rn. 32 ff. = EUK 2003, 175.

Die **Bandbreite** der Gestaltung von Verhandlungsverfahren kann demnach außerordentlich groß sein.

- Möglich sind Konstellationen einer **auf Anhieb ausreichenden Entscheidungsreife** betreffend den Zuschlag **ohne Verhandlungen** im eigentlichen Sinne[1770].
- Möglich sind u.U. langwierige Verhandlungsprozesse mit mehreren Verhandlungsrunden unter Zuhilfenahme des Instrumentes transparent durchgeführter **Zwischenausscheidungen** von Bietern. Positiv normiert wurden im Rahmen der Fassungen des Jahres 2006 die **abgeschichteten Verhandlungen in sukzessiven Phasen**[1771] **mit einzelnen Gruppen von Bietern** (Art. 30 IV VKRL 2004/18/EG; § 3a Nr. 4 IV VOB/A, § 3a Nr. 1 III VOL/A). Danach werden die Angebote bzw. Bieter auf der Grundlage von vorher angegebenen Zuschlagskriterien schrittweise reduziert.
- Sog. »preferred bidder-Entscheidungen« sind nicht zulässig, wenn darunter das Herausgreifen eines Bieters relativ in der Anfangsphase des Angebotsverfahrens verstanden wird und dann im Falle des Nichterfolges des Durchverhandelns mit dem Erstplazierten der Nächstplatzierte zu vertieften Verhandlungen eingeladen wird usw.
- Schließlich können nach Ergehen der endgültigen Zuschlagsentscheidung die Details des abzuschließendes Vertrages mit einem Bieter ausverhandelt bzw. endverhandelt werden, ohne dass die anderen Bieter noch beteiligt werden müssen.

Einen **Anspruch des Bieters** auf eine bestimmte Häufigkeit oder eine bestimmte Art von Verhandlungen besteht **solange nicht**, wie Verhandlungen nicht diskriminierend und willkürlich abgebrochen werden respektive keine Ungleichbehandlungen[1772] in der Weise stattfinden, dass beispielsweise mit den Bietern in nicht gerechtfertigter Weise mit völlig unterschiedlicher Intensität verhandelt wird oder auch den Bietern unterschiedliche Informationen bzw. Kenntnisstände gegeben werden[1773].

1770 VK Bund, Beschl. v. 12. 12. 2002 (VK 2-92/02), VergabE D-1-92/02 = EUK 2003, 8 = Behörden Spiegel 2/2003, S. 15: »*Die VSt hat alle Angebote, die in die Wertung einzubeziehen waren, nach den Kriterien, die sie in der Bekanntmachung genannt hatte, im einzelnen geprüft und mit Punkten bewertet. (...) Das Ergebnis der Prüfung war, dass das Angebot der Beigeladenen mit 73 Punkten gegenüber 42 und 50 Punkten für die Angebote der Mitbewerber an erster Stelle lag; die ASt lag mit ihrem Angebot an dritter Stelle. Auch bei Berücksichtigung des sehr komplexen Leistungsgegenstandes machten aus der Sicht der VSt Verhandlungen mit dem Zweit- und Drittplazierten keinen Sinn, denn es war praktisch undenkbar, dass sich durch solche Verhandlungen das Ergebnis der Prüfung in gravierender Weise ändern würde, so dass die ASt mit ihrem Angebot in die Nähe des Zuschlags gekommen wäre. Die unterschiedliche Behandlung, die darin zu sehen ist, dass die VSt nur mit der Beigeladenen verhandeln will, ist aufgrund der besonderen Umstände dieses Falles sachlich gerechtfertigt.*«

1771 VK Schleswig-Holstein, Beschl. v. 17. 8. 2004 (VK-SH 20/04), VS 2005, 39 [LS].

1772 Vgl. VK Bund, Beschl. v. 12. 12. 2002 (VK 2-92/02), VergabE D-1-92/02, S. 15 = EUK 2003, 8 = Behörden Spiegel 2/2003, S. 15: »*Die Tatsache, dass die VSt mit der ASt nicht in Verhandlungen über ihr Angebot getreten ist, verletzt diese nicht in ihrem Anspruch auf Gleichbehandlung und einen fairen Wettbewerb.*«

1773 Vgl. OLG Düsseldorf, Beschl. v. 18. 6. 2003 (Verg 15/03), VergabE C-10-15/03 = EUK 2004, 43 = Behörden Spiegel 4/2004, S. 19; VK Schleswig-Holstein, Beschl. v. 17. 8. 2004 (VK-SH 20/04), VS 2005, 39 [LS].

Nach Ablauf der Angebotsfrist beginnt typischerweise ein **dynamischer Prozess**[1774], in dem sich durch Verhandlungen sowohl auf Nachfrage- als auch auf Angebotsseite Veränderungen ergeben können. Auch über den **Preis** kann verhandelt werden[1775]. Vornehmlich wird dies in der letzten Verhandlungsrunde der Fall sein.

Die Verhandlungen dürfen **nicht dazu führen**, dass letztlich andere Leistungen (»**aliud**«) beschafft werden, als angekündigt (vgl. die Problematik bei der LKW-Maut). Der Rahmen des ursprünglich bekanntgemachten Leistungsprofils darf also nicht verlassen werden.

Der EuGH[1776] wie auch die deutschen Nachprüfungsinstanzen[1777] haben wiederholt festgestellt, dass die in den Vergaberichtlinien genannten **Ausnahmetatbestände**, welche die Durchführung des Verhandlungsverfahrens rechtfertigen sollen, abschließend und sehr **eng auszulegen** sind.

Darüber hinaus liegt die **Beweislast** für die Existenz der außergewöhnlichen Umstände bei der Vergabestelle[1778]. Ungeachtet dieser klaren Rechtsprechung haben Überprüfungsverfahren der Europäischen Kommission ergeben, dass das Verhandlungsverfahren insgesamt weit über die genau festgelegten Grenzen hinaus angewendet wird.

Die **Begründungen** der Vergabestellen sind mitunter **wenig überzeugend**: Teilweise wird äußerste Dringlichkeit angeführt, die jedoch (zumindest nach Einschätzung der Gerichte) meist von der Vergabestelle selbst verschuldet worden ist. Teilweise wird das Argument vorgetragen, dass für die Ausführung des Auftrags ohnehin nur ein einziger Unternehmer in Frage komme; diese Einschätzung erweist sich aber dann u.U. als fehlerhaft.

Merke: Gerade im Verhandlungsverfahren besitzt – wegen des gelockerten Rechtsregimes – die Dokumentationspflicht eine ganz zentrale Bedeutung. Die Dokumentation dient als Beweis/Nachweis für die Einhaltung des Transparenzgebotes gemäß § 97 I GWB[1779].

1774 So ausdrücklich: OLG Celle, Beschl. v. 16. 1. 2002 (13 Verg 1/02), VergabE C-9-1/02v, Rn. 37 = VergabeR 2002, 299.

1775 OLG Düsseldorf, Beschl. v. 18. 6. 2003 (Verg 15/03), VergabE C-10-15/03 = EUK 2004, 43 = Behörden Spiegel 4/2004, S. 19; KG, Beschl. v. 15. 5. 2003, 2 Verg 4/03, VergabE C-3-4/03v, Rn. 32 = EUK 2003, 175.

1776 EuGH, Urt. v. 18. 11. 2004 (Rs. C-126/03 – »Heizkraftwerk München-Nord«), VergabeR 2005, 57 = VS 2005, 3 = WuW 2005, 461; EuGH, Urt. v. 10. 4. 2003 (Rs. C-20/01 und C-28/01 – Kommission ./. Deutschland), VergabE A-1-5/03, Rn. 58 = ZfBR 2003, 592 = EUK 2003, 88; EuGH, Urt. v. 17. 11. 1993 (Rs. C-71/92 – Kommission ./. Spanien), VergabE A-1-2/93; EuGH, Urt. v. 10. 3. 1987 (Rs. 199/85 – Kommission ./. Italien), VergabE A-1-1/87 = Slg. 1987, 1039.

1777 KG, Beschl. v. 19. 4. 2000 (KartVerg 6/00), VergabE C-3-6/00 = NZBau 2001, 161 = EUK 2001, 26.

1778 EuGH, Urt. v. 10. 3. 1987 (Rs. 199/85 – Kommission ./. Italien), Slg. 1987, 1039 = VergabE A-1-1/87; EuGH, Urt. v. 28. 3. 1996 (Rs. C-318/94 – Kommission ./. Deutschland – »Ausbaggerung Unterems«), VergabE A-1-3/96 Rn. 13 = Slg. 1996, I-1949.

1779 VK Arnsberg, Beschl. v. 1. 9. 2004 (VK 2-16/04), VergabE E-10a-16/04 = VS 2005, 6.

(2) Freihändige Vergabe

(2a) VOB/A

263 Die Freihändige Vergabe ist in der VOB in § 3 Nr. 4 VOB/A geregelt.

Zu Buchstabe a):

Patentschutzgründe können dazu führen, dass sich die in Frage kommenden Unternehmen auf ein einziges reduzieren. Eine Ausschreibung wäre in diesen Fällen sinnentleert. Der öffentliche Auftraggeber würde sich im Gegenteil patentschutzrechtlichen Ansprüchen aussetzen.

Zu Buchstabe b):

Keine eindeutige Beschreibbarkeit der Leistung ist beispielsweise in der VOF bei bestimmten Architektenleistungen der Grund gewesen, weswegen man dort das Verhandlungsverfahren als Regelverfahren installiert hat.

Zu Buchstabe c):

Untrennbarkeit einer Leistung von einer größeren ist ein zwingender sachlicher Grund, der eine extra Ausschreibung überflüssig und nicht sinnvoll erscheinen lässt.

Zu Buchstabe d):

Besondere Dringlichkeit ist kein Freibrief, sondern häufig eher auf dem Verschulden der Vergabestelle basierend und daher in aller Regel nicht anerkennungsfähig. Mit anderen Worten: Rechtskonform ist die Anwendung dieses Ausnahmetatbestandes nur dann, wenn der Fall der Dringlichkeit unvorhersehbar eintritt.

Zu Buchstabe e):

Der Misserfolg einer vorangegangenen Öffentlichen Ausschreibung bzw. einer Beschränkten Ausschreibung rechtfertigt **nicht immer automatisch die Freihändige Vergabe**. Hier muss die Vergabestelle schon einigermaßen sicher sein, dass auch eine (erneute) Beschränkte Ausschreibung sinnlos ist. Insbesondere gilt dies nach neuerer Lesart für eine infolge formaler Mängel in den Angeboten fehlgeschlagene Öffentlichen Ausschreibung, die danach als Öffentliche Ausschreibung zu wiederholen ist. Unterhalb wie oberhalb der Schwelle bestehen keine substantiellen Unterschiede[1780].

Zu Buchstabe f):

Geheimhaltungsvorschriften können über den Anwendungsbereich des § 3 Nr. 3 I lit. c VOB/A hinaus die Abweichung von der Öffentlichen Ausschreibung rechtfertigen. Es ist fallbezogen abzuwägen.

(2b) VOL/A

264 Aufträge, die dem Vergaberechtsregime unterliegen, dürfen auch im Anwendungsbereich der VOL/A nicht im Wege der Freihändigen Vergabe vergeben werden.

1780 OLG Bremen, Beschl. v. 3. 4. 2007 (Verg 2/2007), VergabeR 2007, 517 = VS 2007, 37; VK Sachsen Beschl. v. 7. 1. 2008 (1 SVK-77/07), VS 2008, 5.

Wichtigste Ausnahmefälle in der VOL/A sind die Fälle, in denen **nur ein einziges Unternehmen** in Betracht kommt (§ 3 Nr. 4 lit. a VOL/A). Danach kann sich im Falle
- besonderer Erfahrungen,
- oder besonderer Einrichtungen,
- und/oder bestimmter Ausführungsarten

der **Wettbewerb erlaubtermaßen auf Null reduzieren**. Im Übrigen gilt dasselbe wie im Hinblick auf das Verhandlungsverfahren ohne Teilnahmewettbewerb.

Entgegenstehende **gewerbliche Schutzrechte** sind gleichfalls eine Konstellation, in der eine Freihändige Vergabe gerechtfertigt ist (§ 3 Nr. 4 lit. c VOL/A).

Der Tatbestand des § 3 Nr. 4 lit. d VOL/A setzt voraus, dass im Anschluss an einen bestehenden Vertrag **Nachbestellungen** stattfinden. Das gilt unter folgenden Prämissen:
- Zunächst einmal ist es aufgrund dieser Vorschrift grundsätzlich erlaubt, nicht nur eine einzige Nachbestellung, sondern auch mehrere Nachbestellungen vorzunehmen. Diese Schlussfolgerung gründet sich maßgeblich auf die wortlautmäßige Verwendung des Plurals »*geringfügige Nachbestellungen*«[1781].
- Die Nachbestellungen müssen eine Preisvereinbarung enthalten, die nicht höher liegt als derjenige Preis, der bisher für die Leistung bezahlt wurde. Es darf also insbesondere keine Verteuerung vorgesehen sein.
- Des Weiteren ist Voraussetzung, dass von einer Ausschreibung kein wirtschaftlicheres Ergebnis zu erwarten ist.
  Dieses Merkmal besitzt zwei Facetten, die kostenmäßig zu berücksichtigen sind, nämlich
  - zum einen die Beurteilung der Frage, ob die per Ausschreibung zu erzielende Marktabfrage zu wirtschaftlich günstigeren Ergebnissen führt, wobei bereits die wirtschaftliche Perspektive eines ggf. neuen Dienstleisters einzubeziehen ist,
  - und zum anderen die Beurteilung der Frage, welchen Aufwand eine Ausschreibung im Verhältnis zum erzielbaren Nutzen verursachen würde[1782].
- Die Bestimmung des § 3 Nr. 4 lit. d VOL/A enthält schließlich eine Regelung, wonach der Wert der Nachbestellung nicht mehr als 20% vom ursprünglichen Auftragswert betragen soll.
  Hier ist der Umstand hervorzuheben, dass es sich um eine klare Soll-Bestimmung handelt. Es ist daher geboten, diese 20%-Soll-Regel im Falle einer tatsächlichen Überschreitung nicht als ein k.o.-Kriterium für die Möglichkeit der Berufung auf diesen Tatbestand zu betrachten. Die 20% bilden vielmehr gerade kein absolutes Limit[1783].
  Es ist jedoch bei der Subsumtion des Lebenssachverhaltes im Wege der Auslegung Sinn und Zweck der Bestimmung mit einzubeziehen. Insbesondere ist

1781 So jetzt ausdrücklich *Kaelble*, in: Müller-Wrede, VOL/A-Kommentar, 2. Aufl. 2007, § 3 Rn. 73.

1782 *Kaelble*, in: Müller-Wrede, VOL/A-Kommentar, 2. Aufl. 2007, § 3 Rn. 76: »*Zu berücksichtigen sind darüber hinaus die Kosten der Durchführung eines förmlichen Vergabeverfahrens für die Nachbestellungen.*«

1783 So jetzt auch *Kaelble*, in: Müller-Wrede, VOL/A-Kommentar, 2. Aufl. 2007, § 3 Rn. 75 (entgegen Vorauflage *Fett*, § 3 Rn. 108).

darauf abzustellen, dass bei einer Gesamtschau der Charakter einer Ergänzung eines bestehenden Vertrages erhalten bleibt.

Die **Erwartung** des öffentlichen Auftraggebers, dass eine erneute Ausschreibung im Vergleich zu der ursprünglichen Ausschreibung **kein wirtschaftlich**eres **Ergebnis** verspricht (§ 3 Nr. 4 lit. n VOL/A: »**wirtschaftlich**es«), rechtfertigt es nicht, von der erneuten Ausschreibung abzusehen[1784].

Eine Freihändige Vergabe im Sinne einer »**vorteilhaften Gelegenheit**« ist nach OLG Düsseldorf[1785] nicht nach § 3 Nr. 4 lit. m VOL/A gerechtfertigt. Eine Rechtfertigung im Sinne dieser Vorschrift liegt nur dann vor, wenn es sich um eine einmalige oder nur sehr kurzfristig sich bietende Beschaffungsmöglichkeit handelt, die zudem noch Verkaufspreise unterhalb der üblichen Einkaufspreise für den Auftraggeber verspricht. Dies sind typischerweise Liquidationen oder Versteigerungen.

Die Vergabestellen sind außerdem nicht selten der Auffassung, dass die Vergabe im Verhandlungsverfahren **wirtschaftlich günstiger** sei. Selbst wenn dies in einigen Fällen so sein mag, so würde einem Verdrängungswettbewerb Vorschub geleistet, der am Ende infolge des Ausfalls von Mitbewerbern wieder zu Verteuerungen führt. Eine sehr häufige Anwendung des Verhandlungsverfahrens würde vor allem **zu Lasten kleinerer und mittlerer Betriebe** gehen. Folge wäre, dass sich die Breite der Angebotspalette schmälert und sich die immer geringer werdende Zahl von Anbietern ein Preisdiktat erlauben kann. Wegen der langfristig zu erwartenden Mehrkosten ist daher den Bestrebungen, den Anwendungsbereich des Verhandlungsverfahrens ausdehnen zu wollen, eine grundsätzliche Absage zu erteilen.

Eine bewusste Entscheidung des Auftraggebers kann es bedingen, dass gemäß § 3 Nr. 4 lit. o VOL/A **gerechtfertigterweise im Wege der Freihändigen Vergabe** vergeben werden darf. Das OLG Düsseldorf weist zunächst darauf hin, dass die Voraussetzungen des Basisparagraphen des § 3 VOL/A im Vergleich zu den »a-Paragraphen« ohnehin abgesenkt seien. Des Weiteren könne ein Auftraggeber durchaus im Rahmen seiner **Dispositionsfreiheit** Bildungsmaßnahmen, die nur nach dem Anhang I B auszuschreiben sind, im Wege der Freihändigen Vergabe an Institutionen zu vergeben, welche die Voraussetzungen des § 7 Nr. 6 VOL/A erfüllen[1786]. Demnach unterliegt auch die Entscheidung, ob die Justizverwaltung die Wiederaufbereitung von Aktendeckeln an eine JVA vergibt, ihrer alleinigen Verantwortung. Sie kann also in gerechtfertigten Fällen den Wettbewerb begrenzen.

Die Bestimmung des § 3 Nr. 4 lit. p VOL/A ist das »Einfallstor« für **Sonderregelungen der jeweiligen Gebietskörperschaften**, zum Beispiel Regelungen für die Anwendung der Freihändigen Vergabe infolge der Nichterreichung bestimmter Auftragswerte zu erlassen (sog. **Wertgrenzenerlasse**). Sachliche, in der Art des

1784 OLG Düsseldorf, Beschl. v. 25. 3. 2002 (Verg 5/02 – »Abschleppleistungen«), VergabE C-10-5/02v = ZfBR 2002, 514.

1785 OLG Düsseldorf, Beschl. v. 8. 5. 2002 (Verg 5/02 – »Abschleppleistungen«), VergabE C-10-5/02 = VergabeR 2002, 665 = NZBau 2002, 698 = BauR 2003, 151 = EUK 2002, 87 = Behörden Spiegel 7/2002, S. 18. Dazu auch *Fett* in: *Müller-Wrede*, Kommentar zur VOL/A, Rn. 157 zu § 3; *Müller* in: *Daub/Eberstein*, Kommentar zur VOL, Rn. 41 zu § 3.

1786 OLG Düsseldorf, Beschl. v. 27. 10. 2004 (VII-Verg 52/04), VergabeR 2005, 252 = VS 2005, 8.

Auftrages oder in der Person des Bieters wurzelnde Gründe einer Nichtvergabe im Wettbewerb sind somit in ein Zusammenspiel mit wertbezogenen Regeln zu Bagatell-Aufträgen gekleidet.

(2c) Generell erlaubte Freihändige Vergabe (Direktvergabe) bei strukturellen VOF-Leistungen unterhalb der EU-Schwelle?

265 Für einigen Wirbel sorgte die Vergabe eines Auftrags seitens des rheinland-pfälzischen Innenministeriums. Gegenstand des Auftrags war es, einen **Image- bzw. Werbefilm** für das Bundesland zu produzieren. Der Auftragswert des freihändig vergebenen Werbefilmauftrags belief sich auf 180.000 € brutto. Den Auftrag erhielt eine Produktionsfirma, an der maßgeblich der Schwiegersohn (in spe) des Innenministers beteiligt war. Der politische Hintergrund dafür, dass der Auftrag nicht öffentlich ausgeschrieben wurde und zu einer Sondersitzung des Landtags am 8. 11. 2007 führte, soll hier nicht weiter beleuchtet werden.

Der Fall lenkt jedoch die Aufmerksamkeit auf das **rechtliche Problem**, in welcher Weise und auf Grund welcher Vorschriften öffentlichen Aufträge, die **strukturell VOF-Leistungen** sind oder zumindest sein können, unterhalb der EU-Schwellenwerte vergeben werden können bzw. werden müssen. Für **reine VOL-Leistungen** gilt bei einem Auftragswert von 180.000 €, was einem Netto-Auftragswert von ca. 150.000 € entspricht, der klare **Vorrang der öffentlichen Ausschreibung** auf Grund des Haushaltsrechts (§ 3 Nr. 2 VOL/A).

Ausnahmen kann es nur unterhalb der EU-Schwelle auf Grund der sog. **Wertgrenzenerlasse** geben. Ein Auftragswert in dieser Höhe liegt gemäß Punkt 4.1 der entsprechenden rheinland-pfälzischen Verwaltungsvorschrift[1787] deutlich darüber, so dass im Grundsatz eine öffentliche Ausschreibung vorzunehmen ist.

Eine **weitere Ausnahme** kann gelten, wenn in der Sache gemäß § 3 Nr. 4 lit. h VOL/A der **Auftrag nicht so eindeutig und erschöpfend beschrieben werden kann**, dass hinreichend vergleichbare Angebote zu erwarten sind (z.B. Leistungen, die oberhalb der Schwelle VOF-Leistungen wären, also strukturelle VOF-Leistungen). In diesen Fällen darf – unabhängig von den sogen. Wertgrenzenerlassen – von dem Grundsatz der öffentlichen Ausschreibung abgewichen werden. Dann ist jedoch **mindestens eine wettbewerbliche freihändige Vergabe vorzunehmen**. Die Ausführungsvorschriften der meisten Länder verlangen insoweit, dass selbst bei nicht eindeutig und erschöpfend beschreibbaren Leistungen **nicht auf einen einzigen Unternehmer zurückgegriffen werden darf**[1788]. Grund dafür ist, dass Vergleichsangebote für entsprechende Leistungen am Markt die Vergabeentscheidung absichern sollen, d.h. die Rechnungsprüfung kann dann sichergehen, dass die Leistung entsprechend den Marktpreisen eingekauft wurde. Diese Absicherung ist bei der nichtwettbewerblichen freihändigen Vergabe – auch Direktvergabe genannt – nicht gegeben. Deswegen darf auf eine **nichtwettbewerbliche Vergabe nur im äußersten Ausnahmefall** zurückgegriffen werden. Nach den Recherchen

1787 VV MWVLW, Az.: 8205-381015 v. 29. 7. 2004, MBl. Rh.-Pf. 2004, 303 ff.

1788 Vgl. Kommunale Vergabegrundsätze in Nordrhein-Westfalen vom 5. 4. 2006, MBl. NRW 2006, 222, wiedergegeben in VS 2006, 75: Ziffer 6 ist zu entnehmen, dass die Anwendung der VOF unterhalb der EU-Schwellenwerte nicht vorgeschrieben ist. Im Falle von freiberuflichen Leistungen gilt aber die VOL.

des SWR wäre eine entsprechende Leistung für Werbefilme auch für ca. 90.000 € möglich gewesen.

Oberhalb der EU-Schwelle wäre, wenn der Auftragswert mindestens 211.000 € (jetzt: 206.000 €) betragen hätte, zu prüfen gewesen, ob und inwieweit es sich um eine Leistung handelt, die zumindest teilweise im Wettbewerb mit freiberuflich Tätigen erbracht wird, und inwieweit die Leistung von ihrem Ergebnis her nicht eindeutig und erschöpfend beschreibbar, also künstlerischer Natur ist. Bejahendenfalls müsste eine **Ausschreibung in einem Verhandlungsverfahren anhand der VOF** erfolgen. Aber auch gemäß § 5 VOF gilt der Grundsatz, dass im Interesse der Wettbewerblichkeit und Publizität der Vergaben grundsätzlich ein **Öffentlicher Teilnahmewettbewerb** vorzuschalten ist.

bb) Anwendungsbeispiele des Verhandlungsverfahrens

(1) Verhandlungsverfahren mit vorheriger Bekanntmachung

266 Eine Vergabe im **Verhandlungsverfahren mit vorheriger Bekanntmachung** kommt grundsätzlich in Betracht, wenn

- im Rahmen des Offenen oder Nichtoffenen Verfahrens keine annehmbaren Angebote eingegangen sind (§ 3a Nr. 5 lit. a VOB/A; vgl. § 3a Nr. 1 V lit. a VOL/A),
- die Vergabe Forschungs- und Entwicklungszwecken dient (§ 3a Nr. 5 lit. b VOB/A) oder
- die Leistung nicht eindeutig und erschöpfend beschrieben werden kann bzw. die Festlegung eines Gesamtpreises nicht möglich ist (§ 3a Nr. 5 lit. c VOB/A; vgl. § 3a Nr. 1 V lit. b und c VOL/A).

Das Scheitern des vorangegangenen Offenen oder Nichtoffenen Verfahrens (§ 3a Nr. 5 lit. a VOB/A) darf **nicht** auf ein **Fehlverhalten des Auftraggebers** zurückzuführen sein[1789].

Ein prominenter Fall der Wahl des Verhandlungsverfahrens gemäß § 3a Nr. 4 lit. a VOB/A war die Vergabe von Bau und Finanzierung des **Berliner Olympiastadions**. In dem vorangegangenen Nichtoffenen Verfahren konnten keine geeigneten Angebote eingeholt werden, so dass man sich rechtmäßigerweise für die Aufhebung desselben und die Lancierung eines Verhandlungsverfahrens mit vorheriger Bekanntmachung entschied[1790]. In der Nachprüfung ging es dann u.a. um die Frage, ob die Verhandlungen mit den Bietern bzw. dem letztverbliebenen Bieter sich immer noch im Rahmen der ursprünglichen Bekanntmachung und des dadurch ausgelösten Wettbewerbs bewegten.

Entsprechend dem Ausnahmefall einer nicht eindeutigen und erschöpfenden Beschreibbarkeit der Leistung wurde die **Asbestsanierung** des Palastes der Repu-

1789 OLG Dresden, Beschl. v. 16. 10. 2001 (WVerg 0007/01), VergabE C-13-07/01 = VergabeR 2002, 142 = ZfBR 2002, 298 = EUK 2001, 182.

1790 VK Berlin, Beschl. v. 31. 5. 2000 (VK B 2-15/00), VergabE E-3-15/00 = EUK 2000, 105.

blik[1791] im Verhandlungsverfahren vergeben. Auch der **Rückbau eines Forschungsreaktors**[1792] ist ein repräsentatives Beispiel für eine nicht ausreichend beschreibbare Leistung. Der genaue **Umfang und die Art der Leistung** müssen in diesen Fällen zusammen von Vergabestelle und Bietern **entwickelt** werden. Dies gilt insbesondere auch für den immer noch im Vordringen befindlichen Komplex der **Privatisierungsentscheidungen** der öffentlichen Hand und den dazu oftmals erforderlichen Ausschreibungen. Die VK Baden-Württemberg[1793] führt dazu aus, dass ein Verhandlungsverfahren mit Teilnahmewettbewerb dann zulässig sei, wenn die im Rahmen der Privatisierung zu vergebenden **Aufgaben nicht so genau beschrieben werden können,** dass Bieter darauf Angebote abgeben können, die sich im wesentlichen nur im Preis unterscheiden. Dies ist dann der Fall, wenn bestimmte **Leistungsmerkmale erst im Laufe des Verfahrens entwickelt werden** können. In einer solchen Situation kann der Auftraggeber die zu erbringenden Leistungen nicht – wie im Offenen oder Nichtoffenen Verfahren – schon in den Verdingungsunterlagen fest vorgeben, sondern er muss sie erst in Fachgesprächen mit den Bietern entwickeln.

In einem besonderen Fall hielt die VK Baden-Württemberg ausnahmsweise die Zulässigkeit des Verhandlungsverfahrens nach § 3a Nr. 1 IV lit. c VOL/A für gegeben, da die Dienstleistungsaufträge zur **Behandlung von Restabfall** so beschaffen waren, dass eine hinreichend genaue Spezifikation nicht möglich war[1794].

(2) Verhandlungsverfahren ohne vorherige Bekanntmachung

267 Ganz ausnahmsweise[1795] kann das **Verhandlungsverfahren ohne vorherige Vergabebekanntmachung** angewendet werden (§ 3 a Nr. 5 VOB/A, § 3 a Nr. 2 VOL/A) und zwar unter anderem, wenn

- keine annehmbaren Angebote im Rahmen des Offenen oder Nichtoffenen Verfahrens eingegangen sind oder (§ 3a Nr. 6 lit. a VOB/A; vgl. § 3a Nr. 2 lit. a VOL/A[1796])
- besondere technische oder künstlerische Anforderungen gegeben sind, die nur von einem Unternehmer erfüllt werden können (§ 3a Nr. 6 lit. c VOB/A; vgl. § 3a Nr. 2 lit. c VOL/A) oder
- im Falle der Dringlichkeit die einschlägigen Fristen nicht eingehalten werden können (§ 3a Nr. 6 lit. d VOB/A; vgl. § 3a Nr. 2 lit. d VOL/A) oder

1791 VÜA Bund, Beschl. v. 12. 11. 1997 (1 VÜ 14/96), VergabE U-1-14/96 = ZVgR 1998, 441.

1792 VK Bund, Beschl. v. 14. 6. 2007 (VK 1-50/07), VS 2008, 22; VÜA Bund, Beschl. v. 16. 12. 1998 (2 VÜ 22/98), VergabE U-1-22/98 = EUK 1999, 42 = Behörden Spiegel 6/1999, S. B II.

1793 VK Baden-Württemberg, Beschl. v. 18. 7. 2001 (1 VK 12/01), VergabE E-1-12/01 = EUK 2001, 169.

1794 VK Baden-Württemberg, Beschl. v. 28. 5. 1999 (1 VÜ 7/99), VergabE E-1-7/99 = EUK 2000, 10.

1795 EuGH, Urt. v. 13. 1. 2005 (Rs. C-84/03 – »Kommission gegen Königreich Spanien«) , NZBau 2005, 232 = VergabeR 2005, 176 = WuW 2005, 353; EuGH, Urt. v. 18. 11. 2004 (Rs. C-126/03 – »Heizkraftwerk München-Nord«), VergabeR 2005, 57 = VS 2005, 3 = WuW 2005, 461; EuGH, Urt. v. 10. 4. 2003 (Rs. C-20/01 und C-28/01 – »Kommission ./. Deutschland, Braunschweig und Bockhorn«); EuGH, Urt. v. 28. 3. 1996 (Rs. C-318/94 – »Kommission/Deutschland, Vertiefung Unterems«); OLG Saarbrücken, Beschl. v. 20. 9. 2006 (1 Verg 3/06), NZBau 2007, 808 = VergabeR 2007, 110 = VS 2006, 86; VK Sachsen-Anhalt, Beschl. v. 12. 7. 2007 (1 VK LVwA 13/07). Aus der Literatur dazu: *Ebert*, Möglichkeiten und Grenzen im Verhandlungsverfahren, Bundesanzeiger, 2005.

1796 Vgl. VK Bund, Beschl. v. 27. 9. 2000 (VK 2-28/00), VergabE D-1-28/00.

- wenn unter im Einzelnen definierten Voraussetzungen an einen Auftragnehmer zusätzliche Leistungen vergeben werden sollen (§ 3a Nr. 6 lit. e und g VOB/A; vgl. § 3a Nr. 2 lit. e bzw. f VOL/A) respektive die Wiederholung gleichartiger Leistungen vergeben werden soll (§ 3a Nr. 6 lit. f VOB/A; vgl. § 3a Nr. 2 lit. g VOL/A).

Von diesen hiermit stellvertretend für alle aufgezählten **Ausnahmetatbeständen** wird zu Lasten der Wettbewerblichkeit der Vergabe[1797] nach dem Maßstab der Rechtsprechung teils zu großzügig Gebrauch gemacht. Hier passieren vor allem deshalb sehr viele Fehler, weil diese Ausnahmetatbestände – ebenso wie diejenigen für das Verhandlungsverfahren mit vorheriger Bekanntmachung – häufig überdehnt werden, obwohl sie dem Charakter nach abschließend und vom Wesen her nicht analogiefähig sind.

(2a) Keine oder keine annehmbaren Angebote im Offenen oder Nichtoffenen Verfahren

268 Hinsichtlich gescheiterter Offener und Nichtoffener Verfahren und der Möglichkeit eines nachfolgenden Übergangs in ein Verhandlungsverfahren ohne vorherige Bekanntmachung bestimmt die **Vergabekoordinierungsrichtlinie 2004/18/EG** in Art. 30 I, 2. Unterabs. genauso wie die Bestimmungen der VOL/A (§ 3a Nr. 2 lit. a) sowie der VOB/A (§ 3a Nr. 6 lit. a):

> »*Die öffentlichen Auftraggeber brauchen keine Bekanntmachung zu veröffentlichen, wenn sie in das betreffende Verhandlungsverfahren alle die Bieter und nur die Bieter einbeziehen, die die Kriterien der Artikel 46 bis 52 erfüllen und die im Verlauf des vorangegangenen offenen oder nichtoffenen Verfahrens oder wettbewerblichen Dialogs* ***Angebote eingereicht haben, die den formalen Voraussetzungen für das Vergabeverfahren entsprechen;***«

Damit ist ein Übergang in das Verhandlungsverfahren – bei gleicher Leistungsbeschreibung – in den Fällen möglich, in denen die Angebote formal korrekt sind und aus anderen Gründen entweder **keine oder keine wirtschaftlichen Angebote** (so die Formulierung in der VOL/A) bzw. keine annehmbaren Angebote (so die Formulierung in der VOB/A) eingegangen sind.

Ausdrücklich **nicht erlaubt** wäre danach ein Übergang in ein nachgeschaltetes Verhandlungsverfahren ohne Bekanntmachung, wenn die **Angebote z.B. alle an der Erfüllung der formalen Voraussetzungen gescheitert** sind. Dies gilt zumindest bei der VOL/A, die VOB/A weist in § 3a Nr. 6 lit. b einen Sondertatbestand für die Anwendung des Verhandlungsverfahrens ohne Bekanntmachung im Falle fehlender oder allesamt an § 25 Nr. 1 gescheiterter Angebote auf.

Jedoch auch im Bereich der VOL/A ist das Scheitern aller Angebote an Formalien ein angesichts der sehr auf formale Aspekte bedachten BGH-Rechtsprechung ein praktisch außerordentlich relevanter Fall, den viele ausschreibende Stellen in der Weise lösen und gelöst haben, dass sie nach Aufhebung des Offenen Verfahrens den Bietern, die teilgenommen haben, die Neuabgabe von Angeboten ermöglicht haben, verbunden mit dem deutlichen Hinweis darauf, dass die formalen Anforde-

1797 VÜA Hessen, Beschl. v. 6. 1. 1998 (VÜA 1/96), VergabE V-7-1/96-3 = ZVgR 1998, 447.

rungen (Nachweise, Erklärungen usw.) dieses Mal genau beachtet werden mögen. Man hat also das nachgeschaltete Verhandlungsverfahren ohne Bekanntmachung quasi als eine Art **Reparaturmöglichkeit** für aus formalen Gründen gescheiterte Offene Verfahren angesehen. Doch eine solche ist – zumindest dem Wortlaut der VKRL und der VOL/A nach – nicht eröffnet.

Verschiedene Nachprüfungsorgane, allen voran das OLG Bremen[1798] stellen heraus, dass es aufgrund der Regelung des § 3a Nr. 2 lit. a VOL/A einem Auftraggeber nur dann möglich ist, nach einem Offenen Verfahren das Verhandlungsverfahren ohne Teilnahmewettbewerb zu wählen, wenn keine oder keine wirtschaftlichen Angebote eingegangen sind und sofern die Verdingungsunterlagen nicht grundlegend geändert werden. Dies bedeutet, dass die **Angebote formal in Ordnung sein müssen**. Sie müssen also mit Erfolg die erste Prüfungsstufe (§ 25 Nr. 1) durchlaufen haben. Das aber ist gerade meistens nicht der Fall und der Grund, weswegen man in solch einer Konstellation nach herkömmlicher Auffassung das nachgeschaltete Verhandlungsverfahren wählt.

Für die Entscheidung des OLG Bremen spricht allerdings das Argument, dass die Fortsetzung des aufgehobenen vorhergehenden Nichtoffenen Verfahrens nicht dazu führen darf, dass **Bieter mit im ersten Durchgang verspäteten Angeboten** eine **ungerechtfertigte zweite Chance** erhalten. Die Wiederholungsmöglichkeit ist im Kern darauf abgestellt, eine Reparaturoption zu eröffnen, um beispielsweise Bietern mit formal nicht wertbaren Angeboten, bei denen nur irgendwelche (insbesondere von der Bedeutung her untergeordnete) Nachweise fehlen, eine zweite Chance zu geben und um das gesamte Verfahren (mit Bekanntmachung und ggf. völlig neuem Bieterkreis) nicht nochmals wiederholen zu müssen. **Eine im ersten Verfahrensdurchgang eingetretene Verspätung des Angebotes ist demgegenüber ein unkorrigierbarer Fehler**. Erachtet man die Verspätung als Hinderungsgrund für die Aufnahme des betreffenden Bieters in das nachgeschaltete Verhandlungsverfahren, so muss man dies konsequenterweise auch hinsichtlich der anderen formalen Hinderungsgründe des § 25 Nr. 1 tun. Dann ist in letzter Konsequenz die **Ausschreibung als neues Offenes Verfahren komplett neu zu starten**.

Bei der **VOB/A** wäre hingegen der Weg zu einem Verhandlungsverfahren ohne Bekanntmachung über **§ 3a Nr. 6 lit. b VOB/A** eröffnet, weil dort ausdrücklich normiert ist, dass im Falle des Scheiterns der Angebote an formalen Voraussetzungen des § 25 Nr. 1 das Verhandlungsverfahren möglich ist. Hilfsweise wäre der Weg zum Verhandlungsverfahren ohne Bekanntmachung über § 3a Nr. 6 lit. a VOB/A eröffnet, weil dort von dem Begriff des »annehmbarsten Angebotes« die Rede ist – einem Begriff, der sonst eigentlich keine Verwendung mehr findet, der aber in der Weise ausgelegt werden kann, dass unter Annehmbarkeit bzw. Nichtannehmbarkeit auch formale Mängel verstanden werden können.

Im Einzelnen ist hierzu **vieles streitig**[1799]. Fest steht, dass die Bestimmung des § 3a Nr. 6 lit. b VOB/A die Richtlinienbestimmung des **Art. 31 I lit. a VKRL** nicht richtig umsetzt:

1798 OLG Bremen, Beschl. v. 3. 4. 2007 (Verg 2/2007), VergabeR 2007, 517 = VS 2007, 37; VK Sachsen, Beschl. v. 7. 1. 2008 (1 SVK-77/07), VS 2008, 6.

1799 Ausführlich dazu, aber im konkreten Fall mangels Ergeblichkeit nicht durchentschieden: VK Sachsen, Beschl. v. 17. 12. 2007 (1/SVK/073-07), VS 2008, 5 [LS].

»Öffentliche Auftraggeber können in folgenden Fällen Aufträge im Verhandlungsverfahren ohne vorherige Bekanntmachung vergeben, (...) wenn im Rahmen eines offenen oder nichtoffenen Verfahrens keine oder keine geeigneten Angebote oder keine Bewerbungen abgegeben worden sind, sofern die ursprünglichen Auftragsbedingungen nicht grundlegend geändert werden;«

§ 3a Nr. 6 lit. a und b VOB/A lauten demgegenüber:

»Das Verhandlungsverfahren ist zulässig ohne Öffentliche Vergabebekanntmachung,

a) wenn bei einem Offenen Verfahren oder Nichtoffenen Verfahren keine annehmbaren Angebote abgegeben worden sind, sofern die ursprünglichen Verdingungsunterlagen nicht grundlegend geändert werden und in das Verhandlungsverfahren alle Bieter aus dem vorausgegangenen Verfahren einbezogen werden, die fachkundig, zuverlässig und leistungsfähig sind,

b) wenn bei einem Offenen Verfahren oder Nichtoffenen Verfahren keine oder nur nach § 25 Nr. 1 auszuschließende Angebote abgegeben worden sind, sofern die ursprünglichen Verdingungsunterlagen nicht grundlegend geändert werden (...)«

Es kann spekuliert werden, dass man den Weg zum Verhandlungsverfahren ohne Bekanntmachung in der VOB/A deswegen eröffnen wollte, um die nochmalige Submission mit Bekanntgabe der Angebotspreise unter Anwesenheit der Bieter zu verhindern.

Eine **äußerst fragliche Alternative** zu allen Fällen (also Vergaben nach VOB/A wie nach VOL/A) wäre es, wenn es dem Auftraggeber in solchen Konstellationen der Unvollständigkeit aller Angebote freigestellt sein würde[1800],

- ob er die Ausschreibung aufhebt
- oder ob er unter strikter Wahrung des Gleichbehandlungsgrundsatzes das Vergabeverfahren fortführt.

Sollte er sich für die **Fortführung des Vergabeverfahrens** entscheiden, so müsste er allen Bietern Gelegenheit geben, fehlende Nachweise und Erklärungen **nachreichen** zu können. Dies ist eine sehr problematische Lösung, weil alle Angebote im Zweifel an unterschiedlichen formalen Mängeln leiden. Die Anzahl der fehlenden Nachweise und die Bedeutung der fehlenden Nachweise differieren im absoluten Regelfall. Dann würde man eine Ungleichbehandlung in einer vermeintlichen Gleichbehandlung vornehmen.

Wird eine Ausschreibung mangels Angeboten aufgehoben, die den Ausschreibungsbedingungen entsprechen (§ 26 Nr. 1 lit. a VOL/A), und soll der Auftrag unter **technischen Änderungen** vergeben werden, so muss einem nachgeschalteten Verhandlungsverfahren zwingend eine vorherige Vergabebekanntmachung vorausgehen, weil der potentielle Bieterkreis mutmaßlich ein erweiterter bzw. anderer ist[1801].

1800 So aber: VK Brandenburg, Beschl. v. 15. 11. 2005 (2 VK 64/05), VS 2006, 30.

1801 So VK Münster, Beschl. v. 8. 6. 2001 (VK 13/01 – »Beschaffung eines Klinik-DV-Systems«), VergabE E-10e-13/01 = EUK 2001, 183 = Behörden Spiegel 12/2001, S. 24.

Die Vergabestelle darf gemäß § 3a Nr. 6 lit. a VOB/A nicht ins Verhandlungsverfahren übergehen, wenn sie **mangels ausreichender Haushaltsmittel** keine annehmbaren Angebote erhalten, die Ausschreibung aufgehoben und dann das Leistungsverzeichnis in 50 Positionen geändert hat[1802].

Wird das Leistungsverzeichnis demgegenüber – nach Aufhebung infolge nicht ausreichender Haushaltsmittel – nicht grundlegend geändert, so kann das nachgeschaltete Verhandlungsverfahren Spielräume eröffnen[1803]. Dies dürfte wohl insbesondere für funktionale Leistungsbeschreibungen gelten, wobei die Grundsätze der Vergleichbarkeit der Angebote einzuhalten sind.

(2b) Technische Besonderheiten

269 Der EuGH[1804] hat im Zusammenhang mit der Prüfung von »**technischen Besonderheiten**« gemäß der Bestimmung des Art. 11 III lit. b der Richtlinie 92/50/EWG zunächst ganz grundsätzlich festgestellt, dass die Gefahr einer Verletzung des Diskriminierungsverbotes besonders groß ist, wenn der Auftraggeber beschließt, einen bestimmten Auftrag nicht dem Wettbewerb zu öffnen.

Technische Besonderheiten können in großen Ausnahmefällen auch darin bestehen, dass ein Bieter sich über Jahre der Ausführung eines Dienstleistungsauftrags hinweg **Spezialwissen** angeeignet hat, das von niemandem anders in vertretbarer Zeit, mit verhältnismäßigem Aufwand und in gleicher Qualität erworben werden kann. **Zusammengenommen** mit **umfangreichen Dokumentationen und Archiven**, die tausende Aktenordner füllen, kann auch dies eine Vergabe im Verhandlungsverfahren ohne vorherige Bekanntmachung an dieses Unternehmen rechtfertigen.

Eine Vergabe im Verhandlungsverfahren ohne vorherige Bekanntmachung ist in einem Fall bejaht worden, in dem eine Vergabe aufgrund bestehender technischer Besonderheiten sowie aufgrund des Schutzes eines **Ausschließlichkeitsrechts** (Patent-, Urheberrecht) **nur an ein Unternehmen erfolgen** konnte[1805]. Dies kann verallgemeinert werden auf eine größere Zahl von Fällen, in denen sich ein bestimmtes Unternehmen eine technische Innovation erarbeitet hat und diese öffentlichen Auftraggebern zugänglich machen will.

Die Beschaffung der **Einrichtung für ein Studentenwohnheim** im Verhandlungsverfahren beinhaltet keine technischen und künstlerischen Besonderheiten und kann außerdem nicht mit Dringlichkeitsgründen gerechtfertigt werden (vgl. §§ 3a Nr. 2 lit. c, 3a Nr. 2 lit. d VOL/A)[1806].

Grenzen der Sinnfälligkeit der Anwendung des Ausnahmetatbestandes des § 3a Nr. 2 lit. c VOL/A (und des § 3a Nr. 6 lit. c VOB/A) sind sicherlich dann erreicht,

---

1802 VÜA Thüringen, Beschl. v. 25. 6. 1998 (1 VÜ 8/97), VergabE V-16-8/97 = Behörden Spiegel 12/1998, S. B IV.

1803 BGH, Urt. v. 1. 8. 2006 (X ZR 115/04), NZBau 2006, 797 = VergabeR 2007, 73.

1804 EuGH, Urt. v. 10. 4. 2003, Rs. C-20/01 und C-28/01, VergabE A-1-5/03, Rn. 58, 63 = ZfBR 2003, 592 = EUK 2003, 88.

1805 VÜA Bayern, Beschl. v. 20. 10. 1999 (VÜA 8/99 – »Thermische Behandlungsanlage«), VergabE V-2-8/99.

1806 VÜA Nordrhein-Westfalen, Beschl. v. 8. 10. 1999 (132-84-43-9/99), VergabE V-10-9/99 = EUK 2001, 91.

wenn ein Ausschreibungswettbewerb im Endeffekt nur um des Ausschreibungswettbewerbes willen veranstaltet werden muss. Dabei wird man bei der Berücksichtigung »**technischer Gründe**« nach hier vertretener Auffassung damit zusammenhängende **wirtschaftliche Gründe** im Einzelfall nicht immer außer Betracht lassen können. In diesem Zusammenhang erweist sich ein vom OLG Frankfurt entschiedener Fall als sehr problematisch[1807].

Der Antragsgegner ist örtlicher Träger der Sozialhilfe. Für seine Tätigkeit in sämtlichen Bereichen der Sozialverwaltung setzt er seit Jahren Software der Beigeladenen ein. Von den ursprünglich 78 Lizenzen überließ der Antragsgegner 40 seinem Eigenbetrieb, der die **Aufgaben nach dem SGB II** erfüllt, für die Zahlbarmachung an die Hilfeempfänger. Für das sog. Fallmanagement (Erfassung von Daten zur Vermittlung der Hilfeempfänger in Arbeit) benötigte der Antragsgegner weitere Software, weshalb er im Jahr 2005 von verschiedenen Anbietern, darunter der Antragstellerin, Angebote einholte. Nach der Präsentation der **Software** erwies sich das Angebot der Beigeladenen als das geeignetste, weil deren Software gleichermaßen für die Bereiche Zahlbarmachung und Fallmanagement einsetzbar ist. Wirtschaftliche Gründe – die Möglichkeit der Verwendung der bereits vorhandenen Lizenzen, die Einsparung der Kosten für die bei einem Wechsel zu einem anderen Anbieter erforderlichen Schulungsmaßnahmen – sprächen daher für diese Entscheidung.

Am 2. 11. 2006 schloss der Antragsgegner mit der Beigeladenen einen Vertrag über die zeitlich **unbefristete Überlassung von Software gegen einmalige Vergütung** mit dem Erwerb von 90 Lizenzen sowie über die Wartung von 130 Lizenzen (einschließlich der bereits vorhandenen 40). Am 20. 3. 2007 stellte die Antragstellerin den Nachprüfungsantrag. Durch das **Fehlen eines Vergabeverfahrens** sei ihr die Chance auf einen Zuschlag genommen.

Die Vergabekammer verpflichtete den Antragsteller, die Beschaffung von Software für den Bereich SGB II sowie zugehörige Dienstleistungen **unverzüglich europaweit auszuschreiben**. Die mit der Beigeladenen **geschlossenen Vereinbarungen** seien entsprechend § 13 S. 6 VgV **nichtig**. Die hiergegen gerichtete sofortige Beschwerde des Antragsgegners hat (mit überwiegender Wahrscheinlichkeit) keinen Erfolg. Der Eilantrag analog § 121 GWB (die Verträge sind bereits geschlossen) wird zurückgewiesen.

Das **OLG Frankfurt** bestätigt die Entscheidung der VK, dass der Nachprüfungsantrag zulässig und begründet ist.

Das Vergabeverfahren war hier trotz des erfolgten Vertragsschlusses noch nicht abgeschlossen, weil die **Verträge mit der Beigeladenen analog § 13 S. 6 VgV nichtig** sind. Eine analoge Anwendung dieser Bestimmung ist jedenfalls dann geboten, wenn die Beschaffung einer Dienstleistung zur Beteiligung mehrerer Unternehmen, zu verschiedenen Angeboten geführt hat. Die Antragstellerin hat rechtzeitig Rüge erhoben. Eine solche ist erst zu dem Zeitpunkt erforderlich, weil der Bieter Kenntnis davon hat (oder sich einer solchen Kenntnis verschließt), dass ein Vergabeverfahren vergaberechtswidrig unterblieben ist. Die Antragstellerin ist antragsbefugt. Sie hat ihr Interesse an dem Auftrag durch das von ihr abgegebene

1807 OLG Frankfurt, Beschl. v. 6. 8. 2007 (11 Verg 5/07), VS 2007, 84.

Angebot belegt. Durch ihren Ausschluss vom Wettbewerb infolge des nicht durchgeführten Vergabeverfahrens ist ihr die Chance auf einen Zuschlag genommen worden.

Der Nachprüfungsantrag ist (voraussichtlich) begründet. Eine **Ausnahmebestimmung nach § 3a Nr. 2 VOL/A, die ein Verhandlungsverfahren ohne vorherige öffentliche Vergabebekanntmachung gestatten** würde, **greift vorliegend nicht** ein.

Der Antragsgegner hat nicht dargelegt, dass **technische Besonderheiten** oder **Ausschließlichkeitsrechte** die Vergabe an ein einziges bestimmtes Unternehmen erforderlich machen (**§ 3a Nr. 2 lit. c VOL/A**). Die Voraussetzungen dieser Bestimmungen wären nur dann erfüllt, wenn ein Unternehmen **gleichsam Monopolist** für die nachgefragte Leistung wäre. Nicht ausreichend ist hingegen eine entsprechende subjektive Auffassung des Auftraggebers. Vorliegend kommt nicht nur ein Unternehmen für die Erbringung der Leistung in Frage, wie der Antragsgegner bereits bei der Erkundung 2005 feststellen konnte. Die Frage der wirtschaftlichsten Leistungserbringung spielt hingegen bei dieser Abgrenzung keine Rolle.

Die Anwendung des § 3a Nr. 2 lit. c VOL/A rechtfertigt sich auch nicht aus der Überlegung heraus, dass **nur die Auswahl der Beigeladenen es ermöglichte, auf vorhandene Lizenzen zurückzugreifen**. Dies zu tun, stellt gerade eine Entscheidung des Antragsgegners dar, keine Notwendigkeit im Sinne der Ausnahmebestimmung. Gleiches gilt für die Erwägung, dass das Aufbauen auf der vorhandenen Software anstelle der Beschaffung eines völlig neuen Produktes für den Antragsgegner **wirtschaftlich wünschenswert** war.

Auch die Ausnahmebestimmung des **§ 3a Nr. 2 lit. e VOL/A** ist hier nicht erfüllt. Dies würde voraussetzen, dass die Neulieferung der teilweisen Erneuerung oder der Erweiterung der ursprünglichen Lieferung dient und ein Wechsel des Unternehmens zu technischer Unvereinbarkeit oder unverhältnismäßigen technischen Schwierigkeiten beim Gebrauch führt. Erneuerung bedeutet, dass das ursprüngliche Produkt als Ganzes im Wesentlichen vorhanden bleibt und lediglich auf den neuesten Stand gebracht oder in einzelnen Teilen ersetzt wird.

Erweiterung ist die Ausdehnung des Umfangs oder der Stückzahl. Eine Erhöhung um **mehr als das Doppelte** – wie hier der Zahl der Lizenzen von 40 auf 90 – ist keine Erweiterung in diesem Sinne, sondern eine komplette Neubeschaffung, zumal es sich auch um eine völlig neue Software zur Umsetzung des SGB II handelt und damit auch eine inhaltliche Änderung vorgenommen wurde. Absolute technische Unvereinbarkeit bei der Umstellung auf die neue Software ist nicht gegeben, wie der Antragsgegner selbst einräumt, indem er sich auf technische Schwierigkeiten beruft; relative Inkompatibilität ist nicht ausreichend dargelegt.

Der Antragsgegner wäre deshalb verpflichtet gewesen, ein EU-weites Verfahren nach den einschlägigen Vergabevorschriften durchzuführen. Da er diese Pflicht verletzt hat, sind die mit der Beigeladenen geschlossenen Verträge analog § 13 VgV nichtig.

Die Entscheidung wird zumindest von den hessischen Vergabestellen im Hinblick auf vermeintlich ausschreibungsfreie Vorhaben zu beachten sein, wenn man das Risiko einer Nichtigkeit des abgeschlossenen Vertrages nicht eingehen will.

Das Ergehen einer gegenteiligen OLG-Entscheidung ist wünschenswert, weil dieser Beschluss **in der Sache viel zu eng** ist. Er steht in einem **grundlegenden Konflikt mit haushaltsrechtlichen Erwägungen**, die ausdrücklich auch Bestandteil des europäischen Vergaberechts sind. Es kann nicht rechtens sein, eine Beschaffung von völlig neuer Software vornehmen zu sollen und dabei **auf eingekaufte Lizenzen nicht zurückgreifen zu dürfen**. Auf diese Weise werden **mit Haushaltsmitteln eingekaufte Werte vernichtet**.

Die Bestimmung des § 3a Nr. 2 lit. c VOL/A ist vielmehr in der Weise auszulegen, dass ein technisches Hindernis für die wettbewerbliche Ausschreibung jedenfalls auch dann besteht, wenn dies zu einer **völlig unsinnigen und unwirtschaftlichen Neubeschaffung** (und damit gewissermaßen zu einer ebenfalls nicht zulässigen **Doppelbeschaffung**) führt. Was das OLG Frankfurt hier vertritt, ist eine weder vom europäischen noch vom nationalen Vergaberecht gewollte »**Ausschreibung um der Ausschreibung willen**«.

Technische Hindernisse für Ausschreibungen (z.B. im Falle der zuvor in einer Ausschreibung geschehenen **Festlegung auf bestimmte technische Systeme oder Software**) sind **Gegenstand des Vergabealltags**. Insoweit haben auch Vergabekammern bereits entschieden, dass eine **gewisse »Perpetuierung«** – etwa im Bereich der Softwarebeschaffung – **nicht zu vermeiden** sein wird[1808].

Es drängt sich in diesem Zusammenhang eine **gewisse Parallele zu wirtschaftlichen Totalschäden** (etwa bei Kraftfahrzeugen) auf. Zwar kann man einen PKW mit einem Zeitwert von 6.000 €, der einen schweren Unfallschaden hat, mit einem Reparaturaufwand von 10.000 € technisch wiederherstellen, wirtschaftlich ist dies jedoch keineswegs. Kern des Arguments ist es, dass man sich zwar nicht auf die **nicht vollends vorhandenen technischen Hemmnisse** berufen kann, jedoch dabei die **wirtschaftliche Betrachtung nicht außer acht lassen** darf.

In die gleiche Richtung gehen die Schulbuchfälle, dass man gleichermaßen mit **erheblichem technischen Aufwand** einen Ring oder – übertragen auf die heutige Zeit – ein verloren gegangenes Off-Shore-Messgerät vom Meeresgrund heben kann, dies jedoch **wirtschaftlich unsinnig** ist.

Zurück zu vorliegendem Fall: Aus dem Gesichtspunkt heraus, dass ein **Rückgriff auf vorhandene Software möglich und wirtschaftlich geboten** ist, muss auch eine technische (bzw. technisch-wirtschaftliche) Besonderheit in der Weise erwachsen, dass, bezogen auf die **bereits erbrachten Vorleistungen**, eine **Berufung auf § 3a Nr. 2 lit. c VOL/A möglich** ist. Die Bestimmung kann – bei aller Zurückhaltung wegen des großen Ausnahmecharakters dieser Vorschrift – **nicht gänzlich losgelöst von wirtschaftlichen Betrachtungen** angewendet werden.

Wäre dem so, dann könnten auch die **anderen in § 3a Nr. 2 lit. c VOL/A genannten Ausnahmegründe** (Ausschließlichkeitsrecht wie Patent- oder Urheberrechte) nicht die Erlaubnis zum Verzicht auf das Offene Verfahren begründen. Was steht entgegen, unter (legaler) Umgehung von Urheberrechten und Patenten Leistungen wie Software oder jedwede Lieferleistung nachzuentwickeln bzw. nachzubauen? Selbstverständlich kann man immer Leistungen nachbauen, und buch-

1808 VK Berlin, Beschl. v. 1. 10. 2003 (VK B-1-21/03).

stäblich »das Rad neu erfinden« – für die praktische Anwendung des § 3a Nr. 2 lit. c VOL/A bliebe dann allerdings kein Raum mehr.

Abschließend stellt sich die dringende, vom OLG Frankfurt völlig unbeantwortete **Frage, inwieweit überhaupt ein ordnungsgemäßer Wettbewerb unter Beteiligung des die Vorleistung erbracht habenden Unternehmens möglich sein soll.** Generell ausgeschlossen werden kann es auf Grund der EuGH-Rechtsprechung von 2005, sowie deren Umsetzung in der VgV bzw. den Verdingungsordnungen, grundsätzlich nicht, jedoch wird es bei seiner Kalkulation auf die von ihm bereits erbrachten Leistungen zurückgreifen können. Es kann selbstredend wesentlich günstiger kalkulieren! Ein ordnungsgemäßer, nichtdiskriminierend durchgeführter Wettbewerb ist, wie die Erfahrung in einigen vergleichbaren Fällen, in denen überflüssigerweise ein Wettbewerb durchgeführt wurde, zeigt, gar nicht möglich.

(2c) Dringlichkeit

270 In Betreff der **dingenden zwingenden Gründe**, welche die Einhaltung der gesetzlichen Fristen unmöglich machen, hat der EuGH[1809] mustergültig formuliert: »*Die in Art. 9 Buchst. d der Richtlinie geregelte Ausnahme, nämlich die Befreiung von der Pflicht zur Veröffentlichung einer Bekanntmachung über die Ausschreibung, greift nur ein, wenn* ***kumulativ drei Voraussetzungen*** *erfüllt sind. Es müssen ein unvorhersehbares Ereignis, dringliche und zwingende Gründe, die die Einhaltung der in anderen Verfahren vorgeschriebenen Fristen nicht zulassen, und schließlich ein Kausalzusammenhang zwischen dem unvorhersehbaren Ereignis und den sich daraus ergebenden dringlichen, zwingenden Gründen gegeben sein.*«

Diese Rechtsprechung hatte der EuGH[1810] in dem Fall **Ausbaggerung der Unterems** bekräftigt, in dem er feststellte, dass die erforderliche, angeblich nicht eher vorliegende öffentlich-rechtliche Genehmigung der Bezirksregierung Weser-Ems, welche die Zeitverzögerung des Projekts – und am Ende die besondere Dringlichkeit im Vergabeverfahren – rechtfertigen sollte, keinen ausreichenden Grund für den Verzicht auf ein wettbewerbliches Ausschreibungsverfahren darstellte.

In besonderem Zusammenhang hiermit steht eine Entscheidung, die Griechenland betraf[1811]. Der EuGH bestätigt dort die Rechtsfindung in der Sache **Ausbaggerung der Unterems**, geht dann aber noch einen bemerkenswerten Schritt darüber hinaus. Er hebt hervor, dass das gesamte Genehmigungsverfahren von der Zeitplanung her darauf abzustellen ist, dass ausreichende Zeit für die Durchführung eines ordentlichen wettbewerblichen Ausschreibungsverfahrens verbleiben muss[1812].

In der Angelegenheit **Abfallwirtschaftsgesellschaft Donau-Wald mbH gegen Stadt München** hat der EuGH[1813] entschieden, dass eine Ausschreibungspflicht auch für solche Bieter existiert, die sich an öffentlichen Ausschreibungen beteiligen

1809 EuGH, Urt. v. 2. 8. 1993 (Rs. C-107/92), Slg. 1993, I-4655 = VergabE A-1-3/93, Rn. 12.
1810 EuGH, Urt. v. 28. 3. 1996 (Rs. C-318/94), EuZW 1996, 442.
1811 EuGH, Urt. v. 2. 6. 2005 (Rs. C-394/02 – »Kommission/Griechenland«), VergabeR 2005, 467 = WuW 2005, 853.
1812 So zutreffend *Schabel*, VergabeR 2005, 472, unter Verweis auf die Schlussanträge des Generalanwaltes.
1813 EuGH, Urt. v. 18. 11. 2004 (Rs. C-126/03), RPA 2004, 395 = VergabeR 2005, 57 = VS 2005, 3 = WuW 2005, 461.

und dabei selbst öffentlicher Auftraggeber sind. Hintergrund war, dass sich die Stadt München an einem Ausschreibungsverfahren der Donau-Wald Abfallwirtschaftsgesellschaft beteiligt hatte. Die Stadt München wollte auf diese Weise ihre noch freien Kapazitäten des **Heizkraftwerkes München-Nord** ausnutzen. Sie benötigte dabei ein Unternehmen, das im Falle der Zuschlagserteilung an sie die notwendigen **Transportleistungen** versieht. Zu diesem Zweck schloss sie **mit einem privaten Entsorgungsunternehmen einen entsprechenden Vertrag, ohne** ein **Vergabeverfahren** durchzuführen. Sie berief sich dabei auf **unvorhersehbare und zwingende Gründe**, die es ihr nicht erlaubt hätten, ein wettbewerbliches Vergabeverfahren mit Einhaltung der dazu erforderlichen Fristen durchzuführen. Sie vergab den Auftrag im **Verhandlungsverfahren ohne vorherige Bekanntmachung** (Art. 11 III lit. d DKR 92/50/EWG; § 3a Nr. 2 lit. d VOL/A).

Diese Vorgehensweise wird vom EuGH beanstandet. Der EuGH stellt zunächst fest, dass die Sektorenrichtlinie 93/38/EWG für diese Tätigkeiten in keiner Weise anwendbar ist. Im Übrigen sei der **eng auszulegende Ausnahmetatbestand** des Art. 11 III lit. d der Dienstleistungskoordinierungsrichtlinie (DKR) 92/50/EWG mit den bekannten drei Voraussetzungen, die kumulativ vorliegen müssen, nicht erfüllt. Der Stadt München sei es vielmehr **möglich gewesen, ein Beschleunigtes Nichtoffenes Verfahren** (Art. 20 DKR 92/50/EWG; § 18a Nr. 2 I VOL/A: Teilnahmefrist: 15 Tage) durchzuführen. Auf diese Weise hätte sie einerseits vermittels eines Teilnehmerwettbewerbes eine wettbewerbliche Vergabe eröffnen können und andererseits die für die erfolgreiche eigene Teilnahme an der Ausschreibung notwendigen Nachweise für eine ausreichende Eignung des Unterbeauftragten gehabt.

Ein Fall besonderer Dringlichkeit gemäß § 3a Nr. 2 lit. d VOL/A ist – notgedrungen – grundsätzlich anzuerkennen, wenn im **laufenden Nachprüfungsverfahren**, ggf. noch mit sofortiger Beschwerde zum OLG, eine **Interimsvergabe** erfolgen muss[1814]. Im Tenor der Entscheidung der VK Lüneburg heißt es: »*Auf den Eilantrag der Antragstellerin wird die Auftraggeberin gem. § 115 III GWB verpflichtet, die zum streitbefangenen, ausgeschriebenen Auftrag gehörenden Reinigungs- und Desinfektionsmaßnahmen bis zum rechtskräftigen Abschluss des Nachprüfungsverfahrens nur noch kurzfristig, unter der auflösenden Bedingung des rechtskräftigen Abschlusses dieses Nachprüfungsverfahrens freihändig zu vergeben. Eine freihändige Vergabe, die über diesen zur Aufrechterhaltung des Betriebes und im Interesse der Gesundheit und des Lebens der Patienten unerlässlichen Rahmen hinausgeht, wird ihr hiermit ausdrücklich untersagt.*«

Auf das vom OLG Dresden[1815] herausgearbeitete **Sonderproblem**, dass eine **Interims-Vergabe oberhalb des EU-Schwellenwertes** liegt, und es auch Sicht des Senats unter Vermeidung der Nichtigkeitsfolge des § 13 S. 6 VgV faktisch möglich und rechtlich geboten war, ein wettbewerbliches Verhandlungsverfahren über die Zwischenlösung mit Vorabmitteilung nach § 13 VgV durchzuführen, ist hinzuweisen.

Einen Fall **besonderer Dringlichkeit** (§ 3a Nr. 2 lit. d VOL/A) vermochte die Bundesagentur für Arbeit nicht geltend zu machen, als sie Beraterverträge für eine **Imagekampagne** freihändig an einen Unternehmensberater vergab. Der Ver-

1814 VK Lüneburg, Beschl. v. 27. 6. 2003 (203-VgK-14/03), VergabE E-9c-14/03.
1815 OLG Dresden, Beschl. v. 25. 1. 2008 (WVerg 10/07).

gabegegenstand einer Imagekampagne, die naturgemäß langfristig angelegt und wohlüberlegt sein muss, kann selbstredend nicht so dringlich sein, dass keinerlei Fristen für ein ordnungsgemäßes Vergabeverfahren eingehalten werden können.

In einem anderen Fall der Bundesagentur für Arbeit (bzw. der Vorgängerin: Bundesanstalt für Arbeit) sei die Antragstellerin durch die rechtswidrige Aufhebung und die nachfolgende »Freihändige Vergabe« in ihren Rechten beeinträchtigt worden. Eine geringfügige Verzögerung des Beginns der Maßnahme hätte hingenommen werden müssen. Bereits die den Basisparagraphen zuzurechnende Vorschrift des § 3 Nr. 4 lit. f VOL/A sei nur für **akute Gefahrensituationen** und **Katastrophenfälle** geschaffen[1816].

Ein Fall **besonderer Dringlichkeit** kann gegeben sein[1817], wenn die Vergabestelle nach der **Insolvenz eines bauausführenden Unternehmens** ins Verhandlungsverfahren ohne öffentliche Vergabebekanntmachung übergeht. So kann es eine Rolle spielen, dass ein Universitäts-Institutsgebäude schnellstens winterfest zu machen ist, weil in dem fertigen Gebäude bereits im Frühjahr Forschungsaufträge zu erledigen sind. Dann können in das Verhandlungsverfahren alle Bieter des durchgeführten Offenen Verfahrens einbezogen werden. Zu prüfen ist aber auch, inwieweit der Vergabestelle der Vorwurf gemacht werden kann, sie habe die Eignung des in die Insolvenz geratenen erfolgreichen Bieterunternehmens nicht ordnungsgemäß untersucht.

Die Situation der **Insolvenz** des Bieters wird die Vergabestelle aber im absoluten Regelfall nicht verschuldet haben. Zur Fortführung des Bauvorhabens der Kreditanstalt für Wiederaufbau schrieb die Vergabestelle daher die von der insolvent gewordenen Baufirma und ihren Subunternehmern noch nicht erbrachten Leistungen teilweise neu aus. Die Gewerke Elektrotechnik, Starkstromtechnik und Schwachstromtechnik wurden wegen besonderer Dringlichkeit im Verhandlungsverfahren ohne Bekanntmachung vergeben, um **Verzögerungen** bei der Fertigstellung teilweise bereits ausgeführter Leistungen und bei den **Folgegewerken entgegenzuwirken**[1818].

Strukturell wurde die Anwendbarkeit des Verhandlungsverfahrens ohne Bekanntmachung wegen Dringlichkeit auch im Hinblick auf die **umweltgerechte Sicherung und Entsorgung eines »Teersees«** bejaht[1819].

Dringlichkeitsgründe, welche ein **Verhandlungsverfahren ohne vorherige Bekanntmachung** erlauben, sind nach Ansicht der VK Sachsen[1820] gemäß § 3a Nr. 2 lit. d Satz 1 VOL/A nur dann gegeben, »*soweit dies unbedingt erforderlich ist, wenn aus zwingenden Gründen, die der Auftraggeber nicht voraussehen konnte, die Fristen des § 18a VOL/A nicht eingehalten werden können*«. Die **Umstände**, welche die zwingende Dringlichkeit begründen, dürfen gemäß § 3a Nr. 2 lit d Satz 2 VOL/A **auf keinen Fall dem Verhalten des Auftraggebers zuzuschreiben**

1816 OLG Düsseldorf, Beschl. v. 19. 11. 2003 (VII Verg 59/03), VergabE C-10-59/03 = EUK 2003, 185.
1817 VÜA Bayern, Beschl. v. 23. 9. 1999 (VÜA 4/99), VergabE V-2-4/99 = EUK 1999, 172 = IBR 1999, 561.
1818 OLG Düsseldorf, Beschl. v. 18. 7. 2005 (VII Verg 39/05), VS 2005, 92.
1819 OLG Jena, Beschl. v. 28. 1. 2004 (6 Verg 11/03), VergabE C-16-11/03, Rn. 44 = EUK 2004, 24.
1820 VK Sachsen, Beschl. v. 15. 11. 2000 (1 VK 96/00), VergabE E-13-96/00 = EUK 2001, 26.

sein. Die Formulierung »*wenn dies unbedingt erforderlich ist*« verdeutlicht dabei den **ganz speziellen Ausnahmecharakter** dieser Regelung.

Eine bedeutende praktische Rolle spielen im Rahmen des Verhandlungsverfahrens ohne vorherige Vergabebekanntmachung **zusätzliche Beauftragungen** an im vorangegangenen Ausschreibungswettbewerb bereits ermittelte Auftragnehmer (§ 3a Nr. 5 lit. e VOB/A; vgl. § 3a Nr. 2 lit. e bzw. f VOL/A). Dieser Ausnahmetatbestand betrifft zum einen Liefer- und Dienstleistungen sowie zum anderen Bauleistungen und setzt u.a. voraus, dass ein **unvorhergesehenes Ereignis** vorliegt und diese Anschlussbeschaffung nun aus **zwingenden Gründen** (mangelnde Trennbarkeit, Verbesserung der bisherigen Leistung) an den vorhandenen Auftragnehmer vergeben werden muss. Es existiert für die Tatbestände in der Regel eine **Grenze von 50%** der Nachbeauftragung in Relation zu dem bisherigen Auftragswert.

(2d) Wiederholung gleichartiger Leistungen

271 Eine weitere tatbestandliche Variante für das Verhandlungsverfahren ohne vorherige Vergabebekanntmachung ist die **Wiederholung gleichartiger Leistungen** (§ 3a Nr. 6 lit. e VOB/A; vgl. § 3a Nr. 2 lit. g VOL/A). Hier ist u.a. eine Voraussetzung, dass die Leistungen dem bisherigen Grundentwurf der Leistungen entsprechen und die Anwendung des Verhandlungsverfahrens ohne vorherige Vergabebekanntmachung in der **damaligen Ausschreibung bekanntgemacht** worden ist. Diese Möglichkeit ist auf einen Zeitraum von **drei Jahren** nach »*Abschluss des ersten Auftrags*« beschränkt. Unter »*Abschluss des ersten Auftrags*« ist nicht das tatsächliche Ende der in Auftrag gegebenen Ausführungsarbeiten, sondern der rechtliche Vertragsabschluß gemeint, wie der EuGH dies unter Verweis auf den (mit § 3a Nr. 6 lit. e VOB/A gleichlautenden) Art. 7 III lit. e BKR (RL 93/37/EWG) feststellt[1821]. Des Weiteren ist der öffentliche Auftraggeber für das Vorliegen der »zwingenden Gründe« für diese Nachbeauftragung beweispflichtig.

(2e) Variante: De-facto-Vergabe

272 Eine **Variante** zu den genannten Fällen der Prüfung einer gerechtfertigten Vergabe im Verhandlungsverfahren ohne Bekanntmachung ist, dass die ausschreibende Stelle entweder sich selbst oder das betreffende Vorhaben gar nicht für ausschreibungspflichtig hält (oder auch das Ausschreibungsrecht bewusst umgeht) und eine sog. **De-facto-Vergabe** vornimmt.

Aktuell ist dies streitig etwa im Falle der **Kölner Messe**.

Mit Klageschrift vom 30. 11. 2007 hat die Kommission Klage gegen die Bundesrepublik Deutschland wegen Verletzung des EG-Vertrages erhoben[1822]. Die Vertragsverletzung soll darin bestehen, dass die Stadt Köln einen öffentlichen Bauauftrag an ein privates Unternehmen vergeben hat, ohne die nach der Richtlinie 93/37/EWG des Rates vom 14. 6. 1993 zur Koordinierung der Verfahren zur Vergabe öffentlicher Bauaufträge erforderliche Ausschreibung vorzunehmen (s.a. VS 2006, 82). Gegen-

1821 EuGH, Urt. 9. 9. 2004 (Rs. C-385/02), VergabE A-1-4/04 = VergabeR 2004, 710.
1822 Rechtssache C-536/07 in: ABl. 2008 C 51, S. 33. Siehe dazu: *Fischer*, VS 2008, 18.

stand des Auftrags war die **Errichtung von vier neuen Messehallen zur Nutzung durch die KölnMesse GmbH**, einer mehrheitlich von der Stadt Köln gehaltenen Gesellschaft. Die Auftragsvergabe wurde in der Weise abgewickelt, dass die Stadt Köln mit einem privaten Investor einen **Mietvertrag** abschloss, durch den sich der Investor verpflichtete, die **Gebäude der Messehallen entsprechend den Spezifikationen der Stadt Köln zu errichten**. Die Stadt mietete die Gebäude für einen festen Zeitraum von 30 Jahren gegen eine Gesamtmiete von 600 Mio. € und vermietete sie im Rahmen eines Untermietvertrages an die Messe GmbH weiter.

Nach **Ansicht der Kommission** handelt es sich bei dem abgeschlossenen Vertrag um einen **öffentlichen Bauauftrag**, der gemäß der Richtlinie 93/37/EWG im Rahmen einer europaweiten Ausschreibung hätte vergeben werden müssen. Als Gebietskörperschaft sei die Stadt Köln öffentlicher Auftraggeber im Sinne der Richtlinie, somit verpflichtet, bei der Vergabe öffentlicher Aufträge die Verfahrensbestimmungen der Richtlinie einzuhalten. Trotz seiner Bezeichnung als »Mietvertrag« und der scheinbar vorrangigen Regelung eines entgeltlichen Nutzungsrechts sei der abgeschlossene Vertrag als öffentlicher Bauauftrag einzustufen, da von der Definition des öffentlichen Bauauftrages auch Verträge erfasst würden, die darauf abzielen, die Nutzungsmöglichkeiten an einem noch nicht bestehenden, aber **vom öffentlichen Auftraggeber in seinen Spezifikationen genau vorgegebenen Gebäude** zu verschaffen. Enthalte ein Vertrag verschiedene Elemente, so komme es für seine Einstufung auf den **vertraglichen Hauptgegenstand** an. Aus dem wirtschaftlichen Zusammenhang und den Umständen des Vertragsschlusses ergebe sich aber, dass es den Vertragsparteien in erster Linie darum gegangen sei, die Messehallen nach den von der Stadt Köln vorgegebenen detaillierten Spezifikationen zu errichten. Der Schwerpunkt des Vertrages liege auf der **Finanzierung einer Bauleistung bei zeitlicher Streckung der Gegenleistung**; wirtschaftlich würde das gleiche Ergebnis erzielt wie die Vergabe eines Werkvertrages über Bauleistungen. Unerheblich sei, dass die Stadt Köln weder Eigentümer der Gebäude sei noch diese selber nutze, weil sie den Vertrag mit dem privaten Investor geschlossen habe und daher der Leistungserfolg allein ihr geschuldet sei. Öffentliche Bauaufträge seien im Regelfall im offenen Verfahren zu vergeben unter Bekanntmachung der beabsichtigten Auftragsvergabe in der gesamten Gemeinschaft. Da Gründe für eine freihändige Vergabe ohne vorherige Bekanntmachung nicht ersichtlich seien, habe die Bundesrepublik Deutschland aufgrund des Vertragsabschlusses durch die Stadt Köln ohne Ausschreibung gegen ihre Verpflichtungen aus der Richtlinie 93/37/EWG verstoßen.

(2f) Mögliche Konsequenzen der Nichtbeachtung der Voraussetzungen

273 Die **möglichen Konsequenzen** einer »freihändigen« Vergabe im Verhandlungsverfahren sollte sich jede ausschreibende Stelle vor Augen führen. Dadurch, dass es sich hierbei mehrheitlich um Fallarten der de-facto-Vergabe handelt, droht die **Nichtigkeit des Zuschlags gemäß § 13 S. 6 VgV** zumindest dann, wenn mit mehreren Wirtschaftsteilnehmern verhandelt worden ist[1823]. Die Bestimmung ist

1823 OLG Celle, Beschl. v. 5. 2. 2004 (13 Verg 26/03), VergabE C-9-26/03 = EUK 2004, 40 = Behörden Spiegel 4/2004, S. 19. Auf diesen Nichtigkeitstatbestand kann sich allerdings nur berufen, wer mit dem öffentlichen Auftraggeber mit einem Angebot in Verbindung getreten ist: OLG Jena, Beschl. v. 28. 1. 2004 (6 Verg 11/03), VergabE C-16-11/03, Rn. 43 = EUK 2004, 24.

grundsätzlich auf die Fälle der sog. De-facto-Vergabe anwendbar[1824]. Auch der Fall einer ungerechtfertigten Vergabe im Wege des Verhandlungsverfahrens ohne vorherige Bekanntmachung stellt eine solche De-facto-Vergabe dar.

Das OLG Düsseldorf hatte für den Fall, dass nur mit einem Bieter verhandelt wurde, die Anwendbarkeit des § 13 S. 6 VgV verneint, weil diese Vorschrift voraussetze, dass mehrere Bieter existieren, gegenüber denen eine Vorabmitteilungspflicht über den beabsichtigten Zuschlag bestehe. Die Nichtigkeitsfolge wird von der herrschenden Auffassung aber auch dann bejaht, wenn nur mit einem einzigen Bieter verhandelt wurde[1825].

Das Vorabinformationsverfahren ist ferner auch dann durchzuführen, wenn nach Insolvenz des bezuschlagten Bieters die Vergabestelle meint, ohne näheres Procedere den Zweitplazierten als Vertragspartner nehmen zu können[1826].

Des Weiteren droht eine **Nichtigkeit nach § 138 BGB**. Das OLG Jena[1827] hat unter Berufung auf das OLG Düsseldorf ausgeführt:

> »*Wie auch das OLG Düsseldorf zu Recht festgestellt hat,* ***endet die Bestandskraft eines erteilten Zuschlags*** *dort, wo der öffentliche Auftraggeber* ***bewusst das Vergaberecht umgeht****. In solchen Fällen sind die geschlossenen Verträge gemäß § 138 BGB nichtig (vgl. OLG Düsseldorf, Beschluss vom 3. 12. 2003 – VII – Verg 37/03, VergabE C-10-37/03). Dem ist zu folgen, wobei ein effektives Nachprüfungsverfahren in Fällen eines Vergabeverfahrens ohne Vergabebekanntmachung dadurch sichergestellt werden kann, dass die Vergabeprüfungsinstanzen strenge* ***Anforderungen hinsichtlich der Darlegungslast eines öffentlichen Auftraggebers*** *zugrunde legen. Sieht eine Vergabestelle von der Durchführung eines öffentlichen Teilnahmewettbewerbs ab, wird sie in einem nach Zuschlagserteilung eingeleiteten Nachprüfungsverfahren* ***schlüssig die Gründe hierfür offen zu legen*** *haben.* ***Fehlt*** *es insoweit an einem* ***hinreichend schlüssigen Vortrag****, werden die Vergabeprüfungsinstanzen das zum Anlass zu nehmen haben, eine* ***mögliche Umgehung des Vergaberechts*** *– mit der Konsequenz einer Vertragsnichtigkeit im Sinne des § 138 BGB –* ***vertieft zu prüfen.***«

cc) Anforderungen an die Durchführung

274 Das Verhandlungsverfahren stellt zwar insgesamt geringere Anforderungen an die Vergabestelle[1828], enthebt aber nicht von der Pflicht, die Vergabegrundsätze zu beachten.

Der Vergabestelle steht zunächst im **Teilnahmewettbewerb** für die Teilnehmerauswahl ein **großer Ermessensspielraum** zu. Sie hat bei der Entscheidung die

---

1824 BGH, Beschl. v. 1. 2. 2005 (X ZB 27/04), NZBau 2005, 290 = VergabeR 2005, 328 = WuW 2005, 573.
1825 OLG Naumburg, Beschl. v. 15. 3. 2007 (1 Verg 14/06), VergabeR 2007, 487 = VS 2007, 26.
1826 OLG Naumburg, Beschl. v. 15. 3. 2007 (1 Verg 14/06), VergabeR 2007, 487 = VS 2007, 26.
1827 OLG Jena, Beschl. v. 28. 1. 2004 (6 Verg 11/03), VergabE C-16-11/03, Rn. 43 = EUK 2004, 24.
1828 VK Bund, Beschl. v. 9. 4. 2001 (VK 1-7/01), VergabE D-7/01 = VergabeR 2001, 23 = EUK 2001, 88 = Behörden Spiegel 6/2001, S. B II; VÜA Bund, Beschl. v. 30. 10. 1996 (1 VÜ 19/96), VergabE U-1-19/96 = WuW/E Verg 55.

Grundsätze der Gleichbehandlung und Transparenz zu beachten[1829]. Im Einzelnen kann auch auf die Ausführungen zum Nichtoffenen Verfahren verwiesen werden.

Die **Haupt-Fehlerquellen** im Verhandlungsverfahren fokussieren sich jedoch – wenig überraschend – auf das **Angebotsverfahren.**

Eine **nachträgliche Anfrage an einen Bieter**, ein Angebot abzugeben, **nachdem die Fristen** für die Einreichung der Teilnahmeanträge längst **abgelaufen waren**, diskriminiert die Mitbieter[1830] und verstößt daher gegen § 97 II GWB. An dieser Sichtweise konnte in dem entschiedenen Fall auch die vorherige Beteiligung der nachträglich aufgeforderten Bieterin als Subunternehmerin einer bereits am Vergabeverfahren beteiligten Bieterin nichts ändern.

Das Verhandlungsverfahren hat keine besonderen Vorgaben, außer dass die **Teilnahmefrist von regelmäßig 37 Tagen** einzuhalten ist. Diese kann nur im Falle besonderer Dringlichkeit auf 15 Tage verkürzt werden. Ist die Frist für den Eingang der Teilnahmeanträge verstrichen und lässt die Vergabestelle dennoch ein Unternehmen zur Angebotsabgabe zu, so verletzt sie elementare Grundsätze der Gleichbehandlung und des fairen Wettbewerbs. Die Vergabekammer kann in einem solchen Falle die Vergabestelle anweisen, das nachträglich zugelassene Unternehmen auszuschließen und das Verhandlungsverfahren mit den verbleibenden Unternehmen fortzusetzen[1831].

Ein **Verhandlungsverfahren ist aufzuheben**, wenn infolge formaler Mängel im Hinblick auf die gesetzten Anforderungen an die Nachweise im Teilnahmeantrag (hinter welche die Vergabestelle nicht zurücktreten darf) keiner der sich bewerbenden Unternehmer zur Angebotsabgabe aufgefordert werden kann[1832].

Im deutschen Umsetzungsrecht des § 18 a Nr. 3 VOB/A bzw. der §§ 18, 18 a VOL/A ist für das Verhandlungsverfahren **keine Frist zur Abgabe der Angebote** vorgesehen. Art. 19 II DKR sagte aber beispielsweise, dass zur Vorbereitung des Verhandlungsverfahrens die Bewerber aufzufordern sind, bis zu einem bestimmten Termin Angebote abzugeben[1833]. **Weitere Fristen** können im Laufe des weiteren Verfahrens gesetzt werden. Die Vergabestelle ist dann jeweils an die von ihr gesetzten Fristen (z.B. zur Angebotsüberarbeitung) gebunden[1834].

Der Verfahrensverlauf selbst kann von der Vergabestelle recht frei gehandhabt werden, sofern nur die **wesentlichen Prinzipien** der Transparenz, der Nichtdiskriminierung und des fairen Wettbewerbs[1835] eingehalten werden. Das Verhand-

1829 OLG Düsseldorf, Beschl. v. 24. 5. 2007 (VII-Verg 12/07).

1830 OLG Düsseldorf, Beschl. v. 30. 5. 2001 (Verg 23/00 – »Bereederung Spezialflugzeuge«), VergabE C-10-23/00 = EUK 2001, 138 = Behörden Spiegel 9/2001, S. 19; VK Bund, Beschl. v. 18. 9. 2000 und v. 9. 10. 2000 (VK 2-30/00), VergabE D-1-30/00.

1831 OLG Düsseldorf, Beschl. v. 30. 5. 2001 (Verg 23/00 – »Bereederung Spezialflugzeuge«), VergabE C-10-23/00 = EUK 2001, 138 = Behörden Spiegel 9/2001, S. 19.

1832 VK Halle, Beschl. v. 11. 4. 2005 (VK 2 LVwA 6/05), VS 2005, 56 [LS].

1833 Hierauf weist die VK Bund, Beschl. v. 18. 9. 2000 und v. 9. 10. 2000 (VK 2-30/00), VergabE D-1-30/00, hin. Vgl. VÜA Brandenburg, Beschl. v. 22. 10. 1998 (1 VÜA 15/96), VergabE V-4-15/96.

1834 OLG Düsseldorf, Beschl. v. 7. 1. 2002 (Verg 36/01), VergabE C-10-36/01v = VergabeR 2002, 169 = EUK 2002, 25 = Behörden Spiegel 2/2002, S. 18.

1835 OLG Düsseldorf, Beschl. v. 18. 6. 2003 (Verg 15/03), VergabE C-10-15/03 = EUK 2004, 43 = Behörden Spiegel 4/2004, S. 19; VK Südbayern, Beschl. v. 13. 12. 1999 (120.3-3194.1-19-11/99), VergabE E-2b-11/99 = EUK 2000, 58.

lungsverfahren kann gestaltet werden ähnlich einem Nichtoffenen Verfahren mit vorgeschaltetem Teilnahmewettbewerb[1836], bei dem nicht alle Bewerber in das Verhandlungsverfahren einbezogen werden. Die Bewerber sind dann aber nach objektiven Kriterien auszuwählen. Die Prüfung (vgl. § 7a Nr. 3 VOL/A) erfolgt regelmäßig in zwei Schritten, und zwar der Ausscheidung der ungeeigneten von den geeigneten Bewerbern und dann der Auswahl unter den verbliebenen Bewerbern, mit denen in das Verhandlungsverfahren übergegangen wird[1837]. Ebenso ist es möglich und ggf. sogar zwingend erforderlich, alle Bewerber einzubeziehen und mit ihnen zu verhandeln.

Es können **mehrere Verhandlungsrunden** durchgeführt werden, an deren Ende jeweils ein modifiziertes Angebot steht[1838]. Verhandlungen über **Preise** und sonstige Details der Auftragsausführung sind im Verhandlungsverfahren nicht rechtswidrig, sondern ein zulässiges Mittel[1839]. Es kann daher auch zu Verschiebungen der Bieterrangfolge kommen[1840]. Unmissverständlich äußert sich das OLG Düsseldorf[1841] wie folgt: »*Dass im Verhandlungsverfahren auch nach Abgabe der Angebote über den Preis verhandelt werden kann, versteht sich von selbst. Die allgemeine Rüge der Antragstellerin, es sei noch nach der Angebotsabgabe über Preise und Konditionen verhandelt worden, geht daher schon im Ansatz fehl.*«

Sogar (an sich unzulässige) **Nachverhandlungen mit einem einzigen Bieter** sind jedenfalls dann vergaberechtlich nicht schädlich, wenn sich dadurch die Bieterrangfolge im Ergebnis nicht verschiebt. Es handelt sich dann ggf. um einen offensichtlich folgenlos gebliebenen Fehler[1842]. Das OLG Düsseldorf[1843] führt aus: »*Soweit ein Mitbewerber, das Vermessungsbüro S., sein Angebot sogar noch im Anschluss an die Verhandlungsgespräche nachgebessert hat, ist der Antragstellerin daraus kein Nachteil im Vergabeverfahren entstanden, weil sich dies auf die Rangfolge der Bieter nicht ausgewirkt hat.*«

Es liegt in der Natur eines Verhandlungsverfahrens, dass sich die Angebote ständig bis zum »Last Order« durch Nachforderungen und Aufklärungsbegehen entsprechend den Wünschen eines Auftraggebers verändern. Dies kann ein Auftraggeber bei Umsetzung der vergaberechtlichen Grundsätze eines transparenten Wettbewerbes (§ 97 I GWB) unter strikter Wahrung des Gleichbehandlungsgrundsatzes (§ 97 II GWB) nur erreichen, wenn er sukzessive jeweils durch Fristsetzung die noch in der Wertung befindlichen Angebote durch die Bieter entsprechend seiner Vorgaben »nachbessern« lässt[1844].

1836 So VK Baden-Württemberg, Beschl. v. 18. 7. 2001 (1 VK 12/01), VergabE E-1-12/01 = EUK 2001, 169.

1837 VK Sachsen, Beschl. v. 6. 3. 2000 (1 VK 11/00), VergabE E-13-11/00 = EUK 2000, 125.

1838 VK Schleswig-Holstein, Beschl. v. 17. 8. 2004 (VK-SH 20/04), VS 2005, 39 [LS].

1839 So ausdrücklich: KG, Beschl. v. 15. 5. 2003, 2 Verg 4/03, VergabE C-3-4/03v, Rn. 32 = EUK 2003, 175; OLG Düsseldorf, Beschl. v. 18. 6. 2003 (Verg 15/03), VergabE C-10-15/03 = EUK 2004, 43 = Behörden Spiegel 4/2004, S. 19; VK Bund, Beschl. v. 9. 4. 2001 (VK 1-7/01), VergabE D-7/01 = EUK 2001, 88.

1840 VÜA Niedersachsen, Beschl. v. 25. 3. 1997 (34.2.–35.66, Tgb.-Nr. 2/96), VergabE V-9-2/96 = ZVgR 1997, 188.

1841 OLG Düsseldorf, Beschl. v. 23. 7. 2003 (Verg 27/03), VergabE C-10-27/03, Rn. 16 = EUK 2003, 123.

1842 Vgl. OLG Rostock, Beschl. v. 25. 10. 1999 (17 W 2/99), VergabE C-8-2/99, Leitsatz: »*Das Nachprüfungsverfahren dient nicht dazu, offensichtlich folgenlos gebliebene Fehler festzustellen.*«

1843 OLG Düsseldorf, Beschl. v. 23. 7. 2003 (Verg 27/03), VergabE C-10-27/03, Rn. 16 = EUK 2003, 123.

1844 VK Sachsen, Beschl. v. 16. 11. 2006 (1/SVK/097-06), NZBau 2007, 471 = VS 2007, 15 [LS].

Das im Offenen und Nichtoffenen Verfahren eher strenge Nachverhandlungsverbot des § 24 VOL/A oder § 24 VOB/A mit einem strikten Verhandlungsverbot betreffend die Preise[1845] gilt im Verhandlungsverfahren nur äußerst eingeschränkt[1846]. Die aufgrund der Verhandlungen abgegebenen Angebote müssen sich lediglich im **Rahmen der ursprünglichen Ausschreibungsmodalitäten** bewegen[1847]. Sonst wird der Wettbewerb verfälscht. Dies war beispielsweise intensiv bei der Vergabe der Sanierung des Berliner Olympiastadions zu prüfen[1848].

Die Vergabestelle darf auch schon aus Gleichbehandlungsgründen nicht nach dem Ausverhandeln mit dem verbliebenen Bieter einen Vertrag zur Beseitigung von Rohschlacke in einer Müllverbrennungsanlage mit einem **um ein Drittel reduzierten Leistungsumfang** abschließen. Die Vergabestelle hätte nach Ansicht der Vergabekammer[1849] alle ursprünglich beteiligten 8 Bewerber zu einer veränderten Angebotsabgabe auffordern müssen.

Das Verhandlungsverfahren kann sich bei großen und komplizierten Beschaffungen durchaus über Monate erstrecken. Mit (Primär-) Rechtsschutzmaßnahmen nach den §§ 102 ff. GWB ist aber auch dann immer noch zu rechnen[1850].

Die Verhandlungsrunden müssen **unbedingt getrennt** geführt werden. Insbesondere dürfen die **Preise** der Angebote der Mitbewerber nicht an die Bieter weitergegeben werden, mit denen nachfolgend verhandelt wird[1851]. Hiermit würde ein diskriminierender und ruinöser Wettbewerb eröffnet.

Der Ausschluss eines Angebotes nach § 25 Nr. 1 I lit. e VOL/A (**verspätete Angebote**) ist auch im Verhandlungsverfahren dann vorzunehmen, wenn das ausdrücklich binnen einer gesetzten Frist vorzulegende Originalangebot aufgrund eines Zustellversehens der Post erst nach Ablauf selbiger beim Auftraggeber zugeht[1852]. Dies gilt auch im Hinblick auf weitere formale Anforderungen, die von der Vergabestelle im Laufe des Verhandlungsverfahrens (Angebotsverfahrens) aufgestellt werden[1853].

Wird in einem Verhandlungsverfahren Einigkeit über die Vergabe von Teilleistungen erzielt, ohne dass es zu einem schriftlichen Vertrag kommt, so ist dies kein konkludenter Vertragsschluss über die Vergabe aller Leistungen[1854].

1845 BGH, Urt. v. 6. 2. 2002 (V ZR 185/99), VergabeR 2002, 369; OLG Bremen, Beschl. v. 20. 8. 2003 (Verg 7/2003), VergabE C-5-7/03v, Rn. 17 = EUK 2003, 140.

1846 VK Hessen, Beschl. v. 15. 6. 2007 (69d–VK-17/2007), VS 2007, 77; VK Sachsen, Beschl. v. 1. 11. 2000 (1 VK 90/00), VergabE E-13-90/00 = EUK 2001, 28. Offengelassen in: VK Schleswig-Holstein, Beschl. v. 17. 8. 2004 (VK-SH 20/04), VS 2005, 39 [LS].

1847 VÜA Nordrhein-Westfalen, Beschl. v. 9. 11. 1998 (424-84-41-26/98), VergabE V-10-26/98 = EUK 2000, 168.

1848 VK Berlin, Beschl. v. 31. 5. 2000 (VK B 2-15/00), VergabE E-3-15/00 = EUK 2000, 105.

1849 VK Südbayern, Beschl. v. 13. 12. 1999 (120.3-3194.1-19-11/99), VergabE E-2b-11/99 = EUK 2000, 58.

1850 OLG Celle, Beschl. v. 21. 3. 2001 (13 Verg 4/01), VergabE C-9-04/01 = EUK 2001, 89.

1851 KG, Beschl. v. 31. 5. 2000 (Kart Verg 1/00), VergabE C-3-1/00 = EUK 2000, 184.

1852 VK Sachsen, Beschl. v. 29. 12. 2004 (1 VK 123/04), VS 2005, 48 [LS].

1853 OLG Düsseldorf, Beschl. v. 18. 7. 2005 (VII Verg 39/05), VS 2005, 92; VK Hessen, Beschl. v. 15. 6. 2007 (69d–VK-17/2007), VS 2007, 77. In diesem Sinne auch OLG Düsseldorf, Beschl. v. 13. 6. 2007 (VII-Verg 2/07), NZBau 2007, 530 = VergabeR 2007, 634.

1854 OLG Schleswig, Beschl. v. 1. 9. 2006 (1 [6] Verg 8/05), VS 2006, 72 [LS].

Schlussendlich ist auch beim Verhandlungsverfahren – auch bei demjenigen ohne vorherige Bekanntmachung – die **Vorabinformation** nach § 13 VgV durchzuführen[1855]. Aufgrund von Sinn und Zweck des § 13 VgV dürfte sich die Vorabinformation einzig in dem Falle erübrigen, in dem rechtmäßigerweise nur ein Unternehmer in Betracht kommt und auch nur mit diesem Unternehmer verhandelt wurde.

Merke: Zum **Abschluss des Teilnehmerwettbewerbes** sollte eine **Information analog § 13 VgV** an die Teilnehmer, insbesondere die nicht erfolgreichen Teilnehmer ergehen[1856]. Zwar ist in § 13 VgV nur von zu informierenden »Bietern« die Rede. Besser ist es aber, im Interesse der Rechtssicherheit, erfolglose Teilnehmer in entsprechender Anwendung über den Nichterfolg ihrer Teilnahme zu informieren. Es ist von der Rechtsprechung geklärt, dass auch ein Ausschluss im Verfahren des Teilnahmewettbewerbes vor der Vergabekammer angegriffen werden können muss[1857]. Nach Beendigung des Angebotsverfahrens sind auch diejenigen Bewerber über die beabsichtigte Zuschlagserteilung zu informieren, die gar nicht an der zweiten Stufe des Verhandlungsverfahrens, nämlich dem Teilnahmewettbewerb, partizipiert haben.

Des weiteren: Stellt sich in einem Streitverfahren auf der Stufe des Angebotsverfahrens heraus, dass ein zur Angebotsabgabe aufgeforderter Bieter gar nicht hätte aufgefordert werden dürfen, so besitzt er u.U. diesbezüglich gar keine Antragsbefugnis[1858].

Gleichermaßen müssen sämtliche Bieter des vorherigen Verfahrens über den beabsichtigten Vertragsschluss rechtzeitig informiert werden, wenn ein Angebot eines vorausgehenden Verfahrens Grundlage der Verhandlungen im nachfolgenden Verfahren mit nur einem Bieter ist[1859].

dd) Besondere Fälle und Preisrecht

275 Bei dem Verhandlungsverfahren treten überwiegend Probleme der **Anwendungspraxis** auf, weniger handelt es sich um einen Mangel der Richtlinienvorgaben. Es zeigt sich, dass die Praxis der großzügigen Anwendung des Verhandlungsverfahrens zunehmend durch streitbare Bieter bekämpft wird. Man kann bei der Auswertung der Vergabenachprüfungsverfahren durchaus zu der Feststellung gelangen, dass die Verfahrenswahl und die richtige Anwendung selbiger einen **gewissen Schwerpunkt** darstellen.

Vom Standpunkt der Vergabestellen aus ist zu bedenken, dass selbst dann, wenn das Verhandlungsverfahren ausnahmsweise zulässig ist, **kein wettbewerbsfreier Raum** eröffnet ist. So hat zu Recht das KG in Berlin hervorgehoben, dass es sich auch im Verhandlungsverfahren und bei der Freihändigen Vergabe keine Vergabestelle leisten kann, blindlings auf das Angebot nur eines Bieters zurückzugreifen

1855 OLG Frankfurt, Beschl. v. 6. 8. 2007 (11 Verg 5/07), VS 2007, 84; OLG Dresden, Beschl. v. 16. 10. 2001 (WVerg 0007/01), VergabE C-13-07/01 = EUK 2001, 182; VK Hessen, Beschl. v. 6. 2001 (69 d VK 17/2001), EUK 2001, 154; VK Sachsen, Beschl. v. 18. 9. 2001 (1 VK 83/01).

1856 OLG Naumburg, Beschl. v. 25. 9. 2006 (1 Verg 10/06), NZBau 2007, 332 = VergabeR 2007, 255 = VS 2006, 77.

1857 VK Lüneburg, Beschl. v. 1. 9. 2005 (VgK 36/2005), VS 2005, 76.

1858 OLG Naumburg, Beschl. v. 8. 9. 2005 (1 Verg 10/05), VS 2005, 87 [LS].

1859 VK Sachsen-Anhalt, Beschl. v. 12. 7. 2007 (1 VK LVwA 13/07).

und mit diesem zu verhandeln[1860]. Insoweit ist immer zu bedenken, dass die Vergabestellen zum einen auf die wirtschaftliche Verwendung der Haushaltsmittel verpflichtet sind und sie zum anderen der Kontrolle der Rechnungshöfe unterliegen.

Differenzieren müssen wird man allerdings sicherlich bei der Nachfrage schnelllebiger Artikel der **Hochtechnologie** wie z.B. Computerprogrammen, Steuerungssystemen etc., wo sich die Ausschreibungsregularien manches Mal als zu starr erweisen. Insbesondere befindet sich die Vergabestelle in diesen Marktsegmenten nicht immer in Kenntnis der neuesten technischen Entwicklungen und der oftmals vielschichtigen technischen Lösungsmöglichkeiten. Dies hat das OLG Düsseldorf für hochkomplexe IT-Vergabe eingeräumt[1861].

Insbesondere in Konstellationen, in denen **Leistungen** im Verhandlungsverfahren – oder unterhalb der Schwellenwerte im Wege der Freihändigen Vergabe – vergeben werden müssen und in denen keine Marktpreise existieren, greift das **öffentliche Preisrecht** in Form der **Preisverordnung Nr. 30/53**[1862]. Lässt sich ein Marktpreis nicht feststellen, so ist anhand der Selbstkostenpreise der von der öffentlichen Hand maximal zu zahlende Höchstpreis zu ermitteln. Dies ist dann Gegenstand der Preisprüfung, einer eigenständigen »Unterdisziplin« des Vergaberechts[1863].

Das Bundesministerium für Wirtschaft hat durch eine Verordnung vom 16. 6. 1999[1864] die **Baupreisverordnung** aus dem Jahre 1972 (**VO PR Nr. 1/72)**[1865] **mit Wirkung vom 1. 7. 1999 aufgehoben**. Die »*Verordnung VO Nr. 1/72 über die Preise für Bauleistungen bei öffentlichen oder mit öffentlichen Mitteln finanzierten Aufträgen*« sah vor, dass **öffentliche Aufträge vorrangig nach Wettbewerbs- oder Listenpreisen** vergeben werden sollen. In Bezug auf die **Selbstkostenpreise** enthielt sie Regelungen für die **Preisermittlung** und **Preisprüfung**. Da Selbstkostenpreise in der Vergabepraxis kaum mehr vorkommen, entfiel der Regelungsbedarf.

ee) Wettbewerblicher Dialog

276 Auf europäischer Ebene wurde schon seit längerer Zeit eine Ausdehnung des Verhandlungsverfahrens in besonderen Fällen diskutiert[1866]. Dementsprechend findet sich in dem Richtlinienpaket 2006 der Europäischen Kommission eine **Weiterentwicklung des Verhandlungsverfahrens** dahingehend, dass die Vergabestelle nach einer entsprechenden Bekanntmachung im Rahmen eines sog. »**Wettbewerb-**

1860 KG, Beschl. v. 18. 3. 1998 (Kart 3/95), WuW 1998, 482 = VgR 4/1998, 46.

1861 OLG Düsseldorf, Beschl. v. 13. 11. 2000 (Verg 18/00), VergabE C-10-18/00v.

1862 Verordnung PR Nr. 30/53 v. 21. 11. 1953, BAnz. Nr. 244, zuletzt geändert durch VO PR 1/89, BGBl. I, S. 1094, über die Preise bei öffentlichen Aufträgen einschließlich der Leitsätze für die Preisermittlung auf Grund von Selbstkosten (LSP).

1863 Instruktiv dazu *Schafft*, ZVgR 2000, 245.

1864 BGBl. I, S. 1419. Dazu auch EUK 1999, 151.

1865 VO PR Nr. 1/72 v. 6. 3. 1972, BGBl. I, S. 293, zuletzt geändert durch Gesetz v. 27. 12. 1993, BGBl. I, S. 2378.

1866 Siehe die Mitteilung der Europäischen Kommission vom 11. 3. 1998 »Das öffentliche Auftragswesen in der Europäischen Union«, Punkt 2.1.2.2., abgedruckt als Heft 4 der Schriftenreihe des Forum Vergabe e.V., Köln 1998. Vgl. auch die Stellungnahme des Bundestages, BT-Drucks. 13/11160 v. 23. 6. 1998.

lichen Dialogs«[1867] vorab mit einigen Unternehmen in einem geordneten Verfahren Kontakt aufnehmen kann, um sich über die technischen Neuerungen, Lösungswege und möglichen Varianten zu informieren und dann nach einer Angebotsabgabe seitens der Bieter den Auftrag zu vergeben, ohne dass in diesem Stadium noch eine Verhandlung möglich ist.

Der wettbewerbliche Dialog rangiert dabei nach wohl mehrheitlicher Meinung als vierte eigenständige Vergabeart neben dem Offenen, Nichtoffenen und dem Verhandlungsverfahren. Voraussetzung ist, dass es sich nach objektiver Betrachtung – und nicht nach subjektiver Einschätzung der Vergabestelle – um eine komplexe Vergabe handelt[1868]. Welche Vorteile und Unterschiede im Einzelnen zum Verhandlungsverfahren bestehen, ist noch nicht in allen Facetten geklärt[1869].

Für diese besonderen Fälle der sehr großen **Schnelllebigkeit** bestimmter Produkte ist ein solches Verfahren zu befürworten. Zwar steht dem die prinzipielle Erwägung entgegen, dass sehr naheliegende **Beeinflussungsmöglichkeiten** seitens der vorab angefragten Bieterunternehmen bestehen. Konkret können sie bestimmte Produkte oder technische Varianten empfehlen oder unterdrücken und damit die Auftragsvergabe in eine bestimmte Richtung lenken. Andererseits ist eine deutliche Absicherung in der Weise gegeben, dass die Vergabestelle verpflichtet werden soll, durch Einbeziehung möglichst vieler Unternehmen eine objektive Marktabfrage zu tätigen.

Außerdem ist zu bedenken, dass das Vergaberecht, namentlich die Verdingungsordnungen VOB/A und VOL/A, seit jeher eine **Innovationsoffenheit** für sich proklamieren, so dass auch unter diesem Gesichtspunkt kein Bruch der vergaberechtlichen Tradition entsteht. Das Vergaberecht wird lediglich fortentwickelt für Bereiche, in denen sich eine ganz besondere Schnelllebigkeit herauskristallisiert hat, der mit den bisherigen, immer etwas zur Schwerfälligkeit neigenden Vergabemechanismen nicht recht beizukommen ist.

e) Folgen einer falschen Verfahrenswahl

277 Die Nichtbeachtung des Vorrangs der Öffentlichen Ausschreibung bzw. des Offenen Verfahrens **kann** die **vergaberechtliche Konsequenz** haben, dass die Vergabekammer das Verfahren mit einem so schweren Fehler belastet sieht, dass es von ihr **aufgehoben** wird. Der **Grund** dafür könnte darin liegen, dass die Vergabenachprüfungsinstanzen den **Wettbewerb als von Anfang an beschnitten** ansehen, so dass dem nur durch Aufhebung der Ausschreibung und Neustart des Verfahrens begegnet werden kann.

Einer solchen Sichtweise steht allerdings die teilweise recht weitreichende **Rechtsfindung** zu **folgenlos gebliebenen Fehlern** entgegen[1870]. Die Nachprüfungsinstanzen tendieren zum Teil dazu, zu fragen, welche **spezifischen Benachteiligungen**

1867 Dazu etwa: *Paetzold*, ZVgR 2000, 191; *Knauff*, VergabeR 2004, 287.

1868 Art. 29 VKRL 2004/18/EG. Vgl. schon kodifizierte Richtlinie für klassische öffentliche Auftraggeber (Dok. KOM [2000] 275, endg. v. 10. 5. 2000), EUK 2000, 120.

1869 Zum Vergleich beider Verfahren etwa: *Müller/Veil*, Wettbewerblicher Dialog und Verhandlungsverfahren im, VergabeR 2007, 298.

1870 Vgl. OLG Rostock, Beschl. v. 25. 10. 1999 (17 W 2/99), VergabE C-8-2/99, Leitsatz: »*Das Nachprüfungsverfahren dient nicht dazu, offensichtlich folgenlos gebliebene Fehler festzustellen.*«

der antragstellende Bieter im Hinblick auf die Chancen der Zuschlagserteilung durch die falsche Verfahrenswahl erlitten hat. Ergeben sich keine spezifischen Benachteiligungen dadurch, dass die ausschreibende Stelle das Nichtoffene anstatt des Offenen Verfahrens gewählt hat, so ist dies für ein begründetes Nachprüfungsverfahren u.U. keineswegs hinreichend.

Dementsprechend hat das OLG Düsseldorf[1871] festgestellt, dass ein **potentieller Bieter/Teilnehmer** mangels Antragsbefugnis (§ 107 II GWB) kein zulässiges Vergabenachprüfungsverfahren initiieren kann, wenn er lediglich die Wahl des Vergabeverfahrens (hier: Beschränkte Ausschreibung nach Teilnahmewettbewerb anstatt europaweites Offenes Verfahren) beanstandet, **ohne dezidiert darlegen zu können**, dass **ihm** ***dadurch*** **ein Schaden entstanden ist bzw. zu entstehen droht.**

All dies gilt erst recht für die Konstellation, dass sich der antragstellende **Bieter** auf das Verfahren für eine »Freihand-Vergabe« **eingelassen** hat[1872]. Insoweit schlägt der Charakter des Individualbeschwerdeverfahrens durch, der im Spannungsverhältnis mit der Bestimmung des § 114 I 2 GWB steht, wonach die Nachprüfungsinstanzen auch unabhängig von den Anträgen des sich beschwerenden Bieters auf die Herstellung der Rechtmäßigkeit des Vergabeverfahrens hinwirken können bzw. sollen.

Eine reine **Falschbezeichnung** (»falsa demonstratio«) **schadet nicht.** Benennt die Vergabestelle die ordnungsgemäß als europaweites Vergabeverfahren bekanntgemachte Ausschreibung in den nationalen Publikationsorganen mit »Öffentliche Ausschreibung« anstatt mit »Offenes Verfahren«, so ist dies unschädlich[1873]. Das Verfahren gilt damit nicht als falsch gewählt. Auch ist in solchen Fällen verschärft zu fragen, inwieweit eine solche falsa demonstratio den Bieter überhaupt zu beeinträchtigen geeignet ist.

Über diese subjektiv-rechtlichen Komponenten hinaus hat die falsche Verfahrenswahl die **haushaltsrechtliche Implikation**, dass bei der rechtswidrigen Nichtanwendung der Öffentlichen Ausschreibung aufgrund des dann unterstelltermaßen eingeschränkten Wettbewerbs immer ein prinzipieller Verstoß gegen den Grundsatz der Wirtschaftlichkeit und Sparsamkeit vorliegt. Die Vergabestelle wird sich vor den **Rechnungsprüfungsbehörden haushaltsrechtlich rechtfertigen** müssen – wohlgemerkt auch unterhalb der Schwellenwerte.

Eine zusätzliche Schwierigkeit kann sich bei der Vergabe von **Abfallentsorgungsleistungen oder Erschließungsmaßnahmen** einstellen. Wird hier von dem Grundsatz der Öffentlichen Ausschreibung abgewichen, ohne dass dies gerechtfertigt ist, so kann bei Hinzutreten weiterer Umstände infolge des Wettbewerbsdefizits eine zu teure Vergabe unterstellt werden und es droht u.U. die Nichtigkeit der dazugehörigen Gebührensatzungen respektive die Rechtswidrigkeit der erlassenen Ge-

1871 OLG Düsseldorf, Beschl. v. 16. 2. 2006 (VII-Verg 6/06), VS 2006, 23 [LS].

1872 Vgl. OLG Rostock, Beschl. v. 17. 10. 2001 (17 W 18/00), VergabE C-8-18/00, Rn. 21 = VergabeR 2002, 85 = Behörden Spiegel 2/2002, S. 18.

1873 VK Schleswig-Holstein, Beschl. v. 5. 8. 2004 (VK 19/04), VergabE E-15-19/04.

bührenbescheide. Die Maßstäbe für diese sehr folgenschwere Sanktion sind in den Bundesländern allerdings sehr unterschiedlich gestaltet[1874].

8. Bekanntmachungen, Fristen

a) Bekanntmachungen

aa) Wahl der Bekanntmachungsorgane

278 Öffentliche Ausschreibungen und Beschränkte Ausschreibungen mit Öffentlichem Teilnahmewettbewerb sind **bekanntzumachen**. Das Absehen von einer gebotenen europaweiten Bekanntmachung ist als einer der schwerwiegendsten Vergaberechtsverstöße überhaupt anzusehen[1875].

Die Verdingungsordnungen schreiben in ihren Basisparagraphen (§§ 17 VOB/A, VOL/A) für **nationale Vergabeverfahren** vor, dass diese in amtlichen Veröffentlichungsorganen, Fachzeitschriften oder Internetportalen bekanntzumachen sind. Wie viele Veröffentlichungen dies insgesamt sein müssen, ist der ausschreibenden Stelle anheimgestellt. Aus dem Wortlaut unter Verwendung des Wortes »oder« ist auch zu entnehmen, dass ganz grundsätzlich **zwischen den Medien gewählt** werden kann. Es genügt also eine Veröffentlichung nur in einem Internetportal oder nur in einer Tageszeitung bzw. Fachzeitschrift.

Ein offenes Geheimnis ist es insoweit, dass sowohl die **Auswahl** der Veröffentlichungsorgane als auch ggf. der **Zeitpunkt** (Sommerferien, Weihnachten/Neujahr, Zeiträume mit bestimmten für die Branche wichtigen Messen, branchenspezifische saisonale Bedingungen) **maßgeblichen Einfluss auf die Zahl der Bieter haben kann**, die von der Publikation Kenntnis erlangen und nachher anbieten.

Eine ungeschriebene, bislang noch durch kein Gericht verbotene Möglichkeit stellt es auch dar, wenn die **Vergabestelle von sich aus auf Bieter zugeht** (z.B. mittels einfacher e-mail) und auf die Bekanntmachung hinweist. Bei enger Auslegung könnte man hierin die Bevorteilung eines (Wunsch-)Bieters erblicken, zumal auch der Erhalt einer Information einen gewissen, zumindest potentiellen wirtschaftlichen Wert darstellen kann, jedoch ist andererseits auch zu würdigen, dass die Vergabestelle gar nicht weiß, ob der Betreffende Wirtschaftsteilnehmer überhaupt anbieten wird.

Nach alledem können je nach ausschreibender Gebietskörperschaft eine unterschiedliche Zahl und völlig verschiedene Organe in Betracht kommen. Abzuwägen ist auch, inwieweit die **Kosten** für Anzeigen in Tageszeitungen oder Fachzeitschriften sowie bestimmten Internet-Portalen, die längst nicht mehr kostenfrei sind (z.T. um die 300,00 €), die potentiell größere Zahl von Bietern rechtfertigen.

1874 Zur Rechtswidrigkeit infolge fehlerhafter Ausschreibung erhöhter Gebührensatzungen: OVG Rhl.-Pf., Urt. v. 9. 4. 1997 (6 A 12010/96), VgR 2/1998, 40 = IBR 1998, 308; OVG Schleswig v. 24. 6. 1998 (2 L 113/97 – Abfallentsorgungsleistungen), bespr. in Behörden-Spiegel 1/1999, Seite B IV; VÜA Nordrhein-Westfalen v. 10. 11. 1998 (424-84-45-12/98), VergabE V-10-12/98; *Tomerius*, NVwZ 2000, 727. Siehe auch den obigen Hinweis in Rdn 249.

1875 VK Rheinland-Pfalz, Beschl. v. 7. 5. 2007 (VK 10/07), VS 2008, 6 [LS].

Zusätzliche Anforderungen resultieren aus den »a und b-Paragraphen« für die **europaweiten Vergabeverfahren.**

Dort ist die Verwendung besonderer **Bekanntmachungsformulare**[1876] vorgeschrieben. Die Bekanntmachungsformulare wurden bereits mit der **Richtlinie 2001/78/EG für Bau- Liefer- und Dienstleistungsvergaben vereinheitlicht**, und gelten nun in der Fassung der **Verordnung EG Nr. 1564/2005**[1877].

Bei den **europaweiten Ausschreibungen** gibt es eine Pflicht zur Absendung an das **Amt für amtliche Veröffentlichungen** der Europäischen Gemeinschaften[1878], 2 rue mercier, L-2985 Luxemburg 1. Hiermit wird die europaweite Publizität[1879] hergestellt, die einen »echten Wettbewerb«[1880] garantieren soll.

Nachfolgend eine **beispielhafte Auflistung** der im Internet vorhandenen Vergabeplattformen, Ausschreibungsplattformen und Internetseiten, auf denen man länderspezifische Ausschreibungen einstellen bzw. abrufen kann[1881].

Übersicht: Vergabeplattformen

Nationale Ebene:

Bundesebene

Bezeichnung:	**Internetseite:**
Bundesverwaltung (BeschABMI)	www.evergabe-online.de
Verwaltungsübergreifend:	
Vergabe24	www.vergabe24.de

Länderebene

Bundesland:	**Internetseite:**
Baden-Württemberg[1882]	www.service-bw.de
Bayern	www.vergabe.bayern.de
Berlin	www.vergabe.berlin.de

1876 Eingehend dazu *Fett* in: *Müller-Wrede*, Verdingungsordnung für Leistungen – Kommentar, 2001, Rn. 11 ff. zu § 17a. Richtlinie 2001/78/EG vom 13. 9. 2001, EUK 2001, 151.

1877 ABl. L 257/1 v. 1. 10. 2005.

1878 Amt für amtliche Veröffentlichungen, 2 Rue Mercier, L-2985 Luxemburg, Tel.: 00352/2929-1, Telefax: 00352/2929-42670.

1879 Siehe EuGH, Urt. v. 9. 9. 2004 (Rs. C-125/03 – »Kommission ./. Deutschland« – Städte Lüdinghausen u.a.), EUK 2004, 137.

1880 EuGH, Urt. v. 20. 9. 1988 (Rs. 31/87), VergabE A-1-1/88, Rn. 21, 31 f.

1881 Zur Unterscheidung zwischen e-Vergabeplattform und e-Ausschreibungsplattform: s. Behörden Spiegel 12/2007, S. 25.

1882 Vgl. Gemeinsame Pressemitteilung des Finanzministeriums und des Innenministeriums Baden-Württemberg v. 18. 1. 2008.

Bundesland:	Internetseite:
Brandenburg[1883]	vergabemarktplatz.brandenburg.de
Bremen	www.vergabe.bremen.de
Nordrhein-Westfalen[1884, 1885]	www.evergabe.nrw.de

Übersicht: Ausschreibungsplattformen

EU-Ebene:

Bezeichnung:	Internetseite:
SIMAP	www.simap.eu.int/
TED	www.ted.eur-op.eu.int/

Bundesebene

Bezeichnung:	Internetseite:
Bundesverwaltung (BeschABMI)[1886]	www.bund.de
Deutscher Ausschreibungsdienst	www.dtad.de
Deutsches Ausschreibungsblatt (nur nach Registrierung)	www.deutsches-ausschreibungsblatt.de/

Länderebene

Bundesland:	Internetseite:
Hessen	www.had.de
Thüringen	www.ausschreibungsanzeiger-thueringen.de/

1883 Vgl. ABl. für Brandenburg v. 9. 1. 2008, S. 15 f.
1884 Vgl. Gemeinsame Pressemitteilung des Finanzministeriums und des Ministeriums für Wirtschaft, Mittelstand und Energie Nordrhein-Westfalen v. 27. 12. 2007.
1885 Die Plattform »Vergabemarktplatz NRW« nutzen mehr als 12.000 registrierte Unternehmen. Es erfolgen mehr als 1 Mio. Seitenzugriffe pro Monat.
1886 Vgl. Tätigkeitsbericht BeschABMI 2005/2006, S. 25.

Ausschreibungen im Internet:

Hamburg Baubereich: Finanzbehörde (VOL): Hamburg Port Authority: – Nationale Ausschreibungen – Internationale Ausschreibungen	www.fhh.hamburg.de/stadt/Aktuell/behoerden/stadtentwicklung-umwelt/service/oeffentliche-ausschreibungen/start.html fbhh-eva.healyhudson.biz/eVaHGWWeb/ProjectOverview.aspx www.hamburg-port-authority.de/index.php?option=com_content&task = category§ionid=1&id=22&Itemid=306&lang=german www.hamburg-port-authority.de/index.php?option=com_content&task=category§ionid =1&id=24&Itemid=307&lang=german
Saarland	www.saarland.de/ausschreibungen.htm
Schleswig-Holstein (Baubereich)	www.gmsh.de/content/ausschreibungen/bauen.php
Thüringen – (Liegenschaftsmanagement:)	www.thueringen.de/de/thuelima/aktuelles/ausschreibungen/content.html

Wegen des engen Zusammenhangs mit den Entwicklungen hin zu einer elektronischen Vergabe wird diesbezüglich auf die Rdn. 75 ff. verwiesen.

Für die **Bundesverwaltung** gelten folgende Veröffentlichungspflichten:

Mit Schreiben vom 15. 11. 2005 weist das Bundesministerium für Verkehr, Bau und Stadtentwicklung (**BMVBS**) auf die Neuregelung der Veröffentlichungspflichten für die Bekanntmachung von Vergabeverfahren des Bundes hin, welche seit dem 1. 1. 2006 gilt.

Seit diesem Datum ist **die Verpflichtung**, Bekanntmachungen von Vergaben des Bundes im **Bundesausschreibungsblatt** zu veröffentlichen, **erloschen**. An die Stelle der bisherigen Verpflichtung tritt die **Verpflichtung zur elektronischen Veröffentlichung auf dem Dienstportal des Bundes** unter www.bund.de. **Zusätzliche Veröffentlichungen** in weiteren Medien werden **nicht untersagt**.

Für weitere Informationen können sich die betreffenden Vergabestellen an die Portalredaktion im ***Bundesverwaltungsamt***, *Barbarastraße 1, 50735 Köln, Email: support.lokalredaktion @bva.bund.de, Hotline: 01888-358-3301*, wenden.

Bei Nutzung des elektronischen Systems für Vergaben des Bundes – **e-Vergabe-System** – durch die Vergabestellen werden dort platzierte Bekanntmachungen automatisch an das Dienstleistungsportal des Bundes weitergeleitet. Hierdurch werden die bisher für die Vergabestellen erforderlichen zusätzlichen Veröffentlichungen auf dem Portal des Bundes überflüssig.

Die Neuregelungen lassen die Verpflichtung zur Bekanntmachung von Vergaben im Supplement des Amtsblatts der Europäischen Union unberührt[1887].

bb) Arten der europaweiten Bekanntmachung; GPA

279 Die im Falle der europaweiten Ausschreibungen an das Amt für amtliche Veröffentlichungen der EU abzusendenden Bekanntmachungen werden seit dem 31. 3. 2005 nur **noch in elektronischer Form online entgegengenommen**. Die öffentlichen Auftraggeber müssen ein Passwort beantragen, mit denen sie über das System des elektronischen Amtsblattes ihre Veröffentlichungen in das Internet einstellen. Selbst gefertigte, mit der Hand ausgefüllte Formblätter oder auch elektronisch ausgefüllte Word- bzw. pdf-Dateien, die per e-mail an das Amt gesendet werden, werden nicht mehr akzeptiert. Im Internet findet sich ein Link zu den Standardformularen[1888].

Die hinterlegten Formulare sind laut der **Verordnung EG Nr. 1564/2005**[1889]:
a. Vorinformation
b. Vergabebekanntmachung
c. Bekanntmachung über vergebene Aufträge
d. Vergabebekanntmachung öffentliche Baukonzession
e. Vergabebekanntmachung – von einem Konzessionär zu vergebender Auftrag
f. Regelmäßige Bekanntmachung – Sektoren (kein Aufruf zum Wettbewerb)
g. Regelmäßige Bekanntmachung – Sektoren (Aufruf zum Wettbewerb)
h. Auftragsbekanntmachung – Sektoren
i. Prüfungssystem – Sektoren
j. Bekanntmachung über vergebene Aufträge – Sektoren
k. Wettbewerbsbekanntmachung
l. Wettbewerbsergebnisse

Das **GPA-Abkommen** (WTO-Beschaffungsübereinkommen)[1890] regelt u.a. Anforderungen an die öffentliche Bekanntmachung der Ausschreibung, die in einem offiziellen Publikationsorgan gemäß Anh. II des GPA zu erfolgen hat.

Nicht unter das GPA fallen Aufträge, die nach **§ 100 II GWB** nicht den EU Vergaberichtlinien unterliegen, sowie:
- Aufträge von Sektorenauftraggebern nach § 8 Nr. 2 VgV bzgl. Gasversorgung, Nr. 3 Wärmeversorgung, Nr. 4 c bzgl. Eisenbahndienstleistungen, wenn der Auftraggeber eine Tätigkeit aufgrund von besonderen oder ausschließlichen Rechten ausübt, die von einer zuständigen Behörde gewährt werden (§ 98 Nr. 4, 1. Alt. GWB),

1887 Im Schreiben wird Bezug genommen auf den Beschluss der Bundesregierung zur Optimierung öffentlicher Beschaffung vom 10. 12. 2003 (BAnz. Nr. 48 vom 10. 3. 2004), Erlass des Bundesministeriums der Finanzen (BMF) vom 14. 8. 1954 (Gz.: II D – 06101 – 13/54; MinBlFin 1954, S. 588), Erlass des Bundesministeriums für Wirtschaft und Arbeit (BMWA) vom 22. 11. 2004 (Az.: I B 3 – 260500/27; I B 3–260065) sowie Erlass des Bundesministeriums für Verkehr, Bau- und Wohnungswesen (BMVBW) vom 23. 11. 2004 (Az.: B 15 - O 1080-114).

1888 Weitere Informationen sind erhältlich über http://simap.eu.int/buyer/4cac77ad-d762-f0aceec022a969ff4798 _de.html. Neben den Formularen kann man sich per Email an die zuständigen EU-Beamten (unter simap-helpdesk@opoce.cec.eu.int) wenden und seine Fragen schriftlich stellen.

1889 ABl. L 257/1 v. 1. 10. 2005.

1890 Fundstelle: ABl. EG C 256 v. 3. 9. 1996. Näher dazu: *Hoffmann-Klein*, VS 2005, 26.

- Aufträge subventionierter Unternehmen, § 98 Nr. 5 GWB,
- Baukonzessionsverträge nach § 98 Nr. 6 GWB,
- Dienstleistungen nach Anhang I B VOL/A und VOF,
- Fernmeldedienstleistungsaufträge der CPC-Nummern 7524, 7525, 7526, Kat. 5, Anh. I A VOL/A und VOF,
- Forschungs- und Entwicklungsaufträge (CPC 85) nach Kategorie 8, Anhang I A VOL/A und VOF.

cc) Anforderungen an die europaweite Bekanntmachung, Ziele und Fälle der Entbehrlichkeit

280 Die **elektronischen Beschaffungssysteme** Tenders Electronic Daily (**TED**) und **SIMAP** (système d'information pour les marchés publics)[1891] hat man eingeführt, weil die Datenflut zu groß geworden ist und eine zielgerichtete Suche für Unternehmen nicht mehr zu bewerkstelligen gewesen ist. Die Papierversion des »**Supplements** zum Amtsblatt der Europäischen Gemeinschaften« ist bis Mitte 1998 von Dienstags bis Samstags erschienen und im Durchschnitt jeweils ca. 300 Seiten stark gewesen. Diese Version wurde zugunsten der elektronischen Medien eingestellt, weil sie auch zu kostenintensiv geworden war. Im Übrigen lief man mit der Papierversion Gefahr, große Firmen, die viel größere (Personal-)Ressourcen haben, zu begünstigen.

Insbesondere können potentielle Bieter auf dem elektronischen Wege eine deutlich **gezieltere Durchsuchung** durchführen. Im Übrigen gibt es auf diesem Sektor schon seit einiger Zeit Firmen, die diese Dienste professionell anhand individueller Anforderungsprofile auswerten.

Im Rahmen der **Bekanntmachungspflichten** treten erfahrungsgemäß schon in **formaler Hinsicht** viele **Fehler** auf. So werden entweder bei europaweiten Bekanntmachungen die **besonderen Bekanntmachungsmuster** nicht eingehalten oder es fehlen – bei Inanspruchnahme kürzer Fristen – die Vorinformationen (§§ 17a, 18a VOL/A bzw. VOB/A) und die erforderlichen Bekanntmachungen über vergebene Aufträge. All diese Informationspflichten dienen jedoch dem Prinzip der Transparenz und sollen der Europäischen Kommission zweckdienliche Informationen über die Ausschreibungsmärkte sowie einzelne Trends liefern.

Das BayObLG[1892] hat entschieden, dass eine ausschreibende Stelle, die den zu vergebenden Auftrag **einzig im Supplement zum Amtsblatt** der Europäischen Gemeinschaften bekannt gemacht hat, prinzipiell nicht gegen Vergabevorschriften verstößt. Eine Verpflichtung zur zusätzlichen Bekanntmachung auch in deutschen Amtsblättern, Tageszeitungen oder Fachzeitschriften besteht zumindest bei Vergaben nach der VOL/A (§ 17a) nicht. § 17a VOL/A unterscheidet sich in diesem

1891 Die Internet-Adresse des TED (Tenders Electronic Daily), die seit dem 1. 1. 1999 kostenlos eingesehen werden kann, lautet: http://www.ted.lu bzw. http://www.ted.eur-op.eu.int. Siehe außerdem zum Thema e-procurement und e-business: http://www.simap.eu.int; http://www.eur-op.eu.int; http://www.europa.eu.int/information_society/eeurope/index_en.htm; http://www.europa.eu.int/comm/internal_market/en/publproc/index.htm.

1892 BayObLG, Beschl. v. 4. 2. 2003 (Verg 31/02), VergabE C-2-31/02 = VergabeR 2003, 345 = NZBau 2003, 584 = BauR 2003, 1092 = EUK 2003, 175.

Punkt von der Parallelregelung in § 17a VOB/A, in der die Pflicht zur auch inländischen Veröffentlichung ausdrücklich normiert ist.

Bei den Vorschriften über die Bekanntmachung handelt es sich um **zwingende Ordnungsvorschriften**[1893]. Andererseits machen in einem gewissen Umfang **unzutreffende Angaben** in der Bekanntmachung wie z.B.
- die Bezeichnung als Öffentliche Ausschreibung nach § 3 VOL/A statt Offenes Verfahren nach § 3a VOL/A[1894] oder
- die Falschangabe der Vergabeprüfstelle[1895] bzw. der Rechtsaufsichtsbehörde anstatt der Vergabekammer als Nachprüfungsinstanz oder
- prinzipiell jede beliebige Falschbezeichnung (falsa demonstratio non nocet)

das Vergabeverfahren per se nicht fehlerhaft, sofern dadurch die Rechtsposition des Bieters bzw. sein Rechtsschutz nicht verkürzt wird. Insbesondere darf der Bieter nach der Rechtsprechung des EuGH[1896] nicht mit dem Vorbringen ausgeschlossen (präkludiert) werden, er hätte schon aus der Bekanntmachung heraus einen bestimmten konzeptionellen Fehler der Ausschreibung erkennen und bis zur Angebotsabgabe bzw. bis zum Ende der Teilnahmefrist rügen müssen (§ 107 III 2 GWB). Dies hat jedenfalls das OLG Düsseldorf[1897] im Falle einer Falschausschreibung auf Basis der unzutreffenden Verdingungsordnung bejaht; es hat entschieden, dass gerade diese Zuordnung auf Grund ihrer rechtlichen Kompliziertheit vom Bieter nicht gerügt werden muss, weil eine rechtliche Einordnung von ihm schlechterdings nicht verlangt werden kann. Dieser Sachverhalt wurde jedoch vom OLG Dresden[1898] diametral anders entschieden, welches im Falle der Verwechslung von VOB und VOL eine Rügepflicht auf der Grundlage des § 107 III 2 GWB erkannt haben will.

Die **europaweite Bekanntmachungspflicht entfällt** lediglich im Falle der (gerechtfertigten) Vergabe im Wege des **Verhandlungsverfahrens ohne öffentlichen Teilnahmewettbewerb**[1899].

Sie entfällt außerdem bei den **Dienstleistungsvergaben nach dem Anhang I B** (nachrangige Dienstleistungen) des 2. Abschnitts der VOL/A. Hier ist dann gemäß § 28a VOL/A lediglich eine Bekanntmachung über die (im Kern anhand der Vorschriften des 1. Abschnitts) vergebenen Aufträge zu schalten, also nicht eine solche im Vorhinein, mit der die Ausschreibung angekündigt wird. In der aktuellen Vergabekoordinierungsrichtlinie (VKRL) für die klassischen öffentlichen Auftraggeber (RL 2004/18/EG) ist dies in Art. 21 i.V.m. Art. 23 und Art. 35 IV unter Verweis auf Anhang II Teil B (nachrangige Dienstleistungen) geregelt. Es gelten also nur die Anforderungen der europäischen technischen Spezifikationen sowie

---

1893 So schon VÜA Bund, Beschl. v. 2. 8. 1994 (1 VÜ 1/94), VergabE U-1-1/94 = ZVgR 1997, 7.

1894 VÜA Bund, Beschl. v. 20. 11. 1995 (1 VÜ 2/95), VergabE U-1-2/95 = WuW/E VergAB, 49 = ZVgR 1997, 29.

1895 Vgl. zur fehlenden Angabe des Bundesamtes für Wehrverwaltung als Vergabeprüfstelle in der Ausschreibungsbekanntmachung, § 32 a VOL/A: VÜA Bund, Beschl. v. 1. 10. 1998 (1 VÜ 12/98), VergabE U-1-12/98 = ZVgR 1999, 76 = Behörden Spiegel 2/1999, S. B II.

1896 EuGH, Urt. 11. 10. 2007 (Rs. C-241/06), NZBau 2007, 798 = VergabeR 2008, 61.

1897 OLG Düsseldorf, Beschl. v. 18. 10. 2006 (VII-Verg 35/06), VergabeR 2007, 200.

1898 OLG Dresden, Beschl. v. 2. 11. 2004 (WVerg 11/04), VergabeR 2005, 258.

1899 EuGH, Urt. v. 17. 9. 1998 (Rs. C-323/96), VergabE A-1-2/98 = EUK 1999, 10 = Behörden Spiegel 1/1999, S. B IV. Siehe auch EuGH, Urt. v. 2. 8. 1993 (Rs. C-107/92), VergabE A-1-3/93.

die Bekanntmachungspflichten über die vergebenen Aufträge. Aber auch Vergaben nachrangiger Dienstleistungen nach Anhang I B zur VOL/A (2. Abschnitt) sind der Kontrolle durch die Nachprüfungsorgane unterworfen[1900].

Die **nationalen Bekanntmachungen** dürfen bei einer europaweiten Ausschreibung **in deutschen Publikationsorganen** und Tageszeitungen **nicht vor Erscheinen der Anzeige im Supplement** zum Amtsblatt der EU bzw. den elektronischen Nachfolgeorganen erfolgen[1901]. Aus Gründen der Gleichbehandlung müssen sich die nationalen und europaweiten Bekanntmachungstexte inhaltlich entsprechen.

Im Falle von Abweichungen der nationalen und europaweiten Bekanntmachungstexte ist zu beachten, dass bei gemeinschaftsweiten Ausschreibungen die **Bekanntmachung im Supplement** zum Amtsblatt die **authentische** ist[1902]. Sie bildet den Maßstab der rechtlichen Überprüfung[1903].

dd) Notwendige Inhalte der Bekanntmachungen

281 Es gehören **ganz grundsätzliche Informationen** zum Ausschreibungsgegenstand in jede Bekanntmachung hinein.

(1) Auftragsgegenstand

282 Dies ist in jedem Falle die möglichst genaue Auftragsbeschreibung.

Werden gemäß dem **Wortlaut der Vergabebekanntmachung** den interessierten Unternehmen **Fehlvorstellungen** darüber vermittelt, ob der Betrieb fachlich und personell in der Lage ist, die tatsächlich nachgefragte Leistung zu erbringen, welcher personelle und finanzielle Aufwand mit einer Teilnahme an der Ausschreibung verbunden ist, und welche Zuschlagschancen ein Unternehmen ggf. hat, so kann im Extremfall die Aufhebung der Ausschreibung unumgänglich sein[1904]. Eine **ungenaue Bestimmung des Vertragsgegenstandes** erhöht das Risiko einer Teilnahme und vermindert von Anfang an die Transparenz des Vergabeverfahrens.

Natürlich kann es auch **Zweifelsfälle** geben. Zum Beispiel kann es streitig sein, ob ein Bau- oder Lieferauftrag den Leistungsgegenstand bildet, und wo genau wiederum die Schwerpunkte in Abgrenzung zu einem Dienstleistungsauftrag liegen[1905]. Manche Leistungen werden auch nicht absolut zweifelsfrei zu klassifizieren sein, so dass der Verweis auf die Umschreibungen in den Verdingungsunterlagen genügt[1906]. Die Aufführung sämtlicher Leistungsmerkmale, welche die Bestimmung der Rechtsnatur des Auftrags ermöglichen, würde, so das OLG Düsseldorf, den

---

1900 OLG Dresden, Beschl. v. 25. 1. 2008 (WVerg 10/07).

1901 Siehe VÜA Thüringen, Beschl. v. 2. 9. 1998 (2 VÜ 2/98), VergabE V-16-2/98 = Behörden Spiegel 4/1999, S. B II, zu § 9 III VOF.

1902 KG, Beschl. v. 17. 10. 2002 (2 KartVerg 13/02), VergabE C-3-13/02 = BauR 2003, 435.

1903 OLG Düsseldorf, Beschl. v. 24. 5. 2006 (VII-Verg 14/06), VS 2006, 63 [LS]; OLG Naumburg, Beschl. v. 26. 2. 2004 (1 Verg 17/03), VergabE C-14-17/03, Rn. 50 = VergabeR 2004, 387 = EUK 2004, 44 = Behörden Spiegel 5/2004, S. 20; OLG Düsseldorf, Beschl. v. 25. 11. 2002 (Verg 56/02), VergabE C-10-56/02v = Behörden Spiegel 2/2003, S. 27.

1904 OLG Naumburg, Beschl. v. 16. 9. 2002 (1 Verg 2/02), VergabE C-14-2/02 = ZfBR 2003, 182 = EUK 2003, 105.

1905 VÜA Nordrhein-Westfalen (424-84-43-5/97), VergabE V-10-5/97 = EUK 1999, 58.

1906 OLG Düsseldorf, Beschl. v. 18. 10. 2006 (VII-Verg 35/06), VergabeR 2007, 200 = VS 2007, 13.

Rahmen der Bekanntmachung sprengen[1907]. Im Zweifel wird der Bieter als Branchenkundiger wissen, dass Liefer- und Einbauleistungen sich überschneiden können (z.B. bei der »Lieferung und Montage eines kompletten Einsatzleitsystems inklusive Server und 7 Arbeitsplätzen«). Notfalls muss an den Bieter auch die Anforderung gestellt werden, dass er bei der Vergabestelle **nachfragt**.

Jede **Formalisierung** verursacht notgedrungen Ungenauigkeiten. Problematisch wird es allerdings dann, wenn im konkreten Fall der Bieter keinen Anlass hat, in Zweifel zu geraten, also wenn beispielsweise die Klassifizierung so eindeutig falsch ist, dass der potentielle Bieter gar nicht erst auf die Idee kommt, bei der Vergabestelle nachzufragen und sich aufgrund eines für ihn nicht erkennbaren Irrtums an der Ausschreibung gar nicht erst beteiligt. In diesem Fall dürfte sicher ein gravierender Fehler im Vergabeverfahren vorliegen, der in einem Nachprüfungsverfahren beanstandet werden könnte, ohne dass mangels Rüge die Präklusion greift[1908].

Zwecks genauer Definition der Auftragsgegenstände wurde für die europaweiten Ausschreibungen das erstmals als Empfehlung der Europäischen Kommission im Jahre 1996 verabschiedete einheitliche **Gemeinschaftsvokabulars** für das öffentliche Auftragswesen (CPV)[1909] entwickelt. Seit Dezember 2003[1910] gilt eine neue Fassung, die wiederum überarbeitet worden ist. Am 15. 3. 2008 wurde die **Verordnung (EG) Nr. 213/2008** der Kommission[1911] veröffentlicht. Die unmittelbar bindenden Neuerungen des CPV treten – nach einer 6-monatigen Übergangszeit – ab dem 29. 9. 2008 in Kraft. Die Verordnung (EG) Nr. 2195/2002 über das Gemeinsame Vokabular für öffentliche Aufträge (CPV) und die Vergaberichtlinien 2004/17/EG und 2004/18/EG sind damit im Hinblick auf das Vokabular geändert.

Die Verwendung dieses als Nomenklatur zu verstehenden Vokabulars ist in § 14 VgV verbindlich vorgeschrieben.

(2) Auftragswert

283 Von Bedeutung sind außerdem Informationen zu den Auftragswerten. Hierzu hat der EuGH[1912] Stellung genommen.

Der EuGH begründet die **Verpflichtung zur Bekanntmachung der für die Kalkulation erforderlichen Angaben** mit Art. 9 IV 1 und Anhang IV der – zum damaligen Zeitpunkt geltenden – RL 93/36/EWG. Art. 9 IV 1 und Anhang IV fanden ihre Fortsetzung in den Richtlinien 2004/18/EG (Art. 36 I und Anhang VII A) und 2004/17/EG. Von besonderer Bedeutung erscheint dem

1907 Anders: OLG Bremen, Beschl. v. 18. 5. 2006 (Verg 3/05), NZBau 2006, 527 = VergabeR 2006, 502.
1908 EuGH, Urt. v. 11. 10. 2007 (Rs. C-241/06), NZBau 2007, 798 = VergabeR 2008, 61.
1909 Gemeinsames Vokabular für öffentliche Aufträge vom 15. 4. 1999, herausgegeben vom Bundesministerium für Wirtschaft und Technologie, gemäß der Empfehlung der Europäischen Kommission vom 30. 7. 1996 (ABl. EG v. 3. 9. 1996, L 222, S 169), veröffentlicht im Bundesanzeiger Verlag, Köln, BAnz. Nr. 183a vom 29. 9. 1999.
1910 Verordnung (EG) Nr. 2195/2002 vom 5. 11. 2002 über das Gemeinsame Vokabular für öffentliche Aufträge (CPV), ABl. der EG v. 16. 12. 2002, Nr. L 340, S. 1. Der Text ist in mehreren über 500 Seiten langen Anhängen abgedruckt. Die Verordnung ist gemäß ihrem Art. 4 am 16. 12. 2003 in Kraft getreten und hat das o.g. Gemeinsames Vokabular für öffentliche Aufträge vom 15. 4. 1999 abgelöst.
1911 ABl. EU L 74, 1 ff.
1912 EuGH, Urt. 11. 10. 2007 (Rs. C-241/06), NZBau 2007, 798 = VergabeR 2008, 61.

EuGH der Hinweis auf **Anhang II der Verordnung (EG) Nr. 1564/2005** der EU-Kommission zur Einführung der – aktuellen – Standardformulare für die Veröffentlichung von Vergabebekanntmachungen öffentlicher Aufträge gemäß dieser Richtlinien. Auch weist der EuGH darauf hin, dass durch die fehlende Bekanntmachung der Gesamtmenge oder des Gesamtumsatzes gemäß Art. 1 I der RL 89/665 den an dem Auftrag interessierten Bietern die Möglichkeit einer Nachprüfung des Vergabeverfahrens einzuräumen ist.

Die Entscheidung des EuGH verdeutlicht, dass die öffentlichen Auftraggeber all diejenigen Angaben den Bietern zu liefern haben, welche diese für die Kalkulation ihrer Angebote brauchen. Dazu gehören auch die in den EU-Standardformularen vorgesehenen **Angaben zu der geschätzten Gesamtmenge bzw. dem geschätzten Gesamtumsatz**. Dort sind unter der

- Ziffer II.2 unter der Überschrift »Menge oder Umfang des Auftrags«
  - unter Punkt II.2.1 Angaben zu »Gesamtmenge bzw. -umfang«,
  - unter Punkt II.2.2 Angaben zu »Optionen« (also Verlängerungs- oder Mengenoptionen) sowie
  - unter Punkt II.3 Angaben zu »Vertragslaufzeit« bzw. »Beginn und Ende der Auftragsausführung«

zu machen.

Die Verpflichtung zur Angabe der kalkulationserheblichen Informationen dürfte nicht nur für EU-weite Ausschreibungen gelten, sondern – optimalerweise – **auch für national bekanntgegebene Vergabeverfahren**. Dies erst recht in solchen Konstellationen, in denen die EU-Schwellenwerte von 206.000 € bzw. 5,15 Mio. € – ggf. vermeintlich – nur knapp nicht erreicht werden. Das Unterlassen des Ausweises der Gesamtmenge oder des Gesamtumsatzes kann zu – vermeidbaren – Vergabenachprüfungsverfahren führen.

(3) Eignungskriterien

284 In **inhaltlicher Hinsicht** müssen die **Eignungskriterien** in der Bekanntmachung oder spätestens in den Verdingungsunterlagen genau genannt sein[1913]. Dies gilt insbesondere auch hinsichtlich deren Gewichtung[1914].

Ob im Sinne einer erhöhten ex-ante-Transparenz die **genauen Anforderungen nicht doch bereits in den Bekanntmachungen anzugeben** sind, ist **streitig**.

Das OLG Düsseldorf[1915] hatte insoweit vor einigen Jahren klargestellt, dass aus § 7a Nr. 2 III 1 VOL/A **nicht die Verpflichtung** des öffentlichen Auftraggebers hergeleitet werden könne, **sämtliche Einzelheiten seiner Nachweisforderung schon in der Bekanntmachung** anzugeben. Es reiche vielmehr aus, wenn in der Vergabebekanntmachung zunächst angegeben wird, welche der in § 7a Nr. 2 I und II VOL/A aufgeführten Nachweise von den Bietern gefordert werden und

1913 OLG Naumburg, Beschl. v. 9. 9. 2003 (1 Verg 5/03), VergabE C-14-5/03, Rn. 24 f. = VergabeR 2004, 80 = BauR 2004, 565 = EUK 2003, 157.

1914 EuGH, Urt. v. 12. 12. 2002 (Rs. C-470/99).

1915 OLG Düsseldorf, Beschl. v. 9. 7. 2003 (Verg 26/03), VergabE C-10-26/03, Rn. 29 = EUK 2003, 121. Vgl. auch: VK Hessen, Beschl. v. 30. 11. 2005 (69d VK- 83/05).

sodann die Einzelheiten dieser Nachweisanforderung in den Verdingungsunterlagen näher konkretisiert werden.

Dem **widerspricht** eine Entscheidung des OLG Naumburg[1916], das hervorhebt: »*Der Interessent soll bereits aus der Vergabebekanntmachung und vor der Veranlassung eigener Aufwendungen erkennen können, ob für ihn eine Bewerbung in Betracht kommt; hierfür besitzt die Bekanntgabe der Eignungskriterien und geforderten Eignungsnachweise besondere Bedeutung. Der Vergabestelle ist eine vollständige und verbindliche Angabe dieser Daten im Rahmen der Vergabebekanntmachung zumutbar. Dies hat Niederschlag in den Regelungen der § 17a Nr. 1 Abs. 3 Satz 2 und § 7a Nr. 2 Abs. 3 Satz 1 VOL/A gefunden.*«

Ein Trend in Richtung **Veröffentlichung aller detaillierten Eignungsanforderungen bereits in der Bekanntmachung** kann aus der neueren Rechtsfindung der Nachprüfungsorgane ersehen werden. Dabei spielt auch die **Vorbeugung gegen Manipulationsvorwürfe** eine Rolle[1917].

Zentrales Argument ist dabei die Regelung des Art. 44 II VKRL 2004/18/EG, in der die Anforderung gestellt wird:

> »*Die öffentlichen Auftraggeber können Mindestanforderungen an die Leistungsfähigkeit gemäß den Artikeln 47 und 48 stellen, denen die Bewerber und Bieter genügen müssen. (...) Die* ***Mindestanforderungen werden in der Bekanntmachung angegeben.***«

Wenn es so ist, dass die Mindestanforderungen (also z.B. Mindestumsatzzahlen oder Mindestmitarbeiterzahlen) bereits in der Bekanntmachung angegeben werden müssen, dann ist der **logische Schritt** zu einer **Anerkennung der Veröffentlichung aller Eignungsanforderungen bereits in der Bekanntmachung nicht mehr weit**. Die Begründung dafür ist, dass alle Eignungsanforderungen in irgendeiner Weise immer Mindestanforderungen darstellen.

Dementsprechend hat u.a. die VK Bund[1918] entschieden: In einem Offenen Verfahren für den Neubau einer Schleuse verlangte die Vergabestelle (VSt.) in der **Bekanntmachung** von den Bietern zur Überprüfung der **wirtschaftlichen und finanziellen Leistungsfähigkeit Nachweise gem. § 8 Nr. 3 I lit. a, b, c VOB/A**. Für die Überprüfung der **technischen Leistungsfähigkeit** forderte sie **Nachweise gem. § 8 Nr. 3 I lit. d, e, g VOB/A**. Die VSt. beließ es in der Bekanntmachung bei diesen **pauschalen Hinweisen**. In der **Aufforderung zur Angebotsabgabe** verlangte sie die Vorlage von **Nachweisen gem. § 8 Nr. 3 I lit. a-f VOB/A**. Fristgerecht gab die spätere Antragstellerin (ASt.) ein Angebot (mit Referenzen) für das Los »Massivbau, Baugrube, Vorhäfen« ab. Am 26. 6. 2007 teilte die VSt. der ASt. mit, dass ihr **Angebot** wegen **mangelnder Fachkunde nicht gewertet** werden könne. Gegen diesen Vorwurf erhob die ASt. erfolglos Rüge bei der VSt. und rief im Wege des Nachprüfungsverfahrens die VK Bund an.

1916 OLG Naumburg, Beschl. v. 26. 2. 2004 (1 Verg 17/03), VergabE C-14-17/03, Rn. 50 = VergabeR 2004, 387 = EUK 2004, 44 = Behörden Spiegel 5/2004, S. 20.

1917 OLG Bremen, Beschl. v. 14. 4. 2005 (1 Verg 1/2005), VergabeR 2005, 537 = VS 2005, 28.

1918 VK Bund, Beschl. v. 4. 9. 2007 (VK 1-89/07 – »Neubau einer Schleuse«), VS 2008, 14; VK Düsseldorf, Beschl. v. 28. 11. 2005 (VK-40/2005-B). A.A. jedoch: VK Düsseldorf Beschl. v. 21. 5. 2007 (VK-13/2007-B).

Ausweislich den Vergabeakten wollte die VSt. zur allgemeinen Prüfung der Leistungsfähigkeit die **Umsätze der letzten 3 Geschäftsjahre** der Bieter und die Anzahl der in diesem Zeitraum **beschäftigten Arbeitskräfte** heranziehen. Die Überprüfung der Zuverlässigkeit sollte anhand der **Berufs-/Handelsregisterauszüge, Gewerbezentralregisterauszüge sowie von Unbedenklichkeitsbescheinigungen** erfolgen. Im Zusammenhang mit dem streitbefangenen Los beabsichtigte die VSt. die Überprüfung der Eignung anhand von speziellen Anforderungen (u.a. Fachkunde beim Neubau einer Großschifffahrtsschleuse aus Stahlbeton). Die Eignungsprüfung der einzelnen Angebote erfolgte auf dieser Grundlage. Die ASt. legte gegenüber der VK dar, dass sie – anhand der für sie und das als Nachunternehmer benannte Planungsbüro vorgelegten Referenzen – **ausreichend** ihre **Eignung nachgewiesen** habe. Sie forderte u.a. die **Rücknahme der Ausschlussentscheidung**.

Die **VK Bund gab** dem **Nachprüfungsantrag** der ASt. **überwiegend statt**. Die Kammer weist darauf hin, dass die Fachkunde nicht der wirtschaftlichen und finanziellen sondern der technischen und beruflichen Leistungsfähigkeit zuzuordnen ist. Die **Vorlage** von **Referenzen** zur **technischen Leistungsfähigkeit** war **weder in** der **Bekanntmachung noch in** der **Aufforderung zur Angebotsabgabe** enthalten. Soweit die VSt. die **Eignung** der **Bieter anhand** von bestimmten **Referenzen überprüfen** möchte, hat sie diese **genau in** der **Bekanntmachung** zu **benennen**. Aus § 25 Nr. 2 I 2 VOB/A kann nicht gefolgert werden, dass die VSt. berechtigt ist, Nachweise für die Eignungsprüfung heranzuziehen, die nicht in der Bekanntmachung enthalten waren. Eine solche Annahme verbieten Artt. 47 und 48 der RL 2004/18/EG.

Aufgrund des pauschalen Hinweises auf die Regelung der VOB/A und der sich daraus ergebenden unterbliebenen konkreten Benennung der Anforderungen an die »Erfahrungen mit Wasserbauwerken« war die **Eignung der Bieter nicht anhand von Mindestanforderungen überprüfbar**. Durch diese Verletzung der Veröffentlichungspflicht zur Bekanntgabe von konkreten Mindestanforderungen/Beurteilungskriterien wurde die ASt. in ihren Bieterrechten verletzt. Die VK gab der VSt. auf, das Angebot der ASt. nicht wegen unzureichender Referenzen auszuschließen.

Zu Recht wird in anderen Entscheidungen[1919] herausgestellt, dass der pauschale Verweis in der Bekanntmachung auf die Vorschriften von § 8 Nr. 3 I lit. a-g VOB/A den Bietern lediglich Vermutungen darüber ermöglicht, welche Eignungsnachweise die VSt. vorgelegt haben möchte[1920].

Diese Grundsätze sind auf einen **Teilnahmewettbewerb übertragbar**. Im Falle von **Diskrepanzen** der Auswertungsmatrix im Vergleich zu der Vergabebekanntmachung muss die Vergabestelle das Auswahlverfahren wiederholen[1921].

1919 VK Düsseldorf, Beschl. v. 28. 11. 2005 (VK-40/2005-B).

1920 Fraglich deshalb OLG Schleswig, Beschl. v. 22. 5. 2006 (1 Verg 5/06), NZBau 2007, 257 = VS 2006, 44, wonach für jeden fachkundigen Bieter die Notwendigkeit der Vorlage des GZR-Auszugs offensichtlich gewesen sein soll, obwohl dieser in der europaweiten Bekanntmachung nicht verlangt worden war.

1921 OLG Bremen, Beschl. v. 14. 4. 2005 (1 Verg 1/2005), VergabeR 2005, 537 = VS 2005, 28; VK Baden-Württemberg, Beschl. v. 28. 10. 2004 (1 VK 67/04), VS 2005, 22 [LS].

Auch **Widersprüchlichkeiten** zwischen europaweiter und nationaler Bekanntmachung dürfen prinzipiell nicht einseitig zu Lasten des Bieters gehen[1922].

Ein Abrücken von einmal in der Bekanntmachung aufgestellten Anforderungen ist entsprechend den allgemeinen Gründsätzen nachträglich nicht mehr möglich[1923]. Eine Verpflichtung der Vergabestelle, auf unzureichende oder unvollständige Unterlagen hinzuweisen oder Angaben nachzufordern, besteht generell nicht[1924].

Sind die Anforderungen in der Bekanntmachung einmal publiziert worden, so brauchen sie in der Aufforderung zur Angebotsabgabe nicht wiederholt zu werden[1925].

(4) Zuschlagskriterien

285 Schon nach den herkömmlichen Grundsätzen des deutschen Verwaltungsrechts und dem damit verbundenen **Institut der Selbstbindung** der ausschreibenden Stelle sind die bekanntgemachten Kriterien zwingend zu verwenden und dürfen nicht bekanntgemachte Kriterien bei der Entscheidung über den Zuschlag keine Verwendung finden[1926]. Dieser Grundsatz gilt bei Vergabeverfahren **unterhalb wie oberhalb der EU-Schwelle**.

Dieser verwaltungsrechtliche Grundsatz wird **oberhalb der EU-Schwelle** durch das Gebot eines transparenten Vergabeverfahrens (§ 97 I GWB) und der Gleichbehandlung aller Bieter (§ 97 II GWB)verstärkt[1927].

Im Sinne der Transparenz bei den europaweiten Vergabeverfahren ist es erforderlich, dass alle **Unterkriterien** entweder in der Bekanntmachung oder spätestens in den Verdingungsunterlagen angegeben werden. Gleiches gilt für die **Gewichtung** der jeweiligen Kriterien bzw. Unterkriterien. Eine weitestgehende Aufnahme bereits in die Bekanntmachung ist, wie im Falle der Eignungskriterien, empfehlenswert. Im Übrigen ist mit Nachdruck auf das **Gebot der Trennung von Eignungs- und Zuschlagskriterien** zu verweisen.

Der EuGH[1928] hat hierzu einen Fall entschieden, in dem der öffentliche Auftraggeber die **Erstellung einer Planungsstudie** für einen Gemeindeteil ausschrieb. Mehrere Angebote gingen ein. Der Zuschlag sollte auf das wirtschaftlich günstigste

---

1922 VK Münster, Beschl. v. 21. 12. 2005 (VK 25/05), VS 2006, 23.

1923 OLG Düsseldorf, Beschl. v. 1. 2. 2006 (VII-Verg 83/05); VK Berlin, Beschl. v. 1. 11. 2004 (1 VK B2-52/04), VS 2005, 31 [LS].

1924 OLG Naumburg, VergabE C-14-17/03; OLG Nürnberg, OLGR 2002, 433.

1925 OLG Düsseldorf, Beschl. v. 9. 3. 2007 (VII-Verg 5/07), VergabeR 2007, 662 = VS 2007, 28.

1926 VK Bund, Beschl. v. 24. 5. 2006 (VK 1-31/06), VS 2006, 64 [LS]; VK Sachsen, Beschl. v. 13. 6. 2007 (1/SVK/039-07), NZBau 2008, 80 = VS 2007, 72 [LS].

1927 OLG Düsseldorf, Beschl. v. 7. 7. 2003 (Verg 34/03), VergabE C-10-34/03 = EUK 2003, 137; VK Bund, Beschl. v. 24. 5. 2006 (VK 1-31/06), VS 2006, 64 [LS]; VK Sachsen, Beschl. v. 7. 12. 2006, (1 VK 99/06), NZBau 2007, 470; VK Saarland, Beschl. v. 23. 1. 2006 (1 VK 06/2005), VS 2006, 63 [LS]; VK Nordbayern, Beschl. v. 14. 2. 2003 (320.VK-3194-02/03), VergabE E-2a-2/03.

1928 EuGH, Urt. v. 24. 1. 2008 (Rs. C-532/06), VergabeR 2008, 496 =VS 2008, 19. Jüngst hat jedoch das OLG Düsseldorf (Beschl. v. 5. 5. 2008, VII Verg 5/08) die Berücksichtigung sog. ausführungsbezogener Eignungsgesichtspunkte beim Zuschlag wieder anerkannt. Der Senat führt dazu die Entscheidung in der Sache »Evans Medical« an, in der der EuGH die Zuverlässigkeit und Kontinuität der Versorgung als Zuschlagskriterium anerkannt hatte (Urt. v. 28. 3. 1995, Rs. C-324/93, Slg. 1995, I-563, Rn. 44, 49 = EuZW 1995, 369).

Angebot erfolgen. Hierfür wurden **3 Kriterien** bekannt gegeben. Diese wurden **anschließend vom Auftraggeber durch Gewichtungskoeffizienten und Unterkriterien** näher bestimmt.

- Hinsichtlich des **ersten Kriteriums** der **Erfahrung mit vergleichbaren Projekten** sollte es auf den Wert der durchgeführten Studien ankommen, wobei für 500.000 € je 6 Punkte vergeben wurden.
- Das **zweite maßgebliche Zuschlagskriterium** – der **Personalbestand** und die **Ausstattung des Büros** – wurde ebenfalls anhand von Punkten ermittelt, welche für eine bestimmte Anzahl von Mitarbeitern vergeben wurde.
- **Drittes Kriterium** war der für die Erfüllung des Auftrags vorgesehene **Zeitraum**.

Der Vergabeausschuss schlug nach Anwendung dieser Kriterien die Arbeitsgemeinschaft L. als erstrangigen Bieter vor, an den der Auftrag anschließend vergeben wurde. Die an zweiter und dritter Stelle liegenden Arbeitsgemeinschaften wandten sich gegen diese Entscheidung, die einen Verstoß gegen Art. 36 II der Dienstleistungsrichtlinie 92/50 darstelle. Das Verfahren wurde ausgesetzt und dem Gerichtshof die Frage vorgelegt, ob es mit Art. 36 der RL vereinbar sei, dass die **Bekanntgabe nur die *Gewichtungskriterien*** nennt, die Gewichtung jedoch erst **nachträglich durch *Festlegung der Koeffizienten und Unterkriterien* bestimmt wird**.

Der EuGH stellt fest: Von den **Kriterien für die fachliche Eignung der Bieter** sind die **Kriterien des Zuschlags zu unterscheiden**, die sich auf das Angebot beziehen und von denen Art. 36 I der RL 92/50 handelt. Soll für Letzteres das wirtschaftlich günstigste Angebot entscheidend sein, so ist die dortige Aufzählung der Kriterien allerdings nicht abschließend, so dass der öffentliche Auftraggeber weitere Kriterien hinzufügen kann. Es muss sich dabei allerdings um Solche handeln, die der **Ermittlung des wirtschaftlich günstigsten Angebots** und nicht der Beurteilung der fachlichen Eignung der Bieter dienen[1929].

Diese **Voraussetzung ist im Ausgangsverfahren nicht erfüllt**. Der Auftraggeber hat mit dem Abstellen auf die Erfahrung, Qualifikation und die für die ordnungsgemäße Ausführung des Auftrags bereitstehenden Mittel **Kriterien gewählt, welche die fachliche Eignung der Bieter betreffen**. Ein solches Vorgehen steht mit Art. 23 I, 36 I der RL 92/50 **nicht in Einklang**.

Was die nachträgliche Festlegung der Gewichtungskoeffizienten betrifft, so ergibt sich aus dem in Art. 3 II der RL enthaltenen Gebot der Gleichbehandlung und Transparenz und der Auslegung des Art. 36 II der RL, dass **alle Kriterien für die Bestimmung des wirtschaftlich günstigsten Angebots und ihre jeweilige Bedeutung den Bietern zum Zeitpunkt der Vorbereitung ihrer Angebote bekannt sein müssen**[1930]. Damit ist es dem öffentlichen Auftraggeber **verwehrt**, Gewich-

1929 EuGH, Urt. v. 17. 9. 2002 (Rs. C-513/99 – »Concordia Bus Finland«, Slg. 2002, I-7213; EuGH, Urt. v. 18. 10. 2001 (Rs. C-19/00 – »SIAC Construction«), Slg. 2001, I-7725; EuGH, Urt. v. 20. 9. 1988 (Rs. C-31/87 – »Beentjes«), Slg. 1988, 4635.

1930 EuGH, Urt. v. 24. 11. 2005 (Rs. C-331/04 – »ATI EAC e Viaggi di Maio u.a.«), Slg. 2005, I-10109 = NZBau 2006, 193 = VergabeR 2006, 201 = WuW 2006, 110; EuGH, Urt. v. 12. 12. 2002 (Rs. C-470/99 – »Universale-Bau u.a.«), Slg. 2002, I-11617.

tungsregeln oder Unterkriterien anzuwenden, die er den **Bietern nicht vorher zur Kenntnis gebracht** hat (so bereits Urteil »Universale-Bau«).

Diese Feststellung steht nicht in Widerspruch zu der vom Gerichtshof im Urteil »ATI EAC e Viaggi die Maio« vorgenommenen Auslegung. In jener Entscheidung waren die Gewichtungskoeffizienten und die Unterkriterien von Anfang an festgelegt und in den Verdingungsunterlagen veröffentlicht worden. Im Nachhinein waren lediglich noch Gewichtungskriterien für die Unterkriterien festgelegt worden. Dies sei, so der Gerichtshof in jener Entscheidung, unter der Voraussetzung mit Art. 36 II der RL vereinbar, dass damit die in den Verdingungsunterlagen oder der Bekanntmachung bestimmten Zuschlagskriterien **nicht geändert würden, die nachträgliche Festlegung also nichts enthalte, was die Vorbereitung der Angebote hätte beeinflussen können**, und schließlich eine Diskriminierung dadurch nicht erfolge. Mit der späteren Mitteilung der Gewichtungskoeffizienten und Unterkriterien hat der öffentliche Auftraggeber der von Art. 36 II der RL 92/50 geforderten Publizität, wie sie sich aus der Auslegung dieser Bestimmung im Licht des Art. 3 II der RL (Gleichbehandlung und Transparenz) ergibt, nicht entsprochen.

Art. 36 II steht damit einer nachträglichen Festlegung der Gewichtungskoeffizienten und Unterkriterien für die bekannt gemachten Zuschlagskriterien entgegen.

In dieser vom EuGH aufgezeigten Richtung urteilen auch zunehmend die **deutschen Nachprüfungsorgane**.

Nach der **bisherigen Rechtsprechung** wurde eine Verpflichtung zur Bekanntgabe von Unterkriterien entweder gar nicht[1931] oder immer nur dann angenommen, wenn diese vorher aufgestellt waren[1932].

Im Hinblick auf das Gebot der Transparenz und Gleichbehandlung sowie des fairen Wettbewerbs nimmt die Rechtsprechung nunmehr zunehmend eine Verpflichtung zur Bekanntgabe immer dann an, wenn sich die **Kenntnis** von den Unterkriterien und deren Gewichtung **auf den Angebotsinhalt auswirken** kann. So sind Unterkriterien grundsätzlich mindestens für den Fall anzugeben, in dem sie **bei der Wertung eine Rolle spielen**[1933]. Das wird – aus Sicht einer vorsichtig agierenden Vergabestelle – praktisch immer anzunehmen sein. Dann kann man, genauso wie bei den Eignungskriterien, konsequenterweise auch den Schritt gehen, dass alle Zuschlagskriterien nebst Unterkriterien gleich in die Bekanntmachung aufgenommen werden[1934].

Darüber hinaus kann sich der öffentliche Auftraggeber nicht darauf beschränken, die Zuschlagskriterien der 4. Wertungsstufe lediglich in der Bekanntmachung als solche zu benennen, sondern er hat den Bietern außerdem die **Regeln für die**

1931 VK Thüringen, Beschl. v. 23. 12. 2004 (360–4003.20-031/04-ABG), VS 2005, 96 [LS]: »*Gibt die Vergabestelle die Zuschlagskriterien bekannt, ohne die für die Wertung maßgeblichen Unterkriterien zu nennen, so stellt dies kein vergaberechtswidriges Vorgehen dar.*«

1932 OLG München, Beschl. v. 19. 12. 2007 (Verg 12/07); OLG München, Beschl. v. 28. 4. 2006 (Verg 6/06), NZBau 2007, 59 = VergabeR 2006, 914.

1933 OLG München, Beschl. v. 17. 1. 2008 (Verg 15/07), VS 2008, 20; OLG Jena, Beschl. v. 26. 3. 2007, (9 Verg 2/07), VergabeR 2007, 522; OLG Düsseldorf, Beschl. v. 19. 7. 2006 (Verg 27/06); VK Südbayern, Beschl. v. 1. 9. 2004 (53-08/04), VS 2005, 64 [LS].

1934 OLG Düsseldorf, Beschl. v. 16. 2. 2005 (Verg 74/04), VergabeR 2005, 364; VK Münster, Beschl. v. 22. 7. 2005 (VK 16/05).

Beurteilung der Auswahlkriterien mitzuteilen, um so die Grundsätze der Gleichbehandlung der Bieter und der Transparenz zu gewährleisten[1935]. Dies gilt auch dann, wenn die Zuschlagskriterien »Qualität« oder »Preis/Einzelpreise« für den angesprochenen Bieterkreis vermeintlich selbsterklärend sind. Hat die Vergabestelle die Verdingungsunterlagen in diesem Sinne nicht fertiggestellt, kann sich auch eine Verschiebung des ganzen Ausschreibungsprozesses inklusive der Bekanntmachung empfehlen[1936].

Ggf. ist die Beteiligung eines in der Bekanntmachung nicht benannten **Gremiums** (Aufsichtsrat) an der Wertung der Angebote unzulässig[1937].

Nach alledem ist in Übereinstimmung mit der VK Nordbayern[1938] folgendes zu empfehlen:
- Die Vergabestelle sollte grundsätzlich bereits vor der Bekanntmachung die Zuschlagskriterien und deren beabsichtigte Gewichtung festlegen.
- Nur wenn die Angabe der Gewichtung ausnahmsweise nicht möglich sein sollte, kann sie die Zuschlagskriterien in der absteigenden Reihenfolge ihrer Gewichtung den Bietern bekanntgeben.
- Da es sich im letzteren Fall um einen Ausnahmetatbestand handelt und die Gründe nachvollziehbar sein müssen, muss diese Entscheidung entweder im Vergabevorgang oder im Vergabevermerk dokumentiert sein.
- Die Kriterien und die Gewichtung bzw. die Rangfolge müssen spätestens mit der Aufforderung zur Teilnahme an der Verhandlung erfolgen, weil die Bieter ansonsten ihre Angebote nicht auf die Anforderungen der Vergabestelle abstimmen können.
- Aus den oben genannten Gründen sollte der letztgenannte Schritt infolge der allfälligen Rechtsprechungstendenzen schon in der Bekanntmachung erfolgen.

ee) Vorinformation; Melde- und Berichtspflichten

286 Die **Vorinformation** nach §§ 17a, 18a VOL/A bzw. VOB/A ist **unverbindlicher Rechtsnatur**[1939]. Eine Nichtdurchführung dieser die Transparenz vergrößernden Möglichkeit zeitigt zwar keine negativen Konsequenzen. Jedoch dann, wenn Fristverkürzungen in Anspruch genommen werden, die nur im Falle der Durchführung dieses Vorinformationsverfahrens zulässig sind, können Rechtsverletzungen der Bieter im Sinne des § 97 VII GWB gegeben sein.

Eine auf dem Formular für die Vorinformation basierende und damit nach irrtümlicher Meinung der Vergabestelle verbindlich bekanntgemachte Ausschreibung stellt kein wirksames Verfahren dar[1940].

1935 OLG Düsseldorf, Beschl. v. 16. 11. 2005 (VII Verg 59/05), NZBau 2007, 263.
1936 OLG Düsseldorf, Beschl. v. 23. 3. 2005 (VII-Verg 77/04).
1937 VK Baden-Württemberg, Beschl. v. 8. 9. 2006 (1 VK 49/06), VS 2007, 24 [LS].
1938 VK Nordbayern, Beschl. v. 9. 8. 2007 (21.VK-3194-32/07), VS 2007, 79 [LS].
1939 EuGH, Urt. v. 26. 9. 2000 (Rs. C-225/98), Slg. 2000, I- 7445 = VergabE A-1-1/00 = NZBau 2000, 584 = WuW 2000, 1160 = ZVgR 2000, 281 = EUK 2000, 167. Siehe auch EuGH, Urt. v. 9. 9. 2004 (Rs. C-125/03 – »Kommission ./. Deutschland« – Städte Lüdinghausen u.a.), EUK 2004, 137, unter Bezug auf Art. 16 I DKR.
1940 EuGH, Urt. v. 18. 7. 2007 (Rs. C-382/05 – »Kommission ./. Italien«), VergabeR 2007, 604.

Die **vergebenen Aufträge** sind schließlich (auch nach Durchführung eines Verhandlungsverfahrens) im Amtsblatt der EU **bekanntzumachen**[1941].

Schließlich gehören zu den Bekanntmachungs- und weiteren Informationspflichten die **Melde- und Berichtspflichten** (§ 33a VOB/A, § 30a VOL/A). Dazu zählen z.B. die Verpflichtungen zur Übermittlung der **Vergabevermerke**[1942]. Siehe dazu im einzelnen Rdn. 423.

Die Regelungen über die Bekanntmachungen finden sich in **Art. 35 ff. VKRL 2004/18/EG**. In Art. 37 ist explizit geregelt, dass die öffentlichen Auftraggeber über die in der Richtlinie geregelten Fälle hinaus Bekanntmachungen veröffentlichen dürfen, die nicht der Veröffentlichungspflicht unterliegen. Damit sind z.B. Dienstleistungs-Konzessionsvergaben oder Vergaben unterhalb der EU-Schwelle gemeint.

b) Fristen

287 Fristen sind wichtig und (für den Bieter) meist zu kurz. Daher ist besonders auf ihre strikte Einhaltung zu achten. Aus der Sicht des **Bieters** deshalb, um nicht von dem betreffenden Vergabeverfahren **ausgeschlossen** zu werden, und aus der Sicht der **Vergabestelle** aus dem Grunde, um sich keinen Verstoß gegen den **Gleichbehandlungsgrundsatz** zuschulden zu kommen zu lassen.

Es besteht auch ein gewisses Nachprüfungsrisiko bei Nichtbeachtung der Fristen. Gleichwohl halten sich die Nachprüfungsverfahren, die sich auf die Einhaltung der Fristen beziehen, zahlenmäßig sehr in Grenzen.

Die Fristen bei nationalen und europaweiten Vergabeverfahren decken sich zum Teil, zum Teil weichen sie auch erheblich voneinander ab. Daher ist gesondert auf sie einzugehen.

aa) Fristen oberhalb der Schwellenwerte

288 Bei der Vergabe von Bauaufträgen sind unterhalb und vor allem oberhalb der EU-Schwellenwerte sowohl von den öffentlichen Auftraggebern als auch von den Bietern die einheitlich geregelten **Verfahrensfristen** zu beachten.

Welche **Arten von Fristen** gibt es?

Grundsätzlich ist zwischen den folgenden wichtigen Fristen zu unterscheiden:

(1) Angebotsfrist

289 Dies ist die Frist für den **Eingang der Angebote beim öffentlichen Auftraggeber** im Offenen und Nichtoffenen Verfahren. Es handelt sich also um die Zeit, welche dem Bieter zur Erstellung und Einreichung des Angebotes maximal zur Verfügung steht. (§ 18a, b VOB/A, § 18a, b VOL/A).

1941 EuGH, Urt. v. 26. 9. 2000 (Rs. C-225/98), VergabE A-1-1/00, Rn. 93 = NZBau 2000, 584 = WuW 2000, 1160 = ZVgR 2000, 281 = EUK 2000, 167.

1942 EuGH, Urt. v. 26. 9. 2000 (Rs. C-225/98), VergabE A-1-1/00, Rn. 93 = NZBau 2000, 584 = WuW 2000, 1160 = ZVgR 2000, 281 = EUK 2000, 167.

Sie ist als **materiell-rechtliche Ausschlussfrist**[1943] zu begreifen. Eine **Verschiebung** der Angebotsfrist ist zumindest dann, wenn nicht alle anderen Bieter darüber informiert werden, nicht möglich[1944]. Einer generellen Nicht-Verschiebbarkeit kann allerdings nicht zugestimmt werden. So kann z.B. die Situation eintreten, dass die ausschreibende Stelle – auf Rügen zur Leistungsbeschreibung hin – **Klarstellungen und Korrekturen in einer sehr späten Phase der Angebotsfrist** vornehmen muss, die dann naturgemäß in der Kürze der Zeit nicht mehr von den Bietern verarbeitet werden können. Sie führen zu einer gerechtfertigten Verlängerung der Angebotsfrist[1945] mit Mitteilung an alle anderen teilnehmenden Bieter bzw. Interessenten und auch unter Vornahme einer Korrekturmitteilung an das Amt für amtliche Veröffentlichungen. Außerdem kann es vorkommen, dass die **Vergabeunterlagen** eines Interessenten auf dem Postweg **verlorengegangen** sind, und er – auch kurz vor Ende der Angebotsfrist, wenn die (rechtlich nicht verbindliche) Frist zur Anforderung der Unterlagen abgelaufen ist – noch einmal die Unterlagen anfordert oder er dies sogar vor einer Nachprüfungsinstanz erstreiten muss. Auch in einer solchen Konstellation muss die Angebotsfrist verschoben werden; die Verschiebung kann sogar gerichtlich angeordnet werden[1946]. Im Falle einer zu häufig nötigen oder unverhältnismäßig langen Verschiebung der Angebotsfrist kann aber auch die Aufhebung der Ausschreibung unvermeidlich sein[1947].

Wird für die Vergabestelle vor Ablauf der Angebotsfrist erkennbar, welche der **ausgeschriebenen Leistungsalternativen benötigt** und demzufolge beauftragt werden wird, so ist sie verpflichtet, alle Bieter unverzüglich hierüber zu informieren, damit diese ihr Angebot hierauf einrichten können[1948].

Die Angebotsfrist fällt nach der VOB/A mit dem Beginn des Eröffnungstermins zusammen[1949]. Bei der VOL/A können Angebots- und Eröffnungstermin auseinander fallen.

Ist für die **Eignungsnachweise** (z.B. DIN EN ISO 9001: 2000) ein bestimmter Termin zur Abgabe vorgesehen, wie eben die Angebotsfrist, so kommt es darauf an, dass die Unterlagen zu diesem Zeitpunkt Gültigkeit besitzen[1950]. Im Rahmen der Darlegung der Eignung ist der Nachweis der tatsächlichen Verfügungsgewalt über Kapazitäten von konzernverbundenen Unternehmen oder von Nachunternehmern

---

1943 OLG Thüringen, Beschl. v. 22. 4. 2004 (6 Verg 2/04), VergabE C-16-2/04; VK Nordbayern, Beschl. v. 18. 8. 2000 (320.VK-3194-18/00), VergabE E-2a-18/00 = Behörden Spiegel 10/2000, S. B II.

1944 OLG Dresden, Beschl. v. 14. 4. 2000 (WVerg 0001/00), VergabE C-13-1/00 = BauR 2000, 1591 = ZVgR 2000, 262 = EUK 2000, 89 = Behörden Spiegel 7/2000, S. B II.

1945 OLG Celle, Beschl. v. 15. 12. 2005 (13 Verg 14/05), NZBau 2007, 62 = VergabeR 2006, 244 = VS 2005, 91.

1946 So im Falle: OLG Düsseldorf, Beschl. v. 21. 12. 2005 (VII – Verg 75/05), VS 2006, 20.

1947 OLG Naumburg, Beschl. v. 13. 10. 2006 (1 Verg 11/06), VS 2006, 90.

1948 OLG Naumburg, Beschl. v. 1. 2. 2008 (1 U 99/07), VS 2008, 24 [LS].

1949 BayObLG, Beschl. v. 21. 12. 2000 (Verg 13/00), VergabE C-13/00v, Rn. 24 = VergabeR 2001, 131. *»Nach § 18 Nr. 2 VOB/A läuft die Angebotsfrist ab, sobald im Eröffnungstermin der Verhandlungsleiter mit der Öffnung der Angebote beginnt. Dies lässt für die Festsetzung einer gesonderten Einreichungsfrist, die schon vor dem Eröffnungstermin abläuft, grundsätzlich keinen Raum.«*

1950 Vgl. OLG Düsseldorf, Beschl. v. 9. 6. 2004 (Verg 11/04); VK Schleswig-Holstein, Beschl. v. 27. 7. 2006 (VK-SH 17/06), VS 2006, 58, 59; VK Münster, Beschl. v. 19. 7. 2005 (VK 14/05), VS 2005, 54.

innerhalb der Angebotsfrist zu führen[1951]. Dies gilt auch für Genehmigungen jedweder Art, deren Vorlage bis zur Angebotsfrist gefordert war[1952].

Die Angebotsfrist des § 25 Nr. 1 I lit. e VOL/A endet in Ermangelung der Angabe einer **genauen Uhrzeit** mit Ablauf des für die Angebotseinreichung benannten Tages (24.00 Uhr); dem steht nicht entgegen, dass betreffend den Einreichungsort eine Zimmernummer benannt ist, so dass man sich auf den Standpunkt stellen könnte, die Angebotsfrist könne bereits mit den üblichen Bürozeiten ablaufen[1953].

Digitale Angebote sind mit einer qualifizierten digitalen Signatur nach dem Signaturgesetz zu versehen und zu verschlüsseln, wobei die Verschlüsselung bis zum Ablauf der Angebotsfrist aufrecht zu erhalten ist[1954].

Der Vergabestelle ist es verwehrt, nach der Angebotsfrist eine Veränderung der Mengenansätze des Leistungsverzeichnisses vorzunehmen. Dies käme einer unstatthaften Änderung der Angebote i.S.d. § 24 Nr. 3 VOB/A gleich[1955].

(2) Bewerbungsfrist

290 Die Frist für den Eingang der **Teilnahmeanträge** (**Bewerbungsfrist**) ist im Nichtoffenen Verfahren und im Verhandlungsverfahren relevant. Es besteht eine Bindung der Vergabestelle an die einmal gesetzte Frist für die Abgabe der Teilnahmeanträge. Ein Unternehmen, das seinen Teilnahmeantrag nicht innerhalb dieser Frist eingereicht hat, ist nicht berechtigt, an dem Teilnahmewettbewerb und dem anschließenden Angebotsverfahren zu partizipieren[1956].

(3) Zuschlags- und Bindefrist; Ablauf der Bindefrist und Zuschlagsfähigkeit des Angebotes; Bindefristenmanagement

291 Die **Zuschlagsfrist** bezeichnet den Zeitraum zwischen Eröffnungstermin und Entscheidung über den Zuschlag. Eine Mindestfrist für die Erteilung des Zuschlages ist nicht vorgesehen. Sie soll möglichst kurz gehalten werden, um die potentiellen Auftragnehmer nicht unnötig lange hinzuhalten (§ 19 VOB/A bzw. § 19 VOL/A).

Der Ablauf der mit der Zuschlagsfrist gleichlaufenden **Bindefrist** ist in der Bekanntmachung (Zeitraum, in dem Bieter an ihr Angebot gebunden sind) festzulegen. Eine Verlängerung der 30-tägigen Zuschlagsfrist um das sechsfache ist nach zutreffender Auffassung[1957] nicht mehr von Sinn und Zweck des § 19 Nr. 2 VOB/A gedeckt.

1951 OLG Bremen, Beschl. v. 21. 3. 2007 (Verg 3/07), VS 2007, 30; VK Brandenburg, Beschl. v. 30. 5. 2005 (VK 21/05), VS 2006, 38.

1952 OLG München, Beschl. v. 29. 3. 2007 (Verg 2/07), VS 2007, 32 [LS].

1953 VK Schleswig-Holstein, Beschl. v. 26. 10. 2004 (VK 26/04), VS 2005, 6 [LS].

1954 VK Berlin, Beschl. v. 12. 11. 2004 (VK – B1 – 58/04), VS 2005, 30.

1955 VK Nordbayern, Beschl. v. 11. 10. 2006 (21.VK-3194-31/06), VS 2006, 95.

1956 OLG Düsseldorf, Beschl. v. 30. 5. 2001 (Verg 23/00), VergabE C-10-23/00 = Behörden Spiegel 9/2001, S. 19.

1957 VÜA Sachsen, Beschl. v. 15. 5. 1999 (1 VÜA 7/98), VergabE V-13-7/98 = EUK 2000, 141 = Behörden Spiegel 9/2000, S. B II. Vgl. für eine nicht zu beanstandende zweimalige Verlängerung der Zuschlags- und Bindefrist: VÜA Bayern (VÜA 4/97), VergabE V-2-4/97 = ZVgR 1998, 365.

Im Falle einer **zeitlich verzögerten Wertung** oder im Falle eines **Nachprüfungsverfahrens**, die bzw. das über die Zuschlags- und Bindefrist hinaus dauert, ist von den aussichtsreichen Bietern eine Zustimmung zur Verlängerung selbiger einzuholen[1958, 1959]. Sie kann allerdings nicht erzwungen werden, weil allgemeine Handlungs- und Vertragsfreiheit herrscht.

Auch **nach Ablauf der Zuschlags- und Bindefrist** (§ 19 VOB/A) kann nach herrschender Auffassung ein Zuschlag grundsätzlich noch wirksam erteilt werden[1960].

Der gegenteiligen Auffassung des OLG Jena, wonach das betreffende Angebot des Bieters wegen Überschreitens der Angebotsfrist (§ 18 VOL/A) als verspätet gemäß § 25 Nr. 1 I lit. e VOL/A und daher von der Wertung zwingend auszuschließen anzusehen sein soll, kann nicht gefolgt werden[1961]. **Vergaberechtliche und zivilrechtliche Betrachtung** müssen hier **nicht deckungsgleich** sein. Aus der Sicht des Vergaberechts ist es vielmehr möglich, ein durch Fristablauf zivilrechtlich erloschenes Angebot wieder »zum Leben zu erwecken«. Eine Stütze findet dieser Gedanke in § 28 Nr. 2 II VOB/A[1962], wonach ein verspäteter Zuschlag den Vertragsschluss nicht hindert, sofern der Bieter die Annahme erklärt. Damit ist nach der vergaberechtlichen Regelung[1963] ein verspäteter Zuschlag nicht generell ausgeschlossen, sondern der Bieter hat es in der Hand, durch Erklärung der Zustimmung den Vertrag, trotz Ablauf der Bindefrist, zustande kommen zu lassen. Auch die entsprechende Regelung der VOL/A (§ 28 Nr. 2 II) knüpft die Möglichkeit einer einvernehmlichen Bindefristverlängerung nicht daran, dass die Bindefrist noch nicht abgelaufen war. Hier jedenfalls geht das Vergaberecht auch über das Zivilrecht hinaus[1964]. Der wirksame Vertragsschluss hängt dann lediglich gemäß § 150 I BGB von der Annahme durch den Bieter ab[1965]. Allerdings: Ein **Anspruch des Bieters** auf Erteilung des Zuschlags **besteht** in solch einem Fall **nicht**[1966].

Der Umstand, dass im Laufe eines Vergabeverfahrens **mehrfach die Bindefrist verlängert** wurde, **rechtfertigt** für sich genommen **nicht die Aufhebung** des Vergabeverfahrens. Vielmehr genießt nach gefestigter Rechtsprechung ein Bieter im Interesse einer fairen Risikobegrenzung sogar **Vertrauensschutz** davor, dass

---

1958 BayObLG, Beschl. v. 21. 5. 1999, Verg 1/99, VergabE C-2-1/99 = NVwZ 1999, 1138 = EUK 1999, 120; OLG Jena, Beschl. v. 13. 10. 1999 (6 Verg 1/99), VergabE C-16-1/99 = NZBau 2001, 39 = BauR 2000, 388 = ZVgR 2000, 38 = EUK 1999, 183 = Behörden Spiegel 12/1999, S. B II; OLG Naumburg, Beschl. v. 13. 5. 2003 (1 Verg 2/03), VergabE C-14-2/03 = VergabeR 2003, 588 = NZBau 2004, 62 = BauR 2003, 1785 = EUK 2003, 104. Dazu auch *Braun*, EUK 2001, 62.

1959 Zur Verschiebung der Zuschlags- und Bindefrist im Vergabeverfahren: *Würfele*, BauR 2005, 1253.

1960 So: BGH, Urt. v. 28. 10. 2003 (X ZR 248/02), ZfBR 2004, 290; OLG Dresden, Beschl. v. 14. 4. 2000 (WVerg 0001/00), VergabE C-13-1/00 = BauR 2000, 1591 = ZVgR 2000, 262 = EUK 2000, 89 = Behörden Spiegel 7/2000, S. B II; BayObLG, Beschl. v. 15. 7. 2002 (Verg 15/02), VergabE C-2-15/02 = NZBau 2002, 689 = VergabeR 2002, 534 = EUK 2003, 11 = Behörden Spiegel 1/2003, S. 18; VK Nordbayern, Beschl. v. 24. 1. 2008 (21.VK- 3194-52/07), VS 2008, 15 [LS]. Anderer Auffassung: OLG Jena, Beschl. v. 30. 10. 2006 (9 Verg 4/06), NZBau 2007, 195 = VergabeR 2007, 118 = VS 2006, 91; OLG Frankfurt, Beschl. v. 5. 8. 2003 (11 Verg 1/02).

1961 OLG Jena, Beschl. v. 30. 10. 2006 (9 Verg 4/06), NZBau 2007, 195 = VergabeR 2007, 118 = VS 2006, 91.

1962 VK Nordbayern, Beschl. v. 24. 1. 2008 (21.VK- 3194-52/07), VS 2008, 15 [LS].

1963 Die insoweit mit der zivilrechtlichen übereinstimmt, vgl. *Völlink/Kehrberg*, VOB/A, § 28 Rn. 12.

1964 OLG Düsseldorf, Beschl. v. 20. 2. 2007 (VII-Verg 3/07), VS 2007, 74, 75.

1965 OLG Naumburg, Beschl. v. 1. 9. 2004 (1 Verg 11/04), VergabE C-14-11/04v.

1966 OLG Naumburg, Beschl. v. 16. 10. 2007 (1 Verg 6/07), VS 2007, 93.

seine Amortisationschance nicht durch zusätzliche Risiken vollständig beseitigt wird, die in den vergaberechtlichen Bestimmungen keine Grundlage finden. Der Bieter darf vielmehr darauf vertrauen, dass die mit seiner Beteiligung verbundenen Aufwendungen nicht von vornherein nutzlos sind, insbesondere dass der Auftraggeber nicht leichtfertig ausschreibt und die Ausschreibung nicht aus anderen Gründen als den in § 26 VOB/A genannten beendet. Dies gilt umso mehr, je weiter fortgeschritten das Verfahren ist[1967].

Ein Bieter, der mehrfach vorbehaltlos seine Zustimmung zu einer Bindefristverlängerung abgibt, kann zu einem späteren Zeitpunkt **mit vergaberechtlichen Einwendungen** (z.B. sich zwischenzeitlich ergeben habenden Verteuerungen der Bezugspreise), die auf der Bindefristverlängerung beruhen, grundsätzlich **nicht mehr gehört** werden[1968]. Jedoch muss im Regelfall der Bauherr einer **Preisanpassung** wegen veränderter Materialkosten **zustimmen**, wenn diese auf Verzögerungen im Rahmen eines Nachprüfungsverfahrens gem. § 97 VII GWB nach Ablauf der ursprünglichen Bindefrist zurückzuführen sind. Diese Verpflichtung folgt gemäß dem KG aus den Grundsätzen über den Wegfall der Geschäftsgrundlage und der die Bauparteien verbindenden Pflicht zur Kooperation[1969]. Auch das OLG Jena[1970] hat entschieden, dass das **Nachprüfungsverfahrensrisiko** (auch Vergabeverfahrensrisiko genannt) **grundsätzlich der Auftraggeber trägt**. Dies bedeutet, dass die Leistungszeit in entsprechender Anwendung von § 6 Nr. 2 VOB/B und der Vergütungsanspruch des Auftragnehmers in entsprechender Anwendung von § 2 Nr. 5 VOB/B anzupassen ist. Sofern der Auftraggeber diesen Anpassungsanspruch bereits dem Grunde nach ablehnt, hat der Auftragnehmer ein Leistungsverweigerungsrecht und ist daher nicht verpflichtet, mit den Bauarbeiten zu beginnen. Dies bedeutet in der Folge, dass der Auftraggeber das Vertragsverhältnis nicht außerordentlich kündigen kann. Tut er dies trotzdem, stellte dies eine so genannte freie Kündigung mit der Konsequenz dar, dass der Auftragnehmer die volle Vergütung abzüglich der ersparten Aufwendungen verlangen kann.

Schließlich ist entschieden worden, dass in einem **Rügeschreiben** die **konkludente Verlängerung der Bindefrist** liegen kann[1971]. Auch in einem **Nachprüfungsantrag** kann eine stillschweigende Verlängerung der Bindefrist liegen[1972].

Die Rechtsprechung verdeutlicht mehrheitlich, dass eine **nachträgliche Verlängerung der Bindefrist möglich und geboten** erscheint. Aus praktischen Erwägungen, z.B. um nicht wie im Falle des OLG Frankfurts die Ausschreibung aufheben zu müssen, ist die Anerkennung einer nachträglichen Bindefristverlängerung sowohl aus Sicht der VSt. als auch der Bieter zu begrüßen. Wie bereits der BGH ausführte, liegt es jeweils an der VSt., welche zeitlichen Anforderungen an die Bindefrist gestellt werden. Vor allem ist von ihrer Seite ein aktives **Bindefristenmanagement** unabdingbar. Notfalls sollten die Bieter die Initiative ergreifen und

---

1967 VK Sachsen, Beschl. v. 7. 5. 2007 (1/SVK/027-07), VS 2007, 53 [LS]; VK Sachsen, Beschl. v. 15. 5. 2007 (1/SVK/028-07), NZBau 2007, 608 = VS 2007, 53 [LS].

1968 VK Sachsen, Beschl. v. 7. 5. 2007 (1/SVK/027-07), VS 2007, 48 [LS]; VK Sachsen, Beschl. v. 15. 5. 2007 (1/SVK/028-07), NZBau 2007, 608 = VS 2007, 48 [LS].

1969 KG, Urt. v. 5. 10. 2007 (21 U 52/07), VergabeR 2008, 300 = VS 2008, 7 [LS].

1970 OLG Jena, Urt. v. 22. 3. 2005 (8 U 318/04).

1971 OLG München, Beschl. v. 11. 5. 2007 (Verg 4/07), VergabeR 2007, 536 = VS 2007, 48 [LS], 74, 75.

1972 OLG Schleswig, Beschl. v. 8. 5. 2007 (1 Verg 2/07), VS 2007, 67, 75; VK Bund, Beschl. v. 26. 2. 2007 (VK 2-09/07), VS 2007, 53.

von sich aus die Verlängerung der Bindefrist erklären. Da sich bisher noch nicht alle Obergerichte zu der Frage der Bindefrist geäußert haben, sind alle Beteiligten gut beraten, wenn sie zumindest versuchen, die Rechtsposition der jeweils zuständigen Vergabekammer in Erfahrung zu bringen.

(4) Fristen für: Bekanntmachung über die Vergabe des Auftrags; Mitteilung über die Gründe der Nichtberücksichtigung

Frist für die Vergabebekanntmachung: Sie betrifft die Bekanntmachung über die Vergabe des Auftrags. Diese muss regelmäßig innerhalb von 48 Kalendertagen nach Zuschlagserteilung (§ 28a VOB/A) erfolgen; im Verfahren nach den b-Paragraphen beträgt sie 2 Monate (§ 28b VOB/A). **292**

Die **Frist für die Mitteilung über die Gründe der Nichtberücksichtigung** (im Falle einer Antragstellung des Bieters) beträgt 15 Kalendertage (§ 27a VOB/A; § 27a VOL/A)[1973]. Die Vorschrift wird allerdings durch die Mitteilungspflichten nach § 13 VgV weitgehend überlagert.

(5) Fristen europaweiter Verfahren inklusive Vorinformation

Weiteren Einfluss auf die zu beachtenden Fristen hat in einer Reihe von Fällen das sog. »**Vorinformationsverfahren**«, das in allen vier geltenden Richtlinien vorgesehen ist. Danach sind öffentliche Auftraggeber verpflichtet, möglichst frühzeitig gewissermaßen gebündelte Bekanntmachungen über Beschaffungen zu veröffentlichen, welche sie im bevorstehenden Haushaltsjahr durchführen wollen. Die Schwellenwerte, ab denen das Vorabinformationsverfahren angewendet werden muss, betragen 5.150.000 € für Bauaufträge (§ 17a Nr. 1 IV VOB/A) und 750.000 € bei allen übrigen Aufträgen (§ 17a Nr. 3 VOL/A). Zu verwenden ist das Formular VIII im Anhang der Verordnung Nr. (EG) 1564/2005. Die Ausschreibung muss dann, wenn sie später verbindlich erfolgt, innerhalb von 12 Monaten bekanntgemacht werden. **293**

Im **Offenen Verfahren** verkürzt sich dadurch die Angebotsfrist von **52 auf 36 Tage**. Die Angebotsfrist muss in jedem Falle 22 Tage betragen. Die **22-Tages-Frist** ist zumindest nach Auffassung der VK Sachsen nicht als zulässige Regelfrist, sondern als **absolute Untergrenze** ausgestaltet, für deren Verwendung außergewöhnliche Ausnahmetatbestände erforderlich sind[1974]. Es ist in der Tat zu bedenken, dass von diesen 22 Tagen u.U. noch 12 Tage abzuziehen sind, für die sich das Amt für amtliche Veröffentlichungen mit der Publikation Zeit lassen kann. Dann bleiben nur noch 10 Tage übrig. Das wird für die Bieter im Hinblick auf eine sorgsame Angebotserstellung äußerst knapp. Daher sollte man sicherheitshalber mit 36 Tagen kalkulieren. Freilich kann man wieder Reduzierungen dieser 36 Tage herbeiführen, indem man Unterlagen elektronisch zur Verfügung stellt.

1973 Vgl. VÜA Berlin, Beschl. v. 12. 5. 1998 (VÜA 1/98), VergabE V-3-1/98 = Behörden Spiegel 2/1999, S. B II: Verstoß gegen Art. 12 I DKR, da keine Mitteilung der Ablehnungsgründe innerhalb der 15-Tage-Frist.

1974 VK Sachsen, Beschl. v. 2. 10. 2001 (1 VK 88/01), VergabE E-13-88/01 = EUK 2001, 183; VK Sachsen, Beschl. v. 9. 12. 2002 (1 VK 102/02), VergabE E-13-102/02 = ZfBR 2003, 302.

Die **Veröffentlichung einer Vorinformation** stellt nach restriktiverer Auffassung[1975] **keine automatische Begründung für die Reduzierung der Angebotsfristen** dar. Diese müssen vom Auftraggeber stets im Einzelfall auf ihre Angemessenheit überprüft werden. Die Angemessenheit der Angebotsfrist z.B. nach § 18 Nr. 1 VOB/A ist auch vom Umfang der zu vergebenden Leistung und dem Umfang der Verdingungsunterlagen abhängig.

Darüber hinaus existieren einige **besondere Fristen bei einzelnen Vergabeverfahren:**

Offenes Verfahren:
- Frist für die Versendung der Verdingungsunterlagen nach Antragseingang: 6 Kalendertage
- Erteilung zusätzlicher Auskünfte seitens des Auftraggebers: bis spätestens 6 Kalendertage vor Ablauf der Angebotsfrist

Nichtoffenes Verfahren:
- Teilnahmefrist von 37 Tagen
- Erteilung zusätzlicher Auskünfte zu den Verdingungsunterlagen durch den Auftraggeber: Regelmäßig bis spätestens 6 Kalendertage vor Ablauf der Angebotsfrist
- Ausnahmsweise bei Dringlichkeit: 4 Kalendertage

Verhandlungsverfahren:
- Teilnahmefrist von 37 Tagen
- Fristsetzung durch Vergabestelle für Abgabe von Angeboten erforderlich (Bemessung freigestellt)[1976]
- Keine weiteren Besonderheiten gegenüber dem Nichtoffenen Verfahren

Beschleunigtes Verfahren:
- Das Beschleunigte Verfahren kommt nach den Vorgaben der Richtlinien nur im Ausnahmefall zur Anwendung, wenn eine besondere Dringlichkeit der Beschaffungsmaßnahme besteht[1977]. Nach den Untersuchungen der Europäischen Kommission wird das Beschleunigte Verfahren aber erheblich häufiger angewendet als es seinem **Ausnahmecharakter** entsprechen würde. Die Mindestfristen von 10 bzw. 15 Tagen sind dann so kurz, dass eine erfolgversprechende Teilnahme von Bietern aus anderen Ländern der EU nur eingeschränkt gesichert ist.

1975 Siehe insbesondere VK Sachsen, Beschl. v. 9. 12. 2002 (1 VK 102/02), VergabE E-13-102/02 = ZfBR 2003, 302.

1976 Siehe VK Bund, Beschl. v. 18. 9. und 9. 10. 2000 (VK 2-30/00), VergabE D-1-30/00. Im deutschen Umsetzungsrecht ist für das Verhandlungsverfahren keine Frist zur Abgabe der Angebote vorgesehen (§§ 18, 18 a VOL/A); Art. 19 II DKR sagt aber, dass zur Vorbereitung des Verhandlungsverfahrens die Bewerber aufzufordern sind, bis zu einem bestimmten Termin Angebote abzugeben. Siehe auch VK Nordbayern, Beschl. v. 23. 1. 2003 (320.VK-3194-44/02), VergabE E-2a-44/02.

1977 Siehe jeweils zu Art. 19 I, 20 I lit. a DKR: VÜA Brandenburg, Beschl. v. 25. 5. 1998 (1 VÜA 6/96-2), VergabE V-3-6/96-2 = Behörden Spiegel 2/1999, S. B II; VÜA Brandenburg, Beschl. v. 22. 10. 1998 (1 VÜA 15/96-2), VergabE V-4-15/96-2 = Behörden Spiegel 3/1999, S. B II; VÜA Hessen, Beschl. v. 6. 1. 1998 (VÜA 1/96), V-7-1/96-3 = ZVgR 1998, 447. Ferner: VÜA Brandenburg, Beschl. v. 23. 3. 1998 (1 VÜA 6/97), VergabE V-4-6/97 = WuW/E Verg, 134 = VgR 4/1998, 48; VK Thüringen, Beschl. v. 8. 6. 1999 (2 VÜ 3/99), VergabE E-16-3/99ü = EUK 2000, 141, 158; VK Sachsen, Beschl. v. 15. 11. 2000 (1 VK 96/00), VergabE E-13-96/00 = EUK 2001, 26.

Das OLG Düsseldorf[1978] erachtet im Zusammenhang mit der **Terrorbekämpfung** die Anwendung des Beschleunigten Verfahrens für statthaft. Es stellt heraus, dass die Vergabe der elektronischen Systeme zur Unterstützung der polizeilichen Einsatzleitung des Bundesgrenzschutzes als Bestandteil der Anfang des Jahres 2002 auf Basis der Art. 73 und 74 GG in Kraft getretenen Maßnahmen des Anti-Terror-Paktes (siehe sog. »Zweites Anti-Terror-Paket«)[1979] ausgewiesen sind. Vor dem Hintergrund der auch in der Bundesrepublik Deutschland vorhandenen latenten **Gefährdungslage** müsse die Beschaffung der Leitsysteme an den als besonders gefährdet geltenden Standorten Berlin, Frankfurt/Flughafen und Köln als »besonders dringlich« im Sinne des § 18a Nr. 2 I 1 VOL/A eingestuft werden. Ein messbarer Unterschied zu der in § 18a Nr. 2 I 2 VOB/A nur geforderten (bloßen) Dringlichkeit existiere nicht. Die Verdingungsordnungen stellten insoweit keine unterschiedlichen Anforderungen.
Die Antragsgegnerin habe im Einzelnen die spezifischen Funktionen und Vorzüge der nun zur Beschaffung vorgesehenen Einsatzleitsysteme für die Anti-Terror-Bekämpfung dargelegt. Eine **Abwägung der Interessen** potentieller Bewerber, die sich mit einer deutlich verkürzten Teilnahmefrist auseinandersetzen müssen und den öffentlichen Interessen an einer zügigen Terrorbekämpfung **finde** im Rahmen der Wahl des Beschleunigten Verfahrens **nicht statt**. Hier reiche es aus, wenn die **Tatbestandsmäßigkeit** der »besonderen Dringlichkeit« gegeben sei, ohne dass es auf die Interessen der potentiellen Bieter bzw. Bewerber noch ankomme.

bb) Fristen unterhalb der Schwellenwerte

294 Die **Angebotsfrist** für die Bieter zur Erstellung und Einreichung der Angebote beträgt nach § 18 VOB/A mindestens **10 Kalendertage**. Nach § 18 VOL/A muss es sich um eine »ausreichende Frist« handeln[1980]. Es handelt sich um eine materiell-rechtliche Ausschlussfrist[1981].

Die **Zuschlagsfrist** bezeichnet die Frist, während welcher der öffentliche Auftraggeber nach dem Eröffnungstermin die Angebote prüft und wertet (§ 19 VOB/A). Sie sollte nicht mehr als **30 Kalendertage** betragen. Während dieser Zeit bleiben Bieter an ihr Angebot gebunden (Bindefrist). Sie gilt bei freihändiger Vergabe entsprechend (§ 19 Nr. 3 VOB/A).

Die **Zuschlags- und Bindefrist** darf nur **ausnahmsweise** nach § 19 Nr. 2 VOB/A **verlängert** werden, z.B. bei besonders aufwendiger Prüfung der Angebote. Dabei muss die Vergabestelle allerdings sehr sorgfältig das eigene Interesse an einer sorgfältigen Prüfung der Angebote und das Interesse der Bieter an einer schnellen Zuschlagserteilung **abwägen**[1982]. Einerseits ist bei dieser Abwägung zu bedenken,

---

1978 OLG Düsseldorf, Beschl. v. 17. 7. 2002 (Verg 30/02), VergabE C-10-30/02 = BauR 2003, 435 = VergabeR 2003, 55 = EUK 2002, 138.
1979 BGBl. 2002, I, S. 361.
1980 Vgl. dazu VK Sachsen, Beschl. v. 2. 10. 2001 (1 VK 88/01), VergabE E-13-88/01 = EUK 2001, 183.
1981 VK Nordbayern, Beschl. v. 18. 8. 2000 (320.VK-3194-18/00), VergabE E-2a-18/00 = Behörden Spiegel 10/2000, S. B II.
1982 VÜA Bayern (VÜA 4/97), VergabE V-2-4/97 = ZVgR 1998, 365 = VgR 1/1998, 49. Zur Verlängerung der Zuschlags- und Bindefrist auch *Braun*, EUK 2001, 62.

dass während der Bindefrist die Dispositionsfreiheit der Unternehmer über die zur Auftragserfüllung erforderlichen Betriebsmittel eingeschränkt ist. Andererseits müssen aber auch die organisatorischen Gegebenheiten beim Auftraggeber ein berücksichtigungsfähiger Umstand sein[1983], der ausnahmsweise zur Fristverlängerung berechtigt.

Die Frist für die **Mitteilung über die Gründe der Nichtberücksichtigung** – im Falle einer Antragstellung des Bieters – beträgt **15 Kalendertage**, § 27 Nr. 2 VOB/A.

Im übrigen kann auf die Grundsätze und die Ausführungen zu den Fristen oberhalb der EU-Schwelle – und dort insbesondere zu den ebenso dort geltenden Angebotsfristen sowie den Zuschlags- und Bindefristen, die auch Gegenstand von Nachprüfungsverfahren und Schadensersatzprozessen gewesen sind – verwiesen werden.

cc) Fristenübersichten

(1) Fristen bei europaweiter Ausschreibung nach VOB/A

295 Offenes Verfahren:

Vorschrift	Bezeichnung der Frist	Fristdauer in Kalendertagen [beschl. Verfahren]	Berechnung des Fristbeginns
§ 18 a Nr. 1 Abs. 1	Angebotsfrist	Min. 52 Tage	Tag nach Absendung der Bekanntmachung
§ 18 a Nr. 1 Abs. 2 S. 4	Verkürzte Angebotsfrist im Falle erfolgter Vorinformation	Min. 36 Tage (> 22 Tage)	Tag nach Absendung der Bekanntmachung
§ 18 a Nr. 1 Abs. 6	Angebotsfrist	Min. 15 Tage	Tag nach Absendung der Bekanntmachung
§ 17 a Nr. 5	Frist für die Zusendung der Unterlagen bei rechtzeitiger Anforderung	6 Tage	Tag nach Eingang des Antrags auf Teilnahme
§ 17 a Nr. 6	Frist zur Auskunftserteilung über Vergabeunterlagen	6 Tage	Tag vor Ablauf der Angebotsfrist

1983 So ausdrücklich BGH, Urt. v. 21. 11. 1991 (VII ZR 203/90), BGHZ 116, 149 = NJW 1992, 827 = ZfBR 1992, 67.

Vorschrift	Verkürzung der Frist	Verkürzung in Kalendertagen
§ 18 a Nr. 1 Abs. 4	Bei elektronischer Erstellung und Übermittlung der Bekanntmachung	7 Tage
§ 18 a Nr. 1 Abs. 5	Bei freiem, direkten und vollständigen Zugang zu Verdingungsunterlagen sowie allen zusätzlichen Unterlagen	5 Tage

Nichtoffenes Verfahren:

Vorschrift	Bezeichnung der Frist	Fristdauer in Kalendertagen [beschl. Verfahren]	Berechnung des Fristbeginns
§ 18 a Nr. 2 Abs. 1 S. 1	Bewerbungsfrist	Min. 37 Tage	Tag nach Absendung der Bekanntmachung
§ 18 a Nr. 2 Abs. 1 S. 2	Bewerbungsfrist bei Dringlichkeit	Min. 15 Tage	Tag nach Absendung der Bekanntmachung
§ 18 a Nr. 2 Abs. 3 S. 1	Angebotsfrist	Min. 40 Tage	Tag nach Absendung der Aufforderung zur Angebotsabgabe
§ 18 a Nr. 2 Abs. 3 S. 2	Angebotsfrist im Falle erfolgter Vorinformation	Min. 26 Tage	Tag nach Absendung der Aufforderung zur Angebotsabgabe
§ 18 a Nr. 2 Abs. 4 lit. a)	Angebotsfrist bei Dringlichkeit	Min. 15 Tage	
§ 18 a Nr. 2 Abs. 4 lit. a)	Angebotsfrist bei elektronischer Bekanntmachung	Min. 10 Tage	
§ 18 a Nr. 2 Abs. 4 lit. b)	Angebotsfrist bei Dringlichkeit	Min. 10 Tage	
§ 17 a Nr. 6	Frist zur Auskunftserteilung über Vergabeunterlagen	6 Tage [4 Tage]	Tag vor Ablauf der Angebotsfrist

Vorschrift	Verkürzung der Frist	Verkürzung in Kalendertagen
§ 18 a Nr. 2 Abs. 2	Bei elektronischer Bekanntmachung	7 Tage
§ 18 a Nr. 2 Abs. 5	Bei freiem, direkten und vollständigen Zugang zu Verdingungsunterlagen sowie allen zusätzlichen Unterlagen	5 Tage

Verhandlungsverfahren:

Vorschrift	Bezeichnung der Frist	Fristdauer in Kalendertagen [beschl. Verfahren]	Berechnung des Fristbeginns
§ 18 a Nr. 3, Nr. 2 Abs. 1 und 2	Bewerbungsfrist	37 Tage [15 Tage]	Tag nach Absendung der Bekanntmachung
§ 18 a Nr. 2 Abs. 4 lit. a)	Angebotsfrist bei Dringlichkeit gem. § 18 a Nr. 1 Abs. 4	Min. 15 Tage	
§ 18 a Nr. 2 Abs. 4 lit. a)	Bei elektronischer Bekanntmachung gem. § 18 a Nr. 1 Abs. 4	Min. 10 Tage	
§ 17 a Nr. 6	Frist zur Auskunftserteilung über Vergabeunterlagen	6 Tage [4 Tage]	Tag vor Ablauf der Angebotsfrist

Anmerkung: Bei dem **Wettbewerblichen Dialog** gem. § 18 a Nr. 3: entsprechende Anwendung von § 18a Nr. 2 I 1 und II.

(2) Fristen bei europaweiter Ausschreibung nach VOL/A

296

Offenes Verfahren:

Vorschrift	Bezeichnung der Frist	Fristdauer in Kalendertagen	Berechnung des Fristbeginns[1984]
§ 18 a Nr. 1 Abs. 1	Angebotsfrist	52 Tage	Tag der Absendung der Bekanntmachung
§ 18 a Nr. 1 Abs. 2 lit. b	Angebotsfrist im Falle erfolgter Vorinformation	36 Tage (> 22 Tage)	Tag der Absendung der Bekanntmachung
§ 18 a Nr. 1 Abs. 5	Frist für die Zusendung der unterlagen bei rechtzeitiger Anforderung	6 Tage	Tag nach Eingang des Antrags auf Teilnahme
§ 18 a Nr. 1 Abs. 6	Frist für die Erteilung zusätzlicher Auskünfte bei rechtzeitiger Anforderung	6 Tage	Tage vor Ablauf der Angebotsfrist

Vorschrift	Verkürzung der Frist	Verkürzung in Kalendertagen
§ 18 a Nr. 1 Abs. 4 S. 1	Bei elektronisch erstellter und übermittelter Bekanntmachung	7 Tage
§ 18 a Nr. 1 Abs. 4 S. 2	Bei freiem, direkten und vollständigen Zugang zu Verdingungsunterlagen sowie allen zusätzlichen Unterlagen	5 Tage

Nichtoffenes Verfahren:

Vorschrift	Bezeichnung der Frist	Fristdauer in Kalendertagen [beschl. Verfahren]	Berechnung des Fristbeginns
§ 18 a Nr. 2 Abs. 1 S. 1	Bewerbungsfrist	37 Tage	Tag der Absendung der Bekanntmachung

1984 Die Fristen nach der VOL/A berechnen sich gemäß der Verordnung (EWG/Euratom) Nr. 1182/71 des Rates v. 3. 6. 1971 zur Festlegung der Regeln für die Fristen, Daten und Termine, ABl. EG L 124, S. 1.

Vorschrift	Bezeichnung der Frist	Fristdauer in Kalendertagen [beschl. Verfahren]	Berechnung des Fristbeginns
§ 18 a Nr. 2 Abs. 1 S. 2	Bewerbungsfrist bei besonderer Dringlichkeit	Min. 15 Tage	
§ 18 a Nr. 2 Abs. 1 S. 2	Bewerbungsfrist bei elektronischer Übermittlung der Bekanntmachung	Min. 10 Tage	
§ 18 a Nr. 2 Abs. 2 S. 1	Angebotsfrist	40 Tage	Tag der Absendung der Aufforderung zur Angebotsabgabe
§ 18 a Nr. 2 Abs. 2 S. 2	Angebotsfrist bei besonderer Dringlichkeit	Min. 10 Tage	
§ 18 a Nr. 2 Abs. 2 S. 3	Angebotsfrist im Falle erfolgter Vorinformation	36 Tage (> 22 Tage)	Tag der Absendung der Aufforderung zur Angebotsabgabe
§ 18 a Nr. 2 Abs. 5	Frist für die Erteilung zusätzlicher Auskünfte bei rechtzeitiger Anforderung	6 Tage 4 Tage	Tag vor Ablauf der Angebotsfrist

Vorschrift	Verkürzung der Frist	Verkürzung in Kalendertagen
§ 18 a Nr. 2 Abs. 3 S. 1	Bei elektronisch erstellter und übermittelter Bekanntmachung	7 Tage
§ 18 a Nr. 2 Abs. 3 S. 2	Bei freiem, direkten und vollständigen Zugang zu Verdingungsunterlagen sowie allen zusätzlichen Unterlagen	5 Tage

Verhandlungsverfahren:

Vorschrift	Bezeichnung der Frist	Fristdauer in Kalendertagen [beschl. Verfahren]	Berechnung des Fristbeginns
§ 18 a Nr. 2 Abs. 1 S. 1	Bewerbungsfrist	37 Tage	Tag der Absendung der Bekanntmachung
§ 18 a Nr. 2 Abs. 1 S. 2	Bewerbungsfrist bei besonderer Dringlichkeit	Min. 15 Tage	Tag der Absendung der Bekanntmachung
§ 18 a Nr. 2 Abs. 1 S. 2	Bewerbungsfrist bei elektronischer Übermittlung der Bekanntmachung	Min. 10 Tage	

dd) Konsequenzen aus der Nichtbeachtung der Fristen

297 Ein **Verstoß von öffentlichen Auftraggebern** gegen die vorgenannten Fristen führt, sofern es sich nicht um Bagatellen handelt, in der Regel zur **Rechtswidrigkeit des Vergabeverfahrens**.

Vergabevorschriften über Fristen, Termine, Versendung der Verdingungsunterlagen, Angebotsabgabe, Zuschlag, Auswahl der Bewerber und Ablauf der Angebotseröffnung sind »**elementare Bestandteile des Vergabeverfahrens**« und im Vergabeprüfverfahren zu kontrollieren, weil insbesondere die Einhaltung dieser Vorschriften für Bewerber nicht erkennbar ist[1985].

Der Auftraggeber hat bei der Setzung seiner Fristen zu überlegen und sicherzustellen, dass für die Unternehmen in sämtlichen Teilsegmenten des Ausschreibungsverfahrens **ausreichend Zeit** verbleibt[1986]. Dies gilt sowohl für die **Angebotsfristen**[1987] als auch für die späteren **Ausführungsfristen**[1988], deren zu kurze Bemessung die subjektiven Rechte der Bieter verletzt[1989]. Ebenso müssen die Bauausführungfristen feststehen, ansonsten ist das überbürdete Wagnis für den Auftragnehmer nicht kalkulierbar[1990].

Die **Vergabestelle verletzt den Gleichbehandlungsgrundsatz** des § 97 II GWB, § 8 Nr. 1 S. 1 VOB/A, wenn sie zunächst entgegen § 18 Nr. 2 VOB/A als Termin der Angebotsabgabe einen vor dem Eröffnungstermin liegenden Tag benennt, dann

1985 So VÜA Hessen, Beschl. v. 3. 6. 1998 (1 VÜ 1/98), VergabE V-7-1/98 = VgR 4/1998, 48. Siehe außerdem VÜA Thüringen v. 29. 8. 1996 (2 VÜ 1/96), VergabE V-16-1/96-1.

1986 VK Sachsen, Beschl. v. 2. 10. 2001 (1 VK 88/01), VergabE E-13-88/01 = EUK 2001, 183.

1987 VÜA Brandenburg, Beschl. v. 22. 10. 1998 (1 VÜA 15/96), VergabE V-4-15/96 = Behörden Spiegel 3/1999, S. B II.

1988 KG, Beschl. v. 5. 1. 2000 (Kart Verg 11/99), VergabE C-3-11/99 = BauR 2000, 1579 = Behörden Spiegel 10/2000, S. B II = EUK 2000, 153, 154.

1989 VK Bund, Beschl. v. 13. u. 15. 9. 1999 (VK 1-19/99), VergabE D-1-19/99 = Behörden Spiegel 4/2000, S. B II = EUK 2000, 58.

1990 VK Bund, Beschl. v. 24. 1. 2008 (VK 3-151/07).

aber die Angebotsfrist bis zum Eröffnungstermin verlängert, ohne sämtliche Bieter entsprechend zu informieren[1991].

Versäumen die **Bieter** die Fristen, so muss dies regelmäßig zum **Ausschluss** vom weiteren Verfahren führen[1992]. Grund für das unbedingte Erfordernis der Einhaltung dieser Fristen ist die damit verbundene Chancengleichheit der Bieter im Vergabeverfahren.

Ein gutes **Beispiel** dafür, wie **Fristversäumnisse** in der Rechtsfindung bewertet werden, liefert eine Entscheidung[1993], in der unter Berufung auf das Gleichbehandlungsprinzip der Ausschluss eines Angebotes (§ 25 I Nr. 1 lit. a VOB/A) für gerechtfertigt erachtet wurde, das **zwei Minuten** nach Angebotseröffnung einging und mit Einverständnis der anwesenden Bieter zugelassen werden sollte. Diese geringfügige Verspätung erscheint auf den ersten Blick marginal, ließe man sie aber zu, so würde die kaum beantwortbare Frage auftreten, bei wie vielen Minuten denn nun die Toleranzgrenze liegen soll. Würde man außerdem ein Einverständnis von Bietern zu geringen Verspätungen zulassen, so würde die zwingende Formvorschrift des § 25 I Nr. 1 lit. a VOB/A den Bietern in rechtswidriger Weise zur Disposition gestellt. Das **Risiko** der rechtzeitigen Einreichung der Angebote liegt **voll und ganz bei den Bietern**. Dabei schadet es auch nicht, wenn – wie in dem entschiedenen Fall – der Bieter das Gebäude, in dem sich das Eröffnungszimmer befand, schon um 9.57 Uhr erreichte, ihm dann aber vom Pförtner – aus welchen Gründen auch immer – erst um 10.00 Uhr geöffnet wurde und er infolgedessen erst um 10.02 Uhr das Eröffnungszimmer betreten konnte.

Verzögerungen beim Auffinden und Erreichen des Eröffnungszimmers gehen mithin **regelmäßig zu Lasten des Bieters**, sofern nicht ganz **außergewöhnliche Umstände** hinzutreten, die in die Sphäre der Vergabestelle fallen, also von ihr beherrschbar und daher zu vertreten sind. Ein solcher Umstand, den die Vergabestelle vertreten müsste, wäre z.B. dann gegeben, wenn ein falsches Gebäude oder gar eine falsche Adresse angegeben wird, ohne dass der Bieter auch nur den geringsten Anlass gehabt hätte, die Richtigkeit der Adresse anzuzweifeln und sich vorher noch einmal zu vergewissern. In so gelagerten Fällen kann ein Angebot nachträglich gemäß § 22 Nr. 6 VOB/A zuzulassen sein[1994]. Es wird dann **als rechtzeitig eingegangen behandelt**. Entscheidend sind dann gemäß § 130 BGB der Übergang in den Machtbereich des öffentlichen Auftraggebers und seine Möglichkeit, unter normalen Umständen Kenntnis erlangen zu können. In dem von der VK Sachsen entschiedenen Fall wurde dies bejaht, zumal keine konkrete Zimmernummer angegeben war.

Sehr großzügig, möglicherweise zu großzügig ist die Rechtsfindung[1995] in einem Fall, in dem die Vergabestelle Termine nicht korrekt angegeben bzw. Fristen sehr

---

1991 OLG Dresden, Beschl. v. 14. 4. 2000 (WVerg 0001/00), VergabE C-13-1/00 = BauR 2000, 1591 = ZVgR 2000, 262 = EUK 2000, 89 = Behörden Spiegel 7/2000, S. B II.

1992 OLG Bremen, Beschl. v. 3. 4. 2007 (Verg 2/2007), VergabeR 2007, 517; OLG Hamburg, Beschl. v. 4. 11. 1999 (1 Verg 1/99), VergabE C-6-1/99v = EUK 2000, 45. Zur Verspätung und den Konsequenzen umfassend auch: *Noch*, VergabeNavigator 2/2008, S. 31.

1993 VÜA Baden-Württemberg, Beschl. v. 16. 1. 1997 (1 VÜ 6/96), VergabE V-2-6/96 = VgR 1/1998, 49.

1994 VK Sachsen, Beschl. v. 29. 9. 1999 (1 VK 16/99), VergabE E-13-16/99 = EUK 1999, 171 = IBR 1999, 562.

1995 VÜA Nordrhein-Westfalen (424-84-43-5/97), VergabE V-10-5/97 = EUK 1999, 58.

knapp bemessen hat. Der in der Bekanntmachung geschehene **Schreibfehler** bei der Festsetzung der Angebotsfrist (§ 18a Nr. 1 VOB/A, § 18a Nr. 1 VOL/A) ist nach Auffassung des VÜA nicht schädlich, da er offensichtlich nicht mit dem Termin zur Anforderung der Vergabeunterlagen zusammenfallen konnte. Für jeden Bieter sei dies leicht erkennbar gewesen. Angesichts dieser offensichtlichen Unklarheit haben verschiedene Bieter bei der Vergabestelle auch nachgefragt und sich **rückversichert**, dass es sich hier um einen Schreibfehler handelt. Darüber hinaus habe die Vergabestelle den Zeitraum der Frist für die Anforderung nicht zu kurz bemessen, indem sie den Bietern nur 6 Kalendertage bzw. 3 Arbeitstage Zeit ließ. In diesem Zeitraum könne sich jeder Bieter ohne großen Aufwand – anders als bei der Erstellung eines Angebots – entscheiden, ob er die Unterlagen anfordert oder nicht.

Dem Beschluss ist aus der Perspektive öffentlicher Auftraggeber zuzustimmen. Für jeden **klar erkennbare Schreibfehler** sollten in der Tat zu Lasten der Bieter gehen, da sonst ein übertriebener, nicht zu vertretender Formalismus entstünde. Einziges Problem dieser als sehr großzügig zu bewertenden Rechtsfindung ist, wer mit Gewissheit sagen will, ab welchem Grad ein Mangel in der Bekanntmachung so offensichtlich ist, dass er unbeachtlich ist. Zu bedenken ist, dass gerade das Ausschreibungsverfahren ein sehr formalisiertes Verfahren ist, dem sich sowohl Auftragnehmer als auch Auftraggeber mit einem Höchstmaß an korrekter Handhabung stellen müssen. In diesem Fall ist sicherlich ein Maximum an tolerierbaren Fehlern passiert.

Zum Eröffnungstermin **nicht vollständig vorliegende Angebote**, in denen z.B. die geforderte Bewerbererklärung fehlt, müssen richtigerweise zum Ausschluss des Angebotes führen. Ein **Nachreichen** ist regelmäßig **nicht möglich** und der Charakter des Ausschlusses ist zwingender Natur. Der Vergabestelle ist schon aus Gründen der Gleichbehandlung (Art. 3 I GG, § 2 Nr. 1 VOB/A) grundsätzlich kein Ermessen eröffnet[1996].

Die VK Brandenburg[1997] befindet, dass das Angebot eines Bieters bei der Auftraggeberin **als nicht rechtzeitig eingegangen zu behandeln** ist, weil es als verspätet gelten müsse. Nach § 25 Nr. 1 I lit. a VOB/A sind Angebote auszuschließen, die im Eröffnungstermin dem Verhandlungsleiter bei Öffnung des ersten Angebotes nicht vorgelegen haben. Eine Ausnahme bestehe nur dann, wenn der Bieter den verspäteten Eingang nicht zu vertreten habe (§ 22 Nr. 6 VOB/A). Das verlange indes, dass das Angebot des Bieters so in den Machtbereich der Auftraggeberin gelangt sei, dass diese davon unter normalen Umständen in zumutbarer Weise rechtzeitig hätte Kenntnis nehmen können. Daran fehle es in dem entschiedenen Fall. **Hat der Auftraggeber eine bestimmte Stelle (z.B. ein bestimmtes Zimmer) benannt**, so muss das Angebot auch dort abgegeben werden. Gibt der Bieter dann das **Angebot z.B. beim Pförtner** ab, so ist es als verspätet zurückzuweisen. Pförtner kontrollieren den Zugang zu Gebäuden oder Betriebsgeländen. Sie sind erste Ansprechpartner für Besucher. Besonders in sicherheitsrelevanten Bereichen verhindern sie das Eindringen von Unbefugten und überwachen zeitliche bzw. örtliche Zugangsberechtigungen (BERUFEnet der Bundesagentur für Arbeit). Pförtner seien ent-

1996 VÜA Sachsen-Anhalt, Beschl. v. 25. 1. 1999 (1 VÜ 15/98), VergabE V-14-15/98 = EUK 2001, 137. Siehe i.Ü. aber auch die Ausführungen zur Angebotswertung.

1997 VK Brandenburg, Beschl. v. 26. 1. 2005 (VK 81/04).

gegen der Auffassung der Beigeladenen **keine Empfangsvertreter**. Da die Mitarbeiter der Wache nicht angewiesen worden seien, eingehende Postsendungen, die Angebote zu einem Ausschreibungsverfahren enthalten, unverzüglich persönlich der Submissionsstelle zu überbringen, seien sie auch keine Empfangsboten. Damit falle die verspätete Zustellung des Angebotes der Beigeladenen in ihren alleinigen Verantwortungsbereich. Auf ein fehlendes Verschulden könne sie sich nicht berufen, weil sie sich das Verschulden des von ihr beauftragten Botendienstes als eigenes Verschulden gemäß §§ 276, 278 BGB zurechnen lassen müsse.

Merke: Ein verspäteter Eingang des Angebots ist nur dann nicht dem Bieter zuzurechnen, wenn die Verspätung entweder der Auftraggeber oder niemandem, wie etwa im Falle von Naturereignissen, zuzurechnen ist. Eine andere Auslegung ist mit dem Gleichheitsgrundsatz aus § 97 II GWB nicht vereinbar[1998].

9. Leistungsbeschreibung

a) Typen von Leistungsbeschreibungen

aa) Zwei Typen von Leistungsbeschreibungen nach der VOB/A

(1) Leistungsverzeichnis und Funktionalausschreibung; Einheitspreisvertrag und Pauschalvertrag; vergütungsrechtliche Folgen

298 Bei der VOB/A sind grundsätzlich **zwei Typen von Leistungsbeschreibungen** zu unterscheiden:

- Zum einen ist dies die **Leistungsbeschreibung mit Leistungsverzeichnis** (§ 9 Nr. 11 ff. VOB/A) und
- Zum anderen ist dies die **Leistungsbeschreibung mit Leistungsprogramm** (§ 9 Nr. 15 ff. VOB/A), sog. Funktionalausschreibung.

Die **Leistungsbeschreibung mit Leistungsverzeichnis** ist eine sehr detaillierte Form der Leistungsbeschreibung, in der die Bieter zu den im einzelnen genau aufgeführten Positionen ihre Einheitspreise eintragen, die durch Multiplikation mit der geforderten Menge den Gesamtpreis für diese Position ergeben. Die Einheitspreise bilden bei Ausschreibungen nach der VOB/A die spätere Abrechungsgrundlage des Vertrages. Regelfall ist gemäß § 5 Nr. 1 lit. a VOB/A der **Einheitspreisvertrag**. Beim Einheitspreisvertrag führen sich bei der Bauausführung als nötig erweisende Änderungen in der benötigten Menge zu einer Änderung der Vergütung.

Ausnahme ist gemäß § 5 Nr. 1 lit. a VOB/A die **funktionale Ausschreibung** mit einer pauschalen Vergütung **(Pauschalvertrag)**. Beim Pauschalvertrag gilt grundsätzlich der vereinbarte Pauschalpreis, unabhängig von den Mengenansätzen, es sei denn das Festhalten bzw. Festgehaltenwerden des Bieters bzw. Vertragspartners ist unter dem Gesichtspunkt von Treu und Glauben unzumutbar.

Bei der Leistungsbeschreibung mit Leistungsprogramm – oder besser »**Funktionalausschreibung**« – sind nur wesentliche Funktionselemente der gewünschten Leistung vorgegeben. Der Bieter soll also bei der Entwicklung der

1998 So: VK Nordbayern, Beschl. v. 1. 4. 2008 (21 VK-3194-09/08).

Leistung mitwirken und sein Know-how einbringen. Natürlich verlagern sich dann auch Risiko und Kosten auf ihn. Im Gegenzug entsteht bei der Vergabestelle ein höherer Aufwand bei der Wertung.

Eine fast mustergültige **Definition** der Funktionalausschreibung liefert das OLG Düsseldorf[1999]:

> *»Die funktionale Leistungsbeschreibung kombiniert einen Wettbewerb, der eine Planung und Konzeptionierung der Leistung verlangt, mit der Vergabe der Ausführung der Leistung und unterscheidet sich hierdurch vom reinen Wettbewerb. Dass die Bieter dabei, und zwar mit der Planung und Konzeptionierung der Leistung, auch Teilaufgaben übernehmen, die an sich dem Auftraggeber obliegen, führt als solches nicht zur Unzulässigkeit der funktionalen Leistungsbeschreibung, deren Wesen gerade darin liegt, dass der Auftraggeber – zulässigerweise – im Planungsbereich auf der Bieterseite vorhandenes unternehmerisches »know how« abschöpfen will. Ihrem Wesen nach schließt die funktionale Leistungsbeschreibung auch nicht aus, dass nicht kalkulierbare und damit riskante Leistungen ausgeschrieben werden.«*

Angesichts dieser Gegebenheiten gebietet es das Prinzip fairen Wettbewerbs und auch letztlich das der Chancengleichheit, Funktionalausschreibungen nur in zweiter Linie durchzuführen. Es existiert ein **Regel-/Ausnahmeverhältnis**[2000]. Das Prinzip der Chancengleichheit ist deshalb tangiert, weil nicht alle Auftragnehmer gleich stark mit den Kosten der Angebotserstellung belastet werden können. Hier spielt auch wieder die Idee der Mittelstandsförderung hinein.

Es ist Sinn und Zweck einer **Funktionalausschreibung**, dass aufgrund der besonderen Gegebenheiten der ausgeschriebenen Leistung die Lösung der Bauaufgabe weitgehend den Bietern überlassen werden soll. **Beispiele**:

- Trockenbauwand mit der Vorgabe: Schalldämmwert mindestens 45 dbA
- Fassade für öffentlich-rechtliche Bank mit der Vorgabe: Generierung einer Menge Energie X aus 10.000 m^2 Fassandenfläche durch Integration von Photovoltaik-Elementen (2. Generation: sog. Dünnschicht-Technologie)
- Bauen im Bestand: Vergrößerung einer Stadthalle/Anbau an eine Schule
- Sanierung eines Stadions

Durch diese Art der funktionalen Konzeption der Ausschreibung soll erreicht werden, dass die Bieter bei der Ermittlung der technisch, wirtschaftlich und gestalterisch besten und funktionsgerechtesten Lösung mitwirken[2001]. Erforderlich ist neben der Übertragung der tatsächlichen auch die Übertragung der planerischen Umsetzung der Bauaufgabe. Nur bei einer konstruktionsneutralen Beschreibung

1999 OLG Düsseldorf, Beschl. v. 5. 10. 2000 (Verg 14/00), VergabE C-10-14/00, Rn. 18 = VergabeR 2001, 59 = Behörden Spiegel 11/2000, S. B II. Vgl. auch: OLG Düsseldorf, Beschl. v. 14. 2. 2001 (Verg 14/00), VergabE C-10-14/00 = NZBau 2003, 60 = WuW 2001, 651 = Behörden Spiegel 4/2001, S. B II. Zustimmend: OLG Naumburg, Beschl. v. 16. 9. 2002 (1 Verg 2/02), VergabE C-14-2/02, Rn. 55 = ZfBR 2003, 182 = EUK 2003, 105. Vgl. BGH, NJW 1997, 61.

2000 So VÜA Rheinland-Pfalz, Beschl. v. 29. 9. 1997 (VÜA 2/97), VergabE V-11-2/97 = VgR 3/1998, 50.

2001 BGH, Urt. v. 1. 8. 2006 (X ZR 115/04), NZBau 2006, 797 = VergabeR 2007, 73; VK Münster, Beschl. v. 14. 10. 1999 (VK 1/99), VergabE E-10e-1/99; VÜA Bayern, Beschl. v. 25. 4. 1997 (VÜA 2/97), VergabE V-1-2/97 = VgR 6/1997, 46.

der Leistung wird dem Bieter ein **Spielraum** bei der Auswahl der Technik eingeräumt[2002]. Allerdings gebieten es die Prinzipien des Transparenz- und Gleichbehandlungsverbotes als tragende Grundlage des Vergaberechts, dass auch bei einer funktionalen Ausschreibung eine **Abweichung** von diesen verbindlichen Vorgaben als Abweichung von einem Leistungsverzeichnis zu behandeln ist und zu einem **Ausschluss** führen muss[2003].

Entsprechend dieser Zielsetzung gewinnen dabei auch die die Funktionalität betreffende **Zuschlagskriterien** eine erhebliche Bedeutung[2004]. Die Bezuschlagung richtet sich nicht allein nach dem Preis, sondern auch nach qualitativen, gestalterischen und ästhetischen Aspekten. Auch werden immer wieder Ausschreibungen vorgenommen, in denen – basierend auf einer Vorentwurfsplanung mit Raumprogramm und z.B. weiteren groben Vorgaben für ein Funktionsgebäude – eine weitergehende Planungskonzeption gleich mit anzubieten ist.

Freilich kann eine solche Funktionalausschreibung aus zwei Gründen **problematisch** sein:

- **Erstens** ist hier eine eindeutige Leistungsbeschreibung schwieriger, weil nur einige Funktionselemente vorgegeben werden können und
- **Zweitens** ist die Wertung der Angebote mitunter wesentlich erschwert, weil diese bei Funktionalausschreibungen regelmäßig sehr stark voneinander abweichen[2005].

Alles in allem muss nach der gesicherten Rechtsfindung die **Funktionalausschreibung** gegenüber der Leistungsbeschreibung mit Leistungsverzeichnis (§ 9 Nr. 6 bis 9 VOB/A) eine **Ausnahme** bleiben.

Dieses Regel-/Ausnahmeverhältnis bei der Leistungsbeschreibung hat unmittelbar mit dem Vorrang der Fachlosvergabe nach § 4 Nr. 3 VOB/A zu tun, weil Funktionalausschreibungen zu **Generalunternehmervergaben** führen[2006]. Antragstellerin war in dem Verfahren eine Architektenkammer, die die Interessen ihrer Mitglieder wahrnahm, denen regelmäßig bei Generalunternehmervergaben Aufträge verloren gehen.

Vergütungstechnisch, d.h. insbesondere im Hinblick auf etwaige **Nachtragsstreitigkeiten**, hat die Wahl der funktionalen Ausschreibung erhebliche Auswirkungen. Es gibt umfangreiche Judikatur zur Risikoübernahme bei funktionalen Leistungsbeschreibungen und der damit einhergehenden Geltung der vom Auftragnehmer angegebenen Preise.

So kommt es schon ganz grundsätzlich gemäß dem BGH für die Wirksamkeit einer funktional beschriebenen Leistungsverpflichtung **nicht darauf an**, dass der Auftragnehmer den **Umfang der übernommenen Verpflichtung genau kennt oder zuverlässig ermitteln kann**[2007]. Der BGH unterstellt dabei auch, dass eine solche

2002 VK Nordbayern, Beschl. v. 16. 1. 2007 (21.VK-3194-43/06), VS 2007, 23 [LS].
2003 BGH, Urt. v. 1. 8. 2006 (X ZR 115/04), NZBau 2006, 797 = VergabeR 2007, 73.
2004 OLG Frankfurt, Beschl. v. 10. 4. 2001 (11 Verg 1/01), VergabE C-7-1/01, Rn. 60 = VergabeR 2001, 299 = NZBau 2002, 161. Siehe auch OLG Düsseldorf, Beschl. v. 5. 10. 2000 (Verg 14/00), VergabE C-10-14/00, Rn. 19 = VergabeR 2001, 59 = Behörden Spiegel 11/2000, S. B II.
2005 VÜA Saarland, Beschl. v. 2. 7. 1997 (VÜA 1/97), VergabE V-12-1/97.
2006 VÜA Rheinland-Pfalz, Beschl. v. 29. 9. 1997 (VÜA 2/97), VergabE V-11-2/97 = VgR 3/1998, 50.
2007 BGH, Urt. v. 23. 1. 1997 (VII ZR 65/96), BauR 1997, 464 = NJW 1997, 1772.

Risikoverlagerung generell dem Auftragnehmer **nicht verborgen bleibt**. Jedenfalls könne er sich als Fachmann nicht darauf berufen, dass er die Risiken, die mit funktionaler Beschreibung der Leistung verbunden sind, nicht erkannt habe[2008].

Der Auftragnehmer kann sich des weiteren **anerkanntermaßen nicht auf zeichnerische Darstellungen berufen**[2009]. Das Berliner Kammergericht führt hierzu aus: »*Ist eine Leistung neben einer detaillierten zeichnerischen Darstellung funktional – hier: Geometrie nach statischen Erfordernissen – beschrieben, dann sind mit dem Pauschalpreis sämtliche Mengen abgegolten, auch wenn sie in der zeichnerischen Darstellung zu niedrig angesetzt sind*«.

Ausdrücklich ist es so, dass der **Auftragnehmer** bezüglich angegebener Daten **Prüfungspflichten** hat. So heißt es in der Entscheidung des Kammergerichts[2010]: »*Wenn Daten in Ausschreibungsunterlagen vorbehaltlich einer weiteren Prüfung angegeben sind, obliegt es dem Ermessen eines Bieters, die in den Ausschreibungsunterlagen angegebenen Daten zu prüfen. Ein aus dem Unterlassen einer Prüfung entstehender Mehraufwand geht zu Lasten des Bieters.*«

Daher wird unterstellt, dass der Auftragnehmer sein Angebot unter **gewissen Kalkulationsrisiken** abgibt und ihm dies bekannt ist[2011].

Vertragsrechtlich ist bei einer sog. funktionalen Leistungsbeschreibung für eine der VOB/A entsprechende Auslegung schon deshalb kein Raum, weil die mit dem Vertragsschluss beabsichtigte **Risikoverlagerung für den Auftragnehmer zweifelsfrei erkennbar ist**[2012].

Der Auftragnehmer übernimmt daher gerade diese Risiken und hat **bei freigestellter Konstruktion im Detail** (z.B. Erreichung eines bestimmten Schalldämmwertes bei einer Wand in einer Schule[2013]) eine **Fülle von Möglichkeiten zur Herstellung des werkvertraglichen Erfolges**, ohne dass dies gegenüber den Vorgaben in der funktionalen Ausschreibung einen Mehraufwand erfordert, der zu einer gesonderten Vergütung berechtigt. Die Funktionstauglichkeit kann mit den Rahmen-Vorgaben des Auftraggebers erreicht werden.

Diese Rechtsprechung bedeutet jedoch nicht, dass bereits in der Ausschreibung beliebige Risiken auf den Bieter verlängert werden dürfen. Risiken, die aus einer funktionalen Leistungsbeschreibung resultieren, sind daher von rechtswidrigen

2008 BGH, Urt. v. 23. 1. 1997, VII ZR 65/96; BauR 1997, 464 = NJW 1997, 1772, unter Verweis auf: BGH, Urt. v. 27. 6. 1996 (VII ZR 59/95), BauR 1997, 121 = ZfBR 1997, 29 = NJW 1997, 91. Siehe auch: KG, Urt. v. 14. 2. 2006 (21 U 5/03 – »Olympiastadion«), IBR 2006, 189 = VergabeR 2006, 414.

2009 KG, Urt. v. 15. 7. 2004 (27 U 300/03), BauR 2005, 1680 [Ls.]; BGH, Beschl. v. 21. 7. 2005 (VII ZR 205/04 [Nichtzulassungsbeschwerde zurückgewiesen]).

2010 KG, Urt. v. 15. 7. 2004 (27 U 300/03).

2011 OLG Celle, Urt. v. 14. 7. 2005 (14 U 217/04); vgl. hierzu auch KG, Urt. v. 9. 11. 1999 (27 U 8522/98) [BGH, Beschl. v. 19. 12. 2002, VII ZR 34/00 (Revision nicht angenommen)], IBR 2003, 1027.

2012 OLG Celle, Urt. v. 14. 7. 2005 (14 U 217/04), unter Verweis auf: BGH, Urt. v. 27. 6. 1996 (VII ZR 59/95), BauR 1997, 121 = ZfBR 1997, 29 = NJW 1997, 91.

2013 AG Schleiden, Urt. v. 27. 10. 2006 (9 C 90/05): »*Nach den Ausführungen des Sachverständigen konnte zwar mit der in der Ausschreibung beschriebenen Innenwand der gleichzeitig geforderte Schallschutz nicht erreicht werden. Entscheidend kommt es aber darauf an, dass Gegenstand der Leistungsbeschreibung mit nicht minderem Gewicht ausdrücklich auch ein entsprechender Schallschutz ist und deswegen alle für dieses Ziel erforderlichen Aufwendungen in der Leistung enthalten und mit dem Einheitspreis abgegolten sind.*« Die (Teil-)Berufung zum LG Aachen (7 S 167/06) wurde zurückgenommen.

Klauseln und Ausschreibungsbedingungen (wie z.B. Risiko der Verfügbarkeit und Bebaubarkeit, Vorbehalt der Vergabe usw.), die ein ungewöhnliches Wagnis im Sinne des § 9 Nr. 2 VOB/A darstellen, abzugrenzen[2014].

(2) Rahmen für Aufklärungsgespräche und Nachverhandlungen

(2a) Bei der Ausschreibung mit LV

299 Für Aufklärungsgespräche besteht in der Regel nur ein äußerst geringer Spielraum[2015]. Von Verhandlungsmöglichkeiten im engeren Sinne (schon gar nicht über die Preise) kann im absoluten Regelfall der **Leistungsbeschreibung mit Leistungsverzeichnis** nicht die Rede sein. Dies schon deshalb nicht, weil die Leistungsbeschreibung eindeutig und erschöpfend zu sein hat, was Verhandlungen auch über einzelne Leistungspositionen ausschließt.

Ein **widersprüchliches Angebot** kann nicht im Wege der Aufklärung bzw. von Nachverhandlungen zu einem ausschreibungskonformen avancieren[2016].

Die VK Bund hat außerdem festgestellt: Lässt man eine Modifizierung von wesentlichen Preisangaben eines Angebots in einer Nachverhandlung zu, so eröffnet man dem jeweiligen Bieter einen **unkontrollierbaren Spielraum zur nachträglichen Manipulation von wertungsrelevanten Positionen.** Dies ist nicht mehr von § 24 Nr. 1 I VOL/A, der als Ausnahmevorschrift eng auszulegen ist, gedeckt. Davon abgesehen steht es im **Ermessen** des öffentlichen Auftraggebers, ob er eine Zweifelsverhandlung gemäß § 24 Nr. 1 I VOL/A durchführen will oder nicht[2017].

Eine zulässige Aufklärung gemäß § 24 VOB/A bedeutet im Übrigen nicht, dass die Vergabestelle sich ausschließlich an den Bieter wenden muss[2018]. Sie kann im Einzelfall **auch andere Erkenntnisquellen** nutzen. Dies kann beinhalten, dass sie eine direkte Nachfrage beim Hersteller des vom Bieter angegebenen Produkts tätigt.

(2b) Bei der Funktionalausschreibung

300 Im Falle einer Leistungsbeschreibung mit Leistungsprogramm (**Funktionalausschreibung**) verhält es sich etwas anders. Durch den mit der Ausschreibung abgefragten konzeptionellen Lösungsansatz kann es nicht nur eine Fülle von Nachfragen der Vergabestelle geben, sondern es kann sich auch herausstellen, dass technische Änderungen in gewissem Umfange notwendig sind, die auch zu anderen Preisen führen dürfen (§ 24 Nr. 3 VOB/A).

Die Vorschrift des § 24 Nr. 3 VOB/A erlaubt im Falle der **Funktionalausschreibung** im Einzelnen solche Änderungen, die
- nötig sind,
- um unumgängliche technische Änderungen

2014 VK Bund, Beschl. v. 24. 1. 2008 (VK 3-151/07).

2015 OLG Düsseldorf, Beschl. v. 24. 5. 2005 (Verg 28/05), NZBau 2005, 710 = VS 2005, 43, 45; OLG Düsseldorf, Beschl. v. 5. 5. 2004 (VII-Verg 10/04), NZBau 2004, 460 = EUK 2004, 103; VK Nordbayern, Beschl. v. 9. 8. 2005 (320.VK-3194-27/05), VS 2005, 72 [LS].

2016 VK Bund, Beschl. v. 21. 7. 2005 (VK 3-61/05), VS 2006, 13.

2017 VK Bund, Beschl. v. 13. 7. 2005 (VK 1-59/05), VS 2006, 13.

2018 VK Hessen, Beschl. v. 7. 10. 2004 (VK 60/2004), VS 2005, 80 [LS].

- geringen Umfangs
- und daraus sich ergebende Änderungen der Preise

zu vereinbaren.

(2ba) Nötige Änderungen

301 Das Merkmal der »nötigen Änderungen« bezieht sich auf eine Art von Änderungen, die im allgemeinen rechtlichen Sinne als »**erforderlich**« zu bezeichnen sind.

Diese nötigen bzw. erforderlichen Änderungen haben im Zusammenhang mit der Vorschrift des § 24 Nr. 3 VOB/A – Nachverhandlungen – zur Voraussetzung, dass das unterbreitete Angebot als solches wertbar ist. Nachverhandelt werden kann nämlich nur ein Angebot, das vom Grundentwurf her verwendbar und daher überhaupt wertbar ist.

Das mit der Funktionalausschreibung **vorgegebene Ziel** müsste von der Grundkonzeption her als **erreichbar** und daher als grundsätzlich »baubar« anzusehen sein.

Die vorzunehmenden (planerischen) Änderungen müssten – unbeschadet der grundsätzlichen Einschätzung als »baubar« – einen **objektiven Änderungsbedarf** aufweisen. Den Gegensatz zu einem objektiven Änderungsbedarf würde ein subjektiver Änderungswunsch bilden. Rein subjektive Verschönerungswünsche sind grundsätzlich nicht von der – ausnahmsweisen – Erlaubnis zu Nachverhandlungen bei Funktionalausschreibungen erfasst.

(2bb) Unumgänglichkeit technischer Änderungen

302 Die VOB/A verlangt außer der »Notwendigkeit« der technischen Änderungen die Erfüllung des Merkmals der »**Unumgänglichkeit**«.

Dies könnte in einer Weise verstanden werden, dass man hieraus eine gesteigerte Form der »Notwendigkeit« der Änderungen schließen könnte.

Betrachtet man dies allerdings näher, so ist zu fragen, ob vom juristischen Sprachgebrauch her hiermit tatsächlich ein »objektives Mehr an Notwendigkeit« ausgedrückt werden soll.

Der Bedeutungsgehalt des Begriffes »**Notwendigkeit**« ist bereits, wie oben gezeigt, objektiv, und nicht subjektiv, zu verstehen. Die Notwendigkeit der Änderungen orientiert sich bereits daran, dass eine funktional angebotene Lösung, die bereits für grundsätzlich verwertbar angesehen wurde, als **verbesserungsbedürftig** (und nicht lediglich als verbesserungsfähig) eingestuft wurde.

Die Verwendung des Begriffes »unumgänglich« indiziert eine **Alternativlosigkeit**, d.h. die Änderungen sind zur Realisierung absolut notwendig und nicht lediglich wünschenswert. Die Alternativlosigkeit dieser Änderungen kann andererseits aber auch nicht bedeuten, dass die Änderungen so gravierend sein müssen, dass das funktional zu verstehende Angebot des Bieters überhaupt erst zuschlagsfähig gemacht werden muss. Diesen Sachverhalt drückt bereits der Begriff der Notwendigkeit aus.

Es fragt sich daher, worin im Kern das Mehr des Begriffes der »unumgänglichen technische Änderungen« liegen soll. Die **Unumgänglichkeit ist eigentlich durch die objektive Notwendigkeit erschöpfend beschrieben.**

Es spricht daher einiges dafür, dass der im juristischen Sprachgebrauch, soweit ersichtlich, anderweitig nicht verwendete Begriff der »Unumgänglichkeit« lediglich eine zusätzliche (aber nur deklaratorische) **Bekräftigung** der Pflicht zur restriktiven Handhabung von Änderungen im Rahmen von Nachverhandlungen darstellen soll.

Weiter zu prüfen ist, was mit dem Adjektiv der unumgänglichen **»technischen« Änderungen** gemeint ist.

Eine Auslegung könnte dahin gehen, dass hiermit nur technische Änderungen im engeren Sinne gemeint sein könnten. Allerdings würde sich dann der Anwendungsbereich des § 24 Nr. 3 VOB/A auf technisch-funktionale Ausschreibungen beschränken. Ein weiter Bereich von sonstigen funktionalen Ausschreibungen, die es im Übrigen auch im Anwendungsbereich der VOL/A gibt, wäre ausgeschlossen. Eine Verengung auf rein technische Beschaffungen oder technische Teile einer Beschaffung lässt sich aus dem ohnehin **nicht einheitlich verwendeten Begriff der »Technik« bzw. des »Technischen«** nicht erkennen[2019].

So spricht man beispielsweise in der Rechtswissenschaft von einem »terminus technicus« (also einem rechtstechnischen Begriff), ohne dass damit ersichtlich etwas aus der Welt der Technik im engeren Sinne gemeint ist. Auch bei anderen Ausschreibungen, z.B. bei der Vergabe von Leistungen des Veranstaltungsmanagements, spricht man von »technischer Abwicklung«, wobei dann eher die »veranstaltungstechnische« Durchführung gemeint ist, nicht jedoch primär die Veranstaltungstechnik (Beamer, Mikrophonanlage usw.) im engeren Sinne. Dies kann natürlich – unter anderem – gemeint sein, ist aber höchstens teilbedeutend. Des Weiteren spricht man von Fragen der »verwaltungstechnischen Umsetzung« von Maßnahmen. Dabei geht es nicht um die Frage, welche PCs eingesetzt werden und wie die e-mails verschickt werden, sondern es geht um die Abklärung, welche Behörden und Abteilungen auf welcher Rechtsgrundlage beteiligt werden müssen, damit eine rechtskonforme Umsetzung vorliegt. Kurzum: Der **Begriff der Technik ist eher vieldeutig**, und es spricht vieles dafür, dass mit den unumgänglichen »technischen« Änderungen nicht allein solche gemeint sind, die technische Beschaffungen im engeren Sinne betreffen.

Eine Begrenzung auf technische Beschaffungen im engeren Sinne entspräche darüber hinaus auch nicht Sinn und Zweck der Regelungen der §§ 24 VOB/A bzw. VOL/A. Da es funktionale Ausschreibungen auch in anderen Vergabebereichen gibt (z.B. bei Bildungsmaßnahmen), gilt die (wenn auch eingeschränkte) Nachverhandlungserlaubnis des § 24 Nr. 3 VOB/A auch dort.

(2bc) Geringer Umfang

303 **»Gering«** ist in der Wortbedeutung wohl am treffendsten mit **»wenig«** = **»nicht entscheidend«** = **»nicht maßgeblich«** zu umschreiben.

2019 Vgl. OLG Koblenz, Beschl. v. 5. 12. 2007 (1 Verg 7/07), zur Verwendung nicht einheitlich definierter (technischer) Begriffe, hinsichtlich derer man eine Auslegung nach Sinn und Zweck vornehmen muss.

Keine Rückschlüsse lassen sich aus der – bereits etwas im übertragenen Sinne gebrauchten – sprachlichen Formulierung »nicht im Geringsten« = »gar nichts« ziehen. Dies wäre auch bereits die Bedeutung der (verabsolutierten) Steigerungsform, die, ausgehend vom Bedeutungsgehalt des § 24 Nr. 3 VOB/A, gerade nicht gemeint ist.

Gering heißt somit »wenig« = »nicht entscheidend« = »nicht maßgeblich«.

Aus der Rechtsfindung ergeben sich Hinweise darauf, was die **Marginalitätsgrenze** sein kann. Diese scheint, anders als zunächst zu vermuten, erst bei einem höheren Prozentsatz, **möglicherweise sogar erst bei 30%**, angesiedelt zu sein.

Unbestritten dürfte sein, dass nachverhandelte Angebots- und Preisänderungen, die vom Bieter begehrt werden, **nicht mehr als zulässig anzusehen** sind, wenn sie zu einer **Korrektur um ca. 50%** führen[2020].

Eine so erhebliche Preisänderung ist im Rahmen der Angebots-»aufklärung« nicht zulässig (§ 24 Nr. 3 VOB/A).

Reicht mit Blick auf § 25 VOB/A bzw. VOL/A eine **»geringe« Bedeutung des Preises bis hin zu einer Gewichtung dieses Kriteriums von nur 30%**, so würde dies, **übertragen auf den Begriff des »geringen Umfanges« der Nachverhandlungen**, bedeuten, dass Änderungen »geringen Umfangs« i.S.d. § 24 Nr. 3 VOL/A auch solche sind, die durchaus einen spürbaren Umfang von bis zu 30% erreichen dürfen[2021].

Ein Fall, der vor der VK Bund entscheiden wurde, betrifft ein Nichtoffenes Verfahren mit vorgeschaltetem Öffentlichen Teilnahmewettbewerb. Im Ergebnis wurden die **dort vorgenommenen Nachverhandlungen**, die einen **Umfang von einem Drittel (also 33%)** der zu erbringenden Leistungen betrafen, **für rechtswidrig erklärt**, weil sie über das zulässige Maß hinausgingen[2022].

Dies mag im **Umkehrschluss** – mit der gebotenen Vorsicht – erlauben, dass die **Geringfügigkeitsgrenze für zulässige Nachverhandlungen niedriger angesiedelt** ist.

Ob sie bei 30%, 25%, 20% oder noch geringeren Prozentwerten liegt, bleibt offen – und muss auch offen bleiben, weil Vergaberecht in gewissem Umfang immer Einzelfallrecht ist und auch jede Vergabematerie ihre Besonderheiten aufweist.

So weist der von der Vergabekammer Bund **entschiedene Fall einige Besonderheiten** auf, unter denen die Entscheidung, in der das zulässige Maß für Nachverhandlungen als überschritten angesehen wurde, betrachtet werden muss.

2020 VK Südbayern, Beschl. v. 14. 8. 2002 (32 – 07/02).

2021 So OLG Dresden, Beschl. v. 5. 1. 2001 (WVerg 0011/00 und 0012/00), VergabE C-13-11/00 = VergabeR 2001, 41 = NZBau 2001, 459 = WuW 2001, 428: *»Auch dabei muss allerdings sichergestellt bleiben, dass der Preis ein wichtiges, die Vergabeentscheidung substantiell beeinflussendes Entscheidungskriterium bleibt und* nicht bis zur Bedeutungslosigkeit marginalisiert *wird. Der Senat hält insoweit einen Wertungsanteil des Angebotspreises von 30% für eine Größenordnung, die regelmäßig nicht unterschritten werden sollte«.*

2022 VK Bund, Beschl. v. 26. 8. 1999 (VK 2-20/99), NZBau 2000, 398 = WuW 1999, 1163 = ZVgR 1999, 258 = VergabE D-1-20/99.

Die Vergabe betraf eine **funktionale Ausschreibung mit technischen Innovationen**. Diese bezogen sich auf eine Entsorgungsanlage für Fundmunition.

In dem judizierten Fall gab es die Besonderheit, dass der **gesamte**, den **Angebotsteil** »Rauchgasreinigung« betreffende Teil von der Vergabestelle und dem Bieter **für überholt und erledigt erklärt** wurde.

Dieser Angebotsteil wurde also komplett gestrichen. Der **ersetzte Angebotsteil repräsentierte dann ein Volumen von insgesamt etwa einem Drittel** der Gesamtangebotssumme[2023].

Diese Vorgehensweise hat die VK Bund für zu weitgehend erachtet und deshalb für rechtswidrig erklärt.

In eine ähnliche Richtung geht eine Entscheidung des OLG Naumburg, die das nachträgliche Herausstreichen eines Teiles der Leistungspositionen als »faktische Teilaufhebung« tituliert hat[2024].

Merke: Sogar im Verhandlungsverfahren kann das Nachverhandlungsverbot zumindest dann gelten, wenn sich die ausschreibende Stelle auf einen bestimmten Rahmen und einen bestimmten Modus, in dem nachverhandelt werden kann, festgelegt hat[2025].

Nachverhandlungen sollten nicht dazu dienen, formal mangelhafte Angebote zu vervollständigen, und zwar auch dann nicht, wenn alle Angebote unvollständig sind[2026].

(2c) Folgen unzulässiger Nachverhandlungen

304 Die Folge unsachgemäßer Nachverhandlungen kann die Nichtigkeit des Vertrages infolge einer sog. De-facto-Vergabe sein. Durch das Nachverhandlungsverbot geschützt werden in jedem Falle die **konkurrierenden Bieter**. Deshalb sind im laufenden Vergabeverfahren ihre subjektiven Bieterrechte aus § 97 VII GWB tangiert.

Ein modifizierter oder ein verspäteter »Zuschlag« führt **materiell nicht zu einem Vertragsschluss** und damit **verfahrensrechtlich nicht zur Beendigung**[2027]. In der lesenswerten Entscheidung stellt das OLG Naumburg im Sinne einer Verneinung unzulässiger Nachverhandlugen fest, dass in dem dortigen der Ausschreibung zugrunde liegenden Leistungsverzeichnis lediglich Mindestmaße verlangt worden waren. Dem Auftragsschreiben kommt damit kein modifizierender, sondern ein feststellender Charakter zu. Es gilt das Gebot der »**angebotserhaltenden Aus-**

2023 VK Bund, Beschl. v. 26. 8. 1999 (VK 2-20/99), NZBau 2000, 398 = WuW 1999, 1163 = ZVgR 1999, 258 = VergabE D-1-20/99.

2024 OLG Naumburg, Beschl. v. 13. 10. 2006 (1 Verg 6/06), NZBau 2007, 200 = VergabeR 2007, 125, 5. LS.: »*Wird von einem Auftrag ein Teil der Leistungspositionen nachträglich herausgenommen, so liegt faktisch eine Teilaufhebung der Ausschreibung vor, die einer eigenen sachlichen Rechtfertigung bedarf.*«

2025 VK Schleswig-Holstein, Beschl. v. 17. 8. 2004 (VK-SH 20/04), VS 2005, 39 [LS]; VK Nordbayern (320.VK-3194-17/03).

2026 VK Brandenburg, Beschl. v. 15. 11. 2005 (2 VK 64/05), VS 2006, 30.

2027 OLG Naumburg, Beschl. v. 16. 10. 2007 (1 Verg 6/07), VS 2007, 93.

legung«. Von den mehreren Möglichkeiten der Interpretation ist diejenige zu wählen, nach welcher das Angebot Bestand hat.

Eine spätere Berufung des **bezuschlagten Bieters** auf Unwirksamkeit oder Nichtigkeit des Angebots wegen Verstoßes gegen das Nachverhandlungsverbot des § 24 Nr. 3 VOB/A oder gegen § 134 BGB ist regelmäßig erfolglos[2028].

(3) Zwischenschaltung von Planungsbüros; Beachtung des Prinzips der Letztverantwortlichkeit

305 Oftmals erfolgt daher in der Praxis eine **Zwischenschaltung von Ingenieurbüros** zur Wertung der vorgeschlagenen technischen Lösungen. Diese Wertung von technischen Lösungen durch Externe muss sich die Vergabestelle allerdings gemäß § 278 BGB (Haftung für Erfüllungsgehilfen) zurechnen lassen. Die Vergabestelle ist daher auch bei einer Funktionalausschreibung nicht davon befreit, sich umfassend nach den Grundlagen der Ausschreibung und den nach dem Stand der Technik möglichen Lösungen umzuschauen[2029].

Die Vergabestelle muss sich je nach Lage des Falles konsequenterweise auch die **Fehlberatung** eines anerkannten Gutachters gemäß § 278 BGB **zurechnen lassen**[2030]. Dieser hatte in dem entschiedenen Fall bestimmte Wärmedämmfolien bei Verglasungsarbeiten für absolut ungeeignet gehalten, obschon diese auch in der Fachwelt mittlerweile anerkannt waren und deren Einsatz im übrigen eine erhebliche Kostenersparnis mit sich gebracht hätte.

Die Vergabestelle muss sich demnach das **Ergebnis der Arbeiten zu eigen machen**[2031] und darf sich nicht blindlings auf Meinungen von Ingenieurbüros oder Gutachtern verlassen. Auch bei den Vergaben nach VOB/A gilt der **Grundsatz der Letztverantwortlichkeit** der ausschreibenden Stelle.

Dementsprechend hat das **OLG München**[2032] die **komplette Übertragung der Durchführung einer Bauausschreibung** gemäß VOB/A an ein Planungsbüro für **rechtswidrig** erklärt. Damit wird bekräftigt, dass auch im Anwendungsbereich der VOB/A eine allzu häufig gewählte Vorgehensweise nicht mit den Grundsätzen der Eigen- bzw. Letztverantwortung des öffentlichen Auftraggebers übereinstimmt. In der **VOL/A** findet sich in **§ 2 Nr. 3** die Regelung:

> *»Leistungen sind unter ausschließlicher Verantwortung der Vergabestellen an fachkundige, leistungsfähige und zuverlässige Bewerber zu angemessenen Preisen zu vergeben.«*

2028 OLG Braunschweig, Urt. v. 11. 11. 2004 (8 U 189/99), VS 2005, 92.

2029 OLG Düsseldorf, Beschl. v. 5. 10. 2000 (Verg 14/00), VergabE C-10-14/00, Rn. 19 = VergabeR 2001, 59 = Behörden Spiegel 11/2000, S. B II: *»Der Auftraggeber darf nicht von jeder eigenen Planungstätigkeit absehen und diese – etwa um Kostenaufwand, Zeit und/oder Personal einzusparen – gänzlich den Bietern übertragen.«*

2030 BGH, Urt. v. 8. 9. 1998, X ZR 99/96, BauR 1998, 1238; VÜA Bayern, Beschl. v. 25. 7. 1997 (VÜA 7/97), VergabE V-1-7/97 = VgR 1/1998, 49.

2031 Das müssen auch die Vergabeakten ausweisen: VK Schleswig-Holstein, Beschl. v. 13. 12. 2004 (VK 33/04), VergabE E-15-33/04.

2032 OLG München, Beschl. v. 15. 7. 2005 (Verg 14/05), NZBau 2006, 472 = VergabeR 2005, 799 = VS 2005, 60.

Die Formulierung »*ausschließliche Verantwortung*« ist etwas **verunglückt** und verleitet dazu, den Bedeutungsgehalt der Vorschrift zu übersehen. Gemeint ist das Prinzip der ***Letztverantwortung*** der Vergabestelle, das der vorherigen Einschaltung eines Dienstleisters nicht entgegensteht. Das Prinzip der ***Letztverantwortung*** hat allerdings zur Konsequenz, dass im Falle der Einschaltung z.B. eines Planungsbüros insbesondere die **Wertungsentscheidungen erkennbar als eigene** getroffen werden müssen.

Es reicht daher nicht aus, wenn die Wertungsvermerke unter dem Briefkopf und mit Unterschrift eines Verantwortlichen des Planungsbüros erfolgen und der öffentliche Auftraggeber lediglich pauschal, d.h. ohne inhaltliche Auseinandersetzung, die Entscheidungen abzeichnet. Insbesondere ist die Vergabestelle gefordert, die **Absageschreiben nach § 13 VgV selbst** und unter ihrem Briefkopf auszufertigen und abzusenden.

Es hat zu diesem Komplex der Letztverantwortung der Vergabestelle einige Vorläufer-Entscheidungen[2033], zumeist auf Ebene der Vergabekammern und überwiegend zur VOL/A gegeben. Die Spruchpraxis des OLG München ist trotz der verständlichen Argumentation vieler Vergabestellen, die einen Dienstleister einschalten und sich sagen: »*Wofür bezahlen wir den denn eigentlich, soll er doch die Auswertung machen und die Schreiben rausschicken ?!*«, richtig und konsequent.

An dieser Stelle sei auch der Hinweis gegeben, dass sich die Vergabestelle ebenso in **rein äußerlicher Hinsicht** im Einzelfall ein **Bild von der Zuverlässigkeit** des Planungsbüros machen muss. Sie darf sich insbesondere dann nicht auf die vermeintliche Zuverlässigkeit des Planungsbüros verlassen, wenn Zweifel an seiner Zuverlässigkeit bestehen oder anderweitig Interessenskonflikte existieren, weil der Gutachter z.B. einen Rechtsstreit mit einem der Bieter führt[2034].

bb) Arten von Leistungsbeschreibungen nach der VOL/A

306 Gemäß § 8 Nr. 2 gibt es bei der VOL/A **noch mehr unterschiedliche Formen** von Leistungsbeschreibungen als bei der VOB/A:

- **Herkömmliche Leistungsbeschreibung** unter Verwendung »verkehrsüblicher Bezeichnungen« (§ 8 Nr. 2 I, 1. Hlbs.)
- Funktionale Leistungsbeschreibung (sog. **Funktionalausschreibung**) unter (»Darstellung ihres Zweckes, ihrer Funktion sowie der an sie gestellten sonstigen Anforderungen«, § 8 Nr. 2 I, 2. Hlbs. lit. a)
- Verwendung einer **konstruktiven Leistungsbeschreibung** (»wesentlichen Merkmalen und konstruktiven Einzelheiten«, § 8 Nr. 2 I, 2. Hlbs. lit. b)
- **Mischformen** zwischen diesen Arten von Leistungsbeschreibungen (§ 8 Nr. 2 I, 3. Hlbs.).

Die **konventionelle Leistungsbeschreibung** (§ 8 Nr. 2 I, 1. Hlbs. VOL/A) ist bei Beschaffungen standardisierter, handelsüblicher Leistungsgegenstände wie Büro-

2033 OLG Naumburg, Beschl. v. 26. 2. 2004 (1 Verg 17/03), VergabeR 2004, 387 = VergabE C-14-17/03, 2. Leitsatz; VK Lüneburg, Beschl. v. 11. 1. 2005 (203-VgK-55/04), Behörden Spiegel 2/2005, S. 23.

2034 So VÜA Sachsen-Anhalt, Beschl. vom 17. 11. 1997 (1 VÜ 6/95), VergabE V-14-1/95 = WuW/E Verg, 96 = VgR 2/1998, 43 = IBR 1998, 90.

möbeln, Computerbildschirmen, Kampfstiefeln oder Abfallbeseitigung und Gebäudereinigung zu verwenden.

Auch im Anwendungsbereich der VOL/A ist es Sinn und Zweck von **funktionalen Leistungsbeschreibungen** (§ 8 Nr. 2 I, 2. Hlbs. lit. a VOL/A), die Art und Weise der Lösung der Aufgabe weitgehend den Bietern zu überlassen[2035]. Diese sollen bei der Ermittlung der technisch, wirtschaftlich und gestalterisch besten und funktionsgerechtesten Lösung mitwirken[2036]. Auch unternehmerische Ideen zur Gestaltung einer Betriebsführung können abgefragt werden[2037]. Dabei kann es durchaus das Ziel sein, dass die Bieter die vorgegebenen Mindestkriterien übererfüllen und damit eine Qualitätssteigerung hervorrufen[2038].

Es fällt nach dem OLG Düsseldorf[2039] zunächst grundsätzlich in das **Ermessen der Vergabestelle**, ob sie eine Funktionalausschreibung durchführt (§ 8 Nr. 2 VOL/A)[2040]. Voraussetzung ist, dass Schwierigkeiten bei der Konkretisierung des Gegenstandes der ausgeschriebenen Leistung existieren, die diese Art der Ausschreibung **zweckmäßig und verhältnismäßig** erscheinen lassen. Das für die Funktionalausschreibung wesenstypische Merkmal, dass mit der Planung und Konzeptionierung der Leistung Teilaufgaben, die eigentlich dem öffentlichen Auftraggeber obliegen, auf die Bieter übertragen werden, führt nicht per se zur Unzulässigkeit. Die Bieter werden mit einer Funktionalausschreibung nicht per se unzumutbar belastet oder mit einem ungewöhnlichen Wagnis i.S.d. § 8 Nr. 1 III VOL/A konfrontiert. Gewisse Ungenauigkeiten sind der Funktionalausschreibung vielmehr »wesenseigen«[2041]. Er kann deshalb eine Leistungsbeschreibung einfach auf gewisse Standardelemente gründen, wenn eine Beschreibung in anderer Weise nicht möglich ist[2042].

Die Vergabestellen werden mit dieser Form der Leistungsbeschreibung davon entlastet, selbst technische Lösungen zu entwickeln. Dies zumal sie auf sich **schnell entwickelnden Marktsegmenten**[2043] häufig ohnehin mit der Aufgabe überfordert

2035 Eingehend hierzu: OLG Düsseldorf, Beschl. v. 5. 10. 2000 (Verg 14/00), VergabE C-10-14/00 = VergabeR 2001, 59 = Behörden Spiegel 11/2000, S. B II. Siehe insbesondere auch die im Zusammenhang mit der funktionalen Leistungsbeschreibung bei der VOB/A zitierten Passagen des Beschlusses sowie OLG Naumburg, Beschl. v. 16. 9. 2002 (1 Verg 2/02), VergabE C-14-2/02, Rn. 55 = ZfBR 2003, 182 = EUK 2003, 105.

2036 So VÜA Bayern, Beschl. v. 25. 4. 1997 (VÜA 2/97), VergabE V-2-2/97; vgl. auch VK Münster, Beschl. v. 14. 10. 1999 (VK 1/99), VergabE E-10e-1/99.

2037 OLG Naumburg, Beschl. v. 7. 3. 2008 (1 Verg 1/08 – »Betriebsführung der Wasserver- und Abwasserentsorgung des Wasserverbandes B.«).

2038 OLG Naumburg, Beschl. v. 2. 4. 2001 (1 Verg 4/01), VergabE C-14-4/01 = EUK 2001, 76.

2039 OLG Düsseldorf, Beschl. v. 5. 10. 2000 (Verg 14/00), VergabE C-10-14/00 = VergabeR 2001, 59 = EUK 2000, 169.

2040 Ähnlich auch VÜA Niedersachsen, Beschl. v. 22. 8. 1996 (34.2.–35. 66 Tgb.-Nr. 1/96), VergabE V-9-1/96 = WuW/E Verg, 97 = WiB 1997, 440 = IBR 1997, 312, zur Freiheit der Vergabestelle bei der Festlegung der technischen Eigenschaften.

2041 VK Bund, Beschl. v. 26. 7. 2000 (VK 2-16/00), VergabE D-1-16/00 = Behörden Spiegel 3/2001, S. B II.

2042 OLG Düsseldorf, Beschl. v. 30. 11. 2005 (Verg 65/05 – »Ausbildungsbegleitende Hilfen [AbH] gemäß SGB III-1«); OLG Düsseldorf, Beschl. v. 23. 11. 2005 (Verg 66/05 – »Ausbildungsbegleitende Hilfen [AbH] gemäß SGB III –2«).

2043 Vgl. Abfallverwertungstechniken; siehe VK Münster, Beschl. v. 14. 10. 1999 (VK 1/99), VergabE E-10e-1/99 = EUK 2000, 26.

sind, passgenaue Ausschreibungen mit detailliertem Leistungsverzeichnis zu entwerfen.

Freilich darf die Vergabestelle bei Funktionalausschreibungen nicht von jeder eigenen Planungstätigkeit absehen, etwa um Kostenaufwand, Zeit und/oder Personal zu sparen[2044] und den Bieter hiermit zu belasten.

Die **konstruktive Leistungsbeschreibung** (§ 8 Nr. 2 I, 2. Hlbs. lit. b VOL/A) unterscheidet sich von der funktionalen Leistungsbeschreibung dadurch, dass nicht nur das Leistungsziel, sondern auch der Weg zur Erreichung dieses Zieles in den konstruktiven Einzelheiten vorgegeben ist. Sie wird dann angewendet, wenn die Vergabestellen Vorkenntnisse aus vorangegangenen Beschaffungen haben und diese zur Lösung herangezogen werden können. So wurde eine konstruktive Leistungsbeschreibung für einen Fall angenommen, in dem es um die Erbringung von vorher definierten Verkehrsleistungen ging[2045].

Es gelten aber auch bei der Funktionalausschreibung im Anwendungsbereich der VOL/A die Grundsätze der Transparenz, Gleichbehandlung und Wettbewerblichkeit. Eine **gewisse Förmlichkeit**, auch betreffend nicht konforme Angebote und deren Ausschlussbedürftigkeit, ist auch bei Vergabeverfahren mit funktionalen Leistungsbeschreibungen anzunehmen[2046].

Im Übrigen kann auf die Ausführungen zu den Typen der Leistungsbeschreibung bei der VOB/A verwiesen werden.

cc) Bedeutung für die gesamte Ausschreibung

307 Die Gestaltung der Leistungsbeschreibung ist sowohl bei Ausschreibungen nach der VOB/A als auch bei Ausschreibungen nach der VOL/A ein ganz **zentrales Kapitel** bei der öffentlichen Auftragsvergabe – wenn nicht gar **das** zentrale Kapitel überhaupt[2047].

Hier entscheidet sich zum einen, ob der Bieter sich im Hinblick auf die abgefragte Leistung für fähig hält, an der Ausschreibung teilzunehmen. Sie ist insoweit eine Ausprägung der **ex-ante-Transparenz**[2048]. Zum anderen bildet die Leistungsbeschreibung das Kernstück der Vergabeunterlagen und ist wesentlicher **Bestandteil** des mit dem besten Bieter abzuschließenden **zivilrechtlichen Vertrages**.

2044 So OLG Düsseldorf, Beschl. v. 5. 10. 2000 (Verg 14/00), VergabE C-10-14/00 = VergabeR 2001, 59 = Behörden Spiegel 11/2000, S. B II = EUK 2000, 169.

2045 OLG Koblenz, Beschl. v. 5. 9. 2002 (1 Verg 2/02), VergabE C-11-2/02, Rn. 112 = VergabeR 2002, 617 = NZBau 2002, 699 = ZfBR 2002, 829 = BauR 2003, 148 = EUK 2002, 172 = Behörden Spiegel 11/2002, S. 24.

2046 BGH, Urt. v. 1. 8. 2006 (X ZR 115/04), NZBau 2006, 797 = VergabeR 2007, 73.

2047 VK Lüneburg, Beschl. v. 12. 4. 2002 (203-VgK-05/2002), VergabE E-9c-5/02 = EUK 2002, 156, 157: *»Die Leistungsbeschreibung bildet dabei **das Kernstück** der Vergabeunterlagen«*. Zur Leistungsbeschreibung außerdem: *Wettke*, BauR 1989, 292; *Cuypers*, BauR 1994, 426; *Schaller*, DB 1995, 1498; *Quack*, BauR 1998, 381; *Dähne*, BauR 1999, 289; *Roquette*, NZBau 2001, 57; *Prieß*, NZBau 2004, 20 ff. und 87 ff.

2048 Vgl. bezogen auf die vorherige Bekanntgabe der Zuschlagskriterien: VÜA Bayern, Beschl. v. 19. 10. 1998 (VÜA 33/98), VergabE V-2-33/98 = ZVgR 1999, 140 = Behörden Spiegel 7/1999, S. B II; VÜA Bayern, Beschl. v. 20. 1. 1999 (VÜA 8/98), VergabE V-2-8/98 = EUK 1999, 58 = Behörden Spiegel 6/1999, S. B II; VÜA Hessen, Beschl. v. 6. 1. 1998 (VÜA 1/96), VergabE V-7-1/96-3 = ZVgR 1998, 447.

Die **Grundsätze der Vergaberichtlinien** sind nach einer Entscheidung des EFTA-Gerichtshofes vom 12. 5. 1999 (Rechtssache Fagtún) auch **auf den nachfolgenden zivilrechtlichen Vertrag anzuwenden**[2049]. Der isländische Bauausschuss hatte bei den Vertragsverhandlungen über den Bau einer Schule überraschend die Verwendung von Dachelementen aus Island verlangt, obwohl dies in der Ausschreibung, die entsprechend den Anforderungen der Richtlinie 93/37/EWG erfolgte, nicht verlangt worden war. Der EFTA-Gerichtshof entwickelte die Rechtsprechung des EuGH zu Verletzungen der Warenverkehrsfreiheit (Art. 11 EWRA bzw. Art. 28 EGV) und des Diskriminierungsverbotes (Art. 4 EWRA bzw. Art. 12 EGV) bei Vergabeverfahren weiter und stellte die besondere Bedeutung der Ausschreibungsbedingungen für den nachfolgend abzuschließenden Vertrag heraus.

In Einzelfällen – etwa im Falle komplexer technischer Beschaffungen – kann es für eine Vergabestelle sehr schwierig sein, eine Leistungsbeschreibung anzufertigen. Eine herkömmliche Möglichkeit ist es, sich entweder Know-how durch **beauftragte Dritte** (Ingenieure, Projektanten, Berater jedweder Art) zu besorgen oder auch im Einzelfall zu versuchen, mit **potentiellen Auftragnehmern** vorab **in unverbindlichen Kontakt zu treten** (»technischer Dialog«)[2050].

Von diesen **Sonderfällen** sind die **Normalfälle** zu unterscheiden. Die Anforderungen an die Leistungsbeschreibung verhalten sich in **Relation** zu der Einfachheit oder Komplexität des zu beschaffenden Gegenstandes: Das BayObLG[2051] hat es auf den Punkt gebracht. Im Rahmen einer Beschaffung von elektroakkustischen Notfallwarnsystemen (gemäß EN 60849 [= VDE 0828]) für den Umbau des Franken-Stadions hat es festgestellt: Es bildet nicht die **Regel**, sondern die **Ausnahme**, dass der Auftraggeber über die **allgemeine Beschreibung der Bauaufgabe** und ein **in Teilleistungen gegliedertes Leistungsverzeichnis hinaus** die Leistung vorab **auch zeichnerisch**, etwa durch Pläne, den Bietern **darzustellen** hat.

Stellt sich heraus, dass die Leistungsbeschreibung eine **unerfüllbare Forderung** enthält, so muss der Auftraggeber das eingeleitete Vergabeverfahren

- entweder gemäß § 26 Nr. 1 VOB/A aufheben
- oder diskriminierungsfrei die Leistungsbeschreibung entsprechend ändern und den Bietern angemessene Gelegenheit zur Abgabe neuer Angebote geben[2052].

2049 Dazu *Glöckner*, EUK, 1999, 187, 188 f. Die Entscheidungen des EFTA-Gerichtshofes sind unter dem Menu »Publications« auf der Homepage des EFTA-Gerichtshofs http://www.efta.int/structure/court/efta- crt.cfm abrufbar.

2050 Vgl. Erwägungsgrund Nr. 8 VKRL 2004/18/EG: »*Bevor ein Verfahren zur Vergabe eines öffentlichen Auftrags eingeleitet wird, können die öffentlichen Auftraggeber unter Rückgriff auf einen ›technischen Dialog‹ eine Stellungnahme einholen bzw. entgegennehmen, die bei der Erstellung der Verdingungsunterlagen verwendet werden kann, vorausgesetzt, dass diese Stellungnahme den Wettbewerb nicht ausschaltet.*«

2051 BayObLG, Beschl. v. 17. 11. 2004 (Verg 16/04 – »Elektroakkustische Notfallwarnsysteme«), VergabE C-2-16/04 = VS 2005, 6.

2052 BGH, Beschl. v. 26. 9. 2006 (X ZB 14/06), VergabeR 2007, 59; BGH, Urt. v. 1. 8. 2006 (X ZR 115/04), NZBau 2006, 797 = VergabeR 2007, 73; LG Frankfurt (Oder), Urt. v. 14. 11. 2007 (13 O 360/07), NZBau 2008, 208 = VergabeR 2008, 132.

b) Dispositionsfreiheit

308 Ausgangspunkt der Betrachtung ist die sog. **Dispositionsfreiheit** der Vergabestelle[2053]. Sie beinhaltet, dass sie als Bestellerin der Leistung befugt ist, festzulegen, welche **Mengen**, welche **Qualitäten** und **Arten** der Ausführungen nachgefragt werden.

Sie ist insbesondere **nicht verpflichtet**, ihren Bedarf so auszurichten, dass **möglichst alle** auf dem Markt agierenden **Teilnehmer angebotsfähig** sind. Die Grenzen dieser prinzipiell gegebenen vergaberechtlichen Dispositionsfreiheit der Vergabestelle sind erst dann überschritten, wenn durch die Art der Beschaffung die Grundsätze der Transparenz, der Gleichbehandlung und des fairen Wettbewerbs beeinträchtigt sind[2054].

Das OLG Düsseldorf[2055] hat in diesem Zusammenhang in einer grundsätzlichen, viel zu wenig beachteten Entscheidung hervorgehoben, dass sich eine Vergabestelle beim Ausbau einer Autobahn darauf festlegen kann, dass **Betongleitwände anstatt Stahlschutzplanken** (sog. Distanz-Schutzplanken)[2056] Verwendung finden. Die Dispositionsfreiheit berechtigt die Vergabestelle, ihren Bedarf einzugrenzen. Einer Verpflichtung zu einer materialoffenen Ausschreibung fehlen nach Ansicht des Senats die rechtlichen Grundlagen. Die Antragstellerin kann sich außerdem nicht auf entsprechende technische Regelwerke, aus denen angeblich hervorgeht, dass die Lösung in Form von Stahlschutzplanken technisch und wirtschaftlich überlegen sei, stützen. Da es sich bei diesen Gesichtspunkten nicht um bieterschützende Vorschriften i.S.d. § 97 VII GWB handelt, sondern um technische Ansichten und letztlich um haushaltsrechtliche Erwägungen, kann sie daraus keine Rechte herleiten.

Bei der Ausschreibung liegt nach Ansicht des Senats **zudem keine Kartellrechtswidrigkeit** vor (§§ 19 I, 20 I GWB). Selbst für den Fall, dass das angebotene Stahlleitplankensystem Kostenvorteile bietet, hindert dies die Vergabestelle nicht daran, ein anderes System auszuschreiben. Zwar mag diese Entscheidung wirtschaftlich angreifbar sein, jedoch begründet dies nicht die Kartellrechtswidrigkeit. Es liegt kein Missbrauch einer marktbeherrschenden Stellung der Vergabestelle als Nachfragerin von Rückhaltesystemen vor.

Gibt es demnach **plausible Gründe** für die Entscheidung zugunsten eines bestimmten technischen Systems, so ist ein Bieter, der nur ein anderes als das ausgeschriebene technische System offerieren kann, weitgehend ohne Rechte. Lediglich bei einer fortgesetzten, diskriminierenden Ausschreibungspraxis könnte dies unter dem Gesichtspunkt der Kartellrechtswidrigkeit respektive unter dem Aspekt der Ver-

---

2053 OLG Düsseldorf, Beschl. v. 17. 3. 2004 (VII-Verg 3/04), VergabE C-10-3/04 = BauRB 2004, 271 = EUK 2004, 72; OLG Stuttgart, Beschl. v. 15. 1. 2003 (2 Verg 17/02), VergabE C-1-17/02. Zum Spannungsverhältnis zwischen Dispositionsfreiheit und subjektiven Bieterrechten auch: *Noch*, BauRB 2005, 344 ff.

2054 VK Hessen, Beschl. v. 10. 9. 2007 (69d–VK- 29/2007), VS 2008, 6 [LS].

2055 OLG Düsseldorf, Beschl. v. 17. 3. 2004 (VII-Verg 3/04), VergabE C-10-3/04 = BauRB 2004, 271 = EUK 2004, 72. Vgl. auch OLG Celle, Beschl. v. 22. 5. 2008 (13 Verg 1/08).

2056 Dazu näher: Einkaufsführer Straßenbau (ESD 2008), Meckenheim 2008, www.einkaufsführer-strassenbau.de

hinderung ungesunder Begleiterscheinungen (§ 2 Nr. 1 S. 3 VOB/A)[2057] angegriffen werden.

Diese **Rechtsprechungstendenz zugunsten einer weit verstandenen Dispositionsfreiheit** der ausschreibenden Stelle hat sich in den letzten Jahren verstärkt. Auch andere Oberlandesgerichte lassen diese Richtung erkennen. Für den Bereich technischer Systeme (z.B.: Gebäudeautomation, also Mess-, Steuer- und Regeltechnik) kann sich der Ausschreibungswettbewerb auch gemäß OLG Frankfurt[2058] auf eines reduzieren, wenn aus Kostengründen oder solchen der Kompatibilität ein legitimes Interesse der vergebenden Stelle daran besteht.

c) Bestimmtheit und Eindeutigkeit; Chancengleichheit; (Laufzeit-) Varianten; Folgen bei Fehlern

309 Ein zentrales **Prinzip** ist jenes **der Chancengleichheit**: Alle Bieter müssen die Leistungsbeschreibung in gleichem Sinne verstehen können; sie muss daher möglichst eindeutig und erschöpfend gestaltet werden (§ 9 Nr. 1 VOB/A bzw. § 8 Nr. 1 VOL/A)[2059].

Die Bieter müssen **eindeutig** wissen, welche Leistung von ihnen in welcher Form und unter welchen Bedingungen angeboten werden soll. Uneindeutig ist eine Leistungsbeschreibung z.B. dann, wenn der Bieter nicht weiß, an **welchen Auftraggeber** er in welcher Form und in welchem Umfang leisten muss[2060].

Der Maxime ausreichender Eindeutigkeit entspricht es beispielsweise gleichfalls nicht, wenn eine Leistungsbeschreibung der Auslegung durch zivilrechtliche Normen bedarf, die ihrerseits wiederum **unbestimmte Rechtsbegriffe** enthalten[2061]. Sind technische Begriffe allerdings nicht eindeutig definierbar, so ist im Zweifel der Bieter gefordert, an die Vergabestelle heranzutreten und nachzufragen[2062].

Auf **Abweichungen von üblichen Gepflogenheiten** ist in der Leistungsbeschreibung mit besonderer Deutlichkeit hinzuweisen[2063].

Gegen die notwendige Eindeutigkeit und Klarheit der Leistungsbeschreibung, § 8 Nr. 1 I VOL/A, verstößt es etwa auch, wenn in der Leistungsbeschreibung nur die Vorgabe »schnellstmöglich« bzw. »schnellstmöglich nach Zuschlag« gemacht wur-

---

2057 In dieser Richtung VÜA Thüringen, Beschl. v. 10. 11. 1998 (VÜ 7/98), VergabE V-16-7/98 = Behörden Spiegel 4/1999, S. B II, zum gleichen Problem Betongleitwand vs. Stahlschutzplanken.

2058 OLG Frankfurt, Beschl. v. 28. 10. 2003 (11 Verg 9/03), VergabE C-7-9/03 = EUK 2004, 27.

2059 OLG Düsseldorf, Beschl. v. 23. 3. 2005 (VII Verg 2/05), VS 2005, 45 f.; OLG Rostock, Beschl. v. 18. 10. 2000 (17 W 12/00), VergabE C-8-12/00, Rn. 57 ff.; OLG Dresden, Beschl. v. 10. 1. 2000, WVerg 0001/99, VergabE C-13-1/99 = BauR 2000, 1582 = EUK 2000, 25 = Behörden Spiegel 3/2000, S. B II; OLG Jena, Beschl. v. 2. 8. 2000 (6 Verg 4/00 und 5/00), VergabE C-16-4/00 = BauR 2000, 1629 = ZVgR 2000, 271. Zur eindeutigen und erschöpfenden Leistungsbeschreibung auch *Ehrensberger*, VergabeNavigator, 3/2007, 9.

2060 OLG Düsseldorf, Beschl. v. 15. 6. 2005 (Verg 5/05), VergabeR 2005, 670 = VS 2006, 14; OLG Hamburg, Beschl. v. 4. 11. 1999 (1 Verg 1/99), VergabE C-7-1/99 = EUK 2000, 45; VK Bund, Beschl. v. 24. 1. 2008 (VK 3-151/07).

2061 VÜA Thüringen, Beschl. v. 29. 8. 1996 (2 VÜ 1/96), VergabE V-16-1/96.

2062 OLG Koblenz, Beschl. v. 5. 12. 2007 (1 Verg 7/07 – »Plotter«), VS 2008, 5.

2063 LG Hannover, Urt. v. 7. 4. 2006 (13 O 173/04), VS 2006, 93.

de, anstatt von den Bietern, wie **eigentlich gewollt und erwartet**, konkrete **Erklärungen über die Ausführungsfristen** i.S.v. § 21 Nr. 1 I 1 VOL/A zu fordern[2064].

Erschöpfend bedeutet, dass (nach Möglichkeit) keine Leistungsbereiche verbleiben dürfen, welche die Vergabestelle nicht zuvor bereits klar umrissen hat[2065].

Fehlen beispielsweise bei der Ausschreibung von Landschaftsbauarbeiten (Baumpflegearbeiten) Angaben dazu, in welcher Weise bei der späteren Leistungserbringung mit dem Baumschnitt ab einem gewissen Umfang der Bäume umzugehen sein soll, so ist die Leistungsbeschreibung **lückenhaft** und daher rechtswidrig[2066].

Der Bieter soll **vor Unwägbarkeiten bewahrt** werden, was allerdings nicht bedeutet, dass – je nach Leistungsgegenstand und Branchenüblichkeit – bestimmte unternehmerische Risiken nicht zu übernehmen wären. Die Einhaltung und Erfüllung leistungstypischer Vorbedingungen für die Erbringung der Leistung, die z.B. in Form öffentlich-rechtlicher Vorschriften bestehen, müssen vom Bieter verlangt werden können[2067]. Entscheidend für die Anforderungen, die an den Bieter gestellt werden können, ist das gesetzliche Leitbild des ausgeschriebenen Vertrages[2068]. Hiervon ausgehend wird man für den jeweiligen Einzelfall eine gewisse Bagatellschwelle zulässiger Bieterbelastungen ermitteln können[2069].

Nicht statthafte Unwägbarkeiten sind jedoch beispielsweise bei der Vergabe von Schulungskursen dann gegeben, wenn die Zahl der zu unterrichtenden Teilnehmer nicht festgelegt und damit keine ordentliche Kalkulation der Bieter möglich ist[2070].

Erschöpfend bedeutet des Weiteren, dass bei einer Ausschreibung von Versicherungsverträgen die Gebäude- und Inhaltssummen der zu versichernden Objekte zu benennen sind[2071].

Für das **Verständnis der Leistungsbeschreibung** ist auf den nach den allgemeinen zivilrechtlichen Maßstäben der §§ 133, 157 BGB zu ermittelnden objektiven Empfängerhorizont eines verständigen und sachkundigen Bieters, der mit Beschaffungsleistungen der vorliegenden Art vertraut ist, abzustellen[2072]. Es geht um den angesprochenen **Fachkreis**[2073]. Abzustellen ist also nicht auf den im Hinblick auf die ausgeschriebene Materie völlig unkundigen Bieter[2074]. Dies würde auch eine gleichsam illusorische Anforderung bedeuten.

Bei der **Auslegung** kommt es in erster Linie auf den Wortlaut, daneben aber auch auf die konkreten Verhältnisse der Leistung an, wie sie in den Vergabeunterlagen

---

2064 OLG Düsseldorf, Beschl. v. 19. 7. 2006 (VII-Verg 27/06), VS 2007, 4.
2065 OLG Saarbrücken, Beschl. v. 29. 9. 2004 (1 Verg 6/04).
2066 LG Cottbus, Urt. v. 24. 10. 2007 (5 O 99/07), NZBau 2008, 207 = VergabeR 2008, 123.
2067 OLG Schleswig, Beschl. v. 5. 4. 2005 (6 Verg 1/05).
2068 OLG Düsseldorf, Beschl. v. 20. 5. 2005 (Verg 19/05).
2069 Dazu *Noch*, in: Müller-Wrede, VOL/A-Kommentar, 2. Aufl. 2007, Rn. 42 ff. zu § 8.
2070 OLG Düsseldorf, Beschl. v. 5. 12. 2001 (Verg 32/01), VergabE C-10-32/01.
2071 OLG Celle, Beschl. v. 15. 12. 2005 (13 Verg 14/05), NZBau 2007, 62 = VergabeR 2006, 244; Düsseldorf, Beschl. v. 5. 12. 2001 (Verg 32/01), VergabE C-10-32/01; VK Lüneburg, Beschl. v. 7. 9. 2005 (VgK-38/2005), VS 2005, 70.
2072 OLG Koblenz, Beschl. v. 5. 12. 2007 (1 Verg 7/07 – »Plotter«), VS 2008, 5.
2073 BGH, Urt. v. 23. 1. 2003 (VII ZR 10/01); BGH, Urt. v. 23.06.1994 (VII ZR 163/93), ZfBR 1994, 222.
2074 OLG Schleswig, Beschl. v. 13. 4. 2006 (1 [6] Verg 10/05), WuW 2006, 693.

ihren Ausdruck gefunden haben[2075]. Hierbei ist zu würdigen, dass jede Ausschreibung rechtlich als Einzelfall anzusehen ist.

Ein gewisses **Beurteilungsermessen** der ausschreibenden Stelle wird man im Hinblick darauf, was als eindeutig und erschöpfend anzusehen ist, nicht ausblenden können[2076]. Jedoch sind dem bei der Leistungsbeschreibung, die das Kernstück der gesamten Ausschreibung bildet, Grenzen gesetzt.

Im Falle der Beschaffung von **Software für den Schulbereich** darf **beispielsweise** die Leistungsbeschreibung nicht nur aus einer groben Aufgabenstellung von 1½ Seiten an die Software bestehen. Die einzelnen Merkmale (Notenverwaltung, Zeugnisformulare Lehrmittelverwaltung, Stundenplanerstellung, Schnittstelle zum niedersächsischen Landesstatistikprogramm etc.) müssen in einem **detaillierten Pflichtenheft** niedergelegt werden[2077]. Die Vergabekammer weist sehr anschaulich auf folgendes hin: Für die Erstellung von Pflichtenheften zur Softwarebeschaffung existiert ausführliche, **spezielle Literatur**, wie z.B. »Das DV Pflichtenheft zur optimalen Softwarebeschaffung«. Neben diversen Entscheidungskriterien, Evaluationsschritten und kompletten **Musterpflichtenheften** enthält es u.a. auch »Praxistipps für die Pflichtenhefterstellung für Behördensoftware«. Ein Pflichtenheft sollte **Ausführungen zu bisherigen Verfahren** und Hilfsmitteln haben, zur Zielsetzung mit der Priorität nach dargestellten Unterzielen (Musskriterien, Sollkriterien und wünschenswerten Kriterien), zum **Produkteinsatz**, zu den **Betriebsbedingungen**, zum **Mengengerüst**, insbesondere hinsichtlich Stamm- und Grunddaten, zu Produktfunktionen (z.B. automatisches Löschen von Datensätzen bei Erfüllung einer Bedingung, wie sollen Neueingaben/Änderungen funktionieren?, z.B. Sortierunter-suchfunktionen), zur **Benutzeroberfläche** (falls besondere Wünsche bestehen) und, worauf es offensichtlich auch dem Auftraggeber im streitbefangenen Vergabeverfahren ankam, zu **Qualitätszielen**.

Oberste Priorität der Leistungsbeschreibung ist, dass alle Bieter die gleiche Ausgangsposition haben[2078]. Entscheidend ist dabei zum einen die **Perspektive des Bieters**[2079]. Zum anderen ist der Bieter aber auch verpflichtet, Professionalität walten zu lassen und sich mit der Leistungsbeschreibung inhaltlich auseinanderzusetzen[2080].

Bei der sog. »**Aufgabenbeschreibung**« nach der VOF, die überhaupt nur anwendbar ist, wenn die zu vergebende Leistung nicht vorab eindeutig und erschöpfend beschrieben werden kann, reduziert sich naturgemäß alles auf den Grundsatz der Chancengleichheit (§ 8 VOF). Die VOF ist jedoch restriktiv anzuwenden; meistens stellt sich im Ergebnis der rechtlichen Überprüfung doch heraus, dass die Leis-

2075 OLG Koblenz, Beschl. v. 5. 12. 2007 (1 Verg 7/07 – »Plotter«), VS 2008, 5.

2076 VK Baden-Württemberg, Beschl. v. 5. 9. 2005 (1 VK 51/05).

2077 VK Lüneburg, Beschl. v. 12. 4. 2002 (203-VgK-05/2002), VergabE E-9c-5/02 = EUK 2002, 156 = Behörden Spiegel 10/2002, S. 22.

2078 VÜA Brandenburg, Beschl. v. 3. 3. 2000 (1 VÜA 18/98), VergabE V-4-18/98.

2079 BGH, BauR 1993, 595; OLG München Beschl. v. 11. 8. 2005 (Verg 12/05), VergabeR 2006, 119; OLG Düsseldorf, Beschl. v. 26. 7. 2005 (Verg 71/04); OLG Dresden, Beschl. v. 10. 1. 2000 (WVerg 0001/99), VergabE C-13-1/99 = BauR 2000, 1582 = EUK 2000, 25 = Behörden Spiegel 3/2000, S. B II.

2080 OLG Saarbrücken, Beschl. v. 23. 11. 2005 (1 Verg 3/05), NZBau 2006, 457 = VS 2006, 31; OLG Saarbrücken, Beschl. v. 26. 9. 2000 (5 Verg 1/00), VergabE C-12-1/00.

tungen eindeutig und erschöpfend beschreibbar sind[2081]. Leistungen als Sanierungsträger, die primär planerische Tätigkeiten wie Fortschreibung des städtebaulichen Rahmenplanes sowie Mitgestaltung von Bebauungsplanentwürfen betreffen, sind jedoch nicht eindeutig und erschöpfend beschreibbar, mit der Folge, dass die VOF Anwendung findet[2082].

Auf das Erfordernis der **Chancengleichheit** hat der **BGH**[2083] mit Nachdruck hingewiesen. Danach muss die Vergabestelle alle Bieter und auch sonstigen Interessenten über etwaige Änderungen der Angebotsunterlagen informieren. In dem entschiedenen Fall hatte sie einen Vorbehalt in der Leistungsbeschreibung vergessen, wonach sie ggf. vier Gewerke getrennt vergeben wollte und versuchte diesen Fehler im laufenden Vergabeverfahren, also während der Angebotsfrist, zu korrigieren. Es gelang ihr aber nicht mehr, alle Bieter zu informieren. Folge hieraus war, dass nicht mehr alle Bieter die gleiche Ausgangsposition hatten. Der BGH erblickte hierin einen **schwerwiegenden Verstoß** gegen das in § 9 Nr. 1 VOB/A enthaltene Gleichbehandlungsprinzip. Gleichwohl hat er in diesem Fall keinen Schadensersatz zugesprochen, weil die Klägerin nicht nachweisen konnte, dass die erfolgreiche Bieterin ohne diesen Verstoß weniger günstig geboten hätte. Ebenfalls hat trotz eines ähnlich gelagerten Verstoßes gegen § 9 Nr. 1 VOB/A das OLG Düsseldorf[2084] keinen Schadensersatz zugesprochen, weil auch hier die Bieterin diesen Nachweis nicht zu erbringen vermochte. Zudem hatte die Klägerin selbst eingeräumt, dass sie auch bei rechtzeitiger Kenntnis der veränderten Angebotsgrundlagen kein anderes Angebot abgegeben hätte.

Die Ausschreibung in **Varianten** stellt **grundsätzlich keinen Verstoß** gegen das Gebot der Eindeutigkeit und Bestimmtheit der Leistungsbeschreibung dar.

Der **Begriff der Varianten unterscheidet sich** von sog. **Wahlpositionen** oder gar **Wahlleistungen** dadurch, dass die Leistung inhaltlich feststeht, und lediglich in bestimmter Hinsicht eine alternative Leistungserbringung abgefragt wird. Im Unterschied zu einer Wahlposition, die regelmäßig zulässigerweise nur einen Wert von ca. 10–15% bezogen auf den Gesamtauftragswert ausmachen darf, kann die Variante zu einer erheblichen Abweichung beim vergebenen Auftragswert führen. Häufig werden Laufzeiten alternativ abgefragt, d.h. man lässt sich als Vergabestelle z.B. die Preise für einen Zwei-Jahres- oder Drei-Jahres-Vertrag nennen. Das werden dann, bezogen auf den Gesamtauftragswert, regelmäßig mehr als die besagten 15% für eine Wahlposition sein. Es handelt sich auch in der Sache um keine Wahlposition (siehe Rdn. 311), weil es nur um die Abfrage unterschiedlicher Laufzeiten, nicht jedoch um einzelne Leistungssegmente geht. Es handelt sich aber gleichermaßen um keine Wahlleistung (siehe Rdn. 313), weil die Leistung in beiden Fällen inhaltlich die gleiche ist.

Das OLG Düsseldorf hat die **Abfrage von Laufzeitvarianten** sogar in einem Fall bejaht, in dem es darum ging, dass die Bieter Angebote zu Verträgen mit drei

2081 OLG Saarbrücken, Beschl. v. 20. 9. 2006 (1 Verg 3/06 – »Laborärztliche Dienstleistungen«), NZBau 2007, 808 = VergabeR 2007, 110 = VS 2006, 86.

2082 VK Brandenburg, Beschl. v. 23. 11. 2004 (VK 58/04), VS 2005, 77.

2083 BGH, Urt. v. 24. 4. 1997 (VII ZR 106/95), WiB 1997, 1044 = ZVgR 1997, 301 = VgR 2/1998, 41. Siehe auch: OLG Saarbrücken, Beschl. v. 9. 11. 2005 (1 Verg 4/05), VergabeR 2006, 223; OLG Celle, Beschl. v. 2. 9. 2004 (13 Verg 11/04), NZBau 2005, 52. Ferner: *Quack*, BauR 1998, 381.

2084 OLG Düsseldorf, Urt. v. 16. 12. 1997 (23 U 118/94), BauR 1998, 540 = VgR 4/1998, 46.

Jahren, alternativ fünf und auch acht Jahren unterbreiten sollten[2085]. Der Senat erblickt in dieser alternativen Abfrage weder einen Verstoß gegen das Gebot der eindeutigen und erschöpfenden Leistungsbeschreibung noch eine unstatthafte Ausschreibung für vergabefremde Zwecke einer bloßen Markterkundung (§ 16 Nr. 2 VOL/A). **Gegenbeispiel**: Eine Ausschreibung von Stadtbuslinien mit nicht weniger als 80 Varianten ist nicht eindeutig[2086].

Der Bieter muss davon ausgehen, dass der Auftraggeber die Leistung regelmäßig in der von ihm vorgegebenen, eindeutig und erschöpfend beschriebenen Ausstattung ausgeführt haben will. Nur dann ist eine erschöpfende, **vergleichende Wertung der einzelnen Angebote** möglich und ein transparenter, chancengleicher Bieterwettbewerb i.S.d. § 97 I u. II GWB, §§ 2 Nr. 2 und 8 Nr. 1 VOB/A gewährleistet[2087].

Das Gebot der eindeutigen und erschöpfenden Leistungsbeschreibung (§ 8 Nr. 1 VOL/A) gilt im übrigen **auch für das Verhandlungsverfahren**[2088].

Ist die Leistungsbeschreibung entgegen § 8 Nr. 1 I VOL/A **nicht eindeutig und erschöpfend**, so kann die Vergabestelle[2089]
- entweder die Ausschreibung gemäß § 26 Nr. 1 lit. d VOL/A aufheben
- oder eine Klarstellung gegenüber den Bewerbern veranlassen (§ 17 Nr. 6 II VOL/A)[2090] mit entsprechender Rückversetzung des Verfahrens und erneuter Angebotsabgabe[2091].

Die Entscheidung hierüber hängt maßgeblich davon ab, inwieweit die Nachprüfungsinstanz den Wettbewerb infolge der fehlerhaften Leistungsbeschreibung insgesamt für gestört hält.

d) Wahl- und Bedarfspositionen

310 Über die **Grundpositionen** hinaus kann die Vergabestelle sowohl bei Ausschreibungen nach der VOB/A wie auch bei solchen nach der VOL/A zusätzliche Leistungspositionen optional ausschreiben.

aa) Wahlpositionen

311 Im Falle von **Wahl- oder Alternativpositionen** (es handelt sich um Synonyme) sollen definierte Teile der Leistungen alternativ zur Ausführung kommen. Die Vergabestelle lässt dabei bis zur Entscheidung über die Auftragsvergabe offen, ob diese Leistungspositionen anstelle der Grundpositionen zur Ausführung gelangen

2085 OLG Düsseldorf, Beschl. v. 28. 7. 2005 (VII Verg 45/05), VS 2005, 90.

2086 VK Hessen, Beschl. v. 28. 7. 2004 (69d VK 49/2004), VergabE E-7-49/04.

2087 VK Nordbayern, Beschl. v. 13. 12. 2007 (21.VK-3194- 46/07), VS 2008, 6 [LS]; VK Nordbayern, Beschl. v. 13. 2. 2007 (21.VK-3194-02/07), VS 2007, 23 [LS]; VK Münster, Beschl. v. 5. 4. 2006 (VK 5/06).

2088 OLG Düsseldorf, Beschl. v. 2. 8. 2002 (Verg 25/02), VergabE C-10-25/02; VK Schleswig-Holstein, Beschl. v. 17. 8. 2004 (VK-SH 20/04), VS 2005, 39 [LS].

2089 Zu dieser Alternative: OLG Frankfurt, Beschl. v. 3. 7. 2007 (11 U 54/06), VS 2007, 63 [LS].

2090 Zu diesen Mitteilungserfordernissen: OLG Schleswig, Beschl. v. 13. 4. 2006 (1 [6] Verg 10/05), WuW 2006, 693; VK Lüneburg, Beschl. v. 24. 11. 2003 (203-VgK 29/2003).

2091 OLG Celle, Beschl. v. 15. 12. 2005 (13 Verg 14/05), NZBau 2007, 62 = VergabeR 2006, 244.

sollen. Es geht demnach um eine optionale Verdrängung der Grundpositionen durch die Wahl- oder Alternativpositionen.

Wahl- oder Alternativpositionen **verstoßen nicht generell gegen das Gebot der Eindeutigkeit von Leistungsbeschreibungen**, solange sich deren Verwendung auf ein überschaubares Ausmaß beschränkt[2092]. Von Wahlpositionen darf nur ausnahmsweise Gebrauch gemacht werden, weil bei übermäßiger Verwendung die Transparenz der gesamten Ausschreibung leiden kann[2093].

Der Ansatz von Wahlpositionen kommt nur in Betracht, wenn und soweit ein **berechtigtes Bedürfnis** des öffentlichen Auftraggebers besteht[2094].

Die Ausschreibung von Leistungspositionen als Grund- und Alternativpositionen ist **unzulässig**, wenn bei ordnungsgemäßer Vorbereitung der Ausschreibung eine Festlegung auf eine der beiden Alternativen **möglich und zumutbar** gewesen wäre[2095]. Auch ist die Vergabestelle in einem Falle, in dem vor Ablauf der Angebotsfrist **erkennbar** wird, welche der ausgeschriebenen Leistungsalternativen benötigt und demzufolge beauftragt werden wird, verpflichtet, alle Bieter unverzüglich hierüber zu informieren, damit diese ihr Angebot hierauf einrichten können.

Wahlpositionen sind aber manchmal insbesondere bei **Pilot-Anlagen** unumgänglich[2096].

Auch ist an den Fall zu denken, dass **Finanzmittel** lediglich in bestimmter Höhe zur Verfügung stehen und man erst anhand der eingegangenen Angebote auf Basis der angebotenen Preise zu entscheiden vermag, welche Art von Ausführung zur Anwendung kommt[2097].

Hinter der Bezuschlagung von Wahlpositionen können auch **betriebswirtschaftliche Erwägungen** stehen, z.B. wie viel es der ausschreibenden Stelle wert ist, dass sie zum Beispiel

- einerseits für ein leistungsfähigeres technisches Modul einen Mehranschaffungspreis zu bezahlen hat,
- sie aber andererseits ein Gerät mit gesteigerter technischer Leistungsfähigkeit besitzen wird, das einen größeren unternehmerische Ertrag erzielen wird, der bezogen auf den prognostizierten Nutzungszeitraum gegenzurechnen ist[2098].

2092 VK Bund, Beschl. v. 13. 7. 1999 (VK 2-14/99), VergabE D-1-14/99 = ZVgR 1999, 223.

2093 OLG Düsseldorf, Beschl. v. 2. 8. 2002 (Verg 25/02), VergabE C-10-25/02, Rn. 20 ff. = EUK 2002, 154; VÜA Bund, Beschl. v. 19. 11. 1998 (1 VÜ 11/98), VergabE U-1-11/98; VK Südbayern, Beschl. v. 1. 3. 1999 (120.3-3194.1-01-01/99), VergabE E-2b-1/99 = EUK 2000, 28.

2094 OLG Düsseldorf, Beschl. v. 2. 8. 2002 (Verg 25/02), VergabE C-10-25/02, Rn. 20 ff. = EUK 2002, 154.

2095 OLG Naumburg, Beschl. v. 1. 2. 2008 (1 U 99/07), VS 2008, 23 [LS].

2096 VÜA Thüringen, Beschl. v. 12. 2. 1999 (1 VÜ 2/97), VergabE V-16-2/97 = EUK 1999, 59 = Behörden Spiegel 7/1999, S. B II.

2097 OLG Düsseldorf, Beschl. v. 24. 3. 2004 (VII Verg 7/04), VergabE C-10-7/04 = EUK 2004, 104. Die Entscheidung betrifft die Offenhaltung der Art der Verglasung einer Rathausfassade, je nachdem welche Ausführung mit den zur Verfügung stehenden Mitteln i.H.v. 4,45 Mio. € realisiert werden kann.

2098 So im Fall: OLG München, Beschl. v. 27. 1. 2006 (Verg 1/06 – »Multileaf-Collimator«), VergabeR 2006, 537 = VS 2006, 29.

Außerdem sind manche Märkte dergestalt inhomogen, dass sich alternative Leistungsabfragen zu einzelnen Aspekten geradezu aufdrängen. Dies kann bei der **Ausschreibung von Versicherungsverträgen** die alternative Abfrage von Prämien ohne und mit Selbstbehalt des Versicherten sein[2099] oder es kann die Abfrage der Prämien mit oder ohne Terrordeckung[2100], u.U. wieder differenziert nach einzelnen Objekten[2101], sein.

Selbst wenn die Wahlpositionen ins Gewicht fallende Leistungsteile betreffen, sind sie jedoch nur statthaft, wenn in den Verdingungsunterlagen die **Kriterien offen gelegt** werden, die für die Inanspruchnahme der Wahlpositionen maßgebend sein sollen[2102]. Nur dann ist ein transparentes Vergabeverfahren sichergestellt und ausgeschlossen, dass das **Wertungsergebnis** vermöge der Entscheidung für oder gegen eine (oder mehrere) Wahlposition(en) manipuliert wird[2103].

bb) Bedarfspositionen

312 **Bedarfs- oder Eventualpositionen** (es handelt sich gleichfalls um Synonyme) kommen demgegenüber in Betracht, wenn die Ausführung dieser Positionen bei Erstellung der Ausschreibungsunterlagen noch gar nicht feststeht[2104]. Sie werden lediglich für den Fall eines – im Einzelnen noch gar nicht absehbaren – Bedarfs bei Vorliegen einer dahingehenden Willensbildung des Auftraggebers zusätzlich abgefragt[2105].

Für den Anwendungsbereich der VOB/A findet sich seit der Neufassung des Jahres 2000 in § 9 Nr. 1 S. 2 VOB/A eine Bestimmung, wonach **Bedarfs- oder Eventualpositionen nur ausnahmsweise in** die Leistungsbeschreibung aufgenommen werden dürfen. Die Bieter werden anderenfalls zu sehr belastet. Vorschläge für die VOB/A 2008 gehen in die Richtung, sie gar nicht mehr zuzulassen[2106].

Ein **Paradefall** im Schnittbereich von VOL und VOB ist hierzu der Beschluss des OLG Naumburg, der sich mit Kanalinspektionsleistungen inklusive als Bedarfspositionen ausgeschriebenen kleineren Bauleistungen beschäftigt. Dort war im Rahmen der ausgeschriebenen Dienstleistung der gelegentliche Austausch von Gitterrosten als Bedarfsposition inkludiert[2107].

2099 OLG Naumburg, Beschl. v. 31. 3. 2004 (1 Verg 1/04), VergabE C-14-1/04.

2100 OLG Jena, Beschl. v. 2. 1. 2006 (9 Verg 10/05), VergabeR 2006, 522; OLG Naumburg, Beschl. v. 26. 2. 2004 (1 Verg 17/03), VergabE C-14-17/03; OLG Celle, Beschl. v. 18. 12. 2003 (13 Verg 22/03), VergabeR 2004, 397, m. Anm. *Noch*, 406.

2101 OLG Jena, Beschl. v. 2. 1. 2006 (9 Verg 10/05), VergabeR 2006, 522.

2102 So im Ansatz, dann aber als nicht entscheidungsrelevant offengelassen: OLG München, Beschl. v. 27. 1. 2006 (Verg 1/06 – »Multileaf-Collimator«), VergabeR 2006, 537 = VS 2006, 29.

2103 OLG Düsseldorf, Beschl. v. 24. 3. 2004 (VII Verg 7/04), VergabE C-10-7/04 = EUK 2004, 104.

2104 BGH, Urteil v. 23. 1. 2003 (VII ZR 10/01), BauR 2003, 536 = NZBau 2003, 376 = ZfBR 2003, 360: *»›nEP‹-Positionen sind regelmäßig als Eventualpositionen zu verstehen.«*

2105 KG, Beschl. v. 15. 3. 2004 (2 Verg 17/03), VergabeR 2004, 350. *Prieß*, NZBau 2004, 20, 25.

2106 § 7 Nr. 1 I S. 2 VOB/A 2008 [E]: *»Bedarfspositionen sind nicht in die Leistungsbeschreibung aufzunehmen.«*

2107 OLG Naumburg, Beschl. v. 28. 9. 2001 (1 Verg 6/01), VergabE C-14-6/01 = NZBau 2002, 168 = EUK 2001, 170.

Eine **zurückhaltende Verwendung** von Bedarfspositionen bei der Leistungsbeschreibung wird allgemein angemahnt[2108]. Zum Teil wird die Aufnahme in das Leistungsverzeichnis (LV) gänzlich abgelehnt[2109]. Herausgestellt werden kann ganz grundsätzlich, dass das **Bestimmtheitsprinzip** des § 9 Nr. 1 VOB/A bei der Verwendung insbesondere von Bedarfspositionen eine gewisse Einschränkung erfährt[2110]. **Unzulässig** ist es in jedem Fall, eine **mangelhafte Planung durch Wahl- und Bedarfspositionen auszugleichen**[2111].

Bedarfspositionen, die für Leistungen stehen, deren Ausführung bei Erstellung des Leistungsverzeichnisses noch nicht sicher ist, dürfen daher nur **ganz ausnahmsweise** für untergeordnete Teilleistungen ausgeschrieben werden. Zudem sind dann **genaue Mengenangaben** erforderlich, weil die Aufbürdung von unnötigen Wagnissen zu vermeiden ist.

Leistungsbeschreibungen, die **von ihrer Wirkung her Bedarfspositionen gleichkommen**, und wesentliche Leistungsteile ausmachen, sind rechtswidrig[2112]. In dem entschiedenen Fall hat das OLG Saarbrücken in den ungenauen Mengenangaben für Container-Reinigungsleistungen (+/–10%) unzulässige Bedarfspositionen erblickt[2113].

Eine durchaus gut begründbare Meinung ist, dass die Zulassung von Bedarfspositionen **bei Leistungen nach der VOL noch restriktiver** gehandhabt werden muss. Grund dafür ist, dass die Unwägbarkeiten bei Bauleistungen (z.B. betr. den Baugrund) eher größer sein können als bei Liefer- oder Dienstleistungen[2114]. Dieser Auffassung ist tendenziell zuzustimmen, es sollte aber auch nicht übersehen werden, dass diese rechtliche Bewertung bei sehr speziellen und innovativen Dienstleistungen nicht unbedingt gelten kann.

Die Einbeziehung der **Preise für die Bedarfspositionen** bei der **Wertung ist grundsätzlich problematisch**.

Zwei Auffassungen stehen sich gegenüber:
- Einerseits ist zu würdigen, dass eine (den Bietern optimalerweise in den Vergabeunterlagen anzukündigende) Wertung überhöhten Preisangaben vorbeugt und auf diese Weise Kostenexplosionen durch vermehrtes Auftreten der Bedarfspositionen vermieden werden.
- Andererseits entsteht im Falle der Wertung ein gewisser Schönheitsfehler dahingehend, dass der für die Bedarfsposition angegebene Einheitspreis anhand einer geschätzten Menge X berechnet und gewertet werden muss, damit überhaupt ein einigermaßen realistischer Ansatz im Vergleich zur Gesamtleistung erfolgen kann.

2108 OLG Saarbrücken, Beschl. v. 22. 10. 1999 (5 Verg 2/99), VergabE C-12-2/99 = ZVgR 2000, 24 = EUK 2000, 25.

2109 VHB 2006 (Stand: 1. 11. 2006), Punkt 4. zu § 9 VOB/A: »*Wahl- und Bedarfspositionen dürfen nicht in das Leistungsverzeichnis aufgenommen werden*«.

2110 VÜA Nordrhein-Westfalen, Beschl. v. 5. 6. 1998 (424-84-47-2/97), VergabE V-10-2/97 = Behörden Spiegel 12/1998, S. B IV.

2111 VÜA Sachsen, Beschl. v. 23. 8. 1999 (1 VÜA 1/99), VergabE V-13-1/99 = EUK 2001, 106.

2112 OLG Saarbrücken, Beschl. v. 13. 11. 2002 (5 Verg 1/02), VergabE C-12-1/02 = EUK 2002, 182 = IBR 2003, 42.

2113 15% sind nach *Prieß*, NZBau 2004, 20, 27, »*in jedem Fall als unzulässig anzusehen*«.

2114 VK Düsseldorf, Beschl. v. 4. 8. 2000 (VK-14/2000-L), VergabE E-10c-14/00 = Behörden Spiegel 3/2001, S. B II.

Die **erstgenannte ablehnende Meinung** betont den Aspekt, dass in der Regel die Mengen, die bei den Bedarfspositionen anzusetzen sind, nicht absehbar sind, so dass eine **Variable** entsteht, welche die Vergabeentscheidung in die Nähe der Beliebigkeit rücken kann[2115]. Je nach Planungsänderung und Erkenntnisstand wären dann ständig wechselnde Vergabeentscheidungen denkbar. Einige Nachprüfungsorgane[2116] haben daher vertreten, dass eine **Berücksichtigung der Preise** der Bedarfspositionen bei der Angebotswertung vom Grundsatz her **nicht in Betracht** kommen kann.

Die vereinzelt vertretene, **vermittelnde Auffassung**[2117], dass zumindest in denjenigen Fällen eine Berücksichtigung der Preise für die Bedarfspositionen stattfinden könne, in denen sich im Laufe der weiteren Planungs- oder Bauarbeiten **objektiv nachweisbar neue Erkenntnisse** bezüglich der Erforderlichkeit einer solchen Leistung ergeben, bleibt unentschieden. Es gilt aber auch hier, dass auf diese Weise Zufälligkeiten in die Wertungsentscheidung eingebaut werden würden, die sich schon wegen der Transparenzerfordernisse verbieten. Eine solche Wertung der Angebote unter »Hochrechnung« der Bedarfspositionen, also anhand eines sich im Vergabeverfahren herausstellenden, gesteigerten Bedarfs ist daher auch als rechtswidrig tituliert worden[2118]. Das würde die Grundlage der Wertung in intransparenter und daher unzulässiger Weise ändern.

Nach der Gegenauffassung kann eine Wertung von Bedarfspositionen grundsätzlich erfolgen, wenn die Mengen feststehen, also eine **Kalkulation möglich** ist und lediglich nicht klar ist, ob die Arbeiten später tatsächlich zur Ausführung kommen werden[2119]. Im Zentrum steht bei dieser Auffassung der Ausgangspunkt, dass es vermieden werden muss, dass Unternehmen erfahrungsgemäß nicht selten versuchen, ihre knappe Kalkulation durch überhöhte Preise bei den Bedarfspositionen auszugleichen.

Allgemein gilt der **Grundsatz der Selbstbindung** dahingehend, dass, wenn sich die ausschreibende Stelle in der Angebotsaufforderung auf die Wertung von Bedarfspositionen festgelegt hat, sie diese dann zwingend zu berücksichtigen hat. Die Vergabestelle ist dann an diese Vorgabe gebunden[2120].

Sonach ist festzuhalten, dass zwar in bestimmten Konstellationen auf Bedarfspositionen zurückgegriffen werden kann, jedoch dies auf Fälle einer **Unverzichtbarkeit** beschränkt bleiben muss[2121]. Die VK Bund weist auf den Zusammenhang mit den notwendigen Vorarbeiten bei der Lancierung einer Ausschreibung hin (siehe die §§ 16 VOB/A bzw. VOL/A), die bei der Ausschreibung von Erdarbeiten

2115 VÜA Nordrhein-Westfalen, Beschl. v. 5. 6. 1998 (424-84-47-2/97), VergabE V-10-2/97.

2116 OLG Naumburg, Beschl. v. 23. 7. 2001 (1 Verg 3/01), VergabE C-14-3/01 = Behörden Spiegel 10/2001, S. 20; VÜA Sachsen, Beschl. v. 23. 8. 1999 (1 VÜA 1/99), VergabE V-13-1/99 = EUK 2001, 106.

2117 VK Südbayern, Beschl. v. 1. 3. 1999 (120.3-394.1-01/99), VergabE E-2b-1/99 = EUK 2000, 28.

2118 VÜA Sachsen, Beschl. v. 23. 8. 1999 (1 VÜA 1/99), VergabE V-13-1/99 = EUK 2001, 106.

2119 KG, Beschl. v. 15. 3. 2004 (2 Verg 17/03), VergabeR 2004, 350; VK Münster, Beschl. v. 25. 2. 2003 (VK 1/03), VergabE E-10e-1/03 = Behörden Spiegel 6/2003, S. 20.

2120 VK Nordbayern, Beschl. v. 11. 10. 2006 (21.VK-3194-31/06), VS 2006, 95 [LS].

2121 OLG Düsseldorf, Beschl. v. 24. 3. 2004 (VII Verg 7/04), VergabeR 2004, 519; OLG Saarbrücken, Beschl. v. 22. 10. 1999 (5 Verg 2/99), ZVgR 2000, 25; VK Bund als VÜA, Beschl. v. 30. 1. 2001 (VK A-1/99), VergabE U-2-1/99 = EUK 2001, 122 = Behörden Spiegel 8/2001, S. 18.

z.B. die Abklärung der Bodenverhältnisse umfassen muss. Dies ist schließlich auch Ausfluss der Transparenz in der Ausschreibung[2122].

Schließlich stellt sich die Frage, **welchen maximalen Umfang** die Bedarfspositionen einnehmen dürfen. Während in der Kommentarliteratur und in den Entscheidungen[2123] durchweg von einer **10%-Grenze in Bezug auf den geschätzten Auftragswert** ausgegangen wird[2124], wendet sich die VK Bund gegen eine solche Taxierung. Sie sagt, dass dies allenfalls als Orientierung dienen könne. Selbst wenn der geschätzte Auftragswert ein zutreffender Bezugspunkt sein sollte, was angesichts der in der Praxis häufig zu beobachtenden bedeutsamen Abweichungen sowohl zu den tatsächlichen Auftragswerten als auch zu den Angebotspreisen sämtlicher Bieter durchaus zweifelhaft sein könne, so sei nicht ersichtlich, wie der Wert der Eventualpositionen sachgerecht zu ermitteln ist: Als mögliche Bezugsgrößen kommen der Wert der Eventualpositionen des Antragstellers, des Mindestbietenden, anderer ausgewählter Bewerber oder der Durchschnittswert der Eventualpositionen aller Bieter in Betracht.

Das OLG Saarbrücken[2125] hat zum Ausdruck gebracht, dass die Grenze der Wahl- oder **Alternativpositionen** im Verhältnis zu den Grundpositionen 10% beträgt und bei den Bedarfs- oder Eventualpositionen von einem **eher noch geringeren Prozentsatz** auszugehen sein wird.

e) Alternativleistungen

313 Mit einer nach wie vor – soweit ersichtlich – wenig erörterten Frage hat sich der Vergabesenat beim OLG Düsseldorf[2126] befasst. Er hat der ausschreibenden Stelle untersagt, im Vergabeverfahren »*Betreiben eines Verfahrens zum bargeldlosen Einzug von Verwarnungsgeldern und Sicherheitsleistungen der …*« den Zuschlag auf das Angebot der Beigeladenen zu erteilen. Die Vergabestelle wurde verpflichtet, das Vergabeverfahren von der Übersendung der Dienstleistungsbeschreibung und der Verdingungsunterlagen an die Bewerber an erneut zu starten.

Die Vergabe des über 5 Jahre laufenden Vertrages (Auftragssumme: > 17 Mio. DM) sollte im **Verhandlungsverfahren** stattfinden und es wurden 10 Bewerber zur Angebotsabgabe aufgefordert. 7 Bieter gaben Angebote ab, mit 4 Bietern wurde in mehreren Runden verhandelt bis schließlich der abschließende Vergabemerk erstellt wurde und die Vorabinformation nach § 13 VgV erging. Die Antragstellerin hatte als einzige einen **»offline«-Einzug** angeboten, alle anderen einen **»online«-Einzug**. Sie fühlt sich durch die Art und Weise der Dienstleistungsbeschreibung in ihren subjektiven Rechten aus § 97 VII GWB verletzt.

2122 OLG Düsseldorf, Beschl. v. 2. 8. 2002 (Verg 25/02), VergabE C-10- 25/02.

2123 VÜA Thüringen, Beschl. v. 12. 2. 1999 (1 VÜ 2/97), VergabE V-16-2/97 = EUK 1999, 59; VÜA Sachsen, Beschl. v. 23. 8. 1999 (1 VÜA 1/99), VergabE V-13-1/99 = EUK 2001, 106.

2124 15% sind nach *Prieß*, NZBau 2004, 20, 27, »*in jedem Fall als unzulässig anzusehen*«.

2125 OLG Saarbrücken, Beschl. v. 22. 10. 1999 (5 Verg 2/99), VergabE C-12-2/99 = ZVgR 2000, 25 = EUK 2000, 25.

2126 OLG Düsseldorf, Beschl. v. 2. 8. 2002 (Verg 25/02), VergabE C-10-25/02 = EUK 2002, 154 = Behörden Spiegel 10/2002, S. 22.

Der Senat stellt fest, dass das Vergabeverfahren rechtsfehlerhaft ist, weil die Vergabestelle **unstatthafte Alternativleistungen** zum Gegenstand des Verfahrens gemacht hat. Die in der Dienstleistungsbeschreibung verwandte **Formulierung**

»Offline- (opt.) Online-Einzug«

sei als **Wahl- oder Alternativleistung** einzuordnen. Kennzeichen der zumeist im Leistungsverzeichnis als Wahl- oder Alternativpositionen auftretenden Leistungsmerkmale sei, dass bei Abfassung der Verdingungsunterlagen noch nicht feststehe, welche Einzelleistung anstelle der Grund- oder Hauptpositionen in Betracht kommt. Hierbei handele es sich zumeist um einzelne, untergeordnete Positionen im Vergleich zur Gesamtleistung. Vorliegend gehe es jedoch in Abgrenzung hierzu um die **Merkmale wesentlicher Teile der gesamten Leistung** im Sinne eines **Wahlschuldverhältnisses**. Eine hierauf fußende Ausschreibung verstoße gegen den Grundsatz der eindeutigen und erschöpfenden Leistungsbeschreibung (§ 8 Nr. 1 VOL/A). Folge aus der unzureichenden Leistungsbeschreibung sei, dass die auf ihr basierenden Angebote **nicht transparent**, d.h. nachvollziehbar, gewertet werden können.

Die Vergabestelle hätte den Verstoß gegen das Gebot der erschöpfenden und eindeutigen Leistungsbeschreibung durch die Wahl einer funktionalen Leistungsbeschreibung (§ 8 Nr. 2 VOL/A) vermeiden können.

f) Zurverfügungstellung der Grundlagen der Preisermittlung

314 Ein ausschlaggebender Faktor ist in jedem Falle, dass dem Bieter im Rahmen der Leistungsbeschreibung die **tatsächlichen und rechtlichen Grundlagen**[2127] **für die erforderliche Kostenkalkulation** zur Verfügung gestellt werden müssen (§ 9 Nr. 3 VOB/A, § 8 Nr. 1 II VOL/A).

Der Vorschriftengeber hat sowohl in der VOB/A als auch in der VOL/A ganz bewusst danach differenziert, dass die **preisbeeinflussenden Umstände**
- **festzustellen** ***und***
- in den Verdingungsunterlagen **mitzuteilen** sind.

Diese Unterscheidung gibt klar vor, dass die ausschreibende Stelle zum einen alle kalkulationsrelevanten Umstände **bekanntgeben** muss[2128], sie aber ggf. auch **Aktivitäten entwickeln** muss, um die bekannt zu gebenden Grundlagen zu ermitteln. Dies impliziert, dass sie ggf. auch einen Gutachter/Dienstleister einschalten muss, um die Ausschreibung vorzubereiten. Eine Verlagerung dieser Arbeiten auf den Bieter ist nicht möglich.

Werden diese Anforderungen **nicht erfüllt**, so wird dementsprechend zumeist zusätzlich vom Vorliegen eines ungewöhnlichen Wagnisses ausgegangen werden müssen[2129] (§ 9 Nr. 2 VOB/A, § 8 Nr. 1 III VOL/A, siehe nachfolgend unter Rdn. 315).

2127 *Noch*, in: Müller-Wrede, Kommentar zur VOL/A, 2. Aufl. 2007, Rn. 102 zu § 8.

2128 VK Brandenburg, Beschl. v. 8. 12. 2005 (VK 72/05), VS 2006, 39 [LS]: Alle Informationen und Erkenntnisse aus der Vergangenheit.

2129 VK Düsseldorf, Beschl. v. 3. 3. 2000 (VK-1/2000-L), VergabE E-10c-1/00 = EUK 2000, 106; VK Sachsen, Beschl. v. 16. 6. 2000 (1 VK 50/00), VergabE E-13-50/00 = EUK 2000, 168.

In diesen Kontext gehört ein Fall, in dem ein Betriebsführungsvertrag ausgeschrieben wurde, in dem aber **grundlegende Gesichtspunkte zuvor nicht ermittelt und in der Ausschreibung angegeben** wurden, so etwa der

- baulich-technische Zustand der Anlagen,
- die Mengengerüste für die Abwasserentsorgung oder
- die Personalkosten inklusive der bestehenden Bindungen an Tarifverträge.

All diese Gesichtspunkte bilden naturgemäß einen **erheblichen Faktor für die Kalkulation** der Bieter[2130].

Auch die Tatsache der **Zurverfügungstellung eines pachtfreien Grundstücks** durch den öffentlichen Auftraggeber ist für die Preisermittlung auf Seiten der Bieter von wesentlicher Bedeutung[2131].

Des Weiteren darf die Leistungsbeschreibung zu einzelnen Positionen keine widersprüchlichen Angaben enthalten, weil damit eine Preiskalkulation nicht eröffnet ist, die zu vergleichbaren Angeboten führt[2132].

Das OLG Celle hat in einer **Grundsatzentscheidung**[2133] zur Pflichtenverteilung bei der Leistungsbeschreibung den teilweise zu beobachtenden Tendenzen einen Riegel vorgeschoben, die darauf zielen, immer mehr originäre **Aufgaben der Vergabestellen auf die Bieter zu verlagern**.

Eine kommunale Auftraggebergemeinschaft hatte die Vergabe von **Versicherungsverträgen** (Gebäude- und Inhaltsversicherungen) für **566 Objekte** ausgeschrieben. Sie weigerte sich, die Versicherungssummen, also die Gebäude- und Inventarwerte, zur Verfügung zu stellen. Die Verdingungsunterlagen enthielten lediglich eine Auflistung der Objekte.

Diesen **Mangel in der Leistungsbeschreibung** rügte der von einem Versicherer bevollmächtigte Makler. Der Versicherer sah sich nicht in der Lage, ein Angebot ohne die Versicherungssummen, welche die wesentliche Grundlage für die Preisermittlung (sprich: Prämienermittlung) bilden, zu unterbreiten. In dem entschiedenen Fall war dies auch deshalb besonders gravierend, weil in erheblichem Maße historische Gebäude zu versichern waren. Diese lassen sich, so sein Vorbringen, nicht mit EDV gestützten Wertermittlungsprogrammen taxieren.

Das **OLG Celle bestätigt die Entscheidung der VK Lüneburg**[2134], die in diesem Vorgehen des öffentlichen Auftraggebers eine Vergaberechtswidrigkeit gesehen hatte. Die Kammer hatte erstinstanzlich angeordnet, dass die Auftraggebergemeinschaft die Leistungsbeschreibung zu korrigieren, die Summen zur Verfügung zu stellen und die Angebotsfrist um einen angemessenen Zeitraum zu verlängern hat.

Der Vergabesenat sieht **prozessual** keine Schwierigkeit darin, dass der Makler zunächst als Bevollmächtigter eines anderen potentiellen Bieters (Versicherers) die Verdingungsunterlagen angefordert und als vergaberechtswidrig gerügt hat. Den

---

2130 OLG Naumburg, Beschl. v. 16. 9. 2002 (1 Verg 2/02), VergabE C-14-2/02 = ZfBR 2003, 182 = EUK 2003, 105.
2131 OLG Celle, Beschl. v. 30. 4. 1999 (13 Verg 1/99), NZBau 2000, 105.
2132 LG Frankfurt (Oder), Urt. v. 14. 11. 2007 (13 O 360/07), NZBau 2008, 208 = VergabeR 2008, 132.
2133 OLG Celle, Beschl. v. 15. 12. 2005 (13 Verg 14/05), NZBau 2007, 62 = VergabeR 2006, 244 = VS 2005, 91.
2134 VK Lüneburg Beschl. v. 7. 9. 2005 (VgK-38/2005), VS 2005, 70.

Nachprüfungsantrag hatte dann ein **anderer Versicherer** gestellt. Der Senat befindet, dass die Rüge eines Dritten zulässig sei. Alles andere müsse als »unnötige Förmelei« angesehen und damit als vergaberechtlich nicht relevant verbucht werden. Die **Rüge sei kein Selbstzweck**, insbesondere dann, wenn, wie hier, die Leistungsbeschreibung angegriffen wird. Dem ist zuzustimmen, weil in der Anbietungsphase gerade noch offen ist, welcher Bieter oder welches Versicherungskonsortium letztlich anbietet.

Im Hinblick auf die Beschreibung der Leistung (§ 8 Nr. 1 I VOL/A) sei die zu erbringende Versicherungsleistung, nämlich die zu versichernden Gebäude, klar definiert. Es handele sich um einen ganz gewöhnlichen Preiswettbewerb.

Ausgehend von dieser Leistungsbeschreibung müsse die Auftraggebergemeinschaft jedoch gemäß § 8 Nr. 1 II VOL/A **alle die Preisermittlung beeinflussenden Umstände *feststellen* und auch *angeben*.** Es sei keine Rechtfertigung zu erkennen, weshalb vorliegend von diesem Grundsatz abgewichen werden solle.

Die **Feststellung dieser Tatsachen** beinhalte gewisse Aktivitäten, die der Auftraggeber entfalten müsse. Er müsse zur Ermittlung der Versicherungssummen entweder auf die Werte des Vorversicherers (also des sog. besitzenden Versicherers) zurückgreifen. Diese müsse der Vorversicherer auch herausgeben, weil über sie die Verfügungsgewalt des Auftraggebers herrsche. Sie seien kein Eigentum des besitzenden Versicherers. Des Weiteren könne auf alte Bauakten zurückgegriffen werden, weil die Versicherungswerte üblicherweise anhand der DIN 276/277 festgestellt werden. Diese Werte können auch nach Jahren noch hochgerechnet werden. Referenzjahr ist in der Versicherungsbranche üblicherweise das Jahr 1914.

Auf keinen Fall sei es den Bietern möglich und zumutbar, die Versicherungswerte selbst zu taxieren. Bei der ausgeschriebenen Zahl von 566 Objekten sei dies unrealistisch und auch im Falle der hier lang bemessenen Angebotsfrist (3 Monate) nicht zu leisten. Dies zumal es sich um (u.U. nutzlose) **Investitionen von Bietern** und **nicht von Vertragspartnern** handeln würde. Außerdem könne nicht das Argument angeführt werden, die Wertermittlung könnte durch die Bieterunternehmen besser durchgeführt werden, weil sie fachkompetenter seien. Darauf komme es nicht an.

Schließlich sei von Gewicht, dass im Falle einer etwaig verlangten individuellen Taxierung durch die Versicherer ein **ordnungsgemäßer Wettbewerb auf der Grundlage von vergleichbaren Angeboten nicht denkbar** sei. Jede Begutachtung trage subjektive Elemente in sich, die nicht zum Gegenstand des objektivierten Wettbewerbs nach der VOL/A gemacht werden könnten, so bereits der Senat in der mündlichen Verhandlung.

Konsequenz hieraus war, dass der zuständige Niedersächsische Städte- und Gemeindebund (NSGB), dessen offizielle Empfehlung es gewesen ist, Ausschreibungen ohne Versicherungssummen zu lancieren, sein Konzept ändern musste.

Die Entscheidung bringt die notwendige Klarheit in die Frage der Lastenverteilung zwischen den Bietern und den öffentlichen Auftraggebern. Der vermeintlich bequeme Weg, die Vorarbeiten durch die Bieter erledigen zu lassen, wird abgeschnitten. Im Interesse eines objektiven Leistungswettbewerbs kann einzig die Bereitstellung der wesentlichen Informationen betr. die preisbildenden Umstände seitens der Auftraggeber die richtige Lösung sein. Allerdings ist, anders als der

Senat dies in der Beschlussbegründung ausgeführt hat, die Zurverfügungstellung der preisbildenden Umstände (§ 8 Nr. 1 II VOL/A) als Teil der Leistungsbeschreibung anzusehen. § 8 Nr. 1 II VOL/A konkretisiert den Grundsatz der eindeutigen und erschöpfenden Leistungsbeschreibung gemäß § 8 Nr. 1 I VOL/A. Letztlich mündet diese Art der Begründung aber in einer rein dogmatischen Fragestellung.

g) Keine ungewöhnlichen Wagnisse

315 Die Aufbürdung **ungewöhnlicher** (technischer und wirtschaftlicher) **Wagnisse** für den Bieter ist **rechtswidrig** (§ 9 Nr. 2 VOB/A, § 8 Nr. 1 III VOL/A).

Zur Beantwortung der Frage, welches Wagnis ungewöhnlich und damit vergaberechtlich nicht zulässig ist, muss **einzelfallbezogen** auf Art und Umfang der nachgefragten Leistung sowie auf die **Branchenüblichkeit**[2135] abgestellt werden. Maßgebend für die Beurteilung, was als gewöhnlich und was als ungewöhnlich einzustufen ist, wird dabei insbesondere der abzuschließende Vertrag sein[2136].

Allgemeine Risiken des Wirtschaftslebens wie z.B. Witterungseinflüsse zählen zu den gewöhnlichen Wagnissen[2137]. Schließlich ist es so, dass dem Geschäft immanente Risiken auch vom Auftraggeber nicht besser eingeschätzt und bewertet werden können[2138].

Demgegenüber stellen **nicht richtig ausgeführte Vorarbeiten**, auf die der Vertragspartner seine Leistung aufbauen soll, ein ungewöhnliches Wagnis dar[2139]. Das **Fehlen planerischer Vorgaben** kann, je nach Art der Ausschreibung (funktional oder mit vollständigem LV), gleichermaßen ein ungewöhnliches Wagnis bedeuten[2140].

Ein **zeitlicher Vorlauf** von 17 Monaten bei einer Ausschreibung betreffend die Sammlung und den Transport von Abfällen ist kein ungewöhnliches Wagnis, zumal das betreffende Unternehmen, das später den Zuschlag erhält, genug Zeit haben muss, eine entsprechende Logistik aufzubauen[2141]. Andererseits können **zu kurze Ausführungsfristen** ein ungewöhnliches Wagnis darstellen[2142]. Unübliche **Schadensersatzregelungen** bei Nichteinhaltung einer Nachweisfrist können gleichermaßen als vergaberechtswidrig angesehen werden[2143].

Einseitige, seitens des Auftraggebers ausübbare **Vertragsverlängerungen** (so genannte Vertragsverlängerungsoption) sind im Vergaberecht anerkannt und stellen kein ungewöhnliches Wagnis betreffend die Laufzeit des Vertrages dar[2144].

2135 So: VK Brandenburg, Beschl. v. 8. 12. 2005 (VK 72/05), VS 2006, 39 [LS].
2136 VK Bund, Beschl. v. 6. 5. 2005 (VK 3-28/05).
2137 OLG Saarbrücken, Beschl. v. 13. 11. 2002 (5 Verg 1/02), NZBau 2003, 625 (627); VK Bund, Beschl. v. 6. 5. 2005 (VK 3-28/05).
2138 VK Brandenburg, Beschl. v. 8. 12. 2005 (VK 72/05), VS 2006, 39 [LS].
2139 OLG Naumburg, Urt. v. 15. 12. 2005 (1 U 5/05), NZBau 2006, 267 = VergabeR 2006, 278.
2140 LG Frankfurt (Oder), Urt. v. 14. 11. 2007 (13 O 360/07), NZBau 2008, 208 = VergabeR 2008, 132: Fehlende planerische Vorgaben zur Ausführung der Innenfensterbänke.
2141 VK Lüneburg, Beschl. v. 12. 11. 2001 (203-VgK-19/2001), VergabE E-9c-19/01 = EUK 2002, 79.
2142 VK Rheinland-Pfalz, Beschl. v. 15. 2. 2000 (VK 2/99), VergabE E-11-2/99 = EUK 2000, 108.
2143 VK Rheinland-Pfalz, Beschl. v. 15. 2. 2000 (VK 2/99), VergabE E-7-2/99 = EUK 2000, 108.
2144 VK Bund, Beschl. v. 20. 7. 2005 (VK 1-62/05).

Der BGH[2145] erachtet es als kein ungewöhnliches Wagnis (§ 9 Nr. 2 VOB/A), wenn von einem Unternehmer verlangt wird, dass er nach Ausführung seiner Bauleistung die aufgestellten **Gerüste** für einen gewissen Zeitraum stehen lassen soll, damit Folgearbeiten durch andere Unternehmer unter Zuhilfenahme dieser Gerüste erledigt werden können. Hier ist sicher auch von dem Fall einer **Branchenüblichkeit** auszugehen.

Das Merkmal der Brachenüblichkeit bzw. **Leistungstypik** wurde auch vom OLG Saarbrücken[2146] herausgestellt. Sind seitens des Bieters bzw. des späteren Vertragspartners der Vergabestelle mehr Schätzungen erforderlich als eine gesicherte Grundlage vorhanden ist, so ist dies vergaberechtswidrig.

Restriktive Vergütungsregelungen mit taggenauen Abrechnungsmodi anhand der Teilnehmerlisten für Berufsqualifizierungsmaßnahmen einerseits und die unbeschränkt geforderte Leistungsbereitschaft (räumliche, sachliche, personelle Ausstattung) der Auftragnehmer andererseits vertragen sich gemäß dem OLG Düsseldorf[2147] nicht mit dem Gebot, die Bieter keinen ungewöhnlichen Wagnissen auszusetzen (§ 8 Nr. 1 III VOL/A). Zwar liegt ein ungewöhnliches Wagnis dann nicht vor, wenn das zu übernehmende Risiko z.B. durch eine sehr hohe Vergütung oder durch die Möglichkeit von nachträglichen Preisverhandlungen ausgeglichen wird. Diese Preisverhandlungen müssen aber erhebliche Spielräume eröffnen, um etwaige unzulässige Belastungen der Bieter auszugleichen.

Besteht die zu vergebende Leistung in der Planung, Vorbereitung und Durchführung **sprachlicher Vorbereitungskurse** für Fortbildungsgäste aus Entwicklungsländern, ohne dass sich der Ausschreibung die **Zahl der Teilnehmer** und die **Dauer des abzuschließenden Vertrages** entnehmen lässt, genügt die Ausschreibung nicht dem Erfordernis der Bestimmtheit der Leistungsbeschreibung und bürdet dem Auftragnehmer unzulässigerweise ein ungewöhnliches Wagnis für Umstände und Ereignisse auf, die er **nicht beeinflussen und kalkulatorisch nicht erfassen** kann[2148].

Hat der Bieter jedoch von sich aus **einen eigenen kreativen Spielraum**, wie er Bildungsmaßnahmen unsetzt, so stellt es kein ungewöhnliches Wagnis dar, wenn die Teilnehmerzahlen (z.B. Gruppen- oder Einzelunterricht) stark divergieren[2149]. Nimmt ein Bieter bei der Preisbildung seines Angebots demnach Schätzungen vor, so ist dies Teil seiner Risikosphäre. Er kann die Umstände und Ereignisse selbst beeinflussen und der öffentliche Auftraggeber bürdet dem Bieter kein ungewöhnliches Wagnis i.S.v. § 8 Nr. 1 S. 3 VOL/A auf[2150].

Vom öffentlichen Auftraggeber genannte **Mindestabnahmezahlen bzw. -mengen** dürfen nicht symbolischer Natur sein. Sie müssen sich einem **regulären Durch-**

2145 BGH, Urt. v. 8. 9. 1998 (X ZR 85/97), BauR 1998, 1249.

2146 OLG Saarbrücken, Beschl. v. 22. 10. 1999 (5 Verg 2/99), VergabE C-12-2/99 = ZVgR 2000, 25 = EUK 2000, 25.

2147 OLG Düsseldorf, Beschl. v. 5. 10. 2001 (Verg 28/01), VergabE C-10-28/01 = EUK 2001, 171 = Behörden Spiegel 11/2001, S. 24.

2148 OLG Düsseldorf, Beschl. v. 5. 12. 2001 (Verg 32/01), VergabE C-10-32/01.

2149 OLG Düsseldorf, Beschl. v. 30. 11. 2005 (Verg 65/05 – »Ausbildungsbegleitende Hilfen [AbH] gemäß SGB III -1«); OLG Düsseldorf, Beschl. v. 23. 11. 2005 (Verg 66/05 »Ausbildungsbegleitende Hilfen [AbH] gemäß SGB III -2«).

2150 OLG Düsseldorf, Beschl. v. 19. 10. 2006 (VII-Verg 39/06), VS 2007, 15 [LS].

schnitt annähern, so dass eine ordnungsgemäße Kalkulation möglich ist[2151]. Jedes nachträgliche Abweichen vom Leistungsverzeichnis würde dem Wettbewerbs- und Transparenzgrundsatz nach § 97 I GWB zuwiderlaufen[2152].

Im Zusammenhang mit der Vergabe von Maßnahmen zur Eignungsfeststellung und Trainingsmaßnahmen nach § 48 SGB III haben die Vergabekammern des Bundes entschieden, dass eine **Abnahmeverpflichtung in Höhe von lediglich 70% des vereinbarten Auftragwerts** durch den Auftraggeber für den Auftragnehmer kein ungewöhnliches Wagnis im Sinne von § 8 VOL/A darstellt[2153].

Andererseits muss sich **selbst eine Bedarfsposition** an den Erfordernissen des § 8 Nr. 1 III VOL/A messen lassen. Sie darf somit kein ungewöhnliches Wagnis darstellen[2154].

Bei der Vergabe von **Busverkehrsleistungen** ist typischerweise schwankender Bedarf vorauszusetzen. Eine gewisse Flexibilität muss hier von den Bietern verlangt werden können, so dass Vorbehalte bzgl. Vertragsänderungen zulässig sein können[2155]. Die VK Lüneburg[2156] stellt heraus, es entspreche dem »*Wesen des ÖPNV, dass er ständigen Schwankungen des Bedarfs unterliegt*«.

Ein Wagnis kann im vergaberechtlichen Sinne nicht als »ungewöhnlich« bezeichnet werden, wenn das damit verbundene unternehmerische Risiko auf andere Weise, beispielsweise durch eine **entsprechend erhöhte Vergütung**, abgedeckt wird[2157]. Der branchenkundige und erfahrene Bieter kann die Höhe des Risikos und die Wahrscheinlichkeit seiner Verwirklichung abschätzen und einpreisen[2158]. Insoweit können sich Wagnisse relativieren.

Ein **außergewöhnliches Kündigungsrecht** des Auftraggebers **aus Haushaltsgründen** beinhaltet grundsätzlich ein vergaberechtswidriges ungewöhnliches Wagnis für den Auftragnehmer i.S.v. § 8 Nr. 1 III VOL/A. Es ist nicht gerechtfertigt, dem Auftragnehmer das Haushaltsrisiko des Auftraggebers aufzubürden[2159].

Geradezu einen **Paradefall** im Hinblick auf Verstöße gegen das Gebot, keine ungewöhnlichen Wagnisse aufzubürden, hat in jüngerer Zeit die VK Bund[2160] entschieden:

2151 OLG Düsseldorf, Beschl. v. 9. 6. 2004 (VII Verg 18/04).

2152 VK Nordbayern, Beschl. v. 11. 10. 2006 (21.VK-3194-31/06), VS 2006, 95 [LS].

2153 VK Bund, Beschl. v. 1. 4. 2004 (VK 1-11/04), VS 2006, 13. Ähnlich auch: VK Bund, Beschl. v. 7. 4. 2004 (VK 1-15/04); VK Bund, Beschl. v. 13. 4. 2004 (VK 1-35/04); VK Bund, Beschl. v. 24. 5. 2004 (VK 2-22/04).

2154 VK Bund, Beschl. v. 26. 8. 2004 (VK 1-105/04), VS 2006, 14.

2155 VK Hessen, Beschl. v. 11. 8. 1999 (VK 1/99), VergabE V-13-1/99 = EUK 1999, 172, 173.

2156 VK Lüneburg, Beschl. v. 15. 11. 1999 (203-VgK-12/99), VergabE V-9c-12/99 = EUK 2000, 153.

2157 BGH, Urt. v. 8. 9. 1998 (X ZR 85/97), NJW 1998, 3634, 3635; OLG Düsseldorf, Beschl. v. 23. 3. 2005 (VII Verg 77/04); OLG Düsseldorf, Beschl. v. 9. 6. 2004 (VII Verg 18/04); OLG Saarbrücken, Beschl. v. 13. 11. 2002 (5 Verg 1/02), NZBau 2003, 625, 627; OLG Naumburg, Urt. v. 22. 1. 2002 (1 U (Kart) 2/01), BauR 2002, 833; VK Bund, Beschl. v. 6. 5. 2005 (VK 3-28/05); VK Bund, Beschl. v. 19. 4. 2004 (VK 3 – 44/04).

2158 VK Brandenburg, Beschl. v. 8. 12. 2005 (VK 72/05), VS 2006, 39 [LS].

2159 VK Lüneburg, Beschl. v. 10. 3. 2006 (VgK-6/2006)., VS 2006, 32 [LS].

2160 VK Bund, Beschl. v. 24. 1. 2008 (VK 3-151/07), VS 2008, 24 [LS]. Dazu auch *Noch*, VergabeNavigator 3/2008, S. 24.

- Bedingte Zuschlagserteilung: Nr. 9 der Aufforderung zur Angebotsabgabe sah die Möglichkeit einer (aufschiebend) bedingten Zuschlagserteilung vor (in Abhängigkeit der Vergabe von anderen Losen)
- Nichtabklärung von Unwägbarkeiten hinsichtlich der Zurverfügungstellung von Bauflächen und Bebaubarkeit (eigentumsrechtliche Probleme)
- Einschränkungen bzgl. Vollständigkeit und Widerspruchsfreiheit der Verdingungsunterlagen
- Voraussichtliche Übertragung des Projekts auf eine Projektgesellschaft im Laufe der Vertragsdurchführung

Zusammenfassend stellt die VK Bund völlig zu Recht fest, dass die Antragstellerin, welche den zuvor veranstalteten Teilnahmewettbewerb bereits erfolgreich absolviert hatte, aufgrund der genannten Klauseln in den Verdingungsunterlagen rechtswidrigerweise, nämlich unter **Verstoß gegen § 9 Nr. 2 VOB/A** (keine Übertragung ungewöhnlicher Wagnisse), von der Angebotsabgabe abgehalten wurde. Die vergaberechtswidrigen Klauseln wirkten sich auch auf die Angebote der anderen am Teilnahmewettbewerb beteiligten Bieter aus. Die festgestellten Vergaberechtsverstöße konnten demnach nur auf die Weise beseitigt werden, dass allen geeignet erscheinenden Bietern die Möglichkeit zur Unterbreitung angepasster Angebote eingeräumt wurde. Die Kammer gab der Vergabestelle auf, die vergaberechtswidrigen Festlegungen in den Verdingungsunterlagen zu streichen bzw. zu ändern.

h) Produktneutralität; Technische Spezifikationen, Normen und Zertifizierungen

aa) Produktneutralität

316 Ein weiterer wichtiger Punkt ist, dass die Leistungsbeschreibungen vom Grundsatz her **produktneutral** gestaltet sein müssen (§ 9 Nr. 5, 10, 11 VOB/A bzw. § 8 Nr. 3 VOL/A)[2161]. Im Interesse des technischen und kaufmännischen Wettbewerbs sollen grundsätzlich Vergabeverfahren mit wettbewerbsoffenen Leistungsbeschreibungen erfolgen. Dies bedeutet insbesondere, dass kein Unternehmen diskriminiert werden darf (§ 2 Nr. 2 VOL/A)[2162].

Freilich muss dem öffentlichen Auftraggeber zugestanden werden, dass er ein **gewisses Maß an Freiheiten** hat, zu bestimmen, welche Leistungen er beschaffen möchte (Dispositionsfreiheit). Allerdings ist immer dann Vorsicht geboten, wenn es sich um **subjektive »Wunschleistungen«** handelt, die keine überzeugenden, objektivierbaren Merkmale besitzen, die einen sachlichen Grund für die Präferenz eines bestimmten Systems bilden. Beispiele:

2161 EuGH, Urt. v. 22. 9. 1988 (Rs. 45/87 – »Kommission ./. Irland«), Slg. 1988, 4929 = VergabE A-1-2/88; BayObLG, Beschl. v. 15. 9. 2004 (Verg 26/03), VergabE C-2-26/03 = BauRB 2005, 19 = VergabeR 2005, 130; OLG Frankfurt, Beschl. v. 28. 10. 2003 (11 Verg 9/03), VergabE C-7-9/03; KG, Beschl. v. 5. 1. 2000 (Kart Verg 11/99), VergabE C-3-11/99 = BauR 2000, 1579 = EUK 2000, 153, 154 = Behörden Spiegel 10/2000, S. B II; VK Bund, Beschl. v. 15. 9. 1999 (VK 1-19/99), VergabE D-1-19/99 = EUK 2000, 58; VK Hessen, Beschl. v. 10. 9. 2007 (69d–VK-29/2007), VS 2008, 7 [LS]; VK Sachsen, Beschl. v. 23. 1. 2004 (1 VK 160/03), VergabE E-13-160/03; VÜA Bund, Beschl. v. 23. 4. 1997 (1 VÜ 2/97), VergabE U-1-2/97.

2162 VK Hessen, Beschl. v. 10. 9. 2007 (69d–VK-29/2007), VS 2008, 7 [LS].

- Subjektive Überzeugungen wie »*Die Schulmöbel von dem Hersteller X halten unserer Erfahrung nach am längsten*« oder
- soziale Motive wie »*Unser 2 Jahre vor der Pensionierung stehender Chauffeur des Landrats ist 30 Jahre lang die Marke C. gefahren, er soll sich jetzt nicht noch so kurz vor der Pensionierung umstellen müssen.*«

sind **vergaberechtlich nicht brauchbar**. Im einen Falle bräuchte es eines Testberichtes eines anerkannten Prüfungsinstitutes, dass die Schulmöbel tatsächlich nachweislich länger halten, z.B. weil die Tischoberflächen nachweisbar widerstandsfähiger sind. Im anderen Falle würde es z.B. eines medizinischen Grundes (mit ärztlichem Attest) bedürfen, dass der Fahrer einzig und allein eine bestimmte Marke, und dort ein bestimmtes Modell, fahren kann, weil er z.B. 2,20 m groß ist und der Fußraum bei allen anderen Modellen nicht ausreicht, oder dass nur ein Hersteller einen bestimmten orthopädischen Sitz anbietet. Alles das gerichtsfest nachzuweisen, wird in der Regel sehr schwierig sein.

Jedoch wird man zugestehen müssen, dass auch öffentliche Auftraggeber in **gerechtfertigten (Einzel-)Fällen spezielle Anforderungen an die Leistung** aufstellen dürfen[2163]. Konstellationen der Entscheidung für ein bestimmtes technisches System kommen hinzu[2164]. Kostengründe oder solche der Kompatibilität können gleichfalls ein legitimes Interesse der vergebenden Stelle widerspiegeln[2165].

Das **Gebot der Produktneutralität** bei der Ausschreibung gilt in dieser Form für klassische öffentliche Auftraggeber genauso wie für Sektorenauftraggeber[2166].

Bei der Leistungsbeschreibung ist daher zunächst auf »**verkehrsübliche Bezeichnungen** und Bezugnahmen« zurückzugreifen, wobei der allgemein gängige Sprachgebrauch entscheidet und nicht der regional übliche[2167].

Vom **Gebot der Produktneutralität** darf demnach nur dann abgewichen werden, wenn dies **ausnahmsweise** durch die Art der geforderten Leistung gerechtfertigt ist. Es gilt ein **Regel-/Ausnahmeverhältnis**. Zu einer solchen Rechtfertigung bedarf es dann objektiver, in der Sache selbst liegender, Gründe, die sich zum Beispiel aus der besonderen Aufgabenstellung des Auftraggebers, aus technischen oder gestalterischen Anforderungen oder auch aus der Nutzung der Sache ergeben können[2168].

Diesbezüglich sind aber – auch nach der Rechtsprechung der nationalen Gerichte unterhalb der EU-Schwelle – enge Grenzen selbst dann gesetzt, wenn sich die ausschreibende Stelle aus **Denkmalschutzgründen** heraus auf einen bestimmten

2163 OLG Frankfurt, Beschl. v. 28. 10. 2003 (11 Verg 9/03); BayObLG, Beschl. v. 29. 4. 2002 (Verg 10/02); VK Bund, Beschl. v. 8. 8. 2003 (VK 2-52/03). Siehe außerdem: OLG Celle, Beschl. v. 22. 5. 2008 (13 Verg 1/08).

2164 OLG Stuttgart, Beschl. v. 15. 1. 2003 (2 Verg 17/02), VergabE C-1-17/02v, EUK 2004, 27.

2165 OLG Frankfurt, Beschl. v. 28. 10. 2003 (11 Verg 9/03).

2166 Siehe VÜA Nordrhein-Westfalen, Beschl. v. 10. 6. 1997 (424-84-47-1/97), VergabE V-10-1/97 = VgR 1/1998, 50, zu § 6 Nr. 5 VOB/A-SKR.

2167 OLG Dresden, Urt. v. 27. 3. 2003 (19 U 1971/02).

2168 VK Hessen, Beschl. v. 10. 9. 2007 (69d–VK-29/2007), VS 2008, 7 [LS]; VK Schleswig-Holstein, Beschl. v. 28. 11. 2006 (VK-SH 25/06), NZBau 2007, 672 = VS 2007, 6 [LS].

Hersteller (in casu: bestimmte Sprossenfenster) meint festlegen zu können. Das LG Frankfurt/Oder[2169] führt dazu in einem einstweiligen Verfügungsverfahren (unterhalb der EU-Schwelle) zu Lasten eines öffentlichen Auftraggebers aus:

»Darüber hinaus liegt im Hinblick auf die Ausschreibung der Verglasungssprossen (Position 027.8, Bl. 88 f. d.A.) infolge der Herstellerbezeichnung »BUG« und Fabrikatangabe mit »3 IV 68« ohne Zusatz »oder gleichwertig« ein Verstoß gegen europäische Grundrechte vor. Vergabestellen müssen nach der Entscheidung des EuGH auch bei Vergaben unterhalb der Schwellenwerte das primäre Europarecht, insbesondere das Gleichbehandlungs- und Transparenzgebot sowie auch das Diskriminierungsverbot beachten (EuGH, Urt. v. 20. Oktober 2005, Az.: C-264/03).«

Das Gebot der Produktneutralität (§ 8 Nr. 3 III VOL/A) soll sogar so weit gehen, dass es nicht rechtens ist, wenn die Vergabestelle in der Ausschreibung ausschließlich den Einsatz von **Originalprodukten** fordert[2170]. Ob das jedoch auf alle Konstellationen von Beschaffungen (z.B. Druckerpatronen oder Ersatzteile für technische Anlagen) verallgemeinerungsfähig ist, mag angesichts eventuell verlorengehender Gewährleistungsrechte dahingestellt sein.

Die Ausschreibung eines bestimmten Produktes verstößt gegen § 9 Nr. 5 I VOB/A, wenn damit eine **einheitliche Produktlinie** nur deshalb gewährleistet werden soll, um **Wartungsarbeiten und die Ersatzteilbeschaffung zu vereinfachen**. Sind solche Erwägungen für die Vergabestelle maßgeblich, so hat sie entsprechende Zuschlagskriterien[2171] (z.B. Folgekosten, Schulungsbedarf, etc.) festzulegen. Dann kann – abseits des Preiskriteriums – eine Bewertung qualitativer Unterschiede erfolgen.

All diese Grundsätze und Erwägungen führen zu der Feststellung, dass **jede Form direkter oder indirekter Nennung von bestimmten Produkten oder Herstellern grundsätzlich zu unterlassen** ist oder sie zumindest so restriktiv wie möglich gehandhabt werden muss[2172].

Nur wenn es sich partout nicht vermeiden lässt, dürfen Hersteller oder bestimmte Produkte genannt werden; es muss dann aber zwingend der Hinweis **»oder gleichwertiger Art«**[2173] erfolgen, um potentiellen Mitbewerbern nicht von vornherein die Chance auf eine aussichtsreiche Teilnahme am Ausschreibungsverfahren zu verbauen. Die Vergabestelle muss im Zweifelsfall die **Notwendigkeit** der Nennung

---

2169 LG Frankfurt/Oder, Urt. v. 14. 11. 2007 (13 O 360/07), NZBau 2008, 208 = VS 2007, 95 = VergabeR 2008, 132.

2170 VK Baden-Württemberg, Beschl. v. 3. 8. 2006 (1 VK 41/06), VS 2007, 23 [LS].

2171 VK Hessen, Beschl. v. 11. 12. 2006 (69d VK 60/2006), VS 2007, 31 [LS].

2172 BayObLG, Beschl. v. 15. 9. 2004 (Verg 26/03), VergabeR 2005, 130; OLG Frankfurt, Beschl. v. 28. 10. 2003 (11 Verg 9/03), VergabE C-7-9/03; KG, Beschl. v. 5. 1. 2000 (Kart Verg 11/99), BauR 2000, 1579; VK Bund, Beschl. v. 15. 9. 1999 (VK 1-19/99), VergabE D-1-19/99. VÜA Bund, Beschl. v. 1. 7. 1997 (1 VÜ 9/97), VergabE U-1-9/97 = WiB 1997, 1270; VÜA Brandenburg, Beschl. v. 16. 3. 2000 (1 VÜA 11/98), VergabE V-4-11/98 = EUK 2000, 183 = Behörden Spiegel 4/2001, S. B II; VÜA Nordrhein-Westfalen, Beschl. v. 8. 5. 1998 (424-84-43-7/97), VergabE V-10-7/97; VÜA Sachsen, Beschl. v. 22. 7. 1998 (1 VÜA 4/98), VergabE V-13-4/98; VÜA Sachsen-Anhalt, Beschl. v. 2. 3. 1998 (1 VÜ 2/95), VergabE V-14-2/95 = VgR 4/98, 49.

2173 Vgl. § 9 Nr. 10 S. 2 VOB/A: *»Solche Verweise sind jedoch ausnahmsweise zulässig, wenn der Auftragsgegenstand nicht hinreichend genau und allgemein verständlich beschrieben werden kann; solche Verweise sind mit dem Zusatz ›oder gleichwertig‹ zu versehen.«*

bestimmter Produkte substantiiert **darlegen** können. Das wird ihr häufig nicht gelingen.

Beispiel: Das BMWA hat in Abstimmung mit dem BMI im Dezember 2004 ein Merkblatt für die **Leistungsbeschreibung bei IT-Beschaffungen** herausgegeben. Der Bund reagiert damit auf Vorwürfe, welche seitens der Europäischen Kommission (auch gegenüber F, NL, S, FIN) erhoben worden waren, weil bei verschiedenen Ausschreibungen Prozessoren der Firma Intel (»Intel inside«) vorausgesetzt worden waren, ohne dass gleichwertige Produkte eine Chance hatten. Es fehlte der zwingende Zusatz »oder gleichwertiger Art«.

Die Übernahme von Herstellerspezifikationen in der Leistungsbeschreibung sowie erst recht die Nennung von Markennamen **verengen den Wettbewerb.** Je offener ein Leistungsverzeichnis formuliert ist, desto besser ist es für den Wettbewerb. Die Verwendung deutscher technischer Vorschriften kann im Übrigen sogar als Verstoß gegen die übergeordneten Bestimmungen über den freien Warenverkehr (Art. 28 EGV) gewertet werden[2174, 2175]. Es ist eine **Öffnungsklausel** vorzusehen. In einer rheinland-pfälzischen Verwaltungsvorschrift[2176] heißt es deshalb:

> *»Anerkennung von Produkten aus EU-Mitgliedstaaten (Artikel 28 EG-Vertrag): Um eine Verletzung des Artikels 28 EG-Vertrag zu vermeiden, ist darauf zu achten, dass bei Ausschreibungen auch Produkte von Herstellern anderer EU-Staaten freien Zugang zum nationalen Markt erhalten. Konkret bedeutet dies, dass die Ausschreibungstexte für entsprechende Leistungen eine Öffnungsklausel enthalten müssen, die bei Bezugnahme auf nationale Normen darauf hinweist, dass Produkte aus anderen Mitgliedstaaten nicht über diese technischen Spezifikationen ausgeschlossen werden dürfen«.*

Damit wird ein möglichst breiter Wettbewerb sichergestellt. Schließlich soll über den Wettbewerb das Ziel kostengünstiger Beschaffungen erreicht werden[2177].

Die Leistungsbeschreibung darf **weder direkt** (vgl. § 8 Nr. 3 V VOL/A) **noch indirekt** zur Bevorzugung oder Benachteiligung bestimmter Bieter führen (vgl. § 8 Nr. 3 IV VOL/A)[2178].

2174 LG Frankfurt/Oder, Urt. v. 14. 11. 2007 (13 O 360/07), NZBau 2008, 208 = VergabeR 2008, 132 = VS 2007, 95: »*Darüber hinaus liegt im Hinblick auf die Ausschreibung der Verglasungssprossen (...) infolge der Herstellerbezeichnung »BUG« und Fabrikatangabe mit »3 IV 68« ohne Zusatz »oder gleichwertig« ein Verstoß gegen europäische Grundrechte vor. Vergabestellen müssen nach der Entscheidung des EuGH auch bei Vergaben unterhalb der Schwellenwerte das primäre Europarecht, insbesondere das Gleichbehandlungs- und Transparenzgebot sowie auch das Diskriminierungsverbot beachten (EuGH, Urteil vom 20. Oktober 2005, Rs. C- 264/03).*« Instruktiv dazu auch: VÜA Bayern, Beschl. v. 18. 5. 1999 (VÜA 18/98), VergabE V-2-18/98 = EUK 1999, 108; VÜA Bayern, Beschl. v. 7. 7. 1999 (VÜA 37/98), VergabE V-2-37/98 = EUK 2001, 137.

2175 Instruktiv dazu auch: VÜA Bayern, Beschl. v. 18. 5. 1999 (VÜA 18/98), VergabE V-2-18/98 = EUK 1999, 108; VÜA Bayern, Beschl. v. 7. 7. 1999 (VÜA 37/98), VergabE V-2-37/98 = EUK 2001, 137.

2176 »Öffentliches Auftragswesen in Rheinland-Pfalz – Verwaltungsvorschrift des Ministeriums für Wirtschaft, Verkehr, Landwirtschaft und Weinbau, des Ministeriums des Innern und für Sport und des Ministeriums der Finanzen« v. 29. 7. 2004, MinBl. der Landesregierung von Rheinland-Pfalz v. 15. 9. 2004, Nr. 11, S. 303, 304, Punkt 4.3.

2177 VÜA Bayern, Beschl. v. 7. 7. 1999 (VÜA 37/98), VergabE V-2-37/98 = EUK 2001, 137.

2178 Hierzu: OLG Celle, Beschl. v. 22. 5. 2008 (13 Verg 1/08); VK Bund, Beschl. v. 14. 8. 2000 (VK 2-18/00), VergabE D-1-18/00.

Wegen des engen Ausnahmecharakters einer produktbezogenen Ausschreibung muss eine **wettbewerbsfreundliche Auslegung** mit Chancen für möglichst viele Interessenten Platz greifen[2179]. Das grundsätzliche Gebot, herstellerbezogene Leistungsbeschreibungen zu unterlassen (vgl. § 9 Nr. 5 VOB/A), dient dem Marktzugang und dem Abbau von Wettbewerbsbeschränkungen[2180].

Wird jedoch ausnahmsweise von einer Produktnennung Gebrauch gemacht, was in der Praxis häufiger geschieht als es in der Sache eigentlich der Fall sein sollte, so muss – im Kontext der Bedeutung der VOL/A und VOB/A 2006 eher in noch verstärktem Maße – zwingend der Hinweis »**oder gleichwertiger Art**«[2181] erfolgen, damit der Wettbewerb nicht in unzulässiger Weise verengt wird.

Insbesondere für Standardbeschaffungen gilt der enge **Ausnahmecharakter** der produktspezifischen Leistungsbeschreibung[2182]. Ein Mitbewerber, der versuchen würde, das in der Leistungsbeschreibung (unzulässigerweise) geforderte, spezifische Produkt nachzubauen, könnte von dem durch die rechtswidrige Ausschreibung begünstigten Bieter wettbewerbsrechtlich (gemäß § 1 UWG) auf Unterlassung in Anspruch genommen werden[2183]. Öffentliche Auftraggeber sollten daher herstellerbezogene Ausgestaltungen der Leistungsbeschreibung auch unter dem Gesichtspunkt der möglichen Provokation unzulässiger Nachbauten unterlassen[2184].

Ist zu erwarten, dass ein **Bieter unter Verstoß gegen das Patentrecht** Leistungen anbieten wird, so ist er als unzulässig auszuschließen[2185]. § 139 I PatG bestimmt, dass vom Verletzten auf Unterlassung in Anspruch genommen werden kann, wer entgegen den §§ 9 bis 13 eine patentierte Erfindung benutzt. Gemäß § 9 I 1 PatG hat das Patent die Wirkung, dass – abgesehen von den Fällen einer lizenzierten Nutzung – allein der Patentinhaber befugt ist, die patentierte Erfindung zu benutzen. Die Bezuschlagung eines nicht berechtigten Bieters käme einem späteren Lieferantenausfall gleich.

Merke: Nur in größeren Ausnahmefällen, und zwar insbesondere bei Ergänzungsbeschaffungen von technischen Systemen (Stichwort: Vorfestlegung auf eine Lösung mit bestimmten technischen Eigenschaften), darf die Leistungsbeschreibung im Einzelfall produktbezogen gestaltet werden. Besonders herauszustellen ist der Fall das OLG Frankfurt zur Ausschreibung von Gebäudeautomation (Mess-, Steuer- und Regeltechnik – MSR), indem Kostengründe und solche der technischen Kompatibilität als ein legitimes Interesse der vergebenden Stelle anerkannt wurden[2186]. In diesen Zusammenhang gehört auch der Fall des OLG Stuttgart, dass sich

2179 OLG Saarbrücken, Beschl. v. 9. 11. 2005 (1 Verg 4/05), VergabeR 2006, 223; OLG Celle, Beschl. v. 2. 9. 2004 (13 Verg 11/04), NZBau 2005, 52; VÜA Sachsen-Anhalt, Beschl. v. 7. 8. 1997 (1 VÜ 12/95), VergabE V-14-12/95.

2180 VÜA Nordrhein-Westfalen, Beschl. v. 19. 11. 1996 (424-84-41-9/96 s.118), VergabE V-10-9/96; VÜA Thüringen, Beschl. v. 24. 3. 1999 (1 VÜ 3/98), VergabE V-16-3/98 = EUK 1999, 185.

2181 VK Lüneburg, Beschl. v. 30. 10. 2003 (203 VgK 21/2003).

2182 VÜA Bund, Beschl. v. 1. 7. 1997 (1 VÜ 9/97), VergabE U-1-9/97 = VgR 5/1997, 41 = WiB 1997, 1270.

2183 So auch VK Bund als VÜA, Beschl. v. 14. 9. 1999 (VKA 20/99), VergabE U-2-20/99.

2184 Vgl. auch VÜA Bund, Beschl. v. 23. 4. 1997 (1 VÜ 2/97), VergabE U-1-2/97 = WuW/E Verg, 86.

2185 OLG Düsseldorf, Beschl. v. 21. 2. 2005 (VII-Verg 91/04), NZBau 2006, 266 = VS 2005, 23 [LS] = WuW 2005, 467.

2186 OLG Frankfurt, Beschl. v. 28. 10. 2003 (11 Verg 9/03), VergabE C-7-9/03 = EUK 2004, 27. In diese Richtung auch VK Bremen, Beschl. v. 6. 1. 2003 (VK 5/02), VergabE E-5-5/02 = EUK 2003, 75.

unbeschadet des in § 9 Nr. 5 VOB/A verankerten Grundsatzes der (technik-) offenen Leistungsbeschreibung die Vergabestelle im Falle der Existenz zweier innovativer Systeme, deren allgemeine technische Zulassung noch fehlt, im Rahmen ihrer Dispositionsfreiheit für eines dieser Systeme entscheiden und hierauf die Ausschreibung stützen kann[2187].

Einen Verstoß gegen den Grundsatz der Produktneutralität würde es auch darstellen, wenn die Vergabestelle die Verwendung eines bestimmten Patents vorschreibt, ohne Produkte bzw. Systemlösungen »gleichwertiger Art« ebenso zuzulassen. Auch auf ›kaltem‹ Wege ist es entsprechend den Prinzipien der Leistungsbeschreibung **nicht statthaft**, z.B. **komplette Patentbeschreibungen** bzw. -lösungen in die Leistungsbeschreibung aufzunehmen, ohne das betreffende Patent zu erwähnen und ohne Lösungen »gleichwertiger Art« zuzulassen[2188].

Des weiteren ist auf die Bedeutung der **Dokumentationspflicht** nach § 30 Nr. 1 VOB/A bzw. VOL/A auch im Hinblick auf die Gründe hinzuweisen, die eine nicht produktneutrale Ausschreibung nach § 9 Nr. 5 I VOB/A rechtfertigen sollen[2189].

Merke: Die Pflichten der rechtzeitigen **Rüge** nach § 107 III GWB sind auch in Bezug auf Verletzungen des Gebotes der Produktneutralität zu beachten. Eine Rüge, die erst nach Ablauf von acht Tagen nach Erhalt der Mitteilung nach § 13 VgV und fünf Tage nach Kenntnis eines Verstoßes gegen das Gebot zur produktneutralen Ausschreibung erhoben worden ist, wird als verspätet angesehen[2190]. Für eine Rüge, die Ausschreibung sei wegen der verdeckten Ausschreibung eines Leitfabrikats nicht produktneutral erfolgt, sind nach Auffassung des OLG München konkrete Angaben dazu erforderlich, welches Leitfabrikat an welchen Stellen verdeckt in der Leistungsbeschreibung enthalten sein soll[2191].

Die unzulässige produktspezifische Ausschreibung ist **Gegenstand subjektiver Rechte** gemäß § 97 VII GWB. In einer Nachprüfungsangelegenheit[2192] wurde daher der Vergabestelle bei der Ausschreibung von Sanitärinstallationen im Offenen Verfahren eine Verletzung des Gebotes der Produktneutralität (§ 9 Nr. 5 VOB/A) bescheinigt, was diese veranlasste, die produktspezifischen Teile der Leistungsbeschreibung zu entfernen und insbesondere auf die beanstandeten Typenbezeichnungen zu verzichten.

bb) Technische Spezifikationen, Normen und Zertifizierungen

(1) Technische Spezifikationen

317 Hinsichtlich der begrifflichen Definitionen ist auf den **Anhang TS** zurückzugreifen, auf den in den Bestimmungen der §§ 9 Nr. 5 ff. VOB/A und in § 8a Nr. 1 I VOL/A verwiesen wird.

2187 OLG Stuttgart, Beschl. v. 15. 1. 2003 (2 Verg 17/02), VergabE C-1-17/02 = EUK 2004, 27 = Behörden Spiegel 4/2004, S. 19.
2188 VÜA Bayern, Beschl. v. 26. 5. 1998 (VÜA 22/97), VergabE V-2-22/97 = Behörden Spiegel 10/1998, S. B II.
2189 VK Hessen, Beschl. v. 11. 12. 2006 (69d VK 60/2006), VS 2007, 31 [LS].
2190 OLG München, Beschl. v. 13. 4. 2007 (Verg 1/07), VergabeR 2007, 546 = VS 2007, 40 [LS], 58.
2191 OLG München, Beschl. v. 2. 8. 2007 (Verg 7/07), VergabeR 2007, 799 = VS 2007, 72 [LS].
2192 VK Nordbayern, Beschl. v. 9. 9. 1999 (320.VK-3194-18/99), VergabE E-2a-18/99 = EUK 2000, 28.

»Technische Spezifikationen« sind danach – einzelfallbezogen – die **Gesamtheit** der insbesondere in den Verdingungsunterlagen enthaltenen, **technischen Anforderungen** an ein Material, ein Erzeugnis oder eine Lieferung, mit deren Hilfe das Material, das Erzeugnis oder die Lieferung so bezeichnet wird, dass es seinen durch den Auftraggeber festgelegten Verwendungszweck erfüllt.

Dabei können die technischen Anforderungen, **je nach spezifischem Bedarf**, auch **sehr stark angepasst** werden. Handelt es sich um Sondereinbauten oder Spezialausstattungen, so kann auch eine Fülle von Vorgaben vergaberechtlich gerechtfertigt sein[2193]. In einem Verfahren hatte der Vergabesenat des OLG Schleswig u.a. über die auf der sehr detaillierten Leistungsbeschreibung fußenden Zuschlagskriterien »Konstruktion«, »technische Beratung« und »Gestaltung« zu befinden. Dabei ging es um die Ausstattung von Rettungswagen mit notwendigen Koffern und Veränderungen bei der Türverriegelung. Im Ergebnis sah der Vergabesenat eine Wettbewerbsverzerrung bzw. -einengung auf Grund der geforderten Spezifikationen für nicht gegeben an.

(2) Normen i.e.S.

318 Die gerade erwähnten Technischen Spezifikationen sind der Oberbegriff aller technischen Anforderungen. Der Begriff der Norm i.e.S. ist demgegenüber **teilbedeutend**.

Die Bezeichnung »**Norm**« versteht sich als eine technische Spezifikation, die von einer anerkannten Normenorganisation zur wiederholten oder ständigen Anwendung angenommen wurde. Unter den Begriff der »einschlägigen Normen« fallen außerdem die jeweiligen Sicherheitsvorschriften.

Welche Normen bzw. Normungsinstitute gibt es?

Für Deutschland ist zunächst das **Deutsche Institut für Normung** (DIN; www.din.de) maßgeblich[2194]. Vor der in den 1960er und 1970er Jahren einsetzenden Europäisierung war dies die allein maßgebliche Institution. Mittlerweile sind viele der Normen transferiert in **europäische Normen**. So heißt es dann z.B. »**DIN EN**« anstatt »DIN«[2195]. Die internationalen Normen sind die **DIN ISO**-Normen (z.B. DIN ISO 9001).

Auf der **europäischen Ebene** ist zunächst festzustellen, dass nicht alle gemeinschaftsweit gültigen Regelungen zur Harmonisierung ihren Ursprung in EU bzw. EG-Institutionen haben. Die drei Normungsinstitute sind:

- Europäisches Komitee für Normung (**CEN**):
  Das in Brüssel ansässige CEN wurde im Jahre 1961 gegründet und hat bis dato ca. 7.800 Normen verabschiedet. Die Mitglieder des CEN setzen sich aus den Normungsinstitutionen der EU und einigen anderen Ländern zusammen (Informationen auf Englisch: www.cenorm.de).
- Europäisches Komitee für elektronische Standardisierung (**Cenelec**):

2193 OLG Schleswig, Beschl. v. 30. 6. 2005 (6 Verg 5/05), VS 2006, 5.
2194 Die wichtigsten DIN-Normen im Überblick: *Frank*, BauRB 2003, 248.
2195 Zur Beachtung der DIN-Normen 18299 ff.: VK Brandenburg, Beschl. v. 24. 1. 2002 (2 VK 114/01), VergabE E-4-113/01.

Cenelec wurde im Jahre 1973 in Brüssel gegründet. Die Festlegung der Normen erfolgt durch die Vertreter der Regierungen in Zusammenarbeit mit 29 Wirtschaftsverbänden. Um eine möglichst weltweite Abstimmung zu erreichen, arbeitet Cenelec eng mit der International Electrotechnic Commission (IEC) zusammen. Informationen auf Englisch unter www.cenelec.org.

- Europäisches Institut für Telekommunikationsstandards (**ETSI**):
  ETSI hat seinen Sitz in Südfrankreich (Sophia Antipolis). Bei der Verabschiedung der Normen verfügt jedes EU-Land über eine Stimme. Unternehmen und Organisationen können Mitglied werden, bleiben aber ohne Stimmrecht (www.etsi.org).

Es existieren »Allgemeine Leitlinien für die **Zusammenarbeit** zwischen CEN, CENELEC und ETSI sowie der Europäischen Kommission und der Europäischen Freihandelsgemeinschaft (EFTA)«[2196]. Diese Politik geht auf die seit dem Jahre 1985 betriebene Rechtsangleichung im Bereich des Umwelt- und Technikrechts auf der Grundlage der sog. »**Neuen Konzeption**« zurück[2197].

Im Anhang TS findet sich der Hinweis darauf, dass die Einhaltung von Normen grundsätzlich **nicht zwingend vorgeschrieben** ist. Die Bundesrepublik Deutschland hat sich lediglich im Grundsatz per Vertrag vom 5. 6. 1975 mit dem Deutschen Institut für Normung (DIN) e.V. verpflichtet, in ihrer Verwaltung sowie bei Beschaffungen die DIN-Normen zu verwenden. Grundsätze schließen Ausnahmen eben gerade nicht aus. Es handelt sich um private technische Regelungen mit Empfehlungscharakter[2198].

In den Verdingungsunterlagen ist daher im Sinne einer Kann-Bestimmung auf die gültigen **technischen Normen zu verweisen**. Die Verwendung der **Spezifikationen** ist basierend auf dem Anhang TS vereinheitlicht und hierarchisiert worden.

In § 9 Nr. 6 VOB/A (vgl. § 8a VOL/A) heißt es:

»Die technischen Spezifikationen sind in den Verdingungsunterlagen zu formulieren:

(1) entweder unter Bezugnahme auf die in Anhang TS definierten technischen Spezifikationen in der Rangfolge nationale Normen, mit denen europäische Normen umgesetzt werden,
a) nationale Normen, mit denen europäische Normen umgesetzt werden,
b) europäische technische Zulassungen,
c) gemeinsame technische Spezifikationen,
d) internationale Normen und andere technische Bezugsysteme, die von den europäischen Normungsgremien erarbeitet wurden oder,
e) falls solche Normen und Spezifikationen fehlen, nationale Normen, nationale technische Zulassungen oder nationale technische Spezifikationen für die Planung, Berechnung und Ausführung von Bauwerken und den Einsatz von Produkten.

2196 Zusammenarbeitsvereinbarung vom 28. 3. 2003, ABl. EU C 91 v. 16. 4. 2003, 7, 10.

2197 Entschließung des Rates v. 7. 5. 1985 über eine neue Konzeption auf dem Gebiet der technischen Harmonisierung und der Normung, ABl. EG C 136 v. 4. 6. 1985, S. 1.

2198 BGH, Urt. v. 14. 5. 1998 (VII ZR 184/97), BauR 1998, 872; VK Brandenburg, Beschl. v. 24. 1. 2002 (2 VK 114/01), VergabE E-4-114/01.

*Jede Bezugnahme ist **mit dem Zusatz »oder gleichwertig«** zu versehen; (...)«*

Herauszustellen ist, dass seit der Neufassung der Bestimmungen des Jahres 2006 **zu jeder verwendeten Norm zwingend der Zusatz *»oder gleichwertig«*** gehört. Dies kann entweder bei jeder einzelnen Norm geschehen oder im Vorspann zur Leistungsbeschreibung. Eine solche Handhabung sollte durchgehend sowohl bei Anwendung der VOB/A als auch bei Anwendung der VOL/A Platz greifen, auch wenn in der VOL/A lediglich im § 8a, also den Vorschriften des zweiten Abschnitts für die europaweiten Vergaben, eine entsprechende Regelung getroffen ist. Aufgrund der Diskriminierungsproblematik auch bei Vergaben unterhalb der EU-Schwelle wird dies – rechtssicherer – so zu handhaben sein.

Die Verwendung von solchen **technischen Normen** wie DIN-Normen[2199] stellt daher, wenn sie in dieser Weise mit dem Zusatz »oder gleichwertig« gehandhabt wird, keinen Verstoß gegen die Produktneutralität dar, weil es sich um anerkannte, objektiv bestimmbare, technische Regelwerke handelt. Grundsätzlich sollte, soweit vorhanden, auf internationale oder europäische Spezifikationen zurückgegriffen werden[2200]. Falls nur deutsche Normen oder Zertifizierungen existieren, sind gleichwertige ausländische Normen und Produkte zuzulassen[2201]. In den letzten Jahren sind denn auch bereits viele DIN-Normen »internationalisiert« bzw. »europäisiert« worden (z.B. DIN EN ISO 9000 ff.), aber eben auch noch nicht alle[2202].

Entsprechend dem zuletzt Gesagten ist zwischen

- **produktgerichteten Normen**, also den technischen Anforderungen an die zu erbringende Leistung (z.B. für Personenaufzüge, Fenster[2203], Bodenbeläge, Papier), und den
- **bietergerichteten Normen**, also denjenigen, welche die Qualifikation des Bieters betreffen (Großer Schweißnachweis gemäß DIN 18800[2204], Holzleim-Bescheinigung nach DIN 1052[2205], Zertifizierung im Qualitätsmanagement nach DIN EN ISO 9000 oder 9001)

zu unterscheiden.

Es ist ferner darauf zu achten, der Ausschreibung die **aktuellen DIN-Normen** zugrundezulegen. Die Ausschreibung selbst und auch die nachfolgende Wertung sind sonst rechtsfehlerhaft[2206]. Es ist im Falle der Verwendung einer völlig veralteten DIN-Anforderung, die überdies auch im Übrigen keine Relevanz für den Beschaffungsvorgang besitzt, eine den Interessen eines objektiven Betrachters ent-

---

2199 Vgl. VÜA Bayern, Beschl. v. 28. 9. 1999 (VÜA 43/98), VergabE V-2-43/98, zur Ausschreibung des Fließestrichs »in Anlehnung an DIN 18560«.

2200 Dazu *Schaller*, RiA 1998, 71, 75.

2201 VK Köln, Beschl. v. 3. 7. 2002 (VK VOL 4/2002), VergabE E-10d-4/02.

2202 Grünbuch der Europäischen Kommission zur Entwicklung der europäischen Normung vom 8. 10. 1990 (KOM [90] 456 endg.); Follow-up zum Grünbuch »Normung in der europäischen Wirtschaft«, ABl. EG C 96/2 v. 15. 4. 1992.

2203 LG Frankfurt (Oder), Urt. v. 14. 11. 2007 (13 O 360/07), NZBau 2008, 208 = VergabeR 2008, 132.

2204 VÜA Bund, Beschl. v. 17. 12. 1997 (1 VÜ 23/97), VergabE U-1-23/97.

2205 VÜA Bayern, Beschl. v. 9. 10. 1997 (VÜA 9/97), VergabE V-2-9/97.

2206 VK Rheinland-Pfalz, Beschl. v. 7. 3. 2002 (VK 2/02), VergabE E-11-2/02 = EUK 2002, 107 = Behörden Spiegel 7/2002, S. 18.

gegenkommende Anpassung und anschließende Wertung dieser Leistungsposition vorzunehmen[2207].

Eine **DIN-Norm im Entwurf** ist für die Wertung jedenfalls dann verbindlich, wenn sie in der Leitungsbeschreibung genannt wurde[2208].

Das **bewusste Abweichen von DIN-Normen** ist grundsätzlich **möglich**. Ein dahingehendes Interesse kann dann z.B. bestehen, wenn es besondere Qualitätsanforderungen gibt, die in dem konkreten Fall benötigt werden.

Maßgeblicher **Präzedenz-Fall** ist die sog. **Sportrasen-Entscheidung** des OLG Düsseldorf[2209].

Ausgehend von dem Grundsatz der Dispositionsfreiheit bei der Leistungsbeschreibung kann auf die Anwendung der einschlägigen DIN-Normen verzichtet werden. Das OLG Düsseldorf hat die sofortige Beschwerde der Antragstellerin gegen den Beschluss der VK Münster[2210] zurückgewiesen und damit den Beschluss inhaltlich bestätigt. Bei der Vergabe eines Auftrags zur Verlegung von Kunstrasen ist es nach Meinung des Senats vergaberechtlich nicht zu beanstanden, wenn sich der öffentliche Auftraggeber bei der Beschreibung der Beschaffenheit der Leistung an den Einzelwerten des **Technischen Datenblatts eines bestimmten Produkts** (in casu: Polythan – TE II) orientiert hat.

Als Ausdruck der **Dispositionsfreiheit** sei ein öffentlicher Auftraggeber grundsätzlich darin frei, die Anforderungen an die Beschaffenheit der gewünschten Leistung zu bestimmen. Sogar an einschlägige **DIN-Vorschriften** sei er hierbei **nicht gebunden**. Er könne durchaus einen abweichenden, auch höheren Qualitätsstandard fordern, sofern dies sachlich gerechtfertigt, also nicht willkürlich sei.

Auch die in § 9 Nr. 5 VOB/A enthaltenen **vergaberechtlichen Einschränkungen** habe er beachtet. Gemäß § 9 Nr. 5 I VOB/A dürften **bestimmte Erzeugnisse oder Verfahren** sowie bestimmte Ursprungsorte und Bezugsquellen nur dann ausdrücklich vorgeschrieben werden, wenn dies durch die Art der geforderten Leistung **gerechtfertigt** sei. Dem habe der Auftraggeber vorliegend entsprochen. Seine Produktanforderungen seien durch die Art der geforderten Leistung gedeckt. Bei der diesbezüglichen Beurteilung habe ihm ein Entscheidungsspielraum zugestanden, den er eingehalten habe. Es bedürfe keiner näheren Darlegung, dass ein **Kunststoffrasen für Sportzwecke** einer **besonderen Robustheit und Haltbarkeit** bedürfe. Dem habe der Auftraggeber durch seine Forderung nach einer besonderen Faserdicke und Rückenbeschichtung in zumindest vertretbarer Weise Rechnung getragen. Die von ihm verlangten Werte erlaubten den Schluss auf eine erhöhte Haltbarkeit und Lebensdauer des Kunststoffrasens.

Jedes **bewusste Abweichen von DIN-Normen** muss jedoch in der Leistungsbeschreibung als solches **klar benannt** werden[2211]. Die bietenden Fachunternehmen müssen – sofern sie nicht den Hinweis erhalten haben, dass die Anforderungen nicht gelten sollen – mangels entsprechenden Hinweises im Leistungsverzeichnis

2207 VK Sachsen, Beschl. v. 9. 4. 2002 (1 VK 21/02), VergabE E-13-21/02.
2208 VK Sachsen, Beschl. v. 14. 1. 2002 (1 VK 138/01), VergabE E-13-138/01 = EUK 2002, 42.
2209 OLG Düsseldorf, Beschl. v. 6. 7. 2005 (VII-Verg 26/05), VS 2005, 84.
2210 VK Münster, Beschl. v. 20. 4. 2005 (VK 6/05), VS 2005, 53.
2211 LG Frankfurt (Oder), Urt. v. 14. 11. 2007 (13 O 360/07), NZBau 2008, 208 = VergabeR 2008, 132.

davon ausgehen, dass eine DIN-Gemäßheit der Leistungen dem Angebot zugrunde zu legen ist. Mit einer in der Ausschreibung nicht klar herausgestellten Abweichung von den anerkannten Regeln der Technik ist eine Vergleichbarkeit der eingegangenen Angebote ausgeschlossen.

(3) Gütezeichen

319 Derzeit befindet sich der Verbraucherschutz in einer Modernisierungsphase. Es wird darüber nachgedacht, dass die **bisherigen nationalen Standards** (z.B. **GS** oder **RAL**) abgeschafft und durch neue, allerdings **entsprechend dem deutschen Vorbild aufgewertete, CE-Kennzeichen** ersetzt werden sollen.

Diese Diskussion hat in der jüngeren Vergangenheit etwas an Fahrt gewonnen, weil belastete, in der Volkrepublik China produzierte, mit CE-Kennzeichen versehene Artikel vom Europäischen Markt zurückgerufen werden mussten. Aber auch im Bereich des öffentlichen Auftragswesens spielen diese Zeichen und Prüfsiegel eine Rolle, weil stets die Frage virulent ist, ob und wenn ja, in welcher Form, die ausschreibenden Stellen hierauf Bezug nehmen dürfen.

Was verbirgt sich aber hinter den Abkürzungen CE-Kennzeichen, GS und RAL?

»**CE**« steht für »**Communauté Européenne**«, und bedeutet übersetzt »Europäische Gemeinschaft«. Mit anderen Worten handelt es sich bei der CE-Kennzeichnung um eine Kennzeichnung, die für den Markt der Europäischen Union Geltung beansprucht. Wichtige Merkmale der CE-Kennzeichnung sind, dass die CE-Kennzeichnung vor dem Inverkehrbringen auf dem Europäischen Markt **beantragt** und die **Vereinbarkeit** der produzierten Waren mit den EG-Richtlinien **nachgewiesen** wird. Dabei **obliegt es dem Hersteller des technischen Produkts** (und keiner – staatlichen – Behörde) dieses auf die Vereinbarkeit mit den EG-Richtlinien hin zu überprüfen und das Produkt mit dem CE-Kennzeichen zu versehen. Sofern eine **EG-Konformitätsbewertung** gefordert wird, ist eine benannte Stelle zu Überprüfung einzuschalten. Spezielle Richtlinien können Ausnahmen von der CE-Kennzeichnung vorsehen. Es ist bisher übliche Praxis, dass spezielle, nationale Konformitätskennzeichen anerkannt werden.

Bei der Abkürzung »**GS**« handelt es sich um die Kurzform des Siegels »**Geprüfte Sicherheit**« (auch »GS-Zeichen« genannt). Mit dem GS-Zeichen wird ein Gerät nur versehen, wenn es die **Anforderungen des Geräte- und Produktsicherheitsgesetzes** (GPSG) erfüllt. Anhand von **Prüfungen bei staatlich anerkannten Prüfstellen** (wie z.B. LGA. TÜV oder VDE) wird festgestellt, ob bspw. die DIN- und EN-Normen oder andere, allgemein anerkannte technische Regeln eingehalten wurden. Mithin besteht eine überprüfte Gewissheit, dass bspw. arbeitschutzrechtliche (= unfallschutzrechtliche) Vorschriften der jeweils zuständigen Berufsgenossenschaften eingehalten wurden. Im Falle einer nachträglichen Produktänderung hat eine erneute Überprüfung zu erfolgen. Eine **eigene Prüfung** durch den Hersteller des Produkts **ermöglicht nicht**, das GS-Zeichen zu erhalten. Es bedarf vielmehr einer **Fremdzertifizierung**.

Hinter dem Begriff »**RAL**«[2212] verbirgt sich die Abkürzung für »**Reichsausschuss für Lieferbedingungen**«. Im Jahr 1952 wurde der »RAL« dem Deutschen Normenausschuss (DNA) ohne eigene Rechtspersönlichkeit angegliedert. Die Rechtsnachfolgerin des Reichsausschusses ist seit 1980 das »**RAL Deutsches Institut für Gütesicherung und Kennzeichnung e.V.**« mit Sitz in St. Augustin. Hinter den RAL-Farbcodes verbergen sich Farbspezifikationen von Farben und Lacken.

In der Vergangenheit hatten die Vergabenachprüfungsinstanzen[2213] die Nennung bestimmter Farbwerte **RAL** für zulässig erklärt. Diese Rechtsfindung ist heute nicht mehr haltbar. Mindestens müsste

- entweder der generelle Hinweis in den Vorbemerkungen der Leistungsbeschreibung auf den Richtwertcharakter dieses technischen Standards
- oder im Anschluss an jede einzelne Leistungsposition der Zusatz »oder gleichwertiger Art« angebracht werden.

Dies gilt für **RAL-Werte** oder für **HKS-Farben** oder für sonstige Zertifizierungen wie den »**Blauen Umweltengel**« in ähnlicher (wenn nicht gar noch verstärkter) Weise wie für die DIN-Normen. In der VOL/A ist im Zusammenhang mit der Bezugnahme auf Normen und Spezifikationen die Hinweispflicht »oder gleichwertig« in § 8a Nr. 1 I geregelt. In der VOB/A ist dies in § 9 Nr. 6 I, letzter Satz der Fall. Wie im Falle der VOB/A sollte man dies bei Ausschreibungen nach der VOL/A auch im Anwendungsbereich des 1. Abschnitts so anwenden. Es existieren hierzu in den Ländern entsprechende Rundschreiben.

In einem Falle bereits hat die VK Thüringen[2214] entschieden, dass die Vergabestelle **nicht das RAL-Gütezeichen ohne den Zusatz »oder gleichwertig«** hätte verlangen dürfen. Der in der Forderung nach dem RAL-Gütezeichen von der VK gesehene Vergaberechtsverstoß wird damit begründet, dass es sich beim RAL-Gütezeichen um ein rein nationales Gütezeichen handele. Den Bietern sei aber die Möglichkeit einzuräumen, auch in anderer Art und Weise die besondere Qualifikation des von ihnen angebotenen Produkts nachweisen zu können.

Verwendet man diese **nationalen Gütezeichen** in der geschilderten Weise mit dem Zusatz »oder gleichwertig«, so ist der Umstand, dass sie eine Art freiwillige Selbstkontrolle darstellen, rechtlich nicht schädlich[2215]. Alternative, gleichwertige Nachweise – z.B. durch das Gutachten eines Sachverständigen – sind aber zuzulassen[2216].

2212 Zu RAL-Farbwerten: OLG Saarbrücken, Beschl. v. 12. 5. 2004 (1 Verg 4/04); VK Hessen, Beschl. v. 20. 6. 2001 (VK 14/2001).

2213 VÜA Nordrhein-Westfalen, Beschl. v. 8. 5. 1998 (424-84-43-7/97), VergabE V-10-7/97.

2214 VK Thüringen, Beschl. v. 7. 2. 2006 (360.4002.20-063/05-EF-S), VS 2007, 29. Zum Fehlen eines dem deutschen RAL-Gütezeichen »Kanalbau (RAL-GZ 961)« gleichwertigen Qualitätssicherungsverfahrens nach europäischen Normen siehe: OLG Karlsruhe, Beschl. v. 25. 4. 2008 (15 Verg 2/08).

2215 VK Hessen, Beschl. v. 5. 2001 (VK 14/2001), VergabE E-7-14/01 = EUK 2001, 171 = Behörden Spiegel 11/2001, S. 24.

2216 OLG Saarbrücken, Beschl. v. 12. 4. 2004 (1 Verg 4/04 – »Entsorgung FCKW-haltiger Kühlschränke«), EUK 2004, 139 = VergabE C-12-4/04: »*Die Aufforderung zur Angebotsabgabe enthält ebenfalls den Hinweis , dass , sofern ein RAL – Gütezeichen nicht vorgelegt werden kann , die Erfüllung der RAL – Güte – Prüfbestimmungen für die Rückproduktion von FCKW – haltigen Kühlgeräten durch Gutachten eines unabhängigen Sachverständigen zu belegen ist.*«

(4) Erlass zur Beschaffung von Holzprodukten

320 Am 17. 1. 2007 erließen das BMWi, BMVEL, BMU und BMVBS gemeinsam einen Erlass zur Beschaffung von Holzprodukten. Datierend vom 27. 3. 2007 (Az. B 15-0 1080-490) gibt es dazu einen Ausführungserlass des **BMVBS.** Dieser Erlass begründet die **Beschaffung von Holzprodukten aus zertifizierten Beständen bei allen Vergaben nach VOB/A und VOL/A** mit der Unterstützung der Bundesregierung im Zusammenhang mit der **Zertifizierung nachhaltig bewirtschafteter Wälder.**

Abschnitt I. des Erlasses ist zu entnehmen: Holzprodukte, die durch die **Bundesverwaltung** beschafft werden, müssen nachweislich aus legaler und nachhaltiger Waldbewirtschaftung stammen. Der Nachweis ist vom Bieter durch Vorlage eines **Zertifikats von FSC, PEFC,** eines **vergleichbaren Zertifikats oder durch Einzelnachweise** zu erbringen. Vergleichbare Zertifikate oder Einzelnachweise werden anerkannt, wenn vom Bieter nachgewiesen wird, dass die für das jeweilige Herkunftsland geltenden Kriterien des FSC oder PEFC erfüllt werden.

In **Abschnitt II.** finden sich die **Regelungen für die Durchführung von Bauaufgaben des Bundes im Zuständigkeitsbereich der Finanzbauverwaltungen.**

Dort ist festgelegt, dass in die Vorbemerkung zum Leistungsverzeichnis – bei der Verwendung von Holzprodukten – folgende Formulierung aufzunehmen ist:

> »*Alle zu verwendenden Holzprodukte müssen* ***nach FSC, PEFC oder gleichwertig zertifiziert*** *sein oder die für das jeweilige Herkunftsland geltenden Kriterien des FSC oder PEFC einzeln erfüllen.*«

In die **Aufforderung zur Angebotsabgabe** ist unter Nr. 3.3 als sonstige Nachweise einzutragen: »*Nachweis der Gleichwertigkeit bei Verwendung von zu PEFC oder FSC gleichwertigen Zertifikaten oder Einzelnachweisen der FSC- oder PEFC-Kriterien für die verwendeten Holzprodukte*«. Bei dem **Vorlagezeitpunkt** ist regelmäßig anzukreuzen »***auf Verlangen der Vergabestelle***«.

Dem Angebotsschreiben ist die Ergänzung der Einheitlichen Verdingungsmuster Erklärung zur Verwendung von Holzprodukten (**EVM Erg Holz 249**) beizufügen.

Bei den weiteren **Besonderen Vertragsbedingungen** ist die Formulierung aufzunehmen:

> »*Bei der Anlieferung von Holzprodukten auf der Baustelle oder an der Lieferadresse sind die im Angebot angegebenen Zertifikate oder die gleichwertigen Nachweise vorzulegen.*«

Der Erlass des BMVBS gilt bis zum 30. 1. 2011. Die vereinbarte Handlungsanweisung des Bundes zur Beschaffung von Tropenholz vom 19. 12. 1997, verkündet mit Erlass des BMWi[2217] vom 19. 1. 1998, wurde durch den Erlass vom 17. 1. 2007 außer Kraft gesetzt.

2217 Az.: IV B 7-50 76 15/6.

i) Leistungsbeschreibung und eigene Risikoabschätzung der Bieter

321 Der Unternehmer, der sich um die Erlangung des Zuschlags ernsthaft bewirbt, muss auf der Grundlage der in der Leistungsbeschreibung gegebenen Leistungsmerkmale die für die Durchführung des vorgesehenen Vertrages **wesentlichen Begleitumstände kennen** oder zumindest realistisch abschätzen können[2218].

Nur dann ist er in der Lage, ohne unnötigen Aufwand eine **eigene Kalkulation** zu erstellen[2219]. Die Bieter müssen durch eine gesicherte eigene Kalkulation die mit der Auftragsübernahme verbundenen **Risiken abschätzen** können. Denn schließlich bedeutet jede Angebotserstellung und erst recht die Auftragsübernahme ein Risiko, das vom Bieter zu tragen ist. Nicht ausschlaggebend ist, dass die Vergabestelle die Leistungen durch **Dritte** – in dem entschiedenen Fall handelte es sich um ein Ingenieurbüro – hatte **vorkalkulieren** lassen. Entscheidend ist vielmehr, dass der Bieter die Chance haben muss, eine eigene, gesicherte Kalkulation zu erstellen.

Im Übrigen ist, was das **originäre Bieterrisiko**, also jenes, das bereits in Bezug auf die **reine Teilnahme an der Ausschreibung** entsteht, anbelangt, auf die gefestigte Rechtsprechung zu verweisen. Das Vergabeverfahren führt regelmäßig **nur beim Gewinner zur Amortisation** der ggf. beträchtlichen Aufwendungen für die Erstellung der Angebote, während die übrigen Teilnehmer regelmäßig **kompensationslos** aus diesem Wettbewerbsverfahren hervorgehen[2220]. Eine **Entschädigungspflicht** für die Teilnahme an öffentlichen Ausschreibungen hatten der BGH und verschiedene Obergerichte wiederholt ausdrücklich **abgelehnt** und zwar auch dann, wenn für die Angebotserstellung ein erheblicher Aufwand entstanden ist[2221]. Der BGH[2222] hebt hervor:

> »*Wer sich in einem Wettbewerb um einen Auftrag für ein Bauvorhaben bemüht, muss nicht nur damit rechnen, dass er bei der Erteilung des Zuschlags unberücksichtigt bleibt. Er weiß außerdem oder muss wissen, dass der Veranstalter des Wettbewerbs, der eine Entschädigung für eingereichte Angebote in der Ausschreibung nicht festgesetzt hat, dazu im Allgemeinen nicht bereit ist. Darauf muss er sich einstellen.*«

Der ausreichende Informationsfluss im Vorfeld ist daher für die vom Bieter anzustellende **Prognose der Amortisation** ganz entscheidend.

Zum Beispiel ist die Bereitstellung eines pachtfreien Grundstücks durch den vergebenden Landkreis für die **Preisermittlung** auf Seiten der Bieter von wesentlicher Bedeutung[2223]. Korrekturen, welche die Vergabestelle nach Ablauf der Frist zur Angebotsabgabe den Bietern gestattet, um anderen Begleitumständen der Aus-

2218 OLG Jena, Beschl. v. 2. 8. 2000 (6 Verg 4 und 5/00), VergabE C-10-4/00 = BauR 2000, 1629 = ZVgR 2000, 271.

2219 VÜA Bund, Beschl. v. 1. 7. 1997 (1 VÜ 6/97), VergabE U-1-6/97 = WuW/E Verg 17 = VgR 5/1997, 41.

2220 BGH, Urt. v. 27. 6. 2007 (X ZR 34/04), NZBau 2007, 727 = VergabeR 2007, 752.

2221 BGH, Urt. v. 3. 12. 1981 (VII ZR 368/80), NJW 1982, 765; BGH, Urt. v. 12. 7. 1979 (VII ZR 154/78); BGH, Urt. v. 18. 1. 1971 (VII ZR 82/69), m.w.N.; RG (Warn 1923/24 Nr. 136; HRR 1930 Nr. 105 – jeweils m. Nachw.); OLG Düsseldorf, Urt. v. 13. 3. 1991 (19 U 47/90), BauR 1991, 613; OLG Hamm, Urt. v. 28. 10. 1974 (17 U 169/74), BauR 1975, 418.

2222 BGH, Urt. v. 12. 7. 1979 (VII ZR 154/78).

2223 OLG Celle, Beschl. v. 30. 4. 1999 (13 Verg 1/99), VergabE C-9-1/00 = NZBau 2000, 105 = WuW 1999, 1161 = BauR 2000, 405 = ZVgR 1999, 157 = EUK 1999, 89 = Behörden Spiegel 8/1999, S. B II.

schreibung gerecht zu werden und sich daraus ergebende Preisreduktionen zuzulassen, sind vom Grundsatz her rechtswidrig[2224]. Hierfür kann als Begründung angeführt werden, dass – ein gewisses Gewicht der nachträglichen Korrekturen vorausgesetzt – der Wettbewerb »schief« wird und möglicherweise potentielle Bieter, die von einer Angebotsabgabe Abstand genommen haben, unter diesen veränderten Voraussetzungen an der Ausschreibung teilgenommen hätten.

Merke: Was die Rechtsfolgen von Fehlern im LV anbelangt, so muss im Interesse des Bieterschutzes nicht jede Ausschreibung automatisch aufgehoben werden. Enthält die Leistungsbeschreibung **hinsichtlich eines kleineren Merkmals Mehrdeutigkeiten** (z.B.: bei der Lieferung von Geräten lediglich das Merkmal eines stromnetztrennenden Ein-Aus-Schalters oder Standby-modus), so braucht die Vergabestelle die Ausschreibung lediglich in den **Stand vor Angebotsabgabe zurückzuversetzen**, damit die Bieter ihre Angebote überprüfen und ggf. erneuern können. Es muss nicht zwingend die gesamte Ausschreibung neu gestartet werden[2225].

Unter Umständen können **kleinste Lücken** im LV sogar ganz unschädlich sein[2226]. Eher wird dann ohnehin von **Nachfragepflichten** des Bieters auszugehen sein[2227]. Es kann ein erhebliches Risiko für den Bieter bedeuten, im Falle von Unklarheiten gegenüber der Vergabestelle keine Nachfragen zu tätigen. Es droht Präklusion gemäß § 107 III 2 GWB.

Schließlich ist auf die Grundsätze der **Auslegung von Leistungsverzeichnissen** (§§ 133, 157 BGB) hinzuweisen. Diese orientieren sich nach neuerer Rechtsprechung nicht an einem »unbefangenen Bieter« aus einem **abstraktem Empfängerkreis**[2228], sondern an dem verständigen und sachkundigen Bieter, der mit Beschaffungsleistungen der vorliegenden Art vertraut ist[2229].

10. Formaler Ausschluss von Angeboten

322 Die abschließende Bewertung des Angebotes gliedert sich im Offenen Verfahren wie auch bei der Öffentlichen Ausschreibung in eine **Vier-Stufen-Prüfung**[2230] der Ausschlussgründe (§ 25 Nr. 1 VOB/A bzw. VOL/A):

2224 VK Bund, Beschl. v. 3. 3. 2000 (VK 1-1/00), VergabE D-1-1/00 = EUK 2001, 58 = Behörden Spiegel 11/2000, S. B II.

2225 OLG Düsseldorf, Beschl. v. 28. 1. 2004 (Verg 35/03), VergabE C-10-35/03.

2226 OLG Düsseldorf, Beschl. v. 15. 5. 2002 (Verg 4/01), VergabE C-10-4/01.

2227 OLG Koblenz, Beschl. v. 5. 12. 2007 (1 Verg 7/07).

2228 So aber früher: OLG Saarbrücken, Beschl. v. 13. 11. 2002 (5 Verg 1/02), VergabE C-12-1/02 = EUK 2002, 182, in Verweis auf: BGH, Urt. v. 28. 2. 2002 (VII ZR 376/00), NJW 2002, 1954, 1955; BGH, Urt. v. 11. 11. 1993 (VII ZR 47/93), NJW 1994, 850; BGH, Urt. v. 22. 4. 1993 (VII ZR 118/92), NJW-RR 1993, 1109, 1110; OLG Köln, Urt. v. 15. 1. 2002 (22 U 114/01), OLGR 2002, 70.

2229 OLG Koblenz, Beschl. v. 5. 12. 2007 (1 Verg 7/07); OLG München Beschl. v. 11. 8. 2005 (Verg 12/05), VergabeR 2006, 119; OLG Düsseldorf, Beschl. v. 26. 7. 2005 (Verg 71/04); OLG Düsseldorf, Beschl. v. 20. 5. 2005 (Verg 19/05); OLG Düsseldorf, Beschl. v. 30. 6. 2004 (Verg 22/04); OLG Düsseldorf, Beschl. v. 8. 2. 2004 (Verg 100/04); OLG Dresden, Beschl. v. 10. 1. 2000 (WVerg 1/99), BauR 2000, 1582.

2230 OLG Saarbrücken, Beschl. v. 9. 11. 2005 (1 Verg 4/05), VergabeR 2006, 223; OLG Celle, Beschl. v. 3. 3. 2005 (13 Verg 21/04). In manchen Bundesländern hat dieser Prüfungsvorgang Eingang in Ausführungsvorschriften gefunden. Siehe die Anlage zu § 3 I der Sächsischen Vergabedurchführungsverordnung – SächsVergabeDVO v. 17. 9. 2002, abgedr. u.a. bei *Schaller*, VOL Teile A und B, 4. Aufl. 2008, S. 773.

- Formale Prüfung mit zwingenden und fakultativen Ausschlussgründen (§§ 25 Nr. 1 VOB/A bzw. VOL/A)
- Eignungsprüfung betreffend die Fachkunde, Leistungsfähigkeit und Zuverlässigkeit (§ 25 Nr. 2 VOB/A bzw. § 25 Nr. 2 I VOL/A)
- Prüfung unangemessen niedriger Preise (§ 25 Nr. 3 I und II VOB/A bzw. § 25 Nr. 2 II und III VOL/A)
- Angebotswertung im engeren Sinne anhand der Zuschlagskriterien (§ 25 Nr. 3 III VOB/A bzw. § 25 Nr. 3 VOL/A)[2231].

In dieser Schlussphase des Vergabeverfahrens werden die Angebote nach rechnerischer Prüfung (§ 23) und etwaiger Aufklärung des Angebotsinhalts (§ 24) einer abschließenden Wertung unterzogen.

Im Falle der Beschränkten Ausschreibung bzw. Freihändigen Vergabe respektive dem Nichtoffenen Verfahren bzw. Verhandlungsverfahren verlagert sich die Eignungsprüfung zeitlich vor (§ 8 Nr. 4 VOB/A).

Die abschließende Wertung im Offenen Verfahren gemäß der VOB/A vollzieht sich nach folgendem Schema:

1. ***Formale Anforderungen (§ 25 Nr. 1 – erste Wertungsstufe):***
   a) *Zwingende Ausschlusskriterien (§ 25 Nr. 1 I)*
      - *Mangelnde Rechtzeitigkeit der eingegangenen Angebote (lit. a)*
      - *Fehlende Unterschrift (lit. b)*
      - *Fehlen der für den Wettbewerb notwendigen Preise und Erklärungen (lit. b)*
      - *Zweifelhafte Änderungen an den Eintragungen des Bieters (lit. b)*
      - *Änderungen an den Verdingungsunterlagen (lit. b)*
      - *Wettbewerbsbeschränkende Absprachen (lit. c)*
      - *Abgabe ausgeschlossener Nebenangebote und Änderungsvorschläge (lit. d)*

   b) *Fakultative Ausschlusskriterien (§ 25 Nr. 1 II)*
      - *Angebote von Bietern, die insolvent sind, eine schwere Verfehlung begangen haben, Sozialbeiträge oder Steuern nicht abgeführt haben oder vorsätzlich unzutreffende Erklärungen abgegeben haben*
      - *Nichtkennzeichnung von Nebenangeboten oder Änderungsvorschlägen auf besonderer Anlage*
2. ***Bietereignung (§ 25 Nr. 2 – zweite Wertungsstufe):***
   a) *Fachkunde*
   b) *Leistungsfähigkeit*
   c) *Zuverlässigkeit*
3. ***Angemessenheit der Preise (§ 25 Nr. 3 I und II – dritte Wertungsstufe):***
   Verbot der Zuschlagserteilung auf ein Angebot mit einem unangemessen hohen oder niedrigen Preis; Aufklärung durch Vergabestelle mit Festsetzung einer Antwortfrist; Wirtschaftlichkeitsbetrachtung

---

2231 VK Bund, Beschl. v. 13. 7. 2000 (VK 2-12/00), VergabE D-1-12/00 = EUK 2000, 169.

4. ***Engere Wahl (§ 25 Nr. 3 III – vierte Wertungsstufe):***
   Zuschlag auf das Angebot, das unter Berücksichtigung aller Zuschlagskriterien eine einwandfreie Ausführung einschließlich Gewährleistung erwarten lässt; keine nachträgliche Einführung neuer Kriterien[2232]

Die **Wertung nach der** VOL/A vollzieht sich nach dem **gleichen Schema**, allerdings mit der nicht unbedeutenden **Abweichung**, dass das Fehlen von Erklärungen nicht zu den zwingenden, sondern zu den fakultativen Ausschlusskriterien zählt[2233]:

1. ***Formale Anforderungen (§ 25 Nr. 1 – erste Wertungsstufe):***
   a) Zwingende Ausschlusskriterien (§ 25 Nr. 1 I)
   - *Fehlende Preisangaben (lit. a)*
   - *Fehlende Unterschrift (lit. b)*
   - *Nicht zweifelsfreie Änderungen des Bieters an seinen Eintragungen (lit. c)*
   - *Änderungen an den Verdingungsunterlagen (lit. d)*
   - *Verspätete Angebote, es sei denn, vom Bieter nicht zu vertreten (lit. e)*
   - *Wettbewerbsbeschränkende Abreden (lit. f)*
   - *Abgabe ausgeschlossener Nebenangebote und Änderungsvorschläge (lit. g)*

   b) Fakultative Ausschlusskriterien (§ 25 Nr. 1 II)
   - *Angebote, die nicht die geforderten Angaben und Erklärungen enthalten (lit. a)*
   - *Angebote von Bietern, die von der Teilnahme am Wettbewerb gem. § 7 Nr. 5 ausgeschlossen werden können (lit. b)*
   - *Nichtkennzeichnung von Nebenangeboten oder Änderungsvorschlägen auf besonderer Anlage (lit. c)*
2. ***Bietereignung (§ 25 Nr. 2 Abs. 1 – zweite Wertungsstufe):***
   a) Fachkunde
   b) Leistungsfähigkeit
   c) Zuverlässigkeit
3. ***Angemessenheit der Preise (§ 25 Nr. 2 II und III – dritte Wertungsstufe):***
   - *Aufklärung der Hintergründe von Angeboten mit ungewöhnlich niedrigen Preisen; Setzung einer Erklärungsfrist gegenüber dem Bieter. Gesamtpreis primär entscheidend, sekundär sind »Ausreißer«-Einzelposten aufzuklären (Abs. 2).*
   - *Verbot der Zuschlagserteilung auf ein Angebot, dessen Preis in offensichtlichem Missverhältnis zur Leistung steht (Abs. 3)*
4. ***Engere Wahl (§ 25 Nr. 3 – vierte Wertungsstufe):***
   Zuschlag auf das wirtschaftlichste Angebot; der Angebotspreis allein ist nicht entscheidend. Keine nachträgliche Einführung neuer Kriterien.

2232 BGH, Urt. v. 3. 6. 2004 (X ZR 30/03), VergabeR 2004, 604.

2233 Die VK Nordbayern (Beschl. v. 28. 7. 2003, 320.VK-3194-28/03, VergabE E-2a-28/03) stellt zutreffend fest, dass anders als bei der VOB/A, in der gemäß § 25 Nr. 1 I VOB/A ein Ausschluss von Angeboten bei fehlenden Erklärungen zwingend ist (»ausgeschlossen werden«), in der VOL/A ein Ausschluss wegen fehlender Erklärungen (§ 25 Nr. 1 II VOL/A) dem Beurteilungsspielraum (»ausgeschlossen werden können«) des Auftraggebers unterliegt. Dieser ist von der Vergabekammer nur auf die Einhaltung seiner Grenzen hin überprüfbar.

Die in diesem Kapitel zu behandelnden Ausschlussgründe der sog. **ersten Wertungsstufe** des § 25 Nr. 1 VOB/A gliedern sich auf in die

- **zwingenden Ausschlussgründe**, also solche, die der Vergabestelle bei Erfüllung der jeweiligen **Tatbestandsmerkmale** zumindest vom Grundsatz her keine Entscheidungsfreiheit belassen und die
- **fakultativen Ausschlussgründe**, also solche, die in das Ermessen des öffentlichen Auftraggebers gestellt sind. Die Entscheidungen des öffentlichen Auftraggebers sind in letzterem Fall nur im Hinblick auf die richtige Ermessensausübung (also keine Ermessensfehler, keine sachfremden Erwägungen usw.) überprüfbar.

Inwieweit diese **vom Wortlaut her gegebene Unterscheidung** zwischen zwingenden und fakultativen Ausschlussgründen in der Praxis hält, ist vor dem Hintergrund einer immer mehr verdichteten BGH- und obergerichtlichen Rechtsprechung[2234], die das Gleichbehandlungsprinzip stark in den Vordergrund rückt, zu prüfen.

Nach herrschender Auffassung ist bei den Wertungsstufen zwar grundsätzlich eine **strenge Prüfungsreihenfolge** zu beachten, jedoch ist es **nicht ausgeschlossen**, dass die Vergabestelle zu einem späteren Zeitpunkt einen **formalen Ausschluss nachholt**. Gleiches gilt übrigens auch in Bezug auf einen Ausschluss des Bieters mangels Eignung infolge erst zu einem späteren Zeitpunkt erlangter Kenntnisse über die mangelnde Zuverlässigkeit.

Der Bieter kann sich in diesen Konstellationen **nicht auf ein schützenswertes Vertrauen** dahingehend **berufen**, dass er sich auf den Standpunkt stellt, er habe die formale Prüfung »bestanden« und nun sei **keine »Verböserung«** dieser Entscheidung des öffentlichen Auftraggebers **mehr möglich**. Auch der Rechtsgedanke eines etwaig widersprüchlichen Verhaltens (§ 242 BGB) steht dem nicht entgegen[2235]. Freilich müssen die Gleichbehandlungsgrundsätze und die Gesichtspunkte der Selbstbindung der Verwaltung (Art. 3 I GG) beachtet werden. Ein willkürlicher Ausschluss aus formalen Gründen zu einem späteren Zeitpunkt ist daher nicht möglich. Es müssen sachliche Gründe hierfür existieren, die rechtlich überprüfbar sind. Die Entscheidung über die Handhabung und die Reihenfolge der Wertungsstufen ist daher keinesfalls ein *»Internum der Vergabestelle«*[2236].

Im Falle der formal zu beachtenden Nichtberücksichtigung von Nebenangeboten infolge des Fehlens von Mindestbedingungen in der Ausschreibung hat das OLG Rostock[2237] jedoch eine Art **Verböserungsverbot** anerkannt. Gehe es **im Nachprüfungsverfahren** einer Antragstellerin nur um die mangelnde Eignung der Beigeladenen, und sei auch dies von den Beteiligten nur gerügt worden, und stelle

2234 BGH, Beschl. v. 18. 5. 2004 (X ZB 7/04); BGH, Beschl. v. 18. 2. 2003 (X ZB 43/02), VergabE B-2-1/03.

2235 OLG Jena, Beschl v. 13. 10. 1999 (6 Verg 1/99), VergabE C-16-1/99, S. 11 = NZBau 2001, 39 = BauR 2000, 388 = ZVgR 2000, 38 = EUK 1999, 183 = Behörden Spiegel 12/1999, S. B II – entgegen VK Thüringen, Beschl. v. 9. 8. 1999 (216–4003.20-001/99-HBN), S. 16 f, VergabE E-16-1/99.

2236 OLG Jena, Beschl v. 13. 10. 1999 (6 Verg 1/99), VergabE C-16-1/99, S. 11 = NZBau 2001, 39 = BauR 2000, 388 = ZVgR 2000, 38 = EUK 1999, 183 = Behörden Spiegel 12/1999, S. B II – entgegen VÜA Sachsen, Beschl. v. 28. 7. 1997 (1 VÜA 6/96), VergabE V-13-6/96 = ZVgR 1998, 437 = Behörden Spiegel 3/1999, S. B II.

2237 OLG Rostock, Beschl. v. 5. 7. 2006 (17 Verg 7/06), VS 2007, 27, m. Anm. *Münch*.

dann jedoch die Vergabekammer fest, dass das (wohl einzig) chancenreiche Nebenangebot der Antragstellerin infolge des Fehlens der Angabe von Mindestbedingungen in der Ausschreibung nicht gewertet werden könne, so dürfe dieser für die Antragstellerin höchst nachteilige Aspekt von der Vergabekammer **nicht berücksichtigt** werden. Der Senat geht demnach **nicht** von der Möglichkeit einer **vergaberechtlichen reformatio in peius** im Vergabeverfahren aus. Dem ist insofern zuzustimmen, als es sich bei Nachprüfungsverfahren gerade um ein Individual-Rechtsschutzverfahren handelt. Müsste der Bieter, der ein solches einleitet, mit einer Verböserung rechnen, so könnte ihn dies von der Stellung eines Antrags abhalten. Dem Senat ist dahingehend zuzustimmen, dass eine, von den gestellten Anträgen abweichende, Verstoßprüfung zwar möglich ist, dies jedoch nur unter strengen Voraussetzungen, weil ansonsten das Verfahren doch zu einem ungewollt abstrakten avancieren würde. Ausgangspunkt ist immer die subjektive Rechtsverletzung des Antragstellers. Diese Frage wird allerdings von vielen OLG-Senaten höchst unterschiedlich gesehen, teilweise auch von Fall zu Fall divergierend.

a) Zwingende Ausschlusskriterien

323 Es müssen solche Angebote ausgeschlossen werden, die bereits wichtige **Formalien nicht erfüllen** (Ausschlussgründe der §§ 25 Nr. 1 I VOB/A, 25 Nr. 1 I VOL/A). Einen Entscheidungsspielraum hat die Vergabestelle hier grundsätzlich nicht[2238].

Auf der Grundlage des **Wettbewerbs- und Gleichbehandlungsgrundsatzes** (Nichtdiskriminierung) sind alle Angebote nach gleichen Grundsätzen und Maßstäben auf (zwingende) Ausschlussgründe zu überprüfen[2239].

aa) BGH: Gleichbehandlungsgrundsatz und Zumutbarkeitsrechtsprechung

324 Diese **restriktive Rechtsprechungslinie** wurde, nachdem in der Vergangenheit von einigen Nachprüfungsorganen starke Relativierungen vertreten worden waren[2240], durch den **BGH vorgegeben.**

Der BGH[2241] hebt hervor, dass öffentliche Auftraggeber bei der Anwendung der zwingenden Ausschlussgründe **kein Recht zu einer wie auch immer gearteten**

2238 OLG Koblenz, Beschl. v. 4. 7. 2007 (1 Verg 3/07), VergabeR 2007, 666 = VS 2007, 55 [LS]; OLG Düsseldorf, Beschl. v. 9. 3. 2007 (VII-Verg 5/07), VergabeR 2007, 662 = VS 2007, 28; OLG Karlsruhe, Beschl. v. 6. 2. 2007 (17 Verg 5/06), NZBau 2007, 395 = VergabeR 2007, 388 = VS 2007, 40 [LS]; OLG Frankfurt, Beschl. v. 19. 12. 2006 (11 Verg 7/06), VergabeR 2007, 376 = VS 2007, 48 [LS]; OLG Stuttgart, Urt. v. 23. 8. 2006 (3 U 103/05), VS 2007, 39 [LS]; OLG Schleswig, Beschl. v. 30. 6. 2005 (6 Verg 5/05); OLG Frankfurt, Beschl. v. 20. 7. 2004 (11 Verg 6/04); OLG Jena, Beschl v. 13. 10. 1999 (6 Verg 1/99), VergabE C-16-1/99, S. 11 = NZBau 2001, 39 = BauR 2000, 388; VK Nordbayern, Beschl. v. 10. 1. 2008 (21.VK-3194-56/07), VS 2008, 15 [LS]; VK Nordbayern, Beschl. v. 13. 12. 2007 (21.VK-3194-46/07), VS 2008, 6 [LS].

2239 OLG Schleswig, Beschl. v. 31. 3. 2006 (1 Verg 3/06).

2240 OLG Saarbrücken Beschl. v. 29. 5. 2002 (5 Verg 1/01), VergabE C-12-1/01 = VergabeR 2002, 493 = EUK 2002, 105 = Behörden Spiegel 7/2002, S. 18: »flexibler Handlungsrahmen« bei der Anwendung der Ausschlussgründe; Wertung von Angeboten mit partiell unvollständigen Preisangaben. Entgegen BGH aber wieder OLG Saarbrücken, Beschl. v. 29. 10. 2003 (1 Verg 2/03), VergabE C-12-2/03 = NZBau 2004, 117 = EUK 2004, 8 = Behörden Spiegel 1/2004, S. 22: Wertung eines Angebotes bei Einreichen doppelter Angebotsformulare mit unterschiedlichen Preisen.

2241 BGH, Beschl. v. 18. 2. 2003 (X ZB 43/02), VergabE B-2-1/03 = VergabeR 2003, 313 = NZBau 2003, 293 = ZfBR 2003, 401 = BauR 2003, 1091 = EUK 2003, 54 = IBR 2003, 262.

großzügigen Handhabe besitzen. Dies gelte – im Anwendungsbereich der VOB/A – auch in Anbetracht der Tatsache, dass § 25 Nr. 1 VOB/A auf den § 21 Nr. 1 VOB/A verweist, in dem davon die Rede ist, dass die Angebote die notwendigen Erklärungen und die Preise enthalten »**sollen**«. Diese Soll-Vorschrift bedeute angesichts des klaren Wortlauts in § 25 Nr. 1 VOB/A, der **zwingende Ausschlussgründe zum Inhalt hat** (»**ausgeschlossen werden**«) nicht, dass irgendein Raum für die Anwendung eines flexiblen Handlungsrahmens geschaffen worden sei.

Diese **restriktive bzw. formale Rechtsprechung** hat den **Vorteil**, dass sie den öffentlichen Auftraggebern eine **klare Linie** verschafft, an der sie sich bei der Anwendung der Ausschlussgründe orientieren können. Relativierungen jeglicher Art haben zur Folge, dass schwer zu beantwortende Anschlussfragen auftreten, beispielsweise ab welcher Anzahl und Qualität von formalen Mängeln nun ein Ausschluss erfolgen muss oder das Angebot soeben noch in der Wertung verbleiben kann.

Es soll freilich nicht das **praktische Problem** übersehen werden, dass bei sehr strikter Handhabung der Ausschlussgründe ein beachtlicher Teil der Ausschreibungsverfahren **aufgehoben werden müsste**, weil keines der eingegangenen Angebote die formalen Voraussetzungen für die Wertung im engeren Sinne erfüllt. Von daher waren die vielen Relativierungen in der Rechtsprechung der vergangenen Jahre nicht ohne Grund entstanden.

Dennoch wird hier eher für eine **restriktive Handhabung** der Ausschlussgründe plädiert. Sie besitzt – bei allen Problemen im Einzelfall – mindestens den Vorzug **größerer Rechtssicherheit**.

Dem BGH folgend haben auch die **allermeisten Nachprüfungsorgane** die eher restriktivere Sichtweise **übernommen**, anfangs allerdings auch mit kleineren Zweifeln, ob ein Ausschluss wegen einer für den Vertragsschluss nicht relevanten Erklärung wirklich notwendig ist[2242].

Der **Ausgangspunkt** der BGH-Rechtsprechung ist im Kern ein **verwaltungsrechtlicher**. Es geht nicht um die Frage, ob und inwieweit fehlende (Einzel-) Preise und/oder Erklärungen für den späteren zivilrechtlichen Vertragsschluss erforderlich sind. Das wird häufig zu verneinen sein, etwa

- bei erläuternden Produktdatenblättern, die jederzeit aus dem Internet heruntergeladen werden können,
- bei abgelaufenen bzw. fehlenden Gewerbezentralregisterauszügen
- oder bei nicht ordnungsgemäß gekennzeichneten Nebenangeboten.

Es geht vielmehr darum, dass im Zuge einer als verwaltungsrechtlich anzusehenden Prüfung der Angebote untersucht wird, ob alles das, was an Erklärungen verlangt war respektive von denen der Bieter hätte erkennen müssen, dass sie als verlangt anzusehen waren (wobei letzteres wieder streitig ist), tatsächlich vorliegt. Eine Relevanz für den späteren Vertragsschluss ist nicht entscheidend.

2242 OLG Saarbrücken, Beschl. v. 29. 10. 2003 (1 Verg 2/03), VergabE C-12-2/03 = NZBau 2004, 117 = EUK 2004, 8 = Behörden Spiegel 1/2004, S. 22.

Allerdings enthält auch die BGH-Rechtsprechung einige wichtige Ausnahmen. Diese bestehen in der sog. **Zumutbarkeitsrechtsprechung**, die auch von anderen Spruchkörpern mehrheitlich anerkannt wird.

- So muss es unschädlich sein, wenn verlangte Bescheinigungen objektiv nicht besorgt werden können, weil sie für einen Wirtschaftsteilnehmer nicht gelten. Beispiel: Ein Freiberufler kann keinen Gewerbezentralregisterauszug vorlegen.
- Eine Bescheinigung wird in einem Bundesland grundsätzlich nicht ausgestellt (z.B. Unbedenklichkeitsbescheinigung des Finanzamtes).
- Eine Bescheinigung kann deshalb nicht beigebracht werden, weil sie von der ausstellenden Behörde nicht rechtzeitig ausgefertigt wird.
- Ein Streik im öffentlichen Dienst vereitelt die Beantragung einer Bescheinigung (z.B. Gewerbezentralregisterauszug)[2243].
- Die Nennung bestimmter Einzelpreise ist für den Bieter nicht möglich, weil der Hersteller, von dem er die Produkte bezieht, sie nicht in aufgeschlüsselter Form herausgibt (Paketpreise).

In den genannten Fällen wäre es nach hier vertretener – und wohl auch mehrheitlicher – Auffassung für einen Bieter unzumutbar (also quasi eine unzumutbare Härte), wenn er deshalb aus formalen Gründen ausgeschlossen werden würde. Daraus resultiert der Begriff der Zumutbarkeitsrechtsprechung.

Welche Einreichungspflichten von Unterlagen im **Bereich der produktbezogenen Nachweise** gelten, erfährt daher durch die Zumutbarkeitsrechtsprechung eine gewisse Einschränkung.

Dies gilt erst recht im Bereich der **Eignungsnachweise**. Im Bereich der Eignungsnachweise gibt es zumindest im Anwendungsbereich der Vorschriften über die europaweite Vergabe die Richtlinienbestimmung des Art. 51 VKRL 2004/18/EG:

> *»Der öffentliche Auftraggeber kann Wirtschaftsteilnehmer auffordern, die in Anwendung der Artikel 45 bis 50 vorgelegten Bescheinigungen und Dokumente zu vervollständigen oder zu erläutern.«*

Sind die **Eignungnachweise** demnach unvollständig vorhanden, so können sie u.U. **vervollständigt** werden. Dies ist aber streitig: Es stehen sich der strenge Gleichbehandlungsgrundsatz des BGH und Art. 51 VKRL gegenüber. Bei richtiger Auslegung müsste der Vorrang des Europarechts zumindest bei den EU-weiten Ausschreibungsverfahren gelten, mit der Folge, dass unvollständig vorhandene Nachweise nachbessert, also vervollständigt werden könnten[2244]. Beispiele:

- Eine nicht vollständige, weil die Ansprechpartner mit Telefonnummer und e-mail nicht ausweisende (qualifizierte) Referenzliste könnte aufgebessert werden durch Nachreichung der Kommunikationsdaten.
- Ein von ihrem Geltungszeitraum her abgelaufenene Bescheinigung könnte in aktualisierter Form nachgereicht werden.

2243 Rechtslage ist aber streitig: Für keine Berücksichtigungsfähigkeit der Streikumstände spricht sich OLG Schleswig, Beschl. v. 22. 5. 2006 (1 Verg 5/06), NZBau 2007, 257, aus. Für eine Berücksichtigungsfähigkeit einer verspäteten Einreichung – bei Nachweis rechtzeitiger Beantragung bzw. des Versuchs einer solchen – votiert VK Lüneburg, Beschl. v. 27. 10. 2006 (VgK-26/2006).

2244 Dies könnte etwa mit einer Fristsetzung von 6 Tagen passieren, innerhalb derer der Bieter die fehlenden Eignungsnachweise nachliefern muss, so § 16 Nr. 1 VOB/A 2008 [E].

Einigkeit besteht nur darin, dass **gänzlich fehlende Nachweise** schon vom Wortsinn her nicht nachgereicht werden können; sie können lediglich überhaupt erstmalig eingereicht werden.

bb) Verspätete Angebote

325 Zu den zwingenden Ausschlusskriterien zählt nach § 25 Nr. 1 I lit. a VOB/A wie auch nach § 25 Nr. 1 I lit. e VOL/A[2245] das **Nichtvorliegen des Angebotes im Eröffnungstermin**[2246]. Bei der Angebotsfrist handelt es sich um eine materiellrechtliche Ausschlussfrist[2247]. Verspätete Angebote brauchen nicht einmal rechnerisch geprüft zu werden[2248].

Die Angebotsfrist des § 25 Nr. 1 I lit. e VOL/A endet in Ermangelung der Angabe einer genauen Uhrzeit **mit Ablauf** des für die Angebotseinreichung benannten **Tages** (24.00 Uhr); dem steht nicht entgegen, dass betreffend den Einreichungsort eine Zimmernummer benannt ist, so dass man sich auf den Standpunkt stellen könnte, die Angebotsfrist könne bereits mit den üblichen Bürozeiten ablaufen[2249].

Der Ausschlussgrund gilt auch für das **Fehlen von Teilen** des Angebotes, die nicht rechtzeitig vorliegen[2250]. Das Einverständnis der Mitbieter im Submissionstermin, dass ein eindeutig verspätetes Angebot in die Wertung genommen werden könne, ist unbeachtlich[2251]. Die Formvorschrift über die Rechtzeitigkeit des Eingangs der Angebote ist **nicht disponibel**.

Eine **Ausnahme** gilt dann, wenn das Angebot nachweislich rechtzeitig zugegangen ist und es nur das Eröffnungszimmer aus vom Bieter nicht zu vertretenden Gründen nicht fristgerecht erreicht hat (Fall des § 22 Nr. 6 VOB/A[2252]; vgl. § 25 Nr. 1 I lit. e VOL/A). Es gilt dann als in rechtlicher Hinsicht rechtzeitig zugegangen. Eine Vergabestelle, die das Angebot formal ausschließen will, verletzt die subjektiven Bieterrechte[2253].

Das **Risiko** des rechtzeitigen Zugangs liegt in jedem Falle beim Bieter[2254].

2245 OLG Hamburg, Beschl. v. 4. 11. 1999 (1 Verg 1/99), VergabE C-6-1/99v.

2246 OLG Frankfurt, Beschl. v. 11. 5. 2004 (11 Verg 8/04, 11 Verg 9/04 u. 11 Verg 10/04), VergabeR 2004, 754; OLG Düsseldorf, Beschl. v. 7. 1. 2002 (Verg 36/01), VergabeR 2002, 169;OLG Hamburg, Beschl. v. 4. 11. 1999 (1 Verg 1/99), VergabE C-6-1/99v; OLG Jena, Beschl v. 13. 10. 1999 (6 Verg 1/99), VergabE C-16-1/99 = NZBau 2001, 39 = BauR 2000, 388 = ZVgR 2000, 38; VK Sachsen, Beschl. v. 16. 11. 2006 (1/SVK/097-06), NZBau 2007, 471 = VS 2007, 15 [LS]; VK Baden-Württemberg, Beschl. v. 22. 5. 2000 (1 VK 8/00), VergabE E-1-8/00.

2247 VK Nordbayern, Beschl. v. 18. 8. 2000 (320.VK-3194-18/00), Behörden Spiegel 10/2000, S. B II.

2248 VK Sachsen, Beschl. v. 16. 12. 2004 (1/SVK/118-04).

2249 VK Schleswig-Holstein, Beschl. v. 26. 10. 2004 (VK 26/04), VergabE E-15-26/04 = VS 2005, 6.

2250 OLG Hamburg, Beschl. v. 4. 11. 1999 (1 Verg 1/99), VergabE C-6-1/99; VK Thüringen, Beschl. v. 29. 3. 2000 (216–4002.20-007/00-EF-S), VergabE E-16-7/00 = EUK 2000, 124. Vgl. auch OLG Bremen, Beschl. v. 20. 7. 2000 (Verg 1/2000), VergabE C-5-1/00v = BauR 2001, 94 = EUK 2000, 139 = Behörden Spiegel 9/2000, S. B II.

2251 VÜA Baden-Württemberg, Beschl. v. 16. 1. 1997 (1 VÜ 6/96), VergabE V-1-6/96 = VgR 1/1998, 49.

2252 Vgl.: VÜA Bund, Beschl. v. 12. 6. 1997 (1 VÜ 11/97), VergabE U-1-6/97 = ZVgR 1998, 355; VK Halle, Beschl. v. 7. 3. 2006 (1 VK LVwA 01/06), VS 2007, 29; VK Sachsen, Beschl. v. 29. 9. 1999 (1 VK 16/99); VÜA Bayern, Beschl. v. 11. 11. 1999 (VÜA 2/99), VergabE V-2-2/99.

2253 VK Sachsen, Beschl. v. 29. 9. 1999 (1 VK 16/99).

2254 VK Nordbayern, Beschl. v. 18. 8. 2000 (320.VK-3194-18/00), Behörden Spiegel 10/2000, S. B II.

Die Vergabestelle verletzt die **subjektiven Rechte** des Bieters, wenn sie ein Angebot als verspätet zurückweist, obwohl dies nachweislich rechtzeitig eingegangen ist[2255].

Nach § 23 Nr. 1 VOB/A kommt es ausschließlich darauf an, ob das Angebot im Eröffnungstermin (Submissionstermin) tatsächlich vorlegen hat, nicht ob es auch verlesen wurde[2256].

Ein weiterer **Sonderfall** ist gegeben, wenn die Ausschreibungsbekanntmachung einen früheren Submissionstermin enthält (z.B. 10.00 Uhr) als die in den Verdingungsunterlagen genannte Zeit (z.B. 10.30 Uhr). Das Angebot eines Bieters, der im Vertrauen auf die spätere Zeitangabe in den Verdingungsunterlagen sein Angebot um 10.25 Uhr einreicht, nachdem zwischenzeitlich auch die ersten Angebote bereits eröffnet wurden, dürfte auszuschließen sein[2257]. Insoweit geht die Nicht-Gegenkontrolle der in der Veröffentlichung bekanntgemachten früheren Zeit zu seinen Lasten[2258]. In diesem Falle war der Vergabestelle allerdings auch nicht aufgefallen, dass eine Divergenz der angegebenen Uhrzeiten besteht. Hätte sie dies ihrerseits erkannt, so hätte sie dies den Bietern mitteilen müssen. Eine Verallgemeinerung im Leitsatz einer Entscheidung der VK Nordbayern[2259], wonach im Wege einer allgemeinen Schlussfolgerung eine durch den Auftraggeber verursachte Verspätung zum Ausschluss führen können soll, dürfte allerdings problematisch sein.

Wird die Ausschreibung aus Gründen formaler Mängel aller Angebote der teilnehmenden Bieter aufgehoben, so sind insbesondere die Bieter, die verspätete Angebote eingereicht haben, nicht mehr an einem nachgeschalteten Verhandlungsverfahren zu beteiligen[2260]. Aufgrund der Bestimmungen der Vergabekoordinierungsrichtlinie VKRL 2004/18/EG ist dann aber ganz generell streitig, ob überhaupt ein Verhandlungsverfahren ohne Bekanntmachung nachgeschaltet werden kann. Dies gilt analog für Verfahren unterhalb der Schwelle, zumindest im Anwendungsbereich der VOL/A. Auch die Basisparagrafen der Verdingungsordnungen geben das – unbeschadet der häufig geübten Praxis – eigentlich nicht her.

Merke: Ein verspäteter Eingang des Angebots ist nur dann nicht dem Bieter zuzurechnen, wenn die Verspätung entweder dem Auftraggeber oder niemandem, wie etwa im Falle von Naturereignissen, zuzurechnen ist. Eine andere Auslegung ist mit dem Gleichheitsgrundsatz aus § 97 II GWB nicht vereinbar[2261].

2255 VK Sachsen, Beschl. v. 29. 9. 1999 (1 VK 16/99), VergabE E-13-16/99 = IBR 1999, 562 = EUK 1999, 171.

2256 OLG Jena, Beschl. v. 22. 12. 1999 (6 Verg 3/99), VergabE C-16-3/99 = NZBau 2000, 349 = BauR 2000, 396 = ZVgR 2000, 73 = EUK 2000, 8.

2257 So *Dr. Zahnmesser* (Oberste Baubehörde im Bayer. Staatsministerium des Innern), unter Berufung auf § 22 Nr. 5 VOB/A (Erforderlichkeit des Vorliegens des Angebotes vor Öffnung des ersten Angebotes).

2258 In dieser Richtung auch: VK Nordbayern, Beschl. v. 15. 4. 2002 (320.VK-3194-08/02), VergabE E 2a-8/02 = IBR 2002, 627.

2259 VK Nordbayern, Beschl. v. 15. 4. 2002 (320.VK-3194-08/02), VergabE E 2a-8/02 = IBR 2002, 627.

2260 OLG Bremen, Beschl. v. 3. 4. 2007 (Verg 2/2007), VergabeR 2007, 517 = VS 2007, 37.

2261 So: VK Nordbayern, Beschl. v. 1. 4. 2008 (21 VK-3194-09/08).

cc) Fehlende Unterschrift

326 Das Vorhandensein einer **Unterschrift** (§ 25 Nr. 1 I lit. b i.V.m. § 21 Nr. 1 I 1 VOB/A bzw. § 25 Nr. 1 I lit. b i.V.m. § 21 Nr. 1 II VOL/A) ist für die **Wirksamkeit** des Angebotes **essentiell**[2262]. Außerdem muss es sich um eine eindeutige Unterschrift handeln[2263]. Das bedeutet nicht, dass ein Name erkennbar sein muss, es genügt, dass ein individualisierter Schriftzug erkennbar ist.

Eine nur in **Kopie** vorhandene Unterschrift **reicht** für die Wertbarkeit des Angebotes **nicht** aus[2264]. Dies bedingt, dass ein Angebot mit **eingescannter Unterschrift** nicht als gültig zu behandeln ist[2265]. Dies wäre mit dem in § 126 I BGB verlangten Merkmal der »Eigenhändigkeit« nicht zu vereinbaren. Sie ist außerdem auch nicht mit der qualifizierten elektronischen Signatur gleichzusetzen[2266].

Das **Fehlen einer Unterschrift**[2267] muss deshalb, ohne dass irgendein Ermessen bestünde[2268], zum **Ausschluss** führen, weil die Erteilung des Zuschlags auf das betreffende Angebot nach allgemeinem Zivilrecht die Annahme desselben bedeutet. Nach Mitteilung dieser Annahme an den Bieter kommt der zivilrechtliche Vertrag zustande (empfangsbedürftige Willenserklärung).

Hinsichtlich der in den früheren Fassungen der Verdingungsordnungen verlangten **Rechtsverbindlichkeit der Unterschrift** gilt allgemeines Zivil- bzw. Handelsrecht. Der Unterzeichner muss die Unterschrift gegen sich gelten lassen, auch über die einschlägigen Tatbestände des Rechtsscheins. Ein Ausschlussgrund kann hieraus nicht erwachsen[2269]. Das Vergaberecht stellt diesbezüglich keine höheren Anforderungen als das allgemeine Zivilrecht. Dies war aber in einigen Entscheidungen des VÜA Sachsen-Anhalt[2270] wegen des früher vorhandenen Merkmals der Rechtsverbindlichkeit der Unterschrift behauptet worden[2271]. Dem ist bereits durch die Neufassung der Verdingungsordnungen des Jahres 2002 mit dem **Wegfall dieses zusätzlichen Merkmals** die Grundlage entzogen worden.

Um so unverständlicher ist es daher, dass in nicht wenigen Bundesländern noch immer (oder sogar neu eingeführt) Vergabehandbücher oder Mustervorgaben für

2262 OLG Jena, Beschl v. 13. 10. 1999 (6 Verg 1/99), VergabE C-16-1/99, S. 11 = NZBau 2001, 39 = BauR 2000, 388.

2263 VK Bund, Beschl. v. 4. 10. 2004 (VK 3-152/04).

2264 VÜA Bayern, Beschl. v. 10. 3. 1999 (VÜA 9/98), VergabE V-2-9/98 = EUK 2001, 90.

2265 VK Berlin, Beschl. v. 12. 11. 2004 (VK 1-58/04).

2266 So zu Recht *Müller-Wrede*, »Unterschriften nicht einscannen«, Behörden Spiegel 8/2004, S. 18.

2267 OLG Celle, Beschl. v. 3. 3. 2005 (13 Verg 21/04); OLG Frankfurt, Beschl. v. 20. 7. 2004 (11 Verg 14/04), VergabE C-7-14/04; OLG Koblenz, Beschl. v. 22. 3. 2001 (1 Verg 9/00), VergabE C-9-9/00 = VergabeR 2001, 407; VK Bund, Beschl. v. 4. 10. 2004 (VK 3-152/04); VÜA Sachsen-Anhalt, Beschl. v. 24. 6. 1998 (1 VÜ 8/96), VergabE V-14-8/96; VÜA Hessen, Beschl. v. 18. 6. 1996 (VÜA 1/95), VergabE V-71/95.

2268 OLG Düsseldorf, Beschl. v. 19. 11. 2003 (Verg 22/03), VergabeR 2004, 248.

2269 VK Bund, Beschl. v. 29. 6. 2006 (VK 3-48/06), LS nach veris: *»Dass ein Angebot nicht von einem Geschäftsführer oder Prokuristen unterzeichnet worden ist, stellt ebenso wenig einen Ausschlussgrund dar, wie das Fehlen eines Vollmachtsnachweises für den Mitarbeiter, der die Unterschrift geleistet hat, da § 21 Abs. 2 Satz 1 VOL/A lediglich fordert, dass das Angebot unterschrieben ist.«*.

2270 Zu diesem Komplex: VÜA Sachsen-Anhalt, Beschl. v. 29. 1. 1998 (1 VÜ 11/97), VergabE V-14-11/97; VÜA Sachsen-Anhalt, Beschl. v. 27. 5. 1998 (1 VÜ 7/96), VergabE V-14-7/96; VÜA Sachsen-Anhalt, Beschl. v. 24. 6. 1998 (1 VÜ 8/96), VergabE V-14-8/96 = Behörden Spiegel 4/1999, S. B II.

2271 Siehe die erfolgte Korrektur dieser Rechtsfindung in: OLG Naumburg, Urt. v. 26. 10. 2004 (1 U 30/04), VergabeR 2005, 261, 265, m. Anm. *Noch*.

die Bewerbungsbedingungen[2272] existieren, in denen das **Erfordernis einer rechtsverbindlichen Unterschrift aufgestellt** wird[2273]. Dann muss konsequenterweise die Anforderung gestellt werden, dass dem auch tatsächlich so ist.

Kann die Vergabestelle jedoch, was typischerweise der Fall sein wird, die Berechtigung der unterschreibenden, einzelbevollmächtigten, Person[2274] nicht überprüfen, so müsste sie dann richtigerweise auch die **Beifügung der Einzelvollmacht** schon im Zeitpunkt der Angebotsabgabe verlangen[2275].

Das verkompliziert die ohnehin schon mit sehr vielen Formalien belasteten Vergabeverfahren noch mehr und **widerspricht** jeglichen zivilrechtlichen Grundsätzen, insbesondere den **Prinzipien der Anscheins- und Duldungsvollmacht**[2276]. Dies bedeutet, dass ein auf einem Geschäftspapier unterzeichnetes Angebot zu einer Rechtsbindung des betreffenden Unternehmens führt, so lange und so weit der Empfänger der Erklärung keinen vernünftigen Zweifel daran haben muss, dass dieses Angebot nicht autorisiert sein könnte. Im Übrigen besagen die Grundsätze des BGB auch, dass ein von einem vollmachtlosen Vertreter abgegebenes Angebot nachträglich **genehmigt** werden kann (§§ 182 I, 184 I BGB)[2277]. Stellt der betreffende Bieter die Wirksamkeit nicht in Frage, so ist außerdem von einer konkludenten Genehmigung auszugehen.

Das OLG Koblenz[2278] hat in einem Fall herausgestellt, dass das **Angebot** einer GmbH & Co. KG **vom einem der Geschäftsführer unterschrieben** werden kann, sofern entsprechend den Regelungen in § 125 II, § 150 II HGB, § 78 IV, § 269 IV AktG von der Möglichkeit Gebrauch gemacht wird, eines der Organmitglieder zur Vornahme von Rechtsgeschäften zu ermächtigen[2279]. Einer von zwei gesamtvertretungsberechtigten Geschäftsführern kann dem anderen kraft Rechtsaktes, der keiner Form bedarf, zur Vornahme bestimmter Geschäfte oder bestimmter Arten von Geschäften **organschaftliche Alleinvertretungsmacht** verleihen[2280].

Immer wieder entsteht Streit über die Frage, welche Unterschriften in einem Angebot zu dessen Wirksamkeit vorhanden sein müssen. Sicherlich ist die **Unterschrift auf dem Angebotsdeckblatt** die maßgebliche und im Zweifel die entscheidende. Werden im Angebot **zu einzelnen Teilen weitere Unterschriften** verlangt und fehlen einzelne, so muss dies in der Regel zum Ausschluss führen. Es gelten überdies die Grundsätze der **Selbstbindung** der Vergabestelle, wenn diese Rege-

---

2272 Siehe etwa Bewerbungsbedingungen für die Vergabe von Leistungen, Fundstelle: GABl. Baden-Württemberg, 1998, Seite 698: »*Es muss mit rechtsverbindlicher Unterschrift versehen sein.*«

2273 Rechtlich unzulässig ist dies zwar nicht, jedoch wenig praktikabel. Vgl. OLG Karlsruhe, Beschl. v. 24. 7. 2007 (17 Verg 6/07), VS 2007, 70; OLG Düsseldorf, Beschl. v. 22. 12. 2004 (Verg 81/04), VergabeR 2005, 222.

2274 Typischerweise mit Zusätzen wie »i.V.« oder »ppa«.

2275 Vgl. den Fall der VK Halle, Beschl. v. 7. 3. 2006 (1 VK LVwA 01/06), VS 2007, 29: Erhöhte Anforderungen können verlangt werden, dann wird aber die namentliche Benennung des Unterzeichnenden erforderlich sein, der Nachweis der Einzelvertretungsvollmacht etc.

2276 OLG Frankfurt, Beschl. v. 20. 7. 2004 (11 Verg 14/04).

2277 Sehr instruktiv dazu: OLG Karlsruhe, Beschl. v. 24. 7. 2007 (17 Verg 6/07), VS 2007, 70.

2278 OLG Koblenz, Beschl. v. 22. 3. 2001 (1 Verg 9/00), VergabE C-9-9/00 = VergabeR 2001, 407 = EUK 2001, 138 = Behörden Spiegel 9/2001, S. 19.

2279 BGHZ 64, 72, 75; BGH WM 1988, 216, 217 m.w.N.; *Scholz/Emmerich*, GmbHG, 9. Aufl. 2000, § 35 Rn. 55; *Koppensteiner* in: *Rowedder*, GmbHG, 3. Aufl., § 35 Rn. 33, 34 f.

2280 Zur Vertretungsmacht bei einer GbR: OLG Frankfurt, Beschl. v. 20. 7. 2004 (11 Verg 14/04), VergabE C-7-14/04.

lungen in den Vergabeunterlagen trifft (z.B. in den Allgemeinen Bewerbungs- und Vergabebedingungen) und dadurch eine Selbstbindung dahingehend hervorruft, dass bereits *eine* nur fehlende Unterschrift zum Ausschluss des Angebotes führt[2281].

Beispiele für Anforderungen an Unterschriften:

- Zum Ausschluss führen müssen in praktisch jedem Falle nicht unterschriebene Bieter- bzw. Bewerbererklärungen, von denen auszugehen ist, dass sie als unterschrieben mit dem Angebot eingereicht werden müssen.
- Des weiteren müssen Bietergemeinschaftserklärungen unterschrieben sein[2282].
- Im Falle von Bietergemeinschaften reicht es allerdings aus, wenn das Angebot als solches der in der Bietergemeinschaftserklärung aufgeführten Bietergemeinschaft erkennbar ist[2283]. Im Übrigen ist auch nicht jede einzelne Seite des Angebotes zu bestempeln[2284]. Die Zuordnungsfähigkeit zur Bietergemeinschaft reicht vollkommen aus.
- Des weiteren müssen vorbereitete Formulare betreffend Zusicherungen zu Produkteigenschaften, die von der Vergabestelle extra gewünscht werden, unterzeichnet werden[2285].
- Gleiches betrifft Entwurfsfassungen von Musterverträgen, von denen eine Vergabestelle wünscht, dass sie intensiv zur Kenntnis genommen werden[2286].

Sind **Teile der Unterlagen nur dem Angebot beizulegen**, und unterbleibt dies, so ist der Ausschluss eines Angebotes nicht gerechtfertigt. Fügt die Bieterin ihrem Angebot z.B. nicht die Besonderen Vertragsbedingungen (EVM (L) BVB) und die Zusätzlichen Vertragsbedingungen (EVM (L) ZVB) bei, hat sie aber mit ihrer **Unterschrift auf ihrem Angebotsschreiben** die dort angekreuzten Besonderen Vertragsbedingungen und Zusätzlichen Vertragsbedingungen rechtswirksam akzeptiert, so liegt keine Änderung an den Verdingungsunterlagen vor, die gemäß § 25 Nr. 1 I lit. d VOL/A i.V.m. § 21 Nr. 1 III VOL/A zu einem zwingenden Ausschluss im Vergabeverfahren führt[2287].

Da die Bieter ihre Angebote tendenziell in oft großer Eile erstellen und Flüchtigkeitsfehler an der Tagesordnung sind, wird teilweise zu Recht angeregt, **nicht eine unnötig große Zahl von Unterschriften zu verlangen**[2288].

Zur Möglichkeit der Einreichung eines Angebotes in **elektronischer Form** (Online-Verfahren) siehe das entsprechende Kapitel unter Rdn. 75.

2281 VÜA Bayern, Beschl. v. 10. 3. 1999 (VÜA 9/98), VergabE V-2-9/98 = EUK 2001, 90.
2282 OLG Düsseldorf, Beschl. v. 29. 3. 2006 (Verg 77/05), VergabeR 2006, 509.
2283 OLG Düsseldorf, Beschl. v. 31. 7. 2007 (Verg 25/07), VS 2007, 70; OLG Karlsruhe, Beschl. v. 24. 7. 2007 (17 Verg 6/07), VS 2007, 70.
2284 OLG Düsseldorf, Beschl. v. 31. 7. 2007 (Verg 25/07), VS 2007, 70.
2285 OLG Frankfurt, Beschl. v. 6. 3. 2006 (11 Verg 11/05), NZBau 2006, 809.
2286 VK Bund, Beschl. v. 9. 2. 2005 (VK 2-03/05).
2287 VK Lüneburg, Beschl. v. 27. 10. 2006 (VgK-26/2006), VS 2006, 94 [LS].
2288 So VÜA Thüringen, Beschl. v. 8. 6. 1999 (1 VÜ 1/97), VergabE V-16-1/97-1 = Behörden Spiegel 9/2000, S. B II.

dd) Fehlende Preisangaben

Preisangaben sind seit Einführung des EURO[2289] als Bargeld am 1. 1. 2002 grundsätzlich in EURO zu machen. **327**

(1) Gänzliches Fehlen

Die Vergabestelle muss – unstreitig – alle Angebote ausschließen, bei denen die **Preisangaben vollständig fehlen** (§ 25 Nr. 1 lit. b iVm. § 21 Nr. 1 I 2 VOB/A bzw. § 25 Nr. 1 I lit. a i.V.m. § 21 Nr. 1 I 1 VOL/A). **328**

Der Preis, insbesondere die Angabe des Gesamtpreises auf dem Angebotsdeckblatt, ist für den späteren Vertrag ein konstituierendes Merkmal des Austauschverhältnisses (Synallagmas).

(2) Teilweises Fehlen

Der Fall, dass die notwendigen **Preisangaben** gänzlich fehlen, ist zu unterscheiden von der Situation, dass die Angaben lediglich **unvollständig** sind. **329**

Fehlen die **EFB-Preise** in den auszufüllenden Formblättern, so ist ein Ausschluss zwingend vorzunehmen[2290].

Unvollständigkeiten beziehen sich meist auch auf einzelne Positionen, die eigentlich **orientiert an den tatsächlichen Gestehungskosten ausgepreist** werden sollten, bei denen aber
- entweder die angegebenen Preise in den Positionen erklärtermaßen bzw. offensichtlich den Tatsachen nicht entsprechen (»Phantasiepreise«)
- oder die entsprechenden Eintragungen eines Bieters komplett fehlen respektive die Angaben in diesen Positionen mit »/« oder »Null« oder »0« oder mit »1 ct« oder »1 €« gekennzeichnet sind

Aus rechtlicher Sicht muss im **erstgenannten Falle** zwingend ein Ausschluss erfolgen[2291].

Im **zweitgenannten Falle** kommt es darauf an, inwieweit die Angaben den tatsächlichen Gestehungskosten entsprechen. Dies ist dann auch eine Frage der preislichen Angemessenheitsprüfung (3. Wertungsstufe der §§ 25 VOB/A bzw. VOL/A). Sicherheitshalber sollte der Bieter dann aber lieber, anstatt die Position unausgefüllt zu lassen, eine symbolische Zahl wie »1 €« oder »1 ct« verwenden. Null ist keine Zahl im engeren Sinne. Außerdem empfiehlt sich, eine entsprechende Erklärung zu dieser ungewöhnlichen Preisangabe bereits in dem Angebotsbegleitschreiben zu

---

2289 EURO-Einführungsgesetz (EuroEG), BT-Drucks. 13/9347 und 13/10334 v. 1. 4. 1998 sowie BR-Drucks. 301/98; »Zweiter Bericht der Bundesregierung zur Einführung des EURO in Gesetzgebung und öffentlicher Verwaltung« v. 27. 3. 1998, BR-Drucks. 301/98 und BT-Drucks. 13/10251; Bekanntmachung des BMF v. November 2001, BGBl. I, S. 3133.

2290 OLG Düsseldorf, Beschl. v. 9. 2. 2006 (VII-Verg 4/06), VS 2006, 21; VK Bund, Beschl. v. 23. 11. 2005 (VK 1-143/05), VS 2006, 55 [LS]; VK Nordbayern, Beschl. v. 24. 1. 2008 (21.VK- 3194-52/07), VS 2008, 15; VK Thüringen, Beschl. v. 7. 2. 2006 (360.4002.20- 063/05-EF-S), VS 2006, 30.

2291 Siehe auch OLG Brandenburg, Beschl. v. 30. 11. 2004 (Verg W 10/04), NZBau 2005, 238 = VergabeR 2005, 230, zu »Phantasiepreisen« in über 300 Positionen.

liefern. Kann die Bepreisung mit »1 €« nicht überzeugend erklärt werden, so ist ein Ausschluss vorzunehmen[2292].

(2a) Frühere Auffassungen

330 Frühere Auffassungen[2293] stellten sehr stark auf die **Bedeutung (den Wert) und die Wettbewerbsrelevanz** der teilweise fehlenden Preisangaben ab.

Nach (bisher) **teilweise vertretener Auffassung** durfte ein Angebot nicht wegen fehlender bzw. unvollständiger Preisangaben ausgeschlossen werden, wenn der Bieter nur eine der beiden kumulativ geforderten Preisangaben unterbreitet. Ist also z.B. sowohl ein **Pauschalpreisangebot** abzugeben als auch ein **Einheitspreisangebot**, so darf die Vergabestelle das Angebot des betreffenden Bieters nicht zwingend gemäß § 25 Nr. 1 I lit. b VOB/A ausschließen[2294]. In diesem Beschluss hatte der VÜA Bund bekräftigt, dass ein unterlassenes Pauschalpreisangebot auch keinen Verstoß gegen die allgemeine Pflicht des Bieters darstellt, gemäß §§ 6 Nr. 1, 21 Nr. 1 I VOB/A die erforderlichen Erklärungen abzugeben.

Auch im Falle des **Fehlens untergeordneter Positionen** sollte nach teilweiser Meinung ein Ausschluss unterbleiben können, sofern der Gesamtpreis diese Position rechnerisch enthält und der Wettbewerb nicht gestört wird[2295].

Eine **wesentlich striktere Sichtweise** legte dann aber die **VK Bund** bereits im Jahre 2001 an den Tag[2296]. Sie erachtete es für notwendig, dass die Vergabestelle sämtliche unvollständigen Angebote gemäß § 25 Nr. 1 I lit. b VOB/A i.V.m. § 21 Nr. 1 I 3 VOB/A von der Wertung ausschließt. **Alle erforderlichen Preisangaben**, also die Gesamtpreise und auch die geforderten Einzel- und Einheitspreise, müssen danach enthalten sein. **Sinn und Zweck** der Bestimmung des § 21 Nr. 1 I 3 VOB/A gebieten dies nach Ansicht der Kammer, weil die Preisbestandteile im Übrigen für die Ermittlung veränderter Preise nach Vertragsschluss, z.B. gemäß § 2 Nr. 3–7 VOB/B, wichtig seien. Außerdem komme es entgegen anderweitiger Auffassung[2297] **nicht darauf an**, ob die **fehlenden Preise im Verhältnis zur Gesamtauftragssumme von nur untergeordneter Bedeutung** sind. Auch die Wettbewerbsrelevanz der fehlenden Preise sei nicht maßgeblich.

Auch wurde betont, dass ein **Nachreichen** der Preise **nicht in Betracht** komme[2298]. Eintragungen wie »**enthalten in Position xy**« seien **keine Preisangaben**. Ein

2292 OLG Düsseldorf, Beschl. v. 8. 2. 2005 (Verg 100/04): vier Positionen mit »1 €« bepreist.

2293 OLG Dresden, Beschl v. 10. 7. 2003 (WVerg 0015/02 und 0016/02), VergabE C-13-15/02-2 = VergabeR 2004, 92 = NZBau 2003, 573 = ZfBR 2003, 810 = BauR 2004, 566 = EUK 2003, 175 = IBR 2003, 568 = NZBau 2003, 573; OLG Saarbrücken, Beschl. v. 29. 10. 2003 (1 Verg 2/03), VergabE C-12-2/03 = NZBau 2004, 117 = EUK 2004, 8 = Behörden Spiegel 1/2004, S. 22; VK Münster, Beschl. v. 9. 5. 2003 (VK 7/03), VergabE E-10e-7/03 = ZfBR 2003, 622.

2294 VÜA Bund, Beschl. v. 18. 9. 1997 (1 VÜ 15/97), VergabE U-1-15/97 = WuW/E Verg, 78 = VgR 6/1997, 46 = IBR 1998, 2.

2295 OLG Dresden, Beschl. v. 18. 10. 2001 (WVerg 0008/01), VergabE C-13-08/01 = VergabeR 2002, 174 = EUK 2002, 12.

2296 VK Bund, Beschl. v. 6. 2. 2001 (VK 1-3/01), VergabE D-1-3/01 = EUK 2001, 73 = Behörden Spiegel 5/2001, S. B II. So auch BGH, BauR 1998, 1249, 1251.

2297 OLG Oldenburg, Urt. v. 21. 3. 1996 (8 U 248/95), IBR 1997, 399 = VgR 1/1998, 47 = ZfBR 1997, 152; VÜA Nordrhein-Westfalen, Beschl. v. 3. 12. 1997 (424-84-41-16/97), VergabE V-10-16/97 = ZVgR 1998, 533 = EUK 1999, 27.

2298 VÜA Bayern, Beschl. v. 12. 5. 1999 (VÜA 12/98), VergabE V-2-12/98 = EUK 2001, 107.

dadurch verursachtes Offenlassen von Einheits- und Gesamtpreisen in 23 Positionen könne nicht akzeptiert werden[2299].

(2b) Entscheidung des BGH vom Mai 2004: Zwingender Ausschluss wegen fehlender Preisangaben bei erklärter Mischkalkulation

331 Der **BGH**[2300] hat in der Vorlagesache des KG[2301] die restriktive Rechtsprechung des OLG Düsseldorf[2302] bestätigt, wonach Angebote gemäß nach § 25 Nr. 1 I lit. b i.V.m. § 21 Nr. 1 I 3 VOB/A **von der Wertung auszuschließen** sind, die erklärtermaßen eine Bepreisung enthalten, welche auf einer Mischkalkulation basiert.

Mischkalkulation bedeutet dabei, dass in einer Auflistung der Positionen im Leistungsverzeichnis (LV) Preisansätze von einer Position in die nächste »versteckt« bzw. »mischkalkuliert« werden. Häufig wird dabei – gerade bei Bauausschreibungen – das Ziel verfolgt, die ersten abrechenbaren Positionen/Teilleistungen (Baustelleneinrichtung[2303], Erdarbeiten usw.) zu verteuern, um damit bei Fälligkeit der – dann in einem früheren Stadium erbrachten – Teilleistungen zur Zahlung mehr Liquidität zu erhalten. Dies ist jedoch nicht zulässig und führt nach der Rechtsprechung des BGH zum **Ausschluss**.

Der BGH hat bereits im Jahre 2003[2304] ausgesprochen, dass Angebote, die dem § 21 Nr. 1 I VOB/A nicht entsprechen, weil ihnen **geforderte Erklärungen fehlen, zwingend von der Vergabe auszuschließen** sind (§ 25 Nr. 1 I lit. b VOB/A). Dem steht nicht entgegen, dass § 21 Nr. 1 I 3 als Sollvorschrift formuliert ist. Schließlich ist nach der Rechtsprechung des Senats der Ausschlusstatbestand nicht etwa erst dann gegeben, wenn das betreffende Angebot **wegen fehlender Erklärungen** im Ergebnis nicht mit den anderen abgegebenen Angeboten verglichen werden kann. Ein **transparentes**, gemäß § 97 II GWB **auf Gleichbehandlung** aller Bieter **beruhendes Vergabeverfahren**, wie es die VOB/A gewährleisten soll, ist nur zu erreichen, wenn in jeder sich aus den Verdingungsunterlagen ergebender Hinsicht und grundsätzlich **ohne Weiteres vergleichbare Angebote abgegeben** werden. Damit ein Angebot gewertet werden kann, ist deshalb **jeder in der Leistungsbeschreibung vorgesehene Preis so wie gefordert vollständig** und mit dem Betrag **anzugeben**, der für die betreffende Leistung beansprucht wird[2305]. Für in der Ausschreibung geforderte **Einheitspreisangaben** zu einzelnen Leistungspositionen gilt daher nichts anderes als für **sonstige Erklärungen** nach § 21 Nr. 1 I VOB/A.

Werden in den Ausschreibungsunterlagen Erklärungen nicht nur zum Hersteller oder zum Fabrikat eines zu liefernden Bauteils gefordert, sondern sind auch **Angaben zum Typ eines anzubietenden Produkts** zu machen, dann kann das Fehlen der geforderten Angabe zum Typ eines Produkts nach der Rechtsprechung

2299 VÜA Bayern, Beschl. v. 17. 11. 1999 (VÜA 3/99), VergabE V-2-3/99 = EUK 2001, 137.
2300 BGH, Beschl. v. 18. 5. 2004 (X ZB 7/04), VergabE B-2-2/04 = EUK 2004, 122 = VergabeR 2004, 473.
2301 KG, Beschl. v. 26. 2. 2004 (2 Verg 16/03), VergabE C-3-16/03 = VergabeR 2004, 330.
2302 OLG Düsseldorf, Beschl. v. 26. 11. 2003 (VII Verg 53/03), VergabE C-10-53/03 = EUK 2004, 8.
2303 Dazu instruktiv: OLG Koblenz, Beschl. v. 2. 1. 2006 (Verg 6/05), NZBau 2006, 266 = VergabeR 2006, 233 = VS 2006, 8 [LS].
2304 BGH, Beschl. v. 18. 2. 2003 (X ZB 43/02), VergabeR 2003, 313 = NZBau 2003, 293 = ZfBR 2003, 401 = BauR 2003, 1091.
2305 BGH, Urt. v. 16. 4. 2002 (X ZR 67/00), NJW 2002, 2558; BGH, Urt. v. 7. 1. 2003 (X ZR 50/01), BGHZ 154, 32, 45 = VergabeR 2003, 558.

des BGH zur Gewährleistung der erforderlichen Vergleichbarkeit der Angebote nicht schon deshalb ohne Weiteres als unerheblich betrachtet werden, weil es innerhalb der Produktpalette eines Fabrikats/Herstellers ein Modell gibt, das die in den Ausschreibungsunterlagen ansonsten verlangten Kriterien erfüllt[2306]. Ein Angebot, das die erforderlichen Erklärungen aber nicht enthält, ist daher regelmäßig nach § 25 Nr. 1 I lit. b i.V.m. § 21 Nr. 1 I VOB/A von der Wertung auszuschließen.

An der danach für die Berücksichtigung eines Angebots erforderlichen vollständigen und den Betrag, der für die betreffende Leistung beansprucht wird, **benennenden Erklärung über den Preis** fehlte es beim Angebot der Antragstellerin schon deshalb, weil dieses – wie die Antragstellerin im Verfahren nach § 24 VOB/A eingeräumt hat – auf einer **Mischkalkulation** beruht, bei der durch so genanntes »Abpreisen« bestimmter ausgeschriebener Leistungen auf einen Einheitspreis von 0,01 € und so genanntes »Aufpreisen« der Einheitspreise anderer angebotener Positionen Preise benannt werden, welche die für die jeweiligen Leistungen geforderten **tatsächlichen Preise weder vollständig noch zutreffend wiedergeben**.

Ein Bieter jedoch, der in seinem Angebot die von ihm tatsächlich für einzelne Leistungspositionen geforderten **Einheitspreise auf verschiedene Einheitspreise anderer Leistungspositionen verteilt**, benennt nicht die von ihm geforderten Preise im Sinne von § 21 Nr. 1 I 3 VOB/A, sondern »**versteckt**« die von ihm geforderten Angaben zu den Preisen der ausgeschriebenen Leistungen in der Gesamtheit seines Angebots. Ein solches Angebot widerspricht dem in § 21 Nr. 1 I VOB/A niedergelegten Grundsatz der Transparenz. Deshalb sind Angebote, bei denen der Bieter die Einheitspreise einzelner Leistungspositionen in »Mischkalkulationen« der vorliegenden Art auf andere Leistungspositionen umlegt, **grundsätzlich** von der Wertung **auszuschließen** (§ 25 Nr. 1 I lit. b VOB/A).

Erklärt der Bieter also etwa im **Angebotsschreiben**, dass die Setzung von »0,00 €-Preisen« dadurch bedingt ist, dass einige Positionen in anderen »enthalten« sind, so ist das Angebot auszuschließen[2307].

Die Frage, ob ein als Grundlage der Wertung der Angebote in einem transparenten und die Bieter gleichbehandelnden Verfahren geeignetes, weil § 25 Nr. 1 I lit. b VOB/A i.V.m. § 21 Nr. 1 I VOB/A genügendes Angebot vorliegt, ist von der Frage **zu trennen**, ob ein solches Angebot einen unangemessen hohen oder niedrigen Gesamtpreis beinhaltet. Für den Ausschluss eines Angebots nach § 25 Nr. 1 I lit. b VOB/A i.V.m. § 21 Nr. 1 I VOB/A ist daher **unerheblich**, ob es sich bei dem Angebot des Bieters um ein so genanntes »**Spekulationsangebot**« handelt, mit dem der Bieter infolge einer Mischkalkulation durch »Aufpreisung« bereits bei Beginn der Ausführung des Auftrags fälliger Leistungen überhöhte oder durch »Abpreisung« verminderte Abschlagszahlungen auslösen und so eine Vorfinanzierung des Auftrags im Verhältnis zu anderen Angeboten eintreten lassen oder den Anschein eines besonders günstigen Angebots erwecken will. Unerheblich sei auch, wie sich die Wirtschaftlichkeit der zu vergleichenden Angebote unter Berücksichtigung des Umstandes darstellt, dass es bei Angeboten zu Einheitspreisen zu **Mengenänderungen** kommen kann und sich infolge der »Aufpreisung« von Positionen des

2306 BGH, Urt. v. 7. 1. 2003 (X ZR 50/01), BGHZ 154, 32, 46 = VergabeR 2003, 558.
2307 VK Rheinland-Pfalz, Beschl. v. 11. 11. 2004 (VK 16/04), VergabE E-11-16/04 = VS 2005, 3.

Leistungsverzeichnisses, bei denen eher mit Mengenerhöhungen zu rechnen ist, und infolge der »Abpreisung« von Positionen, bei denen eher mit Mengenreduzierungen zu rechnen ist, erhebliche **Verschiebungen des Gesamtpreises ergeben können**. Die vergaberechtlichen Vorschriften enthalten keine Regelungen, nach denen die Vergabestelle gehalten wäre, die Preiskalkulation eines Bieters auf ihre Richtigkeit oder Angemessenheit zu überprüfen und zu bewerten. Grundlage der Wertung seien die von den Bietern nach Maßgabe der Ausschreibungsunterlagen abgegebenen Angebote. Enthalten diese Einheitspreise für die einzelnen ausgeschriebenen Leistungen, welche die für die jeweiligen Leistungen geforderten Preise ersichtlich nicht ausweisen, ist die **Vergabestelle nicht gehalten, die Gründe zu ermitteln**, die den Bieter veranlasst haben, die tatsächlich geforderten Preise für die betreffenden Leistungspositionen nicht auszuweisen, sondern andere Preise anzugeben. Ist zweifelhaft, ob das Angebot die tatsächlich geforderten Preise für die jeweiligen Leistungspositionen ausweist, **könne sich die Vergabestelle gemäß § 24 Nr. 1 VOB/A über die Angemessenheit der Preise unterrichten**. Ergibt sich durch die Erklärungen des Bieters, dass die **ausgewiesenen Preise die von ihm für die Leistungen geforderten Preise vollständig wiedergeben, kann das Angebot nicht nach § 25 Nr. 1 I lit. b VOB/A ausgeschlossen werden**. Ergibt die Aufklärung dagegen wie im Streitfall, dass die Preise für die ausgeschriebenen Leistungen **nicht in der nach § 21 Nr. 1 I 3 VOB/A erforderliche Weise das tatsächlich für die Leistung geforderte Entgelt ausweisen**, ist die **Vergabestelle nicht verpflichtet, Ermittlungen** darüber **anzustellen**, welche Preise für welche Leistungen tatsächlich gefordert werden, um auf diese Weise die Vergleichbarkeit der Angebote herzustellen. Vielmehr ist das Angebot gemäß § 21 Nr. 1 I VOB/A i.V.m. § 25 Nr. 1 I lit. b VOB/A von der Wertung auszuschließen.

Die BGH-Rechtsprechung wird denn auch auf breiter Front übernommen:

Stellt sich im Rahmen der Überprüfung heraus, dass ein Bieter Abschläge bei den Angeboten seiner Nachunternehmer gemacht hat, so ist die **Preisangabe nicht unwahrhaftig**, selbst wenn der Bieter den durch seinen Nachunternehmer angebotenen Preis für überhöht hält. Der Bieter ist gerade nicht verpflichtet, den Preis des Nachunternehmerangebotes in sein eigenes Angebot zu übernehmen. Er kann daran sehr wohl **Zu- oder Abschläge** vornehmen[2308].

Eine Bewerbung um den Auftrag kann nicht erfolgreich sein, wenn das abgegebene Angebot durch die unterlassene, von der Vergabestelle **geforderte Aufgliederung der Einheitspreise in Lohn- und Materialkosten** gegen § 21 Nr. 1 I VOB/A verstößt und damit gemäß § 25 I Nr. 1 lit. b VOB/A von der Wertung der Angebote auszuschließen ist[2309].

Die **unzulässige »Mischkalkulation«**, die den Bereich der Leistungsbeschreibung zu Einheitspreisen (§ 5 Nr. 1 lit. a VOB/A) betrifft, ist zwar eine **typische**, aber **nicht die einzige Form einer unzutreffenden Preisangabe**. Somit setzt die Anwendung des Ausschlusstatbestandes des § 21 Nr. 1 I 3 VOB/A nicht die Feststellung einer Auf- und Abpreisung voraus. Eine unzutreffende Preisangabe liegt bereits dann vor, wenn der Bieter in den Preis für eine gemäß § 5 Nr. 1 lit. b VOB/A nach Umfang und Ausführungsart genau bestimmte Leistungsposition

2308 OLG Düsseldorf, Beschl. v. 26. 7. 2006 (VII-Verg 19/06), VS 2007, 20.
2309 VK Nordbayern, Beschl. v. 8. 5. 2007 (21.VK-3194-20/07), VS 2007, 48 [LS].

– hier: Baustelleneinrichtung – Kosten für Leistungen einbezieht, die nach den Vorgaben der Vergabestelle nicht oder nur an anderer Stelle angesetzt werden dürfen[2310]. Allerdings liegt keine unzulässige Mischkalkulation bei einem auslegbaren Leistungsverzeichnis (in casu u.a. zur Baustelleneinrichtung) vor[2311].

Sind Einheitspreise in den Verdingungsunterlagen gefordert, und gibt der Bieter demgegenüber nur **unverbindliche Richtpreise** an, so stellt dies eine unzulässige Änderung an den Verdingungsunterlagen dar. Das entsprechende Angebot ist zwingend auszuschließen[2312].

Verneinen die Ausschreibungsunterlagen ausdrücklich ein Verbot von **Minuspreisen**, so bedeuten negative Einheitspreise nicht ohne Weiteres ein Fehlen der geforderten Preisangabe (§ 25 Nr. 1 I lit. b i.V.m. § 21 Nr. 1 I 3 VOB/A). Sie lösen auch nicht in jedem Falle eine Pflicht der Vergabestelle aus, vom Bieter – zur Ausräumung des Verdachts einer unzulässigen Mischkalkulation – Erläuterungen zu verlangen[2313].

Merke:
1. Angebote mit symbolischen Auspreisungen von »1 €« oder »1 ct« sind keineswegs zwingend auszuschließen.
2. Wird, wie in dem vom BGH entschiedenen Fall, ein Angebot mit offensichtlichen oder erklärtermaßen »mischkalkulierten« Preisen angeboten, so muss zwingend ein Ausschluss erfolgen[2314, 2315].
3. Es ist betreffend den i.d.R. vorzunehmenden Aufklärungsprozess streng zwischen erster Wertungsstufe (formaler Prüfung) und dritter Wertungsstufe (Prüfung der preislichen Angemessenheitsprüfung) zu trennen[2316].
4. Erweisen sich die niedrig bepreisten Positionen als nachvollziehbar, weil z.B. bei einem Bieter Kosten für die Gerüststellung nicht in Ansatz gebracht werden müssen, so ist dies seriös kalkuliert und auch nicht intransparent. Es gibt m.a.W. keinen automatischen, stereotypen Ausschluss von Angeboten mit »Cent«-Positionen[2317]. Allerdings ist Bietern, deren Kalkulation eine solche Besonderheit aufweist, dringend zu empfehlen, den Schritt voran zu tun und dies im Angebot zu vermerken.
5. Die Vergabestelle ist berechtigt und ggf. verpflichtet[2318], bei »Ausreißer«-Positionen nachzufragen und anhand der soeben genannten Richtlinien über einen

2310 OLG Koblenz, Beschl. v. 2. 1. 2006 (Verg 6/05), NZBau 2006, 266 = VergabeR 2006, 233 = VS 2006, 8 [LS].

2311 OLG München, Beschl. v. 24. 5. 2006 (Verg 10/06), VergabeR 2006, 933 =VS 2006, 46.

2312 VK Thüringen, Beschl. v. 3. 3. 2006 (360-4002-20-004/06-ABG), VS 2006, 31 [LS].

2313 OLG Dresden, Beschl. v. 28. 3. 2006 (WVerg 4/06), VergabeR 2006, 793 = VS 2006, 47 [LS].

2314 Siehe auch OLG Brandenburg, Beschl. v. 30. 11. 2004 (Verg W 10/04), NZBau 2005, 238 = VergabeR 2005, 230, zu »Phantasiepreisen« in über 300 Positionen.

2315 So auch der Erlass des BMVBW vom 28. 10. 2004 (B 15-0 1080-114) in Ergänzung der Bewerbungsbedingungen für das »Vergabehandbuch für die Durchführung von Bauaufgaben des Bundes im Zuständigkeitsbereich der Finanzbauverwaltung (VHB)«: »*Deshalb werden Angebote, bei denen der Bieter die Einheitspreise einzelner Leistungspositionen in ›Mischkalkulationen‹ auf andere Leistungspositionen umlegt, grundsätzlich von der Wertung ausgeschlossen (§ 25 Nr. 1 Abs. 1 VOB/A)*«. Siehe dazu auch VS 2005, 3.

2316 OLG Jena, Beschl. v. 23. 1. 2006 (9 Verg 8/05), NZBau 2006, 263 = VergabeR 2006, 358.

2317 So auch OLG Rostock, Beschl. v. 15. 9. 2004 (17 Verg 4/04), NZBau 2005, 172 = VergabeR 2004, 719.

2318 So der oben zitierte Erlass des BMVBW v. 28. 10. 2004.

Ausschluss zu entscheiden. Sie muss vom Grundsatz her jedoch nicht zwingend Ermittlungen darüber anstellen, welche Preise marktgängig sind.

6. Der BGH schreibt mit dieser Entscheidung seine restriktive Rechtsprechung zur Ausschlussbedürftigkeit bei fehlenden Preisen und Erklärungen fort. Er hatte bereits im Februar 2003[2319] jede flexible Handlungsweise in Bezug auf den Ausschluss wegen fehlender Erklärungen abgelehnt. Mit der Entscheidung von 2004 dehnt er die restriktive Rechtsprechung auf den Umgang mit fehlenden Preisen aus.

(2c) Einschränkung: Zumutbarkeitsrechtsprechung

332 Die **wichtigste Einschränkung** ergibt sich aus der BGH-Rechtsprechung selbst, die in Bezug auf das Fehlen von Preisangaben beinhaltet, dass ein Ausschluss dann unzumutbar ist und unterbleiben muss, wenn ein Bieter eine spezifische Preisangabe deshalb nicht abliefern kann, weil beispielsweise ein Hersteller nur **Paketpreise** anbietet, die nicht in dem an sich geforderten Maße aufschlüsselbar sind[2320]. Dann liegt insoweit ein Recht auf unvollständige Preisangaben vor. Der Bieter ist nur im »Rahmen des Zumutbaren« zu vollständigen Erklärungen verpflichtet.

Aus heutiger Sicht kann man **sicherlich nicht mehr so weit gehen** können, die Auffassung zu vertreten, dass einzelne Preisangaben dann unterbleiben können, wenn sie nach wertender Betrachtung als **nicht wesentlich bzw. nicht wettbewerbsrelevant** anzusehen sind. Dem steht die BGH-Rechtsprechung entgegen – auch wenn es nach der Entscheidung von Mai 2004 Beschlüsse von Gerichten gegeben hat, die eine solche Einschränkung noch zulassen wollen, so etwa noch das BayObLG[2321].

(3) Etwas andere Situation bei der VOL/A

333 Gemäß der zurückhaltender gefassten **VOL/A** sind Angebote auszuschließen, wenn *»für deren Wertung* ***wesentliche*** *Preisangaben fehlen«*[2322]. Hiermit soll in Vermeidung eines übertriebenen Formalismus‹ eine gewisse Bagatellschwelle[2323] aufgestellt werden, welche den Anwendungsbereich der harten Sanktion eines zwingenden Angebotsausschlusses schmälert.

Ursache der etwas anderen Rechtslage bei der VOL/A ist, dass u.a. die Funktion der Preise bei der VOB/A eine andere ist. Dort gilt der Grundsatz des Einheitspreisvertrages (§ 5 Nr. 1 VOB/A). Die VOL/A-Ausschreibungen sind nicht selten pauschalierte Festpreisausschreibungen, so dass die Einheitspreise nicht den Ausschlag geben, sondern die Gesamtpreise. Insbesondere sind Mengenänderungen bei VOL-Vergaben – ganz anders als bei Vergaben nach der VOB/A – in der Regel kein Thema.

2319 BGH, Beschl. v. 18. 2. 2003 (X ZB 43/02), VergabE B-2-1/03 = VergabeR 2003, 313 = NZBau 2003, 293 = ZfBR 2003, 401 = BauR 2003, 1091 = EUK 2003, 54 = IBR 2003, 262.

2320 OLG München, Beschl. v. 5. 7. 2005 (Verg 9/05), VergabeR 2005, 794.

2321 BayObLG, Beschl. v. 27. 7. 2004 (Verg 14/04), VergabE C-2-14/04.

2322 So VK Bund, Beschl. v. 4. 9. 2000 (VK 2-24/00), VergabE D-1-24/00.

2323 VÜA Nordrhein-Westfalen, Beschl. v. 3. 12. 1997 (424-84-41-16/97), VergabE V-10-16/97 = ZVgR 1998, 533 = EUK 1999, 27; VÜA Sachsen, Beschl. v. 28. 7. 1997 (1 VÜA 6/96), VergabE V-13-6/96 = ZVgR 1998, 437 = Behörden Spiegel 3/1999, S. B II.

Das **Fehlen von einzelnen Zwischensummen** wird, wenn man dieser – wohlgemerkt höchstens für die VOL/A passenden – Rechtsauffassung folgt, u.U. nicht dazu führen, dass das Angebot auf der Grundlage des § 25 Nr. 1 I lit. a VOL/A ausgeschlossen werden muss. Den Maßstab für das Fehlen wesentlicher Preisangaben bildet dann die Prüfung, ob das Angebot insgesamt nachvollziehbar ist[2324].

Im Einzelfall jedoch kann diese Rechtsauffassung zu **Problemen** führen. Dies z.B. dann, wenn **gesonderte Preisangaben gefordert** sind[2325], die später in der Vertragsausführung gesondert abgerechnet werden sollen und die zu Zusatzvergütungen führen. Dies indiziert, dass die betreffenden Preisangaben als wesentlich einzuordnen sind[2326]. Ganz generell ist im Falle einer ausdrücklich geforderten Preisangabe, ggf. mit Androhung der möglichen Sanktion eines Ausschlusses zu prüfen, inwieweit nicht infolge der Grundsätze der Selbstbindung der Verwaltung ein Ausschluss erfolgen muss.

Ein etwas anders zu beurteilender Fall kann vorliegen, wenn die Preise nur **erläuterndes »Beiwerk«** sind, sie also keinerlei Abrechnungsgrundlage bilden. Mindestens müssen sie aber auch dann Gegenstand der Prüfung im Rahmen der preislichen Angemessenheit sein können. Daher sind sie vergaberechtlich selbst in einem solchen Falle keineswegs irrelevant.

Merke: Eine formalere Sichtweise bietet grundsätzlich mehr Rechtssicherheit. Jede einschränkende Auslegung dieses zwingenden Ausschlussgrundes birgt die mitunter schwierig zu beantwortende Anschlussfrage in sich, welche Preisangaben wesentlich sind und welche nicht, in welchen Fällen Ausnahmen zuzulassen sind und in welchen nicht. Zudem können schnell Fehler im Hinblick auf die Gleichbehandlung passieren, wenn der Bieter nachweist, dass unterschiedliche Beurteilungsmaßstäbe zum Ausschluss geführt haben.

ee) Fehlende Erklärungen

(1) Grundlegendes zur Rechtslage bei der VOB/A und VOL/A

334 In der **VOB/A** ist das Fehlen von Erklärungen als **zwingender Ausschlussgrund** (§ 25 Nr. 1 I lit. b i.V.m. § 21 Nr. 1 I 3 VOB/A) ausgestaltet, wobei die in § 21 enthaltene Formulierung »*sollen … die geforderten Erklärungen enthalten*« mehrheitlich zu Recht als Muss-Vorschrift verstanden wird.

In der **VOL/A** ist das Fehlen von Erklärungen demgegenüber von vornherein als **fakultativer Ausschlussgrund** ausgestaltet (§ 25 Nr. 1 II i.V.m. § 21 Nr. 1 I 1 VOL/A). Die ausschreibende Stelle verfügt also über ein Ermessen, ob sie einen Ausschluss vornimmt oder das Angebot in der Wertung belässt. Hier gibt es dem Wortlaut nach – aber auch nur dem Wortlaut nach – ein Ermessen, was z.B. anhand der Prüfung einer etwaigen Wettbewerbsrelevanz der Erklärung zum Ausschluss führt oder nicht. Durchaus nicht selten wird es jedoch auch im Anwendungsbereich der VOL/A schon aus **Gleichbehandlungsgründen** auf eine Ermessensreduzierung auf Null hinauslaufen, so dass die Vergabestelle den Ausschluss des betreffen-

2324 OLG Saarbrücken, Beschl. v. 5. 7. 2006 (1 Verg 1/06); VK Münster, Beschl. v. 17. 11. 2005 (VK 21/05).
2325 OLG Düsseldorf, Beschl. v. 4. 7. 2005 (Verg 38/05).
2326 OLG Düsseldorf, Urt. v. 25. 1. 2006 (2 U (Kart) 1/05), NZBau 2006, 464.

den Angebotes vornehmen muss. Sonach nähern sich die Rechtsfolgen fehlender Erklärungen bei VOB- und VOL-Vergaben an.

(2) Rechtslage bei der VOB/A

335 Im Anwendungsbereich der VOB/A sind, ähnlich wie bei der Handhabung fehlender oder unvollständiger Preise, **durch die jüngere BGH-Rechtsprechung Restriktionen auferlegt** worden, die dahin gehen, dass eine Ausschlussbedürftigkeit auch bei fehlenden oder unvollständigen Erklärungen zwingend anzunehmen ist.

(2a) BGH-Rechtsprechung vom Februar 2003

336 Die Kritik an der Unübersichtlichkeit, mangelnden Transparenz und Wettbewerblichkeit wurde denn auch vom BGH aufgegriffen. Die BGH-Rechtsprechung vom Februar 2003[2327] hat einen (zumindest mehrheitlichen) **Wandel hin zu einer strengen Handhabung** der zwingenden Ausschlussgründe nach § 25 Nr. 1 I VOB/A herbeigeführt.

Der Wortlaut von § 25 Nr. 1 I VOB/A (»ausgeschlossen werden«) weist gemäß BGH aus, dass der öffentliche Auftraggeber bei Vorliegen der dort aufgestellten Voraussetzungen **kein Recht zu einer wie auch immer gearteten großzügigen Handhabe** hat, sondern gezwungen ist, das betreffende Angebot aus der Wertung zu nehmen[2328]. Im Falle des Fehlens geforderter Erklärungen ändert hieran auch nichts, dass § 21 Nr. 1 S. 2 VOB/A nur als Sollvorschrift formuliert ist. Dies erklärt sich aus der Handlungsfreiheit, die außerhalb bereits bestehender rechtlicher Beziehungen in Anspruch genommen werden kann.

Sie schließt ein, nicht zur Abgabe eines bestimmten Angebots verpflichtet zu sein. Eine Gleichbehandlung aller Bieter, die § 97 II GWB von dem Ausschreibenden verlangt, ist jedoch nur gewährleistet, soweit die Angebote die geforderten Erklärungen enthalten. Da der öffentliche Auftraggeber sich durch die Ausschreibung dem **Gleichbehandlungsgebot unterworfen** hat, darf er deshalb nur solche Angebote werten.

Der **Ausschlusstatbestand** des § 25 Nr. 1 I lit. b VOB/A ist daher **auch nicht etwa erst dann gegeben, wenn das betreffende Angebot im Ergebnis nicht mit den anderen abgegebenen Angeboten verglichen werden kann**. Ein transparentes, auf Gleichbehandlung aller Bieter beruhendes Vergabeverfahren ist nur zu erreichen, wenn lediglich in jeder sich aus den Verdingungsunterlagen ergebenden Hinsicht vergleichbare Angebote gewertet werden[2329].

Dies erfordert, dass hinsichtlich jeder Position der Leistungsbeschreibung **alle zur Kennzeichnung der insoweit angebotenen Leistung geeigneten Parameter bekannt sind**, deren Angabe den Bieter **nicht unzumutbar belastet**[2330], aber aus-

2327 BGH, Beschl. v. 18. 2. 2003 (X ZB 43/02), VergabE B-2-1/03 = VergabeR 2003, 313 = NZBau 2003, 293 = ZfBR 2003, 401 = BauR 2003, 1091 = EUK 2003, 54 = IBR 2003, 262.

2328 BGH, Urt. v. 8. 9. 1998 (X ZR 85/97), NJW 1998, 3634 = BauR 1998, 1249.

2329 BGH, Urt. v. 7. 1. 2003 (X ZR 50/01), BGHZ 154, 32, 45 = VergabeR 2003, 558.

2330 Beachte: Diese Formulierung ist das Einfallstor für abermalige Relativierungen dieses Ausschlussgrundes. Vgl. BayObLG, Beschl. v. 27. 7. 2004 (Verg 14/04), VergabE C-2-14/04 = EUK 2004, 183.

weislich der Ausschreibungsunterlagen gefordert war, so dass sie als Umstände ausgewiesen sind, die für die Vergabeentscheidung relevant sein sollen.

Im Streitfall wird daher zu berücksichtigen sein, dass die Ausschreibungsunterlagen bezüglich mehr als 120 Positionen die Aufforderung enthielten, neben dem Fabrikat/Hersteller auch den Typ des angebotenen Produkts anzugeben.

Da sich beispielsweise den Positionen 5.1.190 oder 5.5.150 auch zweifelsfrei entnehmen ließ, wie die gewünschten Angaben gemacht werden sollten, wird deshalb anhand des aufgezeigten Maßstabs zu würdigen sein, dass die **Antragstellerin gleichwohl nur bei ganz wenigen dieser Positionen auch eine Typenbezeichnung angegeben hat.** Das Fehlen dieser Angabe könnte im Übrigen nicht bereits deshalb ohne weiteres als im Rahmen des § 25 Nr. 1 lit. b VOB/A unerheblich angesehen werden, weil es innerhalb der Produktpalette des angegebenen Fabrikats/Herstellers ein Modell gibt, das die in den Ausschreibungsunterlagen ansonsten verlangten Kriterien erfüllt. Sobald der benannte Hersteller unter dem angegebenen Fabrikat mehrere geeignete Produkte anbietet, wie es der Auftraggeber behauptet, ist nämlich weder die erforderliche Vergleichbarkeit mit den entsprechenden Positionen in einem insoweit vollständigen Angebot eines anderen Bieters gewährleistet noch die Möglichkeit von nachträglichen Manipulationen ausgeschlossen.

(2b) Entscheidungspraxis und Alternativen

337 Hinsichtlich der Erklarungen und deren Ausschluss wird man u.U. differenzieren müssen. In keinem Falle nachreichungsfähig, und daher unmittelbar zwingend zum Ausschluss führend, sind **produktbezogene Nachweise**, auf deren Fehlen sich auch die BGH-Rechtsprechung maßgeblich bezog.

Bei den **bieterbezogenen Nachweisen** gilt im Prinzip dasselbe, nur, dass sich u.U. oberhalb der EU-Schwelle Möglichkeiten eröffnen, über die direkte Anwendung der Richtlinienbestimmung (VKRL 2004/18/EG, Art. 51) zumindest eine Nachreichung von nicht vollständigen Nachweisen zu erreichen.

Generell gilt jedoch der **strikte Gleichbehandlungsgrundsatz**.

Macht die ausschreibende Stelle überdies in den **Vergabeunterlagen** (Bewerbungsbedingungen, Aufforderungsschreiben zur Angebotsabgabe) zur Bedingung, dass im Falle des Nichtvorliegens auch nur einer der definierten Nachweise der Ausschluss zwingend erfolgt, so bekräftigt sie – schon aus Gründen der Selbstbindung – ihre Verpflichtung zum Ausschluss.

Nachfolgend eine Übersicht über die wichtigsten Ausschlussgründe mit Rechtsprechungsnachweisen:
- Fehlende oder widersprüchliche Auskünfte zu Lohntarifen für die eingesetzten Mitarbeiter[2331]
- Unterlassene Angabe zum Fabrikat eines Beschichtungsmaterials
- Steuerliche Unbedenklichkeitsbescheinigung des Finanzamtes

2331 OLG Brandenburg, Beschl. v. 6. 11. 2007 (Verg W 12/07 – »Gebäudereinigung«), VS 4/2008, 29.

- Fehlender Gewerbezentralregisterauszug[2332, 2333]
- Fehlender Bundeszentralregisterauszug[2334]
- Unterlassene Angabe der Baustoffbezugsquellen
- Nachweis der Innungs- bzw. Kammerzugehörigkeit
- Angaben zu Lohn- und Materialkosten[2335]
- Fehlende bzw. nicht vollständige Referenzlisten[2336]
- »Sprechklauseln«, also Vorbehalte, über einzelne Punkte der Vertragsbedingungen noch eine »einvernehmliche Regelung« treffen zu wollen[2337, 2338]
- Beifügung eigener AGBs, die noch dazu der VOB/B widersprechen[2339]
- Fehlende Erklärung über den präzisen Inhalt der Vertragsbedingungen[2340]
- Fehlende Erklärung über die gesamtschuldnerische Haftung[2341]
- Ebenso besteht keine Nachreichungsmöglichkeit des Nachunternehmerverzeichnisses, weil der Einsatz von NUs kalkulationsrelevant[2342] ist. Der Bieter kann sich nicht einmal nachträglich entscheiden, Subunternehmer auszuwechseln oder gar ganz auf sie verzichten, indem er erklärt, die Leistungen nunmehr im eigenen Betrieb erbringen zu wollen[2343]. Außerdem sind die Sub-Subunternehmer anzugeben[2344]. Eine ungeschriebene Pflicht, für jeden Nachunternehmer jeden vom Vertragspartner geforderten Eignungsnachweis zu erbringen,

2332 OLG Schleswig, Beschl. v. 22. 5. 2006 (1 Verg 5/06), NZBau 2007, 257 = VS 2006, 44; VK Bund, Beschl. v. 18. 1. 2007 (VK 3-153/06); VK Münster, Beschl. v. 27. 4. 2007 (VK 6/07), VS 2007, 62; VK Brandenburg, Beschl. v. 20. 2. 2007 (2 VK 2/07), VS 2007, 55 [LS]; VK Lüneburg, Beschl. v. 27. 10. 2006 (VgK-26/2006), VS 2006, 95 [LS].

2333 Siehe die Erleichterungen gemäß dem sog. Mittelstandsentlastungsgesetz II [MEG II]), welches am 7. 9. 2007 im BGBl. (I, 2246 ff.) bekannt gemacht wurde.

2334 VK Münster, Beschl. v. 27. 4. 2007 (VK 6/07), VS 2007, 62.

2335 BayObLG, Beschl. v. 28. 12. 1999 (Verg 7/99), VergabE C-2-7/99 = NZBau 2000, 211; vgl. auch BayObLG, Beschl. v. 13. 8. 2001 (Verg 10/01), VergabE C-2-10/01v = VergabeR 2001, 402 = NZBau 2001, 643 = IBR 2002, 160.

2336 OLG Düsseldorf, Beschl. v. 7. 3. 2006 (Verg 98/05), VergabeR 2006, 811; BayObLG, Beschl. v. 9. 3. 2004 (Verg 20/03); VK Brandenburg, Beschl. v. 30. 5. 2005 (VK 21/05), VS 2006, 38.

2337 OLG Bremen, Beschl. v. 22. 10. 2001 (Verg 2/01), Leitsatz zitiert aus: VergabE C-5-2/01 = Behörden Spiegel 1/2002, S. 16.

2338 Siehe auch das Beispiel bei *Noch*, VergabeNavigator 2/2008, S. 27, 28: Bereitschaftsdienst »*Samstags nur bei spezieller vertraglicher Vereinbarung*«.

2339 OLG Naumburg, Urt. v. 26. 10. 2004 (1 U 30/04), VergabeR 2005, 261 = VS 2005, 6; VK Saarland, Beschl. v. 1. 3. 2005 (1 VK 1/2005), VS 2006, 55 [LS]; VK Hannover, Beschl. v. 21. 7. 2004 (26045-VgK 24/04), VergabE E-9a-24/04; VK Sachsen, Beschl. v. 14. 1. 2004 (1 VK 153/03), VergabE E-13-153/03; VK Münster, Beschl. v. 9. 4. 2003 (VK 5/03), VergabE E-10e-7/03; VÜA Bayern, Beschl. v. 12. 5. 1999 (VÜA 12/98 – »Aktive Netzwerkkomponenten«), VergabE V-2-12/98.

2340 VK Arnsberg, Beschl. v. 15. 6. 1999 (VK 2/99), VergabE E-10a-2/99 = EUK 2000, 74.

2341 OLG Düsseldorf, Beschl. v. 29. 3. 2006 (VII-Verg 77/05); OLG Dresden, Beschl. v. 6. 4. 2004 (WVerg 1/04), VergabeR 2004, 609.

2342 BGH, Urt. v. 18. 9. 2007 (X ZR 89/04), NZBau 2008, 137 = VergabeR 2008, 69 = VS 2007, 95; OLG Düsseldorf, Beschl. v. 21. 12. 2005 (Verg 69/05);OLG Naumburg, Beschl. v. 26. 1. 2005 (1 Verg 21/04); BayObLG, Beschl. v. 1. 3. 2004 (Verg 2/04), VergabeR 2004, 343; BayObLG, Beschl. v. 11. 2. 2004 (Verg 1/04); OLG Düsseldorf, Beschl. v. 30. 7. 2003 (Verg 32/03), VergabE C-10-32/03 = BauR 2004, 141 = VergabeR 2003, 687; OLG Thüringen, Beschl. v. 5. 12. 2001 (6 Verg 4/01), VergabE C-16-4/01-2 = VergabeR 2002, 256 = Behörden Spiegel 11/2002, S. 24; VK Arnsberg, Beschl. v. 22. 6. 2007 (VK 20/07), BS 2007, 63 [LS]; VK Lüneburg, Beschl. v. 4. 6. 2007 (VgK-22/2007), VS 2007, 71 [LS].

2343 OLG Düsseldorf, Beschl. v. 5. 5. 2004 (VII Verg 10/04), VergabE C-10-10/04 = EUK 2004, 103.

2344 VK Sachsen, Beschl. v. 15. 3. 2007 (1/SVK/007-07), VS 2007, 55 [LS]; VK Nordbayern, Beschl. v. 8. 3. 2007 (21.VK-3194-05/07), VS 2007, 31 [LS].

kann allerdings zumindest nach teilweiser Auffassung nicht angenommen werden[2345]. Verpflichtungserklärungen der Nachunternehmer gemäß § 8a Nr. 10 VOB/A sind formale Erklärungen i.S.d. § 21 Nr. 1 II 5 VOB/A n.F[2346].

Je präziser die Anforderungen (»Mindestanforderungen«) an die Bieter sind, desto besser. Die VK Bund[2347] hat ein Verfahren für **rechtswidrig** erklärt, in dem **pauschal auf die Eignungsnachweise des § 8 Nr. 3 VOB/A verwiesen** wurde. Sie moniert, dass aufgrund des pauschalen Hinweises auf die Regelung der VOB/A und der sich daraus ergebenden unterbliebenen, konkreten Benennung der Anforderungen an die »Erfahrungen mit Wasserbauwerken« die Eignung der Bieter nicht anhand von Mindestanforderungen überprüfbar war. Durch diese Verletzung der Veröffentlichungspflicht zur Bekanntgabe von konkreten Mindestanforderungen/Beurteilungskriterien wurde die ASt. in ihren Bieterrechten verletzt.

Infolge der Vielzahl dieser potentiellen Ausschlussrisiken geht man mit Recht zunehmend dazu über, die **Nachweise durch Eigenerklärungen zu ersetzen**.

Hinsichtlich des **Gewerbezentralregisterauszuges** ergibt sich eine Entlastung durch das oben bereits zitierte Mittelstandsentlastungsgesetz (mit optionaler Anforderung bei Zuschlagserteilung)[2348]. In der vergaberechtlichen Praxis existieren diesbezüglich ohnehin genügend Probleme:

- Innerhalb von drei Monaten ist es schwierig, einem Unternehmen nachzuweisen, dass es eine Ordnungswidrigkeit oder Straftat begangen habe. Hinzutreten müssen überdies eine rechtskräftige Verurteilung sowie die Erfassung im GZR.
- Es wird selten spezifiziert, **welche Art des GZR-Auszugs** verlangt wird. Zu unterscheiden sind hier insbesondere die Auszüge GZR 3 und GZR 4. Im Falle von **GZR 3** ist für jede in einem Unternehmen sowie dessen Niederlassungen bevollmächtigte Person ein Nachweis zu erbringen. Problematisch ist dies bei überregional tätigen und strukturierten Unternehmen. Hingegen ist bei **GZR 4** ein Nachweis über das Unternehmen zu erbringen. Ein Unternehmen wird aber selten Ordnungswidrigkeiten oder Straftaten selbst begehen. Vielmehr handeln Personen für das Unternehmen. Aus diesem Grund wird dieser Nachweis kaum praktische Bedeutung haben. Üblicherweise verstehen Unternehmen und öffentliche Hände hinsichtlich eines beizubringenden GZR-Nachweises den Nachweis des GZR eines Unternehmens (= GZR 4), der unproblematisch beim zuständigen Gewerbeamt abgefordert werden kann. Da aber Ordnungswidrigkeiten oder Straftatbestände selten Unternehmen an sich betreffen, sondern oft personenbezogen sind, fallen die Eintragungen im GZR 4 fast immer negativ aus.

Für die Nachweise i.S.v. GZR 3 und GZR 4 ist i.d.R. die Vorlage der Originalurkunde erforderlich. Im Falle von GZR 3 ist aber auch anerkannt, dass jährlich zu erneuernde, formulargestützte Eigenerklärungen erbracht werden können.

2345 VK Düsseldorf, Beschl. v. 23. 4. 2007 (VK-9/2007-B), VS 2007, 55 [LS].

2346 VK Münster, Beschl. v. 13. 2. 2007 (VK 17/06), VS 2007, 24.

2347 VK Bund, Beschl. v. 4. 9. 2007 (VK 1-89/07), VS 2008, 14.

2348 Zur Umgehung beschränkter Auskunftsansprüche öffentlicher Auftraggeber: *Uwer/Hübschen*, NZBau 2007, 757.

Auf den **Bundeszentralregisterauszug** sollte außer bei sehr personengebundenen Dienstleistungen, bei denen es auf ein besonderes Vertrauensverhältnis ankommt, weitestgehend verzichtet werden.

Weitere **gerichtliche Nachweise** (z.B. Bescheinigung des Insolvenzgerichts, dass kein Fall der Insolvenz vorliegt) können durch Eigenerklärungen ersetzt werden.

Eigenerklärung

»Ich/Wir erkläre(n), dass ich wir

- *meinen/unseren Verpflichtungen zur Zahlung der Steuern und Abgaben sowie der Beiträge zur gesetzlichen Sozialversicherung nachgekommen bin/sind.*
- *in den letzten 2 Jahren nicht gem. § 6 Satz 1 oder 2 Arbeitnehmerentsendegesetz mit einer Freiheitsstrafe von mehr als 3 Monaten oder einer Geldstrafe von mehr als 90 Tagessätzen oder einer Geldbuße von mehr als 2.500 Euro belegt worden sind/bin.*
- *die gewerblichen Voraussetzungen für die Ausführung der angebotenen Leistung erfülle(n)«*

Datum Unterschrift des Bieters

Alternativ sollte aus der Sicht der Bieter von Möglichkeiten der Präqualifikation Gebrauch gemacht werden.

(2c) Einschränkungen: Zumutbarkeitsrechtsprechung; ggf. Vervollständigung von Eignungsnachweisen aufgrund der VKRL

338 Ähnlich wie in den Fällen der fehlenden Angaben zu Einzelpreisen, die jedenfalls dann nicht zum Ausschluss führen dürfen, wenn sie vom Bieter objektiv nicht erlangt werden können, gilt **auch im Bereich der abzugebenden Erklärungen**, dass deren Fehlen dann nicht zum Ausschluss führen darf, wenn die **betreffenden Erklärungen aus vom Bieter nicht verschuldeten Gründen nicht abgegeben** werden können. Ein formaler Ausschluss wäre dann unzumutbar.

Das **BayObLG** hat – auf Basis der BGH-Rechtsprechung – in einer prägnanten Entscheidung vom Juli 2004[2349] für die Anerkennung von Fällen einer Nichtzumutbarkeit des Ausschlusses optiert.

> *»Fordert der Auftraggeber bestimmte Erklärungen, müssen diese demnach grundsätzlich und ohne Rücksicht darauf, ob und in welcher Weise sie Wettbewerbsrelevanz haben, abgegeben werden. Von diesem Grundsatz, dass bei Fehlen von Preisen oder geforderten Erklärungen ein Angebot zwingend auszuschließen ist, sind aber Ausnahmen zuzulassen. Zwar hat der BGH in der erwähnten Entscheidung vom 18.2.2003 Ausnahmen nicht erwähnt. Doch würde die strikte Anwendung des Grundsatzes dazu führen, dass auch Angebote von der Wertung auszuschließen wären, bei denen entweder nur unbedeutende oder sich auf den Wettbewerb in keiner Weise auswirkende Erklärungen fehlen. Folge wäre dann der Ausschluss von wertvollen Angeboten nur aufgrund kleinerer Versehen oder Ungenauigkeiten, obwohl bei dem großen Umfang*

2349 Beachte: Diese Formulierung ist das Einfallstor für abermalige Relativierungen dieses Ausschlussgrundes. Vgl. BayObLG, Beschl. v. 27. 7. 2004 (Verg 14/04), VergabE C-2-14/04 = EUK 2004, 183.

mancher Leistungsverzeichnisse ein völlig fehlerfreies Ausfüllen die Ausnahme darstellen dürfte. So lässt sich bereits der Entscheidung des BGH selbst eine gewisse Einschränkung entnehmen, da der Bieter nur im »Rahmen des Zumutbaren« zu vollständigen Erklärungen verpflichtet ist. Ist demnach eine Wettbewerbsrelevanz offensichtlich ausgeschlossen, kann also das Fehlen der geforderten Erklärungen unter keinem denkbaren Gesichtspunkt zu einer Wettbewerbsbeeinträchtigung führen[2350], ist das Angebot des Bieters nicht als unvollständig zu behandeln. Das gleiche gilt, wenn die Erklärung üblicherweise erst nach Auftragserteilung abzugeben ist[2351].«

Das **OLG Bremen**, welches sich im Jahre 2000 für eine flexible Handhabung der Ausschlussgründe ausgesprochen hatte, **übernahm** die **restriktivere Sichtweise des BGH**[2352]. In einer Entscheidung vom August 2003 hat der Senat – dem BGH folgend – seine Meinung revidiert[2353] (Leitsatz):

> *»In Abänderung der bisherigen Rechtsprechung des Senats und der sich in deren Gefolge herausgebildeten Bremischen Verwaltungspraxis erscheint ein Festhalten an der Auffassung, dass unausgefüllte oder nicht vollständig ausgefüllte Formblätter (EFB) nicht zwingend zu einem formalen Angebotsausschluss führen, »äußerst fraglich«. Vielmehr dürfte es* ***zukünftig so sein, dass jede Art von unvollständig ausgefüllten Formblättern zwingend zu einem Angebotsausschluss führen****, und zwar auch dann, wenn sie nur allgemein die Kalkulation des Bieters erläutern, und nicht konkrete Positionen des Leistungsverzeichnisses betreffen.«*

Vereinzelte Entscheidungen, die aber als absolute Mindermeinungen zu kennzeichnen sind, deuten auf ein »Durchschimmern« der **früheren Wesentlichkeitsrechtsprechung** hin, wonach es im Hinblick auf einen etwaigen Ausschluss auf die Wettbewerbsrelevanz der Erklärungen bzw. deren Wesentlichkeit für den späteren Vertrag ankommen soll. Die Wesentlichkeitsrechtsprechung ist aber nicht mit der Zumutbarkeitsrechtsprechung dahingehend zu verwechseln, dass alles, was nicht wesentlich ist an Erklärungen nicht zum Ausschluss führen könne. Die Zumutbarkeitsrechtsprechung beinhaltet lediglich, dass nur dann, wenn der Bieter objektiv eine formale Anforderung nicht erbringen kann, er nicht ausgeschlossen werden darf, weil der Ausschluss für ihn dann eine Zumutung wäre.

Dennoch hat das **OLG Saarbrücken**[2354] im Sinne einer fragwürdigen Ausdehnung der Zumutbarkeitsrechtsprechung hin zu einer vom BGH abgelehnten Wesentlichkeitsrechtsprechung entschieden:

2350 OLG Dresden, Beschl v. 10. 7. 2003 (WVerg 0015/02 und 0016/02), VergabE C-13-15/02-2 = VergabeR 2004, 92 = NZBau 2003, 573 = ZfBR 2003, 810 = BauR 2004, 566 = EUK 2003, 175 = IBR 2003, 568 = NZBau 2003, 573; OLG Saarbrücken, Beschl. v. 29. 10. 2003 (1 Verg 2/03), VergabE C-12-2/03 = NZBau 2004, 117 = EUK 2004, 8 = Behörden Spiegel 1/2004, S. 22; VK Münster, Beschl. v. 9. 5. 2003 (VK 7/03), VergabE E-10e-7/03 = ZfBR 2003, 622.

2351 Vgl. BayObLG, Beschl. v. 28. 5. 2003 (Verg 6/03), VergabE C-2-6/03 = ZfBR 2003, 717 = BauR 2004, 141 = VergabeR 2003, 675 = IBR 2003, 492, für einen Bauzeitenplan.

2352 Dies wird des Öfteren übersehen. Immer wieder finden sich Entscheidungen und Zitate in der Literatur, in der die Rechtsprechung des OLG Bremen vom Juli 2000 noch als gültig zitiert wird. Dem ist nicht so.

2353 OLG Bremen, Beschl. v. 20. 8. 2003 (Verg 7/2003), VergabE C-5-7/03v = EUK 2003, 140.

2354 OLG Saarbrücken, Beschl. v. 29. 10. 2003 (1 Verg 2/03), VergabE C-12-2/03 = NZBau 2004, 117 = EUK 2004, 8 = Behörden Spiegel 1/2004, S. 22.

- Das **Einreichen doppelter Angebotsformulare mit unterschiedlichen Preisen** führt dann **nicht zum Angebotsausschluss**, wenn sich aus der Gesamtzusammenstellung des Angebotes zweifelsfrei ergibt, dass die niedrigeren Angebotssummen gelten sollen.
- **§ 25 Nr. 1 I besitzt keinen zwingenden Charakter** in der Weise, dass alle Verstöße gegen die Sollvorschrift des § 21 Nr. 1 I 3 VOB/A zu einem Ausschluss führen. Sind Verstöße gegen diese Sollvorschrift so gering, dass weder der Wettbewerb noch die Eindeutigkeit des Angebotsinhalts noch das vom Auftraggeber in den Ausschreibungsunterlagen Gewollte in Gefahr gerät, so besteht kein Anlass, die Angebote auszuschließen.

Eine **Sondersituation** liegt bei Vergaben **oberhalb der Schwellenwerte** in Bezug auf die Frage des Nachreichenkönnens – oder besser: des Vervollständigenkönnens – von **Eignungsnachweisen** vor. Gemäß Art. 51 VKRL 2004/18/EG ist es möglich, vorhandene Nachweise, die nicht in der richtigen Form beigebracht sind, zu **vervollständigen:**

> *»Der öffentliche Auftraggeber kann Wirtschaftsteilnehmer auffordern, die in Anwendung der Artikel 45 bis 50 vorgelegten Bescheinigungen und Dokumente zu vervollständigen oder zu erläutern.«*

Demnach könnte man z.B. im Falle einer vorhandenen, aber unvollständigen Referenzliste (es fehlt etwa die Benennung der Ansprechpartner bei den referenzierten Unternehmen), die geforderten Adressdaten in diesem Sinne »nachreichen«, also einen verlangten Nachweis »**vervollständigen**«.

Wie weit der Anwendungsbereich der Richtlinienbestimmung reicht, und inwieweit sie die auf die strikte Gleichbehandlung ausgerichtete BGH-Rechtsprechung zu brechen vermag, ist umstritten. Konsequenterweise müsste jedoch der BGH – zumindest in einem europaweiten Vergabeverfahren, in dem die Richtlinie 2004/18/EG Geltung entfaltet – den Vorrang der europarechtlichen Regelung beachten. Paradox wäre es dann, wenn unterhalb der EU-Schwelle ein auf der Gleichbehandlung fußendes strengeres Regime gelten würde und ein solches Nachreichen im Sinne eines Vervollständigens nicht möglich wäre. Daher gibt es dem Vernehmen nach Bestrebungen, die Vorschriften der §§ 25 VOB/A und VOL/A entsprechend anzupassen. Auf den Entwurf der VOB/A 2008 (Rdn. 510) ist zu verweisen.

(3) Rechtslage bei der VOL/A

339 Bei den **VOL-Vergaben** galt bisher die Devise, dass man wegen der im Vergleich zu § 25 Nr. 1 I lit. b VOB/A anders lautenden Vorschrift des § 25 Nr. 1 II lit. a VOL/A (fakultativer Ausschlussgrund) lediglich auf die **Wettbewerbsrelevanz** der jeweils fehlenden Erklärungen achten müsse[2355].

Infolge der Betonung des **Gleichbehandlungsgrundsatzes** und der daraus resultierenden Anforderung einer gegenüber den Bietern gleichartigen Handhabung der potentiellen Ausschlussgründe wird man jedoch auch bei diesen Vergaben zuneh-

2355 Auf die Unterschiede der Ausschlussgründe zwischen VOL/A und VOB/A weist zutreffend die VK Nordbayern, Beschl. v. 28. 7. 2003 (320.VK-3194-28/03), VergabE E-2a-28/03, hin.

mend eine Ausschlussbedürftigkeit bejahen müssen[2356]. Einige Gerichte und Nachprüfungsinstanzen wehren sich jedoch gegen eine »*allzu schematische Vollständigkeitskontrolle*« im Bereich der VOL/A[2357]. Auch wird zumindest im Anwendungsbereich der VOL/A dafür plädiert, einen Ausschluss nicht vorzunehmen, wenn bestimmte Nachweise nicht in der richtigen Form erbracht sind[2358].

Ausdrücklich nicht zu folgen ist der **teilweise vertretenen Auffassung**, der gemäß der fakultative Ausschlusstatbestand des § 25 Nr. 1 II VOL/A **lediglich die angebotsbezogenen Angaben und Erklärungen** und nicht auch die eignungsbezogenen Angaben und Erklärungen erfassen soll[2359]. Es ist vielmehr zu würdigen, dass auch den Eignungsnachweisen, welche in die Beurteilung der Eignung nach § 25 Nr. 2 einfließen, ein formaler Aspekt zueigen ist, nämlich der, dass die Eignungsnachweise vorhanden sein müssen und sie im Rahmen der Prüfung auf der ersten Wertungsstufe des § 25 Nr. 1 in eine entsprechende formale Vorprüfung auf Vollständigkeit einfließen müssen. Dies gebieten bereits der Gleichbehandlungs- und Transparenzgrundsatz[2360]. Eben dieser Gleichbehandlungs- und Transparenzgrundsatz führt letztlich auch dazu, dass sich der Meinungsstreit, ob man die Vorlage der Eignungsnachweise nun unter § 25 Nr. 2 oder unter § 25 Nr. 1 II VOL/A einordnet, entschärft. Es läuft letzten Endes auf den gleichen rechtlichen Maßstab hinaus.

Eine **Alternative** zu dem Ermessen im Anwendungsbereich der VOL/A wäre, dass die ausschreibende Stelle die **Abgabe der jeweiligen Erklärungen bereits zum Zeitpunkt der Angebotsabgabe ausdrücklich** in den Vergabeunterlagen **verlangt**[2361]. Der Senat weist in dem Fall, der die Vergabe von förmlichen Postzustellungen für die Justizbehörden München betraf, darauf hin, dass in den Vergabeunterlagen nicht gefordert werde, dass die Bieter bereits mit Angebotsabgabe erklären müssen, welchen Teil der Leistungen sie durch die Deutsche Post AG oder sonstige Subunternehmer ausführen lassen wollen. Eine solche Anforderung sei insbesondere nicht in Nr. 9 LB zu sehen, wonach Subunternehmer nur nach deren Benennung und vorheriger schriftlicher Genehmigung des Auftraggebers eingesetzt werden dürften. Diese an § 4 Nr. 4 VOL/B angelehnte Bestimmung sage nichts darüber aus, dass der Bieter den beabsichtigten Subunternehmereinsatz bereits mit dem Angebot zu erklären hätte. Fordert also die Vergabestelle klar, welche **Mindestbedingungen** zu welchem Zeitpunkt für eine formal korrekte Teilnahme zu erfüllen sind, so führt dies zu einem insgesamt transparenteren Verfahren[2362]. Sind die »Angaben und Erklärungen« jedoch nicht eindeutig gefor-

2356 OLG Düsseldorf, Beschl. v. 21. 12. 2005 (Verg 69/05).

2357 OLG Schleswig, Beschl. v. 10. 3. 2006 (1 (6) Verg 13/05), VergabeR 2006, 367.

2358 So: VK Brandenburg, Beschl. v. 20. 2. 2007 (2 VK 2/07), VS 2007, 55 [LS].

2359 OLG Düsseldorf, Beschl. v. 1. 2. 2006 (Verg 83/05); OLG Düsseldorf, Beschl. v. 22. 12. 2004 (Verg 81/04), VergabeR 2005, 222; VK Bund, Beschl. v. 29. 7. 2005 (VK 3-76/05).

2360 OLG Rostock, Beschl. v. 30. 5. 2005 (17 Verg 4/05); OLG Dresden, Beschl. v. 6. 4. 2004 (WVerg 1/04), VergabeR 2004, 609.

2361 BayObLG, Beschl. v. 22. 7. 2004 (Verg 14/04), VergabE C-2-14/04v = EUK 2004, 183.

2362 OLG Düsseldorf, Beschl. v. 1. 2. 2006 (Verg 83/05); OLG Brandenburg, Beschl. v. 5. 1. 2006 (Verg W 12/05), VergabeR 2006, 554. Dezidiert hierzu auch für den Bereich der VOB/A: VK Bund, Beschl. v. 4. 9. 2007 (VK 1-89/07), VS 2008, 14.

dert, dann kann zumindest aus diesen Gründen ein Ausschluss nicht erfolgen[2363]. Die Sicht des Bieters, was als gefordert gilt, ist entscheidend[2364]. Im Zweifel gebietet sich eine restriktive Auslegung[2365].

Spezielle Anforderungen gelten im Hinblick auf nicht abgegebene Erklärungen **ausländischer Bieter**[2366]. Im Einzelfall wird die Vergabestelle gewichtige Gründe anführen müssen, um einen Ausschluss zu rechtfertigen. Sinn und Zweck der Vorschrift des § 25 Nr. 1 II lit. a VOL/A ist die Vermeidung von überflüssigem Formalismus[2367]. Dementsprechend kann ein Nachreichen von (Standard-) Vertragstexten zulässig sein, wenn dadurch das Wettbewerbsgefüge nicht beeinträchtigt wird.

Erklärungen, die **rechtmäßigerweise gar nicht abgegeben werden** können, dürfen auch bei der VOL/A gemäß der Zumutbarkeitsrechtsprechung nicht zum Ausschluss des Bieters führen. Eine im Leistungsverzeichnis verlangte, aber nicht abgegebene Streikbefreiungsregelung, mit welcher der Bieter versichern soll, dass bei der Aufgabenerfüllung durch ihn Betriebsstörungen wie Streiks nicht auftreten, kann wirksam nur von den Gewerkschaften abgegeben werden[2368]. Die VK Detmold hat diesbezüglich festgestellt, dass kein Bieter eine unbefristete und ohne Widerrufsvorbehalt versehene Streikbefreiungserklärung abgeben kann.

ff) Änderungen des Bieters an seinen Eintragungen

340 Änderungen an den Eintragungen des Bieters (§ 25 Nr. 1 I lit. b i.V.m. § 21 Nr. 1 I 4 VOB/A bzw. § 25 Nr. 1 I lit. c i.V.m. § 21 Nr. 1 II 2 VOL/A) sind ebenfalls ein zwingender Ausschlussgrund[2369].

Insbesondere bei Bleistift-Eintragungen ist Vorsicht geboten, wenngleich es keine gesetzliche oder untergesetzliche Vorschrift gibt, welche die Verwendung dokumentenechter Schreibmittel fordert. Hier ist im Einzelfall eine Würdigung vorzunehmen. Sofern eine Manipulation nicht ausgeschlossen werden kann, ist eher zu einem Ausschluss zu raten. In einigen Vergabehandbüchern wird zu Recht empfohlen, die **Verwendung dokumentenechter Schreibmittel** in den **Bewerbungsbedingungen** vorzugeben.

Im Mittelpunkt steht bei dieser Vorschrift, dass die Bieter sich dem formalen Charakter des Vergabeverfahrens nicht durch **mehrdeutige Änderungen** an ihren Eintragungen (Ausradieren, Überkleben, Abschaben etc.) entziehen sollen. Sie sollen gar nicht erst in die Lage versetzt werden, sich infolge bewusst mehrdeutiger Änderungen an den Eintragungen die Möglichkeit zu schaffen, dass die Vergabestelle diese Änderungen schon zu ihren Gunsten auslegen wird[2370].

2363 OLG Brandenburg, Beschl. v. 5. 1. 2006 (Verg W 12/05), VergabeR 2006, 554.
2364 OLG Koblenz, Beschl. v. 7. 7. 2004 (1 Verg 1/04), NZBau 2004, 571; OLG Hamburg, Beschl. v. 21. 1. 2004 (1 Verg 5/03), ZfBR 2004, 502.
2365 OLG Brandenburg, Beschl. v. 5. 1. 2006 (Verg W 12/05), VergabeR 2006, 554.
2366 VK Baden-Württemberg, Beschl. v. 24. 5. 2000 (1 VK 9/00), VergabE E-1-9/00 = EUK 2000, 107 ff.
2367 So OLG Jena, Beschl v. 13. 10. 1999 (6 Verg 1/99), VergabE C-16-1/99 = NZBau 2001, 39 = BauR 2000, 388 = ZVgR 2000, 38 = EUK 1999, 183 = Behörden Spiegel 12/1999, S. B II.
2368 VK Detmold, Beschl. v. 13. 12. 1999 (VK 22-21/99), VergabE E-10b-21/99 = EUK 2000, 91.
2369 VK Bund als VÜA, Beschl. v. 13. 12. 1999 (VK-A 17/99), VergabE U-2-17/99; VÜA Bayern, Beschl. v. 15. 7. 1999 (VÜA 41/98), VergabE V-2-41/98 = EUK 2000, 75 = Behörden Spiegel 5/2000, S. B II.
2370 OLG Saarbrücken, Beschl. v. 9. 11. 2005 (1 Verg 4/05), VergabeR 2006, 223.

Zu dem speziellen Problem des bieterseitigen **Arbeitens mit Korrekturband bzw. Korrekturflüssigkeit** (sog. »Tipp-Ex«, »Blanko-fluid« oder »Blanko-Roller«) und der sich daraus ergebenden Frage der Eindeutigkeit von Erklärungen hat sich das OLG Schleswig[2371] geäußert.

Im Ergebnis nimmt das OLG in seinem Beschluss eine andere, wesentlich **bieterfreundlichere**, und im Ergebnis auch sachgerechtere, **Position** ein, als es bei den früher geäußerten Rechtsauffassungen der Vergabekammern Schleswig-Holstein, Südbayern und Sachsen-Anhalt der Fall war.

Bisherige Rechtsfindung der Vergabekammern:

Die VK Schleswig-Holstein[2372] hegt in ihrer **erstinstanzlichen Entscheidung** zu dem Beschluss des OLG Schleswig zwar dahingehend keine Bedenken, dass sich die Korrektursubstanz durch Gebrauch ablösen könne. Vielmehr habe die Kammer nach eingehender Begutachtung festgestellt, dass sich jedenfalls das von der Antragstellerin verwendete Korrekturband **selbst bei intensiverer mechanischer Behandlung nicht ablösen lässt**, ohne das darunter befindliche Papier (mit den ursprünglichen Eintragungen) mit zu entfernen. Die Eindeutigkeit der (geänderten) Erklärungen könne man jedoch nur dadurch herbeiführen, dass man entweder ein **Signum** (= persönliches Handzeichen) und/oder eine Datumsangabe an den Änderungen anbringe. Alternativ ließ die VK **notarielle Beurkundungen der Änderungen** zu, um die Eindeutigkeit zu belegen. Würden solche zusätzlichen Vorkehrungen fehlen, so wäre im Lichte der Korruptionsprävention dem Bedürfnis des öffentlichen Auftraggebers nicht genüge getan, dass über die Frage, ob die vorgenommenen Änderungen schon vor Angebotsabgabe oder erst im Nachhinein vorgenommen wurden, kein Streit entsteht. Das Interesse des Auftraggebers an einer **Bekämpfung von Korruptions- und Manipulationsmöglichkeiten** sei stets anerkennenswert[2373].

Die VK Südbayern[2374] sprach sich ebenfalls gegen die Zulässigkeit der Verwendung von Korrekturband bzw. -lack aus. Die dahinter stehende Erwägung war dort, dass sich solche **Korrekturen durch einfachen Gebrauch von den Angebotsunterlagen lösen** und dadurch die überschriebenen Positionen wieder sichtbar werden könnten. Die Entscheidung der VK Südbayern wurde daher – zumindest nach teilweiser Auffassung – unter Manipulations- und Korruptionsgesichtspunkten für inhaltlich richtig befunden[2375].

Die VK Sachsen-Anhalt[2376] befürwortete – mit gleicher Zielrichtung – die **Kennzeichnung von Änderungen mittels Signum und Datumsangabe**. Fehle es darüber hinaus bereits lediglich an einer Angabe des Datums, zu dem die Änderungen vorgenommen wurden, so sei das betreffende Angebot zwingend auszuschließen.

2371 OLG Schleswig, Beschl. v. 11. 8. 2006 (1 Verg 1/06), VergabeR 2006, 940.
2372 VK Schleswig-Holstein, Beschl. v. 5. 1. 2006 (VK-SH 31/05). Abdruck des nicht bestandskräftigen Beschlusses in: ZfBR 2006, 291.
2373 VK Schleswig-Holstein, Beschl. v. 21. 2. 2003 (VK-SH 03/03).
2374 VK Südbayern, Beschl. v. 14. 12. 2004 (69-10/04).
2375 So etwa: *Weyand*, IBR 2005, 704.
2376 VK Sachsen-Anhalt, Beschl. v. 7. 5. 2004 (1 VK LVwA 14/04): »*namentliche Abzeichnung samt Datumsangabe*«; VK Sachsen-Anhalt, Beschl. v. 26. 3. 2004 (1 VK LVwA 06/04).

Die VK Halle hatte in weiter zurückliegender Zeit verschiedene, zum Teil auch nicht immer einheitliche, Rechtsauffassungen vertreten. In ihren Beschlüssen von Ende 2003[2377] stellt sie kumulativ auf die Notwendigkeit eines Signums sowie auf die Erforderlichkeit einer Datumsangabe ab[2378]. Hingegen war die VK Halle in ihrem Beschluss von Ende 2001[2379] noch der Auffassung, dass neben einer eigenhändigen Unterschrift unter dem Angebot die Anbringung eines Signums bei den mittels »Blanco-fluid« vorgenommenen Änderungen ausreiche. In einem Beschluss von Ende 1999 stellte die VK Halle[2380] auf die Dokumentenechtheit der vorgenommenen Änderungen ab und gelangte zu dem Schluss, dass einzig die durchgehende Dokumentenechtheit aller Eintragungen die Unveränderlichkeit des Angebots bedeute. In einem weiteren Fall[2381] unterschied die VK Halle danach, ob es sich um bedeutsame oder unbedeutsame Angebotspositionen handele. Untergeordnete Positionen könnten, sofern die Gesamtleistung in sich abgeschlossen und unzweifelhaft angeboten worden sei, auch zu einem späteren Zeitpunkt gesondert in Auftrag gegeben werden. Dies widerspreche nicht grundsätzlich der Wertbarkeit des nur in einem Punkt geänderten Angebots, sofern davon ausgegangen werden könne, dass es nicht nachträglich modifiziert worden sei.

Reichweite der Entscheidung des OLG Schleswig

Das OLG Schleswig berichtigt die zuvor aufgezeigte Rechtsfindung der Vergabekammern dahingehend, dass **Bietern Änderungen an ihren Eintragungen vermittels Korrekturlack oder Korrekturband generell möglich sind**, ohne dass damit gleich zwingend der Ausschlusstatbestand des § 25 Nr. 1 I lit. c VOL/A i.V.m. § 21 Nr. 1 II 2 VOL/A (bzw. § 21 Nr. 1 III VOLA 2006) verwirklicht wird.

Ein bedeutender Ertrag der Entscheidung des Vergabesenats besteht auch darin, dass es danach **nicht darauf ankommt, ob wesentliche oder unwesentliche Positionen abgeändert wurden**. Vielmehr stellt der Senat mit Wirkung für jede Art von Positionen bzw. sonstigen Eintragungen fest: Wenn sich das verwendete Korrekturband »*selbst bei intensiverer mechanischer Behandlung nicht ablösen lässt, ohne das darunter befindliche Papier (...) mit zu entfernen*« und überdies die auf dem Korrekturband eingetragenen Zahlen handschriftlich und mit dokumentenechter Schreibflüssigkeit geschrieben worden sind, dann können die im Angebot vorgefundenen Erklärungen hinsichtlich ihres Inhalts oder ihrer Authentizität keinen Zweifeln unterliegen.

Das OLG begründet diese Auffassung zu Recht damit, dass die **Handschrift** der auf dem Korrekturlack eingetragenen Zahlen mit großer Sicherheit mit derjenigen **übereinstimmt**, die bei den unkorrigiert im Angebotsvordruck eingetragenen Zahlen vorzufinden ist. Somit sind sowohl nachträgliche Manipulationen als auch »korruptive Einflüsse« auszuschließen. Gegen die nachträgliche Veränderung spricht vorliegend außerdem, dass die auf dem Korrekturband eingefügten Zahlen in der »Gesamtbetrachtung« bzw. dem Angebotsdeckblatt ihren **rechnerisch rich-**

2377 VK Halle, Beschl. v. 13. 11. 2003 (VK Hal 31/03); VK Halle, Beschl. v. 18. 9. 2003 (VK Hal 17/03).

2378 Besonders deutlich VK Halle, Beschl. v. 18. 9. 2003 (VK Hal 17/03): »*Dabei muss die Abänderung inhaltlich eindeutig sein, den Abändernden unzweifelhaft erkennen lassen sowie den Zeitpunkt der Abänderung deutlich machen*«.

2379 VK Halle, Beschl. v. 22. 10. 2001 (VK Hal 08/00).

2380 VK Halle, Beschl. v. 13. 12. 1999 (VK Hal 20/99).

2381 VK Halle, Beschl. v. 22. 7. 1999 (VK Hal 08/99).

tigen Niederschlag finden. Somit liegen zwei gewichtige Gesichtspunkte vor, die dazu führen, dass gerade keine »zweifelhaften Änderungen an den Eintragungen des Bieters« im Sinne des Ausschlusstatbestandes des § 25 Nr. 1 I lit. c VOL/A vorliegen. Hinzu kam in dem entschiedenen Fall, dass im Wesentlichen nur ein untergeordnetes Zahlenwerk, nämlich die Eintragungen der Versicherungsprämien auf den preislichen Erläuterungsblättern, die Korrekturen mittels weißem Band und nachfolgendem Überschreiben enthielt.

Das Gericht stellt schließlich zutreffend darauf ab, dass es gem. §§ 3 I, 14 II Nr. 1, V des Gesetzes zur Förderung des Mittelstands Schleswig-Holstein (Mittelstandsförderungs- und Vergabegesetz – MFG) **der Vergabestelle obliegt, Kontrollmechanismen und andere Maßnahmen zu ergreifen, um nachträgliche Manipulationen an Angeboten zu unterbinden**. Damit unterstreicht es die Rolle des öffentlichen Auftraggebers. Er, und nicht der Bieter, ist gehalten, entsprechende Präventionsmaßnahmen in den Ablauf des öffentlichen Ausschreibungsverfahrens zu implementieren. Konkret geschieht dies

- entweder durch interne organisatorische Maßnahmen
- oder dadurch, dass vom Bieter die Beifügung einer selbstgefertigten Kopie des Angebots (Zweitausfertigung) verlangt wird.

Die Vergabestelle hatte aber vorliegend solche Sicherheitsmaßnahmen nicht ergriffen. Dies wäre ihre Aufgabe gewesen. Zudem hebt das OLG hervor, dass es der Vergabestelle für den Fall des Auftretens von Zweifeln an der Eindeutigkeit der Angaben außerdem möglich gewesen wäre, nochmals nachträglich ein Angebotsdoppel von der betreffenden Bieterin zu verlangen.

Des Weiteren ist folgende rechtliche Schlussfolgerung zu ziehen: Der Ausschlussgrund der nicht zweifelsfreien Änderungen des Bieters an seinen Eintragungen ist in der VOL/A (§ 25 Nr. 1 I lit. c) identisch mit dem in der VOB/A (§ 25 Nr. 1 I lit. b i.V.m. § 21 Nr. 1 I 4 (bzw. § 21 Nr. 1 II 6 VOB/A 2006). Aus diesem Grund ist die Entscheidung des OLG Schleswig nicht nur auf die VOL/A zu beziehen, sondern auch als wegweisend für zukünftige Entscheidungen im Bereich der VOB/A anzusehen.

Bewertung und praktische Schlussfolgerungen

Betrachtet man abschließend die Entscheidung des OLG Schleswig, so wird man die dort getroffene, praktische Lösung begrüßen müssen.

Bieter sind häufig gezwungen, **Eintragungen zu den einzelnen Positionen handschriftlich vorzunehmen** und darüber hinaus auch eine Vielzahl weiterer Zahlen und Daten auf diese Weise im Angebot anzugeben. Dabei kann es leicht passieren, dass es zu einem **Verschreiben** oder zu einem **Zahlendreher** kommt. Solche Fehler können durch eine nachträgliche Korrektur (mittels Verwendung eines Korrekturbands oder eines sog. Permanent Markers) behoben werden und widersprechen nicht grundsätzlich dem Gebot der Eindeutigkeit von Eintragungen. Bieter sind daher gut beraten, wenn sie **qualitativ hochwertige Materialien** (Korrekturband, Korrekturlack oder Permanent Marker) verwenden und die Änderungen mit dokumentenechten Stiften handschriftlich vornehmen sowie kenntlich machen. Sofern dies den Bietern nicht ausreicht, steht es ihnen frei, eine freiwillige Fotokopie des Angebots zu fertigen und im Falle des Auftretens von Zweifeln an der Eindeutigkeit von Eintragungen der Vergabestelle auf Verlangen vorzulegen.

Die **Vergabestellen** ihrerseits sollten sicherstellen, dass im Rahmen der eingehenden Prüfung der Angebote nach dem **Vier- oder Sechs-Augen-Prinzip** eine erste Sichtung auf Zweifelsfreiheit von Eintragungen vorgenommen wird. Überdies sollten zusätzliche Kontrollmechanismen von der Angebotsöffnung bis hin zum letzten Schritt der Wertung seitens der Vergabestelle eingerichtet werden.

Im Übrigen wäre jede nach Öffnung der Angebote stattfindende Änderung von Eintragungen des Bieters im Wege von Nachverhandlungen gemäß § 24 VOL/A unstatthaft. **Eintragungsfehler** können auf diesem Wege **nicht mehr korrigiert** werden[2382].

gg) Änderungen an den Verdingungsunterlagen

341 Die **Gleichbehandlung** (§ 97 II GWB) und die im Rahmen der Wertung anzustrebende **Vergleichbarkeit der Angebote** erfordern den Ausschluss von Angeboten, welche Änderungen oder Ergänzungen an den Verdingungsunterlagen enthalten (§ 25 Nr. 1 I lit. b i.V.m. § 21 Nr. 1 II VOB/A bzw. § 25 Nr. 1 I i.V.m. § 21 Nr. 1 III VOL/A)[2383]. Ein die Verdingungsunterlagen abänderndes Angebot muss schon deshalb unberücksichtigt bleiben, weil es wegen der sich nicht deckenden Willenserklärungen zwischen Auftraggeber und Auftragnehmer nicht zu dem beabsichtigten Vertragsabschluß führen kann[2384].

Der Tatbestand der Änderungen oder Ergänzungen an den Verdingungsunterlagen erfasst nicht den Fall, dass ein Bieter nach außen ein ausschreibungskonformes Angebot abgibt, intern jedoch mit abweichenden Parametern **kalkuliert**[2385]. Dies ist die Frage der Angemessenheitsprüfung im Rahmen der dritten Wertungsstufe der §§ 25 Nr. 3 VOB/A bzw. VOL/A.

Das Verbot von Abweichungen vom Leistungsverzeichnis gilt für die **förmlicheren Verfahren** (Offenes, Nichtoffenes Verfahren; Öffentliche Ausschreibung, Beschränkte Ausschreibung), entfaltet sinngemäß aber auch Geltung für das Verhandlungsverfahren bzw. die Wettbewerbliche Freihändige Vergabe[2386].

(1) Keine versteckten Nebenangebote

342 Die Vergabestelle soll **nicht mit versteckten Nebenangeboten konfrontiert** werden. Diese sind nicht ohne Grund gemäß § 21 Nr. 3 VOB/A bzw. § 21 Nr. 2 VOL/A an besonderer Stelle bzw. auf besonderer Anlage zu unterbreiten. Grundsätzlich soll daher im Interesse der Sicherheit der Vergabestelle als Hauptangebot

2382 OLG Celle, Beschl. v. 11. 7. 2002 (13 Verg 6/02), VergabE C-9-6/02 = Behörden Spiegel 8/2002, S. 18.

2383 BGH, Urteil v. 8. 9. 1998 (X ZR 85/97), WuW 1998, 1245; OLG Saarbrücken, Beschl. v. 9. 11. 2005 (1 Verg 4/05), VergabeR 2006, 223; BayObLG, Beschl. v. 29. 10. 2004 (Verg 22/04), NZBau 2005, 234 = VergabeR 2005, 74; VK Bund, Beschl. v. 27. 1. 2005 (VK 1-225/04); VK Bund, Beschl. v. 14. 9. 1999 (VK A-7/99), VergabE D-1-14/99 = EUK 2000, 91; VK Nordbayern, Beschl. v. 27. 2. 2007 (21.VK-3194-04/07), VS 2007, 31 [LS].

2384 VK Nordbayern, Beschl. v. 13. 12. 2007 (21.VK-3194-46/07), VS 2008, 6 [LS]; VK Nordbayern, Beschl. v. 13. 2. 2007 (21.VK-3194-02/07), VS 2007, 23 [LS].

2385 OLG Koblenz, Beschl. v. 26. 10. 2005 (1 Verg 4/05), VergabeR 2006, 392.

2386 BayObLG, Beschl. v. 29. 10. 2004 (Verg 22/04), NZBau 2005, 234 = VergabeR 2005, 74.

kein Angebot zum Zuge kommen, das Abweichungen der Leistung enthält[2387]. Diese Abweichungen können bei einem recht umfangreichen Leistungsverzeichnis für die Vergabestelle sehr überraschend sein. Ihr ist es deshalb nicht zuzumuten, alle Angebote der Bieter Blatt für Blatt auf Abweichungen hin durchzusehen. Wenn der Bieter von den Vorgaben abweichen will, so muss er dies gegenüber der Vergabestelle bekunden und offiziell ein Nebenangebot unterbreiten oder zumindest ein erläuterndes Beiblatt zum Hauptangebot anfügen[2388].

(2) Bagatellschwelle; Unbestimmtheit; Sprechklausel

343 **Geringfügigste technische Änderungen**, über die im Rahmen der VOB-Vergaben in gewissem Umfang – insbesondere bei **Funktionalausschreibungen**, § 24 Nr. 3 VOB/A – sogar verhandelt werden kann, bleiben außer Betracht. Insoweit gilt eine gewisse Bagatellschwelle[2389].

Allerdings ist bei Ausschreibungen mit **vollständigem Leistungsverzeichnis** hinsichtlich der Bagatellschwelle – auch je nach Spruchkörper – eine gewisse Vorsicht geboten, weil es im Grundsatz keine Rolle spielt, ob die vorgenommenen Änderungen wichtige oder wichtige Leistungsteile betreffen[2390]. Auch auf den Gesichtspunkt der Wettbewerbsrelevanz der Abweichungen kommt es prinzipiell nicht an[2391].

Daher ist der Bieter umso mehr gefordert, bei Unstimmigkeiten oder Zweifeln frühzeitig an den öffentlichen Auftraggeber heranzutreten und sich selbst Aufklärung zu verschaffen. Der öffentliche Auftraggeber muss dann aufklärende bzw. gegebenenfalls korrigierende Mitteilung an alle anderen Bieter machen[2392].

Außerdem ist zu den Ausschlussgründen zu rechnen ein Angebot, das **nicht hinreichend bestimmt** formuliert ist und Bedingungen festsetzt, unter denen es abgegeben wird. Werden in einem Nebenangebot nur vage Einsparungsvorschläge gemacht, so ist es auszuschließen[2393].

Bei der Prüfung der Eindeutigkeit und Zweifelsfreiheit der Angebote sind **rechtliche**, nicht jedoch wirtschaftliche **Kriterien** ausschlaggebend. Vermerke des Bieters wie

- *»im Auftragsfall werden die Komponenten festgelegt und aufgelistet«*[2394]
- oder beispielsweise (bei zwingend ausgeschriebenem Wartungs-Bereitschaftsdienst samstags 7.30 Uhr bis 14.00 Uhr) im Falle von Zusätzen wie *»samstags nur bei spezieller vertraglicher Vereinbarung«*[2395]

2387 BGH, Urt. v. 5. 11. 2002 (X ZR 232/00), BauR 2003, 240; OLG Dresden, Urt. v. 27. 1. 2006 (20 U 1873/05), VergabeR 2006, 578; OLG Düsseldorf, Beschl. v. 20. 5. 2005 (Verg 19/05); OLG Dresden, Beschl. v. 10. 7. 2003 (WVerg 16/02), VergabeR 2004, 92.

2388 OLG Saarbrücken, Beschl. v. 9. 11. 2005 (1 Verg 4/05), VergabeR 2006, 223.

2389 VÜA Bayern, Beschl. v. 4. 2. 1999 (VÜA 3/98), VergabE V-2-3/98.

2390 OLG Koblenz, Beschl. v. 9. 6. 2004 (1 Verg 4/04), ZfBR 2005, 208.

2391 OLG Düsseldorf, Beschl. v. 15. 12. 2004 (Verg 47/04), VergabeR 2005, 195.

2392 BayObLG, Beschl. v. 22. 6. 2004 (Verg 13/04), VergabeR 2004, 654.

2393 VÜA Bund, Beschl. v. 23. 8. 1994 (1 VÜ 3/94), VergabE U-1-3/94 = WuW/E VergAB, 9; Siehe auch VÜA Nordrhein-Westfalen, Beschl. v. 26. 8. 1997 (424-84-41-17/97), VergabE V-10-17/97= ZVgR 1998, 542 = VgR 2/1998, 43.

2394 VÜA Bayern, Beschl. v. 24. 6. 1999 (VÜA 30/98), VergabE V-2-30/98 = EUK 2000, 10 = Behörden Spiegel 1/2000, S. B IV.

2395 Siehe das Beispiel bei *Noch*, VergabeNavigator 2/2008, S. 27, 28.

sind als sog. »**Sprechklausel**« unstatthaft und führen **zwingend zum Ausschluss** des Angebotes.

(3) Verschlechterung; Verbesserung; Abweichungen in Begleitschreiben; Lösungsansätze

Eine Ausschlussbedürftigkeit gilt **344**
- nicht nur dann, wenn eine Leistung angeboten wird, die in einer **Verschlechterung** der Leistung besteht,
- sondern ausdrücklich auch dann, wenn eine Abweichung angeboten wird, die in einer **Verbesserung** der Leistung besteht.

Damit ist festzuhalten, dass es auf die **Änderung an sich** ankommt, nicht jedoch auf die Frage, ob der Bieter dadurch nicht gar eine Verbesserung anbietet (gegen welche die Vergabestelle ja in der Sache nichts einzuwenden haben sollte, eher im Gegenteil).

Merke: Auch **Änderungen und Abweichungen in Begleitschreiben des Bieters** zum Angebot werden nach herrschender Auffassung als Bestandteil des Angebotes begriffen. Wird in einer Ausschreibung verlangt,
- dass eine Dienstleistung *»nach **Wunsch** des Auftraggebers innerhalb von 2 Stunden«* sichergestellt werden muss,
- offeriert der Bieter dann jedoch – unter ausdrücklicher Anerkennung des Leistungsverzeichnisses auch nochmals in diesem Begleitschreiben eine Dienstleistung *»nach **Bedarf** des Auftraggebers innerhalb von 2 Stunden«*,

so führt dieser nicht nur völlig unnötige, sondern sogar schädliche Zusatz zwingend zu einem Ausschluss[2396].

Ein wenig entschärfen kann die Vergabestelle das Problem, in dem sie einfach **Mindesteigenschaften bzw. Mindestgrößen** vorgibt, beispielsweise Mindestzeiten bei der Wartungsbereitschaft. Heißt es also:
- *»**mindestens** 7.30 Uhr bis 18.00 Uhr«*
- anstatt kategorisch *»7.30 Uhr bis 18.00 Uhr«*,

so ist eine Wertungsmöglichkeit für eine verbessernd angebotene Leistungsbereitschaft eröffnet. Dann sollte der öffentliche Auftraggeber sich auch überlegen, ob er die erweitert angebotenen Wartungsbereitschaftszeiten nicht mit Zusatzpunkten im Rahmen der Zuschlagsentscheidung bedenken will.

(4) Sonstige willentliche Veränderungen; Unklarheiten im LV

Wegen der für die Mitbieter entstehenden **Wettbewerbsnachteile** muss die **Beifügung eigener »Allgemeiner Geschäftsbedingungen«**[2397], die für die Vertragsabwicklung und damit für das schuldrechtliche Austauschverhältnis erhebliche **345**

2396 VK Lüneburg, ohne Beschluss (VgK 1/2007).

2397 OLG Frankfurt, Beschl. v. 8. 2. 2005 (11 Verg 24/04), VergabeR 2005, 384; VK Nordbayern, Beschl. v. 27. 2. 2007 (21.VK-3194-04/07), VS 2007, 31 [LS].

Folgen zeitigen können, als unzulässige Abweichung von den Verdingungsunterlagen qualifiziert werden[2398].

Gibt ein Bieter ein Angebot ab, das hinsichtlich 4 Gerätegruppen eine **Verkürzung der Verjährungsfrist für Gewährleistungsansprüche** von 5 Jahren auf 1 Jahr bzw. 2 Jahre vorsieht, so ist ein auf § 25 Nr. 1 I lit. b VOB/A i.V.m. § 21 Nr. 1 II VOB/A gegründeter Ausschluss rechtmäßig, weil die durch die Änderungen verursachten wirtschaftlichen und finanziellen Folgen erheblich sind[2399].

Schädlich sind des weiteren **jegliche Änderungen der Zeitabläufe**, also etwa Liefertermine[2400] oder Bauzeitenpläne[2401].

Inwieweit die Fertigung selbst verfasster Leistungsverzeichnisse ohne Anerkenntnis der Alleinverbindlichkeit des Amtsvorschlages eine Abweichung von den Verdingungsunterlagen darstellt, ist nicht entschieden[2402].

Wird auf Varianten (Wahlpositionen) angeboten, die das LV vorsieht, so müssen erst recht auch diese den vorgegebenen technischen (Mindest-)Bedingungen entsprechen, die das Leistungsverzeichnis fordert[2403].

Allerdings ist andererseits auch zu betonen, dass **Widersprüchlichkeiten bzw. Unklarheiten** in den Ausschreibungsunterlagen (Dachsockel aus »Edelstahl« bzw. »verzinktes Stahlblech«) in die **Sphäre des Auftraggebers** fallen können und daher dem Bieter nicht immer ein Vorwurf wegen unzulässiger Änderungen an den Verdingungsunterlagen gemacht werden kann[2404]. Insoweit gibt es eine Art »toten Winkel«, in dem der Bieter einen Widerspruch im Leistungsverzeichnis nicht zwingend erkennen muss, weil er das LV in einer bestimmten Richtung versteht, dies schlüssig ist und er daher keinerlei Anlass hat, eine aus seiner Sicht nicht bestehende Unklarheit zu rügen[2405].

Mit großer Deutlichkeit herausgestellt wurde vom KG[2406] in dem Fall der Bibliothek für die Technische Universität Berlin, dass eine von der Vergabestelle vorgenommene **Vermischung unterschiedlicher Standards** wie der »begehbaren« und »betretbaren« Glasdächer **nicht zu Lasten der Bieter** gehen darf. »Betretbar« bedeutet außerplanmäßige Begehbarkeit etwa zu Wartungszwecken und »begeh-

2398 OLG Naumburg, Urt. v. 26. 10. 2004 (1 U 30/04), VergabeR 2005, 261 = VS 2005, 6; OLG Düsseldorf, Beschl. v. 28. 4. 2004 (VII-Verg 2/04), VergabeR 2004, 624 = WuW 2005, 708; VK Hannover, Beschl. v. 21. 7. 2004 (26045-VgK 24/04), VergabE E-9a-24/04; VK Münster, Beschl. v. 9. 4. 2003 (VK 5/03), VergabE E-10e-7/03; VK Sachsen, Beschl. v. 14. 1. 2004 (1 VK 153/03), VergabE E-13-153/03; VÜA Bayern, Beschl. v. 12. 5. 1999 (VÜA 13/98), VergabE V-2-13/98; VÜA Bayern, Beschl. v. 22. 3. 1999 (VÜA 21/98), VergabE V-2-21/98.

2399 VK Hannover, Beschl. v. 9. 1. 2001 (VgK 4/2000), VergabE E-9a-4/00 = EUK 2001, 75 = Behörden Spiegel 4/2001, S. B II. Vgl. zu Änderungen der Lieferfristen: VÜA Bund, Beschl. v. 1. 10. 1998 (1 VÜ 12/98), VergabE U-1-12/98 = ZVgR 1999, 76 = Behörden Spiegel 2/1999, S. B II.

2400 OLG Düsseldorf, Beschl. v. 27. 4. 2005 (Verg 23/05), VergabeR 2005, 483.

2401 OLG Naumburg, Beschl. v. 6. 4. 2004 (1 Verg 3/04).

2402 Offengelassen vom OLG Naumburg, Urt. v. 26. 10. 2004 (1 U 30/04), VergabeR 2005, 261.

2403 OLG München, Beschl. v. 27. 1. 2006 (Verg 1/06), VergabeR 2006, 537.

2404 VÜA Sachsen, Beschl. v. 11. 5. 1998 (1 VÜA 6/98), VergabE V-13-6/98 = EUK 1999, 12.

2405 VK Nordbayern, Beschl. v. 4. 12. 2006 (21.VK–3194-39/06 – »Reprographische Dienstleistungen Document Center): Unklarheiten im LV bzgl. Kalt- und Heißlaminat. *»Laminieren Pos.01.01.25 bis 01.01.29 (...) Pos 01.01.29 Laminieren DIN A0 50 St.«*

2406 KG, Beschl. v. 22. 8. 2001 (Kart Verg 3/01), VergabE C-3-3/01 = VergabeR 2001, 392 = NZBau 2002, 402 = EUK 2001, 152 = Behörden Spiegel 10/2001, S. 20.

bar« bedeutet demgegenüber eine reguläre Betretbarkeit im Publikumsverkehr. Die Vergabestelle hatte die beiden Standards vermischt, indem sie in der Leistungsbeschreibung schrieb »*zu Reinigungszwecken begehbar*«.

Das KG ordnet in diesem Fall viele Sachverhalte, die strukturell einer Änderung an den Verdingungsunterlagen entsprechen, dem **Anwendungsbereich der Aufklärungsgespräche** zu. Dies galt beispielsweise bezüglich der von der ausgeschlossenen Bieterin angebotenen Garderobenschließfächer. Die Vergabestelle meinte – nach Auffassung des KG zu Unrecht –, die Bieterin habe hier entsprechend den Vorgaben nur Garderobenschränke (ohne Schließvorrichtungen) anbieten dürfen. Ähnlich verhielt es sich hinsichtlich der von der antragstellenden Bieterin angebotenen nicht frostbeständigen Fliesen für die Innenräume anstatt der verlangten frostbeständigen Fliesen. Im Falle einer solchen **technischen Änderung geringen Umfangs** könne und müsse die Vergabestelle nachträgliche Preisverhandlungen führen, § 24 Nr. 3 VOB/A. Schon früher hatte das KG zum Ausdruck gebracht, dass die Regelung des § 24 Nr. 3 VOB/A dazu dient, unnötige Angebotsausschlüsse und Aufhebungen von Ausschreibungen zu vermeiden, indem man technische Änderungen geringen Umfangs zulässt[2407].

Von der Situation geringfügiger technischer Abweichungen ist der Fall zu unterscheiden, dass **in einer Leistungsposition erheblich** und damit nicht nachverhandelbar **abgewichen wird**, diese Position insgesamt aber nur einen **untergeordneten Teil des gesamten Auftragswertes** betrifft. Hier vertritt das OLG Düsseldorf[2408] die Auffassung, dass der Ausschluss bei Änderungen an den Verdingungsunterlagen gemäß § 21 Nr. 1 II i.V.m. § 25 Nr. 1 I lit. b VOB/A **keinen Spielraum** lässt, zu prüfen, ob der Angebotsausschluss wegen Geringfügigkeit der jeweils betroffenen Leistungsposition (sachlich und wertmäßig) unterbleiben kann.

Das OLG Düsseldorf[2409] behandelte außerdem folgenden **VOL-Fall**, in dem die spürbar striktere Rechtsprechung bei Liefer- und Dienstleistungen deutlich wird: Eine Bieterin, die Rechner mit Kunststoffgehäuse angeboten hatte, wurde mit ihrem Angebot ausgeschlossen, weil sie kein konformes und damit wertbares Angebot unterbreitet hatte. Nach Auffassung des Vergabesenates ist dieser Ausschluss nach § 25 Nr. 1 I lit. d i.V.m. § 21 Nr. 1 III VOL/A völlig zu Recht erfolgt und ohne dass die Vergabestelle hier einen Entscheidungsspielraum gehabt hätte. **Auch Änderungen an den Verdingungsunterlagen, die sich auf einen einzelnen Punkt beziehen**, sind mit dem **Ausschluss vom Ausschreibungswettbewerb** sanktioniert. Den Einwand, dass mit dieser Mindestanforderung eine »extreme« Beschränkung des Wettbewerbs verbunden sei, lässt das Gericht nicht gelten. Auch wenn es so sein mag, dass 99% der auf dem Markt befindlichen Rechnergehäuse aus Kunststoff sind, so liege der sachliche Grund für das Erfordernis eines Metallgehäuses in den häufigen Umzügen der Vergabestelle. Dies bedinge, dass Rechner mit Kunststoffgehäuse nicht brauchbar sind. Im Übrigen habe es der Antragstellerin freigestanden, Rechner mit Metallgehäuse anzubieten, wie dies erkennbar

2407 KG, Beschl. v. 18. 8. 1999 (Kart Verg 4/99), VergabE C-3-4/99-2 = BauR 2000, 561 = EUK 1999, 136 = Behörden Spiegel 10/1999, S. B II.

2408 OLG Düsseldorf, Beschl. v. 29. 11. 2000 (Verg 21/00), VergabE C-10-21/00 = VergabeR 2001, 38 = EUK 2001, 43 = Behörden Spiegel 3/2001, S. B II.

2409 OLG Düsseldorf, Beschl. v. 14. 3. 2001 (Verg 32/00), VergabE C-10-32/00 = Behörden Spiegel 6/2001, S. B II.

verlangt worden war. Sie müsse sich das willentliche Abweichen von den Verdingungsunterlagen selbst zurechnen.

Im Übrigen müssen nach Auffassung des KG die **Verdingungsunterlagen nur insoweit unverändert** bleiben, als sie **rechtmäßig** sind. Der Bieter musste sich nicht darauf einlassen, die Gebrauchskosten für die Gebühren und die Wartung der Telekommunikations- und Büroeinrichtungen in das Angebot einzukalkulieren. Dass dies verlangt wurde, verstößt nach Ansicht des Gerichts gegen § 9 Nr. 2 VOB/A i.V.m. § 9 I, 9 II Nr. 1 AGBG.

Inakzeptabel sind in jedem Falle **Vermengungen von Leistungspositionen**, die einer Vergleichbarkeit der Angebote entgegenstehen[2410].

(5) Änderungswünsche des Auftraggebers

346 Werden **Vorgaben in den Verdingungsunterlagen** während der Vertragsverhandlungen mit einem Bieter **durch die Vergabestelle selbst geändert**, kann das Angebot des betroffenen Bieters – ungeachtet der Fragen, inwieweit die Vergabestelle diese Änderung in noch zulässigerweise vornehmen durfte und ob diese Änderung nicht gegenüber allen Bietern im Vergabeverfahren hätte angewandt werden müssen – jedenfalls **nicht** nach §§ 25 Nr. 7 S. 2 i.V.m. Nr. 1 I lit. b, 21 Nr. 1 II VOB/A **ausgeschlossen werden**[2411].

Nicht selten wird dies aber zu einer insgesamt anzunehmenden Rechtswidrigkeit aus anderem Grunde, und zwar der Bestimmung z.B. des § 24 Nr. 2 I VOL/A, führen – es sei denn, es handelt sich um eine funktionale Ausschreibung und es geht um eine Änderung bzw. Nachverhandlung in den engen Grenzen des § 24 Nr. 2 II VOL/A[2412].

hh) Wettbewerbsbeschränkende Absprachen

347 Angeboten von Bietern sind zwingend auszuschließen, wenn diese sich in Bezug auf die konkrete Vergabe **in wettbewerbswidriger Weise abgesprochen** haben (§ 25 Nr. 1 I lit. c VOB/A bzw. § 25 Nr. 1 I lit. f VOB/A).

Dies kann zum Beispiel unter **Ausnutzung eines Angebotskartells**[2413] geschehen, bei dem nur wenige Bieterunternehmen für die Erbringung der nachgefragten Leistung existieren. So können sie sich hinsichtlich des Preises absprechen[2414] oder auch generell in der Weise, dass sich immer nur bestimmte Unternehmen an der konkreten Ausschreibung beteiligen, um den Wettbewerb einzuschränken und dadurch Vorteile infolge Chancenerhöhung zu erlangen.

Es besteht ein **enger Zusammenhang** mit den allgemeinen **wettbewerbsrechtlichen Bestimmungen des GWB** und dem **UWG** sowie den § 2 Nr. 1 S. 3 bzw. § 2

2410 VÜA Bayern, Beschl. v. 17. 11. 1999 (VÜA 3/99), VergabE V-2-3/99 = EUK 2001, 137: Eintragungen wie *»enthalten in Position xy«*.

2411 OLG Naumburg, Beschl. v. 1. 9. 2004 (1 Verg 11/04), VergabE C-14-11/04v = VS 2005, 6.

2412 VK Nordbayern, Beschl. v. 15. 1. 2008 (21.VK-3194-49/07), VS 2008, 15 [LS].

2413 OLG Naumburg, Beschl. v. 8. 11. 2000 (1 Verg 10/00 – »Abschleppen von Fahrzeugen«), VergabE C-14-10/00v = EUK 2001, 153 = Behörden Spiegel 10/2001, S. 20.

2414 Vgl. dazu VÜA Schleswig-Holstein, Beschl. v. 26. 11. 1998 (VÜ 2/98), VergabE V-15-2/98 = EUK 1999, 59 = Behörden Spiegel 7/1999, S. B II.

Nr. 1 II VOL/A, wonach wettbewerbsbeschränkende und unlautere Verhaltensweisen bei öffentlichen Auftragsvergaben zu bekämpfen sind. Dementsprechend hat das OLG Naumburg festgestellt, dass bei der Bekämpfung wettbewerbsbeschränkender Verhaltensweisen (§ 2 Nr. 1 II VOL/A) im Wege des Ausschlusses von Unternehmen wegen einer unzulässigen wettbewerbsbeschränkenden Abrede (§ 25 Nr. 1 I lit. f VOL/A i.V.m. § 2 Nr. 1 II VOL/A) der **Maßstab des Kartellrechts, § 1 GWB**, gilt[2415].

Es bedarf aber zur **Geltendmachung dieses kartellrechtlichen Maßstabs** immer eines **vergaberechtlichen Anknüpfungspunktes**, der beispielsweise in dem verwirklichten Tatbestand einer wettbewerbsbeschränkenden Absprache liegen kann[2416]. § 1 GWB mit dem hierin normierten Kartellverbot stellt nach Meinung der Kammer keine Bestimmung über das Vergabeverfahren dar, sondern seine Verletzung ist in einem Abwehrprozess vor den Kartellgerichten zu rügen und ggf. festzustellen[2417].

In Fortentwicklung der bisher anerkannten Grundsätze, dass die **Absprache auf die konkrete Vergabe bezogen** sein muss, hat gleichfalls das OLG Naumburg[2418] Stellung genommen.

Die wettbewerbsbeschränkende Abrede erkennt das Gericht in einer **Regelung eines Unternehmenskaufvertrages**, in dem sich die Ast., die ein Tochterunternehmen der öffentlichen Hand ist, u.a. ein **Wettbewerbsverbot von 10 Jahren** ausbedungen hat. Dieser Verstoß gegen § 1 GWB a.F. und grundlegende Prinzipien des vergaberechtlichen Wettbewerbs führten zum Ausschluss der Ast. durch die Vergabekammer. Das OLG stellt heraus, dass eine »*wettbewerbsbeschränkende Vereinbarung ... bereits dann auf ein Vergabeverfahren* ***bezogen*** *im Sinne des § 25 Nr. 1 I lit. f VOL/A (ist), wenn zwischen dem Gegenstand der Vereinbarung und dem Gegenstand der Ausschreibung ein* ***enger sachlicher Zusammenhang*** *besteht*« (3. Leitsatz). Die Vereinbarung **muss nicht aus Anlass** des konkreten Vergabeverfahrens getroffen worden sein, zumal eine »*generell vereinbarte Wettbewerbsbeschränkung für das öffentliche Vergabewesen insgesamt wesentlich schädlicher – und daher bekämpfenswerter – ist als eine solche auf ein einzelnes Vergabeverfahren gerichtete Abrede*«.

Eine unbedingte **Voraussetzung für den Ausschluss** ist, dass gesicherte Nachweise für eine solche wettbewerbsbeschränkende Abrede vorhanden sind. Bloße Vermutungen und der »böse Schein« genügen nicht zur Erfüllung des Tatbestandsmerkmals »getroffene Abrede«[2419]. Die Anforderungen sind somit eher hoch.

2415 OLG Naumburg, Beschl. v. 21. 12. 2000 (1 Verg 10/00 – »Abschleppen von Fahrzeugen«), VergabE C-14-10/00. Vgl. auch: VK Bund, Beschl. v. 10. 9. 2003 (VK 1-71/03), VergabE D-1-71/03; VK Lüneburg, Beschl. v. 14. 5. 2004 (203-VgK 13/2004), VergabE E-9c-13/04, für Zusammenschlüsse von Bietern.

2416 So ausdrücklich: VK Rheinland-Pfalz, Beschl. v. 26. 10. 2004 (VK 18/04), VergabE E-11-18/04 = VS 2005, 6.

2417 Bezogen auf die Norm des § 1 UWG hält sich das LG Oldenburg, Urt. v. 16. 5. 2002 (5 O 1319/02), für unzuständig, weil in Vergabeangelegenheiten die Vergabekammern zuständig seien.

2418 OLG Naumburg, Beschl. v. 15. 3. 2001 (1 Verg 11/00), VergabE C-14-11/00 = EUK 2001, 59.

2419 So VK Hessen, Beschl. v. 21. 6. 2000 (69 d-VK 19/2000), VergabE E-7-19/00 = EUK 2000, 169.

Eine wettbewerbsbeschränkende Abrede stellt es auch dar, wenn Bieter in ein und derselben Ausschreibung **zwei Angebote abgeben** (Doppelangebote)[2420].

Die **doppelte Angebotsabgabe** tritt in mehreren Varianten in Erscheinung:
- Die doppelte Angebotsabgabe kann zum einen in der Konstellation vorkommen, dass ein Hauptbieter zwei Angebote abgibt.
- Sie kann des Weiteren in der Weise auftreten, dass ein Bieter als Mitglied zweier Bietergemeinschaften ein Angebot abgibt.
- Es kann sich ferner um den Fall handeln, dass er einmal als eigenständiger (Haupt-)Bieter ein Angebot abgibt, er jedoch gleichzeitig auch Mitglied einer anbietenden Bietergemeinschaft ist[2421].
- Ferner kann ein nur scheinbar rechtlich verschiedenes Unternehmen (z.B. durch GmbH und gGmbH bei gleicher Geschäftsführung) zwei eigenständige Angebote unterbreiten[2422].
- Außerdem kann es sein, dass zwei Niederlassungen eines Konzerns unabhängig (und in bloßer Unkenntnis) voneinander Angebote abgeben[2423].
- In besonderen Fällen kann die Vergabekammer in einer Beteiligung von zwar formaljuristisch verschiedenen Bietern, jedoch solchen, die letztendlich einem einzigen Konsortium zuzurechnen sind, eine Wettbewerbsverzerrung erkennen[2424].

Das Thüringische OLG[2425] hat im Einklang mit dem OLG Düsseldorf bekräftigt, dass ein Bieter, der sein Angebot in Kenntnis des Inhalts eines konkurrierenden Angebots erstellt und nachher abgibt, das **wettbewerbliche Geheimhaltungsgebot** des Ausschreibungsverfahrens **verletzt** (vgl. § 22 VOB/A)[2426]. Gespräche über die Bildung einer Bietergemeinschaft oder eines Nachunternehmerverhältnisses im Vorfeld einer Angebotsabgabe schaden allerdings per se nicht[2427]. Nehmen jedoch zwei konkurrierende Bieter mit jeweils gegenseitig bekannten Angeboten an einer Ausschreibung teil, so kommt dies rechtlich einer unzulässigen wettbewerbsbeschränkenden Abrede gleich.

Der Jenaer Senat hob außerdem hervor, dass die Ausschlussbedürftigkeit der Angebote auch für den Fall gilt, dass ein mit dem Leistungsverzeichnis konformes **Hauptangebot** des einen Bieters mit einem von den technischen Vorgaben der Verdingungsunterlagen abweichenden **Nebenangebot** des anderen Bieters konkurriert.

2420 OLG Düsseldorf, Beschl. v. 16. 9. 2003 (VII Verg 52/03), VergabE C-10-52/03 = VergabeR 2003, 690 = BauR 2004, 142 = EUK 2003, 156; OLG Jena, Beschl. v. 19. 4. 2004 und v. 6. 7. 2004 (6 Verg 3/04), VergabE C-16-3/04 = EUK 2004, 126; VK Schleswig-Holstein, Beschl. v. 26. 10. 2004 (VK 26/04), VergabE E-15-26/04.

2421 OLG Düsseldorf, Beschl. v. 16. 9. 2003 (VII – Verg 52/03), VergabE C-10-52/03v = VergabeR 2003, 690 = BauR 2004, 142 = EUK 2003, 156; VK Brandenburg, Beschl. v. 19. 1. 2006 (2 VK 76/05).

2422 Fall der VK Nordbayern, Beschl. v. 23. 8. 1999 (320.VK–3194-15/99), VergabE E-2a-15/99.

2423 VK Berlin, Beschl. v. 16. 11. 2005 (VK B1-49/05): Zwei Niederlassungen eines Versicherungskonzerns.

2424 So jedenfalls in einem Fall von Schulbuchbeschaffungen die VK Arnsberg, Beschl. v. 13. 7. 2004 (VK 2-9/04), VergabE E-10a-9/04 = VS 2005, 6.

2425 OLG Jena, Beschl. v. 19. 4. 2004 und v. 6. 7. 2004 (6 Verg 3/04), VergabE C-16-3/04 = EUK 2004, 126.

2426 Siehe auch: OLG Koblenz, Beschl. v. 26. 10. 2005 (1 Verg 4/05), VergabeR 2006, 392; OLG Koblenz, Beschl. v. 29. 12. 2004 (1 Verg 6/04), VergabeR 2005, 527; OLG Naumburg, Beschl. v. 30. 7. 2004 (1 Verg 10/04); OLG Düsseldorf, Beschl. v. 3. 6. 2004 (W [Kart] 14/04).

2427 OLG Koblenz, Beschl. v. 26. 10. 2005 (1 Verg 4/05), VergabeR 2006, 392.

Schließlich hat das OLG Düsseldorf[2428] hervorgehoben, dass der öffentliche Auftraggeber einen Ausschluss wegen doppelter Angebotsabgabe auf Basis des rechtlichen Tatbestandes der wettbewerbsbeschränkenden Abrede **ohne weitere Rückfragen beim Bieter** tätigen kann. Er muss sich demnach nicht, wie etwa im Falle ungewöhnlich niedriger Angebote, auf einen Dialog mit dem betreffenden Bieter einlassen.

Einen **Sonderfall** hatte das OLG Dresden zu behandeln, in dem es um einen **noch nicht rechtswirksam vollzogenen Zusammenschluss** ging. Das OLG stellt fest: Ist ein Einzelbieter mit einem anderen Unternehmen, das Mitglied einer Bietergemeinschaft ist, über eine gemeinsame Holdinggesellschaft verbunden, so besteht eine Vermutung für eine wettbewerbsbeschränkende Abrede (§ 25 Nr. 1 I lit. c VOB/A) jedenfalls dann nicht, wenn die Verbindung der »Schwesterunternehmen« bei Angebotsabgabe noch nicht rechtswirksam war[2429].

Als **Indizien für Doppelangebote/wettbewerbsbeschränkende Absprachen** kommen in Betracht[2430]:

- Verbindungen zwischen Unternehmen z.B. in Form einer Holding oder eines Zusammenschlusses zu einer Unternehmensgruppe bzw. einem Konzern (§§ 17, 18 AktG, § 36 II GWB).
- Personelle Verflechtungen zwischen den Unternehmen.
- Räumliche Nähe zwischen den Unternehmen.
- Nutzung der gleichen Infrastruktur seitens der Unternehmen.
- Übereinstimmungen in abgegebenen Angeboten (Gleichartigkeit einzelner Preise reicht nicht unbedingt aus, es kann sich zufällig um gleiche Zulieferer/Hersteller mit identischen Preisen handeln).

Das OLG Düsseldorf[2431] stellt heraus, dass bei **Erfüllung all dieser Anzeichen** die Angebote der betroffenen Bieter vom weiteren Verfahren **zwingend auszuschließen** sind. Zum eigenen Schutz sollten Bieter nach Meinung des Senats – etwa auf engen Märkten – anhand von Nachweisen bereits mit der Angebotsabgabe die besonderen Umstände und Vorkehrungen darlegen, die zwischen den Unternehmen zur Gewährleistung des uneingeschränkten Wettbewerbs existieren. Dies könne sie vor Nachteilen in späteren Verfahrensabschnitten bewahren.

Merke: Kein Doppelangebot liegt vor, wenn sich benannte Nachunternehmer von Bietern überschneiden. Sie sind nicht selbst Bieter, so dass auch die Besorgnis der Störung des Geheimwettbewerbs entfällt. Das OLG Düsseldorf[2432] hob in diesem Zusammenhang hervor, dass konkrete (und nachweisbare) Anhaltspunkte für aufeinander abgestimmte Angebote vorliegen müssen. Der Senat zog mit dieser Entscheidung eine Grenze für den Anwendungsbereich der Doppelangebote.

2428 OLG Düsseldorf, Beschlüsse v. 14. 9. 2004 (VI – W 24/04 und W 25/04), VergabeR 2005, 117 = EUK 2004, 167.
2429 OLG Dresden, Beschl. v. 28. 3. 2006 (WVerg 4/06), VergabeR 2006, 793.
2430 Siehe: *Noch*, VergabeNavigator 1/2007, S. 20.
2431 OLG Düsseldorf, Beschl. v. 27. 7. 2006 (VII-Verg 23/06), VergabeR 2007, 229.
2432 OLG Düsseldorf, Beschl. v. 13. 4. 2006 (VII-Verg 10/06), NZBau 2006, 810.

ii) Nicht zugelassene Nebenangebote

348 Der Begriff »Nebenangebot« umfasst jede Form der **Abweichung vom geforderten Angebot** einschließlich Änderungsvorschlägen[2433]. Der letztgenannte Begriff ist aus den Verdingungsordnungen getilgt worden; es ist nur noch einheitlich von Nebenangeboten die Rede. Diese können reichen von einzelnen Änderungsvorschlägen zu einigen Leistungspositionen bis hin zu kompletten technischen Alternativlösungen[2434].

Teilweise werden auch die Begriffe **»echte« und »unechte Nebenangebote«** verwendet. Gemäß dem OLG Naumburg[2435] soll gelten: Echte Nebenangebote sind solche Änderungsvorschläge, bei denen der Bieter vollständig von den Vorgaben der Vergabestelle abweicht. Unechte Nebenangebote sind Sondervorschläge, die auf der Basis des Verwaltungsentwurfes unterbreitet werden.

Ob Nebenangebote, die einzig aus Preisnachlässen (z.B. globaler Preisnachlass ohne Bedingungen) bestehen, rechtlich noch als solche zu werten und daher überhaupt zulässig sind, ist umstritten[2436].

Prinzipiell ausgeschlossen sind jedenfalls gemäß § 25 Nr. 1 lit. d VOB/A bzw. § 25 Nr. 1 lit. g VOL/A **Nebenangebote** dann, wenn sie die Vergabestelle durch **ausdrückliche Erklärung** in der Vergabebekanntmachung oder in den Vergabeunterlagen **ausschließt**. Sie muss freilich wissen, dass sie die Einholung von kreativen, innovativen Leistungen verhindert[2437].

Hat die Vergabestelle demgegenüber hierzu **keine Erklärung abgegeben**, so ist sie zu einem Ausschluss des Angebotes nicht berechtigt[2438]. Geht jedoch aus den zusätzlichen Bewerbungsbedingungen zur Leistungsbeschreibung hervor, dass bestimmte Nebenangebote nicht erwünscht sind – obwohl diese nicht grundsätzlich ausgeschlossen sind und eigentlich nach § 25 Nr. 5 VOB/A gewertet werden müssten –, so kann im Einzelfall aus Gründen der Gleichbehandlung eine Verpflichtung bestehen, den betreffenden Bieter nach § 25 Nr. 1 lit. d VOB/A auszuschließen.

Die Wertung eines Nebenangebotes kann für unzulässig erklärt werden, wenn der Bieter in Abweichung von der Leistungsbeschreibung und von dem aus den Bewerbungsbedingungen **eindeutig hervorgehenden Willen der Vergabestelle**,

2433 OLG Düsseldorf, Beschl. v. 9. 4. 2003 (Verg 69/02), VergabE C-10-69/02 = WuW 2003, 843.

2434 OLG Celle, Beschl. v. 30. 4. 1999 (13 Verg 1/99), NZBau 2000, 105 = WuW 1999, 1161 = BauR 2000, 405 = ZVgR 1999, 157 = EUK 1999, 89 = VergabE C-9-1/99 (LS): *»Der Begriff ›Nebenangebot‹ setzt eine Abweichung vom geforderten Angebot voraus, unabhängig von ihrem Grad, ihrer Gewichtung oder ihrem Umfang. Deshalb liegt ein Nebenangebot i.S.d. § 25 Nr. 1 I lit. g VOL/A auch dann vor, wenn der Auftraggeber in den Verdingungsunterlagen ein bestimmtes Verfahren zur Erreichung des Vertragsziels angegeben hat, der Bieter indes ein anderes Verfahren zur Grundlage seines Angebots gewählt hat.«*

2435 OLG Naumburg, Beschl. v. 22. 12. 1999 (1 Verg 4/99), VergabE C-14-4/99v = EUK 2000, 8.

2436 Gegen die Zulässigkeit: *Rusam* in: *Heiermann/Riedl/Rusam*, Handkommentar zur VOB, 10. Aufl. 2003, § 25 Rn. 72; s.a. VÜA Sachsen, Beschl. v. 24. 11. 1999 (1 VÜA 6/99 – »BAB A 4 Eisenach-Görlitz«), VergabE V-13-6/99. Für die Zulässigkeit: VK Schleswig-Holstein, Beschl. v. 1. 4. 2004 (VK SH 05/04), VergabE E-15-5/04.

2437 VK Bund, Beschl. v. 14. 12. 2004 (VK 2-208/04).

2438 BayObLG, Beschl. v. 21. 11. 2001 (Verg 17/01), VergabE C-2-17/01v = VergabeR 2002, 286; VK Bund, Beschl. v. 26. 3. 2002 (VK 1-7/02), VergabE D-1-7/02; VÜA Niedersachsen, Beschl. v. 25. 3. 1997 (34.2.–35. 66 Tgb.-Nr. 4/96), VergabE V-9-4/96 = ZVgR 1997, 192 = VgR 1/1998, 49.

Deichbaumaterialien selbst zur Verfügung zu stellen, ein Nebenangebot unterbreitet, das darauf beruht, dass er – der Bieter – die Erdmaterialien bereitstellt[2439]. Ähnlich kann es sich verhalten, wenn die ausschreibende Stelle erklärt, dass die zu verwendenden Spundwände im Sinne einer Mindestbedingung von der Stadt gekauft werden sollen, der Bieter jedoch die Offerte unterbreitet, dass die Stadt die Materialien lediglich zu mieten braucht oder er sie ihr sogar unentgeltlich zur Verfügung stellt. Auch die von der Vergabestelle angenommenen Mengen kontaminierten Bodens können eine solche Grenze bilden[2440].

b) Fakultative Ausschlusskriterien

349 Die zweite Kategorie von Ausschlussgründen beansprucht **keine unbedingte Geltung**. Es handelt sich um fakultative Ausschlussgründe[2441]. Die Vergabestelle ist aufgerufen, in diesen Fällen selbst zu entscheiden, ob sie einen Ausschluss vornehmen will oder nicht. Grundlage dieser Entscheidungen bildet die **richtige Ermessensausübung**[2442].

Das Ermessen kann sich jedoch – schon aus Gleichbehandlungsgründen und gestützt auf die den Gleichbehandlungsgrundsatz enorm stark herausstellenden BGH-Entscheidungen[2443] – im Einzelfall **auf Null reduzieren**[2444]. Dabei wird wieder auf die Wetbewerbswesentlichkeit der Erklärung abgestellt. So soll ein dem Auftraggeber nach dem Wortlaut von § 25 Nr. 1 II lit. a VOL/A zustehendes Ausschlussermessen jedenfalls dann regelmäßig auf Null reduziert sein, wenn Erklärungsdefizite eines Angebots für die Position eines Bieters im Wettbewerb von Belang sind[2445].

Der Fall eines im Endeffekt doch zwingenden Ausschlusses kann aber auch dann eintreten, wenn mehrere der Ausschlussgründe der §§ 25 Nr. 1 II VOB/A bzw. VOL/A gleichzeitig vorliegen. Des Weiteren ist der enge Zusammenhang mit der »eigentlichen« Eignungsprüfung der §§ 25 Nr. 2 VOB/A bzw. VOL/A nicht zu verkennen.

Ebenso ist es denkbar, dass **nachträgliche neue Erkenntnisse** zu Lasten der Teilnahmefähigkeit eines Unternehmers auftreten und die ausschreibende Stelle sogar im Wege pflichtgemäßen Ermessens (und letztlich aus Gründen der Gleichbehand-

2439 VÜA Nordrhein-Westfalen, Beschl. v. 2. 6. 1998 (424-84-41-19/97), VergabE V-10-19/97 = Behörden Spiegel 3/1999, S. B II.

2440 VK Südbayern, Beschl. v. 9. 9. 2003 (120.3-3194.1-38-08/03), VergabE E-2b-38/03 = Vergaberechts-Report 12/2003, S. 3.

2441 OLG Celle, Beschl. v. 11. 3. 2004 (13 Verg 3/03), VergabeR 2004, 542; OLG Naumburg, Beschl. v. 26. 2. 2004 (1 Verg 17/03), VergabE C-14-17/03, VergabeR 2004, 387; VK Sachsen, Beschl. v. 13. 9. 2002 (1 VK 82/02), VergabE E-13-82/02 = NZBau 2003, 64 = IBR 2002, 685.

2442 VÜA Bund, Beschl. v. 28. 5. 1997 (1 VÜ 3/97 und 4/97), VergabE U-1-3/97 = ZVgR 1997, 179; VK Sachsen, Beschl. v. 19. 4. 2000 (1 VK 27/00), VergabE E-13-27/00.

2443 BGH, Beschl. v. 18. 5. 2004 (X ZB 7/04), VergabeR 2004, 473; BGH, Beschl. v. 18. 2. 2003 (X ZB 43/02), VergabeR 2003, 313.

2444 OLG Koblenz, Beschl. v. 13. 2. 2006 (1 Verg 1/06), NZBau 2006, 667 = VS 2006, 47 [LS]; OLG Düsseldorf, Beschl. v. 1. 2. 2006 (VII Verg 83/05), VS 2006, 23 [LS]; OLG Düsseldorf, Beschl. v. 21. 12. 2005 (Verg 69/05); VK Sachsen, Beschl. v. 5. 4. 2006 (1 VK 27/06), VS 2006, 79 [LS].

2445 OLG Dresden, Beschl. v. 17. 10. 2006 (WVerg 15/06), VergabeR 2007, 215 = VS 2006, 88 [LS].

lung) zum **Wiederaufgreifen der Prüfung** der Tatbestände des § 8 Nr. 5 VOB/A bzw. § 7 Nr. 5 VOL/A gehalten ist[2446]. Dies kann etwa im Falle einer plötzlich bekannt werdenden Insolvenz der Fall sein.

In der VOB/A und der VOL/A sind **zwei gemeinsame Komplexe von fakultativen Ausschlussgründen** auszumachen:
- der Ausschluss von Bietern den Fällen des § 8 Nr. 5 VOB/A bzw. § 7 Nr. 5 VOL/A
- sowie die fehlende Kennzeichnung von Nebenangeboten bzw. Änderungsvorschlägen.

In der VOL/A ist das **Fehlen von bestimmten Angaben und Erklärungen** (§ 25 Nr. 1 II lit. a VOL/A) als fakultativer Ausschlussgrund ausgestaltet. Bei der Beurteilung kommt es dann insbesondere auf die Wettbewerbsrelevanz der fehlenden Erklärung an[2447]. In nicht wenigen Fällen kann jedoch ein Ausschluss geboten sein, wenn z.B. gehäuft Selbstzeugnisse vorgelegt werden[2448]. Hierzu wurden zuvor bereits Ausführungen gemacht.

aa) Von der Teilnahme am Wettbewerb ausgeschlossene Bieter

350 Anknüpfungspunkt dieses fakultativen Ausschlussgrundes sind die Bestimmungen des § 8 Nr. 5 VOB/A bzw. § 7 Nr. 5 VOL/A. Gemäß dieser Bestimmung **können** Unternehmen von der Teilnahme am Wettbewerb ausgeschlossen werden,

a) über deren Vermögen das Insolvenzverfahren oder ein vergleichbares gesetzlich geregeltes Verfahren beantragt oder die Eröffnung mangels Masse abgelehnt worden ist (lit. a),
b) die sich in Liquidation befinden (lit. b),
c) die nachweislich eine schwere Verfehlung begangen haben, die ihre Zuverlässigkeit als Bewerber in Frage stellt (lit. c),
d) die ihre Verpflichtung zur Zahlung von Steuern und Abgaben sowie der Beiträge zur gesetzlichen Sozialversicherung nicht ordnungsgemäß erfüllt haben (lit. d),
e) die im Vergabeverfahren vorsätzlich unzutreffende Erklärungen in Bezug auf ihre Fachkunde, Leistungsfähigkeit und Zuverlässigkeit abgegeben haben (lit. e),
f) sich nicht zur Berufsgenossenschaft angemeldet haben (nur § 8 Nr. 5 lit. f VOB/A).

2446 OLG Frankfurt, Beschl. v. 20. 7. 2004 (11 Verg 6/04), VergabeR 2004, 642; OLG Celle, Beschl. v. 22. 5. 2003 (13 Verg 10/03), VergabE C-9-10/03; OLG Düsseldorf, Beschl. v. 18. 7. 2001 (Verg 16/01), VergabE C-10-16/01 = VergabeR 2001, 419 = EUK 2001, 138 = Behörden Spiegel 9/2001, S. 19.

2447 OLG Dresden, Beschl. v. 17. 10. 2006 (WVerg 15/06), VergabeR 2007, 215 = VS 2006, 88 [LS]; OLG Koblenz, Beschl. v. 15. 3. 2001 (1 Verg 1/01), VergabE C-11-1/01v = VergabeR 2001, 445 = EUK 2001, 105 = Behörden Spiegel 7/2001, S. 18, zu einer nicht abgegebenen Auskunft zu Lohntarifen. Vgl. VK Baden-Württemberg, Beschl. v. 24. 5. 2000 (1 VK 9/00), VergabE E-1-9/00 = EUK 2000, 107, 108, 169.

2448 OLG Stuttgart, Beschl. v. 12. 5. 2000 (2 Verg 2/00), VergabE C-2-2/00 = NZBau 2000, 543 = ZVgR 2000, 165 = EUK 2000, 107, 125.

(1) Grundsätzliches

351 Insbesondere bei diesen **an die Bietereigenschaften anknüpfenden Ausschlussgründen** hat die Vergabestelle einen anerkannt sehr weiten Beurteilungs- und Ermessensspielraum[2449]. Es liegt letzten Endes in ihrer Verantwortung, dass der Vertrag mit dem Bieter auch ordnungsgemäß durchgeführt werden kann.

Die Beurteilung dieser auf die Eignung des Bieters bezogenen Ausschlussgründe kann nur im Rahmen einer sog. **Prognoseentscheidung** vorgenommen werden, die von den Nachprüfungsinstanzen lediglich begrenzt überprüft werden kann[2450].

(2) Insolvenzverfahren

352 Im Hinblick auf die Ausschlussgründe der **literae a und b** soll der Vergabestelle die Entscheidung überlassen werden, ob sie das Risiko eingehen will, ggf. mit einem solchen Unternehmen den Vertrag abzuschließen. Das **Risiko**, mit einem insolventen Unternehmen den Vertrag nicht durchführen zu können, liegt auf der Hand[2451]. Dennoch wohnt diesem Risiko auch eine Chance inne[2452]. Nicht selten besteht in diesen Fällen die Versuchung, den Bieter doch nicht auszuschließen, um ein besonders günstiges Angebot wahrzunehmen. Dem Auftraggeber kann es infolge des Beurteilungsspielraums nicht verwehrt werden, im Falle der Insolvenz mit dem Insolvenzverwalter »Verhandlungen« zu führen[2453].

Andererseits hat sich die Rechtsprechung verfestigt, dass deshalb, weil es sich um einen Ermessentatbestand handelt, **dieses Ermessen auch ausgeübt werden muss**[2454, 2455]. § 8 Nr. 5 I lit. a VOB/A, und zwar auch in Verbindung mit § 25 Nr. 1 II VOB/A, erlaubt dem öffentlichen Auftraggeber keineswegs, einen Bieter oder Bewerber allein aufgrund einer durch die Eröffnung eines Insolvenzverfahrens eingetretenen abstrakten Gefährdungslage, ohne eine gezielte und konkrete Überprüfung seiner Eignung, d.h. seiner Fachkunde, Leistungsfähigkeit und Zuverlässigkeit trotz eingeleiteten Insolvenzverfahrens, ohne Betätigung des dabei auf der Tatbestandsseite auszuübenden Beurteilungsspielraums und des auf der Rechtsfolgenseite eingeräumten Ermessens, und vor allen Dingen ohne eine Kontrolle der bei der Ausübung von Beurteilungs- und Ermessensspielräumen einzuhaltenden Grenzen, vom Wettbewerb auszuschließen[2456].

Im Falle der **Insolvenz eines der Mitglieder der Bietergemeinschaft** verhält es sich nach zumindest teilweiser Auffassung gleichermaßen dergestalt, dass, wenn ein

---

2449 OLG Saarbrücken, Beschl. v. 8. 7. 2003 (5 Verg 5/02), EUK 2003, 138 = VergabE C-12-5/02, Rn. 26; VK Bund, Beschl. v. 3. 8. 2000 (VK A-30/99), VergabE U-2-30/99; VÜA Sachsen, Beschl. v. 1. 3. 1999 (1 VÜA 17/98), VergabE V-13-17/98 = Behörden Spiegel 12/1999, S. B II.

2450 OLG Hamburg, Beschl. v. 21. 1. 2000 (1 Verg 2/99), VergabE C-6-2/99 = NVwZ 2001, 714 = Behörden Spiegel 6/2000, S. B II. In dieser Richtung auch OLG Naumburg, Beschl. v. 9. 9. 2003 (1 Verg 5/03), VergabE C-14-5/03 = VergabeR 2004, 80 = BauR 2004, 565 = EUK 2003, 157.

2451 VÜA Bayern, Beschl. v. 23. 9. 1999 (VÜA 4/99), VergabE V-2-4/99 = EUK 1999, 172 = IBR 1999, 561.

2452 Vergleiche den Fall der Insolvenz im Falle eines Bauvorhabens der Kreditanstalt für Wiederaufbau: OLG Düsseldorf, Beschl. v. 18. 7. 2005 (VII Verg 39/05), VS 2005, 92.

2453 VK Brandenburg, Beschl. v. 14. 3. 2005 (VK 7/05), VS 2006, 39 [LS].

2454 VK Arnsberg, Beschl. v. 25. 4. 2005 (VK 3/05), VS 2005, 43, 44.

2455 A.A.: VK Nordbayern, Beschl. v. 14. 4. 2005 (320.VK-3194- 9/05), VS 2005, 43, 44.

2456 OLG Düsseldorf, Beschl. v. 5. 12. 2006 (VII-Verg 56/06), NZBau 2007, 668 = VS 2007, 23 [LS].

Gesellschafter einer Bietergemeinschaft (GbR) nach Angebotsabgabe wegen Insolvenz ausscheidet, die **Bietergemeinschaft nicht allein deshalb zwingend auszuschließen** ist. Der Auftraggeber hat dann erneut die Eignung der Bietergemeinschaft zu prüfen[2457].

Das OLG Düsseldorf[2458] widerspricht dieser Ansicht. Nach seiner Auffassung ist das Angebot der Bietergemeinschaft zwingend von der Wertung auszuschließen, weil ein **Wechsel in der Identität des Bieters eintritt** und damit das Angebot nachträglich unzulässig geändert wird.

Schließt man sich der gegenteiligen Auffassung an, die keinen zwingenden Ausschluss favorisiert, so ist speziell zu prüfen, welche Regelungen die betreffenden Unternehmen getroffen haben[2459]. Die Anordnung der vorläufigen Insolvenzverwaltung über das Vermögen eines Mitglieds einer Dreier-Bietergemeinschaft nach § 21 II Nr. 2 Alt. 2 InsO (Anordnung eines Zustimmungsvorbehalts ohne gleichzeitige Anordnung eines allgemeinen Verfügungsverbots) beeinträchtigt zunächst einmal prozessual die Antragsbefugnis der verbleibenden Zweier-Bietergemeinschaft gemäß § 107 II GWB nicht, wenn schon im Vorfeld der Insolvenz in einem ARGE-Vertrag festgelegt worden war, dass ein Unternehmen bei einer vorläufigen Insolvenz durch **empfangsbedürftige Kündigung aus der Bietergemeinschaft ausscheidet.** Ein keineswegs zwingender Ausschluss gilt nach Feststellung der VK Sachsen erst recht, wenn das Insolvenzverfahren noch gar nicht eröffnet wurde.

Probleme kann das Herausfinden der richtigen **Vorgehensweise im Falle von Gerüchten über bevorstehende Insolvenzen** verursachen. Sowohl die Anzahl als auch die Seriosität der Quellen sollten bei der Beurteilung eine ausschlaggebende Rolle spielen. Pressenotizen alleine kommt kein Beweiswert zu. Für einen gerechtfertigten Ausschluss wird schon ein Bündel von Indizien zu verlangen sein. Einfache Gerüchte reichen dazu nicht aus[2460]. Die Grenze des auch diesbezüglich zuzugestehenden Ermessens ist erst dann überschritten, wenn sich die Vergabestelle auf ungeprüfte Gerüchte verlässt und eventuelle Informationen von Seiten Dritter **nicht selbst verifiziert**[2461].

Sollten sich die finanziellen **Schwierigkeiten des Unternehmens** in einer der **späteren Wertungsphasen herausstellen** bzw. der Vergabestelle trotz vorhergehender sorgfältiger Recherche erst dann bekannt werden, so ist mittlerweile entschieden, dass ein **Ausschluss** trotz der sonst geltenden strengen Prüfungsreihenfolge[2462] der Nummern 1 bis 3 des § 25 **auch dann noch gerechtfertigt** sein kann. Dies gilt sowohl im Offenen Verfahren[2463] als auch nach bereits abgeschlos-

2457 OLG Celle, Beschl. v. 5. 9. 2007 (13 Verg 9/07), NZBau 2007, 663 = VS 2007, 71 [LS]. Zu den Folgen der Insolvenz eines Mitglieds einer Bietergemeinschaft im laufenden Vergabeverfahren: *Kirch/Kues*, VergabeR 2008, 32.

2458 OLG Düsseldorf, Beschl. v. 24. 5. 2005 (Verg 28/05), NZBau 2005, 710 = VS 2005, 43, 45.

2459 VK Sachsen, Beschl. v. 13. 9. 2002 (1 VK 82/02), VergabE E-13-82/02 = NZBau 2003, 64 = IBR 2002, 685.

2460 VK Südbayern, Beschl. v. 19. 1. 2001 (27-12/00), VergabE E-2b-12/00 = EUK 2001, 74.

2461 BGH, Urteil vom 26. 10. 1999 (X ZR 30/98), NJW 2000, 661; OLG Saarbrücken, Beschl. v. 8. 7. 2003 (5 Verg 5/02), VergabE C-12-5/02, Rn. 26 = EUK 2003, 138.

2462 OLG Celle, Beschl. v. 22. 5. 2003 (13 Verg 10/03), VergabE C-9-10/03, Rn. 18 = EUK 2003, 105; VÜA Niedersachsen, Beschl. v. 6. 8. 1998 (34.2.–35.66, Tgb.-Nr. 1/97), VergabE V-9-1/97 = EUK 2000, 141.

2463 OLG Saarbrücken, Beschl. v. 8. 7. 2003 (5 Verg 5/02), VergabE C-12-5/02, Rn. 30 = EUK 2003, 138.

senem Teilnahmewettbewerb[2464]. Insoweit existiert kein Bestandsschutz eines Bewerbers. Ein Bestandsschutz für den Bieter respektive eine Selbstbindung an eine einmal getroffene Beurteilung besteht allerdings dann, wenn sachlich keine neuen Erkenntnisse aufgetreten sind und sich infolgedessen eine nachherige andersartige Beurteilung als willkürlich darstellen würde[2465].

In keinem Falle jedoch ist es erlaubt, die als solche bekannte Zahlungsschwierigkeit eines Bieterunternehmens dazu zu benutzen, die Bieterrangfolge im Rahmen der sachbezogenen Angebotswertung nach § 25 Nr. 3 zu verschieben[2466].

(3) Schwere Verfehlung

(3a) Rechtslage gemäß den Basisvorschriften

353 Der Angebotsausschluss aufgrund einer **nachweislichen schweren Verfehlung** (lit. c) kommt in Frage, wenn ein **erwiesener Korruptionsvorwurf** existiert[2467] oder andere **wettbewerbswidrige Verhaltensweisen** aufgetreten sind.

Herauszustellen ist, dass immer nur bezogen auf den Einzelfall ausgeschlossen werden darf. Die Vergaberichtlinien kennen grundsätzlich nur eine **Einzelfallprüfung**[2468]. Diese kann auch beinhalten, dass die Vergabestelle nicht zum Ausschluss eines Angebots verpflichtet ist, wenn der betreffende Bieter glaubhaft geltend macht, dass ein Mitglied der Geschäftsführung, das in eine Korruptionsaffäre verwickelt war, sich aus dem Geschäftsbetrieb zurückgezogen hat. Die Vergabestelle kann auf die Angaben des Bieters zur »**Selbstreinigung**« vertrauen[2469].

Mit schweren Verfehlungen sind nur **schwere Störungen des Vertrauensverhältnisses bzw. Hinderungsgründe für das Entstehen eines solchen** gemeint. Normale Beanstandungen im Rahmen einer Leistungserbringung stellen keine schweren Verfehlungen i.S.d. § 8 Nr. 5 lit. c VOB/A dar. Auch darf der – präventive – Ausschluss eines Bieters vom Vergabeverfahren keine Sanktion für Probleme in der Vertragsabwicklung in vorangegangenen Vergabeverfahren sein[2470].

In den letzten Jahren hat sich die Rechtsprechung verdichtet, dass **Ausschlüsse wegen schwerer Verfehlungen insbesondere bei berufsrelevanten Vergehen**

2464 OLG Düsseldorf, Beschl. v. 18. 7. 2001 (Verg 16/01), VergabE C-10-16/01 = EUK 2001, 138. Dazu auch *Byok*, F.A.Z v. 20. 10. 2001, S. 21.

2465 OLG Düsseldorf, Beschl. v. 21. 1. 2002 (Verg 45/01), VergabE C-10-45/01v = VergabeR 2002, 282 = Behörden Spiegel 4/2002, S. 20; OLG Frankfurt, Beschl. v. 20. 7. 2004 (11 Verg 6/04), VergabE C-7-6/04.

2466 Es gibt kein »Mehr« oder »Weniger« der Eignung: BGH, Urt. v. 8. 9. 1998 (X ZR 109/96), BauR 1998, 1246; OLG Celle, Beschl. v. 22. 5. 2003 (13 Verg 10/03), VergabE C-9-10/03, Rn. 18 = EUK 2003, 105; OLG Düsseldorf, Beschl. v. 5. 2. 2003 (Verg 58/02), VergabE C-10-58/02 = Behörden Spiegel 4/2003, S. 22.

2467 OLG Brandenburg, Beschl. v. 14. 12. 2007 (Verg W 21/07), VS 2008, 6 [LS]; VÜA Bund, Beschl. v. 28. 5. 1997 (1 VÜ 3/4/97), VergabE U-1-3/97 = WuW/E Verg, 39 = ZVgR 1997, 179 = VgR 6/1997, 45; VÜA Hessen, Beschl. v. 4. 6. 1998 (VÜA 10/97), VergabE V-7-10/97-1. Zu Aspekten der Korruption und diesbezüglicher Prävention in der Auftragsvergabe: *Freund*, VergabeR 2007, 311; *Ohrtmann*, NZBau 2007, 201 u. 278.

2468 VÜA Bund, Beschl. v. 26. 11. 1997 (1 VÜ 19/97), VergabE U-1-19/97 = IBR 1998, 91.

2469 OLG Brandenburg, Beschl. v. 14. 12. 2007 (Verg W 21/07), VS 2008, 6 [LS].

2470 VK Nordbayern, Beschl. v. 18. 12. 2007 (21.VK-3194-47/07), VS 2008, 7 [LS].

oder auch nur diesbezüglichen Vorwürfen (z.B. Vorteilsgewährung, Bestechung) durchaus statthaft sind[2471]. Das Vergaberecht besitzt einen eigenen Maßstab, dem auch der Grundsatz nicht entgegensteht, dass grundsätzlich niemand als strafrechtlich verurteilt gilt, solange nicht das Urteil rechtskräftig geworden ist. Ein Geschäftsführer, der sich wegen des dringenden Tatverdachts, entsprechende Vergehen begangen zu haben, in Untersuchungshaft befindet, kann den Ausschluss des Unternehmens als Bieter verursachen[2472].

Es hilft auch nichts, wenn der betreffende Noch-Nicht-Verurteilte darauf hinweist, dass das Strafverfahren nach **§ 153a StPO** wegen **geringfügiger Schuld** eingestellt werden könnte. Eine solche Einstellung betrifft lediglich das Strafmaß, ändert jedoch an der Gewichtigkeit des Strafvorwurfes grundsätzlich nichts[2173].

Sehr ausführlich hat sich das OLG Saarbrücken[2474] mit dem Ausschluss wegen schwerer Verfehlungen befasst:

Die Antragstellerin wurde gemäß § 7 Nr. 5 lit. c VOL/A von der Teilnahme am Wettbewerb ausgeschlossen, weil es ihr an der notwendigen Zuverlässigkeit fehle. Zur Begründung nahm der öffentliche Auftraggeber auf das gegen den Geschäftsführer der Antragstellerin **im Gang befindliche Ermittlungsverfahren** der Staatsanwaltschaft Saarbrücken Bezug. Gegenstand der Ermittlungen waren u.a. der **Vorwurf des Abrechnungsbetruges in 24 Fällen**, begangen in den Jahren 1999/2000, durch den einem Tochterunternehmen des Antragsgegners ein **Gesamtschaden von rund 462.000 €** entstanden sein soll. Der Antragsgegner rechtfertigte den Ausschluss des Weiteren damit, dass sich aus Zeugenaussagen im Rahmen des sog. »B.-Untersuchungsausschusses« des Landtages des Saarlandes der **dringende Verdacht** ergebe, dass sich der Geschäftsführer der Antragstellerin bei der Ausschreibung der Depotcontainerwerft im Jahr 1996 an **Preisabsprachen** mit anderen Bewerbern beteiligt habe.

Gegen den Ausschluss wendet sich die Antragstellerin im Ergebnis ohne Erfolg. Die **Ausschlussgründe** gemäß dem § 7 Nr. 5 VOL/A knüpfen gemäß den Ausführungen des Senats an Merkmale an, welche die **Eignung des Bieters** oder Bietinteressenten **in Frage stellen**. § 7 Nr. 5 lit. c korrespondiere mit § 8 Nr. 5 I lit. c VOB/A und finde seine **Entsprechung** in gleichlautenden Vorschriften der **europäischen Richtlinien in Art. 20 I LKR und Art. 29 DKR**. Danach können Unternehmer ausgeschlossen werden, die aufgrund eines rechtskräftigen Urteils aus Gründen bestraft worden sind, die ihre berufliche Zuverlässigkeit in Frage stellen. Ferner sei der Ausschluss von Unternehmern zulässig, die im Rahmen ihrer beruflichen Tätigkeit eine schwere Verfehlung begangen haben, die vom Auftraggeber nachweislich festgestellt wurde.

§ 7 Nr. 5 lit. c VOL/A fasse »beide Ausschlusstatbestände« dahingehend zusammen, dass Bewerber ausgeschlossen werden können, die nachweislich eine schwere Verfehlung begangen haben, welche ihre Zuverlässigkeit in Frage stellt. Sofern der Nachweis einer schweren Verfehlung geführt sei, verfüge der Auftraggeber bei der

2471 LG Frankfurt, Urt. v. 26. 11. 2003 (2–06 O 345/03).
2472 Grundsätzlich nicht verneint vom OLG Frankfurt, Beschl. v. 20. 7. 2004 (11 Verg 6/04), VergabE C-7-6/04.
2473 LG Frankfurt, Urt. v. 26. 11. 2003 (2–06 O 345/03).
2474 OLG Saarbrücken, Beschl. v. 18. 12. 2003 (1 Verg 4/03), VergabE C-12-4/03 = EUK 2004, 23.

Entscheidung über den Ausschluss über einen Ermessensspielraum. Wegen des Ausschlussgrundes komme es bei juristischen Personen wie der Antragstellerin selbstverständlich nicht auf diese selbst, sondern auf die **verantwortlich Handelnden** an, hier also den **Geschäftsführer der Antragstellerin**, dem der Antragsgegner strafrechtlich relevante Verfehlungen zum Nachteil seines Tochterunternehmens anlastet.

Mit Blick auf den Wortlaut des § 7 Nr. 5 lit. c VOL/A bestehe in Rechtsprechung und Schrifttum Einigkeit, dass **unspezifizierte Vorwürfe**, Vermutungen oder vage Verdachtsgründe **nicht ausreichen**[2475]. Vielmehr müssen die die schweren Verfehlungen belegenden Indiztatsachen einiges Gewicht haben. Sie müssen **kritischer Prüfung durch ein mit der Sache befasstes Gericht standhalten** und die Zuverlässigkeit des Bieters nachvollziehbar in Frage stellen.

Voraussetzung für einen Ausschluss sei, dass
- konkrete, z.B. durch schriftlich fixierte Zeugenaussagen,
- sonstige Aufzeichnungen, Belege oder Schriftstücke
- objektivierte Anhaltspunkte für schwere Verfehlungen

bestehen. Die verdachtbegründenden Umstände müssen zudem aus **seriösen Quellen** stammen und der Verdacht muss einen gewissen Grad an »Erhärtung« erfahren haben.

Das **Vorliegen eines rechtskräftigen Urteils** ist demgegenüber **nicht erforderlich**[2476]. Auch die Anklageerhebung und die Eröffnung des Hauptverfahrens brauchen nicht abgewartet zu werden. Wollte man in Fällen, bei denen die zum Ausschluss führenden Verfehlungen ein strafrechtlich relevantes Verhalten zum Gegenstand haben, verlangen, dass eine Anklageerhebung oder gar eine rechtskräftige Verurteilung erfolgt ist, so würde das in der Praxis zu schwer erträglichen Ergebnissen führen. Zwischen dem Bekanntwerden strafbarer Handlungen, der Anklageerhebung und deren rechtskräftiger Aburteilung liegen – gerade bei Straftaten mit wirtschaftlichem Bezug – oft Jahre. Dem öffentlichen Auftraggeber könne bei **dringenden Verdachtsmomenten**, zumal, wenn sich die vorgeworfenen **Taten gegen ihn selbst oder ihm nahe stehende Unternehmen richten**, nicht zugemutet werden, mit dem betreffenden Bewerber dessen ungeachtet weiter ohne Einschränkungen in Geschäftsverkehr zu treten, denn dies setze gegenseitiges Vertrauen voraus.

Dem **halte die Antragstellerin zu Unrecht eine Verletzung der Unschuldsvermutung entgegen**. Die Unschuldsvermutung als Ausprägung des Rechtsanspruches auf ein faires Verfahren (Art. 6 II EMRK) will sicherstellen, dass niemand als schuldig behandelt wird, ohne dass ihm in einem gesetzlich geregelten Verfahren seine Schuld nachgewiesen ist. Daraus folgt, dass Maßnahmen, die den vollen Nachweis der Schuld erfordern, nicht getroffen werden dürfen, bevor jener erbracht ist[2477]. Schwere, die Zuverlässigkeit in Frage stellende Verfehlungen i.S.v. § 7 Nr. 5 lit. c VOL/A müssten nicht unbedingt strafbare Handlungen sein. Ihre

2475 BGH, NJW 2000, 661.
2476 Vgl. *Ingenstau/Korbion*, VOB, 15. Aufl. 2004, Rn. 84 zu § 8 VOB/A.
2477 Vgl. BGH NJW 1975, 1829, 1831; *Meyer-Goßner*, StPO, 46. Aufl., Rn. 12 zu Art 6 EMRK.

Annahme setze, auch wenn ein kriminelles Verhalten im Raum steht, nicht den vollen Nachweis strafrechtlicher Schuld voraus.

Die **Unschuldsvermutung besage im Übrigen nicht**, dass einem Tatverdächtigen bis zur rechtskräftigen Verurteilung als Folge der Straftaten, deren er verdächtig ist, überhaupt **keine Nachteile entstehen dürfen**. So berühre die Unschuldsvermutung beispielsweise nicht die Zulässigkeit von Strafverfolgungsmaßnahmen. Selbst ein so einschneidender freiheitsbeschränkender Eingriff wie die Anordnung von Untersuchungshaft sei zulässig, sofern ein dringender Tatverdacht bestehe und ein Haftgrund vorliege. Die Unschuldsvermutung hindere dementsprechend auch nicht geschäftliche Nachteile als Folge eines durch den dringenden Verdacht strafbarer Handlungen provozierten Vertrauensverlustes.

Das **Diskriminierungsverbot** – eines der Grundprinzipien des Vergaberechtes –, das für öffentliche Auftraggeber schon aus **Art. 3 GG** folgt, weil die Grundrechte nach allgemeiner Auffassung fiskalische Hilfsgeschäfte der öffentlichen Verwaltung und hiermit zusammenhängende öffentliche Auftragsvergaben erfassen, **stehe der Berücksichtigung noch nicht rechtskräftig abgeurteilter strafbarer Handlungen ebenfalls nicht entgegen**. Das Gebot der Gleichbehandlung besage nur, dass allen Bewerbern die gleichen Chancen eingeräumt werden müssen und dass kein Bewerber ohne sachliche Gründe bevorzugt oder benachteiligt werden darf. Stehe ein Bewerber im dringenden Verdacht, strafbare Handlungen zum Nachteil des Auftraggebers begangen zu haben, liege ein sachlicher Grund für dessen Ausschluss vor.

Weil der **Anwendungsbereich des § 7 Nr. 5 VOL/A** nach richtiger Auffassung aus Gründen der praktischen Handhabbarkeit auf **Fälle schnell feststellbarer, objektiv nachweisbarer Eignungsdefizite beschränkt** sei[2478], komme der Ausschluss eines Bieters nach dieser Vorschrift nur in Betracht, wenn bereits nach Aktenlage ein konkreter, ohne weiteres greifbarer Verdacht bestehe. Sind die vom Auftraggeber zum Nachweis der Unzuverlässigkeit unterbreiteten Indiztatsachen so schwach und zweifelhaft, dass sie nur durch umfangreiche Beweiserhebungen erhärtet und konkretisiert werden könnten, wäre ein Ausschluss nach § 7 Nr. 5 lit. c VOL/A nicht gerechtfertigt. Es sei mit dem Sinn des unter dem Beschleunigungsgrundsatz stehenden Vergabenachprüfungsverfahrens nicht vereinbar, wenn eine ausufernde Beweisaufnahme zwecks Feststellung, ob schwere Verfehlungen »nachweislich« sind, durchgeführt werden müsste.

(3b) Rechtslage bei den europaweiten Vergabeverfahren

354 Die mit der VKRL 2004/18/EG und dann in der Folge den Fassungen der Verdingungsordnungen aus 2006 eingeführte Verschärfung der Ausschlussbedürftigkeit kann anhand der Frage thematisiert werden, wie beispielsweise mit einer 5 Jahre **zurückliegenden rechtskräftigen Verurteilung** umzugehen ist. Die nähere Betrachtung zeigt, dass summa summarum keine zwingende Ausschlussbedürftigkeit besteht. Vor der Unterstellung einer solchen ist sogar zu warnen. Im Ergebnis wird auch bei den europaweiten Ausschreibungsverfahren eine Ermessensüberprüfung vorzunehmen sein.

2478 Vgl. OLG Saarbrücken, Beschl. v. 8. 7. 2003 (5 Verg 5/02), VergabE C-12-5/02 = EUK 2003, 138.

Der Ausschluss eines Bieters bzw. Bieterunternehmens infolge einer rechtskräftigen Verurteilung ist unterhalb der EU-Schwelle in der **VOB/A** in § 8 Nr. 5 I lit. c (**schwere Verfehlung**) und für die klassischen Auftraggeber oberhalb der EU-Schwelle in § 8a Nr. 1 normiert.

In der VOL/A sind die entsprechenden Bestimmungen in § 7 Nr. 5 bzw. § 7a VOL/A zu finden. Wesentliche **Voraussetzungen** für einen hierauf gestützten Ausschluss sind:

- Verurteilung wegen eines Deliktes aus dem Bereich der Wirtschaftskriminalität (u.a. Betrug, Bestechung, Geldwäsche, Untreue, Verstoß gegen Steuervorschriften [§ 370 AO]),
- Handeln einer für Unternehmensentscheidungen verantwortlichen Person (insbes. Geschäftsführung) und
- Rechtskraft der Verurteilung.

Sind diese grundsätzlichen Anforderungen erfüllt, so handelt es sich **unterhalb der EU-Schwelle um Kann-Bestimmungen**, aufgrund derer die ausschreibende Stelle ihr Ermessen ausüben kann und muss. **Oberhalb der EU-Schwelle** (bei der Anwendung der a-Paragraphen der 2. Abschnitte) handelt es sich um einen vom Grundsatz her zwingenden Tatbestand. Dieser wird dann allerdings wie folgt relativiert und **in nicht wenigen Fällen doch als eine Art Ermessenstatbestand** zu handhaben sein: Siehe z.B. § 7a Nr. 2 III VOL/A:

> »*Von einem Ausschluss nach Absatz 1 kann nur abgesehen werden, wenn zwingende Gründe des Allgemeininteresses vorliegen und andere Unternehmen die Leistung nicht angemessen erbringen können oder wenn* ***aufgrund besonderer Umstände des Einzelfalls*** *der Verstoß* ***die Zuverlässigkeit des Unternehmens nicht in Frage stellt.***«

Insbesondere wird die Ausnahme von der Regel von Bedeutung sein, welche Umstände des Einzelfalls vorliegen müssen, damit ein Ausschluss doch unterbleiben kann. Ein Gesichtspunkt dürfte ein **zeitlicher Faktor** sein, der z.B. bei zurückliegenden Verurteilungen im Rahmen der Prüfung eines Ausschlusses (oberhalb wie unterhalb der Schwelle) nicht unberücksichtigt bleiben kann.

Die Rechtsprechung und die allgemeine Rechtsauslegung in der Literatur setzen in jedem Falle eine **Beleuchtung der aktuellen Bietersituation** voraus. Entscheidend ist zunächst die **Ist-Situation** zum aktuellen Zeitpunkt. Es zählt die aktuelle Mitarbeiterzahl oder die aktuelle Ausstattung mit Maschinen und sonstigem technischem Gerät, nicht eine solche, die für die Zukunft angekündigt ist oder die z.B. in der Zeit vor einem Betriebs-Teilverkauf bestanden hat[2479].

Davon ausgehend sind **Gesichtspunkte relevant wie die Betrachtung des näheren zurückliegenden Zeitraums**. Etwa wird üblicherweise bei den Gewerbezentralregisterauszügen verlangt, dass sie nicht älter als 3 Monate sein dürfen. Bei den Umsätzen (Gesamtumsätze, Teilumsätze) wird gemäß § 7a Nr. 3 lit. a VOL/A (bzw. § 5 Nr. 1 VI VOL/A-SKR) üblicherweise die **Entwicklung in den vergan-**

2479 EuGH, Urt. v. 9. 2. 2006 (Rs. C-226/04 u. C-228/04), NZBau 2006, 328 = VergabeR 2006, 340 = WuW 2006, 449. Vgl. OLG Düsseldorf, Beschl. v. 26. 1. 2005 (VII-Verg 45/04), NZBau 2005, 354 = VergabeR 2005, 374.

genen 3 Jahren abgefragt. Dabei spielt auch die **Umsatzentwicklung** eine Rolle, also z.B. tendenziell nachlassende Umsätze in jüngerer Zeit.

Eines ist all diesen Kriterien gemeinsam: Die **Betrachtung aktueller Ereignisse hat stets Vorrang vor denjenigen Ereignissen, die längere Zeit zurückliegen**. Längere Zeit zurückliegende Ereignisse »verblassen« buchstäblich. Die Nachprüfungsinstanzen haben sich gelegentlich damit auch genau in diesem Sinne auseinandergesetzt: So kann eine 20 Monate alte Bankerklärung keine ausreichende Wirkung mehr entfalten[2480].

Übertragen auf eine **Verurteilung von z.B. vor mehr als 5 Jahren**, die sich auf ein noch weiter zurückliegendes Fehlverhalten bezieht, bedeutet dies, dass im Wege der vorzunehmenden Prüfung des Einzelfalles ein Ausschluss **nur schwerlich** oder zumindest nicht ohne einen erheblichen Argumentationsaufwand hierauf gestützt werden kann. Dabei kommen die vom Auftraggeber anzuwendenden **Grundsätze der Verhältnismäßigkeit** zur Geltung. Es ist zu prüfen, inwieweit eine solche Verurteilung nicht unter dem Gesichtspunkt der Erforderlichkeit, Angemessenheit und Verhältnismäßigkeit i.e.S. so weit relativiert ist, dass eine Berücksichtigung sogar unterbleiben muss. Eine Widerlegung der vermuteten Unzuverlässigkeit kann z.B. in Betracht kommen, wenn die verurteilte Person keine Geschäftsführungsfunktionen mehr wahrnimmt und die betreffende Firma möglicherweise sogar in den letzten Jahren – beanstandungsfrei – Vorauftragnehmer der ausgeschriebenen Leistung gewesen ist.

Der Weg zu einer rechtmäßigen Überzeugungsbildung auf der Basis der **Einzelfallprüfung** muss daher auch im Fall der Verwirklichung der Katalog-Ausschlusstatbestände der §§ 7a VOL/A, 8a VOB/A die Maxime der Rechtsanwendung bilden, zumindest jedenfalls dann, wenn eine Verurteilung mehr als 5 Jahre zurückliegt. **Anders zu entscheiden ist infolge der jetzigen Rechtslage freilich bei einer noch als aktuell zu bezeichnenden Verurteilung von Ende 2005**[2481].

Hinzu kommt i.ü. der spezielle Gesichtspunkt der **Resozialisierung**. Staatliche Stellen müssen im Einzelfall auch unter diesem Gesichtspunkt über einen Ausschluss entscheiden. Nicht unberücksichtigt kann bleiben, dass heutzutage **Vorbestrafte Abgeordnetenmandate** im Deutschen Bundestag bekleiden. In **Frankreich** ist der vorbestrafte ***Alain Juppé*** seit dem 18. 5. 2007 als **Staatsminister** für Umwelt, Naturschutz und nachhaltige Entwicklung zum stellvertretenden Regierungschef avanciert, der in einer Affäre um illegale Parteienfinanzierung erst **Ende 2004 (!) rechtskräftig** zu 14 Monaten Gefängnis auf Bewährung **verurteilt worden war**.

(3c) Sonderfall: Auftragssperren

355 Eine **große Ausnahme** zum oben angeführten Grundsatz der Einzelfallprüfung im Rahmen der Beurteilung schwerer Verfehlungen nach den §§ 8 Nr. 5 bzw. § 7 Nr. 5 VOB/A bzw. VOL/A bilden die **Unternehmenssperren**[2482] durch die »Schwarzen

---

2480 VK Bund, Beschl. v. 16. 11. 1999 (VK A-9/99), NZBau 2000, 107.

2481 Vgl. OLG München, Beschl. v. 21. 4. 2006 (Verg 8/06), NZBau 2006, 725 = VergabeR 2006, 561.

2482 Ausführlich dazu *Pietzcker* in: *Motzke/Pietzcker/Prieß*, Beck'scher VOB-Kommentar, 2001, Syst VIII, Rn. 1 ff. Zu Rechtsschutzgesichtspunkten *Sterner*, NZBau, 2001, 423.

Listen«, die es mittlerweile u.a. in Hessen und NRW gibt. Hier wird über den Aussagegehalt der EU-Richtlinien hinaus ein rechtswidriges Verhalten sanktioniert.

Allgemeine Auftragssperren durch öffentliche Auftraggeber, die auf der Basis sog. Korruptionsbekämpfungsgesetze oder Regelungen in den Landesvergabegesetzen in »Schwarzen Listen« erfolgen, und die ein Unternehmen für eine längere Zeitdauer von öffentlichen Auftragsvergaben pauschal ausschließen, **können nicht vor den Verwaltungsgerichten zur Überprüfung gestellt** werden.

Das **Niedersächsische Oberverwaltungsgericht**[2483]hatte über eine Beschwerde gegen die Entscheidung des Verwaltungsgerichts zu befinden, mit der dieses das Verfahren gemäß § 17a II 1 GWB an das ordentliche Gericht verwiesen hat.

Gegen die Klägerin war ein **Ausschluss von der Vergabe öffentlicher Aufträge** (»***Auftragssperre***«) verhängt und dies gemäß **§ 8 IV LVergabeG** dem Vereinsregister gemeldet worden. Grund hierfür war ein (näher nicht genannter) Verstoß gegen nach dem LVergabeG bestehende Verpflichtungen. Ein solcher Ausschluss ist selbst dann **nicht als öffentlich-rechtliches Handeln** zu sehen, wenn er von einer übergeordneten Dienststelle in Form einer die nachgeordneten Dienststellen bindenden Weisung angeordnet worden ist. Die **Zuständigkeit der Verwaltungsgerichte ist damit nicht gegeben**. Einschlägig sind für die Entscheidung Sätze des Privatrechts, nämlich die Bestimmungen des Landesvergabegesetzes, das **in § 1 LVergabeG ausdrücklich auf das GWB verweist** und dessen Verpflichtungen »weitergehende Anforderungen« i.S. des § 97 IV GWB darstellen[2484]. Diese Gesetze enthalten **kein Sonderrecht des Staates**, sondern für jedermann geltendes Recht, so dass hier zu recht an das Landgericht verwiesen wurde.

Gegen die Zuordnung zu einer öffentlich-rechtliche Streitigkeit sprechen auch die folgenden Gesichtspunkte:

Allein daraus, dass es sich bei der hier angefochtenen Maßnahme (der Mitteilung an die Beklagte über den Ausschluss vom Wettbewerb und Meldung an das Vereinsregister) um Sanktionen handelt, ergibt sich **nicht ein hoheitliches Handeln** mit der Folge einer Zuständigkeit der Verwaltungsgerichte.

Auch das Privatrecht kennt Maßnahmen mit Sanktionscharakter wie z.B. Vertragsstrafen oder fristlose Kündigung, die auch das LVergabeG in § 8 I und II vorsieht; ferner die Verhängung von Bußgeldern gemäß §§ 81, 48 GWB, wofür gemäß § 83 f. GWB die ordentlichen Gerichte zuständig sind.

Das OVG sieht den vorliegenden Wettbewerbsausschluss und die Meldung an das Vergaberegister als außerhalb des Verfahrens der staatlichen Auftragsvergabe stehend an, so dass es auf die Frage der zweistufigen Ausgestaltung des Vergabeverfahrens (erste Stufe, Entscheidung über das »**Ob**« öffentlich-rechtlich, zweite Stufe, die Ausgestaltung, das »**Wie**« privatrechtlich)[2485] nicht ankomme.

2483 OVG Lüneburg, Beschl. v. 19. 1. 2006 (7 OA 168/05), NZBau 2006, 396 = VS 2006, 34 = WuW 2006, 860.

2484 Vgl. Begründung des Entwurfs zum LVergabeG, LT-Drs 14/2893, S. 4.

2485 OVG Rheinland-Pfalz, Beschl. v. 25. 5. 2005 (7 B 10356/05.OVG), NZBau 2005, 411 = VergabeR 2005, 476 = VS 2005, 42 = WuW 2005, 870.

Der **Verwaltungsrechtsweg gemäß § 40 I VwGO** wäre dann eröffnet, wenn sich die Beklagte der **Form eines Verwaltungsaktes bedient** hätte, was jedoch entgegen der Ansicht der Klägerin **nicht der Fall** ist. Auch inhaltlich fehlt es an einem Handeln auf dem Gebiet des öffentlichen Rechts.

Auch im Hinblick auf die Rechtsweggarantie des Art. 19 IV GG ist es nicht geboten, die angefochtenen Maßnahmen als Verwaltungsakt oder (sonstige) Maßnahme des öffentlichen Rechts zu sehen. Denn auch die folgende Überlegung führt zur **Zuständigkeit der ordentlichen Gerichte**: Die **Klägerin macht,** indem sie sich nicht auf eine Anfechtung der Versagung der Auftragserteilung vor der Vergabeprüfstelle verweisen lassen will – eine solche wäre hier, anders als im Fall des KG[2486], wo mangels Bezug zu einem konkreten Vergabeverfahren ein Nachprüfungsverfahren nicht in Betracht kam, möglich –, einen **Verstoß gegen das Diskriminierungsverbot des § 20 GWB geltend**; für eine Entscheidung hierüber sind nach § 87 GWB die ordentlichen Gerichte zuständig[2487].

Das **VG Düsseldorf**[2488] hatte sich mit dem Antrag eines Bieters auseinanderzusetzen. Die Vergabestelle hatte den Bieter an die **Informationsstelle für Vergabeausschlüsse beim Finanzministerium NRW** gemeldet und die Eintragung in das Vergaberegister veranlasst. In dieses werden Bieter eingetragen, die von einer Vergabestelle als unzuverlässig eingestuft wurden. Die Eintragung erfolgt nach den Regeln des **KorrG NRW**. Gegen diese Eintragung begehrte die Antragstellerin vorläufigen **Rechtsschutz nach § 80 V VwGO** und beantragte die Wiederherstellung der aufschiebenden Wirkung ihres Widerspruches.

Nach Auffassung des VG ist der Antrag der Antragstellerin auf Wiederherstellung der aufschiebenden Wirkung des Widerspruchs gem. § 80 V VwGO **nicht statthaft**. Voraussetzung für den Antrag nach § 80 V VwGO sei, dass in der **Hauptsache** eine **Anfechtungsklage** statthaft sei. Dies setze voraus, dass es sich bei der angegriffenen Maßnahme um einen **Verwaltungsakt (VA)** i.S.d. § 35 VwVfG NRW handele. Der Meldung an das Vergaberegister **fehle es jedoch an der VA-Qualität**.

Bei einem VA handele es sich um die Maßnahme einer Behörde zur Einzelfallregelung, die auf eine unmittelbare Außenwirkung gerichtet sei. Die Meldung an das Vergaberegister stelle zwar eine **Regelung** dar. jedoch **fehle es an der unmittelbaren Außenwirkung**. Diese sei nur zu bejahen, wenn durch die Regelung die Rechtsposition des Betroffenen unmittelbar berührt werde. Durch die Meldung an das Vergaberegister jedoch bleibe diese Position des Betroffenen zunächst unberührt. Das **Vergaberegister** stelle lediglich einen **verwaltungsinternen Informationspool** dar, der der Verwaltung als Hilfsmittel bei der Beurteilung der Bieterzuverlässigkeit dienen solle. Die **individuelle Beurteilung der Zuverlässigkeit** durch die Vergabestelle werde hierdurch jedoch **nicht entbehrlich**. Gemäß § 9 I 3 KorrG NRW entscheide die anfragende Stelle weiterhin in eigener Zuständigkeit über einen Bieterausschluss. Somit führten **selbst positive Auskünfte keinen automatischen Ausschluss im Rahmen eines Vergabeverfahrens herbei**. Demnach fehle es der Meldung an der unmittelbaren Außenwirkung, indem eine für den

2486 KG, Beschl. v. 21. 11. 2002, NZBau 2004, 345.
2487 KG, Beschl. v. 21. 11. 2002, NZBau 2004, 345.
2488 VG Düsseldorf, Beschl. v. 13. 4. 2006 (26 L 464/06), VS 2006, 34.

Betroffenen spürbare Wirkung erst durch die anfragende Stelle im Falle eines Ausschlusses eintrete. Eine mittelbar wirkende Ausstrahlung reiche jedoch für einen VA nicht aus.

(4) Nichtabführung von Sozialbeiträgen und Steuern

356 Darüber hinaus kann die Vergabestelle einen Ausschluss vornehmen, wenn **Sozialversicherungsbeiträge**[2489], **Steuern**[2490] etc. nachweislich nicht entrichtet wurden (lit. d).

(4a) Referenzzeitpunkt

357 Der **EuGH**[2491] hat unter Bezugnahme auf die Regelung des Art. 29 der DKR 92/50/EWG festgestellt, dass es im Bereich der europaweiten Vergaben den Mitgliedstaaten freisteht, diese Ausschlussgründe überhaupt vorzusehen, und wenn sie vorgesehen werden, sie auch inhaltlich auszugestalten.

> *»die ihre Verpflichtung zur Zahlung der Sozialbeiträge sowie der Steuern und Abgaben nach den nationalen Rechtsvorschriften nicht erfüllt haben«.*

Die Neufassung des heutigen Art. 45 II lit. c VKRL 2004/18/EG lautet:

> *»(2) Von der Teilnahme am Vergabeverfahren kann jeder Wirtschaftsteilnehmer ausgeschlossen werden, (...)*
>
> *e) die ihre Verpflichtung zur Zahlung der Sozialbeiträge nach den Rechtsvorschriften des Landes, in dem sie niedergelassen sind, oder des Landes des öffentlichen Auftraggebers nicht erfüllt haben; (...)«*

Mit der Neufassung ist zusätzlich noch klargestellt, dass nicht nur die Vorschriften in dem Land der Niederlassung des Bieters, sondern auch die Bestimmungen des Mitgliedstaates des öffentlichen Auftraggebers einzuhalten sind. Der EuGH hat übertragbar auf die Neufassung festgestellt, dass durch den Verweis auf das nationale Recht der Begriff »Nichterfüllung der Verpflichtung« **keine autonome gemeinschaftsrechtliche Qualifikation** erhalten soll, sondern vielmehr Inhalt und Umfang der Verpflichtung und die Bedingungen ihrer Erfüllung in den nationalen Vorschriften festgelegt werden sollen.

Dies führt zu der Schlussfolgerung, dass **oberhalb wie unterhalb der EU-Schwelle die gleiche Rechtssituation** vorliegt. Die ausschreibende Stelle hat im Rahmen ihres Beurteilungsspielraumes und (Rechtsfolgen-)Ermessens zu prüfen, ob ein Verstoß vorliegt, und Erwägungen anzustellen, welche Rechtsfolgen daraus resultieren.

2489 EuGH, Urt. v. 9. 2. 2006 (verb. Rs. C-226/04 u. C-228/04 – » La Cascina Soc.coop.arl u.a./Ministero della Difesa u.a«), NZBau 2006, 328 = VergabeR 2006, 340 = WuW 2006, 449; VÜA Sachsen-Anhalt, Beschl. v. 25. 1. 1999 (1 VÜ 15/98), VergabE V-14-15/98 = EUK 2001, 137.

2490 EuGH, Urt. v. 9. 2. 2006 (verb. Rs. C-226/04 u. C-228/04 – » La Cascina Soc.coop.arl u.a./Ministero della Difesa u.a«), NZBau 2006, 328 = VergabeR 2006, 340 = WuW 2006, 449; VK Nordbayern, Beschl. v. 28. 8. 2000 (320.VK-3194-19/00), VergabE E-2a-19/00 = EUK 2001, 28 = Behörden Spiegel 2/2002, S. B II.

2491 EuGH, Urt. v. 9. 2. 2006 (verb. Rs. C-226/04 u. C-228/04 – » La Cascina Soc.coop.arl u.a./Ministero della Difesa u.a«), NZBau 2006, 328 = VergabeR 2006, 340 = WuW 2006, 449.

Weitere Aussagen in dem EuGH-Urteil beziehen sich auf die **Frage, welcher Zeitpunkt** dafür **maßgeblich** sein soll, wann die Verpflichtungen zur Zahlung von Sozialbeiträgen und Steuern **als erfüllt anzusehen** sind.

Die Grundsätze der Transparenz und der Gleichbehandlung, wonach die materiell- und verfahrensrechtlichen Voraussetzungen einer Teilnahme an einem Vergabeverfahren im Voraus eindeutig festgelegt sein müssen, gebieten es, dass die **Frist mit absoluter Gewissheit bestimmt und öffentlich bekannt gegeben** wird, damit für alle Wettbewerber die gleichen Bedingungen gelten. Demnach hat ein Bewerber seine Verpflichtungen grundsätzlich nur dann erfüllt, wenn er seine Schulden im Bereich der sozialen Sicherheit sowie der Steuern und Abgaben innerhalb der **im nationalen Recht festgelegten oder bestimmten Frist vollständig beglichen** hat; ein **bloßer Zahlungsbeginn** zum maßgebenden Zeitpunkt, der Beweis der Zahlungsabsicht oder der Beweis der finanziellen Leistungsfähigkeit im Hinblick auf eine nach diesem Zeitpunkt erfolgende Regularisierung ist **nicht ausreichend**.

Daraus kann die **Schlussfolgerung** gezogen werden, dass grundsätzlich

- entweder auf den Angebotsschlusstermin abgestellt werden kann
- oder auf das Datum der Absendung des Schreibens, mit dem zur Abgabe von Angeboten aufgefordert wird (bzw. auf einen beliebigen zurückliegenden Kalendertermin),
- oder auf den Zeitpunkt der Prüfung der Eignung
- oder auf den Zeitpunkt der Zuschlagserteilung.

Im Interesse der Transparenz und Rechtssicherheit ist **ersteres unbedingt vorzugswürdig.**

Im Falle des Abstellens auf den Zeitpunkt der Absendung des Schreibens, mit dem zur Abgabe von Angeboten aufgefordert wird (bzw. auf einen beliebigen zurückliegenden Kalendertermin), verengt man u.U. unnötig den Wettbewerb, weil der Bieter die Chance haben sollte, seine Steuerschulden noch in der Angebotsphase, also bis zum Angebotsschlusstermin, zu begleichen.

Der Zeitpunkt der Prüfung der Eignung ist im Hinblick auf die Rechtsprechung des EuGH zu unbestimmt.

Ähnlich verhält es sich in Bezug auf den Zeitpunkt der Zuschlagserteilung. Diesen kann man zwar im Vorhinein planen und den Bietern, wie vom EuGH verlangt, bekanntgeben, doch kann man eben nicht garantieren, dass es bei diesem Zuschlagstermin tatsächlich bleibt. Der Referenztermin für die Prüfung der Erfüllung der Zahlung von Steuern und Abgaben wäre dann beweglich, was nicht sein darf.

Merke: Grundsätzlich ist es nach diesem EuGH-Urteil nicht mehr zulässig, auf eine Zusage des Bieters zu vertrauen, er werde seine Steuern schon noch bezahlen. Diese Entscheidung ist nach hier vertretener Auffassung auf alle Eignungsnachweise zu beziehen. Vertrauensvorschüsse dahingehend, man werde die erforderlichen Mitarbeiter schon einstellen und die erforderlichen Geräte schon einkaufen, um die erforderliche Eignung zu gewährleisten, sind damit rechtlich gegenstandslos. Damit gibt es ein »**Zeitfenster**« für die Qualifikation eines Unternehmens, das an einer Ausschreibung teilzunehmen gedenkt[2492].

Bestätigt wird diese Richtung durch eine Entscheidung des OLG Düsseldorf[2493], in der dieses die Umstrukturierung eines Bieters im Zeitraum des laufenden Ausschreibungsverfahrens in der Weise auslegt, dass sie zu seinen Lasten geht. Kann der Bieter infolge einer Umstrukturierung eine Bankerklärung nicht beilegen, weil diese infolge des Umstrukturierungsprozesses zum geforderten Zeitpunkt nicht ausgestellt werden kann, so geht dies zu seinen Lasten, d.h. er kann aus formalen Gründen nicht im Vergabeverfahren berücksichtigt werden.

(4b) Inhaltliche Begründung des Ausschlusses

358 Die laufende **Klage eines Bieters gegen einen Gewerbeuntersagungsbescheid** berechtigt die Vergabestelle dazu, seine Eignung i.S.d. § 8 Nr. 5 I lit. d VOB/A zu verneinen und einen Ausschluss vorzunehmen. Dies zumal dann, wenn aus dem Bescheid hervorgeht, dass **erhebliche Steuerschulden** existieren und sich bei näheren Überprüfung die konkrete Gefahr zeigt, dass sich weitere Rückstände gegenüber dem Finanzamt einstellen werden[2494].

Die VK Nordbayern hielt in dem entschiedenen Fall einen Ausschluss nach § 25 Nr. 2 VOB/A für gerechtfertigt. Hier zeigt sich, dass es sich bei den Ausschlussgründen um **vor die Klammer gezogene Eignungs- bzw. Nichteignungstatbestände** handelt, die sowohl bei der späteren Eignungsprüfung nach § 25 Nr. 2 VOB/A zum Zuge kommen können als auch bereits bei den fakultativen Ausschlussgründen des § 25 Nr. 1 II VOB/A. Letztere Zuordnung beinhaltet die eigentliche Zielrichtung, da die Vergabestelle aufgrund der Tatbestände des § 8 Nr. 5 VOB/A **a piori einen Ausschluss** vornehmen kann, ohne sich noch mit den weiteren Eignungskriterien wie Referenzen usw. beschäftigen zu müssen. Es handelt sich mit anderen Worten um **typisierte Ausschlusstatbestände**, welche die **Vergabestelle** im Vorfeld der eigentlichen Eignungsprüfung nach § 25 Nr. 2 schon auf der Ebene des § 25 Nr. 1 **entlasten** sollen.

In der Sache kann eine Bezuschlagung unterbleiben, wenn ein **Schreiben des Finanzamtes** existiert, das **Steuerrückstände von ca. 70.000 €** ausweist. Diese Steuerrückstände sprechen für sich genommen für eine Unzuverlässigkeit bzw. mangelnde Leistungsfähigkeit des Unternehmens[2495].

In keinem Falle ist es rechtlich zulässig, die bekanntermaßen bestehende **Zahlungsschwierigkeit** eines Bieterunternehmens dazu zu benutzen, im Rahmen der Zu-

2492 Zum Zeitfenster bei dem Öffentlichen der Ausschreibung: *Noch*, VergabeNavigator 3/2006, S. 21, m.w.N.

2493 OLG Düsseldorf, Beschl. v. 6. 10. 2005 u. v. 16. 11. 2005 (VII-Verg 56/05), VergabeR 2006, 411 = VS 2006, 11.

2494 VK Nordbayern, Beschl. v. 28. 8. 2000 (320.VK-3194-19/00), VergabE E-2a-19/00 = EUK 2001, 28 = Behörden Spiegel 2/2002, S. B II.

2495 OLG Düsseldorf, Beschl. v. 24. 6. 2002 (Verg 26/02 – »Theater Dortmund«), VergabE C-10-26/02 = EUK 2002, 125.

schlagsentscheidung nach § 25 Nr. 3 VOB/A bzw. VOL/A, die Bieterrangfolge zu verschieben[2496]. Dann muss man sich als ausschreibende Stelle rechtzeitig für einen Ausschluss mangels Eignung entscheiden.

Wie bei allen vergaberechtlichen Vorgängen ist es von Bedeutung, dass immer eine Einzelfallentscheidung getroffen wird. Ein »Übertrag« der Prüfung aus anderen Vergabeverfahren ist nicht möglich.

(5) Abgabe vorsätzlich unzutreffender Erklärungen

359 Auch die Abgabe **vorsätzlich unzutreffender Erklärungen** (lit. e) mindert das Vertrauen in die Zuverlässigkeit des Bieters und berechtigt daher zum Ausschluss[2497, 2498]. Dies können beispielsweise ersichtlich falsche Erklärungen zum **Nachunternehmereinsatz** sein. Die Falschheit der Erklärung kann sich **manchmal schon im laufenden Verfahren** an den Mitarbeiterzahlen festmachen lassen.

Davon ist der Fall zu unterscheiden, dass **in früherer Zeit falsche Erklärungen zum Nachunternehmereinsatz abgegeben** wurden. Hier wird man wohl erst im Rahmen der Eignungsprüfung auf der Wertungsstufe des § 25 Nr. 2 den Ausschluss vornehmen[2499].

Nicht in allen Fällen berechtigt die erwiesene Angabe einer falschen Erklärung **zum Ausschluss**[2500]. Dies z.B. dann, wenn die verlangte Erklärung gar nicht abgegeben werden muss. Diskutiert wird dies bei der Tariftreueererklärung. Wenn die Abverlangung einer solchen Erklärung, der keine Allgemeinverbindlichkeitserklärung durch das Arbeitnehmerentsendegesetz (auf der Grundlage des Entsenderichtlinie[2501]) zugrunde liegt, als nicht europarechtskonform (Verstoß gegen Art. 49 EGV) anzusehen ist[2502], dann ist es rechtswidrig, einen Bieter im Falle der Falschabgabe deshalb auszuschließen. Da der EuGH in dem Vorlageverfahren des OLG Celle[2503] nun entschieden hat, gibt ein Recht des Bieters zur Falschbeantwortung.

2496 LG Frankfurt, Urt. v. 26. 11. 2003 (2–06 O 345/03), NZBau 2004, 630.

2497 OLG Frankfurt, Beschl. v. 10. 5. 2000 (11 Verg 1/99), VergabE C-7-1/99 = NZBau 2001, 101 = BauR 2000, 1595 = EUK 2001, 60 = Behörden Spiegel 4/2001, S. B II; VÜA Hessen als VK, Beschl. v. 10. 3. 1999 (VÜA 2/99), VergabE E-7-2/99 = ZVgR 1999, 87.

2498 Die besonderen landesrechtlichen Vorschriften über die Anwendung dieser Tatbestände, die Sanktionen bei Falschangaben betreffs der Einhaltung der Tariflöhne und ggf. die Register unzuverlässiger Unternehmen sind zusätzlich zu beachten (siehe: Art. 4 III Bayer. Bauaufträgegesetz; § 1 II Vergabegesetz Berlin; § 9 III des Vergabegesetztes für das Land Bremen; § 8 III Hamburgisches Vergabegesetz; § 8 IV Niedersächsisches Vergabegesetz; § 4 IV SächsVergabeDVO).

2499 OLG Düsseldorf, Beschl. v. 10. 12. 2001 (Verg 41/01), VergabE C-10-41/01 = VergabeR 2002, 278 = EUK 2002, 12 = Behörden Spiegel 1/2002, S. 16.

2500 Vgl. VÜA Bund, Beschl. v. 16. 12. 1998 (2 VÜ 32/98), VergabE U-1-32/98 = WuW/E Verg 192 = WuW 1999, 324 = EUK 1999, 42 = Behörden Spiegel 7/1999, S. B II.

2501 Richtlinie 96/71/EG v. 16. 12. 1996 über die Entsendung von Arbeitnehmern im Rahmen der Erbringung von Dienstleistungen (ABl. 1997, L 18, S. 1).

2502 So: EuGH, Urt. v. 3. 4. 2008 (Rs. C-346/06 – »Dirk Rüffert ./. Land Niedersachsen«), VergabeR 2008, 478 = VS 2008, 26. Mit dem deutschen Grundgesetz vereinbar sind sie: BVerfG, Beschl. v. 11. 7. 2006 (1 BvL 4/00), NZBau 2007, 53 = VergabeR 2007, 42 = WuW 2006, 1311.

2503 OLG Celle, Beschl. v. 3. 8. 2006 (13 U 72/06), NZBau 2006, 660 = VergabeR 2006, 756 = WuW 2006, 1085.

Eine Parallele lässt sich auch zu dem **Recht auf Abgabe eines nichtkonformen Angebotes** herstellen, wenn die Verdingungsunterlagen Unmögliches oder versteckt Unklares verlangen[2504].

Im **Nachprüfungsverfahren** kann die **Vergabestelle in aller Regel nicht verpflichtet werden, einen Bieter gemäß § 8 Nr. 5 I lit. e VOB/A vom Wettbewerb auszuschließen**. Gemäß der VK Nordbayern[2505] kann es dahinstehen, ob die Bestimmungen des § 8 Nr. 5 I lit. e VOB/A drittschützende Wirkung entfalten können. Letztlich bleibe es dem Auftraggeber überlassen, zu entscheiden, ob sein Vertrauensverhältnis durch vorsätzlich unzutreffende Erklärungen eines Unternehmens so nachhaltig gestört ist, dass eine vertragliche Bindung nicht mehr zumutbar ist und somit eine Teilnahme dieses Unternehmens am Wettbewerb von vornherein nutzlos wäre.

bb) Kennzeichnung von Nebenangeboten

360 Die fehlende oder nicht deutliche Kennzeichnung von Nebenangeboten bzw. deren nicht erfolgte Kenntlichmachung auf gesonderter Anlage ist gleichfalls als **fakultativer Ausschlussgrund** gestaltet[2506].

Maßgeblich ist nach herrschender Auffassung auch hier das **Ermessen** der Vergabestelle. Wie in allen ermessensgetragenen Ausschlusskonstellationen kann sich das Ermessen auf Null reduzieren[2507]. Ebenso kommen, wie in anderen Fällen, die Effekte der Selbstbindung zum Tragen[2508].

Sie soll durch diese Regelung vor **verdeckten Nebenangeboten** bewahrt werden. Außerdem spielt aus Sicht der Konkurrenten der Rechtsgedanke der **Transparenz** (§ 97 I GWB) hinein.

Das im Ergebnis unschädliche **Nichtverlesen von Nebenangeboten** im Submissionstermin ist vom Problemkreis der fehlenden Kennzeichnung **zu trennen**[2509]

Etwas **zu weitgehend** dürfte aus heutiger Sicht eine Auffassung[2510] sein, wonach die Kennzeichnungspflicht gemäß § 21 Nr. 3 VOB/A eine **reine Formvorschrift** ist, die regelmäßig nicht zum Ausschluss berechtige. Hier ist zum einen die mit den Fassungen des Jahres 2000 bewirkte Verschärfung der Verdingungsordnungen

---

2504 KG, Beschl. v. 22. 8. 2001 (Kart Verg 3/01), VergabE C-3-3/01 VergabeR 2001, 392 = NZBau 2002, 402 = EUK 2001, 152 = Behörden Spiegel 10/2001, S. 20.

2505 VK Nordbayern, Beschl. v. 21. 5. 2003 (320.VK-3194-14/03 und 15/03), VergabE E-2a-14/03.

2506 BayObLG, Beschl. v. 29. 4. 2002 (Verg 10/02), VergabE C-2-10/02v, Rn. 15 = VergabeR 2002, 504; VK Baden-Württemberg, Beschl. v. 25. 1. 2000 (1 VK 23/99), VergabE E-1-23/99; VK Nordbayern, Beschl. v. 26. 10. 2001 (320.VK-3194-37/01), VergabE E-2a-37/01; VÜA Bayern, Beschl. v. 30. 9. 1998 (VÜA 27/97), VergabE V-2-27/97 = ZVgR 1998, 587 = EUK 1999, 12 = Behörden Spiegel 2/1999, S. B II.

2507 OLG Rostock, Beschl. v. 30. 5. 2005 (17 Verg 4/05); OLG Dresden, Beschl. v. 6. 4. 2004 (WVerg 1/04), VergabeR 2004, 609.

2508 OLG München, Beschl. v. 11. 8. 2005 (Verg 12/05), VergabeR 2006, 119.

2509 VK Baden-Württemberg, Beschl. v. 25. 1. 2000 (1 VK 23/99), VergabE E-1-23/99; VÜA Bayern, Beschl. v. 30. 9. 1998 (VÜA 27/97), VergabE V-2-27/97 = ZVgR 1998, 587 = EUK 1999, 12 = Behörden Spiegel 2/1999, S. B II.

2510 VÜA Niedersachsen, Beschl. v. 25. 3. 1997 (34.2.–35.66, Tgb.-Nr. 4/96), VergabE V-9-4/96 = VgR 1/1998, 49 = ZVgR 1997, 192.

hinsichtlich der Kennzeichnungspflicht zu sehen[2511] und zum anderen zu würdigen, dass die Rechte der Mitbieter über die Chancengleichheit tangiert werden können. Hinzu kommen Aspekte der Transparenz von Auftragsvergaben.

Recht großzügig nach der Rechtslage der alten Fassung der VOB/A ist immer noch die Auffassung des KG[2512], dass **Klarstellungen in einem Begleitschreiben**, mit denen auf Kalkulationsannahmen und alternative Einheitspreise verwiesen wird, zu einer Wertung als Nebenangebot führen können, auch wenn eine deutliche Kennzeichnung als Nebenangebot fehlt.

Eine **engere Sichtweise** hat die VK Brandenburg[2513] an den Tag gelegt. Sie plädiert insgesamt sogar für eine **Reduzierung des Ermessens der Vergabestelle**[2514]: »*Allerdings ist ein solches Ermessen des Auftraggebers wegen des systematischen Zusammenhangs mit § 21 Nr. 3 S. 1 VOB/A im Regelfall dahingehend reduziert, das Angebot wegen des bieterschützenden Gebots eines transparenten, chancengleichen Wettbewerbs des § 97 I, II GWB nach § 25 Nr. 2 II VOB/A auszuschließen.*« Eine ähnliche Rechtsposition hat die VK Sachsen[2515] eingenommen: »*Ein mit Änderungen an den Verdingungsunterlagen versehenes Originalangebot eines Bieters kann in aller Regel nicht als Nebenangebot gewertet werden. § 25 Nr. 1 II VOB/A hat die mangelnde Anlage/Kennzeichnung eines Nebenangebotes zwar nur als ermessensgebundenen Ausschlussgrund ausgestaltet; der systematische Zusammenhang mit dem Erfordernis der Angabe von Nebenangeboten an transparenter Stelle der Verdingungsunterlagen (§ 21 Nr. 3 S. 1 VOB/A) fordert in der Regel – auch wegen des Erfordernisses eines transparenten und chancenreichen Wettbewerbs gemäß § 97 I, II GWB – die Nichtberücksichtigung derartiger ›umgedeuteter‹ Nebenangebote. Dies gilt erst recht, wenn die Änderungen des Bieters an den Vorgaben des Leistungsverzeichnisses die Gleichwertigkeit eines (Neben-)Angebot aus technischen Gründen von vornherein ausschließen.*«

Schließlich existieren **noch strengere Auffassungen**, wonach die Nebenangebote überhaupt nur gewertet werden können, wenn sie die Voraussetzungen des § 21 Nr. 3 S. 2 VOB/A erfüllen. Das Vorhandensein eines Ermessens wird damit praktisch negiert[2516].

2511 VK Magdeburg (OFD), Beschl. v. 20. 7. 2001 (VK-OFD LSA-05/01), VergabE E-14c-5/01.

2512 KG, Beschl. v. 22. 8. 2001 (Kart Verg 3/01), VergabE C-3-3/01 = VergabeR 2001, 392 = NZBau 2002, 402 = EUK 2001, 152 = Behörden Spiegel 10/2001, S. 20.

2513 VK Brandenburg, Beschl. v. 12. 3. 2003 (VK 7/03), VergabE E-4-7/03, S. 10.

2514 Vgl.: OLG Rostock, Beschl. v. 30. 5. 2005 (17 Verg 4/05); OLG Dresden, Beschl. v. 6. 4. 2004 (WVerg 1/04), VergabeR 2004, 609.

2515 VK Sachsen, Beschl. v. 9. 5. 2003 (1 VK 34/03), VergabE E-13-34/03.

2516 VK Hannover (OFD), Beschl. v. 5. 7. 2002 (26045-VgK 3/2002), VergabE E-9a-3/02, S. 3: »*Auch wenn sie wie im vorliegenden Fall ausdrücklich zugelassen sind, sind sie nur zu werten, wenn sie die Formalien des § 21 Nr. 3 VOB/A erfüllen. Die Beigeladene hat ihr Nebenangebot nicht so eindeutig bezeichnet, wie es nach § 21 Nr. 3 S. 2 VOB/A sowie in den Verdingungsunterlagen (Angebotsschreiben EVM (B) Ang) erforderlich ist. Wegen dieses gravierenden formalen Verstoßes kann das Angebot der Beigeladenen nicht gewertet werden.*« Siehe auch VK Magdeburg (OFD), Beschl. v. 20. 7. 2001 (VK-OFD LSA-05/01), VergabE E-14c-5/01.

11. Bietereignung

a) Funktion und Merkmale der Eignungsprüfung

361 Die öffentlichen Auftraggeber sollen die Aufträge nur an Bieter vergeben, welche die erforderliche
- Fachkunde,
- Leistungsfähigkeit
- und Zuverlässigkeit

besitzen (§ 97 IV GWB; §§ 2 Nr. 1, 8 Nr. 4, 23, 25 Nr. 2 I VOB/A bzw. §§ 2 Nr. 3, 7 Nr. 4, 25 Nr. 2 I VOL/A)[2517]. Diese sog. **Eignungstrias**, wie man sie auch nennen könnte[2518], ist für den Anwendungsbereich der europaweiten Vergabeverfahren zusätzlich normiert in § 97 IV GWB.
- **Fachkunde** bezeichnet die spezifische Sachkenntnis eines Wirtschaftsteilnehmers, also die technischen Fähigkeiten, die für eine sach- und fachgerechte Ausführung der nachgefragten Leistung erforderlich ist. Nachgewiesen werden müssen z.B. berufliche Abschlüsse, Zertifizierungen oder Referenzen über nach Art und Umfang vergleichbare Leistungen[2519].
- Im Rahmen der Überprüfung der **Leistungsfähigkeit** geht es um die Untersuchung, ob bei dem Bieter oder Bewerber die für den Auftrag notwendigen personellen, kaufmännischen, technischen und finanziellen Mittel vorhanden sind[2520].
- Die für den Auftrag erforderliche **Zuverlässigkeit** liegt vor, wenn der Bieter unter Einhaltung all seiner gesetzlichen Verpflichtungen eine einwandfreie Ausführung der Leistung erwarten lässt[2521].

Die Vergabestelle soll **über die Ausschlussgründe des § 25 Nr. 1 hinaus** Bieter aus der abschließenden Wertung des Angebotes herausnehmen, von deren persönlicher und fachlicher Eignung sie nicht überzeugt ist. Es geht dabei um **eine eingehende Prüfung**, welche den Rahmen der typisierten Ausschlussgründe auf der **ersten Wertungsstufe** gemäß § 25 Nr. 1 II lit. b i.V.m. § 7 Nr. 5 VOL/A bzw. § 8 Nr. 5 VOB/A übersteigt.

2517 Instruktiv dazu: OLG Düsseldorf, Beschl. v. 21. 6. 2006 (VII-Verg 2/06), VS 2006, 79 [LS]; KG, Beschl. v. 5. 9. 2000 (Kart Verg 15/00), VergabE C-3-15/00 = EUK 2001, 7 = Behörden Spiegel 1/2001, S. B III.

2518 *Freitag*, Das Beleihungsrechtsverhältnis, 2005, S. 91; *Noch*, in Müller-Wrede, VOL/A-Kommentar, 2. Aufl. 2007, Rn. 165 zu § 25.

2519 OLG Frankfurt, Beschl. v. 19. 12. 2006 (11 Verg 7/06), VergabeR 2007, 376 = VS 2006, 54 [LS]; OLG Brandenburg, Beschl. v. 3. 2. 2004 (Verg W 9/03); VK Bund, Beschl. v. 10. 12. 2003 (VK 1-116/03); VK Rheinland-Pfalz, Beschl. v. 31. 5. 2007 (VK 12/07), VS 2008, 7 [LS]. VHB 2002 (Fassung 1. 11. 2006), Pkt. 1.5.3 zu § 25: *»Bei schwierigen Leistungen wird in der Regel zu fordern sein, dass der Bieter bereits nach Art und Umfang vergleichbare Leistungen ausgeführt hat«*.

2520 EuGH, Urt. v. 18. 3. 2004 (Rs. C- 314/01 – »Österreichische Sozialversicherungsträger«); EuGH, Urt. v. 2. 12. 1999 (Rs. C-176/98 – »Holst Italia«); OLG Frankfurt, Beschl. v. 19. 12. 2006 (11 Verg 7/06), VergabeR 2007, 376 = VS 2006, 54 [LS]; OLG Düsseldorf, Beschl. v. 2. 3. 2005 (Verg 70/04); OLG Brandenburg, Beschl. v. 3. 2. 2004 (Verg W 9/03); VK Bund, Beschl. v. 29. 12. 2006 (VK 2-128/06); VS 2007, 14; VK Bund, Beschl. v. 10. 12. 2003 (VK 1-116/03).

2521 VK Nordbayern, Beschl. v. 18. 12. 2007 (21.VK-3194- 47/07), VS 2008, 7 [LS]; VK Sachsen, Beschl. v. 17. 7. 2007 (1/SVK/046-07), NZBau 2008, 80 = VS 2007, 64 [LS]; VK Nordbayern, Beschl. v. 22. 1. 2007 (21.VK-3194-44/06), VS 2007, 32; VK Brandenburg, Beschl. v. 11. 7. 2006 (1 VK 25/06), VS 2006, 61.

Sie ist als sog. **zweite Wertungsstufe**[2522], in der es um die Untersuchung der persönlichen Eignung geht, rechtlich klar von der eigentlichen, d.h. der sachbezogenen Angebotswertung auf der **dritten Wertungsstufe** nach § 25 Nr. 3, zu trennen[2523].

Dem **Bieter** obliegt ganz grundsätzlich die **Darlegungspflicht** hinsichtlich seiner Eignung. Mangelnde Nachweise bzw. Erklärungen des Bieters können den Auftraggeber insoweit nicht in Beweisnot bringen[2524].

Grundsätzlich besteht bei der Eignungsprüfung ein weiter **Ermessensspielraum**. Es handelt sich im Besonderen um eine **Prognoseentscheidung**[2525]. Das OLG Naumburg stellt dazu sehr treffend fest:

> »*Bei der Prüfung der Zuverlässigkeit eines Bieters muss der Auftraggeber eine* ***Prognoseentscheidung*** *darüber treffen, ob der Bieter* ***in seiner Person die Gewähr*** *für eine vertragsgerechte Erfüllung der ausgeschriebenen und von ihm angebotenen Leistungen* ***bietet oder nicht.***«

Da die Eignungsprüfung auf die **vorausschauende Beurteilung** abzielt, ob die bietenden Unternehmen die Gewähr für eine vertragsgemäße Ausführung der ausgeschriebenen Leistung bieten, genießt der Auftraggeber bei dieser Prüfung einen **Beurteilungsspielraum**, dessen Einhaltung von den Vergabenachprüfungsinstanzen nur darauf überprüft werden kann[2526],
- ob das vorgeschriebene Verfahren eingehalten worden ist,
- der zugrunde gelegte Sachverhalt vollständig und zutreffend ermittelt worden ist,
- keine sachwidrigen Erwägungen angestellt wurden
- und nicht gegen allgemeine Bewertungsgrundsätze verstoßen worden ist.

Zur Frage der **Vornahme einer solchen Prognoseentscheidung**, ggf. im Hinblick auf **etwaige vermutete Eignungsdefizite**, ist folgendes anzuführen:

Für die Bewertung der Zuverlässigkeit eines Bieters im Vergabeverfahren ist es maßgebend, inwieweit die Umstände des einzelnen Falles die Feststellung rechtfertigen, er werde gerade die von ihm angebotenen Leistungen, die Gegenstand des Vergabeverfahrens sind, vertragsgerecht erbringen. Die Beurteilung der Zuverlässigkeit ist eine **Prognoseentscheidung**, die häufig in starkem Maße aufgrund des **in der Vergangenheit liegenden Geschäftsgebarens** des Bewerbers erfolgt. Erforderlich ist eine **umfassende Abwägung** aller in Betracht kommenden Gesichtspunkte[2527]
- unter angemessener Berücksichtigung des Umfanges,
- der Intensität,
- des Ausmaßes
- und des Grades der Vorwerfbarkeit der Pflichtverletzungen.

2522 OLG Düsseldorf, Beschl. v. 15. 12. 2004 (VII-Verg 48/04), VergabeR 2005, 207.

2523 EuGH, Urt. v. 24. 1. 2008 (Rs. C-532/06), VergabeR 2008, 496 = VS 2008, 19; EuGH, Urt. v. 20. 9. 1988 (Rs. 31/87 – »Beentjes I«), VergabE A-1-1/88, Rn. 15. Siehe auch BGH, Urt. v. 15. 4. 2008 (X ZR 129/06).

2524 VK Schleswig-Holstein, Beschl. v. 28. 11. 2006 (VK-SH 25/06), VS 2007, 6.

2525 OLG Düsseldorf, Beschl. v. 18. 10. 2006 (VII-Verg 37/06); OLG Naumburg, Beschl. v. 9. 9. 2003 (1 Verg 5/03), VergabE C-14-5/03 = VergabeR 2004, 80 = BauR 2004, 565 = EUK 2003, 157.

2526 OLG Düsseldorf, Beschl. v. 5. 12. 2006 (VII-Verg 56/06), NZBau 2007, 668; VK Rheinland-Pfalz, Beschl. v. 31. 5. 2007 (VK 12/07), VS 2008, 7 [LS]; VK Arnsberg, Beschl. v. 8. 8. 2006 (VK 21/06), VS 1007, 21 [LS].

2527 VK Nordbayern, Beschl. v. 18. 12. 2007 (21.VK-3194- 47/07), VS 2008, 7 [LS].

Im Falle **negativer Hinweise** auf die möglicherweise fehlende Eignung (z.B. Negativauskünfte anderer Auftraggeber) geht der öffentliche Auftraggeber diesen nach, muss dann aber auch dem betroffenen Bieter die Chance einräumen, sich gegenüber Negativauskünften eines Dritten zur Wehr zu setzen bzw. die Vorwürfe auszuräumen (»audiatur et altera pars«).

Im Falle **positiver Hinweise** bezieht er sie in die Wertung ein. Das darf jedoch nicht zu der Schlussfolgerung verleiten, dass der Auftraggeber auf die Eignungsnachweise eines ihm bereits durch frühere Vertragsbeziehungen bekannten Bieters verzichten kann. Dem steht der Gleichbehandlungsgrundsatz entgegen[2528].

Fehlen nähere Kenntnisse beispielsweise deshalb, weil der Bieter unbekannt ist und/oder dieser als **Newcomer** über wenig oder keinerlei Referenzen verfügt, so kann er ihn unberücksichtigt lassen – ggf. muss er es sogar infolge von Mindestbedingungen, auf die sich der öffentliche Auftraggeber festgelegt hat. Im anderen Fall kommt es auf die Überzeugung an, die er aus den eingereichten Unterlagen gewinnt, mit denen der Bieter seine Eignung glaubhaft zu machen trachtet[2529]:

> *»Entscheidend für sein Vorgehen wird dabei stets sein, dass er im Ergebnis die notwendige Feststellung treffen kann, dass der betreffende Bewerber unter den gegebenen Umständen* ***voraussichtlich in der Lage sein wird,*** *die geplante Bauleistung aufgrund seiner* ***(glaubhaft gemachten) Sachkunde, Leistungsfähigkeit und Zuverlässigkeit*** *zu erbringen.«*

Die Vergabestelle kann dabei grundsätzlich auf die Angaben des Bieters **vertrauen**. Dies gilt auch dann, wenn dieser Angaben zur Ausräumung von potentiellen Eignungsdefiziten, wie beispielsweise zu einer innerbetrieblichen »Selbstreinigung« nach Korruptionsvorwürfen, macht[2530].

Der **Ermessensspielraum** kann sich **im Ausnahmefall auf Null reduzieren**, wenn die Vergabestelle einen Bieter zwingend vom Wettbewerb auszuschließen hat, weil seine Eignung zu verneinen ist[2531].

Auch die Nichtvorlage von Nachweisen bzw. die **Weigerung**, an einer Aufklärung über die Voraussetzung der Eignung mitzuwirken, führt dazu, dass die Eignung abzulehnen ist[2532].

Die Eignungsprüfung findet im **Offenen Verfahren** im Rahmen der Angebotsprüfung nach § 25 Nr. 2 VOB/A bzw. § 25 Nr. 2 VOL/A statt[2533]. Dies erhöht im Vergleich zu den anderen Vergabeverfahren den Aufwand für die Vergabestelle, weil die Bieter die Angebote bereits abgegeben haben und erst im Rahmen der sachbezogenen Angebotsprüfung die individuelle Eignung des Unternehmens untersucht wird.

2528 VK Sachsen, Beschl. v. 25. 4. 2006 (1 VK 31/06) VS 2006, 79.

2529 VÜA Bund, Beschl. v. 16. 6. 1996, 1 VÜ 7/96, VergabE U-1-7/96, S. 4 = WuW/E VergAB 96, 99.

2530 OLG Brandenburg, Beschl. v. 14. 12. 2007 (Verg W 21/07), VS 2008, 6 [LS]: »Selbstreinigung«

2531 OLG Düsseldorf, Beschl. v. 16. 5. 2001 (Verg 10/00), VergabE C-10-10/00 = EUK 2001, 108 = Behörden Spiegel 7/2001, S. 18; OLG Düsseldorf, NJW-RR 1993, 1046, 1047.

2532 OLG Düsseldorf, Beschl. v. 21. 6. 2006 (VII-Verg 2/06), VS 2006, 79 [LS].

2533 Instruktiv dazu: OLG Düsseldorf, Beschl. v. 15. 12. 2004 (VII-Verg 48/04), VergabE C-10-48/04 = VergabeR 2005, 207 = VS 2005, 6.

Im **Nichtoffenen Verfahren** und im **Verhandlungsverfahren** verlagert sich die Eignungsprüfung zeitlich nach vorne und findet im Rahmen des (im Bereich des europäischen Vergaberechts zwingend) vorgeschalteten Teilnahmewettbewerbes statt[2534]. Dementsprechend ist in § 8 Nr. 4 VOB/A (vgl. § 7 Nr. 4 VOL/A) bestimmt, dass in diesen Verfahren nur solche Bieter überhaupt zur Angebotsabgabe aufgefordert werden dürfen, welche die erforderliche Eignung zu besitzen versprechen.

Die Eignungsprüfung bedeutet für die sich beteiligenden Unternehmer, dass sie gut daran tun, entsprechende **Nachweise über ähnliche Leistungen**[2535], welche sie bisher erbracht haben (Referenzen), in der verlangten Art und Anzahl vorzulegen. Insbesondere bei der Vergabe von Bauaufträgen spielt die Anführung von **einschlägigen Referenzobjekten** eine sehr wichtige Rolle[2536]. Durch die Angabe von Referenzen soll es der Vergabestelle ermöglicht werden, die Einschätzungen der in der Referenzliste bezeichneten Auftraggeber zu ermitteln[2537].

Innerhalb der **Referenzmerkmale** kann es angezeigt sein, eine gewisse **Gewichtung** vorzunehmen. Unter Umständen muss berücksichtigt werden, dass ein Unternehmen zwar vom **Umfang** her bisher **geringere Lieferaufträge** erbracht hat, diese aber wiederum **innerhalb kürzerer Zeit**, was die Leistungsfähigkeit unterstreicht, und ein etwaiges Minus bei den bisherigen Auftragsvolumina ausgleichen kann[2538].

2534 Die Vergabestelle kann nach vorher bekannt gegebener Begrenzung der Teilnehmerzahl (z.B. 8) unter Ausübung pflichtgemäßen Ermessens anhand objektiver Kriterien prüfen, welche der nach formaler Prüfung (Erreichung der Mindestanforderungen) geeigneten Bewerber die Teilnahmekriterien am besten erfüllen: OLG Rostock Beschl. v. 1. 8. 2003 (17 Verg 7/03), VergabeR 2004, 240; OLG Celle, Beschl. v. 14. 3. 2000 (13 Verg 2/00), VergabE C-9-2/00 = EUK 2001, 105; VK Bund, Beschl. v. 14. 6. 2007 (VK 1-50/07), VS 2008, 22.

2535 »Vergleichbare« Leistungen bedeuten allerdings nicht absolut »gleiche« Leistungen: OLG Frankfurt, Beschl. v. 24. 10. 2006 (11 Verg 8/06 und 9/06), NZBau 2007, 468 = VS 2006, 87. Ferner: OLG Düsseldorf, Beschl. v. 22. 9. 2005 (Verg 48/05); BayObLG, Beschl. v. 9. 3. 2004 (Verg 20/03); BayObLG, Beschl. v. 5. 7. 2000 (Verg 5/99), VergabE C-10-5/99, Rn. 38 = NZBau 2001, 106; VK Baden-Württemberg v. 5. 6. 2000 (1 VK 11/00), VergabE E-1-11/00 = EUK 2000, 169.

2536 OLG Celle, Beschl. v. 22. 5. 2003 (13 Verg 10/03) VergabE C-9-10/03, EUK 2003, 105; OLG Düsseldorf, Beschl. v. 7. 11. 2001 (Verg 23/01); OLG Düsseldorf, Beschl. v. 5. 7. 2000 (Verg 5/99), VergabE C-10-5/99, Rn. 38 = NZBau 2001, 106; VK Bund, Beschl. v. 30. 8. 2006 (VK 2-95/06), VS 2007, 23; VK Baden-Württemberg v. 5. 6. 2000 (1 VK 11/00), VergabE E-1-11/00 = EUK 2000, 169.

2537 OLG Düsseldorf, Beschl. v. 24. 5. 2007 (VII-Verg 12/07), VS 2007, 79.

2538 OLG Düsseldorf, Beschl. v. 5. 2. 2003 (Verg 58/02), VergabE C-10-58/02, Rn. 10 = Behörden Spiegel 4/2003, S. 22.

Ferner gewinnen beispielsweise
- die finanzielle Leistungsfähigkeit[2539, 2540],
- die sachliche und personelle Ausstattung[2541], speziell die Ausstattung mit Fachkräften[2542] und die besondere technische Ausstattung[2543],
- besondere Qualifikationen (z.B. in Form des Besuchs von Fortbildungsveranstaltungen)[2544],
- Zertifizierungen (z.B. als Entsorgungsfachbetrieb)[2545],
- Qualitätsmanagement[2546],
- oder die Eintragung in die Handwerksrolle[2547]

eine besondere Bedeutung.

2539 OLG Düsseldorf, Beschl. v. 19. 9. 2002 (Verg 41/02), VergabE C-10-41/02v = Behörden Spiegel 11/2002, 24; VK Nordbayern, Beschl. v. 18. 12. 2007 (21.VK-3194-47/07), VS 2008, 7; VK Hessen, Beschl. v. 15. 6. 2007 (69d–VK-17/2007), VS 2007, 71; VK Hessen, Beschl. v. 23. 1. 2006 (69d–VK-93/2005), VS 2006, 31.

2540 Speziell zu den Anforderungen an eine Bankenerklärung: VK Nordbayern, Beschl. v. 15. 3. 2000 (320.VK 3194-03/00), VergabE E-2a-3/00 = EUK 2000, 107. Eine 18 oder 20 Monate alte Bankenerklärung muss (und darf wegen des Gleichbehandlungsgebotes) nicht akzeptiert werden: OLG Düsseldorf, Beschl. v. 9. 6. 2004 (VII-Verg 11/04), VergabE C-10-11/04 = EUK 2004, 172; VK Bund, Beschl. v. 16. 11. 1999 (VK A-9/99), NZBau 2000, 107 = VergabE U-2-9/99 = EUK 2000, 90 = Behörden Spiegel 7/2000, S. B II.

2541 OLG Düsseldorf, Beschl. v. 9. 4. 2003 (Verg 43/02), VergabE C-10-43/02, Rn. 20 ff. = NZBau 2003, 578. Zur Sondersituation eines zwischenzeitlich erfolgten Verkaufs mit Wegfall von personalen und sachlichen Mitteln: OLG Düsseldorf, Beschl. v. 15. 12. 2004 (VII Verg 48/04), VergabE C-10-48/04 = VergabeR 2005, 207 =VS 2005, 6.

2542 Art. 48 II lit. b VKRL 2004/18/EG.

2543 Art. 48 II lit. h VKRL 2004/18/EG. Siehe OLG Düsseldorf, Beschl. v. 25. 2. 2004 (Verg 77/03 –»Teltowkanal«), VergabeR 2004, 537: Sicherstellung der Verfügbarkeit der auf einer Geräteliste aufgeführten Apparaturen. VK Bund, Beschl. v. 30. 8. 2006 (VK 2- 95/06), VS 2007, 23: »Infrastruktur«.

2544 OLG Celle, Beschl. v. 12. 5. 2005 (13 Verg 5/05), VS 2005, 9; OLG Düsseldorf, Beschl. v. 15. 12. 2004 (VII Verg 48/04), VergabeR 2005, 207 = VS 2005, 6.

2545 OLG Saarbrücken, Beschl. v. 13. 11. 2002 (Verg 1/02), VergabE C-12-1/02 = EUK 2002, 182; OLG Jena, Beschl. v. 30. 10. 2001 (6 Verg 3/01), VergabE C-16-3/01v = VergabeR 2002, 104; OLG Hamburg (Beschl. v. 21. 1. 2000 (1 Verg 2/99), VergabE C-6-2/99 = Behörden Spiegel 6/2000, Seite B II; VK Münster, Beschl. v. 19. 7. 2005 (VK 14/05), VS 2005, 54f.; VK Schleswig Holstein, Beschl. v. 24. 10. 2003 (VK 24/03), VergabE E-15-24/03.

2546 OLG Düsseldorf, Beschl. v. 18. 10. 2006 (VII-Verg 35/06), VergabeR 2007, 200 = VS 2007, 13; VK Bund, Beschl. v. 16. 11. 1999 (VK A-9/99), NZBau 2000, 107 = VergabE U-2-9/99 = EUK 2000, 90 = Behörden Spiegel 7/2000, S. B II.

2547 OLG Düsseldorf, Beschl. v. 5. 7. 2006 (VII-Verg 25/06), VS 2007, 22; BayObLG, Beschl. v. 24. 1. 2003 (Verg 30/02), VergabE C-2-30/02 = EUK 2003, 55 = Behörden Spiegel 4/2003, S. 22; VK Brandenburg, Beschl. v. 9. 8. 2005 (2 VK 38/05), VS 2006, 39; VK Sachsen, Beschl. v. 4. 10. 2002 (1 VK 85/02), VergabE E-13-85/02; VÜA Thüringen, Beschl. v. 24. 3. 1999 (1 VÜ 6/98 – »Raumausstattungshandwerk«), VergabE V-16-6/98 = Behörden Spiegel 1/2000, S. B IV.

b) Allgemeine Anforderungen und Überblick

aa) Verhältnismäßigkeit und Gleichbehandlung

362 Allgemein ist zu den **Eignungskriterien** zu bemerken, dass sie hinsichtlich **Art und Umfang** der aktuell nachgefragten Leistung **verhältnismäßig** sein müssen[2548, 2549].

Besonders hohe Anforderungen sind bei einem **geringen Auftragswert** grundsätzlich nicht möglich. Dies gilt erst recht, wenn es sich z.B. bei der Baumaßnahme um eine **Standard-Baumaßnahme** handelt, die von einer Vielzahl von Unternehmen erledigt werden kann. Wird hingegen eine **qualitativ aufwändige Sanierungsmaßnahme** (z.B. Fachwerk-, Natursteinarbeiten) ausgeschrieben, so dürfen die Anforderungen höher ausfallen. Gleiches gilt, wenn es aufgrund des **Umfangs der Maßnahme** besonderer Qualifikationen und Kapazitäten bedarf.

Zusätzlich zu den Regeln des **allgemeinen Verhältnismäßigkeitsgrundsatzes** sind die Prinzipien der **Gleichbehandlung** zu beachten[2550]. Dies beinhaltet beispielsweise, dass die Vergabestelle nicht befugt ist, **hinsichtlich nur eines Bieters besondere Nachforschungen** anzustellen, ohne dass ein sachlicher Grund für diese Ungleichbehandlung angegeben werden kann[2551]. Ein anlassloses und grundloses »Herausprüfen« eines bestimmten Bieters ist demnach nicht möglich.

bb) Gesicherte Erkenntnisse; Umgang mit Gerüchten und eigenen schlechten Erfahrungen

363 Berücksichtigungsfähig sind nach der Rechtsprechung des BGH[2552] nur solche Umstände, die sich im **Bereich gesicherter Erkenntnisse** bewegen[2553]. Zu dieser Art von Erkenntnissen können auch Erfahrungen von anderen öffentlichen Auftraggebern gehören[2554].

Informationen über eine **angeblich mangelnde Leistungsfähigkeit**, die sich **nicht belegen lassen**, können in aller Regel nicht Gegenstand der Prüfung werden. Große Vorsicht gilt insbesondere bei jeder Form bloßer **Gerüchte**[2555]. Der Ausschluß eines Bieters als ungeeignet darf nämlich nur auf der Grundlage von Umständen erfolgen, die auf einer gesicherten Erkenntnis des Ausschreibenden beruhen. Die zulässige Grenze für einen Ausschluß ist bei reinen Verdachtsmomenten dann überschritten, wenn sich der Auftraggeber auf Gerüchte verläßt und eventuelle Informationen von Seiten Dritter nicht selbst verifiziert[2556]. Dabei sollte im Blick

---

2548 Vgl. zu den Anforderungen EuGH, Urt. v. 2. 12. 1999 (Rs. C-176/98), NZBau 2000, 149 = VergabE A-1-7/99 = NZBau 2000, 149 = WuW 2000, 221 = EUK 2000, 24; VK Bund, Beschl. v. 10. 6. 2005 (VK 2-36/05); VK Nordbayern, Beschl. v. 2. 6. 1999 (320.VK-3194-06/99), VergabE E-2a-6/99.

2549 Art. 44 II 2. Uabs. VKRL 2004/18/EG lautet: *»Der Umfang der Informationen gemäß den Artikeln 47 und 48 sowie die für einen bestimmten Auftrag gestellten Mindestanforderungen an die Leistungsfähigkeit müssen mit dem Auftragsgegenstand zusammenhängen und ihm angemessen sein.«*

2550 Vgl. auch Erwägungsgrund Nr. 2 der VKRL 2004/18/EG.

2551 VÜA Sachsen, Beschl. v. 1. 9. 1997 (1 VÜA 9/97), VergabE V-13-9/97 = Behörden Spiegel 4/1999, S. B II.

2552 BGH, Beschl. v. 26. 10. 1999 (X ZR 30/98), BauR 2000, 254, betreffend § 25 Nr. 2 VOB/A.

2553 OLG Düsseldorf, Beschl. v. 9. 4. 2003 (Verg 43/02), VergabE C-10-43/02 = NZBau 2003, 578.

2554 VK Hessen, Beschl. v. 16. 1. 2004 (69d–VgK 72/03), VergabE E-7-72/03.

2555 VK Südbayern, Beschl. v. 19. 1. 2001 (27-12/00), VergabE E-2b-27/00 = EUK 2001, 74.

2556 VK Sachsen, Beschl. v. 10. 8. 2005 (1 VK 88/05), VS 2006, 63 [LS].

behalten werden, dass die Verdingungsordnungen davon ausgehen, dass die Eignungsnachweise oder -mängel von den Bietern, nicht aber von Dritten zu erbringen bzw. darzulegen sind[2557]. Zum einen müssten also diese dritten Personen ihre Informationen verwertbar, und im Zweifel gerichtsfest, substantiieren können, so dass sie der Auftraggeber verifizieren kann. Zum anderen sind die ggf. hinzutretenden Fakten oder auch nur Einschätzungen mit den Nachweisen und Verteidigungsmitteln bzw. Gegenargumenten des betreffenden Bieters abzugleichen.

Schlechte Erfahrungen[2558] mit einem Bieter aus einem vorangegangenen Auftragsverhältnis sind **vorbehaltlich einer sich an den aktuellen Gegebenheiten orientierenden Einzelfallprüfung berücksichtigungsfähig.** Grundsätzlich unzulässig sind pauschale Ausschlüsse, weil sich zwischenzeitlich das Management des Bieterunternehmens geändert haben kann[2559]. In die Beurteilung muss auch die Schwere der zurückliegenden Rechtsverstöße wie z.B. die Nichteinhaltung von Terminen[2560] einfließen. Bloße Meinungsverschiedenheiten, die hinsichtlich einer ordnungsgemäßen Vertragserfüllung bestehen, mögen sie auch Gegenstand eines Rechtsstreites oder eines selbständigen Beweisverfahrens sein, sind nach herrschender Auffassung allein nicht ausreichend, um sie als eine schwere Verfehlung zu werten[2561].

Ein Ausschluss kann aber erfolgen, wenn mit dem betreffenden Bieter noch **verschiedene Prozesse** aus vorangegangenen Auftragsverhältnissen geführt werden[2562], wenn den Rechtsstreitigkeiten ein erhebliches rechtliches oder wirtschaftliches Gewicht zukommt, sie also gravierend sind[2563]. Reine Nachtragsstreitigkeiten, die im Nachgang zur Bauvergabe die Regel sind, werden hier allerdings nicht reichen.

Auch darf der – präventive – Ausschluss eines Bieters vom Vergabeverfahren keine Sanktion für Probleme in der Vertragsabwicklung in vorangegangenen Vergabeverfahren sein[2564].

Eine mehrfache und damit nachhaltige **Versäumung von Lieferterminen** in früheren Vertragsverhältnissen kann demgegenüber für einen Ausschluss genügen[2565]. In dem von der VK Bund entschiedenen Fall war die Bieterin mit der Lieferung von Bergschuhen zu 20% des Vergabewertes und mit der Lieferung von Kampfschuhen zu 12% des Vergabewertes in Verzug. Wie weit zeitlich die Rückschau auf frühere Auftragsverhältnisse reichen kann, ließ die VK offen.

Das OLG Düsseldorf[2566] vertritt in zweiter Instanz die für die Praxis erhebliche Probleme bereitende Auffassung, dass ein **Stichtag für die Feststellung von Liefer-**

2557 VÜA Sachsen, Beschl. v. 2. 3. 1998 (1 VÜA 14/97), VergabE V-13-14/97.
2558 VK Bund als VÜA, Beschl. v. 13. 12. 1999, VKA 17/99, VergabE U-2-17/99; s.a. KG, Beschl. v. 5. 9. 2000 (Kart Verg 15/00), VergabE C-3-15/00 = EUK 2001, 7 = Behörden Spiegel 1/2001, S. B III. *Kratzenberg* in: *Ingenstau/Korbion*, VOB-Kommentar, 15. Aufl. 2004, Rn. 52, 54, zu § 25.
2559 OLG Brandenburg, Beschl. v. 14. 12. 2007 (Verg W 21/07), VS 2008, 6 [LS]: »Selbstreinigung«
2560 VK Hannover, Beschl. v. 30. 10. 2002 (26045-VgK 12/2002), VergabE E-9a-12/02.
2561 VK Sachsen, Beschl. v. 17. 7. 2007 (1/SVK/046-07), VS 2006, 64 [LS].
2562 OLG Düsseldorf, BauR 1990, 597, 600
2563 VK Nordbayern, Beschl. v. 18. 12. 2007 (21.VK-3194-47/07), VS 2008, 7.
2564 VK Nordbayern, Beschl. v. 18. 12. 2007 (21.VK-3194-47/07), VS 2008, 7.
2565 OLG Düsseldorf, Beschl. v. 10. 5. 2000 (Verg 5/00), VergabE C-10-5/00 = NZBau 2000, 540 = ZVgR 2000, 224 = EUK 2000, 105 = Behörden Spiegel 8/2000, S. B III.
2566 OLG Düsseldorf, Beschl. v. 10. 5. 2000 (Verg 5/00), VergabE C-10-5/00 = NZBau 2000, 540 = ZVgR 2000, 224 = EUK 2000, 105 = Behörden Spiegel 8/2000, S. B III.

rückständen allein nicht für die Beurteilung der Zuverlässigkeit herangezogen werden kann. Es unterliege nicht hinnehmbaren Zufälligkeiten, ob ausgerechnet an diesem Stichtag Lieferrückstände eines Bieters bestehen oder nicht. Es könne als eine sachwidrige Bevorzugung im Sinne des § 97 II GWB gewertet werden, wenn ein Bieter, der stets durch Lieferrückstände aufgefallen ist, zufälligerweise an dem Stichtag keinen Lieferrückstand aufzuweisen hat und umgekehrt. Den Einwand der Vergabestelle, wonach die Zuverlässigkeitsprüfung im heutigen »Massengeschäft« gar nicht mehr anders durchgeführt werden könne, ließ das Gericht nicht gelten.

Hierzu ist zu bemerken, dass die Zuverlässigkeitsprüfung immer eine **Momentaufnahme** ist und an **bestimmten Kriterien** festgemacht werden muss. Entscheidend muss nach Auffassung des Verfassers sein, dass die Kriterien nicht willkürlich und diskriminierend ausgewählt und dass sie in gleicher Weise angewendet werden. Darüber hinausgehende Anforderungen sind bei genauer Betrachtung überflüssig und machen im Gegenteil das Prüfungsverfahren intransparent.

Es muss im Rahmen der Eignungsprüfung nach § 25 Nr. 2 VOL/A nicht zwingend zum Ausschluss wegen Unzuverlässigkeit führen, wenn eine Bieterin bei der Durchführung von **Voraufträgen** nicht ausreichende Reinigungsleistungen erbracht hat und sich sogar mit **Rechnungskürzungen** einverstanden erklären musste[2567]. Beanstandungen der Leistungen eines Bieters sind bei einem hohem Umfang von Voraufträgen durchaus nichts Ungewöhnliches; es liegt an der Vergabestelle, zu prüfen, ob das Maß des Üblichen überschritten ist.

cc) Trennung von eignungs- und angebotsbezogenen Aspekten

364 Bei der Eignungsprüfung ist auf eine möglichst **klare Trennung zwischen bieterbezogenen Eigenschaften und angebotsbezogenen Eigenschaften**, also solche, welche allein die angebotene Leistung an sich betreffen, zu achten[2568]. Bieter, deren Angebot bereits wegen ihrer mangelhaften Eignung nicht in die engere Wahl kommen kann, sind schon bei der Eignungsprüfung auszuschließen.

Freilich sei an dieser Stelle zugestanden, dass sich bieter- und rein angebotsbezogene Eigenschaften in der Praxis nicht immer leicht voneinander trennen lassen[2569].

Die deutschen Spruchkörper verlangen ungeachtet einiger Grenzfälle, aber bestärkt durch die BGH-Rechtsprechung vom September 1998[2570], eine möglichst klare Trennung[2571]. Der BGH hatte jede **Berücksichtigung eines sog. »Mehr an Eig-**

2567 VÜA Nordrhein-Westfalen, Beschl. v. 7. 7. 1999 (132-84-45-18/99), VergabE V-10-18/99 = EUK 2001, 90 = Behörden Spiegel 6/2001, S. B II.

2568 EuGH, Urt. v. 24. 1. 2008 (Rs. C-532/06), VergabeR 2008, 496 = VS 2008, 19; EuGH, Urt. v. 18. 10. 2001 (Rs. C-19/00 – »SIAC Construction«), Slg. 2001, I-7725; EuGH, Urt. v. 17. 9. 2002 (Rs. C-513/99 – »Concordia Bus Finland«), Slg. 2002, I-7213; EuGH, Urt. v. 20. 9. 1988 (Rs. 31/87 – »Beentjes I«), VergabE A-1-1/88, Rn. 15.

2569 OLG Düsseldorf, Beschl. v. 30. 4. 2003 (Verg 64/02 – »Abfallentsorgung«), ZfBR 2003, 721 = WuW 2003, 861: Dass sich das Kriterium »Abwicklung entsprechender Dienstleistungsaufträge (Referenzen)« mit der »technischen Qualität« inhaltlich zum Teil überschneidet, muss nicht schädlich sein. So auch wieder: OLG Düsseldorf, Beschl. v. 5. 5. 2008 (VII Verg 5/08).

2570 BGH, Urt. v. 8. 9. 1998 (X ZR 109/96), BauR 1998, 1246. Bestätigt durch: BGH, Urt. v. 15. 4. 2008 (X ZR 129/06).

2571 Zur strikten Trennung der Eignungs- und Zuschlagskriterien auch bei Reinigungsdienstleistungen: *Huland*, Vergabe-Navigator 6/2006, 8.

nung« bei der Angebotswertung nach § 25 Nr. 3 VOB/A für grundsätzlich **unstatthaft** erklärt. Die meisten Spruchkörper haben diese BGH-Rechtsprechung übernommen[2572].

Merke: Es ist in praktisch allen Fällen eindringlich davor zu warnen, im Rahmen der Eignungsprüfung nach § 25 Nr. 2 eine Rangfolge (»ranking«) zu bilden, und die Ergebnisse dieser bieterbezogenen Prüfung dann in die angebotsbezogene Prüfung nach § 25 Nr. 3 zu übertragen. Die **Versuchung** ist dann erfahrungsgemäß **zu groß, das Wertungsergebnis aus § 25 Nr. 3 mit dem Ranking des § 25 Nr. 2 zu vermischen**[2573]. Der BGH hat unmissverständlich darauf hingewiesen, dass eine solche Vorgehensweise die Zuschlagsentscheidung in die Nähe der Beliebigkeit rücken kann. Außerdem wird gegen den Grundsatz der Transparenz verstoßen[2574]. Es kann daher als Abschluss der Wertungsstufe des § 25 Nr. 2 nur das Ergebnis stehen, dass bestimmte Bieter geeignet und andere ungeeignet sind. Die Angebote ersterer kommen in die sachbezogene Wertung nach § 25 Nr. 3, die der letzteren hingegen nicht.

In besonders gelagerten Fällen, in denen stark durch Know-how geprägte Leistungen nachgefragt werden (insbesondere VOF-Leistungen) kann **ganz ausnahmsweise** anerkannt werden, dass es **stark ausführungsbezogene Eignungskriterien** gibt, welche schlechterdings nicht nach reinen Eignungs- und Zuschlagskriterien unterschieden werden können[2575]. Hier ist allerdings große Vorsicht geboten.

Einen weiteren **Ausnahmefall von dem Gebot der grundsätzlichen Trennung** von Eignungs- und Zuschlagskriterien bildet die Konstellation, dass sich im Rahmen der späteren Angebotsprüfung nach § 25 Nr. 3 VOL/A bzw. VOB/A solch **gravierende Mängel** zeigen, dass die Eignung des Bieters in Frage gestellt wird. Dies kann namentlich bei **Spekulationsangeboten** der Fall sein[2576].

Merke: Die Vergabestelle hat bei der Festsetzung der Eignungskriterien im Prinzip die Wahl, entweder die Kriterien sehr hoch anzulegen mit dem Risiko, dass ihr (auch) geeignete Bieter mit möglicherweise sehr günstigen Angeboten verloren gehen[2577] oder die Eignungskriterien zugunsten eines sehr breiten Wettbewerbs

---

2572 OLG Düsseldorf, Beschl. v. 5. 2. 2003 (Verg 58/02), VergabE C-10-58/02 = Behörden Spiegel 4/2003, S. 22; VK Bund, Beschl. v. 26. 5. 2000 (VK 2-8/00), VergabE D-1-8/00 = WuW 2000, 1052 = ZVgR 2000, 186 = EUK 2000, 90 = Behörden Spiegel 7/2000, S. B II; VK Bund, Beschl. v. 30. 8. 2000 (VK 1-25/00), VergabE D-1-25/00; VK Baden-Württemberg, Beschl. v. 25. 1. 2000 (1 VK 23/99), VergabE E-1-23/99; VK Baden-Württemberg, Beschl. v. 18. 7. 2003 (1 VK 30/03), VergabE E-1-30/03; VK Brandenburg, Beschl. v. 12. 5. 2004 (VK 8/04), VergabE E-4-8/04; VK Sachsen, Beschl. v. 16. 6. 2000 (1 VK 50/00), VergabE E-13-50/00.

2573 OLG Düsseldorf, Beschl. v. 5. 2. 2003 (Verg 58/02), VergabE C-10-58/02 = Behörden Spiegel 4/2003, S. 22; VÜA Bund, Beschl. v. 16. 12. 1998 (2 VÜ 22/98), VergabE U-1-22/98 = EUK 1999, 42 = Behörden Spiegel 6/1999, S. B II.

2574 VÜA Brandenburg, Beschl. v. 12. 5. 2000 (VÜ 12/98), VergabE V-4-12/98 = EUK 2000, 106.

2575 OLG Stuttgart, Beschl. v. 28. 11. 2002 (2 Verg 10/02), VergabE C-1-10/02 = VergabeR 2003, 226 = NZBau 2003, 232 = BauR 2003, 777 = EUK 2003, 28 = Behörden Spiegel 2/2003, S. 27. So auch wieder: OLG Düsseldorf, Beschl. v. 5. 5. 2008, (VII Verg 5/08) für eine VOL-Vergabe.

2576 BayObLG, Beschl. v. 18. 9. 2003 (Verg 12/03), VergabE C-2-12/03 = VergabeR 2004, 87 = ZfBR 2004, 95 = BauR 2004, 565.

2577 Zur Newcomer-Problematik: OLG Celle, Beschl. v. 8. 5. 2002 (13 Verg 5/02), VergabE C-9-5/02 = EUK 2002, 108 = IBR 2002, 93; OLG Düsseldorf, Beschl. v. 20. 11. 2001 (Verg 33/01), VergabE C-10-33/01 = IBR 2002, 212; VK Bund, Beschl. v. 2. 12. 2004 (VK 2-181/04); VK Brandenburg, Beschl. v. 30. 5. 2005 (VK 21/05), VS 2006, 38.

niedrig anzusetzen mit der Folge und dem Risiko, dass möglicherweise Angebote von weniger geeigneten Bietern gewertet werden müssen[2578].

Ein klarer Ausschlussgrund nach § 25 Nr. 2 VOB/A ist es, wenn der Bieter aufgrund der vorgelegten Nachweise nicht die entsprechende **Sicherheit** bietet, die ausgeschriebene und später vertragsgemäß geschuldete Leistung zu erbringen[2579].

Im Einzelnen nicht ganz geklärt ist, inwieweit ein **Bieter, der sachbezogene Fehler im Angebot macht**, wegen **dadurch unterstellter fehlender Eignung** ausgeschlossen werden können soll.

Dabei wird im Rahmen der vierten Prüfungsstufe, in der es eigentlich nur noch um die Wertung des Angebotes geht, ein negativer Rückschluss auf die zweite Prüfungsstufe getätigt, die eigentlich nur die Eignung betrifft. Streng genommen ist dies eine Systemwidrigkeit, die nach hier vertretener Auffassung lediglich einen ganz seltenen Ausnahmefall betreffen kann.

So soll ein Ausschluss gemäß § 25 Nr. 2 VOB/A erfolgen können, wenn der Bieter in seinem Angebot ein ungewöhnlich **hohes Maß an Rechenfehlern** begangen hat. Ein solcher Beleg für die Unzuverlässigkeit kann u.U. auch nicht durch eine längere Liste mit guten Referenzen widerlegt werden[2580].

Offensichtlich unbeabsichtigte Rechenfehler berechtigen jedoch andererseits nicht ohne weiteres zum Bieterausschluss[2581]. Dies hat auch der BGH[2582] bekräftigt, welcher die Anforderung für einen Ausschluss ein klein wenig darauf verengt hat, dass die **Rechenfehler bewusst in das Angebot hineinkalkuliert** worden sein müssen. Bei einer sehr großen Häufung von gleichartigen Rechenfehlern kann man jedoch u.U. Vorsatz annehmen[2583].

Nicht schlüssig ist es, wenn ein Bieter deswegen **als unzulässig ausgeschlossen** werden können soll, wenn er – bei allgemeiner Zusicherung der Einhaltung des nicht im Entsendegesetz verankerten Tarifvertrages für das Wach- und Sicherheitsgewerbe – eine angeblich unzutreffende (zu niedrige) Lohngruppe für einschlägig hält, jedoch die **Ein- und Zuordnung zu den einzelnen Lohngruppen höchst streitig** ist[2584]. Ist die Art und Weise, wie gesetzeskonform angeboten werden kann, schon per se auch unter Experten streitig, so kann daraus nicht die

2578 Nahezu mustergültige Ausführungen hierzu finden sich hierzu bei der VK Bund, Beschl. v. 9. 1. 2001 (VK 2-40/00), VergabE D-1-40/00 = VergabeR 2001, 138 = EUK 2001, 76 = Behörden Spiegel 5/2001, S. B II.

2579 Siehe z.B. VÜA Brandenburg, Beschl. v. 28. 8. 1997 (1 VÜA 12/96), VergabE V-4-12/96 = WuW/E Verg, 4, bezogen auf die Fassadenelementierung für ein Gymnasium. Ferner VÜA Niedersachsen, Beschl. v. 27. 6. 1997 (34.2.–35. 66 Tgb.-Nr. 3/97), VergabE V-9-3/97, betr. den Bau einer Autobahnbrücke.

2580 VÜA Niedersachsen, Beschl. v. 18. 4. 1997 (34.2.–35. 66, Tgb.-Nr. 6/96), VergabE V-9-6/96 = WuW/E VergAL 103 = ZVgR 1997, 194 = VgR 5/1997, 42.

2581 VÜA Bund, Beschl. v. 21. 12. 1998 (1 VÜ 3/98), VergabE U-1-3/98 = Behörden Spiegel 6/1999, S. B II.

2582 BGH, Urt. v. 6. 2. 2002 (X ZR 185/99), VergabeR 2002, 369, 371. Unter Verweis auf die frühere Rechtsprechung BGH, Urt. v. 14. 10. 1993 (VII ZR 96/92), BGHR VOB/A § 25 Nr. 2 Abs. 1 – Zuverlässigkeit.

2583 VK Arnsberg, Beschl. v. 31. 8. 2001 (VK 1-12/2001), VergabE E-10a-12/01: »*Die ungewöhnlich zahlreichen und typisch gleichen Additionsfehler deuten hier auf vorsätzliche Rechenfehler hin.*«

2584 So aber: VK Bund, Beschl. v. 8. 1. 2008 (VK 3-148/07), nicht bestandskräftig. Aufgehoben durch OLG Düsseldorf, Beschl. v. 5. 5. 2008 (VII Verg 5/08).

Schlußfolgerung auf eine angebliche Unzuverlässigkeit des Bieters gezogen werden. Die Europarechtswidrigkeit ist in diesen Fällen der nicht im Entsendegesetz verankerten Mindest-Tariflöhne ohnehin vom EuGH festgestellt worden[2585].

dd) Eignung von Nachunternehmern

365 Die Vergabestelle ist außerdem nicht nur ermächtigt, sondern auch verpflichtet, die **Eignung von Nachunternehmern, Tochtergesellschaften** der Bieter usw. in die Prüfung **miteinzubeziehen**[2586].

Nach dieser Rechtsprechung des EuGH muss ein Bewerber, der in die Liste zugelassener Unternehmen aufgenommen werden will und auf die **Referenzen seiner Tochtergesellschaft** verweist, ungeachtet seiner rechtlichen Beziehungen zu diesen Tochtergesellschaften darlegen, dass er **in tatsächlicher Hinsicht** über die zur Ausführung des Auftrages erforderlichen Mittel dieser Tochtergesellschaften **verfügt**.

Voraussetzung ist, dass diese Tochtergesellschaften ihrerseits den **qualitativen Auswahlkriterien der Vergabekoordinierungsrichtlinie genügen**. Folgerung hieraus ist, dass bei Bejahung der Leistungsfähigkeit diese Unternehmen im Vergabeverfahren zuzulassen sind. Das Urteil BNG II bestätigte nochmals den schon vom Urteil BNG I ausgehenden Druck auf die deutsche VOB/A, einen weiteren Kreis von Bietern bei der Vergabe von öffentlichen Bauaufträgen zuzulassen (siehe hierzu schon oben). Mit Einführung des § 8a Nr. 10 VOB/A 2006 ist dies geschehen:

> *»Ein Bieter kann sich, ggf. auch als Mitglied einer Bietergemeinschaft, bei der Erfüllung eines Auftrags der Fähigkeiten anderer Unternehmen bedienen, ungeachtet des rechtlichen Charakters der zwischen ihm und diesen Unternehmen bestehenden Verbindungen. Er muss in diesem Fall dem Auftraggeber gegenüber nachweisen, dass ihm die erforderlichen Mittel zur Verfügung stehen, indem er beispielsweise eine entsprechende* ***Verpflichtungserklärung*** *dieser Unternehmen vorlegt.«*

Auf Basis dieser Vorschriftenlage ist ein Angebot als unvollständig und zwingend ausschlussbedürftig zu bewerten, das **keinerlei Bestätigung** enthält, dass dem Bieter die erforderlichen Mittel für die genannten Nachunternehmer zur Verfügung stehen[2587]. Auch eine Zuordnung der Nachunternehmerleistungen und der dazu erbrachten Referenzen muss für die Vergabestelle möglich sein, wenn die Offerte eine Chance auf Berücksichtigung haben will[2588].

2585 EuGH, Urt. v. 3. 4. 2008 (Rs. C-346/06 – »Dirk Rüffert ./. Land Niedersachsen«), VergabeR 2008, 478 = VS 2008, 26.

2586 So ausdrücklich bezogen auf Tochtergesellschaften: EuGH, Urt. v. 18. 12. 1997 (Rs. C-5/97 – »Ballast Nedam Group II«), VergabE A-1-3/97 = VgR 3/1998, 47; EuGH, Urt. v. 14. 4. 1994 (Rs. C-389/92 – »Ballast Nedam Group I«), Slg. 1994, I, 1289 = VergabE A-1-1/94 = VgR 1/1997, 59.

2587 OLG München, Beschl. v. 6. 11. 2006 (Verg 17/06), VergabeR 2007, 225 = VS 2006, 94; VK Bund, Beschl. v. 14. 8. 2006 (VK 2-80/06), VS 2006, 87 [LS]; VK Südbayern, Beschl. v. 23. 10. 2006 (30-09/06).

2588 OLG Düsseldorf, Beschl. v. 28. 6. 2006 (VII-Verg 18/06), VS 2006, 77.

Für den **Bereich der Liefer- und Dienstleistungen** hatte der EuGH bereits im Jahre 1999[2589] entschieden, dass das als Nachunternehmer eingesetzte Unternehmen eine ggf. nicht ausreichende Eignung in der Person des Unternehmers ausgleichen kann. Voraussetzung ist, dass das betreffende Unternehmen über die **Kapazitäten des Nachunternehmers verfügt** und **glaubhaft belegen** kann, dass die Eignung jenen Unternehmens rechtlich wie eine eigene Eignung aufzufassen ist[2590]. Dies kann insbesondere bei einem Mutter-/Tochterverhältnis zwischen den Unternehmen der Fall sein[2591].

Diese Möglichkeit des Verweisens auf Kompetenzen von Nachunternehmern ist für den VOL-Bereich in § 4 IV VgV 2006 geregelt. Es gilt im Prinzip das gleiche wie für den Baubereich[2592].

Die **verstärkte Verweisungsmöglichkeit** auf die Nachunternehmen hat **vertiefte Anstrengungen zur Überprüfung von deren Eignung** zur Folge. So sind prinzipiell alle Nachweise, die von einem Hauptunternehmer verlangt werden, auch von den Subunternehmern zu erbringen. Dementsprechend ist auch beispielsweise dort, wo sie vorgesehen ist, die Regelanfrage beim **Korruptionsregister** zu tätigen[2593].

Eine ungeschriebene Pflicht, für jeden Nachunternehmer jeden vom Vertragspartner geforderten Eignungsnachweis zu erbringen, kann nicht angenommen werden. Die Vorschriften (z.B. § 8 Nr. 3 I VOB/A) benennen eindeutig den Bewerber oder Bieter als Adressat der Anforderungen von Eignungsnachweisen[2594].

ee) Zurechnung und »Verblassen« von Eignungsgesichtspunkten

366 Zunächst einmal wird man die Eignung des anbietenden Unternehmens in jedem Falle **zurechnen** müssen, in dem es nur eine Umgründung/Umfirmierung gegeben hat. Das Unternehmen, welches sich umfirmiert hat oder die Konzernangehörigkeit gewechselt hat, stünde sonst ohne Referenzen da. Eine solche Betrachtung wäre nicht sachgerecht, weil die agierenden Personen, welche die Referenzleistung erbracht haben, meist dieselben sind. Da es aber so ist, dass viele erbrachte Leistungen – je nach Branche – sehr personenbezogen, wenn nicht gar persönlich sind, wird man auf die identische Geschäftsführung des Unternehmens respektive die agierende Abteilung, die den Vorauftrag bedient hat, abstellen können.

In anderen Fällen ist ggf. zu prüfen, inwieweit z.B. 2–3 Jahre alte Referenzen, die von Personen erbracht wurden, welche das Unternehmen **verlassen**, es aber seinerzeit maßgeblich geprägt haben, noch verwertbar sind – möglicherweise nur **sehr eingeschränkt**, je nachdem wie personengebunden eine Leistung ist.

2589 EuGH, Urt. v. 2. 12. 1999 (Rs. C-176/98), VergabE A-1-7/99 = NZBau 2000, 149 = WuW 2000, 221 = EUK 2000, 24.

2590 Siehe auch EuGH, Urt. v. 18. 3. 2004 (Rs. C-314/01 – »Siemens ./. Hauptverband Sozialversicherungsträger«), VergabE A-1-2/04 = VergabeR 2004, 465 = RPA 2004, 121.

2591 VK Brandenburg, Beschl. v. 26. 2. 2003 (VK 77/02), VergabE E-4-77/02. Vgl. VK Bund, Beschl. v. 1. 3. 2002 (VK 1-3/02), VergabE D-1-3/02.

2592 OLG Düsseldorf, Beschl. v. 28. 6. 2006 (VII-Verg 18/06), VS 2006, 77.

2593 VK Münster, Beschl. v. 13. 2. 2007 (VK 17/06).

2594 VK Düsseldorf, Beschl. v. 23. 4. 2007 (VK-9/2007-B), VS 2007, 55.

Beispiele: Das Marketing-Genie hat die Werbeagentur verlassen (und nimmt seine Kunden/Referenzen mit). Der spiritus rector eines Architekturbüros hat sich vollständig zur Ruhe gesetzt.

Aus diesen Gründen heraus wird man konstatieren müssen, dass auf das Unternehmen bezogene Eignungsnachweise (negativ oder positiv) »**verblassen**«[2595].

In der Regel ist davon auszugehen, dass Referenzen nach fünf Jahren und mehr in ihrer Bedeutung schwächer werden, bei mehr als 10 Jahren wird man sie regelmäßig kaum noch für relevant halten können. Maßgeblich ist aber, wie bereits angedeutet, die **Branche** und deren Schnelllebigkeit.

Andere Nachweise sind noch schnelllebiger. Zu denken ist an Bankerklärungen und Gewerbezentralregisterauszüge, die deswegen, wenn sie gefordert werden, nur dann einen Sinn ergeben, wenn sie ein gewisse Aktualität besitzen.

Die Zurechung von Referenzen seitens der **Bietergemeinschaftspartner** ist möglich. Bietergemeinschaftspartner müssen zwar – jeder für sich – die notwendige Zuverlässigkeit besitzen, brauchen jedoch nicht in personam alle Aspekte der verlangten Fachkunde und Leistungsfähigkeit zu erfüllen[2596]. Analog verhält es sich in bezug auf Nachunternehmer (siehe Rdn. 365).

ff) Verbösernde Entscheidungen

367 **Auch auf der Stufe der Zuschlagsentscheidung (4. Stufe)** kann ein **Ausschluss des Bieters**

- auf der Grundlage des § 8 Nr. 5 VOB/A (bzw. § 7 Nr. 5 VOL/A) – 1. Stufe
- oder auf der Grundlage des § 25 Nr. 2 VOB/A bzw. VOL/A – 2. Stufe

erfolgen. Eine solche verbösernde Entscheidung muss jedoch angesichts der normalerweise strengen Prüfungsreihenfolge des § 25 (Vier-Stufen-Prüfung) eine Ausnahme bleiben[2597]. Es bedarf also objektiv neuer Erkenntnisse, die zu diesem Schritt veranlassen (z.B. Verkauf eines Betriebsteils[2598]).

Wird eine solche verbösernde Entscheidung – trotz einer an sich bereits erledigten Eignungsprüfung – vorgenommen, so gewinnen sowohl die bereits im Zusammenhang mit den **Ausschlussgründen nach § 25 Nr. 1 erläuterten Tatbestände** der schweren Verfehlung, der Insolvenz, vorsätzlich falscher Angaben über die Leistungsfähigkeit, des Nachweises von Korruption[2599] etc. als auch die Prüfung neu hinzugekommener Erkenntnisse über **Eignungsdefizite (§ 25 Nr. 2)** Bedeutung. Die verbösernde Entscheidung darf aber nicht dazu dienen, einen Bieter – wegen

2595 So: VK Baden-Württemberg, Beschl. v. 5. 6. 2000 (1 VK 11/00), VergabE E-1-11/00, Behörden Spiegel 9/2000, Seite B II.

2596 OLG Düsseldorf, Beschl. v. 31. 7. 2007 (VII Verg 25/07), VS 2007, 70; OLG Karlsruhe, Beschl. v. 24. 7. 2007 (17 Verg 6/07), VS 2007, 70; OLG Naumburg, Beschl. v. 30. 4. 2007 (1 Verg 1/07), VS 2007, 37, 71.

2597 OLG Celle, Beschl. v. 22. 5. 2003 (13 Verg 10/03), VergabE C-9-10/03, EUK 2003, 105.

2598 OLG Düsseldorf, Beschl. v. 15. 12. 2004 (VII Verg 48/04), VergabeR 2005, 207 = VS 2005, 5.

2599 OLG Brandenburg, Beschl. v. 14. 12. 2007 (Verg W 21/07); VÜA Bund, Beschl. v. 8. 4. 1998 (1 VÜ 20/97), VergabE U-1-20/97; VÜA Bund, Beschl. v. 28. 5. 1997 (1 VÜ 3/4/97), VergabE U-1-3/97 = ZVgR 1997, 179 = WuW/E Verg, 39 = VgR 6/1997, 45.

eines wirtschaftlich unerwartet guten Angebotes – am Ende doch noch von der Zuschlagserteilung fernzuhalten[2600].

Zu beachten ist, dass auch hier grundsätzlich **ein Ausschluss nur im Einzelfall** möglich ist, also die Vergabestelle immer wieder neu prüfen muss, ob sich der betreffende Bieter im konkreten Ausschreibungsverfahren als zuverlässig erweist bzw. ob eine schwere Verfehlung vorliegt, die es ihr erlaubt, den Bieter auszuschließen. Ein **genereller Ausschluss** kann nur unter bestimmten Voraussetzungen gerechtfertigt sein, wenn sich das Unternehmen Verstöße gegen das Wettbewerbsrecht oder Strafrecht hat zuschulden kommen lassen[2601]. Aber auch in solch einem Falle darf ein Ausschluss – nicht zuletzt wegen des Verhältnismäßigkeitsgrundsatzes in Gestalt des staatlichen Übermaßverbotes – nur auf eine gewisse Zeit (6 Monate bis maximal 2 oder 3 Jahre[2602]) erfolgen[2603]. Die Tür zu einer möglichen Wiederberücksichtigung darf nicht gänzlich verschlossen werden[2604].

In die **Nähe der Unterbreitung vorsätzlich falscher Angaben** rückt es, wenn eine Bietergemeinschaft über wesentliche (nachteilige) Veränderungen, die einen der Partner betreffen, nicht von sich aus eine Meldung an die Vergabestelle macht. Dieses Verhalten stellt ganz generell ihre Zuverlässigkeit in Frage[2605]. In dem entschiedenen Fall war während des laufenden Vergabeverfahrens (nach Abgabe des Angebotes) ein Betriebsteil verkauft worden, so dass sich die Eignung in der Phase der Entscheidung über den Zuschlag verschlechterte.

gg) Gewichtung von Eignungskriterien

368 Schließlich ist zu den allgemeinen Anforderungen auf die **Frage der Angabe einer Gewichtung von Eignungskriterien** im Falle eines Teilnahmewettbewerbs und ggf. damit erforderlicher Auswahlprozesse hinzuweisen.

Eine **zwingende Angabe der prozentualen Gewichtung** der zur Anwendung zu bringenden Eignungskriterien ist nach der ursprünglichen EuGH-Rechtsprechung an sich **nicht in jedem Falle erforderlich**. Sie ist **lediglich dann erforderlich**, wenn sich die ausschreibende Stelle vor der Ausschreibungsbekanntmachung intern auf eine bestimmte prozentuale Gewichtung festgelegt hat[2606]. Zweckmäßigerweise sollte, wenn eine genaue Festlegung zunächst nicht gewollt oder auch möglich ist,

---

2600 OLG Celle, Beschl. v. 22. 5. 2003 (13 Verg 10/03), VergabE C-9-10/03, EUK 2003, 105, LS: »*Ein Ausschluss wegen mangelnder Eignung ist dann zweifelhaft, wenn die Vergabestelle das Angebot bereits in die Auswahl der wirtschaftlichsten Angebote einbezogen hat und gemäß der Prüfungsreihenfolge des § 25 VOB/A Eignungsgesichtspunkte nicht mehr anführen kann.*«

2601 VÜA Bund, Beschl. v. 26. 11. 1997 (1 VÜ 19/97), VergabE U-1-19/97 = ZVgR 1998, 443 = WuW/E Verg, 74 = VgR 2/1998, 42 = IBR 1998, 91.

2602 LG Frankfurt, Urt. v. 26. 11. 2003 (2-06 O 345/03): 2 Jahre.

2603 Da Korruption keine ›Einbahnstraße‹ ist, vgl. bereits die »Richtlinie zur Korruptionsprävention in der Bundesverwaltung« v. 17. 6. 1998, BAnZ. v. 14. 7. 1998, Nr. 127, S. 9665. Diese Korruptionsrichtlinie wurde durch Beschluss des Bundeskabinetts vom 7. 7. 2004 neugefasst, BAnZ. Nr. 148 v. 10. 8. 2004.

2604 LG Frankfurt, Urt. v. 26. 11. 2003 (2–06 O 345/03); VK Bund, Beschl. v. 11. 10. 2002 (VK 1-75/02), VergabE D-1-75/02.

2605 OLG Düsseldorf, Beschl. v. 15. 12. 2004 (VII Verg 48/04), VergabeR 2005, 207 = VS 2005, 5.

2606 EuGH, Urt. v. 12. 12. 2002 (Rs. C-470/99), VergabE A-1-5/02 = VergabeR 2003, 141 = NZBau 2003, 162 = ZfBR 2003, 176 = WuW 2003, 205 = BauR 2003, 774 = EUK 2003, 23 = Behörden Spiegel 2/2003, S. 27.

eine Festlegung zu einem **Zeitpunkt** erfolgen, der **vor der Eröffnung** der Angebote bzw. der Submission angesiedelt ist. Damit ist dem möglichen Manipulationsvorwurf vorgebaut, man habe in Kenntnis der Angebote die Gewichtungen nach Belieben hin- und hergeschoben, so dass man die gewünschten Ergebnisse erzielt hat. Diese Erwägung gilt um so mehr bei der insoweit gleichgelagerten Situation in betreff der Zuschlagskriterien und deren Gewichtung.

Die Entwicklung bei den Zuschlagskriterien hat sich allerdings in der Richtung vollzogen, dass in immer größerem Maße einzig noch die Schlussfolgerung übrig bleibt, dass **alle Kriterien, Unterkriterien und Unter-Unterkriterien sowie deren Gewichtung den Bewerbern bzw. Bietern mitzuteilen** sind[2607], und zwar am besten auch schon in der Bekanntmachung, und nicht erst bei der Zusendung der Verdingungsunterlagen. Es wäre **unschlüssig, nicht Gleiches auch im Falle der Eignungskriterien im Teilnahmewettbewerb anzunehmen**. Schließlich verhält es sich dergestalt, dass die zitierte EuGH-Rechtsprechung aus dem Jahre 2002, welche die Basis für die diesbezüglichen erhöhten Transparenzregelungen in der VKRL 2004/18/EG sowie, ihr folgend, der VOB/A und VOL/A 2006 darstellt, sich auf die Transparenz bei den Teilnahmekriterien bezogen hat.

c) Äußere Aspekte der Nachweiserbringung

aa) Klare Bezeichnung

369 Zunächst sind bereits in der Bekanntmachung die geforderten Nachweise über die Leistungsfähigkeit im einzelnen **klar zu bezeichnen** (vgl. §§ 8 Nr. 3, 8 a VOB/A; §§ 7, 7a Nr. 2 III VOL/A). Dies entspricht den Anforderungen der notwendigen **ex-ante-Transparenz**.

Die **pauschale Bezugnahme** auf die Regelungen der VOB/A bzw. VOL/A, in denen die Eignungskriterien lediglich seitens des Verordnungsgebers aufgeführt sind, ist **unzureichend**[2608]. Die genauen Anforderungen an den Nachweis der Eignung sind durch die ausschreibende Stelle in jedem Einzelfall bekanntzugeben. Die Entscheidung der VK Bund verdeutlicht – unter direkter Anwendung von Art. 44 II 3. Uabs. RL VKRL 2004/18/EG[2609] – den Vergabestellen, dass **in der Bekanntmachung die genauen Anforderungen an die Eignungsnachweise**, sowie speziell an die Referenzen, konkret benannt werden müssen. Zwar ist in der genannten Richtlinienbestimmung nur von Mindestanforderungen die Rede, die bereits zwingend in der Bekanntmachung anzugeben sind, jedoch sind aus Sicht einer vorsichtig agierenden Vergabestelle letztlich alle Eignungsnachweise auch gleichzeitig eine Mindestanforderung, so dass die Wahl des Zeitpunkts der Bekanntgabe bereits bei der Veröffentlichung der Ausschreibung (also der Publikation in den Medien) vorzugswürdig erscheint[2610].

2607 EuGH, Urt. v. 24. 1. 2008 (Rs. C-532/06), VergabeR 2008, 496 = VS 2008, 19.

2608 VK Bund, Beschl. v. 4. 9. 2007 (VK 1-89/07). Nicht nachvollziehbar und wohl überholt OLG Düsseldorf, Beschl. v. 1. 2. 2006 (Verg 83/05), wonach die Vergabestelle nicht verpflichtet sein soll, die Eignungsnachweise in der Vergabebekanntmachung konkret zu benennen.

2609 Art. 44 II 3. Uabs. RL VKRL 2004/18/EG lautet: »*Die Mindestanforderungen werden in der Bekanntmachung angegeben.*«

2610 Anders, mit einem »Erst-recht-Schluss« betreffend die Nachunternehmer-Nachweise: OLG München, Beschl. v. 6. 11. 2006 (Verg 17/06), VergabeR 2007, 225 = VS 2006, 94.

bb) Bekanntmachung maßgeblich

370 **Maßgeblich** ist – im Falle der Anwendung der 2. Abschnitte der VOB/A bzw. VOL/A – in jedem Falle die **europaweite Bekanntmachung**[2611] und die darin bekanntgemachten Anforderungen an die zu erbringenden Nachweise.

So kann etwa eine **Vertragserfüllungsbürgschaft**[2612] oder eine **Unbedenklichkeitsbescheinigung** des Finanzamtes[2613], welche in der Bekanntmachung bzw. Aufforderung zur Angebotsabgabe nicht ausdrücklich gefordert wird, nicht dazu führen, dass der Bieter ausgeschlossen wird, weil er diese nicht vorlegt. Die **Vergabestelle** hat diesbezüglich eine vorherige **Informationspflicht** darüber, welche Nachweise sie im Einzelnen verlangt.

cc) Bindung an Mindestbedingungen

371 Verlangt der öffentliche Auftraggeber **Mindestbedingungen** wie z.B. Mindestumsätze oder Mindestmitarbeiterzahlen, welche er für die ordnungsgemäße Ausführung des Auftrags für zwingend notwenig erachtet, so ist er hieran nach den allgemeinen verwaltungsrechtlichen Grundsätzen gebunden[2614]. Es handelt sich dann um sog. **k.o.-Kriterien**, die aber auch als solche erkennbar sein müssen[2615]. Findet jedoch seitens des Auftraggebers keine Festlegung statt, so ist das Ermessen dergestalt weit zu verstehen, dass im Einzelfall auch Bieter bezuschlagt werden können, deren Jahresumsatz kleiner bemessen ist als das ausgeschriebene Auftragsvolumen[2616].

dd) Bestimmung eines maßgeblichen Zeitpunktes für die Erfüllung

372 Die Vergabestelle muss des Weiteren einen genauen **Zeitpunkt nennen**, zu dem sie die erforderlichen Nachweise von den Bietern haben will. So kann z.B. ein Ausschluss vom Vergabeverfahren deshalb rechtswidrig sein, wenn die Vergabestelle nicht ausdrücklich bestimmt, dass die **Nachweise bis zum Ablauf der Angebotsfrist vorzulegen** (also dem Angebot beizufügen) sind. Das OLG Naumburg[2617] stellt fest: »*Im Übrigen ist anzumerken, dass ein Ausschluss selbst dann nicht gerechtfertigt gewesen wäre, wenn die Vergabebekanntmachung Referenzen als obligatorischen Eignungsnachweis verlangt hätte. Denn die Ausschreibungsunterlagen, die den Hinweis auf das Verlangen von Referenzen enthalten, lassen auch nicht eindeutig erkennen, ob solche Eignungsnachweise zwingend innerhalb der Angebotsfrist vorzulegen sind oder auch nachgereicht werden können.*«.

2611 OLG Düsseldorf, Beschl. v. 25. 11. 2002 (Verg 56/02), VergabE C-10-56/02v = Behörden Spiegel 2/2003, S. 27; OLG Naumburg, Beschl. v. 26. 2. 2004 (1 Verg 17/03), VergabE C-14-17/03 = EUK 2004, 44 = Behörden Spiegel 5/2004, S. 20. Vgl. zu Fristangaben auch VK Thüringen, Beschl. v. 15. 3. 2004 (6/04-J-S), VergabE E-16-6/04.

2612 OLG Düsseldorf, Beschl. v. 9. 6. 2004 (VII Verg 11/04), VergabE C-10-11/04 = EUK 2004, 172.

2613 VÜA Brandenburg, Beschl. v. 23. 3. 1998 (1 VÜA 6/97), VergabE V-4-6/97 = VgR 4/1998, 48.

2614 OLG Brandenburg, Beschl. v. 5. 1. 2006 (Verg W 12/05), VergabeR 2006, 554; VK Bund, Beschl. v. 9. 2. 2005 (VK 2-03/05), VS 2005, 38.

2615 OLG Celle, Beschl. v. 11. 3. 2004 (13 Verg 3/03), VergabeR 2004, 542.

2616 BGH, Urt. v. 24. 5. 2005 (X ZR 243/02), VergabeR 2005, 754 = WuW 2005, 1079.

2617 OLG Naumburg, Beschl. v. 9. 9. 2003 (1 Verg 5/03), VergabeR 2004, 80 = BauR 2004, 565 = EUK 2003, 157 = VergabE C-14-5/03, Rn. 26.

In einem anderen Fall[2618] ging es um den Nachweis der fachlichen Eignung von nicht zugelassenen, ausländischen Unterauftragnehmern, der von dem betreffenden Bieter nicht bis zum Ablauf der Angebotsfrist erbracht werden konnte. Auch der VÜA Bund erachtete den darauf gegründeten Ausschluss für nicht gerechtfertigt, weil die Vergabestelle den Zeitpunkt, zu dem die Nachweise zu erbringen sind, **klar festlegen** muss[2619].

Diese Rechtsfindung erweist sich vor dem Hintergrund der **EuGH-Rechtsprechung aus dem Jahre 2006** als unbedingt richtig[2620]. Der EuGH hat in dieser Rechtsprechung klar vorgegeben, dass der Zeitpunkt, wann die Eignungsnachweise zu erbringen sind, klar zu definieren ist. Außerdem hat der Gerichtshof die klare Vorgabe gemacht, dass die Eignungsvoraussetzungen zu diesen **definierten Terminen** auch tatsächlich erfüllt sein müssen. Zusagen dahingehend, daß sie zu einem in der Zukunft gelegenen Zeitpunkt erfüllt sein würden, reichen daher in der Regel nicht.

Kurz vor Ergehen des EuGH-Urteils im Februar 2006 hatte das OLG München[2621] wiederholt entschieden, dass der Bieter bei Angebotsabgabe noch nicht über alle für die Ausführung des Auftrags erforderlichen – personellen und technischen – Mittel verfügen müsse. Dem lag die Erwägung zugrunde, daß die Bieter nicht zu Investitionen gezwungen werden sollen, solange nicht feststeht, ob sie den Auftrag tatsächlich erhalten. Nach dem EuGH-Urteil ist diese Rechtsprechung nicht mehr haltbar. Dabei kommt es auch nicht darauf an, ob es sich bei den im Zeitraum des aktuellen Vergabeverfahrens fehlenden Eignungsvoraussetzungen um Eigenbescheinigungen oder um Fremdbescheinigungen handelt.

Ungeachtet der europarechtlichen Entwicklungen hat das OLG Saarbrücken[2622] im Sinne einer Mindermeinung zu geforderten Angaben betreffend die Leistungsfähigkeit festgestellt, dass es im Rahmen einer Ausschreibung von den Bietern nicht verlangt werden könne, dass sie bereits zum Zeitpunkt der Abgabe des Angebots über das nötige Personal, Material etc. verfügen. Es reiche vielmehr aus, wenn sie darlegen können, daß sie im Falle der Beauftragung über die notwendigen Mittel verfügen werden.

Eine wirkliche **Ausnahme** besteht, soweit ersichtlich, lediglich im Falle von Bildungsmaßnahmen, in denen die Bieter (glaubhaft und substantiiert) Zusagen machen können, daß sie zu einem späteren Zeitpunkt im Falle des Zuschlags das notwendige Personal einstellen können und werden[2623].

Hat sich die Vergabestelle für den festen Termin des **Ablaufs der Angebotsfrist**, und nicht für den Termin des Ablaufs der Angebotsbindefrist, als maßgeblichen Zeitpunkt **entschieden**, so ist sie **daran gebunden**, und darf nicht mehr nach

2618 VÜA Bund, Beschl. v. 28. 5. 1997 (1 VÜ 3/4/97), VergabE U-1-3/97 = ZVgR 1997, 179 = WuW/E Verg, 39 = VgR 6/1997, 45, mit Anm. *Noch*.

2619 OLG Celle, Beschl. v. 11. 3. 2004 (13 Verg 3/04), VergabE C-9-3/04 = EUK 2004, 185; VÜA Bayern, Beschl. v. 12. 5. 1999 (VÜA 12/98), VergabE V-2-12/98 = EUK 2001, 107.

2620 EuGH, Urt. v. 9. 2. 2006 (Rs. C-226/04 und C-228/04), VergabeR 2006, 340 = WuW 2006, 449.

2621 OLG München, Beschl. v. 27. 1. 2006 (Verg 1/06), VergabeR 2006, 537; OLG München, Beschl. v. 12. 9. 2005 (Verg 20/05), IBR 2005, 569 = VergabeR 2006, 112.

2622 OLG Saarbrücken, Beschl. v. 5. 7. 2006 (1 Verg 6/05), VS 2006, 71.

2623 VK Bund, Beschl. v. 3. 7. 2007 (VK 3-64/07), bestätigt d. OLG Düsseldorf, Beschl. v. 31. 7. 2007 (VII Verg 25/07); VK Bund, Beschl. v. 2. 12. 2004 (VK 2-181/04).

Belieben das Nachreichen von Nachweisen zulassen oder gar von sich aus dazu auffordern[2624].

Richtet sich dagegen die **Erbringung eines Nachweises** ausdrücklich an den **späteren Auftragnehmer** (z.B. die spätere Annahme einer bestimmten Rechtsform im Falle der Beauftragung), so ist dies erst zu diesem späteren Zeitpunkt verbindlich[2625].

Muss eine **Bürgschaftserklärung nicht schon mit dem Angebot** vorgelegt werden, sondern ist eindeutig bestimmt, dass sie erst auf Anforderung der Vergabestelle nachgereicht werden kann, so darf ein Bieter, der diese Erklärung nicht bereits dem Angebot beigefügt hat, nicht ausgeschlossen werden[2626]. Im entschiedenen Fall lautete es in der Angebotsaufforderung: »*Der Auftraggeber behält sich vor, die Auftragserteilung von der Beibringung folgender Sicherheitsleistung(en) abhängig zu machen: Bürgschaft in Höhe von 50.000 € für die Zeit v. 1. 7. 2005 bis 30. 9. 2005 (s. Vergabebekanntmachung).*«

ee) Form und Qualität von Nachweisen

373 Die Vergabestelle ist bei der Prüfung der Eignungsnachweise zwar nicht völlig frei, sie kann jedoch selbst recht großzügig bestimmen, welche **Qualität von Nachweisen** sie im konkreten Vergabeverfahren genügen lässt.

Sie kann **offizielle Bescheinigungen** verlangen (Originale) oder **Kopien** davon (ggf. beglaubigte).

Sie muss dabei auch prüfen, welche **Voraussetzungen die Behörde für deren Gültigkeit selbst festsetzt**. Erklärt z.B. eine Behörde, eine von ihr ausgestellte Bescheinigung sei »nur im *Original mit Dienstsiegel und Unterschrift*« oder »*als beglaubigte Fotokopie*« gültig, so ist eine (unbeglaubigte) Fotokopie im Rechtsverkehr keine von ihr stammende »*Bescheinigung der zuständigen Behörde*«[2627].

Bei manchen Nachweisen (z.B. Bundeszentralregisterauszug) kann es sich **von selbst verstehen**, dass sie im Original beizulegen sind[2628].

Sie kann sich außerdem im Interesse einer möglichst schlanken Handhabung des Vergabeverfahrens für **Eigenerklärungen** entscheiden.

In jedem Falle werden der **Aufwand** für den Bieter im Verhältnis zu dem Ausschreibungsgegenstand und Auftragswert sowie ggf. auch die jeweiligen **Schwierigkeiten** eine Rolle spielen, unter denen die offiziellen Dokumente zu erlangen sind.

Dies hat der VÜA Bund in einem sehr anschaulichen Fall betont, als es um die Errichtung eines Wohnkomplexes in Moskau ging und aufgrund der dortigen politischen und gesellschaftlichen Verhältnisse, die sehr oft zu enormen Verzöge-

2624 OLG Düsseldorf, Beschl. v. 9. 6. 2004 (VII Verg 11/04), VergabE C-10-11/04 = EUK 2004, 172.

2625 KG, Beschl. v. 13. 8. 2002 (KartVerg 8/02), VergabE C-3-8/02v3. In dieser Richtung auch: VK Nordbayern, Beschl. v. 30. 9. 2004 (320.VK-3194-39/04), VergabE E-2a-39/04 = EUK 2004, 171, für vom Auftragnehmer [= AN] geforderte Angebotspläne mit Gründungsgutachten bei der späteren Realisierung von Nebenangeboten.

2626 So: OLG Düsseldorf, Beschl. v. 27. 4. 2005 (VII-Verg 10/05), VS 2006, 37.

2627 OLG Koblenz, Beschl. v. 4. 7. 2007 (1 Verg 3/07), VergabeR 2007, 666 = VS 2007, 55 [LS].

2628 VK Berlin, Beschl. v. 1. 11. 2004, (1 VK B2-52/04), VS 2005, 31 [LS].

rungen bei der Erlangung offizieller Bescheinigungen führen, indem sie inoffizielle Dokumente genügen ließ[2629]. Diesbezüglich soll der Vergabestelle ein **Spielraum** eröffnet werden, um bei Ausschreibungen z.B. mit Berührung zu Staaten außerhalb der EU Rücksicht auf dortige Verhältnisse nehmen zu können.

Sobald sich allerdings die Vergabestelle in den Teilnahmebedingungen auf eine bestimmte **Qualität von Nachweisen festlegt**, bindet sie sich selbst und darf aus Gründen der Gleichbehandlung der Bieter nur die betreffende Art von Bescheinigungen akzeptieren. Ein Angebot muss daher ausgeschlossen werden, dessen Bürgschaftserklärung in den Unterlagen nur in Kopie, nicht jedoch, wie gefordert, im Original, beigefügt wurde[2630].

Trifft sie in den Teilnahmebedingungen indes **keine Festlegung** auf bestimmte Nachweise, so ist sie verpflichtet, jedes beliebige Dokument genügen zu lassen.

Dementsprechend kann eine **Eigenerklärung** zu einer vorhandenen Betriebshaftpflichtversicherung genügen (also Angabe der Versicherungsgesellschaft mit den Deckungssummen) oder beispielsweise ein **Computer-Ausdruck** als »Wiedergabe des aktuellen Registerinhalts« anstatt einer offiziellen Kopie des aktuellen Handelsregisterauszuges[2631].

Der Computer-Ausdruck muss allerdings **lesbar** sein. Legt ein Bewerber die Kopie eines Handelsregisterblattes vor, aus der sich mangels Lesbarkeit die Eintragung des Bewerbers in das Handelsregister nicht ergibt, so gilt diese als rechtlich nicht existent. Der Bieter genießt sogar dann keinen Vertrauensschutz, wenn, wie hier, der Fehler nicht bei ihm lag, sondern die pdf-Datei als nicht leserliches Dokument von Seiten des Amtsgerichtes erstellt wurde[2632].

Eigenmächtige Abänderungen der Vorgaben für die Erbringung der Nachweise gehen zu Lasten des Bieters[2633]. Im Interesse eines transparenten und diskriminierungsfreien Wettbewerbs darf ein Bieter, der bestimmte Nachweise nicht für erforderlich hält, nicht ohne Weiteres auf die Vorlage verzichten und sich ggf. darauf verlassen, die Vergabestelle werde von den eigenen zwingenden Vorgaben absehen oder das Nachreichen ermöglichen[2634].

ff) Folgen von unklaren und widersprüchlichen Anforderungen; zumutbarer Aufwand; Weigerung des Bieters

374 **Unklarheiten** und **Widersprüchlichkeiten** in den Anforderungen bezüglich der Eignungsnachweise gehen demgegenüber in der Regel zu Lasten der Vergabestelle[2635].

2629 VÜA Bund, Beschl. v. 14. 6. 1996 (1 VÜ 7/96), VergabE D-1-7/96 = WuW/E VergAB, 96.
2630 Vgl.: OLG Düsseldorf, Beschl. v. 27. 4. 2005 (VII-Verg 10/05), VS 2006, 12.
2631 OLG Düsseldorf, Beschl. v. 9. 6. 2004 (VII-Verg 11/04), VergabE C-10-11/04 = EUK 2004, 172.
2632 OLG Düsseldorf, Beschl. v. 16. 1. 2006 (VII – Verg 92/05), VS 2006, 31 [LS].
2633 OLG Düsseldorf, Beschl. v. 1. 2. 2006 (Verg 83/05).
2634 VK Südbayern, Beschl. v. 28. 10. 2005 (Z3-3-3194-1-44-09/05), VS 2006, 87.
2635 Ausdrücklich unter Verweis auf diese Stelle in der 2. Auflage (dort S. 186): OLG Düsseldorf, Beschl. v. 9. 6. 2004 (VII Verg 11/04), VergabE C-10-11/04 = EUK 2004, 172.

In einem Fall[2636] hatte der öffentliche Auftraggeber in der Ausschreibungsbekanntmachung und in einem nachträglichen Anschreiben unterschiedliche Anforderungen gestellt, die zudem missverständlich abgefasst waren. Die daraus resultierenden Fehler im Vergabeverfahren waren von den Bietern nach richtiger Auffassung nicht hinzunehmen, weil die **Vergabestelle** bezüglich der von ihr gewünschten Qualifikationsnachweise eine **Bringepflicht** hat[2637].

Dessen unbeschadet ist es auch die Pflicht der Bieter, offensichtliche Widersprüche in den von ihnen vorgelegten Eignungsnachweisen an die Vergabestelle heranzutragen und sich aktiv um Klärung zu bemühen. Ausländische Bieter sind gehalten, für Rückfragen **deutschsprechende Ansprechpartner** zu benennen[2638].

Darüber hinaus müssen die von der Vergabestelle geforderten Eignungsnachweise für die Bieter **mit vertretbarem Aufwand zu erlangen** sein. Vertretbar ist es[2639], wenn je nach Kompliziertheit der durchzuführenden Baumaßnahme Bescheinigungen über den Besuch von Fortbildungsveranstaltungen oder über abgelegte Prüfungen angefordert werden.

Solange ein durch das Ausschreibungsverfahren sachlich berechtigter Grund besteht, kann auch die Beibringung von **Spezialnachweisen** verlangt werden, die sich nach DIN-Bestimmungen richten und mit vertretbarem Aufwand besorgt werden können[2640].

Die **Grenze** liegt dort, wo z.B. die Mitgliedschaft in einem Verein zur Auflage gemacht wird, für den erstens nur sehr schwer Zugang besteht und zweitens ein hoher Mitgliedsbeitrag zu entrichten ist.

Verlangt die Vergabestelle vom Bieter in Form einer Eigenerklärung **Angaben über Lohn- und Gehaltsgruppen der Arbeitskräfte**, um dessen Zuverlässigkeit und die Unternehmensstruktur zu überprüfen, und **verweigert** dieser aus datenschutzrechtlichen Bedenken die geforderten Angaben, so hat der Bieter unberechtigterweise den Eignungsnachweis nicht erbracht und sein Angebot ist gemäß § 25 Nr. 2 I VOL/A zwingend auszuschließen[2641].

d) Inhaltliche Aspekte der Nachweiserbringung und richtige Ermessensausübung

375 Die beigebrachten Eignungsnachweise müssen die Vergabestelle von der Zuverlässigkeit den betreffenden Bieters **inhaltlich überzeugen**.

2636 VÜA Brandenburg, Beschl. v. 16. 11. 1997 (1 VÜA 11/97), VergabE V-4-11/97 = VgR 2/1998, 42.
2637 VÜA Baden-Württemberg, Beschl. v. 23. 7. 1997 (1 VÜ 1/97), VergabE V-1-1/97.
2638 VK Baden-Württemberg, Beschl. v. 5. 6. 2000 (1 VK 11/00), VergabE E-1-11/00 = EUK 2000, 169.
2639 So VÜA Bayern, Beschl. v. 9. 10. 1997 (VÜA 9/97), VergabE V-2-9/97 = WuW/E Verg, 99 = VgR 3/1998, 48, betreffend eine spezielle Holzleim-Bescheinigung für das Verleimen tragender Holzbauteile nach DIN 1052.
2640 Vgl. VÜA Bund, Beschl. v. 17. 12. 1997 (1 VÜ 23/97), VergabE U-1-23/97, betreffend die Erbringung des Großen Schweißnachweises gemäß DIN 18800.
2641 OLG Düsseldorf, Beschl. v. 21. 6. 2006 (VII-Verg 2/06), VS 2006, 79 [LS].

Unzweifelhaft existiert hier, wie eingangs unter Rdn. 361 erwähnt, ein **Beurteilungsspielraum**[2642], der nach den Grundsätzen der Ermessenslehre hinsichtlich seines Kernbereiches nicht justitiabel ist[2643], jedoch beinhalten die in der VOB/A und VOL/A enthaltenen Eignungsnachweise zumindest vom Ansatz her recht objektive Kriterien, anhand derer die Leistungsfähigkeit, Fachkunde und persönliche Eignung des Bieters überprüft werden kann.

aa) Bewertung der Umsatzzahlen

376 Zunächst einmal müssen die **Referenzjahre** für die Umsätze von der Vergabestelle **klar bezeichnet** und dann vom Bieter **beigebracht** werden[2644].

Enthalten weder die Vergabebekanntmachung noch die später versandten Verdingungsunterlagen und Bieterinformationen Mindestvorgaben im Hinblick auf die vom Bieter nachzuweisenden betrieblichen Umsätze, so muss auch **kein Mindestumsatz nachgewiesen** werden. Hieran ändert es auch nichts, wenn im Vergabevermerk von einem Mindestumsatz (in casu: 40.000 €) im Sinne eines Richtwertes die Rede ist[2645].

Hierzu gehört die Erwägung des BGH, dass **aus geringen Jahresumsätzen nicht automatisch auf eine mangelnde Bietereignung geschlossen** werden darf[2646]. Im Gegenteil: Ein (ggf. auch neu gegründeter) Betrieb mit geringen Umsätzen kann für bestimmte Arbeiten leistungsfähiger und daher sogar ein besser geeigneter Vertragspartner sein.

Weicht das **Geschäftsjahr** von den als **Kalenderjahr** vorgegebenen Referenzzeiträumen ab, so ist dies seitens des Bieters gegenüber der Vergabestelle anzuzeigen[2647]. Es ist gleichfalls anzuzeigen, dass zum Beispiel im Falle einer als Aktiengesellschaft (AG) geführten Konzernmutter bestimmte Geschäftszahlen erst im Mai des Folgejahres zur Hauptversammlung veröffentlicht werden. Dann muss auch dies gegenüber der Vergabestelle gerügt werden, wenn das Bieterunternehmen mit seinem Angebot weiter berücksichtigt werden will[2648].

Bei der inhaltlichen Bewertung können ernsthafte Bedenken gegen eine ausreichende Leistungsfähigkeit bestehen, wenn der zu vergebende **Auftrag die Umsatzzahlen des betreffenden Unternehmens** aus dem Vorjahr **übersteigt**[2649]. Aber auch hier ist

2642 OLG Düsseldorf, Beschl. v. 5. 12. 2006 (VII-Verg 56/06), NZBau 2007, 668; VK Rheinland-Pfalz, Beschl. v. 31. 5. 2007 (VK 12/07), VS 2008, 7 [LS]; VK Arnsberg, Beschl. v. 8. 8. 2006 (VK 21/06), VS 1007, 21 [LS].

2643 OLG Celle, Beschl. v. 11. 3. 2004 (13 Verg 3/04), VergabE C-9-3/04 = EUK 2004, 185; VK Bund, Beschl. v. 9. 1. 2001 (VK 2-40/00), VergabE D-1-40/00 = VergabeR 2001, 138 = Behörden Spiegel 5/2001, S. B II; VK Bund, Beschl. v. 3. 11. 1999 (VK 1-27/99), VergabE D-1-27/99 = EUK 2000, 141.

2644 OLG Düsseldorf, Beschl. v. 28. 6. 2006 (VII-Verg 18/06), VS 2006, 78, 79, 94, 95; OLG Düsseldorf, Beschl. v. 1. 2. 2006 (VII-Verg 83/05), VS 2006, 64.

2645 OLG Hamburg, Beschl. v. 2. 2. 2004 (1 Verg 7/03), VergabE C- 6-7/03v2.

2646 BGH, Urt. v. 24. 5. 2005 (X ZR 243/02), VS 2005, 58 f., 63 f. = VergabeR 2005, 754 = WuW 2005, 1079.

2647 VK Sachsen, Beschl. v. 24. 5. 2007 (1/SVK/029-07).

2648 VK Sachsen, Beschl. v. 24. 5. 2007 (1/SVK/029-07).

2649 So VÜA Bayern, Beschl. v. 6. 3. 1998 (VÜA 13/97), VergabE V-2-13/97 = ZVgR 1998, 496 = VgR 4/1998, 47; s.a. VÜA Thüringen, Beschl. v. 2. 9. 1998 (2 VÜ 2/98), VergabE V-16-2/98 = Behörden Spiegel 4/1999, S. B II.

es nicht ausgeschlossen, dass – bei entsprechenden die Vergabestelle überzeugenden Nachweisen – im Einzelfall ein solcher Bieter bezuschlagt werden kann[2650].

Die Vergabestelle muss im Einzelfall ein Bieterunternehmen für nicht geeignet halten und vom Vergabeverfahren ausschließen, welches in den letzten drei Jahren **stark rückläufige Umsatzzahlen** aufweist[2651].

Schließlich müssen – zumindest im Falle komplexer Leistungen – auch **Newcomer** die von der Vergabestelle geforderten Umsatzangaben erfüllen[2652].

bb) Prüfung der Personalressourcen

377 Kann ein Bieter nicht nachweisen, dass er mit seinem **Stammpersonal** die geforderte Leistung zu erbringen in der Lage ist, und kann er außerdem nicht darlegen, dass ihm entsprechendes **zusätzliches Personal** im Bedarfsfall zur Verfügung steht, so ist er mangels Eignung auszuschließen[2653].

Ein **pauschaler Hinweis** auf die zeitweilige Einstellung eines »erfahrenen Hochbaupoliers« kann die Leistungsfähigkeit nicht unter Beweis stellen[2654]. In dem entschiedenen Fall waren die Nachunternehmer noch nicht einmal in das nationale Berufsregister für portugiesische Nachunternehmer oder Bietergemeinschaftspartner eingetragen, so dass der Vergabestelle im Ergebnis gar nichts anderes übrig blieb als diesen Bieter auszuschließen[2655].

Merke: Da die Eignungsprüfung eine Momentaufnahme des Ist-Zustandes darstellt, muss, wie zuvor unter Rdn. 372 bereits ausgeführt, nach heutigem Maßstab[2656] grundsätzlich jede Berücksichtigung von für die Zukunft in Aussicht gestellten Personal- und Sachmitteln grundsätzlich unterbleiben[2657].

Die eignungsbezogenen **Personalressourcen** sind von den angebotsbezogenen **Personalkonzepten**, die beispielsweise bei konzeptionellen Leistungen (z.B. Bildungsmaßnahmen) gefragt sind, abzugrenzen. Personalkonzepte betreffen den Einsatz und die Organisation der Verwendung von vorhandenem Personal. Erachtet die Vergabestelle dann das Personalkonzept eines Bieters für die Leistungserbringung als unzureichend, so ist sie auf der Zuschlagsebene (§ 25 Nr. 3) zu einer entsprechenden Punkteabwertung des Angebots berechtigt.

2650 BGH, Urt. v. 24. 5. 2005 (X ZR 243/02), VergabeR 2005, 754 = WuW 2005, 1079.
2651 VK Hessen, Beschl. v. 16. 1. 2004 (69d VK 72/03), VergabE E-7-72/03.
2652 VK Brandenburg, Beschl. v. 30. 5. 2005 (VK 21/05), VS 2006, 38 [LS].
2653 VK Nordbayern, Beschl. v. 6. 8. 2007 (21-VK-3194-31/07 – »Schülerbeförderung«), VS 2007, 86f.).
2654 VÜA Hessen, Beschl. v. 16. 10. 1997 (VÜA 2/96), VergabE V-1-2/96 = VgR 3/1998, 49.
2655 Weiterführend VÜA Schleswig-Holstein, Beschl. v. 23. 3. 1999 (VÜ 4/98), VergabE V-15-4/98 = ZVgR 1999, 269 = EUK 2001, 27 = Behörden Spiegel 4/2001, S. B II, zur Unterscheidung von Eintragungspflichten nach der Gewerbeordnung und der Handwerksordnung.
2656 EuGH, Urt. v. 9. 2. 2006 (Rs. C-226/04 und C-228/04), VergabeR 2006, 340 = WuW 2006, 449.
2657 Vgl. noch OLG Düsseldorf, Beschl. v. 7. 7. 2003 (Verg 34/03), VergabE C-10-34/03v = EUK 2003, 137, für die Einholung von unproblematisch zu erlangenden Arbeitsgenehmigungen für polnische Arbeiter.

cc) Einordnung der Referenzen

378 Insbesondere die eingangs erwähnte **Beibringung von Referenzlisten** darf nicht dazu führen, dass sich ein »Hoflieferantentum« einstellt, das durch die Vergaberichtlinien und die übergeordneten Bestimmungen des EGV gerade vermieden werden soll.

In der Praxis neigen die Vergabestellen immer wieder dazu, hier die guten Erfahrungen mit einem Unternehmer aus vorangegangenen Aufträgen in den Entscheidungsprozeß zu stark und daher nicht selten vergaberechtswidrig einfließen zu lassen (Motto: »bekannt und bewährt«)[2658]. Im Einzelfall besteht daher die Gefahr, dass die Vergabestelle die **Grenzen ihres Ermessens überschreitet** und sich schadensersatzpflichtig macht. Die ausschreibende Stelle darf sich insbesondere nicht zu der Schlussfolgerung verleiten lassen, auf die Eignungsnachweise eines ihm bereits durch frühere Vertragsbeziehungen bekannten Bieters zu verzichten. Dem steht der Gleichbehandlungsgrundsatz entgegen[2659].

Der Umstand, dass sie sich bei der Beurteilung der Eignung und Zuverlässigkeit des Unternehmers ebenso wie bei der Angebotswertung nicht blindlings auf das **Urteil eines dazwischengeschalteten Ingenieurbüros** verlassen kann, wurde bereits dargelegt. Sie darf demnach die eigene Wertung bzw. Beurteilung nicht durch die eines Dritten ersetzen.

Im Falle einer Bietergemeinschaft reicht es nicht aus, wenn diese **pauschal** auf die **Leistungsfähigkeit der Muttergesellschaft** und die zu dieser bestehenden langjährigen Geschäftsbeziehungen hinweist[2660].

Vorzulegende Referenzen über einen **Zeitraum von fünf Jahren** bedeuten nach zutreffender Auffassung nicht, dass der gesamte Zeitraum (z.B. 17. 3. 1995 bis 17. 3. 2000) erfasst sein muss[2661]. Es kann genügen, wenn Referenzen über die letzten dreieinhalb Jahre vorgelegt werden, zumal neuere Referenzen infolge der größeren zeitlichen Nähe zumeist aussagekräftiger sein werden.

Die Vergabestelle überschreitet recht offensichtlich die Grenzen des ihr zustehenden Ermessens, wenn sie **über 20 Jahre alte Referenzen** berücksichtigt[2662]. Die aufgeführten Referenzen sollten optimalerweise auch in jeder Hinsicht **vergleichbare**, wenn auch nicht »gleiche« sein[2663]; sind sie es nicht, so müssen sie entsprechend gewichtet und mit Punktzahlen bewertet werden[2664]. Die Referenzen brauchen andererseits aber auch nicht im Sinne einer zwingenden Bedingung in jeder Hinsicht absolut identisch zu sein[2665].

2658 Vgl. BGH, Urt. v. 26. 10. 2001 (X ZR 100/99), VergabeR 2002, 42.
2659 VK Sachsen, Beschl. v. 25. 4. 2006 (1 VK 31/06), VS 2006, 79.
2660 OLG Düsseldorf, Beschl. v. 14. 7. 2003, (Verg 11/03), VergabE C-10-11/03v = EUK 2003, 122.
2661 VK Baden-Württemberg, Beschl. v. 5. 6. 2000 (1 VK 11/00), VergabE E-1-11/00, Behörden Spiegel 9/2000, Seite B II.
2662 VÜA Bayern, Beschl. v. 17. 12. 1999 (1 VÜA 6/99), VergabE V-2-6/99 = EUK 2000, 57, 58 = Behörden Spiegel 4/2000, S. B II.
2663 OLG Frankfurt, Beschl. v. 24. 10. 2006 (11 Verg 8/06 u. 9/06), VS 2006, 87.
2664 OLG Düsseldorf, Beschl. v. 7. 11. 2001 (Verg 23/01), VergabE C-10-23/01 = EUK 2002, 12.
2665 OLG Frankfurt, Beschl. v. 19. 12. 2006 (11 Verg 7/06), VergabeR 2007, 376 = VS 2006, 54 [LS]; OLG Brandenburg, Beschl. v. 3. 2. 2004 (Verg W 9/03); VK Rheinland-Pfalz, Beschl. v. 9. 7. 2004 (VK 7/04), VergabE E-11-7/04; VÜA Sachsen-Anhalt, Beschl. v. 19. 6. 1996 (1 VÜ 0/95 »Kläranlage Zerbst«), VergabE V-14-1/95 = ZVgR 1997, 236.

Die **beispielhafte Benennung von Referenzen** in der Vergabebekanntmachung ist zulässig[2666]. Das Angebot eines Bieters für einen Bauauftrag wird beurteilungsfehlerfrei wegen fehlender Eignung ausgeschlossen, wenn der Bieter kein Bauunternehmen ist, die eingereichten Referenzen nur etwa 10% der Größe des ausgeschriebenen Loses entsprechen sowie nahezu ausschließlich Ausrüstungsarbeiten und Kläranlagenprojekte betreffen und der Bieter nicht mit dem Angebot einen Rückgriff auf die Ressourcen eines Unternehmens der Firmengruppe nachgewiesen hat[2667].

Es stellt eine Überschreitung des Ermessensspielraums dar, wenn die Vergabestelle eine Bieterin ausschließen will, die eine Referenzliste vorlegt, **welche in einem einzigen Fall** auch **Leistungen ihrer Rechtsvorgängerin** enthält[2668]. Abgesehen davon ist es ohnehin fraglich, ob und inwieweit die Anerkennung von Referenzen von Vorgängerunternehmen überhaupt verweigert werden kann. In sehr schnelllebigen Branchen wird sich eine Anerkennung kaum vermeiden lassen (siehe Rdn. 366).

Schließlich müssen – zumindest im Falle komplexer Leistungen – auch **Newcomer** die von der Vergabestelle geforderten Referenzen erfüllen[2669].

Im Hinblick auf die **Überprüfung von Referenzen** gilt[2670]: Insbesondere bei Referenzen ausländischer Bieter – ausgenommen »exotische« Referenzen – ist der öffentliche Auftraggeber gehalten, sich vom Ansprechpartner des Bewerbers der deutschen Sprache kundige Personen benennen zu lassen. Eine oberflächliche telefonische Nachfrage genügt grundsätzlich nicht. Ermessensfehlerhaft ist es, wenn eine Referenz als unverwertbar bezeichnet wird, nur weil die kompetente Person gerade zufälligerweise nicht im Bieterunternehmen anwesend ist[2671].

dd) Schlussfolgerungen aus Rechenfehlern

379 Ein gutes Beispiel für den Mangel an Zuverlässigkeit liefert ein schon angesprochener Fall[2672], in dem die rechnerische Nachprüfung der Angebote bei einer Bieterin eine **Vielzahl von Rechenfehlern** ergab. Die Vergabestelle erachtet diese Firma nicht für zuverlässig im Sinne der §§ 2 Nr. 1, 23, 25 VOB/A und erteilt anderweitig den Zuschlag. Zwar hat der Verordnungsgeber die Möglichkeit von Rechenfehlern anerkannt (rechnerische Prüfung, §§ 23 VOB/A bzw. VOL/A). Treten jedoch Rechenfehler in sehr großer Häufung auf, so kann hierdurch ein kaum zu widerlegender **Beleg für die Unzuverlässigkeit** des Unternehmens gegeben sein[2673]. Dieses starke Indiz für die Unzuverlässigkeit kann dann auch durch die Vorlage umfangreicher Referenzlisten nicht mehr entkräftet werden. Verstärkt werden kann der

2666 VK Hessen, Beschl. v. 30. 11. 2005 (69d VK-83/05), VS 2006, 31.
2667 VK Brandenburg, Beschl. v. 24. 2. 2005 (VK 1/05), VS 2005, 79.
2668 OLG Celle, Beschl. v. 22. 5. 2003 (13 Verg 10/03), VergabE C-9-10/03, EUK 2003, 105.
2669 VK Brandenburg, Beschl. v. 30. 5. 2005 (VK 21/05), VS 2006, 38 [LS].
2670 Allgemein dazu: OLG Düsseldorf, Beschl. v. 24. 5. 2007 (VII-Verg 12/07), VS 2007, 79.
2671 VK Baden-Württemberg, Beschl. v. 5. 6. 2000 (1 VK 11/00), VergabE E-1-11/00, Behörden Spiegel 9/2000, Seite B II.
2672 VÜA Niedersachsen, Beschl. v. 18. 4. 1997 (34.2-35.66, Tgb.-Nr. 6/96), VergabE V-9-6/96 = VgR 5/1997, 42.
2673 VK Sachsen, Beschl. v. 24. 7. 2002 (1 VK 63/02), VergabE E-13-63/02, S. 8 = Behörden Spiegel 9/2002, S. 18.

Eindruck der Vorsätzlichkeit solcher Rechenfehler durch eine Wiederholung gleichartiger Rechenfehler[2674].

Hinter diesem Ausschluss vom Verfahren gemäß § 25 Nr. 2 I VOB/A wegen mangelnder Zuverlässigkeit des Unternehmens steht folgende Überlegung: Es hat in der Vergangenheit eine Reihe von Fällen gegeben, in denen die Bieter die **Rechenfehler vorsätzlich eingebaut** haben, um sofort als angeblich günstigster Bieter erkannt zu werden[2675]. Die Absicht einer solchen Vorgehensweise ist, den Zuschlag zu bekommen, was nach deutscher Rechtstradition (unterhalb der EU-Schwelle) gleichzeitig den zivilrechtlichen Vertragsschluss mit der Vergabestelle bedeutet. Diese wird sich in der Regel nicht mehr von dem Vertrag lösen können, so dass der Bieter sein Ziel erreicht hat. Man könnte also insofern von einem böswilligen, dolosen Verhalten sprechen.

ee) Folgen von Rechtsverstößen der Bieter; Sperren

380 In Betracht kommt für eine Verneinung der Zuverlässigkeit das **Verbot illegaler Beschäftigung**[2676] oder die Abgabe vorsätzlich **unwahrer Erklärungen** in Bezug auf die Leistungsfähigkeit, die sich bereits in dem laufenden Vergabeverfahren als solche entlarven.

Nicht zu beanstanden ist auch ein **Ausschluss wegen Verstoßes gegen arbeitsrechtliche Bestimmungen**. So hatte die Vergabestelle in einem Fall[2677] eine Bieterin für nicht zuverlässig i.S.d. § 25 Nr. 2 I VOL/A erklärt, weil sie in ihrem Angebot für Krankentransportleistungen eine tägliche Arbeitszeit pro einzusetzendem Mitarbeiter veranschlagt hatte, die zu lang war und **gegen § 3 des Arbeitszeitgesetzes verstieß**. Die Kenntnis und Einhaltung von arbeitszeitrechtlichen Bestimmungen darf zu Recht von jedem am Wirtschaftsleben teilnehmenden Unternehmen erwartet werden, so dass bei einem Rechtsverstoß die Eignung des Bieters bezweifelt werden muss.

Hingegen kann der **Einsatz von Zivildienstleistenden** für Krankentransporte nach Auffassung des VÜA die Eignung und Zuverlässigkeit des Bieters nicht schmälern. Die dadurch mögliche niedrigere Kalkulation stelle im Übrigen auch keinen Verstoß gegen das vergaberechtliche Wettbewerbsprinzip (§ 2 Nr. 1 I VOL/A) dar. Darüber hinaus sei hierin keine Verletzung der Vorschriften über den lauteren Wettbewerb (§§ 1, 3 UWG) zu sehen. Der Umstand, dass der Antragstellerin nach dem Zivildienstgesetz Arbeitskräfte zugeteilt werden, deren Geldbezüge zu 75% von Bund erstattet werden, bedeute **keine rechtswidrige Förderung eines be-**

2674 VK Arnsberg, Beschl. v. 31. 8. 2001 (VK 1-12/2001), VergabE E-10a-12/01: »*Die ungewöhnlich zahlreichen und typisch gleichen Additionsfehler deuten hier auf vorsätzliche Rechenfehler hin.*«

2675 BGH, Urt. v. 6. 2. 2002 (X ZR 185/99), VergabeR 2002, 369, 371; BGH, Urt. v. 14. 10. 1993 (VII ZR 96/92), BGHR VOB/A § 25 Nr. 2 Abs. 1 – Zuverlässigkeit = IBR 1994, 51.

2676 Eine nicht abgegebene Erklärung über den »Ausschluss von öffentlichen Aufträgen wegen illegaler Beschäftigung« wäre demgegenüber schon ein formaler Ausschlussgrund nach § 25 Nr. 1 VOB/A bzw. VOL/A. Siehe VÜA Bayern, Beschl. v. 24. 6. 1999 (VÜA 6/98), VergabE V-1-6/98 = Behörden Spiegel 6/2001, S. B II. Vgl. VÜA Hessen, Beschl. v. 3. 2. 1997 (VÜA 4/96), VergabE V-7-4/96: Nichtabgabe einer Vertragsstrafenerklärung betreffend illegale Beschäftigung als Indiz für mangelnde Zuverlässigkeit des Bieters.

2677 VÜA Brandenburg, Beschl. v. 6. 5. 1998 (1 VÜA 3/95-2), VergabE V-4-3/95-2 = ZVgR 1998, 485 = VgR 4/1998, 48.

stimmten Wettbewerbers. Die hieraus resultierende niedrigere Kalkulation sei vielmehr ein notwendiges Nebenprodukt.

Auch die Beschäftigung von **ABM-Kräften** bei Vergaben ist statthaft. Dabei sind in der Leistungsbeschreibung die Art und der Umfang der Leistungen zu bestimmen, die der Auftragnehmer mit geförderten Arbeitnehmern erbringen soll[2678].

Die Vergabestelle kann vom Bieter eine **Eigenerklärung über die Lohn- und Gehaltsgruppen** der Arbeitskräfte verlangen, um dessen Zuverlässigkeit und die Unternehmensstruktur zu überprüfen[2679].

Geht aus der Eigenerklärung zu anwendbaren Tarifverträgen, die jedoch nicht im Entsendegesetz verankert worden sind, hervor, dass der betreffende Bieter eine angeblich unzutreffende (zu niedrige) Lohngruppe seinem Angebot zugrunde gelegt hat, so ist es höchst zweifelhaft, ob ein Bieter deswegen **als unzulässig ausgeschlossen** werden kann[2680]. Dies gilt insbesondere dann, wenn die **Ein- und Zuordnung zu den einzelnen Lohngruppen höchst streitig** ist. Ist die Art und Weise, wie tarifkonform angeboten werden kann, schon von sich auch unter Experten streitig, so kann daraus nicht die Schlußfolgerung auf eine angebliche Unzuverlässigkeit des Bieters gezogen werden. Die Europarechtswidrigkeit ist in diesen Fällen der nicht im Entsendegesetz verankerten Mindest-Tariflöhne ohnehin vom EuGH festgestellt worden[2681].

Vom Grundsatz her nicht zulässig ist ein dauerhafter **Ausschluss für eine unbestimmte Zahl von Vergabeverfahren**, der z.B. anhand eines einzigen Verfahrens ausgesprochen wird oder der aus der Unzufriedenheit der Vergabestelle mit bisherigen Leistungen des Unternehmers resultiert[2682]. In dem entschiedenen Fall war die Vergabestelle mit den Leistungen der Antragstellerin bei früheren Sanierungsvorhaben nicht zufrieden gewesen. Sie bemängelte Fehler in der technischen Ausführung, die Nichteinhaltung von Terminen und ungenehmigtes Einschalten von Subunternehmern. Deshalb erließ sie folgenden Bescheid, mit dem sie das Unternehmen wegen mangelnder Zuverlässigkeit dauerhaft von künftigen Vergabeverfahren ausschloss:

> *»Da gem. § 2 Nr. 1 VOB öffentliche Aufträge nur an zuverlässige Unternehmer zu vergeben sind, sehe ich mich veranlasst, Ihre Firma mit sofortiger Wirkung nach § 8 Nr. 5 (1) c VOB/A von künftigen Vergaben des Bundesbauamtes Berlin III auszuschließen.«*

Tatsächlich wurde die **Antragstellerin** bei zwei Auftragsvergaben zur Sanierung des Detlev-Rohwedder-Hauses **ausgeschlossen.** Die angerufene Vergabeprüfstelle hält den generellen Ausschluss nach § 8 Nr. 5 I lit. c VOB/A für rechtswidrig,

2678 Siehe z.B. das Rundschreiben des Ministeriums des Innern des Landes Brandenburg vom 10. 5. 2001 (II/4.3-80-VgRProbl-05/00) zur Durchführung von Beschaffungsverfahren bei Inanspruchnahme einer Förderung von Arbeitsbeschaffungsmaßnahmen zur Finanzierung der zu beschaffenden Leistungen (Vergabe-ABM).

2679 OLG Düsseldorf, Beschl. v. 21. 6. 2006, (VII-Verg 2/06), VS 2006, 79.

2680 So aber: VK Bund, Beschl. v. 8. 1. 2008 (VK 3-148/07), nicht bestandskräftig. Aufgehoben durch: OLG Düsseldorf, Beschl. v. 5. 5. 2008 (VII Verg 5/08).

2681 EuGH, Urt. v. 3. 4. 2008 (Rs. C-346/06 – »Dirk Rüffert ./. Land Niedersachsen«), VergabeR 2008, 478 = VS 2008, 26.

2682 VÜA Bund, Beschl. v. 26. 11. 1997 (1 VÜ 19/97), VergabE U-1-19/97 = WuW/E Verg, 74 = ZVgR 1998, 443 = VgR 2/1998, 42 = IBR 1998, 91.

verweist aber in ihrem zweiten Beschlusstenor darauf, dass die Nichtbeteiligung der Antragstellerin an Nichtoffenen Verfahren und Verhandlungsverfahren durch § 8 Nr. 4 VOB/A gerechtfertigt sei. Die Begründung dafür ist, dass im Offenen Verfahren die Eignung des Bewerbers bei der Angebotswertung geprüft werden könne (§ 25 Nr. 2 I VOB/A), wohingegen sie im Nichtoffenen Verfahren und Verhandlungsverfahren gemäß § 8 Nr. 4 VOB/A schon vor der Aufforderung zur Angebotsabgabe zu untersuchen sei. Der VÜA Bund interpretiert den Bescheid der Vergabeprüfstelle dahingehend, dass diese den generellen Ausschluss der Antragstellerin zumindest für das Nichtoffene Verfahren und das Verhandlungsverfahren aufrechterhalten will. Nach seiner Ansicht kommt es jedoch auf die dadurch bewirkte Differenzierung des Ausschlusses je nach Art des Vergabeverfahrens nicht an. Er hält den gesamten Bescheid für rechtswidrig und erkennt keine Berechtigung der Vergabestelle, das Unternehmen wegen eines »schwerwiegenden Grundes« nach § 8 Nr. 5 lit. c VOB/A (vgl. § 7 Nr. 5 lit. c VOL/A) auszuschließen. Begründung ist, dass die VOB/A generell nur **Einzelfallprüfungen** kennt, die das konkrete Vergabeverfahren betreffen. Ein dauerhafter, zeitlich unbegrenzter Ausschluss sei so nicht zulässig. An dieser Feststellung könne auch der Umstand nichts ändern, dass die Vergabestelle mit den bisherigen Ausführungsleistungen unzufrieden war.

Ein **genereller Ausschluss** gemäß § 8 Nr. 5 lit. c VOB/A bzw. § 7 Nr. 5 lit. c VOL/A kommt **ausnahmsweise lediglich dann** in Betracht, wenn dies besondere Bestimmungen (z.B. des Landesrechts[2683]) erlauben. Die z.T. in den Ländern eingerichteten Register unzuverlässiger Unternehmen beinhalten eine Sperrung von zwischen 6 Monaten bis zu 3 Jahren. Auf Bundesebene ist ein entsprechendes Vergabegesetz, das die gesetzliche Grundlage hierfür geboten hätte, im Jahre 2002 gescheitert.

Die Sperre eines Bewerbers kommt z.B. auch in Betracht, wenn er in erheblichem Maße Bestimmungen des Strafrechts[2684] verletzt hat. Erforderlich ist dafür, dass diese Verstöße von in **maßgeblicher Position** handelnden Personen begangen wurden. Zudem muss es sich um **berufsrelevante** Vergehen oder Verbrechen handeln[2685]. In Einzelfällen kann sich dabei das Ermessen der über den Ausschluss befindenden Behörde sogar auf Null reduzieren. In großen Ausnahmefällen kann sogar die Anordnung des Ausschlusses direkt durch die Vergabekammer verfügt werden[2686].

2683 Zu den landesrechtlichen Vorschriften über die Anwendung dieser Tatbestände, die Sanktionen bei Falschangaben betreffs der Einhaltung der Tariflöhne und ggf. die Register unzuverlässiger Unternehmen siehe z.B.: Art. 4 III Bayer. Bauaufträgegesetz; § 1 II Vergabegesetz Berlin; § 9 III des Vergabegesetztes für das Land Bremen; § 8 III Hamburgisches Vergabegesetz; § 8 IV Niedersächsisches Vergabegesetz; § 4 IV SächsVergabeDVO.

2684 Vgl. BGH, Urt. v. 11. 7. 2001 (1 StR 576/00), EUK 2001, 134, zu Preisabsprachen betreffend den Münchner Flughafen.

2685 LG Frankfurt, Urt. v. 26. 11. 2003 (2–06 O 345/03).

2686 VK Baden-Württemberg, Beschl. v. 31. 3. 2003 (1 VK 13/03), VergabE E-1-13/03 = EUK 2003, 93.

Nur in **schwerwiegenden Fällen**, deren Gründe in die Zukunft fortdauern, kann für eine gewisse Zeit ein genereller Ausschluss für künftige Vergabeverfahren zulässig sein[2687]. Dies wurde durch das BMBau in einem Erlass vom 9. 9. 1997[2688] betreffend den Ausschluss von Unternehmen wegen Korruption und illegaler Preisabsprachen nach § 8 Nr. 5 lit. c VOB/A bekräftigt.

Die **Möglichkeit der Wiederzulassung** kann allerdings auch bei schwerwiegenden Delikten schon nach einjähriger Trennung von den seinerzeit in dem Bieterunternehmen auffällig gewordenen Personen in Betracht kommen[2689]. Ob nach vier Jahren noch eine Unzuverlässigkeit des Unternehmens angenommen werden kann, ließ die VK Bund offen. Zwei Jahre dürften allerdings zulässig sein[2690].

Von einem Mitbieter erhobene Vorwürfe, der Konkurrent sei als unzuverlässig auszuschließen, weil er bei einem anderen Autobahnbauvorhaben (BAB 100) **Mitte der 90er Jahre** angebliche Mehrmengen an Baustahl gebraucht habe, eine **fortgesetzte Mengenspekulation** zu seiner Geschäftspolitik zähle und der daher **dauerhaft als ungeeignet ausgeschlossen** werden müsse, sind unabhängig von dem Wahrheitsgehalt dieser Vorwürfe schon wegen des **größeren Zeitablaufs** nicht berücksichtigungsfähig[2691].

Auch können Aspekte der **Selbstreinigung** des Unternehmens eine Rolle spielen[2692].

Eine **Angreifbarkeit** der Sperre durch ein Korruptionsregister ist vor den Verwaltungsgerichten nicht gegeben. Auftragssperren und ihre Überprüfung stellen keine Form des Verwaltungshandelns dar, so dass der Rechtsweg zu den Verwaltungsgerichten nicht eröffnet ist[2693]. Es kann mangels VA-Qualität des Registers immer nur gegen die konkrete Auftragsvergabe vorgegangen werden, zu welcher der Zugang verweigert wird[2694].

Schließlich muss sich die Vergabestelle auch in diesem Zusammenhang an den veröffentlichten Teilnahmekriterien festhalten lassen (**Selbstbindung**). Ebenso

2687 Zum Umgang mit Korruptionsvorwürfen siehe VÜA Bund, Beschl. v. 28. 5. 1997 (1 VÜ 3/97, 1 VÜ 4/97), VergabE U-1-3/97 = WuW/E Verg, 39 = ZVgR 1997, 179 = VgR 6/1997, 45. Weiterführend: *Schäfer/Sterner* in: *Motzke/Poetzcker/Prieß*, Beck'scher VOB-Kommentar, Teil A, 2001, S. 411 ff. Vgl. »Richtlinie zur Bekämpfung von Korruption in der Bundesverwaltung«, BAnZ. Nr. 148 v. 10. 8. 2004.

2688 Erlass des BMBau vom 9. 9. 1997 (Az. BI2-01082-102/21).

2689 VK Bund, Beschl. v. 11. 10. 2002 (VK 1-75/02), VergabE D-1-75/02.

2690 OLG Frankfurt, Urt. v. 26. 11. 2003 (2-06 O 345/03).

2691 So ausdrücklich KG, Beschl. v. 26. 2. 2004 (2 Verg 16/03 – »BAB 113«), VergabE C-3-16/03-1, Rn. 57 = VergabeR 2004, 330.

2692 OLG Brandenburg, Beschl. v. 14. 12. 2007 (Verg W 21/07), VS 2008, 6.

2693 OVG Niedersachsen, Beschl. v. 19. 1. 2006 (7 OA 168/05); VS 2006, 34 f = WuW 2006, 860.

2694 VG Düsseldorf, Beschl. v. 13. 4. 2006 (26 L 464/06), VS 2006, 35.

darf sie keine neuen einführen[2695]. Anderenfalls verletzt sie die subjektiven Rechte der Mitbieter bzw. Mitbewerber[2696].

Merke: Die Eignungsprüfung bezieht sich grundsätzlich immer auf das Unternehmen als Ganzes[2697]. Daher dürften also auch unterschiedliche Niederlassungen sozusagen in die Mithaftung genommen werden[2698]. Freilich ist hiermit ein nicht unerhebliches Kenntnis- und Erkenntnisproblem für die Praxis aufgeworfen.

12. Ungewöhnliche Angebote

381 Bevor die abschließende Wertung der Angebote erfolgt – endgültige Zuschlagsentscheidung anhand vorher bekanntgemachter Zuschlagskriterien (**vierte Wertungsstufe**) –, ist die Prüfung und ggf. Aussortierung von ungewöhnlich niedrigen Angeboten (**dritte Wertungsstufe**) durchzuführen[2699].

a) Ungewöhnlich niedrige Preise

382 Im dritten Komplex des Prüfungsgangs nach den §§ 25 der Verdingungsordnungen ist von der Vergabestelle zunächst zu untersuchen, welche Angebote ungewöhnlich niedrig sind und ein **Missverhältnis zwischen Preis und Leistung** (§ 25 Nr. 3 II VOB/A, § 25 Nr. 2 II und III VOL/A) aufweisen.

aa) Allgemeine Aufklärungspflicht

383 Der Vergabestelle obliegt eine **allgemeine Aufklärungspflicht**[2700]. Sie besitzt nicht die Befugnis, ein Angebot wegen eines ungewöhnlich niedrigen Preises, und mag es auch in einem scheinbar noch so offensichtlichen Missverhältnis zur ausgeschriebenen Leistung stehen, ohne vorheriges schriftliches Aufklärungsverlangen abzulehnen[2701].

2695 OLG Düsseldorf, Beschl. v. 7. 7. 2003 (Verg 34/03), VergabE C-10-34/03v, Rn. 9 = EUK 2003, 137; VÜA Niedersachsen, Beschl. v. 6. 8. 1998 (34.2.–35.66 Tgb.-Nr. 1/97), VergabE V-9-1/97 = EUK 2000, 141.

2696 OLG Dresden, Beschl. v. 14. 4. 2000 (WVerg 0001/00), VergabE C-13-1/00 = BauR 2000, 1591 = ZVgR 2000, 262 = EUK 2000, 89 = Behörden Spiegel 7/2000, S. B II; BayObLG, Beschl. v. 20. 12. 1999 (Verg 8/99), VergabE C-2-8/99 = NZBau 2000, 259 = WuW 2000, 675 = BauR 2000, 557 = EUK 2000, 41; VK Sachsen, Beschl. v. 22. 2. 2000 (1 VK 4/00); VK Sachsen, Beschl. v. 3. 7. 2000 (1 VK 53/00), VergabE E-13-53/00 = EUK 2000, 168.

2697 OLG Dresden, Beschl. v. 23. 7. 2002 (WVerg 7/02), VergabE C-13-7/02 = WuW 2003, 106.

2698 VK Arnsberg, Beschl. v. 22. 10. 2001 (VK 1-13/2001), VergabE E-10a-13/01.

2699 Vgl. Sächsische Vergabedurchführungsverordnung (SächsDVO) vom 17. 12. 2002, Anlage zu § 3 I.

2700 EuGH, Urt. v. 27. 11. 2001 (Rs. C-285/99 und 286/99), VergabE A-1-7/01 = VergabeR 2002, 131 = NZBau 2002, 101 = ZfBR 2002, 179 = WuW 2002, 97 = EUK 2002, 23 = Behörden Spiegel 2/2002, S. 18; EuG, Urt. v. 6. 7. 2005 (Rs. T-148/04); BayObLG, Beschl. v. 12. 9. 2000 (Verg 4/00), VergabE C-2-4/00 = VergabeR 2001, 65 = Behörden Spiegel 12/2000, S. B II; VK Brandenburg, Beschl. v. 15. 8. 2007 (1 VK 31/07), VS 2008, 23; VK Sachsen, Beschl. v. 11. 2. 2005 (1 VK 128/04), VS 2006, 64; VK Sachsen, Beschl. v. 17. 6. 2004 (1 VK 38/04), VS 2005, 39;.

2701 VÜA Bayern, Beschl. v. 16. 6. 1999 (VÜA 20/98), VergabE V-2-20/98 = EUK 2001, 107.

Die generelle Prüfungspflicht gilt auch dann, wenn **erhebliche Preisunterschiede** aufgrund eines inhomogenen Marktes **die Regel sind**[2702]. Das OLG Naumburg[2703] führt hierzu aus:

> *»Zwar kann es im Einzelfall unbedenklich sein, wenn gegenüber den bisherigen Preisen für bestimmte Leistungen und dem Angebotspreis des bisherigen Leistungserbringers, hier der Antragstellerin, die Angebotspreise anderer Bieter in einer Neuausschreibung teilweise bis zu 50% niedriger sind, wie es hier der Fall ist. Dies gilt umso mehr, wenn der entsprechende Markt wegen seiner erst kurzzeitigen effektiven Öffnung für mehr Wettbewerb in Bewegung geraten ist und deshalb z.Zt. keine festen Preisgefüge aufweist. Ob ein solcher Fall jedoch vorliegt, ist zu prüfen. Der Verlauf und das Ergebnis der Prüfung sind zu dokumentieren. Ein* ***völliger Verzicht auf eine Prüfung der Angemessenheit der Preise*** *ist geeignet, einem etwaigen* ***Verdrängungswettbewerb Vorschub zu leisten*** *und damit die Entwicklung eines nachhaltigen Wettbewerbs zu gefährden.«*

Unabhängig von dem Sonderfall inhomogener Märkte gibt es jedoch auch im Falle von **Standardleistungen** in Märkten mit einem an sich **festen Preisgefüge** oftmals ganz erhebliche Preisunterschiede:

Beispiele: Preise von 200.000 € bis 330.000 € für eine Ausschreibung im Wach- und Schließgewerbe; Preise von 150.000 € bis 310.000 € für eine Ausschreibung von Gebäudereinigungsleistungen.

Bei der Prüfung ungewöhnlich niedriger Angebote ist **folgendes zu unterscheiden**:
- ein offensichtliches preisliches Missverhältnis,
- ein ungewöhnlich niedriges Angebot betreffend die Gesamtangebotssumme sowie
- ein ungewöhnlich niedriges Angebot, bezogen auf Einzelpositionen (»Ausreißerpositionen«).

bb) Offensichtliches preisliches Missverhältnis

384 Nach § 25 Nr. 2 III VOL/A (und § 25 Nr. 3 I VOB/A) darf ein Zuschlag auf Angebote nicht erteilt werden, deren Preise in offenbarem Missverhältnis zur Leistung stehen. Diese Vorschrift dient dem **Schutz des Auftraggebers** und entfaltet seine Drittschutzwirkung nur in Verbindung mit der bieterschützenden Vorschrift des § 2 Nr. 1 II VOL/A, wonach der Auftraggeber wettbewerbsbeschränkende und unlautere Verhaltensweisen zu bekämpfen hat[2704].

Ein **offensichtliches preisliches Missverhältnis**, also eines, das sofort geradezu ins Auge fällt, ist erfahrungsgemäß selten gegeben. Das OLG Düsseldorf[2705] hat es wie folgt definiert:

2702 Zu einer in jedem Falle durchzuführenden Angemessenheitsprüfung tendierend: OLG Celle, Beschl. v. 18. 12. 2003 (13 Verg 22/03), VergabE C-9-22/03 = VergabeR 2004, 397, m. Anm. *Noch*, 406.

2703 OLG Naumburg, Beschl. v. 26. 2. 2004 (1 Verg 17/03), VergabE C-14-17/03 = VergabeR 2004, 387 = EUK 2004, 44 = IBR 2004, 218.

2704 VK Nordbayern, Beschl. v. 26. 2. 2008 (21.VK-3194-02/08), VS 2008, 24.

2705 OLG Düsseldorf, Beschl. v. 19. 11. 2003 (Verg 22/03), VergabE C-10-22/03 = VergabeR 2004, 248 = ZfBR 2004, 98 = EUK 2004, 25 = Behörden Spiegel 2/2004, S. 19.

»Ein offenbares Missverhältnis von Preis und Leistung liegt nur dann vor, wenn der angebotene (Gesamt-) Preis derart eklatant von dem an sich angemessenen Preis abweicht, dass eine genauere Überprüfung nicht im Einzelnen erforderlich ist und die Unangemessenheit des Angebotspreises sofort ins Auge fällt[2706].«

Sogar im Falle einer prozentualen Abweichung des preiswertesten Bieters (66%) zum nächstbietenden (100%) ist nach OLG Düsseldorf die Abweichung nicht so offensichtlich, dass es von der Vergabestelle nicht zwingend aufgeklärt werden müsste[2707].

Das »**offenbare Missverhältnis**« i.S.d. § 25 Nr. 2 III VOL/A kann nicht aus einem Vergleich zwischen den in einzelnen Angeboten bepreisten Einzelposten oder (allein) der Personalkostenkalkulation verschiedener Angebote abgeleitet werden, sondern **erst aus einer Gesamtbetrachtung der Angebotspreise** oder der Preise für einzelne, (sachlich) in sich abgeschlossene Teile der ausgeschriebenen Leistung[2708].

Sollte jedoch (kaum anzunehmender Weise) ein preisliches Missverhältnis festgestellt werden, so besteht **ausnahmsweise keinerlei Aufklärungspflicht**. Wenn es so ist, dass gemäß § 25 Nr. 3 III VOL/A

»auf Angebote, deren Preise in offenbarem Missverhältnis zur Leistung stehen, (…) der Zuschlag nicht erteilt werden (darf)«,

so existiert seitens der Vergabestelle **gar keine Berechtigung für eine Aufklärung** dieser offensichtlich in einem Missverhältnis stehenden Preise. Was ohnehin »offensichtlich«, oder getreu dem Wortlaut »offenbar«, in einem Missverhältnis zueinander stehend ist, kann auch nicht mit Erfolg aufgeklärt werden. Ein Ausschlussermessen scheidet aus.

Angesichts dieses Befundes verhält es sich nach hier vertretener Auffassung dergestalt, dass der Tatbestand offensichtlicher Missverhältnisse zwischen Preis und Leistung ein **eher theoretischer** ist[2709].

Einzig die VK Düsseldorf[2710] hat in einem Verfahren festgestellt, dass die Antragstellerin in ihren subjektiven Rechten verletzt ist, weil das Angebot der Beigeladenen, obwohl es ein **offenbares Missverhältnis zwischen Preis und Leistung (§ 25 Nr. 2 III VOL/A) aufwies**, nicht ausgeschlossen werden sollte. Die auszuschließende Bieterin hatte ein Angebot unterbreitet, dessen Preis nur ein Drittel des Preises der Antragstellerin betrug und ein Viertel des niedrigsten Preises der »Verfolgergruppe«. Dieses **auffällige Missverhältnis konnte die Bieterin auf Betreiben der Vergabestelle (§ 25 Nr. 2 II VOL/A) nicht aufklären**. Allerdings

2706 BGH, Beschl. v. 21. 10. 1976 (VII ZR 327/74) = BauR 1977, 52; *Rusam*, in: *Heiermann/Riedl/Rusam*, Handkommentar zur VOB, 10. Aufl., VOB/A § 25 Rn. 42

2707 Abweichung von mehr als 30%: OLG Celle, Beschl. v. 24. 4. 2003 (13 Verg 4/03), VergabE C-9-4/03 = EUK 2003, 90.

2708 OLG Schleswig, Beschl. v. 26. 7. 2007 (1 Verg 3/07), VS 2007, 63, 64, in Verweis auf: OLG Rostock, Beschl. v. 10. 5. 2000 (17 W 4/00).

2709 *Noch*, in: Müller-Wrede, VOL/A-Kommentar, 2. Aufl. 2007, Rn. 274 zu § 25: *»Ein offensichtliches preisliches Missverhältnis, also eines, das sofort geradezu ins Auge fällt, wird selten gegeben sein.«*

2710 VK Düsseldorf, Beschl. v. 17. 12. 1999 (VK-17/99-L), VergabE E-10c-17/99, Behörden Spiegel 4/2000, Seite B II = VN 4/2000, 31.

kam in diesem Fall die Besonderheit hinzu, dass die Beigeladene keine Unterlagen vorlegte und unverhohlen sagte, es handele sich um »Kampfpreise«.

Die **Beurteilung**, ob ein offensichtliches Missverhältnis vorliegt, **knüpft nicht an die Unternehmensgröße an.** Es gibt keinen allgemeinen Erfahrungssatz, wonach ein Großunternehmen grundsätzlich günstiger kalkulieren kann als ein mittelständisches[2711]. Weder kann – auch im Falle einer extrem knappen Kalkulation – ohne weiteres ein Ausschluss des Großunternehmens wegen eines »offenbaren Missverhältnisses« zwischen Preis und Leistung erfolgen, noch kann sich das bewerbende mittelständische Unternehmen allgemein auf den in § 97 III GWB verankerten Mittelstandsschutz berufen.

Nicht ganz die Sache treffen Entscheidungen, die einen Ausschluss wegen eines offenbaren preislichen Missverhältnisses **nur im Falle einer Verdrängungsabsicht** für richtig erachten[2712]. Das genau gibt der Tatbestand des § 25 Nr. 2 III VOL/A bzw. der des § 25 Nr. 3 I VOB/A nicht her. Dort ist von einem zwingenden Ausschluss für den Fall die Rede, dass aufgrund eines richtig ausgeübten Beurteilungsermessens ein offenbares preisliches Missverhältnis bejaht wird[2713]. Wird das offenbare preisliche Missverhältnis bejaht, so existiert gerade kein Ermessen bzw. Raum für die Prüfung wettbewerbsverfälschender Praktiken mehr.

cc) Ungewöhnlich niedriger Preis

385 Die Schlussfolgerung auf das Vorliegen eines **Angebotes mit einem ungewöhnlich niedrigen Preis** kann sich zum einen auf das **Gesamtangebot bzw. den Gesamtangebotspreis**[2714] beziehen. Der Vergleich der Gesamtangebotspreise bietet in der Regel die zuverlässigste Beurteilungsgrundlage.

Zum anderen kann sich eine Unangemessenheit der Preise nach im Vordringen befindlicher Ansicht jedoch auch darauf beziehen, dass **Einzelpositionen** deutlich abweichen, wenn diese einen gewichtigen Teil des Gesamtangebotes ausmachen[2715].

Dementsprechend hat das OLG Naumburg[2716] klar herausgestellt, dass der öffentliche Auftraggeber im Rahmen einer EU-weiten Ausschreibung Angebote von der weiteren Wertung ausschließen muss, wenn er bei der Bewertung der Angemessen-

2711 VK Bund, Beschl. v. 20. 12. 1999 (VK 1-29/99), VergabE D-1-29/99 = NZBau 2000, 356 = WuW 2000, 453.

2712 VK Nordbayern, Beschl. v. 26. 2. 2008 (21.VK-3194-02/08), VS 2008, 24; VK Nordbayern, Beschl. v. 15. 1. 2004 (320.VK-3194-46/03); VK Münster, Beschl. v. 14. 11. 2002 (VK 16/02), VergabE E-10e-16/02.

2713 Zum Beurteilungsspielraum im Sinne einer Prognoseentscheidung: VK Brandenburg, Beschl. v. 15. 8. 2007 (1 VK 31/07), VS 2008, 23.

2714 BGH, Urt. v. 21. 10. 1976 (VII ZR 327/74), BauR 1977, 52; BayObLG, Beschl. v. 12. 9. 2000 (Verg 4/00), VergabE C-2-4/00 = VergabeR 2001, 65 = Behörden Spiegel 12/2000, S. B II; OLG Saarbrücken, Beschl. v. 29. 10. 2003 (1 Verg 2/03), VergabE C-12-2/03 = NZBau 2004, 117 = EUK 2004, 8 = Behörden Spiegel 1/2004, S. 22; OLG Dresden, Beschl. v. 6. 6. 2002 (WVerg 5/02), VergabE C-13-5/02 = VergabeR 2003, 64 = BauR 2003, 436; VK Sachsen, Beschl. v. 16. 7. 2002 (1 VK 61/02), VergabE E-13-61/02 = EUK 2000, 139 = Behörden Spiegel 9/2002, S. 18.

2715 OLG Frankfurt, Beschl. v. 16. 8. 2005 (11 Verg 7/05), NZBau 2006, 259; OLG München, Beschl. v. 5. 7. 2005 (Verg 9/05), VergabeR 2005, 794; BayObLG, Beschl. v. 18. 9. 2003 (Verg 12/03), VergabE C-2-12/03 = VergabeR 2004, 87 = ZfBR 2004, 95 = BauR 2004, 565; OLG Naumburg, Beschl. v. 7. 5. 2002 (1 Verg 19/01), VergabE C-14-19/01 = VergabeR 2002, 520 = EUK 2002, 88.

2716 OLG Naumburg, Beschl. v. 6. 4. 2004 (1 Verg 3/04), VergabE C-14-3/04 = EUK 2004, 74.

heit der Preise zu der Feststellung gelangt, dass zwar der Angebotsendpreis nicht unangemessen niedrig ist, aber Einzelpositionen des Angebots (sog. **Spekulationspreise**) Zweifel an der ordnungsgemäßen Kalkulation bzw. Leistungserbringung durch die Bieterin wecken und die Bieterin auf ausdrückliche Nachfrage nicht in der Lage ist, die Zweifel auszuräumen.

Eine Differenz bei der **Gesamtsumme** von lediglich 5–10% rechtfertigt diesbezüglich keine Besorgnisse. Nach OLG Celle[2717] ist durchschnittlich von einer **kritischen Grenze von 10%** auszugehen[2718]. Andere Spruchköroper gehen von 10–15% aus[2719], andere Meinungen setzen 15–20% an[2720]. Feststehen dürfte, dass **mindestens ab einer Abweichung von 20%** ein aufklärungsbedürftiges Missverhältnis besteht[2721].

Einige **Bundesländer** haben in ihren Vergabegesetzen[2722] allerdings eine verbindliche Festlegung getroffen, ab welcher prozentualen Abweichung zum nächsten Angebot eine solche Prüfung zwingend erforderlich ist. Diese speziellen Regeln sind dann zu beachten. Zumeist greift die Nachprüfungspflicht bei unangemessen niedrigen Angeboten schon ab einer **Abweichung von nur 10% zum Nächstplatzierten.** Teilweise finden sich ergänzende Regelungen, wonach ab einer **Abweichung von mehr als 20%** nach unten in Bezug auf die **Kostenschätzung** des Auftraggebers vom Bieter eine detaillierte Kalkulation angefordert werden muss[2723]. Mit beachtenswerten Argumenten plädiert in diesem Zusammenhang das OLG Dresden[2724] für die Untersuchung der Frage der preislichen Abweichung im Hinblick auf die Kostenschätzung; allein diese sei für die Frage des angemessenen Preis-/Leistungsverhältnisses relevant, nicht jedoch der Abstand zum nächstplat-

2717 OLG Celle, Beschl. v. 8. 11. 2001 (13 Verg 12/01), VergabE C-9-12/01 = EUK 2002, 12. So wohl auch VK Thüringen, Beschl. v. 29. 9. 1999 (216–4002.20-002/99-SLF), VergabE E-16-2/99 = EUK 1999, 170.

2718 Keine Bedenken bei Differenz von 9% zum Nächstplatzierten: VK Lüneburg, Beschl. v. 14. 5. 2004 (203-VgK 13/2004), VergabE E-9c-13/04. VK Lüneburg, Beschl. v. 29. 1. 2003 (203-VgK-31/2002), VergabE E-9c-31/02: Unbedingte Nachfragepflicht bei 34%. Vgl. VK Thüringen, Beschl. v. 21. 1. 2004 (37/03-MHL), VergabE E-16-37/03, zu einer vernachlässigbaren Differenz von nur 1%.

2719 VK Bund, Beschl. v. 15. 11. 2000 (VK 2-34/00), VergabE D-1-34/00; VK Sachsen, Beschl. v. 26. 7. 2001 (1 VK 73/01), VergabE E-13-73/01 = EUK 2001, 154 = IBR 2001, 630.

2720 OLG Jena, Beschl. v. 22. 12. 1999 (6 Verg 3/99), VergabE C-16-3/99 = NZBau 2000, 349 = BauR 2000, 396 = ZVgR 2000, 73 = EUK 2000, 8; *Noch*, IBR 2001, 630.

2721 Das OLG Düsseldorf, Beschl. v. 12. 1. 2000 (Verg 3/99), VergabE C-10-3/99 = NZBau 2000, 155 = EUK 2000, 42, hält 14% für nicht bedenklich. Vgl. auch: OLG Düsseldorf, Beschl. v. 23. 3. 2005 (Verg 77/04); BayObLG, Beschl. v. 2. 8. 2004 (Verg 16/04), VergabeR 2004, 743; OLG Frankfurt, Beschl. v. 30. 3. 2004 (11 Verg 4/04).

2722 Vgl.: Vergabegesetz für das Land Bremen (v. 17. 12. 2002, GVBl. 2002, S. 594), § 6; Hamburgisches Vergabegesetz vom 18. 2. 2004 (HmbGVBl. Nr. 12 v. 3. 3. 2004, S. 97), § 5: mehr als 10%; Tariftreue-Gesetz Nordrhein-Westfalen (TariftG NRW v. 17. 12. 2002, GV NRW 2003, S. 8), § 5: mehr als 10%; Niedersächsisches Landesvergabegesetz vom 2. 9. 2002 (Nds. GVBl. v. 6. 9. 2002, S. 370), § 5 I: mehr als 10%; Sächsische Vergabedurchführungsverordnung (SächsDVO) vom 17. 12. 2002, § 6 III: bei mehr als 10%.

2723 So Vergabegesetz für das Land Bremen (v. 17. 12. 2002, GVBl. 2002, S. 594), § 6.

2724 OLG Dresden, Beschl. v. 6. 6. 2002 (WVerg 5/02), VergabE C-13-5/02 = VergabeR 2003, 64 = BauR 2003, 436. In dieser Richtung (zumindest für Einzelfälle, in denen die eingegangenen Angebote nicht den Rückschluss erlauben, dass es sich um die Spiegelung der wirklichen Marktverhältnisse handelt): VK Bund, Beschl. v. 30. 6. 1999 (VKA-12/99), VergabE U-2-12/99 = NZBau 2000, 165; VÜA Bund, Beschl. v. 17. 12. 1997 (1 VÜ 23/97 – »Offiziersschule«), VergabE U-1-23/97; VÜA Bund, Beschl. v. 14. 4. 1998 (1 VÜ 13/97 – »Personentransporte«), VergabE U-1-13/97 = ZVgR 1999, 16 = Behörden Spiegel 1/1999, S. B IV.

zierten Bieter. Das OLG Koblenz hat in diesem Zusammenhang festgestellt, dass ein Angebot zu einem Preis, der innerhalb der Bandbreite mehrerer marktorientierter Kostenschätzungen der Vergabestelle liegt, nicht unwirtschaftlich im Sinne des § 25 Nr. 3 I VOB/A sein könne[2725].

All diese Länderregelungen sind recht eng gefasst. Wie immer bei solchen eher stereotypen Bestimmungen, können die **Besonderheiten des Vergabegegenstandes nicht erfasst** werden. Auf diese kommt es jedoch eigentlich bei der preislichen Angemessenheitsprüfung an. Auch kann es z.B. vorkommen, dass hinsichtlich bestimmter Leistungszuschnitte überhaupt keine preislichen Erfahrungen existieren[2726]. In diesen Fällen erscheinen solche Regelungen erst recht fragwürdig.

In den Ländern, in denen es keine detaillierten Vorschriften gibt, ist daher grundsätzlich auch die Art der nachgefragten Leistung zu berücksichtigen; so kann beispielsweise bei **Technologiewechseln** oder allgemein eher volatilen Marktverhältnissen eine noch höhere Abweichung tolerabel sein, ohne dass dies dann zwingend eine Aufklärung nach sich ziehen muss. Dies gilt z.B. dann, wenn sich wegen unterschiedlicher Techniken und Verfahren noch **keine festen Marktpreise** herausgebildet haben[2727]. Die Vergabe von Spezialanfertigungen zählt ebenso hierzu[2728]. Ebenfalls ist es denkbar, dass ein Unternehmen infolge öffentlicher Zuschüsse günstiger kalkulieren kann[2729]. Es ist stets eine Einzelfallprüfung geboten[2730].

Die Ursache für die niedrigeren Preise können **günstige Bezugskonditionen** bei einem Hersteller sein[2731] oder auch besonders **günstige Kosten- und Betriebsstrukturen**, die schlicht wettbewerbliche Vorteile hervorrufen[2732].

Auch kann es sich um einen **Newcomer** handeln, der sich auf dem Markt zu etablieren beabsichtigt[2733].

Hinsichtlich der **Abweichung bei einzelnen unterpreisigen Positionen** ist festzustellen, dass diese nach überwiegender Meinung der Rechtsfindung deutlich, d.h. **auch mehr als 20%**, von den jeweils einschlägigen Einzelpreisen anderer Bieter **abweichen dürfen**, selbst wenn diese sogar **bis zu 20% der Gesamtleistung**

2725 OLG Koblenz, Beschl. v. 23. 12. 2003 (1 Verg 8/03), VergabE C-11-8/03 = VergabeR 2004, 244.

2726 OLG Celle, Beschl. v. 23. 3 2000 (13 Verg 1/00), VergabE C-9-1/00, Rn. 25 = EUK 2000, 56.

2727 Vgl. OLG Celle, Beschl. v. 30. 4. 1999 (13 Verg 1/99), VergabE C-9-1/99 = NZBau 2000, 105 = WuW 1999, 1161 = BauR 2000, 405 = ZVgR 1999, 157 = EUK 1999, 89 = Behörden Spiegel 8/1999, S. B II, zu einer neuen Technologie bei der Bio-Abfall-Vergärung.

2728 VK Bund, Beschl. v. 22. 4. 2002 (VK 2-8/02 – »Lieferung von Windprofiler-Radar-Systemen«), VergabE D-1-8/02.

2729 VK Bund, Beschl. v. 21. 9. 1999 (VK 1-21/99), VergabE D-1-21/99 = EUK 2000, 141: Hier beteiligte sich zulässigerweise ein Universitätsinstitut an einer öffentlichen Ausschreibung. Zur Teilnahmefähigkeit von öffentlichen Einrichtungen an Ausschreibungen siehe auch OLG Stuttgart, Beschl. v. 12. 5. 2000 (2 Verg 1/00), VergabE C-1-1/00 = NZBau 2000, 542 = EUK 2000, 105.

2730 VK Bund, Beschl. v. 7. 9. 2000 (VK 2-26/00), VergabE D-1-26/00.

2731 BayObLG, Beschl. v. 2. 8. 2004 (Verg 16/04), VergabeR 2004, 743.

2732 OLG Rostock, Beschl. v. 8. 3. 2006 (17 Verg 16/05), VergabeR 2006, 374; OLG Naumburg, Beschl. v. 22. 9. 2005 (1 Verg 7/05), VergabeR 2005, 779.

2733 OLG Düsseldorf, Beschl. v. 12. 10. 2005 (Verg 37/05); VK Sachsen, Beschl. v. 16. 12. 2004 (1/SVK/118-04).

ausmachen. Es handelt sich dann nicht um Preisabweichungen hinsichtlich **wesentlicher Leistungen**[2734]. Im Übrigen ist mit dem OLG Düsseldorf[2735] davon auszugehen, dass öffentliche Auftraggeber durchaus befugt sind, **unterpreisige Angebote zuzuschlagen**.

Entsprechend den Vorgaben in Art. 55 VKRL ist bei der Aufklärung von solchen preislichen Missverhältnissen regelmäßig so zu verfahren, dass die Vergabestelle eine **Preisprüfung** durchführen und **Belege** vom Bieter anfordern muss, damit dieser seine Kalkulation plausibel machen kann. Schließlich wollen die Vergaberichtlinien, die sich u.a. Kosteneinsparungen auf Seiten der öffentlichen Hand zum Ziel gesetzt haben, gerade die Möglichkeit eröffnen, günstige Beschaffungsquellen zu erschließen und ggf. auch innovative Angebote zuzulassen, denen eine andere, deutlich niedrigere Kalkulation zugrunde liegt.

Das Prüfverfahren bei ungewöhnlich niedrigen Angeboten ist nach der eindeutigen Rechtsprechung des **EuGH**[2736] und der Rechtsprechung aus Deutschland[2737] in ausnahmslos jedem Falle durchzuführen.

Der EuGH[2738] stellt des Weiteren heraus, dass es von **entscheidender Bedeutung** ist, wenn die Bieter nach Öffnung der Angebote die Gelegenheit bekommen, die Gründe ihrer **niedrigen Preise zu erläutern**. Sie haben ein Recht darauf, die von der Vergabestelle mathematisch errechnete »Ungewöhnlichkeitsschwelle« zu erfahren und zielgerichtet zu den konkreten Bedenken Stellung zu nehmen. Zweck des Art. 55 der Vergabekoordinierungsrichtlinie 2004/18/EG (VKRL) ist die **Garantie einer kontradiktorischen Überprüfung**, also ein **Dialog mit dem Bieter** unter Einschluss von Abwägungsprozessen auf Seiten der Vergabestelle. Es reicht auch nicht aus, wenn der Bieter quasi im Vorgriff schon mit seinem Angebot Erläuterungen zu seinen niedrigen Preisen eingereicht hat. Eine Zuschlagsentscheidung ohne die Möglichkeit einer kontradiktorischen Überprüfung ist damit rechtswidrig.

Eine **Verpflichtung der Bieter**, schon im Vorhinein, also mit der Angebotsabgabe **Erläuterungen beizufügen**, kann grundsätzlich nicht beanstandet werden. Allerdings müssen die Voraussetzungen des Art. 55 VKRL beachtet werden, d.h., auch hier muss der Bieter die Möglichkeit haben, sich **nach Angebotsöffnung** zielgerichtet zu den Bedenken der Vergabestelle **äußern zu können**.

Der Bieter muss in den von der Vergabestelle herbeigeführten **Aufklärungsgesprächen** (§ 24 VOB/A, § 24 VOL/A) seine Kalkulation plausibel machen, d.h. schlüssig und nachvollziehbar darlegen, auf welche Weise er zu dem ungewöhnlich günstigen Angebot gelangt ist. Keinesfalls dürfen diese Aufklärungsgespräche zu

2734 VÜA Bayern, Beschl. v. 12. 5. 1999 (VÜA 12/98), VergabE V-2-12/98 = EUK 2001, 107.

2735 OLG Düsseldorf, Beschl. v. 19. 12. 2000 (Verg 28/00), VergabE C-10-28/00, VergabE C-9-12/01 = EUK 2001, 7. So auch OLG Celle, Beschl. v. 8. 11. 2001 (13 Verg 12/01), VergabE C-9-12/01 = VergabeR 2002, 176 = WuW 2002, 320 = EUK 2002, 10 = Behörden Spiegel 3/2002, S. 19.

2736 EuGH, Urt. v. 16. 10. 1997 (Rs. C-304/96 – Hera SpA ./. Unità sanitaria locale N° 3 – Genovese), Slg. 1997, I, 5685 = VergabE A-1-2/97. Siehe auch VgR 2/1998, 41 und IBR 1998, 134.

2737 Sehr eindeutig beispielsweise OLG Naumburg, Beschl. v. 26. 2. 2004 (1 Verg 17/03), VergabE C-14-17/03 = VergabeR 2004, 387 = EUK 2004, 44 = IBR 2004, 218.

2738 EuGH, Urt. v. 27. 11. 2001 (Rs. C-285/99 und 286/99 – »Impresa Lombardini«), VergabE A-1-7/01 = VergabeR 2002, 131 = NZBau 2002, 101 = ZfBR 2002, 179 = WuW 2002, 97 = EUK 2002, 23 = Behörden Spiegel 2/2002, S. 18.

Verhandlungen über die Angebotspreise führen[2739]. Erlaubt ist in sehr engen Grenzen lediglich die Klärung technischer und wirtschaftlicher Fragen.

Hinsichtlich der Aufklärungsversuche des Bieters soll es nach einem Urteil des OLG Köln[2740] nicht ausreichen, z.B. in sehr **allgemeiner Form** auf den Charakter eines Familienbetriebes zu verweisen, oder einen Preisunterschied bei einzelnen Gewerken von immerhin 20 bis 30% zum nächstgünstigsten Bieter **pauschal** mit günstigeren Einkaufsmöglichkeiten zu begründen.

Auch ein allgemein gehaltener Hinweis auf die **hohe Mitarbeitermotivation** oder die **gute Organisation** der Arbeitsabläufe genügt nicht[2741].

Dem ist allerdings insofern **zu widersprechen**, als schon eine Darlegung, man sei ein Familienbetrieb (mit günstigeren Personalkosten) eine hinreichende Erklärung darstellen kann. Die Vergabesenate stellen hier mehrheitlich auf die **Überzeugungsbildung** der Vergabestelle ab.

Lässt sich die Vergabestelle **trotz z.B. kleinerer Unzulänglichkeiten** bei der Darlegung von der Auskömmlichkeit der Kalkulation **überzeugen**, so muss dies prinzipiell genügen[2742].

Ausreichend kann es darüber hinaus sein, wenn der Bieter auf die Nutzung von **Überschusskapazitäten**[2743] verweist, die für ihn eine besonders günstige Kalkulation ermöglichen. Stichhaltig kann gleichermaßen die **Anführung von substantiierten Synergieeffekten** sein[2744]. Gleichermaßen vermögen besondere Erfahrungen und Ortskenntnisse einen besonderen sachlichen Grund für eine niedrige Kalkulation darzustellen[2745].

Auch kann es nach der anderen Rechtsprechung genügen, wenn der Bieter aussagt, dass er **zu seinen sehr niedrig kalkulierten Einheitspreisen steht**[2746].

Bei der **Vergabe unterschiedlicher Gewerke** ist es nach **früherer Auffassung** prinzipiell möglich und »*im öffentlichen Auftragswesen seit langem geläufig*«[2747] gewesen, eine **Unterkalkulation** in einem Gewerk durch eine höhere Kalkulation in anderen Gewerken **auszugleichen** (»sog. **Auf- und Abpreisen**«[2748]) und daher die Glaubwürdigkeit des Preisansatzes überhaupt wieder herzustellen[2749]. Dies

2739 Siehe z.B. VÜA Sachsen, Beschl. v. 28. 7. 1997 (1 VÜA 6/96), VergabE V-13-6/96 = ZVgR 1998, 437.
2740 OLG Köln, Urt. v. 29. 4. 1997 (20 U 124/96), BauR 1998, 118 = VgR 2/1998, 41, mit Anm. *Noch*.
2741 VK Bund, Beschl. v. 20. 4. 2005 (VK 1- 23/05) VS 2005, 64.
2742 OLG Celle, Beschl. v. 23. 3. 2000 (13 Verg 1/00), VergabE C-9-1/00 = EUK 2000, 56.
2743 OLG Rostock, Beschl. v. 10. 5. 2000 (17 W 4/00), VergabE C-8-4/00 = NZBau 2001, 285 = Behörden Spiegel 8/2001, S. 18.
2744 VK Sachsen, Beschl. v. 1. 10. 2002 (1 VK 84/02), VergabE E-13-84/02.
2745 OLG Celle, Beschl. v. 24. 4. 2003 (13 Verg 4/03), VergabE C-9-4/03 = EUK 2003, 90.
2746 BayObLG, Beschl. v. 12. 9. 2000 (Verg 4/00), VergabeR 2001, 65 = Behörden Spiegel 12/2000, S. B II = VergabE C-2-4/00, Rn. 62: »*Es kann dann auch dadurch erledigt werden, dass der Bieter erklärt, zu seinem Angebot und insbesondere zu den Einheitspreisen, die dem Auftraggeber ungewöhnlich niedrig kalkuliert zu sein scheinen, zu stehen.*«. Gegenteiliger Auffassung, weil dies keine substantielle Erklärung darstelle: VK Thüringen, Beschl. v. 13. 11. 2002 (216–4002.20-057/02-EF-S), VergabE E-16-57/02.
2747 So ausdrücklich KG, Beschl. v. 26. 2. 2004 (2 Verg 16/03), VergabE C-3-16/03-1, Rn. 22 = VergabeR 2004, 330.
2748 Dazu ausführlich auch KG, Beschl. v. 15. 3. 2004 (2 Verg 17/03), VergabE C-3-17/03 = VergabeR 2004, 350.
2749 VK Sachsen, Beschl. v. 27. 1. 2003 (1 VK 123/02), VergabE E-13-123/02.

hatten auch der BGH sowie die Vergabeüberwachungsausschüsse[2750] in früheren Entscheidungen ausdrücklich anerkannt.

Sind allerdings **mehrere Gewerke auffällig unterkalkuliert**, so war es bereits **nach seinerzeitiger Auffassung** des OLG Köln[2751] durchaus gerechtfertigt, selbst dann, wenn diese Unterkalkulation durch die Kalkulation **in anderen Gewerken wieder ausgeglichen** werden kann, einen Ausschluss wegen eines ungewöhnlich niedrigen Angebotes vorzunehmen. Auf die gesamtkalkulatorische Abweichung von nur **7%** zum nächstgünstigsten Bieter kam es nach Auffassung dieses Gerichts nicht mehr entscheidend an. Der BGH hatte in dem angeführten Fall sogar eine gesamtkalkulatorische Abweichung von **7,8%** toleriert, allerdings vor dem Hintergrund, dass dort nicht mehrere Gewerke auffällig unterkalkuliert waren. Auf den Unterschied der zugrunde liegenden Fälle weist das OLG Köln denn auch mit Nachdruck hin.

Diesen Tendenzen des Ausgleichs unterkalkulierter Positionen durch andere ist weitestgehend der Boden entzogen worden durch die **neuere Rechtsprechung des BGH**[2752]. Nach dem Beschluss vom Mai 2004 müssen solche Angebote, bei denen der Bieter auf Nachfrage zugesteht, die angegebenen Preise entsprächen nicht den tatsächlich entstehenden Kosten, **bereits auf der formalen Prüfungsebene** des § 25 Nr. 1 VOB/A bzw. § 25 Nr. 1 VOL/A **zwingend ausgeschlossen** werden. Die unrealistischen Angaben (z.B. »1-cent-Positionen«) sind dann rechtlich **als nicht vorhanden zu werten** und führen wegen **Unvollständigkeit des Angebotes zum Ausschluss**. Zu der preislichen Angemessenheitsprüfung kommt es gar nicht erst[2753].

Generell ist es – abseits dieser Spezialproblematik – nach herrschender Auffassung nicht schädlich und in die **pflichtgemäße Ermessensausübung** des öffentlichen Auftraggebers gestellt, ob er **unterpreisige Angebote bezuschlagen** will oder nicht[2754].

Der etwas antiquierte Begriff der »**Auskömmlichkeit**« eines Angebotspreises und eine entsprechende Überzeugung der ausschreibenden Stelle hiervon bildet nicht den Maßstab für die Zuschlagsfähigkeit bzw. Ausschlussbedürftigkeit des Angebotes[2755]. Das OLG Düsseldorf[2756] hebt hervor, dass es nicht der Sinn des § 25 Nr. 3 I VOB/A ist, den Bietern auskömmliche Preise zu garantieren. Es ist dem öffentlichen Auftraggeber **nicht verwehrt**, auch so genannte **Unterkostenpreise** bei einer Auftragsvergabe **zu akzeptieren**, sofern er nach Prüfung zu dem Ergebnis

---

2750 BGH, BauR 1977, 52 = BB 1976, 1580. Vgl.: VÜA Bayern, Beschl. v. 13. 12. 1995 (VÜA 12/95), VergabE V-2-12/95 = WuW/E VergAL, 69 = IBR 1997, 6; VÜA Sachsen, Beschl. v. 24. 3. 1999 (1 VÜA 12/98), VergabE V-2-12/98 = EUK 2001, 27.

2751 OLG Köln, Urt. v. 29. 4. 1997 (20 U 124/96), BauR 1998, 118 = VgR 2/1998, 41, mit Anm. *Noch*.

2752 BGH, Beschl. v. 18. 5. 2004 (X ZB 7/04), VergabE B-2-2/04 = EUK 2004, 122 = VergabeR 2004, 473.

2753 Zur Aufklärung im Rahmen der Angemessenheitsprüfung bei vermuteter Mischkalkulation: OLG Brandenburg, Beschluss v. 30. 11. 2004 (Verg W 10/04), VergabeR 2005, 230.

2754 OLG Celle, Beschl. v. 8. 11. 2001 (13 Verg 12/01), VergabE C-9-12/01 = VergabeR 2002, 176 = WuW 2002, 320 = EUK 2002, 10 = Behörden Spiegel 3/2002, S. 19. A.A.: VK Sachsen, Beschl. v. 17. 6. 2004 (1 VK 38/04), VS 2005, 39.

2755 VK Saarland, Beschl. v. 8. 7. 2003 (1 VK 5/03), VergabE E-12-5/03; VK Sachsen, Beschl. v. 23. 5. 2002 (1 VK 39/02), VergabE E-13-39/02 = IBR 2002, 629.

2756 OLG Düsseldorf, Beschl. v. 19. 12. 2000 (Verg 28/00), VergabE C-10-28/00v = VergabeR 2001, 128 = NZBau 2002, 112 = EUK 2001, 7 = Behörden Spiegel 1/2001, S. B III.

gelangt, dass der Anbieter auch zu diesen Preisen zuverlässig und vertragsgerecht wird leisten können[2757]. Schon gar nicht ist es Sinn und Zweck der Vorschriften über die Angemessenheit der Preise, die Bieter quasi vor sich selbst zu schützen und sie davor zu bewahren, nicht kostendeckende Verträge einzugehen[2758].

Das OLG Düsseldorf[2759] hat diese Standpunkte in einer weiteren Entscheidung **bekräftigt** und hervorgehoben, dass es geradezu einen Verstoß gegen das – für die Auslegung der § 25 Nr. 2 III VOL/A, § 25 Nr. 3 I VOB/A verbindliche – europäische Richtlinienrecht bedeuten würde, wenn man einen öffentlichen Auftraggeber dazu verpflichten würde, nur auskömmliche oder kostendeckende Preise der Bieter zu akzeptieren[2760].

Ein Angebot zu **Personentransportleistungen** für den Deutschen Bundestag in Berlin mit einer preislichen Abweichung von nur **10%** ist nicht als ungewöhnlich niedrig einzustufen[2761]. Zu bedenken ist, dass im Einzelfall sogar die Bezuschlagung von nicht kostendeckenden Angebotspreisen (Unterkostenpreisen) zulässig sein kann, wenn das Wettbewerbsgefüge nicht gestört wird oder ein Newcomer sich Marktzugang verschaffen will und unterkalkulatorische Angebote seine einzige Chance sind, in den Markt hineinzukommen. Marktpreise können daher im Einzelfall auch bedeuten, dass darin **Verlustpreise enthalten** sind[2762].

Die Bezuschlagung eines Angebotes, bei dem der Preis ungewöhnlich niedrig ist, kann nach hier vertretener Auffassung prinzipiell die **subjektiven Bieterrechte verletzen**[2763].

Einige Gerichte bejahen dies **ohne weitere Vorbedingungen**[2764].

Teilweise wird eine **einschränkende Auslegung** dergestalt vorgenommen, dass die Vorschriften über die preisliche Angemessenheitsprüfung nur insoweit Drittschutz für einen konkurrierenden Bieter entfalten, als dies zur **Bekämpfung ungesunder Begleiterscheinungen im Wettbewerb** (§ 2 Nr. 1 Satz 3 VOB/A) oder wett-

2757 VK Bund, Beschl. v. 1. 4. 2004 (VK 1-9/04), VergabE D-1-9/04: Die VK Bund will nur dann einen bieterschützenden Charakter der Vorschriften über die ungewöhnlich niedrigen Angebote erkennen, wenn die Unterkostenangebote den betreffenden Bieter in wirtschaftliche Schwierigkeiten bringen.

2758 BGH, Beschl. v. 31. 8. 1994 (2 StR 256/94), NJW 1995, 737; VK Düsseldorf, Beschl. v. 22. 10. 2003 (VK 29/2003-L), VergabE E-10c-29/03.

2759 OLG Düsseldorf, Beschl. v. 17. 6. 2002 (Verg 18/02), VergabE C-10-18/02 = VergabeR 2002, 471 = NZBau 2002, 627 = ZfBR 2002, 820 = WuW 2002, 899 = EUK 2002, 125.

2760 EuGH, Urt. v. 22. 6. 1989 (Rs. 103/88 – »Fratelli Costanzo«), VergabE A-1-1/89 = Slg. 1989, 1839.

2761 VÜA Bund, Beschl. v. 14. 4. 1998 (1 VÜ 13/97), VergabE U-1-13/97 = ZVgR 1999, 16 = Behörden Spiegel 1/1999, S. B IV.

2762 VÜA Niedersachsen, Beschl. v. 8. 2. 1999 (34.2–35.66, Tgb.-Nr. 6/98 – »Kommunale Citystreife«), VergabE V-9-6/98 = EUK 2000, 74 = Behörden Spiegel 5/2000, S. B II.

2763 So OLG Jena, Beschl. v. 22. 12. 1999 (6 Verg 3/99), VergabE C-16-3/99 = NZBau 2000, 349 = BauR 2000, 396 = ZVgR 2000, 73 = EUK 2000, 8, entgegen VK Thüringen, Beschl. v. 29. 9. 1999 (216–4002.20-002/99-SLF), VergabE E-16-2/99 = EUK 1999, 170. Für die Anerkennung als subjektives Recht auch *Kulartz/Niebuhr*, NZBau 2000, 6, 13; gegenteilig noch *Kulartz* in: *Daub/Eberstein*, Kommentar zur VOL/A, 4. Aufl. 1998, Rn. 36 zu A § 25.

2764 So: OLG Saarbrücken, Beschl. v. 29. 10. 2003 (1 Verg 2/03), NZBau 2004, 117,118; OLG Jena, Beschl. v. 22. 12. 1999 (6 Verg 3/99), VergabE C-16-3/99 = NZBau 2000, 349; OLG Celle, Beschl. v. 30. 4. 1999 (13 Verg 1/99), VergabE C-9-1/99 = NZBau 2000, 105.

bewerbsbeschränkender bzw. unlauterer Verhaltensweisen (§ 2 Nr. 1 II VOL/A) erforderlich ist[2765]. Insbesondere stellen diese etwas einschränkenden Meinungen auf eine **Verdrängungsabsicht** des sehr niedrig offerierenden Bieters ab, die dadurch eingedämmt werden müsste, dass sie ausgeschlossen werden können[2766]. Bieter mit schädlichen Absichten der Verdrängung der Wettbewerber vom Markt bilden demnach das **Pendant** zu den Marktteilnehmern, die gerade in nützlicher Absicht als **Newcomer** in den Markt neu eintreten, um den Wettbewerbsdruck zu erhöhen[2767].

Die **gegenteilige Ansicht** erachtet den unbestrittenen primären Schutzzweck der Vorschrift für ausschlaggebend, der darin besteht, dass bei der Vergabestelle die Entstehung späteren Schadens durch Schlechterfüllung oder Insolvenz vermieden werden soll[2768].

Fast schon eine Banalität zu nennen ist es, dass die Bestimmung über den Ausschluss eines Angebotes infolge unangemessen niedriger Preise den Bieter schützt, der ausgeschlossen werden soll und der sich vor der Vergabenachprüfungsinstanz **gegen den eigenen Ausschluss wehrt**[2769].

Verweigert der Bieter seine **Mitwirkung** bei der Aufklärung, so **kann und bzw. muss** die Vergabestelle ihn **ausschließen**[2770]. Allerdings ist dem Bieter insbesondere im Falle bei ihm entstehenden großen Aufwands eine »zumutbare Antwortfrist« zuzubilligen, um deren Verlängerung er nachsuchen kann[2771]. Die Vergabestelle darf nicht verfrüht von einer Verweigerung ausgehen und ausschließen.

Die VK Düsseldorf[2772] hat in einem Verfahren festgestellt, dass die Antragstellerin in ihren subjektiven Rechten verletzt ist, weil eine Konkurrentin keine **Unterlagen vorlegte** und unverhohlen sagte, es handele sich um »**Kampfpreise**«.

Gerät ein Bieter im konkreten Einzelfall auf Grund eines Unterkostenangebots in **wirtschaftliche Schwierigkeiten**, so dass er den Auftrag nicht vertragsgerecht erfüllen kann, oder ist es dergestalt, dass es in der zielgerichteten Absicht abgegeben wird oder zumindest die Gefahr begründet, dass ein oder mehrere Mitbewerber vom Markt ganz – und nicht nur aus der einzelnen Auftragsvergabe – verdrängt

2765 OLG Düsseldorf, Beschl. v. 11. 9. 2007 (VII Verg 27/07); OLG Düsseldorf, Beschl. v. 17. 6. 2002 (2 Verg 18/02), VergabE C-10-18/02 = VergabeR 2002, 471 = NZBau 2002, 627 = ZfBR 2002, 820 = WuW 2002, 899 = EUK 2002, 125; BayObLG, Beschl. v. 3. 7. 2002 (Verg 13/02), VergabE C- 2-13/02 = VergabeR 2002, 637 = BauR 2003, 149 = NZBau 2003, 105 = Behörden Spiegel 12/2002, S. 20. Offengelassen in: OLG Naumburg, Beschl. v. 9. 9. 2003 (1 Verg 5/03), VergabE C-14-5/03, Rn. 40 = VergabeR 2004, 80 = BauR 2004, 565 = EUK 2003, 157.

2766 VK Bund, Beschl. v. 7. 9. 2000 (VK 2-26/00), VergabE D-1-26/00 = NZBau 2001, 167 = WuW 2000, 1166.

2767 VK Sachsen, Beschl. v. 1. 10. 2002 (1 VK 84/02), VergabE E-13-84/02.

2768 BayObLG, Beschl. v. 12. 9. 2000 (Verg 4/00), VergabE C-2-4/00 = VergabeR 2001, 65 = Behörden Spiegel 12/2000, S. B II; OLG Rostock, Beschl. v. 10. 5. 2000 (17 W 3/00), VergabE C-2-3/00 = VK Bund, Beschl. v. 30. 6. 1999 (VK A 12/99), VergabE U-2-12/99 = NZBau 2000, 165, 167.

2769 OLG Düsseldorf, Beschl. v. 22. 8. 2007 (VII Verg 27/07).

2770 OLG Naumburg, Beschl. v. 6. 4. 2004 (1 Verg 3/04), VergabE C-14-3/04 = EUK 2004, 74; VK Brandenburg, Beschl. v. 15. 8. 2007 (1 VK 31/07), VS 2008, 23 [LS].

2771 VÜA Niedersachsen, Beschl. v. 4. 2. 1999 (32.2–35.66, Tgb.-Nr. 3/98), VergabE V 9-3/98 = EUK 2001, 27.

2772 VK Düsseldorf, Beschl. v. 17. 12. 1999 (VK-17/99-L), VergabE E-10c-17/99 = EUK 2000, 45 = Behörden Spiegel 4/2000, S. B II.

werden, so entfaltet § 25 Nr. 2 II und II VOL/A i.V.m. § 2 Nr. 1 II VOL/A **ausnahmsweise bieterschützende Wirkung**[2773].

Die **Prüfung folgender Fragen** kann bei der Untersuchung ungewöhnlich niedriger Angebote hilfreich sein[2774]:

- Weichen die Angebote von der Kostenschätzung ab?
- In welchem Verhältnis erscheinen die Angebote der Bieter zueinander (ausgewogen, Missverhältnis etc.)?
- Wie groß sind die Abweichungen der Angebote?
- Belaufen sich die Abweichungen auf mehr als 10%? Wenn nein, dann bedarf es keiner Überprüfung, ob ein ungewöhnliches Missverhältnis vorliegt. Ausnahme: ungewöhnlich niedrige Einzelpreise (sog. Ausreißerpositionen).
- Falls die vorige Frage bejaht wurde: Welches ist der Mittelwert der Angebote?
- Wie gruppieren sich die Angebote um diesen Mittelwert?
- Wie hoch sind die Einzelabweichungen?[2775]

b) Ungewöhnlich hohe Preise

386 Der Umgang mit ungewöhnlich hohen Preisen ist ein **Sonderfall**, der allerdings in praxi weniger häufig vorkommt.

Entweder liegt ein offenbares Missverhältnis vor, so dass sich ohnehin jede weitere Angemessenheitsprüfung erübrigt. Oder es handelt sich letztlich um die Fragestellung, inwieweit – nicht selten vor dem Hintergrund einer etwaigen Aufhebung der Ausschreibung bei insgesamt zu teuren und daher zu wenig wirtschaftlichen Angeboten – eine Nichtbezuschlagung erwogen werden kann.

Im Falle ungewöhnlich hoch erscheinender Preise ist weitgehend auf die **Instrumentarien** bei der Prüfung ungewöhnlich niedriger Preise zurückzugreifen[2776]. Es ist zunächst zu prüfen, welcher prozentuale preisliche Abstand (10% oder von 20%) zum Nächstbietenden vorliegt. Zu berücksichtigen ist auch die Marktüblichkeit der Preise. Schließlich ist ggf. die ursprüngliche Kostenschätzung der Vergabestelle einzubeziehen, wobei ein preislich darunter angesiedeltes Angebot in der Regel nicht als unangemessen hoch angesehen werden kann[2777].

2773 VK Brandenburg, Beschl. v. 8. 12. 2006 (1 VK 49/06), VS 2007, 48.
2774 Aus: *Noch*, VergabeNavigator 5/2006, S. 28.
2775 Vgl. VHB 2002 (Fassung: 1. 11. 2006), Pkt. 1.5.4 zu § 25: »*Zweifel an der Angemessenheit ergeben sich insbesondere, wenn die Angebotssummen – eines oder einiger weniger Bieter erheblich geringer sind als die der übrigen – oder erheblich von der aktuell zutreffenden Preisermittlung des Auftraggebers abweichen*«.
2776 OLG München, Beschl. v. 2. 6. 2006 (Verg 12/06), VergabeR 2006, 802.
2777 OLG Düsseldorf, Beschl. v. 4. 7. 2005 (Verg 35/05).

13. Abschließende Wertung und Zuschlagserteilung

a) Anforderungen an die europaweite Ausschreibung

aa) Vorherige Bekanntmachung der Zuschlagskriterien

387 Die in Art. 53 I der Vergabekoordinierungsrichtlinie 2004/18/EG genannten **Zuschlagskriterien** sind nach der Rechtsprechung des EuGH als abschließend zu betrachten[2778]. Art. 53 I lit. a und b VKRL 2004/18/EG lautet:

> *»(1) Der öffentliche Auftraggeber wendet unbeschadet der für die Vergütung von bestimmten Dienstleistungen geltenden einzelstaatlichen Rechts- und Verwaltungsvorschriften bei der Erteilung des Zuschlags folgende Kriterien an:*
> *a) entweder wenn der Zuschlag auf das aus Sicht des öffentlichen Auftraggebers wirtschaftlich günstigste Angebot erfolgt verschiedene mit dem Auftragsgegenstand zusammenhängende Kriterien, z.B. Qualität, Preis, technischer Wert, Ästhetik, Zweckmäßigkeit, Umwelteigenschaften, Betriebskosten, Rentabilität, Kundendienst und technische Hilfe, Lieferzeitpunkt und Lieferungs- oder Ausführungsfrist*
> *b) oder ausschließlich das Kriterium des niedrigsten Preises.«*

Es kann demnach im Sinne einer alternativen Auswahl
- entweder nach dem Kriterium des niedrigsten Preises oder
- nach dem Kriterium des wirtschaftlich günstigsten Angebotes

vergeben werden.

Gleichzeitig wird mit dem Passus »*wendet unbeschadet der **für die Vergütung** von bestimmten Dienstleistungen **geltenden einzelstaatlichen Rechts- und Verwaltungsvorschriften***« der Vorbehalt aus dem früheren Art. 36 I der Dienstleistungskoordinierungsrichtlinie 92/50/EWG aufgegriffen, der für die – die Zuschlagsmöglichkeiten einschränkende – Beachtung von besonderen öffentlich-rechtlichen Vergütungsvorschriften (wie z.B. die HOAI) geschaffen worden ist.

§ 97 V GWB verkürzt die zwei Zuschlagskriterien auf dasjenige des **wirtschaftlich günstigsten Angebotes.** Die Formulierungen in § 25 Nr. 3 III 3 VOB/A und § 25 Nr. 3 Satz 2 VOL/A »*Der niedrigste Angebotspreis allein ist nicht entscheidend*« sind als gesetzgeberischer Auftrag an die Vergabestellen zu verstehen, bei Beschaffungen nicht mehr so zentral auf das Preiskriterium zu schauen.

Dem **Preiskriterium** wird dessen unbeschadet sicherlich noch immer ein **deutliches Gewicht** zukommen müssen. Nach teilweiser Rechtsprechung sind dies

2778 EuGH, Urt. v. 20. 9. 1988 (Rs. C-31/87 – Gebroeders Beentjes BV ./. Niederlande), Slg. 1988, 4635 = VergabE A-1-1/88; EuGH, Urt. v. 10. 3. 1987 (Rs. 199/85 – Kommission ./. Italien – »Kehrrichtverwertungsanlage von Mailand«), Slg. 1987, 1039 = VergabE A-1-1/85; EuGH, Urt. v. 28. 3. 1985 (Rs. 274/83 – Kommission ./. Italien – »Italienische Gesetzgebung C«), Slg. 1985, 1077 = VergabE A-1-1/85.

mindestens 30%[2779], teilweise will sich die Rechtsprechung aber nicht festlegen[2780] und akzeptiert auch darunter liegende Werte[2781].

bb) Vorherige Bekanntmachung der Zuschlags- und Unterkriterien inklusive deren Gewichtung

388 Entscheidend ist bei den europaweiten Ausschreibungsverfahren[2782] – insbesondere wegen der noch größeren Transparenzerfordernisse – die **vorherige Bekanntmachung** der Zuschlagskriterien in der Ausschreibungsbekanntmachung oder in den Vergabeunterlagen[2783, 2784]. Wird nichts angegeben, so gilt das Kriterium des niedrigsten Preises[2785].

(1) Auswahl und Präzisierung der Zuschlags- und Unterkriterien

389 Über die Haupt-Zuschlagskriterien hinaus ist bei der Bezuschlagung des wirtschaftlichsten Angebotes die vorgesehene **Verwendung von Unterkriterien** anzugeben[2786].

Hierbei ist zu beachten, dass eine Aussage in der Bekanntmachung wie etwa »*Bezuschlagt wird das **wirtschaftlichste Angebot***« **so gut wie überhaupt keine Aussage** darstellt.

- Auch das Kriterium der »**Wirtschaftlichkeit**« muss in Gestalt von einzelnen Unterkriterien mit Inhalt gefüllt werden[2787]: Von Bedeutung können beispielsweise sein Nutzungsdauer/Lebensdauer, Wartungsintervalle/Wartungsauf-

---

2779 OLG Dresden, Beschl. v. 5. 1. 2001 (WVerg 0011/00 und 0012/00), VergabE C-13-11/00 = VergabeR 2001, 41 = NZBau 2001, 459 = WuW 2001, 428 = Behörden Spiegel 9/2001, S. 19.

2780 OLG Düsseldorf, Beschl. v. 29. 12. 2001 (Verg 22/01), VergabE C-10-22/01 = VergabeR 2002, 267 = NZBau 2002, 579 = WuW 2002, 1277 = Behörden Spiegel 2/2002, S. 18.

2781 VK Bund, Beschl. v. 12. 12. 2002 (VK 2-92/02), VergabE D-1-92/02 = EUK 2003, 8: 27% für eine sehr stark konzeptionell betonte geistige Leistung.

2782 EuGH, Urt. v. 12. 12. 2002 (Rs. C-470/99), VergabE A-1-5/02 = VergabeR 2003, 141 = NZBau 2003, 162 = ZfBR 2003, 176 = WuW 2003, 205 = BauR 2003, 774 = EUK 2003, 23 = Behörden Spiegel 2/2003, S. 27.

2783 BGH, Urt. v. 17. 2. 1999 (X ZR 101/97), BauR 1999, 736; im Anschluss an BGH, Urt. v. 8. 9. 1998 (X ZR 109/96), BauR 1998, 1246 = NJW 1998, 3644.

2784 OLG Düsseldorf, Beschl. v. 16. 11. 2005 (Verg 59/05); KG, Beschl. v. 3. 11. 1999 (Kart Verg 3/99), VergabE C-3-3/99 = EUK 1999, 185 = Behörden Spiegel 12/1999, S. B II; VK Südbayern, Beschl. v. 1. 3. 1999 (120.3-3194.1-01-01/99), VergabE E-2b-1/99; VÜA Thüringen als VK, Beschl. v. 11. 5. 1999 (2 VÜ 2/99), VergabE E-16-2/99ü = EUK 2000, 158; VÜA Sachsen, Beschl. v. 29. 6. 1999 (1 VÜA 2/99), VergabE V-13-2/99 = EUK 2001, 43.

2785 BGH, Urt. v. 26. 10. 1999 (X ZR 30/98), ZfBR 2000, 113 = NZBau 2000, 35, 38; BGH, Urt. v. 17. 2. 1999 (X ZR 101/97), BauR 1999, 736 = NJW 2000, 137; OLG Schleswig, Beschl. v. 13. 2. 2001 (6 Verg 1/01), VergabeR 2001, 214; BayObLG, Beschl. v. 12. 9. 2000 (Verg 4/00), VergabeR 2001, 65; OLG Rostock, Beschl. v. 10. 5. 2000 (17 W 3/00), VergabE C-2-3/00; VK Bund, Beschl. v. 30. 6. 1999 (VK A 12/99), VergabE U-2-12/99 = NZBau 2000, 165, 167; VK Lüneburg, Beschl. v. 8. 5. 2006 (VgK-07/2006), VS 2006, 47, 54; VK Saarland, Beschl. v. 16. 3. 2004 (3 VK 9/03), VergabE C-12-9/03; VK Nordbayern, Beschl. v. 23. 2. 2004 (320.VK-3194-3/04); VÜA Bayern, Beschl. v. 25. 3. 1999 (VÜA 6/96-2), VergabE V-2-6/96-2.

2786 VK Bund als VÜA, Beschl. v. 9. 5. 2000 (VK A-24/99), VergabE U-2-24/99 = EUK 2000, 123 = Behörden Spiegel 12/1999, S. B II; VÜA Bayern, Beschl. v. 20. 1. 1999 (VÜA 8/98), VergabE V-2-8/98 = EUK 1999, 58 = Behörden Spiegel 6/1999, S. B II.

2787 VK Baden-Württemberg, Beschl. v. 6. 11. 2001 (1 VK 41/01), VergabE E-1-41/01 = Behörden Spiegel 6/2002, S. 20: der Begriff der »Wirtschaftlichkeit« ist ein »inhaltsleerer Begriff«.

wand, Stromverbrauch (z.T. Zehntausende Euro Unterschied pro Jahr bei technischen Großgeräten).

- Das Kriterium der »**Rentabilität**« (wenn man es nicht bereits als Unterkriterium der Wirtschaftlichkeit ansieht) kann und muss eine Präzisierung erfahren: z.B. Mehraufwendungen bei den Anschaffungskosten für ein leistungsfähigeres, als Alternativposition ausgeschriebenes Modul[2788].
- Auch das Kriterium der »**Qualität**« ist alles andere als selbsterklärend: Es hängt vom jeweiligen konkreten Verwendungszweck/Einsatzort ab, eine Präzisierung in Form von Unterkriterien ist daher erforderlich[2789].
  Beispiele: Bodenbelag im Seniorenheim – Wandelhalle mit Anforderungen an Abriebfestigkeitsklasse R8/R10 und mehr. Kunstrasen als Sportrasen[2790].
- Das Kriterium »**Umweltverträglichkeit**« ist präzisierungsbedürftig.
- Gleichermaßen ist das Kriterium der »**Benutzerfreundlichkeit**« präzisierungsbedürftig.
- Selbst eine »**Präsentation**« kann in unterschiedlicher Weise gestaltet und bewertet werden, so dass auch hier Unterkriterien festzulegen und bekanntzugeben sind[2791].
- Nicht einmal das Kriterium des **Preises** ist selbsterklärend. Bei einer Reinigungsausschreibung ist es anzugeben, wenn sie im Rahmen der Bewertung auf eine solche Weise durchgeführt werden soll, dass es nicht nur auf die Gesamtpreise, sondern auch auf die Bewertung der Schlüssigkeit der Einzelpreise ankommen soll[2792].

Merke: Im Rahmen der Festsetzung der Oberkriterien kann nicht darauf abgestellt werden, der mit der Ausschreibung als Bieter angesprochenen Branche werde schon klar sein, auf welche Unterkriterien es bei dem Leistungsgegenstand ankommt. Dem ist nicht so[2793]. Die frühere Rechtsauffassung, wonach die Begriffe der »Wirtschaftlichkeit« und »Umwelt-/Benutzerfreundlichkeit« bei Abfallentsorgungsleistungen für Branchenkenner hinreichend konkretisiert seien, ist überholt[2794].

Dem öffentlichen Auftraggeber ist es darüber hinaus grundsätzlich gestattet, **Unterkriterien der Unterkriterien** zu bilden[2795], wobei vor einer zu starken – weil im Zweifel nicht mehr transparenten und nachvollziehbar bewertbaren – Differenzierung zu warnen ist.

Kann ein bekanntgemachtes Kriterium bei der Wertung aus tatsächlichen Gründen heraus keine Verwendung finden, so kann es – infolge der drohenden Wettbewerbs-

---

2788 OLG München, Beschl. v. 27. 1. 2006 (Verg 1/06), VergabeR 2006, 537; OLG München, Beschl. v. 15. 7. 2005 (Verg 14/05), VergabeR 2005, 799.

2789 EuG, Urt. v. 6. 7. 2005 (Rs. T-148/04). VK Baden-Württemberg, Beschl. v. 6. 11. 2001 (1 VK 41/01), VergabE E-1-41/01 = Behörden Spiegel 6/2002, S. 20: der Begriff der »Qualität« ist ein »inhaltsleerer Begriff«.

2790 Vgl. die Konstellation beim OLG Düsseldorf, Beschl. v. 6. 7. 2005 (VII-Verg 26/05), VS 2005, 84: höhere Qualitätsstandards als es die DIN-Normen vorsehen. Die die DIN-Normen überschreitenden Qualitätsstandards kann man mit Punkten bewerten.

2791 Für ein VOF-Verfahren: OLG München, Beschl. v. 17. 1. 2008 (Verg 15/07).

2792 OLG Düsseldorf, Beschl. v. 16. 11. 2005 (VII-Verg 59/05).

2793 OLG Düsseldorf, Beschl. v. 16. 11. 2005 (VII-Verg 59/05).

2794 OLG Düsseldorf, Beschl. v. 30. 4. 2003 (VII-Verg 64/02).

2795 VK Sachsen, Beschl. v. 14. 12. 2005 (1 VK 142/05).

störung und des drohenden Ermessensausfalls – erforderlich sein, die Ausschreibung aufzuheben[2796]. Dies dürfte zumindest dann gelten, wenn es sich um ein wichtiges Kriterium handelt.

(2) Gewichtung der Zuschlags- und Unterkriterien

390 Der EuGH[2797] hat **Maßstäbe gesetzt**, die im **Interesse der Transparenz** darauf hinauslaufen, dass nicht nur die Zuschlagskriterien selbst, sondern auch die **vorgesehene prozentuale Gewichtung zu veröffentlichen** sind – also entweder in der Bekanntmachung oder spätestens in den Verdingungsunterlagen –, sofern der öffentliche Auftraggeber zu diesem Zeitpunkt schon eine Festlegung getroffen hat (was er nach neuester Rechtsauffassung wohl wird tun müssen).

Zentrales Ziel dieses Rechtsstatus ist die Ausräumung des dahinter stehenden **latenten Vorwurfs einer Manipulation**, die Gewichtungen bei den Wertungskriterien dergestalt verschoben zu haben, dass man den Bieter, den man von Anfang an haben wollte, schließlich auch bezuschlagen konnte.

Seit Umsetzung des **Richtlinienpaketes 2006** ist es für den **Regelfall** erforderlich, die **Gewichtung** der anzuwendenden Kriterien **vorab zu veröffentlichen**[2798]. Die frühere Rechtslage, dass die Gewichtung für den Fall, dass eine interne Festlegung überhaupt vor Angebotsöffnung vorliegt, nur *»möglichst in der Reihenfolge der ihnen zuerkannten Bedeutung«* erfolgen muss, ist bei Auftragsvergaben oberhalb der EU-Schwelle gegenstandslos.

In den **Verdingungsordnungen** (Fassung 2006) finden sich die Regelungen über die vorherige Bekanntmachung der Zuschlagskriterien im § 10a lit. a VOB/A bzw. § 25a Nr. 1 I VOL/A. Hier ist klar geregelt, dass die zu verwendenden Kriterien nebst deren Gewichtung anzugeben sind. Dies kann entweder in der **Bekanntmachung** oder in den **Vergabeunterlagen**, die an die Bieter verschickt werden, geschehen. Somit muss sich jeder Bieter in Kenntnis der Kriterien und deren Gewichtung befinden (z.B. 70% Preis, 20% Wartungskosten, 10% Umwelteigenschaften). Eine (sinnvolle) Marge der Gewichtungen anzugeben genügt zwar, ist aber kaum Gegenstand der Praxis (z.B. 60–70%).

Rechtsfolge der Festlegung auf eine bestimmte Gewichtung ist eine **Selbstbindung** des öffentlichen Auftraggebers, die im Interesse von mehr Transparenz erfolgen soll.

2796 EuGH, Urt. v. 4. 12. 2003 (Rs. C-448/01 – »Wienstrom«), VergabeR 2004, 36.

2797 EuGH, Urt. v. 12. 12. 2002 (Rs. C-470/99), VergabE A-1-5/02 = VergabeR 2003, 141 = NZBau 2003, 162 = ZfBR 2003, 176 = WuW 2003, 205 = BauR 2003, 774) = EUK 2003, 23 = Behörden Spiegel 2/2003, S. 27.

2798 Art. 53 II VKRL 2004/18/EG: *»Unbeschadet des Unterabsatzes 3 gibt der öffentliche Auftraggeber im Fall von Absatz 1 Buchstabe a in der Bekanntmachung oder den Verdingungsunterlagen oder beim wettbewerblichen Dialog in der Beschreibung an, wie er die einzelnen Kriterien gewichtet, um das wirtschaftlich günstigste Angebot zu ermitteln. Diese Gewichtung kann mittels einer Marge angegeben werden, deren größte Bandbreite angemessen sein muss. Kann nach Ansicht des öffentlichen Auftraggebers die Gewichtung aus nachvollziehbaren Gründen nicht angegeben werden, so gibt der öffentliche Auftraggeber in der Bekanntmachung oder in den Verdingungsunterlagen oder beim wettbewerblichen Dialog in der Beschreibung die Kriterien in der absteigenden Reihenfolge ihrer Bedeutung an.«*

Nur **ganz ausnahmsweise** darf eine solche **Nennung der Gewichtungen unterbleiben**[2799]. Die Dokumentation der Gründe muss sich in den Akten befinden, so dass die Rechtmäßigkeit des Verzichts auf eine solche Festlegung von der Vergabekammer nachvollzogen werden kann. Im Übrigen, so die VK Münster, sei dem Auftraggeber freigestellt, ob die Mitteilung der »nachvollziehbaren Gründe« in der Ausschreibungsbekanntmachung, oder in den Vergabeunterlagen erfolge.

Muss die Vergabestelle im Sinne der ex-ante-Transparenz die anzuwendenden Kriterien **vorher bekanntgeben**, so ist sie notwendigerweise **auch nicht berechtigt, neue Kriterien nachträglich einzuführen**[2800]. Schließlich müsste sie dann nachträglich auch die Gewichtung verändern, was rechtlich nicht zulässig ist.

Diese Rechtsprechung, der die Gesetzeslage gefolgt ist, hat der EuGH im Jahr 2005[2801], vor allem aber im Jahr 2008 weiter vertieft[2802]. Danach ist es dem öffentlichen Auftraggeber im Rahmen eines Vergabeverfahrens untersagt, **nachträglich Gewichtungskoeffizienten und Unterkriterien** für die in den Verdingungsunterlagen oder in der Vergabebekanntmachung genannten Zuschlagskriterien **festzulegen**. Die Unterkriterien, die auf diese Weise vorab festgelegt werden, müssen sich außerdem in der Bandbreite der Hauptkriterien halten[2803]. Sie sollten sich außerdem nach Möglichkeit nicht überschneiden. Die Fortentwicklung der Rechtsprechung zu den Unterkriterien gebietet, sich zu den einzelnen Aspekten der Zuschlagskriterien noch vertiefter Gedanken zu machen als bisher. Daher sollten Mehrfachwertungen gleicher oder ähnlicher Gesichtspunkte in den Unterkriterien aus heutiger Sicht eher unterbleiben[2804].

Damit ist fortan von einer **kompletten Veröffentlichungspflicht sämtlicher Zuschlags- und Unterkriterien** inklusive deren Gewichtung auszugehen. Die (vermittelnde) Rechtsprechung, die eine Verpflichtung zur Bekanntgabe von Unterkriterien inklusive Gewichtung nur dann annehmen wollte, wenn sich deren Kenntnis für die Bieter auf den Inhalt ihrer Angebote auswirken kann[2805], ist zum einen durch die EuGH-Rechtsprechung überholt. Zum anderen ist sie gefährlich, weil aus Sicht eines vorsichtig arbeitenden Auftraggebers eine solche Auswirkung praktisch immer unterstellt werden muss.

Danach ist Rechtsprechung aus der Zeit vor Januar 2008 mit Vorsicht zu genießen[2806]. Allerdings gibt es auch schon aus der Zeit davor durchaus richtungs-

2799 VK Münster, Beschl. v. 30. 3. 2007 (VK 4/07).

2800 Siehe: VK Bund, Beschl. v. 20. 4. 2000 (VK 2-20/00), VergabE D-1-20/00; VK Bund als VÜA, Beschl. v. 9. 5. 2000 (VK A-24/99), VergabE U-2-24/99 = EUK 2000, 123; VK Südbayern, Beschl. v. 16. 4. 2003 (12-03/03), VergabE E-2b-12/03. VK Lüneburg, Beschl. 8. 6. 2001, 203-VgK-07/2001, VergabE E-9c-7/01 = IBR 2002, 40: »Veränderungssperre«.

2801 EuGH, Urt. v. 24. 11. 2005 (Rs. C-331/04 »Viaggi di Maio«), VergabeR 2006, 202 = WuW 2006, 110.

2802 EuGH, Urt. v. 24. 1. 2008 (Rs. C-532/06), VergabeR 2008, 496 = VS 2008, 19.

2803 EuGH, Urt. v. 24. 11. 2005 (Rs. C-331/04 »Viaggi di Maio«), VergabeR 2006, 202 = WuW 2006, 110.

2804 Vgl. *Noch*, in: Müller-Wrede, VOL/A-Kommentar, 2. Aufl. 2007, Rn. 323 zu § 25.

2805 OLG München, Beschl. v. 17. 1. 2008 (Verg 15/07). Diese Rechtsprechung stellte bereits eine Verschärfung der bisherigen Entscheidungspraxis dar: OLG München, Beschl. v. 19. 12. 2007 (Verg 12/07); OLG München, Beschl. v. 28. 4. 2006 (Verg 6/06), VergabeR 2006, 914.

2806 Vgl. zur nachträglichen Bekanntgabe einer erst nachträglich erstellten Bewertungsmatrix mit anschließender Gelegenheit zur Überprüfung und ggf. Anpassung der Angebote: OLG Düsseldorf, Beschl. v. 14. 11. 2007 (VII-Verg 23/07). Ferner: VK Sachsen, Beschl. v. 13. 6. 2007 (1/SVK/039-07).

weisende Entscheidungen, in denen diese Entwicklung im Grunde genommen vorweggenommen wurde[2807].

All dies führt schließlich zu der weiteren Schlussfolgerung, dass alle Bewertungsregeln und -maßstäbe, welche die ausschreibende Stelle zur Grundlage der Bewertung machen möchte, den Bietern bekanntzumachen sind[2808]. **Bewertungsleitfäden** etwa, die man bisher meinte, intern in einem Vergabevermerk (vor Öffnung der Angebote) niederlegen zu können, ohne dass man sie bekanntgeben müsste, sind nunmehr den Bietern zur Verfügung zu stellen. Gibt es keinen näheren Bewertungsleitfaden, so ist er nicht bekanntzumachen; sein Fehlen ist dann auch nicht vergaberechtswidrig[2809].

Die Rechtsprechung zu **Bewertungsmatrices bei Teilnahmewettbewerben** ist auf diejenige im Zusammenhang mit Angebotsbewertungen **zu übertragen**. Die Bewertungsmatrices sind in genügendem Maße differenziert zu konzipieren[2810]. Das OLG München[2811] hatte betreffend eine Matrix im Teilnahmewettbewerb um die Ausführung von Managementdienstleistungen für die Eigenreinigung mehrerer Krankenhäuser einen Verstoß gegen den Gleichbehandlungsgrundsatz für dadurch gegeben erachtet, dass die von der Antragsgegnerin verwendete Bewertungsmatrix eine **ausreichende Differenzierung** nicht gestattete.

Als zu grob wurde bewertet:

- Punktzahl von 0: geringe Eignung,
- Punktzahl von 5: ausreichende Eignung und
- Punktzahl von 10: sehr gute Eignung.

Im konkreten Fall erhielten bei der Bewertung alle Bewerber 5 Punkte, so dass eine differenzierte, angemessene Beurteilung nicht möglich war.

Genügende Differenzierungen sind auf der Grundlage dieser Rechtsprechung zu Teilnehmerwettbewerben auch bei Angebotsbewertungen zu verlangen. **Abzuraten** ist in diesem Zusammenhang z.B. von **Preisstufen**, bei denen Angebotspreise in Tausender- oder Zehntausenderschritten bewertet werden und innerhalb dieser Stufen die gleiche Punktzahl erreichen. Hier sollte mathematisch interpoliert werden.

b) Anforderungen an die nationale Ausschreibung

391 Unterhalb der EU-Schwelle verbleibt es bei dem Rechtszustand, dass die Zuschlagskriterien in der Hierarchie anzugeben sind, in der sie voraussichtlich Ver-

2807 VK Thüringen, Beschl. v. 22. 8. 2007 (360–4003.20-2713/2007-007-SHK). Vgl. auch: *Zerwell*, VergabeNavigator 2/2008, 23; *Noch*, VergabeNavigator 3/2008, 27.
2808 So bereits: OLG Düsseldorf, Beschl. v. 19. 7. 2006 (VII-Verg 27/06).
2809 OLG Düsseldorf, Beschl. v. 22. 8. 2007 (VII-Verg 27/07).
2810 OLG Düsseldorf, Beschl. v. 23. 3. 2005 (Verg 77/04).
2811 OLG München, Beschl. v. 26. 6. 2007 (Verg 6/07), VergabeR 2007, 684.

wendung finden werden. Die Angabe erfolgt also »*möglichst in der Reihenfolge der ihnen zuerkannten Bedeutung*«[2812].

Bei Vergaben unterhalb der EU-Schwellenwerte genügt es, wenn die Gewichtung der Kriterien nach dem Zeitpunkt der Versendung der Verdingungsunterlagen fixiert wird und in einem **Vermerk**, der im Zeitraum vor dem Submissionstermin liegt, festgehalten wird. Dann setzt sich die ausschreibende Stelle nicht dem Vorwurf oder auch nur dem Verdacht aus, in Kenntnis der Angebote die Gewichtung der Kriterien so verschoben zu haben, dass sie einen bestimmten Bieter begünstigen.

c) Niedrigster Preis

392 Das Kriterium des niedrigsten Preises kann nach hier vertretener Auffassung bei der **europaweiten Ausschreibung ohne weiteres gewählt** werden[2813]. Eine Verengung der nach der Vergabekoordinierungsrichtlinie 2004/18/EG grundsätzlich bestehenden Auswahlmöglichkeiten auf das Kriterium des wirtschaftlichsten Angebotes existiert nicht. Andere Oberlandesgerichte[2814] erachten den Zuschlag anhand des Kriteriums des niedrigsten Preises aufgrund der in § 97 V GWB vorgenommenen Verengung auf das Wirtschaftlichkeitskriterium für nicht zulässig[2815].

Diesbezüglich muss man, falls man dem OLG Düsseldorf folgen sollte, erwägen, ob nicht dahingehend ein Lösungsweg besteht, dass man unter **Wirtschaftlichkeit** auch ein **auf den Preis verengtes Kriterium** verstehen kann[2816].

Als **zusätzliches Argument gegen ein angebliches Verbot der Vergabe nach dem niedrigsten Preis** lässt sich anführen, dass ein Zwang zur Erfindung weiterer Kriterien neben dem Preis eine massive Beschränkung der Beschaffungsautonomie (sog. Dispositionsfreiheit) darstellen würde, weil die Zuschlagskriterien in nicht unerheblicher Abhängigkeit zu der Gestaltung der Leistungsbeschreibung stehen[2817]. Schließlich widerspricht sich das OLG Düsseldorf insofern, als es in der Entscheidung zu den Betongleitwänden[2818] die Beschaffungsautonomie (Dispositionsfreiheit) als absolut tragendes Prinzip des Vergaberechts tituliert hat. Im Übrigen ist ein Zwang zur Verwendung von Wirtschaftlichkeitskriterien neben dem Preis bei Standardartikeln alles andere als sinnfällig. Schließlich kann es darum gehen, ggf. gerade auch Übergangslösungen zu beschaffen, bei der es auf eine besondere Qualität in keiner Weise ankommt. Die ausschreibende Stelle kann nicht gezwungen werden, eine Qualität zu beschaffen, die sie nicht braucht.

2812 Vgl. zur früheren Rechtslage oberhalb der EU-Schwelle: OLG Naumburg, Beschl. v. 9. 9. 2003 (1 Verg 5/03), VergabE C-14-5/03, Rn. 51 = VergabeR 2004, 80 = BauR 2004, 565 = EUK 2003, 157: »*Der Antragsgegner hat vorab keine Gewichtung der Auftragskriterien vorgenommen. Hierzu war er auch nicht verpflichtet: § 9a VOL/A verlangt die Angabe der Kriterien nur ›möglichst in der Reihenfolge der ihnen zuerkannten Bedeutung‹*«

2813 So auch: BayObLG, Beschl. v. 9. 9. 2004 (Verg 18/04), VergabeR 2005, 126. *Noch*, in: Müller-Wrede, VOL/A-Kommentar, 2. Aufl. 2007, Rn. 289 zu § 25. Aus früherer Zeit in der Tendenz auch: OLG Oldenburg, Urt. v. 21. 3. 1996 (8 U 248/95).

2814 OLG Düsseldorf, Beschl. v. 6. 6. 2007 (VII-Verg 8/07), VergabeR 2008, 105.

2815 In dieser Richtung wohl auch: VK Nordbayern, Beschl. v. 26. 10. 2006 (21.VK-3194-32/06).

2816 So die zutreffende Anmerkung von *Byok*, VergabeR 2008, S. 110, 112.

2817 So *Noch*, VergabeNavigator 3/2008, S. 27, 28.

2818 OLG Düsseldorf, Beschl. v. 17. 3. 2004, (VII-Verg 1/04).

Im Falle der **national bekanntgemachten Ausschreibung** erscheint es unter haushaltsrechtlichen Gesichtspunkten erforderlich, wenn nicht sogar im Einzelfall geboten, gleichfalls eine Bezuschlagung nach dem niedrigsten Preis vorzunehmen. Speziell unterhalb der Schwelle wird die Beschaffung anhand des Kriteriums des niedrigsten Preises im Falle von kleinteiligen Standardartikeln wie z.B. Bürostühlen, Bleistiften oder Papier in Frage kommen.

Unbestritten ist für die nationalen wie auch für die europaweiten Vergabeverfahren, dass eine Zuschlagserteilung nach dem Kriterium des niedrigsten Preises jedenfalls dann stattfinden muss, wenn die ausschreibende Stelle die Angabe weiterer Kriterien, die sie anzuwenden gedenkt, in der Bekanntmachung oder den Verdingungsunterlagen anzugeben vergisst[2819]. Diese Rechtsfolge gilt auch für den Fall eines pauschalen Verweises auf den »*Zuschlag nach dem wirtschaftlich günstigsten Angebot gemäß § 25 Nr. 3*« (o.ä.)[2820]. Sie kann faktisch auch dann eintreten, wenn es hinsichtlich der Kriterien neben dem Preis keine Unterschiede bei den Angeboten gibt[2821]. Wenn dies im Falle einer versäumten oder rechtswidrig pauschalen Angabe so ist, dann ist nach hier vertretener Auffassung bereits aus diesem Umstand die Schlussfolgerung zu ziehen, dass das Zuschlagskriterium des niedrigsten Preises unterhalb wie oberhalb der EU-Schwelle zulässig sein muss.

Entscheidet sich die ausschreibende Stelle für den Zuschlag nach dem Kriterium des niedrigsten Preises, so stellt sich dies als **gebundene Entscheidung** dar, die nach **rein arithmetischen Maßstäben** getroffen wird[2822].

Danach bekommt also das Angebot mit dem objektiv, d.h. rein rechnerisch, niedrigsten Preis den Zuschlag. Die Entscheidung über die Zuschlagserteilung weist diesbezüglich **keinen Beurteilungs- bzw. Ermessensspielraum** auf.

Der EuGH[2823] hat in Bezug auf eine italienische Rechtsvorschrift entschieden, dass eine nationale Regelung, welche den öffentlichen Auftraggebern für die Vergabe von öffentlichen Bauaufträgen im Anschluss an ein Offenes oder Nichtoffenes Verfahren **abstrakt und allgemein vorschreibt**, dass sie lediglich Gebrauch machen können von dem Zuschlagskriterium des niedrigsten Preises (Art. 30 I lit. a BKR 93/37/EWG), gemeinschaftsrechtswidrig ist. Das bedeutet nicht, dass die Vergabestelle im **konkreten Falle** nicht das **Zuschlagskriterium des niedrigsten Preises wählen** darf. In Deutschland herrscht eher das umgekehrte Problem, dass § 97 V GWB lediglich den Zuschlag nach dem Kriterium des wirtschaftlich günstigsten Angebotes erlaubt, was aus den genannten Gründen gemeinschaftsrechts-

2819 BGH, Urt. v. 26. 10. 1999 (X ZR 30/98), ZfBR 2000, 113 = NZBau 2000, 35, 38; BGH, Urt. v. 17. 2. 1999 (X ZR 101/97), BauR 1999, 736 = NJW 2000, 137; OLG Schleswig, Beschl. v. 13. 2. 2001 (6 Verg 1/01), VergabeR 2001, 214; BayObLG, Beschl. v. 12. 9. 2000 (Verg 4/00), VergabeR 2001, 65; OLG Rostock, Beschl. v. 10. 5. 2000 (17 W 3/00), VergabE C-2-3/00; VK Bund, Beschl. v. 30. 6. 1999 (VK A 12/99), VergabE U-2-12/99 = NZBau 2000, 165, 167; VK Lüneburg, Beschl. v. 8. 5. 2006 (VgK-07/2006), VS 2006, 47, 54; VK Saarland, Beschl. v. 16. 3. 2004 (3 VK 9/03), VergabE C-12-9/03; VK Nordbayern, Beschl. v. 23. 2. 2004 (320.VK-3194-3/04); VÜA Bayern, Beschl. v. 25. 3. 1999, VÜA 6/96-2, VergabE V-2-6/96-2.

2820 VK Nordbayern, Beschl. v. 23. 2. 2004 (320.VK-3194-3/04).

2821 In dieser Richtung: OLG Bremen, Beschl. v. 24. 5. 2006 (Verg 1/2006), VS 2006, 54.

2822 EuGH, Urt. v. 28. 3. 1985 (Rs. 274/83 – Kommission ./. Italien – »Italienische Gesetzgebung C«), Slg. 1983, 1077 = VergabE A-1-1/85, insbes. Rn. 10 ff.

2823 EuGH, Urt. v. 7. 10. 2004 (Rs. C-247/02), VergabeR 2005, 62 = RPA 2004, 332 = VS 2005, 6 = WuW 2005, 113.

widrig ist, weil die Vergaberichtlinie (Art. 53 I lit. a VKRL 2004/18/EG) ausdrücklich beide Zuschlagskriterien vorsieht.

d) Wirtschaftlich günstigstes Angebot; besondere Ausführungsbedingungen

aa) Kriterien und Anforderungen

393 Bei der Vergabe nach dem Kriterium des wirtschaftlich günstigsten Angebotes kommen neben dem Preis **zusätzliche Leistungsmerkmale**[2824] wie

- Qualität (in dem, wie unter Rdn. 388 gezeigt, mit Unterkriterien zu definierenden Sinne)[2825],
- Wirtschaftlichkeit (in dem, wie unter Rdn. 388 gezeigt, mit Unterkriterien zu definierenden Sinne),
- technischer Wert[2826],
- Ästhetik[2827],
- Zweckmäßigkeit,
- Kundendienst (Service)[2828],
- technische Hilfe,
- Betriebs- und Folgekosten[2829],
- Umweltverträglichkeit[2830]
- Lieferzeitpunkt[2831],
- Ausführungszeitraum oder -frist
- Präsentation[2832]

2824 EuGH, Urt. v. 7. 10. 2004 (Rs. C-247/02), VergabeR 2005, 62 = RPA 2004, 332 = VS 2005, 6 = WuW 2005, 113; EuGH, Urt. v. 20. 9. 1988 (Rs. 31/87 – »Beentjes«), Slg. 1988, S. 4652, 4657 = VergabE A-1-1/88.

2825 EuG, Urt. v. 6. 7. 2005 (Rs. T-148/04): Qualität innovativer IT-Lösungen.

2826 OLG Naumburg, Beschl. v. 2. 4. 2001 (1 Verg 4/01), VergabE C-14-4/01; VK Nordbayern, Beschl. v. 26. 10. 2006 (21.VK-3194-32/06), VS 2007, 5, 15 [LS].

2827 VK Sachsen, Beschl. v. 5. 10. 2004 (1/SVK/092-04); VK Sachsen, Beschl. v. 6. 8. 2004 (1/SVK/062-04).

2828 VK Nordbayern, Beschl. v. 27. 2. 2007 (21.VK-3194-04/07), VS 2007, 31 [LS]; VK Nordbayern, Beschl. v. 26. 10. 2006 (21.VK-3194-32/06), VS 2007, 5; VK Baden-Württemberg, Beschl. v. 20. 6. 2006 (1 VK 25-30/06) VS 2007, 24; VK Münster, Beschl. v. 10. 3. 2006 (VK 2/06); VK Münster, Beschl. v. 25. 1. 2006 (VK 23/05); VK Lüneburg, Beschluss v. 7. 6. 2005 (VgK-21/2005); VK Nordbayern, Beschl. v. 10. 3. 2004 (320.VK-3194 – 04/04).

2829 OLG Bremen, Beschl. v. 24. 5. 2006 (Verg 1/2006); OLG Koblenz, Beschl. v. 5. 9. 2002 (1 Verg 4/02), VergabeR 2003, 72; 209; OLG Dresden, Beschl. v. 5. 1. 2001 (WVerg 0011/00 und 0012/00), VergabE C-13-11/00 = VergabeR 2001, 41 = NZBau 2001, 459 = WuW 2001, 428.

2830 EuGH, Urt. v. 17. 9. 2002 (Rs. C-513/99 – »Concordia Bus Finland«), VergabeR 2002, 593; OLG Düsseldorf, Beschl. v. 30. 4. 2003 (Verg 64/02).

2831 VK Münster, Beschl. v. 25. 1. 2006 (VK 23/05); VK Münster, Beschl. v. 22. 7. 2005 (VK 16/05); VÜA Bayern, Beschl. v. 25. 3. 1999 (VÜA 6/96- 2), VergabE V-2-6/96-2.

2832 Für ein VOF-Verfahren: OLG München, Beschl. v. 17. 1. 2008 (Verg 15/07).

in Betracht. Die Vergabestelle besitzt diesbezüglich ein sehr großes Auswahlermessen[2833], solange diese Kriterien **angebotsbezogen**[2834] sind, also mit dem Auftragsgegenstand zusammenhängen, und insgesamt als **verhältnismäßig** eingestuft werden können[2835]. Sie sollten – schon im Eigeninteresse der ausschreibenden Stelle – so objektiv wie möglich sein[2836].

Des Weiteren muss **nicht jedes** der zusätzlichen Kriterien **zwingend der Wirtschaftlichkeit dienen**[2837], was das in Art. 53 VKRL enthaltene Kriterium der »Ästhetik« bereits anzeigt.

Diesem erweiterten Kriterium liegt dabei folgende Überlegung zugrunde: Das preiswerteste Angebot ist nicht immer gleichbedeutend mit dem besten und rentabelsten Angebot. Insbesondere bei **langfristigen Anschaffungen** kann z.B. ein **unterschiedlicher Wartungsaufwand** (Betriebs- und Folgekosten) sehr stark zu Buche schlagen[2838].

Auch der Wert einer **technischen Lösung** kann dazu führen, dass nicht das Angebot mit dem niedrigsten Preis zum Zuge kommt, sofern andere Kriterien zuvor angegeben waren. Das Kriterium der »technischen Lösung« ist als solches tauglich und nicht intransparent[2839].

Ausschreibungen führen dazu, dass im Falle des Gewinnens des Verfahrens eines Bieters, der Nicht-Vorauftragnehmer ist, ein **Lieferantenwechsel** bzw. Wechsel des Dienstleisters eintreten kann. Die möglichen **Umstellungskosten/-risiken** bei dem Wechsel von Lieferanten dürfen jedoch keinen Teil der Kriterien »Preis« und »Kundenservice« darstellen; sie sind vergaberechtlich **unzulässig**[2840]

Oberhalb der EU-Schwelle dürfte es heute nicht mehr zulässig sein, wenn die Zuschlagserteilung von dem Ausmaß der Übertragung von (Bau-)Leistungen auf **Nachunternehmer** (NU) abhängig gemacht wird[2841]. Unterhalb der EU-Schwelle gilt das **Selbstausführungsgebot** uneingeschränkt. Der Nachweis von mindestens 30% Eigenleistung kann das Angebot überhaupt erst zuschlagsfähig machen. Für einen höheren Eigenleistungsanteil können bei der Auswertung durchaus Zusatzpunkte vergeben werden.

2833 EuG, Urt. v. 27. 9. 2002 (Rs. T-211/02 – »Tideland Signal/Kommission«), Slg. 2002, II-3781, Rn. 33; EuG, Urt. v. 24. 2. 2000 (Rs. T-145/98 – »ADT Projekt/Kommission«), Slg. 2000, II-387, Rn. 147; EuG, Urt. v. 26. 2. 2002 (Rs. T-169/00 – »Esedra/Kommission«), Slg. 2002, II-609, Rn. 95; OLG München, Beschl. v. 27. 1. 2006 (Verg 1/06), VergabeR 2006, 539; OLG Hamburg, Beschl. v. 21. 1. 2000 (1 Verg 2/99), VergabE C-6-2/99.

2834 EuGH, Urt. v. 24. 1. 2008 (Rs. C-532/06), VergabeR 2008, 496; EuGH, Urt. v. 24. 11. 2005 (Rs. C-331/04), VergabeR 2006, 202 = WuW 2006, 110.

2835 Vgl. OLG Stuttgart, Beschl. v. 12. 5. 2000 (2 Verg 1/00), VergabE C-1-1/00 = NZBau 2000, 542 = EUK 2000, 105, das langjährige Erfahrungen auf dem spezifischen Aufgabenfeld »DNA-Analysen« als Bewertungskriterium gelten lässt.

2836 EuGH, Urt. v. 7. 10. 2004 (Rs. C-247/02), VergabeR 2005, 62 = WuW 2005, 113.

2837 EuG, Urt. v. 6. 7. 2005 (Rs. T-148/04).

2838 OLG Koblenz, Beschl. v. 5. 9. 2002 (1 Verg 4/02), VergabE C-11-4/02 = VergabeR 2003, 72 = BauR 2003, 436.

2839 OLG Naumburg, Beschl. v. 2. 4. 2001 (1 Verg 4/01), VergabE C-14-4/01 = EUK 2001, 121 = Behörden Spiegel 8/2001, S. 18.

2840 VK Baden-Württemberg, Beschl. v. 20. 6. 2006 (1 VK 25-30/06) VS 2007, 24.

2841 Vgl. zu früheren Rechtslage noch: VÜA Baden-Württemberg, Beschl. v. 23. 7. 1997 (VÜA 12/96), VergabE V-1-12/96 = VgR 3/1998, 48.

Selbst eine **Präsentation** kann in die Zuschlagserteilung einfließen. Eine Präsentation spielt häufig bei der Vergabe von planerischen Leistungen eine Rolle, wobei sich dann die Frage der Abgrenzung zum Anwendungsbereich der VOF stellt[2842]. Präsentationen sind jedoch auch bei sehr konzeptionellen, funktionalen Ausschreibungen nach der VOL/VOB von Bedeutung, wenn es darum geht, z.B. im VOB-Bereich kombiniert ausgeschriebene Bau- und Planungsleistungen zu vergeben oder im VOL-Bereich Werbekonzepte oder die Durchführung von politischen Programmen oder Bildungs-/Trainingsmaßnahmen zu vergeben.

bb) Auswahl und Gewichtung

394 Der Vergabestelle kommt bei der Anwendung des Kriteriums des wirtschaftlich günstigsten Angebotes ein **erheblicher Beurteilungs- und Ermessensspielraum** zu. Es gelten die Grundsätze der verwaltungsrechtlichen Ermessenslehre.

Auch **geringste Vorsprünge** eines Bieters gegenüber seinen Konkurrenten können für die Zuschlagserteilung den Ausschlag geben[2843]. Bei der Vergabe nach diesem Kriterium ist jedoch nach der Rechtsprechung des EuGH[2844] unbedingt zu beachten, dass die **Auswahl und Gewichtung der Kriterien tatsächlich dazu dienen** muss, das wirtschaftlich günstigste Angebot zu ermitteln. Sie darf nicht etwa dazu verwendet werden, bestimmte Bieter auf undurchsichtige Weise zu bevorzugen. Hier können sich Defizite bezüglich der **Transparenz** einstellen.

Ein Problem kann gleichfalls im Hinblick auf die **Abgrenzung zu bieterbezogenen Merkmalen** auftreten[2845]. Dies ist insbesondere bei der Vergabe von stark geistig geprägten (Dienst-)Leistungen oder von Spezialleistungen (auch im Baubereich) der Fall, deren Ausführungsqualität von ganz außergewöhnlichen Erfahrungen anhängt. Eine Trennbarkeit von Eignungs- und Zuschlagskriterien wird daher in manchen Fällen schwer fallen[2846]. Jedoch ist dann darauf acht zu geben, dass bei der Verwendung von Kriterien, die eigentlich primär als Eignungskriterium verstanden werden könnten, eine **stark ausführungsbezogene Komponente** enthalten ist[2847].

Beispiele: Die von der zitierten Rechtsprechung behandelten Fälle betreffen VOF-Vergaben von Planungsleistungen für ein Hallenschwimmbad (OLG Stuttgart) sowie Dienstleistungen für ein Umlegungsverfahren. Weitere Anwendungsfälle wären des Weiteren sicherlich besondere Anforderungen an eine hochqualifizierte und sehr spezielle Rechtsberatung (etwa vorhandene Erfahrungen bei bestimmten

2842 Für ein VOF-Verfahren: OLG München, Beschl. v. 17. 1. 2008 (Verg 15/07).

2843 So ausdrücklich VÜA Baden-Württemberg, Beschl. v. 9. 9. 1997 (1 VÜ 2/97), VergabE V-1-2/97.

2844 EuGH, Urt. vom 20. 9. 1988 (Rs. 31/87 – Gebroeders Beentjes BV ./. Niederlande), Slg. 1988, 4635, Rn. 18 f. = VergabE A-1-1/88.

2845 EuGH, Urt. v. 24. 1. 2008 (Rs. C-532/06), VergabeR 2008, 496 = VS 2008, 16, 19.

2846 OLG Stuttgart, Beschl. v. 28. 11. 2002 (2 Verg 10/02), VergabE C-1-10/02 = VergabeR 2003, 226 = NZBau 2003, 232 = BauR 2003, 777 = EUK 2003, 28 = Behörden Spiegel 2/2003, S. 27; OLG Düsseldorf, Beschl. v. 23. 7. 2003 (Verg 27/03), VergabE C-10-27/03.

2847 OLG Düsseldorf, Beschl. v. 5. 2. 2003 (Verg 58/02), VergabE C-10-58/02 = Behörden Spiegel 4/2003, S. 22. In der Entscheidung (Rn. 16) heißt es: »*Statthaft ist lediglich, besondere Erfahrungen eines Bieters dann in die letzte Wertungsstufe einzustellen, wenn sie sich leistungsbezogen auswirken, sie namentlich die Gewähr für eine bessere Leistung bieten.*« Bestätigt durch: OLG Düsseldorf, Beschl. v. 5. 5. 2008 (VII Verg 5/08).

Bund-Länder-Projekten), die der Ausführungsqualität eines neuen Projektes sehr dienlich sind.

Der **Preis** ist und bleibt nach alledem als objektives Merkmal auch bei der Vergabe nach dem wirtschaftlich günstigsten Angebot in vielen Fällen ein **wichtiges Kriterium**[2848]. Gemäß dem OLG Dresden muss der **Preis** bei der Vergabe nach dem wirtschaftlich günstigsten Angebot regelmäßig mindestens eine Gewichtung von **30%** im Verhältnis zur erreichbaren Gesamtpunktzahl erfahren, weil die Zuschlagsentscheidung sonst nicht mehr mit dem Gebot der Wirtschaftlichkeit vereinbar sei[2849]. Das ist sicherlich eine vom Grundsatz her achtbare Meinung. Ob sie allerdings in dem Gebot einer prozentualen Mindestgewichtung münden muss, ist fraglich. Das OLG Düsseldorf hat sich denn auch auf eine solche 30%-Grenze nicht eingelassen[2850].

cc) Bewertungsmatrices

395 Häufig werden für die abschließende Wertung **Bewertungsmatrices** erstellt, in denen die (unbedingt vorher festzulegenden[2851]) Haupt- und Unterkriterien entsprechend einer vorher festgelegten Gewichtung aufgeführt werden[2852] und in denen für die einzelnen Angebote Punktzahlen vergeben werden. Auch nach dem EuGH-Urteil vom Dezember 2002[2853] und den Rechtsanpassungen des Jahres 2006, die ein deutlich höheres Maß an Transparenz einfordern, soll die Verwendung einer solchen Matrix nicht zwingend sein. Zu **empfehlen** ist sie dennoch[2854], weil die notwendige Transparenz insbesondere bei der Verwendung von mindestens 1–2 weiteren Kriterien neben dem Preis kaum anders herzustellen ist.

Zu betonen ist allerdings, dass – jedenfalls nach herrschender Auffassung – auch eine **Bewertungsmatrix den Vergabevermerk**, also einen ausführlichen Wertungs- und Entscheidungsvermerk, **nicht ersetzt**[2855]. Anders sieht dies das OLG Düsseldorf, dem gemäß eine Erläuterung der Punktvergaben in einer Bewertungsmatrix nicht erforderlich sei. Dies nicht einmal dann, wenn die Vergabestelle auf die Rüge eines Konkurrenten hin das Wertungsergebnis ändert und der dann negativ betroffene Bieter, der nach der ursprünglichen Wertung eigentlich den Zuschlag erhalten sollte, ein Nachprüfungsverfahren anstrengt, um zu erfahren, welches die Gründe

---

2848 VÜA Brandenburg, Beschl. v. 25. 5. 1998 (1 VÜA 6/96-2), VergabE V-4-6/96-2 = Behörden Spiegel 2/1999, S. B II.

2849 OLG Dresden, Beschl. v. 5. 1. 2001, (W Verg 11/00 u. 12/00), VergabE C-13-11/00 = VergabeR 2001, 41 = NZBau 2001, 459 = WuW 2001, 428 = EUK 2001, 138. Zum Wirtschaftlichkeitsbegriff des Kartellvergaberechts auch *Opitz*, NZBau 2001, 12.

2850 OLG Düsseldorf, Beschl. v. 29. 12. 2001 (Verg 22/01), VergabE C-10-22/01 = VergabeR 2002, 267 = NZBau 2002, 579 = WuW 2002, 1277 = Behörden Spiegel 2/2002, S. 18.

2851 VK Thüringen, Beschl. v. 22. 8. 2007 (360–4003.20-2713/2007-007-SHK).

2852 OLG Düsseldorf, Beschl. v. 16. 11. 2005 (Verg 59/05); OLG Düsseldorf, Beschl. v. 23. 3. 2005 (Verg 77/04); OLG Rostock, Beschl. v. 29. 9. 1999 (17 W [Verg] 1/99), VergabE C-1-1/99 = VersR 1999, 1511; VK Südbayern, Beschl. v. 29. 9. 2000 (120.3-3194.1-18-08/00), VergabE E-2b-18/00 = EUK 2000, 183 = Behörden Spiegel 12/2000, S. B II. Vgl. zu den Anforderungen an die Matrix für einen Teilnahmewettbewerb: OLG München, Beschl. v. 26. 6. 2007 (Verg 6/07), VergabeR 2007, 684 = VS 2007, 60 f.

2853 VK Hessen, Beschl. v. 3. 2. 2003 (69d–VK 74/2002), VergabE E-7-74/02.

2854 VK Lüneburg, Beschl. v. 7. 6. 2004 (203 VgK 16/2004) VS 2005, 6.

2855 VK Lüneburg, Beschl. v. 7. 6. 2004 (203 VgK 16/2004), VergabE E-9c-16/04 = VS 2005, 6. In dieser Richtung auch: VK Baden-Württemberg, Beschl. v. 28. 10. 2004 (1 VK 67/04), VS 2005, 22.

für die nun abweichende, für ihn verbösernde Wertungsentscheidung gewesen waren[2856].

Eine **weitere, sehr feine Aufgliederung** der Unterkriterien ist zulässig und im Falle von deren Verwendung sogar unbedingt geboten[2857]. Die Bewertungsmatrix darf auch nicht zu grob ausfallen (»+/–« oder »+/o/–«-Schema)[2858]. Es bietet sich in vielen Fällen eine Bepunktung nach dem umgekehrten Schulnotensystem, also von 1 bis 5, an, wobei die 5 die Höchstpunktzahl darstellt. Eine Bepunktung in diesem Schema eröffnet zudem mathematisch die ganz gute Voraussetzung, dass diese Zahlen mit relativen Prozentsätzen der Gewichtungen, die üblicherweise in 5er oder 10er-Schritten vorgenommen werden, korrespondieren.

Die Vergabestelle ist nicht befugt, eine **nachträgliche grundlegende Veränderung** einzelner Zuschlagskriterien vorzunehmen, so z.B. des Preiskriteriums, das nicht von 35% auf 5% heruntergesetzt werden darf. Diese vom Grundsatz her gegebene Veränderungssperre gilt in ganz besonderem Maße dann, wenn sie sich durch die **Vorab-Veröffentlichung der anzuwendenden Bewertungsmatrix** in erheblichem Maße selbst bindet[2859], was aber nach heutigem Rechtszustand praktisch gar nicht mehr anders geht.

Bei **Punktgleichheit** zweier Bieter entscheidet das **Kriterium des Preises.** Auf keinen Fall zulässig ist es, einen Bieter nach der Methode »bekannt und bewährt« (= »riskant und verkehrt«) auszuwählen. Dies erst recht nicht, wenn dieser aus Voraufträgen bekannte Bieter preislich sogar schlechter als sein Konkurrent abgeschnitten hat[2860].

Die beste Bewertungsmatrix nützt freilich nichts, wenn die einzelnen Unterkriterien, für welche die Punkte vergeben werden, objektiv nicht gerechtfertigt und im Hinblick auf die zu beschaffende Leistung nicht zweckmäßig sind. In einem Fall wollte die Vergabestelle dem Ergebnis der Bewertungsmatrix sogar nicht folgen, weil diese nach ihrer Meinung plötzlich »**zu viele subjektive Momente**« enthielt[2861]. Hierzu gilt das zuvor Gesagte. Ein nachträgliches Abrücken von bekanntgemachten Kriterien ist nicht möglich.

Beispiel:

Kriterium	**Bieter 1 (Punkte)**	**Bieter 2 (Punkte)**	**Bieter 3 (Punkte)**	**Bieter 4 (Punkte)**
60% Preis	270	290	280	300
20% Folgekosten	40	10	25	5

2856 OLG Düsseldorf, Beschl. v. 22. 8. 2007 (VII Verg 27/07).

2857 EuGH, Urt. v. 24. 1. 2008 (Rs. C-532/06), VergabeR 2008, 496 = VS 2008, 19; OLG München, Beschl. v. 17. 1. 2008 (Verg 15/07).

2858 OLG München, Beschl. v. 26. 6. 2007 (Verg 6/07), VergabeR 2007, 684; VK Bund, Beschl. v. 26. 5. 2000 (VK 2-8/00), VergabE D-1-8/00 = WuW 2000, 1052 = ZVgR 2000, 186 = Behörden Spiegel 7/2000, S. B II.

2859 VK Lüneburg, Beschl. 8. 6. 2001 (203-VgK-07/2001), VergabE E-9c-7/01 = EUK 2001, 184.

2860 BGH, Urt. v. 16. 10. 2001 (X ZR 100/99), VergabeR 2002, 42.

2861 VK Brandenburg als VÜA, Beschl. v. 12. 5. 2000 (1 VÜA 12/98), VergabE V-4-12/98 = EUK 2000, 106.

Kriterium	Bieter 1 (Punkte)	Bieter 2 (Punkte)	Bieter 3 (Punkte)	Bieter 4 (Punkte)
10% Technischer Wert	10	5	20	0
5% Ästhetik	0	10	5	0
5% Ausführungsfrist	5	5	15	10
Ergebnis	**325**	320	**345**	**315**

Erläuterungen:

Bezuschlagt werden muss in diesem Beispiel der **Bieter 3**. Er liegt preislich an dritter Stelle, kann dies aber durch die Folgekosten und den technischen Wert seiner Lösung in einem solchen Maße überkompensieren, dass er letztendlich zu bezuschlagen ist. **Bieter 4**, der das preiswerteste Angebot unterbreitete, hat bei den weiteren Unterkriterien so stark an Terrain verloren, dass er im Ergebnis der letztplatzierte ist.

Die Vergabestelle darf dieses Bewertungsergebnis nun nicht dadurch verfälschen, dass sie etwa **nachträglich** das **Kriterium** der Verwendung umweltgerechter Baustoffe einführt. Ebenso wäre es unzulässig, Bieter 1 den Zuschlag zu erteilen mit der Begründung, er verfüge über eine **längere Referenzliste** und sei daher »geeigneter« als Bieter 3. Ein solches »Mehr an Eignung« gibt es nach gefestigter Rechtsprechung nicht.

Stets muss in einem **Zusatzschriftstück** auch **festgelegt** werden, wie viele Punkte maximal für ein Kriterium vergeben werden und wie sich die einzelnen **Punktbereiche aufgliedern**. Beträgt also beispielsweise die Skala 1–50, so müsste festgehalten werden, für welche Höhe von Wartungskosten 5, 10, 15, 20 usw. Punkte vergeben werden. Auch im Hinblick auf den Preis wären Festlegungen zu treffen, die sich an bestimmten **Preisspannen** orientieren, für die Punkte vergeben werden. Üblicherweise geht man vom doppelten Schätzpreis für die nachgefragte Leistung aus, für die man die Höchstpunktzahl ansetzt; die niedrigste Punktzahl wird für den Bieter mit dem höchsten Preis vergeben.

Diese Matrix betraf die Vergabe von **Leistungen im Veranstaltungsmanagement**:

Kriterien	Bieter A	Bieter B	Bieter C	Bieter D	Max. Punkte
Preis	60	0	41,2	22,4	60 (60.00%)
Organisatorische Rahmengestaltung/ausführungsbezogene Qualität	3,2	10,8	13,1	14,2	20 (20.00%)

Kriterien	Bieter A	Bieter B	Bieter C	Bieter D	Max. Punkte
Präsentation (Gesamtnote, umgekehrtes Schulnotensystem, mulitipliziert mit Faktor 4)	6	16	20	17,6	20 (20.00%)
Total Punkte:	**69,2**	**26,8**	**74,3**	**54,2**	**Max. Punkte:** 100 (100%)

Bieter A bleibt wegen mangelhafter Präsentation und organisatorischer Rahmengestaltung (weniger als 12 Punkte = weniger als die geforderten 60% der Mindestpunktzahl, die für jedes einzelne Kriterium erreicht werden musste [dies ist unbedingt vorher bekannt zu machen!]) unberücksichtigt. Defizitär sind ebenso Bieter B beim Kriterium Preis und organisatorische Rahmengestaltung sowie Bieter D beim Preis. Bieter C erhält den Zuschlag.

Die Bewertungsmatrix muss grundsätzlich auch die **Bewertung von Alternativpositionen bzw. Angebotsvarianten** (z.B. unterschiedliche Laufzeiten) regeln[2862].

Merke: Im Interesse der Transparenz und infolge der praktisch immer anzunehmenden Wettbewerbsrelevanz dieser Wertungsgesichtspunkte bleibt anhand der neuesten EuGH-Rechtsprechung[2863] einzig die Schlussfolgerung übrig, auch die Bewertungsleitfäden den Bietern vorab bekannt zu machen.

dd) Besondere Fälle

(1) Erreichung maximaler Wirtschaftlichkeit

396 Es finden sich begrüßenswerte **Ansätze**, wirtschaftlich zu vergeben wie z.B. in Form der wahlweisen Aufforderung zur Abgabe von verschiedenen Angeboten, etwa bezogen auf entweder die Abgabe von Einzelangeboten zu unterschiedlichen Leistungsteilen oder die Abgabe von Gesamtangeboten. Je nach Kombination einzelner Leistungsteile kann sich dabei eine andere Kalkulation und damit auch ein Kostenvorteil ergeben. Dies dürfte auch keinen Verstoß gegen den grundsätzlichen Vorrang der Fachlosvergabe (§ 4 Nr. 3 VOB/A) darstellen, weil die Vergabestelle in manchen Fällen gar nicht wissen könne, ob **Einzelangebote** oder **Gesamtangebote** überhaupt eingehen[2864].

Ein weiteres Feld bilden die **Parallelausschreibungen**, zu denen bereits Stellung genommen wurde.

Wiederum eine andere Möglichkeit ist, **finanzielle Deckelungen bekanntzugeben** und angesichts dieser Deckelung hinsichtlich bestimmter Leistungsteile in Form

---

2862 OLG München, Beschl. v. 27. 1. 2006 (Verg 1/06), VergabeR 2006, 539.
2863 EuGH, Urt. v. 24. 1. 2008 (Rs. C-532/06), VergabeR 2008, 496 = VS 2008, 16, 19.
2864 VÜA Schleswig-Holstein, Beschl. v. 8. 4. 1997 (VÜ 2/97), VergabE V-15-2/97.

von Wahlpositionen auszuschreiben. So ist dies etwa in einem Fall des OLG Düsseldorf geschehen, in dem die Rathausfassade einmal aufwendiger und einmal mit weniger kostenaufwendigen Materialien ausgeschrieben wurde. Dies wurde vom Senat vom Grundsatz her auch gebilligt[2865].

Die Vergabestellen sollten darüber hinaus in der Zukunft viel mehr als bisher prüfen, ob sich längerfristig nicht auch eine zunächst höhere Investition auf Dauer rechnet[2866]. Die Verpflichtung zur **Durchführung von Wirtschaftlichkeitsüberlegungen** ergibt sich im Übrigen auch aus den Grundsätzen zur wirtschaftlichen und sparsamen Verwendung öffentlicher Mittel. Die Rechtsgrundlagen hierfür finden sich auf Bundesebene in § 7 Bundeshaushaltsordnung (BHO) und in § 6 HGrG. Auf Landesebene kann stellvertretend § 55 II Landeshaushaltsordnung Nordrhein-Westfalen (LHO NRW) angeführt werden. Auch auf kommunaler Ebene findet sich das mit der Ausschreibungspflicht eng verbundene Wirtschaftlichkeitsprinzip in den Gemeindehaushaltsverordnungen (GemHVO)[2867]. Vielfach ist es ein **Rechenexempel**, für welches Angebot die Vergabestelle sich entscheidet.

Unter den Begriff der Maximierung der Wirtschaftlichkeit zu subsumieren sind außerdem die Konstellationen der **alternativen Abfrage von Laufzeiten**[2868]. Die alternative Abfrage der Laufzeiten stellt gemäß den Erwägungen des OLG Düsseldorf keine bloße Markterkundung dar.

(2) Wertung von angebotenen Preisnachlässen und Skonti

397 **Preisnachlässe** bedeuten eine ermäßigte, im Angebot ausgewiesene, Summe, die sich meist auf den Gesamtpreis bezieht. Sie muss **in unbedingter Weise** angeboten werden, ansonsten ist sie nicht wertbar.

Skonto bedeutet für den öffentlichen Auftraggeber eine **prozentuale Abzugsmöglichkeit** vom Rechnungsgesamtbetrag für den Fall, dass **bestimmte kurzfristige Zahlungsbedingungen** eingehalten werden[2869].

Vereinzelt wird die **Nichtberücksichtigung von angebotenen Skonti** als **Verstoß** gegen das Zuschlagskriterium des wirtschaftlich günstigsten Angebotes angesehen[2870]. Die Vergabestelle sei, nicht zuletzt wegen der Verpflichtung zur sparsamen und wirtschaftlichen Verwendung öffentlicher Mittel, verpflichtet, unter Verweis auf § 16 VOB/B angebotene Skonti zu werten[2871], auch wenn sich dadurch die Bieterrangfolge verschiebt[2872].

2865 OLG Düsseldorf, Beschl. v. 24. 3. 2004 (VII Verg 7/04), VergabE C-10-7/04 = EUK 2004, 104. Zu Kostenobergrenzen im Hauptangebot ferner: OLG Celle, Beschl. v. 16. 1. 2002 (13 Verg 1/02).

2866 Siehe hierzu: Gemeinsame Bekanntmachung der Bayerischen Staatsministerien des Innern, der Finanzen, für Ernährung etc. betreffend »Hinweise zur Prüfung und Wertung von Angeboten«, v. 25. 2. 1998 (Az.: II Z 5-40011-157/96), Allg. MinBl. 1998, S. 175.

2867 § 31 II, § 119 II Nr. 6 (GemHVO) NRW; § 31 GemHVO Rhld.-Pf. S.a. OVG Rhld.-Pf., Urt. v. 9. 4. 1997 (12 A 12010/96), IBR 1998, 308 und VG Neustadt/Weinstr., Urt. v. 14. 4. 1997 (1 K 961/96.NW), IBR 1998, 309.

2868 OLG Düsseldorf, Beschl. v. 28. 7. 2005 (VII-Verg 45/05), VS 2005, 90 f.

2869 VK Baden-Württemberg, Beschl. v. 7. 3. 2003 (1 VK 6/03 und 1 VK 11/03), VergabE E-1-6/03.

2870 VÜA Brandenburg, Beschl. v. 3. 4. 1997 (1 VÜA 11/96), VergabE V-4-11/96 = IBR 1997, 400.

2871 VK Bremen, Beschl. v. 23. 8. 2001 (VK 3/01), VergabE E-5-3/01 = NZBau 2002, 406 = Behörden Spiegel 5/2002, S. 27.

2872 So auch *Kainz*, BauR 1998, 219.

Demgegenüber haben andere Spruchkörper[2873] die **gegenteilige Position** eingenommen und die **Wertung** angebotener Skonti als **rechtswidrig** tituliert. Im wesentlichen waren die Begründungen, dass die Vergabestelle in Anbetracht der meist komplizierten Vorgänge im Vorfeld von Zahlungen (Rechnungsprüfung etc.) gar nicht garantieren könne, die kurzen Fristen, in denen das Skonto gewährt wird, auch tatsächlich einzuhalten. Das Prinzip der Wirtschaftlichkeit und Sparsamkeit gebietet zudem zweierlei: Einerseits die Prüfung der Inanspruchnahme des angebotenen Skontos, andererseits aber auch die ordnungsgemäße Prüfung der Rechnung[2874].

Der BGH und das OLG Naumburg[2875] versuchen eine **vermittelnde Position** einzunehmen und sagen, dass eine Wertung von Skonti zumindest dann erfolgen könne, wenn die **vorausgesetzten Umstände realistisch** sind. Dies soll bei den üblichen Skontofristen von 14 Tagen der Fall sein[2876]. All dies beinhaltet aber eben gerade eine unsichere Prognoseentscheidung.

Eine bzgl. der Wertung von Skonti **ablehnende Sichtweise** erscheint daher sachgerechter. Zwar kommt der Vergabestelle, wie auch die Vertreter der gegenteiligen Meinung betonen, diesbezüglich eine Einschätzungsprärogative zu, jedoch kann es sich hier bestenfalls um eine **Prognose** handeln. Deshalb vermag es nicht zu überzeugen, wenn die Vergabestelle aufgrund einer solchen Prognose das Skonto wertet, sich dadurch die **Bieterrangfolge verschiebt** und am Ende vielleicht doch das angebotene Skonto gar nicht ausgenutzt werden kann. In einem solchen Falle ist die Vergabeentscheidung nach hier vertretener Auffassung falsch, weil dann offensichtlich nur die ursprüngliche Bieterrangfolge richtig gewesen sein kann. Daran zeigt sich, dass es sich hier im Grunde genommen um ein Angebot handelt, das nur unter einer **Bedingung**, die nicht in der Sphäre der Vergabestelle und schon gar nicht in der Sphäre des Bieters liegt, angenommen werden kann. Konsequenterweise kann ein solches Angebot nicht in die Wertung einfließen, genauso wie in anderen Fällen der Bieter kein wertbares Angebot unterbreitet, wenn er die Erfüllung der ausgeschriebenen Leistung mit Bedingungen verknüpft, deren Eintritt ungewiss ist[2877].

Da hilft es auch nicht weiter, wenn das Skonto unter **Verweis auf die Zahlungsfrist des § 16 VOB/B** angeboten wird. Die Verpflichtung der Vergabestellen zur Einhaltung der VOB/B besteht zwar de jure, ob sie jedoch de facto erfüllt wird, ist eine ganz andere Frage. Auf die **faktische Erfüllbarkeit** kommt es aber ganz maßgeblich an.

2873 OLG Jena, Beschl. v. 13. 10. 1999 (6 Verg 1/99), VergabE C-16-1/99 = NZBau 2001, 39 = BauR 2000, 388 = ZVgR 2000, 38; VÜA Bayern, Beschl. v. 8. 3. 1996 (VÜA 14/95), VergabE V-2-14/95 = WuW/E VergAL 75 = IBR 1997, 223.; VÜA Niedersachsen, Beschl. v. 18. 4. 1997 (34.2.–35.66, Tgb.-Nr. 7/96), VergabE V-9-7/96; VÜA Thüringen, Beschl. v. 28. 11. 1996 (1 VÜ 1/96), VergabE V-161/96.

2874 Vgl. VK Bund, Beschl. v. 22. 5. 2003 (VK 1-29/03), VergabE D-1-29/03.

2875 BGH, Urt. v. 11. 3. 2008 (xZR 134/05); OLG Naumburg, Beschl. v. 28. 8. 2000 (1 Verg 5/00), VergabE C-14-5/00.

2876 OLG Düsseldorf, Beschl. v. 1. 10. 2003 (Verg 45/03), VergabE C-10-45/03.

2877 VÜA Thüringen, Beschl. v. 25. 11. 1996 (1 VÜ 1/96), VergabE V-16-1/96-2: Erfüllbarkeit der Zahlung innerhalb von 14 Tagen unrealistisch.

Nach alledem handelt es sich bei angebotenen Skonti nach hier vertretener Auffassung um eine Art **Zahlungsmodalität**, die nur bedingt erfüllt und daher grundsätzlich nicht gewertet werden kann.

Auch das **Vergabehandbuch des Bundes** (Ziffer 3.3. zu § 25 VOB/A), das von den Befürwortern der Wertung angebotener Skonti immer wieder zitiert wird, sagt im Prinzip nichts anderes:

Skontoangebote müssen danach
- **erstens** klar und vollständig sein, d.h. es dürfen absolut keine Zweifel hinsichtlich Zahlungsfristen und Skontohöhe existieren,
- **zweitens** müssen sie für alle Rechnungen, also für alle Abschlags- und Schlussrechnungen unabhängig voneinander gelten und
- **drittens** – und dies ist der entscheidende Punkt – müssen die Zahlungs-(Skontierungs-)fristen angemessen sein. Dies bedingt genügend Zeit für eine sorgfältige Rechnungsprüfung und außerdem einen ausreichenden Zeitraum für die Abwicklung des Zahlungsverkehrs.

Gerade an dieser letzten Bedingung scheitert oftmals eine seriöse Prognosemöglichkeit seitens der Vergabestelle. Diesbezüglich zeigt sich in der Praxis nur allzu oft, dass die anvisierten **Zahlungsfristen nicht eingehalten** werden können.

Daher wurde das **VHB 2002** dahingehend präzisiert, dass angebotene Skonti **grundsätzlich nicht zu werten** sind[2878].

Nicht selten finden sich daher auch in **Ausschreibungsbedingungen explizite Ausschlussregelungen** betreffend die Wertung von Skonti: In einer von der VK Baden-Württemberg[2879] behandelten Ausschreibung heißt es unter Ziffer 14 der **Bewerbungsbedingungen** wie folgt:

> *»Abgebote bzw. Preisnachlässe (die nicht mit Bedingungen verknüpft sind), werden nur gewertet, wenn sie im Angebotsschreiben – KEVM (B) Ang – unter Nr. 2 aufgeführt sind. Skontoangebote werden bei der Wertung bzw. Festlegung der Bieterrangfolge nicht berücksichtigt (es sei denn, die Aufforderung zur Angebotsabgabe enthält einen anderweitigen Hinweis).«*

Im Vergabevermerk wird der Ausschluss von angebotenen Skonti von der Wertung mit **häufig aufgetretenen Problemen** bei der Einbeziehung von Skonti in die Wertung begründet. Dies müsse daher dazu führen, dass bei der Ermittlung der Bieterreihenfolge die Angebotssumme ohne Skonto maßgebend ist, jedoch ggf. bei der Abrechnung eine Berücksichtigung nach § 16 VOB/B erfolgen könne (Einführungserlass des Bundesministeriums für Verkehr, Bau- und Wohnungswesen vom 17. 1. 2001, S. 13 zu § 21 Nr. 4 VOB/A).

2878 Vgl. nur VHB 2002 (Stand: 1. 11. 2006), Pkt. 5 zu § 21.

2879 VK Baden-Württemberg, Beschl. v. 7. 3. 2003 (1 VK 6/03 und 1 VK 11/03), VergabE E-1-6/03, S. 10.

Geplant ist im Rahmen der **VOB 2008** (§ 16 Nr. 8-E), die Wertung von Skonti zu untersagen[2880].

Erst recht ist die Bezuschlagung eines Angebotes, das mit einem **lückenhaften und daher unklaren Skonto** angeboten wurde, rechtswidrig[2881], weil sie gegen das Gebot der Vergabe nach dem wirtschaftlich günstigsten Angebot verstößt.

Ein während des Eröffnungstermins **nicht verlesenes Skontoangebot** verstößt in jedem Falle gegen § 22 Nr. 3 II 2 VOB/A[2882]. Die Vergabestelle ist außerdem nicht befugt, nach Öffnung der Angebote sämtliche Bieter nochmals abzufragen, ob sie bereit sind, Skonto zu gewähren, weil dies einen Verstoß gegen § 24 Nr. 2 I VOL/A bedeutet[2883].

Gemäß §§ 25 Nr. 1 I lit. a, 22 Nr. 2 VOB/A sind diejenigen **Angebote auszuschließen**, welche **im Eröffnungstermin nicht vorliegen**. Dazu **gehören** nach Ansicht der VK **auch** im Eröffnungstermin nicht vorliegende **Teile von Angeboten wie Nachlässe und Skonti**. Die Berücksichtigung späterer Änderungen oder Ausgestaltungen der Angebote ist nach § 23 Nr. 1 VOB/A ausgeschlossen. Zudem sind Verhandlungen über Preise gemäß § 24 Nr. 3 VOB/A unzulässig. Die **Vergabestelle** ist hinsichtlich des Vorhandenseins der Angebotsteile über Nachlässe und Skonti zum Zeitpunkt des Eröffnungstermins **beweisbelastet**[2884].

Nachträgliche, im Rahmen der **Angebotsprüfung** (§ 23 Nr. 4 VOB/A) festgestellte Nachlässe, Skonti und Nebenangebote müssen in das **Submissionsprotokoll** eingetragen werden, anderenfalls liegen Verstöße gegen das Transparenzgebot des § 97 I GWB i.V.m. § 23 Nr. 4 VOB/A vor[2885].

Merke: Skonti betreffen nach hier vertretener Auffassung reine Zahlungsbedingungen, deren Eintritt letztlich nicht gewährleistet werden kann. Sie sollten nicht in die Wertung einfließen.

Demgegenüber stellen im Angebot ausgewiesene unbedingte **Preisnachlässe** eine Art offen gelegte Angebotskalkulation des Bieters dar. Er zeigt u.U. sein besonderes Interesse an der Auftragserlangung für den betreffenden Auftraggeber oder ihm ist eine solche günstigere Kalkulation einfach deshalb möglich, weil die Menge der abgefragten Leistung ihm dies erlaubt. Ausgewiesene Preisnachlässe, die dann erst zu einer verbindlichen Angebotssumme führen, sind zu werten.

Ein **Sonderproblem** ist, inwieweit **Nebenangebote**, welche aus einem **reinen Preisnachlass** bestehen, überhaupt Nebenangebote im Rechtssinne darstellen können.

2880 VOB/A 2008, § 16 Nr. 8 S. 2 [Stand: 5. 2. 2008]: »*Preisnachlässe mit Bedingungen für die Zahlungsfrist (Skonti) werden bei der Wertung der Angebote nicht berücksichtigt.*«

2881 Vgl.: VK Baden-Württemberg, Beschl. v. 31. 10. 2001 (1 VK 36/01), VergabE E-1-36/01 = EUK 2002, 42 = Behörden Spiegel 3/2002, S. 16; VK Nordbayern, Beschl. v. 20. 3. 2003 (320-VK-3194-07/03), VergabE E-2a-7/03; VK Sachsen, Beschl. v. 31. 3. 2000 (1 VK 22/00), VergabE E-13-22/00 = EUK 2000, 123, betreffend § 25 Nr. 3 III VOB/A.

2882 VÜA Bund, Beschl. v. 8. 4. 1998 (1 VÜ 20/97), VergabE U-1-20/97.

2883 VK Detmold, Beschl. v. 13. 12. 1999 (VK 22-21/99), VergabE E-10b-21/99 = EUK 2000, 91 = Behörden Spiegel 8/2000, S. B II.

2884 VK Thüringen, Beschl. v. 29. 3. 2000 (216–4002.20-007/00-EF-S), VergabE E-16-7/00 = EUK 2000, 124.

2885 VK Thüringen, Beschl. v. 8. 9. 2000 (216–4003.20-014/00-SLF), VergabE E-16-14/00 = EUK 2000, 184.

Teilweise wird in der Literatur und der Rechtsfindung die Auffassung vertreten, dass eine **Erklärung über einen globalen Preisnachlass ohne Bedingungen nicht in Form eines Nebenangebotes** abgegeben werden kann[2886]. Begründung hierfür ist, dass das Nebenangebot typischerweise technischen Alternativen und Innovationen eine Chance eröffnen soll. Deswegen sollen Nebenangebote auch nicht verlesen werden, damit Bieter nicht zu sehr über die Kreativität der Konkurrenten und deren Kalkulation bei diesen Nebenangeboten in Kenntnis gesetzt werden.

Die **Gegenauffassung**[2887] betont demgegenüber jedoch, dass ein Nebenangebot lediglich eine Abweichung vom geforderten oder abgegebenen Angebot voraussetze, wobei diese Abweichung jeglicher Art sein könne, unabhängig von ihrem Grad, ihrer Gewichtung oder ihrem Umfang. Auch bloße Preisnachlässe sollen dazugehören wie das Anbieten eines pauschalen Preisnachlasses von 3% auf den Amtsentwurf in Abweichung vom Hauptangebot.

ee) Umweltkriterien

398 Eine **Sonderstellung** nehmen Umweltkriterien ein. Wurden sie früher z.T. noch als »vergabefremde Aspekte« tituliert, so hat sich dies grundlegend geändert. Auszugehen ist nicht mehr von einem Gegeneinander von Wirtschaftlichkeit und Umweltgesichtspunkten, sondern von einem Miteinander. In Art. 26 der VKRL sind sie als besondere Ausführungsbedingungen tituliert.

Die Rechtslage hat sich seit der Entscheidung des EuGH in der Rechtssache »**Concordia Bus**«[2888] stark geändert.

Die **Umweltkriterien können berücksichtigt werden**, wenn sie

- erstens im Zusammenhang mit dem angebotenen Produkt stehen (also z.B. die Produktionsmethode betreffen oder sich auf eine Eigenschaft beziehen, die dem Produkt gegenüber anderen einen vorteilhaften Öko-Standard verleiht, also nicht das allgemeine umweltmäßige Verhalten des betreffenden Bieters sanktionieren bzw. honorieren), und
- zweitens die geforderte Umwelteigenschaft gerechtfertigt ist, also nicht völlig willkürlichen Ursprungs ist, sondern durch einen sachlichen Grund legitimiert und daher nicht geeignet ist, andere Bieter zu diskriminieren, und zwar weder unmittelbar noch mittelbar, und
- wenn sie drittens zuvor als Bestandteil der Leistungsbeschreibung ausgewiesen und daher zum Gegenstand des Ausschreibungswettbewerbs gemacht worden sind.

2886 So etwa bei *Rusam* in: *Heiermann u.a.*, Handkommentar zur VOB, 10. Aufl. 2003, § 25 Rn. 72. Siehe auch VÜA Sachsen, Beschl. v. 24. 11. 1999 (1 VÜA 6/99 – »BAB A 4 Eisenach-Görlitz«), Entscheidungssammlung zum deutschen und europäischen Vergaberecht – VergabE – V-13-6/99: »*Mit Heiermann/Riedl/Rusam, Kommentar zur VOB, 7. Aufl. Rn. 72 zu § 25 VOB/A ist hierzu festzustellen, dass es sich nicht um ein Nebenangebot handelt, wenn der Bieter einen globalen Preisnachlass anbietet.*«.

2887 Z.B.: VK Schleswig-Holstein, Beschl. v. 1. 4. 2004 (VK SH 05/04), VergabE E-15-5/04.

2888 EuGH, Urt. v. 17. 9. 2002 (Rs. C-513/99), VergabE A-1-3/02 = VergabeR 2002, 593 = NZBau 2002, 618 = ZfBR 2002, 812 = WuW 2002, 1023 = BauR 2003, 147 = EUK 2002, 152.

Dabei ist die Aussage des Gerichtshofes von außergewöhnlichem Gewicht, dass er expressis verbis betont hat, dass die **Setzung von Umweltstandards** in der Leistungsbeschreibung durchaus **zu Lasten der Breite des Wettbewerbs** gehen und damit auch zu (gerechtfertigten) Einschränkungen bestimmter Teilnehmer hinsichtlich ihrer Anbietungsfähigkeit führen kann.

EuGH, Urteil Concordia, Rn. 85: »*Es ist daher festzustellen, daß in einem solchen tatsächlichen Rahmen der Umstand, daß eines der Kriterien, die der Auftraggeber zur Ermittlung des wirtschaftlich günstigsten Angebots festgelegt hatte,* ***nur von einer kleinen Zahl von Unternehmen erfüllt*** *werden konnte, zu denen ein zu diesem Auftraggeber gehörendes Unternehmen gehörte, als solcher* ***keinen Verstoß gegen den Gleichbehandlungsgrundsatz*** *darstellen kann.*«

Damit ist deutlich ausgesagt, daß sich der Ausschreibungswettbewerb unter Umständen sogar auf ein einziges Unternehmen einengen kann, sofern die genannten Anforderungen für die Statthaftigkeit der Kriterien beachtet werden.

Das Argument der nicht zu leugnenden Wettbewerbseinschränkung kehrt sich im Interesse umweltgerechter Beschaffungen sogar dahingehend um, dass auf diese Weise der öffentliche Auftraggeber bewußt einen **Veränderungsdruck auf die Anbietermärkte** ausüben darf, der im Interesse umweltpolitischer Zielsetzungen liegt. Diese umweltpolitischen Zielsetzungen spiegeln sich unter anderem in zahlreichen Dokumenten der Europäischen Kommission wider (u.a. Mitteilung zu umweltgerechten Beschaffungen[2889]) sowie letztlich auch in dem Richtlinienpaket aus dem Jahre 2004[2890]. Von Maßnahmen gleicher Wirkungen, die im Sinne des Art. 28 EG den freien Warenverkehr behindern, kann in diesem Zusammenhang keine Rede sein.

Vielmehr ist die **Umweltpolitik als europäisches primärrechtliches Ziel** hier vorrangig. Bei der Regelung des Art. 6 EG handelt es sich um eine sog. **Querschnittsklausel**[2891], die sich – trotz materieller Konkretisierungen über das sog. Vorsorgeprinzip in Art. 174 EG[2892]– als maßgebliches Instrument der Umsetzung des Grundsatzes der nachhaltigen Entwicklung versteht[2893, 2894]. Dieser Grundsatz der nachhaltigen Entwicklung ist ein Relationsbegriff, der einzelfallbezogener, auch prozeduraler Umsetzung bedarf. Den Weg für diese **Umwelt- und Nachhaltigkeitspolitik** weist *Callies*[2895] zufolge

2889 Mitteilung der Kommission zu umweltgerechten Beschaffungen, Dok. Nr. KOM [2001] 274, endg. = ABl. EG C 333 v. 28. 11. 2001, S. 12.

2890 Vgl. nur die Normen für Umweltmanagement des Art. 50 der VKRL 2004/18/EG.

2891 *Callies* in: *Ruffert/Callies*, Kommentar zu EU-Vertrag und EG-Vertrag, 2. Aufl. 2002, Art. 6 EG, Rn. 14. *Ders.*, DVBl. 1998, 559.

2892 *Callies* in: *Ruffert/Callies*, Kommentar zu EU-Vertrag und EG-Vertrag, 2. Aufl. 2002, Art. 174 EG, Rn. 25. Zum Vorsorgeprinzip siehe EuGH (Rs. C-157/96), Slg. 1998, I-2211 (2259); EuGH (Rs. C-180/96), Slg. 1998, I-2265 (2298). In den Fällen ging es um die Rechtmäßigkeit des Ausfuhrverbotes von Rindfleisch aus Großbritannien (im Zshg. mit BSE).

2893 *Callies* in: *Ruffert/Callies*, Kommentar zu EU-Vertrag und EG-Vertrag, 2. Aufl. 2002, Art. 6 EG, Rn. 14.

2894 Vgl. Vereinbarungen zu Rückvergütungen durch die kanadische Regierung für die Einsparungen durch energieeffizientes Bauen. Siehe Bericht der britischen Task Force »Sustainable Procurement National Action Plan«, S. 57.

2895 *Callies* in: *Ruffert/Callies*, Kommentar zu EU-Vertrag und EG-Vertrag, 2. Aufl. 2002, Art. 6 EG, Rn. 14.

»die rechtlich verbindliche Querschnittsklausel des Art. 6 EG, die – den Ansätzen von Rio-Deklaration (Grundsatz 4) und Agenda 21 (Kapitel 8) entsprechend – in geradezu idealer Weise den Vorgaben des Grundsatzes der nachhaltigen Entwicklung Rechnung trägt, indem sie ***Umweltvorsorge und wirtschaftlich/soziale Entwicklung*** *in rechtlich verbindlicher Weise zueinander in Bezug setzt und einen prozedural abgesicherten Ausgleich auf Ebene der beschriebenen materiellen Vorgaben verlangt.«*

Ansätze einer prozeduralen, also verfahrensmäßigen, Umsetzung dieser Querschnittsklausel sind in den Anweisungen der Europäischen Kommission zu sehen, die ihre Dienststellen verpflichtet hat, bei der Ausarbeitung von Vorschlägen frühzeitig deren ökologische Auswirkungen zu berücksichtigen[2896].

Ist es demnach so, dass ausgehend von dem primärrechtlichen Gebot dieser Querschnittsklausel, eine einzelfallbezogene, auch prozedurale, Verwirklichung sicherzustellen ist, so stellt sich die Frage, was die **Konsequenzen** eines in dieser Weise zu verstehenden Umwelt- und Nachhaltigkeitskriteriums im **Beschaffungswesen** sind.

All dies wird auch durch die jüngere deutsche Rechtsprechung bestätigt[2897]. Dabei kann das Zuschlagskriterium der »Umweltverträglichkeit« schon begrifflich **in einem weiten Sinne zu verstehen** sein. In einem vom OLG Düsseldorf[2898] entschiedenen Fall zur Vergabe von Abfallentsorgungsleistungen beschränkt sich das Kriterium nicht nur auf die Prüfung, ob der Bieter eine Leistung angeboten hat, die im Einklang mit den einschlägigen umweltrechtlichen Vorschriften steht; das Kriterium kann darüber hinausgehend vielmehr auch die Frage umfassen, inwieweit die jeweils **angebotene Leistungsausführung die Umwelt schont**.

Werden beispielsweise von vornherein Elektrofahrzeuge beschafft oder wird den Bietern bereits in der Ausschreibung vorgegeben, biologische Baustoffe zu verwenden, so handelt es sich dabei um **keine vergabefremden Aspekte** mehr.

Umweltaspekte bleiben jedoch vergabefremd, wenn z.B. ein **allgemein, d.h. nicht leistungsbezogenes umweltfreundliches Verhalten** des Unternehmers mit in die Zuschlagsentscheidung einfließen soll (Verwendung von Elektrofahrzeugen auf seinem Betriebsgelände). Zu Recht weist *Seidel*[2899] darauf hin, dass das Erfordernis der Verwendung von Sonnenenergie im Betrieb Anbieter aus nordeuropäischen Staaten diskriminieren würde. Hier müsste man einen Regionalfaktor einführen, der die Vergabe vollends intransparent gestalten würde.

2896 Zit. nach *Callies* a.a.O.: Dok. SEC (93) 785; EuZW 1997, 642 f.
2897 OLG Saarbrücken, Beschl. v. 13. 11. 2002 (5 Verg 1/02), VergabE C-12-1/02 = EUK 2002, 182.
2898 OLG Düsseldorf, Beschl. v. 16. 4. 2003 (Verg 64/02), VergabE C-10-64/02 = ZfBR 2003, 721 = WuW 2003, 861.
2899 *Seidel*, ZVgR 2000, 195, 199.

ff) Soziale Kriterien; Besondere Personenkreise

(1) Soziale Kriterien

(1a) Vorgaben des Europarechts

399 Die Berücksichtigung sozialer Kriterien – abseits der unter Rdn. 407 und 408 – behandelten Gesichtspunkte der Mindestlöhne und der Tariftreue gestaltet sich schwierig. Zwar bestimmen Art. 26 VKR und Art. 38 SKR, dass die Auftraggeber

> »*zusätzliche Bedingungen für die Ausführung des Auftrages vorschreiben (können), sofern diese mit dem Gemeinschaftsrecht vereinbar sind und in der Bekanntmachung oder in den Verdingungsunterlagen angegeben werden. Die Bedingungen für die Ausführung eines Auftrages können insbesondere* ***soziale*** *und umweltbezogene* ***Aspekte*** *betreffen.*«

Wo diese sozialen Aspekte jedoch systematisch einzuordnen sind und in welchem Ausmaß sie gestaltbar sind, damit sie noch mit dem Gemeinschaftsrecht vereinbar sind, bleibt weitgehend offen.

Als **Gesichtspunkte der Leistungsbeschreibung** i.e.S. sind sie **kaum vorstellbar**. Es existieren (wenige) Entscheidungen der Nachprüfungsorgane[2900] und auch Anwendungserlasse[2901], die etwas über die Zulässigkeit von Ausschreibungen mit ABM-Kräften aussagen. Dort wurde die Beschäftigung der ABM-Kräfte zur Bedingung gemacht. Dann handelt es sich aber nicht um einen Bestandteil der Leistungsbeschreibung im engeren Sinne, sondern um eine Bedingung, unter denen die Leistung ausgeführt werden soll.

Der eigentlich gangbarste Weg der **Verankerung sozialer Kriterien** bei der Eignung, also der klassischen Trias aus
- Fachkunde,
- Leistungsfähigkeit
- und Zuverlässigkeit,

ist durch die Rechtsprechung des **EuGH** zumindest im Grundsatz verstellt worden. Der EuGH hat – völlig ohne Not – entschieden, die vergabefremden Kriterien, die es unbestreitbar gibt, und deren Einordnungsnotwendigkeit nicht abzustreiten ist, den **Zuschlagskriterien** (oder noch anderen Kriterien) zuzuordnen. Eine Einordnung der vergabefremden Kriterien zu den Eignungskriterien (zumindest die Fachkunde und Leistungsfähigkeit betreffend) hat er jedenfalls abgelehnt. Er betonte, daß

> »*die öffentlichen Auftraggeber die fachliche Eignung der Unternehmer nur auf der Grundlage von Kriterien prüfen können die sich auf die wirtschaftliche, finanzielle und technische Leistungsfähigkeit der Betroffenen beziehen*«[2902].

2900 VÜA Brandenburg, Beschl. v. 6. 5. 1998 (1 VÜA 3/95-2), VergabE V-4-3/95-2 = ZVgR 1998, 485 = VgR 4/1998, 48.

2901 Siehe z.B. das Rundschreiben des Ministeriums des Innern des Landes Brandenburg vom 10. 5. 2001 (II/4.3-80-VgRProbl-05/00) zur Durchführung von Beschaffungsverfahren bei Inanspruchnahme einer Förderung von Arbeitsbeschaffungsmaßnahmen zur Finanzierung der zu beschaffenden Leistungen (Vergabe-ABM).

2902 EuGH, Urt. v. 20. 9. 1988, (Rs. C-31/87 – Gebroeders Beentjes BV ./. Niederlande), Slg. 1988, 4635 = VergabE A-1-1/88, Rn. 16. Undeutlich in dieser Frage letztlich auch EuGH, Urt. v. 26. 9. 2000 (Rs. C-225/98 – »Kommission/Frankreich«), NZBau 2000, 584, WuW 2000, 1160.

Inwieweit eine Stützung auf das dritte Element der Eignung, nämlich die Zuverlässigkeit, möglich ist, ist der deutsche Gesetzgeber im Begriff auszutesten (dazu siehe weiter unten).

Auf der Ebene der **Zuschlagskriterien** nun sind die sozialen Bedingungen schwer unter den Wirtschaftlichkeitsbegriff zu subsumieren. Zwar sind in der Richtlinie 2004/18/EG Kriterien wie »Ästhetik« genannt, die sicherlich nicht dem Wirtschaftlichkeitsbegriff zuzuordnen sind. Auch haben die Gerichte entschieden, dass nicht jedes Zuschlagskriterium zwingend der Beurteilung der Wirtschaftlichkeit dienen muss[2903]. Jedoch ist fraglich, in welcher Weise ein solches Kriterium transparent gewertet werden können soll, welches Gewicht es im Rahmen der Zuschlagsentscheidung haben darf usw.

Daher wird man in der Schlussfolgerung, wie es auch das EU-Recht in Art. 26 der VKRL 2004/18/EG tut, von **sonstigen Ausführungsbedingungen** sprechen müssen, die in einem einzelfallbezogen näher zu bestimmenden Umfang zum Gegenstand von Ausschreibungsverfahren gemacht werden dürfen.

Im Hinblick auf die sozialen Kriterien ist unter anderem an die Verwendung von Regelungen zu denken, die auf internationaler Ebene soziale Mindeststandards festlegen. Genannt werden können hier beispielsweise die unter dem Dach der WTO von der ILO[2904]entwickelten sog. **ILO-Kernarbeitsnormen**, von denen hier vier zu nennen sind:
- Verbot von Zwangs- und Pflichtarbeit
- Verbot der Diskriminierung in Beschäftigung und Beruf
- Garantie von Vereinigungsfreiheit und Kollektivverhandlungen
- Abschaffung der Kinderarbeit

Die Einhaltung dieser Normen durch die Bieter ist dann in der Ausschreibung zur Vorgabe zu machen. Je mehr sie objektiv überprüfbar sind, desto rechtssicherer ist die Rechtskonformität von deren Verwendung. So gibt es beispielsweise im Textilbereich das »**RUGMARK**«-Zertifikat. Die Zertifizierungsorganisation wird von denjenigen Unternehmen bezahlt, die an diesem System teilnehmen. Die Unternehmen werden unangemeldet dahingehend kontrolliert, ob sie Kinder beschäftigen. Nur für den Fall, dass Kinderarbeit bei ihnen nicht stattfindet, können sie ihre Zertifizierung aufrechterhalten. Dies alles ist eingebettet in die sog. CSR-Politik (Politik der Corporate Social Responibility), die sich auch auf den Sektor des öffentlichen Beschaffungswesens bezieht. So gibt es beispielsweise in Großbritannien im Rahmen der 2005 eingerichteten Arbeitsgruppe »Sustainable Procurement« Bemühungen, u.a. solche sozialen Standards zu implementieren. In Italien existieren regionale Bemühungen, in Belgien gibt es seit 2001 eine soziale Klausel bei der Vergabe öffentlicher Aufträge, um benachteiligte Gruppen stärker zu berücksichtigen[2905]. Weitere Länder sind inzwischen gefolgt.

2903 EuG, Urt. v. 6. 7. 2005 (Rs. T-148/04).
2904 ILO = International Labour Organization, oder auch: IAO = Internationale Arbeitsorganisation.
2905 Eine Momentaufnahme bietet die Studie der Bertelsmann-Stiftung »Partner Staat – CSR-Politik in Europa«, April 2006, www.bertelsmann-stiftung.de.

(1b) Deutsche Rechtslage

400 Eine explizite Rechtsgrundlage in den Verdingungsordnungen besteht für die sozialen Kriterien bislang nicht.

Deshalb plant der deutsche Gesetzgeber im Rahmen der **GWB-Reform 2008** eine entsprechende Regelung. Er scheint sich dafür entscheiden zu wollen, diese europarechtlichen Vorgaben über die »besonderen Ausführungsbedingungen« im Art. 26 VKRL **im Endeffekt doch den Eignungskriterien zuzuordnen**. Der Richtliniengeber hat dies – aus Gründen eines politischen Kompromisses heraus – bewußt nicht getan, was einen gewissen **Konflikt** heraufbeschwört. Der Konflikt besteht außerdem mit dem EuGH, der in der Beentjes-Entscheidung zumindest den Weg versperrt hat, soziale Kriterien den Gesichtspunkten der Fachkunde und Leistungsfähigkeit (als Untergesichtspunkte der Eignung) zu verankern. Im Rahmen des dritten Kriteriums, nämlich der Beurteilung der allgemeinen Zuverlässigkeit des Bieters, ist jedoch, zumindest auf der Grundlage der EuGH-Rechtsprechung, eine Verankerungsmöglichkeit gegeben. Sie steht dann allerdings in einem systematischen Konflikt zur Vergabekoordinierungsrichtlinie 2004/18/EG, weil in deren Art. 26 eine explizite Regelung zu sonstigen »Ausführungsbedingungen« getroffen wurde, die weder der Leistungsbeschreibung, noch der Eignung, noch den Zuschlagskriterien zuzuordnen sind.

§ 97 IV GWB-E 2008 soll wie folgt gefasst werden:

> *»(4) Aufträge werden an fachkundige, leistungsfähige und zuverlässige Unternehmen vergeben. Für die Auftragsausführung können zusätzliche Anforderungen an Auftragnehmer gestellt werden, die insbesondere soziale, umweltbezogene oder innovative Aspekte betreffen, wenn sie im sachlichen Zusammenhang mit dem Auftragsgegenstand stehen und sich aus der Leistungsbeschreibung ergeben. Andere oder weitergehende Anforderungen dürfen an Auftragnehmer nur gestellt werden, wenn dies durch Bundes- oder Landesgesetz vorgesehen ist.«*

Im Gesetzgebungsbegründungsentwurf[2906] wird denn auch auf die ILO-Kernarbeitsnormen Bezug genommen.

Wichtig ist außerdem in diesem Zusammenhang, was in diesem Vorschriftenentwurf nicht steht, dass die Einhaltung der Bedingungen auch **kontrollierbar** ist, wie dies der EuGH in der Wienstrom-Entscheidung[2907] hervorgehoben hat.

2906 *«Gemäß § 97 Abs. 4 GWB sind zum Wettbewerb um öffentliche Aufträge alle Unternehmen zugelassen, welche das nötige Fachwissen sowie die erforderliche wirtschaftliche und technische Leistungsfähigkeit mitbringen, um den vorgesehenen Auftrag zu erfüllen, und insofern »geeignet« sind. Hierzu zählt insbesondere die Zuverlässigkeit, die davon ausgeht, dass alle Unternehmen die deutschen Gesetze einhalten. Dazu zählen auch die für allgemein verbindlich erklärten Tarifverträge wie auch die Entgeltgleichheit von Männern und Frauen. Auch die international vereinbarten Grundprinzipien und Rechte, wie die Kernarbeitsnormen der Internationalen Arbeitsorganisation zum Verbot der Kinder- und Zwangsarbeit sind zwingender Bestandteil unserer Rechtsordnung und damit der Vergaberegeln. In Deutschland agierende Unternehmen, die diese Grundprinzipien und Rechte nicht beachten, müssen prinzipiell aufgrund fehlender Zuverlässigkeit vom Wettbewerb um öffentliche Aufträge ausgeschlossen werden.«*

2907 EuGH, Urt. v. 4. 12. 2003 (Rs. C-448/01 – »Wienstrom«), VergabE A-1-15/03 = VergabeR 2004, 36 = NZBau 2004, 105 = ZfBR 2004, 185 = WuW 2004, 225 = BauR 2004, 563.

Die Kontrollierbarkeit ist im Falle eines **existierenden Zertifizierungssystems für soziale Standards sichergestellt**. Jedoch verhält es sich so, dass für die wenigsten Bereiche sozialer Standards Zertifizierungssysteme bestehen.

Aus heutiger Sicht problematisch ist die in der interpretierenden Mitteilung[2908] angesprochene Erwägung, dass derjenige, der im Rahmen von Vertragsklauseln die Einhaltung der Standards zusichert, diese erst bei Auftragsdurchführung erfüllen muss.

> »*Die Ausführungsbedingung muß vom Unternehmer, der den Auftrag erhalten hat, akzeptiert werden und sich auf die Auftragserfüllung beziehen. Im Prinzip reicht es also, wenn die Bieter sich bei der Angebotsabgabe dazu verpflichten, dieser Anforderung nachzukommen, wenn sie den Zuschlag erhalten. Das Angebot eines Bieters, der eine solche Auftragsbedingung nicht akzeptiert, würde nicht den Verdingungsunterlagen entsprechen und könnte deshalb nicht berücksichtigt werden. Dagegen kann nicht verlangt werden, daß diese* ***Auftragsausführungsbedingungen schon bei der Angebotsabgabe eingehalten werden.***«

Dies kollidiert mit der EuGH-Rechtsprechung aus Februar 2006[2909], in welcher der **Gerichtshof** grundsätzlich hervorgehoben hat, dass **definierte Zeitpunkte vor Auftragserteilung** bekanntgemacht werden müssen, zu denen die Bieter die Anforderungen **tatsächlich erfüllen** müssen. Durch die geplante Zuordnung der sozialen Kriterien zu den Eignungsgesichtspunkten (Zuverlässigkeit) ergibt sich damit ein Problem in bezug auf diese Rechtsprechung, weil in den meisten Fällen einer nicht vorhandenen Zertifizierung sich die Einhaltung sozialer Belange auf die Ebene der Ausführung des Auftrages verlagert. Dabei verlässt dies aber den besser objektivierbaren und kontrollierbaren Standard der Eignungsprüfung. Der öffentliche Auftraggeber ist auf mehr oder weniger gut gemeinte Zusicherungen der Unternehmen, die sozialen Standards einhalten zu wollen, zurückgeworfen. Die Einhaltung der sozialen Belange kann also nur pro futuro wirken. Das hatte der Richtliniengeber wohl auch im Auge.

Fazit: Friktionen sind vorprogrammiert. Die Situation bei der Berücksichtigung sozialer Belange kann sich nur dadurch entspannen, dass die Zahl objektiver Zertifizierungen in diesem Bereich zunimmt.

(2) Besondere Personenkreise

401 Folgende Personenkreise dürfen bei der öffentlichen Auftragsvergabe bevorzugt werden:

- Verfolgte des Nationalsozialismus nach § 68 I des Bundesentschädigungsgesetzes (BEG)
- Schwerbehinderte gem. § 141 des Neunten Buches des Sozialgesetzbuchs (SGB IX)

2908 Interpretierende Mitteilung der Kommission über Berücksichtigung sozialer Belange bei der Vergabe öffentlicher Aufträge (2001/C 333/08) (KOM [2001] 566 endg.), ABl. EU v. 28. 11. 2001, Nr. L 346/1 (33).

2909 EuGH, Urteil v. 9. 2. 2006 (Rs. C-226/04 und C-228/04), VergabeR 2006, 340 = NZBau 2006, 328 = VS 2006, 10 f. u. 29 = WuW 2006, 449.

In einem Erlass des Bundeswirtschaftsministeriums aus dem Jahre 2001[2910], welcher der Überarbeitung harrt, wird die Anwendung dieser Bevorzugungsregelungen näher geregelt. Darin ist unter anderem bestimmt, dass die Privilegierung dann erfolgen kann, wenn das betreffende Angebot des bevorzugten Personenkreises in gleichem Maße wirtschaftlich ist oder im Preis nur geringfügig über dem des nichtbevorzugten Mitbieters liegt. Im Anwendungsbereich des europäischen Vergaberechts findet sich eine Rechtsgrundlage für Vergaben an geschützte Werkstätten in Art. 19 RL 2004/18/EG.

gg) Vergabefremde Aspekte

Es gebietet sich, einige Ausführungen zu dem **breit gefächerten Thema** der vergabefremden Aspekte zu machen[2911]. **402**

Sie gehören prinzipiell **nicht** zu den vom EuGH als abschließend bezeichneten **Zuschlagskriterien** des preislich oder wirtschaftlich günstigsten Angebotes und werden deshalb als vergabefremd bezeichnet. Es überrascht nach wie vor etwas, dass die vergabefremden Aspekte in den Entscheidungen der Nachprüfungsorgane markant unterrepräsentiert sind. Möglicherweise liegt die Ursache darin, dass sich die Spruchkörper nur ungern dieser fließenden und daher schwer fassbaren sowie letztendlich auch politischen Materie nähern[2912]. Auch sind die Änderungen durch das Legislativpaket, das bis Ende Januar 2006 umzusetzen war, zum einen noch zu jung; zum anderen ist auch bisher nicht klar gewesen, **wie das deutsche (Umsetzungs-)Recht zu den vergabefremden Aspekten überhaupt positioniert** ist. Sehr überraschend mutet nun die Gesetzgebungsbegründung zu dem § 97 IV GWB-E (2008) an, in dem es heißt, dass bereits seit der GWB-Reform des Jahres 1998 die Möglichkeit bestanden habe, vergabefremde Kriterien zu berücksichtigen.

> *»Bereits nach der seit 1998 geltenden Rechtslage konnten öffentliche Auftraggeber bei der Vergabe öffentlicher Aufträge nicht nur die Wirtschaftlichkeit eines Angebotes im engeren Sinne, sondern auch im weiteren Sinne über soziale, umweltbezogene, innovative oder sonstige politische Aspekte berücksichtigen.«*

Die Fassung des § 97 IV GWB 1998 läßt »weitergehende Anforderungen« an die Fachkunde, Leistungsfähigkeit und Zuverlässigkeit zu, wenn dies durch Bundes- oder Landesgesetz vorgesehen ist. Dies war seinerzeit die **Kompromissformel** mit dem Bundesrat, auf die man sich in der Spätphase der Regierung *Kohl* verständigte. Klar war allerdings, dass es Bundesgesetze für vergabefremde Aspekte nicht geben würde. Sie gab es auch unter der Regierung *Schröder* nicht. Die Position des federführenden BMWi war immer, dass vergabefremde Aspekte nicht in die öffentlichen Vergabeverfahren hineingehören.

2910 Erlass des BMWi vom 11. 8. 1975 (BAnz. Nr. 152 vom 20. 8. 1975), zuletzt geändert am 26. 3. 1990 (BAnz. Nr. 70 vom 10. 4. 1990), wiederum geändert durch Erlass des BMWi v. 10. 5. 2001 (BAnz. Nr. 109 v. 16. 6. 2001, 11773).

2911 Dazu u.a.: *Schäfer*, Öffentliche Belange im Auftragswesen und Europarecht, 2003; *Benedict*, Sekundärzwecke im Vergabeverfahren, 2000; *Kling*, Die Zulässigkeit vergabefremder Regelungen, 2000; *Losch*, Das Legislativpaket im EG-Vergaberecht – Das Ende der vergabefremden Kriterien?, EuR 2005, 231; *Opitz*, VergabeR 2004, 421; *Burgi*, NZBau 2001, 64; *Ziekow*, NZBau 2001, 72; *Seidel*, ZVgR 2000, 195, 200.

2912 *Noch*, Behörden Spiegel 12/2001, S. 23: »Keine Investitionsblockaden – Erfahrungen mit dem GWB-Nachprüfungsverfahren«.

Erst durch das **Richtlinienpaket** wurde eine **Öffnung für Umwelt- und soziale Kriterien normativ geschaffen** (Art. 26 VKRL), allerdings unter der Bedingung, dass sie mit dem Auftragsgegenstand zusammenhängen, sie nicht gegen das Gemeinschaftsrecht verstoßen und deren Einhaltung im Übrigen auch kontrollierbar sind. Die **dogmatische Einordnung** ist und bleibt **unklar**.

Nach der Beentjes-Rechtsprechung des EuGH[2913] darf es sich **eigentlich bei den vergabefremden Aspekten nicht um Eignungskriterien handeln**, zumindest was die Merkmale der Fachkunde und Leistungsfähigkeit betrifft. Der deutsche Gesetzgeber versucht nun, die vergabefremden Aspekte unter die **Zuverlässigkeit** (als Unterkriterium der Eignung) **einzuordnen**, was gewisse **Friktionen** nach sich ziehen kann, weil sie vom Gemeinschaftsgesetzgeber in Art. 26 VKRL bewusst als »sonstige Ausführungsbedingungen«, und eben nicht als Eignungs- oder Zuschlagskriterum tituliert wurden. Von einer zwanglosen Zulassung der vergabefremden Kriterien seit dem Jahre 1998 kann demnach bei näherer Betrachtung keine Rede sein. Dann wären viele Diskussionen der letzten 10 Jahre obsolet gewesen, was mit Sicherheit so nicht der Fall ist. Vielmehr verhält es sich so, dass die jetzige Bereitschaft des BMWi, die vergabefremden Kriterien zuzulassen, das Ergebnis einer Ressortabstimmung ist; diese führte zu einem entsprechenden Einlenken.

Vom Ansatz her gilt nach wie vor: Außerhalb des Bereiches der Umwelt- und sozialen Kriterien (siehe in diesem Kapitel unter Rdn. 398 und 399) stellen diese Kriterien entweder bereits im Ansatz oder in der konkreten Ausgestaltung einen **Fremdkörper im Recht der öffentlichen Auftragsvergabe** dar. Im Einzelfall muss ihre Europa- und allgemeine Rechtskonformität sehr genau geprüft werden[2914].

(1) Ortsansässigkeit

403 Der im doppelten Sinne des Wortes »naheliegendste« vergabefremde Aspekt ist derjenige der **Ortsansässigkeit**.

In **praktisch allen Fällen** ist der öffentliche Auftraggeber **gehindert**, sie zu einem Auswahlkriterium für seine Zuschlagserteilung machen[2915]. Sie ist sowohl bei nationalen Vergaben als auch bei europaweiten Vergaben nicht rechtens, weil sie das Wettbewerbs- und Gleichbehandlungsprinzip[2916] verletzt (§§ 2 Nr. 1, 7 Nr. 1 VOL/A) und zudem in besonderem Maße ausländische Bieter diskriminiert.

2913 EuGH, Urt. v. 26. 9. 2000 (Rs. C-225/98 – »Beentjes II«), Slg. 1988, 4635 = VergabE A-1-1/88; EuGH, Urt. v. 20. 9. 1988 (Rs. C-31/87 – »Gebroeders Beentjes BV ./. Niederlande – Beentjes I«), NZBau 2000, 584 = WuW 2000, 1160. Siehe außerdem die Mitteilung der Europäischen Kommission zu sozialen Gesichtspunkten bei öffentlichen Beschaffungen vom 15. 10. 2001, Dok. KOM (2001) endg., 566, = ABl. EG C 333 v. 28. 11. 2001, S. 27.

2914 In dieser Richtung auch *Dreher*, ZVgR 1999, 289, 290.

2915 EuGH, Urt. v. 27. 10. 2005 (Rs. C-234/03 – »Insalud«), VergabeR 2006, 64 = WuW 2006, 101; EuGH, Urt. v. 3. 6. 1992 (Rs. C-360/89), Slg. I, 1992, 3401; EuGH, Urt. v. 20. 3. 1990 (Rs. C-21/88), Slg. I, 1990, 889; BayObLG, Beschl. v. 20. 12. 1999 (Verg 8/99), BayObLGZ 1999, Nr. 81 = VergabE C-2-8/99 = BauR 2000, 258 = EUK 2000, 41; KG, Beschl. v. 20. 5. 1998 (Kart 24/97), WuW 199, 1023 = EUK 1999, 11; VK Bund, Beschl. v. 10. 5. 2001 (VK 1-10/01), VergabE D-1-10/01; VK Südbayern, Beschl. v. 14. 8. 2001 (320.VK-3194-26/01), VergabE E-2b-26/01 = EUK 2002, 26 = Behörden Spiegel 2/2002, S. 18; VK Brandenburg, Beschl. v. 17. 7. 2001 (2 VK 56/01), VergabE E-4-56/01 = EUK 2002, 56; VK Rheinland-Pfalz, Beschl. v. 23. 5. 2000 (VK 7/00), VergabE E-10-7/00 = EUK 2000, 125.

2916 VÜA Bund, Beschl. v. 23. 8. 1994 (1 VÜ 3/94), VergabE U-1-3/94.

Die Ausrichtung des Vergabeverfahrens an einem Kriterium der Ortsansässigkeit diskriminiert per se ausländische Bieter. Im Gemeinsamen Markt existieren **keine Inlandssachverhalte mehr**[2917]. Dies gilt im Übrigen auch dann, wenn sich einzig deutsche Firmen an der Ausschreibung beteiligen. Tragender Pfeiler des oberhalb der Schwellenwerte geltenden Vergaberechts ist das **Diskriminierungsverbot** (Art. 12 EG)[2918]. Dieses entfaltet aber auch bei Vergaben unterhalb der EU-Schwelle Geltung.

Das Kriterium der Ortsansässigkeit (oder dann besser: **örtliche Verfügbarkeit**[2919]) ist nur in **ganz besonderen Ausnahmesituationen** zulässig, z.B. im Falle sensibler technischer Anlagen mit enormen Folgewirkungen im Falle von Störungen (Schleusenanlagen etc.)[2920].

Auch kann es im Falle besonderer Vergabegegenstände insofern eine Rolle spielen, als sich die **Kenntnisse und die besonderen Erfahrungen** eines lokalen Anbieters z.B. günstig auf die Ausführungsgeschwindigkeit und/oder die Ausführungsqualität auswirken können[2921]. Dies darf jedoch nicht von vornherein zu Lasten der anderen Bieter gehen[2922]. Rechtlich völlig unbedenklich ist es, dass ein lokaler oder regionaler Anbieter in nicht wenigen Fällen **günstiger kalkulieren kann**, weil er nicht erst längere Anfahrtswege in Kauf nehmen muss. Ob es sich für einen nicht ortsansässigen (oder örtlich nicht durch eine Niederlassung bzw. Geschäftsstelle präsenten) Bieter lohnt, an einer bestimmten Ausschreibung überhaupt teilzunehmen, regelt der Markt.

Das **Verbot der Bevorzugung ortsansässiger Bieter** gilt jedenfalls auch vor dem Hintergrund, dass die durchschnittlichen Auftragsvergaben – insbesondere die Bauvergaben – meist eher lokale oder regionale Märkte betreffen.

Sogar bei der Eignungsprüfung wäre es im Rahmen der Untersuchung der Referenzen unzulässig, nicht auch **außerörtliche Erfahrungen** zu berücksichtigen. Würden nur örtliche Erfahrungen einfließen, so wäre eine Eingrenzung des Bewerberkreises – in diesem Falle zwar nicht im Rahmen der Zuschlags-, sondern im Rahmen der Eignungskriterien – erreicht[2923]. Das aber darf nicht geschehen.

Zur Rechtfertigung der Ortsansässigkeit wird oft nachvollziehbar damit argumentiert, dass es für den Staat in seiner Rolle als Beschaffer sinnvoller sei, lieber den Auftrag an ein **lokales Unternehmen** zu vergeben, das ein – wenn auch teureres – Angebot abgegeben hat, anstatt durch **mangelnde Strukturförderung** auf einem **hohen Arbeitslosigkeitsniveau** zu verharren[2924]. Schließlich würden die Arbeitslosen und Bezieher von Sozialhilfe den Staat enorme Geldsummen kosten, so dass

2917 EuGH, Urt. v. 25. 4. 1996 (Rs. C-87/94 – »Wallonische Busse«), Slg. 1996, I, 2043.

2918 EuGH, Urt. v. 22. 6. 1993 (Rs. C-243/89 – »Brücke über den Storebaelt«), Slg. 1993, I, 3353.

2919 So zu Recht: *Müller-Wrede*, VergabeR 2005, 32, 38.

2920 VK Rheinland-Pfalz, Beschl. v. 23. 5. 2000 (VK 7/00), VergabE E-11-7/00; VÜA Brandenburg, Beschl. v. 23. 3. 1998 (1 VÜA 6/97), VergabE V-4-6/97; VÜA Baden-Württemberg, Beschl. v. 30. 4. 1997 (1 VÜ 3/96), VergabE V-1-3/96 = VgR 4/1998, 47.

2921 OLG Rostock, Beschl. v. 16. 5. 2001 (17 W 1/01 und 2/01), VergabE C-8-1/01, Rn. 34 = VergabeR 2001, 315 = NZBau 2002, 170 = Behörden Spiegel 2/2002, S. 18.

2922 VÜA Niedersachsen, Beschl. v. 18. 4. 1997 (34.2-35.66, Tgb.-Nr. 7/96), VergabE E-9-7/96 = ZVgR 1997, 197.

2923 OLG Düsseldorf, Beschl. v. 18. 10. 2006 (VII-Verg 37/06), VS 2007, 22.

2924 BayObLG, Beschl. v. 20. 12. 1999 (Verg 8/99), BayObLGZ 1999, Nr. 81 = VergabE C-2-8/99 = BauR 2000, 258 = EUK 2000, 41.

es auch unter dem Gesichtspunkt der Kostenneutralität gerechtfertigt sei, Aufträge besser dort zu vergeben, wo Arbeitslosigkeit abgebaut werden kann als in einem europaweiten Wettbewerb den Auftrag an einen preiswerteren Bieter, womöglich an einen solchen aus dem EU-Ausland, zu vergeben und Insolvenzen der heimischen Wirtschaft zu riskieren. So verständlich die Argumentation ist und so sehr politisch wünschenswert diese immer wieder anzutreffende Intention ist, so **wenig** hat sie mit den **Zielsetzungen des Vergaberechts** zu tun. Eine solche Vergabepraxis ist schlichtweg weder mit den Zielen des nationalen Vergaberechts unterhalb der Schwellenwerte noch mit den Leitprinzipien des europäischen Vergaberechts vereinbar.

Schließlich greift das Argument für die Unterlassung europaweiter Ausschreibungen nicht, dass nach den statistischen Erhebungen des **deutschen Statistischen Bundesamtes** die **grenzüberschreitenden Vergaben** sich im Volumen von **einigen wenigen Prozent (2–3%)** abspielen. Die **Europäische Kommission** liegt mit ihren Erhebungen bei 10–12%, je nachdem, wie man u.a. Vergaben an schon im Inland befindliche und niedergelassene, ursprünglich ausländische Unternehmen als grenzüberschreitend einordnet.

(2) Scientology-Erklärungen

404 **Scientology-Erklärungen** sind zulässig[2925], wenn sie bei der Nachfrage von **Schulungsleistungen und Software** verlangt werden, weil hier Beeinflussungsmöglichkeiten bestehen, die Schlechtleistungen gleichkommen[2926]. Eine Arbeitsgruppe der Innenminister-Konferenz hat denn auch folgende **Muster-Schutzklausel** erarbeitet:

»Das Beratungs- und Schulungsunternehmen verpflichtet sich

1. *dass es nicht nach der ›Technologie von L. Ron Hubbard‹ geführt wird und dieses auch nicht im Rahmen des Vertragsverhältnisses anwendet oder sonst verbreitet,*
2. *dass die Unternehmensleistung im Rahmen der Geschäftsführung ihren Mitarbeiterinnen und Mitarbeitern nicht die Teilnahme an Kursen und Seminaren nach der ›Technologie von L. Ron Hubbard‹ empfiehlt oder genehmigt,*
3. *dass die Unternehmensleitung die ›Technologie von L. Ron Hubbard‹ im Zusammenhang mit … (Branchenbezug) ablehnt.*
4. *Bei Verstoß gegen Verpflichtungen nach den Ziffern 1–3 ist der Auftraggeber berechtigt, den Vertrag aus wichtigem Grund ohne Einhaltung einer Frist zu kündigen. Weitergehende Rechte bleiben unberührt.«*

In einem[2927] Fall hatte der Rat einer **nordrhein-westfälischen Stadt** beschlossen, einen Auftrag über die Lieferung von Schulbüchern so zu vergeben, dass die drei Firmen, an die der Auftrag zu je einem Drittel erteilt werden sollte, vorher zwingend eine solche Erklärung abgeben mussten. Konkret lautete der Rats-

2925 Siehe: Entschließung des BR v. 26. 9. 1999, BR-Drs. 44/97; Bayer. StAnz. Nr. 44 v. 31. 10. 1996.
2926 Dazu auch *Prieß/Pitschas*, ZVgR 1999, 144, 152.
2927 VÜA Nordrhein-Westfalen, Beschl. v. 5. 1. 1998 (424-84-43-6/97), VergabE V-10-6/97 = EUK 1999, 13.

beschluss: »*Den Auftrag zur Lieferung von Büchern im Rahmen der Lernmittelfreiheit können nur Buchhandlungen erhalten, wenn sie sich verpflichten, Scientology-Schriftgut in ihren Buchhandlungen nicht auszulegen. Der Auftrag zur Lieferung der Bücher wird – die Abgabe einer entsprechenden Erklärung vorausgesetzt – zu je einem Drittel an die Buchhandlungen... (X) und ... (Y) und ... (die Antragstellerin) vergeben.*«.

Da die spätere Antragstellerin in dem Vergabeüberwachungsverfahren sich weigerte, eine solche Erklärung abzugeben, ging sie bei der Auftragsvergabe leer aus. In dem Antwortschreiben an die Stadt wies sie darauf hin, dass sie sich nicht vorschreiben lassen wolle, wie sie ihre Angebote gestalten soll. Rechtlich sei eine solche Erklärung ein klarer Verstoß gegen die Grundsätze der VOL/A, weil es sich um einen eindeutig **vergabefremden Aspekt** handele. Weder die Vergabeprüfstelle noch der VÜA nehmen jedoch zu der Frage der Rechtmäßigkeit einer solchen Erklärung Stellung, weil das Vergabeverfahren schon wegen der unterbliebenen Ausschreibung im Wege des Offenen Verfahrens (§ 1a Nr. 1, § 3a Nr. 1 I VOL/A) und der Verletzung der Bekanntmachungsregularien (§ 17a VOL/A) rechtswidrig gewesen ist.

Für den Falle der Weigerung eines Bieters, eine solche Erklärung abzugeben, ist – neben dem formalen Mangel des Angebotes – von dessen **Unzuverlässigkeit** auszugehen.

(3) Lehrlingsausbildungsbetriebe

405 Problematisch ist das vergabefremde Kriterium der **Bevorzugung von Lehrlingsausbildungsbetrieben**. Dies deshalb, weil viele andere Mitgliedstaaten der EU die duale Ausbildung an staatlichen Berufsschulen und in privaten Betrieben gar nicht kennen[2928]. Betriebe aus diesen Staaten können sich somit gar nicht erst vergabefähig machen. Der frühere Erlass der Bundesregierung vom 9. 9. 1997 galt denn auch nur für Auftragsvergaben unterhalb der EU-Schwellenwerte[2929, 2930]. Aber auch in diesen Fällen gilt der EG-Vertrag mit seinem Diskriminierungsverbot. Zwar hat die Bundesregierung gesagt, dass der Erlass nur dann Anwendung finden soll, wenn sich am Vergabeverfahren nur deutsche Teilnehmer bewerben. Dem ist erstens rein logisch zu entgegnen, dass man dies vorher eben gerade nicht wissen kann und zweitens gibt es nach der eindeutigen Rechtsprechung des EuGH keine Inlandssachverhalte mehr, d.h. auch dann nicht, wenn sich nur deutsche Firmen an der Ausschreibung beteiligen.

Nach alledem ist derzeit nicht geplant, neue vergaberechtliche Regelungen auf dem Gebiet der Förderung der Lehrlingsausbildung zu erlassen oder gar den erwähnten Erlaß aus dem Jahre 1997 wiederaufzugreifen[2931].

2928 Vgl. *Hailbronner*, in: Byok/Jaeger, GWB-Kommentar, 2. Aufl. 2005, Rn. 252 zu § 97 GWB.

2929 Erlass des BMBF (Az.: Z 22-04508), BAnz. Nr. 181 v. 26. 9. 1997 = VgR 6/1997, 44.

2930 Bayerischer Lehrlingserlass für Auftragsvergaben unterhalb der Schwellenwerte vom 27. 1. 1998 und vom 12. 12. 2000 (AllMBl. 2001, S. 3).

2931 Siehe: Antwort der Bundesregierung v. 29. 5. 2006 (BT-Drs. 16/1712) auf eine kleine parlamentarische Anfrage v. 17. 5. 2006 (BT-Drs. 16/1505).

(4) Frauenförderung

406 Frauenförderungsgesichtspunkte sind bei der Zuschlagsentscheidung grundsätzlich **vergabefremd**. Zu verweisen ist hier im Besonderen auf einen **erheblichen Verwaltungsaufwand**, der alleine bei der Erhebung von Daten der Beschäftigten betrieben werden muss[2932].

Nach der Frauenförderungs-Verordnung des **Landes Brandenburg** sind u.a. die folgenden Angaben in sehr detaillierter Form zu liefern:
- Beschäftigtenzahl,
- Aufteilung nach Teilzeitbeschäftigten,
- Auszubildenden,
- Bruttolohn- und Gehaltsausgaben, aufgeteilt nach Geschlechtern usw.

In der praktischen Umsetzung **leidet** – unbeschadet der politisch wünschenswerten Ziele – das **Wettbewerbs- und Transparenzprinzip**[2933] in ganz erheblichem Maße[2934].

Es ist daher kein Ziel der Bundesregierung, die Gleichstellungspolitik zum Gegenstand des Vergaberechts zu machen[2935].

(5) Mindestlöhne

407 Obwohl die von den Bietern zu zahlenden Mindestlöhne nicht direkt etwas mit dem Leistungsgegenstand zu tun haben, hat der **EuGH** im Interesse europäischer Sozialstandards eine **generelle Pflicht zur Lohngleichbehandlung** ausländischer entsandter Arbeitskräfte für zulässig erachtet[2936]. In diesem Sinne handelt es sich um europäische Schutzbestimmungen mit zwingendem Charakter[2937], bei denen allerdings der Inhalt von den Mitgliedstaaten unter Beachtung des Art. 49 EGV näher geregelt werden kann.

Maßgeblich umgesetzt wurde dies durch die Entsenderichtlinie und die deutsche Ausführungsbestimmung des Arbeitnehmerentsendegesetzes (AEntG)[2938, 2939].

Im **Baugewerbe** sind die **Mindestlöhne von ausnahmslos allen Betrieben**, also auch solchen, welche dem Tarifverband nicht angehören, zwingend **zu beachten**. Es handelt sich um allgemeinverbindliche Mindestlohntarife (»Mindestlohn 1« für

---

2932 Nach der Frauenförderungs-Verordnung des Landes Brandenburg vom 25. 4. 1996 (GVBl. Nr. 22 vom 17. 5. 1996, S. 354, abgedruckt in VgR 4/1997, 43 f.) sind u.a. folgende Daten genauestens anzugeben: Beschäftigtenzahl, Aufteilung nach Teilzeitbeschäftigten, Auszubildenden, Bruttolohn- und Gehaltsausgaben, aufgeteilt nach Geschlechtern usw.

2933 So *Hailbronner* in: *Byok/Jaeger*, Kommentar zum Vergaberecht, 2005, Rn. 249 ff. zu § 97. Ähnlich auch: *Meyer*, ZVgR 1999, 238; *Seidel*, ZVgR 2000, 195, 200.

2934 Landesgleichstellungsgesetz des Landes Berlin vom 31. 12. 1999 (GVBl., S. 8), geänd. durch Ges. v. 16. 6. 1999 (GVBl. S. 341) i.V.m. Frauenförderungsverordnung vom 23. 8. 1999 (GVBl. S. 498).

2935 Antwort der Bundesregierung v. 29. 5. 2006 (BT-Drs. 16/1712) auf eine kleine parlamentarische Anfrage v. 17. 5. 2006 (BT-Drs. 16/1505).

2936 EuGH, Urt. v. 23. 11. 1999 (Rs. C-369/96 und C-376/96); EuGH, Urt. v. 28. 3. 1996 (Rs. C-272/94 – »Guiot«), Slg. 1996, I-1909, Rn. 12.

2937 EuGH, Urt. v. 18. 7. 2007 (Rs. C-490/04 – »Kommission/Deutschland«).

2938 Arbeitnehmer-Entsendegesetz (Gesetz über zwingende Arbeitsbedingungen bei grenzüberschreitenden Dienstleistungen – AEntG) vom 26. 2. 1996 (BGBl. I S. 227), zuletzt geändert durch das Gesetz vom 21. 12. 2007 (BGBl. I S. 3140).

2939 Arbeitnehmerentsende-Richtlinie 96/71/EG v. 16. 12. 1996, ABl. L 18/1 v. 21. 1. 1997.

Facharbeiter, für ungelernte Kräfte dann »Mindestlohn 2«), welche bereits durch die Verordnung über zwingende Arbeitsbedingungen im Baugewerbe (**BauArbbV**) vom 25. 8. 1999 bindendes Recht geworden sind[2940]. Ein Unternehmen, das die entsprechende Erklärung über die Zahlung der Mindesttariflöhne nicht abgibt, darf den Zuschlag nicht erhalten[2941]. Das BVerfG hat insoweit entschieden, dass die Erstreckung der Vorschriften des Mindestlohn-Tarifvertrages im Baugewerbe auch auf nicht tarifgebundene Betriebe **verfassungsgemäß** ist[2942].

Verstöße gegen die Mindestlöhne führen nach **§ 6 AEntG** zum Ausschluss von öffentlichen Aufträgen für einen angemessenen Zeitraum, wenn der Verstoß mit mindestens 2.500 € geahndet worden ist[2943]. Bereits eine Geldbuße von 100 € führt zu einer Eintragung in das Gewerbezentralregister, was sich bei der nächsten Bewerbung um einen öffentlichen Auftrag, bei der ein Gewerbezentralregister-auszug vorzulegen ist, negativ auswirken kann.

(6) Tariftreue

408 Die zuvor erwähnten **Mindestlöhne**, die, qua gesetzlicher Verankerung eingeführt, kein vergabefremder Aspekt sind, und die allgemeine **Tariftreue**, die privatwirtschaftliche bzw. tarifautonome Regelungswerke mit zumeist regionaler Bedeutung sind, werden nicht selten miteinander verwechselt.

Zu unterscheiden ist mit Blick auf das **Baugewerbe**, in dem die Regelungen in besonderem Maße relevant sind, folgendes:

- Bundesrahmentarifvertrag für das Baugewerbe (im Folgenden: BRTV) vom 4. Juli 2002 mit dem Tarifvertrag zur Regelung der Mindestlöhne im Baugewerbe im gesamten Gebiet der Bundesrepublik Deutschland (im Folgenden: TV Mindestlohn).

  Der TV Mindestlohn, der für Betriebe gilt, die in den Geltungsbereich des BRTV fallen, bestimmt auf Bundesebene die Höhe des Mindestlohns anhand von zwei Lohngruppen (Mindestlohn 1 und 2), die sich nach der Qualifikation des Arbeitnehmers richten sowie danach, ob es sich um »alte« oder »neue« Bundesländer handelt. Er sieht vor, dass sich der Mindestlohn aus dem Tarifstundenlohn und einem Bauzuschlag zusammensetzt, die zusammen den Gesamttarifstundenlohn bilden. Er bestimmt auch, dass höhere Lohnansprüche aufgrund anderer Tarifverträge oder einzelvertraglicher Vereinbarungen von

---

2940 Vierte Verordnung über zwingende Arbeitsbedingungen im Baugewerbe vom 13. 12. 2003 (BAnZ. Nr. 242 v. 30. 12. 2003, S. 26093). Der genannte Tarifvertrag ist durch den TV Mindestlohn vom 29. 7. 2005 ersetzt worden, der vom 1. 9. 2005 bis zum 31. 8. 2008 gilt und durch Verordnung vom 29. 8. 2005 (Bundesanzeiger Nr. 164 vom 31. 8. 2005, S. 13199) für allgemein verbindlich erklärt wurde.

2941 So OLG Hamburg, Urt. v. 22. 5. 2003 (3 U 122/01), BauRB 2004, 143. Vgl. auch VK Sachsen, Beschl. v. 16. 7. 2002 (1 VK 61/02), VergabE E-13-61/02: Der öffentliche Auftraggeber ist gehalten, zu prüfen, ob der Bieter in seiner Kalkulation die gesetzlichen Mindestlöhne einhält.

2942 BVerfG, Beschl. v. 18. 7. 2000 (1 BvR 948/99), NJW 2000, 3704. Dazu auch OVG Berlin, Urt. v. 10. 3. 2004 (1 B 2.02), EUK 2004, 75.

2943 *«Von der Teilnahme an einem Wettbewerb um einen Liefer-, Bau- oder Dienstleistungsauftrag der in § 98 des Gesetzes gegen Wettbewerbsbeschränkungen genannten Auftraggeber sollen Bewerber für eine angemessene Zeit bis zur nachgewiesenen Wiederherstellung ihrer Zuverlässigkeit ausgeschlossen werden, die wegen eines Verstoßes nach § 5 mit einer Geldbuße von wenigstens zweitausendfünfhundert Euro belegt worden sind.«*

der Regelung über die Gesamttarifstundenlöhne der Lohngruppen 1 und 2 unberührt bleiben. Die Rechtsnormen des TV Mindestlohn wurden durch die Verordnung über zwingende Arbeitsbedingungen im Baugewerbe für allgemein verbindlich erklärt (siehe Schlussanträge des Generalanwaltes *Bot* vom 20. 9. 2007[2944]).

- Die besonderen Tarifverträge
  Die besonderen Tarifverträge (Entgelttarifverträge) haben in der Regel einen räumlich begrenzten Geltungsbereich. Sie werden überdies im Normalfall nicht für allgemein verbindlich erklärt, so dass sie nicht für sämtliche Arbeitnehmer der betreffenden Branche verbindlich sind. Die in diesen Tarifverträgen festgelegten Löhne liegen in der Praxis deutlich über den Mindestlöhnen, die aufgrund des TV Mindestlohn für ganz Deutschland gelten. Die in den genannten Tarifverträgen enthaltenen Lohnstaffeln sind außerdem detaillierter als die im TV Mindestlohn und legen die Lohnstufen nach den einzelnen Beschäftigungsgruppen bzw. Tätigkeitsarten fest (siehe Schlussanträge des Generalanwaltes *Bot* vom 20. 9. 2007).

Der EuGH[2945] hat in dem Vorabentscheidungsersuchen des OLG Celle[2946] die entsprechende **Tariftreueerklärung des Landes Niedersachsen für europarechtswidrig** erklärt.

In der Entscheidung hatte der EuGH darüber zu befinden, ob die Verpflichtung zur Abgabe einer Tariftreueerklärung mit der **Entsende-RL 96/71/EG und Art. 49 EG-Vertrag (EG)** vereinbar ist.

Im Ausgangsverfahren erteilte das Land Niedersachsen einen öffentlichen Bauauftrag (Wert: ca. 8,5 Mio. €) für Rohbauarbeiten beim Bau einer Justizvollzugsanstalt. Der Auftragnehmer wurde in dem Vertrag zur Einhaltung der Tarifverträge, insbesondere zur Zahlung des tarifvertraglich vorgesehenen Entgelts an die eingesetzten Arbeitnehmer, verpflichtet. Dies entspricht der gesetzlichen Regelung in **§ 3 I Niedersächsisches Landesvergabegesetz**. Die Nichteinhaltung der Verpflichtung zur Tariftreue wie auch der Verpflichtung in § 4 I LVergabeG wird nach § 8 I mit einer Vertragsstrafe sanktioniert (1% der Auftragssumme = 85.000 €). Der Auftragnehmer setzte als Nachunternehmer ein polnisches Unternehmen ein, von dem sich nach Erteilung des Auftrags herausstellte, dass es seinen Arbeitnehmern weniger als den tarifvertraglichen Mindestlohn gezahlt hat. Das **OLG Celle**, das in zweiter Instanz über die **Wirksamkeit der Vertragsstrafe** zu befinden hatte, äußerte **Zweifel, ob die Tariftreueverpflichtung mit Art. 49 EG vereinbar ist**. Sie verhindere die Beschäftigung von Arbeitnehmern aus einem anderen Mitgliedstaat in Deutschland und führe für ausländische Unternehmen zu einem Wettbewerbsnachteil. Das OLG hat deshalb das Verfahren ausgesetzt und den Gerichtshof um Vorabentscheidung der Frage angerufen, ob Art. 49 EG einer gesetzlichen Regelung wie der des LVergabeG, mit der dem öffentlichen Auftraggeber vorgeschrieben wird, Aufträge für Bauleistungen nur an Unternehmen zu vergeben,

2944 Schlussanträge des Generalanwaltes *Bot* v. 20. 9. 2007 in dem Verfahren des EuGH, Rs. C-346/06 (»Dirk Rüffert ./. Land Niedersachsen«).

2945 EuGH, Urt. v. 3. 4. 2008 (Rs. C-346/06 – »Dirk Rüffert ./. Land Niedersachsen«), VergabeR 2008, 478 = VS 2008, 26 f.

2946 OLG Celle, Beschl. v. 3. 8. 2006 (13 U 72/06), VergabeR 2006, 756 = WuW 2006, 1085.

die sich schriftlich verpflichten, ihren Arbeitnehmern das am Ort der Ausführung tarifvertraglich vorgesehene Entgelt zu zahlen, entgegensteht.

Der Gerichtshof hält zunächst fest, dass die RL 96/71/EG über die Entsendung von Arbeitnehmern im Rahmen der Erbringung von Dienstleistungen für die Beantwortung der Vorlagefrage maßgeblich ist. Eine von der RL erfasste Situation, in der ein in einem Mitgliedstaat ansässiges Unternehmen im Rahmen einer staatenübergreifenden Erbringung von Dienstleistungen aufgrund eines Vertrages mit einem Unternehmen des anderen Mitgliedstaates Arbeitnehmer in das Hoheitsgebiet dieses Staates entsendet, ist im Ausgangsverfahren gegeben.

Art. 3 I der **Entsende-RL 96/71/EG** sieht vor, dass den entsendeten Arbeitnehmern **die gleichen Arbeits- und Beschäftigungsbedingungen** wie den Arbeitnehmern des Aufnahmestaates zu garantieren sind. Zu diesen zählen gemäß Buchst. c die Mindestlohnsätze. § 3 I LVergabeG-Nds ist jedoch **keine Rechtsvorschrift** i.S.d. Art. 3 I 1. Gedankenstrich der RL, weil die Vorschrift selbst **keinen Mindestlohnsatz festlegt**. Der **Tarifvertrag**, um den es im Ausgangsverfahren geht, ist auch **nicht für allgemein verbindlich erklärt worden**, so dass seine Maßgeblichkeit auch nicht über die Variante des 2. Gedankenstrichs des Art. 3 I der RL begründet werden kann. Nach dem Arbeitnehmer-Entsendegesetz – das in Umsetzung der RL 96/71 ergangen ist –, ist die Anwendung der Bestimmungen über Mindestlohnsätze in für allgemein verbindlich erklärten Tarifverträgen auch auf ausländische Arbeitgeber, die ihre Arbeitnehmer nach Deutschland entsenden, vorgesehen. Der **niedersächsische Baugewerbe-Tarifvertrag ist jedoch kein für allgemein verbindlich erklärter Tarifvertrag.** Die RL definiert als solche in Absatz 8 des Artikel 3 die für den jeweiligen geographischen Bereich geltenden Verträge, die von den in dem betreffenden Gewerbe tätigen Unternehmen einzuhalten sind. Die Bindungswirkung des im Ausgangsverfahren betroffenen Tarifvertrages betrifft jedoch nur einen Teil der in dem Bereich, in dem der Tarifvertrag Geltung hat, stattfindenden Bautätigkeit, nämlich nur diejenige aufgrund öffentlicher Aufträge. Deshalb handelt es sich bei dem Tariflohn nach dem LVergabeG nicht um einen unter die Bestimmung des Art. 3 I, 1. und 2. Gedankenstrich und Absatz 8 Unterabs. 2 der RL fallenden (Mindest-)Lohnsatz.

Das bedeutet, dass der **regionale Tariflohn** den in anderen Mitgliedstaaten ansässigen Unternehmen bei der staatenübergreifenden Erbringung von Dienstleistungen **nicht vorgeschrieben werden kann**[2947].

Für den Gerichtshof scheidet auch aus, den Tariflohnsatz als für die Arbeitnehmer günstigere Beschäftigungs- und Arbeitsbedingung i.S.d. Art. 3 VII der RL anzusehen, weil diese Bestimmung nicht so verstanden werden kann, dass sie einem Aufnahmemitgliedstaat gestattet, die Erbringung einer Dienstleistung von der Einhaltung solcher Arbeits- und Beschäftigungsbedingungen abhängig zu machen, die über das garantierte Mindestmaß hinausgehen. Maßgeblich ist insoweit das Schutzniveau, das die RL 96/71 in Art. 3 I lit. a bis g vorsieht. Alles andere liefe auch darauf hinaus, der RL ihre praktische Wirksamkeit zu nehmen.

Damit ergibt sich, dass ein Mitgliedstaat **nicht berechtigt** ist, ausländischen Unternehmen **einen Lohnsatz wie den im niedersächsischen Baugewerbe-Tarifvertrag**

2947 Vgl. EuGH, Urt. v. 18. 12. 2007 (Rs. C-341/05).

vorgesehenen vorzuschreiben. Dieses Auslegungsergebnis entspricht auch der Würdigung der RL im Lichte des Art. 49 EG. Die im Landesvergabegesetz vorgesehene Verpflichtung der Zuschlagsempfänger und deren **Nachunternehmer**, den Mindestlohn des Baugewerbe-Tarifvertrages zu zahlen, bedeutet gegenüber ausländischen Arbeitnehmern eine Einschränkung der Dienstleistungsfreiheit, weil durch die damit auferlegte wirtschaftliche Belastung des Unternehmens die Erbringung der grenzüberschreitenden Dienstleistung erschwert und weniger attraktiv ist.

Eine **Rechtfertigung durch einen zwingenden Grund des Allgemeininteresses scheidet** im vorliegenden Fall **aus.** Das Ziel des Arbeitnehmerschutzes rechtfertigt die Einschränkung nicht, weil nach dem Landesvergabegesetz die Vorschriften über den Tariflohn **nur für einen Teil der Bautätigkeit zur Anwendung kommen, nämlich nur für öffentliche Aufträge**, während die Bautätigkeit aufgrund privater Aufträge nicht darunter fällt. Der Tarifvertrag ist auch nicht für allgemein verbindlich erklärt worden. Es ist nun nicht ersichtlich, warum nur der Arbeitnehmer, der im Rahmen eines öffentlichen Bauauftrags zum Einsatz kommt, des Schutzes bedürfen soll.

Die Vorlagefrage ist somit vom EuGH dahin beantwortet worden, dass eine gesetzliche Regelung wie die des Landesvergabegesetzes, mit der dem öffentlichen Auftraggeber vorgeschrieben wird, Aufträge nur an solche Unternehmen zu vergeben, die sich bei Angebotsabgabe schriftlich verpflichten, ihren Arbeitnehmern den am Ort der Ausführung geltenden Tariflohn zu zahlen, angesichts der RL 96/71 und ihrer Auslegung am Maßstab des Art. 49 EG **nicht zulässig** ist.

Diese Entscheidung ist auch konsequent. Entscheidet sich ein Staat für Mindestlöhne, so muss er sie allgemeinverbindlich im Wege einer **zwingenden staatlichen Ausgestaltung** vorschreiben. Der Ausspruch einer Anwendungsverpflichtung einer letztlich privatwirtschaftlichen bzw. tarifautonomen Regelung genügt nicht. Zudem liegt in der Füranwendbarerklärung solcher regionalen, privatwirtschaftlichen Regelungen auch ein **Transparenzproblem** begründet. Zum Teil ist denn auch in einzelnen Entscheidungen das Problem der Zuordnung zu regionalen Tarifen aufgetreten, wenn die Leistungen (z.B. in ÖPNV) gebietsübergreifend erbracht werden[2948].

Auch rechtspolitisch ist diese Entscheidung zu begrüßen. Das Erfordernis einer staatlichen Verbindlicherklärung durch Gesetz bzw. Verordnung bewirkt gleichzeitig eine **größere öffentliche Diskussion**, in der die Vor- und Nachteile für die betreffende Branche abzuwägen sind.

Kann man bei den Mindestlöhnen noch einen leistungsspezifischen Zusammenhang mit Schlechterfüllungsgefahren herstellen, so muss man bei dem Komplex der Tariflöhne sehen, dass viele Firmen aus Gründen wirtschaftlichen Überlebens aus dem **Tarifverband ausgetreten** sind und die Tariftreueerklärungen gar nicht wahr-

2948 VK Münster, Beschl. v. 24. 9. 2004 (VK 24/04), VergabE E-10e-24/04 = VS 2005, 6.

heitsgemäß abgeben können[2949, 2950]. Gleichsam ist damit grundsätzlich nicht gesagt, dass die untertarifliche Bezahlung zu schlechten Leistungen führt. Höchstens im Zusammenspiel mit späteren ungewöhnlich niedrigen Angeboten kann dies eine Rolle spielen[2951]. Jedenfalls ist die Tariftreue kein sachlicher Grund, der Diskriminierungen rechtfertigt[2952].

Eine ablehnende Haltung gegenüber diesen vergabefremden Aspekt nahm – wenn auch aus anderen Gründen – gleichsam das **Bundeskartellamt** (BKartA)[2953] ein.

Es untersagte der Senatsverwaltung des Landes Berlin, Straßenbauaufträge lediglich an solche Unternehmen zu vergeben, die zuvor die schriftliche Zusicherung abgegeben haben, dass sie nur solche Arbeitskräfte beschäftigen, welche nach den **Berliner Tariflöhnen** entlohnt werden. Diese Untersagungsverfügung bezieht sich **auch** auf die zum Einsatz kommenden **Nachunternehmer**. Das entsprechende Rundschreiben der Senatsverwaltung für Bauen, Wohnen und Verkehr[2954] sei rechtswidrig. Das Land Berlin stelle grundsätzlich ein Unternehmen i.S.d. § 98 I GWB dar und nehme bei der Nachfrage nach Straßenbauleistungen eine überragende Marktstellung gemäß § 22 I Nr. 2 GWB a.F. ein. Diese **Oligopolstellung** missbrauche es (§ 26 II 1 GWB a.F.), indem es den Firmen bei öffentlichen Ausschreibungen die Abgabe von Tariftreueerklärungen abverlange, ohne selbst in einem nennenswerten Wettbewerb zu stehen. Firmen, welche die Tariftreueerklärungen nicht abgeben wollen oder nicht abgeben können, würden durch diese Verhaltensweise der Berliner Vergabestellen in unzulässiger Weise **wettbewerbsrechtlich behindert**. Im Übrigen ließen sich diese Tariftreueerklärungen **auch in vergaberechtlicher Hinsicht nicht rechtfertigen**, weil sie weder zu den Merkmalen der Fachkunde, Leistungsfähigkeit und Zuverlässigkeit (§ 8 Nr. 3 VOB/A) zählen noch mit der »Bekämpfung ungesunder Begleiterscheinungen« (§ 2 Nr. 1 3 VOB/A) begründet werden können. Der Beschluss wurde in der Beschwerdeinstanz durch das **Kammergericht**[2955] bestätigt[2956, 2957].

2949 Siehe z.B. den Erlass des BMBau v. 7. 7. 1997 (Az. BI2-01082-102/31), der Auftragnehmer und Subunternehmer zur Einhaltung der Tariflöhne und Abführung der Sozialversicherungsbeiträge verpflichtet, VgR 5/1997, 47.

2950 Vgl. dazu auch das »Gutachten zur Tariftreueerklärung des Bundes – Erlass des BMBau v. 7. 7. 1997 – BI2–01082-102/31« von *G. von Loewenich*, erstattet im Auftrag des Instituts für Deutsches und Internationales Baurecht e.V. an der Humboldt-Universität zu Berlin, April 1998.

2951 OLG Koblenz, Beschl. v. 15. 3. 2001 (1 Verg 1/01), VergabE C-11-1/01 = VergabeR 2001, 445 = EUK 2001, 105 = Behörden Spiegel 7/2001, S. 18. Vgl. OLG Düsseldorf, Beschl. v. 5. 5. 2008 (VII Verg 5/08).

2952 VK Sachsen, Beschl. v. 16. 7. 2002 (1 VK 61/02), VergabE E-13-61/02.

2953 BKartA, Beschl. v. 3. 11. 1997 (B5–75123-VX-61/95), WuW 1998, 207 = WuW/E Verg, 7 = VgR 3/1998, 47; bestätigt durch KG, Beschl. v. 20. 5. 1998 (Kart 24/97), WuW 1998, 1023 = WuW/E Verg, 111; offengelassen in VÜA Rheinland-Pfalz, Beschl. v. 2. 9. 1996 (VÜ 4/96), VergabE V-11-4/96.

2954 Rundschreiben vom 16. 5. 1995 (Az.: VI Nr. 10/1995).

2955 KG, Beschl. v. 20. 5. 1998 (Kart 24/97), WuW 1998, 1023 = WuW/E Verg, 111.

2956 Siehe zu dem Themenkomplex: *Steck*, EuZW 1994, 140; *Däubler*, EuZW 1997, 613; *Dreher*, VgR 6/1997, 40; *Ax*, ZVgR 1997, 46.

2957 Vgl. OLG Hamburg, Beschl. v. 4. 11. 2002 (1 Verg 3/02), VergabE C-6-3/02, Rn. 52 = VergabeR 2003, 40 = NZBau 2003, 172 = ZfBR 2003, 186 = BauR 2003, 43.

Unbeschadet dessen erließ das **Land Berlin ein Vergabegesetz**[2958, 2959], das zumindest auf die kartellerechtlichen Bedenken bei den Vergaben von Tiefbauleistungen (Straßen-, Garten- und Landschaftsbau), bei denen die öffentliche Hand praktisch alleiniger Nachfrager ist, Rücksicht nahm, und die Tariftreueerklärungen **lediglich bei Hochbaumaßnahmen** verlangt. Dennoch bestehen auch im Falle einer Reduktion des Anwendungsbereiches auf Hochbaumaßnahmen erhebliche rechtliche Bedenken.

Diese liegen, wie nach dem Ergehen der EuGH-Entscheidung von 2008 gezeigt, auf europarechtlicher Ebene. Sie liegen außerdem auf der kartellrechtlichen Ebene.

Ausgeräumt wurden zwischenzeitlich die **verfassungsrechtlichen Bedenken** in Bezug auf die negative Koalitionsfreiheit (Art. 9 III GG), die Berufsfreiheit (Art. 12 I GG) sowie den Gleichheitssatz des Art. 3 I GG.

Das **BVerfG**[2960, 2961] hatte im Rahmen einer Verfassungsbeschwerde über die Verfassungsmäßigkeit der Tariftreueregelung in § 1 I 2 Berliner Vergabegesetz (VgG-Berlin) zu entscheiden. Die in Frage stehende Vorschrift lautet:

> *»Die Vergabe von Bauleistungen sowie von Dienstleistungen bei Gebäuden und Immobilien soll mit der Auflage erfolgen, daß die Unternehmen ihre Arbeitnehmer bei der Ausführung dieser Leistungen nach den jeweils in Berlin geltenden Entgelttarifen entlohnen und dies auch von ihren Nachunternehmern verlangen.«*

Das BVerfG hat die Norm in seiner Entscheidung als verfassungskonform eingestuft.

Zunächst geht der Senat dabei auf die Frage der **Gesetzgebungskompetenz** des Landes zum Erlaß dieser Regelung ein. Er stellt fest, dass die Norm in den Bereich der konkurrierenden Gesetzgebung gem. Art. 70, 72 I, 74 I Nr. 11 GG fällt. Es handele sich um eine Regelung auf dem Gebiet des Rechts der Wirtschaft, dem die Vorschriften über die Vergabe von öffentlichen Aufträgen unterfielen. Als eine solche sei § 1 I 1 VgV-BE einzuordnen. Der Bund habe von seiner Kompetenz gerade keinen abschließenden Gebrauch gemacht. Aus § 97 IV HS. 2 GWB ergebe sich, dass der Bundesgesetzgeber selbst gerade nicht von einer abschließenden Regelung ausgegangen sei. Vielmehr sei – auch ausweislich der Gesetzgebungsmaterialien – dem Wunsch der Länder nach einer eigenen kompetenzrechtlichen Legitimation für Tariftreuevorschriften Rechnung getragen worden. Somit habe eine Kompetenz des Landes Berlin zum Erlaß der Norm bestanden.

Weiterhin führt der Senat aus, § 1 I 2 VgV-BE stelle **keinen Eingriff in die Koalitionsfreiheit aus Art. 9 III GG** dar. Zwar sei über dieses Grundrecht auch die Freiheit des Einzelnen erfaßt, einer Koalition fern zu bleiben, ergo nicht durch Druck oder Zwang zu einem Koalitionsbeitritt gedrängt zu werden, jedoch er-

---

2958 Berliner Vergabegesetz vom 9. 7. 1999 (GVBl. 1999, 369) abgedr. in ZVgR 1999, 239 = Behörden Spiegel, Beschaffung Special 8/1999, S. B III, mit Anm. *Noch*, S. B V. Dazu auch *von Voigt*, ZVgR 1999, 291.

2959 Vgl. auch Rundschreiben Nr. 9/1999 vom 28. 7. 1999.

2960 BVerfG, Beschl. v. 11. 7. 2006 (1 BvL 4/00), VergabeR 2007, 42 = WuW 2006, 1311.

2961 Vorlage des BGH, Beschl. v. 18. 1. 2000 (KVR 23/98), BauR 2000, 1736 = ZIP 2000, 426, 431 = EUK 2000, 29 = IBR 2000, 51.

scheine es fern liegend, dass sich ein nichtorganisiertes Unternehmen veranlaßt sehe, aufgrund der Verpflichtung zur Abgabe einer Tariftreueerklärung einer tarifschließenden Koalition beizutreten. Für Unternehmen ohne Sitz in Berlin sei dies sogar ausgeschlossen.

Art. 9 III GG schütze dagegen gerade nicht davor, daß der Gesetzgeber Ergebnisse von Koalitionsverhandlungen zum Anknüpfungspunkt gesetzlicher Regelungen mache. Allein dadurch, daß jemand den Vereinbarungen fremder Tarifvertragsparteien unterworfen werde, werde ein spezifischer koalitionsrechtlicher Aspekt nicht betroffen. Insoweit fehle es bereits an einem Grundrechtseingriff.

Auch eine **Verletzung der Berufsfreiheit** aus Art. 12 I GG sieht der Senat als **nicht gegeben** an.

Zunächst stellt er dabei fest, dass der Schutzbereich dieses Grundrechts sehr wohl eröffnet ist und ein Eingriff vorliegt. Durch die Regelung werde nicht das allgemeine Wettbewerbsverhalten reguliert, sondern eine bestimmte Vertragsgestaltung im Einzelfall bewirkt. Die Bestimmung der Arbeitsbedingungen der Arbeitnehmer durch den Arbeitgeber sei vom Schutzbereich des Art. 12 I GG erfaßt, so dass eine Schutzbereichseröffnung gegeben sei. Ein Eingriff folge daraus, daß es sich bei der Regelung zwar nicht um einen klassischen Eingriff handele, jedoch ein funktionales Eingriffsäquivalent gegeben sei, dessen Folgen über die eines Reflexes hinausgingen. Zwar richte sich die Norm primär an die Auftraggeber, denen ein Vertragsschluss mit Unternehmen ohne Tariftreue – von Ausnahmen abgesehen – untersagt werden solle, jedoch werde darüber auch der Arbeitgeber zu einer bestimmten Ausgestaltung von Arbeitsverträgen veranlasst, was sich mittelbar als Gegenstand der Norm spezifizieren lasse.

Allerdings sei dieser **Eingriff gerechtfertigt**. Mit der Regelung würden als legitime Ziele dem Verdrängungswettbewerb über die Lohnkosten und der Arbeitslosigkeit im Bausektor entgegen gewirkt. Der Landesgesetzgeber habe von seiner Einschätzungsprärogative Gebrauch gemacht und eine zur Zielerreichung oder Zielförderung geeignete und erforderliche Regelung getroffen. Es könne zwar nicht in Abrede gestellt werden, daß die Norm durch die Einflußnahme auf die Vertragsgestaltung zwischen Arbeitgebern und Arbeitnehmern in einen wichtigen Gewährleistungsgehalt des Art. 12 I GG eingreife, jedoch liege dennoch eine **Angemessenheit der Regelung** vor. Die Eingriffsgewichtigkeit werde nämlich dadurch abgemildert, daß die Verpflichtung zur Zahlung der Tariflöhne nicht unmittelbar aus einer gesetzlichen Anordnung folge, sondern auf der freien unternehmerischen Entscheidung beruhe, im Interesse der Erlangung eines öffentlichen Auftrages eine solche Verpflichtungserklärung abzugeben. Zudem bezögen sich die Beschränkungen nur auf einzelne Aufträge und entfalteten darüber hinaus keine vertragsbeeinflussende Wirkung.

Darüber hinaus liege auch **keine Verletzung des allgemeinen Gleichheitssatzes** aus Art. 3 I GG vor. Somit sei die Norm mit dem GG vereinbar.

Unbeschadet dieser langjährigen Pendenz beim BVerfG haben etliche **Länder** (Berlin [wie bereits erwähnt], Bayern[2962], Bremen[2963], Hamburg[2964], Niedersachen[2965], Nordrhein-Westfalen[2966], Saarland[2967], Sachsen-Anhalt[2968], Schleswig-Holstein[2969]) Tariftreueerklärungen eingeführt und dazu entsprechende Landesvergabegesetze kreiert. Die nun anzunehmende **Europarechtswidrigkeit** großer Teile der Regelungen, mit der nach den (solche Regelungen billigenden) Schlussanträgen des Generalanwaltes *Bot* vom September 2007 – zumindest offiziell – fast kaum mehr jemand gerechnet hatte, wird nun zu einem **erheblichen Überarbeitungsbedarf** führen. Insbesondere wird eine Allgemeinverbindlicherklärung unvermeidlich sein. Eine Differenzierungsmöglichkeit nach der Rechtssituation oberhalb wie unterhalb der EU-Schwelle ist nicht unbedingt erkennbar. Auch unterhalb der EU-Schwelle ist die Europarechtswidrigkeit von Tariftreueerklärungen, die nicht allgemeinverbindlich vorgeschrieben sind, anzunehmen.

14. Spielraum der Vergabestelle bei der Angebotswertung; Nebenangebote; alternative technische Lösungen, neue Standards; Nachverhandlungen

a) Wertungsspielraum

409 Die Vergabestelle hat bei der **Angebotswertung** (§§ 25 VOB/A, 25 VOL/A) einen recht weit zu verstehenden **Beurteilungs- und Ermessensspielraum**[2970].

Unter **Beurteilungsspielraum** ist zu verstehen die Bewertung von Tatsachen (z.B. Prüfungsentscheidungen im Examen; Bewertung der Geeignetheit und Zweckmäßigkeit der angebotenen Leistung bei öffentlichen Ausschreibungen). Der Beur-

2962 Bayerisches Bauaufträge-Vergabegesetz – BayBauVG vom 28. 6. 2000 (GVBl. Nr. 15/2000, S. 364). Die Regelung über die Tariftreue findet sich in Art. 3. Abgedruckt ist dieses Gesetz u.a. in ZVgR 2000, 201 oder bei *Schaller*, VOL, 3. Aufl. 2004, S. 711. Vgl. dazu BayObLG, Beschl. v. 19. 3. 2002 (Verg 2/02), VergabE C-2-2/02 = VergabeR 2002, 252 = EUK 2002, 91: Die eventuelle Rechtswidrigkeit von Tariftreueerklärungen wurde wegen Präklusion (mangelnder Rüge) nicht geprüft.

2963 Vergabegesetz für das Land Bremen vom 17. 12. 2002 (GVBl. 2002, 594). Die Regelung über die Tariftreue findet sich in § 4. Abgedruckt bei *Schaller*, VOL, 3. Aufl. 2004, S. 713. Siehe auch Verordnung zur Durchführung des Vergabegesetzes für das Land Bremen v. 21. 9. 2004 (GVBl. Nr. 50, S. 475).

2964 Hamburgisches Vergabegesetz vom 18. 2. 2004 (HmbGVBl. Nr. 12 v. 3. 3. 2004, S. 97). Die Regelung über die Tariftreue findet sich in § 3.

2965 Niedersächsisches Landesvergabegesetz vom 2. 9. 2002 (Nds. GVBl. v. 6. 9. 2002, S. 370). Die Regelung über die Tariftreue findet sich in § 3. Abgedruckt bei *Schaller*, VOL, 3. Aufl. 2004, S. 717.

2966 Tariftreue-Gesetz Nordrhein-Westfalen (TariftG NRW v. 17. 12. 2002, GV NRW 2003, S. 8). Die Regelung über die Tariftreue findet sich in § 2–4.

2967 Bauaufträge-Vergabegesetz vom 23. 8. 2000 (ABl. v. 3. 11. 2000, S. 1846). Die Regelung über die Tariftreue findet sich in § 3. Abgedruckt in ZVgR 2000, 292, oder bei *Schaller*, VOL, 3. Aufl. 2004, S. 724.

2968 Tariftreuegesetz vom 29. 6. 2001 (GVVl. S. 234). Abgeschafft im Jahre 2002.

2969 Mittelstandsförderungs- und Vergabegesetz vom 15. 5. 2004 (GVOBl. Nr. 7, S. 142). Siehe auch LT-Drs. 15/3416 v. 28. 4. 2004. Siehe außerdem die Landesvergabeverordnung vom 13. 7. 2004 (GOVBl. Nr. 9, S. 288), die gemäß deren § 1 I ausschließlich unterhalb der EU-Schwellenwerte gilt.

2970 Vgl. nur: BGH, Urt. v. 26. 10. 1999 (X ZR 30/98), NJW 2000, 661; OLG Düsseldorf, Beschl. v. 5. 12. 2006 (VII-Verg 56/06); OLG München, Beschl. v. 27. 1. 2006 (Verg 1/06), VergabeR 2006, 537; OLG Hamburg, Beschl. v. 21. 1. 2000 (1 Verg 2/99), VergabE C-6-2/99.

teilungsspielraum ist also **tatsachenorientiert**. Auf die vom BVerwG[2971] entwickelte Lehre vom Beurteilungsspielraum wird denn auch in unzähligen Entscheidungen der Nachprüfungsorgane ausdrücklich Bezug genommen[2972].

Unter **Ermessensspielraum** ist zu verstehen der mehr **rechtsfolgenbezogene** Wertungsspielraum der Vergabestelle, also z.B., welches der Angebote der öffentliche Auftraggeber unter gleichgeeigneten Angeboten letztlich auswählt.

Sowohl der Beurteilungsspielraum als auch der Ermessensspielraum haben zur Konsequenz, dass der öffentliche Auftraggeber einen **Rest an Entscheidungsbefugnis** hat, der keiner rechtlichen Überprüfung zugänglich, also letztlich **nicht justitiabel** ist[2973] – außer in Fällen der unzutreffenden rechtlichen Anwendung[2974]. Deswegen ist die Vergabekammer oder der -senat in aller Regel auch nicht befugt, die Vergabestelle anzuweisen, die Eignung eines Bieters zu bejahen oder zu verneinen oder auch die Angebotswertung selbst in einer bestimmten Hinsicht abzuschließen[2975].

Bei dem tatsachenbezogenen Beurteilungsspielraum ist dieser naturgemäß größer als beim rechtsfolgenbezogenen Ermessensspielraum. Erst recht gilt dies im Vergleich dazu hinsichtlich der **Prüfung der Eignung und Zuverlässigkeit** der Bieter (§§ 2 Nr. 1 Satz 1, 8, 8 a VOB/A)[2976].

Bei der Angebotswertung ist der Beurteilungsspielraum im Falle der Vergabe nach dem **Zuschlagskriterium des wirtschaftlich günstigsten Angebotes** (§ 25 Nr. 3 III VOB/A) je nach Gewichtung der Kriterien relativ groß. Entscheidend ist, wie stark das Preiskriterium, das im Zuschlagskriterium des wirtschaftlich günstigsten Angebotes mitenthalten ist, zurücktritt[2977]. Gemäß der schon vorgestellten Entscheidung des OLG Dresden sollte der **Preis** bei VOB- und VOL-Vergaben mindestens eine Gewichtung von **30%** erfahren[2978]. Die Nachprüfung kann sich – je nach dem Grad des Zurücktretens des objektive Preiskriteriums – schwerpunktmäßig auf die Frage beziehen, ob die **Grenzen dieses Wertungsspielraumes**

2971 BVerwG NJW 1986, 799.

2972 Siehe z.B.: OLG Düsseldorf, Beschl. v. 4. 9. 2002 (Verg 37/02), VergabE C-10-37/02 = EUK 2002, 181 = Behörden Spiegel 12/2002, S. 20; OLG Saarbrücken, Beschl. v. 13. 11. 2002 (5 Verg 1/02), VergabE C-12-1/02 = EUK 2002, 182; OLG Oldenburg, Urt. v. 21. 3. 1996 (8 U 248/95), ZVgR 1997, 173 = IBR 1997, 399 = VgR 1/1998, 47; VÜA Bund, Beschl. v. 20. 11. 1995 (1 VÜ 2/95), VergabE U-1-2/95 = WuW/E VergAB, 49; VÜA Bayern (VÜA 4/97), VergabE V-2-4/97 = ZVgR 1998, 365 = VgR 1/1998, 49.

2973 OLG München, Beschl. v. 17. 1. 2008 (Verg 15/07); OLG Düsseldorf, Beschl. v. 4. 9. 2002 (Verg 37/02), VergabE C-10-37/02 = EUK 2002, 181 = Behörden Spiegel 12/2002, S. 20; BayObLG, Beschl. v. 10. 9. 2001 (Verg 14/01), VergabE C-2-14/01v = NZBau 2002, 294; VK Nordbayern, Beschl. v. 6. 8. 2007 (21-VK-3194-31/07), VS 2007, 86; VK Rheinland-Pfalz, Beschl. v. 31. 5. 2007 (VK 12/07); VK Arnsberg, Beschl. v. 8. 8. 2006 (VK 21/06), VS 2007, 21.

2974 OLG München, 21. 4. 2006 (Verg 8/06), VergabeR 2006, 561; VK Brandenburg, Beschl. v. 15. 8. 2007 (1 VK 31/07), VS 2008, 23.

2975 OLG Rostock, Beschl. v. 16. 5. 2001 (17 W 1/01 und 2/01), VergabE C-8-1/01 = VergabeR 2001, 315 = NZBau 2002, 170 = Behörden Spiegel 2/2002, S. 18; OLG Frankfurt, Beschl. v. 20. 12. 2000 (11 Verg 1/00), VergabE C-7-1/00 = VergabeR 2001, 243.

2976 OLG Düsseldorf, Beschl. v. 18. 10. 2006 (VII-Verg 37/06); VÜA Bund, Beschl. v. 14. 6. 1996 (1 VÜ 7/96), VergabE U-1-7/96 = WuW/E VergAB, 96; VÜA Bayern, Beschl. v. 6. 3. 1998 (VÜA 13/97), VergabE V-2-13/97 = VgR 4/1998, 47.

2977 Vgl. dazu BGH, Urt. v. 8. 11. 1984 (VII ZR 51/84), NJW 1985, 1466 = ZfBR 1985, 74 = BauR 1985, 75.

2978 OLG Dresden, Beschl. v. 5. 1. 2001 (W Verg 11/00 u. 12/00), VergabE C-13-11/00 = EUK 2001, 138.

überschritten worden sind[2979]: Ermessensfehlgebrauch, Ermessensüberschreitung, Ermessensunterschreitung, Ermessensausfall, sachfremde Erwägungen. Es findet meist eine nur äußere Kontrolle hinsichtlich der Rechtmäßigkeit der Entscheidung statt.

Diese Spielräume werden höchstens durch eigene Festlegungen im Wege der **Selbstbindung** verengt oder sogar minimiert[2980]. Insoweit besitzt die ausschreibende Behörde sogar die Befugnis, sich ihrer Spielräume selbst zu berauben. Die Vergabestelle reduziert ihren Beurteilungs- und Ermessensspielraum, wenn sie schon im Zuge der Ausschreibung bekannt gibt,

– nach welchen Mindestkriterien für die Eignung
  und nach welchen Mindestkriterien in Bezug auf die Zuschlagserteilung

sie die Wertung in der Ausschreibung vornehmen will.

Wie bereits erwähnt, haben sich die **Anforderungen an die Transparenz** sowohl hinsichtlich der Bekanntgabe der Teilnahmekriterien als auch hinsichtlich der genauen Bekanntgabe der Zuschlagskriterien inklusive deren Unterkriterien nebst Gewichtung **immer mehr verdichtet**. Die Ermessensspielräume reduzieren sich oftmals sehr stark auf die Auswahl der Kriterien an sich; der Ermessensspielraum wird dann ergänzt durch die Beurteilungsspielräume bei der inhaltlichen Anwendung der Kriterien. Die Beurteilungsspielräume sind dann allerdings recht weit gefächert. Es steht der Vergabestelle frei, welche Prüfergruppe sie z.B. bei der Bewertung von konzeptionellen Leistungen einsetzt und wie sie Wertungsergebnisse im Einzelfall sogar im Sinne einer **Verböserung** revidiert[2981].

In keinem Falle darf sie allerdings nachträglich neue Zuschlagskriterien einführen; sie überschreitet dann ihren Ermessensspielraum[2982].

b) Nebenangebote

410 Nebenangebote sind Angebote, die von den (technischen) Vorgaben des sog. »Amtsvorschlages« **abweichen**. Sie müssen einerseits die **formalen Voraussetzungen** wie die Hauptangebote erfüllen[2983]. Welcher **inhaltlichen Bandbreite** andererseits diese Abweichungen letztlich sein können, ist nicht hinreichend geklärt. Die Meinungen in der Literatur und die Entscheidungen der Nachprüfungsorgane reichen von kompletten Alternativlösungen, welche den ausgeschriebenen Leistungswettbewerb im Extremfall ab absurdum führen können bis zu einer Zulässigkeit von nur eher geringen technischen Änderungen. Letzteres dürfte sachgerechter sein[2984].

Der **EuGH**[2985] hat – wohlgemerkt für den Anwendungsbereich der europaweiten Ausschreibungen – zumindest in formaler Hinsicht insofern Klarheit geschaffen,

---

2979 Siehe zu Widersprüchen in der Angebotswertung der Vergabestelle VÜA Bund, Beschl. v. 8. 4. 1998 (1 VÜ 20/97), VergabE U-1-20/97.
2980 VK Hessen, Beschl. v. 11. 4. 2007 (69d VK 07/2007): Festlegung auf Mindestbedingungen.
2981 OLG Düsseldorf, Beschl. v. 22. 8. 2007 (VII Verg 27/07).
2982 BGH, Urt. v. 3. 6. 2004 (X ZR 30/03), VergabeR 2004, 604.
2983 OLG Stuttgart, Urt. v. 23. 8. 2006 (3 U 103/05), VS 2007, 39 [LS].
2984 OLG Düsseldorf, Beschl. v. 9. 4. 2003 (Verg 69/02), VergabE C-10-69/02 = WuW 2003, 843.
2985 EuGH, Urt. v. 16. 10. 2003 (Rs. C-421/01), VergabE A-1-13/03 = VergabeR 2004, 50 = ZfBR 2004, 85 = WuW 2003, 1362 = BauR 2004, 564 = EUK 2003, 184 = Behörden Spiegel 1/2004, S. 22.

als die Vergabestelle in den Verdingungsunterlagen die **Mindestanforderungen** festlegen muss, auf deren Grundlage der **Ausschreibungswettbewerb** und später die **Wertung der Nebenangebote** stattfinden soll (sog. »Schatten-Leistungsverzeichnis«). Nur Nebenangebote, welche diese Standards erfüllen, dürfen überhaupt in die Wertung gelangen. Von den Mindestanforderungen darf auch nachträglich nicht abgewichen werden[2986]. Dies verbietet der Gleichbehandlungsgrundsatz und das Transparenzgebot nach § 97 I und II GWB. Die Mindestanforderungen für Nebenangebote sind in der Aufforderung zur Angebotsabgabe zu nennen (vgl. § 10a lit. f VOB/A).

Legt die Vergabestelle diese Standards gar nicht erst nicht fest, so darf wegen der Transparenzerfordernisse eine Berücksichtigung von Nebenangeboten **nicht stattfinden**, auch wenn diese in der Bekanntmachung grundsätzlich für zulässig erklärt worden sind[2987]. Wie die Mindestanforderungen im Einzelnen festzulegen sind (z.B. mit welchen Bandbreiten etwa im Falle technischer Parameter) lässt der EuGH offen. Er steckt nur die formalen Voraussetzungen ab, unter denen Nebenangebote überhaupt abgegeben werden können.

Der EuGH trifft auch keine Unterscheidung, für welche Art von Nebenangeboten diese Rechtsprechung zu den Mindestanforderungen gelten soll. Im Zweifel sind die Mindestanforderungen, soweit möglich, **für jede Art von Nebenangeboten**, also für technische wie für nicht-technische, festzusetzen[2988].

Absolute Mindermeinung, weil gegen die Rechtsprechung des EuGH verstoßend, ist eine Auffassung, wonach die ausdrückliche Festlegung der Mindeststandards für Nebenangebote dann unterbleiben könne, wenn die Leistungsbeschreibung eindeutig und erschöpfend ist[2989]. Dass die Leistungsbeschreibung diesen Anforderungen entspricht, setzt der EuGH bei seiner Rechtsprechung jedoch gerade voraus.

Das OLG Düsseldorf weist zutreffend darauf hin, dass begrifflich nur **Nebenangebote** und **Hauptangebote** existieren; eine **Dreiteilung** in Hauptangebote, Nebenangebote **und Änderungsvorschläge findet nicht statt**[2990].

Sofern der öffentliche Auftraggeber Änderungsvorschläge und **Nebenangebote**[2991] (§ 21 Nr. 2 und 3; § 25 Nr. 4 und 5 VOB/A bzw. § 21 Nr. 2, § 25 Nr. 4 VOL/A) nicht ausdrücklich ausschließt, muss er diese prinzipiell **wie ein Hauptangebot werten** (§ 25 Nr. 5 VOB/A, § 25 Nr. 4 VOL/A).

Er kann dieses – wohlgemerkt im Anwendungsbereich der **europaweiten Ausschreibungen** – aber **nur noch auf der Basis der vorigen Bekanntgabe der Mindestanforderungen**. Weicht das Nebenangebot eines Bieters unzulässigerweise von den in der Baubeschreibung niedergelegten technischen Mindestbedingungen

---

2986 VK Nordbayern, Beschl. v. 18. 7. 2007 (21.VK-3194-27/07).

2987 So z.B. auch: BayObLG, Beschl. v. 22. 6. 2004 (Verg 13/04), VergabE C-2-13/04; VK Hannover, Beschl. v. 21. 7. 2004 (26045-VgK 24/04), VergabE E-9a-24/04.

2988 VK Nordbayern, Beschl. v. 6. 8. 2004 (320.VK-3194-26/04), VergabE E-2a-26/04 = EUK 2004, 171.

2989 OLG Schleswig, Beschl. v. 15. 2. 2005 (6 Verg 6/04), VergabeR 2005, 357 = VS 2005, 22.

2990 OLG Stuttgart, Urt. v. 23. 8. 2006 (3 U 103/05), VS 2007, 39 [LS]; OLG Düsseldorf, Beschl. v. 9. 4. 2003 (Verg 69/02), VergabE C-10-69/02 = WuW 2003, 843.

2991 Zum Begriff des Nebenangebotes auch: OLG Celle, Beschl. v. 30. 4. 1999 (13 Verg 1/99), VergabE C-9-1/99 = NZBau 2000, 105 = WuW 1999, 1161 = BauR 2000, 405 = ZVgR 1999, 157 = EUK 1999, 89 = Behörden Spiegel 8/1999, S. B II.

für Nebenangebote ab, so hat die Vergabestelle dieses Nebenangebot gem. § 25a Nr. 3 VOB/A zwingend von der Wertung auszuschließen[2992].

Die ausdrückliche Zulassung von Nebenangeboten ist gerade unter Gesichtspunkten **kostensparender Bauausführung** sehr zu befürworten. So hat das Bundesbauministerium in einem Erlass[2993] die Vergabestellen deutlich darauf hingewiesen, dass es wegen der oftmals **kostengünstigeren Ausführungsvarianten** sehr **erwünscht** ist, wenn **Änderungs- und Nebenangebote** auch ohne ein Hauptangebot abgegeben werden können. Wegen dieser Kosteneinsparungsgesichtspunkte werden die Vergabestellen verpflichtet, die vorherige Zustimmung der vorgesetzten Dienststelle einzuholen, wenn sie bei einer Ausschreibung Nebenangebote und Änderungsvorschläge ausnahmsweise nicht zulassen wollen[2994].

Eine **Beschränkung des Ausschreibungswettbewerbs auf bestimmte Arten von Nebenangeboten** ist möglich. Die Vergabestelle kann beispielsweise in den Bewerbungsbedingungen eine eindeutige Regelung dahingehend treffen, dass andere Nebenangebote als solche, die in technischer Hinsicht von der Leistungsbeschreibung abweichen, gar nicht oder nur in Verbindung mit einem Hauptangebot zugelassen sind. Damit sind nicht-technische Nebenangebote (ohne Hauptangebot) ausgeschlossen[2995].

Eine **Wertung ausgeschlossener Nebenangebote** ist nicht möglich, und gleichermaßen nicht eine Wertung von solchen Nebenangeboten, die nicht gleichzeitig mit einem verlangten Hauptangebot abgegeben werden, wenn dies so nicht zugelassen war[2996]. Eine trotzdem erfolgende Wertung würde gegen die Grundsätze des Wettbewerbs und der Transparenz verstoßen[2997].

Ist die **Abgabe von Nebenangeboten nicht ausdrücklich zugelassen**, so muss die Vergabestelle dieses werten[2998], weil im Zweifel nur ein ausdrücklicher Ausschluss von Nebenangeboten Klarheit zu Lasten von Nebenangeboten und damit zu Lasten von Innovation schaffen kann. Es gilt also die Devise: Im Zweifel für die Innovation in Form von Nebenangeboten.

Eine **wesentliche Voraussetzung** bei der Wertung von Nebenangeboten ist eine **deutliche Kennzeichnung** an vorgegebener Stelle.

2992 VK Lüneburg, Beschl. v. 6. 9. 2007 (VgK- 36/2007).

2993 Erlass des BMBau v. 17. 12. 1997 (Az.: B I 2-01082-100), VgR 2/1998, 44.

2994 Ähnlich ist übrigens auch die diesbezügliche Regelung in Niedersachsen.

2995 OLG Celle, Beschl. v. 23. 2. 2001 (13 Verg 3/01), VergabE C-9-3/01 = VergabeR 2001, 252 = Behörden Spiegel 9/2001, S 19.

2996 OLG Saarbrücken, Beschl. v. 24. 11. 1999 (5 Verg 1/99), ZVgR 2000, 181 = VergabE C-12-1/99, Rn. 33, 34: »*Unter Ziffer 19 der Besonderen Vertragsbedingungen (BVB) ist – fett gedruckt und unterstrichen – bestimmt, dass Nebenangebote ohne die Abgabe eines Hauptangebotes von der Wertung ausgeschlossen werden. (…) Damit war für jeden Bieter – besonders hervorgehoben – klar, dass der Antragsgegner auf jeden Fall die Abgabe eines Hauptangebotes fordert und Nebenangebote nur dann werten wird, wenn gleichzeitig ein Hauptangebot abgegeben wird.*«. Dazu auch: OLG Celle, Beschl. v. 23. 2. 2001 (13 Verg 3/01), VergabE C-9-3/01 = EUK 2001, 137; VÜA Bayern, Beschl. v. 3. 3. 1999 (VÜA 4/98), VergabE V-2-4/98 = Behörden Spiegel 4/2000, S. II.

2997 VÜA Sachsen, Beschl. v. 21. 9. 1999 (1 VÜA 3/98), VergabE V-13-3/98: »Wettbewerbsverzerrung«.

2998 So auch: VÜA Niedersachsen, Beschl. v. 22. 8. 1996 (34.2.–35. 66 Tgb.-Nr. 1/96), VergabE V-9-1/96 = WuW/E Verg, 97 = WiB 1997, 440 = IBR 1997, 312; VÜA Niedersachsen, Beschl. v. 25. 3. 1997 (34.2.–35.66, Tgb.-Nr. 4/96), VergabE V-9-4/96 = VgR 1/1998, 49.

Der Bieter muss die **Gleichwertigkeit seines Nebenangebotes** mit der Angebotsabgabe nachweisen[2999]. Das Angebot eines Bieters ist nach § 25 Nr. 1 lit. b i.V.m. § 21 Nr. 1 I 3 VOB/A von der Wertung auszuschließen, wenn der Nachweis der Gleichwertigkeit (hier: Produktangabe) nicht mit der Angebotsabgabe geführt wurde, sondern erst nach Eröffnung der Angebote im Rahmen der Aufklärung über den Angebotsinhalt erfolgt ist[3000]. **Nur dann**, wenn sich eine Forderung der Vergabestelle betreffend die Realisierung von Nebenangeboten nicht an den Bieter, sondern **ausdrücklich** an den **Auftragnehmer richtet** (in casu: vom Auftragnehmer [= AN] geforderter Angebotsplan mit Gründungsgutachten), werden diese geforderten Nachweise nicht bereits bei Angebotsabgabe verlangt, sondern erst vor einer Auftragserteilung[3001].

Fehlen klare Angaben und Erklärungen zu den im Rahmen eines Nebenangebotes als verbindlich geltenden Leistungen, Preisen und Konditionen bzw. sind die im Rahmen des Nebenangebotes beschriebenen **Abweichungen** von den Ausschreibungsunterlagen **dergestalt pauschal bezeichnet**, dass es dem Nebenangebot dadurch von vornherein an einer Vergleichbarkeit mit anderen Angeboten fehlt, so rechtfertigt dies ausnahmsweise den Ausschluss wegen Unvollständigkeit analog § 25 Nr. 1 I lit. a VOL/A[3002].

Eine Vergabestelle, die ein Nebenangebot, das sich nach Durchführung eines Aufklärungsgesprächs **als technisch ganz anders darstellt** als es nach dem objektivem schriftlichen Erklärungsgehalt einzustufen gewesen wäre, bezuschlagen will, **überschreitet den rechtlichen Rahmen von Aufklärungsgesprächen**. Diese dürfen lediglich beinhalten, Unklarheiten zu beseitigen, nicht jedoch dazu dienen, dass der Bieter sein Angebot ändern kann[3003].

Anders dürfte der Fall zu bewerten sein, wenn die **Vergabestelle** ihrerseits **unklare oder missverständliche Hinweise** zur Ausgestaltung des Angebotes gibt und ein objektiver Betrachter nicht eindeutig erkennen kann, ob z.B. hinsichtlich bestimmter Sonderausstattungen zwingend ein Angebot abzugeben ist oder ob es sich nur um reine **Absichtserklärungen** der Vergabestelle handelt[3004].

Beim Gleichwertigkeitsnachweis kommt es auch darauf an, dass der Bieter die Gleichwertigkeit für den **spezifischen Einsatzzweck** nachweist[3005]. Mit anderen Worten kann sich die Darlegung der Gleichwertigkeit **nicht** auf die Feststellung einer **abstrakt-generellen Eignung** der alternativ angebotenen technischen Lösung

---

2999 BayObLG, Beschl. v. 24. 1. 2003 (Verg 30/02), VergabE C-2-30/02 = EUK 2003, 55 = Behörden Spiegel 4/2003, S. 22; VK Sachsen-Anhalt, Beschl. v. 15. 9. 2006 (1 VK LVwA 28/06); VK Südbayern, Beschl. v. 20. 11. 2002 (43-10/02), VergabE E-2b-43/02.

3000 VK Nordbayern, Beschl. v. 30. 9. 2004 (320.VK-3194-39/04), VergabE E-2a-39/04 = EUK 2004, 171.

3001 VK Nordbayern, Beschl. v. 30. 9. 2004 (320.VK-3194-39/04), VergabE E-2a-39/04 = EUK 2004, 171.

3002 OLG Naumburg, Beschl. v. 11. 7. 2000 (1 Verg 4/00), VergabE C-14-4/00 = Behörden Spiegel 9/2001, S. 19. Zur Nichtvergleichbarkeit von (Neben-)Angeboten auch: VK Bund, Beschl. v. 5. 5. 1999 (VKA 10/99), VergabE U-2-10/99 = Behörden Spiegel 11/1999, S. B II.

3003 OLG Celle, Beschl. v. 30. 1. 2003 (13 Verg 13/02), VergabE C-9-13/02 = NZBau 2003, 232 = Behörden Spiegel 5/2003, S. 22.

3004 VÜA Nordrhein-Westfalen, Beschl. v. 3. 12. 1997 (424-84-41-16/97), VergabE V-10-16/97 = EUK 1999, 27.

3005 OLG Frankfurt, Beschl v. 26. 3. 2002 (11 Verg. 3/01), VergabE C-7-3/01 = VergabeR 2002, 389 = NZBau 2002, 692; OLG Koblenz, Beschl. v. 5. 9. 2002 (1 Verg 4/02 – »Muffendruckrohre«) = VergabeR 2003, 72 = BauR 2003, 436.

beschränken. Die **konkrete Eignung** und **Gleichwertigkeit** ist vom Bieter darzulegen.

Grundsätzlich **unzulässig** sind sog. »**Abmagerungsangebote**«, also solche, welche gegenüber dem Hauptangebot lediglich einen reduzierten Leistungsumfang aufweisen. Begründung dafür ist, dass Nebenangebote einem Hauptangebot qualitativ und quantitativ gleichwertig sein müssen[3006].

Gelingt dem betreffenden Bieter der Nachweis nicht und enthält das Alternativangebot Unklarheiten, so geht dies zu seinen Lasten[3007]. Schließlich **konkretisiert** der Grundsatz des § 21 Nr. 1 I VOB/A, wonach Änderungen des Bieters zweifelsfrei sein müssen, die **Regelungen über die Abgabe von Willenserklärungen** (§§ 133 ff. BGB) im Hinblick auf den später angestrebten Vertragsabschluss[3008].

Erst recht müssen Unklarheiten zu Lasten des Bieters gehen, wenn das Alternativangebot **Mängel** enthält und/oder der Vortrag des Bieters, mit dem er die Gleichwertigkeit seines Angebotes[3009] nachweisen will, **von vornherein unsubstantiiert** oder **nicht ausreichend substantiiert**[3010] ist. In einem solchen Falle ist die Vergabestelle nicht verpflichtet, ein Aufklärungsgespräch nach § 24 VOB/A herbeizuführen[3011].

Dementsprechend hielt das OLG Naumburg[3012] bei der Ausschreibung für den Bau einer Bundesstraße (»B 189n«) den Ausschluss eines Nebenangebotes nicht für rechtswidrig, weil keine eingehende Erläuterung dieser Nebenangebote (alternative Ausführung der Untertunnelung des Mittellandkanals) erfolgte. Die Vergabestelle konnte sich **über die Gleichwertigkeit** in (sicherheits-)technischer, wirtschaftlicher, gestalterischer und terminlicher Hinsicht **kein Bild machen**. Selbst das eingeschaltete Ingenieurbüro konnte sich in einigen Punkten kein abschließendes Bild machen.

In einem weiteren Verfahren stellt das OLG Naumburg[3013] folgendes heraus: Fehlen klare Angaben und Erklärungen zu den im Rahmen eines Nebenangebotes als verbindlich geltenden Leistungen, Preisen und Konditionen bzw. sind die im Rahmen des Nebenangebotes beschriebenen Abweichungen von den Ausschreibungsunterlagen dergestalt pauschal bezeichnet, dass es dem **Nebenangebot dadurch von vornherein an einer Vergleichbarkeit mit anderen Angeboten fehlt**, so rechtfertigt dies ausnahmsweise den Ausschluss wegen Unvollständigkeit **analog § 25 Nr. 1 I lit. a VOL/A**.

Die Bieter müssen unbedingt versuchen, **schon zur Angebotsabgabe Gutachten** oder andere geeignete **Zertifikate** vorzulegen, welche die Gleichwertigkeit nach-

3006 VK Südbayern, Beschl. v. 5. 8. 2003 (29-07/03), VergabE E-2b-29/03.

3007 VÜA Nordrhein-Westfalen, Beschl. v. 9. 10. 1997 (424-84-41-13/97s.6k), VergabE V-10-13/97 = ZVgR 1998, 529 = VgR 2/1998, 43.

3008 VÜA Sachsen, Beschl. v. 28. 7. 1997 (1 VÜA 6/96), VergabE V-13-6/96 = ZVgR 1998, 437.

3009 BayObLG, Beschl. v. 12. 9. 2000 (Verg 4/00), VergabE C-2-4/00.

3010 VÜA Thüringen, Beschl. v. 12. 2. 1999 (1 VÜ 3/97), VergabE V-16-3/97.

3011 VK Bund, Beschl. v. 24. 8. 2000 (VK 2-18/00), VergabE D-1-18/00 = EUK 2001, 44; VÜA Bremen, Beschl. v. 31. 5. 1998 (VÜ 1/97), VergabE V-5-1/97.

3012 OLG Naumburg, Beschl. v. 22. 12. 1999 (1 Verg 4/99), VergabE C-14-4/99 = EUK 2000, 8; dazu auch VÜA Bayern, Beschl. v. 17. 6. 1999 (VÜA 22/98), VergabE V-2-22/98 = EUK 2001, 107.

3013 OLG Naumburg, Beschl. v. 11. 7. 2000 (1 Verg 4/00), VergabE C-14-4/00 = EUK 2001, 137 = Behörden Spiegel 9/2001, S. 19.

weisen. Insoweit gelten die gegenüber dem öffentlichen Auftraggeber aufgestellten Anforderungen an eine ausreichende Spezifikation der Leistung auch für den Bieter im Falle des Offerierens von Nebenangeboten (Maßstab des § 9 Nr. 1 VOB/A bzw. des § 8 Nr. 1 VOL/A)[3014]. Solche Belege sind dann – wiederum im Gegenzug – vom öffentlichen Auftraggeber eingehend zu würdigen. Auf diese Weise werden Innovationen ausreichende Chancen eröffnet[3015].

Der **Ausschluss eines Nebenangebotes** erfolgt zu Recht, wenn die in den Bewerbungsbedingungen nochmals ausdrücklich verlangte erschöpfende Beschreibung, insbesondere hinsichtlich der Aufgliederung nach Mengensätzen und Einzelpreisen, fehlt[3016]. Entscheidend ist, dass im Zeitpunkt des Eröffnungstermins ein spezifizierbares, den Bewerbungsbedingungen gerecht werdendes, Angebot vorliegt. Weil **Nachverhandlungen nur in geringem Umfang** zulässig sind, ist es für den Nachweis der Gleichwertigkeit des Nebenangebotes unerheblich, wenn die Vergabestelle Gespräche bereits über das Nebenangebot geführt hat.

Bei der Wertung von Nebenangeboten besteht im besonderen ein **Ermessensspielraum** der Vergabestelle, der sie nicht verpflichtet, ein technisches Nebenangebot mit geringen technischen Abweichungen auszuschließen, solange sie damit nicht die subjektiven Bieterrechte anderer Teilnehmer am Vergabeverfahren verletzt[3017].

Schließlich ist darauf zu verweisen, dass einem im Rahmen der **Vorabinformation** nicht berücksichtigten Bieter gemäß § 13 VgV bei wertungsrelevanten Nebenangeboten auch der **wahrheitsgemäße Grund für die Nichtberücksichtigung der Nebenangebote mitgeteilt** werden muss[3018].

Ein **Recht auf Einsicht** in die Angebote[3019], und damit insbesondere in die **Nebenangebote** der Mitbieter, **besteht nicht**[3020]. Es gibt nur ein Einsichtsrecht in die Niederschrift über den Eröffnungstermin und die Nachträge gemäß § 22 Nr. 7 VOB/A. Der genaue Inhalt der Angebote gemäß §§ 22 Nr. 3 S. 3 und Nr. 8 VOB/A ist geheim zu halten; weitergehende Offenlegungspflichten sind auch europarechtlich nicht zu begründen. Dies wird man im Interesse effizienten Rechtsschutzes eigentlich zumindest in den Fällen anders sehen müssen, in denen eine Bezuschlagung des Nebenangebotes angegriffen wird und es um Fragen der inhaltlichen Wertung geht. Allerdings ist dann erfahrungsgemäß die Vergabekammer gefordert, sich zu den Einzelheiten ein Bild zu machen. Der antragstellende Bieter bekommt die sensiblen Informationen über die Inhalte des angegriffenen Nebenangebotes in aller Regel nicht.

3014 OLG Koblenz, Beschl. v. 29. 8. 2003 (1 Verg 7/03), VergabE C-11-7/03 = VergabeR 2003, 699 = BauR 2004, 142 = EUK 2003, 175.

3015 Instruktiv hierzu: VÜA Sachsen, Beschl. v. 17. 8. 1999 (1 VÜA 18/97), VergabE V-13-18/97 = EUK 2000, 27.

3016 VÜA Schleswig-Holstein, Beschl. v. 22. 12. 1998 (VÜ 3/98), VergabE V-15-3/98 = EUK 2001, 28.

3017 VÜA Bayern, Beschl. v. 28. 9. 1999 (VÜA 43/98), VergabE V-2-43/98.

3018 VK Sachsen, Beschl. v. 27. 9. 2001 (1 VK 85/01), VergabE E-13-85/01.

3019 OLG Düsseldorf, Beschl. v. 29. 12. 2001 (Verg 22/01), VergabE C-10-22/01 = VergabeR 2002, 267 = NZBau 2002, 579 = WuW 2002, 1277 = Behörden Spiegel 2/2002, S. 18.

3020 VÜA Nordrhein-Westfalen, Beschl. v. 19. 11. 1996 (424-84-41-9/96 s.118), VergabE V-10-9/96 = ZVgR 1998, 525.

Unzweifelhaft ist, dass ein Nebenangebot dann ausgeschlossen werden muss, wenn es **unberechtigte Abweichungen** von der Leistungsbeschreibung enthält, die letztendlich auch zu der Situation einer Nicht-Vergleichbarkeit der Angebote führen[3021].

Merke: Die Verpflichtung der Vergabestelle zur Durchführung eines technischen Aufklärungsgespräches findet ihre Grenze dann, wenn der Betreffende verpflichtet gewesen wäre, die erläuternden Unterlagen bereits von sich aus zusammen mit dem Nebenangebot vorzulegen[3022]. Eigene formale Fehler des ein Nebenangebot unterbreitenden Bieters berechtigen erst recht nicht zu Schadensersatzforderungen[3023].

c) Neue Standards; alternative technische Lösungen

411 Der Spielraum der Vergabestelle bei der Angebotswertung konkretisiert sich insbesondere in den nachfolgend aufgeführten Problemfeldern:

Vorauszuschicken ist, dass aufgrund der systemimmanent gegebenen **Schwergängigkeit** des Ausschreibungswesens nicht immer die allerneuesten wissenschaftlichen Erkenntnisse und technischen Standards berücksichtigt werden können. Dies gilt insbesondere in Bereichen mit besonders **dynamischen Fortentwicklungen** (z.B. Computersysteme, andere High-Tech-Produkte etc.). Diese praktische Erfahrung in einer sich immer schneller entwickelnden Welt der Technik hat auch in den Beratungen und Stellungnahmen zum bereits angesprochenen Grünbuch der Europäischen Kommission betreffend das öffentlichen Auftragswesen eine bedeutende Rolle gespielt[3024]. Trotz aller Bemühungen um **Flexibilisierung und Beschleunigung** der Vergabeverfahren bleibt schon an dieser Stelle festzuhalten, dass dem Vergaberecht diesbezüglich **systemimmanente Grenzen** gesetzt sind.

In einem entschiedenen Fall[3025] hatte sich eine Bieterin bei einer Ausschreibung darauf berufen, dass die Leistungsbeschreibung **nicht dem neuesten Stand der Technik** entspricht, was zu einer Aufhebung der Ausschreibung führen müsse. Außerdem legte sie ein **Sachverständigengutachten** vor, das ihre neuartige technische Lösung als überlegen beurteilt. Sie bekam kein Recht, weil **laufende technische Verbesserungen**, wie sie in allen Bereichen der Technik üblich sind, nicht automatisch dazu führen, dass eine Ausschreibung, die dem neuesten technischen Stand nicht entspricht, aufgehoben werden muss. Die **Aufhebungsgründe** des § 26 VOL/A bzw. VOB/A beziehen sich lediglich auf **außergewöhnliche Umstände**, welche die gesamte Ausschreibung als hinfällig erscheinen lassen. Hieran könne auch das von der Bieterin vorgebrachte Gutachten nichts ändern.

3021 VK Bund, Beschl. v. 5. 5. 1999 (VKA 10/99), VergabE U-2-10/99 = Behörden Spiegel 11/1999, S. B II; VÜA Nordrhein-Westfalen, Beschl. v. 2. 6. 1998 (424-84-41-19/97), VergabE V-10-19/97 = Behörden Spiegel 3/1999, S. B II.

3022 OLG Rostock, Beschl. v. 5. 3. 2002 (17 Verg 3/02), VergabE C-8-3/02 = NZBau 2002, 696 = VergabeR 2002, 507 = Behörden Spiegel 11/2002, S. 24.

3023 BGH, Urt. v. 3. 4. 2007 (X ZR 19/06), VergabeR 2007, 750.

3024 Grünbuch der Europäischen Kommission »Das öffentliche Auftragswesen in der Europäischen Union – Überlegungen für die Zukunft«, abgedruckt als Heft 2 der Schriftenreihe des Forum Öffentliches Auftragswesen e.V., Köln 1996.

3025 VÜA Bund, Beschl. v. 11. 10. 1996 (1 VÜ 15/96), VergabE U-1-15/96 = WuW/E VergAB, 104 = WiB 1997, 439 = VgR 6/97, 45.

Konsequenz aus dem Beschluss ist, dass die Vergabestellen – zumindest derzeit noch – in der Regel technischen **Weiterentwicklungen** relativ **gelassen entgegensehen** können. Die Ausschreibungsregularien erlauben es – systembedingt – nicht immer, mit größtmöglicher Zeitnähe auf technische Neuerungen zu reagieren. Als **Abhilfemöglichkeit** wäre nun denkbar, dass der öffentliche Auftraggeber eine **vorherige Anhörung** potentieller Bieterunternehmen bei Erstellung der Leistungsbeschreibung veranlasst. Hier muss man sich bewusst sein, dass dies mit Risiken verbunden ist, weil sich sehr schnell Rechtsverstöße gegen die Gebote des fairen Wettbewerbs und der Gleichbehandlung sowie gegen das Prinzip produktneutraler Leistungsbeschreibungen einstellen könnten. Verbesserungen dieses strukturellen Problems können im Einzelfall mit dem Instrument des »**Wettbewerblichen Dialogs**« erreicht werden.

Ein Weiteres zu diesem Punkt: Sind im Einzelfall die **technischen Neuerungen** ausgesprochen **bahnbrechend**, so muss die Ausschreibung **zwingend aufgehoben** werden und es ist auf Basis der veränderten technischen Rahmenbedingungen neu auszuzuschreiben. Keinesfalls darf die Vergabestelle in solch einem Falle mit den Bietern Verhandlungen aufnehmen, weil dies einen eklatanten Verstoß gegen das Gleichbehandlungsprinzip darstellen würde. Diese Rechtsauffassung der Kommission wird i.ü. durch die Rechtsprechung des EuGH bekräftigt[3026].

Eine weitere Überlegung wäre nun, im **Vorgriff** auf erwartete technische Entwicklungen eine Ausschreibung zu lancieren, in der die **neuen, aber noch nicht verbindlichen, Standards vorweggenommen** werden. Aber auch dies ist nicht zulässig. Das OLG München hat beispielsweise die Bezuschlagung eines medizintechnischen Gerätes untersagt, das über die Zulassung nach dem Medizinproduktegesetz noch nicht verfügte und außerdem die CE-Kennzeichnung noch nicht aufwies. Noch so glaubhafte Zusagen des Herstellers, dass die Voraussetzungen vorliegen werden, wenn das Gerät zur Lieferung und zum Einbau komme, konnten den Senat nicht von einer Zuschlagsfähigkeit überzeugen[3027]. Die Entscheidung ist konsequent, weil ein Leistungswettbewerb mit spekulativen Elementen, nämlich einer erst erwarteten technischen Zulassung, nicht transparent und daher vergaberechtswidrig ist. Insoweit ist eine Parallele zu Eignungsgesichtspunkten zu ziehen, die auch nur dann berücksichtigt werden können, wenn sie nachweislich und transparent zu bestimmten Stichtagen vorliegen[3028]. Ähnlich ist es im Falle von Produktnachweisen. Besteht die Zulassung zum Zeitpunkt der Angebotsabgabe nicht, so ist dies gewissermaßen ein spekulatives, bedingtes Angebot, das nicht berücksichtigt werden darf. Das Vergaberecht ist für öffentliche Auftraggeber wie auch für Bieter bedingungs- und insbesondere spekulationsfeindlich.

3026 EuGH, Urt. v. 25. 4. 1996 (Rs. C-87/94 – »Wallonische Busse«), Slg. 1996, I, 2043 = VergabE A-1-4/96; EuGH, Urt. v. 22. 6. 1993 (Rs. C-243/89 – »Stoerbaelt«), Slg. 1993, I, 3385 = VergabE A-1-1/93.

3027 OLG München, Beschl. v. 27. 1. 2006 (Verg 1/06), VergabeR 2006, 537.

3028 EuGH, Urt. v. 9. 2. 2006 (Rs. C-226/04 und C-228/04), WuW 2006, 449.

d) Nachverhandlungen

aa) »Nachverhandeln"– eine unübersichtliche Begrifflichkeit

412 Ab dem Termin der Angebotsöffnung (genannt Submission bei der VOB) und bis zur Erteilung des Zuschlags sind Gespräche zwischen öffentlichem Auftraggeber und Bieter, welche der Aufklärung des Angebots dienen, **regelmäßig nur in engen Grenzen** möglich[3029]. Diese Grenzen, die in § 24 VOB/A sowie in § 24 VOL/A gezogen sind, bestehen insbesondere in dem grundsätzlichen Verbot von Nachverhandlungen.

Es gilt **für alle förmlichen Vergabeverfahren wie Öffentliche und Beschränkte Ausschreibungen** sowie für das **Offene und Nichtoffene Verfahren**. Sogar im **Verhandlungsverfahren** kann das Nachverhandlungsverbot zumindest dann gelten, wenn sich die ausschreibende Stelle auf einen bestimmten Rahmen und einen bestimmten Modus, in dem nachverhandelt werden kann, festgelegt hat[3030].

Die Regelungen in den Verdingungsordnungen divergieren allerdings. Im Falle einer Begrifflichkeit, nämlich dem sog. »Vervollständigen«, ist derzeit noch völlig unklar, wie damit umzugehen ist. In letzter Zeit hat dies zu bisher weithin unbeantworteten Fragestellungen bei den ausschreibenden Stellen geführt.

(1) Regelungen der VOB/A

413 § 24 Nr. 1 I VOB/A gestattet Verhandlungen bis zur Zuschlagserteilung **regelmäßig** nur dann, wenn durch sie

- die Eignung eines Bieters (insbes. seine technische und wirtschaftliche Leistungsfähigkeit),
- das Angebot selbst,
- etwaige Nebenangebote,
- die geplante Art der Durchführung,
- etwaige Ursprungsorte oder Bezugsquellen von Stoffen oder Bauteilen und
- die Angemessenheit der Preise

geklärt werden können.

Gem. § 24 Nr. 3 VOB/A[3031] sind andere Verhandlungen, insbesondere über Änderung der Angebote oder Preise, nicht statthaft, außer wenn sie nötig sind, um bei Nebenangeboten oder Angeboten auf Grund eines Leistungsprogramms (**Funktionalausschreibung**)

- unumgängliche technische Änderungen geringen Umfangs
- und sich daraus ergebende Änderungen der Preise

zu vereinbaren.

3029 OLG Düsseldorf, Beschl. v. 24. 5. 2005 (Verg 28/05), NZBau 2005, 710 = VS 2005, 43, 45; OLG Düsseldorf, Beschl. v. 5. 5. 2004 (VII-Verg 10/04), NZBau 2004, 460 = EUK 2004, 103; VK Nordbayern, Beschl. v. 9. 8. 2005 (320.VK-3194-27/05), VS 2005, 72 [LS].

3030 VK Schleswig-Holstein, Beschl. v. 17. 8. 2004 (VK-SH 20/04), VS 2005, 39 [LS]; VK Nordbayern (320.VK-3194-17/03).

3031 Siehe zum Rahmen möglicher Nachverhandlungen bei Funktionalausschreibungen auch Rdn. 300.

(2) Regelungen der VOL/A

414 Die Regelungen des § 24 VOL/A sind demgegenüber weiter gefasst. Gemäß § 24 Nr. 1 VOL/A darf nach der Angebotsöffnung bis zur Zuschlagserteilung mit Bietern über ihre Angebote nur verhandelt werden, wenn dadurch **Zweifel über die Angebote oder die Bieter** behoben werden können. § 24 Nr. 2 I VOL/A weist daraufhin, dass Verhandlungen über die Änderung der Angebote sowie der Preise unzulässig sind. Eine **strikte Bezeichnung der Verhandlungsgegenstände**, wie in § 24 Nr. 1 VOB/A, **fehlt hingegen.**

Eine Sonderkonstellation deckt § 24 Nr. 2 II 1 VOL/A ab: Wurde – im Falle eines **Nebenangebots** oder einer **funktionalen Leistungsbeschreibung** – das Angebot eines Bieters als das Wirtschaftlichste gewertet, so ist es der VSt. ausnahmsweise gestattet, über notwendige technische Änderungen geringen Umfangs und die diesbezüglichen Preisanpassungen mit dem Bieter nachzuverhandeln. § 24 Nr. 2 II 2 VOL/A betont, dass solche Nachverhandlungen nicht mit anderen Bietern geführt werden dürfen.

(3) Begrifflichkeiten

415 In der Praxis ist ein gehöriges begriffliches Durcheinander vorzufinden.

(3a) Aufklären

416 Unter Aufklärung versteht man vergaberechtlich, dass die VSt. verpflichtet ist, sich (bei eigenen Zweifeln) ein klares Bild über den Inhalt der Angebote zu machen. Nur durch die Transparenz der Angebote kann eine Grundlage für eine Angebotsprüfung sowie für einen späteren Vertragsschluss geschaffen werden, im Rahmen derer die Angebote aller Bieter gleichbehandelt werden.

Die Aufklärung sollte **in der Regel schriftlich** erfolgen. Die VSt. hat die betreffenden Bieter auf mögliche fehlende Unterlagen, potentielle Mehrdeutigkeiten und sich möglicherweise daraus ergebende Missverständnisse hinzuweisen. Es ist besonderer Wert darauf zu legen, dass die Schwachstellen des Angebots, welche der Aufklärung bedürfen, so konkret wie möglich benannt werden. Durch die konkrete Benennung in schriftlicher Form ist es den Bietern dann möglich, die Unstimmigkeiten aus der Welt zu schaffen und ihr Angebot weiterhin im Vergabeverfahren zu belassen.

(3b) Erläutern

417 Erläuterungen des Angebotes, wie ein Bieter seine Offerte im Zeitpunkt der Angebotsabgabe verstanden hat und verstanden wissen möchte, sowie Erläuterungen von Nachweisen zu Eignungsgesichtspunkten, sind – anlassbezogen – zuzulassen.

Sie müssen grundsätzlich bei der Auslegung des Angebotes berücksichtigt werden[3032].

3032 So: OLG Düsseldorf, Beschl. v. 12. 3. 2007 (Verg 53/06).

(3c) Nachreichen

418 Unter Nachreichen versteht man die Vorlage von Erklärungen oder Nachweisen, die entweder gar nicht oder nicht in der gebotenen Form (z.B. nicht im Original oder als beglaubigte Kopie) mit dem Angebot abgegeben wurden. Das Nachreichen unterscheidet sich von dem Nachverhandeln dadurch, dass es im Falle des Nachreichens zu keinen inhaltlichen Änderungen am Angebot kommt.

(3d) Vervollständigen

419 Ein **Sonderbegriff**, der als Unterbegriff des Nachreichens rangieren kann, ist derjenige des Vervollständigens von Eignungsnachweisen. Gemäß Art. 51 VKRL 2004/18/EG ist es möglich, vorhandene Nachweise, die nicht in der richtigen Form beigebracht sind, zu vervollständigen:

> *»Der öffentliche Auftraggeber kann Wirtschaftsteilnehmer auffordern, die in Anwendung der Artikel 45 bis 50 vorgelegten Bescheinigungen und Dokumente zu vervollständigen oder zu erläutern.«.*

Demnach könnte man z.B. im Falle einer vorhandenen, aber unvollständigen Referenzliste (es fehlt etwa die Benennung der Ansprechpartner bei den referenzierten Unternehmen) die geforderten Adressdaten in diesem Sinne »nachreichen«, also einen verlangten Nachweis »vervollständigen«. Wie weit der Anwendungsbereich der Richtlinienbestimmung reicht und inwieweit sie die auf die strikte Gleichbehandlung ausgerichtete BGH-Rechtsprechung zu brechen vermag, ist umstritten.

Konsequenterweise müsste jedoch der BGH – zumindest in einem europaweiten Vergabeverfahren, in dem die Richtlinie 2004/18/EG Geltung entfaltet – den Vorrang der europarechtlichen Regelung beachten. Paradox wäre es dann, wenn unterhalb der EU-Schwelle ein auf der Gleichbehandlung fußendes strengeres Regime gelten würde und ein solches Nachreichen im Sinne eines Vervollständigens nicht möglich wäre. Daher gibt es dem Vernehmen nach Bestrebungen, die Vorschriften der §§ 25 VOB/A und VOL/A entsprechend anzupassen.

Unzweifelhaft ist jedoch eines: Schon rein begrifflich »vervollständigt« werden kann ein Eignungsnachweis dann nicht, wenn er von vornherein gänzlich fehlt.

(3e) Nachverhandeln i.e.S.

420 Unter dem Nachverhandeln versteht man schließlich jede Form des **intensiven Austauschs** von Informationen zwischen der VSt. und den Bietern, welche nach der Angebotsabgabe stattfindet und

- zu **Änderungen des Angebotsinhalts** ebenso führen kann wie
- zu einer **Besser- oder Schlechterstellung des betreffenden Bieters im vergaberechtlichen Wettbewerb**.

Das Nachverhandeln ist nur unter den zuvor genannten rechtlichen Rahmenbedingungen zulässig. Den Bietern steht per se kein Anspruch auf Nachverhandlung gegenüber der Vergabestelle zu.

bb) Rechtsprechung

421 **Angebote insbesondere bei komplexen Beschaffungen, Nebenangebote** allgemein sowie insbesondere solche Nebenangebote, die technische Neuerungen zum Gegenstand haben, machen häufig **Nachverhandlungen** erforderlich. Diese dürfen sich gemäß der Rechtsprechung lediglich auf die **Aufklärung von Angebotsinhalten** beziehen, nicht jedoch dürfen sie sich auf deren Änderung, und schon gar auf die Änderung der Preise, beziehen[3033]. Im eigentlichen Sinne handelt es sich daher – im Einklang mit der zuvor dargestellten, richtig verstandenen Terminologie – auch nicht um »Verhandlungen«, sondern um aufklärende Gespräche.

Sehr treffend bringt dies das OLG Düsseldorf[3034] zum Ausdruck: »*Nach Öffnung der Angebote bis zur Zuschlagserteilung darf der Auftraggeber nur in den in § 24 Nr. 1 Abs. 1 VOB/A abschließend aufgezählten Fällen mit einem Bieter verhandeln. In den genannten Katalogfällen müssen sich Verhandlungsgespräche auf eine* ***reine Aufklärung*** *über zweifelhafte und nicht eindeutige Punkte beschränken, wobei ihr Zweck allein die Klärung eines feststehenden Sachverhalts und die Erforschung des wirklichen Angebotswillens, nicht aber deren Veränderung, sein darf. Jede Verhandlung, die darauf hinausläuft, dass ein Bieter objektiv zu einer inhaltlichen Änderung seines bisher im Angebot zum Ausdruck gebrachten Willens veranlasst oder bewogen wird, ist unzulässig.*«

Verhandelt werden darf also im Normalfall nur das, was seitens des Bieters **schon angeboten** bzw. seinem Angebot beigefügt wurde. Dies bedeutet bereits aus formaler Sicht, dass etwa **fehlende Erklärungen**, deren Nachreichen ein Angebot erst vollständig machen sollen, der Nachverhandlung im Sinne einer nachträglichen Zulassung nicht zugänglich sind[3035].

Anders mag dies in Einzelfällen sein, in denen unbedeutende, nicht angebotswesentliche Faltblätter oder dergleichen nachgereicht werden (»bloßes Übersendungsversehen«); dies stellt kein unzulässiges Nachverhandeln dar[3036]. Dennoch ist hier aufgrund der sehr formalen Rechtsprechung des BGH zu den Ausschlussgründen Vorsicht geboten.

Nachverhandlungen sollten nicht dazu dienen, formal mangelhafte Angebote zu vervollständigen, und zwar auch dann nicht, wenn alle Angebote unvollständig sind[3037]. Ein **widersprüchliches Angebot** kann nicht im Wege der Aufklärung bzw. von Nachverhandlungen zu einem ausschreibungskonformen avancieren[3038].

3033 OLG Düsseldorf, Beschl. v. 24. 5. 2005 (Verg 28/05), NZBau 2005, 710 = VS 2005, 43, 45; OLG Düsseldorf, Beschl. v. 5. 5. 2004 (VII-Verg 10/04), NZBau 2004, 460 = EUK 2004, 103; VK Nordbayern, Beschl. v. 9. 8. 2005 (320.VK-3194-27/05), VS 2005, 72 [LS].

3034 OLG Düsseldorf, Beschl. v. 16. 5. 2001 (Verg 10/00), VergabE C-10-6/00, Rn. 29. Siehe ferner: OLG Düsseldorf, Beschl. v. 29. 11. 2000 (Verg 21/00), VergabE C-10-21/00, Rn. 13; OLG Düsseldorf, Beschl. v. 14. 3. 2001 (Verg 30/00), VergabeR 2001, 226 = VergabE C-10-30/00, Rn. 40; OLG Düsseldorf, Beschl. v. 30. 4. 2002 (Verg 3/02), VergabE C-10-3/02 = VergabeR 2002, 528 = Behörden Spiegel 8/2002, S. 18; VK Bund, Beschl. v. 15. 11. 2000 (VK 2-34/00), VergabE D-1-34/00.

3035 Betreffend eine Nachunternehmererklärung: OLG Düsseldorf, Beschl. v. 30. 7. 2003 (Verg 32/03), VergabE C-10-32/03 = VergabeR 2003, 687 = BauR 2004, 141 = EUK 2003, 140; OLG Jena, Beschl. v. 5. 12. 2001 (6 Verg 4/01), VergabE C-16-4/01-2 = VergabeR 2002, 256 = Behörden Spiegel 11/2002, S. 24.

3036 OLG Düsseldorf, Beschl. v. 15. 8. 2003 (Verg 38/03), VergabE C-10-38/03.

3037 VK Brandenburg, Beschl. v. 15. 11. 2005 (2 VK 64/05), VS 2006, 30.

3038 VK Bund, Beschl. v. 21. 7. 2005 (VK 3-61/05), VS 2006, 13.

Grundsätzlich dürfen gemäß § 24 Nr. 3 VOB/A **keine Verhandlungen über vertragswesentliche Leistungsmerkmale**[3039] stattfinden.

Unstatthaft sind **Preisverhandlungen jeder Art**, insbesondere auch alle Formen von »*Klarstellungen bei den Preisen*«, weil diese erfahrungsgemäß auf eine Reduzierung des Preises hinauslaufen[3040].

Auch wurde entschieden, dass das Angebot eines Preisnachlasses für den Fall der Verlängerung der Zuschlags- und Bindefrist unstatthaft ist und ein unzulässiges Nachverhandeln im Sinne von § 24 Nr. 3 VOB/A darstellt. Ein solches Angebot darf nicht berücksichtigt werden[3041].

Im Falle von **verdeckten Irrtümern eines Bieters** in seinem Angebot ist die Vergabestelle bei der Prüfung grundsätzlich nicht berechtigt, Rückfragen an ihn zu tätigen, weil eine solche Vorgehensweise nicht mehr mit dem Nachverhandlungsverbot des § 24 VOB/A in Einklang zu bringen ist. Dies liefe auf ein gemeinschaftliches Zusammenwirken zwischen Vergabestelle und Bieter hinaus und würde dem Wettbewerbsgedanken widersprechen. Lediglich dann, wenn die Vergabestelle einen **offensichtlichen Fehler des Bieters entdeckt**, sind Nachfragen beim Bieter zulässig. In einem solchen Falle kann angenommen werden, dass das Angebot aus der Sicht eines objektiven Erklärungsempfängers als so nicht gewollt abgegeben ist[3042].

Allein im Falle von **Nebenangeboten** oder **Funktionalausschreibungen** ist es **ausnahmsweise** erlaubt, über technische Änderungen geringen Umfangs, auch mit preiswirksamen Folgen, zu sprechen[3043] (siehe dazu ausführlich auch Rdn. 300, Leistungsbeschreibung, Funktionalausschreibung). Dadurch darf sich keinesfalls der Charakter der angebotenen Leistung verändern. Der Umfang der zu vereinbarenden Preisänderungen sollte möglichst einige wenige Prozent nicht übersteigen. 30% oder gar 50%[3044] sind in jedem Falle schädlich. Letzteres käme praktisch einer Art Teilaufhebung gleich[3045]. Von der VK Bund wurde entschieden, dass Nachverhandlungen, die einen Umfang von einem Drittel (also 33%) der zu

3039 Betreffend die Geltung von Geschäftsbedingungen: OLG Bremen, Beschl. v. 17. 3. 2003 (Verg 2/2003), VergabE C-5-2/03v = EUK 2003, 57. Betreffend eine Rauchgasreinigungsanlage, die ein Drittel der gesamten Auftragssumme ausmachte: VK Bund, Beschl. v. 26. 8. 1999 (VK 2-22/99), VergabE D-1-22/99. Wesentliche technische Änderungen: VK Bund, Beschl. v. 9. 9. 1999 (VK 2-24/99), VergabE D-1-24/99 = NZBau 2000, 110 = EUK 1999, 185 = Behörden Spiegel 12/1999, S. B II.

3040 BGH, Urt. v. 6. 2. 2002 (V ZR 185/99), VergabeR 2002, 369; OLG Bremen, Beschl. v. 20. 8. 2003 (Verg 7/2003), VergabE C-5-7/03v = EUK 2003, 140.

3041 BayObLG, Beschl. v. 21. 8. 2002 (Verg 21/02), VergabE C-2-21/02v.

3042 OLG Düsseldorf, Beschl. v. 30. 4. 2002 (Verg 3/02), VergabE C-10-3/02 = VergabeR 2002, 528 = Behörden Spiegel 8/2002, S. 18.

3043 KG, Beschl. v. 22. 8. 2001 (Kart Verg 3/01), VergabE C-3-3/01 = VergabeR 2001, 392 = NZBau 2002, 402 = EUK 2001, 152 = Behörden Spiegel 10/2001, S. 20; VK Bund, Beschl. v. 9. 9. 1999 (VK 2-24/99), VergabE D-1-24/99 = EUK 1999, 185.

3044 VK Südbayern, Beschl. v. 14. 8. 2002 (32 – 07/02).

3045 OLG Naumburg, Beschl. v. 13. 10. 2006 (1 Verg 6/06), NZBau 2007, 200 = VergabeR 2007, 125, 5. LS.: »*Wird von einem Auftrag ein Teil der Leistungspositionen nachträglich herausgenommen, so liegt faktisch eine Teilaufhebung der Ausschreibung vor, die einer eigenen sachlichen Rechtfertigung bedarf.*«

erbringenden Leistungen betrafen, rechtswidrig sind, weil sie über das rechtlich zulässige Maß hinausgehen[3046].

Außerdem müssen die technischen Änderungen für die spätere Ausführung unumgänglich sein[3047].

Ein Verhandeln über **nachträglich vorgelegte Zusatzangebote** und deren **Preise** verbietet sich gemäß dem zuvor Gesagten erst recht[3048]. Ebenso scheidet bei einer funktionalen Leistungsbeschreibung die Zulassung einer **neuen Angebotsvariante**, die nach Durchführung eines Bemusterungstermins angeboten wird, wegen verbotener Nachverhandlungen (§ 24 Nr. 2 II VOL/A) aus[3049].

Es existiert **kein Zwang der Vergabestelle**, mit der betreffenden Bieterin **nachzuverhandeln** (§ 24 Nr. 2 II VOL/A)[3050].

Die **Grenzen** des § 24 VOB/A – und auch des § 24 VOL/A – sind daher, wenn auch für den Ausnahmefall von Nebenangeboten und Funktionalausschreibungen etwas erweitert, eher **eng** gezogen; dies nicht zuletzt deshalb, weil anderenfalls der Sinn und Zweck der öffentlichen Ausschreibung unterlaufen würde und man von vornherein ins Verhandlungsverfahren übergehen könnte[3051].

Weigert sich der Bieter, Aufklärung zu leisten, so kann sein Angebot unberücksichtigt bleiben (§ 24 Nr. 2 VOB/A).

Verstöße gegen das Nachverhandlungsverbot tangieren grundsätzlich auch die **subjektiven Rechte** der Bieter. Bleibt indes der Fehler folgenlos, weil sich die Bieterrangfolge nicht verschoben hat, so kann es durchaus sein, dass ein Nachprüfungsantrag insoweit erfolglos bleibt[3052]. Folge eines unsachgemäß gehandhabten Nachverhandlungsverbotes kann aber auch die **Nichtigkeit des Vertrages infolge einer sog. De-facto-Vergabe** sein.

Eine spätere Berufung des bezuschlagten Bieters auf Unwirksamkeit oder Nichtigkeit des Vertrages wegen Verstoßes gegen das Nachverhandlungsverbot des § 24 Nr. 3 VOB/A oder gegen § 134 BGB ist regelmäßig erfolglos[3053].

3046 VK Bund, Beschl. v. 26. 8. 1999 (VK 2-20/99), NZBau 2000, 398 = WuW 1999, 1163 = ZVgR 199, 258 = VergabE D-1-20/99.

3047 BayObLG, Beschl. v. 24. 10. 2000 (Verg 6/00), VergabE C-2-6/00 = BauR 2001, 92.

3048 VK Sachsen, Beschl. v. 21. 5. 2001 (1 VK 32/01), VergabE E-13-32/01.

3049 OLG Dresden, Beschl. v. 9. 1. 2004 (WVerg 16/03), VergabE C-13-16/03 = EUK 2004, 42 = Behörden Spiegel 3/2004, S. 24.

3050 VK Bund, Beschl. v. 14. 8. 2000 (VK 2-18/00), VergabE D-1-18/00 = EUK 2001, 44.

3051 VÜA Schleswig-Holstein, Beschl. v. 22. 12. 1998 (VÜ 3/98), VergabE V-15-3/98 = EUK 2001, 28; VÜA Saarland, Beschl. v. 2. 7. 1997 (VÜA 1/97), VergabE V-12-1/97 = VgR 2/1998, 43; vgl. auch VÜA Rheinland-Pfalz, Beschl. v. 2. 9. 1996 (VÜ 4/96), VergabE V-11-4/96.

3052 OLG Bremen, Beschl. v. 18. 8. 2003 (Verg 6/2003), VergabE C-5-6/03v, Rn. 7; OLG Rostock v. 25. 10. 1999 (17 W [Verg] 2/99), VergabE C-8-2/99 = EUK 2000, 28.

3053 OLG Braunschweig, Urt. v. 11. 11. 2004 (8 U 189/99), VS 2005, 92.

15. Mitteilungspflichten an die Bieter; Vergabevermerk; Berichtspflichten

a) Mitteilungspflichten an die Bieter

422 Den nicht erfolgreichen Bietern soll eine **Mitteilung** über ihren Ausschluss bzw. ihre **Nichtberücksichtigung** gemacht werden (§§ 27 VOB/A bzw. VOL/A). Hierbei handelt es sich um die **Basisvorschrift des nationalen Vergabeverfahrens**.

Auf ihren Antrag hin sind den erfolglosen Bietern **unverzüglich** nach Zuschlagserteilung die Gründe für die Nichtberücksichtigung mitzuteilen[3054]. Insbesondere letzteres ist wichtig für die schon erwähnte ex-post-Transparenz.

Bei einem **europaweiten Vergabeverfahren** verschärfen sich die Voraussetzungen. Herauszustellen ist zunächst, dass § 27a VOB/A bzw. VOL/A[3055] nicht nur bei einem Offenen oder Nichtoffenen Verfahren gilt, sondern auch bei einem Verhandlungsverfahren mit vorausgegangener Vergabebekanntmachung.

§ 27a VOB/A bzw. VOL/A verlangen lediglich, dass **binnen 15 Tagen**[3056] die Gründe für die Nichtberücksichtigung mitzuteilen sind; ebenso sind die Vorteile des Angebotes des erfolgreichen Bieters sowie dessen Name bekanntzugeben. Eine Pflicht zur Nennung der Bewerber, die am weiteren Verfahren beteiligt werden, gibt die Bestimmung nicht her.

Anknüpfend an die **Informations- und damit einhergehenden Rechtsschutzbedürfnisse** der erfolglosen Bieter wurde der **§ 13 VgV** geschaffen. Dieser erweitert und präzisiert die Vorgehensweise der Informationspflichten bei den europaweiten Vergaben. Insbesondere ist zu beachten, dass die Frist von 14 Kalendertagen mit Absendung der Information zu laufen beginnt (normale Fristberechnung nach BGB/ZPO). Bei den europaweiten Vergaben ist dies die maßgebliche Vorschrift. Die historisch schon vorher vorhandene Vorschrift der §§ 27a VOB/A bzw. VOB/A ist damit in ihrem Kern weitgehend bedeutungslos geworden.

Die Bestimmungen der §§ 27a VOB/A bzw. VOB/A mögen noch eine eigenständige Bedeutung haben für den Fall, dass z.B. viele Bieter nach § 13 VgV zu bescheiden sind. Entsprechend der Empfehlung des Verfassers, in solchen Fällen je nach Rangfolge des Bieters mit abgestufter Begründungstiefe zu bescheiden (also: höheres Ranking – ausführlichere Begründung, niedrigeres Ranking – sehr knappe Begründung), kann man nach Zuschlagserteilung niedriger platzierten Bietern, welche im Zweifel ohnehin nicht zur Wahrnehmung des Rechtsschutzes die Vergabekammer anrufen werden, sondern denen es lediglich um die ex-post-Transparenz geht, zusätzliche Informationen zur Verfügung stellen.

Merke: Nationales Vergabeverfahren – Information nach § 27 VOB/A//VOL/A

3054 Zu § 27 Nr. 1 und Nr. 2 VOL/A: VÜA Bayern, Beschl. v. 30. 9. 1998 (VÜA 27/97), VergabE V-2-27/97 = ZVgR 1998, 587 = EUK 1999, 12 = Behörden Spiegel 2/1999, S. B II.

3055 Zu § 27a VOL/A: OLG Koblenz, Beschl. v. 22. 3. 2001 (1 Verg 9/00), VergabE C-9-9/00 = VergabeR 2001, 407 = Behörden Spiegel 9/2001, S. 19; VK Bund v. 29. 4. 1999 (VK 1-7/99), VergabE D-1-7/99 = BB 1999, 1076; VÜA Bund, Beschl. v. 1. 10. 1998 (1 VÜ 12/98), VergabE U-1-12/98; VK Nordbayern, Beschl. v. 27. 10. 2000 (320.VK-3194-26/00), VergabE E-2a-26/00 = EUK 2001, 73.

3056 Auf die Bedeutung der Einhaltung dieser Frist weist der VÜA Berlin, Beschl. v. 12. 5. 1998 (VÜA 1/98), VergabE V-3-1/98 = Behörden Spiegel 2/1999, S. B II, hin.

Europaweites Vergabeverfahren – Bescheidung nach § 13 VgV, ggf. bei vielen Bietern im Offenen Verfahren zusätzliche ex-post-Information für niederrangige Bieter gemäß § 27a VOB/A//VOL/A.

b) Vergabevermerk; Berichtspflichten

423 Der **Vergabevermerk** ist **zwingend** anzufertigen (§§ 30 VOB/A, § 30 VOL/A) und bildet ein wesentliches Element der ex-post-Transparenz.

Er dokumentiert die einzelnen Stufen des Vergabeverfahrens und liefert wichtige Anhaltspunkte für die einzelnen Entscheidungsschritte. Damit wird bei einer etwaigen **Überprüfung** der Vergabeentscheidung der gesamte Verfahrensgang überhaupt erst **nachvollziehbar**[3057].

Im Kern geht es um die **Dokumentation der wichtigsten Entscheidungsschritte**:
- Auftragswertschätzung,
- Verfahrenswahl,
- Entscheidung über Losbildung,
- Zulassung von Nebenangeboten,
- Vertragsdauer,
- Wahl der Art der Leistungsbeschreibung,
- Rückgriffe auf technische Normen,
- formale Wertung,
- Eignungsprüfung,
- Wertung der Angebote,
- Nachverhandlungen, Bietergespräche[3058],
- Zuschlagsentscheidung usw.

Nicht erforderlich ist die **Dokumentation sämtlicher Details**[3059]: Zwischenentwürfe des Ausschreibungstextes, unwichtige Details behördeninterner Abstimmung und Ähnliches.

In den Vergabevermerk gehören nicht hinein: Honorarverträge mit eingeschalteten Ingenieurbüros oder externen Rechtsberatern. Dies hat mit dem Vergabevorgang als solchem nichts zu tun.

Merke: Der Vergabevermerk ist demnach – entgegen dem etwas missverständlichen Wortlaut der §§ 30 VOL/A bzw. VOB/A – **begleitend** zum Verfahren zu fertigen[3060]. Dieses Erfordernis ergibt sich im Übrigen schon aus den Bestimmungen

3057 OLG Düsseldorf, Beschl. v. 13. 9. 2001 (Verg 4/01), VergabE C-10-4/01v, Rn. 5; VÜA Bund, Beschl. v. 20. 11. 1995 (1 VÜ 2/95), VergabE U-1-2/95 = WuW/E VergAB, 49.

3058 Vgl. hierzu: VK Thüringen, Beschl. v. 17. 12. 2004 (027/04-SLZ), VergabE E-16-27/04 = VS 2005, 6 [LS]: Das Verhandlungsverfahren ist umfassend zu dokumentieren; die so genannten Bietergesprächsprotokolle müssen die mit den Bewerbern durchgeführten Auftragsverhandlungen i.S. eines Aufzeigens von »Abweichungen« in den jeweiligen Bewerberangeboten dokumentieren; die gefertigten Protokolle sind den jeweils Beteiligten zugänglich zu machen, um die Überprüfung der Richtigkeit der Angaben zu ermöglichen. Ferner für ein Verhandlungsverfahren auch: VK Arnsberg, Beschl. v. 1. 9. 2004 (VK 2-16/04), VergabE E-10a-16/04.

3059 OLG Frankfurt, Beschl. v. 27. 6. 2003 (11 Verg 2/03), VergabE C-7-2/03 = NZBau 2004, 60 = BauR 2003, 1784.

3060 BayObLG, Beschl. v. 20. 8. 2001 (Verg 9/01), VergabE C-2-9/01 = VergabeR 2001, 438 = NZBau 2002, 348.

über die Verfahrenswahl. In den §§ 3 Nr. 5 VOB/A bzw. VOL/A heißt es, dass die Gründe für die Verfahrenswahl aktenkundig zu machen sind[3061]. Ein nachheriges Fertigen von (nachdatierten) Dokumenten ist ggf. eine Urkundenfälschung! Daher ist unbedingt anzuraten, lieber vorher mehr Zeit in eine sorgfältige Dokumentation zu investieren.

Fehlt ein **Vergabevermerk**, so kann das Vergabeverfahren im Extremfall schon allein aus diesem Grunde zumindest formal **rechtswidrig** sein. Dies haben die Nachprüfungsorgane verschiedentlich festgestellt[3062]. Es ist auch entschieden, dass der Vergabevermerk grundsätzlich **zu den subjektiven Rechten** des Bieters im Sinne des § 97 VII GWB **zählt**[3063].

Die Dokumentationspflichten stellen **allerdings keinen Selbstzweck** dar, so dass auch dann, wenn ein Vergabeverfahren hinsichtlich der Dokumentation gewisse Defizite erkennen lässt, die Ausschreibung durchaus nicht zwingend aufgehoben werden muss. Zu verlangen ist zumindest nach OLG Dresden eine **Verknüpfung** der vom Bieter gerügten Dokumentationsdefizite mit der etwaig vergaberechtswidrigen und schadensstiftenden Benachteiligung[3064].

Bei **europaweiten Vergaben** kommen noch zusätzliche **Berichts, Melde- und Aufbewahrungspflichten** gegenüber der Europäischen Kommission hinzu. Dies dient Nachprüfungsinteressen, statistischen Zwecken z.B. über die Häufigkeit bestimmter Vergabeverfahren, Wert, Art und sonstige Spezifikationen der vergebenen Aufträge (z.B. Anzahl der Generalunternehmervergaben etc.). Nicht zuletzt ermöglichen sie der Europäischen Kommission auch einen Überblick über das **Marktgeschehen**[3065]. Hier passieren erfahrungsgemäß viele Fehler bzw. es unterbleiben die erforderlichen Mitteilungen überhaupt. Dies ist umso bedauerlicher, als es sich hier um eine sehr wichtige **Erkenntnisquelle** für die Europäischen Institutionen wie auch für die deutschen Ministerien handelt. Im Einzelnen kommt es vor, dass in wichtigen Details nur deshalb falsche oder unpraktikable Regelungen getroffen werden, weil die entsprechenden Erkenntnisquellen fehlen. Alles dies geht maßgeblich zu Lasten der Beteiligten.

3061 Siehe zur Begründung der Wahl des Verhandlungsverfahrens: VK Lüneburg, Beschl. v. 18. 11. 2004 (203-VgK-49/2004), VergabE E-9c-49/04 = EUK 2004, 186.

3062 VK Thüringen, Beschl. v. 18. 5. 2000 (216–4003.20-012/00-GTH), VergabE E-16-12/00; VÜA Bund, Beschl. v. 1. 7. 1997 (1 VÜ 9/97), VergabE U-1-9/97 = WuW/E Verg, 63 = WiB 1997, 1270; VÜA Brandenburg, Beschl. v. 3. 4. 1997 (VÜA 11/96), VergabE V-3-11/96.

3063 OLG Brandenburg, Beschl. v. 3. 8. 1999 (6 Verg 1/99), BauR 1999, 1175 – NVwZ 1999, 1142 = ZVgR 1999, 207 = VergabE C-3-1/99; VK Südbayern, Beschl. v. 12. 1. 2004 (59-11/03), VergabE E-2b-11/03 = EUK 2004, 75. So auch *Müller-Wrede* in: *Müller-Wrede*, Verdingungsordnung für Leistungen – Kommentar, 2007, Rn. 39 zu § 30.

3064 OLG Dresden, Beschl. v. 31. 3. 2004 (W Verg 2/04), VergabE C-13-2/04 = EUK 2004, 126; VK Bremen, Beschl. v. 10. 9. 2004 (VK 3/04), VergabE E-5-3/04.

3065 So VÜA Bund, Beschl. v. 20. 11. 1995 (1 VÜ 2/95), VergabE U-1-2/95 = WuW/E VergAB, 49.

16. Aufhebung der Ausschreibung

424 Die Aufhebung der Ausschreibung kann nur unter den **eher eng auszulegenden Voraussetzungen der §§ 26 Nr. 1 VOB/A bzw. VOL/A** erfolgen[3066]. **Gründe** für eine Aufhebung können sein, dass
- kein Angebot eingegangen ist, das den Ausschreibungsbedingungen entspricht (z.B. alle Angebote formal auszuschließen sind),
- sich die Grundlagen der Ausschreibung wesentlich geändert haben (Situation eines Wegfalls der Geschäftsgrundlage, z.B. bahnbrechende neue Erfindung[3067]),
- die Ausschreibung kein wirtschaftliches Ergebnis gehabt hat (nur § 26 Nr. 1 VOL/A; alle Angebote liegen bspw. weit über der Kalkulation und den zur Verfügung stehenden Haushaltsmitteln),
- andere schwerwiegende Gründe existieren (externe Ereignisse/Katastrophen).

Zentrale Bedingung all dieser Aufhebungsgründe ist, dass die **Umstände**, welche zu der Aufhebung der Ausschreibung führen, **der Vergabestelle zuvor nicht bekannt gewesen sein dürfen**. Besaß die Vergabestelle jedoch schon vorher Kenntnisse, die auf die Erforderlichkeit einer späteren Aufhebung hindeuteten, so ist die Aufhebung nicht gerechtfertigt. Gleichzeitig stellt dies dann einen Verstoß gegen das Gebot der Ausschreibungsreife dar (§§ 16 VOB/A bzw. VOL/A)[3068].

Die Vergabestelle muss eine Aufhebung der Ausschreibung nach pflichtgemäßen **Ermessen** (sog. Entschließungsermessen) prüfen (»kann aufgehoben werden«) und sorgfältig abwägen, ob dieses Vorgehen wirklich gerechtfertigt ist[3069]. Die Aufhebung der Ausschreibung bildet die ultima ratio[3070].

Unter Umständen kann sich das Ermessen **auf Null reduzieren**[3071]. Doch diese Fälle sind der Erfahrung nach eher selten[3072].

Im Einzelnen ist eine Aufhebung möglich, wenn **kein Angebot eingegangen ist, das den Ausschreibungsbedingungen entspricht** (lit. a)[3073]. Hiermit ist vor allem

3066 Grundlegend: *Scharen*, NZBau 2003, 585.

3067 Mangelnde Konkretisierbarkeit des »Standes der Technik« für eine Kompostierungsanlage (überalterte Leitfäden und Erlasse), die nach der Lancierung der Ausschreibung bekannt werden, sollen gemäß VÜA Sachsen, Beschl. v. 27. 7. 1999 (1 VÜA 4/99), VergabE V-13-4/99 = EUK 1999, 137 = Behörden Spiegel 11/1999, S. B II, nicht genügen.

3068 OLG Naumburg, Beschl. v. 16. 9. 2002 (1 Verg 2/02), VergabE C-14-2/02 = ZfBR 2003, 182 = EUK 2003, 105.

3069 OLG Koblenz, Beschl. v. 23. 12. 2003 (1 Verg 8/03), VergabE C-11-8/03 = VergabeR 2004, 244; OLG Naumburg, Beschl. v. 19. 10. 2000 (1 Verg 9/00), VergabE C-14-9/00 = VergabeR 2001, 134 = WuW 2001, 437 = Behörden Spiegel 12/2000, S. B II.

3070 OLG Naumburg, Beschl. v. 16. 9. 2002 (1 Verg 2/02), VergabE C-14-2/02 = ZfBR 2003, 182 = EUK 2003, 105.

3071 OLG Celle, Beschl. v. 8. 4. 2004 (13 Verg 6/04), VergabE C-9-6/04: Anordnung der Aufhebung »von Amts wegen« (§ 114 I 2 GWB) infolge intransparenter Entscheidungskriterien. Siehe ferner VÜA Bayern, Beschl. v. 25. 7. 1997 (VÜA 7/97), VergabE V-2-7/97 = ZVgR 1998, 343.

3072 Ermessensreduzierung auf Null verneint vom OLG Bremen, Beschl. v. 17. 3. 2003 (Verg 2/2003), VergabE C-5-2/03v = EUK 2003, 57. Vgl. VK Schleswig Holstein, Beschl. v. 24. 10. 2003 (VK 24/03), VergabE E-15-24/03.

3073 VK Bund, Beschl. v. 26. 8. 1999 (VK 2-20/99), VergabE D-1-20/99.

der Fall erfasst, dass die Angebote den formellen Voraussetzungen nicht entsprechen und daher unvollständig sind[3074].

Zweiter Fall ist, dass die Vergabestelle die **Verdingungsunterlagen** durch einen **nachträglich eintretenden Umstand grundlegend ändern** muss (lit. b). Hierunter ist beispielsweise zu subsumieren, dass die Ausschreibung infolge nicht vorhersehbarer Unwägbarkeiten bei den Bodenverhältnissen, durch nachträgliche Bauauflagen, Bauverbote oder Baubeschränkungen hinfällig wird.

Den letzten Fall des § 26 Nr. 1 VOB/A bzw. VOL/A bildet der **Auffangtatbestand »andere schwerwiegende Gründe«**. Es ist von der Vergabestelle zu gewährleisten, dass hieraus kein Allgemeinplatz für die beliebige und damit missbräuchliche Aufhebung einer Ausschreibung wird.

Weitere Fallkonstellationen im Zusammenhang mit einer etwaigen Aufhebung:

- Nicht vorhandene Haushaltsmittel rechtfertigten die Aufhebung nach § 26 Nr. 1 a und c VOB/A in der Regel nicht, weil mangelnde Budgetierung ein Umstand ist, welcher der Vergabestelle vorher bekannt ist[3075]. Die Vergabestelle enttäuscht in einem solchen Fall das schutzwürdige Vertrauen des Bieters in den Abschluss des Vergabeverfahrens und die Nicht-Vergeblichkeit seiner Aufwendungen für die Angebotserstellung[3076].
  - Allerdings wird man in den Fällen nicht ausreichender Haushaltsmittel von der Vergabestelle verlangen können, dass sie eine Verteuerung des Projektes einkalkuliert. Wie weit dieser Sicherheitsaufschlag reichen muss, ist nicht geklärt. Er sollte aber bei Bauprojekten mindestens 20–30% betragen. Dies sollte zuvor behördenintern abgeklärt werden.
    Jedoch wird selbst ein solcher »Sicherheitszuschlag« die allfällig auftretenden Probleme nicht zu lösen vermögen[3077]. Beispiele für gravierende Verteuerungen, die eine Kostensteigerung um 60–70% und mehr beinhalten, gibt es aus der jüngeren Vergangenheit in genügendem Maße:
    - Bau des Wiesbadener Landtages (Projektplanungs- und Realisierungsphase 2001–2008): Kostensteigerung von 27, 5 Mio. € auf 40 Mio. €
    - Aufhebung der ersten Ausschreibung für die Rohbauarbeiten des Kultur- und Tagungszentrums (KuTaZ) Worms (2007), weil selbst der Mindestbietende mit seinem Angebot die vom Generalplaner ermittelten Kosten um 76% überstieg.
    - Bau der inzwischen gestrichenen Magnetschwebebahn zum Münchner Flughafen: (Projektplanungsphase 2001–2008): Kostensteigerung von 1,9 Mrd. € auf 3,1 Mrd. €
    - Bau der Erdgas-Pipeline durch die Ostsee: (Projektplanungs- und Realisierungsphase ab 2004): Kostensteigerung von 3,8 Mrd. € auf 8,0 Mrd. €

3074 *Rusam* in: *Heiermann/Riedl/Rusam*, Handkommentar zur VOB, 10. Aufl. 2003, A § 26 Rn. 6.

3075 VUA Bund, Beschl. v. 27. 5. 1997 (1 VÜ 10/97), VergabE U-1-10/97 = WiB 1997, 892 = VgR 5/1997, 41 = IBR 1997, 488; VK Sachsen, Beschl. v. 21. 8. 2002 (1 VK 77/02), VergabE E-13-77/02.

3076 BGH, Beschl. v. 8. 9. 1998 (X ZR 48/97), BauR 1998, 1232 = JZ 1999, 253.

3077 Aus diesen Erfahrungen heraus ist in der VOB/A 2008 [Entwurf v. 5. 2. 2008] ein § 17 Nr. 1 VOB/A geplant, der die Aufnahme eines weiteren Aufhebungsgrundes für den Fall von auftretenden Mehrkosten, welche die amtswegige Kostenschätzung erheblich übersteigen, beinhaltet.

- Ein Aufhebungsgrund nach § 26 Nr. 1 lit. c VOB/A (schwerwiegender Grund) kann angenommen werden, wenn sich keiner der Bieter als geeignet herausstellt.
- Aufgehoben werden kann u.U. auch dann, wenn keines der eingegangenen Angebote angemessene Preise aufweist (kein wirtschaftliches Ergebnis nach § 26 Nr. 1 lit. c VOL/A bzw. schwerwiegender Grund nach § 26 Nr. 1 lit. c VOB/A).

Die Aufhebung einer Ausschreibung aus »schwerwiegenden Gründen« (§ 26 Nr. 1 lit. c VOB/A bzw. § 26 Nr. 1 lit. d VOB/A) darf sich lediglich auf **außergewöhnliche Fälle** erstrecken[3078]. Eine unberechtigte Aufhebung der Ausschreibung kann in bestimmten Fällen an Missbrauch grenzen und Schadensersatzansprüche bis hin zum Ersatz des entgangenen Gewinns auslösen. Dies hat der BGH[3079] im Anschluss an einige Vorläufer-Entscheidungen bekräftigt[3080]. Im Anwendungsbereich europaweiter Ausschreibungen kann sich der Bieter, der im Schadensersatzprozess den Vertrauensschaden aus cic einklagt, zudem die Erleichterung des § 126 Satz 1 GWB zunutze machen, wonach er keinen Verschuldensnachweis führen muss.

Den Bietern und Bewerbern sind die **Gründe** für die Aufhebung der Ausschreibung **mitzuteilen** (§§ 26 Nr. 2 VOB/A bzw. VOL/A)[3081]. Es genügt die Benennung der Gründe. Eine ausführliche Begründung im Sinne derjenigen eines schriftlichen Verwaltungsaktes ist nicht verlangt[3082].

In jedem Falle ist **auch die Information** zu erteilen, ob ein neues Vergabeverfahren eingeleitet wird oder das Beschaffungsvorhaben nicht weiterverfolgt wird. Auf Antrag der Bieter erfolgt diese Unterrichtung schriftlich.

Im Anwendungsbereich der **europaweiten Ausschreibungsverfahren** ist diese **Unterrichtungspflicht** auf die Einstellung des Verhandlungsverfahrens **erweitert** (§§ 26a Nr. 2 VOB/A bzw. VOL/A). Es treten noch die **Bekanntmachungspflichten** nach den §§ 26a Nr. 3 hinzu.

Wird ein dem aufgehobenen Offenen Verfahren nachgeschaltetes Verhandlungsverfahren ohne nennenswerte Änderungen an den Verdingungsunterlagen durchgeführt, so gilt zumindest nach teilweise vertretener Auffassung das ursprünglich aufgehobene Offene Verfahren als fortgeführt. Seinerzeit wurde damit auch die Nachprüfungsmöglichkeit des Vorliegens der Aufhebungsgründe begründet[3083].

3078 VÜA Bayern, Beschl. v. 17. 12. 1999 (VÜA 6/99), VergabE V-2-6/99 = EUK 2000, 57, 58; *Noch*, JZ 1999, 256, 257.

3079 BGH, Beschl. v. 8. 9. 1998 (X ZR 48/97), BauR 1998, 1232 = JZ 1999, 253, mit Anm. *Noch*.

3080 *Noch*, Vergaberecht und subjektiver Rechtsschutz, 1998, S. 199, 203, 204. Siehe auch OLG Frankfurt, Beschl. v. 25. 9. 2000 (11 Verg 2/99), VergabE C-7-2/99, EUK 2001, 123.

3081 VK Nordbayern, Beschl. v. 2. 7. 1999 (320.VK-3194-11/99), VergabE E-2a-11/99 = EUK 2000, 9.

3082 OLG Koblenz, Beschl. v. 10. 4. 2003 (1 Verg 1/03), VergabE C-11-1/03v = VergabeR 2003, 448 = NZBau 2003, 576 = ZfBR 2003, 506 = Behörden Spiegel 6/2003, S. 20.

3083 VK Bund, Beschl. v. 13. 7. 2000 (VK 2-12/00), VergabE D-1-12/00 = EUK 2000, 169 = Behörden Spiegel 11/2000, S. B II. Anderer Auffassung: VK Bund, Beschl. v. 9. 4. 2001 (VK 1-7/01), VergabE D-7/01 = VergabeR 2001, 238, mit Anmerkung *Noch*, VergabeR 2001, 242. Zu diesbezüglichen Rechtsschutzgesichtspunkten siehe auch: *Fett* in: *Müller-Wrede*, Verdingungsordnung für Leistungen – Kommentar, 2001, Rn. 124 ff. zu § 26; *Ax*, ZVgR 2000, 154; *Braun/Seeger*, NZBau 2001, 485.

Ein **Anspruch** des Bieters **auf Aufhebung der Ausschreibung existiert nicht**[3084]. Meist will jedoch der Bieter das **Gegenteil**, also die Rückgängigmachung der Aufhebung der Ausschreibung.

Diesbezüglich hat der **EuGH** im Jahre 2002[3085] eine **uneingeschränkte Nachprüfbarkeit** der Vorgänge um eine Aufhebung der Ausschreibung angenommen[3086]. Art. 1 I der Rechtsmittelrichtlinie 89/665/EWG verlangt, dass die Entscheidung des öffentlichen Auftraggebers, die Ausschreibung eines Auftrags zu widerrufen, in einem Nachprüfungsverfahren auf Verstöße gegen das Gemeinschaftsrecht im Bereich des öffentlichen Auftragswesens oder gegen die einzelstaatlichen Vorschriften, welche dieses Recht umsetzen, überprüft und gegebenenfalls aufgehoben werden kann[3087].

Der **BGH**[3088] hat auf eine Divergenzvorlage des OLG Dresden[3089] hin diese Rechtsprechungslinie des EuGH aufgenommen und entschieden, dass die Aufhebung der Ausschreibung nicht nur dann, wenn sie angekündigt ist, sondern auch dann, wenn sie bereits vollzogen worden ist, der Nachprüfung gemäß den §§ 102, 107 ff. GWB unterliegen muss. Die Maßnahme der Aufhebung könne schließlich die **Bestimmungen der §§ 26 Nr. 1, 26a Nr. 1 VOB/A verletzen**, auf deren Beachtung der Bieter einen **Anspruch** aus § 97 VII GWB habe. Nur in besonderen Ausnahmefällen komme eine Aufhebung als ultima ratio in Betracht.

Durch die Aufhebung der Ausschreibung sei das Vergabeverfahren im übrigen **nicht vollständig beendet**. Die in diesem Zusammenhang immer wieder bemühte Bestimmung des § 114 II 2 GWB (nachträgliche Erledigung des [bereits anhängigen] Nachprüfungsverfahrens durch Zuschlagserteilung, Aufhebung oder Einstellung) stehe der generellen Nachprüfung der Aufhebung nicht entgegen. Nicht zuletzt unter Rechtsschutzgesichtspunkten müsse eine Nachprüfung möglich sein. Die Nachprüfungsentscheidung könne auch zum Inhalt haben, dass mangels Aufhebungsgründen die Aufhebung rückgängig zu machen ist.

3084 OLG Naumburg, Beschl. v. 19. 10. 2000 (1 Verg 9/00), VergabE C-14-9/00 = VergabeR 2001, 134 = WuW 2001, 437 = Behörden Spiegel 12/2000, S. B II; OLG Rostock, Beschl. v. 10. 5. 2000 (17 W 4/00), VergabE C-8-4/00 = EUK 2001, 123.

3085 EuGH, Urt. v. 18. 6. 2002 (Rs. C-92/00), VergabE A-1-2/02 = VergabeR 2002, 361 = NZBau 2002, 458 = ZfBR 2002, 604 = WuW 2002, 1137 = EUK 2002, 119.

3086 Beispielhaft für die frühere, überholte Rechtsansicht: OLG Rostock, Beschl. v. 2. 8. 2000 (17 W 2/00), VergabE C-8-2/00: Eine Nachprüfung der Aufhebung der Ausschreibung ist regelmäßig nicht möglich, weil der Antragsteller zum Zeitpunkt der Antragstellung ein Interesse an dem Auftrag haben muss; es ist nicht ausreichend, wenn er einmal ein Interesse an einem Auftrag hatte.

3087 So auch OLG Hamburg, Beschl. v. 4. 11. 2002 (1 Verg 3/02), VergabE C-6-3/02 = VergabeR 2003, 40 = NZBau 2003, 172 = ZfBR 2003, 186 = BauR 2003, 435.

3088 BGH, Beschl. v. 18. 2. 2003 (X ZB 43/02), VergabE B-2-1/03 = VergabeR 2003, 313 = NZBau 2003, 293 = ZfBR 2003, 401 = BauR 2003, 1091 = EUK 2003, 54.

3089 OLG Dresden, Beschl. v. 3. 12. 2002 (WVerg 0015/02), VergabE C-13-15/02 = VergabeR 2003, 45 = NZBau 2003, 169 = ZfBR 2003, 189 = BauR 2003, 435 = EUK 2002, 180 = Behörden Spiegel 1/2003, S. 18.

Schlussfolgerungen zu der Überprüfbarkeit:

- Die Aufhebung der Aufhebung wird mit dieser BGH-Entscheidung grundsätzlich bejaht[3090]. Schließlich ist es ohnehin möglich, dass die **Vergabestelle von sich aus** die Aufhebung rückgängig macht[3091]. Stellt sich im Nachprüfungsverfahren heraus, dass Aufhebungsgründe fehlen, so muss die Möglichkeit zu einer entsprechenden Anweisung der Vergabestelle bestehen.
- Der BGH hat sich nicht mit den denkbaren Fallkonstellationen auseinandergesetzt. Er betont aber, dass gemäß seiner gefestigten Rechtsprechung die Vergabestelle an keinem Vergabeverfahren festgehalten werden darf, in dem es kein zuschlagsfähiges Angebot gibt. Es müssen also die Vergabekammern von Fall zu Fall entscheiden. Die **Aufhebung der Aufhebung kann von der Vergabekammer angeordnet werden**
  - im Falle der missbräuchlichen Aufhebung und
  - im Falle des Nichtvorliegens von Aufhebungsgründen bei Vorhandensein nicht offensichtlich unwertbarer Angebote sowie
  - in anderen Fällen des Nichtvorliegens von Aufhebungsgründen, in denen zuschlagsfähige Angebote vorliegen, aber noch (u.U. auch formale) Wertungsprozesse zu durchlaufen bzw. nachzuholen sind (die freilich von der Vergabekammer nicht vorweggenommen werden dürfen und die auch zu dem Ergebnis führen können, dass am Ende die Ausschreibung z.B. aus Gleichbehandlungsgründen doch aufgehoben werden muss).

Die **Aufhebung kann nicht angeordnet werden** in Fällen, in denen **keine wertbaren Angebote** vorliegen und in denen eine **Ermessensreduzierung auf Null** anzunehmen ist.

Merke: Die Aufhebung der Ausschreibung ist aus vergaberechtlicher Sicht nur gerechtfertigt, wenn die in den §§ 26 Nr. 1 VOB/A bzw. VOL/A genannten **Gründe vorliegen**.

Liegen sie nicht vor, so kann der Bieter die **Aufhebung der Aufhebung erstreiten**. Nur selten wird er jedoch – wegen des meist vorhandenen Ermessens – die **Zuschlagserteilung direkt an sich** vor der Vergabekammer oder vor den Vergabesenaten erreichen[3092].

Häufig wird **übersehen**, dass eine **Aufhebung der Ausschreibung dann nicht gerechtfertigt** ist, wenn nur **ein einziges wertbares Angebot** vorliegt[3093]. Auch ein einziges wertbares Angebot genügt und muss sogar bezuschlagt werden, wenn es sich als wirtschaftlich erweist. Der betreffende Bieter hat geradezu einen Anspruch darauf. Eine Aufhebung der Ausschreibung (im faktischen Interesse der Wiederholung mit der Aussicht auf einen breiteren Wettbewerb mit günstigeren Angebo-

---

3090 Die Oberlandesgerichte folgen dem BGH. Siehe u.a.: OLG Dresden, Beschl. v. 10. 7. 2003 (WVerg 0015/02 und 0016/02), VergabE C-13-15/02-2 = VergabeR 2004, 92 = NZBau 2003, 573 = ZfBR 2003, 810 = BauR 2004, 566 = EUK 2003, 175. Vgl. auch: *Gnittke/Michels*, VergabeR 2002, 571; *Reidt/Brosius-Gersdorf*, VergabeR 2002, 580; *Weihrauch*, BauRB 2003, 56.

3091 OLG Bremen, Beschl. v. 7. 1. 2003 (Verg 2/02), VergabE C-5-2/02 = VergabeR 2003, 175 = ZfBR 2003, 291 = BauR 2003, 775 = Behörden Spiegel 3/2003, S. 24 = EUK 2003, 40.

3092 So aber BayObLG, Beschl. v. 5. 11. 2002 (Verg 22/02), VergabE C-2-22/02. Anders VK Schleswig Holstein, Beschl. v. 24. 10. 2003 (VK 24/03), VergabE E-15-24/03.

3093 OLG Koblenz, Beschluss v. 23. 12. 2003 (Verg 8/03), VergabE C-11-8/03 = VergabeR 2004, 244 = EUK 2004, 26.

ten), die in solchen Fällen nicht selten geschieht, wäre rechtswidrig und sogar willkürlich.

Liegen diese Gründe nicht vor und hebt die Vergabestelle die Ausschreibung trotzdem auf, so macht sie sich schadensersatzpflichtig[3094]. Häufig wird der Vergabestelle **gar nichts anderes übrig bleiben** als die **Aufhebung** in vollem Bewusstsein der Tatsache **vorzunehmen**, dass die Aufhebung vergaberechtlich nicht durch einen der Gründe des § 26 Nr. 1 gerechtfertigt ist. Schließlich kann sie nicht an einem sinnlosen Beschaffungsvorgang festgehalten werden. Es besteht **kein Kontrahierungszwang**[3095].

Die Aufhebung der Ausschreibung, d.h. insbesondere die Überprüfung des Vorliegens von Aufhebungsgründen, ist **Gegenstand des Vergaberechtsschutzes** vor den Vergabekammern und -senaten. Diese können ggf. die **Aufhebung der Aufhebung anordnen**, müssen jedoch auch der Vergabestelle ihren originären Entscheidungsspielraum zubilligen sowie letztendlich ggf. die tatsächliche und rechtliche Situation akzeptieren, dass ein Ausschreibungsverfahren nicht mit der Zuschlagserteilung bzw. der Auftragserteilung beendet werden kann.

3094 Dazu etwa: *Dähne*, VergabeR 2004, 32.

3095 Dies betont zu Recht: OLG Celle, Beschl. v. 22. 5. 2003 (13 Verg 9/03), VergabE C-9-9/03 = VergabeR 2003, 455 = ZfBR 2003, 615 = EUK 2003, 103.

II. Besonderheiten der Vergabe nach VOF

1. Ausgangssituation in Deutschland

425 Der Dienstleistungsbereich ist von allen öffentlichen Auftragsarten als letzter hinzugekommen. Die **Dienstleistungsrichtlinie** ist **als letzte** aller materiellen Vergaberichtlinien erst im Jahre 1992 verabschiedet worden. Noch länger hat es gedauert, bis sie in Deutschland umgesetzt war. Die **Umsetzungsvorschriften** sind erstmals in Form der geänderten Vergabeverordnung[3096], der **VOL/A 1997**[3097] und der **VOF**[3098] am 1. 11. 1997 in Kraft getreten. Die nun geltende Fassung stammt aus dem Jahr 2006.

Die Vergabekoordinierungsrichtlinie ist betreffend die freiberuflichen Dienstleistungen im **Sektorenbereich** noch heute nicht umgesetzt. Es existiert **keine VOF-SKR**. Sie wird wohl auch nicht mehr kommen. Es gilt hier gleichermaßen der Grundsatz der unmittelbaren Anwendbarkeit.

2. Grundsätze

426 Die Vergabe von Dienstleistungsaufträgen richtet sich nach **zwei Verdingungsordnungen**, nämlich nach der VOL/A 2006 und der VOF 2006. Die VOF gilt dabei für die rein freiberuflichen Leistungen, während diejenigen Dienstleistungen, die nicht unter die VOF fallen, wie Lieferaufträge behandelt werden und dem Reglement der VOL/A unterstellt sind.

Die **Schwellenwerte** sind sowohl bei den Dienstleistungs- wie auch bei den Lieferaufträgen gleich: Sie betragen regelmäßig jeweils 206.000 €; nur bei Beschaffungen zentraler Regierungsstellen belaufen sie sich auf 133.000 € (vgl. § 2 Nr. 2 VgV).

Die Verdingungsordnung für freiberufliche Leistungen (VOF)[3099] ist **gänzlich europarechtlicher Provenienz**.

Sie gilt **nicht für nationale Vergaben** unterhalb der EU-Schwellenwerte[3100]. Außerdem **fehlt jede Umsetzung im Bereich der Sektoren**. Die VOF ist daher nicht durch einen abschnittsweisen Aufbau wie die VOB/A und VOL/A gekennzeichnet. Sie besitzt auch keinen Teil B für die Vertragsbedingungen wie im Falle der VOB oder der VOL.

Die VOF besteht aus **zwei Kapiteln** (§§ 1 bis 21 und §§ 22 bis 26), wobei sich das 2. Kapitel speziell auf den Anwendungsbereich für die Vergabe von Architekten-

---

3096 Änderungsverordnung v. 29. 9. 1997 zur Vergabeverordnung v. 22. 2. 1994, BGBl. I, S. 2384 = VgR 5/1997, 42.

3097 VOL/A 1997, BAnz. Nr. 163a vom 2. 9. 1997.

3098 VOF, BAnz. Nr. 164a vom 3. 9. 1997

3099 Einige Werke zur VOF-Vergabe: *Müller-Wrede*, VOF-Kommentar, 3. Aufl. 2008; *Kaufhold/Mayerhofer/Reichl*, Die VOF im Vergaberecht, 1999; *Voppel/Osenbrück/Bubert*, VOF, 2001.

3100 Die Landesvergabeverordnung Schleswig-Holstein vom 13. 7. 2004 (GOVBl. Nr. 9, S. 288), die ausschließlich unterhalb der EU-Schwellenwerte gilt, sieht in § 3 eine entsprechende Anwendung der VOF unterhalb der Schwellenwerte vor.

und Ingenieurleistungen bezieht. Den wesentlichen Anwendungsbereich dieser Verdingungsordnung bilden die vorab nicht eindeutig beschreibbaren freiberuflichen Dienstleistungen. Damit sind insbesondere die nicht standardisierten Architekten- und Ingenieurleistungen erfasst.

a) Besonderheiten bei der Schwellenwertberechnung

427 **Besonderheiten** gelten im Hinblick auf die Schwellenwertberechnung **bei Planungsleistungen**: Handelt es sich bei den in mehreren Losen ausgeschriebenen Aufträgen (hier: Objektplanung einer Freianlage, Tragwerksplanung, Baugrund- und Gründungsberatung) nicht um Teilaufträge derselben freiberuflichen Leistung (vgl. § 3 III 1 VOF), sondern werden Ingenieurleistungen nachgefragt, die verschiedenen Fachbereichen der HOAI zuzuordnen sind, so ist für die Ermittlung des Schwellenwerts der konkrete Auftrag für das einzelne Los maßgeblich[3101].

In dem von der VK Nordbayern[3102] entschiedenen Fall forderte die Vergabestelle mit Bekanntmachung im Amtsblatt der Europäischen Union zu Teilnahmeanträgen für ein **Verhandlungsverfahren nach VOF** auf.

- **Los 1** betraf das Leistungsbild gemäß HOAI § 15 – Objektplanung von Freianlagen.
- Als **Los 2** war **ausgeschrieben** das Leistungsbild gemäß HOAI § 64 – Tragwerksplanung und HOAI § 92 – Baugrund- und Gründungsberatung.
- Als **Los 3** war ausgeschrieben: **Leistungsbild** gemäß HOAI § 78 – Thermische Bauphysik (Wärmeschutzberechnung) und § 81 – Bauakustik.

Die Abgabe von Angeboten für ein Los war möglich. Die **VK Nordbayern** gelangt in ihrem Beschluss zu dem Ergebnis, dass der Nachprüfungsantrag unzulässig ist.

Der **Anwendungsbereich** des vierten Teils des GWB (§§ 97 ff GWB) sei **nicht eröffnet**, weil der **Schwellenwert nicht erreicht** werde. Der Auftragswert des streitgegenständlichen Loses 1 »Objektplanung von Freianlagen« betrage rund 80.000 € netto. Der Schwellenwert für Dienstleistungsaufträge in Höhe von 200.000 € werde somit durch das Los 1 nicht erreicht (§ 100 I GWB i.V.m. § 127 Nr. 1 GWB, § 2 Nr. 3 VgV).

Es liege auch **kein Tatbestand** vor, der dazu führe, dass die **Auftragswerte** der in einer EU-Bekanntmachung zusammen ausgeschriebenen **Lose 1, 2 und 3** für die Berechnung des Schwellenwertes **addiert werden müssten**. Zwar betrage der Auftragswert für Los 2 »Tragwerksplanung« mehr als 120.000 €, für Los 3 »Bauphysik« rund 60.000 €. Damit würde die Summe über die 3 Lose den Schwellenwert von 200.000 € überstiegen.

Bei den in 3 Losen ausgeschriebenen Aufträgen handele es sich jedoch **nicht um Teilaufträge derselben freiberuflichen Leistung** (vgl. § 3 III 1 VOF). Vielmehr werden Ingenieurleistungen nachgefragt, die **verschiedenen Fachbereichen der HOAI zuzuordnen** seien.

Bei **Los 1** handele es sich um die Objektplanung einer Freianlage nach Teil II der HOAI. In **Los 2** war die Tragwerksplanung sowie die Baugrund- und Gründungs-

3101 VK Nordbayern, Beschl. v. 27. 4. 2005 (320.VK-3194-13/05), VS 2005, 48 [LS].
3102 VK Nordbayern, Beschl. v. 27. 4. 2005 (320.VK-3194-13/05), VS 2005, 48, 60.

beratung eines Gebäudes nach Teil VIII der HOAI anzubieten. **Los 3** ist eine bauphysikalische Leistung nach Teil X der HOAI. Die 3 Lose beträfen also unterschiedliche Bereiche, die nach § 97 III GWB einzeln nach Fachlosen zu vergeben seien. Maßgeblich für die Ermittlung des Schwellenwerts sei somit der **konkrete Auftrag für die einzelnen Lose.**

Die VSt habe in ihrer Ausschreibung auch **nicht beabsichtigt**, einen Auftrag über die **3 Lose insgesamt an einen Generalplaner zu vergeben.** Bei Beauftragung eines Generalplaners wäre für die Ermittlung des Schwellenwerts dessen Gesamthonorar heranzuziehen, und nicht etwa eine Unterteilung in einzelne Fachplanungsleistungen vorzunehmen.

Die Ausschreibung richte sich jedoch nicht an einen Generalplaner sondern an **verschiedene Anbieter** entsprechend der ausgeschriebenen unterschiedlichen Fachbereiche. Dies ergebe sich aus den Festlegungen der Vergabestelle in der Bekanntmachung. Dort sei nach Ziffer II.1.9) ein Angebot nur jeweils losbezogen möglich. In der an die EU abgesandten Vergabebekanntmachung habe die Vergabestelle gerade die Kästchen »*Angebote sind möglich für* □ *mehrere Lose und für* □ *alle Lose*« nicht angekreuzt.

b) Abgrenzung VOL und VOF

428 Die Abgrenzung des Anwendungsbereiches gestaltet sich im Vergleich zu derjenigen zwischen VOB und VOL dadurch etwas schwieriger, dass die VOL/A nicht nur für Lieferleistungen, sondern auch für Dienstleistungen gilt[3103]. Unter den Dienstleistungen sind zunächst **vorrangige und nachrangige Dienstleistungen** auseinanderzuhalten. Bei den vorrangigen Dienstleistungen sind die **gewerblichen und freiberuflichen** Dienstleistungen zu unterscheiden. Bei den freiberuflichen Dienstleistungen wiederum sind **vorab eindeutig und erschöpfend beschreibbare** auszuscheiden. Die VOL/A gilt – kurz zusammengefasst – für alle gewerblichen Dienstleistungen und auch für einen Teil der freiberuflichen Dienstleistungen, soweit diese vorab eindeutig und erschöpfend beschrieben werden können.

aa) Abgrenzung in drei Schritten

429 Um die **richtige Verdingungsordnung** zu ermitteln, kann folgendes Schema herangezogen werden:

Erster Schritt:

Unterscheidung nach den Anhängen I A und I B der Dienstleistungsrichtlinie, auf die § 1 a VOL/A und § 2 VOF verweisen:

Anhang I A bezeichnet **sog. vorrangige Dienstleistungen**, die dem europaweiten Ausschreibungswettbewerb unterworfen sind, also z.B. Unternehmensberatung, Abfallbeseitigung, Versicherungsleistungen, Architektur und Gebäudereinigung. Für diese Kategorien von Leistungen gilt das komplette Vergaberecht. Es bleibt hier zunächst offen, ob die VOL/A oder die VOF Anwendung findet.

3103 *Franke/Höfler*, ZVgR 1997, 281; *Quack*, BauR 1997, 899; *Müller-Wrede*, BauR 1998, 470, 474; *Jochem*, DAB 1998, 50; *Greis*, DAB 1998, 485.

Ist eine Einordnung unter Anhang I A nicht möglich, so ist zu prüfen, ob es sich um eine **nachrangige Dienstleistung** im Sinne des **Anhangs I B** handelt. Hierunter sind beispielsweise das Gaststätten- und Beherbergungsgewerbe, Unterrichtsleistungen, Rechtsberatung, Arbeitskräftevermittlung und der Auffangtatbestand der sonstigen Dienstleistungen zu subsumieren. Letzterer bedingt, dass im Zweifel immer eine Einordnung unter den Anhang I B erfolgen kann. Bei gemischten Leistungen, die sich aus Kategorien des Anhangs I A und auch des Anhangs I B zusammensetzen, muss eine Einordnung nach dem überwiegenden Auftragswert der jeweiligen Kategorie erfolgen (§ 1a Nr. 2 III VOL/A).

Eine **Einordnung unter den Anhang I B der Dienstleistungen hat gravierende materiellrechtliche und prozessuale Folgen.**

Materiellrechtlich gilt nur ein **äußerst eingeschränktes Rechtsregime** (§§ 8a, 28a VOL/A bzw. §§ 8 II-VII, 17 VOF; Beachtung Technischer Anforderungen, Bekanntmachung über erfolgte Vergabe).

Prozessual ist gleichfalls höchstens eine an diesem eingeschränkten Rechtsregime orientierte Überprüfung möglich[3104].

Die **Nachprüfungsorgane** haben mehrheitlich entschieden, dass z.B.
- die Vergabe von Deutschkursen (Kategorie 24)[3105],
- die Vergabe von Dienstleistungen zum Betrieb einer Asylbewerberaufnahmeeinrichtung (Kategorie 17)[3106],
- kommunale Abschleppleistungen[3107],
- Catering-Leistungen[3108],
- kommunale Schutzdienste[3109] oder
- Betreiberverträge[3110] dem Anhang I B

unterfallen.

Merke: Obwohl nach den Bestimmungen des § 1a Nr. 2 II VOL/A i.V.m. §§ 8a, 28a VOL/A (bzw. §§ 8 II, 17 VOF) nur die technischen Anforderungen und die Bekanntmachungspflichten über vergebene Aufträge beachtet werden müssen, ist nach **ganz herrschender Auffassung** eine **Nachprüfung vor den Vergabekammern möglich**[3111]. Begründung ist, dass auch bei den nachrangigen Dienstleistungen die Grundsätze der Transparenz, des Wettbewerbs und der Gleichbehandlung gelten[3112].

3104 OLG Dresden, Beschl. v. 25. 1. 2008 (WVerg 10/07).

3105 VK Bund, Beschl. v. 5. 5. 1999 (VKA-13/99), VergabE U-2-13/99 = EUK 2000, 56 = Behörden Spiegel 4/2000, S. B II.

3106 OLG Dresden, Beschl. v. 25. 1. 2008 (WVerg 10/07); VK Sachsen, Beschl. v. 16. 6. 2000 (1 VK 50/00), VergabE E-13-50/00 = EUK 2000, 168; VK Arnsberg, Beschl. v. 17. 4. 2001 (VK 2-07/01), VergabE E-10a-7/01; VK Sachsen, Beschl. v. 25. 6. 2001 (1 VK 55/01), VergabE E-13-55/01.

3107 VÜA Bayern, Beschl. v. 28. 6. 1999 (VÜA 38/98), VergabE V-2-38/98 = EUK 1999, 136 (»Sonstige Dienstleistungen« nach der Kategorie 27).

3108 VK Sachsen, Beschl. v. 27. 9. 2001 (1 VK 85/01), VergabE E-13-85/01 = EUK 2001, 183.

3109 VÜA Niedersachsen, Beschl. v. 8. 2. 1999 (34.2-35.66, Tgb.-Nr. 6/98), VergabE V-9-6/98 = EUK 2000, 74, zu Anhang I B, Kategorie 23 (»Auskunfts- und Schutzdienste«).

3110 VK Lüneburg, Beschl. v. 25. 8. 2003 (203-VgK-18/2003), VergabE E-9c-18/03 = EUK 2003, 159.

3111 OLG Dresden, Beschl. v. 25. 1. 2008 (WVerg 10/07); OLG Stuttgart, Beschl. v. 7. 6. 2004 (2 Verg 4/04), VergabeR 2005, 247.

3112 Gegenteiliger Auffassung: VÜA Bayern, Beschl. v. 28. 6. 1999 (VÜA 38/98), VergabE V-2-38/98 = EUK 1999, 136, für die Vergabe von Abschleppleistungen (»Sonstige Dienstleistungen« nach der Kategorie 27), unter Hinweis auf die fehlende europaweite Ausschreibungspflicht.

Mindermeinung:

Gemäß einem nicht bestandskräftigen Beschluss der VK Baden-Württemberg[3113] sollen Dienstleistungsvergaben nach dem Anhang I B nicht gemäß den §§ 102 ff. GWB nachprüfungsfähig sein. Der Beschluss betraf eine Vergabe nach der Kategorie 25 (Gesundheits-, Veterinär- und Sozialwesen) des Anhangs I B; der Nachprüfungsantrag wurde als unzulässig verworfen. Begründung war – u.a. gestützt auf einen Beschluss des OLG Brandenburg[3114] –, dass nach Auffassung der Kammer das Nachprüfungsverfahren gemäß den §§ 102, 107 ff. GWB deshalb nicht eröffnet sein kann, weil die Dienstleistungen gemäß dem Anhang I B der Richtlinie 92/50/EWG **bewusst vom Anwendungsbereich des Vergaberechts ausgenommen** sind. Diese Dienstleistungen befinden sich, so hob die Kammer insoweit mit Recht hervor, in einem Beobachtungsstatus[3115]. Eine Nachprüfungsmöglichkeit könne daher nach Auffassung der Kammer maßgeblich aus dem Grunde nicht bestehen, weil sie einen **Widerspruch** zu der vom europäischen Normgeber explizit verfügten materiell-rechtlichen **Ausnahme** der Dienstleistungen nach dem Anhang I B vom Anwendungsbereich des Vergaberechts darstellen würde. Der **Umfang des Rechtsschutzes** nach der Rechtsmittelrichtlinie 89/665/EWG, welche die Rechtskontrolle der der Dienstleistungsrichtlinie 92/50/EWG unterstellten Auftragsvergaben vorschreibt, müsse sich dementsprechend **an dem materiellen Richtlinienrecht orientieren**. Das habe gleichermaßen Rückwirkung auf die deutschen Umsetzungsbestimmungen der §§ 102 ff. GWB, die in gemeinschaftsrechtskonformer Auslegung so angewendet werden müssten, dass das formale Nachprüfungsverfahren für Vergaben nach dem Anhang I B nicht gelte.

Angesichts der **absolut herrschenden Gegenauffassung** wird man **so weit nicht gehen können**.

Dennoch: Man wird sich diese Mindermeinung insoweit zunutze machen können, als in Nachprüfungsverfahren hervorgehoben werden kann, dass im Kern lediglich eine haushaltsrechtliche Vergabe nach nationalem Vergaberecht stattfindet. Die rechtlichen Anforderungen an sie, insbesondere was den spezifischen Gehalt der sonstigen Bestimmungen des 2. Abschnitts anbelangt (insbesondere §§ 9a, 25a VOL/A bzw. sonstige Vorschriften der VOF außer §§ 8 II-VII und 17), dürfen daher nicht absolut die gleichen sein wie sie an die reguläre Vergabe nach dem Anhang I A zu stellen sind. Anderenfalls würde dies dem Regelungswillen des Gemeinschaftsgesetzgebers widersprechen.

Zweiter Schritt:

Ist eine vorrangige Dienstleistung zu vergeben, so ist zu untersuchen, ob eine gewerbliche oder freiberufliche Dienstleistung vorliegt (§ 1a VOL/A, §§ 1, 2 II VOF).

Welche Dienstleistungen freiberuflicher Natur sind, bestimmt sich nach § 18 I Nr. 1 EStG. Für das öffentliche Auftragswesen sind insbesondere die Leistungen von

3113 VK Baden-Württemberg, Beschl. v. 4. 5. 2004 (1 VK 16/04 – »BSE-Tests«), VergabE E-1-16/04 = EUK 2004, 93. Beschluss aufgehoben durch: OLG Stuttgart, Beschl. v. 7. 6. 2004 (2 Verg 4/04), VergabeR 2005, 247.

3114 OLG Brandenburg, Beschl. v. 2. 9. 2003 (Verg W 3/03 und 5/03 – »Schienenpersonennahverkehr«), VergabE C-3-3/03 = VergabeR 2003, 654.

3115 EuGH, Urt. v. 14. 11. 2002 (Rs. C-411/00 – »Felix Swoboda«), VergabE A-1-4/02 = NZBau 2003, 52.

Architekten, Vermessungs- und sonstigen Ingenieuren maßgeblich. Die Abgrenzung von freiberuflichen und gewerblichen Dienstleistungen führt schon hier zu dem Resultat, dass z.B. Versicherungsdienstleistungen (Kategorie 6 b), die Gebäudereinigung (Kategorie 14) oder Abfallbeseitigungsleistungen (Kategorie 16) nach der VOL/A zu vergeben sind, weil es sich unstreitig um gewerbliche Tätigkeiten handelt.

Dritter Schritt:

Liegt eine freiberufliche Dienstleistung vor, so ist weiter zu untersuchen, ob das Ergebnis der Leistung **vorab eindeutig und erschöpfend beschreibbar** ist (§ 2 II VOF). Ausschlaggebend ist bei dieser Beurteilung die Vorab-Einschätzung der Vergabestelle.

- **Eindeutig und erschöpfend beschreibbare Leistungen** erfahren eine Ausschreibung nach der **VOL/A.**
- **Keine eindeutig und erschöpfend beschreibbaren Leistungen** können nach der **VOF** vergeben werden.

bb) Handhabung im Spiegel der Rechtsfindung

430 Leistungen sind nach einem von der herrschenden Meinung angenommenen **ungeschriebenen Merkmal** dann eindeutig und erschöpfend beschreibbar, wenn sie **hinsichtlich ihres Ergebnisses von vornherein bestimmbar** sind. Dies ist beispielsweise bei einer Architektenleistung wie der **Objektüberwachung** (Leistungsphase 8 gemäß §§ 15 und 73 HOAI) der Fall[3116]. Es geht dann um die technisch zu verstehende Überwachungstätigkeit an sich. Da diese klar definierbar ist, muss eine Ausschreibung nach der VOL/A erfolgen.

Gegenbeispiel ist die **Planung des Gebäudes**, von der Grundlagenermittlung über die Genehmigungsplanung bis hin zur Ausführungsplanung nach den jeweiligen Leistungsphasen der HOAI. Hier ist das Ergebnis vorab nicht definierbar, weil der Architekt im Zuge der Leistungserbringung gerade seine **kreativ-künstlerischen Fähigkeiten** entfalten soll. Es handelt sich dabei nicht um eine standardisierte oder auch nur standardisierbare freiberufliche Tätigkeit. Der denkbare Einwand »Haus ist gleich Haus« wird dem spezifischen Ergebnis der Leistung als Ausdruck künstlerischer Intuition nicht gerecht.

Im Gegensatz hierzu sind **Dolmetscherleistungen** als standardisiert zu qualifizieren und damit der VOL/A zuzuordnen. Im Vordergrund steht hier die Erbringung der Dolmetscherleistung an sich. Welche gesprochenen Sätze wie übersetzt werden, ist gleichgültig, sofern es sich nur um eine grammatikalisch und allgemein sprachlich korrekte Übersetzungsleistung handelt.

Datenverarbeitungsleistungen, welche der **Erstellung eines Trinkwasserleitungskatasters** dienen sollen, werden zwar von freiberuflichen Ingenieuren (i.S.v. § 18 I Nr. 1 S. 2 EStG) erbracht, sind jedoch zumeist anhand eines sehr konkreten Leistungsverzeichnisses auszuführen. Sie sind deshalb eine Leistung, die als ein-

3116 VK Sachsen, Beschl. v. 29. 6. 2001 (1 VK 31/01), VergabE E-13-31/01 = EUK 2001, 183.

deutig und erschöpfend beschreibbar gelten muss und daher anstatt nach der VOF anhand der VOL/A auszuschreiben ist[3117].

Die Vergabe von **Beratungs- und Unterstützungsleistungen** für die »Kommunale Verwaltungsmodernisierung«, die durch freiberufliche Unternehmensberater erfolgen sollte, wurde von der VK Sachsen[3118] als Leistung eingestuft, welche der VOF unterfällt. Es war in dem entschiedenen Fall grundsätzlich offen, was bei den Lösungsvorschlägen für eine Art von Verwaltungsmodernisierung herauskommen sollte.

Die Vergabe eines **Geschäftsbesorgungsvertrages zur Entwicklung von Qualifizierungs- und Qualitätssicherungskonzepten** für den Betrieb eines Klinikums ist dann nicht mehr als freiberufliche Tätigkeit eines beratenden Betriebswirtes anzuerkennen, wenn **umfangreiche Umsetzungsmaßnahmen** der zu entwerfenden Lösungskonzepte hinzukommen, die unter anderem darin bestehen, dass vom Bieter auch der Verwaltungsdirektor gestellt wird. Dies führt dazu, dass nicht mehr eine Leistung nach VOF, sondern **eine solche nach VOL** anzunehmen ist[3119].

Die **Rechtsprechungstendenz, eher eine Leistung nach VOL anzunehmen,** bestätigt auch das OLG Saarbrücken[3120]. Die Vergabestelle, eine hundertprozentige Tochtergesellschaft einer Stadt, betrieb in ihrem Klinikum ein eigenes Labor. Zur Kostenersparnis plante sie, diese Labordiagnostik neu zu strukturieren und das **Labor zu privatisieren**. Hierzu sollte künftig die Diagnostik von einem im Rahmen einer Vergabe zu bestimmenden Laborarzt zu vertraglich festgelegten Konditionen eingekauft werden, wobei der Standort des Labors in der Klinik verbleiben sollte. Zu diesem Zweck wählte die Vergabestelle mehrere Praxen für Labormedizin aus und forderte sie auf, orientierende Angebote zur Übernahme der Diagnostik abzugeben. Die Antragstellerin, die nicht zu den zur Angebotsabgabe aufgeforderten Praxen zählte, ist der Ansicht, im vorliegenden Fall hätte eine öffentliche Ausschreibung gemäß § 3 VOL/A stattfinden müssen.

Das OLG Saarbrücken schließt sich der Auffassung der Antragstellerin an. Die zu vergebenden laborärztlichen Leistungen hätten gem. § 3 VOL/A öffentlich ausgeschrieben werden müssen. Es handele sich dabei um eine Dienstleistung im Sinne des § 99 IV GWB. Die ärztliche Tätigkeit sei zudem – zumindest wenn sie selbständig ausgeübt werde – **freiberuflich**. Gemäß § 5 S. 1 VgV sei festgelegt, dass in den Fällen, in denen eine Dienstleistung im Rahmen einen freiberuflichen Tätigkeit erbracht werde, die **VOF** anzuwenden sei. Jedoch gelte dies nach § 5 S. 2 VgV nur für Dienstleistungen deren Gegenstand eine Aufgabe sei, deren Lösung vorab **eindeutig und erschöpfend beschrieben** werden könne. In diesem Falle bleibe es bei der **Anwendung der VOL/A** gem. § 4 I VgV. Es sei also zu prüfen, ob die Leistung, die im Rahmen einer laborärztlichen Diagnostik zu erbringen sei, eindeutig und erschöpfend beschreibbar sei.

§ 5 S. 2 VgV verlange nicht, dass ein bestimmter Lösungsweg im Einzelfall vorgegeben werden könne oder dass das Arbeitsergebnis von vorn herein feststehe. **Ein-**

3117 VK Sachsen, Beschl. v. 6. 10. 2000 (1 VK 80/00), VergabE E-13-80/00 = EUK 2001, 27.
3118 VK Sachsen, Beschl. v. 25. 2. 2000 (1 VK 7/00), VergabE E-13-7/00 = EUK 2000, 143.
3119 OLG Rostock, Beschl. v. 18. 10. 2000 (17 W 12/00), VergabE C-8-12/00.
3120 OLG Saarbrücken, Beschl. v. 20. 9. 2006 (1 Verg 3/06), NZBau 2007, 808 = VergabeR 2007, 110 = VS 2006, 86.

deutig und erschöpfend beschreibbar sei eine Lösung vielmehr auch dann, wenn auf verschiedene in Betracht kommende Lösungen Bezug genommen werde – hier etwa auch stillschweigend auf die anerkannten Untersuchungsmethoden – und wenn lediglich vorgegeben werde, dass ein Arbeitsergebnis festzuhalten sei.

Diese **weite Auslegung des Begriffs** ***»eindeutig und erschöpfend beschreibbar«*** folge aus dem Grundsatz, dass öffentliche Aufträge wenn möglich im Offenen Verfahren vergeben werden sollten. Das Verhandlungsverfahren sei demgegenüber eine Ausnahme für die Fälle, in denen ein Offenes oder Nichtoffenes Verfahren ungeeignet sei. Soweit jedoch die Möglichkeit bestehe, sei dem Offenen Verfahren Vorrang einzuräumen.

Eine **vorab eindeutig und erschöpfend beschreibbare Lösung** im Sinne von § 5 S. 1 VgV liege daher vor, wenn die Leistung so genau beschrieben werden könne, dass sie **Gegenstand eines Offenen oder Nichtoffenen Verfahrens sein könne.** Dies sei im vorliegenden Fall zu bejahen. Eine laborärztliche Untersuchung könne im Einzelfall Gegenstand einer öffentlichen Ausschreibung sein, auch wenn eine solche selbstverständlich wegen des Aufwandes untunlich wäre. Gegenstand des Vergabeverfahrens sei hier eine unbestimmte Vielzahl solcher Untersuchungen. Diese könnten im Einzelfall ausreichend beschrieben werden um sie zum Gegenstand einer öffentlichen Ausschreibung zu machen. Der Senat kommt somit zu dem Ergebnis, dass der vorliegende Auftrag gemäß § 3 VOL/A hätte ausgeschrieben werden müssen.

c) Mittelstandsfreundlichkeit: Angemessene Berücksichtigung kleinerer Büros (§ 4 V VOF)

431 **§ 4 V VOF** soll den Grundsatz der mittelstandsfreundlichen Vergabe, der bereits in § 97 III GWB festgelegt ist, in Form einer **angemessenen Beteiligung kleinerer Büroeinheiten und von Berufsanfängern** konkretisieren.

Trotz der Regelung des § 97 III GWB ist nur von einer **sehr eingeschränkten Einklagbarkeit mittelständischer Interessen** auszugehen. Hierfür spricht insbesondere die überaus offene Formulierung des § 4 V VOF. Sie läuft eher auf eine **insgesamt mittelstandsfreundliche Vergabepraxis** hinaus, weniger auf eine konkrete Möglichkeit des »Sich-Einklagen-Könnens« von Berufsanfängern[3121].

Zwar wird dieses »Programmsatz-Argument« betreffend den Bedeutungsgehalt des § 4 V VOF nicht von allen Gerichten geteilt, jedoch läuft die Bestimmung in der praktischen Handhabung darauf hinaus, wie das OLG Jena im Jahre 2007[3122] im Zusammenhang mit einem VOF-Vergabeverfahren zur Realisierung eines PPP-Projektes festgestellt hat.

Die Antragsgegnerin schrieb in dem entschiedenen Fall europaweit einen **VOF-Dienstleistungsvertrag** aus, der das interdisziplinäre Projektmanagement für die Errichtung eines Bauvorhabens (Schulen als PPP-Projekt) zum Gegenstand hatte.

3121 OLG Düsseldorf, Beschl. v. 23. 7. 2003 (Verg 27/03), VergabE C-10-27/03, Rn. 11 = EUK 2003, 123: *»Ganz allgemein wird § 4 Abs. 5 VOF eher als allgemeiner Programmsatz verstanden, denn es kann nicht strikt vom öffentlichen Auftraggeber verlangt werden, an schwierigen und komplexen Aufträgen Berufsanfänger immer angemessen zu beteiligen.«*

3122 OLG Jena, Beschl. v. 6. 6. 2007 (9 Verg 3/07), NZBau 2007, 730 = VergabeR 2007, 677.

Nachgefragt waren damit Beratungsleistungen im technischen, wirtschaftlichen und rechtlichen Bereich und deren Koordinierung. Der Auftrag umfasste die **Durchführung, Kontrolle und Abrechnung des PPP-Projektes** einschließlich der Vorbereitung und Durchführung des Vergabeverfahrens und war **nicht in einzelne Lose** (hinsichtlich des technischen, wirtschaftlichen und rechtlichen Bereichs) **unterteilt**. Die Antragstellerin, für die als **Rechtsanwaltskanzlei** allein die Beratung im rechtlichen Bereich in Betracht gekommen wäre, hat sich an der Ausschreibung nicht mit einer Bewerbung beteiligt. Sie rügt die Vergaberechtswidrigkeit der nicht erfolgten Aufteilung in Lose und ist der Auffassung, durch die nicht erfolgte Aufteilung in Lose **in diskriminierender Weise von der Teilnahme am Wettbewerb ausgeschlossen** zu sein. Es sei ihr auch nicht zumutbar, sich über eine Bietergemeinschaft mit Beratungsunternehmen der weiteren Fachbereiche am Verfahren zu beteiligen.

Die **sofortige Beschwerde** ist nach Auffassung des OLG Jena **nicht begründet**. Die Ausschreibung verstößt

- weder gegen **§ 97 III GWB** (hier i.V.m. § 4 V VOF)
- noch gegen das Gleichbehandlungsgebot des § 97 II GWB (i.V.m. § 4 II VOF),

so dass die Antragstellerin nicht in ihren Rechten verletzt ist (§ 97 VII GWB).

Die **Vergabestelle ist grundsätzlich in der Bestimmung der auszuschreibenden Leistung frei**. Sie entscheidet deshalb auch, ob die zu vergebende Leistung in mehrere Leistungseinheiten unterteilt werden soll. Dabei hat sie den Grundsatz der Gleichbehandlung sowie das Gebot der Berücksichtigung mittelständischer Interessen zu beachten. In diesem Sinne verlangt auch § 4 V VOF eine angemessene Beteiligung kleiner Büros und Berufsanfänger. Diese dürfen, im Interesse des Wettbewerbs, nicht von vornherein chancenlos sein. § 97 III GWB enthält dabei **nicht einen bloß unverbindlichen Programmsatz**, sondern bindet den öffentlichen Auftraggeber unmittelbar, was einem subjektiven Bieterrecht nach § 97 VII GWB entspricht. **Die Berücksichtigung der Gesichtspunkte des Mittelstandsschutzes und der Chancengleichheit kleinerer Unternehmen findet jedoch ihre Grenze an entgegenstehenden eigenen Interessen des öffentlichen Auftraggebers**, die zwingend gegen eine Aufteilung in kleinere Leistungseinheiten sprechen. Kann der Zweck des Beschaffungsprojektes nur bei einer Gesamtvergabe erreicht werden, so ist der Auftraggeber hierzu berechtigt. Gleiches gilt dann, wenn die an sich mögliche Teilung der Leistung aus **wirtschaftlichen oder technischen Gründen erheblich nachteilig** wäre[3123]. In letztgenanntem Fall ist jedoch eine **Abwägung** der auf beiden Seiten jeweils betroffenen Interessen erforderlich.

Nach Meinung des Senats liegen Gründe vor, welche eine **ungeteilte Ausschreibung als zwingend** erscheinen lassen.

Nachgefragt ist die Dienstleistung der umfassenden Beratung in rechtlicher, technischer und wirtschaftlicher Hinsicht. Diese hat fachübergreifend zu erfolgen mit dem **Ziel der Koordinierung der verschiedenen Bereiche**, um aus dem dadurch gewonnenen Blickwinkel die für die Durchführung des PPP-Projektes erforderlichen Informationen zu erhalten, etwa hinsichtlich des am besten geeigneten Be-

3123 Vgl. zu § 5 Nr. 1 VOL/A: OLG Düsseldorf, Beschl. v. 8. 9. 2004 (Verg 38/04), VergabeR 2005, 107, 109 f.

treibermodells für die Errichtung, Sanierung und Bewirtschaftung der geplanten Gebäude. Da Ziel und Zweck der Beschaffung somit gerade das Projektmanagement ist, kommt eine losweise Ausschreibung der einzelnen Beratungsbereiche vorliegend nicht in Betracht. Denn in diesem Fall müsste die Antragstellerin das Projektmanagement selbst übernehmen, was ihr das Vergaberecht nicht vorschreiben kann. Angesichts der **Komplexität eines PPP-Projektes** ist die Vergabestelle umso mehr berechtigt, diese Leistung durch Dritte erbringen zu lassen.

Dies steht nicht im Widerspruch zu der Entscheidung des OLG Düsseldorf[3124], das in dem dort entschiedenen Fall zur VOL/A die losweise Vergabe mehrerer (Reinigungs-)Dienstleistungen für geboten hielt. Im Unterschied zum vorliegenden Fall waren dort die einzelnen Aufgabenbereiche (wie Reinigung, Gebäudebewachung, Empfangsdienstleistungen) untereinander nicht verflochten. Damit war die Aufgabe des Managements eine andere, nämlich lediglich die Abstimmung der Zusammenarbeit. Diese bei losweiser Vergabe der Vergabestelle zufallende Aufgabe bedeutete für sie (gegenüber einer Gesamtvergabe) nur einen begrenzten Mehraufwand. Im vorliegenden Fall geht es demgegenüber nicht um einen bloß quantitativen Mehraufwand, sondern das **Projekt selbst ist bei einer losweisen Vergabe in Frage gestellt**, indem es in qualitativer Hinsicht von fachübergreifenden Managementdienstleistungen abhängt.

Dass die Vergabestelle in einer **internen Aktennotiz** eine Losvergabe selbst für möglich hielt, führt nicht zu einem anderen Ergebnis, kommt doch zum einen in dem Aktenvermerk selbst die Notwendigkeit eines bereichsübergreifenden Projektmanagements zum Ausdruck und handelt es sich zum anderen bei dem Vermerk um eine **nicht verbindliche Äußerung einer Rechtsansicht** der Vergabestelle.

Die nicht in Lose unterteilte Ausschreibung war demnach **nicht vergaberechtswidrig.**

Einen **Verstoß gegen das Diskriminierungsverbot** vermag das OLG Jena ebenfalls **nicht** zu erkennen. Der Antragstellerin wäre die Erbringung der wirtschaftlichen Beratungsleistung nicht standesrechtlich verwehrt. Die spezielle Qualifikation eines Wirtschaftsprüfers war in der Ausschreibung nicht verlangt. Die Antragstellerin war deshalb an einer Bewerbung nicht in diskriminierender Weise gehindert. Der umgekehrte Gesichtspunkt, ob solche an dem Auftrag Interessierte an einer Bewerbung gehindert waren, denen das Rechtsberatungsgesetz eine rechtliche Beratung verbietet, betrifft nicht die Antragstellerin.

d) Verhandlungsverfahren als Regelverfahren

432 Das **Verhandlungsverfahren** (§ 5 I VOF, § 101 IV GWB) ist bei der Vergabe nach VOF das **Regelverfahren.** Der Verordnungsgeber ist davon ausgegangen, dass die nach der VOF zu vergebenden nicht erschöpfend beschreibbaren freiberuflichen Leistungen vernünftigerweise nicht im Offenen oder Nichtoffenen Verfahren vergeben werden können. Insoweit könnte man die VOF als Unterfall der §§ 3, 3a VOL/A begreifen, die das Verhandlungsverfahren für zulässig erachten, wenn Leis-

3124 Vgl. zu § 5 Nr. 1 VOL/A: OLG Düsseldorf, Beschl. v. 8. 9. 2004 (Verg 38/04), VergabeR 2005, 107, 109 f.

tungen nicht eindeutig und erschöpfend beschrieben werden können. Freilich sieht die **Vergabekoordinierungrichtlinie** eine derartige **Sonderbehandlung bestimmter freiberuflicher Leistungen in einem eigenständigen Regelwerk nicht vor.**

e) Übersicht über den Verfahrensablauf

433 Der Ablauf des Verfahrens nach der VOF kann anhand folgenden Schemas verdeutlicht werden:

Anwendungsbereich § 2 II VOF Schwellenwert 206.000 EURO
Vorinformationsverfahren **bei Auftragswert von > 750.000 EURO** § 9 I VOF
Verhandlungsverfahren mit Vergabebekanntmachung § 5 I VOF
Vergabebekanntmachung § 9 III VOF EU-Amtsblatt/TED
Teilnahmeantrag §§ 12 bis 14 VOF **Frist (§ 14):** – 37 Tage – In Fällen besonderer Dringlichkeit mind. 15 Tage **Nachweis der finanziellen und wirtschaftlichen Leistungsfähigkeit (§ 12):** – Bankenerklärung/Berufshaftpflichtversicherungsdeckung – Vorlage von Bilanzen oder Bilanzauszügen, falls Veröffentlichung vorgeschrieben – Erklärung über den Gesamtumsatz und den Umsatz bzgl. der nachgefragten Dienstleistungen **Nachweis der fachlichen Eignung (§ 13 i.V.m. § 23):** – Berufszulassung bzw. Studienbescheinigung – Referenzleistungen – Angabe über die technische Leitung – Erklärungen über die Anzahl der Mitarbeiter und Führungskräfte – Geräteausstattung – Qualitätsmanagement – Kontrollmaßnahmen – Eventuell beabsichtigte Unterauftragsvergabe

Prüfung der Teilnahmeanträge durch den Auftraggeber

Kriterien:
- Berufsqualifikation
- Fachkunde
- Leistungsfähigkeit
- Zuverlässigkeit
- Erfahrung
- Prüfung der Ausschlussgründe des § 11

Bewerberauswahl
§ 10 ff. VOF
Auswahl von mindestens drei Bewerbern

Auftragsgespräche mit den ausgewählten Bewerbern
§ 24 VOF

Vergabeentscheidung
§ 16 VOF

Kriterien:
- Qualität
- Fachlicher und technischer Wert
- Ästhetik
- Zweckmäßigkeit
- Umwelteigenschaften
- Kundendienst und technische Hilfe
- Leistungszeitraum/Ausführungszeitraum oder -frist
- Preis/Honorar (im Gebührenrahmen der HOAI)

Vergabevermerk
§ 18 VOF

Mitteilungen
§§ 17, 19 VOF

Melde- und Berichtspflichten (§ 19):
- Auf Verlangen der Europäischen Kommission

Bekanntmachungen über vergebene Aufträge (§ 17 I):
- Zwingende Bekanntmachungspflicht
- Verwendung des Musters in Anhang III

Nichtberücksichtigung (§ 17 IV VOF):
- Auf Antrag
- Innerhalb von 15 Tagen

f) Fristen

434

Vorschrift	Bezeichnung der Frist	Fristdauer in Kalendertagen [beschl. Verfahren]	Berechnung des Fristbeginns
§ 14 Abs. 1 S. 1	Angebotsfrist	37 Tage	Tag nach Absendung der Bekanntmachung
§ 14 Abs. 2	Angebotsfrist bei Dringlichkeit (S. 1)	Min. 15 Tage	Tag nach Absendung der Bekanntmachung
§ 14 Abs. 2	Angebotsfrist bei Dringlichkeit (S. 2) (Bei elektronisch erstellter und übermittelter Bekanntmachung)	Min. 10 Tage	Tag nach Absendung der Bekanntmachung
§ 14 Abs. 3	Frist zur Auskunftserteilung über Vergabeunterlagen	6 Tage (1. Hs.) 4 Tage (2. Hs.) im Falle besonderer Dringlichkeit.	Tag vor Ablauf der Angebotsfrist

Vorschrift	Verkürzung der Frist	Verkürzung in Kalendertagen
§ 14 Abs. 1 S. 2	Bei elektronisch erstellter und übermittelter Bekanntmachung	7 Tage

3. Entscheidungspraxis

435 Die Bereitschaft von Auftragnehmern, im Rahmen von VOF-Vergaben Nachprüfungsverfahren anzustrengen, ist zumeist relativ gering. Dennoch sind in den letzten Jahren **eine Reihe von Fällen** bekannt geworden, die einige Problemfelder von VOF-Vergaben beleuchten.

a) Individuelle Verhandlungen als Basis für Auftragserteilung

436 In einem Fall[3125] wurde betreffend die Ausschreibung eines Pflege- und Entwicklungsplanes für ein Naturschutzgroßprojekt bemängelt, dass die Vergabestelle zusammen, und nicht einzeln, mit den fünf Bewerbern Gespräche über Vertragsbedingungen geführt hat. **Individuelle Verhandlungen** sind jedoch deshalb erforderlich, weil ein Schutzbedürfnis der Mitbewerber im Hinblick auf die Kundgabe

3125 VÜA Sachsen, Beschl. v. 27. 10. 1998 (1 VÜA 10/98), VergabE V-13-10/98 = EUK 2000, 143; s.a. *Müller-Wrede*, IBR 1999, 272.

von Bezugsquellen, Einzelheiten der Gestaltungsmöglichkeiten, wirtschaftliche Fähigkeiten usw. besteht. Erst auf Basis der Ergebnisse von Einzelverhandlungen kann dann gemäß § 16 VOF die Auftragserteilung erfolgen. Dies folgt klar aus der Formulierung »aufgrund der ausgehandelten Vertragsbedingungen«.

Die Auswahl der Bewerber muss entsprechend den **systematisch abgrenzbaren Phasen**[3126] erfolgen:
- § 11 VOF verlangt die Prüfung der Ausschlusskriterien (1. Phase),
- § 12 VOF die Untersuchung der wirtschaftlichen und finanziellen Leistungsfähigkeit (2. Phase) und
- § 13 VOF die Bewertung der fachlichen Eignung (3. Phase).
- Schließlich tritt die Vergabestelle in die 4. Phase ein, in welcher der Auftraggeber die Bewerber auswählt, die zu (getrennten) Verhandlungen geladen werden müssen.
- In der 5. Phase erfolgt die Auftragserteilung aufgrund der ausgehandelten Vertragsbedingungen.

Im Falle der **Vergabe von Architekten- und Ingenieurleistungen** müssen die zu den §§ 5 I S. 2, 16 VOF hinzutretenden Anforderungen aus § 24 I 2 VOF beachtet werden. Demgemäß sind bereits **vertiefte Verhandlungen** mit den nach § 10 VOF ausgewählten Bewerbern durchzuführen. Ziel ist es, dass sich die Vergabestelle ein möglichst gutes Bild darüber machen soll, welcher Bewerber eine am meisten sachgerechte und qualitätsvolle Leistungserbringung bietet[3127].

b) Mehrere Auswahlkriterien

437 In einem Fall[3128], in dem es um die Erbringung von Projektsteuerungsleistungen ging, hatte die Vergabestelle gegen das **Gleichbehandlungsgebot verstoßen** (§ 97 II GWB, § 4 II VOF), indem sie eine Bewerberin unter Missachtung des zuvor bekanntgemachten Kriteriums »Erfahrungen in der Projektsteuerung beim Krankenhausbau« zu Verhandlungsgesprächen geladen hatte. Die Vergabestelle war von diesem **ursprünglich als ausschließlich anzulegenden Kriterium abgewichen** und hatte plötzlich ein neues, allgemeines Kriterium in Gestalt »guter Erfahrungen mit einer Firma bei vorangegangenen Aufträgen« eingeführt[3129]. Die VK Sachsen stellt heraus – einmal außer Acht gelassen, dass dieses Kriterium nach § 10 III VOF nicht in der Bekanntmachung verlangt war –, dass die Bestimmung des § 13 II VOF die **Inansatzbringung einer Mehrzahl von Eignungskriterien** gebietet, damit ein Abwägungsprozess unter Verwendung einer Liste einzelner Bewertungskriterien stattfinden kann.

Die Auswahlkriterien müssen außerdem mit der **gebotenen Klarheit** verständlich machen, auf welche Bewertungsmaßstäbe sich der Bewerber einzustellen hat[3130]. Anderenfalls liegt ein Verstoß gegen das Transparenzgebot vor.

3126 Dazu auch: VK Südbayern, Beschl. v. 12. 1. 2004 (61-12/03), VergabE E-2b-61/03 Nr. 3.

3127 Hebel in: Müller-Wrede, VOF, 3. Aufl. 2008, Rn. 7 zu § 24 Nr. 3. Siehe außerdem: VK Arnsberg, Beschl. v. 15. 7. 2003 (VK 3-16/03), VergabE E-10a-16/03.

3128 VK Sachsen, Beschl. v. 19. 5. 2000 (1 VK 42/00), VergabE E-13-42/00 = EUK 2000, 143.

3129 Hierzu auch VK Halle, Beschl. v. 13. 2. 2001 (VK Hal 37/00), VergabE E-14a-37/00 = EUK 2001, 76.

3130 OLG Dresden, Beschl. v. 29. 5. 2001 (WVerg 0003/01), VergabE C-13-3/01 = EUK 2002, 12.

c) Keine Gruppen »mehr« und »weniger geeigneter« Bieter

438 Die VK Bund stellt heraus, dass es gegen das Gleichbehandlungs- und Transparenzgebot verstößt, wenn **in der Vorauswahl Bewerbergruppen mit verschiedenen Eignungsgraden** gebildet werden. Ein Ausschluss »weniger geeignet« erscheinender Bieter ist zwingend geboten, auch wenn die §§ 11, 12, und 13 VOF als solches keinen zwingenden Ausschluss bei Unvollständigkeit der Eignungsnachweise enthalten[3131].

Dennoch kann man insbesondere bei der Vergabe von geistigen Dienstleistungen **Vermischungen** von eignungs- und angebotsbezogenen Aspekten realistischerweise **nicht ganz vermeiden**[3132].

In solchen Fällen gilt es, zu prüfen, **inwieweit die Eignungsgesichtspunkte ausführungsbezogen** sind[3133]. Vor allem dann sind sie als zulässig zu betrachten. Dies wird insbesondere spezielle **einschlägige Berufserfahrungen** betreffen wie z.B. **Referenzobjekte** beim Krankenhausbau, ingenieurtechnische Begleitung eines Großprojektes wie einen Flughafenausbau etc.[3134] Gemäß OLG Stuttgart[3135] ist es durchaus rechtens, wenn die Präsentation von Referenzobjekten sowohl zur Darlegung der fachlichen Eignung eines Bieters im Teilnahmewettbewerb herangezogen werden kann als auch später (nochmals) im Zusammenhang mit der Prüfung der Qualität der von diesem Bieter konkret zu erwartenden Leistung.

Das OLG Düsseldorf weist darauf hin, dass sich die Besonderheiten des VOF-Vergabeverfahrens **bei der abschließenden Wertung fortsetzen**, hinsichtlich der es **im Sinne einer Prognoseentscheidung** um die Ermittlung desjenigen Bieters geht, welcher die »bestmögliche Leistung« (§ 16 IV VOF 2006) erwarten lässt, nicht jedoch gehe es um die Ermittlung des wirtschaftlich günstigsten Angebotes (§ 25 Nr. 3 VOL/A, § 25 Nr. 3 III 2 VOB/A).

Inwieweit diese Rechtsprechung unter dem Blickwinkel der nochmaligen Bekräftigung des EuGH[3136], wonach die **Eignungs- und angebotsbezogenen Kriterien strikt zu trennen** sind, haltbar ist, kann als fraglich beurteilt werden. Indizien dafür, dass die Praxis der VOF-Vergabeverfahren insoweit geändert werden muss, existieren bereits[3137]. So hebt die VK Nordbayern in einer typischen Fallkonstallation hervor:

> »*Die VSt hat vorliegend unstreitig die ursprünglich in der Vergabebekanntmachung* ***bereits als Auswahlkriterien für die Bewerbung veröffentlichten Punkte****, die auch der Bewerberauswahl zugrunde gelegt wurden,* ***im wesentlichen nochmals als Wertungskriterien herangezogen****. Darunter sind einige Kriterien,*

3131 VK Bund, Beschl. v. 10. 5. 2001 (1 VK 10/01), VergabE D-1-10/01.

3132 OLG Rostock, Beschl. v. 16. 5. 2001 (17 W 1/01/2/01), VergabE C-8-1/01 = VergabeR 2001, 315 = NZBau 2002, 170 = Behörden Spiegel 2/2002, S. 18.

3133 Ungeeignet daher das Kriterium der »Erfahrung in der Zusammenarbeit mit dem Auftraggeber«. Siehe VK Sachsen, Beschl. v. 12. 11. 2001 (1 VK 115/01), VergabE E-13-115/01.

3134 OLG Düsseldorf, Beschl. v. 23. 7. 2003 (Verg 27/03), VergabE C-10-27/03, Rn. 11 = EUK 2003, 123.

3135 OLG Stuttgart, Beschl. v. 28. 11. 2002 (2 Verg 10/02), VergabE C-1-10/02 = VergabeR 2003, 226 = NZBau 2003, 232 = BauR 2003, 777 = EUK 2003, 28 = Behörden Spiegel 2/2003, S. 27.

3136 EuGH, Urt. v. 24. 1. 2008 (Rs. C-532/06), VergabeR 2008, 496 = VS 2008, 19.

3137 VK Nordbayern, Beschl. v. 1. 2. 2008 (21.VK – 3194 – 53/07). Vgl. aber OLG Düsseldorf, Beschl. v. 5. 5. 2008 (VII Verg 5/08), für den VOL-Bereich, wo eine ausführungsbezogene Beurteilung der Eignung bei der Zuschlagserteilung bejaht wird.

*die eindeutig der fachlichen Eignung nach § 13 VOF zuzuordnen sind, wie ›**Neubaureferenzen**‹, ›**Nachweis von Erfahrung mit Planung und Errichtung von Gebäuden für ...**‹ und ›**Nachweis Einhaltung Baukosten und Bauzeit**‹, zumal sie alle auf der Heranziehung der Referenzen fußen. Sie hat diese auch mit immerhin 25% der möglichen Punktzahl in ihre Vergabeentscheidung einfließen lassen. Ferner hat die VSt im Bereich des Projektmanagements wiederum die Person des benannten Projektleiters sowie die personelle Ausstattung des Projektteams als Unterkriterien mit herangezogen und in die Punktewertung beim Kriterium ›Projektmanagement‹ einfließen lassen. Wie hoch hier die Gewichtung war, ist zwar nicht klar erkennbar, aber offenbar machte der Teilbereich keinen geringen Umfang aus.*

*Die VSt hat sich damit nicht mehr im Rahmen der gesetzlichen Vorgaben gehalten und den Maßstab überschritten. Diese **Kriterien waren bereits verbraucht.**«*

Nun kann angeführt werden, dass in dem entschiedenen Fall eine **Doppelverwertung** stattgefunden hat, die per se rechtlich fragwürdig ist. Dennoch ist über eine klarere Trennung der Bewertungs- und Auftragskriterien in VOF-Verfahren intensiv nachzudenken.

d) Ausschluss mangels Eignung

439 Bei der Beurteilung der Eignung hat die Vergabestelle ein **weit gespanntes Ermessen**. Sie hat eine Bewertungsprärogative[3138]. Nur in **großen Ausnahmefällen** kann die Vergabekammer die Vergabestelle verpflichten, einen Bewerber auszuschließen.

Die VK Baden-Württemberg[3139] hat in einem solchen Fall der **Ermessensreduzierung auf Null** eine solche Ausschlusspflichtigkeit wegen mangelnder Eignung angenommen. Die Antragstellerinnen hatten im vorliegenden Verfahren keine Chance auf Berücksichtigung ihres Angebots, weil sie **mangels Zuverlässigkeit** vom Vergabeverfahren **ausgeschlossen** werden mussten.

Nach **§ 11 lit. b VOF können** Bewerber von der Teilnahme am Vergabeverfahren ausgeschlossen werden, die **aufgrund eines rechtskräftigen Urteils** aus Gründen bestraft worden sind, die ihre **berufliche Zuverlässigkeit in Frage stellen**. Weiter können Bewerber ausgeschlossen werden, die im Rahmen ihrer beruflichen Tätigkeit eine **schwere Verfehlung** begangen haben, die vom Auftraggeber nachweislich festgestellt wurde (§ 11 lit. c VOF). Nach § 4 III VOF sind ganz allgemein unlautere Verhaltensweisen unzulässig.

Nach Feststellung der Kammer wurde der Geschäftsführer der Antragstellerin zu 1, die im vorliegenden Vergabeverfahren federführend tätig ist, **auf Grund fehlerhafter Mitteilungen zum Bautenstand wegen Beihilfe zum Betrug verurteilt**. Die Taten stehen somit im Zusammenhang mit dessen beruflicher Tätigkeit. Das Urteil ist seit dem 6. 6. 2001 rechtskräftig.

3138 BGH, NJW 2000, 663.

3139 VK Baden-Württemberg, Beschl. v. 31. 3. 2003 (1 VK 13/03 – »Hallenbad III«), VergabE E-1-13/03 = EUK 2003, 93.

Die Vergabekammer hebt hervor, dass der Ausschluss eines Bewerbers wegen Vorliegens eines der in § 11 VOF aufgeführten Gründe **zwar nicht zwingend** ist und der Vergabestelle insoweit ein Ermessensspielraum zusteht. Die Vergabekammer ist deshalb grundsätzlich nicht befugt, selbst eine Entscheidung darüber zu treffen, ob die Antragstellerinnen mangels Zuverlässigkeit auszuschließen sind. **Anderes gilt** jedoch dann, wenn aufgrund des Sachverhalts **nur eine rechtmäßige Entscheidung in Frage kommt**. So liegt der Fall hier.

Mag die Verurteilung wegen Beihilfe zum Betrug gegebenenfalls noch nicht rechtfertigen, die Antragstellerinnen vom Verfahren nach § 11 lit. b und c auszuschließen, so gelangt man in einer Gesamtbetrachtung, auch unter Berücksichtigung der übrigen Verhaltensweise zum Ergebnis, dass ein **Ausschluss geboten** ist.

Die **Verurteilung** wegen Beihilfe zum Betrug ist nicht allgemeiner Art, sie steht in **unmittelbarem Zusammenhang mit der beruflichen Tätigkeit**. Die Verurteilung liegt **zeitlich nahe**. Die dadurch bedingten **Zweifel an der Zuverlässigkeit** wurden durch das sonstige Verhalten nicht ausgeräumt, sondern geradezu untermauert. So hat die Antragstellerin zu 1 im Rahmen ihres Teilnahmeantrags **ausdrücklich versichert**, dass Ausschlusskriterien nach § 11 VOF nicht vorliegen würden und sich dadurch gegenüber der Vergabestelle **bewusst wahrheitswidrig verhalten**. Hinzu kommt, dass sie mit einem Schreiben den Versuch unternommen hat, **in wettbewerbswidriger Weise auf den Gemeinderat einzuwirken**, um eine für sie positive Entscheidung herbeizuführen.

Nach alledem kommt nur eine Entscheidung in Betracht, nämlich der Ausschluss der Antragstellerinnen mangels Zuverlässigkeit. Der **Einwand** der Antragstellerinnen, dass die Verurteilung nicht mehr zur Annahme der Unzuverlässigkeit herangezogen werden könne, da **der Vergabestelle schon längere Zeit bekannt** sei, dass eine **Vorstrafe vorliege**, führt zu keinem anderen Ergebnis.

Zwar wird im Anwendungsbereich der VOB/A und der VOL/A vertreten, dass der nachträgliche Ausschluss eines Bieters mangels Eignung nicht mehr möglich ist, wenn ein Auftraggeber einen Bieter im Rahmen einer Ermessensentscheidung unter Berücksichtigung bestimmter Tatsachen, welche die Annahme der Unzuverlässigkeit zulassen, **zunächst als geeignet ansieht** und deshalb in die nächste Wertungsstufe aufnimmt. Dieser Grundsatz führt vorliegend jedoch nicht dazu, dass eine Zuverlässigkeitsprüfung durch die Vergabestelle bzw. die Vergabekammer nicht mehr möglich ist. Dies gilt nur, soweit ein Auftraggeber im Rahmen des ihm zustehenden Ermessensspielraums richtig entschieden hat. Vorliegend hingegen kommt aber nur eine rechtmäßige Entscheidung in Betracht, nämlich der Ausschluss mangels Zuverlässigkeit. Eine Entscheidung, die Antragstellerinnen als zuverlässig zu betrachten, würde den ihr zustehenden Ermessensspielraum überschreiten.

Sind bei einem Teilnehmerauswahlverfahren nach VOF Diskrepanzen der Auswertungsmatrix im Vergleich zu der Vergabebekanntmachung festzustellen, so kann die Vergabestelle einen Bewerber nicht einfach ausschließen, sondern sie muss das Auswahlverfahren wiederholen[3140].

Merke: Auch nach der Verschärfung des § 11 I VOF 2006 ist nach hier vertretener Auffassung i.d.R. eine Ermessensentscheidung durchzuführen (siehe Rdn. 354).

3140 VK Baden- Württemberg, Beschl. v. 28. 10. 2004 (1 VK 67/04), VS 2005, 22 [LS].

e) Gebührenrahmen der HOAI nicht Teil des Wettbewerbs; Einhaltung der Mindestsätze

440 Die **Diskussion um die Europarechtswidrigkeit der Mindestsätze der HOAI** soll hier nicht näher aufgegriffen werden. Es gibt, wie in der Diskussion Mitte/Ende der 1990er Jahre, als die VOF eingeführt wurde, noch immer **zwei Meinungen**.

Die einen halten die dadurch – ohne Zweifel – ausgelösten Beschränkungen des freien Dienstleistungsverkehrs (Art. 49 EGV) für durch zwingende Allgemeininteressen **gerechtfertigt**[3141].

Die anderen verweisen darauf, dass es **in keinem anderen Land der EU** solche Mindestsatzregelungen gibt, und der Begriff der zwingenden Allgemeininteressen europarechtlich, d.h. bezogen auf diese Situation in Europa, auszulegen sei[3142].

Bei einer Ausschreibung von Architektenplanungsleistungen gemäß § 15 HOAI, Leistungsphasen 3 bis 9, bei der sich 104 Architekten- und Ingenieurbüros um die Teilnahme an dem Verhandlungsverfahren nach VOF bewarben, lud die Vergabestelle die punktemäßig ersten sechs Bewerber zu Auftragsverhandlungen ein. Im Einladungsschreiben wurden »**konkrete Honorarvorschläge**« erbeten. Neben Aspekten der fachlichen Qualifikation, personellen Besetzung, technischen Ausstattung, Zuverlässigkeit, Termintreue usw. wurden in dem Verhandlungstermin **Gesichtspunkte der anzuwendenden Honorarzone besprochen**. Eine Bewerberin beanstandet nach Auffassung des VÜA Thüringen als VK[3143] zu Recht, der anzuwendende **Honorarsatz dürfe nicht dem Wettbewerb unterworfen werden**, weil es sich um bindendes öffentliches Preisrecht handelt. § 16 II 2 VOF (§ 16 III 2 VOF 2006) bestimmt, dass Leistungen bzw. Angebote, die nach einer gesetzlichen Gebühren- oder Honorarordnung (z.B. der HOAI) zu vergüten sind, hinsichtlich des Preises **nur im vorgeschriebenen Gebührenrahmen** berücksichtigt werden dürfen[3144]. In jedem Falle ist es unzulässig, die objektiv zu ermittelnden Honorarzonen auszuhandeln[3145]. Der gesetzliche Honorarrahmen der HOAI kommt bereits bei der Entscheidung über die Auftragserteilung zur Anwendung.

Hat ein Bieter **unterhalb des Mindestsatzes Angebote unterbreitet**, so führt dies **nicht zwingend von vornherein zum Ausschluss**. § 16 III 2 VOF gibt lediglich vor, dass, wenn die zu erbringende Leistung nach einer gesetzlichen Gebühren- oder Honorarordnung zu vergüten ist, der Preis nur im dort vorgeschriebenen Rahmen zu berücksichtigen ist. Damit wird der Grundsatz ausgesprochen, dass honorarwidrigen Angeboten **im Ergebnis der Zuschlag nicht erteilt werden darf**. Der Wortlaut enthält aber nach wohl zutreffender Auffassung des OLG Stuttgart

3141 VK Baden-Württemberg, Beschl. v. 31. 3. 2003 (1 VK 13/03 – »Hallenbad III«), VergabE E-1-13/03 = EUK 2003, 93; *Vygen* in: Korbion/Mantscheff/Vygen, HOAI, 6. Aufl., Rn. 54 zu § 2; *Koeble* in: Locher/Koeble/Frik, HOAI, 8. Aufl. 2002, Einl. Rn. 216.

3142 BGH, ZfBR 2003, 367 f.; VK Baden-Württemberg, Beschl. v. 31. 3. 2003 (1 VK 13/03 – »Hallenbad III«), VergabE E-1-13/03 = EUK 2003, 93 Quack, ZfBR 2003, 419 f.; Deckers, VergabeR 2004, 662. Diese Auffassung scheint Oberhand zu gewinnen mit Blick auf die HOAI-Novelle und EuGH, Urt. v. 5. 12. 2006 (Rs. C-94/04), Slg. I-11421 = NZBau 2007, 43.

3143 VÜA Thüringen als VK, Beschl. v. 11. 5. 1999 (2 VÜ 2/99), VergabE E-16-2/99ü = EUK 2000, 158.

3144 VK Brandenburg, Beschl. v. 13. 2. 2003 (VK 74/02), VergabE E-3-74/02.

3145 VK Nordbayern, Beschl. v. 1. 2. 2008 (21.VK – 3194 – 53/07).

gerade keine Formulierung wie »ist auszuschließen« oder gar »ist von vornherein auszuschließen«[3146]. Vielmehr muss dem betroffenen Bieter **Gelegenheit zu Nachverhandlungen** gegeben werden[3147]. Insoweit eröffnet das Verhandlungsverfahren gemäß VOF eben gerade einen **Verhandlungsspielraum** für das Honorar und damit **auch für die Einhaltung der Mindestsätze**.

Will ein Bieter einen **Verstoß gegen die Verpflichtung zur Einhaltung der Mindestsätze** nach § 16 II 2 VOF i.V.m. § 4 II HOAI geltend machen, so darf er sich **nicht mit bloßen Vermutungen begnügen**, sondern muss konkrete Anhaltspunkte liefern, zumal wenn der öffentliche Auftraggeber mit der Aussage entgegengetreten war, der betreffende Bewerber habe mit seinem Angebot nicht gegen die zwingende Bestimmung über die Mindestsätze verstoßen. Die Amtsermittlungspflicht reicht nur so weit wie der Bieter und Antragsteller die in erster Linie fachkundige Person ist und daher zumindest einen Anfangsverdacht liefern muss[3148].

Das OLG Düsseldorf[3149] hat entschieden, dass ein Auftraggeber wettbewerbswidrig handelt, wenn er von den Bietern fordert, ausgeschriebene Planungsleistungen zu einem **Pauschalpreis** entsprechend § 4a HOAI nach Kostenberechnung anzubieten und eine Baukostenobergrenze verbunden mit einer bonus-malus-Regelung zu bestimmen, ihnen aber **keine** den Vorgaben der HOAI entsprechende **Kostenberechnung** zur Verfügung stellt, so dass eine Unterschreitung der Mindestsätze die Folge sein kann.

f) Vergabeabsicht erforderlich

441 Die **Koppelung** der **Planung eines bestimmten Objektes** mit der Entwicklung von **weiteren prototypischen Bauteilen** (Modulsystem) verstößt nach Auffassung des VÜA Thüringen als VK[3150] gegen grundlegende Vorschriften des Vergaberechts. Es gibt keine Befugnis, den Umfang der zu vergebenden Leistungen erst im Vergabeverfahren zu ermitteln. Gegenstand der Verhandlungen sind nach § 5 I VOF lediglich die **Auftragsbedingungen**, **nicht** jedoch die **Leistungsumfänge**. Die Beschreibung des Leistungsumfanges muss nach § 9 IV VOF bereits in der Bekanntmachung erfolgen. Die Vergabestelle wollte offenbar betreffend die anderen Objekte nur Ideen einholen, ohne eine konkrete Vergabeabsicht zu haben.

g) Realisierungswettbewerbe und Ideenwettbewerbe

442 **Architektenwettbewerbe** können in unterschiedlicher Form durchgeführt werden.

Oberhalb des EU-Schwellenwertes sind die Planungsleistungen nach der VOF auszuloben. Unterhalb des EU-Schwellenwertes kommt es anstatt der VOF in besonderem Maße auf die Wettbewerbsregeln des Einzelfalles an.

3146 OLG Stuttgart, Beschl. v. 28. 11. 2002 (2 Verg 14/02), VergabeR 2003, 235.

3147 OLG Brandenburg, Beschl. v. 4. 12. 2007 (Verg W 16/07).

3148 OLG Düsseldorf, Beschl. v. 16. 5. 2001 (Verg 24/01), VergabE C-10-24/01 = Behörden Spiegel 7/2001, S. 18.

3149 OLG Düsseldorf, Beschl. v. 16. 5. 2001 (VII Verg 24/01), VergabE C-10-24/01 = Behörden Spiegel 7/2001, S. 18= VergabeR 2004, 657 = BauRB 2005, 22.

3150 VÜA Thüringen als VK, Beschl. v. 8. 6. 1999 (2 VÜ 3/99), VergabE E-16-3/99ü = EUK 2000, 158.

Insgesamt ist also zu prüfen, ob und wenn ja, welche Regelungswerke für den Architektenwettbewerb zugrunde gelegt werden und wie die Wettbewerbsbedingungen genau ausformuliert werden.

Außerdem kommt es auf die Art des ausgelobten Wettbewerbes an.

aa) Art des Wettbewerbes

443 Ein Realisierungswettbewerb ist von einem reinen Ideenwettbewerb zu unterscheiden[3151].

Der reine **Ideenwettbewerb** richtet sich auf die Einholung einer Vielfalt von Ideen, ohne dass eine konkrete Realisierungsabsicht besteht. Der Ideenwettbewerb kann insbesondere der Vorbereitung des Realisierungswettbewerbes dienen oder aber bei der Ermittlung von Teilnehmern für einen beschränkten Wettbewerb dienlich sein.

Beim **Realisierungswettbewerb** verhält es sich so, dass im Rahmen eines fest umrissenen Programms verschiedene planerische Lösungsmöglichkeiten eingeholt werden, wobei das hauptsächliche Motiv für die Teilnahme der Architekten die Aussicht einer späteren Beauftragung mit weiteren Planungsleistungen darstellt.

bb) Regelungswerke GRW 1995 und RAW 2004

(1) GRW 1995

444 Bundesweit verbreitet sind die **GRW 1995**[3152]. Sie sind ein Regelungswerk, das nach herrschender Auffassung zwar kein verbindliches Vergaberecht darstellt, jedoch häufig über Anwendungserlasse zur Verwendung empfohlen wird[3153]. Mitte der neunziger Jahre wurden sie im Hinblick auf die erstmalige Schaffung der VOF im Jahre 1997 mit dieser harmonisiert.

Die GRW 1995 sind gegenüber den GRW 1977 u.a. dahingehend geändert bzw. verschärft worden, dass bei Realisierungswettbewerben und beschränkten Einladungswettbewerben (§ 7.1 Abs. 1 GRW 1995) **in aller Regel der Träger** des ersten Preises (bzw. ggf. mehrere Preisträger) **zu beauftragen sein soll(en)**[3154]. Die in Aussicht gestellte Übertragung weiterer Leistungen stellt den eigentlichen Anreiz zur Teilnahme dar[3155].

Aber auch in der GRW 1995 wird **kein Kontrahierungszwang mit dem Gewinner** des Wettbewerbes ausgesprochen[3156]. § 25 IX VOF besagt nur, dass bei Realisierung der Wettbewerbsaufgabe einem oder mehreren der Preisträger **weitere Planungsleistungen nach Maßgabe der GRW 1995 übertragen werden sollen.**

3151 Dazu auch Müller-Wrede, VOF, 3. Aufl. 2008, Rn. 30, 32 zu § 25.

3152 Grundsätze und Richtlinien für Wettbewerbe auf den Gebieten der Raumplanung, des Städtebaues und des Bauwesens – GRW 1995 – Novellierte Fassung vom 22. 12. 2003 Gültig ab 30. 1. 2004.

3153 Dazu auch Müller-Wrede, VOF, 3. Aufl. 2008, Rn. 6 zu § 25, m.w.N.

3154 Vgl. Anmerkung Schulze-Hagen, IBR 1998, 257, zu OLG Düsseldorf, Beschl. v. 19. 12. 1996 (12 U 220/95), BauR 1998, 163//BGH, Beschl. v. 18. 9. 1997 (VII ZR 49/97 – Revision nicht angenommen).

3155 BGH NJW 1984, 1536.

3156 OLG Dresden, Beschl. v. 11. 4. 2005 (WVerg 5/05), BauR 2005, 1824 (Ls.) = NZBau 2006, 469 = VergabeR 2005, 646; VK Nordbayern, Beschl. v. 12. 8. 2004 (320.VK-3194-29/04), VergabE E-2a-29/04 = EUK 2004, 155.

Daraus kann keine Verpflichtung des Auslobers hergeleitet werden, den ersten Preisträger mit der weiteren Planung zu beauftragen[3157]. Der Auslober muss nur unter den Preisträgern einen oder mehrere für den weiteren Planungsauftrag auswählen[3158]. Die Beurteilung nach GRW 1995 (Ziffer 7.1) führt zu keinem anderen Ergebnis[3159].

Es ist daher im Anschluss an einen Wettbewerb nach den §§ 20, 25 VOF ein **Verhandlungsverfahren** ohne vorherige Bekanntmachung gemäß § 5 II lit. c VOF durchzuführen[3160].

Die **Entscheidung über die tatsächliche Beauftragung** erfolgt also nur unter der Voraussetzung der Würdigung der **Empfehlungen des Preisgerichts** für die Umsetzung des Wettbewerbsentwurfs (das Preisgericht muss sich nicht auf eine Prämierung eines einzigen Entwurfs festlegen). Dessen unbeschadet muss die Übertragung der weiteren Planungsleistungen erfolgen,
- sofern kein wichtiger Grund einer Beauftragung entgegensteht, insbesondere
- soweit und sobald die dem Wettbewerb zugrunde liegende Aufgabe realisiert werden soll,
- soweit mindestens einer der teilnahmeberechtigten Wettbewerbsteilnehmer, dessen Wettbewerbsarbeit mit einem Preis ausgezeichnet wurde, eine einwandfreie Ausführung der zu übertragenden Leistungen gewährleistet.

Der Prüfung des Vorliegens oder Nichtvorliegens eines wichtigen Grundes dürfte eine besondere Bedeutung zukommen. Als wichtigen Grund erkennt der BGH beispielsweise das sonst erfolgende Wegbrechen von Steuereinnahmen an[3161]. Diesbezüglich wird eine Parallele zu der Schadensersatzrechtsprechung im Zusammenhang mit der Aufhebung einer Ausschreibung aus wichtigem Grund (§ 26 Nr. 1 lit. c VOB/A) gezogen[3162].

Im Falle von reinen **Ideenwettbewerben** (§ 2.1 Abs. 1 GRW 1995) sieht dies anders aus. Als Ausgleich für die regelmäßig nicht im Plan liegende Realisierungsmöglichkeit bei den Ideenwettbewerben wird ein angemessener Zuschlag zum Basishonorar als Einzelleistung gemäß § 19 HOAI angesetzt (§ 4.1 Abs. 5 GRW 1995).

(2) RAW 2004

445 Die **RAW 2004**[3163] sind ein Regelwerk, welches von den Architekten- und Ingenieurkammern der Länder Niedersachsen, Nordrhein-Westfalen und Sachsen-Anhalt entwickelt wurde und allerdings nur in Nordrhein-Westfalen eingeführt worden sind.

3157 VK Nordbayern, Beschl. v. 12. 8. 2004 (320.VK-3194-29/04), VergabE E-2a-429/042 = EUK 2004, 155.

3158 Vgl. OLG Düsseldorf, Urt. v. 19. 12. 1996 (12 U 220/95), BauR 1998‹ 163, unter Verweis auf BGH, Urt. v. 3. 11. 1983 (III ZR 125/82), BauR 1984, 196.

3159 VK Nordbayern, Beschl. v. 12. 8. 2004 (320.VK-3194-29/04), VergabE E-2a-29/04 = EUK 2004, 155.

3160 VK Nordbayern, Beschl. v. 12. 8. 2004 (320.VK-3194-29/04), VergabE E-2a-2928/042 = EUK 2004, 155.

3161 BGH, Urt. v. 27. 5. 2004 (III ZR 433/02), IBR 2004, 429.

3162 BGH, Urt. v. 8. 9. 1998 (X ZR 99/96), BauR 1998, 123.

3163 Regeln für die Auslobung von Wettbewerben (RAW 2004) auf den Gebieten der Raumplanung, des Städtebaues und des Bauwesens.

Insbesondere die hier verwendeten RAW 2004 enthalten **keine Verpflichtung zur Beauftragung des erstprämierten Entwurfes.** Im einem Fall des LG Arnsberg[3164], der sich auf die Auslobung von Architektenleistungen im Werte unterhalb der EU-Schwelle bezog (deshalb einstweiliges Verfügungsverfahren vor dem ordentlichen Gericht)[3165], wurden die gegenüber der GRW 1995 vereinfachten Regelungen zur Auslobung von Wettbewerben (RAW 2004) zugrunde gelegt.

Die Verfügungsbeklagte (also der öffentliche Auftraggeber) beabsichtigte, **Planungsleistungen für die Errichtung eines Rathausneubaus** auszuschreiben. Hierfür rief sie zur Beteiligung an einem vorgeschalteten Teilnehmerwettbewerb auf, in welchem ein »Gewinner« ermittelt werden sollte. Die Verfügungskläger betreiben ein Architekturbüro. Sie und die Architektin L. wurden unter anderem für den Teilnehmerwettbewerb ausgewählt. Gemäß den RAW 2004, welche den Wettbewerbern übersandt wurden, war für die drei erfolgreichsten Teilnehmer ein **Preis** von 6000, 4500 bzw. 3000 € vorgesehen. Die Auswahlentscheidung wurde durch ein »**Preisgericht**« getroffen. Hierbei wurde die L. im 2. Prüfungsgang ausgeschieden, die Verfügungskläger hingegen im 3. Prüfungsgang in die engere Wahl gezogen. Sie erhielten sodann für ihren Entwurf den ersten Rang, was dem ersten ausgelobten Preis entsprach. Zwei weitere Preise und drei Anerkennungen wurden vergeben. Das Preisgericht empfahl der Beklagten, den Klägern den Auftrag zu erteilen.

Da der **Entwurf der Kläger jedoch bei der Mehrheit der Gemeindeeinwohner auf Ablehnung stieß**, beschloss der Gemeinderat, den Vorschlag der Kläger mit den Einwohnern erneut zu diskutieren und, falls dies zu keinem Ergebnis führe, einen Bürgerentscheid durchzuführen. Die Kläger widersprachen. Ihrer Auffassung nach lag mit der Durchführung des Wettbewerbs bereits eine verbindliche Zusage vor, einen der Preisträger zu beauftragen. In der gleichwohl stattfindenden **Einwohnerversammlung** wurde der Entwurf der L. neben demjenigen der Kläger für die Abstimmung im Bürgerentscheid ausgewählt. Ersterer erhielt im Bürgerentscheid die meisten Stimmen. Die Beklagte beabsichtigt deshalb, ihr den Auftrag zu erteilen. Mit anwaltlichem Schreiben wurde die Beklagte seitens der Kläger aufgefordert, den Vertragsschluss zu unterlassen. Sie berufen sich für einen Unterlassungsanspruch auf den Auslobungstext, nach dem die Planung bis zur Leistungsphase 5 gemäß § 15 HOAI einem der Preisträger zu übertragen sei. Die Grundsätze der Gleichbehandlung und Transparenz seien verletzt, wenn die Wertung des unabhängigen Preisgerichts nachträglich durch Bürgerentscheid aufgehoben werden könne. Die Kläger beantragen im Wege der einstweiligen Verfügung, der Beklagten den Abschluss eines Architektenvertrages mit der L. zu untersagen. Die Beklagte meint – unterhalb des Schwellenwertes – allenfalls zum Schadensersatz verpflichtet zu sein. Sie beruft sich auch auf den Auslobungstext, wonach die Beauftragung eines der Preisträger aus wichtigem Grund unterbleiben könne.

Die vor den ordentlichen Gerichten zulässige[3166] Klage ist nicht begründet. Das **LG verneint vorliegend einen Verfügungsanspruch**. Mangels einer Wettbewerbshandlung, die bei Beschaffungstätigkeiten der öffentlichen Hand grundsätzlich

3164 LG Arnsberg, Urt. v. 19. 10. 2007 (8 0 134/07), NZBau 2008, 206.

3165 BVerwG, Beschl. v. 2. 5. 2007 (6 B 10.07), NZBau 2007, 389 = VergabeR 2007, 337; LG Bad Kreuznach, NZBau 2007, 471.

3166 BVerwG, Beschl. v. 2. 5. 2007 (6 B 10.07), NZBau 2007, 389 = VergabeR 2007, 337; LG Bad Kreuznach, NZBau 2007, 471.

nicht vorliegt, ergibt sich ein solcher **nicht aus §§ 3, 8 UWG**. Der Beklagten kann auch rechtlich nicht vorgeworfen werden, dass sie den Willen der Bürger in dieser Frage ermittelt hat. Dieses Verhalten war nicht darauf gerichtet, ein Wettbewerbsergebnis zu verfälschen und den Gewinner des Wettbewerbs zu benachteiligen, so dass auch nicht ausnahmsweise eine Wettbewerbshandlung vorliegt. Allenfalls können sich hieraus Schadensersatzansprüche auf der Grundlage der Verletzung (vor-) vertraglicher Pflichten ergeben.

Die Frage, ob mit der Zuerkennung des Preises an die Kläger i.V.m. der genannten Bestimmung der Wettbewerbsbedingungen, dem Preisträger die weitere Bearbeitung der Aufgabe zu übertragen, bereits eine rechtsverbindliche Auswahl getroffen wurde, richtet sich nach der rechtlichen und wirtschaftlichen Bedeutung, die dieser Erklärung für die Beteiligten zukommt. Das wirtschaftliche Interesse der Teilnehmer am Architektenwettbewerb geht dahin, mit der weiteren Bearbeitung beauftragt zu werden. Denn der im Teilnehmerwettbewerb erhaltene Geldpreis entspricht meist nicht dem Aufwand des Teilnehmers, der eigentliche Anreiz besteht in der Aussicht, weitere Leistungen übertragen zu bekommen. Damit ist eine rechtsverbindliche Erklärung, nicht lediglich eine unverbindliche Absichtserklärung gegeben. Eine **Pflichtverletzung seitens der Beklagten liegt somit vor, wenn nicht ein wichtiger Grund i.S. der Auslobungsbedingungen vorlag**, der zu einem anderen Vorgehen berechtigt. Diese Frage kann jedoch offen bleiben, da in jedem Fall nur Schadensersatzansprüche in Betracht kommen.

Hierfür gibt das LG folgende Begründung: Ein **Anspruch auf Realisierung ihrer Planungen besteht für die Preisträger nach den Wettbewerbsbedingungen ohnehin nicht**. Auch bei bereits geschlossenem Architektenvertrag wäre der Auftraggeber nicht gehindert, den Vertrag nach § 649 BGB ohne besonderen Grund zu kündigen. Der Auftragnehmer hat von Gesetzes wegen nicht die Möglichkeit, die Durchführung des Vertrages zu erzwingen wie er auch nicht verlangen kann, dass die Beauftragung eines Dritten unterbleibt. Dies kann, wenn der Auftrag noch nicht erteilt wurde, nicht anders sein.

Ein **Unterlassungsanspruch ergibt sich auch nicht aus §§ 823, 1004 BGB i.V.m. Art. 3 GG**, da die Beklagte hier **nicht willkürlich gehandelt**, sondern dem Bürgerwillen Rechnung getragen hat.

Die Entscheidung macht deutlich, dass der Auftraggeber bei Vorliegen eines wichtigen Grundes von einem im Wettbewerb gefundenen Ergebnis wieder Abstand nehmen kann. Der im Wettbewerbsverfahren ausgewählte Bewerber ist **auf Schadensersatzansprüche verwiesen**. Hierbei muss er geltend machen, dass ein wichtiger Grund, der den Auftraggeber zu einem von dem Wettbewerbsergebnis abweichenden Vorgehen berechtigt, nicht vorgelegen hat. Im Übrigen dürfte ein entgegenstehender Bürgerentscheid einen triftigen, wichtigen Grund darstellen.

h) Beauftragung

446 Die VK Sachsen[3167] stellt heraus, dass die VOF den Begriff der Zuschlagserteilung, wie ihn die Bestimmungen der §§ 28 VOL/A bzw. VOB/A verwenden, nicht kennt, sondern nur denjenigen der **Beauftragung bzw. Auftragserteilung** gemäß § 16

3167 VK Sachsen, Beschl. v. 17. 5. 2000 (1 VK 33/00), VergabE E-13-33/00 = EUK 2000, 158.

i.V.m. § 24 VOF. Der Vertragsabschluß gemäß § 16 I VOF unterliegt keiner vergaberechtlichen Formvorschrift, jedoch muss die den Auftrag vergebende Gebietskörperschaft (hier der sächsische Landkreis) die Rechtsvorgaben (SächsLKrO) beachten. Erklärungen, die den Landkreis binden sollen, müssen nach § 56 I SächsLKrO die Schriftform erfüllen.

i) Interessenskollisionen

447 Das BayObLG[3168] hat in einem Fall herausgestellt, dass die **Mitwirkung von ausgeschlossenen Personen** am Vergabeverfahren (Vater/Onkel/Neffe/Cousin eines Bieters) gegen die analog anwendbaren Vorschriften des § 20 VwVfG und Art. 20 BayVwVfG verstößt. Die hierin enthaltenen Rechtsideen bilden nach seiner Ansicht die notwendige Voraussetzung für Transparenz und Gleichbehandlung im Vergabeverfahren.

Die **Festlegung der Punkte für die Vorauswahlen** (§ 10 VOF) erfolgte durch eine Person, die ein verwandtschaftliches Verhältnis zu einem Bewerberunternehmen aufwies (Kreisbaumeister und Onkel, der sich um Auftrag bewarb) und die daher Beeinflussungsmöglichkeiten im Rahmen der Vorauswahlen besaß. Rechtlich nicht hinnehmbar ist nach Auffassung des Gerichts insbesondere die Teilnahme des Kreisbaumeisters an der für die Auftragserteilung entscheidenden Sitzung (§ 16 VOF). Zwar war er nicht stimmberechtigt gewesen; er hat jedoch den Sitzungsteilnehmern die Auswahlkriterien erläutert. Schließlich hat die Vergabestelle zugunsten des Onkels auf Mindestbedingungen verzichtet, die sie zuvor bindend aufgestellt hatte.

Die VK Bund[3169] erachtete es für rechtswidrig, wenn die Vergabestelle eine **Begrenzung des Bewerberkreises** auf solche Ingenieurbüros vornimmt, die **gesellschaftsrechtlich keinem Bauunternehmen zugerechnet** werden können. Für das Vorliegen der Unabhängigkeit der beratenden Ingenieurbüros kommt es nach Ansicht der Kammer nicht auf die gesellschaftsrechtliche Selbständigkeit an, sondern allein auf die **operative Unabhängigkeit**. Die Vergabestelle hat sich offenbar bei der Verwendung des Begriffs »Unabhängigkeit« im Bekanntmachungstext vom Wortlaut des § 4 IV VOF irreführen lassen und gemeint, der Anbieter dieser freiberuflichen Leistungen müsse **gesellschaftsrechtlich unabhängig** von einem Bauunternehmen sein. Für die Auslegung kommt es jedoch auf das Verständnis des Durchschnittsanbieters sowie auf die einschlägigen Berufsregelungen an, die Gegenteiliges zum Ausdruck bringen. Vor allen Dingen kann **nicht pauschal** die Unabhängigkeit von Ingenieurbüros, die gesellschaftsrechtlich mit bestimmten Bauunternehmen in Zusammenhang stehen, in Frage gestellt werden.

Die VK Baden-Württemberg[3170] hat eine Unterscheidung dahingehend vorgenommen, dass sie **danach differenzieren** will, **ob** die betreffende Person an der **eigentlichen Konzeption der laufenden Ausschreibung** mitgewirkt hat. Dann

3168 BayObLG, Beschl. v. 20. 12. 1999 (Verg 8/99), VergabE C-2-8/99 = BayObLGZ 1999, Nr. 81 = EUK 2000, 43. Dazu auch ausführlich Noch, Das Problem der Doppelmandate und der Neutralität bei öffentlichen Ausschreibungen, SLK 3/2000, 135 ff.

3169 VK Bund, Beschl. v. 17. 4. 2000 (VK 1-5/00), VergabE D-1-5/00 = EUK 2000, 89 = Behörden Spiegel 7/2000, S. B II.

3170 VK Baden-Württemberg, Beschl. v. 10. 2. 2003 (1 VK 72/02), VergabE E-1-72/02.

könne eine wettbewerbswidrige Beeinflussung vorliegen, **nicht aber in dem Falle**, wenn die **betreffende Person an Vorplanungsleistungen teilgenommen** hat, die erst **wesentlich später zu einer konkretisierenden Planung**, die dann die Grundlage für die aktuelle Ausschreibung bildet, teilgenommen hat. Bei der Beurteilung der Wettbewerbsverzerrung komme es mit anderen Worten vor allem darauf an,
- ob lediglich eine Beteiligung an den Entwurfs- und Planungsarbeiten bestand
- oder ob unmittelbar an den Vorarbeiten für die Ausschreibung, insbesondere bei der Erstellung des LV mitgewirkt wurde.

Für die Annahme einer Wettbewerbsverzerrung müssen gemäß der Vergabekammer besondere Umstände hinzukommen, dass etwa **Leistungsbeschreibungen auf die spezifischen Interessen eines Bewerbers zugeschnitten** sind oder die **Formulierung im LV nur von diesem richtig verstanden** werden kann.

Um einen Ausschluss annehmen zu können, müsse des Weiteren die Chancengleichheit der Bewerber dermaßen gefährdet sein, dass ein **objektives Verfahren nicht mehr garantiert** werden kann. Im Ergebnis sei daran festzuhalten, dass sich **deutliche Hinweise auf rechtswidrige Vorteile** zeigen müssen, die aus der Beziehung zwischen einem Sachverständigen und der Vergabestelle resultieren.

Genau diese Rechtsprechungslinie bestätigt das OLG Düsseldorf[3171]. Der Vergabesenat stellt fest, dass der Vergabestelle kein Verstoß gegen § 97 I GWB, § 4 III VOF zur Last falle, weil sie ein Unternehmen an dem Wettbewerb beteiligt hat, dessen **Tochtergesellschaft nur theoretisch einen Vorteil infolge einer Vorbefassung erlangt** haben könnte. Zwar bestimme § 4 III VOF, dass unlautere und wettbewerbsbeschränkende Verhaltensweisen unzulässig seien. Jedoch könne daraus in Übereinstimmung mit der Rechtsprechung des EuGH[3172] nicht gefolgert werden, dass ein mit Forschung, Planung, Erprobung oder Entwicklung betrautes Unternehmen stets auszuschließen sei, um der Gefahr der Beeinträchtigung des Wettbewerbs zu begegnen.

Die von der Tochtergesellschaft der Beigeladenen **erstellte Studie** sei von der Antragsgegnerin mit Einverständnis der Tochtergesellschaft zur Grundlage der Bauvoranfrage gemacht worden. Der Auftrag für die Studie selbst sei dabei nicht von der Antragstellerin, sondern von A erteilt worden. Die **Zurverfügungstellung falle insgesamt in den Bereich der Akquisition**, weil sie gerade nicht entgeltlich erfolgt sei. Daher bestehe seitens der Antragsgegnerin kein rechtlicher Bindungswille.

Gleichwohl geht der Senat von einer Betrauung der Tochtergesellschaft aus, weil dieser Begriff **nicht auf Fälle der entgeltlichen Auftragserteilung beschränkt** sei, sondern auch rein tatsächliches Tätigwerden für den Auftraggeber erfasse. Darauf, daß die Tochtergesellschaft nicht auf Veranlassung der Antragsgegnerin tätig geworden sei, komme es nicht an. Allerdings ändere auch dieser Umstand nichts an der Bewertung, daß es sich um **Akquisitionstätigkeit** gehandelt habe.

Einen **wettbewerbsverzerrenden Vorsprung** seitens der Beigeladenen vermag der Senat **nicht festzustellen**. Die Inhalte der Studie, die zur Grundlage der Bauvoran-

3171 OLG Düsseldorf, Beschl. v. 25. 10. 2005 (VII-Verg 67/05), VergabeR 2006, 137 = VS 2006, 22.
3172 EuGH, Urt. v. 3. 3. 2005 (Rs. C-21/03, Rs. C-34/03 – »Fabricom SA ./. Belgien«), VergabeR 2005, 319 = NZBau 2005, 351 = WuW 2005, 567 = VS 2005, 21.

frage gemacht wurden, seien als Rahmenbedingungen in den Wettbewerb eingeflossen und im Auslobungsverfahren allen Bewerbern bekannt gemacht worden. Demgegenüber bestehe keine pauschale Vermutung dahingehend, daß zwischen der Beigeladenen und ihrer Tochtergesellschaft weitere Abstimmungen erfolgt seien, die einen Anlass zur amtswegigen Ermittlung biete. Der Senat kommt somit zu dem Ergebnis, daß das Angebot der Antragstellerin **nicht zwingend auszuschließen** war.

Unter dem Aspekt des § 4 V VOF und der dazugehörigen EuGH-Rechtsprechung in der Sache »Fabricom«[3173] ist eine Entscheidung der VK Nordbayern[3174] zu beleuchten. Dort wurde geprüft, inwieweit ein Architekt als grundsätzlich für den Vergabewettbewerb nicht zugelassener Projektant eingeordnet werden muss, der lediglich in der Nähe des Grundstücks von einem anderen Auftraggeber mit Leistungen betraut worden war. Dies allein kann sicher nicht ausreichen. Ist es aber so, dass der Betreffende **bei der Baukostenschätzung Vorteile** dadurch **besaß**, dass die entsprechenden Tatsachengrundlagen den anderen Bietern in den Vergabeunterlagen nicht mitgeteilt worden waren, so liegt die Wettberwerbsverfälschung auf der Hand.

j) Vermeidung von Widersprüchen zwischen Bekanntmachung und Auswertung, Dokumentation und Transparenz

448 Des Weiteren sind Widersprüche zwischen Bekanntmachung und Auswertung zu vermeiden. Außerdem ist auf die erforderliche Transparenz in Form von Vergabevermerken zu achten. Ob man mit dem OLG Bremen[3175] allerdings so weit gehen kann, für jeden einzelnen Vermerk eine Urkundsqualität im juristischen Sinne (Aussteller, Datum, Unterschrift) zu verlangen, ist fraglich, weil letztlich wohl nicht praktikabel.

Die Vergabestelle schrieb **Projektsteuerungsleistungen** für das Klinikum Links der Weser GmbH im **Verhandlungsverfahren nach der VOF** aus. Gegenstand des Auftrages waren laut Ziff. II.1.6 der Vergabebekanntmachung alle für die Planung des Vorhabens notwendigen Projektsteuerungsleistungen, insbesondere Leistungsbild gemäß § 31 HOAI. Laut Abschnitt IV.1.4 der Vergabebekanntmachung sollten **mindestens vier und höchstens sechs Unternehmen zur Angebotsabgabe aufgefordert** werden.

Die **Auftragskriterien** wurden in Abschnitt IV. 2 der Vergabebekanntmachung in der **Reihenfolge ihrer Priorität** bezeichnet. Den Zuschlag erhält das wirtschaftlich günstigste Angebot nach Maßgabe der Kriterien: Erfahrung für die ausgeschriebene Leistung, Einhaltung der Gesamtkosten, Einhaltung der Termine und Nachweis der Qualifikation.

Absage mangels ausreichender Eignung

Die Antragstellerin und Beschwerdeführerin erhielt von der Facility Management Bremen GmbH ein **Absageschreiben**, in dem ihr mitgeteilt wurde, sie habe **nicht**

3173 EuGH, Urt. v. 3. 3. 2005 (Rs. C-21/03, Rs. C-34/03 – »Fabricom SA ./. Belgien«), VergabeR 2005, 319 = NZBau 2005, 351 = WuW 2005, 567 = VS 2005, 21.

3174 VK Nordbayern, Beschl. v. 9. 8. 2007 (21.VK-3194-32/07).

3175 OLG Bremen, Beschl. v. 14. 4. 2005 (1 Verg 1/2005), VergabeR 2005, 537 = VS 2005, 28.

die erforderliche Punktzahl erreicht, um im Verfahren weitere Berücksichtigung finden zu können. Die ausschreibende Stelle hatte dazu eine **Bewertungsmatrix** angefertigt, die eine höchstenfalls erreichbare Punktzahl von 335 vorsah.

Zeile	Pkte. insges.		Vergabebekanntmachung
1	10	Anzahl der Mitarbeiter in den letzten 5 Jahren	-III 2.1.2., 4. Spiegelstrich -III 2.1.3 (1), 4. Spiegelstrich
2	10	Führungskräfte Anzahl der Führungskräfte in den letzten 5 Jahren	-III 2.1.2, 4. Spiegelstrich -III 2.1.3 (1), 4. Spiegelstrich
3	30	Name/Qualifikation der leistenden Personen	-III 2.1.3. (1), 3. Spiegelstrich
4	30	Projektteam zur Betreuung der Maßnahmen	-III 2.1.3. (1), 3. Spiegelstrich
5	10	Haftpflichtversicherung …	-III 1.1. -III 2.1.2 (4), 3. Spiegelstrich
6	15	Liste der wesentlich in den letzten 5 Jahren erbrachten Leistungen …	-III 2.1.3 (1), 1. Spiegelstrich
7	25	Bearbeitungszeitraum	-III 2.1.3 (1), 1. Spiegelstrich -III 2.1.3 (3)
8	50	Erfahrung für die ausgeschriebenen Leistungen (Schwerpkt. Krankenhausbau)	-III 2.1.3 (1), 2. Spiegelstrich
9	30	Voraussetzungen für eine wirtschaftliche Planung und Bauausführung	-III 2.1.3 (1), 2. Spiegelstrich -III 2.1.3 (2)
10	30	Erfahrung mit energetischen Einsparungen, integrierte Planung + umweltorientierte Bauweise	-III 2.1.3 (1), 2. Spiegelstrich
11	10	Angaben zu öffentlichen oder privaten Auftraggebern	-III 2.1.3 (1), 1. Spiegelstrich
12	15	Angaben zu Ausstattungen und Geräten	-III 2.1.3 (1), 5. Spiegelstrich
13	20	Bilanzen … Umsatz in den letzten 5 Jahren	-III 2.1.2, 5. u. 6. Spiegelstrich
14	50	Darstellung der Gebäude-, Betriebs- und Unterhaltungskosten	-III 2.1.3 (2) -III 2.1.2 (4), 1. u. 2. Spiegelstrich

Die Antragstellerin hatte weniger Punkte erreicht. Sie erhielt unter der Rubrik »**Name/Qualifikation**« nur **15 von 30** möglichen Punkten, beim Merkmal »**Projektteam**« nur **10 von 30** möglichen Punkten und bei dem Merkmal »**Erfahrung für die ausgeschriebenen Leistungen**« lediglich **25 von 50** Punkten. Die Antragstellerin hält das Verfahren insgesamt für nicht transparent.

Der Vergabesenat beim **OLG Bremen** erachtet die sofortige Beschwerde infolge der **mangelhaften Dokumentation**, die sich auch maßgeblich auf die **Teilnahme- und späteren Auftragschancen** der Antragstellerin **ausgewirkt** hat, für **überwiegend begründet**. Dies ergibt sich aus den rechtlichen Gesichtspunkten der §§ 97 VII, 97 I GWB i.V.m. § 18 VOF.

Zwar bestehe kein Anspruch auf Teilnahme im Verhandlungsverfahren, jedoch sei das **Ermessen** um die Gesichtspunkte des Transparenzgrundsatzes, der Ausfluss des Gleichbehandlungsprinzips sei, **gekürzt**. Die **Transparenzanforderungen** verlangen es, dass der **Vergabevermerk laufend zu fertigen** ist. Er darf nicht erst am Ende des Vergabeverfahrens gefertigt werden. Die Einzelentscheidungen müssen so detailliert und zeitnah dokumentiert werden, dass ein mit der Sachlage des Vergabeverfahrens Vertrauter sie nachvollziehen kann. Dokumentationsmängel können nicht dadurch geheilt werden, dass ein mündlicher oder schriftlicher Vortrag im Vergabenachprüfungsverfahren erfolgt.

Im Falle eines Vermerkes scheitere die Vergaberechtskonformität bereits daran, dass es bei dem **betreffenden Dokument an den notwendigen Bestandteilen einer Urkunde fehlt**. Es weise den Aufdruck »Klinikum Links der Weser GmbH« und zugleich »Facility Management Bremen GmbH« aus. Hinter diesen beiden Gesellschaften können sich viele Personen verbergen, ohne dass klar sei, **wer als individueller Urheber** verantwortlich zeichne. Daher entbehre der Vermerk der Verbindlichkeit als Urkunde mit Beweisfunktion auch im Vergabeverfahren[3176].

Es fehle außerdem an der notwendigen Lückenlosigkeit der Dokumentation. Insbesondere reiche es nicht aus, wenn der Vermerk den Hinweis enthalte, die genaue **Festlegung der Gewichtung der Kriterien in der Bewertungsmatrix** sei erst »*nach der Bekanntmachung erfolgt*«. Damit sei **nicht klar** ausgesagt, dass er **vor der Öffnung der Teilnehmeranträge** gefertigt worden sei. Das sei aber die Mindestanforderung, die im Interesse der Vermeidung von Unregelmäßigkeiten zu stellen sei. Aus dem Vergabevermerk müsse klar und im Sinne eines Urkundenbeweises ersichtlich sein, dass der Vermerk mit der genauen Gewichtung der Kriterien definitiv **in Unkenntnis der Teilnahmeanträge** erfolgt sei. Sicherlich sei es nach derzeitiger Lage nicht erforderlich, den Vermerk zwingend bereits zum Zeitpunkt der Bekanntmachung zu fertigen. Jedenfalls aber sei es rechtswidrig, wenn er zu einem Zeitpunkt nach Kenntnisnahme von den Teilnahmeanträgen gefertigt werde[3177].

Schließlich seien **unauflösliche Widersprüche** der im Vergabevermerk enthaltenen **Bewertungsmatrix** im Vergleich zu den Bewertungskriterien, die in der **Bekanntmachung** publiziert worden waren, vorhanden. Daher wurde die ausschreibende

3176 VK Brandenburg, Beschl. v. 19. 9. 2001 (VK 85/01), VergabE E-3-85/01.
3177 Vgl. VK Bund, Beschl. v. 26. 10. 2004 (VK-1-177/04).

Stelle zur Rückversetzung des Verfahrens in den Stand des Eingang der Teilnahmeanträge und zur Neuerstellung einer Beurteilungsmatrix angehalten[3178].

k) Weitere Fehlerquellen

449 Bei der VOF existieren einige weitere Probleme, die zum Teil spezifischer Natur sind[3179], zum Teil allerdings auch auf die allgemeinen Vergabeverfahren nach VOB und VOL zurückführen.

Rahmenvereinbarungen für Leistungen nach der VOF sind nach derzeit geltender Rechtslage unzulässig. Eine analoge Anwendung der Bestimmungen der VOL/A scheidet mangels Vorliegens einer außerordentlichen bzw. planwidrigen Gesetzeslücke – jedenfalls für die VOF – aus. Nach § 8 VOF müssen die Bewerber mit der Aufgabenbeschreibung auch die für eine zweifelsfreie und vollständige Kalkulation erforderlichen Unterlagen und Informationen erhalten. Dieser Anforderung liefe eine Rahmenvereinbarung zuwider[3180].

Eine Berücksichtigung des Merkmals der **Ortsansässigkeit** oder gar subjektiver Momente wie »persönliche Wertschätzung« und »Sympathie« ist praktisch unter keinen Umständen möglich[3181].

In der Bekanntmachung müssen, wie bei den Vergaben nach der VOL/A und der VOB/A, die **Zuschlagskriterien spezifiziert** werden[3182]; es genügt nicht, den Text des § 16 II VOF wiederzugeben oder Formulierungen zu verwenden wie »Zuschlagskriterien nach § 16 II VOF«[3183]. Selbst ein Bewertungskriterium wie die »Präsentation« ist gegenüber den Bietern dahingehend darlegegungsbedürftig, in welcher Weise es gewertet werden soll[3184]. Ist diesen Anforderungen der ex-ante-Transparenz nicht genügt worden, so darf nur nach dem Preis vergeben werden, und zwar bei Architektenleistungen im Gebührenrahmen der HOAI[3185].

Es stellt einen Verstoß gegen den Wettbewerbsgrundsatz nach § 97 I GWB i.V.m. §§ 4 III, 8 I, 16 III VOF dar, wenn bei der Vergabe von Projektmanagementleistungen der **Gebührenrahmen der AHO-Fachkommission Projektsteuerung** als Wertungskriterium herangezogen wird, ohne dass er zuvor in der Bekanntmachung oder im Leistungsverzeichnis für allgemein verbindlich erklärt wurde[3186].

3178 Zur Dokumentation im VOF-Verfahren auch: VK Nordbayern, Beschl. v. 9. 8. 2007 (21.VK-3194-32/07).

3179 Zur Bewerberauswahl und Auftragserteilung nach VOF in der aktuellen Rechtsprechung auch: *Michels/Rude*, VergabeR 2008, 183.

3180 VK Sachsen, Beschl. v. 25. 1. 2008 (1/SVK/088-07), VS 2008, 32 [LS].

3181 Andere Auffassung: VK Nordbayern, Beschl. v. 27. 7. 1999 (320.VK-3194-13/99), VergabE E-2a-13/99 = EUK 1999, 137.

3182 OLG München, Beschl. v. 17. 1. 2008 (Verg 15/07); OLG Düsseldorf, Beschl. v. 23. 3. 2005 (Verg 77/04); VK Sachsen, Beschl. v. 14. 12. 2005 (1/SVK/142-05), VS 2007, 7 [LS].

3183 Andere Auffassung: VK Südbayern, Beschl. v. 29. 9. 2000 (120.3-3194.1-18-08/00), VergabE E-2b-8/00 = EUK 2000, 183. Vgl. demgegenüber aber: VK Bund, Beschl. v. 10. 5. 2001 (1 VK 11/01), VergabE D-1-11/01; Müller-Wrede in: Müller-Wrede, VOF, § 16 Rn. 46 ff., unter Berufung auf das allgemeine Transparenzgebot.

3184 OLG München, Beschl. v. 17. 1. 2008 (Verg 15/07).

3185 VÜA Bayern, Beschl. v. 25. 3. 1999 (VÜA 6/96), VergabE V-2-6/96 = EUK 2001, 91.

3186 VK Sachsen, Beschl. v. 5. 1. 2001 (1 VK 111/00), VergabE E-13-111/00 = EUK 2001, 27.

Es nicht rechtmäßig, wenn in der **letzten Verhandlungsrunde dem Letztbietenden** die **Preise seiner Mitbewerber genannt** werden, ohne dass seine Konkurrenten auf die (wahrscheinliche) preisliche Unterbietung reagieren können. Jede Weitergabe von bedeutsamen Informationen nur an einzelne Bewerber stellt einen fundamentalen Verstoß gegen das vergaberechtliche Gleichbehandlungsgebot dar[3187].

Der Angebotspreis spielt bei VOF-Vergaben grundsätzlich eine eher untergeordnete Rolle. Gemäß dem Wortlaut des § 16 II 1 VOF hat die Auftraggeberin jedoch bei der Entscheidung über die Auftragsvergabe neben den leistungsbezogenen Kriterien **zumindest auch den Preis/Honorar** (ggf. im Rahmen der anzuwendenden Gebührenordnungen) zu berücksichtigen. Auch bei einer VOF-Vergabe muss daher der Angebotspreis grundsätzlich ein messbares Kriterium bilden, welches die Vergabeentscheidung substanziell beeinflussen kann[3188]. In Ausnahmefällen kann sich die Auswahlentscheidung auch auf den Preis reduzieren[3189].

Beispiel: Gewichtung der Kriterien bei der Vergabe von Objekt- und Fachplanungsleistungen für den Ersatzneubau eines Krankenhauses sowie für Umbau- und Sanierungsmaßnahmen am bestehenden Krankenhaus nach VOF[3190]:
- 20 Prozentpunkte auf das Honorar,
- 40 Prozentpunkte auf die aus dem Bietergespräch gewonnenen Eindrücke und
- weitere 40 Prozentpunkte auf die im Bietergespräch getroffenen Aussagen zur Organisation der Bauüberwachung in allen Fachdisziplinen.

3187 VK Sachsen, Beschl. v. 25. 2. 2000 (1 VK 7/00), VergabE E-13-7/00 = EUK 2000, 143.

3188 VK Brandenburg, Beschl. v. 13. 2. 2003 (VK 74/02), VergabE E-3-74/02; VK Sachsen, Beschl. v. 19. 8. 2001 (1 VK 119/01), VergabE E-13-119/01 = IBR 2002, 214.

3189 VK Brandenburg, Beschl. v. 13. 2. 2003 (VK 74/02), VergabE E-3-74/02; VK Sachsen, Beschl. v. 19. 8. 2001 (1 VK 119/01), VergabE E-13-119/01 = IBR 2002, 214.

3190 VK Baden-Württemberg, Beschl. v. 10. 2. 2003 (1 VK 72/02), VergabE E-1-72/02.

III. Neuere Tendenzen im Vergaberecht

1. Finanzierungsmodelle und -formen

450 Die **Finanzmittel staatlicher Haushalte verknappen** sich trotz oder wegen der Konsolidierungsbemühungen seit Jahren immer mehr. Dabei ist häufig – nicht nur im verkehrstechnischen Sinne – auch von einem »Investitionsstau« z.B. bei der Unterhaltung von Bauwerken die Rede.

Aufgrund dieser Entwicklung werden verschiedene, neue Modelle diskutiert und erprobt, um **unaufschiebbare Investitionsvorhaben** trotz fehlender Haushaltsmittel zu realisieren. Diese **Entwicklung hat** in letzter Zeit **an Fahrt gewonnen**. Grund für die Entwicklungsbeschleunigung ist die in einigen Bundesländern in die Wege geleitete **Umstellung** der **öffentlichen Haushalte** vom **kameralistischen System auf** das **System der Doppik** (Doppik = Bilanzierung wie in privatwirtschaftlichen Unternehmen)[3191].

Einerseits mag es vorteilhaft erscheinen, dass **öffentliche Haushalte** sich den **Bilanzen privatwirtschaftlicher Unternehmen annähern** und die **Leistungsfähigkeit** der öffentlichen Verwaltung **gesteigert** werden könnte.

Andererseits übersehen die Protagonisten, die ein schnelles Umstellen auf Doppik fordern, dass die **Umstellung** mit **hohen Kosten** verbunden ist. Ferner gilt es die **gesamten Vermögenswerte** einer Gebietskörperschaft, einer Institution oder eines sonstigen öffentlichen Auftraggebers zu **inventarisieren und bilanzieren**. Dabei wird häufig **außer Acht gelassen**, dass sich **im Inventar** öffentlichen Haushalte **immobile und/oder mobile Gegenstände** befinden, die **keinen Absatzmarkt** haben. Wie kann man in einer **Bilanz** z.B. ein **Grundstück** ausweisen, welches **hochgradig kontaminiert** ist und dessen Erschließung, geschweige denn Verkauf Unsummen verschlingen würde? Oder wie sind bilanztechnisch **Unterlagen** (z.B. 20 Jahre alte Ausstellungs- und/oder Museumsprospekte) auszuweisen, die **seit Jahren** oder gar **Jahrzehnten in** den **Archiven lagern** und **buchhalterisch mit** einem **0,00 €-Betrag ausgewiesen** sind?

Wie auch immer man nun zu dieser Entwicklung mit den allfälligen Diskussionen stehen mag, so gilt es, die weitere Entwicklung abzuwarten. **Bis zu** einer **endgültigen Entscheidung**, ob Kameralistik oder Doppik für die öffentlichen Haushalte anzuwenden ist, sollte man die **nachfolgenden Finanzierungsmodelle und -formen grundsätzlich beachten** und ggf. in Erwägung ziehen.

a) Finanzierungsmodelle – Kategorisierung

451 Bei der Finanzierung von öffentlichen Investitionsvorhaben lassen sich die Modelle grundsätzlich in vier Kategorien einteilen:

- **Vollständige Finanzierung** durch die **öffentliche Hand** (»**klassisches Modell**«). Heute angesichts der fehlenden Haushaltsmittel meist problematisch.

3191 Landesrechnungshof Schleswig-Holstein, Ergebnisbericht 2008, S. 13: »*Der LRH hält eine Reform des Haushalts- und Rechnungswesens für erforderlich, damit ein umfassendes Bild der tatsächlichen Vermögens-, Ertrags- und Finanzlage des Landes vermittelt wird.*«

- **Private Finanzierung (Leasing)** mit Refinanzierung durch öffentliche Haushalte.
- Finanzierung mit **öffentlich-privater Partnerschaft** (»Public-Private Partnership«; »Outsourcing«) oft verbunden mit **Refinanzierung aus Benutzerentgelten**. (Aufgrund der Entwicklungstendenzen im Bereich der öffentlich-rechtlichen Partnerschaft wird dieser Themenkomplex nachfolgend kurz skizziert und in einem eigenen Unterkapitel gesondert detailliert dargestellt.)
- **Staatliche Sonderfinanzierung**, d.h. Finanzierung durch Gesellschaften, die durch die öffentliche Hand betrieben werden – sog. »**Mogendorfer Modell**«.

b) Finanzierungsformen

452 All diese Modelle können noch **Varianten/Formen** aufweisen, auf die vorliegend in Form eines kurzen Überblicks eingegangen wird.

aa) Vollständige Finanzierung durch die öffentliche Hand

453 Bedingt durch die sich verknappenden öffentlichen Haushalte können bestimmte Vorhaben immer öfter nicht mehr durch die öffentliche Hand realisiert werden. Somit scheidet die klassische Finanzierungsform für eine nähere Betrachtung aus.

bb) Private Finanzierung (Leasing)

454 Bei der privaten Finanzierung in Form von Leasing (im Falle der öffentlichen Hand: Kommunalleasing genannt) unterscheidet man **zwei Möglichkeiten**:
- das **Sale-and-Lease-Back** Verfahren
- sowie das **Cross-Border-Leasing**

Beiden Leasingformen ist gemein, dass sie Problemfeldern ausgesetzt sind: Ein besonderes Merkmal und auch Problemfeld der **privaten Vorfinanzierungen** ist, dass die Belastung der öffentlichen Haushalte durch die Investitionsvorhaben zunächst entfällt, aber auf **künftige Haushalte verlagert** wird.

Dies ist aus **haushaltsrechtlicher** und **verfassungsrechtlicher Sicht nicht unproblematisch**[3192], weil es angesichts dieser Altlasten erstens in Zukunft schwieriger wird, Schwerpunkte staatlicher Ausgaben anders zu setzen. Insofern tritt eine **Bindung der Ausgabepolitik** für zukünftige Jahre ein[3193]. Zweitens könnte, wenn diese Vorhaben in großem Umfang durchgeführt werden, das **Budgetrecht** des Parlaments untergraben werden, weil sich die Eingehung dieser Verbindlichkeiten der parlamentarischen Kontrolle weitgehend entzieht.

Hinzu kommt, dass es nicht gesichert erscheint, ob eine Vergabe der Projekte im Wege des Kommunalleasings summa summarum nicht doch **teurer** ist als eine Direktinvestition der jeweiligen Gebietskörperschaft, z.B. eines Landes. Insofern

3192 Hier ist bspw. die Verfassungsrechtliche Verschuldungsobergrenze, Art. 115 GG, zu nennen.

3193 Sehr aufschlussreiche Ausführungen zu dem gesamten Komplex finden sich im Jahresbericht (1995) des Rechnungshofes Rheinland-Pfalz, wiedergegeben in der Drucksache des Landtages Rheinland-Pfalz Nr. 12/8380, S. 69 ff.

ist immer auch die Verpflichtung der Vergabestellen auf die **Grundsätze der Wirtschaftlichkeit und Sparsamkeit** tangiert[3194].

Im Falle von Veräußerungen öffentlicher Sachen ist darauf Wert zu legen, dass diese nicht mehr für die Wahrnehmung öffentlicher Aufgaben erforderlich sind.

Dies gilt insbesondere für den Fall des Sale-and-Lease-Back-Verfahrens.

(1) Sale-and-Lease-Back-Verfahren

455 Eine **Gebietskörperschaft verkauft** ein **Objekt an** einen **Investor** und mietet bzw. **least** es **umgehend zurück**.

Die Vorteile für die Gebietskörperschaft bestehen zum einen darin, dass sie **kurzfristig** einen **Barwert** erhält und dadurch ihren Haushalt entlasten kann. Zum anderen kann sie die **Finanzierung** des Vertrags **auf mehrere Haushaltsjahre** verteilen.

Es gibt aber auch Nachteile bei dieser Form des Leasings. Die **Gebietskörperschaft entledigt sich** eines **öffentlichen Objekts**, welches einen gewissen, dauerhaften Wert für die Gemeinschaft hat bzw. haben kann. Ferner können die jährlichen **Raten** den **Verkaufswert übersteigen**[3195].

Aus steuerrechtlichen Gründen sind Sale-and-Lease-Back-Verträge in Bayern verboten[3196].

(2) Cross-Border-Leasing Verfahren

456 Eine andere Form des Leasings stellt das so genannte **Cross-Border-Leasing** dar. Hierbei handelt es sich um **zwei langfristige Miet- bzw. Leasingverträge** (einen Hauptvertrag sowie einen Untervertrag mit Rückkaufoption)[3197]. Diese Verträge werden zwischen einem US-Investor und der jeweiligen Gebietskörperschaft geschlossen und müssen einen Mindestwert von 150 Mio. € insgesamt haben. Der **Vertragstext** ist **ausschließlich** in **englischer Sprache** gehalten. **Gerichtsstand** ist zumeist **New York**. Besonders gut für diese Privatisierungsform eignen sich **langlebige städtische Anlagen**.

Bei dem Investor handelt es sich meist um einen US-Investitionsfonds, an dem meist Banken (unter Umständen auch deutsche Banken) beteiligt sind.

3194 Siehe die folgenden Materialien: Rechnungshofberichte (z.B. BRH v. 24. 1. 1997, Beratende Äußerung nach § 88 II BHO zum Einsatz des Leasingverfahrens im Hochschulneubau); Verwaltungsmaßnahmen der Länder (Gemeinsame Verwaltungsvorschriften des Sächsischen MdF und MdI zur kommunal- und haushaltsrechtlichen Beurteilung von Investorenvorhaben im kommunalen Bereich vom 18. 12. 1996); Bund-Länder-Prüfkommission »Kommunal-Leasing« (dazu Kroll [Wlasak], Handbuch des Kommunal-Leasing, 3. Aufl. 1997, S. 231 ff.); Wirtschaftlichkeitsprüfung nach der Regelung der vorläufigen Verwaltungsvorschrift des BMF zu § 7 BHO vom 8. 8. 1995 (GMBl. 1995, S. 762).

3195 Es gilt hierbei die verfassungsrechtliche Verschuldungsobergrenze ebenso zu beachten, wie die Grundsätze der Wirtschaftlich- und Sparsamkeit.

3196 S. entsprechender Artikel in der Financial Times Deutschland v. 20. 11. 2002 mit Hinweis auf den rechtskräftigen Beschluss des FG München v. 15. 5. 2000 (3 V 560/00).

3197 S. Bühner/Sheldon: US-Leasingtransaktionen – Grundstrukturen einer grenzüberschreitenden Sonderfinanzierung. In: Der Betrieb 2001, 315–318, S. 316.

Der **Investor** erlangt das **wirtschaftliche Eigentum** an dem Objekt. Weil das US-amerikanische Recht nur das Faustpfandprinzip kennt, verbleibt aus deutscher Sicht das **Eigentum bei** der **Gebietskörperschaft**.

Bedingt durch eine **Gesetzeslücke im US-Steuerrecht** können beide Vertragsparteien nach dem jeweils geltenden Steuerrecht Aufwendungen mindernd absetzen. Daneben können auch steuerliche Vorteile genutzt werden, denn aus rechtlicher Sicht handelt es sich jeweils um Investitionen, welche mit Auslandsbezug getätigt werden.

Von der Gebietskörperschaft sind, unabhängig vom Abschluss des Vertrags über das Objekt, zusätzlich die **Beratungsgebühren für** die **Vertragsanbahnung bzw.** den **Vertragsabschluß** zu entrichten.

Die **Vertragslaufzeit** für Cross-Border-Leasing-Verträge beträgt üblicherweise **99 Jahre**.

Positivbeispiele, z.B. im Bereich von Kanalisationsnetzen[3198] oder Öffentlicher Personennahverkehr[3199], liegen mehrheitlich aus Nordrhein-Westfalen vor. Daneben gibt es jedoch auch Negativbeispiele[3200].

Die **Grundlage für zukünftige Cross-Border-Leasing-Verträge** wurde **am 17. Juni 2004 durch** den **US-Kongress entzogen**[3201]. Der US-Kongress schloss durch einen Gesetzgebungsakt die o.g. Gesetzeslücke.

(3) Ablauf eines Leasing Verfahrens

457 In Deutschland sind bereits eine Reihe so genannter **Leasing-Modelle** durchgeführt worden. Dies belegen u.a. **Rechnungshofberichte**[3202], Gesetzesänderungen wie die Öffnung des Hochschulbauförderungsgesetzes für Leasingmaßnahmen sowie nicht zuletzt Verwaltungsmaßnahmen der Länder[3203].

Außerdem gibt es eine Bund-Länder-Prüfkommission »**Kommunal-Leasing**«, in der mehr als 150 Immobilien-Leasing-Verträge der öffentlichen Hand steuerrechtlich überprüft wurden[3204]. Auch die Bundesregierung hat sich für eine verstärkte Leasing-Vergabe ausgesprochen, sofern sie sich nach Durchführung eines wettbewerblichen Verfahrens als **wirtschaftlichere Handlungsalternative** erweisen sollte[3205].

3198 Hier wären die Städte Bochum, Gelsenkirchen und Wuppertal zu nennen.

3199 Hier können die Städte Dortmund, Duisburg, Essen und Nürnberg genannt werden.

3200 Im Fall der Stadt Aachen scheiterte das Zustandekommen eines Vertrags und die Stadt Aachen musste dennoch die Beratungskosten entrichten.

3201 Süddeutsche Zeitung v. 19. 6. 2004, S. 22.

3202 Z.B. BRH v. 24. 1. 1997, Beratende Äußerung nach § 88 II BHO zum Einsatz des Leasingverfahrens im Hochschulneubau.

3203 Gemeinsame Verwaltungsvorschriften des Sächsischen MdF und MdI zur kommunal- und haushaltsrechtlichen Beurteilung von Investorenvorhaben im kommunalen Bereich vom 18. 12. 1996.

3204 S. Kroll (*Wlasak*), Handbuch des Kommunal-Leasing, 3. Aufl. 1997, S. 231 ff.; Eschebruch/Niebuhr, BB 1996, 2417.

3205 S. den Bericht der Arbeitsgruppe »Private Finanzierung Öffentlicher Investitionen« vom 28. 2. 1997.

Wie läuft nun ein Leasing-Modell in der Praxis ab?

Meist wird von einem öffentlichen Auftraggeber eine **Projektgesellschaft** gründet, welche von einer **Bank** refinanziert wird und die Verträge mit **Bauunternehmen** schließt. Das wesentliche Ziel ist auf diese Weise erreicht, dass der öffentliche Auftraggeber keine Haushaltsmittel aus dem laufenden Haushalt in der Höhe des gesamten Investitionsvolumens benötigt.

Was am Ende mit dem **Objekt geschieht**, ist Gegenstand unterschiedlicher Vereinbarungen[3206]. Entweder zahlt der öffentliche Auftraggeber auf bestimmte Zeit (z.B. 20 Jahre) oder kauft nach einer vorher festgelegten Laufzeit das Objekt (**Kaufoption** des Leasingnehmers). Eine Vielzahl von weiteren Varianten sind denkbar: **Verkaufsoption** des Leasinggebers; **Verwertung** durch den Leasinggeber mit **Restwertgarantie** des Leasingnehmers und/oder Mehrerlösbeteiligung des Leasingnehmers.

Die Durchführung eines Leasing-Projektes kann teurer, im Einzelfall aber auch billiger, d.h. wirtschaftlicher sein. Fest steht, dass immer eine **Einzelfallbetrachtung** erfolgen muss. Meist handelt es sich um ein reines **Rechenexempel**. Dies alles sollte der öffentliche Auftraggeber bedenken. Entscheidend muss es auch auf die **Dringlichkeit** der Investition ankommen. Diese kann bei Baumaßnahmen von Straßen und Sanierungsarbeiten an Gebäuden besonders groß sein. Immer muss aber geprüft werden, ob nicht auch preiswertere Alternativen wie die reguläre Anmietung von Gebäuden oder vor allem eine Finanzierung durch die öffentliche Hand und die klassische Ausschreibung nach VOB/A in Betracht kommen. Im Einzelnen ist hier vieles umstritten.

Dass jeweils eine **Wirtschaftlichkeitsprüfung** vorzunehmen ist, fordert die Regelung der vorläufigen Verwaltungsvorschrift des BMF zu § 7 BHO vom 8. 8. 1995[3207]. Hier wird die Verwaltung nicht nur nochmals auf den bekannten Wirtschaftlichkeitsgrundsatz verpflichtet, sondern auch dazu angehalten, zu prüfen, ob **unterschiedliche Handlungsformen** wie Kauf-, Miet-, Leasing-, Mietkauf- oder ähnliche Mischverträge im Einzelfall die wirtschaftlichere Alternative sind.

Dementsprechend gibt es nach Prüfungen z.B. durch den **Bundesrechnungshof** Feststellungen, dass die private Vorfinanzierung von Straßenbauprojekten[3208] oder die unterschiedlichen Formen des Gebäudeleasings teilweise bis zu 50% teurer sein können als die klassische Finanzierung durch die öffentlichen Haushalte. Aus diesem Grund wird vielfach vertreten, dass diese Modelle privater Vorfinanzierung nur bei einer begrenzten Zahl von Projekten, nämlich solchen, deren Wirtschaftlichkeitsberechnung keine praktisch messbare Verteuerung ergibt, eine größere Zukunft haben werden. Der **Landesrechnungshof Rheinland-Pfalz** hat Kriterien entwickelt[3209], welche der Vergabestelle vor Ort Anhaltspunkte geben, wie sie ihre

3206 S. im Einzelnen den Jahresbericht (1995) des Rechnungshofes Rheinland-Pfalz, wiedergegeben in der Drucksache des Landtages Rheinland-Pfalz Nr. 12/8380, S. 69 ff.

3207 GMBl. 1995, S. 762.

3208 Instruktiv zur Frage der Ausschreibungspflicht von Finanzierungen: Schneider/Neumeyr, RPA 2004, 297.

3209 S. im Einzelnen die LT-Drs. Rheinland-Pfalz Nr. 13/427, S. 8 ff. Vgl. auch LT-Drs, Rheinland-Pfalz 13/802, S. 10 und 13/1433, S. 3.

Wirtschaftlichkeitsüberlegungen anstellen soll und welche Verteuerungen noch tolerabel sind.

cc) Finanzierung mit öffentlich-privater Partnerschaft (»Public-Private-Partnership«; »Outsourcing«)

458 Unter **Public-Private-Partnership** (PPP) versteht man eine **Gemeinschaft zwischen** einer **Gebietskörperschaft oder** einer **juristischen Person mit** einem **Unternehmen aus der Wirtschaft**, die sich zum Zweck der Realisierung von verschiedenen denkbaren Objekten zusammenfinden.

Meist trägt das **Unternehmen** das **Risiko der Finanzierung** der Maßnahme bis zur Fertigstellung. Es stellt zudem sein Management- und Planungswissen zur Verfügung. Der **öffentliche Partner** hingegen sichert **andere Risiken** (wie z.B. Instandhaltung oder Nutzung durch die Öffentlichkeit) ab.

Aufgrund der Entwicklungen im Bereich von PPP seit dem Erscheinen der vorigen Auflage sowie der zunehmenden Anwendung[3210] von PPP wird auf das nachfolgende Unterkapitel verwiesen.

dd) Staatliche Sonderfinanzierung (»Mogendorfer Modell«)

459 Eine spezielle Form der Finanzierung stellt das so genannte **Mogendorfer Modell** dar, mit welchem sich der Verfassungsgerichtshof des Landes Rheinland-Pfalz beschäftigt hat.

Der **Verfassungsgerichtshof des Landes Rheinland-Pfalz**[3211] hat jedoch in einer Entscheidung private Vorfinanzierungen grundsätzlich für mit dem Haushalts- und Verfassungsrecht **vereinbar** erklärt[3212], aber auch ganz klar auf die damit verbundenen Risiken hingewiesen. Insbesondere ist daraus zu entnehmen, dass die anvisierten Projekte im Endeffekt nicht teurer sein dürfen und die Vergabestelle entsprechende Wirtschaftlichkeitsberechnungen anzustellen hat. Somit läuft das erwähnte »Mogendorfer Modell«, das zwischenzeitlich auch in Brandenburg, Sachsen-Anhalt und Sachsen[3213] praktiziert wird, darauf hinaus, **Zeit zu kaufen**, das Projekt also lediglich früher umsetzen zu können[3214]. Die Baufirmen wiederum haben das Interesse, angesichts der schlechten Auftragslage überhaupt Projekte an die Hand zu bekommen. Demnach ist beiden Beteiligten gedient.

Genau genommen handelt es sich um eine Art **Verschiebebahnhof für Geldausgaben**, die eigentlich in den regulären Haushalt eingestellt werden müssten. Auf diese Gefahr weist der Verfassungsgerichtshof denn auch mit Nachdruck hin. Das Urteil ist angesichts der weitgehend parallelen Ausgestaltung der einschlägigen Haushalts- und Verfassungsvorschriften auf andere Länder und den Bund **übertragbar**.

3210 Die aktuellen Pilotprojekte und Leitfäden dazu können abgerufen werden unter www.ppp-bund.de sowie unter www.ppp-nrw.de.

3211 VerfGH Rheinland-Pfalz, Urt. v. 20. 11. 1996 (N 3, 96), ZVgR 1997, 117.

3212 Instruktiv zur Frage der Ausschreibungspflicht von Finanzierungen: *Schneider/Neumeyr*, RPA 2004, 297.

3213 S. bspw. die Ortsumgehung für Schkeuditz.

3214 S, LT-Drs. Rheinland-Pfalz Nr. 13/427, S. 8, zu Ziffer 2.1.2.

Der **Rechnungshof Rheinland-Pfalz** forderte nach Durchführung und Prüfung der ersten privat vorfinanzierten Straßenbaumaßnahmen von den Vergabestellen u.a. eine so genannte **»dynamische Wirtschaftlichkeitsberechnung«**[3215], welche die Finanzierungsalternativen, also die klassische Finanzierung durch die öffentliche Hand und die neue Finanzierung durch private Unternehmen, kostenmäßig gegenüberstellen soll. Dies diene zur eigenen Kontrolle der vergebenden Stelle und auch der für öffentliche Investitionsvorhaben notwendigen Transparenz.

c) Vergaberechtliche Auswirkungen

460 Probleme verursacht die vergaberechtliche Zuordnung des **Immobilien-Leasings.** Auszugehen ist von der Bestimmung des § 100 II lit. h GWB, die bestimmte Vertragsarten vom Vergaberecht ausnimmt. Der klassische **Bauträgervertrag**, bei dem das zu erwerbende Gebäude überhaupt zu errichten ist, dürfte als Bauvertrag im Sinne des § 99 III GWB zu qualifizieren sein. Demgegenüber sind Fälle, welche die **Finanzierung zum Schwerpunkt** haben, wohl den Dienstleistungsaufträgen zuzurechnen[3216].

Eine weitere Tendenz, klassische und PPP-Finanzierung nebeneinander auszuschreiben, sind die sog. **»Parallel-Ausschreibungen«**, bei denen alternative Finanzierungen ein und desselben Projektes ausgeschrieben werden. Einige Rechnungshöfe empfehlen ausdrücklich eine solche Art der Ausschreibung[3217]. Andere lehnen sie – mit durchaus nachvollziehbaren Gründen – als vergaberechtlich unzulässig ab, weil sie eine unzulässige Alternativausschreibung, also die gleichzeitige Ausschreibung wesensverschiedener Leistungen, darstellen[3218]. Auf sie wurde bereits im Rahmen der Erläuterungen der §§ 16 VOB/A bzw. VOL/A (Ausschreibungsreife) hingewiesen. Rechtlich problematisch sind diese Parallelausschreibungen jedenfalls dann, wenn ganz andere Leistungen und Verträge abzuschließen sind. Wird hingegen ein separater normaler Kreditvertrag zusätzlich zu dem Bauvertrag als Option mit ausgeschrieben (bei sonst gleicher Leistung), so dürfte dies unbedenklich sein. Der öffentliche Auftraggeber (z.B. eine Kommune) vergleicht dann lediglich die Kreditkonditionen des Privaten mit denen der Kommunalinstitute.

Sofern man die Leasing-Vergabe nicht komplett dem Regelungsbereich der Bausvergabe und der VOB/A zuordnet, muss im Rahmen der Parallel-Vergabe eine **Kombination der Ausschreibungsregularien der VOB/A und VOL/A** einsetzen. Die VOB/A ist dabei für die Generalunternehmervergabe anzuwenden und die VOL/A für die Leasing-Vergabe. Die etwa hinsichtlich der Angebotsöffnung

3215 Siehe im Einzelnen die Drucksache des Landtages von Rheinland-Pfalz Nr. 13/427, S. 8 ff. Vgl. auch Drucksache 13/802, S. 10 und 13/1433, S. 3.

3216 So *Müller-Wrede* in: Ingenstau/Korbion, VOB-Kommentar, 15. Aufl. 2004, Rn. 12 zu § 100 GWB. Vgl. *Seidel*, ZfBR 1995, 227, 231 und *Eschenbruch/Niebuhr*, BB 1996, 2147. Vgl. außerdem VÜA Nordrhein-Westfalen, Beschl. v. 3. 12. 1997 (424-84-41-16/97), VergabE V-10-16/97 = ZVgR 1998, 533 = EUK 1999, 27.

3217 Landesrechnungshof Schleswig-Holstein, Ergebnisbericht 2008, S. 12: »*Das Land sollte Parallelausschreibungen durchführen, die einen belastbaren Vergleich von konventioneller und ÖPP-Variante zulassen.*«

3218 Bayerischer Oberster Rechnungshof, Jahresbericht 2006, S. 55: »*Für den Kostenvergleich hat die Verwaltung die Ausschreibungsergebnisse mit Schätzkosten für eine konventionelle Realisierung verglichen, weil das Vergaberecht eine sog. Parallelausschreibung nicht zulässt.*«

abweichenden Regelungen der VOL/A und VOB/A sind dabei einander anzugleichen[3219].

2. Public Private Partnership (PPP)

a) Ursprung und Hintergründe von PPP

aa) Ursprung von PPP

461 Der Begriff »**Public Private Partnership**« entstammt dem **anglo-amerikanischen Rechtskreis.** Bereits früh wurden dort die Chancen und Möglichkeiten der **langfristigen, vertraglichen Zusammenarbeit von öffentlicher Hand und privater Wirtschaft** erkannt.

Bereits im Jahr **1992** startete die Britische Regierung eine **Initiative zur privaten Finanzierung öffentlicher Vorhaben** (Private Finance Initiative [PFI]).

Im Jahr **1997** wurde eine **Task Force** gebildet, um durch Standardisierungen die Kosten für PPP-Projekte zu senken.

Zwecks weiterer Umsetzung des PPP-Prozesses wurde im Jahr **2000** die **öffentlich-private Gesellschaft »Partnerships UK«** gegründet, an der zu 51% die Privatwirtschaft und zu 49% die öffentlichen Haushalte Anteile besitzen.

Insgesamt konnten in Großbritannien bisher ca. **800 PPP-Projekte** mit einem **Investitionsvolumen** von mehr als **14 Milliarden Pfund** auf den Weg gebracht werden.

bb) Begrifflichkeiten – Definition

462 In Deutschland wird der Begriff »Public Private Partnership« (PPP, sowie auch ÖPP – Öffentlich Private Partnerschaft – genannt) als Programmbegriff verstanden. Eine eigenständige Legaldefinition gibt es nicht[3220].

In einem Gutachten »PPP im öffentlichen Hochbau« aus dem Jahr 2003[3221] wird folgende Definition von PPP gewählt:

> *»ÖPP ist eine langfristige, vertraglich geregelte Zusammenarbeit zwischen Öffentlicher Hand und Privatwirtschaft zur wirtschaftlicheren Erfüllung öffentlicher Aufgaben über den gesamten Lebenszyklus eines Projektes. Die für die Aufgabenerfüllung erforderlichen Ressourcen (z.B. Know-how, Betriebsmittel, Kapital, Personal etc.) werden von den Partnern in einem Organisationsmodell zusammengeführt und vorhandene Projektrisiken entsprechend der Managementkompetenz der Projektpartner angemessen verteilt.«*

3219 Vgl. VÜA Bund, Beschl. v. 14. 4. 1997 (1 VÜ 24/96), VergabE U-1-24/96 = WuW/E VergAB, 115.

3220 Vgl. S. 3 des »Erfahrungsbericht – Öffentlich-Private-Partnerschaften in Deutschland« des BMVBS (www.bmvbs.de/Anlage/original_991057/Erfahrungsbericht-zu-Oeffentlich-Privaten-Partnerschaften_-04.-April-2007.pdf).

3221 S. BMVBW (2003): Gutachten »PPP im öffentlichen Hochbau« (www.ppp-bund.de).

cc) Hintergründe

463 Die Ursachen und insbesondere die Hintergründe für die Realisierung von PPP-Projekten werden durch die Annahme eines **Lebenszyklus‹**, der Möglichkeit der **Verteilung von Projektrisiken**, unterschiedlichen, zumeist **leistungsorientierten Vergütungen** sowie der verschiedenen **Modalitäten zur Sicherstellung der Zielerreichung des** jeweiligen **PPP-Projekts** geprägt.

(1) Lebenszyklusansatz

464 Der **Lebenszyklusansatz**[3222] ist grundsätzlich wegen seiner praktischen Anwendung in der **betriebswirtschaftlichen Produktlehre** bekannt.

Umgesetzt auf den Bereich der PPP-Projekte lassen sich beim Lebenszyklusansatz folgende, zeitlich ineinander verzahnte Phasen feststellen:
- Planen,
- Bauen,
- Finanzieren,
- Betreiben und
- Verwerten.

PPP-Modelle/-Projekte, die **mindestens vier** der genannten **Phasen** aufweisen, werden **»vollkommene«** oder **»ganzheitliche« PPPs** genannt[3223].

Die genaueren Details zu den verschiedenen Phasen des Lebenszyklus werden im Zusammenhang mit den Ablaufphasen eines PPP-Projekts nachstehend kurz dargelegt.

(2) Risikoallokation

465 Unter **»Risikoallokation«**[3224] [3225] versteht man die **Identifikation**[3226], **Analyse**[3227], **Bewertung**[3228], **Überwachung**[3229] **und Verteilung**[3230] von einzelnen Risiken, welche **auf** die **öffentlichen und privaten Partner** eines jeden PPP-Projekts zukommen können.

3222 S. Leinemann/Kirch, ÖPP-Projekte, 2006, S. 25 f. Vgl. Leitfaden der Task Force PPP NRW »Wirtschaftlichkeitsuntersuchung bei PPP-Projekten«, S. 10. Abrufbar unter: http://www.callnrw.de/broschuerenservice/commons/Download.php?artikel_id=1830&mlid=13. Ziekow/Windoffer, Public Private Partnership als Verfahren – Struktur und Erfolgsbedingungen, NZBau 2005, 665 ff., 669.

3223 Vgl. S. 5 des »Erfahrungsbericht – Öffentlich-Private-Partnerschaften in Deutschland« des BMVBS (www.bmvbs.de/Anlage/original_991057/Erfahrungsbericht-zu-Oeffentlich-Privaten-Partnerschaften_-04.-April-2007.pdf).

3224 S. Leinemann/Kirch, ÖPP-Projekte, 2006, S. 26 f. Vgl. Leitfaden der Task Force PPP NRW »Wirtschaftlichkeitsuntersuchung bei PPP-Projekten«, S. 10 f. Abrufbar unter: http://www.callnrw.de/broschuerenservice/commons/Download.php?artikel_id=1830&mlid=13.

3225 *Roth*, Die Risikoverteilung bei Öffentlich Privaten Partnerschaften (ÖPP) aus vergaberechtlicher Sicht, NZBau 2006, 84ff. weist auf die Schwierigkeiten der Risikoallokation hin. Insbesondere setzt er sich mit dem sogen. Wagnisvorbehalt (S. 86 ff.) auseinander.

3226 Vgl. *Weber/Moß/Parzych*, in: Weber/Schäfer/Hausmann, Praxishandbuch Public Private Partnership, 2006, S. 530 f.

3227 Vgl. *Weber/Moß/Parzych* a.a.O., S. 533 ff.

3228 Vgl. *Weber/Moß/Parzych* a.a.O., S. 531 ff., 537 f.

3229 Vgl. *Weber/Moß/Parzych* a.a.O., S. 541.

3230 Vgl. *Weber/Moß/Parzych*, a.a.O., S. 539 ff.

Es können hierbei folgende **Risikogruppen** (nachfolgend alphabetisch sortiert) identifiziert werden:
- Altlastenrisiko[3231],
- Baugrundrisiko,
- Finanzierungsrisiko,
- Genehmigungsrisiko,
- Planungsrisiko,
- Nachfragerisiko,
- Rechtsänderungsrisiko,
- Restwertrisiko,
- Risiko der Änderung technischer Normen,
- Steueränderungsrisiko,
- Verschlechterungsrisiko,
- Verwertungsrisiko und
- Zerstörungsrisiko.

Aufgrund der Vielseitigkeit und unterschiedlichen Wahrscheinlichkeiten des Eintritts des jeweiligen Risikos kann an dieser Stelle nicht detaillierter auf diese Thematiken eingegangen werden.

(3) Leistungsorientierte Vergütungsmechanismen

466 Stärker als bei anderen Finanzierungsformen besteht bei **PPP-Projekten** die Möglichkeit, die **Vergütung**[3232] separat festzulegen.

Neben der Frage, ob der private Partner ein **Entgelt von** dem **öffentlichen Auftraggeber** oder **von Dritten** (Nutzern) erhält bzw. ob der private Partner einen **Anteil an** den **Einnahmen** des öffentlichen Auftraggebers erhält, kann festgelegt werden, wie im Falle einer **Schlechtleistung** zu verfahren ist.

Es besteht die Möglichkeit, bei **Schlechtleistung** die **Vergütung** anteilig – entsprechend dem Umfang der Schlechtleistung – zu **reduzieren**. Den Partnern steht es dabei frei, den Umfang der **Reduzierung** entweder **fließend oder stufenweise** bzw. ein **Bonus-/Malus-System** festzulegen.

(4) Outputspezifikationen

467 Bei PPP-Projekten besteht die Möglichkeit, mittels **Festlegung von Zwischenzielen** die Realisierungs-/Erfolgschancen maßgeblich zu erhöhen. Der hierfür verwendete Fachausdruck lautet **»Output-Spezifikationen«**[3233].

Die Festlegung der **Dichte** und **Erreichbarkeit** dieser Zwischenziele wird maßgeblich von den **Vertragspartnern** vorgenommen. Es ist darauf zu achten, dass die Zwischenziele in der Praxis tatsächlich erreicht werden können und nicht auf den Wunschvorstellungen einer oder aller Vertragsparteien basieren.

3231 Vgl. *Buscher/Theurer/Meyer*, PPP-Projekte für den Mittelstand, 2007, S. 81–85.

3232 Vgl. Leitfaden der Task Force PPP NRW »Wirtschaftlichkeitsuntersuchung bei PPP-Projekten«, S. 11. Abrufbar unter: http://www.callnrw.de.

3233 Vgl. Leitfaden der Task Force PPP NRW »Wirtschaftlichkeitsuntersuchung bei PPP-Projekten«, S. 11.

dd) Vorteile von PPP

468 Die **Vorteile** von PPP lassen sich wie folgt auflisten:
- Aufteilung der Risiken zwischen dem öffentlichen Auftraggeber und dem privaten Partner,
- Berücksichtigung der Belange von Bürgern,
- Einhaltung der Budgets,
- Einhaltung von Terminen und Fristen,
- Entlastung der öffentlichen Haushalte (Bereitstellung von Finanzmitteln durch den privaten Partner),
- Entlastung der öffentlichen Verwaltung (z.B. von Koordinierung der Planungen und Abläufe; Konzentration auf Kernaufgaben der Verwaltung),
- Möglichkeit der Ausweitung des Wettbewerbs (Bauindustrie und Bauhandwerk erhalten neue Aufträge)[3234],
- Nutzung des privatwirtschaftlichen Know-hows[3235],
- Nutzung der privaten Innovationsfähigkeit,
- Reduzierung von Planungskosten und -zeit,
- Reduzierung der Kosten und Zeit für die Erbringung der Leistung bzw. der Errichtung des Bauwerks sowie
- Vertragslaufzeit, abhängig von dem jeweiligen PPP-Objekt bestimmbar.

ee) Nachteile von PPP

469 Häufig werden die **Nachteile** von PPP von den Protagonisten nicht erwähnt. Anbei eine kurze Darstellung möglicher Nachteile:
- Bestimmung des Rest-, Sach- bzw. Verkehrswerts nach Ablauf der PPP,
- Hoher zeitlicher und personeller Aufwand für den öffentlichen Auftraggeber[3236],
- Möglichkeit der Insolvenz des privaten Partners,
- Reduzierung der Möglichkeiten der Einflussnahme durch den öffentlichen Auftraggeber,
- Ungenügende Regelung betreffend die Betriebs- und Instandhaltungspflichten sowie -kosten,
- Veränderung der Rahmenbedingungen im Laufe der PPP (z.B. aufgrund des demographischen Wandels[3237] oder der Wanderungsprozesse[3238]),

3234 Vgl. S. 19 des »Erfahrungsbericht – Öffentlich-Private-Partnerschaften in Deutschland« des BMVBS (www.bmvbs.de/Anlage/original_991057/Erfahrungsbericht-zu-Oeffentlich-Privaten-Partnerschaften_-04.-April-2007.pdf).

3235 S. Leitfaden des BMVBS und des BBR »Chancen und Risiken von PPP in den Neuen Bundesländern«, S. 47. Abrufbar unter www.bmvbs.de/Anlage/original_998756/Leitfaden-1.pdf.

3236 S. Leitfaden des BMVBS und des BBR »Chancen und Risiken von PPP in den Neuen Bundesländern«, S. 48 f. Abrufbar unter www.bmvbs.de/Anlage/original_998756/Leitfaden-1.pdf.

3237 S. Leitfaden des BMVBS und des BBR »Chancen und Risiken von PPP in den Neuen Bundesländern«, S. 25 f. Abrufbar unter www.bmvbs.de/Anlage/original_998756/Leitfaden-1.pdf.

3238 S. Leitfaden des BMVBS und des BBR »Chancen und Risiken von PPP in den Neuen Bundesländern«, S. 26 ff.

- Wahrscheinlichkeit des Eintritts eines bestimmten Risikos,
- »Ratenfalle« durch langjährige Belastung für die künftige Generation[3239] sowie Einschränkung der Budgethoheit[3240] und
- Verleitung zu Projekten, die sonst nicht gebaut worden wären[3241].
- Ausbleiben der erhofften kostenmäßigen Vergünstigungen[3242].

b) Schaffung gesetzlicher Rahmenbedingungen; Bürokratisches Betreuen von PPP in Deutschland

aa) ÖPP-Beschleunigungsgesetz 2005

470 Die rot-grüne Bundesregierung beabsichtigte, die Anwendungshäufigkeit deutlich zu steigern. Aus diesem Grund brachte die SPD-Bundestagsfraktion das **ÖPP-Beschleunigungsgesetz** auf den Weg[3243].

Das **ÖPP-Beschleunigungsgesetz** trat im **September 2005 in Kraft**[3244]. Das Gesetz sollte die **Rahmenbedingungen für** die **verstärkte Durchführung und Nutzung von PPP** anhand folgender Bereiche **erleichtern**:
- Bestimmung des zutreffenden Ausschreibungsregimes (VOB/VOL),
- Ausschreibungspflicht der PPP – so genannte zweite Ebene[3245],
- Eigenleistungserfordernis, Verbot der Generalunternehmervergabe[3246],
- Vorgaben für die nachträgliche Änderungen in der Zusammensetzung von Bietergemeinschaften[3247],
- Projektantenproblematik und § 16 VgV (Vorbefassung)[3248] sowie
- Wahl des Vergabeverfahrens: Verhandlungsverfahren oder wettbewerblicher Dialog[3249].

3239 Jahresbericht des Niedersächsischen Landesrechnungshofs 2006 zur Haushalts- und Wirtschaftsführung, S. 105: »*Mit PPP in die ›Ratenfalle‹? (…) Aus Sicht des LRH bedarf es einer kritischen und umfassenden Prüfung, ob ein Projekt im konkreten Einzelfall über den gesamten Lebenszyklus als Public Private Partnership wirtschaftlicher ist als die Realisierung durch das Land selbst.*«

3240 Jahresbericht des Niedersächsischen Landesrechnungshofs 2006 zur Haushalts- und Wirtschaftsführung, S. 109: Einschränkung der Grundsätze der Vollständigkeit des Hauhalts und der Budgethoheit.

3241 Jahresbericht des Niedersächsischen Landesrechnungshofs a.a.O., S. 106.

3242 Bayerischer Oberster Rechnungshof, Jahresbericht 2006, S. 53, zu Ortsumfahrung Miltenberg und Flughafentangente Erding: »*Der Staat verwirklicht zwei Staatstraßenprojekte über Öffentlich Private Partnerschaften. Der ORH hat bei den Investitionen keine Kostenvorteile festgestellt, die nicht auch bei konventioneller Verwirklichung erreichbar wären.*«

3243 S. Monatsinfo des forum vergabe e.V., Heft 12/2004, S. 191.

3244 Gesetz gegen Wettbewerbsbeschränkungen (GWB), zuletzt geändert durch das ÖPP-Beschleunigungsgesetz v. 1. 9. 2005 (BGBl. I 2005, S. 2672), in Kraft seit dem 8. 9. 2005. Verordnung über die Vergabe öffentlicher Aufträge (Vergabeverordnung) – VgV, zuletzt geändert durch das ÖPP-Beschleunigungsgesetz v. 1. 9. 2005 (BGBl. I 2005, S. 2676), in Kraft seit dem 8. 9. 2005.

3245 Vgl. *Kaelble*, in Müller-Wrede, ÖPP-Beschleunigungsgesetz, 2006, unterscheidet zwischen der Phase des Wettbewerblichen Dialogs (S. 59 ff.) und der Angebotsphase S. 78 ff.).

3246 Vgl. *Müller-Wrede*, ÖPP-Beschleunigungsgesetz, 2006, S. 107 ff.

3247 Vgl. *Müller-Wrede*, ÖPP-Beschleunigungsgesetz, 2006, S. 114 ff.

3248 Vgl. *Müller-Wrede*, ÖPP-Beschleunigungsgesetz, 2006, S. 98 ff. *Hausmann/Mutschler-Siebert*, in: Weber/Schäfer/Hausmann, Praxishandbuch Public Private Partnership, 2006, S. 283 ff.

3249 Vgl. *Kaelble*, in Müller-Wrede, ÖPP-Beschleunigungsgesetz, 2006, S. 37 ff., 48 ff. *Kus*, Die richtige Verfahrensart bei PPP-Modellen, insbesondere Verhandlungsverfahren und Wettbewerblicher Dialog, VergabeR 2006, 852.

Laut einer Antwort der Bundesregierung vom 20. 2. 2007[3250] auf eine parlamentarische Anfrage von BÜNDNIS 90/Die Grünen vom 2. 2. 2007[3251] entfaltet das **ÖPP-Beschleunigungsgesetz derzeit** noch **keine Wirkung**.

bb) Gesetzgebungsvorhaben

471 Aufgrund der ausbleibenden Wirkungen des ÖPP-Beschleunigungsgesetzes wurde bereits am **6. 4. 2006** auf Basis einer Parlamentsinitiative eine **Arbeitsgruppe zur Erarbeitung eines »PPP-Vereinfachungsgesetzes«** gebildet[3252].

Die Arbeitsgruppe soll einen **Gesetzesentwurf** konzipieren, der mindestens die Bereiche **»Krankenhausfinanzierung«**, **»Soziale Infrastrukturen«**, **»Fernstraßenbauprivatfinanzierungsgesetz«**, **»Investmentgesetz«**, **»Steuerrecht«**, **»Förderrecht«**, **»Vergaberecht«** und **»Verteidigung«** umfasst[3253].

cc) Bürokratisches Betreuen von PPP in Deutschland

472 Hinzuweisen ist in diesem Zusammenhang darauf, dass, um die **Verbreitung von PPP** und die **Diskussion über** die **Finanzierung staatlicher Projekte** zu forcieren, u.a. auf **Bundesebene**[3254] sowie in den Bundesländern **Baden-Württemberg**[3255], **Nordrhein-Westfalen**[3256, 3257] und **Sachsen-Anhalt**[3258] so genannte **Task Forces** eingerichtet wurden.

In **Hessen**[3259], **Niedersachsen**[3260] und **Schleswig-Holstein**[3261] existieren so genannte **PPP-Kompetenzzentren**.

Bayern[3262] und **Thüringen**[3263] verfügen über **PPP-Arbeitsgruppen**.

Ein **PPP-Lenkungsausschuss** koordiniert die Bestrebungen in **Rheinland-Pfalz**[3264]. Es ist der **Aufbau** eines **Föderalen PPP-Kompetenznetzwerkes** beabsichtigt[3265].

3250 S. BT-Drucks. 16/4356.
3251 S. BT-Drucks. 16/4262.
3252 Vgl. BT-Drucks. 16/5705.
3253 Vgl. BT-Drucks. 16/5705.
3254 Im Internet erreichbar: www.ppp-bund.de. Siehe *Drömann*, in: Weber/Schäfer/Hausmann, Praxishandbuch Public Private Partnership, 2006, S. 652 f.
3255 Es gibt eine Task Force im Wirtschaftsministerium. Siehe *Drömann*, in: Weber/Schäfer/Hausmann, Praxishandbuch Public Private Partnership, 2006, S. 653 f.
3256 Die Task Force ist etabliert beim Finanzministerium.
3257 Im Internet erreichbar: www.ppp-nrw.de.
3258 Im Finanzministerium ist die Task Force etabliert.
3259 Im Hessischen Finanzministerium ist das PPP-Kompetenzzentrum angesiedelt.
3260 Das Niedersächsische PPP-Kompetenzzentrum ist beim Wirtschaftsministerium angesiedelt.
3261 Das PPP-Kompetenzzentrum ist bei der Investitionsbank Schleswig-Holstein angesiedelt. Siehe *Drömann*, in: Weber/Schäfer/Hausmann, Praxishandbuch Public Private Partnership, 2006, S. 654 f.
3262 Die Bayerische PPP-Arbeitsgruppe ist bei der Obersten Baubehörde und dem Bayerischen Staatsministerium des Innern etabliert.
3263 Im Thüringischen Ministerium für Bau und Verkehr gibt es die PPP-Arbeitsgruppe.
3264 Der PPP-Lenkungsausschuss ist im rheinland-pfälzischen Finanzministerium angesiedelt.
3265 Vgl. S. 31 des »Erfahrungsbericht – Öffentlich-Private-Partnerschaften in Deutschland« des BMVBS (www.bmvbs.de/Anlage/original_991057/Erfahrungsbericht-zu-Oeffentlich-Privaten-Partnerschaften_-04.-April-2007.pdf).

Überdies hat das Bundesland **Nordrhein-Westfalen** beschlossen, ein **»Neues Kommunales Finanzmanagement« (NKF)** umzusetzen[3266], mittels dessen einerseits der **Umstieg auf das System der Doppik** sowie andererseits die **Realisierung von PPP-Vorhaben**[3267] beschleunigt werden soll. Das **NKF gilt für** alle **PPP-Projekte ab** dem **1. 1. 2005**[3268].

c. Vertragsmodelle

473 Bei PPP können verschiedene **Vertragsmodelle** unterschieden werden. Zusätzlich kommen im Bereich des **Straßenbaus** das **A- und** das **F-Modell** hinzu.

Neben den typischen PPP-Vertragsmodellen ist eine Vielzahl von **Mischformen** bzw. Sonderformen vorstellbar (z.B. Investorenmodelle)[3269], auf die im Rahmen der nachfolgenden Kurzdarstellung nicht näher eingegangen werden kann.

aa) Contractingmodell

474 Mit dem **Contractingmodell**[3270] werden **(Ein-)Bauarbeiten und Optimierungsmaßnahmen** von bestimmten **technischen Anlagen** und/oder **Anlagenteilen** abgedeckt, die der private Auftragnehmer in einem Gebäude des öffentlichen Auftraggebers erbringt. Durch **regelmäßige Zahlungen** werden die **Planungs-, Durchführungs-, Betriebs- und Finanzierungskosten** des Auftragnehmers abgedeckt. Die **Vertragslaufzeit** bewegt sich i.d.R. **zwischen 5 und 15 Jahren**.

bb) Erwerbermodell

475 Bei dem **Erwerbermodell**[3271] übernimmt der **private Auftragnehmer Planung, Bau, Finanzierung** und **Betrieb** einer Immobilie **auf** einem **ihm gehörenden Grundstück**. Die Immobilie wird i.d.R. **20 bis 30 Jahre lang** vom öffentlichen Auftraggeber **genutzt. Nach Beendigung** des Vertrags gehen das **Eigentum an**

3266 Verfügbar für den Bereich Hochbau unter www.ppp-nrw.de/publikationen/00000_ finanzmanagement.pdf.

3267 Vgl. www.ppp-nrw.de/publikationen/00000_finanzmanagement.pdf (S. 4, 11 ff.).

3268 Vgl. www.ppp-nrw.de/publikationen/00000_finanzmanagement.pdf (S. 3).

3269 Vgl. z.B. das Projekt »Business Park Town« auf dem Gelände der Wiener Gas AG.

3270 S. *Buscher/Theurer/Meyer*, PPP-Projekte für den Mittelstand, 2007, S. 16 f. *Alfen/Fischer*, in: Weber/Schäfer/Hausmann, Praxishandbuch Public Private Partnership, 2006, S. 59 f. *Neumann/Szabados*, in: Weber/Schäfer/Hausmann, Praxishandbuch Public Private Partnership, 2006, S. 174; 182. Vgl. Leitfaden der Task Force PPP NRW »Wirtschaftlichkeitsuntersuchung bei PPP-Projekten«, S. 52. Abrufbar unter: http://www.callnrw.de/broschuerenservice. Vgl. S. 36 des »Erfahrungsbericht – Öffentlich-Private-Partnerschaften in Deutschland« des BMVBS (www.bmvbs.de/Anlage/original_991057/Erfahrungsbericht-zu-Oeffentlich-Privaten-Partnerschaften_-04.-April-2007.pdf).

3271 S. *Buscher/Theurer/Meyer*, PPP-Projekte für den Mittelstand, 2007, S. 14. *Alfen/Fischer*, in: Weber/Schäfer/Hausmann, Praxishandbuch Public Private Partnership, 2006, S. 57. *Neumann/Szabados*, in: Weber/Schäfer/Hausmann, Praxishandbuch Public Private Partnership, 2006, S. 176f. Vgl. Leitfaden des BMVBS »Wirtschaftlichkeitsuntersuchungen bei PPP-Projekten«, S. 40. Abrufbar unter: www.bmvbs.de/Anlage/original_974569/Leitfaden-Wirtschaftlichkeitsuntersuchung-bei-PPP-Projekten-September-2006.pdf. Leitfaden der Task Force PPP NRW »Wirtschaftlichkeitsuntersuchung bei PPP-Projekten«, S. 51. Abrufbar unter: http://www.callnrw.de/broschuerenservice. Vgl. S. 35 des »Erfahrungsbericht – Öffentlich-Private-Partnerschaften in Deutschland« des BMVBS (www.bmvbs.de/Anlage/original_991057/Erfahrungsbericht-zu-Oeffentlich-Privaten-Partnerschaften_-04.-April-2007.pdf).

dem **Gebäude** und dem **Grundstück auf** den **öffentlichen Auftraggeber** über. **Während** der **Vertragslaufzeit** zahlt der öffentliche Auftraggeber ein vorher vertraglich **festgelegtes Entgelt**. Das **Entgelt** ermittelt sich aus **Planung, Bau, Facility Management** (= Betrieb), **Finanzierung, Kauf** von **Grundstück** und **Immobilie** sowie möglicher **Zuschläge** für das **Abdecken von Risiken** u.a. im Bereich des **betriebswirtschaftlichen Gewinns** des privaten Auftragnehmers.

cc) Gesellschaftsmodell

476 Im Falle des **Gesellschaftsmodells**[3272] wird die **Wahrnehmung öffentlicher Aufgaben auf** eine **Objektgesellschaft übertragen**. An der Objektgesellschaft sind i.d.R. der **öffentliche Auftraggeber und** ein oder mehrere **private Unternehmen beteiligt**. Weitere PPP-Vertragsmodelle können Gegenstand der gesellschaftsvertraglichen Vereinbarungen sein.

dd) Inhabermodell

477 Das **Inhabermodell**[3273] **entspricht weitestgehend** dem **Erwerbermodell**. Der **Unterschied** zu diesem besteht darin, dass der **öffentliche Auftraggeber** der **Eigentümer des Grundstücks** ist, auf dem das Gebäude errichtet oder saniert werden soll. **Mit Errichtung bzw. Sanierung** des Gebäudes **wird** der **öffentliche Auftraggeber Eigentümer** des Gebäudes.

3272 Siehe *Buscher/Theurer/Meyer*, PPP-Projekte für den Mittelstand, 2007, S. 19; 41 f. *Alfen/Fischer*, in: Weber/Schäfer/Hausmann, Praxishandbuch Public Private Partnership, 2006, S. 60. *Neumann/Szabados*, in: Weber/Schäfer/Hausmann, Praxishandbuch Public Private Partnership, 2006, S. 174; 184. Vgl. Leitfaden des BMVBS »Wirtschaftlichkeitsuntersuchungen bei PPP-Projekten«, S. 42. Abrufbar unter: www.bmvbs.de/Anlage/original_974569/Leitfaden-Wirtschaftlichkeitsuntersuchung-bei-PPP-Projekten-September-2006.pdf. Leitfaden der Task Force PPP NRW »Wirtschaftlichkeitsuntersuchung bei PPP-Projekten«, S. 53 f. Abrufbar unter: http://www.callnrw.de/broschuerenservice. Vgl. S. 37 des »Erfahrungsbericht – Öffentlich-Private-Partnerschaften in Deutschland« des BMVBS (www.bmvbs.de/Anlage/original_991057/Erfahrungsbericht-zu-Oeffentlich-Privaten-Partnerschaften_-04.-April-2007.pdf).

3273 S. *Buscher/Theurer/Meyer*, PPP-Projekte für den Mittelstand, 2007, S. 16. *Leinemann/Kirch*, ÖPP-Projekte, 2006, S. 24. *Alfen/Fischer*, in: Weber/Schäfer/Hausmann, Praxishandbuch Public Private Partnership, 2006, S. 59. *Neumann/Szabados*, in: Weber/Schäfer/Hausmann, Praxishandbuch Public Private Partnership, 2006, S. 174, 181. Vgl. Leitfaden des BMVBS »Wirtschaftlichkeitsuntersuchungen bei PPP-Projekten«, S. 40. Abrufbar unter: www.bmvbs.de/Anlage/original_974569/Leitfaden-Wirtschaftlichkeitsuntersuchung-bei-PPP-Projekten-September-2006.pdf. Leitfaden der Task Force PPP NRW »Wirtschaftlichkeitsuntersuchung bei PPP-Projekten«, S. 51. Abrufbar unter: http://www.callnrw.de/broschuerenservice. Vgl. S. 35 des »Erfahrungsbericht – Öffentlich-Private-Partnerschaften in Deutschland« des BMVBS (www.bmvbs.de/Anlage/original_991057/Erfahrungsbericht-zu-Oeffentlich-Privaten-Partnerschaften_-04.-April-2007.pdf).

ee) Konzessionsmodell

478 Gegenstand des **Konzessionsmodells**[3274] ist die **Erteilung** einer **Konzession an** den **privaten Auftragnehmer**. Im Wege einer **Dienstleistungskonzession** kann der öffentliche Auftraggeber die **Erbringung von Dienstleistungen** (z.B. Betrieb einer Kantine oder eines städtischen Seniorenheims) sicherstellen lassen.

Im Wege einer **Baukonzession** besteht die Möglichkeit, ein **Gebäude** entweder **neu errichten** oder **sanieren** zu lassen. Der **Konzessionär** (der private Auftragnehmer) erhält im Gegenzug das Recht, mittels **Erhebung von Entgelten bzw. Gebühren gegenüber Dritten** (Bürgern oder Nutzern der Leistung) seine Kosten zu decken. Die Vertragspartner können vereinbaren, ob nach Ablauf der Konzession das Eigentum auf den öffentlichen Auftraggeber übergeht, die Zahlung eines Festpreises oder des Verkehrswerts zu erfolgen hat oder ob die Konzession verlängert wird. Es steht dem öffentlichen Auftraggeber frei, ob er einen Anteil an der Finanzierung oder an den laufenden Kosten übernimmt[3275].

ff) Leasingmodell

479 Das **Leasingmodell**[3276] **unterscheidet sich** in einigen Punkten **vom Erwerbermodell**[3277]. **Nach Ablauf des Vertrags** besteht **keine Verpflichtung** zur **Übertragung** des **Eigentums** am Gebäude. Dem **öffentlichen Auftraggeber** steht ein **Wahlrecht** zu. Er kann zwischen dem **Erwerb** der **Immobilie gegen Zahlung** eines vorher festgelegten **Restwerts** oder der **Rückgabe der Immobilie** ebenso wählen wie zwischen **Mietverlängerungsoptionen** oder **Verwertungsabreden**. Das **Nutzungsentgelt** entrichtet der öffentliche Auftraggeber in Form von regelmäßigen **Leasingraten**. Die **Leasingraten** ermitteln sich aus dem **Entgelt für** die (Teil-)**Amortisierung der Kosten**, welche in der **Planungs-, Bau und Finanzierungsphase** anfallen, sowie den **Kosten** während der **Betriebsphase** der Immobilie.

3274 S. *Buscher/Theurer/Meyer*, PPP-Projekte für den Mittelstand, 2007, S. 17 f; 40 f. *Leinemann/Kirch*, ÖPP-Projekte, 2006, S. 18 f. *Alfen/Fischer*, in: Weber/Schäfer/Hausmann, Praxishandbuch Public Private Partnership, 2006, S. 60. *Neumann/Szabados*, in: Weber/Schäfer/Hausmann, Praxishandbuch Public Private Partnership, 2006, S. 174; 183. Vgl. Leitfaden des BMVBS »Wirtschaftlichkeitsuntersuchungen bei PPP-Projekten«, S. 41 f. Abrufbar unter: www.bmvbs.de/Anlage/original_974569/Leitfaden-Wirtschaftlichkeitsuntersuchung-bei-PPP-Projekten-September-2006.pdf. Leitfaden der Task Force PPP NRW »Wirtschaftlichkeitsuntersuchung bei PPP-Projekten«, S. 53. Abrufbar unter: http://www.callnrw.de/broschuerenservice. Vgl. S. 36 f. des »Erfahrungsbericht – Öffentlich-Private-Partnerschaften in Deutschland« des BMVBS (www.bmvbs.de/Anlage/original_991057/Erfahrungsbericht-zu-Oeffentlich-Privaten-Partnerschaften_-04.-April-2007.pdf).

3275 Siehe dazu auch näher die Erläuterungen zu den §§ 98 Nr. 6, 99 GWB (öffentlicher Auftrag, Baukonzessionär).

3276 S. *Buscher/Theurer/Meyer*, PPP-Projekte für den Mittelstand, 2007, S. 14 f. *Leinemann/Kirch*, ÖPP-Projekte, 2006, S. 23. *Alfen/Fischer*, in: Weber/Schäfer/Hausmann, Praxishandbuch Public Private Partnership, 2006, S. 58. *Neumann/Szabados*, in: Weber/Schäfer/Hausmann, Praxishandbuch Public Private Partnership, 2006, S. 172 f.; 178 f. Vgl. Leitfaden des BMVBS »Wirtschaftlichkeitsuntersuchungen bei PPP-Projekten«, S. 40. Abrufbar unter: www.bmvbs.de/Anlage/original_974569/Leitfaden-Wirtschaftlichkeitsuntersuchung-bei-PPP-Projekten-September-2006.pdf. Leitfaden der Task Force PPP NRW »Wirtschaftlichkeitsuntersuchung bei PPP-Projekten«, S. 52. Abrufbar unter: http://www.callnrw.de/broschuerenservice. Vgl. S. 35 f. des »Erfahrungsbericht – Öffentlich-Private-Partnerschaften in Deutschland« des BMVBS (www.bmvbs.de/Anlage/original_991057/Erfahrungsbericht-zu-Oeffentlich-Privaten-Partnerschaften_-04.-April-2007.pdf).

3277 Vgl. Landesrechnungshof Mecklenburg-Vorpommern, Jahresbericht 2007, Teil 2, zur Leasingfinanzierung eines Kreiskrankenhauses, LT-Drs. 5/1040, S. 146 ff.

gg) Mietmodell

480 Das **Mietmodell**[3278] **entspricht** in weiten Teilen dem **Leasingmodell**. Bei dem **Mietmodell** gibt es keine **Kaufoption**. Anstelle von Leasingraten entrichtet der öffentliche Auftraggeber **regelmäßige Mietzahlungen**, die sich aus der Gebrauchsüberlassung und dem Betrieb des Gebäudes ermitteln. Dem öffentlichen Auftraggeber kann das **Recht** eingeräumt werden, **nach Vertragsablauf** das **Gebäude gegen** die Entrichtung des **Verkehrswertes** zu **erwerben**.

hh) A-Modell

481 Unter dem **A-Modell**[3279] versteht man ein PPP-Vertragsmodell, in dessen Rahmen sich ein **privates Bauunternehmen** verpflichtet, als **Betreiber** einen **Streckenabschnitt**, z.B. einer Bundesautobahn, **auszubauen**. Der **private Auftragnehmer** übernimmt die **Finanzierung**, die **Realisierung** und **Unterhaltung des Projekts**. Der **öffentliche Auftraggeber** übernimmt dabei eine **Anschubfinanzierung**, die **50% der Gesamtkosten** abdeckt. Der **private Auftragnehmer** erhält für seine Leistung einen **Anteil an** der erhobenen **Lkw-Maut**, die in dem Streckenabschnitt anfällt. Weitere Ausführungen zu in Deutschland realisierten A-Modellen finden sich in dem Unterkapitel »PPP in der Praxis«.

ii) F-Modell

482 Bei dem **F-Modell**[3280] übernimmt der **private Auftragnehmer** die **Finanzierung**, die **Realisierung** und **Unterhaltung** eines Projekts. Das Projekt kann den Neu- bzw. Ausbau von **Brücken**, **Tunneln** oder **Gebirgspässen** umfassen. Der **öffentliche Auftraggeber** beteiligt sich mit **bis zu 20% Anschubfinanzierung** an dem Projekt. Der private Auftragnehmer darf im Wege der **Beleihung** von den **Nutzern** des Streckenabschnitts eine **Maut** erheben, um seine Kosten zu decken. Weitere Ausführungen zu in Deutschland realisierten F-Modellen finden sich in dem Unterkapitel »PPP in der Praxis«.

3278 S. *Buscher/Theurer/Meyer*, PPP-Projekte für den Mittelstand, 2007, S. 15. Leinemann/Kirch, ÖPP-Projekte, 2006, S. 23. *Alfen/Fischer*, in: Weber/Schäfer/Hausmann, Praxishandbuch Public Private Partnership, 2006, S. 58 f. *Neumann/Szabados*, in: Weber/Schäfer/Hausmann, Praxishandbuch Public Private Partnership, 2006, S. 173; 181. Vgl. Leitfaden des BMVBS »Wirtschaftlichkeitsuntersuchungen bei PPP-Projekten«, S. 41. Abrufbar unter: www.bmvbs.de/Anlage/original_974569/Leitfaden-Wirtschaftlichkeitsuntersuchung-bei-PPP-Projekten-September-2006.pdf. Vgl. S. 36 des »Erfahrungsbericht – Öffentlich-Private-Partnerschaften in Deutschland« des BMVBS (www.bmvbs.de/Anlage/original_991057/Erfahrungsbericht-zu-Oeffentlich-Privaten-Partnerschaften_-04.-April-2007.pdf).

3279 *Leinemann/Kirch*, ÖPP-Projekte, 2006, S. 24 f.; Vgl. *Byok/Jansen*, Durchbruch für das A-Modell im Fernstraßenbau?, NZBau 2005, 241 ff.

3280 *Leinemann/Kirch*, ÖPP-Projekte, 2006, S. 25.

d) Phasen/Ablauf eines PPP-Projekts

483 Ähnlich dem **Lebenszyklusansatz** lassen sich bei **PPP-Projekten vier Phasen** unterscheiden. Im Rahmen der **vier Phasen** steht die Sicherstellung der **Wirtschaftlichkeit** des PPP-Projekts im Vordergrund[3281, 3282].

aa) Bedarfsfeststellung und Eignungsprüfung

484 In der **ersten Phase** von PPP-Projekten werden **grundsätzliche Gedanken** gefasst und vorab eine **Eignungsprüfung** vorgenommen[3283]. Der Vorteil der ersten Phase ist, dass alle **Schritte nicht irreversibel** sind.

Die **grundsätzlichen Gedanken** enthalten die Frage nach dem **Bedarf an** einer **Investition** und einer entsprechenden **Feststellung**, die **Vorabprüfung** der **Finanzierung** des Projekts[3284] sowie die Klärung der Frage, ob das angedachte **Projekt haushaltsverträglich** umgesetzt werden kann[3285]. In weiteren vorbereitenden Schritten wird versucht, das **Projekt** zu **definieren**, eine **vorläufige, funktionale Leistungsbeschreibung**[3286] zu erstellen sowie eine **grobe Kostenschätzung**[3287] durchzuführen.

3281 Vgl. Leitfaden der Task Force PPP NRW »Wirtschaftlichkeitsuntersuchung bei PPP-Projekten«, S. 14 f. Abrufbar unter: http://www.callnrw.de/broschuerenservice.

3282 *Alfen/Fischer*, in: Weber/Schäfer/Hausmann, Praxishandbuch Public Private Partnership, 2006, S. 83 f. sowie *Ziekow/Windoffer*, Public Private Partnership als Verfahren – Struktur und Erfolgsbedingungen, NZBau 2005, 665 ff., 669 sprechen von einer 5. Phase (der Verwertungsphase). Sie lassen dabei außer Acht, dass das PPP-Controlling auch diesen Aspekt umfasst.

3283 Vgl. Leitfaden des BMVBS »Wirtschaftlichkeitsuntersuchungen bei PPP-Projekten«, S. 13 ff. Abrufbar unter: www.bmvbs.de/Anlage/original_974569/Leitfaden-Wirtschaftlichkeitsuntersuchung-bei-PPP-Projekten-September-2006.pdf. Erfahrungsbericht des BMVBS »Öffentlich-Private-Partnerschaften in Deutschland«, S. 5 f. Abrufbar unter www.bmvbs.de/Anlage/original_991057/Erfahrungsbericht-zu-Oeffentlich-Privaten-Partnerschaften_-04.-April-2007.pdf.

3284 S. *Alfen/Fischer*, in: Weber/Schäfer/Hausmann, Praxishandbuch Public Private Partnership, 2006, S. 14. Vgl. Leitfaden der Task Force PPP NRW »Wirtschaftlichkeitsuntersuchung bei PPP-Projekten«, S. 17 f. Abrufbar unter: http://www.callnrw.de/broschuerenservice.

3285 S. *Alfen/Fischer*, in: Weber/Schäfer/Hausmann, Praxishandbuch Public Private Partnership, 2006, S. 15 f. Vgl. Leitfaden des BMVBS »Wirtschaftlichkeitsuntersuchungen bei PPP-Projekten«, S. 14 f. Abrufbar unter: www.bmvbs.de/Anlage/original_974569/Leitfaden-Wirtschaftlichkeitsuntersuchung-bei-PPP-Projekten-September-2006.pdf. Leitfaden der Task Force PPP NRW »Wirtschaftlichkeitsuntersuchung bei PPP-Projekten«, S. 18 f. Abrufbar unter: http://www.callnrw.de/broschuerenservice/.

3286 Vgl. Leitfaden des BMVBS »Wirtschaftlichkeitsuntersuchungen bei PPP-Projekten«, S. 15 f. Abrufbar unter: www.bmvbs.de/Anlage/original_974569/Leitfaden-Wirtschaftlichkeitsuntersuchung-bei-PPP-Projekten-September-2006.pdf. Leitfaden der Task Force PPP NRW »Wirtschaftlichkeitsuntersuchung bei PPP-Projekten«, S. 19 f. Abrufbar unter: http://www.callnrw.de/broschuerenservice.

3287 Vgl. Leitfaden des BMVBS »Wirtschaftlichkeitsuntersuchungen bei PPP-Projekten«, S. 16 f. Abrufbar unter: www.bmvbs.de/Anlage/original_974569/Leitfaden-Wirtschaftlichkeitsuntersuchung-bei-PPP-Projekten-September-2006.pdf. Leitfaden der Task Force PPP NRW »Wirtschaftlichkeitsuntersuchung bei PPP-Projekten«, S. 20. Abrufbar unter: http://www.callnrw.de/broschuerenservice/.

An die grundsätzlichen Gedanken schließt sich ein **Eignungstest**[3288] des PPP-Projekts an. Zunächst werden **qualitative Ausschluss- und Eignungskriterien ermittelt**[3289] sowie festgelegt. Anschließend erfolgt eine **Bewertung** der **Eignungskriterien**[3290]. Die **gewonnenen Ergebnisse** werden **zusammengestellt** und dienen der **Klärung der Frage**, ob die Möglichkeit eines **PPP-Projekts** grundsätzlich **genutzt werden soll** oder nicht[3291].

Fallen die grundsätzlichen Gedanken und die Eignungsprüfung positiv aus, so kann der öffentliche Auftraggeber in die zweite Phase des PPP-Projekts eintreten.

bb) Überprüfung der Wirtschaftlichkeit

485 Nach der ersten Phase schließt sich die **Phase** der **konkreten Überprüfung** der **Wirtschaftlichkeit** des PPP-Projekts an[3292, 3293]. Es werden **Verfahren der Investitionsrechnung**[3294] sowie der anzuwendende **Diskontierungszinssatz gewählt**[3295] und diese in Bezug gesetzt zu dem **Betrachtungszeitraum, Bezugszeitpunkt**[3296] und der voraussichtlichen **Preisentwicklung**[3297]. Anschließend wird ein **konven-**

3288 S. *Leinemann/Kirch*, ÖPP-Projekte, 2006, S. 31 f. *Alfen/Fischer*, in: Weber/Schäfer/Hausmann, Praxishandbuch Public Private Partnership, 2006, S. 19 f. Vgl. Leitfaden des BMVBS »Wirtschaftlichkeitsuntersuchungen bei PPP-Projekten«, S. 17 ff. Abrufbar unter: www.bmvbs.de/Anlage/original_974569/Leitfaden-Wirtschaftlichkeitsuntersuchung-bei-PPP-Projekten-September-2006.pdf. Leitfaden der Task Force PPP NRW »Wirtschaftlichkeitsuntersuchung bei PPP-Projekten«, S. 21 f.

3289 Vgl. Leitfaden des BMVBS »Wirtschaftlichkeitsuntersuchungen bei PPP-Projekten«, S. 18. Abrufbar unter: www.bmvbs.de/Anlage/original_974569/Leitfaden-Wirtschaftlichkeitsuntersuchung-bei-PPP-Projekten-September-2006.pdf. Leitfaden der Task Force PPP NRW »Wirtschaftlichkeitsuntersuchung bei PPP-Projekten«, S. 22 f.

3290 Vgl. Leitfaden des BMVBS »Wirtschaftlichkeitsuntersuchungen bei PPP-Projekten«, S. 18 f. Leitfaden der Task Force PPP NRW »Wirtschaftlichkeitsuntersuchung bei PPP-Projekten«, S. 23 f.

3291 Vgl. Leitfaden des BMVBS »Wirtschaftlichkeitsuntersuchungen bei PPP-Projekten«, S. 19. Leitfaden der Task Force PPP NRW »Wirtschaftlichkeitsuntersuchung bei PPP-Projekten«, S. 24.

3292 Vgl. Leitfaden des BMVBS »Wirtschaftlichkeitsuntersuchungen bei PPP-Projekten«, S. 20 ff. Erfahrungsbericht des BMVBS »Öffentlich-Private-Partnerschaften in Deutschland«, S. 6. Abrufbar unter www.bmvbs.de/Anlage/original_991057/Erfahrungsbericht-zu-Oeffentlich-Privaten-Partnerschaften_-04.-April-2007.pdf.

3293 Instruktiv auch Bundesrechnungshof, Bemerkungen 2007, zur Haushalts- und Wirtschaftsführung des Bundes, S. 123: »*Verantwortungsvoller Umgang mit Haushaltsmitteln erfordert mehr und bessere Wirtschaftlichkeitsuntersuchungen*« und S. 130: »*Wirtschaftlichkeitsuntersuchungen bei ÖPP*«.

3294 Vgl. Leitfaden des BMVBS »Wirtschaftlichkeitsuntersuchungen bei PPP-Projekten«, S. 20. Leitfaden der Task Force PPP NRW »Wirtschaftlichkeitsuntersuchung bei PPP-Projekten«, S. 25 f.

3295 Vgl. Leitfaden des BMVBS »Wirtschaftlichkeitsuntersuchungen bei PPP-Projekten«, S. 21 f. Leitfaden der Task Force PPP NRW »Wirtschaftlichkeitsuntersuchung bei PPP-Projekten«, S. 26 f.

3296 Vgl. Leitfaden des BMVBS »Wirtschaftlichkeitsuntersuchungen bei PPP-Projekten«, S. 20 f. Leitfaden der Task Force PPP NRW »Wirtschaftlichkeitsuntersuchung bei PPP-Projekten«, S. 26.

3297 Vgl. Leitfaden des BMVBS »Wirtschaftlichkeitsuntersuchungen bei PPP-Projekten«, S. 22. Leitfaden der Task Force PPP NRW »Wirtschaftlichkeitsuntersuchung bei PPP-Projekten«, S. 27 f.

tioneller Vergleichswert (Public Sector Comparator = PSC)[3298, 3299] ermittelt. Der **PSC** wird durch einen **Vergleich zwischen** den Kosten, Vor- und Nachteilen der **vollumfänglichen staatlichen Finanzierung** im Verhältnis zu der Durchführung des **PPP-Projekts** gewonnen[3300]. Anhand des PSC lässt sich die **vorläufige Wirtschaftlichkeitsuntersuchung**[3301] effizienter umsetzen.

Am Ende der Überprüfung der Wirtschaftlichkeit erfolgen zwei für das weitere PPP-Projekt maßgebliche Schritte:
- Es wird darüber entschieden, ob das **PPP-Projekt** als solches **ausgeschrieben** werden soll[3302].
- Die **finanziellen Mittel** müssen **veranschlagt** und die **Haushaltsreife hergestellt** werden[3303].

cc) Leistungsbeschreibung, Ausschreibung, Vergabeverfahren, endgültige Wirtschaftlichkeitsuntersuchung

486 Nach der vorläufigen Abklärung der Wirtschaftlichkeit, der Entscheidung für eine Ausschreibung des PPP-Projekts und der Herstellung der Haushaltsreife tritt das PPP-Projekt in seine vergaberechtlich relevante Phase[3304].

In einem ersten Schritt wird die **endgültige Leistungsbeschreibung erarbeitet**[3305].

Anschließend wird die **Ausschreibung konzipiert** und **bekanntgemacht**[3306].

3298 Vgl. Leitfaden des BMVBS »Wirtschaftlichkeitsuntersuchungen bei PPP-Projekten«, S. 22 ff. Leitfaden der Task Force PPP NRW »Wirtschaftlichkeitsuntersuchung bei PPP-Projekten«, S. 28 ff.

3299 Auf das schwierige Verhältnis zwischen der Durchführung des PSC zu der Wertung und den Zuschlagskriterien weist *Hertwig*, Zuschlagskriterien und Wertung bei ÖPP-Vergaben, NZBau 2007, 543 ff., hin.

3300 Siehe *Leinemann/Kirch*, ÖPP-Projekte, 2006, S. 32 f. *Alfen/Fischer*, in: Weber/Schäfer/Hausmann, Praxishandbuch Public Private Partnership, 2006, S. 34 ff. *Weber/Moß/Bachhuber*, in: Weber/Schäfer/Hausmann, Praxishandbuch Public Private Partnership, 2006, S. 619 ff. Vgl. Leitfaden des BMVBS »Wirtschaftlichkeitsuntersuchungen bei PPP-Projekten«, S. 22 f. Leitfaden der Task Force PPP NRW »Wirtschaftlichkeitsuntersuchung bei PPP-Projekten«, S. 28 ff.

3301 Vgl. Leitfaden des BMVBS »Wirtschaftlichkeitsuntersuchungen bei PPP-Projekten«, S. 28 ff. Leitfaden der Task Force PPP NRW »Wirtschaftlichkeitsuntersuchung bei PPP-Projekten«, S. 35 ff.

3302 Vgl. Leitfaden des BMVBS »Wirtschaftlichkeitsuntersuchungen bei PPP-Projekten«, S. 34. Leitfaden der Task Force PPP NRW »Wirtschaftlichkeitsuntersuchung bei PPP-Projekten«, S. 44 f.

3303 Vgl. Leitfaden des BMVBS »Wirtschaftlichkeitsuntersuchungen bei PPP-Projekten«, S. 35. Leitfaden der Task Force PPP NRW »Wirtschaftlichkeitsuntersuchung bei PPP-Projekten«, S. 45.

3304 Vgl. Erfahrungsbericht des BMVBS »Öffentlich-Private-Partnerschaften in Deutschland«, S. 6. Abrufbar unter www.bmvbs.de/Anlage/original_991057/Erfahrungsbericht-zu-Oeffentlich-Privaten-Partnerschaften_-04.-April-2007.pdf.

3305 Vgl. Leitfaden des BMVBS »Wirtschaftlichkeitsuntersuchungen bei PPP-Projekten«, S. 35 f. Abrufbar unter: www.bmvbs.de/Anlage/original_974569/Leitfaden-Wirtschaftlichkeitsuntersuchung-bei-PPP-Projekten-September-2006.pdf. Leitfaden der Task Force PPP NRW »Wirtschaftlichkeitsuntersuchung bei PPP-Projekten«, S. 46 f. Abrufbar unter: http://www.callnrw.de/broschuerenservice/.

3306 Siehe *Alfen/Fischer*, in: Weber/Schäfer/Hausmann, Praxishandbuch Public Private Partnership, 2006, S. 48 ff. Vgl. Leitfaden des BMVBS »Wirtschaftlichkeitsuntersuchungen bei PPP-Projekten«, S. 35, 36. Leitfaden der Task Force PPP NRW »Wirtschaftlichkeitsuntersuchung bei PPP-Projekten«, S. 47. Abrufbar unter: http://www.callnrw.de/broschuerenservice/.

Im Zusammenhang mit der Ausschreibung von PPP-Projekten ist darauf hinzuweisen, dass grundsätzlich die Verfahrensarten »**Wettbewerblicher Dialog**« oder »**Verhandlungsverfahren**« in Betracht gezogen werden können[3307]. Im vergaberechtlichen Schrifttum sowie in der Praxis wird streitig darüber diskutiert, welche Verfahrensart den Vorrang genießen soll bzw. welches das bessere ist. Eine Gemeinsamkeit ist, dass beide Verfahren einen Öffentlichen Teilnahmewettbewerb voraussetzen.

Der »**Wettbewerbliche Dialog**«[3308] ist dadurch gekennzeichnet, dass der öffentliche Auftraggeber mit den Interessenten die verschiedenen Realisierungsmöglichkeiten und -konstellationen durchspricht. Hinsichtlich dieser vorgeschalteten sog. Dialogphase ist das Verfahren des Wettbewerblichen Dialoges flexibler als das Verhandlungsverfahren. Der öffentliche Auftraggeber bekommt infolge des Bieter-Know-hows u.U. überhaupt erst eine nähere Idee, was er genau vergeben soll, also z.B. einen Betreibervertrag, eine Dienstleistungs- oder gar eine Baukonzession für die Nutzung und ggf. den Ausbau eines regionalen Flugplatzes. Anschließend ist das Verfahren statischer, weil es nach dieser grundsätzlichen Eruierung der Lösung eine recht weitgehende Festlegung auf die Leistung beinhaltet und dann zumeist dem Offenen Verfahren verwandter als dem Verhandlungsverfahren ist.

Das »**Verhandlungsverfahren**«[3309] hat demgegenüber die Eigenschaft und ggf. den Vorteil, dass seitens des öffentlichen Auftraggebers trotz Unsicherheiten im Detail bereits recht konkrete Vorstellungen zur Projektrealisierung vorliegen, die es auszuverhandeln gilt. Im Wege von Verhandlungen mit den Interessenten ist es dem öffentlichen Auftraggeber jedoch in der abschließenden Anbietungs- bzw. Verhandlungsphase in größerem Umfange als im dann statischeren Wettbewerblichen Dialog möglich, die Lösungsmöglichkeiten im Detail auszuverhandeln.

Angesichts der bereits dargestellten **Wirtschaftlichkeitsüberlegungen** und dem **Interesse an** einer **schnellen Durchführung** des **Vergabeverfahrens** sowie der **schnellen Realisierung** des **Projekts** dürfte dem **Verhandlungsverfahren** der **Vorrang** gebühren.

3307 S. *Buscher/Theurer/Meyer*, PPP-Projekte für den Mittelstand, 2007, S. 40. *Kus*, Die richtige Verfahrensart bei PPP-Modellen, insbesondere Verhandlungsverfahren und Wettbewerblicher Dialog, VergabeR 2006, 852.

3308 Siehe *Leinemann/Kirch*, ÖPP-Projekte, 2006, S. 68 ff.; 73; 115 ff. *Hausmann/Mutschler-Siebert*, in: Weber/Schäfer/Hausmann, Praxishandbuch Public Private Partnership, 2006, S. 264 ff. *Kus*, Die richtige Verfahrensart bei PPP-Modellen, insbesondere Verhandlungsverfahren und Wettbewerblicher Dialog, VergabeR 2006, 852, 857 ff. *Knauff*, Im wettbewerblichen Dialog zur Public Private Partnership?. NZBau 2005, 249 ff. *Drömann*, Wettbewerblicher Dialog und ÖPP-Beschaffungen – Zur »besonderen Komplexität« so genannter Betreibermodelle, NZBau 2007, 751 ff.

3309 Siehe *Leinemann/Kirch*, ÖPP-Projekte, 2006, S. 66 ff.; 96 ff. *Alfen/Fischer*, in: Weber/Schäfer/Hausmann, Praxishandbuch Public Private Partnership, 2006, S. 66 ff. *Hausmann/Mutschler-Siebert*, in: Weber/Schäfer/Hausmann, Praxishandbuch Public Private Partnership, 2006, S. 259 ff. *Kus*, Die richtige Verfahrensart bei PPP-Modellen, insbesondere Verhandlungsverfahren und Wettbewerblicher Dialog, VergabeR 2006, 852.

An die Ausschreibung und die Bekanntmachung schließt sich die **Durchführung** des eigentlichen **Vergabeverfahrens**[3310] mit formaler und materieller Angebotsprüfung, Wertung der Angebote[3311, 3312] und Mitteilung des beabsichtigten Zuschlags an.

Im Rahmen der Wertung der Angebote besteht die Möglichkeit, den **PSC** den Gegebenheiten des Vergabeverfahrens **anzupassen**[3313] sowie einen **Vergleich zwischen** dem **angepassten PSC und** dem **besten PPP-Angebot**[3314] anzustellen.

Die durch den Vergleich gewonnenen Ergebnisse können zusammengetragen, interpretiert werden und in die vierte Phase des PPP-Projekts einfließen.

Ergebnis kann es aber auch sein, dass der Ausschreibende zu der Schlussfolgerung gelangt, dass die Realisierung des Vorhabens im Wege einer herkömmlichen Finanzierung günstiger ist und die Ausschreibung als PPP-Vorhaben nicht mehr weiterverfolgt wird. Eine damit zusammenhängende formale Aufhebung kann daher in der Regel von der Vergabekammer nicht rückgängig gemacht werden und nicht einmal zu Schadensersatzansprüchen führen, weil das Projekt nicht mehr in der ursprünglichen Form verwirklicht wird[3315].

dd) Projektüberwachung (Projektcontrolling)

487 Die **vierte Phase** des PPP-Projekts **beginnt** mit der Erteilung des **Zuschlags und** dem **Vertragsabschluss**. Sie ist **geprägt** von der **Realisierung, Betreuung und** dem **Abschluss** des PPP-Projekts[3316].

Dabei stehen insbesondere die

- Überwachung der Einhaltung der Verträge des PPP-Projekts mit[3317],
- Durchführung des Mängelmanagements,
- mögliche Anpassung der Leistungsvergütung für den privaten Auftragnehmer,
- Kontrolle der Projektrisiken und ggf. Schadensregulierung[3318],
- potentielle Anpassungen der PPP-Projektverträge,
- Durchführung möglicher Schiedsverfahren,

3310 Vgl. Leitfaden des BMVBS »Wirtschaftlichkeitsuntersuchungen bei PPP-Projekten«, S. 36. Leitfaden der Task Force PPP NRW »Wirtschaftlichkeitsuntersuchung bei PPP-Projekten«, S. 47.

3311 S. *Leinemann/Kirch*, ÖPP-Projekte, 2006, S. 90 ff.

3312 Auf das schwierige Verhältnis zwischen der Durchführung des PSC zu der Wertung und den Zuschlagskriterien weist *Hertwig*, Zuschlagskriterien und Wertung bei ÖPP-Vergaben, NZBau 2007, 543 ff., hin.

3313 Vgl. Leitfaden des BMVBS »Wirtschaftlichkeitsuntersuchungen bei PPP-Projekten«, S. 36 f. Leitfaden der Task Force PPP NRW »Wirtschaftlichkeitsuntersuchung bei PPP-Projekten«, S. 47 f.

3314 Vgl. Leitfaden des BMVBS »Wirtschaftlichkeitsuntersuchungen bei PPP-Projekten«, S. 37 f. Leitfaden der Task Force PPP NRW »Wirtschaftlichkeitsuntersuchung bei PPP-Projekten«, S. 49.

3315 VK Schleswig-Holstein, Beschl. v. 4. 2. 2008 (VK-SH 28/07), VS 2008, 21.

3316 S. *Alfen/Fischer*, in: Weber/Schäfer/Hausmann, Praxishandbuch Public Private Partnership, 2006, S. 74ff. Vgl. Leitfaden des BMVBS »Wirtschaftlichkeitsuntersuchungen bei PPP-Projekten«, S. 38 f. Erfahrungsbericht des BMVBS »Öffentlich-Private-Partnerschaften in Deutschland«, S. 6. Leitfaden der Task Force PPP NRW »Wirtschaftlichkeitsuntersuchung bei PPP-Projekten«, S. 50.

3317 Vgl. Leitfaden des BMVBS »Wirtschaftlichkeitsuntersuchungen bei PPP-Projekten«, S. 38 ff. Abrufbar unter: www.bmvbs.de/Anlage/original_974569/Leitfaden-Wirtschaftlichkeitsuntersuchung-bei-PPP-Projekten-September-2006.pdf.

3318 Vgl. Leitfaden des BMVBS »Wirtschaftlichkeitsuntersuchungen bei PPP-Projekten«, S. 38. Abrufbar unter: www.bmvbs.de/Anlage/original_974569/Leitfaden-Wirtschaftlichkeitsuntersuchung-bei-PPP-Projekten-September-2006.pdf.

- Umsetzung der Vereinbarungen zur Beendigung des PPP-Projekts,
- Dokumentation und Auswertung des Projektverlaufs,
- Evaluierung der PPP-Realisierungsvariante (= Überprüfung der Wirtschaftlichkeit des angewandten PPP-Vertragsmodells) sowie die
- Ausarbeitung von Empfehlungen für zukünftige Projekte

im Vordergrund.

e) PPP in der Praxis

488 Die Möglichkeit von PPP findet sowohl im zivilen als auch im militärischen Sektor Anwendung.

aa) Ziviler Sektor

489 Im zivilen Bereich lassen sich in ihrer Mehrzahl[3319] grob die PPP-Objekte in die Bereiche Verkehrsinfrastruktur, Bauwesen sowie Entsorgungsbetriebe unterteilen.

(1) Verkehrsinfrastruktur

490 Im Bereich Verkehrsinfrastruktur lassen sich die PPP-Projekte in **mehrere Sektoren** einteilen. Dies sind die Sektoren Brücken- und Tunnelbau, Unterhaltung und Ausbau kostenaufwendiger Fernstraßen (Autobahnen, Bundes- und Landesstraßen), Privatisierung von Straßenmeistereien, Privatisierung von Flughäfen sowie Straßenbeleuchtung und Lichtsignalanlagen.

(1a) Brückenbau

491 Im Sektor des Brücken- und Tunnelbaus erscheint es in Deutschland fraglich, ob ein privater Investor nach der Errichtung von Brücken diese auf eine gewisse Dauer betreiben kann. Insbesondere in Großbritannien erfreut sich dieses Modell größerer Beliebtheit. Das **Betreiber-Modell** hat namentlich bei der **Öresund-Brücke** Anwendung gefunden. Dort wurden die erwarteten Nutzungszahlen jedoch nicht erreicht (nur 70% der geplanten Auslastung), so dass sich erhebliche wirtschaftliche Risiken eröffnet haben. Diese Erfahrungen flossen in die Planung des Projekts **Fehmarn-Belt** ein, wo im Rahmen von Studien untersucht wird, welche Arten von Querungen in Frage kommen, welche Nutzungsentgelte zu erwarten sind und wie eventuelle Nutzungsausfälle abgesichert werden können.

Die bisher in Deutschland in Angriff genommenen PPP-Brückenbauprojekte (Hochmoselübergang Ürzig und zweite Strelasundquerung) konnten entweder nicht oder nicht im Wege von PPP realisiert werden.

Im Falle des **Hochmoselübergangs** der **B 50** bei Ürzig stellte das Bundesverwaltungsgericht im Jahre 2004 für einen Teilbereich der Strecke ein faktisches Vogelschutzgebiet für Spechte fest[3320]. Seither befindet sich das Projekt in einem Schwe-

3319 Ferner gibt es Projekte in den Bereichen Bildungswesen und Kultur, auf welche vorliegend nicht näher eingegangen werden kann.
3320 S. BVerwG, Urt. v. 1. 4. 2004 (4 C 2.03), DVBl. 2004, 1115.

bezustand. Ob bzw. wann der Hochmoselübergang realisiert werden kann, ist immer noch offen.

Die **zweite Strelasundquerung** zur Insel Rügen wurde als PPP-Projekt konzipiert. Die Ausschreibung des Bauvorhabens ergab jedoch **keine prüf- und wertbaren Angebote**, weshalb sich die Bundesregierung entschied, das **Projekt vollständig staatlich** zu **finanzieren**[3321].

Die Bauarbeiten an der zweite Strelasundquerung begannen am 31. 8. 2004[3322, 3323]. Der erste Bauabschnitt wurde am 1. 8. 2007 fertig gestellt. Am 20. 10. 2007 erfolgte die feierliche Freigabe der Brücke für den Verkehr[3324]. Die Restarbeiten am Mittelstreifen der Brücke sollen im Frühjahr 2008 abgeschlossen werden[3325].

Mitte 2007[3326] wurden die **vertraglichen Grundlagen** für die **feste Querung des Fehmarnbelts** zwischen Dänemark und der Bundesrepublik Deutschland gelegt. Die feste **Fehmarnbeltquerung**[3327] soll einen schnellen Verkehrsfluss zwischen Dänemark, Schweden und der Bundesrepublik Deutschland ermöglichen.

(1b) Tunnelbau

492 In Deutschland wurden bisher **zwei Projekte** im Bereich des Tunnelbaus verwirklicht. Dies sind die:
- **Warnow-Querung** bei Rostock und
- die **Trave-Querung** (Herrentunnel) in Lübeck.

Gesetzliche Grundlage für diese Vorhaben war das **Fernstraßenbauprivatisierungsgesetz**.

Diese **PPP-Tunnelbauprojekte** sind **defizitär**, auch wenn die **privaten Partner** ihre **vertraglich geschuldete Leistung erbringen**[3328].

Bei der Warnow-Querung wurde – in Zusammenarbeit mit den örtlichen Behörden – eine Abstimmung der Verkehrspolitik und insbesondere der Verkehrsleitsysteme versucht, durch Behinderungsmaßnahmen auf anderen Strecken die Verkehrsströme so zu leiten, dass Kraftfahrer quasi gezwungen wurden, den neuen, gebührenfinanzierten Streckenabschnitt in Anspruch zu nehmen. Dieser Versuch scheiterte jedoch.

3321 Vgl. Jahresverkehrsbericht 2004, S. 21, Punkt 2.3.2.

3322 S. Mitteldeutsche Zeitung v. 31. 8. 2004.

3323 Das Bundesland Mecklenburg-Vorpommern und der Bund hatten die notwendige »gemeinsame Erklärung zur notwendigen staatlichen Ergänzungsfinanzierung« abgegeben.

3324 Siehe Internetfundstelle v. 24. 10. 2007: www.rueganer-anzeiger.de/archiv/artikel/ruegen-stralsund-ruegenbruecke-ueber-den-strelasund-eroeffnetm.

3325 Internetfundstelle v. 14. 11. 2007: www.rueganer-anzeiger.de/archiv/artikel/ruegen-stralsund-mittelspur-ueber-den-strelasund-bleibt-gesperrt.

3326 Focus v. 6. 8. 2007: www.focus.de/wissen/wissenschaft/die-fehmarnbelt-bruecke_aid_68663.html.

3327 Laut Focus v. 6. 8. 2007: www.focus.de/wissen/wissenschaft/die-fehmarnbelt-bruecke_aid_68663.html beläuft sich das Investitionsvolumen 5,6 Mrd. EUR, wovon Dänemark 80% und die Bundesrepublik Deutschland 20% tragen sollen.

3328 Siehe die Antwort der Bundesregierung v. 18. 6. 2007 auf eine kleine parlamentarische Anfrage: BT-Drucks. 16/5705.

Derzeit befinden sich drei weitere PPP-Tunnelbauprojekte in unterschiedlichen Projektphasen. Es handelt sich hierbei um:
- die **Weserquerung** der A 281 bei Bremen,
- die **Elbequerung** der A 20 in Hamburg[3329] und
- die **Querung des Hamburger Hafens**[3330].

In Australien[3331] sind **zwei Projekte mit Schattenseiten** bekannt: Zum einen der **Cross-City-Tunnel** (ein zwei Kilometer langer Tunnel, der das Geschäftszentrum von Sydney unterquert) und zum anderen der **Lane-Cove-Tunnel** (ein dreieinhalb Kilometer langer Tunnel, der das Expressstraßensystem im Großraum Sydney entlasten soll).

Beim rund 800 Mio. australische Dollar (AUD/rd. 491 Mio. €) teuren Cross-City-Tunnel gab es zwischen der öffentlichen Hand und dem Investor **vertrauliche Vereinbarungen** dahingehend, dass die Verkehrsführung von Straßen so geändert werden sollte, dass die Anwohner den Tunnel benutzen müssen. Vorgenommene Verkehrsberuhigungen mussten jedoch auf Grund des Widerstands der Bevölkerung zurückgenommen werden. Daneben war der Bevölkerung die **Durchfahrtsgebühr** von ca. 3,50 AUD (rd. 2,15 €) **zu hoch**.

Durch die **Aufhebung der zugesagten Verkehrsberuhigungen** verletzte die öffentliche Hand die Absprachen mit der Betriebsgesellschaft. Diese fordert nun 100 Mio. AUD (rd. 61,4 Mio. €) als Schadensersatz wegen Vertragsbruch. Die öffentliche Hand bietet demgegenüber 20 Mio. AUD (rd. 12,3 Mio. €). Das Projekt befindet sich auf Grund der Streitigkeiten derzeit **in der Liquidation**. Durch die geringe Nutzung des Cross-City-Tunnel fuhr der Investor Verluste in Höhe von ca. 500 Mio. AUD (rd. 307 Mio. €) ein.

Beim **Lane-Cove-Tunnel** befürchtet die Regierung des Bundesstaates New South Wales ein **ähnliches Fiasko**. Nicht anders lässt es sich erklären, dass die Einweihung dieses betriebsbereiten Tunnels auf einen Zeitpunkt nach den Wahlen zum Parlament des Bundesstaates gelegt wurde.

Aus Sicht der Australier handelt es sich hierbei um Kinderkrankheiten. Diese können zukünftig beseitigt werden, indem gegenüber der Bevölkerung (den Steuerzahlern) die **Transparenz bei der Ausgestaltung von PPP-Verträgen erhöht** wird. Durch eine positive Konotierung wird der Rückhalt in der Bevölkerung für Infrastrukturprojekte gestärkt. Die Australier sehen in den PPP-Projekten ein Investitionsfeld. Innerhalb der nächsten zehn Jahre wird der Bundesstaat New South Wales rund 110 Mrd. AUD (ca. 67,5 Mrd. €) insgesamt investieren. Auf den PPP-Bereich entfallen dabei zwischen 10 und 15%.

Der **Rückhalt in der Bevölkerung** und die damit verbundene Nutzung der im Wege von PPP errichteten Infrastrukturobjekte hängt wesentlich von der Transparenz von der Vertragskonzeption bis hin zur Fertigstellung des Objekts zusammen. Dazu gehört insbesondere in der vorgelagerten Phase der Analyse und Konzeption die **genaue Betrachtung des Indikators** des sog. **Public Sector Com-**

3329 Die Querung besteht aus 4 km Straßenbau- und 6 km Tunnelbauprojekt.

3330 Es handelt sich um eine 10 km Verbindung zwischen der A 1 und der A 7.

3331 »PPP in ›Down under‹ – Auch Australische Infrastrukturprojekte haben ihre Schattenseiten«, VS 2007, 26.

parator (PSC). Der PSC bemisst die Kapital- und Betriebskosten sowie die Risiken, die mit dem öffentlichen Besitz und Unterhalt einer Anlage verbunden sind, und vergleicht sie mit dem Rahmen, in dem ein PPP funktionieren würde. Klare Kriterien für den PSC gibt es allerdings derzeit nicht. Ob es möglich sein wird, eine **allgemeingültige**, aussagekräftige **PSC-Methodologie** zu entwickeln, ist **nicht sicher**. Viele Projekte werden daher zumindest derzeit noch Gegenstand von Einzelfallbetrachtungen mit eigens entwickelten Ansätzen sein.

(1c) Straßenbau, -unterhaltung und -sanierung

493 Im Sektor des Fernstraßenwesens gab und gibt es in Deutschland 20 vom Bundesverkehrsministerium zugelassene **Modellversuche**, im Rahmen derer die Finanzierungsarten geprüft werden[3332, 3333]. Hierbei ist auf die bereits erwähnten A- und F-Modelle zu verweisen.

Besonders hervorzuheben ist, dass der Staat selbst zur Sicherstellung der Infrastruktur auch in strukturschwachen Gebieten verpflichtet ist, wenn kein privater Auftragnehmer in dortige Straßenprojekte investieren will, da sie wenig oder gar nicht rentabel sind. Dies stellt eine Parallele zur **Infrastrukturverpflichtung** des Staates betreffend **Schienenverkehrsleistungen** (Art. 87e GG) dar und trägt dem Sozialstaatsprinzip (Art. 20 I GG) Rechnung[3334]. Der Staat darf sich seiner Verpflichtung, die Bürger mit Schienenverkehrsleistungen zu versorgen, nicht durch eine grenzenlose Privatisierung entziehen, indem er es zulässt, dass unrentable Bahnstrecken geschlossen werden bzw. Straßenbauprojekte nicht verwirklicht werden, nur weil diese in strukturschwachen Gebieten angesiedelt sind und folglich privaten Investoren keinen Gewinn versprechen.

Die Grundlage für die Umsetzung der Versuche bildete das **Fernstraßenbauprivatisierungsgesetz**[3335]. Dieses bekam durch das Autobahnmautgesetz[3336] vom 5. 4. 2002 eine Variante. Seit **Anfang 2006** bildet das **Fernstraßenbauprivatfinanzierungsgesetz (FStrPrivFinG)**[3337] die Grundlage für den privat vorfinanzierten Straßenbau mit Mauterhebung. Seit **Mitte März 2007** ist beabsichtigt, das **FStrPrivFinG** zu ändern[3338]. Die Umsetzung des Entwurfs des Änderungsgesetzes steht noch aus.

Im Rahmen des Autobahnmautgesetzes wurde das **Toll Collect** Konsortium, bestehend aus der Daimler-Chrysler Services AG, der Deutsche Telekom AG

3332 Antwort der Bundesregierung v. 18. 9. 1997 auf parlamentarische Anfragen: BT-Drucks. 13/8127 und BT-Drucks. 13/8257.

3333 Vgl. auch Bayerischer Oberster Rechnungshof, Jahresbericht 2006, S. 53, zu Ortsumfahrung Miltenberg und Flughafentangente Erding.

3334 S. *Broß*, VerwArch 1997, 521, 534; *Noch*, DÖV 1998, 623 ff.

3335 Fernstraßenbauprivatisierungsgesetz vom 30. 4. 1994. Siehe auch die Antwort der Bundesregierung auf eine kleine Anfrage (BT-Drucks. 13/8127) zur Problematik privatfinanzierten Straßenbaus (BT-Drucks. 13/8257). Zum ganzen: Bucher, Privatfinanzierung von Bundesfernstraßen, 1996; *Arndt*, Die Privatfinanzierung von Bundesfernstraßen, Diss., Hamburg 1998; *Schmitt*, Bau, Erhaltung Betrieb und Finanzierung von Bundesfernstraßen durch Private nach dem FstrPrivFinG, Berlin 1999.

3336 Abgekürzt ABMG. In Kraft getreten am 12. 4. 2002. S. BGBl I 2002, 1234.

3337 Vgl. BGBl. I 2006, S. 49 ff.

3338 Vgl. »Entwurf eines Gesetzes zur Änderung des Gesetzes über den Bau und die Finanzierung von Bundesfernstraßen durch Private«, BT-Drucks. 16/4658 v. 15. 3. 2007.

sowie dem französischen Autobahnbetreiber Cofiroute S.A.[3339], beauftragt, ein System zu entwickeln, mit welchem für **schwere LKW** mit einem zulässigen Gesamtgewicht von über 12 Tonnen eine **streckenbezogene Maut** von bis zu 15 Cent pro Kilometer zu entrichten haben.

Die Einführung dieses Mautsystems war für den 31. 8. 2003 vorgesehen, verschob sich jedoch aus technischen Gründen. Im September 2004 begann die Generalerprobungsphase. Mit der Mauterfassung wurde Anfang 2005 begonnen[3340].

Durch die **Mauterfassung** kam es zu einer **teilweisen Verlagerung des Schwerlastverkehrs** auf die mautfreien Bundes- sowie Landesstraßen. **Einige Bundesländer** reagierten auf diese Verlagerung und **sperrten mautfreie Straßen** für den Schwerlastverkehr[3341, 3342].

Bisher dürfen **andere Fahrzeuge**, wie z.B. Pkw oder Transporter, die Strecken **gebührenfrei befahren. Gleiches** gilt auch für **Fahrzeuge**, die im Wege von **Dienstfahrten** für **Instandhaltungsarbeiten an** den **Straßen** unterwegs sind[3343]. Es wird darüber nachgedacht, für Pkw und Lkw bis zu 12 Tonnen ebenfalls eine Maut zu erheben.

Hinzuweisen ist darauf, dass andererseits die durch die **LKW-Maut** erzielten **Einnahmen** mehrheitlich zum **Ausbau des Straßenwegenetzes** verwendet[3344, 3345] werden. Im August 2004 war zu erfahren, dass Privatunternehmen im Wege des A-Modells vorhandene Autobahnen auf sechs Fahrstreifen[3346] ausbauen und betreiben sollten. Die Projekte gerieten durch die Verspätung des Toll Collect Mautsystems so sehr ins Stocken, dass der Vergabewettbewerb vom Bundesverkehrsministerium erst im Spätjahr 2004/Frühjahr 2005 gestartet werden konnte. Durch die Verspätung verzögerten sich der zeitnahe Ausbau bestimmter Strecken und die Entlastung des staatlichen Haushalts um 40–50% der bisher für den Straßenbau erforderlichen Mittel.

Losgelöst von den Verzögerungen gilt es, die einzelnen Verkehrsprojekte regelmäßig auf ihre **Wirtschaftlichkeit zu prüfen**[3347]. Durch die wiederholte Prüfung der Wirtschaftlichkeit soll maßgeblich die **Sicherheit privater Investoren** erhöht

3339 Das Konsortium bekam im September 2002 den Zuschlag erteilt.

3340 Siehe Angaben des Bundesverkehrsministerium unter www.bmvbw.de/LKW-Maut-.720.htm.

3341 Siehe z.B. die B 27 und B 7 in Hessen: www.ju-osthessen.de/content/view/18/38/; von 2 Streckenabschnitten in NRW: www.wdr.de/themen/verkehr/strasse/lkw_maut/060309.jhtml; in Rheinland-Pfalz z.B. die B 9: www.hr-online.de/website/radio/hr-info/.

3342 In einigen Bundesländern wird hingegen überlegt, die Mautpflicht auch auf Bundesstraßen auszuweiten. S. z.B. für die B 75 in der Nähe von Hamburg oder die B 4 in Schleswig-Holstein: www1.ndr.de/nachrichten/reg178.html.

3343 Vgl. VG Berlin, Urt. v. 8. 6. 2007 (4 A 434.05).

3344 Durch die mehrheitliche Verwendung der Mauteinnahmen für den Ausbau des Straßenwegenetzes begegnet die Bundesregierung der Möglichkeit einer Querfinanzierung anderer Staatseinnahmen. Diesen Aspekt hatte der EuGH für den Fall der österreichischen Mautgebühren auf der Brennerautobahn zu entscheiden. Das Gericht sprach sich gegen eine Querfinanzierung aus. Siehe EuGH, Urt. v. 26. 9. 2000 (Rs. C-250/98), EuZW 2001, 81= NVwZ 2001, 23L.

3345 Die Finanzierung des Autobahnausbaus wird »A-Modell« genannt.

3346 S. Behörden Spiegel 08/2004, S. 18.

3347 Vgl. auch Bayerischer Oberster Rechnungshof, Jahresbericht 2006, S. 53, zu Ortsumfahrung Miltenberg und Flughafentangente Erding: *»Der Staat verwirklicht zwei Staatstraßenprojekte über Öffentlich Private Partnerschaften. Der ORH hat bei den Investitionen keine Kostenvorteile festgestellt, die nicht auch bei konventioneller Verwirklichung erreichbar wären.«*

werden. Es ist für einige Projekte nicht absehbar, ob sich die jeweiligen **gebührenfinanzierten Streckenabschnitte** für die **privaten Investoren** rechnen.

Wenn auch mit rechtlichen Grenzen[3348] versehen, so könnten weitere **Betreibermodelle** (z.B. das F-Modell) vielversprechender sein, wenn sie verstärkt politisch durchgesetzt und dadurch für die privaten Investoren eine höhere Rentabilität entwickeln würden.

Allein für den mautfinanzierten Bereich des Straßenbaus in den Jahren **2007 bis 2009** wird von einem **Investitionsvolumen** in Deutschland von **mehr als 3 Mrd. Euro** ausgegangen[3349].

Derzeit befinden sich mehrere **Straßenbauprojekte** im Bereich der **Bundesautobahnen** in verschiedenen Verfahrensstufen. Als Beispiele können angeführt werden:

- **A 1** zwischen AD Buchholz und AK Bremer Kreuz[3350],
- **A 4** zwischen Gotha und Eisenach[3351],
- **A 4** zwischen AS Waltershausen und AS Herleshausen[3352],
- **A 5** zwischen AS Baden-Baden und AS Offenburg[3353] sowie
- **A 8** zwischen **Augsburg** und **München**[3354].

3348 Hier ist die grundsätzliche Verpflichtung zur Durchführung von Infrastrukturmaßnahmen zu nennen.

3349 Vgl. S. 3 des Positionspapiers von HOCHTIEF vom November 2007: www.hochtief.de/hochtief/data/pdf/ppp_positionspapier.pdf.

3350 Vgl. S. 15 des »Erfahrungsbericht – Öffentlich-Private-Partnerschaften in Deutschland« des BMVBS (www.bmvbs.de/Anlage/original_991057/Erfahrungsbericht-zu-Oeffentlich-Privaten-Partnerschaften_-04.-April-2007.pdf); VS 2007, 91. »European PPP Report 2007« von DLA Piper, S. 86: www.dlapiper.com/files/Publication/34d8ee56–757a-4238–81af-0102bc35cc79/Presentation/PublicationAttachment/60378925-ce10–4299–88e2–1155edfdb670/European-PPP-Report2007.pdf.

3351 Vgl. S. 6 des Positionspapiers von HOCHTIEF vom November 2007: www.hochtief.de/hochtief/data/pdf/ppp_positionspapier.pdf. »European PPP Report 2007« von DLA Piper, S. 86: www.dlapiper.com/files/Publication/34d8ee56–757a-4238–81af-0102bc35cc79/Presentation/PublicationAttachment/60378925-ce10–4299–88e2–1155edfdb670/European-PPP-Report2007.pdf.

3352 Vgl. S. 15 des »Erfahrungsbericht – Öffentlich-Private-Partnerschaften in Deutschland« des BMVBS (www.bmvbs.de/Anlage/original_991057/Erfahrungsbericht-zu-Oeffentlich-Privaten-Partnerschaften_-04.-April-2007.pdf) ; VS 2007, 91. »European PPP Report 2007« von DLA Piper, S. 86: www.dlapiper.com/files/Publication/34d8ee56–757a-4238–81af-0102bc35cc79/Presentation/PublicationAttachment/60378925-ce10–4299–88e2–1155edfdb670/European-PPP-Report2007.pdf.

3353 Vgl. S. 15 des »Erfahrungsbericht – Öffentlich-Private-Partnerschaften in Deutschland« des BMVBS (www.bmvbs.de/Anlage/original_991057/Erfahrungsbericht-zu-Oeffentlich-Privaten-Partnerschaften_-04.-April-2007.pdf); VS 2007, 91. »European PPP Report 2007« von DLA Piper, S. 86: www.dlapiper.com/files/Publication/34d8ee56–757a-4238–81af-0102bc35cc79/Presentation/PublicationAttachment/60378925-ce10–4299–88e2–1155edfdb670/European-PPP-Report2007.pdf.

3354 Vgl. S. 15 des »Erfahrungsbericht – Öffentlich-Private-Partnerschaften in Deutschland« des BMVBS (www.bmvbs.de/Anlage/original_991057/Erfahrungsbericht-zu-Oeffentlich-Privaten-Partnerschaften_-04.-April-2007.pdf); VS 2007, 91. »European PPP Report 2007« von DLA Piper, S. 86: www.dlapiper.com/files/Publication/34d8ee56–757a-4238–81af-0102bc35cc79/Presentation/PublicationAttachment/60378925-ce10–4299–88e2–1155edfdb670/European-PPP-Report2007.pdf.

In **Planung** befindlich ist ein Bundesautobahnprojekt im Bereich der **A 1/A 4** zwischen der AS Düren und dem AK Köln Nord[3355]. Weitere PPP-Projekte im Bereich der Bundesautobahnen werden folgen[3356].

Im Jahre **2005** wurde die erste **Ortsumfahrung** als **Landesstraßen-PPP-Modell** in **Bayern** bezuschlagt[3357].

In **Nordrhein-Westfalen** befindet sich ein **Landes- und Kommunalstraßenprojekt in** der Vorbereitung[3358].

Ein **Kommunalstraßenprojekt** wurde bereits in **Harsewinkel** vergeben[3359]. Es wird in **einigen Bundesländern**, z.B. in der Stadt Brandenburg, überlegt, **PPP** verstärkt **für Kommunalstraßen** zu nutzen[3360].

Es gilt, die weitere Entwicklung im Bereich des Straßenbaus abzuwarten.

(1d) Privatisierung von Straßenmeistereien

494 **In einigen Bundesländern** wird überlegt, den Betrieb von **Straßenmeistereien** im Wege von PPP zu **privatisieren.** Die privaten Auftragnehmer sollen für den Staat die Straßeninstandhaltung und Räum- sowie Winterdienste übernehmen.

Die **VK Hessen**[3361] entschied in einem solchen Fall, dass die am Auftrag interessierten Unternehmen **alle kalkulationserheblichen Unterlagen zur Verfügung gestellt** bekommen müssen.

(1e) Privatisierung von Flughäfen

495 Von der Öffentlichkeit kaum wahrgenommen, wurden auch **Flughäfen** im Wege von PPP-Projekten **teilprivatisiert.**

In Deutschland können hierfür der **Flughafen Düsseldorf** und **Hamburg** angeführt werden[3362].

Im Falle des **Flughafens Hamburg** wurde das Gelände **erweitert**[3363] und **modernisiert**[3364].

3355 Vgl. S. 15 des »Erfahrungsbericht – Öffentlich-Private-Partnerschaften in Deutschland« des BMVBS (www.bmvbs.de/Anlage/original_991057/Erfahrungsbericht-zu-Oeffentlich-Privaten-Partnerschaften_-04.-April-2007.pdf).

3356 Hinweise hierauf finden sich im »European PPP Report 2007« von DLA Piper, S. 89 f.: www.dlapiper.com/files/Publication/34d8ee56–757a-4238–81af-0102bc35cc79/Presentation/PublicationAttachment/60378925-ce10–4299–88e2–1155edfdb670/European-PPP-Report2007.pdf.

3357 Es handelt sich hierbei um die Ortsumfahrung von Miltenberg. Vgl. S. 15 des »Erfahrungsbericht – Öffentlich-Private-Partnerschaften in Deutschland« des BMVBS (www.bmvbs.de/Anlage/original_991057/Erfahrungsbericht-zu-Oeffentlich-Privaten-Partnerschaften_-04.-April-2007.pdf).

3358 Das Projekt wird im Kreis Lippe vorbereitet. Vgl. S. 15 des »Erfahrungsbericht – Öffentlich-Private-Partnerschaften in Deutschland« des BMVBS.

3359 Vgl. S. 15 des »Erfahrungsbericht – Öffentlich-Private-Partnerschaften in Deutschland« des BMVBS.

3360 Siehe Behörden Spiegel 02/2008, S. 26.

3361 Siehe VK Hessen, Beschl. v. 26. 4. 2007 (69d–VK-08/2007).

3362 Vgl. S. 5 des Positionspapiers von HOCHTIEF vom November 2007: www.hochtief.de/hochtief/data/pdf/ppp_positionspapier.pdf.

3363 Im Frühjahr 2005 wurde das neue Terminal 1 in Betrieb genommen.

3364 Vgl. S. 5 des Positionspapiers von HOCHTIEF vom November 2007: www.hochtief.de/hochtief/data/pdf/ppp_positionspapier.pdf.

(1f) Straßenbeleuchtung und Lichtsignalanlagen

496 Ein kleiner, **neuer** und in Entwicklung befindlicher **Bereich** von **PPP-Projekten** betrifft die **Installation** von **Straßenbeleuchtungen** und **Lichtsignalanlagen**. Projekte wurden bereits in **Berlin**[3365] und **Hagen**[3366] realisiert.

(2) Bauwesen

497 Neben dem Verkehrssektor öffnet sich zunehmend der Sektor für **Neubauten** und **Sanierungen öffentlicher Gebäude** dem Anwendungsbereich von PPP.

Allein im Zeitraum 2002 bis 2006 wurden 46 PPP-Projekte vergeben[3367]. Bis zum Jahr 2010 rechnet der Hauptverband der Deutschen Bauindustrie allein im Bereich von Krankenhäusern, Schulen und Verwaltungsgebäuden mit mehr als 10 Mrd. Euro Vertragsvolumen[3368].

(2a) Neubau von Gebäuden

498 **PPP-Projekte**, die den **Neubau von Gebäuden** zum Gegenstand haben, lassen sich in die Bereiche **Feuerwachen**, **Freizeitzentren**, **Justizvollzugsanstalten**, **Krankenhäuser**, **Schulen** sowie **Verwaltungsgebäude** untergliedern.

Die Stadt **Olpe** beabsichtigt, eine neue **Feuerwache** auf PPP-Basis zu bauen[3369].

In den Städten **Cottbus** und **Kassel** ist beabsichtigt, **Erholungs-** und **Freizeitzentren** mittels PPP neu zu errichten[3370]. In **Hannover**[3371] und **Leimen**[3372] wurden **Schwimmbäder** neu errichtet und werden im Wege von PPP betrieben.

Im Bereich der **Justizvollzugsanstalten** gibt es **6 PPP-Projekte**:
- JVA Burg (Sachsen-Anhalt)[3373],
- JVA Freiburg[3374],

3365 Siehe Behörden Spiegel 02/2008, S. 22.

3366 Siehe Behörden Spiegel 02/2008, S. 22. »European PPP Report 2007« von DLA Piper, S. 84: www.dlapiper.com/files/Publication/34d8ee56–757a-4238–81af-0102bc35cc79/Presentation/PublicationAttachment/60378925-ce10–4299–88e2–1155edfdb670/European-PPP-Report2007.pdf.

3367 Vgl. S. 3 des Positionspapiers von HOCHTIEF vom November 2007: www.hochtief.de/hochtief/data/pdf/ppp_positionspapier.pdf; Vgl. S. 16 des »Erfahrungsbericht – Öffentlich-Private-Partnerschaften in Deutschland« des BMVBS.

3368 Vgl. S. 3 des Positionspapiers von HOCHTIEF vom November 2007: www.hochtief.de/hochtief/data/pdf/ppp_positionspapier.pdf.

3369 Vgl. »European PPP Report 2007« von DLA Piper, S. 85: www.dlapiper.com/files/Publication/34d8ee56–757a-4238–81af-0102bc35cc79/Presentation/PublicationAttachment/60378925-ce10–4299–88e2–1155edfdb670/European-PPP-Report2007.pdf.

3370 Vgl. »European PPP Report 2007« von DLA Piper, S. 88: www.dlapiper.com/files/Publication/34d8ee56–757a-4238–81af-0102bc35cc79/Presentation/PublicationAttachment/60378925-ce10–4299–88e2–1155edfdb670/European-PPP-Report2007.pdf.

3371 Siehe Behörden Spiegel 01/2007, S. 21.

3372 Siehe Behörden Spiegel 08/2007, S. 23 u. Behörden Spiegel 02/2008, S. 25.

3373 Vgl. »European PPP Report 2007« von DLA Piper, S. 86: www.dlapiper.com/files/Publication/34d8ee56–757a-4238–81af-0102bc35cc79/Presentation/PublicationAttachment/60378925-ce10–4299–88e2–1155edfdb670/European-PPP-Report2007.pdf. S. Behörden Spiegel 02/2007, 24. Behörden Spiegel 02/2008, S. 23.

3374 Vgl. »European PPP Report 2007« von DLA Piper, S. 86.

- JVA Hannover[3375],
- JVA München[3376],
- JVA Offenburg[3377] sowie
- JVA Ratingen (Düsseldorf)[3378, 3379].

Im **Jahr 2006** wurde ein PPP-Vertrag über die Errichtung eines **Protonen-Therapie-Zentrums** an der **Universitätsklinik Essen** abgeschlossen[3380].

An den **Universitätskliniken Köln** und **Münster** sind PPP-Projekte beabsichtigt[3381].

Es ist ferner beabsichtigt, für das **Krankenhaus Viersen** im Wege von PPP ein neues Gebäude zu errichten[3382].

Mehrere PPP-Neubau-Projekte im **Schulbereich** wurden im Jahr 2006 abgeschlossen. Es handelt sich dabei um je eine Schule in **Bedburg**[3383, 3384], **Köln-Rodenkirchen**[3385], **Lachenburg**[3386] sowie in **Rockwinkel**[3387] und mehrere Schulen in **Halle/Saale**[3388].

Weitere **Schulneubauten** mittels PPP sind u.a. **beabsichtigt** im Landkreis **Ebersberg**[3389], in **Engelskirchen**[3390], **Köln-Rodenkirchen**[3391], **Schwarzenbek**[3392], **Twistringen**[3393] und **Wetzlar** (Pestalozzi-Schule)[3394].

Daneben gibt es ein paar PPP-Projekte, in denen bestehende Schulgebäude saniert und neue Schulgebäude errichtet werden[3395].

3375 Vgl. »European PPP Report 2007« von DLA Piper, S. 88.
3376 Vgl. »European PPP Report 2007« von DLA Piper, S. 86.
3377 S. Behörden Spiegel 02/2008, S. 23.
3378 Vgl. »European PPP Report 2007« von DLA Piper, S. 88.
3379 Lt. Rheinische Post v. 6. 2. 2008 (www.presseportal.de/pm/30621) verzögert sich der Bau der JVA Ratingen aufgrund technischer Schwierigkeiten um ein Jahr.
3380 Vgl. »European PPP Report 2007« von DLA Piper, S. 84. Das PPP-Projekt hat eine 15-jährige Laufzeit und ein Auftragsvolumen von 136 Mio. €.
3381 Vgl. »European PPP Report 2007« von DLA Piper, S. 88.
3382 Vgl. »European PPP Report 2007« von DLA Piper, S. 88. Siehe Behörden Spiegel 05/2007, 19.
3383 Vgl. »European PPP Report 2007« von DLA Piper, S. 84. Siehe Behörden Spiegel 04/2007, S. 23.
3384 Im Falle Bedburgs handelte es sich um den Neubau der Hauptschule eines Schulzentrums sowie die Sanierung weiterer Schulgebäude und einer Dreifachturnhalle, vgl. Behörden Spiegel 04/2007, S. 23.
3385 Vgl. »European PPP Report 2007« von DLA Piper, S. 84.
3386 Vgl. »European PPP Report 2007« von DLA Piper, S. 84.
3387 Vgl. »European PPP Report 2007« von DLA Piper, S. 84.
3388 S. Behörden Spiegel 02/2007, S. 24.
3389 Hier ist der Neubau eines Gymnasiums beabsichtigt, s. Behörden Spiegel 08/2007, S. 24.
3390 Vgl. »European PPP Report 2007« von DLA Piper, S. 85.
3391 Vgl. »European PPP Report 2007« von DLA Piper, S. 85. Vgl. S. 14 des Positionspapiers von HOCHTIEF vom November 2007: www.hochtief.de/hochtief/data/pdf/ppp_positionspapier.pdf.
3392 Vgl. »European PPP Report 2007« von DLA Piper, S. 85.
3393 Vgl. »European PPP Report 2007« von DLA Piper, S. 85.
3394 Vgl. »European PPP Report 2007« von DLA Piper, S. 85.
3395 Vgl. »European PPP Report 2007« von DLA Piper: www.dlapiper.com/files/Publication/34d8ee56–757a-4238–81af-0102bc35cc79/Presentation/PublicationAttachment/60378925-ce10–4299–88e2–1155edfdb670/European-PPP-Report2007.pdf; S. 84 benennt Schulen in Ritterhude und Seligenstadt. Vgl. S. 14 des Positionspapiers von HOCHTIEF vom November 2007: www.hochtief.de/hochtief/data/pdf/ppp_positionspapier.pdf.

Im Oktober 2006 wurde das neu errichtete **Rathaus** von **Gladbeck** seiner Bestimmung übergeben[3396]. Ferner gibt es im Bereich des Neubaus von **Verwaltungsgebäuden** noch drei weitere PPP-Projekte[3397].

Im Bereich der **Justiz** wurden bzw. werden zwei Projekte im Rahmen von PPP durchgeführt: In **Pforzheim** wurde das **Amtsgericht** um einen durch PPP ermöglichten **Erweiterungsbau** ergänzt[3398]. In **Wiesbaden** wird auf PPP-Basis ein neues **Justizzentrum** gebaut[3399].

(2b) Sanierung von Gebäuden

499 Die **Mehrzahl** der PPP-Projekte im Bereich des Bauwesens entfallen auf den Bereich der **Gebäude Sanierung, Instandhaltung** und **Restaurierung**.

Als eines der ersten erfolgreichen Beispiele der PPP-basierten Sanierung kann das **Kreishaus** im westfälischen **Unna**, welche durch ein Unternehmen[3400] erfolgte, genannt werden. Das Kreishaus und zwei weitere öffentliche Gebäuden werden von dem privaten Auftragnehmer für die Dauer von 25 Jahren betrieben und unterhalten[3401].

3396 Vgl. S. 12 des Positionspapiers von HOCHTIEF vom November 2007.

3397 Vgl. »European PPP Report 2007« von DLA Piper: www.dlapiper.com/files/Publication/34d8ee56-757a-4238-81af-0102bc35cc79/Presentation/PublicationAttachment/60378925-ce10-4299-88e2-1155edfdb670/European-PPP-Report2007.pdf; S. 87 benennt den Neubau des Rathauses in Greiz, sowie ein auf mehrere Gebäude ausgelegtes Projekt in Hessen und ein Pilotprojekt des Niedersächsischen Finanzministeriums.

3398 S. Behörden Spiegel 02/2007, S. 23.

3399 Vgl. »European PPP Report 2007« von DLA Piper, S. 85.

3400 Hierbei handelt es sich um die Bilfinger Berger BOT GmbH.

3401 Siehe Behörden Spiegel 09/2004, S. 24 sowie Behörden Spiegel 10/2004, PPP-Extra, S. 21. Zum Beispiel Bedburg vgl. Behörden Spiegel 04/2007, 23.

Die Sanierung, Instandhaltung und Renovierung/Restaurierung von Gebäuden findet auch im Bereich des **Schulwesens** in den Bundesländern **Baden-Württemberg**[3402], **Bayern**[3403], **Hamburg**[3404], **Hessen**[3405, 3406] und **Nordrhein-Westfalen**[3407] statt.

In **Brandenburg** wird im Wege von **PPP** der **Potsdamer Landtag** umgestaltet, um eine Zentralisierung der Landtagsverwaltung herbeizuführen[3408].

(3) Entsorgungsbetriebe

500 Auch im Sektor Entsorgungsbetriebe besteht grundsätzlich die Möglichkeit einer PPP. So liegen Erfahrungen der Berliner Entsorgungsbetriebe vor, welche die **öffentliche Müllentsorgung** zusammen mit Privatunternehmen umsetzten[3409]. Die Duldung dieses Projekts durch das Bundeskartellamt ist Ende 2003 ausgelaufen[3410]. Neuere Tendenzen in diesem Bereich konnten jedoch nicht festgestellt werden; es gilt die weitere Entwicklung abzuwarten.

bb) Militärischer Sektor

501 Im **militärischen Sektor** wird auch die Möglichkeit von **PPP vermehrt genutzt.**

3402 Hierbei handelt es sich um die Umwandlung einer Sekundarschule in Seligenstadt (vgl. »European PPP Report 2007« von DLA Piper, S. 85: www.dlapiper.com/files/Publication/34d8ee56-757a-4238-81af-0102bc35cc79/Presentation/PublicationAttachment/60378925-ce10-4299-88e2-1155edfdb670/European-PPP-Report2007.pdf) sowie um 20 Schulgebäude in Freiburg (vgl. »European PPP Report 2007« von DLA Piper, S. 87: www.dlapiper.com/files/Publication/34d8ee56-757a-4238-81af-0102bc35cc79/Presentation/PublicationAttachment/60378925-ce10-4299-88e2-1155edfdb670/European-PPP-Report2007.pdf).

3403 Es sich handelt um Schulen in Nürnberg (vgl. »European PPP Report 2007« von DLA Piper, S. 87: www.dlapiper.com/files/Publication/34d8ee56-757a-4238-81af-0102bc35cc79/Presentation/PublicationAttachment/60378925-ce10-4299-88e2-1155edfdb670/European-PPP-Report2007.pdf.

3404 26 Schulen in und um Hamburg sind Bestandteil dieses PPP-Projekts. S. »European PPP Report 2007« von DLA Piper, S. 87: www.dlapiper.com/files/Publication/34d8ee56-757a-4238-81af-0102bc35cc79/Presentation/PublicationAttachment/60378925-ce10-4299-88e2-1155edfdb670/European-PPP-Report2007.pdf. Vgl. auch Behörden Spiegel 07/2007, S. 25.

3405 Hier sind Schulen in Frankfurt am Main (vgl. S. 14 des Positionspapiers von HOCHTIEF vom November 2007: www.hochtief.de/hochtief/data/pdf/ppp_positionspapier.pdf) oder die Schulen im Kreis Offenbach zu nennen (vgl. S. 12 des Positionspapiers von HOCHTIEF vom November 2007: www.hochtief.de/hochtief/data/pdf/ppp_positionspapier.pdf).

3406 Zu den Schulen im Kreis Offenbach siehe auch *Ziekow/Windoffer*, Public Private Partnership als Verfahren – Struktur und Erfolgsbedingungen, NZBau 2005, 665 ff., 666.

3407 Siehe die Beispiele der Städte Bedford, Köln, Leverkusen und Witten sowie des Rhein-Erft-Kreises: Behörden Spiegel 10/2004, PPP-Extra, S. 19–21. Vgl. S. 13 des Positionspapiers von HOCHTIEF vom November 2007: www.hochtief.de/hochtief/data/pdf/ppp_positionspapier.pdf. S. 13 des Positionspapiers von HOCHTIEF vom November 2007 nennt überdies das Beispiel des Berufsschulzentrums Leverkusen. Zu den Schulsanierungen in Köln siehe ferner Behörden Spiegel 02/2007, S. 23.

3408 Vgl. »European PPP Report 2007« von DLA Piper, S. 85.

3409 Siehe *Gäde-Butzlaff*: PPP im Entsorgungsbereich: Ein interessantes Modell für die Übergangszeit bis zur Herstellung voller Konkurrenzfähigkeit der kommunalen Unternehmen. In: Gesellschaft für öffentliche Verwaltung, Public Private Partnership: Formen – Risiken – Chancen, 2004, 133–148, S. 138 ff.

3410 Siehe *Gäde-Butzlaff* a.a.O., S. 139.

So ist bspw. im Ausland bekannt, dass sich PPP bilden, um Transporte militärischer Güter mit Zivilfahrzeugen durchzuführen[3411]. In Deutschland wurden die meisten dieser Aspekte bisher von der Bundeswehr selbst durchgeführt.

Die Bundeswehr durchläuft in Sachen PPP einen Wandel, der sich u.a. an folgenden Beispielen aus der Praxis belegen lässt:

(1) Gefechtsübungszentrum Heer

502 Das **Gefechtsübungszentrum Heer** auf dem Truppenübungsplatz Altmark wurde im Rahmen eines PPP-Projekts ausgebaut[3412] und wird auch im Rahmen eines anderen PPP-Projekts betrieben[3413].

(2) g.e.b.b.

503 Des Weiteren ist die Arbeit der **Gesellschaft für Entwicklung, Beschaffung und Betrieb mbH (g.e.b.b.)**[3414] zu nennen. Diese führt zusammen mit Privatunternehmen PPP-Projekte für die Bundeswehr durch.

Dabei handelt es sich einerseits um die Vermietung von Dächern und Masten von Bundeswehreinrichtungen an Telekommunikationsunternehmen.

Andererseits führt die g.e.b.b. Bundeswehreinrichtungen und -liegenschaften, die nicht mehr für den Dienst notwendig sind, zivilen Zwecken zu.

Bei den drei bisher bekannten PPP-Liegenschaftsprojekten handelt es sich um die[3415]:
- Emmrich-Cambrai-Kaserne (Hannover)[3416],
- Kurmainz-Kaserne (Mainz)[3417] sowie die
- Fürst-Wrede-Kaserne (München)[3418].

(3) LH Bundeswehr Bekleidung GmbH

504 Die **LH Bundeswehr Bekleidung GmbH** gewährleistet die Beschaffung von betriebsnotwendigem Bekleidungsmaterial für sowie die Verteilung an Bundeswehrsoldaten[3419].

3411 Siehe *Steadman*, Tim: Erfahrungen mit Public Private Partnership in Großbritannien. In: Ziekow: Public Private Partnership, 2003, 9–24, S. 13 f.

3412 Siehe Oberstleutnant *Herkel*: Betrieb des Gefechtsübungszentrum Heer. In: *Ziekow*, Jan: Public Private Partnership – Projekte, Probleme, Perspektiven –, 2003, 199–216, S. 201–203.

3413 S. Godau: Gefechtsübungszentrum Heer. In: Ziekow: Public Private Partnership – Projekte, Probleme, Perspektiven –, 2003, 217–226, S. 224–226.

3414 Weitergehende Informationen finden sich auf der Internetpräsenz www.gebb.de.

3415 Vgl. »European PPP Report 2007« von DLA Piper, S. 87.

3416 Das PPP-Projekt der Emmrich-Cambrai-Kaserne weist ein Volumen von 59 Mio. € auf.

3417 Das PPP-Projekt der Kurmainz-Kaserne weist ein Volumen von 20 Mio. € auf.

3418 Das PPP-Projekt der Fürst-Wrede-Kaserne weist ein Volumen von 40–60 Mio. € auf.

3419 Weitergehende Informationen unter www.lhbw.de. Außerdem betrifft eine Beschlussentscheidung des OLG Düsseldorf, Beschl. v. 30. 4. 2003 (Verg 67/02), VergabE C-10-67/02 = VergabeR 2003, 435 = NZBau 2003, 400 = ZfBR 2003, 605 = WuW 2003, 850, die Tätigkeit der LH Bundeswehr Bekleidung GmbH bezüglich der Beschaffung von Kampfschuhen.

(4) BW FuhrparkService GmbH

505 Die **BwFuhrparkService GmbH**[3420] besorgt und unterhält den Fuhrpark der Bundeswehr mit wiederverkäuflichen Kraftwagen[3421]. Nach der Außerdienststellung der Kraftwagen besteht die Möglichkeit, sie gewinnbringend an andere Personen des öffentlichen oder privaten Rechts zu veräußern.

(5) Projekt HERKULES

506 Hinter dem Projekt **»HERKULES«**[3422] verbirgt sich die Absicht der Bundeswehr in Zusammenarbeit mit privaten Partnern[3423], die **gesamte nicht-militärische Informations- und Kommunikationstechnik** der **Bundeswehr** zu **modernisieren**[3424]. **Ende 2006** wurde für die Realisierung des Projekts die Firma **»BWI Informationstechnik GmbH« gegründet**[3425].

f) Ausblick

507 Aus derzeitiger Sicht gewinnt die Nutzung von PPP in vielen Aufgabenbereichen der öffentlichen Verwaltung sowohl im zivilen als auch im militärischen Sektor an Fahrt. Es gibt noch einige Hindernisse zu bewältigen, wie man z.B. anhand der Bemühungen um den Erlass des PPP-Vereinfachungsgesetzes ersehen kann.

Trotz ein paar Fehlschlägen ist davon auszugehen, dass die Möglichkeit von PPP – bedingt durch die Knappheit der öffentlichen Haushalte, den Investitionsbedarf der öffentlichen Hand (z.B. in der Daseinsvorsorge oder dem Bildungswesen) sowie das Know-how und die Finanzmitteln von privaten Unternehmen – zukünftig stärker genutzt werden dürfte. Es ist dabei darauf zu achten, dass die öffentliche Hand sich nicht gänzlich ihrer Aufgaben entledigt. Kernaufgaben öffentlicher Verwaltung müssen trotz PPP sichergestellt sein.

3. Einstweiliger Rechtsschutz vor den Zivilgerichten bei Auftragsvergaben unterhalb der EU-Schwelle

508 Nach der endgültigen Klärung durch das Bundesverwaltungsgericht[3426], dass der Rechtsschutz im Zusammenhang mit öffentlichen Auftragsvergaben **keine öffentlich-rechtliche Streitigkeit i.S.d. § 40 I 1 VwGO** ist, zeichnet sich für die Vergaben unterhalb der EU-Schwelle ein Trend zu Prozessen vor den Zivilgerichten ab. Gestützt auf den Gleichbehandlungsgrundsatz (Art. 3 I GG), der auch für die in zivilrechtlichen Formen beschaffenden öffentlichen Hand gilt, wird vermehrt ver-

3420 Weitergehende Informationen findet man unter www.bwfuhrparkservice.de.

3421 Bei den Kraftwagen handelt es sich sowohl um Pkw als auch Lkw.

3422 Das Projekt hat eine Laufzeit von 10 Jahren, ein Projektvolumen von 7,1 Mrd. € und gilt als das größte PPP-Projekt im militärischen Bereich in ganz Europa.

3423 Es handelt sich hierbei um eine Kooperation zwischen dem Bundesverteidigungsministerium und den Firmen »Siemens IT Solutions and Services« sowie »IBM Deutschland«.

3424 Vgl. Behörden Spiegel 03/2007, S. 64 f.; Behörden Spiegel 08/2007, S. 29.

3425 Vgl. Behörden Spiegel 08/2007, S. 29.

3426 BVerwG, Beschl. v. 2. 5. 2007 (6 B 10.07), VergabeR 2007, 337 = VS 2007, 34, 45 f.

sucht, einstweiligen Rechtsschutz gegen Vergabeverstöße vor den Zivilgerichten zu erlangen.

In einem Fall des **LG Cottbus**[3427] schrieb die für das Teilgebiet eines Bundeslandes zuständige Niederlassung des Landesbetriebs Straßenwesen die Beseitigung von Sturmschäden an Bäumen in Form von Zeitverträgen öffentlich aus. Für die Arbeiten an Bäumen gibt es ein »Standardleistungsbuch für das Bauwesen, Zeitvertragsarbeiten, Leistungsbereich Landschaftsbauarbeiten«. Dieses weist hinsichtlich der Position **»Baumpflegearbeiten« Lücken** auf. So werden darin Positionen wie z.B. »Baumsicherungsarbeiten«, »Kronensicherung liefern und einbauen«, »Kronenpflege nach Windbruch durchführen«, »Wurzelstock ausfräsen« nicht erwähnt. Auch findet sich keine Regelung für Bäume mit einem Stammdurchmesser von mehr als 120 cm.

Die Antragstellerin (und Verfügungsklägerin), ein selbständiges Unternehmen im Bereich der Landschaftspflege, hatte die Ausschreibungsunterlagen angefordert. Da es in der Vergangenheit zu Meinungsverschiedenheiten zwischen ihr und der Vergabestelle im Rahmen eines Auftrags über vergleichbare Leistungen gekommen war und aufgrund der **Lückenhaftigkeit des Leistungsverzeichnisses sah die Antragstellerin jedoch von der Unterbreitung eines Angebotes im Streitfall ab.**

Im **Wege der einstweiligen Verfügung** wendet sie sich jedoch gegen die beabsichtigte Erteilung des Zuschlags. Sie stützt dies darauf, dass das Vorgehen/die Ausschreibungstechnik der Vergabestelle gegen die Grundsätze der Transparenz und der Gleichbehandlung verstoße.

Der Antrag auf Erlass der einstweiligen Verfügung ist gemäß dem **zulässig und begründet**. Der Vergabestelle wird die Erteilung des Zuschlags untersagt.

Das LG betont, dass zwischen ASt. und VSt. ein vorvertragliches Schuldverhältnis besteht, das sich inhaltlich nach der VOB/A richtet. Hierfür ist nicht entscheidend, ob die ASt. ein Angebot abgegeben hat oder nicht, sondern allein, dass sie durch die Anforderung der Ausschreibungsunterlagen ihr Interesse an dem ausgeschriebenen Auftrag bekundet hat. Die **Lückenhaftigkeit der Leistungsbeschreibung in Form des Standardleistungsbuches verstößt gegen das Transparenzgebot** des § 9 VOB/A. Den Bietern war daher eine ordnungsgemäße Kalkulation nicht möglich. Das Leistungsverzeichnis hat etwa Angaben zu den örtlichen Verhältnissen, zu den Nebenkosten durch Stromabschaltungen, zu den Sicherungsanforderungen im Bereich von Geh- und Radwegen sowie zum Leistungsabruf zu enthalten. Ihr Fehlen begründet einen Verstoß gegen das Transparenzgebot, der einen Verstoß gegen den Gleichbehandlungsgrundsatz zur Folge hat, weil hiermit eine gleiche, faire Chance aller Bieter auf Erteilung des Zuschlags nicht gegeben ist.

Den Verfügungsgrund bildet die bei Versagung des einstweiligen Rechtsschutzes bestehende Gefahr für die Rechte der ASt, die durch die bevorstehende Zuschlagserteilung vereitelt würden.

Anders als in der vorliegenden Entscheidung hat das **LG Potsdam**[3428] die **Möglichkeit des Erlasses einer einstweiligen Verfügung verneint**. Im dortigen Fall

3427 LG Cottbus, Urt. v. 24. 10. 2007 (5 O 99/07), VergabeR 2008, 123.
3428 LG Potsdam, Urt. v. 14. 11. 2007 (2 O 412/07).

begehrte die Antragstellerin im Wege der einstweiligen Verfügung die Aussetzung eines zweiten Ausschreibungsverfahrens, nachdem das erste, in dem die Antragstellerin ein erstrangiges Angebot abgegeben hatte, **aus finanziellen Gründen aufgehoben** worden war. Das LG sah die einstweilige Verfügung zwar als zulässig, **mangels eines Verfügungsanspruchs jedoch nicht als begründet** an. Ein Verfügungsanspruch besteht nach Auffassung des LG deshalb nicht, weil **für Verfahren unterhalb der Schwellenwerte ein Primärrechtsschutz ausscheide**. Die eindeutige gesetzgeberische Entscheidung in den §§ 97 ff. GWB dürfe nicht durch die Gerichte umgangen werden. Das LG Potsdam widerspricht ausdrücklich der vom LG Cottbus vertretenen Auffassung, dass sich die Gewährung von Primärrechtsschutz in Vergabeverfahren unterhalb der Schwellenwerte aus Art. 19 IV GG ergebe. Unterhalb der Schwellenwerte bliebe damit allein der **Se-kundärrechtschutz** (Schadensersatz).

Das **LG Frankfurt/Oder** hat demgegenüber wiederum in einem Urteil vom gleichen Tag[3429] die **Primärrechtsschutzmöglichkeit** in einem Vergabeverfahren unterhalb des Schwellenwertes im Wege der einstweiligen Verfügung **bejaht**. Ein Verfügungsanspruch könne sich etwa aus **§ 823 II BGB i.V.m. einem Schutzgesetz oder** aus einem **bestehenden vorvertraglichen Schuldverhältnis** ergeben, so dass ein Anspruch auf Primärrechtsschutz bestehe[3430]. Art. 19 IV GG greife nicht nur dann ein, wenn ein Verhältnis der Über- und Unterordnung bestehe. Auch bei Verfahren unterhalb der Schwellenwerte in der Phase bis zur Zuschlagserteilung dürfe es keinen rechtsfreien Raum geben. Vorliegend ergab sich der **Verfügungsanspruch** aus § 823 II BGB i.V.m. Art. 3 GG. Eine **willkürliche Außerachtlassung von Vergabevorschriften verstößt gegen Art. 3 GG**. Ist die Leistungsbeschreibung in solchem Maße fehlerhaft, dass eine Vergleichbarkeit der Angebote ausgeschlossen scheint, liegt eine willkürliche Diskriminierung der Bieter vor.

Die den einstweiligen Rechtsschutz verneinende Entscheidung des LG Potsdam wurde vor dem **OLG Brandenburg**[3431] angegriffen. Das OLG hat zwar im Endeffekt die sofortige Beschwerde in dem konkreten Fall für unbegründet erklärt, jedoch, anders als das LG den einstweiligen Rechtsschutz unterhalb der Schwelle grundsätzlich als nicht ausgeschlossen betrachtet. Zwar besitzen gemäß der gefestigten Rechtsprechung die Verdingungsordnungen im Anwendungsbereich des 1. Abschnitts keine Außenwirkung. Sie sind Verwaltungsinnenrecht und Verwaltungsrecht, das zur Ausführung haushaltsrechtlicher Vorgaben bestimmt ist. Jedoch gelten die **Grundrechtsbindungen** der öffentlichen Hand bei ihrer fiskalischen Tätigkeit im Rahmen der staatlichen Beschaffungen. In besonderem Maße konkretisiert werden diese Grundrechtsbindungen durch das Gebot der **Selbstbindung** der Verwaltung an bekanntgemachte Ausschreibungsregularien. Das **Willkürverbot** bei staatlichem Handeln spielt hierbei eine herausragende Rolle.

Zentraler Dreh- und Angelpunkt ist nach alledem, in Verfahren zum Erlass einer einstweiligen Verfügung darzulegen, dass dem öffentlichen Auftraggeber ein **hinreichender Verstoß gegen das allgemeine Willkürverbot**[3432] nachgewiesen werden kann. Das ist in aller Regel sehr schwierig und vor den allgemeinen Zivilge-

3429 LG Frankfurt/Oder, Urt. v. 14. 11. 2007 (13 O 360/07), VergabeR 2008, 132.
3430 Vgl. BVerfG, Beschl. v. 13. 6. 2006 (1 BvR 1160/03), VergabeR 2006, 871 = NJW 2006, 3701.
3431 OLG Brandenburg, Beschl. v. 17. 12. 2007 (13 W 79/07), VergabeR 2008, 294.
3432 LG Bad Kreuznach, Beschl. v. 6. 6. 2007 (2 O 201/07).

richten auch deshalb mit Risiken behaftet, weil die rechtliche Bewertung durch das entscheidende Landgericht in der Regel kaum prognostizierbar ist und auch in der Sache sehr unterschiedlich ausfallen kann. So gibt es Äußerungen von Gerichten, dass ein Verstoß gegen das Willkürverbot immer voraussetzt, *»dass bei der Vergabe vorsätzlich rechtswidrig oder sonst in unredlicher Absicht gehandelt wurde«*[3433].

Zieht man dann einen **Vergleich zu den Vergabesenaten** und deren Rechtsprechung in puncto Willkürverbot, so ist festzustellen, dass selbst diese spezialisierten Instanzen **mit der Bejahung von Verstößen gegen das Willkürverbot äußerst zurückhaltend** sind. Das OLG Düsseldorf[3434] hat einen solchen Verstoß selbst in einem Falle nicht anerkannt, in dem eine Behörde eine abändernde, also für den Antragsteller verbösernde, Wertungsentscheidung getroffen hat, ohne dass dazu die erforderliche (und angeblich existierende) Begründung für die Punktevergabe in den Akten tatsächlich vorhanden war, und ohne dass es einen belastbaren sachlichen Grund für die Neubewertung per se gab, der über die Tatsache hinausging, dass eine Behörde im Rahmen ihres Beurteilungs- und Entschließungsermessens jederzeit ihre Wertungsentscheidungen abändern könne. Eine angeblich geänderte Rechtsprechung, welche die Behörde angab, die dazu geführt habe, dass eine andere Bewertung notwendig geworden sei, blieb im Dunkeln. Soviel zu der Frage der Behandlung eines Verstoßes gegen das Willkürverbot.

Derzeit kann den **öffentlichen Auftraggebern** nur empfohlen werden, die Rechtsprechungspraxis der zuständigen Zivilgerichte im Auge zu behalten, um das Risiko einschätzen zu können, ob auch unterhalb der Schwellenwerte einstweiliger Rechtsschutz droht.

Für **Bieter** ähnelt die Initiierung von einstweiligen Verfügungsverfahren einer »Blackbox«. Niemand weiß, wie ein Zivilgericht (außerhalb der bereits bekannten Meinungen von einigen wenigen Spruchkörpern) entscheiden wird. Das Risiko ist derzeit kaum kalkulierbar.

4. Neuerungen durch das GWB 2008 und die VOB/A 2008

a) Änderungen durch das GWB 2008

509 Im Jahr 2004 erließ die EU-Kommission ihr Richtlinienpaket, dass bis zum 31. 1. 2006 umzusetzen war. Der Gesetzgeber hat in Deutschland einen größeren Teil der Vorgaben in Form des GWB 2005 (ÖPP-Beschleunigungsgesetz) sowie in den Fassungen der Verdingungsordnungen 2006 umgesetzt. Einzelne **Restbereiche** sind jedoch verblieben. Maßgeblich betrifft dies in etwa den Bereich der Umwelt- und sozialen Kriterien, für deren Verwendung in Art. 26 der VKRL 2004/18/EG eine Rechtsgrundlage geschaffen, jedoch bislang in Deutschland nicht umgesetzt wurde. Weitere Änderungen sind aufgrund der EuGH-Rechtsprechung zu den In-**house-Geschäften** erforderlich geworden. Außerdem ist der **Koalitionsbeschluss** aus Ende 2005 umzusetzen, demzufolge eine Verschlankung des Vergaberechts im bestehenden System (GWB, VgV, Verdingungs- bzw. Vergabe- und

3433 LG Landshut, Urt. v. 11. 12. 2007 (73 O 2576/07), VergabeR 2008, 298.
3434 OLG Düsseldorf, Beschl. 22. 8. 2007 (VII-Verg 27/07).

Vertragsordnungen) erfolgen soll. Des Weiteren wurden Ende 2007 die **EU-Schwellenwerte**[3435] abgesenkt und die **EU-Rechtsmittelrichtlinie**[3436] novelliert.

Durch die **EU-Verordnung EG 1422/2007** wurden die EU-Schwellenwerte für den Baubereich auf 5,15 Mio. € und für den Lieferung- und Dienstleistungsbereich auf 206.000,00 € festgesetzt.

In der EU-Richtlinie 2007/66/EG wird die Änderung der Rechtsmittelrichtlinie 89/665/EWG verfügt. Danach wird eine ausdrückliche **Stillhaltefrist** zwischen der Zuschlagsentscheidung und dem Abschluss des Vertrages vorgesehen – eine Konsequenz des Gemeinschaftsgesetzgebers für diejenigen Mitgliedsstaaten, in denen nach traditionellem Rechtsverständnis die Zuschlagsentscheidung mit dem Vertragsschluss gleichzusetzen ist. Gleichzeitig findet sich die Regel über die Unwirksamkeit von Verträgen, die innerhalb der Stillhaltefrist geschlossen wurden (Art. 2 lit. a und lit. b der Richtlinie).

Bei Redaktionsschluss befindet sich eine **Novelle des GWB** in Form eines Gesetzes zur Modernisierung des Vergaberechts, Stand: 3. 3. 2008, in der finalen Ressortabstimmung. Die grundlegenden Entscheidungen bzw. Regelungsanpassungen dürften jedoch weitgehend dem zu verabschiedenden Gesetzesentwurf entsprechen.

Die Bestimmung des **§ 97 GWB** nimmt in **Absatz 3** eine Stärkung des Gebotes der Vergabe von Teil- oder Fachlosen vor. Andererseits wird die ausnahmsweise mögliche zusammengefasste Vergabe infolge des Vorliegens besonderer wirtschaftlicher oder technischer Gründe aus dem Regelungszusammenhang des § 5 VOL/A und des § 4 Nr. 3 VOB/A in diese gesetzliche Vorschrift emporgehoben. Damit ist eine gesetzgeberische Aufwertung des Gebots der Losvergabe an sich wie auch des Verzichts auf Selbige infolge besonderer Umstände bewirkt. Im Kern wird allerdings dadurch keine grundlegende Änderung der Vergabepraxis herbeigeführt werden. Wie schon nach der bisherigen Rechtsprechung, so wird auch künftig eine ausschreibende Stelle eine Vielzahl von Zweckmäßigkeitserwägungen anführen können, die einen Verzicht auf die Losvergabe rechtfertigen. Von einer eingeschränkten Überprüfbarkeit dieser Zweckmäßigkeitserwägungen ist auch weiterhin auszugehen.

Eine wichtige Erweiterung bzw. Änderung enthält die neugefasste Bestimmung des **§ 97 IV** GWB. Gemäß der Vorschrift in der neugefassten Form ist es über den bisherigen Gesetzesvorbehalt für den Bundes- oder Landesgesetzgeber, möglich, bei jeder einzelnen Ausschreibung **soziale, umweltbezogene oder innovative Aspekte** vorzugeben, wenn sie im sachlichen Zusammenhang mit dem Auftragsgegenstand stehen und sich aus der Leistungsbeschreibung ergeben. Mit dieser Erweiterung im § 97 IV 2 GWB wird die Richtlinienvorgabe in Art. 26 VKRL 2004/18/EG umgesetzt, wonach **Umweltaspekte und soziale Gesichtspunkte** von den öffentlichen Auftraggebern als so genannte **Ausführungsbedingungen** für den späteren Auftrag vorgeschrieben werden können. Der deutsche Gesetzgeber ist im Begriff, dies **um innovative Aspekte zu ergänzen**. In der Sache kann daher jede einzelne Vergabestelle ohne einzelgesetzliche Erlaubnis insbesondere soziale und

3435 VO EG 1422/2007 v. 5. 12. 2007, EU ABl. L 317/34.
3436 RL 2007/66/EG v. 11. 12. 2007, EU ABl. L 335, 31 ff.

umweltbezogene Gesichtspunkte vorschreiben, die den Bietern bekanntgegeben worden sind,
- die mit dem Auftragsgegenstand in einem sachlichen Zusammenhang stehen
- und die der Leistungsbeschreibung zugeordnet werden können.

In welcher Weise diese Aspekte **systematisch eingeordnet** werden sollen, bleibt auch nach den Ausführungen des Gesetzgebers in der Gesetzesbegründung im Ergebnis offen. Sie bewegen sich letztlich in einem Schnittbereich zwischen Leistungsbeschreibung und Zuverlässigkeit als Teil der Eignungsanforderungen. Im Hinblick auf **Umweltkriterien** ist eine Zuordnung zu den Merkmalen der Leistungsbeschreibung zwangloser, weil bereits seit der EuGH-Entscheidung in der Sache Concordia Bus[3437] eine Vergabestelle z.B. vorsehen kann, dass eine Beschaffung von Fahrzeugen nur auf der Grundlage der Erreichung bestimmter Abgasvorschriften geschieht. Ähnlich verhält es sich im Bezug auf die Vorgabe bestimmter umweltgerechter Baustoffe oder auch in Bezug auf die Berücksichtigung der Recylingfähigkeit von Stoffen und Bauteilen. Hinsichtlich der **sozialen Aspekte** ist eine Zuordnung zu der Leistungsbeschreibung im Kern nur schwer möglich und häufig gar nicht vorstellbar. Dies hat damit zu tun, dass die sozialen Kriterien nicht im engeren Sinne zu einer besseren Leistung führen. Es geht bei den sozialen Kriterien in der Sache eher um wünschenswerte Ausführungsbedingungen bei der Ausführung der Leistung, die bestenfalls noch einen Gesichtspunkt der Zuverlässigkeit im Sinne der Eignung eines Bieters darstellen können. Die sozialen Kriterien betreffen in etwa **ILO-Kernarbeitsnormen** mit dem Verbot der Kinderarbeit. Deren Nichteinhaltung kann höchstens Einschränkungen bei der Zuverlässigkeit der Unternehmen bzw. Sublieferanten zeitigen. Inwieweit tatsächlich eine **Lieferkette** von z.B. Chinesischem Granit, der vor Ort mit Kinderhänden gebrochen wurde, in der aktuellen Ausschreibung kontrolliert werden kann, ist ein Praxisproblem. Häufig wird erst im Nachgang zur Beschaffung ein möglicher Erkenntniszuwachs dahingehend eintreten, dass z.B. Leistungen mit Kinderarbeit vorgefertigt wurden. Nicht selten wird es für Sanktionen in der aktuellen Ausschreibung zu spät sein. Daher verlagert sich in der Mehrheit der Praxisfälle die Sanktionswirkung im Falle von Verstößen in die Zukunft, sodass die Unternehmen etwaig **bei zukünftigen Auftragsvergabeverfahren als unzuverlässig ausgeschlossen werden** können. Im Einzelnen wird sich dazu auch erst eine **Anwendungspraxis** herausbilden müssen.

Ein Beispiel für die pratkischen Schwierigkeiten liefert die schweizerische Grossbank Credit Suisse, die sich als privatwirtschaftliches Unternehmen freiwillig auf die Einhaltung ethischer Standards verpflichtet hat. Im Vorfeld der Fussball-EM verschenkte sie als Werbemaßnahme Fussbälle an Kunden. Dann jedoch stellte sich heraus, dass diese mit Hilfe von Kinderarbeit hergestellt worden waren. Die Bank führte an, sie habe sich voll und ganz auf die Zusicherungen des Lieferanten verlassen, der ausdrücklich bestätigt hatte, dass die Bälle nicht mit Kinderhände Arbeit hergestellt worden seien[3438].

3437 EuGH, Urt. v. 17. 9. 2002 (Rs. C-513/99 – »Concordia Bus Finnland«), VergabE A-1-3/02 = VergabeR 2002, 593 = NZBau 2002, 618 = ZfBR 2002, 812 = WuW 2002, 1023 = EUK 2002, 152.

3438 Vgl. den Bericht der NZZ vom 26./27. 4. 2008, S. 12. .

Den potentiellen Konflikt des deutschen Gesetzgebers mit den EuGH-Urteilen in Sachen Beentjes[3439] löst der deutsche Gesetzgeber dahingehend, dass er diese Umwelt- und sozialen Kriterien, wie gerade erläutert, bewusst in den **Schnittbereich zwischen Leistungsbeschreibung und allgemeiner Zuverlässigkeit** des Bieters rückt. Der EuGH hatte nämlich die sozialen Kriterien als nicht unter Gesichtspunkte wie die Fachkunde und Leistungsfähigkeit für einordnungsfähig erachtet. Damit bleibt nur die Zuordnung zu dem allgemeinen Gesichtspunkt der Zuverlässigkeit als Teil der Eignungstrias übrig.

Nach der gesetzgeberischen Begründung sollen nun deutsche Vergabestellen Gesichtspunkte, wie die Beschäftigung von Langzeitarbeitslosen oder ABM-Kräften in ihre Leistungsbeschreibung einbauen können. Inwieweit jedoch solche sozialen Gesichtspunkte nicht doch einer Allgemeingültigkeit bedürfen, ist insbesondere im Nachgang zu der Entscheidung des EuGH zum Niedersächsischen Tariftreuegesetz offen[3440]. Inwieweit demnach nicht auch bei anderen sozialen Kriterien eine Allgemeinverbindlichkeit erforderlich ist, ist derzeit nicht hinreichend geklärt.

In **§ 98 GWB** finden sich einige Ergänzungen bzw. Präzisierungen, die der aktuellen Rechtslage Rechnung tragen. So wird z.B. bei den Sektorenauftraggebern der Telekommunikationssektor herausgenommen.

In **§ 99 I GWB** erfolgt die Kodifizierung des **In-house-Geschäftes**. Das In-house-Geschäft ist als so genanntes vergabefreies Eigengeschäft zulässig, sofern die öffentliche Hand zu 100% an den Unternehmen, an die sie Aufträge vergeben will, beteiligt ist. Außerdem wird die Bedingung für das In-house-Geschäft übernommen, dass der betreffende Betrieb im Wesentlichen für öffentliche Auftraggeber tätig ist.

In **§ 99 III GWB** wird im Hinblick auf die Problematik der Ausschreibungspflichtigkeit von Grundstücksverkaufsgeschäften geregelt, dass eine Ausschreibungspflichtigkeit als Baukonzession nur dann gegeben sein soll, wenn die Bauleistung, die durch Dritte erbracht wird, dem öffentlichen Auftraggeber unmittelbar wirtschaftlich zugute kommt. Damit wird der z.T. sehr weitreichenden Rechtsprechung der jüngeren Zeit entgegen gewirkt, der zufolge auch bereits mittelbarste Vorteile der öffentlichen Hand aus Verkaufsgeschäften mit entsprechenden Investitionsinteressen genügten, um insgesamt einen ausschreibungspflichtigen Vorgang anzunehmen.

Im **§ 99 VI GWB** wird die Baukonzession dahingehend näher definiert, dass die Gegenleistung für die Bauarbeiten statt in einem Entgelt in einem befristeten Recht auf Nutzung der baulichen Anlage, gegebenenfalls zuzüglich eines Preises besteht.

In **§ 99 VIII GWB** folgt eine Regelung zu der Frage, ob die klassische Vergaberichtlinie oder die Sektorenrichtlinie anzuwenden ist. Danach ist anhand des Hauptgegenstandes abzugrenzen. Ist nicht feststellbar, was den Hauptgegenstand des Auftrags bildet, so ist nach dem strengeren Regime der klassischen VKRL auszuschreiben. Steht jedoch fest, dass für eine sektorenspezifische Tätigkeit beschafft

3439 EuGH, Urt. v. 20. 9. 1988, Rs. C-31/87 (Gebroeders Beentjes BV ./. Niederlande), Slg. 1988, 4635 = VergabE A-1-1/88.

3440 EuGH, Urt. 3. 4. 2008 (Rs. C-346/06 – Dirk Rüffert ./. Land Niedersachsen), VergabeR 2008, 478 = VS 2008, 26 f.

werden soll, so ist im Einklang mit der Rechtsprechung des EuGH[3441] von der Einschlägigkeit der insoweit privilegierenden Rechtsregimes der Sektorenrichtlinie 2004/17/EG auszugehen.

In **§ 100 II lit. d GWB** wird der gesamte Bereich der militärischen Beschaffungen und sonstigen sicherheitsrelevanten Beschaffungen präziser geregelt, als es bisher der Fall war. Die Rechtsentwicklung, und dabei besonders die Rechtsprechung des EuGH, bedingen eine solche Präzisierung. Insbesondere muss die Vergabestelle dezidiert darlegen, dass es sich um Sicherheitsrelevante Beschaffungen handelt[3442].

Eine weitere Klarstellung findet sich in **§ 100 II lit. f GWB**, wonach auch die Geld- und Kapitalbeschaffung der öffentlichen Auftraggeber zukünftig von dem Vergaberegime ausgenommen ist. Dies führt zumindest nach teilweiser Auffassung möglicherweise zu einem gestückelten Regime, wonach unterhalb der EU-Schwelle die Vergabe von Darlehensverträgen durch die öffentliche Hand einer nationalen Ausschreibung unterliegt, aber keiner europaweiten[3443].

In **§ 101 VI GWB** findet sich die Möglichkeit der Durchführung einer elektronischen Auktion. Diese Möglichkeit wurde bereits durch das Richtlinienpaket 2004 eröffnet. Der bisherige § 101 VI GWB wird zum § 101 VII GWB.

Hinter § 101 GWB werden die neuen Bestimmungen der **§§ 101a und 101b GWB** eingefügt.

Im **§ 101a GWB** wird der bisherige Regelungsgehalt des § 13 VgV abgebildet. Danach wird die Vorabinformation gegenüber den nicht berucksichtigten Bietern abzugeben und auch gleichzeitig über den frühen Zeitpunkt des Vertragsschlusses in Textform zu informieren sein. Ein Vertrag darf nach der Regelung erst 15 Kalendertage nach Absendung der Information geschlossen werden, wenn er nicht infolge des verfrühten Abschlusses unwirksam sein soll. Gleichzeitig wird in § 101a II GWB eine Informationspflicht in den Fällen für nicht erforderlich gehalten, in denen das Verhandlungsverfahren ohne vorherige Bekanntmachung wegen besonderer Dringlichkeit zulässig ist.

§ 101b GWB modifiziert den bisherigen Regelungsgegenstand des § 13 S. 6 VgV dahingehend, dass bei Nichtbeachtung der Vorabinformationspflicht der Vertrag nicht, wie bisher, nichtig ist, sondern schwebend unwirksam. Diese Situation tritt auch dann ein, wenn eine so genannte De-facto-Vergabe geschieht, in deren Rahmen eine ordentliche Ausschreibung in einem europaweiten Verfahren gänzlich unterblieben ist. Diese Unwirksamkeit besteht auch dann, wenn sie in einem Nachprüfungsverfahren festgestellt worden ist. Gleichzeitig verschafft der Gesetzgeber den öffentlichen Vergabestellen eine Investitionssicherheit dadurch, dass er den ausschreibenden Stellen die Gewissheit einräumt, nicht in einem Zeitraum von mehr als 6 Monaten nach Vertragsschluss mit der Unwirksamkeit bzw. der Nichtigkeitsfolge konfrontiert zu werden. Mit anderen Worten: 6 Monate sind die absolute »Deadline«, innerhalb derer ein Bieter gegen eine De-facto-Vergabe vorgehen kann. Diese Möglichkeit wird dadurch noch zusätzlich eingeengt, dass die Unwirksamkeit innerhalb von 30 Kalendertagen ab Kenntnis des Verstoßes vom

3441 EuGH, Urt. v. 10. 4. 2008 (Rs. C-393/06 – »Fernwärme Wien«), VS 2008, 34.
3442 EuGH, Urt. v. 8. 4. 2008 (Rs. C-337/05), VS 2008, 28.
3443 *Stickler*, VergabeR 2008, 177.

Bieter geltend zu machen ist. Im Falle der Bekanntgabe der Auftragsvergabe im Amtsblatt der Europäischen Union endet die Frist zur Geltendmachung der Unwirksamkeit 30 Kalendertage nach Veröffentlichung der Bekanntmachung der Auftragsvergabe.

Des Weiteren sollen die Vergabeprüfstellen gemäß den Aufhebungen bzw. Änderungen in den **§§ 102 bis 104 GWB** abgeschafft werden. Von dem Institut der Vergabeprüfstellen haben denn auch nur einige Bundesländer und einige Bundesressorts Gebrauch gemacht. Die Rechtswahrung im Form von Ansprüchen aus **§ 97 VII GWB** erfolgt damit praktisch nur noch vor den Vergabekammern und -senaten. Des Weiteren wird eine Besetzungsregelung vorgesehen, § 106 II 2 GWB, wonach der Vorsitzende oder hauptamtliche Beisitzer der Vergabekammer die Befähigung zum Richteramt besitzen müssen.

In **§ 106a GWB** erfolgen einige Regelungen zu der Zuständigkeit der Bundes- und Landesvergabekammern. Diese waren bisher in § 18 VgV aufgehoben. Probleme hat es insbesondere bei der Erbringung von grenzüberschreitenden Dienstleistungen bei Nahverkehrsleistungen gegeben, die zu Schwierigkeiten bei der Ermittlung der zuständigen Vergabekammer geführt haben.

Außerdem werden die **Rügetatbestände** (**§ 107 GWB**) neugefasst und erweitert. Die unverzügliche Rügepflicht nach Erkennen eines Verstoßes bleibt erhalten. Gleiches gilt für die Verstöße gegen Vergabevorschriften, die aufgrund der Bekanntmachung erkennbar sind, und die zum Ende der Teilnahme- bzw. Angebotsfrist gerügt werden müssen. Neu eingeführt wird ein Extra-Tatbestand, wonach Verstöße gegen Vergabevorschriften die erst in den Vergabeunterlagen (Verdingungsunterlagen) erkennbar sind und nicht unverzüglich nach deren Erhalt, spätestens aber bis zum Ablauf der Angebotsfrist gerügt werden. Außerdem werden Bieter angehalten, spätestens nach 14 Kalendertagen, nachdem einer Rüge nicht abgeholfen wurde, die Vergabekammer anzurufen.

In **§ 110 GWB** findet sich die aus dem Kartellrecht bekannt **Schutzschrift**, die nun ausdrücklich auch gegenüber den öffentlichen Auftraggebern im Vergabeverfahren abgegeben werden kann. Dabei handelt es sich um ein Instrument, mit dessen Hilfe verhindert werden soll, dass ohne Anhörung des betroffenen Auftraggebers auf einen mehr oder weniger beliebigen Nachprüfungsantrag hin, das Verfahren gegenüber dem öffentlichen Auftraggeber zugestellt wird, und damit der **Suspensiveffekt** nach § 115 I GWB ausgelöst wird. Mit anderen Worten: Es soll die unerfreuliche Situation vermieden werden, dass die Vergabekammer einen mehr oder weniger aussichtslosen Nachprüfungsantrag dem öffentlichen Auftraggeber zustellt und damit die Investition blockiert, ohne dass der öffentliche Auftraggeber als Hauptbetroffener eine Chance besitzt, offensichtlich unberechtigte Behauptung oder rechtliche Sichtweisen zu entkräften.

In **§ 113 GWB** soll die Verlängerung der Fünf-Wochen Entscheidungsfrist der Vergabekammer auf in der Regel auf zwei weitere Wochen festgesetzt werden. Damit soll die gesetzgeberische Intention bestärkt werden, dass die Fünf-Wochen Entscheidungsfrist nicht über gebühr verlängert und dadurch unterlaufen wird.

In **§ 115 I GWB** wird die Dauer des Suspensiveffektes eines eingelegten Nachprüfungsantrages dahingehend präzisiert, dass er sich auch auf den Ablauf der Beschwerdefrist nach § 117 I GWB bezieht.

In **§ 115 II GWB** wird die Möglichkeit eröffnet, dass auch der Unternehmer, der den Auftrag erhalten soll, die Vorabgestattung des Zuschlags beantragen kann. Bislang war dies nur der ausschreibenden Stelle möglich. Des Weiteren wird die Regelung über die Entscheidung der Vorabgestattung des Zuschlags dahingehend modifiziert, dass nicht alleine und in jedem Falle die Erfolgsaussichten des Nachprüfungsantrags eine Rolle spielen. Damit wird dem möglicherweise im Einzelfall gegebenen überragenden Allgemeininteresse an der Realisierung der Beschaffungsmaßnahme Rechnung getragen.

Des Weiteren wird in **§ 118 I 2 GWB** die Entscheidungsfrist des Beschwerdegerichts über den Antrag auf Verlängerung der aufschiebenden Wirkung der Sofortigen Beschwerde von 2 Wochen auf 1 Woche verkürzt.

Parallel zu der Änderung in § 115 II GWB wird gleichermaßen in **§ 118 II GWB** eine Regelung geschaffen, dergemäß ein überwiegendes Interesse der Allgemeinheit an der Realisierung der Beschaffungsmaßnahme ausreicht. Dies gilt insbesondere dann, wenn für den Fall der Fortdauer des Suspensiveffektes im Beschwerdeverfahren die wirtschaftliche Erfüllung der Aufgaben des Auftraggebers gefährdet ist.

Die gerade skizzierten Änderungen in §§ 115 II und 118 II GWB zeitigen auch entsprechende Änderungen in Verfahren des **§ 121 I GWB**, in dem die ausschreibende Stelle im Beschwerdeverfahren die Vorabgestattung des Zuschlags erstreiten kann. Im Interesse der Realisierung der Beschaffungsmaßnahmen kann auch hier der öffentliche Auftraggeber geltend machen, dass für den Fall der Fortdauer des Suspensiveffektes die wirtschaftliche Erfüllung seiner Aufgaben gefährdet wäre.

Neu eingeführt wird in **§ 124 II GWB** die Möglichkeit des Bundesgerichtshofes, im Falle einer Divergenzvorlage nicht selbst zu entscheiden, sondern die Sache zur Aufklärung weiterer Tatsachenfragen an das Beschwerdegericht **zurück zu verweisen**.

Weitere wichtige Änderungen betreffen die **Gebühren vor der Vergabekammer**. Die Verfahrensgebühr vor den Vergabekammern wird in **§ 128 II GWB** von 2.500,00 auf 5.000,00 € angehoben. Die bisherigen Regelungen über ermäßigte Gebühren (1/10) für den Fall von bspw. einer vorzeitigen Erledigung des Verfahrens bleiben erhalten. Außerdem wird eine regelmäßige Deckelung der Gebühren auf 50.000,00 € vorgeschrieben, die nur in extremen Ausnahmefällen auf 100.000,00 € erhöht werden darf.

In **§ 128 III und IV GWB** wird betreffend die Vergabekammergebühren und die Rechtsanwaltsgebühren die notwendige Rechtsgrundlage geschaffen, um einer Partei, die die Kosten verursacht hat, dieser selbigen auch auferlegen zu können. Das bedeutet, dass fortan eine ausschreibende Stelle, die bspw. während eines laufenden Vergabenachprüfungsverfahrens abhilft, auch die Kosten auferlegt werden können. Das bedeutet im umgekehrten Fall aber auch, dass ein Bieter nicht mehr die **Flucht in die Rücknahme** des Nachprüfungsantrages antreten kann, wenn er im Laufe des Verfahrens feststellt, dass er mit seinem Antrag voraussichtlich keinen Erfolg haben wird. Hier sind nun Billigkeitsentscheidungen möglich, die dahin gehen, dass entsprechend den voraussichtlichen Ausgang des Verfahrens auch die Kosten auferlegt werden können. Insbesondere im Fall der Rücknahme eines Antrags muss der Bieter die notwendigen Aufwendungen des Auftraggebers erstatten. Damit die BGH Rechtsprechung zu § 128 GWB hinfällig, dass die Rücknahme eines Nachprüfungsantrages kein Unterliegen darstelle, und deshalb auch die Kosten bislang nicht auferlegt werden konnten.

Die **§§ 131 und 132 GWB** enthalten Übergangsregelungen bzw. eine Bestimmung, wonach gegebenenfalls abweichendes Landesrecht die Bestimmungen der §§ 107 bis 115 GWB (Verfahren vor der Vergabekammer) nicht modifizieren kann.

Des Weiteren wird es im GWB eine **Anlage zu § 98 Nr. 4 GWB** (Sektorenauftraggeber) geben. Diese enthält notwendige Klarstellungen zu den Anwendungsbereichen der verschiedenen Regelungen betreffend die Trinkwasser- bzw. Elektrizitäts- und Gasversorgung, die Wärmeversorgung, sowie den Verkehrsbereich.

In dem Artikelgesetz zur der Modernisierung des Vergaberechts werden neben den Änderungen des GWB auch Änderungen der **Vergabeverordnung** (Fassung 2006) angeordnet. Ebenso wird das BMWi als federführendes Ressort ermächtigt, eine Neubekanntmachung des GWB im Bundesgesetzblatt vorzunehmen.

b) Änderung der VOB/A

510 In den Basisparagraphen (§ 2 I) wird das **Transparenzgebot** neu aufgenommen. Dieses war bislang nur in den Bestimmungen für das europaweite Verfahren, maßgeblich in § 97 I GWB, enthalten.

Des Weiteren wird in § 2 II der technische Begriff der **unlauteren Verhaltensweisen** neu eingeführt, der die etwas überkommene Formulierung *»Bekämpfung ungesunder Begleiterscheinungen«* ersetzt.

Der Regelungsgehalt des bisherigen § 16 Nr. 2 rückt in den § 2 Nr. 3 VOB/A. Danach ist, wie bisher, die Durchführung von Vergabeverfahren zum Zwecke der **Markterkundung unzulässig**.

Der bisherige § 16 Nr. 1 (Ausschreibungsreife) findet sich in § 2 Nr. 4 VOB/A wieder. Er enthält die grundsätzliche Anforderung, dass erst dann auszuschreiben ist, wenn alle Vertragsunterlagen (**Verdingungsunterlagen**) **fertig gestellt** sind. Der Verordnungsgeber erkennt jedoch an, dass es in der Praxis häufig nicht möglich ist, Ausschreibungen nach der vollkommenen Fertigstellung der Vergabeunterlagen zu lancieren. Deshalb wird aus der Bestimmung eine ausdrückliche Soll-Vorschrift gemacht, in der ausdrücklich vorgeschrieben wird, dass lediglich *»in der Regel«* die Ausschreibung erst nach Fertigstellung der Vergabeunterlagen vorzunehmen ist. Damit wird der Situation Rechnung getragen, dass bspw. die Bereitstellung der finanziellen Mittel häufig erst zu einem Zeitpunkt erfolgt, wenn eine nationale Ausschreibung oder erst recht eine europaweite Ausschreibung im ablaufenden Kalenderjahr nicht mehr zur Zuschlagsreife geführt werden kann.

Des Weiteren gibt es **einige Neuregelungen bei der Verfahrenswahl**. Der Vorrang der öffentlichen Ausschreibung in **§ 3 Nr. 2 VOB/A** bleibt, abgesehen von einer redaktionellen Anpassung, erhalten. Im Hinblick auf den Anwendungsbereich der Beschränkten öffentlichen Ausschreibungen ist der Verordnungsgeber bei Redaktionsschluss noch bemüht, die **zahlreichen Wertgrenzenerlasse** noch **zu vereinheitlichen**. Nach dem Entwurf ist noch offen, ob die Wertgrenzenerlasse sich auf die Auftragswerte inklusive oder exklusive der Umsatzsteuer beziehen. Tatsache ist, dass in zahlreichen Ländern unterschiedliche Regelungen hinsichtlich Wertgrenzen dahingehend existieren, dass z.T. Werte ohne und z.T. Werte mit Umsatzsteuer in Ansatz zu bringen sind. Ebenso gibt es hinsichtlich der eigentlichen Wertgrenzen im Bauwesen sehr unterschiedliche Auftragssummen, ab denen hinsichtlich einzelner Gewerke eine Beschränkte Ausschreibung zulässig ist. Diese rangieren zwischen 75.000,00 € z.B. für Ausbaugewerke im Hochbau oder bei der Straßenausstattung über 150.000,00 € für einzelne Rohbaugewerke bis hin zu 300.000,00 € im Bereich Tiefbau. Erst ab diesen Werten ist generell eine Öffentliche Ausschreibung vorzunehmen. Der Verordnungsgeber der VOB/A versucht die zahlreichen Landesregelungen, die z.T. gravierend voneinander abweichen, zu vereinheitlichen. Diese Wertgrenzen des § 3 VOB/A sind mit den allgemeinen **Erlaubnistatbeständen** für eine Beschränkte Ausschreibung bzw. eine Freihändige Vergabe zusammen zu lesen. Verhält es sich bspw. so, dass der Auftrag infolge von Patentrechten nur an ein einziges Unternehmen vergeben werden kann, so kann unabhängig von den Wertgrenzen selbstverständlich eine Freihändige Vergabe erfolgen.

In **§ 3 Nr. 4 VOB/A** bleiben die Ausnahmetatbestände für die Freihändige Vergabe weitestgehend erhalten. Eine Freihändige Vergabe soll über die Tatbestände des § 3 Nr. 4 VOB/A hinaus bis zu einem Auftragswert von 10.000,00 € möglich sein.

In **§ 4 VOB/A** werden betreffend die Vertragsarten (Einheitspreisvertrag, Pauschalvertrag) die Begrifflichkeiten vereinheitlicht. Die Regelung über Selbstkostenerstattungsverträge in § 4 Nr. 3 VOB/A genießt keine praktische Bedeutung und entfällt daher.

Die bisher in § 4 VOB/A untergebrachte Regelung der **Losvergabe** findet sich nunmehr in **§ 5 VOB/A.** Damit wird eine Vereinheitlichung mit der VOL/A erreicht, die gleichermaßen eine Losvergabe in § 5 regelt.

§ 6 Nr. 1 I VOB/A nimmt den bisherigen Regelungsgehalt des § 8 auf, wonach der Wettbewerb nicht auf Bewerber beschränkt werden darf, die in einer bestimmten Region ansässig sind. Der Gleichbehandlungsbehandlungsgrundsatz, der dort noch einmal beschrieben war, entfällt. Insoweit ist der Gleichbehandlungsgrundsatz dem in § 2 VOB/A festgelegten Nichtdiskriminierungsgrundsatz untergeordnet.

Die bisher in § 25 Nr. 6 VOB/A enthaltene Regelung über die **Gleichbehandlung der Bietergemeinschaften** wird in den **§ 6 Nr. 1 II VOB/A** vorgezogen. Dafür wird als Argument herangezogen, dass die Regelungen über die Bietergemeinschaften bei den Vorschriften über den Kreis der Bieter sachnäher ist.

Eine wichtige Regelung aus dem Kreis der Bauindustrie ist eine ausdrückliche **Nichtzulassung der Generalübernehmer als Bieter in der Öfentlichen Ausschreibung** (§ 6 Nr. 1 III VOB/A). **Unterhalb der EU-Schwelle** ist eine Zulassung von Generalübernehmern nicht erforderlich. Lediglich bei den Vergabeverfahren oberhalb der EU-Schwelle musste deren Beteiligungsfähigkeit im Rahmen der Neufassung der VOB/A 2006 zugelassen werden.

Die bisherige Regelung des § 8 Nr. 6 VOB/A findet sich in der Regelung des § 6 Nr. 1 IV VOB/A wieder. Hier ist aufgrund der Rechtsprechung eine Präzisierung notwendig. Zum einen gibt es die Interessen der öffentlichen Verwaltung, die **Betriebe der öffentlichen Hand** oder auch z.B. im weiteren Sinne Straßenreinigungsbetriebe oder Universitätsinstitute nicht ausgeschlossen sehen möchte. Zum anderen gibt es die Interessen der Wirtschaft bzw. der Bauindustrie und der Handwerksbetriebe, die Beteiligungsfähigkeit von im weiteren Sinne staatlichen oder staatlich privilegierten Unternehmen zu unterbinden. Dies betrifft zum einen Betriebe, die durch ehemalige oder aktuelle **Kostenstrukturvorteile**, die ihnen die öffentliche Hand bietet oder geboten hat, und zum anderen Betriebe, die z.B. als anerkannter gemeinnütziger Betrieb einen ermäßigten oder gar keinen Mehrwertsteuersatz ausweisen können. Die Zulassung solcher Betriebe zum Wettbewerb führt unter Umständen zu Wettbewerbsverzerrungen. Dies zumal deshalb, weil die Angebotspreise als Bruttopreise, und nicht als Nettopreise zu werten sind. Bei unterschiedlichen Mehrwertsteuersatz von bspw. nur 12% Differenz zwischen 7% und 19% legt die Wettbewerbsrelevanz auf der Hand.

Des Weiteren in § 6 Nr. 2 II VOB/A eine inhaltliche Anpassung an die VOL/A vorgenommen. So sollen bei Beschränkter Ausschreibung ohne Teilnahmewettbewerb nur mindestens drei geeignete Bewerber zur Angebotsabgabe aufgefordert werden.

In § 6 Nr. 3 VOB/A wird, wie zu erwarten, die **Präqualifikation** gestärkt, und gleichzeitig auch vorgegeben. Das Regel-/Ausnahmeverhältnis der normalen Eignungsprüfung anhand der bekanntgemachten Eignungskriterien zu der Möglichkeit der Präqualifikation soll umgekehrt werden. Die Präqualifikation soll damit zukünftig **die Regel** werden. Die Vornahme der Eignungsprüfung anhand von im Einzelfall vorzulegenden Nachweisen soll die Ausnahme werden. Besondere Einzelnachweise sollen nur noch bei besonderen Beschaffungsvorhaben neben der Präqualifikation verlangt werden. Gemeint ist damit, dass z.B. spezielle Zertifizierungen oder Qualifikationen, die nicht Gegenstand der allgemeinen Präqualifikation sind, situationsbezogen zusätzlich verlangt werden können.

In § 6a Nr. 7 I VOB/A wird die Anforderung normiert, dass die **Mindestanforderungen an die Leistungsfähigkeit** mit dem Auftragsgegenstand zusammenhängen und diesem angemessen sein müssen. Dies ergibt sich für die europaweiten Verfahren bereits aus Art. 44 Abs. 2 Uabs. 2 VKRL 2004/18/EG.

Die Leistungsbeschreibung verfolgt nach wie vor die oberste Zielsetzung, dass im Ergebnis vergleichbare Angebote vorliegen. Um die Vergleichbarkeit nicht durch die Problematik der Aufnahme und Wertung von Bedarfspositionen einzuschränken, ist nunmehr grundsätzlich auf sie zu verzichten. Bereits in dem Vergabehandbuch des Bundes (Fassung November 2006) ist ein entsprechender Passus enthalten, dass **Bedarfspositionen nicht mehr ausgeschrieben werden sollen**. Das hat der Verordnungsgeber aufgegriffen. Neben der allgemeinen Wertungsproblematik von Bedarfspositionen wird z.T. der Vorwurf erhoben, dass über Bedarfspositionen eine Marktabfrage stattfindet. In dem Entwurf der VOB/A vom 5. 2. 2008 wird allerdings auch alternativ eine Regelung vorgesehen, welche die ausnahmsweise Zulässigkeit von Bedarfspositionen aufrechterhält. Die endgültige Fassung bleibt abzuwarten.

In einer Neufassung des § 7 Nr. 12 VOB/A zur Leistungsbeschreibung soll die **funktionale Ausgestaltung** selbiger **gestärkt** werden. Funktionale Leistungsbeschreibungen sollen danach insbesondere auch dann zulässig sein, wenn Gesichtspunkte der Wirtschaftlichkeit zur Diskussion stehen, und nicht nur technische Gesichtspunkte, die lediglich eine Beschreibung durch ein Leistungsprogramm erlauben.

Des Weiteren enthält § 8 Nr. 2 VOB/A eine Überarbeitung der Anforderungen zur Angebotsabgabe sowie auch zu den notwendigen Inhalten der Vergabebekanntmachung. Die **Anforderungen an die Festlegungen in Bezug auf Nebenangebote sollen gleichermaßen neu formuliert** werden. Insbesondere sollen Auftraggeber gezwungen werden, klarer anzugeben, ob sie Nebenangebote wollen oder ob sie Nebenangebote ausnahmsweise nur in Verbindung mit einem Hauptangebot zulassen wollen.

Weitere Änderungen sollen den § 8 Nr. 7 VOB/A (bisher § 20 VOB/A) betreffen. Insbesondere soll klargestellt werden, dass eine Bezahlung im Falle der elektronischen Übermittlung der Vergabeunterlagen entfällt. Damit soll auf eine zunehmende Ingebrauchnahme elektronischer Übermittlungsmöglichkeiten hingewirkt werden.

Im Bereich der europaweiten Vergaben sollen in einem § 8a VOB/A die **Anforderungen an die Bekanntmachungen grundlegend neu geregelt** und zusammengefasst werden. Bisherige Doppelregelungen in mehreren Vorschriften sollen entfallen.

Im Bereich der **Vertragsstrafenregelungen** (§ 9 Nr. 5 VOB/A 2008) wird auf die entsprechende BGH-Rechtsprechung[3444] reagiert. Danach ist eine Regelung, wonach eine Vertragsstrafe nur auszubedingen ist, wenn die Überschreitung erhebliche Nachteile verursachen kann, für die Auftragnehmerseite weitestgehend wertlos. Des Weiteren die Regelung zu Beschleunigungsvergütungen (Prämien) entfallen, weil sie in der Praxis bei öffentlichen Auftraggebern ohne Bedeutung ist und auch kein Pendant in § 11 VOB/B findet.

In puncto **Sicherheitsleistung** (§ 9 Nr. 7 VOB/A) wird die Klausel gestrichen, wonach im Falle eines *»hinreichend bekannten«* Auftragnehmers eine genügende Gewähr für die Erbringung der vertragsgemäßen Leistung und der Beseitigung etwa etwaig auftretender Mängel besteht. Dieser Passus steht in Konflikt zu der Rechtsprechung des BGH betreffend *»bekannte«* und *»bewährte«* Bieter.

Des Weiteren wird eine alternative Regelung vorgesehen, wonach gegebenenfalls auf Sicherheitsleistungen erst ab einem Auftragswert von 250.000,00 € ohne Umsatzsteuer zurückgegriffen werden soll.

In einer Regelung des § 12 Nr. 1 II VOB/A werden die **Voraussetzungen und die Inhalte der Bekanntmachung** geregelt. Insbesondere fließen die neuen Übermittlungstechniken auf elektronischem Wege ein. Diese müssen auch in der Bekanntmachung veröffentlicht werden, sofern sie eröffnet werden.

In § 12 Nr. 3 VOB/A wird die bisherige Möglichkeit der **Übermittlung von Teilnahmeanträgen** durch Telefon gestrichen, weil sie in der Praxis nicht handhabbar ist.

Beschleunigungseffekte für das Ausschreibungsverfahren sollen unter anderem dadurch erreicht werden, dass bspw. nach Durchführung eines öffentlichen Teilnehmerwettbewerbs die Bewerber noch am gleichen Tag ihrer Auswahl die Vergabeunterlagen zugesendet bekommen.

3444 BGH, Urt. 30. 6. 2006 (ZR 44/05).

Schließlich sollen bei den europaweiten Ausschreibungen nur noch **Verweise auf die Bekanntmachungsmuster der Verordnung EG 1564/2005** stattfinden. Damit kann duplizierender Regelungsinhalt entfallen.

In § 13 Nr. 1 III bis V VOB/A soll der bisherige Regelungsgehalt des § 21 VOB/A wesentlich zusammengestrichen werden. Insbesondere soll die unglückliche Formulierung, dass die Angebote die geforderten **Preise und Erklärungen** enthalten »sollen« gestrichen werden, zugunsten einer Regelung, dass sie diese Angaben **enthalten »müssen«**. Übrig bleibt schließlich noch die Regelung, dass die Änderungen des Bieters an seinen Eintragungen zweifelsfrei sein müssen und auch Änderungen an den Verdingungsunterlagen unzulässig sind. Im Kern handelt es sich bei diesen Regelungen des ehemaligen § 21 VOB/A um Ausschlussgründe, die systematisch in den Regelungszusammenhang der formalen Ausschlussgründe im Rahmen der Angebotswertung (bisher § 25 VOB/A) gehören.

In § 13 Nr. 1 VI VOB/A wird die Regelung über die **Verwendung von Kurz-Leistungsverzeichnissen** durch Bieter vereinfacht, wobei auf das bisherige Erfordernis der gesonderten schriftlichen Anerkennung der Langversion verzichtet werden soll.

In § 13 Nr. 3 VOB/A wird die Regelung über die **Gleichwertigkeitsanforderungen hinsichtlich der Nebenangebote** untergebracht. Die in den europaweiten Ausschreibungen anzugebenden Mindestbedingungen müssen auch im Falle einer nationalen Ausschreibung nach VOB/A zu Nebenangeboten führen, die qualitativ und quantitativ gleichwertig sind, wobei die Gleichwertigkeit mit dem Angebot nachzuweisen ist.

In einem § 15 Nr. 1 VOB/A werden die Aufklärungsmöglichkeiten geregelt (bisher § 24 VOB/A). Insbesondere wird der missverständliche **Begriff des »*Verhandelns*« gestrichen und durch den Begriff der »*Aufklärung*« bzw. des »*Aufklärungsersuchens*« ersetzt**. Präzisiert wird, dass der Bieter auf Verlangen des Auftraggebers die Preisermittlungsgrundlagen einschließlich der Kostenermittlungsgrundlagen, die er für die Nachunternehmerleistung kalkuliert hat, innerhalb der vom Auftraggeber genannten Frist vorzulegen hat. Die schriftliche Dokumentation des Aufklärungsersuchens sowie der Aufklärungsinhalte selbst versteht sich praktisch von selbst.

Schließlich erfolgen einige Neuerungen im Bereich der Wertung, die allerdings bei Redaktionsschluss noch nicht in der Endfassung feststehen.

Hinsichtlich der **absoluten Ausschlussgründe** verbleibt es bei den Regelungen des § 13 Nr. 1 VOB/A, wonach Angebote,
- die nicht rechtzeitig eingegangen sind,
- die Änderungen an den Verdingungsunterlagen enthalten,
- die zweifelhafte Änderungen des Bieters an seinen Eintragungen erkennen lassen oder
- die Erklärungen zum Angebot nicht enthalten

ausgeschlossen werden müssen.

Des Weiteren muss ein Ausschluss aus »*offensichtlichem Grund*« erfolgen, wenn ein Bieter zu seinem Angebot nicht die entsprechende Aufklärung innerhalb einer gesetzten Frist liefert.

Eine Erleichterung soll sich dann nach § 16 Nr. 1 I VOB/A ergeben, wenn hinsichtlich der Eignung **Erklärungen unvollständig** sind bzw. fehlen. Hier ist der endgültige Wortlaut abzuwarten. Mit dem Verweis auf § 6 Nr. 3 II VOB/A 2008 wird letztlich auf den **Spielraum des Art. 55 VKRL 2004/18/EG** verwiesen, wonach zumindest hinsichtlich der **Eignungsnachweise**, und dort speziell im Falle von nichtvollständig erbrachten Eignungsnachweisen, eine Vervollständigung im Wege von Aufklärungsmaßnahmen möglich sein soll. Unter direkter Anwendung der VKRL war diese **Vervollständigungsmöglichkeit bei den europaweiten Ausschreibungen schon seit dem Jahre 2006 gegeben**. Der tendenzielle Konflikt mit der auf eine strengste Gleichbehandlung ausgerichteten BGH-Rechtsprechung ist allerdings noch nicht gelöst. Tatsache ist, dass z.B. jeder unvollständige Referenznachweis in der Eile bei der Erstellung des Angebotes einen Zeitvorteil bietet, wenn er nachher vervollständigt werden kann, indem bspw. durch eine durchaus zeitraubende Recherche der Ansprechpartner mit seinen aktuellen Adressen erst ermittelt werden muss. Ein konkurrierender Bieter, der sich die Zeit nimmt, sämtliche Eignungsnachweise in vollständiger Form schon mit dem Angebot vorzulegen, wird strukturell benachteiligt, wenn seine Konkurrenten auch nach Angebotsabgabe noch Eignungsnachweise vervollständigen können. Hier gibt es einen latenten Konflikt mit der VKRL und auch der EuGH-Rechtsprechung vom 9. 2. 2006[3445], wonach die Eignungsnachweise in einem definierten Zeitraum vorliegen und auch in der Sache erfüllt sein müssen. Eine Verschiebung auf einen nachgelagerten Zeitraum der Nachweiserbringung bzw. Vervollständigung von Eignungsnachweisen kann auch hier zu gewissen Unschärfen führen.

Des Weiteren sollen die Regelungen des bisherigen § 23 VOB/A über die **preisliche Prüfung** zusammen mit den Regelungen des bisherigen § 25 VOB/A zu einem § 16 VOB/A 2008 zusammengefasst werden. Hiermit sollen Doppelregelungen vermieden werden. Insbesondere soll die Aufforderung zur Nachweiserbringung mit einer Frist von 6 Kalendertagen nach Aufforderung des Auftraggebers eine zentrale Rolle spielen. Die strenge Reihenfolge des Prüfungs- und Wertungsprozesses (bisher § 25 Nr. 1 bis 3 VOB/A) soll insofern aufgegeben werden. Hiermit will man die sehr häufig gewordenen Ausschlüsse aus formalen Gründen eindämmen.

In einem § 16 Nr. 6 VOB/A soll künftig die **Nachfragepflicht infolge unangemessen niedriger Preise** insofern **positiv normiert** werden, als sie bei einer Abweichung von 10% oder mehr zu den konkurrierenden Bietern besteht.

Inwieweit in einem § 16 Nr. 6 IV VOB/A bei der **Wertung des Angebotspreises** lediglich die **Nettosummen gewertet** werden sollen, ist bei Redaktionsschluss noch offen. Der Regelungsvorschlag hat zum Hintergrund, dass Wettbewerbsvorteile von Unternehmen, die lediglich die 7% Umsatzsteuer ausweisen müssen, vermieden werden sollen.

In einem § 16 Nr. 8 VOB/A soll unter anderem vorgesehen werden, dass die **Wertung von Preisnachlässen mit Bedingungen für die Zahlungsfrist (Skonti)** bei der Wertung nicht berücksichtigt werden. Entsprechende Regelungen sind bspw. in dem Vergabehandbuch des Bundes enthalten. Begründung für die Nichtberücksichtigung von angebotenen Skonti ist, dass die Sicherstellung der tatsäch-

3445 EuGH, Urt. v. 9. 2. 2006 (verb. Rs. C-226/04 u. C-228/04), NZBau 2006, 328 = VergabeR 2006, 340 = VS 2006, 10 = WuW 2006, 449.

lichen Zahlung innerhalb der angegebenen Zahlungsfristen eher spekulativer Natur ist. Die Zahlung kann insbesondere bei komplizierter strukturierten Auftraggebern häufig nicht garantiert werden, und ein angebotenes Skonto ist daher nicht zu berücksichtigen. Von einem Skonto ist ein ausgewiesener Preisnachlass ohne Bedingung zu unterscheiden. Dieser kann gewertet werden, weil er ein verbindlicher und unbedingter Bestandteil des Angebotes ist.

Im Hinblick auf die Möglichkeit der **Aufhebung einer Ausschreibung** (bisher § 26 VOB/A, künftig § 17 Nr. 1 VOB/A 2008) soll ein weiterer Grund aufgenommen werden. Dieser Aufhebungsgrund betrifft die Konstellation, dass trotz einer seriösen Kostenermittlung durch den Auftraggeber die Angebotssummen in einem solchen Maße überhöht sind, dass eine **Finanzierung nicht mehr gesichert** ist. Es geht also nicht um den Fall unangemessen hoher Angebote, die zum Ausschluss der betreffenden Bieter berechtigen. Vielmehr geht es um die Situation, dass die Marktabfrage zu dem Ergebnis geführt hat, dass die betreffende Leistung wider Erwarten nicht zu dem kalkulierten Preis zu bekommen ist. Entsprechende Präzedenzfälle sind speziell in den letzten Jahren aufgetreten. Zu erinnern ist an die massive Steigerung der erwarteten Kosten in Falle der Münchner Magnetschwebebahn. Diese bewegten sich auf Basis der Kostenschätzung aus dem Jahre 2002 von einem Niveau von 1,8 Milliarden € auf ein Niveau von 3,1 Milliarden € in dem Jahr 2008. Angeführt werden kann bspw. auch der Neubau des Hessischen Landtages: Hier war man von Kosten i.H.v. ca. 27 Mio. € im Jahre 2001 ausgegangen; abgeschlossen wurde die Maßnahme im Jahre 2008 zu einem Preis von 41 Mio. €. Stellt sich demnach heraus, dass schon aus der Perspektive der laufenden Ausschreibung heraus, **massive Kostensteigerungen** zu erwarten sind, so muss die öffentliche Hand eine Möglichkeit haben, solche Verfahren aufzuheben.

In § 18 Nr. 5 VOB/A soll eine Sonderregelung für den Fall, dass die **Zuschlagsfrist** in erheblichem Maße **verlängert** werden muss, geschaffen werden. Der Bieter, auf dessen Angebot der Zuschlag erteilt werden soll, hat auf Verlangen des Auftraggebers eine Aufstellung der durch die veränderte Bauzeit verursachten **Mehrkosten** einschließlich der Kostenansätze, die er für die Nachunternehmerleistung kalkuliert hat, innerhalb einer von dem Auftraggeber zu setzenden Frist vorzulegen. Diese Mehrkosten könnte dann der Auftraggeber anführen, um das Verfahren dann gegebenenfalls aufzuheben oder in einem Nachprüfungsverfahren hierauf den Antrag auf Vorabgestattung des Zuschlags zu stützen.

In § 19 Nr. 5 VOB/A soll bei Beschränkten Ausschreibungen und Freihändigen Vergaben für die potentiellen Bieter und Bewerber eine erhöhte Transparenz dadurch geschaffen werden, dass in entsprechenden **Internetportalen** oder im Rahmen von so genannten **Beschafferprofilen** laufend über Auftragsvergaben mit einem voraussichtlichen Auftragswert von über 10.000,00 € informiert wird. Alternativ sind auch ex post entsprechende Veröffentlichungen in der Diskussion.

Stichwortverzeichnis

(Die Verweise beziehen sich auf die jeweiligen Randnummern des Werkes.)

M

N

O

P

Q

R

S